Werner Weidenfeld | Wolfgang Wessels [Hrsg.]

Jahrbuch der Europäischen Integration

2016

Ulrich von Alemann · Franco Algieri · Franz-Lothar Altmann · Kathrin Auel · Heinz-Jürgen Axt · Michael L. Bauer · Florian Baumann · Peter Becker · Werner Becker · Matthias Belafi · Annegret Bendiek · Mirte van den Berge · Sarah-Lena Böning · Barbara Böttcher · Katrin Böttger · Klaus Brummer · Birgit Bujard · Simon Bulmer · Alexandru Damian · Johanna Deimel · Doris Dialer · Knut Diekmann · Roland Döhrn · Hans-Georg Ehrhart · Tobias Etzold · Severin Fischer · Tobias Flessenkemper · Ryszarda Formuszewicz · Christian Franck · Heiko Fürst · Michael Garthe · Daniel Göler · Alexander Grasse · Susanne Gratius · Gerlinde Groitl · Christoph Gusy · Simon Hartmann · Niklas Helwig · Detlef Henning · Andreas Hofmann · Alexander Hoppe · Bernd Hüttemann · Tuomas Iso-Markku · Michael Kaeding · Andres Kasekamp · Anna-Lena Kirch · Henning Klodt · Wim Kösters · Marta Králiková · Jan Labitzke · Konrad Lammers · Barbara Lippert · Christian Lippert · Marko Lovec · Siegfried Magiera · Remi Maier-Rigaud · Jean-Marie Majerus · Bruno Oliveira Martins · Andreas Maurer · Jürgen Mittag · Ignacio Molina · Peter-Christian Müller-Graff · Mary C. Murphy · Matthias Niedobitek · Nicolai von Ondarza · Christian Opitz · William Paterson · Thomas Petersen · Johannes Pollak · Wulf Reiners · René Repasi · Darius Ribbe · Višnja Samardžija · David Schäfer · Sebastian Schäffer · Joachim Schild · Otto Schmuck · Laura Schulte · Tobias Schumacher · Oliver Schwarz · Martin Selmayr · Claudia Simons · Otto W. Singer · Burkard Steppacher · Isabelle Tannous · Funda Tekin · Gabriel N. Toggenburg · Denis M. Tull · Jürgen Turek · Gaby Umbach · Günther Unser · Volker Weichsel · Werner Weidenfeld · Wolfgang Weiß · Wolfgang Wessels · Sabine Willenberg · Birte Windheuser · Lukas Zech · Wolfgang Zellner

 Nomos

Das Jahrbuch der Europäischen Integration wird freundlicherweise vom Auswärtigen Amt gefördert.

Das Institut für Europäische Politik (IEP) ist ein strategischer Partner der Europäischen Kommission und wird von ihr finanziell unterstützt. Für die Inhalte zeichnet alleine das IEP verantwortlich.

Redaktion: Julia Klein

Die Deutsche Nationalbibliothek verzeichnet diese Publikation in der Deutschen Nationalbibliografie; detaillierte bibliografische Daten sind im Internet über http://dnb.d-nb.de abrufbar.

ISBN 978-3-8487-3200-5 (Print)
ISBN 978-3-8452-7564-2 (ePDF)

ISSN 0721-5436

1. Auflage 2016

Inhaltsverzeichnis

Vorwort 11

1. Die Bilanz

Die Bilanz der Europäischen Integration 2016 15
Werner Weidenfeld

Die Europapolitik in der wissenschaftlichen Debatte 23
Darius Ribbe / Wolfgang Wessels

Deutschlands Rolle bei der Bewältigung der europäischen Währungs- und
Migrationskrisen 43
Simon Bulmer / William Paterson

2. Die Institutionen der Europäischen Union

Die institutionelle Architektur der Europäischen Union 57
Wulf Reiners / Wolfgang Wessels

Europäisches Parlament 69
Andreas Maurer

Europäischer Rat 81
David Schäfer / Wolfgang Wessels

Rat der Europäischen Union 93
Nicolai von Ondarza

Europäische Kommission 103
Andreas Hofmann

Gerichtshof 111
Siegfried Magiera / Matthias Niedobitek

Europäische Zentralbank 121
Martin Selmayr

Rechnungshof 139
Siegfried Magiera / Matthias Niedobitek

Ausschuss der Regionen 143
Otto Schmuck

Wirtschafts- und Sozialausschuss 149
Doris Dialer

Europäische Agenturen 153
Michael Kaeding

3. Die politische Infrastruktur

Europäische Parteien 159
Jürgen Mittag

Kirchen und Religionsgemeinschaften 165
Matthias Belafi

Kommunen in der Europäischen Union 171
Ulrich von Aleman

Lobbyismus in der partizipativen Demokratie 173
Bernd Hüttemann

Nationale Parlamente 177
Alexander Hoppe

Die öffentliche Meinung 181
Thomas Petersen

4. Die Innenpolitik der Europäischen Union

Agrar- und Fischereipolitik 193
Christian Lippert

Asyl-, Einwanderungs- und Visapolitik 199
Peter-Christian Müller-Graff / René Repasi

Beschäftigungs- und Sozialpolitik 213
Peter Becker

Bildungspolitik 219
Knut Diekmann

Binnenmarkt 225
Florian Baumann / Sebastian Schäffer

Digitale Agenda und Cybersicherheit 229
Annegret Bendiek

Energiepolitik 241
Severin Fischer

Forschungs-, Technologie- und Telekommunikationspolitik 247
Jürgen Turek

Gesundheits- und Verbraucherpolitik 251
Sarah-Lena Böning / Remi Maier-Rigaud

Haushaltspolitik 255
Peter Becker

Industriepolitik 259
Jürgen Turek

Kulturpolitik 263
Otto W. Singer

Menschenrechtspolitik 267
Gabriel N. Toggenburg

Polizeiliche und justizielle Zusammenarbeit 275
Christoph Gusy / Laura Schulte

Regionalpolitik 281
Konrad Lammers

Sportpolitik 287
Jürgen Mittag

Tourismuspolitik 291
Anna-Lena Kirch

Umwelt- und Klimapolitik 293
Gaby Umbach

Verkehrspolitik 301
Sebastian Schäffer

Währungspolitik 305
Werner Becker / Barbara Böttcher

Weltraumpolitik 311
Jürgen Turek

Wettbewerbspolitik 313
Henning Klodt

Wirtschaftspolitik 317
Roland Döhrn / Wim Kösters

5. Die Außenpolitik der Europäischen Union

Außenwirtschaftsbeziehungen 325
Wolfgang Weiß

Europäische Nachbarschaftspolitik 333
Barbara Lippert

Gemeinsame Außen- und Sicherheitspolitik 341
Niklas Helwig / Isabelle Tannous

Gemeinsame Sicherheits- und Verteidigungspolitik 349
Daniel Göler / Lukas Zech

Afrikapolitik 355
Claudia Simons / Denis M. Tull

Asienpolitik 359
Franco Algieri

Die Europäische Union und China 363
Franco Algieri

Die EFTA-Staaten, der EWR, Island und die Schweiz 367
Burkard Steppacher

Lateinamerikapolitik 373
Birte Windheuser

Mittelmeerpolitik 377
Tobias Schumacher

Nahostpolitik 381
Michael L. Bauer / Simon Hartmann

Die Europäische Union und die Länder der Östlichen Partnerschaft 385
Katrin Böttger

Die Europäische Union und Russland 391
Katrin Böttger

Südosteuropapolitik 395
Franz-Lothar Altmann

Die Europäische Union und die USA 399
Gerlinde Groitl

Die Europäische Union und Zentralasien 405
Katrin Böttger

6. Die Erweiterung der Europäischen Union

Die Erweiterungspolitik der Europäischen Union 411
Barbara Lippert

Albanien 421
Tobias Flessenkemper

Bosnien und Herzegowina 423
Tobias Flessenkemper

Kosovo 425
Tobias Flessenkemper

Mazedonien 427
Oliver Schwarz

Montenegro 429
Sebastian Schäffer

Serbien 431
Sabine Willenberg

Türkei 433
Funda Tekin

7. Die Europäische Union und andere Organisationen

Die Europäische Union und der Europarat 441
Klaus Brummer

Die Europäische Union und die NATO 447
Hans-Georg Ehrhart

Die Europäische Union und die OSZE 455
Wolfgang Zellner

Die Europäische Union und die Vereinten Nationen 461
Günther Unser

8. Die Europapolitik in den Mitgliedstaaten der Europäischen Union

Belgien 471
Christian Franck

Bulgarien 475
Johanna Deimel

Bundesrepublik Deutschland 479
Michael Garthe

Dänemark 489
Tobias Etzold / Christian Opitz

Estland 493
Andres Kasekamp

Finnland 495
Tuomas Iso-Markku

Frankreich 499
Joachim Schild

Griechenland 507
Heinz-Jürgen Axt

Irland 515
Mary C. Murphy

Italien 519
Alexander Grasse / Jan Labitzke

Kroatien 529
Višnja Samardžija

Lettland 531
Detlef Henning

Litauen 533
Tobias Etzold

Luxemburg 535
Jean-Marie Majerus

Malta 539
Heinz-Jürgen Axt

Die Niederlande 541
Mirte van den Berge

Österreich 547
Katrin Auel / Johannes Pollak

Polen 553
Ryszarda Formuszewicz

Portugal 559
Bruno Oliveira Martins

Rumänien 561
Alexandru Damian

Schweden 565
Tobias Etzold / Christian Opitz

Slowakei 569
Marta Kralikova

Slowenien 573
Marko Lovec

Spanien 577
Ignacio Molina / Susanne Gratius

Tschechische Republik 583
Volker Weichsel

Ungarn 587
Heiko Fürst

Vereinigtes Königreich 591
Birgit Bujard

Zypern 601
Heinz-Jürgen Axt

9. Anhang

Abkürzungen 605
Die Autoren 606

Vorwort

Europa hat den Krisenmodus nicht verlassen, er hat sich im Jahr 2016 sogar verschärft. Die Migrationsproblematik stellte die zwischenstaatlichen Beziehungen und die Akzeptanz der Union weiterhin vor eine harte Belastungsprobe. Zum einen wird den Mitgliedstaaten ein fehlendes Gemeinschaftsgefühl und ein hohes Konfliktpotential attestiert, die die derzeitige Anpassungspolitik der Union gerade in der Flüchtlingspolitik hemmen. Zum anderen wird insbesondere in den Beiträgen zu den Mitgliedstaaten deutlich, dass Europas multiplen Problemlagen wie Katalysatoren einer tiefgreifenden Vertrauenskrise in den europäischen Bevölkerungen wirken. Wesentliche Treiber sind auch die nachhaltige Instabilität in der Wirtschafts- und Währungsunion sowie die immer noch ungelöste Griechenlandfrage. Diese Entwicklungen haben aber auch dazu beigetragen, dass Deutschland zum unverzichtbaren Akteur in der Europäischen Union wurde, wie Simon Bulmer und William Paterson im diesjährigen Gastbeitrag *Deutschlands Rolle bei der Bewältigung der europäischen Währungs- und Migrationskrisen* darlegen.

Einen EU-weiten Schock sowie erhebliche politische und wirtschaftliche Unsicherheiten löste das Votum einer knappen Mehrheit der Britinnen und Briten vom 23. Juni 2016 für einen Austritt des Vereinigten Königreichs aus der Europäischen Union aus. Schließlich wäre der EU-Austritt Großbritanniens ein Präzedenzfall in der Geschichte der europäischen Integration, der nur zu deutlich vergegenwärtigt, welche Folgen durch Populismus angeheizte antieuropäische Stimmungen haben können.

Aber allein der Blick auf Europas Krisenmodus greift zu kurz und verkennt die historischen Errungenschaften der europäischen Integration und ihre Vorzüge für die Unionsbürgerinnen und -bürger – geht es dabei um den EU-weiten Verbraucherschutz, Produktsicherheit, Reise- und Wohnsitzfreiheit oder um gemeinsame Umweltstandards. Im diesjährigen Jahrbuch wird abermals deutlich, dass in vielen Bereichen gerade das Stück an „Nicht-Europa" Probleme mitverursacht hat und das europäische Krisenmanagement erschwert. Schließlich wird in den Beiträgen konsequent die Notwendigkeit europäischer Antworten auf die zentralen internen und externen Herausforderungen unterstrichen, aber auch grundsätzlichere Debatten gefordert, in denen der Krisenkontext auch als Chance für die weitere Ausgestaltung und den zukünftigen Kurs des europäischen Integrationsprozesses genutzt werden soll.

Unter den *Institutionen der Europäischen Union* werden neben der Europäischen Kommission auch die Europäische Zentralbank und der Gerichtshof der Europäischen Union meist unreflektiert als „Sündenböcke" in europaskeptischen und populistischen Diskursen, aber auch im mitgliedstaatlichen Politikbetrieb für unpopuläre, aber notwendige Politikmaßnahmen herangezogen. Der Europäische Rat trat indes als Schlüsselorgan in den politisch umstrittensten Verhandlungen hervor. Die europäische Flüchtlingspolitik, der EU-Türkei-Deal und die Verhandlungen mit Großbritannien vor und nach dem Brexit-Votum wurden schließlich zur Chefsache.

Im Kapitel zur *politischen Infrastruktur* dreht sich angesichts einer Zunahme der Regelungsdichte auf EU-Ebene die Betrachtung immer mehr um Fragen der demokratischen Legitimation wie auch um Möglichkeiten zur politischen Partizipation nationaler Akteure in der Europäischen Union. Ein besonderer Fokus liegt im Beitrag zum europapolitischen Meinungsklima auf der nationalen Bedeutung des Brexit für die britische Bevölkerung sowie auf den Reaktionen in anderen EU-Staaten auf das britische Referendumsergebnis.

Besonders in den Beiträgen zur *Innen- und Außenpolitik der Europäischen Union* zeichnet sich ein sicherheits- und gesellschaftspolitischer Nachhall infolge der Migrationsbewegungen und der terroristischen Bedrohungen durch den Islamischen Staat nach Europa ab. Die Konsequenzen eines Brexit sowie die anhaltenden sozioökonomischen Auswirkungen der Währungs- und Schuldenkrise werden von den Beiträgen beständig aufgegriffen. Noch mehr als im Zusammenhang mit der Krise der europäischen Wirtschafts- und Währungsunion wurde die Europäische Kommission von der Öffentlichkeit für die geplanten Freihandelsabkommen mit den USA (TTIP) und Kanada (CETA) kritisiert. Eine umfassende Auseinandersetzung findet zudem zur Globalen Strategie der Hohen Vertreterin für die Außen- und Sicherheitspolitik der Union statt.

Zum Kosovo erscheint erstmals ein eigener Länderbeitrag im Kapitel zur *Erweiterung der Europäischen Union*. Befürchtungen um eine nachhaltige „Erweiterungsmüdigkeit" der Europäischen Union wurden durch den drohenden Brexit weiter verstärkt. Umstritten bleibt die Beitrittsfrage zur Türkei, die sich zwar als ein besonderer strategischer Partner in der Flüchtlingspolitik auszeichnete, es kam jedoch aufgrund innenpolitisch bedenklicher Entwicklungen im Lande immer wieder zu Zerwürfnissen mit EU-Staaten.

Das Kapitel zur *Europäischen Union und anderen internationalen Organisationen* informiert über das koordinierte Vorgehen der EU-Mitgliedstaaten in den Vereinten Nationen, die Entwicklungen der OSZE und den Stand der Beziehungen zur NATO. Die jüngsten sicherheitspolitischen Entwicklungen und die Ukrainekrise haben die Frage nach der Rolle von Europäischer Union, der OSZE und NATO umso dringlicher gemacht.

Die Zunahme europaskeptischer und populistischer Stimmen auf nationaler Ebene ist auch dieses Jahr wieder ein zentrales Thema in den Beiträgen zur *Europapolitik in den Mitgliedstaaten der Europäischen Union*. Darüber hinaus wird der Verlust eines wichtigen Partners vieler Mitgliedstaaten durch den drohenden EU-Austritt des Vereinigten Königreichs thematisiert. Uneinheitliche Positionierungen werden vor allem bezüglich der wachsenden Spannungen zwischen der Europäischen Union und Russland offenbar.

In diesem Jahr erscheint das Jahrbuch der Europäischen Integration zum 36. Mal. Es ist uns daher eine besondere Freude, auf die digitale Aufbereitung der Jahrbücher seit ihrem ersten Erscheinen 1980 unter www.Wissen-Europa.de hinzuweisen, wo einem breiten Publikum über drei Jahrzehnte europäischer Zeitgeschichte online zur Verfügung stehen. Mit dieser Ausgabe wird der Bestand um den Zeitraum von Mitte 2015 bis Mitte 2016 erweitert. Das Jahrbuch der Europäischen Integration ist ein Projekt des Instituts für Europäische Politik, das in Kooperation mit dem Centrum für angewandte Politikforschung der Universität München (C.A.P.) und des Centre for Turkey and European Union Studies (CETEUS) der Universität zu Köln verwirklicht wird. Ohne die großzügige Förderung durch das Auswärtige Amt war und ist das Jahrbuch nicht realisierbar. Unser besonderer Dank gilt auch den Autorinnen und Autoren, deren großes Expertenwissen die solide Grundlage und das unverkennbare Profil des Jahrbuchs bildet. Julia Klein danken wir für ihre großartige Redaktion, ohne die die Realisierung dieses Projekts nicht möglich wäre.

Werner Weidenfeld   *Wolfgang Wessels*

1. Die Bilanz

Die Bilanz der Europäischen Integration 2016

Werner Weidenfeld

Es mangelt nicht an dramatischen Schlagzeilen zu Europa: „Krise voraus"[1], „Falsch konstruiert"[2] und dann besonders interessant: „Babylon ist überall. Zur Zukunft der EU"[3], „Europäische Union am Ende? Die Uhr läuft"[4], „Radikaler Wandel oder Untergang"[5], „Böses Erwachen für Europa"[6] und „Tief unten knistert die Angst"[7].

Den Kontext dieser Überschriften lieferte das Referendum der Britinnen und Briten, das europaweit als Beginn eines Kampfes um die Zukunft der Europäischen Union gewertet wurde. Der sogenannte ‚Brexit' ist allerdings nicht der einzige Sachverhalt, der eine existentielle Anfrage an das Projekt der Integration richtet:[8] Eine ähnliche Dimension bieten die Phänomene der Migration,[9] die sicherheitspolitischen Herausforderungen des Terrors und die Gefahren von Innen wie die rechtspopulistischen Strömungen in vielen Mitgliedstaaten[10] oder die rechtsstaatlichen Fragwürdigkeiten in Polen und Ungarn sowie der Putschversuch in der Türkei. Weitere Einzelentscheidungen reichen in ihrer Bedeutung weit über den Tag hinaus:

(1) Die gemeinsame Erklärung von NATO-Generalsekretär Jens Stoltenberg, dem Präsidenten des Rates der Europäischen Union Donald Tusk und dem Präsidenten der Europäischen Kommission Jean-Claude Junker zur Vertiefung der Kooperation von NATO und Europäischer Union.[11] Dabei wurde der gemeinsame Kampf gegen hybride Bedrohungen und Cyberattacken sowie die Kooperation bei maritimen Operationen besonders betont.

(2) Durch die Anrufung des Gerichtshofes der Europäischen Union durch das Bundesverfassungsgericht und die Abweisung der Klage gegen das Anleihekaufprogramm Outright Monetary Transactions (OMT) der Europäischen Zentralbank (EZB) ebenfalls

---

1   Welt am Sonntag: Krise Voraus, 19.6.2016, S. 19.
2   Dirk Schümer: Falsch konstruiert, in: Welt am Sonntag, 19.6.2016, S. 20.
3   Franz Fischer: Babylon ist überall. Zur Zukunft der EU, in: Europäische Rundschau, 1/2016, S. 27-32.
4   Günter Verheugen: Europäische Union am Ende? Die Uhr läuft, in WeltTrends, Mai 2016, S. 57-59.
5   Hubert Védrine: Radikaler Wandel oder Untergang, in: Frankfurter Allgemeine Zeitung, 13.6.2016, S. 8.
6   Johanna Metz: Böses Erwachen für Europa, in: Das Parlament, 27.6.2016, S. 1.
7   Gabor Steingart: Tief unten knistert die Angst, in: Handelsblatt, 27.6.2016, S. 1.
8   Vgl. vertiefend Hartmut Marhold: Die EU-Krisenpolitik: Chaos oder Kosmos?: Abkehr vom Neoliberalismus und inkrementalistische Föderalisierung, Tübingen 2015.
9   Vgl. Jochen Oltmer: Kleine Globalgeschichte der Flucht im 20. Jahrhundert, in: Aus Politik und Zeitgeschichte, 26-27/2016, S. 18-25; Mischa Meier: Die „Völkerwanderung", in: Aus Politik und Zeitgeschichte, 26-27/2016, S. 3-10.
10   Vgl. Anton Pelinka: Die unheilige Allianz. Die rechten und die linken Extremisten gegen Europa, Köln 2015.
11   Frankfurter Allgemeine Zeitung: Nato und EU: Mehr Kooperation. Hybrider Bedrohung begegnen. EU-Rüstungsindustrie stärken, 9.7.2016, S. 4.

beim Bundesverfassungsgericht haben sich rechtsstaatliche Klärungen und Gewichts-verschiebungen grundsätzlicher Art vollzogen. Die Maßnahmen der EZB seien keine Verletzung der Volkssouveränität.

(3) Die strategische Präzisierung der Migrationspolitik: Die Europäische Union versucht Migrationspartnerschaften mit neun Ländern aufzubauen, um Ordnung in die Wanderungsströme zu bringen.[12] Dazu werden diesen Ländern 8 Mrd. Euro zur Verfügung gestellt.

Gerät Europa aus den Fugen?[13]

Die dramatischen Schlagzeilen dieser Tage rauben den Europäerinnen und Europäern den Atem: „Die europäische Katastrophe". Aber ist es das wirklich? Halten wir uns die Reali-täten vor Augen: Da hat der damalige britische Premierminister David Cameron vor eini-gen Jahren versucht, den großen innenpolitischen Druck von seinen Schultern zu rollen und so kam er auf die Idee, ein Referendum zu Europa anzukündigen. Er rang der Euro-päischen Union Zugeständnisse aller Art ab, falls Großbritannien Mitglied bleibe. Er kalkulierte das Timing, an welchem Tag die Abstimmung stattfinden sollte. Und er mobili-sierte die Wirtschaft, die ökonomischen Abgründe, die sich auftäten, falls man austrete, faktenreich zu beschreiben. Alles das half ihm nicht. Denn zum Schlüsselthema wurden Souveränität und Identität. Und da ist mit den Britinnen und Briten nicht zu spaßen. Beide Kategorien besitzen den höchsten Würdegrad der politischen Kultur. Die parlamentarische Demokratie nach dem Westminster Modell ist das Wichtigste und das Oberste – nicht jenes supranationale Europa, das Großbritannien nie eine konstruktive Initiative wert war.

Zwei Verhandlungsstränge werden nun kühl durchgezogen: Für die Beratung des Austrittsantrages gibt der Vertrag über die Europäische Union (EUV) den Organen zwei Jahre Zeit. Zur Not kann diese verlängert werden. Parallel dazu wird London Verhand-lungen über einen besonderen Status Großbritanniens mit Blick auf die Europäische Union durchführen. Zwei Vorbildmodelle ließen sich kopieren: Das ‚Modell Norwegen' bedeutet Mitglied im Europäischen Wirtschaftsraum zu werden. Das ‚Modell Schweiz' würde Einzelverträge mit jedem der 27 Mitgliedstaaten erforderlich machen. Großbritannien wird versuchen – so oder so – am europäischen Binnenmarkt mit profitieren zu können.

Die eigentlich entscheidende Frage ist daher an die Europäische Union gestellt: Welche Zukunft wird und soll das Projekt Europa haben? Darauf muss die politische Elite Europas eine konzise, klare und präzise strategische Antwort geben. Aus dem Zeitalter der Komple-xität ist Europa hinübergeglitten in das Zeitalter der Konfusion. Auf der Baustelle Europa fehlt eine geistige Ordnung.[14] Es fehlt an Orientierung, die den Zugang zu einem poli-tischen Gestaltungsraum eröffnet. Der Imperativ nationaler Souveränität ist längst ausge-hebelt, durch internationalisierte Problemstrukturen. Die gegenwärtige Krise wird trans-feriert in die unbeantwortete Sinnfrage.

---

12   Frankfurter Allgemeine Zeitung: EU plant „Migrationspartnerschaft" mit neun Ländern, 8.6.2016, S. 1.
13   Vgl. im Folgenden Werner Weidenfeld: Die Seele Europas muss wieder entdeckt werden, in: heute.de, abrufbar unter: http://www.heute.de/nach-dem-brexit-gastkommentar-die-seele-europas-muss-wieder-ent deckt-werden-44105520.html (letzter Zugriff: 5.9.2016).
14   Vgl. Werner Weidenfeld: Europa – eine Strategie, München 2014.

Die strategische Führungsfrage beantworten[15]

Europa zeigt sich als ein Kontinent der Fragezeichen und Ratlosigkeit. Niemanden darf es überraschen, wenn deutlicher Vertrauensverlust in Politik und Demokratie zu registrieren ist und dem Populismus europaweit ein chancenreicher Markt geboten wird. In seiner sensiblen Rede vor dem Europäischen Parlament am 25. November 2014 hat Papst Franziskus von einem „gealterten und erdrückten Europa" gesprochen. Seine Forderung lautet: „Europa hat es dringend nötig, sein Gesicht wieder zu entdecken".[16] Zu diesem Gesicht gehören mehrere Elemente: seine historischen Erfolge, seine pragmatischen Alltäglichkeiten und seine Krisen. Nicht zuletzt gehören dazu seine gemeinsamen Erlebnisse und seine identitätsstiftenden Erfahrungen, kurzum sein Narrativ. Zu den Kernelementen des europäischen Narrativs zählen nicht nur seine hegemonialen Katastrophen, seine großen Erfolge und seine Krisen. Immer wieder ist die Frage nach den europäischen Gestaltungsräumen und Gestaltungsprinzipien zu klären – und dabei immer wieder und immer dringlicher die Frage nach der Führungsstruktur. Auch gegenwärtig liegt hier der Schlüssel, um die Ära der Konfusion zu beenden. Die Inszenierung der diversen Machtspiele, die uns vorgeführt werden, verlangt nach Transparenz.

Der Status Quo der Machtinszenierung kennt viele Magnetfelder, kennt multipolare Interaktionen und multidimensionale Reziprozitäten. Da gehen im europäischen Alltag in den herkömmlichen rechtlichen Verfahren die Initiativen von der Kommission aus, die viele Ausschüsse und Komitees vorab befragt. Die Initiativen gelangen dann in ein Entscheidungsverfahren, an dem der Ministerrat und das Europäische Parlament die Entscheidungsmacht ausüben. Meist werden der Wirtschafts- und der Sozialausschuss ebenso wie der Ausschuss der Regionen dazu gehört. Erscheint der Sachverhalt politisch bedeutsamer, dann zieht der Europäische Rat das Thema an sich. Hier ringen dann die verschiedenen Teilnehmer – vom Präsidenten des Europäischen Rates bis hin zu den besonders einflussreichen Mitgliedstaaten wie Deutschland und Frankreich um Dominanz. Zusätzlich werden die Abläufe dann verkompliziert, wenn gar nicht alle 28 EU-Mitgliedstaaten mitwirken, sondern nur Teile, wie die 19 Mitglieder der Wirtschafts- und Währungsunion. Wie ist in dieser Konfusion denn nun Klarheit zu schaffen?[17]

Die Antwort lautet: Die Führungsfrage muss geklärt und diese Antwort dann transparent ausgestaltet werden. Erste Ansätze liegen auf der Hand:

(1) Die Kommission ist durch die spezifische Umsetzung der Europa-Wahl des Jahres 2014 politisch gestärkt worden. Die gemeinsame Interpretation des Lissabon-Vertrages durch die diversen politischen Spitzen in Sachen Nominierung des Kandidaten zur Kommissionspräsidentschaft hat die Position des Kommissionspräsidenten wesentlich gestärkt. Hier ist nun Parlament und Kommission zur eigentlichen Machtbasis von Präsident Juncker geworden. Juncker hat dies auch umgesetzt in grundsätzliche Initiativen wie

---

15 Vgl. im Folgenden Werner Weidenfeld: Die Bilanz der Europäischen Integration 2015, in: Werner Weidenfeld/Wolfgang Wessels: Jahrbuch der Europäischen Integration 2015, Baden-Baden 2015, S. 15-28.

16 Rede von Papst Franziskus vor dem Europäischen Parlament am 25.11.2014, abrufbar unter: http://www.sueddeutsche.de/politik/papst-franziskus-rede-im-wortlaut-man-kann-nicht-hinnehmen-dass-das-mittelmeer-zum-friedhof-wird-1.2236933 (letzter Zugriff: 15.8.2016); vgl. auch Rede von Papst Franziskus bei der Karlspreisverleihung am 6.5.2016, abrufbar unter: http://aachener-zeitung.de/dossier/karlspreis/im-wortlaut-die-rede-von-papst-franziskus-1.1353357 (letzter Zugriff: 15.8.2016).

17 Vgl. u. a. Stéphane Beemelmans: Wege aus der europäische Krise: den Stier bei den Hörnern packen, in: Zeitschrift für Staats- und Europawissenschaften 4/2015, S. 468-478.

die Schaffung des Europäischen Fonds für strategische Investitionen (EFSI). Juncker ist es auch gelungen, beim Krisenmanagement auf Augenhöhe mit dem Präsidenten der Europäischen Zentralbank Mario Draghi zu bleiben.

(2) Die Position des Präsidenten des Europäischen Rates ist politisch aufzuwerten. Auch für dieses Amt sollte man ein direktes Wahlverfahren durch die Bürgerinnen und Bürger Europas einführen. Zur Steigerung der Legitimation sollten die elementaren Teile der Ratssitzungen öffentlich übertragen werden. So entstehen dann auch neue Bestände des europäischen Narrativs.

(3) Die Wirtschafts- und Währungsunion bedarf eines kraftvollen politischen Rahmens, man könnte es Politische Union nennen. Dies wurde bereits, wenn auch recht behutsam, im gemeinsamen Bericht der fünf Präsidenten (Präsident der Europäischen Kommission, des Europäischen Rates, der Europäischen Zentralbank, der Eurogruppe, des Europäischen Parlaments) vom 22. Juni 2015[18] angesprochen. Den Grundgedanken zu einem solchen starken politischen Rahmen hatte bereits vor der Konferenz von Maastricht der damalige Bundeskanzler Helmut Kohl geäußert. Er bezeichnete die Überlegung, man könne eine gemeinsame Währung ohne eine solche Politische Union schaffen als „abwegig".[19] Der Gedanke der Wirtschaftsregierung wird vor allem dann nicht mehr zu umgehen sein, wenn die immer wieder vorgeschlagene Reform des EU-Eigenmittelsystems mit der Einführung einer Euro-Steuer realisiert wird. Da nicht alle Mitglieder der Europäischen Union der Wirtschafts- und Währungsunion angehören, wird dies geradezu als Modellfall der ‚differenzierten Integration' zu behandeln sein. Solche Differenzierungen, an denen nicht alle Mitgliedstaaten teilnehmen, wird es in Zukunft noch häufiger geben: Sicherheitspolitik, Energiepolitik, Entwicklungspolitik etc. Also bedarf es auch wegen der Differenzierungen der größeren institutionellen Klarheit.

(4) Die Quellen der Legitimation Europas sind grundsätzlich zu stärken. Das ist die Konsequenz des immensen Machttransfers auf die europäische Ebene in den letzten Jahrzehnten. Dazu muss das Europäische Parlament sein Erscheinungsbild in der Öffentlichkeit intensivieren. Das gleiche gilt für die europapolitische Dimension der nationalen Parlamente. Etliche Probleme der Legitimation könnten durch eine Rollenstärkung des Ausschusses der Regionen reduziert, wenn nicht gar gelöst werden. Ähnliche Verstärkungen lassen sich im Blick auf den Wirtschafts- und Sozialausschuss angehen. Der Gedanke der partizipativen Demokratie ist auch auf europäischer Ebene ernst zu nehmen und zu implementieren. Dazu kann das in Art. 11 des Vertrages über die Europäische Union (EUV) eingeführte Bürgerbegehren zum Bürgerentscheid ausgebaut werden.

(5) Wenn die Führungsstruktur in transparenter, legitimationsschaffender Weise geklärt ist, dann wird auch das kulturelle Unterfutter des europäischen Systems weiter an Rationalität gewinnen. Das Mikado der Machtspiele wird sich nicht auf Hinweise zu dem Streben nach Vorherrschaft Deutschlands, Frankreichs oder anderer Mächte konzentrieren. Wird

---

18 Jean-Claude Juncker: Die Wirtschafts- und Währungsunion vollenden. Bericht vorgelegt von Jean-Claude Juncker in enger Zusammenarbeit mit Donald Tusk, Jeroen Dijsselbloem, Mario Draghi und Martin Schulz, Brüssel, 22.6.2015.

19 Helmut Kohl: Rede vor dem Deutschen Bundestag, 6.11.1991, in: Deutscher Bundestag: Plenarprotokoll 12/53, abrufbar unter: http://dip21.bundestag.de/dip21/btp/12/12053.pdf (letzter Zugriff: 5.9.2016), S. 4367.

„Hegemon" (Bulmer und Joseph 2015) auf. Zurückgreifen sollte man für diese Diskussion auf die Arbeiten zur „Zentralmacht" (Schwarz 1994). In Anlehnung an Theorien des Aufstiegs und Falls von Imperien (Kennedy 1987) wird auch die Europäische Union in einer „kurzsichtigen wirtschaftlichen und politischen Überdehnung [gesehen]" (Reinhard 2016b). Gerade die Entwicklungen in der Eurozone werden im Hinblick auf die geopolitischen Machtstrukturen beleuchtet (Kundnani 2016). Dabei beobachtet Streeck (2016) – auch im Zuge der Flüchtlingspolitik der Europäischen Union – eine Wendung von internen Diskussionen zwischen den Staats- und Regierungschefs hin zu einer „Führung" der Bundeskanzlerin Merkel, welche die übrigen Mitgliedstaaten im Schlepptau halte.

Kontroversen zur Eurokrise und zur Rolle der EZB

Die nun seit einem halben Jahrzehnt andauernde Krise um die Eurozone war erneut Gegenstand wissenschaftlicher Untersuchungen und Debatten (Streeck und Battiston 2015). Die Ursachen und die Entstehung der Finanzkrise werden dabei unterschiedlich eingeordnet. Die „Konsens-Sicht" (Baldwin und Giavazzi 2015) sieht keine Staatsschuldenkrise, sondern das plötzliche Ausbleiben ausländischer Direktinvestitionen in den Krisenstaaten – eine sogenannte ‚Sudden Stop'-Krise – im Mittelpunkt der Entstehungsgeschichte der Finanzkrise. Hinzu kämen der Versuch, private Kreditinstitute zu retten, sowie eine ineffiziente Krisenpolitik. Demgegenüber steht die „nuancierte Sicht" (Feld et al. 2016) von vier deutschen Ökonominnen und Ökonomen, die institutionelle Faktoren stärker betonen; nicht nur die Kapitalgebenden hätten die schlechten Investitionen der Kapitalnehmenden übersehen, zugleich trügen die Krisenstaaten durch Verschuldung und schlechte Investitionen eine große Verantwortung. Brunnermeier und Reis (im Erscheinen) lenken die Aufmerksamkeit der Diskussion auf Prozesse an den Finanzmärkten und mit ihnen einhergehende „Selbstverstärkungseffekte". Der amerikanische Nobelpreisträger Stiglitz (EurActiv mit AFP 2016) kritisiert die deutsche Krisenbewältigungspolitik scharf, indem er die Sparpolitik der Bundesregierung als falsch zurückweist und einen Austritt Deutschlands aus der Union als „einfachsten" Weg aufzeigt. Stiglitz (2016) leitet aus seiner Analyse Alternativen zur bisherigen Austeritätspolitik ab, die umfassende Reformen der Eurozone beinhalten. Ebenso legen Höpner, Scharpf und Streeck (2016) Reformvorschläge vor, die – ähnlich wie Stiglitz – flexible „Wechselkursanpassungen" vorsehen.

Einen Schwerpunkt in dieser Debatte bildeten die Kontroversen um die Politik der Europäischen Zentralbank (EZB) und deren vertragsrechtliche Vereinbarkeit. Steltzner (2016) wägt zwischen der berechtigten Kritik an den Maßnahmen der EZB und den Versäumnissen der Politik ab, welche die gewonnene Zeit nicht genutzt hätte. Der Politikwissenschaftler Höing (2016) argumentiert, dass im Rahmen fester Wechselkurssysteme in der von der Zentralbank gekauften Zeit interne Abwertungen in den Mitgliedstaaten erfolgen müssten, um deren Wettbewerbsfähigkeit wieder herzustellen. Andere Ökonominnen und Ökonomen hinterfragen die Fundamente der Geldpolitik der EZB und das zugrunde liegende Mandat für ihre Entscheidungen (Mayer 2016a). Verteidigt werden die geldpoli_tischen Maßnahmen der EZB von ihrem Direktorium, eine Kritik an der Niedrigzinspolitik zu Lasten von Sparenden sei verkürzt, da auch die Lohnentwicklung, Investitionsanreize und die allgemeine Wirtschaftslage in das Maßnahmenkalkül der Bank einbezogen werden müssten (Cœuré 2016).

Neben der ökonomisch geprägten Diskussion verdichtete sich die rechtswissenschaftliche Debatte. Vor dem Hintergrund des ‚Outright Monetary Transactions' (OMT)-Konzepts der EZB bildete das Urteil des Bundesverfassungsgerichts (2016) einen Schlüsseltext. Vom „Ordnungsruf aus Karlsruhe" (Wieduwilt 2016) aufgrund der Beschwerde mehrerer tausend Klagenden ist die Rede. Im Urteil setzte das Gericht der EZB zwar Grenzen, billigte jedoch den Beschluss des EZB-Rates zum OMT (Plickert und Wieduwilt 2016). Eine Grundsatzfrage bei diesem Vorgang bildete die Form und Intensität der Zusammenarbeit zwischen dem Bundesverfassungsgericht und dem Gerichtshof der Europäischen Union. Murswiek (2016) legt hierzu eine umfassende Sammlung seiner Schriftsätze aus den Verhandlungen gegen die Euro-Rettungspolitik vor, in der er fragt: „Fehlt [der EZB] für ihre Politik die demokratische Legitimation?" Ähnlich verortet Seidel (2014) das Bundesverfassungsgericht als „Bollwerk gegen fehlerhafte Entwicklungen des europäischen Verfassungsprozesses" und beschreibt dessen Rolle als „in Konflikt" mit dem Europäischen Gerichtshof. Im Zuge dessen werden die Verhandlungen über die OMT als „Machtprobe" stilisiert (Plickert und Jahn 2016). Als Folge der wachsenden gerichtlichen Auseinandersetzungen mit den Maßnahmen der EZB und innerhalb der Eurozone erheben sich Rufe nach Anpassungen des rechtlichen Rahmens. Einen umfassenden Überblick über die rechtlichen Grundlagen der Europäischen Bankenunion liefern Binder und Gortsos (2016). Für Höpner und Spielau (2015) hat die Eurokrise durch ihre Erschütterung der Grundfesten der Währungsunion zu einer Öffnung der Debatte beigetragen, sodass Alternativen – wie diskretionäre Wechselkurse – ohne „Tabus" diskutiert werden können und sollten. Seidel (2015a) zeigt, dass der Einführung einer Parallelwährung weder politische, strukturelle, ökonomische oder rechtliche Gründe im Wege stehen. Die von ihm analysierte Krise der Rechtsstaatlichkeit in der Europäischen Union und Gefährdung der Demokratie durch die Missachtung der „rule of law" (Seidel 2015b) und der Vertragsbrüche im Rahmen der Rettungspolitik zeigten die Dringlichkeit für Reformen. Als potentielle Gefahr sieht Dehousse (2015, S. 14) die zunehmende Kluft zwischen einer immer weiter integrierten, internationalen Wirtschaft und den nur schwach koordinierten Regulationsmechanismen, welche die Entstehung erneuter Krisendynamiken begünstigen könnten. In einem ähnlichen Kontext diskutiert Ferrera (2016) die Bemühungen der Krisenstaaten, die politischen Vorgaben aus Brüssel umzusetzen, um sich derart für zukünftige Krisen zu wappnen.

Deutsche Ökonomen weisen darauf hin, dass die EZB nicht wie eine nationale Notenbank agieren könne (Fratzscher 2016). Das frühere Mitglied des Direktoriums der EZB, Issing (2016), sieht die Zentralbank als „unabhängiger, als es die Bundesbank war", und kritisiert zugleich ihren allgemeinen Kurs, der den Einfluss von Geld und Kredit in der Finanzwirtschaft vernachlässige. Zudem werde für Fratzscher (2016) die Glaubwürdigkeit der Notenbank durch emotional geführte Debatten beschädigt. Die Kritikerinnen und Kritiker der EZB hätten keine Alternativvorschläge – bliebe die EZB untätig, hätte dies gravierende Auswirkungen. Vielmehr – so wird argumentiert – sollten die Spielräume des Fiskalpaktes vollumfänglich genutzt, die Fiskalpolitiken im europäischen Dialog harmonisiert und die expansive Geldpolitik weitergeführt werden (Fratzscher et al. 2016). Dem setzten führende deutsche Volkswirte, Sinn und Schnabl (2016), entgegen, dass durch die Nullzinspolitik die Allokationsmechanismen des Zinses außer Kraft gesetzt worden seien und langfristig das Vertrauen in die Notenbank gravierend beschädigt werden könne. Sie befürworten eine stärkere Austerität der Staaten, eine Reform des Stimmrechts im EZB-Rat nach Haftungsanteilen, ein Entscheidungsquorum von 80 Prozent bei Entscheidungen mit fiskalischer Wirkung und ein Ende der asymmetrischen Kreditgewährung. Sie diskutieren auch die Möglichkeit eines zeitweisen Austritts aus der Eurozone.

Von deutschen Ökonominnen und Ökonomen wird bei dieser Debatte jedoch darauf hingewiesen, dass die Unabhängigkeit der EZB gerade auf dem Bestreben deutscher Politik fuße, welche nun Kritik an den für sie unvorteilhaften Entscheidungen der Zentralbank übe (Hank 2016). Eine Möglichkeit, die EZB nach den Vorstellungen der deutschen Regierung zu reformieren, sieht Hank (2016) ob der vertraglichen Entscheidungsregeln nicht. Kundnani (2016) argumentiert, dass die gerade von deutscher Seite geführte Debatte um die Stabilität in der Eurozone ein Zeichen deutschen „geoökonomischen" Handelns sei, bei dem anstelle von militärischer nun die „geoökonomischen" Mittel genutzt werden.

Argumente für eine vertiefte Integration, Vollendung der Währungs- und Bankenunion und Politisierung der Kriseninstrumente präsentiert Enderlein (2016). Im Zuge der Eurokrise wird auch die Wirtschaftspolitik der Mitgliedstaaten auf die Tagesordnung der Forschung zur europäischen Integration gerückt. So wird zumeist die Notwendigkeit stärkerer Harmonisierung nationaler Wirtschaftspolitiken konstatiert (Hagemann und Kromphardt 2015). Andere stellen der Vollendung der Währungsunion unabdingliche Verschärfungen der Kontrollmechanismen der Bankenunion an die Seite (Hishow 2016). Dullien (2016) analysiert in diesem Zusammenhang die „mangelnde makroökonomische Koordinierung" im Zusammenspiel mit „anhaltender Wachstumsschwäche" als größte Herausforderung für die Vollendung der Währungsunion.

Als einen fundamentalen Faktor innereuropäischer Differenzen in der Währungsunion sieht unter anderem Streeck die unterschiedlichen Spielarten des Kapitalismus in Nord- und Südeuropa (Streeck und Elsässer 2016; Streeck 2015). So schaffe der Euro langfristig Abhängigkeiten einer „Peripherie" an Mitgliedstaaten, begrenze den Handlungsspielraum der nationalen Politik und führe derart zu steigenden Konflikten in und zwischen den Mitgliedstaaten, die den Integrationsbestrebungen zuwiderlaufen (Streeck und Elsässer 2016, S. 19-20).

In der Betrachtung der Eurokrise sind auch Debatten über die Aussagefähigkeit politikwissenschaftlicher Theorie zu stellen: So argumentiert Schimmelfennig (2015a), dass in der Krisenbewältigungspolitik der Europäische Rat die letztliche Entscheidungsmacht im Sinne des liberalen Intergouvernementalismus ausübe. Darüber hinaus sieht die Fusionstheorie von Wessels (2016) sowohl verstärkte intergouvernementale als auch verstärkte supranationale Elemente bei der Krisenbewältigung durch das „neue Zentrum der politischen Schwerkraft der Politikgestaltung in der Europäischen Union" (Puetter 2014, S. 68), den Europäische Rat.

‚Brexit' als Thema

Das Brexit-Referendum ist eines der dominierenden Themen in der wissenschaftlichen Auseinandersetzung mit europäischer Integration der vergangenen Monate. Dabei weist nicht nur die große Zahl der Publikationen, sondern auch die Einrichtung eines eigenen Forschungsbereiches am Economic and Social Research Council, dem britischen Äquivalent zur Deutschen Forschungsgemeinschaft, die hohe Relevanz des Themas aus (Economic & Social Research Council 2016).[1]

Die Verhandlungen um die Sonderkonditionen für Großbritannien waren im Vorfeld des Referendums Teil einer kontroversen und emotional geführten Debatte, in der das britische Nationalinteresse einen Schwerpunkt bildete (Frankenberger 2016). Nicht zuletzt wurden die negativen Einflüsse der Verhandlungen auf die europäische Integration von Dabrowski (2016) analysiert. Im Zuge der Brexit-Debatte finden sich zudem zahlreiche Beiträge über die (Parlaments-)Souveränität in Großbritannien und Analysen zu den in der Diskussion vorgebrachten Argumenten (Elliott 2016; Mason 2016; Zastrow 2016).

Eine allgemeine Analyse des Verhältnisses von Europäischer Union und Großbritannien legt Bogdanor (2016) als Grundlage zum Verständnis des Brexit vor. Speziell die besondere Komplexität des Austrittsverfahrens und mögliche Erneuerungsdynamiken aus dem Votum beleuchten Lippert und von Ondarza (2016) vom Thinktank Stiftung Wissenschaft und Politik, während van Ham (2016) die strategischen Auswirkungen des Brexit untersucht. Im Rahmen der Brexit-Entscheidung wird auch zunehmende Kritik an den europäischen Institutionen, vor allem an der Arbeit des Präsidenten des Europäischen Rates, Donald Tusk, laut (Heath und Eder 2016; Maliszewski 2016; Maurice 2016; Gotev 2015). Zudem rückt die Federführung auf Seiten der Union durch die Uneinigkeit von Kommission und Europäischem Rat in den Fokus der Betrachtung (Duff 2016a; Heath und Eder 2016). Den legalen Rahmen des britischen Austritts aus der Europäischen Union steckt Peers (2016) in seiner umfassenden Analyse des Brexit ab. Eine Analyse der europäischen Rechtsgemeinschaft in Bezug auf das Brexit-Votum legt Asch (2016) vor. Den Art. 50 des Vertrages über die Europäische Union (EUV) betrachtet auch Duff (2016a), indem er die Austrittsmodalitäten beleuchtet. Darin unterstreicht er, dass die britische Premierministerin durch den Vorrang europäischen Rechts zur Einberufung des Art. 50 EUV verpflichtet sei, um sich nicht der Kritik des Gerichtshofes der Europäischen Union auszusetzen (Duff 2016a). Aus dem Brexit-Votum leiten unterschiedliche Autorinnen und Autoren Reformbedarf für die Union ab, gerade im Hinblick auf die Herausforderungen der Krisen und die Kosten der Migration (Mayer 2016b; Merritt 2016). Diesbezüglich werden auch Fragen nach den sicherheitspolitischen Auswirkungen des Brexit erhoben (Carrera et al. 2016).

Reformen und differenzierte Integration

Die Vielzahl und Vielfalt der Krisen haben nachhaltige Anstöße für die jahrzehntelangen Diskussionen um Reformen der Europäischen Union gegeben. Zu beobachten ist die Renaissance traditioneller, aber immer wieder aktueller Konzepte wie unterschiedliche Formen differenzierter Integration einschließlich des politisch besonders kontroversen Begriffs eines „Kerneuropas".

---

1   Weitere Informationen sind abrufbar auf der Homepage des Forschungsbereichs: http://www.ukandeu.ac.uk/ (letzter Zugriff: 18.10.2016).

Das Ergebnis des Brexit-Votums spült gleichsam neues Wasser auf die Mühlen der Verfechterinnen und Verfechter differenzierter Integration. Dieses Konzept von Formen unterschiedlicher Rechte und Pflichten von Mitgliedstaaten ist über Jahrzehnte hinweg häufig diskutiert worden. Mit den jüngsten Herausforderungen und zunehmender Euroskepsis in manchen Mitgliedstaaten, gewinnt die Idee eines Europas der unterschiedlichen Geschwindigkeiten jedoch zunehmend an politischer und wissenschaftlicher Relevanz (Duttle 2016). Einen umfassenden allgemeinen Überblick über die Formen differenzierter Integration bietet Stratenschulte (2015), mit Schwerpunkten zu Formen der abgestuften Integration im Bereich Außen- und Sicherheitspolitik und dem Raum der Freiheit, der Sicherheit und des Rechts. Grundsätzlicher diskutieren Leruth und Lord (2015), ob es sich bei der differenzierten Integration eher um einen Prozess, ein System, einen Ansatz oder gar eine Theorie handle. Die Europäische Union als ein System differenzierter Integration analysieren die Integrationsforscher Schimmelfennig, Leuffen und Rittberger (2015). Sie analysieren die zunehmende Politisierung und supranationale Interdependenzen als Triebfedern differenzierter Integration. Auch im Bereich regionaler Integration wird der Einfluss der Krisen diskutiert (Saurugger und Terpan 2016; Teló und Fawcett 2015). Dabei werden sowohl exogene Einflussfaktoren der Krisen, als auch der endogene Krisenumgang durch Akteure in die Debatte um die Einflüsse auf regionale Integrationsschemata einbezogen. Als Folge von Desintegrationsprozessen wird die bisherige Dualität von weiterer Integration oder differenzierter Integration zur „Trinität", da nun auch Desintegrationsansätze Einzug in die wissenschaftliche Diskussion finden müssten (Chopin und Lequesne 2016): Trotz der Ungewissheit über die Auswirkungen des Brexit steht für die Autoren fest, dass die Zukunft Europas maßgeblich von zunehmender Differenzierung bestimmt sein werde (Chopin und Lequesne 2016, S. 545). Tekin (2016) nimmt für den tatsächlichen Austritt des Vereinigten Königreichs ebenfalls eine zunehmende Differenzierung und die Bildung eines Kerneuropas an. Zu den unterschiedlichen Konzeptionen der „Kerneuropa-Idee" in der wissenschaftlichen und politischen Debatte liefert Loth (2015) einen umfassenden Überblick. Den verschiedenen Ansätzen zur differenzierten Integration und der „Kerneuropa-Idee" widmet sich auch Riedberger (2016b) im ideengeschichtlichen Kapitel ihrer Analyse der „EU zwischen einheitlicher und differenzierter Integration" (Riedeberger 2016a).

Im Fokus der wissenschaftlichen Debatte um Differenzierungsansätze stand auch der Einfluss der verstärkten Flüchtlingsproblematik im Schengenraum. Mit seinem Urteil[2] habe der Gerichtshof der Europäischen Union die „opt-out Regelungen" im Schengenraum im Rahmen internationaler Verträge bestärkt, gleichzeitig jedoch ein „Europe à la carte"-Verständnis ausgeschlossen (Miglio 2016). Als Beitrag zur Reformdebatte leitet S. Fabbrini (2016b) aus den krisenbegründeten Interessenskonflikten der Mitgliedstaaten die Notwendigkeit zur Vertragsreform für eine verfasste, „demokratisch föderale Union" her. Marhold (2015, S. 142-143) analysiert im Rahmen der Krisenpolitik in der Union eine zunehmende Föderalisierung der gelebten Verfassung, wobei er den Europäischen Rat als intergouvernementale Institution oder aber föderales Instrument der Subsidiarität umreißt. Andere sehen die Krisenmentalität der Bürgerinnen und Bürger, sich schutzsuchend den Nationalstaaten zuzuwenden, als Grund für europäische Reformen, mit dem Ziel vertiefter Integration bei gleichzeitig zu stärkender demokratischer Legitimation und Rechenschafts-

---

2   Gerichtshof der Europäischen Union: Urteil des Gerichtshofs (große Kammer) vom 8. September 2015, Königreich Spanien/ Europäisches Parlament, Rat der Europäischen Union: Urteil C-44/14, in: Amtsblatt der EU C 363/8, 3. November 2015.

pflicht der europäischen Institutionen (Techau 2015). Aus den Implikationen der Eurokrise folgert F. Fabbrini (2016a) die Notwendigkeit zur Stärkung einer direkt gewählten Präsidentschaft des Europäischen Rates. Anders sieht Fossum (2016) die Notwendigkeit, die europäischen Institutionen im Entscheidungsprozess stärker zu verschränken. Umfassende Reformvorschläge – durchführbar im Rahmen der aktuellen Verträge – bringt ein führender Brüsseler Thinktank in die Diskussion ein (Calliess 2014; Centre for European Policy Studies 2014). Andere haben die Notwendigkeit und Möglichkeiten für ein supranationales, demokratisches Europa im Rahmen der Krisen erörtert (Habermas 2014). An die häufig theoretisch geführte Debatte um eine (demokratischere) Zukunft der Europäischen Union schließen sich konkrete Vorschläge an. So diskutieren Müller Gómez und Wessels (2016) die Benennung von Spitzenkandidatinnen und -kandidaten zur Europawahl 2014 und mögliche zukünftige Basisabstimmungen über die Nominierung als denkbaren ersten Schritt zu einer Direktwahl des Kommissionspräsidenten – einer Demokratisierung im Habermasschen Sinn. Anders die Vision Willkes (2014), der – bei anspruchsvollen Problemen – für ein freiwilliges Zurücktreten der Parlamente zu Gunsten technokratischer Gremien als effiziente Problemlösungsstrategie plädiert.

Eine Blaupause für eine neue konstitutionelle Grundlage legten Duff und Verhofstadt mit einem Entwurf für ein europäisches Grundgesetz vor, der unter anderem ein Regelwerk für einen „assoziierten Status" für das Vereinigte Königreich vorsieht (The Spinelli Group und Bertelsmann Stiftung 2013). Werden große Vertragsänderungen im Hinblick auf die wachsende Euroskepsis und im Zuge von Desintegrationsdebatten in der wissenschaftlichen Auseinandersetzung nun zumeist jedoch als nahezu unmöglich abgetan, so plädiert Duff (2016b) inzwischen für Reformen durch ein Zusatzprotokoll zum Lissabonner Vertrag. Den bisherigen europäischen Verfassungsprozess zeichnen Häberle und Kotzur (2016) umfassend aus kulturwissenschaftlicher und rechtsvergleichender Perspektive nach, wobei sie – vor dem Hintergrund der Integrationskrisen – gerade die dynamische Verfassungsentwicklung beleuchten (siehe auch Marhold 2015, S. 142-143).

Neben der Diskussion um differenzierte Integration hat die politische Lage verstärkt Anlässe zu Kontroversen um Reformen der Europäischen Union häufig unter dem Stichwort „mehr" (Habermas 2015; Habermas 2014; The Spinelli Group und Bertelsmann Stiftung 2013) und „weniger" (Höpner 2015; Scharpf 2015a) Europa gegeben. Habermas (2015, S. 152) schlägt eine vertiefte Integration vor und fordert einen Einigungszwang zwischen gestärktem Europäischem Parlament und Europäischem Rat, um eine ausgeglichene Kompetenzverteilung zwischen Mitgliedstaaten und Unionsebene zu erwirken. Scharpf (2015a) kritisiert die Analyse Habermas' und bezweifelt eine Demokratisierung des Regimes der Währungsunion. Er spricht sich gegen weitere Kompetenzübertragungen an die europäische Ebene aus. Zudem stellt er die Anwendbarkeit der deliberativen Demokratie Habermas' in der derzeitigen Krisenpolitik infrage (Scharpf 2015b). Ähnlich argumentiert Höpner (2015), der den Vorwurf des „Integrationismus" und des „integrationistischen Fehlschlusses" – dieser verleite in der Hoffnung auf eine europäische Identität dazu, Probleme durch vertiefte Integration zu lösen – erhebt. Unbedachte Integration führte vielmehr zu neuen „Konvergenzerfordernisse[n]" (Höpner 2015, S. 40). Möllers (2015) argumentiert im Rahmen dieser Debatte um vertiefte Integration, dass es in einer Föderation den Schutz von nationalen Identitäten geben kann, ohne eine weitere Integration auszuschließen. Schimmelfennig (2015b, S. 34) arbeitet in einer Zusammenfassung der zahlreichen Reformpositionen die mangelnde Zustimmungsfähigkeit und das zweifelhafte Umsetzungspotential dieser heraus.

Der Bratislava-Prozess vom September 2016, in dem die Staats- und Regierungschefs der 27 Mitgliedstaaten ihren „Fahrplan" und „Kernprioritäten" für den weiteren Kurs der Union darlegen (Europäischer Rat 2016b), wird weiter Stoff für derartige Arbeiten zur Zukunft Europas geben.

Grundlagentexte: Der Beitrag von Standardwerken für Lehre und Forschung

Für die Lehre zum System der Europäischen Union und für vielfältige Anregungen für weitere Forschungen ist eine Reihe von Grundlagentexten und Neu-Auflagen von Standardwerken anzuzeigen. Cini und Borragán (2016) legen ihr Standardwerk „European Union Politics" in der nunmehr fünften Auflage vor. Dabei bleiben sie dem bewährten Konzept der Einführung sowohl in den historischen Kontext, in die theoretische Debatte, als auch in die Institutionen, Akteure und Politikfelder der Europäischen Union treu. Erweitert wurde diese Auflage um einen Beitrag von Laffan (2016) zur Zukunft der Europäischen Union. Einen praxisnäheren Ansatz wählen Lelieveldt und Princen (2016) in der zweiten Auflage ihres Grundlagenwerks „The Politics of the European Union", welches den politischen Prozess innerhalb der Union aus der Perspektive der Vergleichenden Politikwissenschaft in den Blick nimmt. Dabei erweitern die Autoren die bisherige „rational choice" basierte Arbeit von Hix und Høyland (2011) um „weitere theoretische Ansätze" (Lelieveldt und Princen 2016). Noch stärker auf die Politikfelder der Europäischen Union fokussiert ist die siebte Auflage von Wallace, Pollack und Youngs (2015) „Policy-Making in the European Union", in dem sie nicht nur 18 verschiedene Politikfelder beleuchten, sondern auch das Krisenmotiv aufgreifen. Mit der 14. Auflage liegt zudem das Nachschlagewerk zur Europäischen Union „Europa A bis Z" in aktueller Auflage vor, das mit Beiträgen unterschiedlicher Expertinnen und Experten als Grundlage für eine fundierte Auseinandersetzung mit europäischer Integration dienen kann (Weidenfeld und Wessels 2016). Mit der deutschen Europapolitik setzten sich verschiedene Autorinnen und Autoren im „Handbuch zur deutschen Europapolitik", herausgegeben von Böttger und Jopp (2016), auseinander. Böttger und Jopp (2016, S. 16) stellen dabei für die deutsche Europapolitik fest: Das „Leitbild der ‚Vereinigten Staaten von Europa' (...) verblasst,(...) [d]ominierend bleibt aber das Leitbild der ‚Supranationalisierung' durch Vergemeinschaftung von Politikbereichen und des Aufbaus Europas nach föderalen Prinzipien und zunehmend (...) unter Beachtung der Subsidiarität".

Anstöße aus politischen Strategiekonzepten: „Global Strategy for the European Union's Foreign And Security Policy"

Wie über die Lebenszeit der wissenschaftlichen Diskussion zum Integrationsprozess regelmäßig zu beobachten ist, gibt es immer wieder politisch mandatierte Konzepte, die zumindest indirekt auf wissenschaftlichen Annahmen beruhen und durch ihre politische Relevanz Gegenstand von Analysen und Bewertung werden. Vom Tindemans-Bericht in den siebziger Jahren (Tindemans 1975) bis hin zum Bericht der fünf Präsidenten zur Weiterentwicklung der Währungsunion (Juncker et al. 2015) gaben offizielle Berichte anregende Anstöße für vertiefte wissenschaftliche Diskussionen.

Ein jüngeres Beispiel bildet die Globale Strategie der Hohen Vertreterin für Außen- und Sicherheitspolitik (Mogherini 2016). Sie untersucht die globalen Herausforderungen für die Europäische Union und formuliert Merksätze für eine „Global Strategy" der Union. Dabei bietet sie einen dreifachen-(‚tripple')-C-Ansatz für eine Lageanalyse („more complex, more connected, more contested") und ebenfalls einen dreifachen-(‚tripple')-C

Ansatz für Strategieempfehlungen („common, comprehensive and consistent"). Für den politischen Raum werden außer bekannten Forderungen allgemeiner Art keine konkreten Vorschläge unterbreitet; für die wissenschaftliche Diskussion ist es schwierig, die Grundannahmen zu identifizieren und zu verorten. Doch auch das Amt der Hohen Vertreterin für Außen- und Sicherheitspolitik selbst wurde von Ondarza und Scheler (2015) aus akteurszentrierter Sicht analysiert. Helwig (2015) sieht die Hohe Vertreterin für Außen- und Sicherheitspolitik als „agent" (Handlungsbeauftragte der Regierungen) mit starken Einschränkungen. Erste Stimmen sind dann voraussehbar skeptisch: Keinen wirklichen Durchbruch erkennen Berton et al. (2016), einen „moderaten" Ansatz sieht Grevi (2016). Im Vorfeld formulierten Raik et al. (2015) den Anspruch, die Priorisierung der Außen- und Sicherheitspolitik klar auf die Sicherheit der Union sowie ihrer Bürgerinnen und Bürger zu legen. In der anschließenden Debatte wurde die bislang unterrepräsentierte „thematische und institutionelle Interaktion" (Kempin und Scheler 2016, S. 26), als auch die sicherheitspolitischen Verbindungen der Europäischen Union mit der North Atlantic Treaty Organization (NATO) kritisch in den Blick genommen (Bendiek 2016). Im Kontext von Analysen zur Rolle der Europäischen Union im internationalen System wurden die zuständigen Agenturen der Europäischen Union in der inneren und äußeren Sicherheit bei der Bewältigung aktueller Herausforderungen beleuchtet (Kietz und von Ondarza 2016; Balfour et al. 2015). Deutlich wird erneut, dass ein Spagat zwischen einem politisch konsensfähigen Entwurf und einer solide fundierten Analyse nicht einfach zu unternehmen ist.

Beziehungen zur Türkei: Eine Schlüsselfrage

Die seit der unmittelbaren Nachkriegszeit so nie dagewesene Flüchtlingsproblematik ließ auch die Analyse der Beziehungen der Europäischen Union zur Türkei als ‚strategischem Partner' verstärkt aufleben. Der gemeinsame EU-Türkei-Aktionsplan vom Herbst 2015 (Europäische Kommission 2015) und die Erklärung EU-Türkei vom Frühjahr 2016 (Europäischer Rat 2016a) waren dabei nicht nur in der politischen Diskussion präsent, sondern auch Gegenstand wissenschaftlicher Analysen (Kale 2016).

Einen wesentlichen Beitrag will das Forschungsprojekt „FEUTURE: The Future of EU-Turkey Relations: – Mapping Dynamics and Testing Scenarios" (FEUTURE 2016) leisten, das drei „ideal-typische Szenarien" für die „zukünftigen Türkei-EU-Beziehungen" aufzeigt und zur Diskussion stellt: Das Konflikt-Szenario mit zunehmender Entfremdung, das Kooperations-Szenario mit einer Zusammenarbeit ohne Mitgliedschaft der Türkei und das Konvergenz-Szenario mit einer türkischen Mitgliedschaft und eventueller interner Differenzierung. Unter Nutzung von Ansätzen der „Narrative-Forschung" betrachten Hauge und Wessels (2015) die EU-Türkei-Beziehungen. Ebenso nimmt das Forschungsprojekt TRIANGLE die Institutionen und Narrative der EU-Türkei-Beziehungen in den Fokus wissenschaftlicher Analysen, um Szenarien für die Zukunft dieser Beziehungen herzuleiten (CETEUS 2016). Mit Bezug auf diese Beziehungen sieht Helwig (2016) den allgemeinen Trend einer stärkeren deutschen Führung in der Europäischen Außen- und Sicherheitspolitik bestätigt. Betont wird, dass die geographische „Nähe zu den Krisen der MENA-Region" eine besondere Herausforderung für die Europa-Türkei-Beziehungen darstellt, die durch die innenpolitische Lage der Türkei verstärkt würden (Büyükbay und Reiners 2016). Turhan (2016) beschreibt umfassend – in Anbetracht der schwierigen Lage und der hohen Relevanz der Beziehungen zur Türkei – den bisherigen Beitrittsprozess und die damit einhergehenden Schwierigkeiten. Verstärkt untersucht wird auch der türkische Einfluss bei der „Umgestaltung" der Europäischen Union (Müftüler-Baç 2016). Rumelili (2015) verbindet die Außenbeziehungen der Europäischen Union mit der Türkei mit der Frage nach europäischer Identität. Auch der Regierungsstil unter der Präsidentschaft Recep Tayyip Erdoğans und mögliche Auswirkungen auf die türkisch-europäischen Beziehungen finden weiten Widerhall in der wissenschaftlichen, aber auch politischen Auseinandersetzung (Lau 2016). Die Analysen der Beziehungen der Europäischen Union mit der Türkei lassen darauf schließen, dass diese auch in Zukunft höchst relevant für eine Bewertung der Nachbarschaftspolitik der Union sein werden (Turhan 2016).

Euroskeptizismus und (Rechts-)Populismus

Mehr noch als in den Jahren davor beschäftigten sich sozialwissenschaftliche Forschungen mit dem Phänomen des wachsenden Euroskeptizismus und (Rechts-)Populismus als einem wesentlichen Faktor der Krise. Konstatiert wird eine zunehmende Schwächung des europäischen Grundkonsenses: Ein „constraining dissensus" (Hooghe und Marks 2009) löst einen „permissive consensus" ab (Inglehart 1970). Genutzt werden Konzepte und Methoden, die für das Studium von Parteien und öffentlicher Meinungen entwickelt wurden. In den „Mainstream" gerückt sehen Brack und Startin (2015) den Euroskeptizismus, den sie auch in den Institutionen der Union verorten. Diesen Euroskeptizismus sehen Eichenberger et al. (2015) in der starken Abweichung von Politikerinnen und Politikern von den Präferenzen der Bürgerinnen und Bürger in vielen Politikbereichen, was die Repräsentativität politischer Entscheidungen allgemein infrage stelle, begründet. Einen anderen Trend analysiert Streeck (2016), wenn er den Politikstil der Bundeskanzlerin als „asymmetrische Demobilisierung" kennzeichnet, welche typologisch für die Wendungen politischer Führungspersönlichkeiten stünde. Diese Wendungen nach der öffentlichen Meinung, vermarktet als persönliche Katharsis, stünden sinnbildlich für eine Politik der Beliebtheit, die eine klare wertebasierte Linie vermissen lasse und so zunehmend zur politischen Frustration der Bürgerinnen und Bürger führe (Streeck 2016).

Kritik an vertiefter Integration und deren positiver Perzeption üben Bickerton et al. (2016, S. 37), wenn sie europäische Integration als widersprüchlich und instabil charakterisieren. In ähnlicher Denkrichtung sieht Polyakova (2015) im wachsenden Euroskeptizismus eine direkte Folge europäischer Integration. Auf einer Meta-Ebene analysiert Leconte (2015) den normativen Charakter der wissenschaftlichen Debatte um den Euroskeptizismus und stellt ebenfalls einen „pro-Integrations-Bias" in den Europäische Union-Wissenschaften fest. Gleichzeitig entwirft sie theoriegeleitete Forschungsaufgaben, um den Euroskeptizismus mit notwendiger Distanz zu untersuchen.

Als relevant für die Analysen des Euroskeptizismus werden zudem allgemeine Trends innerhalb der Gesellschaften der Nationalstaaten gesehen. So stellen Decker et al. (2016) wachsende ausländerfeindliche und chauvinistische Tendenzen nicht nur in der deutschen Gesellschaft fest, diese werden auch für die ganze Union zum Gegenstand der wissenschaftlichen Debatte (Wodak und Boukala 2015). Dabei werden neben der zunehmenden Skepsis innerhalb Europas auch die Spaltungen nationaler Gesellschaften in den Blick genommen und rechtspopulistische, euroskeptische Tendenzen gerade in den prekären, aber auch in den kapitalkräftigen Teilen nationaler Gesellschaften verortet (Cautrés 2015). Weiter geht Lübbe (2016), der die neuen Populismen – gerade im Bereich der Auseinandersetzung mit dem Islam – auch zunehmend im etablierten Parteienspektrum europäischer Gesellschaften verortet. Doch ist die Feststellung steigender rechtspopulistischer Kräfte

nicht unumstritten. Der Meinungsforscher Petersen (2016) sieht keine Zunahme populistischer Haltungen in langfristigen Erhebungen, vielmehr eine verstärkte Sichtbarkeit durch
neue populistische Parteien. Die Debatte um steigende xenophobe Tendenzen wird eng
verknüpft mit den Einflüssen und der Bildung einer europäischen Identität.

Ausblick: Noch mehr Anstöße

Langweilig wird die wissenschaftliche Debatte um die Europäische Union nicht. An Anstö-
ßen aus dem politischen Raum wird es nicht mangeln – wie der Bratislava-Prozess mit
einer langen Liste von Vorhaben erneut unterstreicht (Europäischer Rat 2016b). Weiter
belebt wird die Diskussion durch erhebliche und fundamentale Kontroversen um die
Analyse der (Fehl-)Entwicklungen und Strategien zur Weiterentwicklung: Erkennbar wird
aber auch, dass die akademische Landschaft – wie die Union selbst – zunehmend unübersichtlich wird.

Weiterführende Literatur

Rebecca Adler-Nissen: Towards a Practice Turn in EU Studies: The Everyday of European Integration, in: Journal of Common Market Studies 1/2015, S. 87-103.

Ronald G. Asch: „This realm of England is an empire": Die Krise der EU, das Brexit-Referendum und die europäische Rechtsgemeinschaft, in: Zeitschrift für Staats- und Europawissenschaften 2/2016.

Richard Baldwin/Francesco Giavazzi (Hrsg.): The Eurozone Crisis: A Consensus View of the Causes and a Few
Possible Solutions, London 2015.

Rosa Balfour/Caterina Carta/Kristi Raik (Hrsg.): The European External Action Service and National Foreign
Ministries. Convergence and Divergence?, Farnham 2015.

Annegret Bendiek: The Global Strategy for the EU´s Foreign and Security Policy, Stiftung Wissenschaft und
Politik, 2016.

Beatrice Berton/Alice Ekman/Juliane Schmidt/Joren Selleslaghs/Gerald Stang/Luk Van Langenhove: The EU
Global Strategy: going beyond effective multilateralism? in: EPC Discussion Paper, June 2016, abrufbar
unter: http://aei.pitt.edu/76463/ (letzter Zugriff: 27.7.2016).

Chrisopher J. Bickerton/Dermot Hodson/Uwe Puetter (Hrsg.): The new intergovernmentalism: states and
suprantional actors in the post-Maastricht era, Oxford 2016.

Jens-Hinrich Binder/Christos V. Gortsos,: The European Banking Union. A Compendium, Baden-Baden 2016.

Manuela Boatcâ: Multiple Europas und die interne Politik der Differenz, in: Aus Politik und Zeitgeschehen
52/2015, S. 49.

Vernon Bogdanor: Britain and Europe, in: Zeitschrift für Staats- und Europawissenschaften 2/2016.

Winfried Böttcher: Nachdenken über Europa, Baden-Baden 2016.

Katrin Böttger/Mathias Jopp (Hrsg.): Handbuch zur deutschen Europapolitik, Baden-Baden 2016.

Nathalie Brack/Nicholas Startin: Introduction: Euroscepticism, from the margins to the mainstream, in: International Political Science Review 3/2015, S. 239-249.

Markus K. Brunnermeier/Ricardo Reis: A Crash Course on the Euro Crisis, abrufbar unter: http://scholar.prince-
ton.edu/sites/default/files/01b%20EuroCrashCourse_slides_0.pdf (letzter Zugriff: 21.10.2016).

Simon Bulmer/Jonathan Joseph: European integration in crisis? Of supranational integration, hegemonic
projects and domestic politics, in: European Journal of International Relations 2/2015, S. 1-24.

Bundesverfassungsgericht: Urteil des Zweiten Senats vom 21. Juni 2016, abrufbar unter: http://www.bverfg.de/e/
rs20160621_2bvr272813.html (letzter Zugriff: 20.7.2016).

Can Büyükbay/Wulf Reiners: Germany´s Turkey policy in troubling times: A necessary partner for Europe in an
unstable region? in: Niklas Helwig (Hrsg.): Europe´s New Political Engine. Germany´s role in the EU´s
foreign and security policy, 2016.

Christian Calliess: A New Institutional Design for the Governance of the Eurozone and the European Union?
Deficits and Proposals, in: Berliner Online-Beiträge zum Europarecht, 2014, abrufbar unter: http://eu-salon.
eu/a-new-institutional-design-for-the-governance-of-the-eurozone-and-the-european-union/ (letzter Zugriff:
22.7.2016).

Enzo Cannizzaro: Disintegration Through Law? In: European Papers 1/2016, S. 3-6.

Jeronim Capaldo: The Trans-Atlantic Trade and Investment Partnership: European Disintegration, Unemployment and Instability, in: Economia & lavoro 2/2015, S. 35-56.

Sergio Carrera/Elspeth Guild/Ngo Chun Luk: What does Brexit mean for the EU´s Area of Freedom, Security and Justice? in: Centre for European Policy Studies 2016, abrufbar unter: https://www.ceps.eu/publications/what-does-brexit-mean-eu%E2%80%99s-area-freedom-security-and-justice (letzter Zugriff: 27.7.2016).

Bruno Cautrés: L´Enquête Électorale Française: Comprendre 2017, in: SciencesPo La Note 5, 2015.

Centre for European Policy Studies: Shifting EU Institutional Reform into High Gear, 2014, abrufbar unter: https://www.ceps.eu/system/files/HLG%20report%20on%20EU%20Institutional%20Reform%20with%20covers%20rev.pdf (letzter Zugriff: 22.7.2016).

Centre for Turkey and European Union Studies at the University of Cologne, 2016, abrufbar unter: http://www.ceteus.uni-koeln.de/ (letzter Zugriff: 10.10.2016).

Jeffrey T. Checkel: Constructivism and EU Politics, in: Knud Erik Jørgensen/Mark A. Pollack/Ben Rosamond (Hrsg.): Handbook of European Union Politics, London 2007.

Thierry Chopin/Christian Lequesne: Differentiation as a double-edged sword: member states´ practices and Brexit, in: International Affairs 3/2016, S. 531-545.

Michelle Cini/Nieves Pérez-Solórzano Borragán (Hrsg.): European Union Politics, Oxford 2016.

Benoît Cœuré: „Menschen sind nicht nur Sparer", in: Frankfurter Allgemeine Sonntagszeitung, 1.5.2016.

Luigi Corrias: National Identity and European Integration: The Unbearable Lightness of Legal Tradition, in: European Papers 2/2016.

Marek Dabrowski: Brexit and the EU-UK deal: consequences for the EU, 2016.

Georg Datler: European identity as a safeguard against xenophobia? A differentiated view based on identity content, in: Jürgen Grimm/Peter Schmidt/Josef Seethaler/Leonie Huddy (Hrsg.): Dynamics of National Identity: Media and Societal Factors of What We Are, London und New York 2016, S. 229-255.

Oliver Decker/Johannes Kiess//Elmar Brähler: Die enthemmte Mitte. Autoritäre und rechtsextreme Einstellung in Deutschland, 2016, abrufbar unter: https://www.boell.de/sites/default/files/2016-06-mitte_studie_uni_leipzig.pdf (letzter Zugriff: 1.7.2016).

Renaud Dehousse: The New Supranationalism, Montreal 2015.

Dan Diner: Sind wir wieder im 19. Jahrhundert? In: Frankfurter Allgemeine Zeitung, 15.9.2016.

Andrew Duff: Everything you need to know about Article 50 (but were afraid to ask), 2016a, abrufbar unter: http://verfassungsblog.de/brexit-article-50-duff/ (letzter Zugriff: 23.9.2016).

Andrew Duff: The Protocol of Frankfurt: a new treaty for the eurozone, Brussels 2016b.

Sebastian Dullien: Die Europäische Währungsunion: Viel reformiert, aber noch nicht am Ziel, in: Wirtschaftsdienst 8/2016, S. 541-546, 2016.

Thomas Duttle: Differentiated Integration at the EU Member State Level, Baden-Baden 2016.

Economic & Social Research Council: The UK in a Changing Europe, 2016, abrufbar unter: http://ukandeu.ac.uk/ (letzter Zugriff: 23.7.2016).

Reiner Eichenberger/Marco Portmann/David Stadelmann: Wie Politiker das Volk vertreten, in: Frankfurter Allgemeine Zeitung, 13.6.2016.

Mette Eilstrup-Sangiovanni (Hrsg.): Debates on European Integration. A Reader, Houndmills/New York 2006.

Mark Elliott: Nur die Ruhe!, in: Frankfurter Allgemeine Zeitung, 23.6.2016.

Henrik Enderlein: Eine Generalüberholung für den Euro, in: Frankfurter Allgemeine Zeitung, 11.3.2016.

Annegret Eppler/Henrik Scheller: Zur Konzeptionalisierung europäischer Desintegration. Zug- und Gegenkräfte im europäischen Integrationsprozess, Baden-Baden 2013.

EurActiv.de mit AFP: Stiglitz: "Der leichteste Weg wäre es, wenn Deutschland Europa verlässt.", 15.9.2016.

European Commission: EU-Turkey joint action plan, 2015, abrufbar unter: http://europa.eu/rapid/press-release_MEMO-15-5860_en.htm (letzter Zugriff: 15.7.2016).

Europäischer Rat: Erklärung EU-Türkei, 18. März 2016, Brüssel 2016a, abrufbar unter: http://www.consilium.europa.eu/de/press/press-releases/2016/03/18-eu-turkey-statement/ (letzter Zugriff: 15.7.2016).

Europäischer Rat: Erklärung von Bratislava, Brüssel 2016b, abrufbar unter: http://www.consilium.europa.eu/de/press/press-releases/2016/09/pdf/160916-bratislava-declaration-and-roadmap/ (letzter Zugriff: 24.09.2016).

Europäischer Rat: Schlussfolgerungen. 18. und 19. Februar 2016, Brüssel 2016c.

Federico Fabbrini: From Executive Federalism to Executive Government, in: Federico Fabbrini (Hrsg.): Economic Governance in Europe: Comparative Paradoxes and Constitutional Challanges, Oxford 2016a.

Sergio Fabbrini: The constitutional conundrum of the European Union, in: Journal of European Public Policy 1/2016, 2016b, S. 84-100.

Lars Feld/Christoph Schmidt/Isabel Schnabel/Volker Wieland: Causes of the Eurozone Crisis: A nuanced view, 2016, abrufbar unter: http://voxeu.org/article/causes-eurozone-crisis-nuanced-view (letzter Zugriff: 22.6.2016).

Maurizio Ferrera: From Bad to Good Pupil? Italy´s Journey (and Voice) through the Euro Crisis, Max-Planck-Institut für Gesellschaftsforschung, 2016.

FEUTURE, 2016, abrufbar unter: http://www.feuture.eu (letzter Zufriff: 27.7.2016).

John Erik Fossum: Democracy and Legitimacy in the EU: Challanges and Options, in: Governing Europe (Hrsg.), 2016.

Klaus-Dieter Frankenberger: Camerons Drama, in: Frankfurter Allgemeine Zeitung, 20.2.2016.

Marcel Fratzscher: Das große Missverständnis. Die Kritiker der Europäischen Zentralbank verkennen, dass diese nicht wie die Bundesbank agieren kann, in: Süddeutsche Zeitung, 20.6.2016.

Marcel Fratzscher/Reint Gropp/Hans-Helmut Kotz/Jan Krahnen/Christian Odendahl/Beatrice Weder di Mauro/Guntram Wolff: Kritik an Draghi ist noch keine Lösung, in: Frankfurter Allgemeine Sonntagszeitung, 10.4.2016.

Francis Fukuyama: Demokratie Stiftet keine Identität, in: DIE ZEIT, 17.3.2016.

Georgi Gotev: Verhofstadt slams Tusk for 'not doing his job', in: Euractiv.com, 8.9.2015.

Giovanni Grevi: A Global Strategy for a soul-searching European Union, in: EPC Discussion Paper 13 July 2016, abrufbar unter: http://aei.pitt.edu/77654/ (letzter Zugriff: 28.8.2016).

Peter Häberle/Markus Kotzur (Hrsg.): Europäische Verfassungslehre, Baden-Baden 2016.

Jürgen Habermas: Warum der Ausbau der Europäischen Union zu einer supranationalen Demokratie nötig und wie er möglich ist, in: Leviathan 4/2014, S. 524-538.

Jürgen Habermas: Der Demos der Demokratie - eine Replik, in: Leviathan 2/2015, S. 145-154.

Harald Hagemann/Jürgen Kromphardt (Hrsg.): Für eine bessere gesamt-europäische Wirtschaftspolitik, Marburg 2015.

Rainer Hank: Wer kann Mario Draghi stoppen? in: Frankfurter Allgemeine Sonntagszeitung, 3.4.2016.

Pierre Hassner: La Revanche des Passions, Paris 2015.

Hanna-Lisa Hauge/Wolfgang Wessels: EU-Turkey Relations and the German Perspective, in: Elif Nuroglu/Meydanoglu Bayrak/Sibel Ela/Enes Bayrakli (Hrsg.): Turkish German Affairs from an Interdisciplinary Perspective, Frankfurt am Main 2015.

Ryan Heath: Power matrix: Ranking Europe´s leaders and ambassadors, 2016.

Ryan Heath/Florian Eder: Brussels power struggle over Brexit negotiations. Commission and Council both want to be in charge of British divorce talks, 2016.

Niklas Helwig: The High Representative of the Union: The constrained agent of the Europe´s foreign policy, Köln 2015.

Niklas Helwig (Hrsg.): Europe´s New Political Engine. Germany´s role in the EU´s foreign and security policy, Helsinki 2016.

Michael Hesse: Optimist und scharfer Kritiker, in: Kölner Stadt-Anzeiger, 16.3.2016.

Ognian N Hishow: Eine Bankenunion für die Europäische Währungsunion, Stiftung Wissenschaft und Politik, 2016.

Simon Hix/Bjørn Høyland: The Political System of the European Union, Houndmills 2011.

Oliver Höing: Weder Stabilitäts- noch Transferunion: Der Europäische Stabilitätsmechanismus in einer reformierten Währungszone, in: integration 1/2016, S. 17-31.

Liesbet Hooghe/Gary Marks: A postfunctionalist theory of European integration: From permissive consensus to constraining dissensus, in: British Journal of Political Science 1/2009, S. 1-23.

Martin Höpner: Der integrationistische Fehlschluss, in: Leviathan 1/2015, S. 29-42.

Martin Höpner/Fritz Scharpf/Wolfgang Streeck: Europa braucht die Nation, in: Die ZEIT, 15.9.2016.

Martin Höpne/Alexander Spielau: Diskretionäre Wechselkursregime. Erfahrungen aus dem Europäischen Währungssystem, 1979-1998, in: MPIfG Discussion Paper 11/2015.

Ronald Inglehart: Public Opinion and Regional Integration, in: International Organization 4/1970, S. 764-795.

Ottmar Issing: „Als EZB-Kritiker kommt man sich vor wie in einem gallischen Dorf", in: Frankfurter Allgemeine Zeitung, 11.5.2016.

Jean-Claude Juncker/Donald Tusk/Joroen Dijsselbloem/Mario Draghi/Martin Schulz: Die Wirtschafts- und Währungsunion vollenden, 2015, abrufbar unter: https://ec.europa.eu/priorities/sites/beta-political/files/5-presidents-report_de_0.pdf (letzter Zugriff: 28.8.2016).

Basak Kale: The EU-Turkey Action Plan is Imperfect, But Also Pragmatic and Maybe Even Strategic, in: German Marshall Fund of the United States, 2016.

Ronja Kempin/ Ronja Scheler: Vom „umfassenden" zum „integrierten Ansatz", Notwendige Schritte zur Weiterentwicklung der EU-Außenbeziehungen am Beispiel der Sahelzone und des Horns von Afrika, Stiftung Wissenschaft und Politik, 2016.

Paul Kennedy: The Rise and Fall of the Great Powers, New York 1987.

Daniela Kietz/Nicolai von Ondarza: Sicherheit delegieren, Stiftung Wissenschaft und Politik, 2016.

Ian Klinke: European Geopolitics After the Crisis, in: Geopolitics 20/2015, S. 479-483.

Beate Kohler-Koch/Berthold Rittberger: Review article: The „Governance Turn" in EU Studies, in: Journal of Common Market Studies 44, Annual Review 2006, S. 27-49.

Tim Krieger/Bernhard Neumärker/Diana Panke: Europe´s Crisis. The Conflict-Theoretical Perspective, Baden-Baden 2015.

Sandra Kröger/David Friedrich: Special Issue: The representative turn in EU studies, in: Journal of European Public Policy 2/2013, S. 155-307.

Hans Kundnani: German Power. Das Paradox der deutschen Stärke. München 2016.

Brigid Laffan: The Future of the EU, in: Michelle Cini und Nieves Pérez-Solórzano Borrogán (Hrsg.): European Union Politics, Oxford 2016.

Jörg Lau: Die neuen Autoritären, in: DIE ZEIT, 12.5.2016.

Cécile Leconte: From pathology to mainstream phenomenon: Reviewing the Euroscepticism debate in research and theory, in: International Political Science Review 3/2015, S. 250-263.

Zoe Lefkofridi/Philippe C. Schmitter: Transcending or Descending? European Integration in Times of Crisis, in: European Political Science Review 1/2015, S. 3-22.

Herman Lelieveldt/Sebastiaan Princen: The Politics of the European Union, Cambridge 2016.

Wolf Lepenies: „Die Macht am Mittelmeer". Französische Träume von einem anderen Europa, München 2016.

Benjamin Leruth/Christopher Lord: Differentiated integration in the European Union: a concept, a process, a system or a theory? in: Journal of European Public Policy 6/2015, S. 754-763.

Leon N. Lindberg/Stuart A. Scheingold: Europe´s Would-Be Polity. Englewood Cliffs 1970.

Barbara Lippert: Deutsche Europapolitik zwischen Tradition und Irritation. Beobachtungen aus aktuellem Anlass, Stiftung Wissenschaft und Politik, 2015.

Barbara Lippert/Nicolai von Ondarza: Bexiting into Uncharted Waters, Stiftung Wissenschaft und Politik, 2016.

Wilfried Loth: Die "Kerneuropa"-Idee in der europäischen Diskussion, in: Zeitschrift für die Geschichte der Europäischen Integration 2/2015, S. 203-216.

Hermann Lübbe: Der verspätete Kontinent, in: Frankfurter Allgemeine Zeitung, 23.6.2016.

Norbert Maliszewski: Polish clash: Should Tusk stay or go, in: Politico.eu, 3.5.2016.

Ian Manners/Philomena Murray: The End of a Noble Narrative? European Integration Narratives after the Nobel Peace Prize, in: Journal of Common Market Studies 1/2015, S. 185-202.

Hartmut Marhold: Die EU-Krisenpolitik: Chaos oder Kosmos? Abkehr vom Neoliberalismus und inkrementalistische Föderalisierung, Europäisches Zentrum für Föderalismus-Forschung, Tübingen 2015.

Victoria Martin de la Torre: Europe, a Leap into the Unknown, Brüssel 2014.

Paul Mason: „Der Kapitalismus hat keine Zukunft", in: Kölner Stadt-Anzeiger, 18./19.6.2016.

Eric Maurice: Brexit vote irreversible, say EU leaders, 2016, abrufbar unter: https://euobserver.com/uk-referendum/134099 (letzter Zugriff: 29.6.2016).

Thomas Mayer: Die EZB ist auf dem Irrweg, 2016a, in: Frankfurter Allgemeine Sonntagszeitung, 8.5.2016.

Thomas Mayer: Die Lehren aus dem Brexit, 2016b, in: Frankfurter Allgemeine Sonntagszeitung, 26.6.2016.

Kathleen McNamra/Matthias Matthijs: The Euro Crisis´ Theory Effect: Northern Saints, Southern Sinners, and the Demise of the Eurobond, in: Journal of European Integration 2/2015, S. 229-245.

Giles Merritt: Frankly Speaking - Brexit calls for urgent EU reform, 2016.

Alberto Miglio: Schengen, Differentiated Integration and Cooperation with the 'Outs', in: European Papers 1/2016, S. 139-148.

Federica Mogherini: Shared Vision, Common Action: A Stronger Europe. A Global Strategy for the European Union's Foreign And Security Policy, 2016, abrufbar unter: https://europa.eu/globalstrategy/sites/global-strategy/files/eugs_review_web.pdf (letzter Zugriff: 22.07.2016).

Dietrich Murswiek: Die Eurokrise vor dem Bundesverfassungsgericht: „Euro-Rettungsschirm", Europäischer Stabilitätsmechanismus und Rettungsmaßnahmen der EZB: Dokumentation der Schriftsätze und systematische Einführung, Baden-Baden 2016.

Christoph Möllers: Krisenzurechnung und Legitimationsproblematik in der Europäischen Union, in: Leviathan 3/2015, S. 339-364.

Meltem Müftüler-Baç: Divergent Pathways: Turkey and the European Union. Re-Thinking the Dynamics of Turkish-European Union Relations, Leverkusen-Opladen 2016.

Johannes Müller Gómez/Wolfgang Wessels: The Spitzenkandidaten Procedure: Reflecting on the Future of an Electoral Experiment, in: IAI Working Papers 8/2016.

Herfried Münkler: Macht in der Mitte. Die neuen Aufgaben Deutschlands in Europa, Hamburg 2015.

Tibor Navracsics: Europa – eine Bedrohung für die nationale Identität? in: Frankfurter Allgemeine Zeitung, 15.9.2016.

Angelika Nussberger: Was ist Europa? Europa lässt die Herzen kalt und ist doch eine Herzensangelegenheit. Es ist ein Paradoxon, dessen Wertekorsett in Gefahr ist. Zeit für eine Liebeserklärung, in: FAZ.net, 14.9.2016.

Steve Peers: Brexit. Oxford 2016.

Thomas Petersen: Die Welt der Wutbürger, in: Frankfurter Allgemeine Zeitung, 18.5.2016.

Philip Plickert/Joachim Jahn: Karlsruhe verhandelt über das EZB-Notprogramm, in: Frankfurter Allgemeine Zeitung, 15.2.2016.

Philip Plickert/Hendrik Wieduwilt: In Kauf genommen, in: Frankfurter Allgemeine Zeitung, 22.6.2016.

Alina Polyakova: The Dark Side of European Integration, New York 2015.

Uwe Puetter: The European Council and the Council. New intergovernmentalism and institutional change, Oxford 2014.

Kristi Raik/Niklas Helwig/Tuomas Iso-Markku: Crafting the EU Global Strategy, in: FIIA Briefing Paper 188, 2015.

Wolfgang Reinhard: Die Unterwerfung der Welt. Globalgeschichte der europäischen Expansion 1415-2015, München, 2016a.

Wolfgang Reinhard: Von der Expansion zur Krise, in: Frankfurter Allgemeine Zeitung, 19.9.2016, 2016b.

Anja Riedeberger: Die EU zwischen einheitlicher und differenzierter Integration, Wiesbaden 2016a.

Anja Riedeberger: Die Ideengeschichte der differenzierten Integration, in: Anja Riedeberger (Hrsg.): Die EU zwischen einheitlicher und differenzierter Integration, Wiesbaden 2016b, S. 19-51.

Bahar Rumelili: Who Are the European? What Is Europe?: The Identity Challenges of an Evolving Policy, Open Society Institute 2015.

Sabine Saurugger/Fabien Terpan (Hrsg.): Crisis and Institutional Change in Regional Integration, London und New York 2016.

Fritz W. Scharpf: Das Dilemma der supranationalen Demokratie in Europa, in: Leviathan 1/2015, S. 11-28 2015a.

Fritz W. Scharpf: Deliberative Demokratie in der europäischen Mehrebenenpolitik – eine zweite Replik, in: Leviathan 2/2015, S. 155-165, 2015b.

Henrik Scheller/Annegret Eppler: European Disintegration – non-existing Phenomenon or a Blind Spot of European Integration Research? Preliminary Thoughts for a Research Agenda, 2014.

Frank Schimmelfennig: Liberal intergovernmentalism and the euro area crisis, in: Journal of European Public Policy 2/2015, S. 177-195, 2015a.

Frank Schimmelfennig: Mehr Europa – oder weniger? Die Eurokrise und die europäische Integration, in: Aus Politik und Zeitgeschehen 52/2015, S. 28-34, 2015b.

Frank Schimmelfennig/Dirk Leuffen/Berthold Rittberger: The European Union as a system of differentiated integration: interdependence, politicization and differentiation, in: Journal of European Public Policy 6/2015, S. 764-782.

Thomas Schmid: Falsche Freunde. Homogener, integrierter und gleicher - wer das für die EU fordert, schadet der europäischen Idee, in: Die ZEIT, 15.9.2016.

Heinrich Schneider: „Europäische Identität" – Ist das Thema abschiedsreif? Oder nötigen die Krisen zu einem neuen Begriffsverständnis?, in: integration 4/2015, S. 306.

Hans-Peter Schwarz: Die Zentralmacht Europas, Berlin 1994.

Martin Seidel: Das Bundesverfassungsgericht im System des Europäischen Unionsrechts, in: Daniela Heid/ Rüdiger Stotz/Arsène Verny: Festschrift für Manfred A. Dauses zum 70. Geburtstag, München 2014, S. 385-394.

Martin Seidel: Aufhebung der angeblich >>unumkehrbaren<< (>>irreversiblen<<) Europäischen Währungsunion und Substituierung durch ein neues europäisches Währungssystem, in: ifo Schnelldienst 6/2015, S. 9-22, 2015a.

Martin Seidel: Europas Finanz- und Staatsschuldenkrise – Auswirkungen auf die Rechtsstaatlichkeit und die Demokratie in der Europäischen Union, in: Cordula Stumpf/Friedemann Kainer/Christian Baldus (Hrsg.): Privatrecht, Wirtschaftsrecht, Verfassungsrecht. Privatinitiative und Gemeinwohlhorizonte in der europäischen Integration, 2015b.

Hans-Werner Sinn/Gunther Schnabl: Ein Alternativplan für Europa, in: Frankfurter Allgemeine Sonntagszeitung, 17.4.2016.

Holger Steltzner: Kritik an und aus der EZB, in: Frankfurter Allgemeine Zeitung, 15.4.2016.

Joseph Stiglitz: Europa spart sich kaputt. Warum die Krisenpolitik gescheitert ist und der Euro einen Neustart braucht, München 2016.

Eckart D. Stratenschulte (Hrsg.): Der Anfang vom Ende? Formen differenzierter Integration und ihre Konsequenzen, Baden-Baden 2015.

Wolfgang Streeck: Gekaufte Zeit: Die vertagte Krise des demokratischen Kapitalismus, Berlin 2013.

Wolfgang Streeck: Warum der Euro Europa spaltet statt es zu einigen, in: Leviathan 3/2015, S. 365-387.

Wolfgang Streeck: Merkels neue Kleider, in: Frankfurter Allgemeine Zeitung, 3.5.2016.

Wolfgang Streeck/G. Battiston: The euro, a political error: Interview, 2015.

Wolfgang Streeck/Lea Elsässer: Monetary disunion: the domestic politics of euroland, in: Journal of European Public Policy 1/2016, S. 1-24.

Roland Sturm: Deutschland auf dem Weg zum ungeliebten Hegemon? Politikum, 2015.

Jan Techau: The real reason for EU Treaty change, Carnagie Europe, 2015.

Funda Tekin: Brexit or No Brexit? Political and Institutional Implications of an EU without the UK, in: Istituto Affari Internazionali Working Papers 2016.

Mario Teló/Louise Fawcett (Hrsg.): Interregionalism and the European Union, Farnham 2015.

The Spinelli Group/Bertelsmann Stiftung (Hrsg.): A Fundamental Law of the European Union, Gütersloh 2013.

Leonard C. Tindemans: Report by Mr. Leo Tindemans, Prime Minister of Belgium, to the European Council, 1975, abrufbar unter: http://aei.pitt.edu/942/ (letzter Zugriff: 24.10.2016).

Robert Toulemon: Contre l'anarchie mondiale, la démocratie, in: futuribles. L'anticipation au service de l'action 2016, S. 71-83.

Loukas Tsoukalis: In Defence of Europe. Can the European Project Be Saved?, Oxford 2016.

Ebru Turhan: Turkey's EU accession process: do member states matter?, in: Journal of Contemporary European Studies 2016.

Peter van Ham: Brexit: Strategic Consequences for Europe. A Scenario Study, Netherlands Institute of International Relations 2016.

Hans Vollaard: Explaining European disintegration, in: Journal of Common Market Studies 2/2014, S. 1142-1159.

Nicolai von Ondarza: Core Europe and the United Kingdom. Risks, Opportunities and Side-effects of the British Reform Proposals, in: SWP Comments 6/2016.

Nicolai von Ondarza/Ronja Scheler: Die Hohe Vertreterin als Stimme der EU – eine Evaluation fünf Jahre nach 'Lissabon', in: integration 2/2015, S. 129-145.

Helen Wallace/Mark A. Pollack/Alasdair R. Young (Hrsg.): Policy-Making in the European Union, Oxford 2015.

Douglas Webber: How likely is it that the European Union will disintegrate? A critical analysis of competing theoretical perspectives, in: European Journal of International Relations 2/2014, S. 341-365.

Werner Weidenfeld/Alexander Armbruster: Wie schlecht geht es der EU? In: Frankfurter Allgemeine Zeitung, 14.6.2016.

Werner Weidenfeld/Wolfgang Wessels (Hrsg.): Europa von A bis Z. Taschenbuch der Europäischen Integration, Baden-Baden 2016.

Wolfgang Wessels: The European Council, Houndmills 2016.

Hendrik Wieduwilt: Jetzt kommt der Ordnungsruf aus Karlsruhe, in: Frankfurter Allgemeine Zeitung, 20.6.2016.

Antje Wiener/Thomas Dietz: Introducing the Mosaic of Integration Theory, in: Antje Wiener/Thomas Dietz (Hrsg.): Theories of European Integration: Past, Present and Future, Oxford 2004.

Helmut Willke: Demokratie in Zeiten der Konfusion, Berlin 2014.

Heinrich A. Winkler: Geschichte des Westens: Von den Anfängen in der Antike bis zum 20. Jahrhundert, München 2016.

Ruth Wodak/Salomi Boukala: European identities and the revival of nationalism in the European Union: A discourse historical approach, in: Journal of Language and Politics Discourse analysis, policy analysis, and the borders of EU identity 2015, S. 87-109.

Volker Zastrow: Hello Goodbye. Die Europäische Union bringt ihre Gegner nicht selbst hervor. Das ist nur deren Behauptung, in: Frankfurter Allgemeine Zeitung, 26.6.2016.

Deutschlands Rolle bei der Bewältigung der europäischen Währungs- und Migrationskrisen[*]

Simon Bulmer / William Paterson[**]

Deutschlands neue Rolle in der Europäischen Union ist zu einem Kernthema der europäischen Politik geworden. Dazu äußerte sich Außenminister Frank-Walter Steinmeier wie folgt: „Deutschland hat sich diese neue Rolle auf der internationalen Bühne nicht ausgesucht. Indem es in einer sich rapide verändernden Welt stabil geblieben ist, ist es vielmehr ungewollt in diese Rolle gewachsen."[1] Eben dieses Muster ist nun im Kontext der Europäischen Union zu erkennen, als eine Reihe von schwerwiegenden Herausforderungen auf die politische Bühne traten und Deutschland in den Mittelpunkt des Schauspiels gedrängt wurde.

Im Nachhinein betrachtet, trat dieses Muster bereits mit der Ablehnung des europäischen Verfassungsvertrages durch die französische und niederländische Bevölkerung im Jahre 2005 zutage. Nach zweijähriger Besinnungspause ebnete die deutsche Ratspräsidentschaft in der Europäischen Union im Jahre 2007 den Weg für den Vertrag von Lissabon. Mit dem Aufkommen der noch immer andauernden Krise in der Eurozone seit 2009 ist dieses Muster stärker von machtpolitischen Zügen gezeichnet. Deutschlands Wirtschaftskraft weckte Erwartungen, die Berlin eine führende Rolle zuschreiben; Deutschland sollte politische Lösungen liefern, als sich die Krise zunehmend ausweitete. Im Laufe der Ukrainekrise und insbesondere mit der russischen Annexion der Krim im Jahre 2014 änderte sich die deutsche Rolle. Durch die engen wirtschaftlichen Beziehungen zu Russland einerseits und einer Außenpolitik, die auf dem Respekt für die Prinzipien des Völkerrechts beruht andererseits, fand sich Deutschland in einer schwierigen Lage wieder. Dieses Dilemma betraf die gesamte Europäische Union. Als die Regierung Merkel jedoch konsequent ihre außenpolitischen Prinzipien den handelspolitischen Präferenzen überordnete, folgte auch die Union ihrer Position. Die zunehmenden Migrationsbewegungen aus Krisengebieten wie Syrien im Sommer 2015 rückte die zentrale Rolle Deutschlands in ein anderes Licht. Kanzlerin Angela Merkels Satz, „Wir schaffen das", wurde in vielen Hauptstädten Europas als Zeichen moralischer Führung wahrgenommen, dessen Folgen jedoch die Europäische Union zu spalten drohte. Schließlich hat die zunehmende Entflechtung Großbritanniens von der Europäischen Union die Erwartungen an Deutschland weiter erhöht. Während der Neuverhandlungen der britischen Mitgliedschaftskonditionen im Vorfeld des Referendums war Kanzlerin Merkel die zentrale Ansprechpartnerin des damaligen britischen Premierministers David Cameron. Nachdem die britische Wählerschaft mehrheitlich für den Austritt aus der Europäischen Union stimmte, wird Berlin eine

---

[*] Dieser Beitrag basiert auf dem in Kürze erscheinenden Buch Simon Bulmer/William Paterson: Germany and the EU: Europe's Reluctant Hegemon, Basingstoke (im Erscheinen).
[**] Übersetzt aus dem Englischen von Leonard Schütte und Julia Klein.
[1] Frank-Walter Steinmeier: Germany's New Global Role: Berlin Steps Up, in: Foreign Affairs, July/August 2016.

entscheidende Rolle im Umgang mit dem Referendumsergebnis, insbesondere im Rahmen der Verhandlungen über das zukünftige Verhältnis Großbritanniens mit der Europäischen Union, und mit den Konsequenzen für das europäische Integrationsprojekt zugeschrieben.

Die Entwicklungen im letzten Jahrzehnt haben wesentlich zum Aufstieg Deutschlands als unverzichtbare Macht in der Europäischen Union beigetragen. Deutschlands Zustimmung ist zu einer Grundvoraussetzung in der Krisenpolitik der Europäischen Union geworden. Um die Unverzichtbarkeit Deutschlands in der Union zu erklären, müssen zunächst die dafür zugrundeliegenden Ursachen identifiziert und die Frage beantwortet werden, welche Rolle Deutschland aufgrund seiner Unverzichtbarkeit in der Europapolitik zugeschrieben wird. Wir untersuchen, ob der Begriff ‚widerwilliger Hegemon' Deutschlands Rolle in der Europäischen Union probat beschreibt. Zuerst werden wir darlegen, was die Konzepte Unverzichtbarkeit und widerwilliger Hegemon bedeuten, bevor wir sie auf die jeweiligen Krisen anwenden und letztendlich Schlussfolgerungen daraus ziehen.

Deutschlands Rolle: unverzichtbar und widerwillig?

Wie wurde Deutschland zur unverzichtbaren Kraft in der Europäischen Union? Vier Erklärungsstränge bieten hierfür besonders überzeugende Argumente:

Zunächst stellt die abnehmende Bedeutung der deutsch-französischen Beziehungen einen wesentlichen Faktor dar. Ihr Einfluss schwindet bereits seit der EU-Osterweiterung von 2004,[2] auch andere Entwicklungen des letzten Jahrzehnts haben trotz der Feierlichkeiten zum 50. Geburtstag des Elysée-Vertrages im Jahre 2013 die zentrale Bedeutung der bilateralen Beziehungen weiter erodiert.[3] Die Ablehnung des Verfassungsvertrages im Jahre 2005 in Frankreich war ein Bruch des pro-europäischen Konsens und zeugte vom Misstrauen gegenüber dem Neoliberalismus.[4] Die neuen Bruchlinien in der französischen Innenpolitik haben sowohl die Unterstützung der französischen Regierung für die europäische Integration als auch ihre Fähigkeit zum Krisenmanagement eingeschränkt. Die Herabstufung französischer Staatsanleihen durch Ratingagenturen war symptomatisch für die gegensätzlichen wirtschaftlichen Entwicklungen Deutschlands und Frankreichs. Während Kanzlerin Merkel und Präsident Nicolas Sarkozy noch gemeinsame Lösungsansätze bei der Bewältigung der Krise der Eurozone teilten, hat die Wahl François Hollandes zum französischen Präsidenten die bilaterale Zusammenarbeit erschwert. Allerdings spielten Merkel und Hollande eine wichtige Rolle in der Ausgestaltung einer gemeinsamen Strategie der Europäischen Union während der Ukrainekrise.

Die abnehmende Bedeutung der deutsch-französischen Beziehungen wird flankiert vom Ausbleiben alternativer Partner für Deutschland oder anderer Länderpartnerschaften innerhalb der Europäischen Union. Italien ist mit seinen eigenen wirtschaftlichen Problemen beschäftigt. Großbritannien hat unlängst vor dem Referendum durch seine Nichtmitgliedschaft in der Eurozone und seinen Opt-Outs in der Migrationspolitik und damit auch bei der Krisenbewältigung weitgehend das Feld für Deutschland geräumt. Deutschlands Beziehungen zu Polen mangelt es an Stabilität, was nicht zuletzt durch die unterschied-

---

2   Joachim Schild: Mission Impossible? The Potential for Franco-German Leadership in the Enlarged EU, in: Journal of Common Market Studies 5/2010, S. 1367-1390.

3   Ulrich Krotz/Joachim Schild: Shaping Europe: France, Germany and Embedded Bilateralism from the Elysée Treaty to Twenty-First Century Politics, Oxford 2013.

4   Gérard Grunberg: Le référendum français de ratification du Traité constitutionnel européen du 29 mai 2005, in: French Politics and Society 3/2005, S. 128-144; Gérard Grunberg/Etienne Schweisguth: French Political Space: Two, Three or Four Blocs? in: French Politics 3/2003, S. 331-347.

lichen Auffassungen über den Umgang mit Russland in der Ukrainekrise deutlich wurde.[5] Anders ausgedrückt: Auch bilaterale politische Divergenzen waren ein wesentlicher Faktor für die Unverzichtbarkeit Deutschlands.

Eine weitere Erklärung liegt in der Natur der europäischen Krisenpolitik im letzten Jahrzehnt. Die Ablehnung des Verfassungsvertrages, die Krise der Eurozone und die Flüchtlingsproblematik haben die Europäische Union vor nie dagewesene Herausforderungen gestellt. Den supranationalen Institutionen mangelte es an Autorität oder Instrumenten, um auf die Krisen zu reagieren, sodass der Kurs in der Politik vom Europä_ischen Rat bestimmt wurde. Auch die Ukrainekrise verlangte im Einklang mit dem Konstrukt der Gemeinsamen Außen- und Sicherheitspolitik nach intergouvernementalen Lösungen. Die aus diesen Entwicklungen resultierende Politikgestaltung war hochgradig intergouvernemental ausgerichtet, auch wenn sie in einer tieferen Integration endete, wie beispielsweise im Bereich der Haushaltsüberwachung. Unter diesen Vorzeichen konnte Kanzlerin Merkel auf ihre langjährige Regierungserfahrung, ihr Ansehen als Regierungschefin, ihre Erfahrungen im Koalitionsmanagement in Berlin sowie auf Deutschlands erfolgreiche internationale Vermittlerrolle zurückgreifen und somit eine entscheidende Rolle in der Lösungsfindung und -gestaltung einnehmen.[6]

Deutschlands wirtschaftliche Stärke seit der Agenda 2010 der rot-grünen Koalition stellt einen weiteren Vorteil für Deutschland dar. Ab den frühen 2010er Jahren hatte Deutschland, gemessen an wirtschaftlichen Indikatoren wie Handelsüberschuss, Wettbewerbsfähigkeit und geringer Staatsverschuldung, eine Vormachtstellung unter den großen Mitgliedstaaten eingenommen. Seine Wirtschaftskraft und sein Status als bevorzugter Handelspartner vieler Mitgliedstaaten verstärken den Eindruck der Unverzichtbarkeit.

Mittlerweile hat die deutsche Regierung ihren Willen bekundet, eine größere Rolle in der europäischen und globalen Politik zu spielen. Dies deutete sich in einer Reihe von Reden des Präsidenten Joachim Gauck, der Verteidigungsministerin Ursula von der Leyen und des Außenministers Steinmeier auf der Münchener Sicherheitskonferenz im Jahre 2014 an. Weitere Illustrationen des Willens, stärker den Erwartungen an Deutschland entgegenzukommen sind die von Außenminister Steinmeier initiierte „Review 2014 – Außenpolitik Weiter Denken" sowie Zusagen, die Verteidigungsausgaben bis zum Nato-Richtwert von 2 Prozent des Bruttoinlandsprodukts (BIP) zu erhöhen. Gerade weil Deutschlands Aufstieg als unverzichtbare Macht der Europäischen Union vielmehr durch die Abwesenheit von Alternativen denn durch willentliche politische Entscheidungen der deutschen Regierung geschah, kam dieser Rolle eine größere Akzeptanz zu.

Der Ausdruck ‚widerwilliger Hegemon' bringt die wesentlichen Züge der neuen Rolle Deutschlands auf den Punkt. Erstens hebt er hervor, dass Deutschland weder eine Führung noch eine Dominanz in der Europäischen Union anstrebte. Es waren die Partner Deutschlands, die das Land dazu ermutigten, eine größere Rolle einzunehmen. Insbesondere die Äußerung des ehemaligen polnischen Außenminister Radosław Sikorski macht dies deutlich: „Ich fürchte Deutschlands Macht weniger als seine Untätigkeit."[7] Widerwillen ist ein

---

5   Piotr Buras: The Polish-German split: A storm in a teacup? European Council on Foreign Relations, 14.4.2015.

6   Hanns Maull: Germany and the Art of Coalition Building, in: Journal of European Integration 1/2008, S. 131-52.

7   Spiegel Online: SPIEGEL Interview with Polish Foreign Minister. ‚We Want To See the Euro Zone Flourish', 16.5.2012.

Weg, umbeschreiben zu können, wie hinsichtlich institutioneller, politischer und normativer Faktoren ein Graben zwischen den Möglichkeiten und Erwartungen an Deutschlands Europapolitik entstehen können.

Die Koordination der Europapolitik innerhalb der Regierung hat sich zwar zunehmend verbessert. Trotzdem treten hin und wieder Meinungsverschiedenheiten zutage, wie zum Beispiel im Falle des Vorschlags des Finanzministers Wolfgang Schäuble im Juli 2015, Griechenland einen zeitlich begrenzten Ausstieg aus der Eurozone zu ermöglichen. Dieser Vorschlag wurde aber nicht von Kanzlerin Merkel mitgetragen. Ferner forderte Außenminister Steinmeier im Nachgang des britischen Referendums, dass Großbritannien zeitnah die Austrittsverhandlungen nach Artikel 50 des EU-Vertrages beginnen solle, wohingegen Merkel vor überstürzten Aussagen dieser Art warnte. Der vielleicht schwerwiegendste Konflikt innerhalb der Koalition wurde von der Christlich-Sozialen Union (CSU) ausgelöst, indem sie offen gegen die Flüchtlingspolitik der Kanzlerin opponierte. Trotz der Verlagerung vieler politischer Angelegenheiten in den Europäischen Rat, was mit einer Stärkung der Position der Kanzlerin einher ging, halten die Differenzen in der Koalition noch immer an.

Über die Bundesregierung hinaus haben auch andere institutionelle Akteure ihren Einfluss auf die deutsche Europapolitik verstärkt. In solchen Länderangelegenheiten, die von europäischer Politik betroffen sind, haben die Bundesländer ein gewichtiges Mitspracherecht. Das Bundesverfassungsgericht ist, wie bereits zum Lissabonner Urteil erwartet wurde, zu einem entscheidenden Akteur geworden.[8] Nicht zuletzt wurden am Karlsruher Gericht gerade im Laufe der Eurozonenkrise viele Klagen anhängig. Auch die Deutsche Bundesbank konnte während der Eurozonenkrise einen starken Einfluss auf die öffentliche Meinung des Landes nehmen. Die Stärkung parlamentarischer Kontrollmechanismen hat der deutschen Europapolitik schließlich zusätzliche prozedurale Hürden auferlegt.

Auf parteipolitischer Ebene genießt die Europapolitik die Unterstützung einer breiten Koalition, bestehend aus den Sozialdemokraten (SPD), den Grünen sowie der CDU/CSU. Die Parteien Die Linke und Alternative für Deutschland (AfD) befinden sich außerhalb dieses proeuropäischen Konsens. Seitdem die AfD in acht Landesparlamenten vertreten ist und aufgrund ihrer Wahlerfolge in Baden-Württemberg (15,1 Prozent der Stimmen), Rheinland-Pfalz (12,6 Prozent) und Sachsen-Anhalt (24,2 Prozent) im März 2016, hat sie an politischer Bedeutung gewonnen. Mit Blick auf die zunehmenden europapolitischen Differenzen in den Mainstream-Parteien wird ersichtlich, dass auch in Deutschland eine Form der Politisierung der Europapolitik stattgefunden hat.[9]

Die normativen Einschränkungen sind die Folge eines historischen kollektiven Gedächtnisses der europäischen Politik.[10] Eine proeuropäische Grundhaltung ist traditionell tief verwurzelt in der deutschen Politik. Dieses Wertesystem steht dabei im Einklang

---

8   Peter Becker/Andreas Maurer: Deutsche Integrationsbremsen: Folgen und Gefahren des Karlsruher Urteils für Deutschland und die EU, in: SWP-Aktuell Juli/2009.

9   Peter de Wilde/Anna Leupold/Henning Schmidtke: Introduction: the differentiated politicisation of European governance, in: West European Politics 1/2016, S. 3-22.

10   Andrei Markovits/Simon Reich: The German Predicament: Memory and Power in the New Europe, Cornell University Press 1997.

mit Deutschlands außenpolitischen Selbstverständnis als Zivilmacht.[11] Deutschlands Widerwille, eine führende Rolle in der Europäischen Union zu spielen, ist nur eine der Konsequenzen daraus.

Während institutionelle, politische und normative Faktoren diesen Widerwillen des Landes erklären, wirft die Unverzichtbarkeit die Frage nach der Hegemonie Deutschlands erneut auf. Dies soll nicht bedeuten, dass Deutschland ein Hegemon *ist*, sollte doch die europäische Integration genau solche Entwicklungen verhindern – der supranationale Charakter der Europäischen Union soll die Macht einzelner Staaten auf die gesamte Union begrenzen. Doch haben die supranationalen Institutionen mehrfach Schwächen im Krisenmanagement gezeigt.

Die politikwissenschaftliche Literatur hat vier für die Analyse der deutschen Rolle relevante Formen von Hegemonie identifiziert.[12] (1) Verfügt Deutschland über ausreichend viele materielle Machtressourcen, um internationale öffentliche Güter in der Europäischen Union bereitzustellen, und ist es dazu willig? (2) Sind deutsche Ideen und Vorstellungen einflussreich in der Europäischen Union? (3) Genießt eine deutsche Führungsmacht das Vertrauen anderer Mitgliedstaaten und wird Deutschland hierfür mit Legitimität ausgestattet? (4) Erlaubt die deutsche Innenpolitik (ihre Organe, Politik und Normen), diese Rolle anzunehmen?

Die Krise in der Eurozone

Die Krise in der Eurozone brach Ende 2009 aus, als sich in der Europäischen Union das wahre Ausmaß des griechischen Haushaltslochs offenbar wurde. In den folgenden Jahren durchlief die Krise verschiedene Phasen.[13] Die Rettungen einzelner Schuldnerstaaten, eine verstärkte Haushaltsüberwachung, die Ausgestaltung einer Bankenunion, die anhaltenden Probleme in Griechenland und Zukunftsplanungen (wie im sogenannten Fünf-Präsidenten-Bericht) – alle diese Entwicklungen haben die Unverzichtbarkeit Deutschlands untermauert. Dies ist allerdings keine komplett neue Situation, da Deutschland bereits während der anfänglichen Ausgestaltung der Wirtschafts- und Währungsunion eine zentrale Rolle innehatte.[14] Durch das Beharren auf die Unabhängigkeit der Europäischen Zentralbank, die Beschränkung ihres Mandats auf Inflationsstabilisierung und Vertragsbestimmungen, die ,Moral Hazards' vermeiden sollen, wie insbesondere die ,no bail-out'-Klausel nach Art. 125 des Vertrages über die Arbeitsweise der Europäischen Union (AEUV) und das Verbot der Staatsfinanzierung durch die Europäische Zentralbank nach Art. 123 AEUV, hat Deutschland die Wirtschafts- und Währungsunion entscheidend geprägt. Die Wirkungs_losigkeit des von Deutschland initiierten Stabilitäts- und Wachstumspakts hat jedoch auch zur Krise beigetragen.

---

11   Hanns Maull: "Zivilmacht": Ursprünge und Entwicklungspfade eines umstrittenen Konzeptes, in: Sebastian Harnisch/Joachim Schild (Hrsg): Deutsche Außenpolitik und Internationale Führung, Baden-Baden 2014, S. 121-147.

12   Simon Bulmer/William Paterson: Germany as the EU's reluctant hegemon? Of economic strength and political constraints, in: Journal of European Public Policy 10/2013, S. 1387-1405.

13   Für einen ausführlichen Bericht vgl. Franz-Josef Meiers: Germany's Role in the Euro Crisis, Cham/Heidelberg/New York/Dordrecht/London 2015.

14   Kenneth Dyson/Kevin Featherstone: EMU and Economic Governance in Germany, in: German Politics 3/1996, S. 325-355.

Im Verlauf der Krise in der Eurozone hat sich Deutschlands Unverzichtbarkeit in mehreren Aspekten herauskristallisiert. Auf politischer Ebene spielte die deutsch-französische Partnerschaft zu Beginn noch eine zentrale Rolle. Je länger die Krise andauerte und je mehr Staats- und Regierungschefs in EU-Staaten ihre Ämter verloren, umso mehr übernahm doch Merkel die Rolle der politischen Führung in der Union. Deutschlands traditionelle Unterstützung der europäischen Integration spiegelte sich in ihrem Satz „Scheitert der Euro, scheitert Europa" wieder. Infolgedessen konnte Deutschland mit einer Reihe von Initiativen auf die Stabilisierung der Eurozone und die Stärkung des dem ursprünglichen Konstrukt nach dem Vertrag von Maastricht zugrunde liegenden regelbasierten Ansatzes hinwirken. Mit Blick auf die Rettung einzelner Staaten spielte Deutschland als führender Kreditgeber eine entscheidende Rolle, obwohl das Land zunächst aufgrund weitreichender Verflechtungen deutscher Banken mit Schuldnerstaaten auch anfällig war.[15] Im Vergleich zu anderen Staaten der Eurozone war Deutschlands wirtschaftliche Lage dennoch stabil. Statistiken von 2011 legen dies anschaulich dar: Die Arbeitslosigkeit belief sich auf nur 5,9 Prozent, der Leistungsbilanzüberschuss betrug 6,3 Prozent, das Haushaltsdefizit nur 0,8 Prozent und die Staatsverschuldung war in der Nachkriegszeit mit 80,5 Prozent des BIP hoch, aber unter besserer Kontrolle als die Frankreichs und Italiens.[16]

Deutschland ist ein unverzichtbares Land in der Europäischen Union, aber welche Rolle hat das Land eingenommen? Um diese Frage im Rahmen der Krise in der Eurozone beantworten zu können, muss selektiv vorgegangen werden. Das erste griechische Rettungspaket, die Bemühungen um die Stärkung der Haushaltsüberwachung, die Annahme weiterer Bankenregulierungen und das dritte griechische Rettungspaket im Jahre 2015 dienen hier als Fallbeispiele.

Im Laufe der ersten heißen Phase der Griechenlandrettung im Frühling 2010 kann Deutschlands Rolle als zögerlich beschrieben werden. Erik Jones vertritt die Auffassung, dass eben diese Verzögerungen zum einen deutlich höhere Kosten für spätere Rettungsmaßnahmen verursacht, zum anderen der Krise auch eine solche Schwungkraft gegeben hatten, dass sich somit auch andere Staaten ansteckten.[17] Ulrich Beck beschrieb „die Kunst des Zögerns als Mittel des Zwangs" als wesentlichen Bestandteil der Krisendiplomatie Merkels: „Merkiavellianismus".[18] Doch gibt es auch andere Erklärungen für die deutsche Zögerlichkeit. Einerseits steht sie im Einklang mit Merkels generell bedachten Politikstil, andererseits wollte die Bundesregierung, um ‚Moral Hazards' zu verhindern, nur im Falle einer veritablen Systemkrise handeln. Finanzielle Unterstützung sollte nicht zu einfach gewährt werden, sondern an strenge Regeln geknüpft sein, damit kein Präzedenzfall geschaffen würde. Die Landtagswahlen im bevölkerungsreichsten Bundesland Nordrhein-Westfalen am 9. Mai 2010 waren möglicherweise auch ein Faktor in den Überlegungen der Bundesregierung. Der Gesamteindruck war jedoch, dass Deutschland als widerwilliger Hegemon agierte.

---

15 Helen Thompson: Germany and the Euro-Zone Crisis: The European Reformation of the German Banking Crisis and the Future of the Euro, in: New Political Economy 6/2015, S. 851-870.

16 Simon Bulmer: Germany and the Eurozone: Between Hegemony and Domestic Politics, in: West European Politics 6/2014, S. 1244-1263, hier: S. 1252-1253.

17 Erik Jones: Merkel's Folly, in: Survival 3/2010, S. 21-38.

18 Ulrich Beck: German Europe, Cambridge/Malden 2013, S. 52 (dt. Originalausgabe: Ulrich Beck: Deutsches Europa, Berlin 2012).

Als die Aufmerksamkeit sich auf striktere Haushaltsregeln richtete, war Deutschland abermals unverzichtbar. Zuerst machte es deutlich, dass eine Schuldenvergemeinschaftung durch Eurobonds inakzeptabel sei. Stattdessen wurden im Jahre 2011 mit Unterstützung von Präsident Sarkozy eine Reihe von Maßnahmen verabschiedet, die überwiegend den deutschen Präferenzen entgegenkamen. Haushaltsregeln wurden verschärft, vor allem durch die Einführung der Zielvorgabe ausgeglichener Staatshaushalte und einer Schulden-bremse für Staaten, deren Verschuldung 60 Prozent des BIP übersteigt. Die Maßnahmen wurden durch EU-Gesetzgebungen und den Europäischen Fiskalpakt in Rechtsform gegos-sen. In dieser Phase kam Deutschland zugleich eine Veto- (keine Eurobonds) und Gestal-tungsmacht zu. Letztere drückte sich durch die regelbasierten Konzepte des deutschen Ordoliberalismus aus. Angesichts der öffentlichen Kritik, den Ansichten der Bundesbank und den drohenden Klagen vor dem Bundesverfassungsgericht übte die Bundesregierung auch Druck auf das Regime zur Haushaltsüberwachung aus. Somit konnte sie den innen-politischen Druck für ihre Eurozonen-Diplomatie nutzen und sich gleichzeitig die Zustim-mung in Deutschland sichern. Das Ergebnis der Verhandlungen hatte große Ähnlichkeiten mit den deutschen Interessen. Die Gegner der Austeritätspolitik warfen Deutschland die Rolle als ideologischer Hegemon vor.

Die Gestaltung der Bankenunion folgte allerdings einem anderen Pfad. Deutschland wollte durch die Bankenunion den Teufelskreis zwischen Staaten und Banken brechen und Rettungen von Banken in anderen Mitgliedstaaten vermeiden. Im Gegensatz zu den beiden zuvor genannten Beispielen fanden die Verhandlungen hierzu im Rahmen des vertrags-mäßigen Gesetzgebunsprozesses der Europäischen Union statt. Deutschland konnte zwar einige seiner Forderungen durchsetzen, war dabei aber auch gelegentlich isoliert.[19] Verhandlungen auf supranationaler Ebene schmälern die Chancen eines Staates; anders als bei den zuvor beschriebenen intergouvernementalen Beispielen ist der Einfluss eines einzelnen Staates geringer. Die Kritik an der deutschen Hegemonie blieb daher aus.

Das abschließende Beispiel stellt die dritte Griechenlandrettung dar. Da Deutschland weiterhin auf strengere Bedingungen für ein weiteres Rettungspaket beharrte, war Finanz-minister Schäubles Vorschlag über ein temporäres Ausscheiden Griechenlands aus der Eurozone ein starkes Mittel der Erpressung.[20] Auch wenn Kanzlerin Merkel diesen Vorschlag nicht in die Tat umsetzte, wurde Schäubles Androhung von allen Seiten scharf kritisiert. Die Reaktion des italienischen Premierministers Matteo Renzi war, „genug ist genug",[21] und sogar der deutsche Philosoph Jürgen Habermas warf ihm vor, dass dies dem politischen Vertrauen in Deutschland geschadet hat: „Durch ihre Drohung hat die Bundes-regierung zum ersten Mal ihren hegemonialen Anspruch offenbart – zumindest ist dies so im Rest Europas wahrgenommen worden und nur das ist die Realität, die zählt."[22]

Obwohl die Drohung nicht umgesetzt wurde, gab Schäubles Äußerung den Anlass, Deutschland als Hegemon in Europa wahrzunehmen. Was die deutsche Vormachtstellung in Europa betrifft, war das deutsche Drängen auf verstärkte Haushaltsüberwachung und fiskalpolitische Regeln doch viel ausschlaggebender. Die Entstehung der Bankenunion

---

19 Rachel Epstein/Martin Rhodes: International in Life, national in Death? Banking Nationalism on the Road to Banking Union, Working paper no. 61, Free University of Berlin, KFG The Transformative Power of Europe 2014.
20 Der Vorschlag ist abrufbar unter: http://www.spiegel.de/media/media-37108.pdf (letzter Zugriff: 21.7.2016).
21 Spiegel Online: Italiens Premier Renzi gegen Schäuble: "Genug ist genug", 12.7.2015.
22 The Guardian: Jürgen Habermas's verdict on the EU/Greece debt deal – full transcript, 16.7.2015.

zeigte aber, dass die Gemeinschaftsmethode die Sorgen um eine deutsche Hegemonie lindern kann. Insgesamt zeigt die Krise in der Eurozone, dass sich Deutschlands Rolle im Verlauf der Krise verändert hat. Nachdem es zuerst ein widerwilliger Hegemon war, spielte Deutschland später eine aktivere Rolle, um seine fiskalpolitischen Vorstellungen für die Zukunft der Eurozone einzubringen. Sein Leistungsbilanzüberschuss von 8,5 Prozent des BIP im Jahre 2015 ist jedoch ein deutlicher Indikator für ein ernstzunehmendes in der Europäischen Union bestehendes Ungleichgewicht.[23]

Die Migrationskrise

Die ersten Symptome einer Migrationskrise waren die unaufhörlichen Flüchtlingsbewegungen aus den subsaharischen Gebieten Afrikas über das Mittelmeer nach Italien. Mit der Implosion Syriens erhöhten sich die Flüchtlingszahlen vor allem in Griechenland dramatisch. Im August 2015, als Flüchtlinge sich in Richtung der österreichischen Grenze aufmachten, erreichte die Krise auch Ungarn. Weder die EU-Institutionen noch die ungarische Regierung waren in der Lage, dieser Krisensituation zu begegnen. Als sich die Lage gemessen an den Flüchtlingszahlen, aber auch an den humanitären Umständen zunehmend verschlechterte, intervenierte Kanzlerin Merkel zu einem Zeitpunkt, als ihre Autorität in der Europäischen Union einen Höhepunkt erreicht hatte. Als unangefochtene Parteivorsitzende wurde ihre Position durch die Wirtschaftsstärke Deutschlands gestützt.

Mit ihrem „Wir schaffen das" zeigte Kanzlerin Merkel im August 2015 moralische Führung. Die innenpolitische öffentliche Meinung war anfänglich wohlmeinend und Flüchtlinge wurden herzlich aufgenommen. Vor dem Hintergrund der sich zunehmend anbahnenden demographischen Krise waren auch die Zukunft des Wohlfahrtsstaates und Industriestandortes Deutschland Beweggründe für die deutsche Offenheit. Merkel war überzeugt, dass ihr erfahrenes Kanzleramt mit der Krise umgehen könnte. In den folgenden sechs Monaten behauptete sich das Kanzleramt in der Gestaltung der Migrationspolitik gegen das Innenministerium.[24]

Deutschlands Unverzichtbarkeit wurde auch in der Migrationskrise evident. Indem sie in der Migrationskrise entschieden vorging, zeigte Merkel keine Anzeichen jenes Widerwillens, das für ihr Handeln in den vorangegangen Krisen so charakteristisch war. Ferner verzichtete sie auch weitgehend auf Konsultationen mit ihren europäischen Partnern, was sonst ein wesentlicher Bestandteil deutscher Europolitik ist. Nur der österreichische Kanzler Werner Faymann wurde konsultiert. Merkel erkannte, dass die Europäische Union mit der Flüchtlingsproblematik einer Krise gegenüber stand, für die kurzfristig keine supranationalen Lösungen zu finden waren. Dementsprechend übernahm Deutschland, sozusagen als letztes Mittel, die Rolle von Europas liberalem Hegemon, indem es solange als letzter Zufluchtsort für Flüchtlinge einspränge, bis die Europäische Union es schaffe, einen multilateralen Lösungsansatz für diese Krise zu finden.[25]

Doch das Andauern der Krise bereitete Kanzlerin Merkel zunehmend Probleme. Denn Unterstützung ist ein zentrales Element, um Hegemonie auszuüben. Anders als in den vorherigen Krisen waren die Mehrzahl der Mitgliedstaaten nicht bereit, Deutschland in seiner Politik zu folgen. Die Bundesregierung hatte angenommen, dass die anderen

23 Gavyn Davies: The German balance of payments quandary, in: Financial Times, 10.7.2016.
24 Maurizio Ferrera: The Germanization of Europe, in: EuVisions, 7.7.2016, abrufbar unter: http://www.euvisions.eu/the-germanization-of-europe/ (letzter Zugriff: 4.10.2016).
25 Thorsten Benner: Europe's Lonely Liberal Hegemon, in: Politico, 3.2.2016, abrufbar unter: http://www.politico.eu/article/merkel-shock-refugee-crisis-germany-policy-europe/ (letzter Zugriff: 4.10.2016).

Mitgliedstaaten, die von Deutschland geschaffenen vollendeten Tatsachen und damit die Verteilungsquotenregelung akzeptieren würden. Viele der Mitgliedstaaten weigerten sich jedoch die Quotenregelung und Flüchtlingspolitik Deutschlands, zu der sie nicht konsultiert worden waren, zu akzeptieren. Der Versuch der Europäischen Kommission mit Unterstützung Deutschlands und Frankreichs eine verpflichtende Verteilung von 160.000 Flüchtlingen EU-weit anzuordnen, wurde von den osteuropäischen Staaten kategorisch abgelehnt und traf auch in anderen Hauptstädten auf wenig Zustimmung. Zunehmender Nationalismus in den Visegrád-Staaten sowie schwelender Unmut über die Krise der Eurozone in den südeuropäischen Schuldnerstaaten sind ursächlich für diesen Widerstand. Auch wurden keine finanziellen Anreize für diese Staaten geschaffen, um sie von ihren bestehenden Positionen abzubringen. Das Verteilungssystem für Flüchtlinge mag für Deutschland gut funktionieren. Dort ist aber die Solidarität stärker als in anderen Mitgliedstaaten ausgeprägt.

In dieser immer sichtbarer werdenden Krise der Gefolgschaft fehlte es Deutschland außerdem an wirkungsvollen Instrumenten. Merkels Einmischung sollte eine Lösung kurzfristiger Natur schaffen, bis eine nachhaltige Lösung auf europäischer Ebene gefunden werden könnte. Doch Merkel gelang es nicht, ein ausreichend überzeugendes ideelles Motiv hervorzubringen. Die Bundesregierung war nicht bereit, nach Übernahme der Rolle des liberalen Hegemons neben den innenpolitischen Kosten auch noch finanzielle Anreize für ihre europäischen Partner zu schaffen. Bestrebungen, den osteuropäischen Staaten mit finanziellen Sanktionen wie einer Senkung ihrer Fördermittel zu drohen, wurden zeitnah aufgegeben. Deutschlands neue Rolle als liberaler Hegemon stellte sich als Überschätzung der eigenen Kapazitäten heraus.

Je länger die Migrationskrise andauerte, umso mehr nahm die innenpolitische Zustimmung für die Politik der Bundesregierung ab. Die CSU beendete ihre anfängliche Unterstützung rasch, nachdem die Flüchtlingszahlen in der zweiten Jahreshälfte 2015 weiter angestiegen waren. Ihre Forderung nach sicheren EU-Außengrenzen, verstärkten Grenzkontrollen und einer jährlichen Obergrenze für Flüchtlinge von 200.000 sorgte für erheblich schlechte Stimmung in der großen Koalition. Deutlich größerer innenpolitischer Druck wurde durch das Erstarken der AfD ausgeübt, die sich als Anti-Einwanderungspartei mit großem Erfolg auf Länderebene profilierte. Die Wahlerfolge der AfD im März 2016 gingen einher mit einer Verschärfung der deutschen Flüchtlingspolitik. Hierzu zählen Maßnahmen wie die Vereinfachung des Asylverfahrens, um abgelehnte Asylsuchende schneller abschieben zu können, sowie eine Erweiterung der Liste der sicheren Herkunftsländer.

Während der Eurozonenkrise legte Merkel große Sorgfalt an den Tag, um mit der öffentlichen Meinung im Einklang zu bleiben. Während ihre Flüchtlingspolitik zu Anfang vielerorts befürwortet wurde, hat sich angesichts des andauernden Flüchtlingszustroms Widerstand formiert. Die Ablehnung gegenüber der Politik der Bundesregierung nahm infolge der Ereignisse am Kölner Hauptbahnhof vom 31. Dezember 2015 verstärkt zu, als Gruppen junger Männer, vermeintlich Migranten, Frauen sexuell belästigten und nötigten.

Die gemischten Reaktionen auf Deutschlands Versuch, in die Rolle des liberalen Hegemons zu schlüpfen, endeten mit der Auslagerung des Problems vor die EU-Außengrenzen in die Türkei in Form der Erklärung EU-Türkei – ein ‚Cash for Cooperation'-Deal, der im März 2016 beschlossen wurde. Damit sah sich unter anderem Deutschland dem Risiko eines ‚Moral Hazard' ausgesetzt, da der türkische Präsident Recep Tayyip Erdoğan sein neues Machtpotential ausnutzen könnte, um weitere Forderungen an Europa zu stellen. Obwohl sich die Flüchtlingszahlen durch den Deal spürbar verringert hatten, steht die Kanzlerin vor weiteren großen Herausforderungen im In- und Ausland.

Eine Reihe von aufsehenerregenden Ereignissen im Juli 2016 haben zu einer erneuten Welle der Kritik an Kanzlerin Merkel und ihrer Flüchtlingspolitik geführt. Der Axtangriff eines afghanischen Flüchtlings in einem Regionalzug in der Nähe von Würzburg, der Selbstmordanschlag in Ansbach, die Ermordung von neun Menschen in einem Münchner Einkaufszentrum durch einen Deutsch-Iraner und die Tötung einer schwangeren Frau auf offener Straße durch einen syrischen Flüchtling haben das Vertrauen der Bevölkerung erschüttert. Auf internationaler Ebene verlangt die Türkei, dass die Europäische Union die in der Erklärung EU-Türkei versprochene Visaliberalisierung umsetzt. Politische Parteien in Deutschland wie auch die Institutionen der Europäischen Union widersetzen sich jedoch dieser Forderung. Sie betonen, dass die Türkei einige der in der Erklärung als Bedingung für die Visaliberalisierung verankerten Reformen nicht umgesetzt habe. Der gescheiterte Staatsstreich in der Türkei Mitte Juli 2016 und die darauffolgenden Repressionen durch die Regierung Erdoğan vergifteten die Beziehungen zwischen beiden Ländern. Sollte sich die Erklärung als untragbar erweisen, wäre Deutschland wohl oder übel dazu gezwungen, seinen Partnern materielle Anreize bereitzustellen, angefangen mit einer bedeutsamen finanziellen Unterstützung Griechenlands, um dort die humanitäre Krise bewältigen zu können.

Trotz dieser noch nie dagewesenen Herausforderungen ist es der Bundesregierung gelungen, ein gewisses Maß an Kontrolle und Stabilität zu erhalten. Die Umfrageergebnisse für die etablierten Parteien sind relativ konstant, wohingegen die AfD im August an Unterstützung verloren hatte und laut Umfragen nur noch auf 12 Prozent der Zustimmungswerte kam.[26] Die Widerstandsfähigkeit der deutschen Politik könnte jedoch durch neuerliche (bewaffnete) Angriffe oder durch einen aus einer möglichen Aufkündigung der Erklärung EU-Türkei resultierenden Anstieg der Flüchtlingszahlen wieder auf die Probe gestellt werden.[27] Bis dato hat sich Merkels Vertrauen in die innenpolitische Unterstützung und den deutschen Verwaltungsapparats als richtig erwiesen.

Die Höhepunkte der Flüchtlingskrise liegen näher zurück als die Tumulte während der Eurozonenkrise, insofern basiert diese Analyse auf einem kürzeren Zeitfenster. Nichtsdestotrotz und ohne die Rolle der Finanzmärkte in der Eurozonenkrise zu unterschätzen, stechen dennoch die andauernden Flüchtlingsbewegungen und das Ausmaß der Abhängigkeit von der Türkei besonders heraus. Ebenso offensichtlich sind die Bemühungen Merkels, die Rolle des liberalen Hegemons in der Europäischen Union zu übernehmen und sich für eine humanitäre Lösung einzusetzen. Diese Haltung steht in einem deutlichen Gegensatz der zuvor beschriebenen Rolle des widerwilligen Hegemons.

---

26   ARD: Deutschlandtrend, 4.8.2016.
27   Daniela Schwarzer: Germany is reacting to the attacks with calm – so far, in: Financial Times, 26.7.2016.

Fazit

Ob beabsichtigt oder nicht, die Krise in der Eurozone sowie die Ukraine- und Migrationskrisen haben Deutschland mangels Alternative zu einem unverzichtbaren Akteur in der Europäischen Union gemacht.[28] Die Rolle Deutschlands variierte jedoch während und zwischen den Krisen. Zu Beginn wurde Deutschland als widerwilliger Hegemon charakterisiert. Nach einer genaueren Betrachtung dieser Annahme wurden vier Auslegungen dieser Hegemonie bemüht, um die Rolle Deutschlands abschließend zu erklären.

Deutschland hat zwar die nötigen politischen und wirtschaftlichen Ressourcen, um die führende Rolle in der Europäischen Union zu übernehmen, doch sollten das Ausmaß und die Stärke des Landes nicht überbewertet werden. Lediglich während der Migrationskrise und der Androhung eines temporären Ausschlusses Griechenlands aus der Eurozone wurden Hegemonialbestrebungen Deutschlands offenbar. Selten hat es Mittel in einem solchen Ausmaß zur Verfügung gestellt wie es die USA mit den Nachkriegskrediten getan hat und es von der ‚hegemonic stability theory‘ auch angenommen wird.[29] Dies war nur in begrenztem Maße durch Deutschlands Garantien im Stabilitätsmechanismus zu beobachten. Vielmehr hat Deutschland die Regeln bestimmt, und zwar zugunsten einer kosteneffizienten Strategie, die die Anpassungslast auf andere überträgt.

Die Regeln führten zu einer verschärften Haushaltsüberwachung, wie es damals für die Konstruktion der Wirtschafts- und Währungsunion nach dem Vertrag von Maastricht auch vorgesehen wurde. Für Schuldnerstaaten wurden durch den Zugang zu Rettungshilfen Anreize geschaffen, diese Regeln auch zu befolgen. Das auf dem Ordoliberalismus beruhende Regelkonstrukt beruhigte die kritischen Stimmen aus der Bundesbank, minimierte das Risiko einer Einmischung des Bundesverfassungsgerichts und erhielt auch größeren öffentlichen Zuspruch. Diese Herangehensweise war in der Flüchtlingskrise allerdings weniger erfolgreich. In einer Phase, die durch Souveränitätsreflexe der Mitgliedstaaten geprägt war, kam die deutsche Idee, den in Deutschland praktizierten Verteilungsschlüssel von Flüchtlingen auf die EU-Ebene zu übertragen, bei vielen EU-Partnern wenig überzeugend an, da weder notwendige Verbindlichkeiten verfügbar waren noch die Bundesregierung bereit war, signifikante finanzielle Anreize zu schaffen. Das Ausbleiben von Konsultationen, bevor Deutschland die Rolle des liberalen Hegemonen im August 2015 übernahm, hat zu deutlichen Differenzen zwischen Deutschland und seinen Partnern in der Europäischen Union geführt. Deutschlands Politik hatte deutlich weniger Unterstützer gefunden und daher im Vergleich zur Krise in der Eurozone an Legitimität eingebüßt.

Auch die ideelle Hegemonie brachte gegensätzliche Erkenntnisse zutage. Während der Krise in der Eurozone liegen deutsche Prinzipien dem strategischen Fahrplan zugrunde, der das System der Haushaltsüberwachung verbessern sollte. Diese Leitideen und Überzeugungen stimmten mit dem Konstrukt der Eurozone überein, das auch alle Mitgliedstaaten bewahren wollten. Gleichermaßen teilen alle Mitgliedstaaten humanitäre Prinzipien, doch unterscheiden sich ihre Ansichten, wie diese verfolgt werden sollten. Insbesondere osteuropäische Staaten haben eine andere, restriktive Sicht auf Multikulturalismus, sodass Deutschlands ideeller Einfluss deutlich eingeschränkt war. Folglich war es den Mitgliedstaaten im Fall der Migrationskrise möglich, deutsche Vorschläge zur Flüchtlingspolitik zu

---

28   Josef Janning: German foreign policy and the EU: leader by default?, European Council on Foreign Relations, 5.2.2015.
29   Simon Bulmer/William Paterson: Germany as the EU's reluctant hegemon? Of economic strength and political constraints, in: Journal of European Public Policy 10/2013, S. 1390-1391.

blockieren, wohingegen das aufgrund fehlender Alternativen und der Schwäche der Schuldnerstaaten während der Eurozonenkrise nicht gelang – selbst die von Syriza geführte griechische Regierung willigte schlussendlich in die Bedingungen für die EU-Hilfsmaßnahmen ein.

Auch brachten diese beiden Fälle interessante Gegensätze bezüglich der notwendigen öffentlichen Unterstützung für die deutsche Führungsrolle hervor. Institutionelle Zwänge und die öffentliche Meinung bekräftigten die deutsche Position während der Krise in der Eurozone, wohingegen die gleichen Faktoren während der Migrationskrise die Ausgangslage der Bundesregierung verkomplizierten. Einwände der CSU haben zu Spannungen innerhalb der Koalition geführt. Während keine Partei links der CDU substanzielle Kritik an Merkels Politik äußerte, hat die AfD rechts von ihr aus den Ängsten der Bevölkerung besonders nach den Silvesterereignissen in Köln Kapital schlagen können. Nichtsdestotrotz hat Kanzlerin Merkel ihre bestehende Politik nach den Übergriffen im Juli 2016 verteidigt.

Deutschland hat sich in den Krisen anfänglich als widerwilliger Hegemon gezeigt, Regeln gesetzt, Stabilität gewährt und schlussendlich als liberaler Hegemon agiert, aber wenig an öffentlichen Gütern zur Verfügung gestellt. Doch die Aussicht auf eine Lösung der Krisen bleibt ungewiss. Der deutsche Einfluss hat die Krise in der Eurozone einstweilen entschärft, die Tauglichkeit des exportorientierten Rezepts für import- orientierte Länder ist jedoch weiter umstritten. Langfristig sind Deutschlands erheblichen Handelsbilanzüberschüsse nicht mit einem wirtschaftlichen stabilen System in der Europäischen Union kompatibel. Mit Blick auf die Migrationskrise bleiben die innenpolitischen Entwicklungen sowohl in der Türkei als auch in Syrien unberechenbar, selbst wenn sich die Europäische Union auf eine gemeinsame Linie einigen könnte. In der Bewältigung dieser beiden komplexen Krisen spielt Deutschland eine entscheidende und unverzichtbare Rolle. Die Brexit-Verhandlungen werden Deutschlands Unverzichtbarkeit, nicht zuletzt symbolisiert durch Premierministerin Theresa Mays Entscheidung, Deutschland als erstes Land zu besuchen, erneut herausstreichen.

Weiterführende Literatur

Katrin Böttger/Mathias Jopp (Hrsg.): Handbuch der deutschen Europapolitik, Baden-Baden 2016.

Simon Bulmer: Germany and the Eurozone: Between Hegemony and Domestic Politics, in: West European Politics 6/2014, S. 1244-1263.

Simon Bulmer/William Paterson: Germany as the EU's reluctant hegemon? Of economic strength and political constraints, in: Journal of European Public Policy 10/2013, S. 1387-1405.

Simon Bulmer/William Paterson: Germany and the Crisis: Asset or Liability?, in: Desmond Dinan/Neill Nugent/William Paterson (Hrsg): The European Union in Crisis, Basingstoke (im Erscheinen).

William Paterson: The Reluctant Hegemon? Germany Moves Centre Stage in the European Union, in: Journal of Common Market Studies Annual Review/2011, S. 57-75.

2. Die Institutionen der Europäischen Union

Die institutionelle Architektur der Europäischen Union

Wulf Reiners / Wolfgang Wessels

Die rasch steigenden Flüchtlingszahlen im Sommer 2015, das Verhältnis zur Türkei und das Referendum über den Austritt des Vereinigten Königreichs aus der Europäischen Union waren zentrale Themen auf europäischer Bühne, mit denen sich Mitgliedstaaten und EU-Institutionen im vergangenen Jahr zu beschäftigen hatten. Die Suche nach Antworten auf diese Herausforderungen sowie politischen Entwicklungen im Schatten der Krisen zeigte Auswirkungen auf die institutionelle Architektur der Europäischen Union. Wie stellt sich im Herbst 2016 das institutionelle Gleichgewicht[1] auf europäischer Ebene dar? Sind die Ereignisse mit einer Neukonfiguration der rechtlichen und politischen relativen Macht- und Zuständigkeitsverteilung im Berichtszeitraum zwischen Juli 2015 und Juni 2016 einhergegangen? Auch veränderte „Koalitionen" zwischen den Mitgliedstaaten sind zu beobachten.

Veränderungen im EU-Gefüge können entlang von Konflikt- und Kooperationsmodellen[2] analysiert werden, die dabei helfen, anhand von „supranationalen" und „intergouvernementalen" Elementen „Gewinner" und „Verlierer" in der Architektur auszumachen: Ein Modell stellt den Europäischen Rat im EU-Hierarchiegefüge im Sinne eines „Prinzipals"[3] als entscheidende Führungskraft über die anderen Institutionen der Europäischen Union, denen letztlich nur die Rolle zufällt, den Interessen der Staats- und Regierungschefs zu dienen. Ein anderes Modell versteht das institutionelle Gefüge als parlamentarisches System, in dem Kommission, Parlament und Rat durch ihre Aufgaben im Gesetzgebungsverfahren das Zentrum des Zusammenwirkens bilden. Ein drittes Modell stellt Europäischen Rat und Europäisches Parlament als stärkste Gegenspieler im institutionellen Wettbewerb gegenüber, der durch die Kommission moderiert wird. Im Überblick über verschiedene Politikbereiche ist zudem eine Gleichzeitigkeit und Kombination der drei skizzierten Modelle denkbar.

---

1   Zum Begriff der „institutional balance" vgl. auch Jörg Monar: The European Union's institutional balance of power after the Treaty of Lisbon, in: European Commission (Hrsg.): The European Union after the Treaty of Lisbon – Visions of leading policy-makers, academics and journalists, Brussels 2011, S. 1-22; Jean-Paul Jacqué: The Principle of Institutional Balance, in: Common Market Law Review 41/2004, S. 383-391.

2   Wulf Reiners/Wolfgang Wessels: Nach Lissabon: Auf der Suche nach einem neuen Gleichgewicht in der institutionellen Architektur der EU, in: Werner Weidenfeld/Wolfgang Wessels (Hrsg.): Jahrbuch der Europäischen Integration 2011, Baden-Baden 2012, S. 47-52, hier: S. 51/52; Vgl. auch Wolfgang Wessels: The European Council, Basingstoke 2016, hier: Kapitel 6.

3   Zum Prinzipal-Agent-Modell siehe unter anderem Hussein Kassim/Anand Menon: The principal-agent approach and the study of the European Union: promise unfulfilled?, in: Journal of European Public Policy 1/2003, S. 121-139; Mark A. Pollack: The Engines of European Integration: Delegation, Agency, and Agenda Setting in the EU, Oxford 2003.

Flüchtlingskrise: Konflikte um „Dublin" und „Schengen"

Vor dem Hintergrund schnell steigender Zahlen vornehmlich in Griechenland landender Flüchtlinge aus dem Nahen Osten, Zentralasien und Nordafrika ab Sommer 2015 versuchte die Europäische Union mit einer Reihe von Maßnahmen, der unübersichtlichen Lage Herr zu werden. Nachdem der Europäische Rat bereits im Juni eine notfallmäßige Umverteilung und Neuansiedlung beschloss,[4] brachte die Kommission im September weitere Vorschläge für eine Flüchtlingsumsiedlung[5] und einen neuen dauerhaften Mechanismus mit Umverteilungsschlüssel zwischen allen Mitgliedstaaten[6] in Ergänzung zum bestehenden Dublin-System ein.[7] Die Diskussionen und Abstimmungen im Rat offenbarten erhebliche Differenzen zwischen den Mitgliedstaaten und gerieten zu einer politischen Zerreißprobe für die Europäische Union als Ganzes. So wurde im Zuge der heftig umstrittenen Mehrheitsentscheidung im Rat über die Umverteilung der Flüchtlinge gegen die Stimmen Ungarns, Tschechiens, der Slowakei und Rumäniens die Frage berührt, ob die Europäische Union in einem kritischen Punkt wie der Flüchtlingsverteilung überhaupt zu Mehrheitsentscheidungen berechtigt sei.[8] Die überstimmten Mitgliedstaaten Slowakei und Ungarn reichten daraufhin Klage beim Gerichtshof der Europäischen Union ein, mit dem Ziel, die Entscheidung des Rates für nichtig erklären zu lassen.[9] Darüber hinaus scheiterte der Versuch einer Gruppe von Mitgliedstaaten um Deutschland, die Niederlande, Schweden und Österreich, einen dauerhaften Umsiedlungsmechanismus gemäß einer Quote zu erreichen.[10]

---

4   Europäischer Rat: Tagung vom 25./26. Juni 2015, Schlussfolgerungen, S. 1-3; Siehe auch David Schäfer/Wolfgang Wessels: Europäischer Rat in diesem Buch.

5   Europäische Kommission: Vorschlag für einen Beschluss des Rates zur Einführung von vorläufigen Maßnahmen im Bereich des internationalen Schutzes zugunsten von Italien, Griechenland und Ungarn, COM(2015) 451; Europäische Kommission: Flüchtlingskrise: die Europäische Kommission handelt – Fragen und Antworten. Dok. MEMO/15/5597, 9. September 2015; Siehe auch Andreas Hofmann: Europäische Kommission in diesem Buch.

6   Mit Ausnahme von Dänemark, Großbritannien und Irland aufgrund von Sonderregelungen im Bereich Innen- und Justizpolitik.

7   Europäische Kommission: Vorschlag für eine Verordnung des Europäischen Parlaments und des Rates zur Einrichtung eines Umsiedlungsmechanismus für Krisensituationen und zur Änderung der Verordnung (EU) Nr. 604/2013 des Europäischen Parlaments und des Rates vom 26. Juni 2013 zur Festlegung der Kriterien und Verfahren zur Bestimmung des Mitgliedstaats, der für die Prüfung eines von einem Drittstaatsangehörigen oder Staatenlosen in einem Mitgliedstaat gestellten Antrags auf internationalen Schutz zuständig ist, COM(2015) 450.

8   Barbara Lippert: Mehrheitsentscheidungen sind keine leere Drohung, SWP Kurz Gesagt, 29.9.2015, abrufbar unter: http://www.swp-berlin.org/de/publikationen/kurz-gesagt/mehrheitsentscheidungen-in-der-eu-sind-keine-leere-drohung.html (letzter Zugriff am 10.10.2016); Siehe auch Nicolai von Ondarza: Rat der Europäischen Union in diesem Buch.

9   Gerichtshof der Europäischen Union: Klage, eingereicht am 2. Dezember 2015 – Slowakische Republik/Rat der Europäischen Union, Rechtssache C-643/15, in: Amtsblatt der EU C38, 1. Februar 2016, S. 41; Gerichtshof der Europäischen Union: Klage, eingereicht am 3. Dezember 2015 – Ungarn/Rat der Europäischen Union, Rechtssache C-647/15, in: Amtsblatt der EU38, 1. Februar 2016, S. 43; Siehe auch Hofmann: Europäische Kommission, 2016.

10   Das Vorhaben ist aber im Rahmen einer grundsätzlicheren Reform der Dublin-Verfahren noch im Gespräch. Vgl. Janis A. Emmanouilidis: Europe's Reactive and Protective Muddling Through: The Results of a Summit in Fire Fighting Mode, EPC Post-Summit Analysis, Brüssel 2015, S. 6; Europäische Kommission: Vorschlag für eine Verordnung des Europäischen Parlaments und des Rates vom 26. Juni 2013 zur Festlegung der Kriterien und Verfahren zur Bestimmung des Mitgliedstaats, der für die Prüfung eines von einem Drittstaatsangehörigen oder Staatenlosen in einem Mitgliedstaat gestellten Antrags auf internationalen Schutz zuständig ist, COM(2016) 270; Mehr dazu in Schäfer/Wessels: Europäischer Rat und Hofmann: Europäische Kommission, 2016.

Die Beratung von Vorschlägen in Kleingruppen von gleichgesinnten Mitgliedstaaten war in der kontroversen Flüchtlingsproblematik ein häufig zu beobachtender Ansatz. Die Treffen der Anrainerstaaten der Flüchtlingsroute über den Westbalkan und der Visegrád-Gruppe sowie der von Österreich organisierte Flüchtlingsgipfel im Herbst 2016 belegen diesen Trend. Das Phänomen von Interessenkoalitionen hat es in der Geschichte der europäischen Integration zwar stets gegeben, die Vielzahl an unterschiedlichen kleineren Bündnissen ist jedoch ein Hinweis auf besonders deutliche Meinungsverschiedenheiten. Reibungen wurden in diesem Zusammenhang auch zwischen den EU-Institutionen in Person von Kommissionspräsident Jean-Claude Juncker und dem Präsidenten des Europäischen Rates Donald Tusk sichtbar. So kritisierte Juncker unter anderem den Entwurf für Beschlüsse des Europäischen Rates im März 2016 zur „Schließung der Balkanroute" und positionierte sich gegen Tusk, als dieser entgegen der Linie der deutschen Bundeskanzlerin ein Umsteuern in der europäischen Flüchtlingspolitik forderte.[11]

Neben Umverteilung und Neuansiedlung gehörte die Verstärkung des Schutzes der EU-Außengrenzen zur Strategie der Europäischen Union, um die Flüchtlingszahlen zu reduzieren. In diesem Bereich schlug die Kommission unter anderem den Aufbau einer Europäischen Agentur für Grenz- und Küstenschutz vor, die aus der bestehenden Agentur für die operative Zusammenarbeit an den EU-Außengrenzen (FRONTEX) hervorgegangen ist.[12] Als drittes Element bemühte man sich um die Zusammenarbeit mit Herkunfts- und Transitländern, insbesondere der Türkei. Unter wesentlicher Mitwirkung der niederländischen Ratspräsidentschaft und Deutschlands verständigten sich die Staats- und Regierungschefs mit der Türkei auf eine Vereinbarung zur Sicherung der türkisch-griechischen Grenze und einen Rücküberführungs- und Austauschmechanismus für Flüchtlinge. Das Abkommen befasste sich mit vielfältigen Aspekten der EU-Türkei-Beziehungen[13] und brachte mit der Einrichtung regelmäßiger Spitzentreffen zwischen der Europäischen Union und der türkischen Regierung auch eine institutionelle Neuerung in den EU-Außenbeziehungen. Es wird zu verfolgen sein, inwieweit deren Umsetzung ein Ausgangsmodell für zukünftige EU-Beziehungen mit dem Vereinigten Königreich (siehe unten) sein wird.

Brexit-Referendum: Fragen nach dem Wie und dem Warum

Als nächste scheinbar existentielle Krise wurde die Flüchtlingsproblematik nach dem 23. Juni 2016 durch das Ergebnis von 51,9 Prozent bei der Volksabstimmung im Vereinigten Königreich für den Austritt aus der Europäischen Union abgelöst. Potentielle Einflüsse auf die institutionelle Architektur ergaben sich jedoch bereits vor dem Referendum im Zuge der Verhandlungen, die als zentrales Argument der ‚Remain'-Kampagne zwischen dem britischen Premierminister David Cameron und den Präsidenten des Europäischen Rates und der Europäischen Kommission für ein sogenanntes „New Settlement" für das Vereinigte Königreich geführt wurden. In diesem Übereinkommen formulierte der Europäische Rat Sonderregelungen, die eine noch stärkere Fragmentierung in verschiedenen Feldern

---

11 Siehe unter anderem Die Presse: Krisen entzweien Juncker und Tusk, 12.3.2016; Der Standard: Tusk fordert Umsteuern in EU-Politik, 22.10.2015.

12 Europäische Kommission: Einigung über Europäischen Grenz- und Küstenschutz, Pressemitteilung IP/16/2292, 22.6.2016.

13 Europäischer Rat: Tagung vom 15. Oktober 2015, Schlussfolgerungen, S. 1; Europäischer Rat: Tagung vom 17./18. März 2016; European Commission: EU-Turkey Agreement: Questions and Answers, Dok. MEMO/16/963, 19 March 2016; Siehe auch Janis A. Emmanouilidis: Elements of a Complex but still Incomplete Puzzle: An Assessment of the EU(-Turkey) Summit, EPC Post-Summit Analysis, 2016, S. 1, 8.

des Integrationsprozesses bedeuteten. Insbesondere wurde Großbritannien zugesichert, an weiteren Integrationsschritten im Wirtschafts- und Finanzbereich ebenso wenig teilnehmen zu müssen wie an den finanziellen Hilfsprogrammen für Eurostaaten. Faktisch wurde für das Vereinigte Königreich das Ziel einer „immer engeren Union" ausgesetzt.[14]

Auch wenn das Verhandlungsergebnis nach dem Ausgang des Referendums nicht in Kraft treten wird, könnten einzelne Überlegungen umgesetzt werden oder in Zukunft als Bezugspunkt für Sonderregelungen anderer europaskeptischer Mitgliedstaaten dienen. So ist das in den Schlussfolgerungen festgehaltene Prinzip, dass es „verschiedene Wege der Integration für verschiedene Mitgliedstaaten" geben kann und dass die integrationswilligen Staaten vorangehen dürfen, nicht zuletzt mit Blick auf eine befürchtete Kluft zwischen Euro- und Nicht-Eurostaaten von Bedeutung.[15] Schließlich fußte Camerons Wunsch nach einer Schutzklausel für Länder außerhalb der Eurozone auf dem neuen Abstimmungs- modus der „doppelten Mehrheit", durch den die Eurostaaten im Stande sind, eine qualifi- zierte Mehrheit von 55 Prozent der Mitgliedstaaten, die 65 Prozent der EU-Bevölkerung repräsentieren, zu erreichen und somit die Nicht-Eurostaaten zu überstimmen.[16] Ebenso spricht die von Cameron unterstützte „rote Karte" zur Stärkung mitgliedstaatlicher Souve- ränität, die es nationalen Parlamenten ermöglicht hätte, Gesetzesinitiativen der Kommis- sion zu stoppen, eine Frage an, die nicht nur in Großbritannien von großer Relevanz war.[17]

Entscheidend für die Organisation des Ausscheidens Großbritanniens aus der Union wird die erstmalige Anwendung von Art. 50 des EU-Vertrages sein, der den Austritt eines Mitgliedstaats betrifft. Darin heißt es, dass „[die Union] auf der Grundlage der Leitlinien des Europäischen Rates (...) mit diesem Staat ein Abkommen über die Einzelheiten des Austritts aus[handelt]", das im Rat mit qualifizierter Mehrheit nach Zustimmung des Euro- päischen Parlaments beschlossen wird. Da der Europäische Rat bereits die Aufgabe des Taktgebers für den Austrittsprozess für sich beanspruchte, wird es für das institutionelle Zusammenspiel zentral sein, welche Rollen Kommission und Parlament für sich geltend machen können und welche Form die Aufgabenteilung zwischen den Präsidenten Juncker und Tusk annehmen wird.[18] Der Verhandlungsprozess wird erhebliche Ressourcen auf beiden Seiten beanspruchen, da nicht nur so vitale Fragen wie der Zugang zum EU- Binnenmarkt und die zukünftigen Freizügigkeitsregelungen zu behandeln sein werden, sondern auch neue institutionelle Arrangements gefunden werden müssen – sei es in Bezug auf regelmäßige Spitzentreffen zwischen beiden Seiten oder in Bezug auf die Umsiedlung der derzeit im Vereinigten Königreich ansässigen EU-Agenturen.[19] Die bestehenden

14 Europäischer Rat: Eine neue Regelung für das Vereinigte Königreich in der Europäischen Union. Auszug aus den Schlussfolgerungen des Europäischen Rates vom 18. bis 19. Februar 2016, in: Amtsblatt der EU CI 69, 23. Februar 2016, S. 1; Siehe auch Nicolai von Ondarza: Kerneuropa und Großbritannien. Risiken, Kompromisschancen und Nebenwirkungen der britischen Reformvorschläge, Stiftung Wissenschaft und Politik, 2015; Martin Selmayr: Europäische Zentralbank in diesem Buch.
15 Europäischer Rat: Tagung vom 18./19. Februar 2016, Schlussfolgerungen, S. 9, 11-24; Siehe auch Schä- fer/Wessels: Europäischer Rat, 2016.
16 Siehe Ondarza: Rat der Europäischen Union, 2016.
17 Europäischer Rat: Tagung vom 18./19. Februar 2016; Siehe auch Alexander Hoppe: Nationale Parlamente in diesem Buch.
18 Europäischer Rat: Tagung vom 28. Juni 2016, S. 1; Siehe auch Schäfer/Wessels: Europäischer Rat, 2016
19 Dabei handelt es sich um die Europäische Arzneimittelagentur (EMA) und die Europäische Bankenauf- sichtsbehörde (EBA); Siehe Michael Kaeding: EU Agenturen in diesem Buch.

Verbindungen der Union mit Norwegen und der Schweiz werden in diesem Zusammenhang als Orientierungspunkte genannt, auch wenn sie aufgrund der Unterschiedlichkeit der Länder wohl nur eingeschränkt als Modelle werden dienen können.

Das Ausscheiden des Vereinigten Königreichs aus der Union könnte auf der anderen Seite aber auch Erleichterungen für die zukünftige Entwicklung der EU-Architektur mit sich bringen. So wendet sich ein Mitgliedstaat von der Europäischen Union ab, der die Teilnahme an der gemeinsamen Währung durchgängig und kategorisch ausgeschlossen hat. An diesen Umstand knüpft sich unter Optimisten die Hoffnung, dass die Trennung zwischen Währungsunion und Binnenmarkt, wie sie auch im ausgehandelten „New Settlement" fortgeschrieben worden wäre, mittelfristig aufgelöst werden kann. Darüber hinaus besaß Großbritannien zwar erheblichem Stellenwert für das außenpolitische Gewicht der EU, doch gleichzeitig gehörte es zu den Mitgliedstaaten, die einer engeren Zusammenarbeit im Bereich der Gemeinsamen Sicherheits- und Verteidigungspolitik am kritischsten gegenüberstanden.[20] Vor diesem Hintergrund könnten nun bereits länger diskutierte Vorschläge wie die Einrichtung eines gemeinsamen militärischen Hauptquartiers und die tatsächliche Nutzung der bestehenden vertraglichen Grundlagen zur Ständigen Strukturierten Zusammenarbeit neuen Auftrieb erfahren.[21]

Neben den Unklarheiten in Bezug auf Austrittsverfahren und -bedingungen hat das Referendum auch Fragen nach Europaskeptizismus und europäischer Bürgernähe aufgeworfen, die den Kern des europäischen Integrationsprojekts berühren. Den britischen Austrittsbefürwortern war es nicht gelungen, eine Allianz von austrittswilligen EU-Staaten zusammenzuführen, und die Zustimmungswerte zur Europäischen Union stiegen nach dem Referendum an.[22] Dennoch sind Institutionen und Mitgliedstaaten nach der Einsicht, dass ein einfaches „Weiter so" angesichts der Singularität des Ereignisses nicht die angemessene Antwort sein könne, stärker denn je gefordert, existentielle Fragen nach Ausrichtung und Zweck der Gemeinschaft neu zu beantworten. Vor diesem Hintergrund gilt es unter anderem zu verfolgen, ob sich in Zukunft Veränderungen in der Kommunikation der Staats- und Regierungschefs in Richtung ihrer nationalen Öffentlichkeit in dem Sinne ergeben, dass das Abschieben von Verantwortung für unpopuläre Entscheidungen auf die Union und ihre Institutionen zugunsten erklärter Wertschätzung und einem positiveren Narrativ der Gemeinsamkeit zurückgefahren wird. Institutionelle Änderungen hat der Reflexions-Prozess zur weiteren Entwicklung einer Europäischen Union mit 27 Mitgliedstaaten, der durch die informelle Tagung der Staats- und Regierungschefs ohne Großbritannien am 16. September 2016 in Bratislava angestoßen wurde, jedoch bislang nicht hervorgebracht und auch der Prozess zu Vertragsveränderungen nach Art. 48 des des EU-Vertrages wurde nicht eingeleitet.

---

20 Siehe Nicolai von Ondarza: Die Gemeinsame Sicherheits- und Verteidigungspolitik der Europäischen Union nach dem Verteidigungsgipfel von Dezember 2013. Von der Stagnation zum (ambitionslosen) Pragmatismus, in: Zeitschrift für Außen- und Sicherheitspolitik 3/2014, S. 311-321, hier: S. 312.

21 Siehe Niklas Helwig/Isabell Tannous: Gemeinsame Außen- und Sicherheitspolitik in diesem Buch; Daniel Göler/Lukas Zech: Gemeinsame Sicherheits- und Verteidigungspolitik in diesem Buch.

22 Süddeutsche Zeitung: Der Brexit-Effekt. Eine Umfrage zeigt: Die Sympathien für Europa steigen wieder, 15.7.2016.

Entwicklungen im Schatten der Großkrisen

Neben Brexit-Diskussionen und Flüchtlingskrise ergaben sich auch aus einigen öffentlich weniger beachteten Themen Impulse auf die institutionelle Architektur der Europäischen Union. Erstens gab es Bemühungen zur Weiterentwicklung der Wirtschafts- und Währungsunion (WWU), wie sie im sogenannten „Bericht der fünf Präsidenten" von Kommissionspräsident Juncker in enger Zusammenarbeit mit den Präsidenten des Europäischen Rates, der Euro-Gruppe, der Europäischen Zentralbank (EZB) und des Europäischen Parlaments bereits im Juni 2015 skizziert worden war.[23] Der Bericht war von den Staats- und Regierungschefs leidenschaftslos „zur Kenntnis" genommen worden, ohne konkrete Maßnahmen zu initiieren.[24] Die Kommission entwickelte auf dieser Grundlage jedoch Vorschläge, unter anderem in Bezug auf eine Reform des Europäischen Semesters zur wirtschaftspolitischen Koordinierung, an dem zukünftig nationale Ausschüsse und ein bei der Kommission angesiedelter Europäischer Fiskalausschuss mitwirken könnten. Darüber hinaus stellte die Kommission ihre Idee für die schrittweise Einführung einer geschlossenen Vertretung des Euro-Raums in internationalen Finanzinstitutionen durch den Präsidenten der Euro-Gruppe vor.[25]

Zweitens legte die Hohe Vertreterin der Union für Außen- und Sicherheitspolitik, Federica Mogherini, mit der „Globalen Strategie für die Außen- und Sicherheitspolitik der Europäischen Union"[26] eine Überarbeitung der zwölf Jahre alten Europäischen Sicherheitsstrategie vor. Die Strategie legt regionale Schwerpunkte auf Osteuropa und den Mittelmeerraum und betont die Verbindung von innerer und äußerer Sicherheit, insbesondere bei der Terrorismusbekämpfung und der Migrationspolitik. Bezüglich der Sicherung der EU-Außengrenzen fordert sie unter anderem die engere Einbeziehung von relevanten EU-Agenturen. Dieser Versuch, supranationale Elemente in die intergouvernemental geprägte EU-Außen- und Sicherheitspolitik einzubringen, führt dabei frühere Ansätze der Juncker-Kommission fort, eine wichtigere Rolle in diesem Bereich zu spielen. Die kommissionsnähere Interpretation ihrer Rolle durch Mogherini und Vorschläge bezüglich der Rüstungskooperation weisen in diese Richtung.[27] Die Präsentation der neuen Sicherheitsstrategie wurde jedoch dadurch überschattet, dass sie ausgerechnet in die Sitzung des Europäischen Rates unmittelbar nach dem Brexit-Referendum fiel. Ob sie zur Entfaltung kommen kann, trotz einer schlichten „Begrüßung" durch die Staats- und Regierungschefs,[28] die im EU-Jargon mitunter als Begräbnisformel bezeichnet wird, ist ungewiss.

---

23 Europäische Kommission: Die Wirtschafts- und Währungsunion Europas vollenden, 22. Juni 2015.

24 Europäischer Rat: Tagung vom 15. Oktober 2015, S. 6.

25 Europäische Kommission: Die Wirtschafts- und Währungsunion Europas vollenden: Kommission ergreift konkrete Maßnahmen zur Stärkung der WWU, Pressemitteilung IP/15/5874, 21.10.2015; Siehe auch Europäische Kommission: Vorschlag für einen Beschluss des Rates über Maßnahmen zur schrittweisen Einrichtung einer einheitlichen Vertretung des Euro-Währungsgebiets im Internationalen Währungsfonds, Brüssel, COM(2015) 603; Hofmann: Europäische Kommission, 2016.

26 Federica Mogherini: Shared Vision, Common Action: A Stronger Europe, A Global Strategy for the European Union's Foreign and Security Policy, Juni 2016, abrufbar unter: https://europa.eu/global strategy/ (letzter Zugriff 20.10.2016).

27 Siehe Göler/Zech: Gemeinsame Sicherheits- und Verteidigungspolitik, 2016; Patrick Müller: EU foreign policy: no major breakthrough despite multiple crises, in: Journal of European Integration 3/2016, S. 359-374, hier: S. 367.

28 Europäischer Rat: Tagung vom 28. Juni 2016, Schlussfolgerungen, S. 7.

Drittens ließ sich als eine weitere Entwicklung die produktive legislative Arbeit der EU-Organe in bestimmten Feldern beobachten. Dazu gehörten in erster Linie die Fortschritte in den Bereichen Energieunion, Datenschutz und Roaming-Gebühren.[29] Im Gegensatz dazu brachte jedoch, viertens, die Europäische Bürgerinitiative (EBI) wenige Ergebnisse. Die EBI war mit dem Lissabonner Vertrag als partizipatives Element eingeführt worden, damit Bürgerinnen und Bürger die Kommission zur Beschäftigung mit einem Anliegen auffordern können, wenn sich innerhalb eines Jahres unter bestimmten Bedingungen mindestens eine Million Befürworter in einem festgelegten Verfahren dafür aussprechen. Nachdem im Juni 2015 mit „Stop Vivisection" die insgesamt dritte Initiative vollumfänglich zum Abschluss gekommen war und eine Reihe vergleichsweise sanfter Maßnahmen seitens der Kommission ausgelöst hatte, wurde das Verfahren im abgelaufenen Jahr in keinem weiteren Fall erfolgreich beendet. Die offizielle Webseite der Kommission zur Erfassung der Bürgerinitiativen[30] verzeichnet im Herbst 2016 vier laufende Sammlungen, darunter zu Flüchtlings- und Umweltfragen, 13 zurückgezogene Initiativen, 16 Kampagnen mit unzureichender Unterstützung und 20 aus formellen Gründen abgelehnte Anträge. Für eine Kampagne, die sich für eine Reduzierung der Anzahl der unter der Armutsgrenze lebenden Bürgerinnen und Bürger einsetzt, ist die Sammlung der Unterschriften abgeschlossen, jedoch liegt noch kein Prüfergebnis oder eine Antwort der Europäischen Kommission vor. Die insgesamt etwas schwunglose Entwicklung der EBI konnte auch am Tag der Europäischen Bürgerinitiative im April 2016 nicht übersehen werden. Obwohl unter anderem von der EU-Bürgerbeauftragten und dem Parlament erhebliches Verbesserungspotential konstatiert wurde, hat die Kommission die Überprüfung des Instruments zunächst noch einmal verschoben.[31]

Alte Gleichungen und neue Unbekannte in der institutionellen Arithmetik?

Mit Blick auf die Entwicklungen des vergangenen Jahres kann für die Akteure im institutionellen Wettbewerb ein differenziertes Bild gezeichnet werden. Der Europäische Rat folgte einem etablierten Muster, indem er sich mit den besonders gravierenden Herausforderungen in der europäischen Politik beschäftigte. Er machte sowohl die Flüchtlingskrise und die Verhandlungen mit der Türkei als auch die zentralen Fragen bezüglich des Brexit zur Chefsache. Als Ergebnis der intergouvernementalen Problemlösung im Europäischen Rat stand mitunter eine Stärkung der supranationalen Elemente der Europäischen Union, wie es am Beispiel des Upgrades von Frontex oder den der EZB überantworteten Aufgaben im Rahmen der Griechenland-Rettungspakete deutlich wird. Gleichzeitig stieß das Krisenmanagement durch den Europäischen Rat mehrfach an seine Grenzen. Eine dauerhafte solidarische europäische Lösung für die Herausforderungen, die sich aus dem Migrationsdruck nach Europa ergeben, ist ebenso wenig absehbar wie Einigkeit für Reformen zur nachhaltigen Stabilisierung der Währungsunion. Auch in Hinblick auf die Austrittsverhandlungen mit dem Vereinigten Königreich und die Antwort der 27 verbleibenden Mitgliedstaaten auf die Verunsicherung, die das Brexit-Referendum bei Politik, Wirtschaft und Bürgerinnen und Bürgern ausgelöst hat, ist bislang nicht absehbar, ob sich belastbare gemeinsame Positionen entwickeln werden.[32] Der in Bratislava angestoßene

---

29 Siehe Ondarza: Rat der Europäischen Union, 2016.
30 Europäische Kommission: Europäische Bürgerinitiative, abrufbar unter: http://ec.europa.eu/citizens-initia tive/public/welcome?lg=de (letzter Zugriff: 19.10.2016).
31 Siehe auch Doris Dialer: Wirtschafts- und Sozialausschuss in diesem Buch.
32 Siehe Schäfer/Wessels: Europäischer Rat, 2016.

Reflexionsprozess wird den Europäischen Rat – auch ohne Vertragsveränderungsverfahren – in seiner Rolle als konstitutioneller Architekt fordern und damit Auswirkungen auf die Kalkulation des Gleichgewichts zwischen den EU-Institutionen haben.

Als neuen Faktor muss das veränderte Zusammenspiel zwischen den Mitgliedstaaten in die Gleichung aufgenommen werden. Zwar bestand auch im vergangenen Jahr eine grundsätzliche Konsenskultur fort,[33] doch gibt es bereits Hinweise auf Dynamiken innerhalb des Europäischen Rates, die das Brexit-Referendum in Gang gesetzt hat.[34] Insbesondere beansprucht Italien eine größere Rolle für sich in zentralen EU-Angelegenheiten. Die symbolträchtige Einbeziehung von Italiens Premier Matteo Renzi in die Vorbereitungen des Bundeskanzleramtes und des Elysée für den Bratislava-Prozess über die weitere Entwicklung einer Europäischen Union mit 27 Mitgliedstaaten weist in diese Richtung, auch wenn sich ein wirklicher Umbau des deutsch-französischen Tandems zu einem „Triciclo" noch nicht abzeichnet.

Für die Neukonfiguration der Machtkonstellationen im Europäischen Rat und dem Rat der Europäischen Union wird es nicht zuletzt auf die Interpretation der deutschen Rolle ankommen. Dabei sind die Formierung eines Direktoriums führender Mitgliedstaaten um Deutschland und die Stärkung der deutschen Stimme bis hin zu einer Dominanz möglich, aber keineswegs ausgemacht. Mit dem Vereinigten Königreich verlässt ein stimmgewichtiger und mitunter unbequemer Mitgliedstaat die Union, der in Mehrheitsentscheidungen häufig überzeugt beziehungsweise überstimmt werden musste. Im Jahr 2013 teilte Deutschland dieses Los noch mit dem Vereinigten Königreich, im Jahr 2015 kam eine Überstimmung Deutschlands aber nur noch zwei Mal vor, woraus sich eine zentralere Rolle bei der Kompromisssuche ableiten lässt.[35] Gleichzeitig geht Deutschland ein wirtschaftsliberaler Partner verloren, während die Gruppe der austeritätsskeptischen Länder im Süden an Gewicht gewinnt. Das Ausscheiden Großbritanniens wird in diesem Sinne auch für die Konsensfindung innerhalb der Europäischen Union als Ganzes nicht folgenlos bleiben. In der Vergangenheit bot der Ausgleich zwischen Berlin, London und Paris bei der Kompromissfindung eine Achse, die allen Lagern Anknüpfungspunkte bot und somit den Interessenausgleich in der Europäischen Union förderte. Um diesen balancierenden Mechanismus ärmer müssen im Europäischen Rat neue Wege gefunden werden, Kompromisse zu schmieden, die auch die kritischen Mitgliedstaaten, nicht zuletzt der Visegrád-Gruppe, einbinden.

Während im Europäischen Rat weitere Änderungen ausstehen, kann man im Wirken der Europäischen Kommission einen durch den Präsidenten Juncker eingeleiteten Kulturwandel bereits erkennen. Unter ihm hat sich die Kommission mit Blick auf Rechtsetzungsinitiativen nicht nur ein umfangreiches Prüfungs- und Vorbereitungsverfahren selbstauferlegt, das die Vorlage von Gesetzesvorschlägen verlangsamen und verhindern kann, sondern sich selbst auch insgesamt zu weniger Initiativen entlang der zehn politischen Prioritäten verpflichtet. Im Ergebnis zeigte sich tatsächlich weniger Rechtsetzung durch Rat und Parlament[36] und eine reduzierte Zahl von Kommissionsinitiativen. Diese konzentrierten sich zudem zunehmend auf Schlüsselthemen wie die notfallmäßige Umverteilung von Flüchtlingen, die Rückkehr zum Schengen-Raum offener Grenzen und die Fortent-

---

33 Siehe Ondarza: Rat der Europäischen Union, 2016.
34 FAZ.net: Wie das Europa-Tandem zum Trike wurde, 31.8.2016; Paul Dallison: Merkel, Hollande, Renzi to hold Brexit summit, in: Politico, 13.7.2016.
35 Siehe Ondarza: Rat der Europäischen Union, 2016.
36 Siehe Ondarza: Rat der Europäischen Union, 2016.

wicklung der Bankenunion.[37] Dabei stießen die Vorschläge von Juncker jedoch auf zum Teil erheblichen Widerstand bei einigen Mitgliedstaaten, am klarsten im Bereich der Flüchtlingspolitik, wodurch der Kommissionspräsident zeitweise in eine Konfrontation mit dem Präsidenten des Europäischen Rates geriet.

Darüber hinaus hat es interinstitutionellen Wettbewerb um die sogenannte Rücknahmebefugnis der Europäischen Kommission gegeben. Im Zuge des REFIT-Programms der Kommission zur Verschlankung der Rechtsetzung wurde 2015 ein neuer Höchststand an zurückgezogenen Gesetzesvorschläge erreicht.[38] Darunter befanden sich politisch sensible Themen, gegen deren Rücknahmen Mitglieder des Europäischen Parlaments und des Rates im Rahmen von Nichtigkeitsklagen vor den Gerichtshof der Europäischen Union zogen, um die Rechtmäßigkeit des Kommissionshandelns prüfen zu lassen. In beiden Fällen konnte sich die Kommission jedoch mit ihrer Argumentation durchsetzen, die Gesetzgebungsprozesse durch Rücknahme beenden und somit die Machtkämpfe um die Deutungshoheit von Legislativvorschlägen für sich entscheiden.[39]

Nachgiebiger in der Interpretation des Vertragsrahmens zeigte sich die Kommission hingegen gegenüber einer proaktiven Intervention von 16 nationalen Parlamenten im Sinne einer „grünen Karte". Gemeint ist damit der Vorschlag einer Gruppe von nationalen Parlamenten für Gesetzgebungsaktivität auf europäischer Ebene. Ein derartiges Recht der nationalen Parlamente ist bislang vertraglich nicht festgehalten, weshalb es der Kommission als Inhaberin des Initiativrechts frei steht, auf derlei Vorschläge einzugehen. Im nun vorliegenden ersten Fall einer solchen grünen Karte zum Thema „Vermeidung von Lebensmittelverschwendung", pikanterweise initiiert vom britischen Oberhaus, begrüßte die Kommission den Vorgang jedoch ausdrücklich, weshalb zu verfolgen sein wird, ob sich daraus Konsequenzen in Bezug auf das Initiativmonopol der Kommission ergeben.[40]

Die angesprochene Reduzierung der gesetzgeberischen Aktivitäten auf EU-Ebene hat sich auch in der Arbeit des Europäischen Parlaments widergespiegelt. Nachdem im vorangegangenen Jahr aufgrund der Europa-Wahlen und der Installation einer neuen Kommission monatelang kaum Legislativakte beschlossen wurden, sanken die Zahlen im letzten Jahr noch einmal erheblich.[41] In der quantitativ reduzierten Gesetzgebungsarbeit ist dem Parlament jedoch im Rahmen der Mitbestimmung wie schon in den Vorjahren eine nahezu gleichberechtigte Rolle mit dem Rat zugekommen. Dabei gibt es sowohl Beispiele für kooperatives Zusammenspiel als auch für Auseinandersetzung. In den ersten Bereich fallen beispielsweise die Verabschiedung der Sofortmaßnahmen zur Flüchtlingskrise sowie der

---

37 Siehe Hofmann: Europäische Kommission, 2016.
38 Europäische Kommission: Bessere Rechtsetzung. REFIT – so wird das EU Recht schlanker, einfacher und effizienter, abrufbar unter: http://ec.europa.eu/smart-regulation/refit/index_de.htm (letzter Zugriff am 8.10.2016).
39 Siegfried Magiera/Matthias Niedobitek: Gerichtshof der Europäischen Union in diesem Buch; Eva-Maria Poptcheva: The European Commission's right to withdraw a legislative proposal, in: European Parliamentary Research Service Blog, 23.4.2015; Vgl. auch Ondarza: Rat der Europäischen Union, 2016.
40 Siehe Alexander Hoppe: Nationale Parlamente, 2016; European Commission: Commission Decision regarding the follow-up to National Parliaments' Opinions – reply to the House of Lords (UK), Dok. C(2015) 7982 final, 17. November 2015, abrufbar unter: http://www.parliament.uk/docu ments/lords-committees/eu-select/green-card/EUCommission-response-to-HoL.PDF (letzter Zugriff: 20. 10.2016).
41 Siehe Ondarza: Rat der Europäischen Union, 2016.

Europäische Fonds für strategische Investitionen. Spannungen ergaben sich hingegen im Zuge der Auseinandersetzungen über die Handelsabkommen mit Kanada und den USA sowie in den neuen vom Parlament eingesetzten Untersuchungsausschüssen.[42]

Ein Unterschied zum bisherigen Zusammenspiel zwischen Parlament und Rat ist der Anteil der Rechtsakte, die im Ordentlichen Gesetzgebungsverfahren in erster Lesung verabschiedet wurden. Der sogenannte „Trilog", bei dem sich Parlament, Rat und Kommission vorab informell auf einen Kompromiss einigen, der in erster Lesung verabschiedet wird, war in den vergangenen Jahren zum eigentlichen Standard der EU-Gesetzgebung geworden. Die Kernelemente des Trilogs und weitere vorbereitende Zusammenarbeit zur engeren Koordinierung des Gesetzgebungsprozesses wurden auch in der jüngsten Überarbeitung der interinstitutionellen Vereinbarung (IIV) zwischen den drei Institutionen festgehalten.[43] Das Parlament hatte im Verhandlungsprozess zur IIV jedoch deutlich gemacht, dass nicht zuletzt aus Gründen der Transparenz eine Einigung in zweiter Lesung der angestrebte Standard im Gesetzgebungsprozess sein sollte. In diesem Sinne wagten die Legislativorgane im vergangenen Jahr deutlich mehr öffentliche Auseinandersetzungen in erster Lesung.[44] Die IIV sah darüber hinaus Innovationen für die Zusammenarbeit der Institutionen vor. So sollen Parlament und Rat zukünftig in die Entwicklung des jährlichen Arbeitsprogramms der Kommission eingebunden und die Öffentlichkeit umfassender konsultiert und unterrichtet werden, beispielsweise in Form von gemeinsamen Auftritten nach Abschluss des Ordentlichen Gesetzgebungsverfahrens.

Für das kommende Jahr zeichnen sich für das Parlament einige unbekannte Faktoren ab, die seine zukünftige Rolle im institutionellen Wettbewerb beeinflussen könnten. Insbesondere steht der vereinbarte Wechsel im Präsidentenamt an, durch den Martin Schulz, der diese Position dann fünf Jahre ausgefüllt hat, von einem Kandidaten der EVP-Fraktion abgelöst werden soll. Der Nachfolger wird die neue Rolle nicht zuletzt im Zuge der Brexit-Verhandlungen ausgestalten müssen, bei dem das Parlament das Recht auf Unterrichtung während der Verhandlungen und ein Zustimmungsrecht bei Abschluss des Austrittsabkommens besitzt. Rechtlicher Hintergrund und Neuartigkeit des Verfahrens bergen das Potential, dass Schulz' Nachfolger sich – unterstützt von Guy Verhofstadt als Verhandlungsführer des Parlaments für Brexit-Fragen – in den Austrittsverhandlungen einen Platz an der Seite von Tusk und Juncker erkämpfen kann.

Die EZB, die wie in den Vorjahren eine wichtige Position im Institutionengefüge einnahm, musste im vergangenen Jahr eine gerichtliche Prüfung ihrer Rolle als Krisenhelferin für angeschlagene Staaten des Euro-Raums über sich ergehen lassen. Gegenstand der Auseinandersetzung war das sogenannte OMT-Programm,[45] mit der die Bank unter bestimmten Bedingungen in quantitativ nicht beschränktem Umfang Staatsanleihen von überschuldeten Mitgliedstaaten aufkaufen will. Das Programm war durch Präsident Draghi im Juli 2012 angekündigt worden, „alles Notwendige"[46] zu tun, um den Euro zu erhalten.

---

42   Siehe Maurer: Europäisches Parlament, 2016.
43   Interinstitutionelle Vereinbarung zwischen dem Europäischen Parlament, dem Rat der Europäischen Union und der Europäischen Kommission über bessere Rechtsetzung vom 13. April 2016, in: Amtsblatt der EU L123, 12. Mai 2016, S. 1-14.
44   Siehe Ondarza: Rat der Euroäischen Union, 2016; Maurer: Europäisches Parlament, 2016.
45   Abkürzung für „Outright Monetary Transactions".
46   European Central Bank: Verbatim of the remarks made by Mario Draghi. Speech by Mario Draghi, President of the European Central Bank at the Global Investment Conference in London, 26 July 2012, abrufbar unter: https://www.ecb.europa.eu/press/key/date/2012/html/sp120726.en.html (letzter Zugriff: 30.10.2016).

Obwohl es nie eingesetzt wurde und dennoch die Märkte beruhigt hatte, sah es sich von Anfang an Zweifeln in Bezug auf seine Rechtmäßigkeit ausgesetzt. Die zugehörigen Rechtsverfahren um die Reichweite des EZB-Mandats vor dem deutschen Bundesverfassungsgericht führten zu dem Novum, dass dem Gerichtshof der Europäischen Union erstmalig eine Rechtsfrage zur Prüfung per Vorabentscheid durch die Hüterin des deutschen Grundgesetzes vorgelegt wurde. In ihrem Urteil argumentierten die Richter des europäischen Gerichtshofs, dass die EZB ihre Kompetenzen nicht überschritten habe und die Maßnahme mit Unionsrecht vereinbar sei.[47] In diesem Sinne urteilte letztlich auch das Bundesverfassungsgericht als es befand, dass die EZB mit dem Programm ihre Grenzen nicht offensichtlich überschritten habe.[48]

Gleichzeitig setzte die EZB auch im vergangenen Jahr ihre zum Teil unkonventionellen Maßnahmen fort und kam ihren vom Europäischen Rat überantworteten Aufgaben im Rahmen des dritten Rettungspakets für Griechenland nach. Dessen Umsetzung führte dazu, dass erstmalig das Bankensystem eines Eurostaats unter Aufsicht der EZB geprüft, reguliert und europäisch rekapitalisiert wurde.[49] Der weitere Ausbau der Bankenunion, die juristische Bestätigung ihres Handelns durch den Gerichtshof und die Zuordnung zentraler Aufgaben durch die Staats- und Regierungschefs machten die EZB somit auch im abgelaufenen Berichtszeitraum zu einem starken supranationalen Faktor im institutionellen Wettbewerb.

Wettstreit und Zusammenarbeit der Institutionen

Wie lassen sich diese Entwicklungen entlang der anfangs eingeführten Modelle einordnen und welche Bedeutung haben sie für das institutionelle Gleichgewicht innerhalb des EU-Systems? Bei den zentralen Herausforderungen im Jahr 2015/2016 stand erneut der Europäische Rat im Zentrum des politischen Einflusses. Bezieht man die sichtbare Zurückhaltung der Kommission auf Wunsch der Mitgliedstaaten in die Gleichung mit ein, bietet insbesondere das erste Modell, das den Europäischen Rat als Prinzipal und die anderen Organe als Agenten versteht, eine treffende Beschreibung an. Nicht zuletzt vor dem Hintergrund der Uneinigkeit innerhalb des Europäischen Rates in zentralen Fragen wagten andere Institutionen jedoch auch Einflussversuche, wie es der zeitweilig aufgeflammte Machtkampf zwischen den Präsidenten Tusk und Juncker um die europäische Flüchtlingspolitik und die Reaktionen auf das Brexit-Referendum belegen. Gleiches gilt jedoch nur in begrenztem Maße für das Parlament, das nach dem zweiten Modell des institutionellen Gleichgewichts in einer zentralen Konfliktlinie zum Europäischen Rat erwartet wird. Für dieses Modell können im Vergleich zu den Vorjahren nur wenige Anhaltspunkte gefunden werden. Zwar streitet das Parlament wieder sichtbarer im Gesetzgebungsprozess mit den Mitgliedstaaten, doch ist es weit davon entfernt, einen Wettstreit über alle Politik- und Krisenfelder hinweg auf Augenhöhe zu führen. Für das dritte Modell, das das Zusammenspiel von Kommission, Parlament und Rat, vornehmlich im Rahmen des Ordentlichen

---

47 Gerichtshof der Europäischen Union: Urteil in der Rechtssache C-62/14, Gauweiler u. a., Pressemitteilung Nr. 70/15, 16.6.2015, abrufbar unter: http://curia.europa.eu/jcms/upload/docs/application/pdf/2015-06/cp150070de.pdf (letzter Zugriff 10.10.2016). Siehe auch Selmayr: Europäische Zentralbank, 2016; Magiera/Niedobitek: Gerichtshof der Europäischen Union, 2016.

48 Bundesverfassungsgericht: Verfassungsbeschwerden und Organstreitverfahren gegen das OMT-Programm der Europäischen Zentralbank erfolglos, Pressemitteilung Nr. 34/2016, 21.6.2016, abrufbar unter: http://www.bverfg.de/e/rs20160621_2bvr272813.html (letzter Zugriff: 20.10.2016).

49 Siehe Selmayr: Europäische Zentralbank, 2016.

Gesetzgebungsverfahrens, als eigentlichen Motor der EU-Maschinerie begreift, mangelt es hingegen nicht an Beispielen. Allerdings sind Belege für das dritte Modell aufgrund der erheblich reduzierten Gesetzgebungstätigkeit, die zudem im Schatten der Großkrisen vonstattengehen musste, weniger auffällig.

Somit waren im letzten Jahr zwar Phänomene aller Modelle parallel zu beobachten, am klarsten weisen sie aber auf die entscheidende Stellung des Europäischen Rates hin. Er förderte mit seinen Entscheidungen zwar auch supranationale Elemente, von der EU-Agentur Frontex bis hin zur gleichzeitig durch den Gerichtshof gestärkten EZB, doch machen seine zentrale Lage im institutionellen Gefüge und die Vielzahl an thematischen Kleingruppen von gleichgesinnten Mitgliedstaaten deutlich, dass die zentralen Spannungen im vergangenen Jahr nicht primär zwischen den Institutionen, sondern zwischen den Mitgliedstaaten zu finden waren. Da die vom Europäischen Rat ausgehandelten Ergebnisse diese Konflikte nicht auszugleichen vermochten, wäre es falsch von einer Stärke des Europäischen Rates zu sprechen, auch wenn er hinsichtlich der Macht- und Zuständigkeitsverteilung im EU-System im vergangenen Jahr relativ zu den anderen Organen die wichtigste Position bekleidete. Vielmehr scheinen alle Akteure auf europäischer Ebene gleichermaßen verunsichert angesichts des Fehlens einer Antwort auf den Brexit-Schock und des Fehlens einer substantiellen europäischen Lösung für die Migrations- und Asylpolitik – auch wenn die institutionelle Architektur der Union grundsätzlich stabil ihren Betrieb aufrechterhält. Derart am Rande einer Existenzkrise stehend, werden die politischen Akteure der Union nicht umhin kommen, ihren Beitrag zur Gemeinschaft und zum derzeitigen EU-Narrativ zu überdenken. Dieser Prozess, die anstehenden Neu- oder Wiederwahlen der Präsidenten des Parlaments und des Europäischen Rates sowie die Verhandlungen mit dem Vereinigten Königreich bieten jedenfalls viel Potential für erneute Machtverschiebungen zwischen den Institutionen.

Weiterführende Literatur

Barbara Lippert/Nicolai von Ondarza: Der Brexit als Neuland. Mit dem britischen Referendum beginnt ein komplexer Austrittsprozess – und vielleicht die Erneuerung der EU, SWP-Aktuell 42, Juli 2016.
Wolfgang Wessels: Der Europäische Rat, Basingstoke 2016.

Europäisches Parlament

Andreas Maurer

Das spannungsgeladene Verhältnis zwischen dem Europäischen Parlament (EP) und dem Rat der Europäischen Union, kurz Rat oder Ministerrat, prägte das zurückliegende Jahr. In zentralen Themen wie der Flüchtlingskrise oder dem von Jean-Claude Juncker auf den Weg gebrachten Investitionsplan konnte zwar rasch Einigung zwischen beiden Organen hergestellt werden. Andererseits markierten die Auseinandersetzungen über Handelsabkommen mit Kanada (CETA), den USA (TTIP) und anderen WTO-Mitgliedern sowie unterschiedliche Sichtweisen über den mit dem Votum der britischen Bevölkerung ausgelösten, in seinen Einzelheiten bislang nur schemenhaft darstellbaren Prozess des Austritts Großbritanniens aus der Europäischen Union[1] Sollbruchstellen im interinstitutionellen Gefüge. Gleiches gilt beispielhaft für neue vom Parlament eingesetzte Untersuchungsausschüsse zur Besteuerungspolitik und zur Umsetzung der Autoabgasnormen der Europäischen Union. Im Untersuchungszeitraum setzte das Europäische Parlament Untersuchungsausschüsse zum Skandal um manipulierte Abgastests und zu den ‚Panama Papers‘-Enthüllungen ein. Zwei aufeinanderfolgende Sonderausschüsse (TAXE I und II) befassten sich mit der Frage einer fairen und effizienten Unternehmensbesteuerung. Hierzu verabschiedete das Parlament am 16. Dezember 2015 als Reaktion auf die ‚Luxleaks‘-Enthüllungen mit 500 gegen 122 Stimmen bei 81 Enthaltungen eine Entschließung, in der es Gesetzesinitiativen zur transparenteren Gestaltung, Koordinierung und Annäherung der Politik im Bereich der Körperschaftssteuer in der Europäischen Union vorschlägt. Der Vorstoß des Parlaments drängt die EU-Mitgliedstaaten dazu, gegen aggressive Steuerplanung und -vermeidung durch internationale Unternehmen vorzugehen. Da das Parlament in seiner Entschließung vom legislativen Aufforderungsrecht Gebrauch machte, legte die Europäische Kommission im Februar 2016 die angeforderten Vorschläge für die gerechte Besteuerung der Unternehmen vor, die den im EP-Bericht enthaltenen Forderungen weitgehend entsprechen. Im Rahmen des Ordentlichen Gesetzgebungsverfahren (OGV) wird nun über Maßnahmen beraten, die die Mitgliedstaaten zu gegenseitiger Information verpflichten, wenn sie Maßnahmen setzen, die zu Unternehmensvergünstigungen führen. Darüber hinaus soll Whistleblowern mehr Schutz gewährleistet werden und eine verbindliche, länderspezifische Berichterstattung für multinationale Unternehmen bezüglich ihrer Finanzdaten, Gewinne, entrichteten Steuern und erhaltenen Subventionen eingeführt werden. Im Januar 2016 richtete das Parlament einen Untersuchungsausschuss ein,

---

[1] Vgl. hierzu die im Beratungsprozess befindlichen Berichte von Berichterstatter Elmar Brok/Mercedes Bresso, Ausschuss für konstitutionelle Fragen des Europäischen Parlaments: Entwurf eines Berichts über die Verbesserung der Funktionsweise der Europäischen Union durch Ausschöpfung des Potenzials des Vertrags von Lissabon, 2014/2249(INI), 20. Januar 2016; sowie Berichterstatter Guy Verhofstadt, Ausschuss für konstitutionelle Fragen des Europäischen Parlaments: Entwurf eines Berichts über mögliche Entwicklungen und Anpassungen der derzeitigen institutionellen Struktur der Europäischen Union, 2014/2248(INI), 5. Juli 2016.

der mutmaßliche Verstöße der Automobilindustrie gegen das Unionsrecht im Zusammenhang mit Emissionsmessungen prüft. Der Ausschuss prüft mutmaßliche Versäumnisse der Kommission und der mitgliedstaatlichen Behörden bei der Beobachtung, Umsetzung und Durchsetzung der für die Emissionsmessung verwendeten Prüfzyklen.

Ende Juni 2015 billigte das Europäische Parlament mit 464 Stimmen bei 131 Gegenstimmen und 19 Enthaltungen den von Jean-Claude Juncker im November 2015 vorgelegten Europäischen Fonds für strategische Investitionen (EFSI) zur Konjunkturbelebung.[2] Bei den im OGV organisierten Verhandlungen dieses 315-Milliarden-Euro-Pakets konnte das Parlament ein parlamentarisches Mitspracherecht bei der Ernennung des leitenden Personals erstreiten[3] und die demokratische Kontrolle der Programmumsetzung durchsetzen. Der Verhandlungsdelegation des Parlaments ist auch zu verdanken, dass der aus ungenutzten Margen des EU-Haushalts stammende Anteil an der Finanzierung des Garantiefonds des EFSI um 1 Mrd. auf nun 3 Mrd. Euro erhöht, die Umschichtungen aus der Verkehrskomponente der CEF (Connecting Europe Facility) auf 2,8 Mrd. Euro und diejenigen aus dem Forschungsprogramm Horizont 2020 auf 2,2 Mrd. Euro gesenkt wurden. Die Liste der geförderten Projekte wird öffentlich sein und es werden Förderfähigkeitskriterien für die Unterstützung aus Mitteln des EFSI festgelegt, zu denen die Übereinstimmung mit den politischen Strategien der Europäischen Union und die Schaffung hochwertiger Arbeitsplätze gehören.

Einigkeit zwischen den Mehrheiten des Parlaments und des Ministerrates konnte auch bei den vor allem in Osteuropa umstrittenen Sofortmaßnahmen zur Flüchtlingskrise erzielt werden. Am 9. September 2015 stimmte das Parlament zunächst mit 498 Stimmen bei 158 Gegenstimmen und 37 Enthaltungen einem ersten Notfallplan zu, der befristete Maßnahmen zur Umsiedlung von 40.000 Asylsuchenden aus Italien und Griechenland über zwei Jahre in andere EU-Länder vorsah.[4] Bereits anlässlich der Debatte zu dieser Erstmaßnahme unterstrich die Abgeordnete Ska Keller (Grüne/EFA) die Notwendigkeit eines „dauerhaften Verteilungsschlüssels für den Notfall. Wir müssen in der Lage sein, Entscheidungen zu treffen und voranzukommen, wenn ein Notfall auftritt, anstatt uns von einigen Mitgliedstaaten aufhalten zu lassen."[5] Der Kommissionsvorschlag sollte einen dauerhaften und verbindlichen Umsiedlungsmechanismus einführen, der automatisch aktiviert werden könnte. Diese ständige Notfallumsiedlungsregelung müsse sich zudem „auf einen bedeutenderen Beitrag zur Solidarität und zur Aufteilung der Verantwortlichkeiten unter den Mitgliedstaaten gründen, einschließlich einer beträchtlichen Aufstockung der Zahl verfügbarer Umsiedlungsplätze". Die dauerhafte Regelung sollte auf klar vorherbestimmten Kriterien aufbauen, und „auf der Grundlage transparenter und objektiver Indikatoren ausgelöst werden können". Auch die zweite Parlamentsresolution vom 17. September 2015 zur Umsiedlung von 120.000 Asylsuchenden aus Italien, Griechenland und Ungarn

2   Legislative Entschließung des Europäischen Parlaments vom 24. Juni 2015 zu dem Vorschlag für eine Verordnung des Europäischen Parlaments und des Rates über den Europäischen Fonds für strategische Investitionen und zur Änderung der Verordnungen (EU) Nr. 1291/2013 und (EU) Nr. 1316/2013 (C8-0007/2015).

3   Die Ernennungen des geschäftsführenden Direktors des Investitionsausschusses und seines Stellvertreters müssen künftig vom Parlament nach entsprechenden Anhörungen gebilligt werden.

4   Legislative Entschließung des Europäischen Parlaments vom 9. September 2015 zu dem Vorschlag für einen Beschluss des Rates zur Einführung von vorläufigen Maßnahmen im Bereich des internationalen Schutzes zugunsten von Italien und Griechenland (C8-0156/2015 – 2015/0125(NLE)).

5   Vgl. auch im Folgenden Europäisches Parlament: Verteilung von Asylsuchenden in der EU: Abgeordnete billigen Notfallplan, Pressemitteilung, 9. September 2015.

erging nach dem obligatorischen Konsultationsverfahren auf Grundlage von Art. 78 Abs. 3 des Vertrages über die Arbeitsweise der Europäischen Union (AEUV). Das Parlament billigte den Kommissionsvorschlag ohne Abänderungen mit 370 Stimmen bei 134 Gegenstimmen und 52 Enthaltungen.[6] Darüber hinaus nahmen die Abgeordneten eine legislative Entschließung an, in der sie festhielten, dass ihre Zustimmung unbeschadet ihrer ursprünglichen Position zum dauerhaften Krisenumverteilungsmechanismus gälte, der nach dem OGV verabschiedet werden müsse. Dieser solle Asylsuchende unter den Mitgliedstaaten unter Berücksichtigung ihrer Aufnahmekapazitäten verteilen und dabei auf folgenden Kriterien beruhen: Bevölkerungszahl (Gewichtung 40 Prozent), Gesamt-BIP (40 Prozent), durchschnittliche Zahl bisheriger Asylanträge (10 Prozent) und die Arbeitslosenquote (10 Prozent). Am Mechanismus effektiv teilnehmende Mitgliedstaaten erhielten einen Pauschalbetrag von 6.000 Euro je umgesiedelter Person. Sollte ein Mitgliedstaat zeitweilig nicht in der Lage sein, an dem Mechanismus teilzunehmen, müsste dieser die Gründe darlegen und einen finanziellen Beitrag zum EU-Haushalt in Höhe von 0,002 Prozent des Bruttoinlandsprodukts (BIP) leisten. Die Kommission müsse dann feststellen, ob eine solche höchstens zwölf Monate geltende Ausnahmeregelung berechtigt ist.

Sicher liegen die Sichtweisen der Mitgliedstaaten zur Frage des Umgangs mit Flüchtlingen und Wanderungswilligen sowie der Quotierung von Migrationskontingenten weit auseinander. Die Blockaden und Klagen einiger osteuropäischer Staaten beim Gerichtshof der Europäischen Union (EuGH) gegen die im Ministerrat mit qualifizierter Mehrheit gefällten Beschlüsse deuten darauf ebenso hin wie die restriktive Außengrenzkontrollpolitik Ungarns oder Österreichs.[7] Die ungarische Nichtigkeitsklage gegen den Ratsbeschluss versucht dabei offen den Schulterschluss mit dem Parlament, indem sie unter Verweis auf ein EuGH-Urteil von 1995 argumentiert, dass der Rat nach der Anhörung des Parlaments den Beschlussentwurf in wesentlichen Punkten geändert habe, ohne es erneut anzuhören. Tatsächlich hielt der Europäische Gerichtshof in seinem Urteil vom 5. Juli 1995 zur Klage des Parlaments gegen den Rat[8] fest, dass das Erfordernis der Parlamentsanhörung während des Gesetzgebungsverfahrens das Erfordernis einschließe, das Parlament immer dann erneut zu konsultieren, wenn der endgültig verabschiedete Text als Ganzes gesehen in seinem Wesen von demjenigen abweicht, zu dem das Parlament bereits angehört worden ist, es sei denn, die Änderungen entsprechen im Wesentlichen einem vom Parlament selbst geäußerten Wunsch.[9]

---

6   Legislative Entschließung des Europäischen Parlaments vom 17. September 2015 zum Vorschlag für einen Beschluss des Rates zur Einführung von vorläufigen Maßnahmen im Bereich des internationalen Schutzes zugunsten von Italien, Griechenland und Ungarn (C8-0271/2015 – 2015/0209(NLE)).

7   Gerichtshof der Europäischen Union: Nichtigkeitsklage, eingereicht am 3. Dezember 2015, Ungarn/Rat der Europäischen Union (Rechtssache C-647/15), sowie Nichtigkeitsklage, eingereicht am 2. Dezember 2015, Slowakische Republik/Rat der Europäischen Union (Rechtssache C-643/15).

8   Richtlinie 93/89/EWG über die Besteuerung bestimmter Kraftfahrzeuge zur Güterbeförderung sowie die Erhebung von Maut- und Benutzungsgebühren für bestimmte Verkehrswege durch die Mitgliedstaaten – Erneute Anhörung des Europäischen Parlaments, Rechtssache C-21/94.

9   Vgl. zum Beispiel auch die Urteile vom 1. Juni 1994 in der Rechtssache C-388/92, Parlament/Rat, Slg. 1994, I-2067, Randnr. 10, und vom 5. Oktober 1994 in der Rechtssache C-280/93, Deutschland/Rat, Slg. 1994, I-4973, Randnr. 38.

Gleichwohl zeigen aber die Beschlüsse des Parlaments in dieser Frage, dass die Abgeordneten sich nicht von der ungarischen Klage einnehmen lassen und mittelfristig eher als kompromissfähige und beschlusslegitimierende Kraft fungieren können, um die zerstrittenen Mitgliedstaaten wieder einander anzunähern.

Die EU-Wahlrechtsreform in der Verlängerung

Im Nachgang zu den Europawahlen 2014 sowie im Vorgriff auf die nächsten Wahlen 2019 beriet das Europäische Parlament im Oktober und November 2015 erneut über eine Reform des Europawahlaktes. Nach der am 27. Oktober 2015 abgehaltenen Debatte stimmte das Parlament mit einer eher knappen Mehrheit von 315 gegen 234 Stimmen bei 55 Enthaltungen für die entsprechenden Reformen des Wahlaktes von 1976.[10] Vor dem Hintergrund der lebhaften Auseinandersetzungen über die Besetzung des Amtes des Kommissionspräsidenten ging das Parlament dabei so weit, seine von vielen Mitgliedstaaten angefochtene Strategie der Spitzenkandidaten und ihrer quasi-automatischen Kür als Kommissionsführung im Wahlakt festzuschreiben. Der Europawahlkampf solle mit offiziell nominierten EU-weiten Spitzenkandidaten für das Amt des Präsidenten der Europäischen Kommission ausgefochten werden und die jeweiligen Kandidaten müssten hierzu auch als Bewerber für die Europawahl ins Rennen gehen. Wohl auch auf Wunsch größerer Parteien aus Deutschland empfiehlt das Parlament auch die Einführung einer verbindlichen Sperrklausel zwischen 3 und 5 Prozent. Und da Tschechien, Irland, Malta und die Slowakei bei der Europawahl 2014 ihren im Ausland lebenden Bürgerinnen und Bürgern nicht erlaubten, ihre Stimme für einen Kandidaten im Heimatstaat abzugeben, verlangt das Parlament, dass alle EU-Bürgerinnen und -Bürger, die im Ausland leben, an der Europawahl teilnehmen können müssen und die Mitgliedstaaten hierzu die Briefwahl, elektronische Stimmabgabe oder Stimmabgabe über das Internet zulassen sollten. Zum Zwecke der Europäisierung der Wahlkämpfe sollten auf den Stimmzetteln künftig auch die Namen und Logos der europäischen politischen Parteien neben denjenigen der einzelstaatlichen Parteien aufgedruckt werden. Angesichts der schwachen Mehrheit, mit der es die Wahlaktreform verabschiedete, wird es dem Parlament schwerfallen, seine erheblich von der Position einiger Mitgliedstaaten abweichenden Vorschläge in den Verhandlungen mit dem Rat durchzusetzen. Das vertrauliche ‚Non-Paper‘ der niederländischen Ratspräsidentschaft vom April 2016 unterstrich bereits, dass mit Ausnahme einer einzigen Delegation alle Mitgliedstaaten die Konstitutionalisierung des Spitzenkandidatenmodells ablehnen.[11] Auch die erste Debatte im Rat für Allgemeine Angelegenheiten vom 3. Juni 2016 deutete an, dass die vom Parlament avisierte Verknüpfung der Wahl mit der Kommissionsinvestitur sowie die Vorschläge zum E-Voting auf teilweise heftigen Widerstand stoßen.[12]

---

10   Entschließung des Europäischen Parlaments vom 11. November 2015 zu der Reform des Wahlrechts der Europäischen Union (2015/2035(INL)).

11   Dutch Presidency Non-Paper: Proposal for a Council decision adopting the provisions amending the Act concerning the election of the Members of the European Parliament by direct universal suffrage, 20. April 2016; als geleaktes Dok. abrufbar unter: http://www.sven-giegold.de/wp-content/uploads/2016/04/COM-President-non-paper.pdf (letzter Zugriff: 11.10.2016).

12   European Commission: Internal Flash report – Council GAG meeting of 3 June 2016.

Parlament und Handelspolitik – Führt die Parlamentarisierung über Politisierung zur Selbstblockade?

In ihren Wirkungen und auf die ‚Brüsseler' Akteure, Instrumente, Verhandlungsprozesse und mitgliedstaatliche Institutionen einwirkenden Variablen bislang weitgehend unterbelichtet ist die Entwicklung, die das Europäische Parlament im Bereich der Gemeinsamen Handelspolitik der Europäischen Union durchmacht. Das Feld der Außenhandelsbeziehungen, obwohl „*ab ovo*" supranational geregelt,[13] erfuhr durch den Lissabonner Vertrag einen supranational-parlamentarischen Schub, indem nicht nur die autonome Handelspolitik dem Anwendungsbereich des OGV, sondern auch die auf Grundlage von Art. 207 AEUV geschlossenen, bi- wie multilateralen Handelsverträge der Zustimmungspflicht des Parlaments zugeschlagen wurden. Zwar verlief die Integration des Außenhandelsbereichs weitgehend pfadabhängig in Richtung supranationaler Entscheidungsfindung, da sie bereits in den Römischen Verträgen angelegt war und somit vor allem der Kommission weitreichende Handlungsbefugnisse und darauf aufbauend Handlungsspielräume übertrug. Die mitgliedstaatlichen Regierungen konnten jedoch – weitgehend unbemerkt von der politisch-parlamentarischen Öffentlichkeit – Vetorechte in der autonomen Gemeinsamen Handelspolitik (GHP; Anti-Dumping-Politik) geltend machen und blieben überdies immer die Schaltstelle der finalen Autorisierung von Verhandlungsmandaten und Verhandlungsergebnissen beim Abschluss von Handelsabkommen. Insofern brachte erst der Lissabonner Vertrag substantielle Verschiebungen hin zum supranationalen Pol, da über die Neuformulierungen der Art. 207 und 218 AEUV sowohl eine substantiell-funktionale Kompetenzverlagerung von der nationalen Ebene auf die Unionsebene und prozedural-institutionell vom Rat auf das Europäische Parlament erfolgte. Denn Art. 218 Abs. 3 AEUV erweitert die Liste derjenigen Fälle, in denen es der Zustimmung des Parlaments bedarf, auf alle „Übereinkünfte in Bereichen, für die (…) das ordentliche Gesetzgebungsverfahren (…) gilt". Da in Folge der Lissabonner Vertragsreform alle Maßnahmen der GHP nach dem OGV verabschiedet werden und Art. 218 AEUV keine anders lautenden Bestimmungen enthält, ist die Zustimmung des Parlaments somit für den Abschluss aller bi-, pluri- und mulitlateralen Handelsabkommen nach Art. 207 AEUV erforderlich.[14]

Bekanntlich hat sich das Parlament aufgrund der neuen Anreizstrukturen des Lissabonner Vertrages Mitspracherechte in allen Phasen der Handelsvertragspolitik erkämpft. Wesentliches Instrument hierfür war das interinstitutionelle Rahmenabkommen von 2010, das Parlament und Kommission als ihre bilateralen Beziehungen mit Substanz füllenden Vertrag geschlossen hatten. Hierin verpflichtete sich die Kommission auf Informations- und Konsultationsroutinen gegenüber dem Parlament. Für die hierzu den Verhandlungen internationaler Handelsabkommen vorgelagerten Phasen der Mandatserteilung des Rates an die Kommission gilt ein faktisches, gleichwohl informelles Konsultationsrecht ‚über Bande': Entsprechend der Vertragsregeln der Art. 207 Abs. 3 und 218 AEUV ermächtigt der Rat die Kommission zur Aufnahme der Verhandlungen für Handelsabkommen. Anschließend obliegt es der Kommission, die Verhandlungen nach Maßgabe der vom Rat erteilten Richtlinien und im Benehmen mit dem vom Rat bestellten Handelsausschuss zu führen. Die für die Aushandlung und den Abschluss internationaler Abkommen geltende

---

13   Sophie Meunier/Nicolaidis Kalypso: The European Union as a Conflicted Trade Power, in: Journal of European Public Policy 6/2006, S. 906-925, hier S. 908 f.

14   Vgl. Jean-François Brakeland: Politique commerciale et aide humanitaire, in: Giuliano Amato/Herve Bribosia/Bruno De Witte (Hrsg.): Genesis and Destiny of the European Constitutional Treaty, Brüssel, Bruylant, 2007, S. 868.

allgemeine Rechtsvorschrift Art. 218 Abs. 10 AEUV normiert nur eine recht allgemeine Regel, wonach „das Europäische Parlament (…) in allen Phasen des Verfahrens unverzüglich und umfassend unterrichtet (…)" wird. Die Kommission ist somit rechtlich dazu verpflichtet, das Parlament regelmäßig und im gleichen Umfang, in dem sie den vom Rat bestellten Handelsausschuss informiert (Art. 207 Abs. 3 (3) AEUV), über den Stand der Verhandlungen zu unterrichten. Das Parlament geht seit 2009 davon aus, das die Formulierung „Stand der Verhandlungen" alle Phasen des abkommenspezifischen Entscheidungszyklus umfasst, von den Empfehlungen der Kommission an den Rat über die Mandatserteilung und dessen Durchführung bis hin zum Abschluss des Abkommens. Tatsächlich erklärte sich die Kommission im 2010 geschlossenen Rahmenabkommen bereit, das Parlament „umgehend und umfassend in allen Phasen der Verhandlungen zu und des Abschlusses von internationalen Übereinkünften einschließlich der Festlegung von Verhandlungsleitlinien" zu unterrichten, wobei die Unterrichtung „so rechtzeitig [erfolgt], dass [das Europäische Parlament] seinen Standpunkt zum Ausdruck bringen kann und die Kommission den Standpunkten des Parlaments im Rahmen des Möglichen Rechnung tragen kann".[15]

Im Juli 2015 nahm das Europäische Parlament seine Empfehlungen an die Europäische Kommission für die Verhandlungen mit den USA über die Transatlantische Handels- und Investitionspartnerschaft (Transatlantic Trade and Investment Partnership, TTIP) mit 436 Stimmen bei 241 Gegenstimmen und 32 Enthaltungen an.[16] Bernd Lange, Berichterstatter und Vorsitzender des Ausschusses für internationalen Handel begründete die parlamentarischen Empfehlungen wie folgt:

„Wir erleben eine beispiellose Globalisierung, und unsere Bürger und Unternehmen sind mittendrin. Als Abgeordnete ist es unsere demokratische Pflicht, hier gestaltend einzugreifen. Wenn dieser Prozess der ganzen Bevölkerung zugutekommen soll, dürfen wir nicht die Verhandlungsführer alleine walten lassen. Deshalb haben wir (…) unsere Leitlinien für die Art von Handelsabkommen festgelegt, für die die Kommission sich in den Verhandlungen einsetzen soll."[17]

Im Einzelnen forderte das Parlament ein transparentes Verfahren, robuste Arbeitnehmerrechte und Schutz personenbezogener Daten sowie öffentlicher Dienstleistungen. Darüber hinaus bestand das Parlament darauf, dass TTIP das Recht der Gesetzgeber auf beiden Seiten des Atlantiks, Gesetze erlassen zu dürfen, nicht durch private Schiedsgerichte oder andere Einrichtungen unterläuft. Der Kompromisstext über die angestrebten Instrumente zur Beilegung von Investor-Staat-Streitigkeiten, den die Fraktionen in langen und angespannten Verhandlungen ausarbeiteten, und der mit 447 Stimmen bei 229 Gegenstimmen und 30 Enthaltungen gebilligt wurde, skizziert ein neues System zur Rechtsprechung, das die in Handelsabkommen bisher üblichen Bestimmungen über Investor-Staat-Schiedsverfahren (ISDS), die auf private Schiedsgerichte setzen, ersetzen soll. Das neue System soll demokratischen Grundsätzen entsprechen und der demokratischen Kontrolle unterliegen,

---

15   Europäisches Parlament/Europäische Kommission: Rahmenvereinbarung über die Beziehungen zwischen dem Europäischen Parlament und der Europäischen Kommission, hier: Punkte 23 und 24, in: Amtsblatt der EU L304, 20. November 2010, S. 47.

16   Entschließung des Europäischen Parlaments vom 8. Juli 2015 mit den Empfehlungen des Europäischen Parlaments an die Kommission zu den Verhandlungen über die Transatlantische Handels- und Investitionspartnerschaft (TTIP) (2014/2228 (INI)).

17   Europäisches Parlament: TTIP: Besserer Zugang zu US-Markt, Schutz von EU-Standards, neue Streitbeilegung, Pressemitteilung, 8. Juli 2015.

„in deren Rahmen etwaige Streitsachen in öffentlichen Verfahren transparent von öffentlich bestellten, unabhängigen Berufsrichtern verhandelt werden, eine Berufungsinstanz vorgesehen ist, die Kohärenz richterlicher Urteile sichergestellt wird und die Rechtsprechung der Gerichte der EU und der Mitgliedstaaten geachtet wird und die Ziele des Gemeinwohls nicht durch private Interessen untergraben werden können."

TTIP sollte nach den Vorstellungen des Europäischen Parlaments die geltenden US-Beschränkungen hinsichtlich ausländischer Beteiligungen an Verkehrsunternehmen und Airlines abschaffen, EU-Anbietern den Zugang zum Telekommunikationsmarkt der Vereinigten Staaten erleichtern und die Öffnung des amerikanischen Beschaffungsmarkts auf allen Regierungsebenen „wesentlich ausweiten". Zugleich müsse für EU-Verbraucher, ihre persönlichen Daten, ihre Gesundheit und Sicherheit ein hohes Schutzniveau gewährleistet und Sozial-, Steuer- und Umweltdumping verhindert werden. Die Progressive Allianz der Sozialdemokraten (S&D) setzte durch, dass öffentliche Dienstleistungen vom TTIP-Abkommen ausgeschlossen werden sollten; zudem seien starke Schutzmaßnahmen für die EU-Regeln zu den geschützten geografischen Herkunftsangaben vorzusehen. Die Abgeordneten der Europäischen Volkspartei (EVP) setzten im Gegenzug durch, das TTIP zur „gegenseitigen Anerkennung gleichwertiger Standards" führen solle. Von diesem Grundprinzip ausgenommen werden dürften allerdings Bereiche, in denen Europäische Union und USA „sehr unterschiedliche" Regelungen haben, wie zum Beispiel beim Einsatz von Hormonen in der Rinderzucht, bei gentechnisch veränderten Organismen (GVO), bei der Genehmigung von Chemikalien und bei Chemikalien, die Störungen des Hormonsystems verursachen (‚endokrine Disruptoren') sowie beim Klonen von Tieren für landwirtschaftliche Zwecke.

Im Februar 2016 verabschiedete das Parlament mit 532 Stimmen bei 131 Gegenstimmen und 36 Enthaltungen seine Empfehlungen zum multilateralen Abkommen über den Handel mit Dienstleistungen (TISA).[18] Die hierzu zwischen 23 Staaten und der Europäischen Union laufenden Verhandlungen betreffen immerhin rund 70 Prozent der Wirtschaftsleistung in der Europäischen Union und sollen in ein Abkommen münden, das den Zugang der EU-Unternehmen zu internationalen Märkten erleichtert. Gleichzeitig betonte das Parlament, dass TISA weder die Europäische Union noch nationale und lokale Behörden zwingen dürfte, öffentliche Dienstleistungen dem internationalen Wettbewerb zu öffnen. Um EU-Unternehmen vor unfairem Wettbewerb aus dem Ausland zu schützen, forderten die Abgeordneten die Herstellung von Gegenseitigkeit hinsichtlich der Marktöffnung, da der EU-Dienstleistungssektor den Wettbewerbern aus Drittländern bereits weiter geöffnet sei als jener der Partnerländer. Eine Öffnung ausländischer Märkte sollte insbesondere im Hinblick auf das öffentliche Beschaffungswesen, Telekommunikation, Verkehr sowie Finanzdienstleistungen und digitale Dienstleistungen vorangetrieben werden. Das Parlament fordert von TISA zweitens den Abbau von durch Drittländer gegenwärtig auferlegten, einschränkenden Praktiken gegen EU-Unternehmen, wie zum Beispiel die erzwungene Datenlokalisierung oder Obergrenzen für ausländische Beteiligungen. Drittens streben die EP-Empfehlungen eine Verringerung des Verwaltungsaufwands für kleine und mittlere Unternehmen (KMU) an, da ihnen die erforderlichen Finanz- und Personalressourcen fehlen, um internationale Handelsvorschriften auf Augenhöhe mit multinational agierenden Konkurrenten umzusetzen. Neben dieser Positivliste

---

18   Entschließung des Europäischen Parlaments vom 3. Februar 2016 mit den Empfehlungen des Europäischen Parlaments an die Kommission zu den Verhandlungen über das Abkommen über den Handel mit Dienstleistungen (TiSA) (2015/2233(INI)).

markiert die EP-Empfehlung allerdings auch eine Kette sogenannter ‚roter Linien', die von TISA auf jeden Fall ausgenommen bleiben müssten: Hierzu gehören vor allem die öffentlichen Dienstleistungen in der Europäischen Union, wie zum Beispiel Bildung, Gesundheit, soziale Dienste, Systeme der sozialen Sicherheit und audiovisuelle Dienstleistungen. Der in TISA angesprochenen Datenschutzbestimmungen müssten für EU-Bürgerinnen und -Bürger den aktuellen und künftigen Standards entsprechen. Die Rechte der europäischen, einzelstaatlichen und lokalen Behörden, Rechtsvorschriften im Interesse der Öffentlichkeit zu erlassen, sollten rechtlich vollständig abgesichert werden. Auch müssten diese Institutionen weiterhin über das Recht verfügen, Dienste, die zuvor privatisiert wurden, wieder unter öffentlich-rechtliche Verwaltung zu bringen. Zudem fordert das Parlament die Einführung einer Revisionsklausel, durch die ein Mechanismus eingeführt wird, der den Vertragspartnern die Möglichkeit einräumt, das Abkommen zu kündigen oder Verpflichtungen zur Liberalisierung einer Dienstleistung auszusetzen oder rückgängig zu machen, insbesondere im Falle von Verstößen gegen Arbeits- und Sozialnormen.

In den Auseinandersetzungen über das Für und Wider des transatlantischen Handels- und Investitionsabkommens TTIP streiten die Protagonisten sowohl im Europäischen Parlament als auch in den Mitgliedstaaten über die Art des Verhandlungsverfahrens sowie über einzelne, die funktionale Reichweite des Abkommens betreffende Inhalte (Investitionsschutz, GVO, Öffnung oder Schutz der Märkte im Bereich der Dienstleistungen etc.). Auffällig an diesem Streit ist nicht nur die Vehemenz, mit der die Argumente ausgetauscht werden; zu beobachten waren und sind ähnlich gelagerte Frontstellungen auch im Falle der Verhandlungen über das euro-kanadische Freihandelsabkommen (Comprehensive Economic and Trade Agreement, CETA)[19] oder das Freihandelsabkommen zwischen der Europäischen Union und Singapur. Bemerkenswert ist in all diesen Fällen aber auch, wie einzelne Akteure dieses Streits mit ‚verdeckten' und ‚gezinkten' Karten spielen. So fällt auf, das sich nicht nur Europaabgeordnete und globalisierungskritische Nichtregierungsorganisationen, sondern auch – oftmals lauter und gegenüber dem jeweiligen Wahlvolk bewusst aufgebrachter – Abgeordnete der nationalen Parlamente und sogar Vertreter der Regierungen Deutschlands, Österreichs und Frankreichs über die Intransparenz der Verhandlungen und die hierbei ins Auge gefassten Schiedsgerichtsmechanismen für Klagen privater Investoren gegen Staaten erregen. Auf den ersten, flüchtigen Blick scheint an der Kritik selbst wenig Überraschendes. Tatsächlich wäre es ja in höchstem Maße bedenklich, wenn – entsprechend der von einigen Regierungsvertretern empört dargebrachten Erzählung – die Europäische Kommission eigenmächtig mit den USA eine Schiedsgerichtsbarkeit schaffen würde, die unterhalb des Radars der parlamentarischen wie national-gouvernementalen Öffentlichkeit darüber befinden sollte, unter welchen Bedingungen Mitgliedstaaten privaten Investoren gegenüber schadenersatzpflichtig sind, wenn oder weil sie zum Beispiel in einem gesundheitspolitischen Gesetz jedwede Bewerbung von Tabakgütern verböten. Mit welch ‚gezinkten' Karten hierbei aber vor allem die nationalen Akteure spielen, zeigt der Blick in das Verhandlungsmandat zum CETA-Abkommen vom 15. Dezember 2015 deutlich. Zur Erweiterung des Verhandlungsumfangs auf den Bereich „Investitionen" heißt es dort:

---

19 Entschließung des Europäischen Parlaments vom 10. Dezember 2013 mit der Empfehlung des Europäischen Parlaments an den Rat, die Kommission und den Europäischen Auswärtigen Dienst zu den Verhandlungen über ein Abkommen über eine strategische Partnerschaft zwischen der EU und Kanada (2013/2133(INI)).

„Die entsprechenden Bestimmungen des Abkommens müssen auf der Erfahrung und den bewährten Verfahren der Mitgliedstaaten hinsichtlich ihrer bilateralen Investitionsabkommen aufbauen. (...) Es sollte eine breite Palette von Schiedsforen für die Investoren vorsehen, wie sie derzeit gemäß den bilateralen Investitionsabkommen der Mitgliedstaaten bestehen."[20]

Im Mandat zu TTIP vom Oktober 2014 heißt es analog: „build upon the Member States' experience and best practice regarding their bilateral investment agreements with third countries".[21] Anders: Nicht die Kommission hat ‚aus Lust und Laune', sondern die mitgliedstaatlichen Regierungen haben – übrigens einstimmig (sic!) – in stolzer Erinnerung ihrer eigenen, fast 200 bilateralen Investitionsschutzabkommen[22] gefordert, dass die Kommission mit Kanada und den USA über eine Investitionsschiedsgerichtsbarkeit verhandelt, die jenseits der normalen, öffentlichen Gerichtsbarkeit der Europäischen Union und/oder ihrer Mitgliedstaaten anzusiedeln ist. Das Wirtschaftsminister, Bundeskanzler und Staatspräsidenten entsprechende Verhandlungsergebnisse im Nachhinein als Fehler und undemokratisch anprangern, ist ein gefährliches Spiel mit der Öffentlichkeit, den Medien und Parlamenten. Denn die bislang in Berlin, Wien oder Paris geäußerte Kritik an den Verhandlungsergebnissen zu TTIP oder CETA zielt darauf ab, die Europäische Kommission für einen Sachverhalt verantwortlich zu machen, den diese auf explizite Anweisung der Kritiker verhandelt hat.[23]

Für das Parlament markiert dieses von Unaufrichtigkeit geprägte Spiel mit ‚gezinkten' Karten und der offensichtlich damit beabsichtigten Verantwortungsdiffusion im Spannungsfeld von mitgliedstaatlichen Regierungen, Ministerrat und Europäischer Kommission eine bedeutende Lücke in der Informations- und Konsultationspraxis zu internationalen Übereinkünften. Denn deutlich wird hierbei, dass die parlamentarischen Informationsrechte des Art. 218 AEUV den die Verhandlungen autorisierenden Ministerrat nicht explizit verpflichten, das Parlament zu den Verhandlungsmandaten oder -leitlinien zu informieren oder gar zu konsultieren. Art. 218 Abs. 10 fordert lediglich, dass das Parlament „in allen Phasen des Verfahrens unverzüglich und umfassend unterrichtet" werden soll. Wer der ‚Sender' dieser Unterrichtung ist, bleibt dabei unklar. Im Ergebnis generieren die Vertragsartikel 207 und 218 AEUV daher ein von informationeller Asymmetrie gekennzeichnetes

---

20 Rat der Europäischen Union: Änderung der Verhandlungsrichtlinien für ein Abkommen über wirtschaftliche Integration mit Kanada, damit die Kommission ermächtigt wird, im Namen der Union über Investitionen zu verhandeln, 15. Dezember 2015, Dok. 12838/11.

21 Council of the European Union: Directives for the negotiation on the Transatlantic Trade and Investment Partnership between the European Union and the United States of America, 9 October 2014, Dok. 11103/13.

22 Vgl. Hanno Wehland: Schiedsverfahren auf der Grundlage bilateraler Investitionsschutzabkommen zwischen EU-Mitgliedstaaten und die Einwendung des entgegenstehenden Gemeinschaftsrechts, in: SchiedsVZ 2008, S. 222. Er nennt eine Zahl von etwa 190 bilateralen Investitionsschutzabkommen.

23 Nachträglich behauptet das deutsche Bundeswirtschaftsministerium (BMWI) in den Kurzerläuterungen zum Verhandlungsmandat, dass die Bundesregierung der Auffassung sei, „dass keine spezifischen Vorschriften zum Investitionsschutz erforderlich sind, weil Rechtsschutz vor den nationalen Gerichten hinreichenden Schutz bieten. Viele Mitgliedstaaten der EU und auch die EU-Kommission wollten solche Fragen aber einbeziehen." Wie diese Einlassung des BMWI mit der Tatsache der einstimmigen Beschlussfassung im Ministerrat zu vereinbaren ist, bleibt das Geheimnis des Ministers und seiner Mitarbeiter. Vgl. Bundesministerium für Wirtschaft und Energie: Leitlinien für die Verhandlungen über ein umfassendes Handels- und Investitionsabkommen – bezeichnet als Transatlantische Handels- und Investitionspartnerschaft – zwischen der Europäischen Union und den Vereinigten Staaten von Amerika. Kurzerläuterungen zum TTIP-Verhandlungsmandat, abrufbar unter: https://www.bmwi.de/ BMWi/Redaktion/PDF/S-T/ttip-mandat-kommentiert,property=pdf,bereich=bmwi2012,sprache=de,rwb= true.pdf (letzter Zugriff: 11.10. 2016).

Verhältnis im Dreieck zwischen Parlament, Kommission und Rat. Denn über das mit der Kommission ausgehandelte Rahmenabkommen zieht das Parlament zwar umfassende und tatsächlich frühzeitig Informationen, sodass sich die Abgeordneten mit den Vertretern der Kommission in einem zwar informellen, aber in seinen Wirkungen doch echten Konsultationsverhältnis ins Benehmen setzen können. Allerdings sind die Kommissionsunterlagen immer nur Entwürfe und Vorschläge für Mandate, Verhandlungsleitlinien und vergleichbare Texte, über deren definitive Formulierung die Mitgliedstaaten im Ministerrat oder aber im Haushaltsausschuss befinden.

Gegenüber diesen beiden Gremien beißt sich das Parlament jedoch die Zähne aus. Denn die Kommission ist auf die Einhaltung des Rahmenabkommens aufgrund des besonderen, durch die Möglichkeit des parlamentarischen Misstrauensvotums gerahmten, Verhältnisses sanktionsmächtig verpflichtet. Über ein entsprechendes Instrumentarium verfügt das Parlament nicht im Verhältnis zum Ministerrat. Faktisch ist das Parlament damit auf das Wohlwollen der Mitgliedstaaten angewiesen. Und dieses hat sich das Parlament in den letzten Jahren teuer erkauft. Basis hierfür sind die Interinstitutionelle Vereinbarung vom 12. März 2014 zwischen dem Parlament und dem Rat über die Übermittlung an und die Bearbeitung durch das Parlament von im Besitz des Rates befindlichen Verschlusssachen in Bezug auf Angelegenheiten, die nicht unter die Gemeinsame Außen- und Sicherheitspolitik fallen.[24] Gleiches gilt für den Beschluss des EP-Präsidiums vom 15. April 2013 über die Regeln zur Behandlung vertraulicher Informationen durch das Europäische Parlament. Beide Regelwerke stellen Akte der massiven parlamentarischen Beschränkung in Zugang und Nutzung von als vertraulich gekennzeichneten Verhandlungspapieren dar, ohne dass sich das Gegenüber – in Gestalt des Ministerrates und seiner vorgelagerten Gremien – auf ein besonderes Verpflichtungsverhältnis zum Parlament stützen müsste. Das parlamentarische Selbstorganisationsrecht mag dem Parlament zwar dazu verholfen haben, über seine Geschäftsordnung und das Instrument der bilateralen Abkommen mit der Kommission weitreichende Mitwirkungsbefugnisse erstritten zu haben. Die Praxis der beschränkten Informationspolitik des Ministerrates gegenüber den Europaabgeordneten verdeutlicht aber, dass das Parlament im erheblichen Unterschied zu den nationalen Parlamenten nicht über ein parlamentarisches Selbstbestimmungsrecht verfügt. Auch nationale Parlamente unterliegen im Hinblick auf Zugang und Nutzung vertraulicher Dokumenten besonderen Beschränkungen. Grundlage hierfür sind aber selbstbeschränkende, autonome Parlamentsgesetze, in denen sich die nationalen Parlamentsmehrheiten auf einen besonderen Umgang mit klassifizierten Texten verpflichten. Die ‚Inhaber' beziehungsweise unmittelbaren ‚Nutzer' dieser Dokumente sind den Parlamenten gegenüber vollumfänglich rechenschaftspflichtig und entstammen zumeist der jeweiligen Parlamentsmehrheit. Ein vergleichbares Verhältnis besteht auf EU-Ebene teilweise zwischen Parlament und Kommission, nicht aber zwischen Parlament und Ministerrat. Drastischer formuliert geriert sich der Ministerrat gegenüber dem Parlament letztlich als kaum fassbarer Monarch, der selbstherrlich darüber bestimmt, welche Unterlagen er mit den supranationalen Vertreter des gewählten ‚Dritten Stands' zu teilen bereit ist.

---

24 European Parliament/Council of the European Union: Interinstitutional Agreement of 12 March 2014 between the European Parliament and the Council concerning the forwarding to and the handling by the European Parliament of classified information held by the Council on matters others than those in the area of the common foreign and security policy, in: Official Journal of the European Union C95, 1 April 2014, S. 1-7.

Ein Ausblick in den Austritt

Eher zwiespältig fiel die parlamentarische Begutachtung des vom Europäischen Ratspräsidenten vorgelegten Kompromisspapiers zu den britischen Reformforderungen aus. Das Parlamentsplenum widmete sich in einer Debatte über den EU-Gipfel vom 18. und 19. Februar 2016 dieser Frage. Der ‚Deal‘ zwischen der Europäischen Union und Großbritannien konzentrierte sich auf Sonderbestimmungen in den Bereichen der wirtschaftspolitischen Steuerung, der Wettbewerbsfähigkeit, der Souveränität und der Immigration. So sollte die im Vertrag über die Europäische Union (EUV) festgelegte Zielbestimmung einer „immer engeren Union" künftig für Großbritannien nicht mehr gelten und zugewanderte EU-Ausländer sollten nicht von Beginn an Lohnzuschüsse und Wohnungshilfen erhalten. Gleichzeitig sollten Nicht-Euro-Länder nicht für die europäische Währung aufkommen müssen. Auf informellen, aber offenbar wirksamen Druck der Beobachterdelegation des Europäischen Parlaments (Guy Verhofstadt, ALDE, Elmar Brok, EVP, und Roberto Gualtieri, S&D) konnte sichergestellt werden, dass der ‚Deal‘ nur bei einem Verbleib Großbritanniens in der Europäischen Union in Kraft träte. So sollte sichergestellt werden, dass die über den ‚Deal‘ manifestierte ‚Zergliederung‘ der Union nicht als Blaupause für andere Staaten herangezogen werden könnte. Am 24. Februar 2016 debattierte das Plenum anschließend ausführlicher über Großbritanniens Zukunft in der Europäischen Union. Zwar sprachen sich die meisten Abgeordneten für einen Verbleib des Landes in der Europäischen Union aus. Gleichwohl waren aber auch Stimmen unüberhörbar, die einen EU-Austritt Großbritanniens offen begrüßten. Warnend hob der EVP-Vorsitzende Manfred Weber zum Beispiel hervor, dass bei einem positiven Ausgang des Mitgliedschaftsreferendums nur der nun vorliegende ‚Deal‘ zur Debatte stehe und keine weiteren Verhandlungen stattfinden würden. Gabriele Zimmer, Vorsitzende der Konföderalen Fraktion der Vereinigten Europäischen Linken/Nordische Grüne Linke (KVEL/NGL), kritisierte die Einigung dagegen vehement, da sie die soziale Säule der Europäischen Union abbauen werde und die Europäische Union dem marktradikalen, angelsächsischen Wirtschaftsmodell annähere.

Nach dem Votum der Britinnen und Briten für einen EU-Austritt verabschiedete das Parlament am 28. Juni 2016 eine erste Entschließung über die weitere Vorgehensweise mit 395 Stimmen bei 200 Gegenstimmen und 71 Enthaltungen.[25] Hierin ruft das Parlament die Regierung Großbritanniens auf, die demokratische Entscheidung seiner Bevölkerung mit einem rasch und kohärent durchgeführten Austrittsverfahren zu respektieren, wobei am Anfang die Aktivierung des Art. 50 EUV stehen müsse. Die Abgeordneten geben zu bedenken, dass zur Vermeidung von Unsicherheit für alle und zum Schutz der Integrität der Europäischen Union die in Art. 50 EUV genannte Mitteilung der Absicht, aus der Europäischen Union auszutreten, so bald wie möglich erfolgen müsse. Zugleich unterstrich das Europäische Parlament, dass seine Zustimmung zum Abschluss des Austrittsverfahrens erforderlich ist und dass es in vollem Umfang in allen Phasen des Verfahrens einbezogen werden muss. Ganz praktisch rief das Parlament schließlich den Rat auf, die Reihenfolge seiner Vorsitze zu ändern, um zu verhindern, dass der EU-Austritt das Management der täglichen Arbeit der Europäischen Union gefährdet. Bislang sollte Großbritannien in der zweiten Jahreshälfte 2017 die Ratspräsidentschaft übernehmen.

---

25 Entschließung des Europäischen Parlaments vom 28. Juni 2016 zu der Entscheidung für den Austritt aus der EU infolge des Ergebnisses des Referendums im Vereinigten Königreich (2016/2800(RSP)).

Weiterführende Literatur

Richard Corbett/Francis Jacobs/Darren Neville: The European Parliament, London 2016.

Doris Dialer/Andreas Maurer/ Margarethe Richter: Handbuch zum Europäischen Parlament, Baden-Baden 2015.

Markus Krajewski: New Functions and New Powers for the European Parliament: assessing the changes of the Common Commercial Policy from the perspective of democratic legitimacy, in: Marc Bungenberg/ Christoph Hermann (Hrsg.): European Yearbook of International Economic Law, Special Issue: Common Commercial Policy after Lisbon, Heidelberg 2013, abrufbar unter: http://papers.ssrn.com/sol3/papers.cfm?abstract_id=2142355 (letzter Zugriff: 11.10.2016).

Andreas Maurer: Comparative Study on Access to Documents (and Confidentiality Rules) in International Trade Negotiations, European Parliament, Brussels/Luxembourg 2015, DOI(pdf): 10.2861/846769 DOI(paper): 10.2861/704650.

Lore Putte/Ferdi De Ville/Jan Orbie: The European Parliament as an International Actor in Trade: from Power to Impact, in: Stelios Stavridis/Daniela Irrera (Hrsg.): The European Parliament and its International Relations, New York 2015, S. 52-69.

Europäischer Rat

David Schäfer / Wolfgang Wessels

Wer die Rolle und die Arbeitsweise des Europäischen Rates zu kennen glaubt, wird von manchen Entwicklungen der letzten Monate überrascht sein, sich aber auch in einer zentralen Einschätzung bestätigt fühlen: Die Staats-und Regierungschefs haben ihr Organ wie seit Jahren intensiv genutzt, dabei aber auch veränderte Formen von Gipfeltreffen entwickelt. Erneut wurde der Europäische Rat zum Schlüsselorgan bei dem Versuch, Krisen unterschiedlicher Art gemeinsam anzugehen. Zum üblichen Muster gehört es nun seit Jahrzehnten, dass die Beschäftigung mit existenziellen Problemen, für die es keine eingefahrenen Verfahren zur Bewältigung gibt, zur Stunde der politischen Führungspersönlichkeiten in den Regierungen wird. Der Europäische Rat agiert als Machtzentrum der Union mit erheblichen Auswirkungen sowohl auf die Gewaltenteilung in der institutionellen Architektur des EU-Systems als auch auf die Machtkonstellationen innerhalb dieser zentralen Institution.

Eine Erschütterung von bisher unbekanntem Ausmaß stellt das Votum der britischen Bevölkerung dar, die Mitgliedschaft in der Europäischen Union zu beenden. Da ein derartiges Plazet nie zuvor vorlag, fiel es den Staats- und Regierungschefs zu, eine gemeinsame Reaktion zu finden und den weiteren Prozess festzulegen. Ebenfalls offensichtlich sind die weitreichenden Verschiebungen der internen Balance, die der sogenannte ‚Brexit' mit sich bringen wird.

Dennoch war der Brexit keineswegs das einzige Politikfeld, in dem der Europäische Rat als Krisenmanager gefragt war. Im Zuge des Zustroms Geflüchteter in die Europäische Union traten fundamentale Gegensätze unter den Mitgliedstaaten zutage, die auch der Europäische Rat nur unzureichend überbrücken konnte. Die tiefgreifenden Unterschiede im Umgang mit Geflüchteten bestanden in der Linie zwischen den ‚alten' auf der einen Seite und den ‚neuen' Mitgliedstaaten in Mittel- und Osteuropa auf der anderen. Es wurde zur Chefsache unter den Staats- und Regierungschefs, in diesem Umfeld auf mehreren sogenannten ‚Flüchtlingsgipfeln' Kompromisse zu schmieden.

Neben alledem warf auch die Eurokrise ihre Schatten auf die Tätigkeit des Europäischen Rates. Zwar kann die aktive Phase der Eurokrise als weitgehend überwunden angesehen werden, die Währungsunion kämpft jedoch weiterhin mit dem Erbe der Krise. Die Weigerung der griechischen Regierung, die Sparauflagen der Kreditgeber umzusetzen, führte beinahe zu einem Herausdrängen des Landes aus der Wirtschafts- und Währungsunion (WWU). Erst eine Einigung im Europäischen Rat führte zu einem neuen Rettungsprogramm für Griechenland, ohne jedoch Zweifel an der Nachhaltigkeit der getroffenen Entscheidung beseitigen zu können.

Tabelle 1: Termine Europäischer Rat von Juni 2015 bis Juni 2016

22. Juni 2015	Euro-Gipfel
25./26. Juni 2015	Tagung des Europäischen Rates
7. Juli 2015	Euro-Gipfel
12. Juli 2015	Euro-Gipfel
23. September 2015	Informelle Tagung des Europäischen Rates zur Flüchtlingskrise
15. Oktober 2015	Tagung des Europäischen Rates
11./12. November 2015	Informelle Tagung des Europäischen Rates zur Flüchtlingskrise (Valletta-Gipfel)
29. November 2015	EU-Türkei-Gipfel
17./18. Dezember 2015	Tagung des Europäischen Rates
18./19. Februar 2016	Tagung des Europäischen Rates
7. März 2016	EU-Türkei-Gipfel
17./18. März 2016	Tagung des Europäischen Rates (in Verbindung mit EU-Türkei-Gipfel)
28. Juni 2016	Tagung des Europäischen Rates
29. Juni 2016	Informelle Tagung des Europäischen Rates (ohne Vereinigtes Königreich)

Die vierzehn Sitzungen der Staats- und Regierungschefs in 13 Monaten belegen die rege Aktivität des Europäischen Rates im vergangenen Jahr (siehe Tabelle 1). Er kam sowohl für Krisensitzungen – so zu Migration oder der Griechenlandkrise – als auch für reguläre Treffen zusammen. Neben den nahezu monatlichen Treffen unterstreicht auch die vielfältige Themenpalette erneut seine Stellung als thematischer Leitliniengeber der Europäischen Union (siehe Tabelle 2).

Das Referendum im Vereinigten Königreich: Der Europäische Rat auf unbekanntem Terrain

Angesichts des unerwarteten Ausgangs des Referendums im Vereinigten Königreich war der Europäische Rat als Brexit-Krisenmanager gefragt. In einer ersten Reaktion bedauerten die europäischen Staats- und Regierungschefs das Ergebnis des Referendums. Sie übernahmen zugleich die Rolle als Manager des Austrittsprozesses, der „Leitlinien für die Aushandlung eines Abkommens mit dem Vereinigten Königreich festlegen"[1] wird. Die Europäische Kommission, die selbst auf die Führungsrolle spekuliert hatte, und das Europäische Parlament werden lediglich „ihre Rolle im Einklang mit den Verträgen in vollem Umfang wahrnehmen"[2].

Ein erster substanzieller Beitrag der Staats- und Regierungschefs bestand darin, Vorverhandlungen ohne formelle Aktivierung des Austrittsverfahrens nach Art. 50 des Vertrages über die Europäische Union (EUV) durch die britische Regierung auszuschließen.[3] Durch diesen Schritt verbessert die Europäische Union ihre Verhandlungsposition bei den Austrittsgesprächen signifikant, da die britische Regierung eine Austrittsentscheidung unter großer Ungewissheit treffen muss. Nach Aktivierung des Austrittsverfahrens erlischt die Mitgliedschaft nach zwei Jahren selbst dann, wenn keine Vereinbarung gefunden wurde. Entsprechend wächst der Druck auf die britische Regierung Zugeständnisse anzubieten, um überhaupt ein vorteilhaftes Abkommen verhandeln zu können.

---

1 Europäischer Rat: Tagung vom 29. Juni 2016, Schlussfolgerungen, S. 1.
2 Europäischer Rat: Schlussfolgerungen, 29. Juni 2016, S. 1.
3 Europäischer Rat: Schlussfolgerungen, 29. Juni 2016, S. 1.

Tabelle 2: Übersicht wichtiger Themen des Europäischen Rates (Schlussfolgerungen des Europäischen Rates, Juni 2015 bis Juni 2016)

Migration und Flüchtlinge
Flüchtlingsandrang: Ende der ‚Politik des Durchwinkens' angestrebt
EU-Türkei-Abkommen: Zusammenarbeit mit der Türkei zur Bewältigung des Flüchtlingsandrangs
Verteilung von Flüchtlingen: Teilweise Verteilung von Flüchtlingen auf EU-Mitgliedstaaten nach Quoten-regelung, jedoch kaum implementiert
Grenzschutz: Stärkung von Frontex zum Schutz der Außengrenzen sowie zur Zusammenarbeit mit Drittstaaten
Rückführung: Kooperation mit Herkunftsstaaten zur Rückführung abgelehnter Asylbewerber
Finanzen, Euro, Wirtschaft und Binnenmarkt
Europäisches Semester: Koordinierung der Wirtschaftspolitik der Mitgliedstaaten
Euro-Krisenmanagement: Verhandlungen über Griechenlandprogramm
Reform der WWU: Kenntnisnahme des „Berichts der Fünf Präsidenten"
Handelspolitik: Appell zu erfolgreichem Abschluss des Handelsabkommens mit den USA (Transatlantic Trade and Investment Partnership, TTIP)
Wettbewerbsfähigkeit: Bemühen um Wiederankurbelung der Investitionsfähigkeit sowie Fortsetzung von Strukturreformen
Binnenmarkt: Fahrplan für Umsetzung der Binnenmarktstrategie
Britisches EU-Referendum
Britische Neuverhandlungen: Abkommen über Reformen im Falle fortgesetzter britischer Mitgliedschaft
Prozessmanagement: Festlegung des weiteren Vorgehens nach dem Referendum
Koordinierung der EU-Position: Beratungen über Kernpunkte der EU-Position
Klima- und Energiepolitik
Klima: Begrüßung der Ergebnisse des UN-Klimagipfels in Paris und der Kommissionsmitteilung „Nach Paris"
Energie: Vervollständigung der Energieunion angestrebt
Sicherheit und Verteidigung
Gemeinsame Sicherheits- und Verteidigungspolitik: Verständigung auf verstärkte Zusammenarbeit im Rüstungswesen
Strategiediskussion: Vorstellung der „Globalen Strategie für die Außen- und Sicherheitspolitik" durch die Hohe Vertreterin Federica Mogherini
Auswärtiges
Libyen: Aufforderung zur Bildung von Regierungen der nationalen Einheit
Syrien: Bekämpfung von Da'esh und Appell für politische Lösung
Besetzung Spitzenämter
Präsident der Eurogruppe (Gremium der Euro-Finanzminister): Wiederwahl des niederländischen Finanzministers Jeroen Dijsselbloem
Raum der Freiheit, der Sicherheit und des Rechts
Innere Sicherheit: Überarbeitung der Strategie der Inneren Sicherheit der Europäischen Union
Terrorismusbekämpfung: Vorantreiben des Datenaustauschs innerhalb der Europäischen Union
Terroranschläge in Frankreich: Solidarität mit der französischen Regierung

Die Staats- und Regierungschefs trafen zudem eine erste inhaltliche Festlegung. Sie beton-ten, ein uneingeschränkter Zugang zum EU-Binnenmarkt sei nur möglich, wenn im Gegen-zug die vier Grundfreiheiten akzeptiert würden.[4] Da die neue britische Regierung unter großem innenpolitischen Druck steht, Migration aus der Europäischen Union zu reduzie-ren, ist der Hauptkonflikt in den Verhandlungen bereits absehbar. Es zeichnet sich ab, dass die britische Regierung eine Einschränkung der Freizügigkeit gegenüber vollumfäng-lichem Marktzugang priorisiert. Die Regierungen von Frankreich und Italien traten unmit-

---

4   Europäischer Rat: Schlussfolgerungen, 29. Juni 2016, S. 2.

telbar nach dem Votum als ‚Falken' auf, die sowohl einen raschen Beginn der Verhandlungen als auch eine harte Verhandlungsführung befürworten. Die Bundesregierung trat zunächst als ‚Taube' in Erscheinung. Erste Reaktionen lassen vermuten, dass die deutsche Regierung eine möglichst weitreichende Vereinbarung anstrebt; das Element der ‚Bestrafung', das Nachahmer abschrecken soll, wird weitgehend den Märkten überlassen. Unterdessen ist noch nicht absehbar, zu welchem Zeitpunkt die britische Regierung den Austrittsprozess nach Art. 50 EUV formal beginnt. Zwar kündigte die neugewählte Premierministerin Theresa May ursprünglich an, bis Ende des Jahres den Prozess zu starten, jedoch rückt dieser Termin zunehmend in weite Ferne. Einige Beobachter spekulieren mittlerweile über Ende 2017 als realistisches Datum. Diese Entwicklungen zeigen, dass der Brexit die britische Regierung weitgehend unvorbereitet traf.

Dem Referendum waren lange Verhandlungen im Europäischen Rat über eine Reform der Europäischen Union vorausgegangen, die der britische Premierminister David Cameron initiiert hatte. Bis zur britischen Volksabstimmung kann vielleicht von einem geordneten Krisenmanagement des Europäischen Rates gesprochen werden. Der im Februar gefundene Beschluss nahm das Vereinigte Königreich de facto von dem in den Verträgen enthaltenen Bestreben nach einer „immer engeren Union" heraus, umfasste eine mögliche Kürzung der Sozialausgaben für EU-Binnenmigranten, eine leichte Stärkung nationaler Parlamente sowie Garantien zur Nicht-Diskriminierung der Nicht-Euro-Staaten.[5] Durch den negativen Ausgang des Referendums ist die Vereinbarung jedoch hinfällig. Für die Zukunft mag jedoch eine Formulierung richtungsweisend sein: Die Schlussfolgerungen betonen, dass es „verschiedene Wege der Integration für verschiedene Mitgliedstaaten [gibt,] und gestatten es denen, die die Integration vertiefen möchten, weiter voranzugehen, wobei sie die Rechte derjenigen achten, die diesen Weg nicht einschlagen möchten".[6] Diese Episode erlaubt auch exemplarisch Einblicke in die Bedeutung des Europäischen Rates für nationale Öffentlichkeiten. Da Cameron seinen letztendlich vergeblichen Kampf um eine reformierte Europäische Union medial inszenieren musste, um Zustimmung für den EU-Verbleib zu erlangen, kam nur der Europäische Rat als Schauplatz der Verhandlungen in Frage. Nur das Organ der Staats- und Regierungschefs erhält ausreichend Aufmerksamkeit der nationalen Öffentlichkeiten, um die Nachricht harter Verhandlungen für das Wohl des eigenen Landes transportieren zu können.

Der Sieg der Brexit-Anhänger in Großbritannien kommt einer Zäsur in der Geschichte der europäischen Integration gleich. Der erste Fall weitreichender Desintegration stellt grundlegende Fragen nach dem Nutzen der institutionalisierten europäischen Zusammenarbeit und deren Dauerhaftigkeit. Der Europäische Rat reagierte darauf, indem er den Willen der übrigen 27 Mitgliedstaaten versicherte, die europäische Integration fortzuführen. Er rief eine „politische Reflexion" aus, um „Impulse für weitere Reformen im Einklang mit unserer strategischen Agenda und für die Weiterentwicklung der EU der 27 Mitgliedstaaten zu geben".[7] Eine informelle Tagung des Europäischen Rates im September in Bratislava soll diese Überlegungen über die Finalität vertiefen. Im Zuge der grundsätzlichen Diskussionen im Europäischen Rat und darüber hinaus wurden jedoch auch die Spaltungen in der Europäischen Union sichtbar. Auf grundsätzlicher Ebene fehlt ein gemeinsames Verständnis, ob die Krise mit ‚mehr' oder ‚weniger' Europa gelöst werden kann. Zudem sind die zentralen Probleme ungelöst: Weder ist die Eurokrise nachhaltig

---

5   Europäischer Rat: Tagung vom 18./19. Februar 2016, Schlussfolgerungen, S. 11-24.
6   Europäischer Rat: Schlussfolgerungen, 18./19. Februar 2016, S. 9.
7   Europäischer Rat: Schlussfolgerungen, 29. Juni 2016, S. 2.

überwunden und die Währungsunion krisenfest, noch sind überzeugende und solidarische Antworten auf die Flüchtlingskrise gefunden. Auch die Erwartungen an den „Bratislava-Prozess" sind allgemein niedrig. Zwar wird mit Maßnahmen zu einer verstärkten Sicherheitszusammenarbeit gerechnet, wirklich ambitioniertere Schritte in diesem und anderen Politikfeldern werden jedoch nicht erwartet.[8] Wenngleich der britische Austritt oftmals als Chance für die Europäische Union angesehen wird, ist vor diesem Hintergrund fraglich, ob ein Befreiungsschlag, der die öffentliche Wahrnehmung der Europäischen Union verbessert, gelingen kann.

Die Flüchtlingskrise: Mühsame Kompromisssuche in einer zerstrittenen Union

Der stark angestiegene Flüchtlingsstrom in die Mitgliedstaaten der Europäischen Union war über das gesamte Jahr hinweg das beherrschende Thema im Europäischen Rat. Die Staats- und Regierungschefs rangen sowohl auf ihren regulären Treffen als auch auf verschiedenen ,Flüchtlingsgipfeln' um eine gemeinsame Antwort auf die neue Herausforderung. Ein Fazit fällt jedoch gemischt aus. Zwar konnte der Flüchtlingsdruck in der Tat vermindert werden, diese Entwicklung ist jedoch größtenteils dem unilateralen Schließen der Balkanroute und einem umstrittenen sowie aus der Not geborenen EU-Abkommen mit der Türkei geschuldet. Ambitioniertere und auch dauerhaftere Lösungsversuche scheiterten zuvor im Europäischen Rat.

Die Staats- und Regierungschefs einigten sich zur Lösung der Flüchtlingskrise auf eine gemeinsame Strategie, die aus drei Elementen bestand: (1) die Umsiedlung beziehungsweise Neuansiedlung von Flüchtlingen, (2) die Zusammenarbeit mit Herkunfts- und Transitländern sowie (3) die Verstärkung des Schutzes der EU-Außengrenzen.

Eine Gruppe von Mitgliedstaaten unter Führung von Deutschland, den Niederlanden, Schweden und Österreich bemühte sich ein Modell einzurichten, das ankommende Flüchtlinge auf alle EU-Mitgliedstaaten gemäß einer Quote verteilt.[9] Diese Maßnahme hätte in der Folge den Druck auf diejenigen Mitgliedstaaten gemindert, die besonders häufig das Ziel von Flüchtlingen sind. Bereits im Juni 2015 beschloss der Rat die Umverteilung von 60.000 Flüchtlingen.[10] Problematisch erwies sich jedoch die Implementierung des Abkommens. So wurden bis Februar 2016 lediglich 583 Flüchtlinge in andere Mitgliedstaaten umgesiedelt.[11]

Als Resultat des Scheiterns einer effektiven Umverteilung erklärte der Europäische Rat die Zusammenarbeit mit Transitländern zur unmittelbaren "Priorität", um ein "Ende der ,Politik des Durchwinkens'"[12] zu erreichen. Eine Schlüsselstellung nahm hierbei die Türkei als zentrales Transitland ein. Auf maßgebliche Initiative der deutschen Bundesregierung, die in Zusammenarbeit mit der niederländischen Ratspräsidentschaft Vorverhandlungen mit der türkischen Regierung um den damaligen Premierminister Ahmet Davutoğlu führte, einigten sich die Staats- und Regierungschefs im März 2016 nach langem politischen Tauziehen auf ein Abkommen mit der Türkei. Die Vereinbarung sieht vor, dass die Türkei ihre Grenzen sichert, sodass Überfahrten nach Griechenland weit-

---

8   Eszter Zalan: EU leaders to define new priorities in Bratislava, in: Reuters, 6.9.2016.
9   Janis A. Emmanouilidis: Europe's Reactive and Protective Muddling Through: The Results of a Summit in Fire Fighting Mode, EPC Post-Summit Analysis, Brüssel 2015, S. 6.
10   Europäischer Rat: Tagung vom 25./26. Juni 2015, Schlussfolgerungen, S. 1-3.
11   Anna Reimann/Philipp Wittrock: Flüchtlings-Verteilung in der EU, in: Spiegel Online, 18.2.2016.
12   Europäischer Rat: Tagung vom 17./18. Dezember 2015, Schlussfolgerungen, S. 3; Europäischer Rat: Schlussfolgerungen, 18./19. Februar 2016, S. 4.

gehend unmöglich werden. Sollten doch Flüchtlinge auf den griechischen Inseln ankommen, werden diese von der Türkei zurückgenommen und im Gegenzug ein Flüchtling aus der Türkei nach Europa geschickt, bis die maximale Anzahl von 72.000 Migranten erreicht ist. Nicht betroffen sind die 45.000 Flüchtlinge, die sich zum Zeitpunkt des Abkommens bereits in Griechenland befanden. Sie sollen schrittweise in der Europäischen Union verteilt werden. Im Gegenzug erhält die Türkei eine erhebliche finanzielle Unterstützung in Höhe von 6 Mrd. Euro. Weiter ist vorgesehen, dass weitere EU-Beitrittskapitel mit der Türkei geöffnet und Visumfreiheit für türkische Staatsbürger eingeführt werden. Insbesondere der letzte Punkt ist umstritten, da vielfach ein Zuzug flüchtiger Kurden befürchtet wird. Zugleich ist unklar, ob die Visaliberalisierung überhaupt beschlossen wird, da sie an 72 Bedingungen geknüpft ist, die von der Türkei bisher nur unzureichend umgesetzt wurden.[13] Das 11-Punkte-Programm des EU-Türkei-Gipfels vom November 2015 und März 2016 sieht auch ein regelmäßiges Gipfeltreffen mit der türkischen Regierungsspitze vor. Damit stellt es ein institutionelles Novum dar, das vielleicht auch als ein Ausgangsmodell für zukünftige Gipfelbeziehungen zum Vereinigten Königreich dienen könnte.

Das EU-Türkei-Abkommen flankierte den dritten Schwerpunkt der vom Europäischen Rat beschlossenen Strategie: der Schutz der Außengrenzen. Dem Ziel kommt eine strategische Bedeutung zu, da ein effektiver Schutz der Außengrenzen eine Vorbedingung für Freizügigkeit innerhalb der Union darstellt. Der Europäische Rat appellierte ohne spezifische Nennung an die griechische Regierung, die Registrierung ankommender Flüchtlinge durch die Einrichtung sogenannter ‚Hotspots‘ (Registrierzentren) zu verbessern.[14] Auf der Oktobersitzung visierte der Europäische Rat die schrittweise Errichtung eines integrierten Grenzmanagements sowie eines verschärften Kampfes gegen Schleuser an. Zudem stärkte er die EU-Grenzschutzagentur Frontex. Daraufhin folgende Vorschläge der Kommission zu einer gemeinsamen Grenzschutzeinheit, die auch gegen den Willen eines EU-Lands auf dessen Territorium operieren darf, trafen jedoch auf den Widerstand zahlreicher Mitgliedstaaten.[15]

Abschließend ergibt sich ein durchwachsenes Bild der Problemlösungsfähigkeit des Europäischen Rates in der Flüchtlingskrise. Die Beruhigung der Lage ist zu großen Teilen auf die unilaterale Entscheidung einiger Mitgliedstaaten zurückzuführen, die Balkanroute zu schließen. Der Europäische Rat konnte zwar mit dem EU-Türkei-Abkommen einen Erfolg vorweisen, jedoch steht aufgrund unübersehbarer Spannungen in den Sternen, ob die Vereinbarung von Dauer sein wird. Zudem erscheint die Kritik von Menschenrechtsorganisationen nicht unbegründet. Insbesondere vor dem Hintergrund des normativen Rahmens, der zumeist mit der EU-Außenpolitik assoziiert wird, erscheint der EU-Türkei-Deal fragwürdig. Zwar erwartet die Europäische Union von der Türkei „die Einhaltung höchster Standards in Bezug auf Demokratie, Rechtsstaatlichkeit und die Achtung der

---

13 Europäischer Rat: Tagung vom 15. Oktober 2015, Schlussfolgerungen, S. 1; Europäischer Rat: Tagung vom 17./18. März 2016, Schlussfolgerungen; European Commission: EU-Turkey Agreement: Questions and Answers, 19. March 2016; Janis A. Emmanouilidis: Elements of a Complex but still Incomplete Puzzle: An Assessment of the EU (-Turkey) Summit, EPC Post-Summit Analysis, Brüssel 2016, S. 1, 8.
14 Europäischer Rat: Schlussfolgerungen, 15. Oktober 2015, S. 2-3; Europäischer Rat: Schlussfolgerungen, 17./18. Dezember 2015, S. 1; Europäischer Rat: Schlussfolgerungen, 18./19. Februar 2016, S. 5; Europäischer Rat: Schlussfolgerungen, 17./18. März 2016, S. 1-3.
15 Europäischer Rat: Schlussfolgerungen, 15. Oktober 2015, S. 2; Emmanouilidis: Europe's Reactive and Protective Muddling Through, 2015, S. 5.

Grundfreiheiten"[16], inwiefern dieser Schutz tatsächlich gewährleistet wird, bleibt jedoch im Ungefähren. Manche Beobachter bewerten den Deal daher als eine Notlösung, der teilweise jedoch „mehr Probleme schafft, als er löst"[17].

Daher stellt sich die Frage, worin die Gründe für die schwierige Entscheidungsfindung des Europäischen Rates liegen. Hier ist zunächst die unterschiedliche Präferenzintensität der Mitgliedstaaten offensichtlich. Da eine überproportionale Menge der Flüchtlinge die nordeuropäischen Staaten als Ziel hat, lastet auf diesen ein höherer Problemdruck als auf weniger betroffenen Mitgliedstaaten. Entsprechend gering ist die Bereitschaft Letzterer zu Zugeständnissen, da sie sich mit dem Status Quo arrangieren können. Hinzu kommen nationale Öffentlichkeiten, die der Zuwanderung generell skeptisch gegenüberstehen. Diese Tatsache fand ihre Entsprechung in der von einigen osteuropäischen Regierungen vertretenen kategorischen Ablehnung, muslimische Flüchtlinge aufzunehmen.[18]

Die Wirtschafts- und Währungsunion: Stillstand und Ad-hoc-Krisenmanagement

Obwohl die akute Krisenphase der Wirtschafts- und Währungsunion vielfach schon als überwunden galt, war der Europäische Rat im Sommer 2015 als Entscheidungsinstanz in der bis dato wohl schwersten Krise der Währungsunion gefragt. In den Verhandlungen über die letzte Tranche des zweiten Sparpaketes weigerte sich die griechische Regierung, die Sparauflagen der Kreditgeber zu akzeptieren. Ein von der Regierung nach langen und ergebnislosen Verhandlungen durchgeführtes Referendum belegte zwar die mangelnde Akzeptanz des Sparpaketes innerhalb der griechischen Bevölkerung, konnte jedoch die ebenfalls unter dem Druck ihrer Wählerschaft stehenden restlichen Eurozonen-Mitglieder nicht zu einer nachgiebigeren Haltung bewegen. Folglich stand Griechenland, das kurz zuvor schon Kapitalverkehrskontrollen eingeführt hatte, Anfang Juli vor dem finanziellen Kollaps.

Die Staats- und Regierungschefs befassten sich auf drei Euro-Gipfeln im Juni und Juli 2015 mit der Situation in Griechenland. In sehr hart geführten Verhandlungen, während derer die deutsche Regierung sogar das Ausscheiden Griechenlands aus dem Euro ins Spiel brachte, verständigten sich Griechenland und die übrigen Eurostaaten auf ein drittes Rettungspaket in Höhe von 86 Mrd. Euro, das mit noch strengeren Spar- und Reformauflagen einhergeht. Das Ziel der griechischen Regierung, Schuldenerleichterungen zu erhalten, wird nur sehr indirekt und vage erwähnt, ein Schuldenschnitt sogar explizit ausgeschlossen.[19]

Wenngleich der Großteil der Verhandlungen im Kreise der Euro-Finanzminister in der Eurogruppe stattfand, verdeutlicht diese vorerst letzte Episode der Griechenlandrettung auch, dass die wahren Meilenstein-Entscheidungen nach wie vor vom Europäischen Rat getroffen werden. Ein Austritt Griechenlands hätte den Charakter der Währungsunion verändert und möglicherweise starke Marktreaktionen hervorgerufen. Derartige Entscheidungen sind nach wie vor ‚Chefsache'. Die Griechenlandrettung zeigt auch, wie weitreichend der Europäische Rat teilweise in nationale Politiken eingreift. Die Auflagen gleichen einem Mikromanagement der griechischen Regierung, die im Gegenzug für weit-

---

16   Europäischer Rat: Schlussfolgerungen, 17./18. März 2016, S. 2.
17   Yves Pascouau: EU-Turkey Summit on the Refugee Crisis: Law and (Dis)Order?, EPC, Brüssel 2016, S. 1.
18   Christoph Sydow: Asylbewerber aus Syrien: Slowakei lehnt muslimische Flüchtlinge ab, in: Spiegel Online, 20.8.2015.
19   Euro-Gipfel: Schlussfolgerungen, 12. Juli 2015.

reichende Kredite weitgehend in ihrer Souveränität eingeschränkt wird. Dennoch ist auch in diesem Fall fraglich, inwiefern Probleme tatsächlich gelöst und nicht lediglich vertagt wurden. Es spricht nicht viel dafür, dass mit dem dritten Rettungspaket erreicht wird, was schon die ersten beiden nicht zu liefern vermochten. Daher ist davon auszugehen, dass die Spannungen in der Währungsunion fortbestehen und der Europäische Rat auch zukünftig als Krisenmanager gefragt sein wird.

Der Europäische Rat war im Bereich der Währungsunion jedoch nicht ausschließlich mit dem Krisenmanagement beschäftigt. Er befasste sich auch mit möglichen Reformen der institutionellen Architektur der Eurozone. Dahinter steht die kollektive Einsicht, dass die Instabilität und Krisenanfälligkeit der Währungsunion auch auf institutionelle Mängel des ursprünglichen Regelwerks zurückzuführen ist. Weder vermögen es der Stabilitäts- und Wachstumspakt, Verstöße gegen die Schulden- und Defizitregeln zu sanktionieren, noch wurden gemeinsame Instrumente wie ein Eurozonen-Budget geschaffen, um die Resilienz der Eurozone gegenüber wirtschaftlichen Schocks zu erhöhen. Vor diesem Hintergrund wurde der Präsident der Europäischen Kommission vom Euro-Gipfel im Oktober 2014 mandatiert, in Zusammenarbeit mit den Präsidenten des Europäischen Rates, der Europäischen Zentralbank, des Europäischen Parlaments und der Eurogruppe Vorschläge zur institutionellen Weiterentwicklung zu unterbreiten.[20] Dieser sogenannte „Bericht der Fünf Präsidenten" sieht institutionelle Umbauten und Innovationen in den vier Teilgebieten Wirtschaftsunion, Fiskalunion, Finanzunion und politischer Union vor. Die Kernpunkte stellen eine Vollendung der Bankenunion, die Schaffung eines Europä- ischen Fiskalausschusses sowie langfristig die Schaffung eines europäischen Finanzminis- ters dar. Während ein Teil der Vorschläge bis zum 30. Juni 2017 verwirklicht werden soll, wird für andere Elemente eine Realisierung bis 2025 vorgeschlagen. Die Vorschläge würden die Eurozone in die Richtung einer „wahren" Wirtschafts- und Währungsunion weiterentwickeln, sind jedoch zugleich betont vorsichtig formuliert, was weitgehend als Zugeständnis an die derzeitige schwierige politische Lage gesehen wird.[21] Tatsächlich vermochten es auch die Reformvorschläge der fünf Präsidenten nicht, die Differenzen zwischen der nördlichen Koalition um Deutschland und der Südlichen mit Frankreich und Italien an der Spitze zu überbrücken. Der Dissens schlägt sich in neutralen Formulierun- gen des Europäischen Rates nieder. Er zog vorsichtig eine „Bilanz der Beratungen über den Bericht" der fünf Präsidenten und bekräftigte, dass die Vertiefung der Eurozone fort- schreiten muss, nahm der Bericht jedoch lediglich „zur Kenntnis".[22] Konkrete Maßnahmen wurden nicht initiiert. Die Staats- und Regierungschefs kamen darüber überein, sich bis Ende 2017 erneut mit dem Thema zu befassen. Dieser Zeitplan kommt einem Einverständ- nis gleich, dass substanzieller Fortschritt nicht mehr vor den Wahlen in Deutschland und Frankreich zu erwarten ist.[23]

20 Euro Gipfel: Schlussfolgerungen, 24. Oktober 2014.
21 Juncker, Jean-Claude: Die Wirtschafts- und Währungsunion vollenden (Bericht der Fünf Präsidenten), 2015, https://ec.europa.eu/priorities/sites/beta-political/files/5-presidents-report_de_0.pdf; Emmanouili- dis: Europe's Reactive and Protective Muddling Through, 2015, S. 2.
22 Europäischer Rat: Schlussfolgerungen, 15. Oktober 2015, S. 6.
23 Europäischer Rat: Schlussfolgerungen, 17./18. Dezember 2015, S. 5.

Weitere Themen

Sicherheit und Verteidigung

Auf seiner Sitzung im Juni 2015 diskutierte der Europäische Rat die Gemeinsame Sicherheits- und Verteidigungspolitik (GSVP). Die Staats- und Regierungschefs formulierten das Vorhaben, die GSVP „wirksamer, besser wahrnehmbar und stärker ergebnisorientiert zu gestalten"[24], beispielsweise durch eine verstärkte Rüstungszusammenarbeit. Zudem wurden nationale Regierungen aufgefordert, die Verteidigungsausgaben in „ausreichender Höhe"[25] vorzusehen. Die Staats- und Regierungschefs begrüßten im Juni 2016 die Vorstellung der „Globalen Strategie für die Außen- und Sicherheitspolitik" durch die Hohe Vertreterin Mogherini.[26]

Terror

Der Europäische Rat brachte auf seiner Sitzung im Juni 2015 eine Überarbeitung der „Strategie der Inneren Sicherheit der EU" auf den Weg. Zudem appellierte er an den Rat, neue Maßnahmen zur Terrorbekämpfung schneller zu beschließen. Diese umfassen in erster Linie eine Ausweitung des Datenaustausches zwischen nationalen Strafverfolgungsbehörden sowie Geheimdiensten als auch eine bessere Kontrolle der Außengrenzen zur Gefahrenabwehr. Der Europäische Rat erklärte sich infolge der Pariser Terroranschläge solidarisch mit Frankreich.[27]

Binnenmarkt und Handel

Auf der Dezembersitzung befasste sich der Europäische Rat mit dem Verhandlungsstand zum Transatlantischen Handels- und Investment- und Partnerschaftsabkommen (TTIP) zwischen der Europäischen Union und den USA. Die Verhandlungen waren zuvor sichtlich ins Stocken geraten und insbesondere im deutschsprachigen Raum auf starken politischen Widerstand gestoßen. Der Europäische Rat bekräftigte seinen Willen, die Verhandlungen zügig und ambitioniert abschließen zu wollen. Zudem forderte er eine zielstrebige Durchsetzung des Fahrplans für die Binnenmarktstrategie, um den Binnenmarkt zu vertiefen und auf digitale Wirtschaftsbereiche auszudehnen.[28]

Energie und Klima

Der Europäische Rat begrüßte die ehrgeizigen Ziele des UN-Klimagipfels in Paris im Dezember 2015 sowie die darauffolgende Mitteilung der Kommission „Nach Paris"[29], die Schritte zur konkreten Umsetzung vorschlägt. Zudem sprach er sich erneut für die Energieunion aus und begrüßte die Vorlage eines Paketes zur Energieversorgungssicherheit durch die Kommission.[30]

---

24   Europäischer Rat: Schlussfolgerungen, 25./26. Juni 2015, S. 6.
25   Europäischer Rat: Schlussfolgerungen, 25./26. Juni 2015, S. 6.
26   Europäischer Rat: Schlussfolgerungen, 28. Juni 2016, S. 7.
27   Europäischer Rat: Schlussfolgerungen, 25./26. Juni 2015, S. 5; Europäischer Rat: Schlussfolgerungen, 17./18. Dezember 2015, S. 3-4.
28   Europäischer Rat: Schlussfolgerungen, 17./18. Dezember 2015, S. 6; Europäischer Rat: Schlussfolgerungen, 28. Juni 2016, S. 4-5.
29   Europäische Kommission: Mitteilung der Kommission an das Europäische Parlament und den Rat. Nach Paris: Bewertung der Folgen des Pariser Übereinkommens, Brüssel, 2. März 2016, COM(2016) 110 final.
30   Europäischer Rat: Schlussfolgerungen, 17./18. Dezember 2015, S. 5-6.

Syrien und Libyen

Der Europäische Rat nahm wiederholt Stellung zur Situation in Syrien und Libyen. Er bekräftigte den Willen der Mitgliedstaaten, den Islamischen Staat zu bekämpfen. Zugleich wies er dem syrischen Präsidenten Baschar al-Assad die Hauptschuld an der katastrophalen humanitären Situation in Syrien zu und appellierte an alle Konfliktparteien, einer politischen Lösung zuzustimmen. Auch an die libysche Regierung erging die Forderung, weitere demokratische Kräfte einzubinden und eine Regierung der nationalen Einheit zu bilden.[31]

Wirtschaftspolitische Koordinierung

Der Europäische Rat billigte die Empfehlungen zur Wirtschaftspolitik im Rahmen des Europäischen Semesters auf der Sitzung im Februar 2016. In der darauffolgenden Sitzung im März 2016 verabschiedeten die Staats- und Regierungschefs die Prioritäten des Jahreswachstumsberichts und billigten die länderspezifischen Empfehlungen im Juni 2016.[32]

Zum Innenleben: Machtkonstellationen im Europäischen Rat

Wer den häufig dominierenden Einfluss des Europäischen Rates im EU-System konstatiert, sollte auch die organinternen Machtkonstellationen analysieren.[33] Außenstehende Beobachter verfügen dabei nur über begrenzten Einblick in die Dynamik des Interaktionsgeflechts und der Konsultationen, Gespräche und Abstimmungen vor und während der Sitzungen. Durchgängig wurde in der Geschichte des Europäischen Rates eine französisch-deutsche Führungsrolle konstatiert,[34] bei der in den Eurokrisenjahren der Bundeskanzlerin ein nachhaltiger und zentraler Einfluss zugeschrieben wurde.[35] In der Flüchtlingskrise verschoben sich jedoch die Gewichte: Konnte Merkel in der Eurokrise aufgrund der deutschen Finanzstärke Instrumente zur Bewältigung anbieten, so war sie nun bei der angestrebten Quotenregelung auf die aktive Zustimmung anderer Mitgliedstaaten angewiesen. Diese Politik löste auch weitere Koalitionsbildungen aus. Unter dem Druck, den ihnen zugedachten Anteil von Flüchtlingen aufzunehmen, formierte sich Opposition insbesondere in der osteuropäischen Visegrád-Gruppe, die aus Polen, Slowakei, der Tschechischen Republik und Ungarn besteht. Das Ausscheiden des Vereinigten Königreichs stärkte auch die Position Italiens, das sich nun auf dem Weg in eine kleine Führungsgruppe sieht.[36]

Eine Untersuchung des Innenlebens des Europäischen Rates lässt auch den Einfluss der beiden Präsidenten in den Blick geraten: Nach einigen Schwächen zu Beginn seiner Amtsperiode wurde Donald Tusk als Präsident des Europäischen Rates eine konstruktive Rolle bei den Krisenverhandlungen zugesprochen. Offen ist aber, ob die polnische Regierung einer Wiederwahl des früheren polnischen Regierungschefs und innenpolitischen Gegners 2017 zustimmen wird. Verstärkt kritisiert wurde der Präsident der Europäischen Kommission, Jean-Claude Juncker, insbesondere nach der Brexit-Abstimmung. Offen bleibt,

---

31 Europäischer Rat: Schlussfolgerungen, 15. Oktober 2015, S. 5; Europäischer Rat: Schlussfolgerungen, 17./18. Dezember 2015, S. 8; Europäischer Rat: Schlussfolgerungen, Februar 2016, S. 7; Europäischer Rat: Schlussfolgerungen, 28. Juni 2016, S. 7.

32 Europäischer Rat: Schlussfolgerungen, 18./19. Februar 2016, S. 7; Europäischer Rat: Schlussfolgerungen, 17./18. März 2016, S. 3; Europäischer Rat: Schlussfolgerungen, 28. Juni 2016, S. 4.

33 Wolfgang Wessels: The European Council, Houndsmills/Basingstoke 2016, S. 132-145.

34 Wessels: The European Council, 2016, S. 149.

35 Ryan Heath: Power Matrix: Ranking Europe's Leaders and Ambassadors, in: Politico, 28.4.2016.

36 Paul Dallison: Merkel, Hollande, Renzi to hold Brexit summit, in: Politico, 13.7.2016.

inwiefern sich die Kritik tatsächlich an der Person des Amtsinhabers entzündet oder lediglich eine allgemeine Unzufriedenheit der Mitgliedstaaten mit dem gemeinsamen Problemmanagement auf Juncker projiziert wird. Vor dem Hintergrund unversöhnlicher Interessensgegensätze auf Seiten der Mitgliedstaaten ist der Spielraum supranationaler Akteure wie Juncker und Tusk begrenzt. ‚Große Lösungen‘, die über den kleinsten gemeinsamen Nenner hinausgehen, können zwar von den Gemeinschaftsinstitutionen vorangetrieben und beeinflusst werden, jedoch nicht gegen die nationalen Regierungen durchgesetzt werden.

Der Europäische Rat: Der Krisenmanager befindet sich in der Krise

Der Europäische Rat hat im vergangenen Jahr maßgeblich die wesentlichen Entscheidungen der Europäischen Union vorbereitet und getroffen. Er stellte die Weichen für die anstehenden Verhandlungen zur Beendigung der britischen Mitgliedschaft in der Europäischen Union. Zugleich befasste er sich über das gesamte Jahr hinweg mit der Flüchtlingskrise. Das Wiederaufflammen der Eurokrise in Griechenland forderte ihn zudem als Krisenmanager in der Eurozone. Vor dem Hintergrund des Krisenmanagements sollte nicht vergessen werden, dass der Europäische Rat gleichermaßen in die Politiksteuerung des Alltagsgeschäfts der Europäischen Union eingebunden ist, für das er die Leitlinien vorgibt. So befasste er sich im Rahmen des Europäischen Semesters mit der Fiskal- und Wirtschaftspolitik der Mitgliedstaaten, trug zur Weiterentwicklung der GSVP bei und sprach seine Unterstützung für das Freihandelsabkommen mit den USA aus.

Die vielfältige Befassung des Europäischen Rates mit einer ganzen Reihe an Themen bestätigt seine zentrale Rolle im Institutionengefüge der Europäischen Union. In dieser Hinsicht war das vergangene Jahr keine Ausnahme des nun seit Jahrzehnten anhaltenden Trends zur intergouvernementalen Abstimmung auf EU-Ebene. Einige wesentliche Entscheidungen des Europäischen Rates in der Euro- sowie in der Flüchtlingskrise haben jedoch das supranationale EU-Instrumentarium verstärkt. Intergouvernemental in der Zusammensetzung hat der Europäische Rat erneut den Weg zu ‚mehr Europa‘ und zur Stärkung einiger supranationaler Organe bestritten.

Zugleich zeigt das vergangene Jahr wie vielleicht keines zuvor die Grenzen der Problemlösungsfähigkeit des Europäischen Rates. Keines der drei wesentlichen Problemfelder – Brexit, Migration, Eurokrise – kann als Beispiel für effektives Krisenmanagement herhalten. In den letzten beiden Fällen gelang es zwar, den unmittelbaren Problemdruck zu bewältigen, eine nachhaltige Lösung ist jedoch weder im Bereich Migration noch bei der Währungsunion gefunden worden. Im Falle des Brexit muss sich im Laufe der Verhandlungen erst noch zeigen, ob der ‚worst case‘ – eine Trennung, die sowohl Großbritannien als auch die Europäische Union destabilisiert – verhindert werden kann. Dennoch lassen auch hier erste Reaktionen vermuten, dass die Regierungen zu keiner gemeinsamen Einschätzung kommen, welche Lehren aus dem jüngsten Schock für die Zukunft der Europäischen Union zu ziehen sind. Vor diesem Hintergrund ist davon auszugehen, dass der Europäische Rat auch im nächsten Jahr zuvorderst mit Krisenmanagement befasst sein wird.

Noch in der Eurokrise wurde die Schlüsselrolle des Europäischen Rates damit gerechtfertigt, dass nur die gewählten nationalen Spitzenvertreter über ausreichend Legitimität verfügen, um Schlüsselentscheidungen zu treffen. Mit den Schwächen des Krisenmanagements wird aber auch die Legitimität des Gipfels untergraben. Beschlüsse, die – falls sie überhaupt zustande kommen – nicht über das unbedingt Notwendige hinausgehen, stellen angesichts der Größe der derzeitigen Herausforderungen keine effektive Problemlösung dar. Wenn die Ergebnisse des Europäischen Rates die Interessen der Unionsbürgerinnen und -bürger nicht mehr ausreichend zufrieden stellen, werden seine intransparenten Entscheidungen hinter verschlossenen Türen zu einem noch größeren Problem. Die gewählten nationalen Spitzenpolitiker können dann nicht zur Verringerung des Demokratiedefizits beitragen.

Weiterführende Literatur

Uwe Puetter: The European Council and the Council: New Intergovernmentalism and Institutional Change. Oxford 2014.

Wolfgang Wessels: The European Council. Houndsmills/Basingstoke 2016.

Maria Schäfer/Wolfgang Wessels: Europäischer Rat, in: Wolfgang Wessels/Werner Weidenfeld (Hrsg.): Europa von A-Z, 14. Auflage, Baden-Baden 2016, S. 225-232.

Marcello Carammia/Sebastiaan Princen/Arco Timmermans: From Summitry to EU Government: An Agenda Formation Perspective on the European Council, in: Journal of Common Market Studies 54(4) 2016, S. 809-825.

Rat der Europäischen Union

Nicolai von Ondarza

Die Arbeit des Rates der Europäischen Union, kurz der Rat, war in den Jahren 2015 und 2016 von drei Faktoren geprägt. Erstens wirkte sich die zum Teil dramatische Zuspitzung von intern wie extern induzierten Krisen der Europäischen Union selbstredend auch deutlich auf das Beratungs- und Entscheidungsgremium der nationalen Regierungen aus. Im ersten Halbjahr 2015 standen hier besonders in der Eurogruppe und dem Rat für Wirtschaft und Finanzen (ECOFIN) die Verhandlungen über das Reformprogramm mit Griechenland im Vordergrund. Die politisch umstrittensten Verhandlungen hierzu wurden jedoch auf Ebene der Staats- und Regierungschefs im Europäischen Rat geführt. Im Gegensatz dazu wurden zweitens die Konflikte zwischen den Mitgliedstaaten über die Bewältigung der ab dem zweiten Halbjahr 2015 dominierenden Flüchtlingskrise insbesondere auch im Rat ausgetragen, etwa in dem mehrere mittel- und osteuropäische Mitgliedstaaten bei der Regelung zur Verteilung von Flüchtlingen öffentlichkeitswirksam überstimmt wurden. Dies stellt einen klaren Bruch zur in den übrigen Entscheidungen des Rates weiterhin stark ausgeprägten Konsenskultur dar. Nicht zuletzt hat sich drittens die Entwicklung des Rates hin zu einem Konsultations- und Koordinationsgremium verstärkt, in dem der Anteil an Gesetzgebungen weiter gesunken ist.

Thematische Schwerpunkte: vom Grexit zur Flüchtlingskrise

Zur Bewältigung der Krisen haben sich die nationalen Minister 2015 spürbar häufiger im Rat der Europäischen Union zusammengesetzt als in den Vorjahren. So gab es insgesamt 82 formelle Sitzungen in den zehn Formationen des Rates, was im Vergleich zu den Vorjahren (2014: 73; 2013: 71) einer Steigerung von über 10 Prozent entspricht. Den größten Zuwachs gab es dabei bei der Anzahl der Ratstreffen zur Innen- und Justizpolitik, die doppelt so häufig wie noch 2014 stattfanden, um Antworten auf die Flüchtlingskrise und die terroristischen Anschläge in der Europäischen Union zu finden. Gleichzeitig blieb die Anzahl der Treffen in den zuvor häufigsten Formationen – dem Rat für Auswärtige Angelegenheiten sowie dem ECOFIN – gleichbleibend hoch.

In diesen Sitzungen standen fünf Dossiers besonders im Vordergrund. Dies war erstens die weitere politische wie wirtschaftliche Bewältigung der Schuldenkrise in der Eurozone. Insbesondere im ersten Halbjahr konzentrierte sich die öffentliche politische Debatte in der Europäischen Union primär auf den drohenden Euro-Austritt Griechenlands (sogenannter ‚Grexit'), nachdem die Verhandlungen zwischen Eurogruppe und griechischer Regierung durch den Wahlsieg der Syriza-Partei im Januar 2015 wesentlich konfliktreicher wurden.[1] Die Grundsatzentscheidung über ein drittes Hilfs- und Reformpaket für Griechenland wurde dabei zwar auf mehreren dramatischen Sitzungen des Europäischen Rates im Juli 2015 getroffen; die Detailverhandlungen einschließlich der weiteren Begleitung der Reformen fanden jedoch im Kreis der Wirtschafts- und Finanzminister der Eurozone

---

1   Vgl. Heinz-Jürgen Axt: Griechenland, in diesem Buch.

statt. Dementsprechend setzte sich die Eurogruppe 2015 insgesamt 21 Mal zusammen; im Vergleich zu nur elf Sitzungen im Jahr 2014. Hierbei kam es auch zur protokollarisch einmaligen Situation, dass die Eurogruppe den damaligen griechischen Finanzminister Yanis Varoufakis auf dem Höhepunkt der Konfrontation ausschloss, was aufgrund ihres informellen Charakters rechtlich möglich war.[2] Erst nach Einigung der Staats- und Regierungschefs – und zur Aufnahme der Arbeit am dritten Reformpaket – wurde der dann neue griechische Finanzminister Efklidis Tsakalotos wieder in die Eurogruppe aufgenommen.

Doch neben dem Ringen um Griechenland hat der Rat 2015 auch die reguläre Gesetzgebung und Haushaltsüberwachung in Eurofragen (Europäisches Semester) durchgeführt. Ein Flaggschiffprojekt aus Sicht der Europäischen Union war hierbei die Verabschiedung der Verordnung von Parlament und Rat zum Europäischen Fonds für strategische Investitionen (EFSI) im Juni 2015, mit dem die Europäische Union private Investitionen in Höhe von über 300 Mrd. Euro unterstützen will. Hierfür war zwischen den nationalen Regierungen im Rat, dem Europäischen Parlament und der Europäischen Kommission, welche den EFSI angestoßen hat, insbesondere eine Einigung über die Umverteilung von Mitteln im EU-Haushalt notwendig.[3]

Noch stärker hat zweitens das Dossier Migration die legislative Agenda des Rates dominiert. Schon zu Beginn des Jahres 2015 hat beispielsweise die Grenzschutzagentur der Europäischen Union Frontex vor einem deutlichen Anstieg der Flüchtlingszahlen gewarnt;[4] der tatsächliche Anstieg der Anzahl von Flüchtlingen, die vor allem über Griechenland in die Europäische Union eingereist sind, hat dann jedoch die Erwartungen noch einmal deutlich übertroffen und die Europäische Union vor eine enorme politische Zerreißprobe gestellt. Besonders offensichtlich gespalten präsentierte sich der Rat hier zum einen bei den Beschlüssen über eine Verteilung von 160.000 Flüchtlingen aus Griechenland und Italien, die im September 2015 gegen die Stimmen und den öffentlichen Protest vor allem von mittel- und osteuropäischen Staaten getroffen wurden (siehe unten). Selten zuvor in der Geschichte der Europäischen Union haben die Mitgliedstaaten Entscheidungen im Mehrheitsverfahren gegen so deutlichen öffentlichen Protest durchgesetzt. Zum anderen wurden Beschlüsse zur Stärkung des Außengrenzschutzes im Schengenraum von Drohungen begleitet, Griechenland zumindest temporär aus dem Schengenraum auszuschließen.[5] Weitere in der Öffentlichkeit ebenfalls umstrittene Entscheidungen des Rates in diesem Dossier betrafen der Abschluss neuer Regelungen für Rückführungen und den EU-Türkei-Flüchtlingsdeal sowie die Einberufung der militärischen Operation EUNAVFOR Sophia zur Bekämpfung von Menschenschmuggel über das Mittelmeer.

Prominent auf der Agenda des Rates der Innen- und Justizminister war drittens die Bekämpfung des internationalen Terrorismus, vor allem nach den Anschlägen in Frankreich im Januar sowie November 2015. In diesem Zusammenhang hat der Rat beispielsweise die Speicherung von Fluggastdaten innerhalb der Europäischen Union gefordert, die dann 2016 gemeinsam mit dem Europäischen Parlament beschlossen wurden. Auch eine

---

2   Peter Spiegel/Alex Barker: Greece closer to euro exit after bailout request is spurned, in: Financial Times, 27.6.2015.

3   Rat der Europäischen Union: Investitionen in europäische Projekte: Rat nimmt EFSI-Verordnung an. Pressemitteilung, 25. Juni 2015, 528/15.

4   Vgl. zum Beispiel Frontex: Annual Risk Analysis 2015, Warsaw 2015, abrufbar unter: http://frontex.europa.eu/assets/Publications/Risk_Analysis/Annual_Risk_Analysis_2015.pdf (letzter Zugriff: 7.9.2016).

5   Alex Barker/Duncan Robinson/Kerin Hope: Greece warned EU will reimpose border controls, in: Financial Times, 1.12.2015.

politische Einigung über die Ausweitung von Kompetenzen und Ressourcen von Europol hat der Rat mit Blick auf die Terrorismusbekämpfung im Jahre 2015 erzielt und 2016 dann formell gemeinsam mit dem Europäischen Parlament beschlossen. Obgleich Frankreich in Reaktion auf die Anschläge in Paris von November 2015 erstmals die EU-Beistandsklausel aktiviert hat, wurden die militärischen Aktionen gegen den selbst ernannten Islamischen Staat (IS) in Syrien und Irak zwar innerhalb der Ratsgremien diskutiert, aber operationell außerhalb der Europäischen Union in einer Koalition der Willigen durchgeführt.[6]

Viertens wurden die Forderungen des damaligen britischen Premiers David Cameron nach einer Reform der Europäischen Union und einer besonderen Stellung Großbritanniens in der Europäischen Union, welche er im Herbst 2015 an die Union gerichtet hat, im Rat für Allgemeine Angelegenheiten diskutiert.[7] Die hauptsächlichen Verhandlungen hierzu wurden jedoch außerhalb der Ratsstrukturen direkt zwischen Vertretern der nationalen Regierungschefs, der Europäischen Kommission sowie dem Präsidenten des Europäischen Rates geführt, die dann im Februar 2016 zu einer Einigung kamen. Nachdem die britische Bevölkerung im Juni 2016 in einem Referendum gegen den Verbleib in der Europäischen Union gestimmt hat, hat diese Vereinbarung jedoch niemals Rechtskraft erlangt.

Fünftens hat der Rat nicht zuletzt neben den Krisen der Europäischen Union, wenn auch in begrenztem Maße, die im Voraus geplante legislative Agenda bearbeitet. 2015 wurden hier insbesondere Fortschritte im Binnenmarkt erzielt. Flaggschiffprojekte betreffen hier beispielsweise Beschlüsse zur Energieunion, zum Datenschutz im digitalen Binnenmarkt oder zur langfristigen Abschaffung von Roaming-Gebühren.

Weitere Reduzierung der Gesetzgebung

Dennoch hat es quantitativ eine spürbare Reduzierung der legislativen Arbeit des Rates der Europäischen Union gegeben. Im Vergleich zum Vorjahr – in dem auf Grund der Wahlen zum Europäischen Parlament und der Neubesetzung der Europäischen Kommission bereits mehrere Monate kaum gesetzgeberische Beschlüsse in der Europäischen Union erfolgten – hat der Rat nur noch 149 statt zuvor 251 Verordnungen und Richtlinien erlassen; die meisten davon in Mitbestimmung mit dem Europäischen Parlament. Die gesetzgeberischen Entscheidungen sind damit um mehr als 40 Prozent auf den niedrigsten Wert seit Inkrafttreten des Vertrages von Lissabon gefallen (siehe Tabelle 1). Weniger deutlich gesunken ist hingegen die Anzahl der Beschlüsse und Empfehlungen, welche der Rat in der Regel alleine trifft, die von dem Spitzenwert im Jahr 2014 auf den immer noch zweithöchsten Wert seit 2009 gestiegen sind.

---

6   Carmen-Cristina Cirlig: The EU's mutual defence clause. First ever activation of Art. 42 (7) TEU, Brussels: European Parliament Research Service 2015.
7   Nicolai von Ondarza: Kerneuropa und Großbritannien. Risiken, Kompromisschancen und Nebenwirkungen der britischen Reformvorschläge, SWP-Aktuell 96/2015, Berlin: Stiftung Wissenschaft und Politik.

Tabelle 1: Sekundärrechtsakte des Rates, von 2009 bis 2014[8]

Jahr	Verordnungen	Richtlinien	Beschlüsse / Empfehlungen	Gesamt
2009	341	153	342	836
2010	174	55	357	586
2011	195	40	387	629
2012	160	18	374	552
2013	196	41	339	576
2014	198	53	471	772
2015	130	19	397	546

Obgleich sich dieser Trend zu einer Reduzierung an legislativen Beschlüssen in der Europäischen Union bereits in der letzten Legislaturperiode von 2009 bis 2014 angedeutet hat, so ist diese Abnahme an Gesetzgebungen durch den Rat bemerkenswert. Dies gilt umso mehr, da die Europäische Union seit 2010 mit der Schuldenkrise und seit 2015 mit der Flüchtlingskrise enorm herausgefordert ist. Zusätzlich ist festzustellen, dass es sich zumindest bei der Reduzierung im Jahre 2015 um ein Phänomen handelt, das weitgehend auf Rat (und Parlament) beschränkt ist. So erlaubt Art. 290 des Vertrages über die Arbeitsweise der Europäischen Union (AEUV) dem Rat und Parlament, der Kommission die Befugnis zu übertragen, Rechtsakte ohne Gesetzgebungscharakter zu erlassen. Damit soll die Kommission bestehende Gesetzgebung ergänzen beziehungsweise Detailregelungen ausfüllen, um die Arbeitslast von dem Gesetzgeber zu nehmen. Vergleicht man hier die 2015 eigenständig von der Kommission erlassenen Verordnungen, Richtlinien und Beschlüsse, so liegt ihre Anzahl im Durchschnitt der letzten drei Jahre.

Wie erklären sich daher die niedrigen gesetzgeberischen Aktivitäten des Rates im Jahre 2015? Zwei politische Faktoren dürften hier eine besondere Rolle spielen:

Erstens wirkt sich das Programm der Juncker-Kommission aus, die dezidiert mit dem Anspruch angetreten ist, weniger, dafür aber bessere Rechtsetzungsinitiativen auf EU-Ebene zu starten. Aufgrund des Initiativmonopols der Europäischen Kommission kann der Rat bis auf wenige Ausnahmen nur nach einem Vorschlag der Kommission gesetzgeberisch tätig werden. Die neue Kommission hat zum einen im Rahmen des REFIT-Programms 2014 und 2015 allein 53 beziehungsweise 73 Rechtsetzungsinitiativen zurückgezogen.[9] Hierunter zählten zum Teil auch politisch hoch umstrittene Projekte wie etwa die geplante Abfallrichtlinie, bei denen Mitglieder des Europäischen Parlaments vor dem Gerichtshof der Europäischen Union gegen das Zurückziehen der Gesetzgebungsinitiative geklagt haben. Diese blieben jedoch erfolglos.[10] Auf der anderen Seite hat Präsident Juncker die neue Kommission sehr viel stärker auf zehn Prioritäten verpflichtet und ihre Struktur so ausgestaltet, dass neue Gesetzgebungsvorschläge wesentliche höhere Hürden innerhalb der Kommission nehmen müssen.[11] Gleichzeitig drängen auch mehrere nationale Regierungen

---

8   Eigene Berechnung auf Grundlage von offiziellen Angaben von Eur-Lex sowie dem Rat der Europäischen Union, Vgl. EUR-Lex: Statistiken zu Rechtsakten, abrufbar unter: http://eur-lex.europa.eu/statistics/ 2014/legislative-acts-statistics.html (letzter Zugriff: 17.8.2015).

9   Europäische Kommission: REFIT – so wird das EU Recht schlanker, einfacher und effizienter, abrufbar unter: http://ec.europa.eu/smart-regulation/refit/index_de.htm (letzter Zugriff: 4.8.2016).

10 Eva-Maria Potcheva: The European Commission's right to withdraw a legislative proposal, Brussels: European Parliament Research Service 2015.

darauf – 2015 insbesondere die Britische unter Cameron im Vorfeld der Verhandlungen über den Status Großbritanniens in der Europäischen Union – die Anzahl neuer Regulierung auf EU-Ebene zu reduzieren.

Zweitens haben die mannigfaltigen Krisen und Herausforderungen der Europäischen Union Zeit und politische Aufmerksamkeit von der legislativen Arbeit abgelenkt. Mit Blick auf die thematischen Schwerpunkte des Rates im Jahre 2015 standen gesetzgeberische Beschlüsse nur bei einem Bruchteil im Vordergrund. In der europäischen Schuldenkrise wurden zwar zum Teil neue Kompetenzen auf die europäische Ebene übertragen, diese lagen jedoch vor allem in der wirtschaftspolitischen Koordinierung. Die großen legislativen Vorhaben wie die Bankenunion waren 2015 hingegen in einem Stadium der Umsetzung. Ebenso standen bei den Verhandlungen mit Großbritannien und Griechenland eher politische Vereinbarungen an. Größere legislative Aktivitäten hingegen gab es nur in den Bereichen Migration, Asyl und Terrorismusbekämpfung.

Abrücken vom Trilog-Verfahren?

Den Großteil der legislativen Beschlüsse trifft der Rat der Europäischen Union nach dem ordentlichen Gesetzgebungsverfahren gemeinsam mit dem Europäischen Parlament. Seit Inkrafttreten des Vertrages von Lissabon hatten sich in der Zusammenarbeit zwischen Rat und Parlament zwei Trends besonders verfestigt: Zum einen ist der Anteil an Gesetzgebung, der im Mitentscheidungsverfahren beschlossen wurde, stetig gestiegen, zum anderen haben Parlament, Rat und Kommission dabei zuletzt fast ausschließlich das informelle Trilog-Verfahren genutzt. Im Jahr 2015 hingegen sind beide Trends erstmals seit 2009 wieder gebrochen worden: So ist zum einen der Anteil an Verordnungen und Richtlinien, welche der Rat gemeinsam mit dem Parlament verabschiedet, spürbar von 53,8 Prozent im Jahre 2014 auf 38,3 Prozent in 2015 gesunken.[12] Hinzu kommt, dass auch bei den gemeinsam von Parlament und Rat getroffenen Legislativbeschlüssen der Anteil des Mitentscheidungsverfahren von über 90 Prozent in den letzten Jahren auf 85 Prozent gefallen ist, während in nunmehr 13,6 Prozent der Fälle das Parlament nur konsultiert wurde.[13] Beim Konsultationsverfahren kann das Parlament jedoch vom Rat einfach überstimmt werden. Dies ist besonders bemerkenswert, als das im Mai des Vorjahres neu gewählte Parlament 2015 voll handlungsfähig war und trotz oder gerade aufgrund des Zuwachses an EU-kritischen Parteien im Plenum seinen Mitgestaltungswillen unterstrichen hat. Die quantitative Entwicklung deutet darauf hin, dass der Rat laufende Gesetzgebungsverfahren ohne Parlamentsbeteiligung im Jahr 2015 schneller beendet hat als diejenigen, in denen das neu gewählte Parlament eingebunden werden musste. Hierfür spricht auch, dass der Anteil an gemeinsam verabschiedeter Gesetzgebung im ersten Halbjahr 2016 wieder auf knapp 50 Prozent gestiegen ist.[14]

---

11 Nicolai von Ondarza: Struktur- und Kulturwandel in Brüssel. Jean-Claude Juncker richtet die Kommission wie eine europäische Regierung aus, SWP-Aktuell 65/2014, Berlin: Stiftung Wissenschaft und Politik.

12 Eigene Berechnung auf Grundlage offizieller Angaben von Eur-Lex: Statistics, abrufbar unter: http://eur-lex.europa.eu/statistics/statistics.html (letzter Zugriff: 10.8.2016).

13 Eigene Berechnung auf Grundlage offizieller Angaben des Europäischen Parlaments.

14 Eigene Berechnung auf Grundlage offizieller Angaben von Eur-Lex: Statistics, abrufbar unter: http://eur-lex.europa.eu/statistics/statistics.html (letzter Zugriff: 10.8.2016).

Noch bemerkenswerter aus Sicht der institutionellen Dynamik innerhalb der Europäischen Union ist allerdings ein Rückgang der Einigung in erster Lesung nach dem Trilog-Verfahren. Dieses informelle Verfahren hat sich in den letzten Jahren schrittweise zum eigentlichen Standardverfahren der EU-Gesetzgebung entwickelt. Demnach durchlaufen Rat und Parlament bei der Mitentscheidung nicht alle drei Lesungen, sondern gehen direkt nach einer Kommissionsinitiative in informelle Verhandlungen – den sogenannten ‚Trilog zwischen Europäischem Parlament, Rat der Europäischen Union und Europäischer Kommission‘ –, um einen Kompromiss zwischen allen drei Institutionen auszuhandeln. Dieser Kompromiss wird dann direkt in erster Lesung von Parlament und Rat verabschiedet.[15] In der Folge war der Anteil an ‚First-Reading Agreements‘, also der Einigungen in erster Linie, 2014 auf über 95 Prozent gestiegen (siehe Tabelle 2). In der wissenschaftlichen wie öffentlichen Debatte wird diese Entwicklung nicht unkritisch gesehen. Zwar erlaubt der Trilog eine effektivere Zusammenarbeit insbesondere zwischen Rat und Parlament, gerade um in zeitkritischen, komplexen und politisch hoch umstrittenen Dossiers wie der Bankenunion oder der Migrationspolitik eine Einigung zu erreichen. Gleichzeitig finden diese Verhandlungen jedoch außerhalb der Öffentlichkeit statt und anders als bei drei Lesungen mit jeweils öffentlichen Abstimmungen zumindest im Parlament wird für die Medien sowie Bürgerinnen und Bürger nicht sofort ersichtlich, welche Positionen unterschiedliche Parteien und Institutionen eingenommen haben. Der intergouvernementalen Arbeitsweise des Rates hingegen kommt diese Entwicklung eigentlich entgegen, da sie der Ratspräsidentschaft (siehe unten) mehr Diskretion einräumt, um in umstrittenen Dossiers hinter verschlossenen Türen mit dem Parlament zu verhandeln.

Tabelle 2: Einigungen in erster Lesung seit 2009[16]

Jahr	Mitentscheidungsbeschlüsse	1. Lesung	2. Lesung	3. Lesung	Anteil 1. Lesung in Prozent
2009	105	75	22	8	71,4
2010	93	79	14	0	84,9
2011	102	82	16	4	80,4
2012	93	82	11	0	88,2
2013	145	132	12	1	91,0
2014	191	182	9	0	95,3
2015	75	58	17	0	77,3

Quelle: Eigene Zusammenstellung.

Im Jahre 2015 ist jedoch der Anteil an Einigungen in erster Lesung zwischen Rat und Parlament auf 77 Prozent gefallen. Dies stellt ebenfalls den niedrigsten Wert seit Inkrafttreten des Vertrages von Lissabon Ende 2009 dar. In die dritte Lesung ist jedoch auch im Jahr 2015 kein einziges Mitentscheidungsverfahren gegangen. Die Institutionen haben also

---

15   Christine Reh: Is informal politics undemocratic? Trilogues, early agreements and the selection model of representation, in: Journal of European Public Policy 6/2014, S. 822-841.

16   Eigene Berechnung auf Grundlage von Angaben der Europäischen Kommission und des Europäischen Parlaments. Ab 2010 wurden die Angaben des Europäischen Parlaments zu den Mitentscheidungsverfahren genutzt, da die Kommission die Daten nicht mehr veröffentlicht. Die Berechnungsgrundlage der beiden Organisationen unterscheidet sich jedoch, sodass die Zahlen in den Jahren, in denen beide die Angaben zur Verfügung stellen, leicht voneinander abweichen.

nicht dem Trilog an sich abgeschworen, sondern sind in mehr Verfahren soweit in Konfrontation geraten, dass zumindest das Parlament oder der Rat in erster Lesung eine Machtprobe anstelle eines Kompromisses gesucht hat.

Bestätigt wurde das Trilog-Verfahren zuletzt in einer der wichtigsten institutionellen Weichenstellungen des Jahres 2015, der Einigung zwischen Rat der Europäischen Union, Europäischem Parlament und Europäischer Kommission über die Interinstitutionelle Vereinbarung für bessere Rechtssetzung[17], in der die drei Institutionen nach langen Verhandlungen im Dezember 2015 ihre Zusammenarbeit bei der Gesetzgebung neu geklärt haben. Diese grundlegende Interinstitutionelle Vereinbarung (IIV) hat nicht nur den Trilog weiter verankert, sondern auch die vorgreifende Zusammenarbeit deutlich verstärkt. Hierzu gehört beispielsweise, dass nunmehr Parlament und Rat bereits bei der Entwicklung des Arbeitsprogramms der Kommission eingebunden werden, dass EU-Rechtsvorschriften weiter vereinfacht werden, dass Rat und Parlament ihre eigenen Folgenabschätzungen in Auftrag geben können, um Änderungsvorschläge im Trilogverfahren zu beschleunigen, und dass die Öffentlichkeit während des Trilogverfahren von Rat und Parlament besser informiert werden muss.[18]

Veränderungen der Stimmengewichtung ohne praktische Wirkung

Bei den Beschlüssen des Rates der Europäischen Union trat im Jahr 2015 auf den ersten Blick eine bedeutsame Änderung in Kraft – so änderte sich mit zeitlicher Verzögerung von fünf Jahren nach Inkrafttreten des Vertrages von Lissabon, also zum 1. November 2014, das Abstimmungsverfahren zur qualifizierten Mehrheit im Rat. Statt den vorher politisch gewichteten Stimmen sind nunmehr für eine reguläre qualifizierte Mehrheit 55 Prozent der Mitgliedstaaten notwendig, die gleichzeitig 65 Prozent der Bevölkerung der EU-Staaten repräsentieren. Da das früher politisch gewichtete System im Vergleich kleinere und mittelgroße Mitgliedstaaten bevorzugte – Polen hatte etwa 27 Stimmen, Deutschland 29 bei rund doppelter Bevölkerungsgröße – war dies eine der umstrittensten Reformen im Vertrag von Lissabon.

In der Praxis hingegen scheint diese Reform kaum Auswirkungen auf die Machtbalance oder die Entscheidungen im Rat zu haben. Eine Analyse der veröffentlichen Abstimmungsergebnisse im Rat zeigt, dass in nur sechs von insgesamt 83 im Jahr 2015 publizierten Abstimmungen mehr als drei Mitgliedstaaten sich gegen einen Beschluss ausgesprochen oder enthalten haben. In keinem dieser Fälle hätte jedoch die Anwendung der alten Stimmengewichtung zu einem anderen Abstimmungsergebnis geführt.[19] Den größten Dissens gab es in einer Abstimmung zu einer Verordnung zur Stärkung der Verbraucherrechte bei Pauschalreisen, gegen die insgesamt sieben Regierung gestimmt haben. Diese Regierungen repräsentieren jedoch hauptsächlich kleine Mitgliedstaaten, die zusammen unter 10 Prozent der Bevölkerung der Europäischen Union vertreten, ungefähr so viel wie Spanien. Doch auch nach dem alten gewichteten System, welches kleinere Mitgliedstaaten bevorteilt, wäre der Beschluss mit 296 zu 56 Stimmen klar zu Stande gekommen.[20]

---

17 Vgl. hierzu Europäischer Rat/Rat der Europäischen Union: Vereinbarung über bessere Rechtsetzung, abrufbar unter: http://www.consilium.europa.eu/de/policies/better-regulation/ (letzter Zugriff: 6.9.2016).
18 Rat der Europäischen Union: Bessere Rechtsetzung. Rat billigt Einigung mit dem Europäischen Parlament und der Kommission, Pressemitteilung vom 15. Dezember 2015, 924/15.
19 Eigene Erhebung auf Grundlage der veröffentlichen Abstimmungsprotokolle.
20 Eigene Berechnung.

Politisch relevant war der neue Abstimmungsmodus im Jahre 2015 nur in einer Frage – nach dem veränderten System haben die 19 Staaten der Eurozone aufgrund der Bevölkerungsgröße von Deutschland, Frankreich, Italien und Spanien alleine die qualifizierte Mehrheit und könnten so prinzipiell alle anderen Nicht-Eurostaaten überstimmen. Der frühere britische Premierminister Cameron hatte daher eine Schutzklausel für die Nicht-Eurostaaten zu einem zentralen Anliegen in seiner Verhandlung mit der Europäischen Union im Jahre 2015 gemacht, um diese theoretische Möglichkeit zu verhindern. In der politischen Vereinbarung von Februar 2016 setzte er sich in diesem Punkt allerdings nicht durch. Die Staats- und Regierungschefs der Europäischen Union garantierten aber, dass alle EU-Mitgliedstaaten voll an allen Beratungen beteiligt werden. Damit sollte verhindert werden, dass die Eurostaaten Beschlüsse vorab vereinbaren und die anderen Nicht-Eurostaaten so vor vollendete Tatsachen stellen können. Mit dem britischen Austrittsvotum ist diese Vereinbarung jedoch nie in Kraft getreten.

Nur vordergründiges Aufbrechen der Konsenskultur

Bemerkenswert war nicht zuletzt vor dem Hintergrund der Krisen das Abstimmungsverhalten im Rat der Europäischen Union. In der öffentlichen Wahrnehmung hat sich in den verschiedenen Krisen der Eindruck verstärkt, dass die Europäische Union in Ost und West (Flüchtlingskrise) beziehungsweise Nord und Süd (Eurokrise) gespalten sei. Besondere Aufmerksamkeit hat dabei die wohl umstrittenste Ratsentscheidung des Jahres bekommen, in der die Vertreter der nationalen Regierungen die Verteilung von 160.000 Flüchtlingen nach einem verbindlichen Verteilungsschlüssel beschlossen. Dieser Beschluss kam im September 2015 gegen den Protest und die Gegenstimmen von Ungarn, Tschechien, der Slowakei und Rumänien zustande, während sich die frühere Regierung von Polen noch enthielt. Die betreffenden Staaten stellten dabei grundsätzlich infrage, ob die Europäische Union in einer politisch so sensiblen Frage wie der Ansiedlung von Flüchtlingen die Kompetenz haben sollte, diese gegen den Willen der jeweiligen Regierungen durchsetzen zu können.[21] Die Regierung der Slowakei verweigert daher beispielsweise die Umsetzung des Beschlusses und klagt derzeit vor dem Gerichtshof der Europäischen Union und Ungarn will im Oktober 2016 sogar ein Referendum darüber abhalten, ob die ungarische Bevölkerung eine solche Ansiedlung gegen den Willen von ungarischer Regierung und Parlament akzeptiert. Die Staaten stellen damit entlang der Frage der Flüchtlingsverteilung die Legitimität von Mehrheitsbeschlüssen der Europäischen Union infrage. Der Konflikt über die zum Teil politisch explizite Nichtumsetzung dieses Mehrheitsbeschlusses dauert bis ins Jahr 2016 an.[22]

Jenseits dieses so kontroversen Beschlusses ist jedoch erstaunlich, wie robust die Konsenskultur trotz der Spannungen zwischen den Mitgliedstaaten im Rat weiterhin ist. Analysiert man die 83 im Jahr 2015 vom Rat veröffentlichten Abstimmungsprotokolle,[23] so fällt auf, dass trotz Mehrheitsprinzip knapp 64 Prozent der Beschlüsse weiterhin einstimmig getroffen wurden. Bei weiteren 18 Prozent der Beschlüsse gab es nur Enthal-

---

21   Barbara Lippert: Mehrheitsentscheidungen sind keine leere Drohung, SWP Kurz Gesagt, 29.9.2015, abrufbar unter: http://www.swp-berlin.org/de/publikationen/kurz-gesagt/mehrheitsentscheidungen-in-der-eu-sind-keine-leere-drohung.html (letzter Zugriff: 4.8.2016).

22   Vgl. etwa Frankfurter Allgemeine Zeitung: Tschechisches Vorhaben. Öttinger hält Weigerung von Flüchtlingsaufnahme für „beschämend", in: FAZ, 2.8.2016.

23   Weiterhin wird jedoch nur ein Bruchteil der Abstimmungen des Rates veröffentlicht, etwa stehen 2015 83 veröffentliche Abstimmungen allein 546 legislative Beschlüsse des Rates gegenüber.

tungen und keine formellen Gegenstimmen. Dies entspricht weitgehend der Verteilung der letzten Jahre, in denen die Anzahl der trotz Mehrheitsabstimmung einstimmig getroffenen Beschlüsse konstant zwischen 63 und 66 Prozent lag. Das grundsätzliche Prinzip, selbst bei umstrittenen Fragen noch einen möglichst für alle Mitgliedstaaten tragbaren Kompromiss im Rat zu suchen, funktioniert demnach weiterhin. Insgesamt gab es dabei in nur sechs der 83 Abstimmungen mehr als drei Gegenstimmen beziehungsweise Enthaltungen.[24]

Mit Blick auf die Ebene der Mitgliedstaaten sind drei weitere Entwicklungen auffällig. Erstens ist Großbritannien wie in den Vorjahren mit Abstand am häufigsten überstimmt worden, da sie in insgesamt 13 von 83 Fällen (15,5 Prozent) gegen EU-Beschlüsse gestimmt oder sich enthalten haben. Danach folgen die Niederlande, Polen und Österreich. Auffällig ist dabei, dass es zumindest bislang keine Blockadepolitik von nationalen Regierungen mit EU-skeptischen Parteien gibt.[25] Zweitens hat sich Deutschlands Rolle verschoben. Die Bundesregierung wurde 2013 neben Großbritannien noch am häufigsten überstimmt, während sie 2015 nur in zwei Fällen nicht Teil des EU-weiten Kompromisses war. Das spricht für eine zentrale Rolle Deutschlands bei den Entscheidungen im Rat. Zuletzt sind die Staaten der Osterweiterung häufiger in Opposition zum Konsens der Europäischen Union getreten, die – rechnet man Großbritannien heraus – 2015 genauso häufig gegen EU-Beschlüsse gestimmt haben als der gesamte Rest der Union. Sollten sich diese drei Trends verfestigen gäbe es auch jenseits des Austritts Großbritannien ein erhebliches Spannungspotential im Rat.

Die Ratspräsidentschaften als Fußnote

Die halbjährlich wechselnde Ratspräsidentschaft hat seit dem Vertrag von Lissabon durchgängig an politischer Bedeutung und an Sichtbarkeit verloren. Dennoch sind eine gute Organisation und die Verhandlungsführung zwischen den Regierungen im Rat der Europäischen Union sowie insbesondere im Namen des Rates mit dem Europäischen Parlament von hoher Bedeutung für ein gutes Funktionieren der Europäischen Union. Besonders erfolgreiche Ratspräsidentschaften zeichnen sich daher mittlerweile durch eine Dienstleistungsfunktion und einen Mangel an selbst induzierten Krisen aus. Die beiden Ratspräsidentschaften des Jahres 2015 – Lettlands und Luxemburgs – fielen beide in diese Kategorie.

Lettland hat im ersten Halbjahr 2015 zum ersten Mal in seiner Geschichte die Präsidentschaft des Rates übernommen. Für das baltische Land wurde dies als ein Symbol seiner festen Verankerung in der Europäischen Union und als eine Möglichkeit betrachtet, die Union der eigenen Bevölkerung näher zu bringen. Die größte politische Energie hat Lettland dabei darauf gerichtet, das Treffen der Östlichen Partnerschaft 2015 in Riga abzuhalten. Dieses ging erfolgreich, aber ohne große aufsehenerregende Beschlüsse vonstatten. Auch in der täglichen Verhandlungsarbeit hat sich Lettland als ehrlicher Makler erwiesen, welcher etwa bei der Energieunion oder EFSI politische Kompromisse erreicht hat, ohne den Verhandlungsergebnissen oder der Agenda der Europäischen Union seinen eigenen Stempel aufzudrücken.[26]

---

24 Eigene Erhebung auf Grundlage der veröffentlichten Abstimmungsprotokolle.
25 Nicolai von Ondarza: EU-Skeptiker an der Macht. Die Rolle integrationskritischer Parteien in EU-Parlament und nationalen Regierungen, SWP-Aktuell, 23/2016, Berlin: Stiftung Wissenschaft und Politik.
26 Daunis Auers/Toms Rostoks: The 2015 Latvian Presidency of the Council of the European Union, in: Journal of Common Market Studies 2016 (im Erscheinen).

Im zweiten Halbjahr 2015 hat Luxemburg den Ratsvorsitz übernommen. Das Land gehört noch vor Lettland zu den kleinsten Staaten der Union, verfügt als Gründerstaat nach mittlerweile zwölf Präsidentschaften über erhebliche Erfahrung beim Management des Rates. Gleichzeitig wurde die luxemburgische Ratspräsidentschaft durch die Griechen- landverhandlungen im Juli, die Flüchtlingskrise, die Terroranschläge in Paris im Novem- ber und die von Großbritannien angestoßenen Verhandlungen enorm von ungeplanten externen Faktoren dominiert. Unter diesen Voraussetzungen kam Luxemburg die Erfah- rung zu Gute, sodass das Land ebenfalls als ehrlicher Makler wichtige Einigungen vor allem in der Innen- und Justizpolitik herbeiführen konnte. In Kritik geraten ist die luxem- burgische Ratspräsidentschaft jedoch mit Blick auf die Flüchtlingspolitik, da sie hier ihren Vorsitz auch genutzt hat, um trotz des Wissens um vorhandene Gegenstimmen die Abstim- mung über die Flüchtlingsverteilung durchzusetzen.[27]

Ausblick

Stärker als in den Jahren zuvor war auch die Arbeit des Rates der Europäischen Union im Jahr 2015 von den mannigfaltigen Krisen der Europäischen Union betroffen. Am stärksten zeigte sich das in einer deutlichen Reduktion der gesetzgeberischen Tätigkeit, aber auch in den öffentlich umstrittenen Entscheidungen zur Flüchtlingspolitik, bei der das Mehrheits- prinzip stark infrage gestellt wurde. Mit dem Austrittsvotum Großbritanniens und den weiter bestehenden Spannungen in der Flüchtlingspolitik wird in Zukunft auch der Rat stärker in der Verantwortung stehen, den Zusammenhalt der Europäischen Union zu sichern.

Weiterführende Literatur

Rory Costello/Robert Thomson: The distribution of power among EU institutions: Who wins under co-decision and why?, in: Journal of European Public Policy 7/2013, S. 1025-1039.

Uwe Puetter: The European Council and the Council: New Intergovernmentalism and Institutional Change, Oxford 2014.

Journal of European Integration – Special Issue on "Integration without Supranationalisation: the central role of the European Council in post-Lisbon EU politics" 5/2016.

---

27 Anna-Lena Högenauer: Luxembourg's EU Council Presidency. Adapting routines to new circumstances, in: Journal of Common Market Studies 2016 (im Erscheinen).

Europäische Kommission

Andreas Hofmann

Das zurückliegende zweite Amtsjahr der Juncker-Kommission war an Herausforderungen nicht gerade arm. Der zeitweiligen Lösung der griechischen Schuldenproblematik im Frühsommer 2015 folgten nahezu nahtlos die im Spätsommer drastisch gestiegenen Zahlen an Flüchtlingen aus den Krisengebieten Zentralasiens, dem Nahen Osten und dem Norden Afrikas. Die Situation stellte das Gemeinsame Europäische Asylsystem auf den Prüfstand und setzte es schließlich weitgehend außer Kraft. Der Umgang mit dieser Krise war zweifellos das zentrale Thema des letzten Jahres. Die Kommission hat dazu im Laufe des Jahres eine Reihe von Vorschlägen vorgelegt, die die Unzulänglichkeiten insbesondere der Aufnahme und Verteilung von Flüchtlingen überkommen und den Schengen-Raum offener Binnengrenzen wieder herstellen sollen. Der Ausgang des britischen Referendums über den Verbleib in der Union läutete schließlich den nächsten Schritt in einer nicht enden wollenden Reihe von scheinbar existenziellen Krisen ein. Die Situation im Sommer 2016 unterscheidet sich nur unwesentlich von der des Spätsommers 2015, die Kommissionspräsident Jean-Claude Juncker in seiner ersten Rede zur Lage der Union folgendermaßen umschrieb: „Jetzt ist nicht die Zeit für 'Business as usual'. (…) Es fehlt an Europa in dieser Union. Und es fehlt an Union in dieser Union."[1]

Umbau der Verwaltung

Intern schloss Präsident Juncker im vergangenen Jahr den von ihm seit seinem Amtsantritt verfolgten grundlegenden Umbau der Kommission mit einer Reihe von Umbesetzungen der oberen Führungsebene der Verwaltung weitgehend ab. Anlass zu den jüngsten Maßnahmen war die Ankündigung der seit 2005 amtierenden Generalsekretärin der Kommission, Catherine Day, im September 2015 aus dem Dienst auszuscheiden. Das Kollegium der Kommissare ernannte daraufhin im Sommer 2015 den Niederländer Alexander Italianer zum neuen Generalsekretär und tauschte im gleichen Zuge die Führung von 15 Generaldirektionen aus.[2] Aus Gründen der notwendigen Kontinuität blieben jedoch akut belastete Bereiche wie Migration oder Wirtschaft und Finanzen von den Veränderungen ausgenommen.[3] Der Umbau bedeutet eine Stärkung des Generalsekretariats, das direkt Juncker untersteht. Juncker betonte: „Das Generalsekretariat spielt in der neuen Kommissionsorganisation, die vor allem auf Teamwork und konkrete Ergebnisse gerichtet ist, eine zentrale Rolle".[4] In seiner Bemühung um eine ‚politischere' Kommission setzt Juncker also auch auf eine politischere Verwaltung. Alle Gesetzgebungs-

---

1   Jean-Claude Juncker: Lage der Union 2015: Zeit für Ehrlichkeit, Einigkeit und Solidarität, 9. September 2015, SPEECH/15/5614.

2   Europäische Kommission: Kontinuität und Wandel: Kommission ernennt neuen Generalsekretär und baut obere Führungsebene um, Pressemitteilung, 24. Juni 2016.

3   Vgl. Ryan Heath: Commission shakes up top management, in: politico.eu, 24.6.2014.

4   Europäische Kommission: Drei Neubesetzungen an der Spitze des Generalsekretariats der Juncker-Kommission, Pressemitteilung, 27. Oktober 2015.

initiativen laufen durch das Generalsekretariat und insbesondere durch dessen neu geschaffenen Ausschuss für Regulierungskontrolle, der die „Qualität und Relevanz" aller Legislativvorschläge gewährleisten soll.[5] Dessen Stärkung bedeutet daher eine weitere Zentralisierung der Entscheidungsprozesse, die Junckers Politik der Konzentration auf das Wesentliche unterstützen und dem Präsidenten weitere Kontrolle über die Initiativen seiner Verwaltung ermöglichen soll.[6] Weiterhin sollen die Umbesetzungen des letzten Jahres zu einer Verbesserung des Gendergleichgewichts in den Führungsebenen der Kommission beitragen. Die für Haushalt und Personal zuständige Vizepräsidentin Kristalina Georgieva bekräftigte, dass die Kommission bis zum Ende ihrer Amtsperiode einen Anteil weiblicher Führungskräfte von 40 Prozent anstrebe.[7]

Flüchtlingskrise

Im Spätsommer 2015 wurde auch für fernab des Mittelmeers gelegene Mitgliedstaaten der Europäischen Union deutlich, dass sich eine seit dem Zweiten Weltkrieg nicht gesehene Anzahl an Menschen auf der Flucht befindet. In seiner ersten Rede zur Lage der Union Anfang September 2015 hob Juncker die Flüchtlingssituation als die zentrale Herausforderung der Union hervor: „Was immer in Arbeitsprogrammen oder auf Gesetzgebungsagenden stehen mag: Die Flüchtlingskrise hat und muss jetzt höchste Priorität haben."[8] Er appellierte an den Geschichtssinn der Europäer und forderte ein mutiges gemeinsames Handeln:

> „Dies ist vor Allem eine Frage der Menschlichkeit und der Menschenwürde. Für Europa ist es zudem eine Frage der historischen Gerechtigkeit. Wir Europäer sollten uns daran erinnern, dass Europa ein Kontinent ist, auf dem im Laufe der Geschichte fast jeder einmal ein Flüchtling war. Unsere gemeinsame Geschichte ist geprägt von Millionen von Europäern, die vor religiöser und politischer Verfolgung, vor Krieg, vor Diktatur und vor Unterdrückung fliehen mussten. (…) Wir Europäer sollten wissen und niemals vergessen, warum es so wichtig ist, Zuflucht zu bieten und für das Grundrecht auf Asyl einzustehen."

Bereits im Mai 2015 hatte die Kommission dem Rat der Europäischen Union einen Gesetzgebungsvorschlag mit dem Ziel vorgelegt, die Mittelmeerstaaten Griechenland und Italien durch eine Notfall-Umverteilung von 40.000 Flüchtlingen auf die gesamte Union zu entlasten.[9] Nach der geltenden europäischen Regelung zum Asylverfahren, der Dublin-III-Verordnung, müssen Asylsuchende grundsätzlich in dem Land Asyl beantragen, in dem sie zuerst den Boden der Europäischen Union betreten haben. Nach vehementen Protesten insbesondere der mittel- und osteuropäischen Mitgliedstaaten stimmte der Europäische Rat in seiner Sitzung vom 25./26. Juni 2015 dem Vorschlag zu, betonte aber, dass es sich um eine vorübergehende und außerordentliche Maßnahme handele.[10] Zusätzlich beschloss der Europäische Rat eine Neuansiedlung von 20.000 schutzbedürftigen Personen, die sich noch nicht auf EU-Gebiet befinden. Angesichts der rapide steigenden Flüchtlingszahlen im

---

5   Europäische Kommission: Kommission beruft Generaldirektorin an die Spitze des Ausschusses für Regulierungskontrolle und verstärkt obere Führungsebene in fünf Generaldirektionen, Pressemitteilung, 2. März 2016.

6   Vgl. Quentin Ariès: Juncker consolidates staff power, in: politico.eu, 8.11.2015.

7   Europäische Kommission: Kontinuität und Wandel, 2015; siehe auch: Kommission beruft Generaldirektorin, 2016.

8   Jean-Claude Juncker: Lage der Union, 2015.

9   Europäische Kommission: Vorschlag für einen Beschluss des Rates über vorläufige Umsiedlungsmaßnahmen zugunsten von Italien und Griechenland, KOM(2015) 286.

10 Europäischer Rat: Tagung vom 25./26. Juni 2016, Schlussfolgerungen, EUCO 22/15, S. 2.

Sommer 2015 legte die Kommission am 9. September 2015 einen erneuten Vorschlag zu einer Notfall-Umverteilung von weiteren 120.000 Flüchtlingen aus den primären Einreisestaaten Italien, Griechenland und (nach den Entwicklungen des Sommers) Ungarn vor.[11] Gleichzeitig legte sie dem Rat einen Gesetzgebungsvorschlag zu einem dauerhaften Umverteilungsmechanismus für Notfallsituationen vor, der die Dublin-Verordnung ergänzen sollte.[12] Der Umverteilungsschlüssel sollte dabei auf Faktoren wie der Bevölkerungszahl, der wirtschaftlichen Entwicklung, der bisherigen Anzahl von Asylanträgen und der Arbeitslosenquote beruhen. Die Umverteilung sollte sich auf Flüchtlinge aus denjenigen Ländern begrenzen, die zuletzt eine Anerkennungsquote von 75 Prozent aufwiesen. Nach den jüngsten Zahlen handelt es sich dabei um Syrien, den Irak und Eritrea. Wie bereits zuvor waren die Verhandlungen erbittert. Letztlich machte der Rat von der Möglichkeit einer Mehrheitsentscheidung Gebrauch und nahm den Kommissionsvorschlag zur Notfall-Umsiedlung am 22. September 2015 gegen die Stimmen Ungarns, der Slowakei, Tschechiens und Rumäniens an. Die überstimmten Mitgliedstaaten zeigten sich empört. Ungarn verzichtete auf die vorgesehene Umsiedlung von 54.000 Flüchtlingen von seinem Territorium, und sowohl Ungarn als auch die Slowakei reichten Anfang Dezember Nichtigkeitsklagen gegen die Maßnahme beim Gerichtshof der Europäischen Union ein, die dort noch anhängig sind.[13] Trotz der grundsätzlichen Einigung auf eine Umverteilung sind bis Mitte 2016 lediglich 3.056 Flüchtlinge aus Griechenland und Italien umgesiedelt worden.[14]

Im Hinblick auf einen dauerhaften Umsiedlungsmechanismus konnte hingegen im Herbst 2015 keine Einigung erreicht werden. Diese Idee nahm die Kommission im Frühjahr 2016 im Rahmen einer grundlegenden Reform der Dublin-Verordnung wieder auf und präsentierte am 4. Mai 2016 einen neuen Vorschlag, der sich jedoch im Hinblick auf den Verteilungsmechanismus nur geringfügig von dem Vorherigen unterscheidet.[15] Der neue Vorschlag sieht vor, den bisherigen Grundsatz beizubehalten, dass Asylbewerber ihren Antrag dort stellen müssen, wo sie erstmalig EU-Boden betreten haben. Gleichzeitig soll aber ein „Fairnessmechanismus" gewährleisten, dass „kein Mitgliedstaat auf sich alleine gestellt bleibt, wenn sein Asylsystem durch einen unverhältnismäßig hohen Wanderungsdruck auf die Probe gestellt wird."[16] Konkret sieht der Vorschlag folgende Regelung vor: „Steigt das Asylbewerberaufkommen auf das Anderthalbfache eines [bestimmten] Schwellenwerts, werden alle weiteren neuen Asylbewerber (ungeachtet ihrer Staatsangehörigkeit) nach einer Prüfung ihres Antrags auf Zulässigkeit auf die übrigen EU-Mitglied-

---

11 Europäische Kommission: Vorschlag für einen Beschluss des Rates zur Einführung von vorläufigen Maßnahmen im Bereich des internationalen Schutzes zugunsten von Italien, Griechenland und Ungarn, KOM(2015) 451.

12 Europäische Kommission: Vorschlag für eine Verordnung des Europäischen Parlaments und des Rates zur Einrichtung eines Umsiedlungsmechanismus für Krisensituationen, KOM(2015) 450.

13 Zeit-Online: Slowakei klagt gegen Flüchtlingsquote in der EU, 2.12.2015; und: Ungarn reicht Klage gegen EU-Flüchtlingsquote ein, 3.12.2015; siehe auch: Rechtssache C-643/15 (Slowakische Republik gegen Rat der Europäischen Union); Rechtssache C-647/15 (Ungarn gegen Rat der Europäischen Union).

14 Europäische Kommission: Umverteilung und Neuansiedlung: Positiver Trend setzt sich fort, doch weitere Anstrengungen notwendig, Pressemitteilung, 13. Juli 2016.

15 Europäische Kommission: Vorschlag für eine Verordnung des Europäischen Parlaments und des Rates vom 26. Juni 2013 zur Festlegung der Kriterien und Verfahren zur Bestimmung des Mitgliedstaats, der für die Prüfung eines von einem Drittstaatsangehörigen oder Staatenlosen in einem Mitgliedstaat gestellten Antrags auf internationalen Schutz zuständig ist, KOM(2016) 270.

16 Europäische Kommission: Eine faire und nachhaltige gemeinsame Asylpolitik verwirklichen, Pressemitteilung, 4. Mai 2016,.

staaten verteilt, bis das Asylbewerberaufkommen wieder unter den betreffenden Schwellenwert sinkt.“[17] Zudem sieht der Vorschlag vor, dass Mitgliedstaaten, die nicht an diesem Verteilungsmechanismus teilnehmen wollen, einen „Solidarbeitrag“ von 250.000 Euro pro Person an denjenigen Mitgliedstaat zahlen, der die Person an ihrer Stelle aufnimmt. Obwohl sich eine ähnliche Regelung bereits im früheren Vorschlag vom Herbst 2015 fand, übten Kommentatoren besonders an diesem Passus Kritik.[18]

Neben dem Umverteilungsmechanimsus, der im vergangenen Jahr der zentrale Gegenstand der öffentlichen Debatte war, hat die Kommission über das Jahr eine breite Anzahl zusätzlicher Maßnahmen in Reaktion auf die Flüchtlingskrise vorgenommen.[19] Darunter ist besonders ein Vorschlag vom 15. Dezember 2015 hervorzuheben, in dem die Kommission die Einrichtung einer gemeinsamen Europäischen Agentur für Grenz- und Küstenschutz vorschlägt, die aus der bestehenden Agentur Frontex hervorgehen soll. Der Vorschlag räumte der Kommission die Befugnis ein, unter bestimmten Bedingungen an Abschnitten der EU-Außengrenzen Sofortmaßnahmen einzuleiten, die es der neuen Agentur ermöglichen sollen, auch dann einzugreifen, wenn ein Mitgliedstaat „nicht in der Lage oder nicht gewillt ist, die erforderlichen Maßnahmen zu ergreifen“.[20] Diese Passage wurde jedoch in anschließenden Ratsverhandlungen entfernt.

All diese Maßnahmen bilden einen Teil der Bemühungen der Kommission, den Schengen-Raum offener Grenzen wieder herzustellen, nachdem in der zweiten Jahreshälfte 2015 acht Länder Grenzkontrollen eingeführt hatten. Am 4. März 2016 stellte die Europäische Kommission dazu einen Fahrplan mit dem Titel „Zurück zu Schengen“ vor. Der Plan beinhaltet Maßnahmen zur Wiederherstellung eines wirksamen „Außengrenzenmanagements“, insbesondere vor der Küste Griechenlands, zur Wiedereinsetzung des Dublin-Systems, laut dem Flüchtlinge bei der Einreise registriert (und nicht zum nächsten Mitgliedstaat ‚durchgewinkt‘) werden und ihnen ein Zugang zum Asylverfahren ermöglicht wird, und zur stärkeren Koordination notwendiger Grenzkontrollen durch die Kommission.[21] Im Bezug auf den letzten Punkt legte die Kommission am 4. Mai 2016 einen Vorschlag zur befristeten Beibehaltung von Kontrollen an bestimmten Grenzübergängen zwischen fünf Schengen-Mitgliedstaaten vor. Der Vorschlag beinhaltete gleichzeitig einen Maßnahmenplan, der es ermöglichen soll, Grenzkontrollen im Schengen-Raum bis Dezember 2016 wieder aufzuheben.[22]

---

17 Europäische Kommission: Eine faire und nachhaltige gemeinsame Asylpolitik, 2016.
18 Eric Bonse: Ablasshandel statt Reform, in: taz.de, 4.5.2016; Michael Stabenow: Solidarität durch Abschreckung, in: Frankfurter Allgemeine Zeitung, 6.5.2016.
19 Für eine hilfreiche Übersicht siehe Europäische Kommission, Vertretung in Deutschland: Flüchtlingskrise: Was tut die EU?, abrufbar unter: http://ec.europa.eu/germany/refugees_de (letzter Zugriff: 26.8.2016).
20 Europäische Kommission: Ein europäischer Grenz- und Küstenschutz für die Außengrenzen Europas, Pressemitteilung, 15. Dezember 2015; und: Vorschlag für eine Verordnung des Europäischen Parlaments und des Rates über die Europäische Grenz- und Küstenwache und zur Aufhebung der Verordnung (EG) Nr. 2007/2004, der Verordnung (EG) Nr. 863/2007 und der Entscheidung 2005/267/EG des Rates, KOM(2015) 671; vgl. Hendrik Kafsack/Michael Stabenow: Fristen und Bekenntnisse, in: Frankfurter Allgemeine Zeitung, 19.12.2015, S. 2.
21 Europäische Kommission: Mitteilung der Kommission an das Europäische Parlament, den Europäischen Rat und den Rat. Zurück zu Schengen – ein Fahrplan, KOM(2016) 120.
22 Europäische Kommission: Zurück zu Schengen: Kommission ergreift nächste Schritte zur Aufhebung der vorübergehenden Binnengrenzkontrollen, Pressemitteilung, 4. Mai 2016; und: Zurück zu Schengen, 2016.

Reform der Wirtschafts- und Währungsunion

Der nahtlose Übergang zwischen den Verhandlungen um erneute finanzielle Hilfen für Griechenland und der sich intensivierenden Flüchtlingskrise überdeckte weitgehend die Initiativen der Kommission für eine weitere Reform der Wirtschafts- und Währungsunion (WWU), deren Bestandteile von Juncker am 22. Juni 2015 in einem ‚Bericht der fünf Präsidenten‘ in enger Zusammenarbeit mit den Präsidenten des Europäischen Rates, der Euro-Gruppe, der Europäischen Zentralbank (EZB) und des Europäischen Parlaments skizziert wurden.[23] In dessen Folge legte die Kommission am 21. Oktober 2015 ein erstes Maßnahmenpaket vor. Dieses beinhaltete neben einer Neugestaltung des Europäischen Semesters einen Vorschlag für eine einheitliche Außenvertretung der Eurozone, insbesondere im Internationalen Währungsfonds, die in erster Linie vom Präsidenten der Euro-Gruppe ausgeübt werden solle.[24] Einen weiteren Schritt zum Ausbau der Bankenunion unternahm die Kommission am 24. November 2015 in Form eines Vorschlags zur Einrichtung eines Europäischen Einlagenversicherungssystems (EDIS). Nach dem Einheitlichen Abwicklungsmechanismus, der im Januar 2016 vollends in Kraft trat, unternimmt dieser Vorschlag einen weiteren Versuch, den bisherigen Teufelskreis aus Bankenpleiten und Staatsschulden zu durchbrechen. Er sieht die Einrichtung eines gemeinsamen Fonds vor, der die Einlagen von Sparern im gesamten Euroraum bis zu einem Betrag von 100.000 Euro versichert. Der Fonds soll aus Beiträgen von Banken finanziert werden und bisherige nationale Einlagesicherungsfonds in mehreren Schritten ergänzen und entlasten. Die einzelnen Beiträge sollen auf individuellen Risiko-abschätzungen für jede Bank beruhen, um mögliche Anreize für risikoreiches Verhalten (die ‚moral hazard‘-Problematik) zu minimieren.[25] Der Vorschlag stieß bei der deutschen Bundesregierung und deutschen Banken auf Kritik, die hierin eine weitere Belastung durch die Vergemeinschaftung von Risiken potenziell gefährdeter Banken anderer Länder sehen.[26]

Am 8. März 2016 kam die Kommission mit dem Entwurf einer „europäischen Säule sozialer Rechte" der Ankündigung Junckers nach, die soziale Dimension der WWU (das „soziale Triple-A")[27] zu stärken. Der Entwurf versteht sich als eine Bündelung und Konkretisierung der im europäischen Primärrecht und in der Rechtsprechung des Gerichtshofes enthaltenen sozialen (Individual-)Rechte, gegliedert in drei Themenfelder: Chancengleichheit und Arbeitsmarktzugang, faire Arbeitsbedingungen sowie angemessener und nachhaltiger Sozialschutz. Gewerkschaftsvertreter begrüßten den Vorstoß im Grundsatz, bemängelten aber unter anderem die Abwesenheit kollektiver sozialer Rechte

---

23 Europäische Kommission: Die Wirtschafts- und Währungsunion Europas vollenden, Pressemitteilung, 22. Juni 2015.

24 Europäische Kommission: Die Wirtschafts- und Währungsunion Europas vollenden: Kommission ergreift konkrete Maßnahmen zur Stärkung der WWU, Pressemitteilung, 21. Oktober 2015; und: Vorschlag für einen Beschluss des Rates über Maßnahmen zur schrittweisen Einrichtung einer einheitlichen Vertretung des Euro-Währungsgebiets im Internationalen Währungsfonds, KOM(2015) 603.

25 Europäische Kommission: Stärkung der Bankenunion: Neue Maßnahmen für besseren Einlagenschutz und weniger Risiken im Bankensektor,Pressemitteilung, 24. November 2015; und: Vorschlag für eine Verordnung des Europäischen Parlaments und des Rates zur Änderung der Verordnung (EU) Nr. 806/2014 im Hinblick auf die Schaffung eines europäischen Einlagenversicherungssystems, KOM(2015) 586.

26 Werner Mussler: Sparkassen und Genossenschaften schwer enttäuscht, in: Frankfurter Allgemeine Zeitung, 25.11.2015, S. 15.

27 Jean-Claude Juncker: Zeit zum Handeln – Erklärung in der Plenarsitzung des Europäischen Parlaments vor der Abstimmung über die neue Kommission, 22. Oktober 2014, SPEECH/14/1525.

wie dem Streikrecht oder der Tarifautonomie.[28] Der Entwurf stellt den Ausgangspunkt für eine breite Konsultation dar, die bis Ende 2016 laufen soll. Eine konsolidierte Fassung ist für das Frühjahr 2017 geplant.[29] Am selben Tag stellte die Kommission eine Neufassung der Entsenderichtlinie vor,[30] die dem Grundsatz eines „gleichen Arbeitsentgelts für die gleiche Arbeit am gleichen Ort" besser gerecht werden sollte als die bisherige Regelung. Der Vorschlag kann als Antwort auf die Kontroverse über das Urteil des Gerichtshofes im Fall Laval aus dem Jahr 2007 gesehen werden, das insbesondere bei nord- und westeuropäischen Gewerkschaften massive Kritik ausgelöst hatte. Er sieht vor, dass entsandte Arbeitnehmer nicht nur den ortsüblichen Mindestlohn erhalten müssen, sondern auch gesetzlich vorgesehene oder tariflich allgemeinverbindlich vereinbarte Prämien und Zulagen. Eine Sonderbehandlung von entsandten Arbeitnehmern soll auf eine Dauer von 24 Monaten begrenzt werden – nach Fristablauf sollen alle Arbeitsbedingungen des Aufnahmelandes gelten. Die Gewerkschaften als wichtigste Adressaten dieses Vorschlags reagierten jedoch skeptisch. Insbesondere seien sektorale und firmenspezifische Tarifabkommen, wie sie insbesondere in den skandinavischen Ländern üblich sind, auch in der Neufassung nicht berücksichtigt.[31] Darüber hinaus regte sich weitreichender Widerstand in den vornehmlich mittel- und osteuropäischen Mitgliedstaaten, die mehr Arbeitnehmer entsenden als sie entgegennehmen. Parlamente aus elf Mitgliedstaaten leiteten ein Verfahren der Subsidiaritätskontrolle (‚Gelbe Karte') gegen dieses Vorhaben ein.[32] Die Kommission muss nun prüfen, wie sie weiter mit dem Vorschlag vorgehen will.

Britisches Referendum

Nachdem im Zuge der fortschreitenden Absperrung der Balkanroute etwas mehr Ruhe in die Flüchtlingsdiskussion gekommen war, nahm im Frühjahr 2016 das für den 23. Juni angesetzte Referendum über den Verbleib des Vereinigten Königreichs in der Europäischen Union einen größeren Teil der Medienaufmerksamkeit ein. Der britische Premierminister David Cameron hatte ein solches Referendum bereits am 23. Dezember 2013 für den Fall seiner Wiederwahl in der folgenden Unterhauswahl angekündigt. Er stellte in Aussicht, eine Reihe von Reformen der Europäischen Union erwirken zu wollen, auf deren Basis er im Referendum für einen Verbleib Großbritanniens einstehen wollte.[33] Nachdem Camerons Partei bei der Wahl im Mai 2015 eine absolute Mehrheit der

28 Reiner Hoffmann: Für eine soziale Zukunft Europas, in: Frankfurter Allgemeine Zeitung, 6.6.2016, S. 6; Daniel Seikel: The European Pillar of Social Rights – no 'social triple A' for Europe, in: SocialEurope.eu, 24.3.2016.
29 Europäische Kommission: Einleitung einer Konsultation über eine europäische Säule sozialer Rechte, Pressemitteilung, 8. März 2016; und: Mitteilung an das Europäische Parlament, den Rat, den Europäischen Wirtschafts- und Sozialausschuss und den Ausschuss der Regionen. Einleitung einer Konsultation über eine europäische Säule sozialer Rechte, KOM(2016) 127.
30 Vgl. auch im Folgenden Europäische Kommission: Kommission stellt Reform der Entsenderichtlinie vor – hin zu einem vertieften und gerechteren europäischen Arbeitsmarkt, Pressemitteilung, 8. März 2016; und: Vorschlag für eine Richtlinie des Europäischen Parlaments und des Rates zur Änderung der Richtlinie 96/71/EG des Europäischen Parlaments und des Rates vom 16. Dezember 1996 über die Entsendung von Arbeitnehmern im Rahmen der Erbringung von Dienstleistungen, KOM(2016) 128.
31 Europäischer Gewerkschaftsbund (ETUC): Posted Workers revision – equal pay for some, Pressemitteilung, 8. März 2016.
32 Zehn Mitgliedstaaten sprachen sich gegen eine Einschränkung der Richtlinie aus. Dänemark protestierte, da die Einschränkungen nicht weit genug gingen. Vgl. Aleksandra Eriksson: EU shown yellow card on workers' pay, in: EUobserver.com, 10.5.2016.
33 Vgl. hierzu Birgit Bujard: Vereinigtes Königreich in diesem Buch.

Parlamentssitze erreichen konnte, begannen Verhandlungen mit der Kommission und dem Europäischen Rat über die Möglichkeiten solcher Reformen. In Reaktion auf die Forderung Camerons nach einer Einschränkung des Zugangs von EU-Migranten zu Sozialleistungen betonte Juncker, europäische Grundfreiheiten wie die Freizügigkeit seien „nicht verhandelbar", da sie zum „Kern der Europäischen Union" gehören, sicherte aber dennoch zu, bei der Suche nach Lösungen hilfsbereit zu sein.[34] Im Frühsommer 2015 bildete er im Zuge der administrativen Umbesetzungen innerhalb des Generalsekretariats der Kommission eine Task Force für strategische Fragen im Zusammenhang mit dem Referendum im Vereinigten Königreich unter der Leitung des Briten Jonathan Faull, die die Verhandlungen auf Kommissionsseite unterstützen sollte. Die Verhandlungen gingen im Winter 2015 in eine formale Phase, nachdem Cameron in einem Brief an Donald Tusk, dem Präsidenten des Europäischen Rates, am 10. November 2015 seine zentralen Forderungen konkretisiert hatte. Eine Einigung zu diesen Forderungen erreichte der Europäische Rat in seinem Treffen am 19. Februar 2016. Juncker bezeichnete diese als „gut, juristisch solide und in hohem Maße ausgeglichen".[35] Am Tag nach der Einigung verkündete Cameron den 23. Juni 2016 als Tag der Abstimmung. In der Folge zeigte Juncker sich enttäuscht, dass die getroffene Einigung im Wahlkampf offenbar keine Rolle spiele: „Wir haben wochenlang mit den Briten daran gearbeitet, Lösungsansätze für ihre Forderungen zu finden. Und doch taucht der Deal nirgendwo in den britischen Zeitungen oder im Fernsehen auf."[36]

Die Kommission war im Vorlauf zum Referendum in keiner leichten Position. Cameron hatte im Sommer 2014 gegen die Wahl Junckers zum Kommissionspräsidenten gestimmt und war – historisch erstmalig für eine derartige Entscheidung – von den anderen Mitgliedstaaten überstimmt worden. Cameron hatte diesen Moment als „schlechten Tag für Europa" bezeichnet.[37] Die große Unbeliebtheit der Kommission in der britischen Bevölkerung bedeutete, dass sie nicht aktiv in den Wahlkampf zum Referendum eingreifen konnte. Juncker selbst gestand ein, ein Auftritt in Großbritannien sei aus diesem Grund kontraproduktiv.[38] Dasselbe galt auch für den Rest der Kommission, deren Kommunikation gegenüber dem Vereinigten Königreich eng mit der Task Force abgestimmt wurde.[39] Deren Vorsitzender Faull hatte gegenüber Mitgliedern der EP-Fraktion Europa der Freiheit und der direkten Demokratie, denen die britische Ukip angehört, betont, die Kommission plane keine Kampagne zum Referendum und würde dafür auch kein Geld ausgeben.[40] Diese Zurückhaltung galt auch dem legislativen Programm der Kommission in dem Versuch, möglichst keine kontroversen Vorschläge im Vorfeld des Referendums zu veröffentlichen.[41] Berichten zufolge betraf dies etwa geplante Regelungen zur Energieeffizienz von Haushaltsgeräten, nachdem die britische Boulevardpresse von einem möglichen Verbot britischer Toaster und Teekessel berichtet hatte.[42]

---

34   Michael Stabenow: Schockstarre in Brüssel, in: Frankfurter Allgemeine Zeitung, 9.5.2015, S. 2.
35   Tagesschau.de: Cameron feiert britische Sonderrolle, 20.2.2016.
36   Zitiert in Georgi Gotev/Samuel White: Tusk und Juncker: Brexit ist eine Gefahr für die westliche Zivilisation, in: EurActive.de, 14.6.2016.
37   Nikolas Busse: Ein schlechter Tag für Europa, in: Frankfurter Allgemeine Zeitung, 28.6.2014.
38   Corinna Budras: Gibt es ein Leben nach dem Brexit?, in: Frankfurter Allgemeine Sonntagszeitung, 15.5.2016, S. 24.
39   Tara Palmeri: The In crowd to Commission: Back off!, in: politico.eu, 21.10.2015.
40   Tara Palmeri: Cameron and Juncker set for reform talks, in: politico.eu, 27.1.2016.
41   Hendrik Kafsack: Das Tabu, in: Frankfurter Allgemeine Zeitung, 11.6.2016, S. 23.

Nach dem britischen Votum für einen Austritt steht die Kommission nun vor der Herausforderung, die unmittelbaren Konsequenzen zu handhaben und ihre Rolle in den kommenden Austrittsverhandlungen zu definieren. Juncker beruhigte zunächst in einem Brief die etwa 1.000 bei der Kommission beschäftigten britischen Staatsangehörigen, ihre Anstellung als Beamte der Union sei von der Entscheidung nicht betroffen.[43] Wenige Tage nach dem Referendum trat der für Finanzstabilität, Finanzdienstleistungen und die Kapitalmarktunion zuständige britische Kommissar Jonathan Hill zurück. Juncker überwies daraufhin dessen Ressort als zusätzliche Kompetenz an den für den Euro zuständigen Vize-Präsidenten der Kommission, Valdis Dombrovskis. Gleichzeitig sollte der Amtsbereich des für Wirtschafts- und Finanzangelegenheiten zuständigen Kommissars Pierre Moscovici ausgedehnt werden. Moscovici solle künftig die Kommission in der Euro-Gruppe vertreten, während Dombrovskis an den Ratssitzungen der EZB teilnimmt.[44] Kommentatoren betrachteten dies als eine Maßnahme, nach dem Austritt des Vereinigten Königreichs die Position der Währungsunion innerhalb der Union zu stärken und die Eurozone enger zusammenzuführen.[45] Cameron nominierte nach Hills Rücktritt den bisherigen britischen Botschafter in Frankreich, Julian King, als neuen Kommissar, der bis zum tatsächlichen Austritt tätig sein soll. Für ihn muss Juncker nun ein Portfolio finden.

Keine Atempause in Sicht

Die Maßnahmen der Kommission im letzten Jahr zeigen deutlich den Anspruch Junckers „Kommission der letzten Chance"[46], in der Behandlung akuter Krisen sowie der langfristigen Reform zentraler Politikbereiche eine einflussreiche Steuerungsrolle ein-nehmen zu wollen. In der Agenda der Asyl- und Migrationspolitik auf der EU-Ebene sind sicherlich einige Erfolge dieser Bemühungen zu erkennen, allerdings bildet sie nur einen kleinen Teil der Wirklichkeit der Flüchtlingskrise ab. Nicht zuletzt wird die Umsetzung der beschlossenen Maßnahmen zu einer besonderen Herausforderung für die Kommission. Dazu kommen weitere Schritte in der grundlegenden Reform der WWU, wie etwa der Einführung eines europäischen Schatzamtes, die die Kommission für das Frühjahr 2017 angekündigt hat, und nicht zuletzt werden auch die Verhandlungen zum Austritt des Vereinigten Königreichs die Aufmerksamkeit der Kommission beanspruchen. Eine Atempause oder eine Zeit der Konsolidierung ist also nicht in Sicht.

Weiterführende Literatur

Jean-Claude Juncker: Lage der Union 2015: Zeit für Ehrlichkeit, Einigkeit und Solidarität, Rede in Straßburg, 9. September 2015.

Neill Nugent/Mark Rhinard: The European Commission, Basingstoke 2015.

---

42 Siehe hierzu Arthur Neslen: EU's ban on inefficient toasters delayed to avoid pro-Brexit press attack, in: The Guardian, 28.2.2016.

43 Vgl. Corinna Budras: Und was ist mit uns?, in: Frankfurter Allgemeine Sonntagszeitung, 26.6.2016, S. 26.

44 Werner Mussler: Machtgerangel in der Kommission, in: Frankfurter Allgemeine Zeitung, 7.7.2016, S. 28.

45 Werner Mussler: Juncker will Brexit für Eurovollendung nutzen, in: Frankfurter Allgemeine Zeitung, 27.6.2016.

46 Jean-Claude Juncker: Zeit zum Handeln, 2014.

Gerichtshof

Siegfried Magiera / Matthias Niedobitek

Im Jahr 2015 wurden die Weichen für eine grundlegende Reform der Gerichtsbarkeit der Europäischen Union gestellt.[1] Die einzelnen Elemente der Reform zielen im Wesentlichen darauf ab, die Arbeitsbelastung des Gerichts (EuG) mit den Anforderungen von Art. 47 der Charta der Grundrechte der Europäischen Union (GRCh) in Einklang zu bringen, wonach Rechtssachen innerhalb angemessener Frist zu verhandeln sind. Der Gerichtshof der Europäischen Union hatte hierzu bereits im Jahr 2011 den Vorschlag unterbreitet, die Zahl der Richter am EuG auf 39 zu erhöhen, der jedoch letztlich keine Zustimmung im Rat fand.[2] Sein im Jahr 2014 vorgelegter Vorschlag für eine stufenweise Erhöhung der Zahl der Richter des EuG[3] wurde vom Europäischen Parlament und vom Rat am 16. Dezember 2015 angenommen.[4] Danach besteht das EuG ab dem 25. Dezember 2015 aus 40 Mitgliedern, ab dem 1. September 2016 aus 47 Mitgliedern – diese Erhöhung soll durch die Übertragung der sieben Stellen der Richter des Gerichts für den öffentlichen Dienst der Europäischen Union (GöD) auf das EuG erfolgen – und ab 1. September 2019 aus zwei Mitgliedern je Mitgliedstaat. In einer Erklärung forderten das Europäische Parlament und der Rat die Mitgliedstaaten auf, bei der Benennung der Kandidaten für die Richterstellen so weit wie möglich dafür zu sorgen, dass Frauen und Männer gleichermaßen vertreten sind.[5] Die zum 25. Dezember 2015 in Kraft getretene Erhöhung der Zahl der Mitglieder des EuG auf 40 wird sukzessive umgesetzt.[6] Die Übertragung der sieben Stellen der Richter des GöD auf das EuG erfordert die Auflösung des GöD und die Übertragung der bisherigen Zuständigkeiten des GöD auf das EuG. Einen entsprechenden Vorschlag übermittelte der Gerichtshof der Europäischen Union dem Rat mit Schreiben vom 17. November 2015.[7]

---

1 Für einen Überblick siehe Gerichtshof der EU: Pressemitteilung Nr. 44/15, 28. April 2015.

2 Vgl. Siegfried Magiera/Matthias Niedobitek: Gerichtshof, in: Werner Weidenfeld/Wolfgang Wessels (Hrsg.): Jahrbuch der Europäischen Integration 2015, Baden-Baden 2015, S. 104.

3 Vgl. Magiera/Niedobitek: Gerichtshof, 2015, S. 104.

4 Verordnung (EU, Euratom) 2015/2422 vom 16. Dezember 2016 zur Änderung des Protokolls Nr. 3 über die Satzung des Gerichtshofs der Europäischen Union, in: Amtsblatt der EU, Nr. L 341, 24. Dezember 2015, S. 14.

5 Europäisches Parlament, Rat: Erklärung des Europäischen Parlaments und des Rates vom 16. Dezember 2016 betreffend die Verordnung (EU, Euratom) 2015/2422, Amtsblatt der EU, Nr. C 436, 24. Dezember 2015, S. 1.

6 Siehe die Beschlüsse (EU, Euratom) 2016/484 der Vertreter der Regierungen der Mitgliedstaaten vom 23. März 2016 zur Ernennung von Richtern beim Gericht, in: Amtsblatt der EU, Nr. L 87, 2. April 2016, S. 31, und 2016/846 der Vertreter der Regierungen der Mitgliedstaaten vom 24. Mai 2016 zur Ernennung von Richtern beim Gericht, in: Amtsblatt der EU, Nr. L 141, 28. Mai 2016, S. 76.

7 Siehe Rat der Europäischen Union: Dokument 14306/15, 24. November 2015.

Seiner hohen Arbeitsbelastung begegnete das EuG selbst mit Neufassungen seiner Verfahrensordnung[8] und der Praktischen Durchführungsbestimmungen zur Verfahrensordnung;[9] beide Rechtsakte traten am 1. Juli 2015 in Kraft. Die Neufassung der Verfahrensordnung vom 2. Mai 1991 war insbesondere notwendig geworden, um ihren Vorschriften, die wiederholt geändert worden waren, eine neue Kohärenz zu geben, die Einheitlichkeit des verfahrensrechtlichen Instrumentariums zu fördern und die Fähigkeit des EuG zu stärken, die Rechtssachen innerhalb eines angemessenen Zeitraums zu entscheiden.[10] Hierzu führte das EuG zahlreiche Maßnahmen zur Förderung einer beschleunigten Bearbeitung der Rechtssachen ein, wie die Erweiterung der Möglichkeit, ohne mündliches Verfahren zu entscheiden, oder die Übertragung bestimmter Entscheidungsbefugnisse von den Kammern auf die Kammerpräsidenten. Nicht zuletzt wurde auch die Lesbarkeit der Verfahrensordnung verbessert, etwa durch eine Streichung obsoleter Vorschriften oder die Vereinheitlichung von Begriffen.

Die im Jahr 2013 begonnene Erhöhung der Zahl der Generalanwälte des Gerichtshofs (EuGH) fand im Jahr 2015 ihren Abschluss.[11] Mit Wirkung vom 7. Oktober 2015 wurde ihre Zahl von neun auf elf erhöht. Infolge der Erhöhung der Zahl der Generalanwälte sowie des Ablaufs der Amtszeit einiger Generalanwälte waren zum 7. Oktober 2015 sechs Stellen vakant. Die Besetzung dieser Stellen konnte in diesem Jahr jedoch nicht abgeschlossen werden.[12] Die deutsche Generalanwältin, Juliane Kokott, wurde für eine weitere Amtszeit von sechs Jahren, bis zum 6. Oktober 2021, ernannt.[13]

In ihrer Sitzung vom 8. Oktober 2015 haben die Richter des EuGH Koen Lenaerts für die Zeit vom 8. Oktober 2015 bis zum 6. Oktober 2018 zum Präsidenten des EuGH und Antonio Tizzano für denselben Zeitraum zum Vizepräsidenten des EuGH gewählt.[14] In seiner Sitzung vom 12. Oktober 2015 hat der EuGH Melchior Wathelet für die Zeit vom 12. Oktober 2015 bis zum 6. Oktober 2016 zum Ersten Generalanwalt gewählt.[15]

In Anerkennung seiner Verdienste um die rechtliche Einheit in der Europäischen Union sowie um starke rechtsstaatliche Prinzipien und den Schutz der Rechte der europäischen Bürgerinnen und Bürger wurde der „Gerichtshof der Europäischen Union mit seinem Präsidenten Vassilios Skouris" im Jahr 2015 mit dem 50. Theodor Heuss Preis der gleichnamigen Stiftung ausgezeichnet.[16]

---

8   Amtsblatt der EU, Nr. L 105, 23. April 2015, S. 1.
9   Amtsblatt der EU, Nr. L 152, 18. Juni 2015, S. 1.
10   Vgl. EuG: Zweiter Erwägungsgrund der Verfahrensordnung des Gerichts, Amtsblatt der EU, Nr. L 105, 23. April 2015, S. 9; Pressemitteilung Nr. 73/15, 19. Juni 2015.
11   Vgl. Siegfried Magiera/Matthias Niedobitek: Gerichtshof, in: Werner Weidenfeld/Wolfgang Wessels (Hrsg.): Jahrbuch der Europäischen Integration 2014, Baden-Baden 2014, S. 117.
12   Vgl. hierzu Gerichtshof der EU: Pressemitteilung Nr. 113/15 vom 5. Oktober 2015, Fußnote 2, wonach ein Generalanwalt, der gemäß dem Rotationsprinzip ein bulgarischer Staatsangehöriger sein wird, sein Amt zu einem späteren Zeitpunkt antreten wird.
13   Vertreter der Regierungen der Mitgliedstaaten: Beschluss (EU, Euratom) 2015/578 der Vertreter der Regierungen der Mitgliedstaaten vom 1. April 2015 zur Ernennung von Richtern und Generalanwälten beim Gerichtshof, Amtsblatt der EU, Nr. L 96, 11. April 2015, S. 11.
14   Amtsblatt der EU, Nr. C 7, 11. Januar 2016, S. 2.
15   Amtsblatt der EU, Nr. C 7, 11. Januar 2016, S. 2.
16   Vgl. Gerichtshof der Europäischen Union: Pressemitteilung Nr. 56/15, 13. Mai 2015.

Die Zahl der beim EuGH im Jahr 2015 anhängig gemachten Rechtssachen überschritt mit 713 erstmals die „symbolische Schwelle von 700 Rechtssachen"[17] (2014: 622). Auch die Zahl der Vorabentscheidungsersuchen stieg gegenüber dem Vorjahr wieder an – von 428 auf 436 – und markierte damit die zweithöchste Zahl nach der für das Jahr 2013 verzeichneten (450). Ihr Anteil an den neuen Rechtssachen ging jedoch aufgrund der Zunahme der insgesamt anhängig gemachten Rechtssachen von 68,8 Prozent auf rund 61 Prozent zurück. Der Anteil der Klagen ging gegenüber dem Vorjahr spürbar zurück – von 11,9 Prozent (2014) auf 6,7 Prozent. Dagegen verdoppelte sich die Zahl der eingereichten Rechtsmittel gegenüber dem Vorjahr beinahe – sie stieg von 111 auf 206 – und erreichte einen Anteil an den im Jahr 2015 neu anhängig gemachten Rechtssachen von knapp 29 Prozent (2014: 17,8 Prozent). Was die Anzahl der erledigten Rechtssachen angeht, konnte der EuGH nicht an die Rekordzahl des Vorjahres anknüpfen. Sie ging von 719 auf 616 zurück. Daher stieg die Zahl der zum Jahresende anhängigen Rechtssachen wieder an – von 787 auf 884. Die Verfahrensdauer bei den Vorabentscheidungsersuchen stieg gegenüber dem Vorjahr nur leicht an und erreichte mit 15,3 Monaten annähernd den Wert des 2014 erzielten Rekordergebnisses (15,0 Monate). Bei den Klagen war im Vergleich zum Vorjahr erneut ein deutlicher Rückgang der Verfahrensdauer zu verzeichnen – von 20,0 auf 17,6 Monate. Auch die Verfahrensdauer der Rechtsmittel ging gegenüber dem Vorjahr weiter zurück – von 14,5 auf 14,0 Monate – und erreichte den niedrigsten Wert der letzten Jahre.

Das EuG vermeldet bei den anhängig gemachten Rechtssachen einen Rückgang – von 912 auf 831. Die Zahl der erledigten Rechtssachen konnte gegenüber dem Vorjahr erneut deutlich gesteigert werden – von 814 auf 987, so dass die Zahl der zum Jahresende beim EuG anhängigen Rechtssachen spürbar gesenkt werden konnte – von 1423 auf 1267. Auch die durchschnittliche Verfahrensdauer ging gegenüber dem Vorjahr erneut um mehr als 10 Prozent zurück – von 23,4 auf 20,6 Monate.

Beim GöD stieg die Zahl der neu anhängig gemachten Rechtssachen gegenüber dem Vorjahr leicht an – von 157 auf 167. Bei den erledigten Rechtssachen erreichte das GöD mit 152 Rechtssachen das Ergebnis des Vorjahres, so dass die Anzahl der zum Jahresende anhängigen Rechtssachen mit 231 leicht über dem Vorjahr lag (2014: 216).[18]

Wirtschafts- und Währungspolitik

In der Rechtssache C-62/14[19] ging es um die Abgrenzung der Währungspolitik, die in die ausschließliche Zuständigkeit der Union fällt, von der Wirtschaftspolitik, die im Wesentlichen auf einer Koordinierung der Wirtschaftspolitiken der Mitgliedstaaten beruht, sowie um die Reichweite der währungspolitischen Kompetenzen der Europäischen Zentralbank. Das Bundesverfassungsgericht hatte dem EuGH – erstmals in seiner Geschichte – ein Vorabentscheidungsersuchen unterbreitet,[20] um zu klären, ob die von der Europäischen Zentralbank im September 2012 beschlossenen „Technical Features of Outright Monetary

---

17 Vgl. den Jahresbericht 2015 des Gerichtshofs der Europäischen Union, S. 4 (zugänglich auf der Website des Gerichtshofs: curia.europa.eu).

18 Die wiedergegebenen Informationen und statistischen Daten beruhen auf den Jahresberichten des Gerichtshofs der Europäischen Union, vorliegend für die Jahre 2014 und 2015 sowie gegebenenfalls für frühere Jahre (zugänglich auf der Website des Gerichtshofs: curia.europa.eu). Die angegebenen Zahlen sind Bruttozahlen, das heißt, sie stehen für die Gesamtzahl von Rechtssachen unabhängig von Verbindungen wegen Sachzusammenhangs.

19 EuGH: Urteil vom 16. Juni 2015, ECLI:EU:C:2015:400, Peter Gauweiler u.a./Deutscher Bundestag.

Transactions" – das sog. „OMT-Programm" – die wirtschaftspolitischen Kompetenzen der Mitgliedstaaten verletzt und/oder gegen das Verbot monetärer Haushaltsfinanzierung gemäß Art. 123 des Vertrags über die Arbeitsweise der Europäischen Union (AEUV) verstoßen haben. Das OMT-Programm hat den quantitativ nicht beschränkten Ankauf von Staatsanleihen bestimmter Mitgliedstaaten auf den Sekundärmärkten zum Gegenstand. Es zielt darauf ab, eine ordnungsgemäße geldpolitische Transmission, das heißt die Übertragung der vom Europäischen System der Zentralbanken (ESZB) ausgesandten Impulse auf den Geldmarkt, sowie die Einheitlichkeit der Geldpolitik sicherzustellen. Voraussetzung für den Ankauf von Staatsanleihen ist die vollständige Einhaltung bestimmter im Rahmen der Europäischen Union vereinbarter makroökonomischer Anpassungsprogramme durch die betreffenden Mitgliedstaaten. Das Bundesverfassungsgericht hatte in seinem Vorlage-beschluss erkennen lassen, dass es, vorbehaltlich der Auslegung der einschlägigen Vertragsbestimmungen durch den EuGH, dazu neigt, das OMT-Programm als offensichtli-chen und strukturell bedeutsamen Ultra-vires-Akt zu qualifizieren, und in diesem Fall den Verfassungsbeschwerden beziehungsweise dem Organstreit der Ausgangsverfahren stattge-ben würde. Der EuGH teilte die Bedenken des Bundesverfassungsgerichts nicht. Die Ziele und die Mittel des OMT-Programms sind geldpolitischer Natur und fallen daher in den Zuständigkeitsbereich des ESZB. Der Umstand, dass der Ankauf von Staatsanleihen an die Einhaltung makroökonomischer Anpassungsprogramme gebunden ist, ändert daran nichts, denn ein solcher Ankauf kommt nur in Betracht, wenn und solange Störungen im geldpoli-tischen Transmissionsmechanismus oder in der Einheitlichkeit der Geldpolitik aufgetreten sind. Entscheidend ist mithin, ob mit einem Ankauf von Staatsanleihen wirtschaftspoliti-sche Ziele oder, wie hier, währungspolitische Ziele verfolgt werden. Die Ausgestaltung des OMT-Programms überschreitet auch nicht die – weit gezogenen – Ermessensgrenzen des ESZB, da sein potenzielles Ausmaß in mehrfacher Weise, etwa hinsichtlich der Laufzeit der anzukaufenden Staatsanleihen, beschränkt ist. Was die Vereinbarkeit des OMT-Programms mit Art. 123 AEUV angeht, kann dieser Bestimmung kein allgemeines Verbot entnommen werden, von Gläubigern eines Mitgliedstaats Schuldtitel zu erwerben, die dieser zuvor ausgegeben hat. Allerdings muss ausgeschlossen sein, dass ein solcher Erwerb in der Praxis die gleiche Wirkung wie ein durch Art. 123 AEUV untersagter unmit-telbarer Erwerb von Staatsanleihen hat, um zu verhindern, dass die Staaten, deren Schuld-titel aufgekauft werden, das mit Art. 123 AEUV verfolgte Ziel einer gesunden Haushalts-politik missachten. Insoweit stellte der EuGH jedoch fest, dass das OMT-Programm hinreichende Vorkehrungen enthält, um die betreffenden Staaten zu einer gesunden Haus-haltspolitik anzuhalten.

---

20 Bundesverfassungsgericht (BVerfG): Beschluss des Zweiten Senats vom 14. Januar 2014 – 2 BvR 2728/13 u.a.; ferner – im Anschluss an das Urteil des EuGH – BVerfG: Urteil des Zweiten Senats vom 21. Juni 2016 – 2 BvR 2728/13 u.a. (beide Entscheidungen sind zugänglich auf der Website des BVerfG: www.bundesverfassungsgericht.de).

Sozialpolitik

In der Rechtssache C-266/14[21] ging es um die Auslegung des Begriffs „Arbeitszeit" im Sinne der Richtlinie 2003/88/EG über bestimmte Aspekte der Arbeitszeitgestaltung.[22] Das Ausgangsverfahren betraf den Fall, dass die Mitarbeiter einer spanischen Firma für Sicherheitssysteme ihren Arbeitstag nicht in einem Regionalbüro der Firma begannen und beendeten, wie dies vor der Auflösung der Regionalbüro gewesen war, sondern dass sie sich von ihrem Wohnort direkt zum ersten Kunden zu begeben hatten und vom letzten Kunden am Ende des Tages wieder zum Wohnort zurückführen. Das vorlegende Gericht wollte vom EuGH wissen, ob die morgendliche Fahrt zum ersten Kunden und die abendliche Rückfahrt zum Wohnort als „Arbeitszeit" einzuordnen sei, nachdem die Mitarbeiter infolge der Abschaffung der Regionalbüros nicht mehr über einen festen oder gewöhnlichen Arbeitsort verfügten. Der EuGH betonte zunächst, dass die Regeln der Richtlinie im Hinblick auf Arbeits- und Ruhezeit besonders wichtige Regeln des Sozialrechts der Union zum Schutz der Sicherheit und Gesundheit der Arbeitnehmer darstellen. Ferner bekräftigte er, dass es zwischen Arbeitszeit und Ruhezeit keine Zwischenkategorie gibt und dass diese Begriffe als unionsrechtliche Begriffe autonom auszulegen und in allen Mitgliedstaaten einheitlich anzuwenden sind. Sodann prüfte der EuGH, ob die drei Elemente des Arbeitszeitbegriffs – Ausübung der Tätigkeit, Verfügbarkeit für den Arbeitgeber, Erbringung von Arbeit – bei der Fahrt zum ersten Kunden und bei der Rückfahrt zum Wohnort gegeben sind. Der EuGH bejahte das Vorliegen aller drei Elemente des Begriffs der Arbeitszeit, wobei er diesen Begriff im Lichte des Ziels der Richtlinie, den Schutz der Sicherheit und der Gesundheit der Arbeitnehmer zu fördern, auslegte. Insbesondere stellte er fest, dass die Mitarbeiter während der Fahrt der Weisung ihres Arbeitgebers unterliegen, der Änderungen an der festgelegten Route vornehmen oder Termine verschieben beziehungsweise hinzufügen kann. Dass die Arbeitszeit unmittelbar am Wohnort beginnt und endet, beruht allein auf der Schließung der Regionalbüros und nicht auf einer freien Entscheidung der Mitarbeiter.

Datenschutz

Die Richtlinie 95/46/EG[23] erlaubt die Übermittlung von personenbezogenen Daten in ein Drittland nur, wenn das Drittland ein angemessenes Schutzniveau gewährleistet. Die Kommission ist durch die Richtlinie ermächtigt festzustellen, dass ein Drittland aufgrund seiner innerstaatlichen Rechtsvorschriften oder internationaler Verpflichtungen ein angemessenes Schutzniveau gewährleistet. In ihrer Entscheidung 2000/520/EG[24] hatte die Kommission, insbesondere unter Hinweis auf die Grundsätze des „sicheren Hafens", für die USA ein angemessenes Schutzniveau festgestellt. Durch diese Entscheidung sah sich der irische Datenschutzbeauftragte gehindert, eine Beschwerde des Klägers des Ausgangs-

---

21 EuGH: Urteil vom 10. September 2015, ECLI:EU:C:2015:578, Federación de Servicios Privados del sindicato Comisiones obreras (CC.OO.)/Tyco Integrated Security SL u.a.

22 Richtlinie des Europäischen Parlaments und des Rates vom 4. November 2003, Amtsblatt der EU, Nr. L 299, 18. November 2003, S. 9.

23 Richtlinie des Europäischen Parlaments und des Rates vom 24. Oktober 1995 zum Schutz natürlicher Personen bei der Verarbeitung personenbezogener Daten und zum freien Datenverkehr, Amtsblatt der EU, Nr. L 281, 23. November 1995, S. 31.

24 Entscheidung der Kommission vom 26. Juli 2000 gemäß der Richtlinie 95/46/EG des Europäischen Parlaments und des Rates über die Angemessenheit des von den Grundsätzen des „sicheren Hafens" und der diesbezüglichen „Häufig gestellten Fragen" (FAQ) gewährleisteten Schutzes, vorgelegt vom Handelsministerium der USA, Amtsblatt der EU, Nr. L 215, 25. August 2000, S. 7.

verfahrens in der Rechtssache C-362/14[25] zu prüfen, die darauf abzielte, Facebook Ireland zu untersagen, seine personenbezogenen Daten in die USA zu übertragen. Der Kläger des Ausgangsverfahrens verwies unter anderem auf die Enthüllungen von Edward Snowden, um geltend zu machen, dass die USA keinen ausreichenden Schutz der in diesem Land gespeicherten personenbezogenen Daten vor Überwachungstätigkeiten der dortigen Behörden gewährleisten. Der EuGH betonte die Unabhängigkeit der nationalen Datenschutzbeauftragten und deren Pflicht zu prüfen, ob die Übermittlung von Daten den Anforderungen der Richtlinie 95/46/EG entspricht. Zwar sind die nationalen Datenschutzbeauftragten an eine Entscheidung der Kommission, die diese im Hinblick auf die Angemessenheit des Datenschutzes in einem Drittland trifft, gebunden und dürfen keine der Entscheidung zuwiderlaufende Maßnahme treffen. Jedoch sind die nationalen Datenschutzbeauftragten durch die Entscheidung nicht daran gehindert, etwaige Beschwerden zu prüfen und gegebenenfalls Klage zu erheben. Das nationale Recht muss für solche Fälle ein Klagerecht des Datenschutzbeauftragten vorsehen. Es ist allerdings allein Sache des EuGH, die Ungültigkeit einer Entscheidung der Kommission zur Angemessenheit des Datenschutzes in einem Drittland für ungültig zu erklären. In diesem Sinne interpretierte der EuGH das vom irischen High Court vorgelegte Vorabentscheidungsersuchen als Frage nach der Gültigkeit der Entscheidung 2000/520/EG der Kommission. Im Ergebnis erklärte der EuGH die Entscheidung für ungültig, weil das US-amerikanische Datenschutzrecht, das er an dem innerhalb der Union geltenden Schutzniveau maß, den Erfordernissen der nationalen Sicherheit ohne irgendeine Differenzierung Vorrang vor den Grundsätzen des „sicheren Hafens" einräumt und keine Feststellung zum Bestehen eines wirksamen gerichtlichen Rechtsschutzes trifft und weil ferner die Entscheidung der Kommission die Befugnisse der nationalen Datenschutzbeauftragten einer spezifischen Regelung unterwarf, die deren Befugnis, die Einhaltung eines angemessenen Datenschutzniveau in Drittländern zu kontrollieren, beschränkte.

Die Rechtsstellung von Drittstaatsangehörigen

Das Gemeinsame Europäische Asylsystem umfasst gemäß Art. 78 AEUV die Schaffung eines in der ganzen Union gültigen einheitlichen Asylstatus für Drittstaatsangehörige. Die Voraussetzungen, unter denen Drittstaatsangehörige die Zuerkennung der Flüchtlingseigenschaft im Sinne der Genfer Flüchtlingskonvention beantragen können, sind heute in der Richtlinie 2011/95/EU geregelt.[26] In der Rechtssache C-472/13[27] beantragte ein US-amerikanischer Armeeangehöriger in Deutschland Asyl, nachdem er sich geweigert hatte, einem erneuten Einsatzbefehl für den Irak Folge zu leisten, da er sich nicht länger an den seiner Ansicht nach dort begangenen Kriegsverbrechen beteiligen wollte. Wegen seiner Desertion sei er – so der Kläger des Ausgangsverfahrens – in den USA der Strafverfolgung und sozialen Ächtung ausgesetzt. Auf Vorabentscheidungsersuchen des Bayerischen Verwaltungsgerichtshofs, der mit der Ablehnung des Asylantrags durch das Bundesamt für

---

25 EuGH: Urteil vom 6. Oktober 2015, ECLI:EU:C:2015:650, Maximilian Schrems/Data Protection Commissioner.

26 Richtlinie 2011/95/EU des Europäischen Parlaments und des Rates vom 13. Dezember 2011 über Normen für die Anerkennung von Drittstaatsangehörigen oder Staatenlosen als Personen mit Anspruch auf internationalen Schutz, für einen einheitlichen Status für Flüchtlinge oder für Personen mit Anrecht auf subsidiären Schutz und für den Inhalt des zu gewährenden Schutzes, Amtsblatt der EU, Nr. L 337, 20. Dezember 2011, S. 9.

27 EuGH: Urteil vom 26. Februar 2015, ECLI:EU:C:2015:117, Andre Lawrence Shepherd/Bundesrepublik Deutschland.

Migration und Flüchtlinge befasst war, erläuterte der EuGH den Begriff der Verfolgungshandlung, den die Richtlinie[28] für den Fall einer Desertion enthält. Danach können Strafverfolgung und Bestrafung wegen Verweigerung des Militärdienstes in einem Konflikt dann als Verfolgung gelten, wenn der Militärdienst Verbrechen oder Handlungen umfassen würde, die als Kriegsverbrechen einzustufen sind. Der EuGH stellte zunächst fest, dass die Vorschrift Militärangehörige ungeachtet der Art der von ihnen ausgeübten Tätigkeit sowie auch im Fall einer nur indirekten Beteiligung an der Begehung etwaiger Kriegsverbrechen erfasst. Damit bezog sich der EuGH auf den Umstand, dass der Kläger des Ausgangsverfahrens mit der Wartung von Hubschraubern befasst und nicht unmittelbar an Kampfeinsätzen beteiligt war. Was die Wahrscheinlichkeit der Begehung von Kriegsverbrechen durch die Einheit des Betroffenen angeht, kann sich die innerstaatliche Behörde, die den Asylantrag prüft, nur auf ein Bündel von Indizien stützen, das die Begehung solcher Handlungen als plausibel erscheinen lässt. Sollte eine bewaffnete Intervention jedoch auf einem Mandat des Sicherheitsrates der Vereinten Nationen beruhen oder im Rahmen eines internationalen Konsenses erfolgen, bestehen hinreichende Garantien dafür, dass keine Kriegsverbrechen begangen werden. Des Weiteren ist es wenig plausibel, dass ein Militärangehöriger zur Begehung von Kriegsverbrechen gezwungen sein könnte, wenn sein Heimatstaat die Begehung von Kriegsverbrechen unter Strafe stellt und gerichtlich verfolgt. Auch muss die Dienstverweigerung das einzige Mittel sein, um der Beteiligung an den behaupteten Kriegsverbrechen zu entgehen. Dies ist nicht der Fall, wenn der Antragsteller ein ihm zur Verfügung stehendes Verfahren zur Anerkennung als Kriegsdienstverweigerer nicht angestrengt hat. Was die staatlichen Konsequenzen einer Desertion betrifft, unterstreicht der EuGH das legitime Recht eines Staates auf Unterhaltung einer Streitkraft, welches grundsätzlich die erforderlichen strafrechtlichen Sanktionen einschließt, vorausgesetzt der Militärdienst umfasst nicht die Begehung von Kriegsverbrechen. Schließlich kann eine mit einer Bestrafung wegen Desertion und mit unehrenhafter Entlassung aus der Armee verbundene soziale Ächtung jenen Maßnahmen nicht als mögliche Verfolgungshandlung zugerechnet werden.

Zwei Vorabentscheidungsersuchen niederländischer Gerichte betrafen die im niederländischen Recht verankerte Integrationspflicht von Migranten. In der Rechtssache C-579/13[29] fragte das vorlegende Gericht nach der Vereinbarkeit bestimmter Aspekte der Integrationspflicht mit der Richtlinie 2003/109/EG betreffend die Rechtsstellung der langfristig aufenthaltsberechtigten Drittstaatsangehörigen,[30] in der Rechtssache C-153/14[31] ging es um die Vereinbarkeit mit der Richtlinie 2003/86/EG betreffend das Recht auf Familienzusammenführung.[32] Beide Richtlinien erlauben es den Mitgliedstaaten ausdrücklich, von Drittstaatsangehörigen die Einhaltung von im nationalen Recht vorgesehenen Integrationsanforderungen zu verlangen. Die Integrationspflicht nach niederländischem Recht besteht in der erfolgreichen Ablegung einer Prüfung zum Nachweis des Erwerbs mündlicher und schriftlicher Kenntnisse der niederländischen Sprache und von Kenntnis-

---

28 Der Rechtssache lagen die Bestimmungen der seinerzeit anwendbaren Richtlinie 2004/83/EG, insbesondere Art. 9 Abs. 2 Buchstabe e), zugrunde, die jedoch, soweit hier einschlägig, mit denen der Richtlinie 2011/95/EU übereinstimmen.

29 EuGH: Urteil vom 4. Juni 2015, ECLI:EU:C:2015:369, P und S/Commissie Sociale Zekerheid Breda, College van Burgemeester en Wethouders van de gemeente Amstelveen.

30 Richtlinie des Rates vom 25. November 2003, Amtsblatt der EU, Nr. L 16, 23. Januar 2004, S. 44.

31 EuGH: Urteil vom 9. Juli 2015, ECLI:EU:C:2015:453, Minister van Buitenlandse Zaken/K und A.

32 Richtlinie des Rates vom 22. September 2003, Amtsblatt der EU, Nr. L 251, 3. Oktober 2003, S. 12.

sen der niederländischen Gesellschaft, wobei es sich im Fall der Familienzusammenführung nur um Grundkenntnisse handelt (Basis-Integrationsprüfung). Was zunächst die Rechtsstellung eines langfristig Aufenthaltsberechtigten angeht, ist die Integrationspflicht im niederländischen Recht nicht nur als Voraussetzung für den Erwerb dieser Rechtsstellung ausgestaltet, sondern sie erstreckt sich auch auf Personen, die, wie in der Rechtssache C-579/13, diese Rechtsstellung bereits früher erworben haben. Hierzu stellte der EuGH fest, dass die Richtlinie 2003/109/EG nur solche Integrationsanforderungen anspricht, die als Bedingung für die Erlangung der Rechtsstellung eines langfristig Aufenthaltsberechtigten ausgestaltet sind. Hinsichtlich einer Integrationspflicht von Personen, die diese Rechtsstellung bereits früher erworben haben, trifft die Richtlinie keine Aussage, so dass sie einer Integrationspflicht für diesen Personenkreis grundsätzlich nicht entgegensteht. Allerdings muss die Integrationspflicht den in der Richtlinie für verschiedene Bereiche verankerten Grundsatz der Gleichbehandlung der langfristig Aufenthaltsberechtigten mit den eigenen Staatsangehörigen beachten. Dieser Grundsatz wird, so der EuGH, durch eine Integrationspflicht für sich genommen nicht verletzt, da sich niederländische Staatsangehörige, die keiner Integrationspflicht unterliegen, und Drittstaatsangehörige nicht in einer vergleichbaren Lage befinden. Jedoch dürfen die Ziele der Richtlinie 2003/109/EG, insbesondere das Ziel der Integration von Drittstaatsangehörigen, durch die Ausgestaltung der Integrationspflicht nicht gefährdet werden. Insoweit erkennt der EuGH an, dass eine Integrationspflicht wie die niederländische geeignet ist, die Verständigung mit den Einheimischen und die Entwicklung sozialer Beziehungen, das heißt die Integration der Migranten, zu fördern. Allerdings dürfen die bei den Integrationspflichtigen anfallenden Kosten – Teilnahmegebühren, etwaige Geldbußen bei Nichterfüllung der Integrationspflicht – nicht ein Ausmaß annehmen, das dem Integrationsziel zuwider läuft. Insoweit hielt es der EuGH für möglich, dass die niederländische Regelung, die in bestimmten Konstellationen mit beträchtlichen Kosten verbunden ist, die Ziele der Richtlinie gefährdet und dieser daher die praktische Wirksamkeit nimmt. In der Rechtssache C-153/14 musste der EuGH die Frage klären, ob von Familienangehörigen der in den Niederlanden wohnhaften Drittstaatsangehörigen im Rahmen der Familienzusammenführung verlangt werden kann, dass sie die Integrationsprüfung ablegen, bevor ihnen die Einreise erlaubt wird. Die Klägerinnen der Ausgangsverfahren hatten sich ohne Erfolg auf medizinische Gründe berufen, um eine Befreiung von der Integrationspflicht beziehungsweise die vorherige Einreise in die Niederlande zu erreichen. Der EuGH entnahm der Richtlinie 2003/86/EG, dass die Mitgliedstaaten grundsätzlich die Erfüllung der Integrationspflicht vor der Einreise verlangen können. Allerdings ist die in der Richtlinie vorgesehene Möglichkeit, Integrationsmaßnahmen zu verlangen, als Ausnahme von der Grundregel, wonach die Familienzusammenführung zu gestatten ist, eng auszulegen. Soweit die Richtlinie nationale Integrationsmaßnahmen zulässt, sollen diese dazu dienen, die Integration zu erleichtern, nicht jedoch dazu, die Personen zu ermitteln, die das Recht auf Familienzusammenführung ausüben können. Des Weiteren wies der EuGH darauf hin, dass bei einer Befreiung von der (vorherigen) Integrationsprüfung zahlreiche individuelle Aspekte eine Rolle spielen, deren Berücksichtigung die Härteklausel des niederländischen Rechts nicht gewährleistet.

Institutionelles Gleichgewicht

Gesetzgebungsakte dürfen gemäß Art. 17 Abs. 2 des Vertrags über die Europäische Union (EUV) grundsätzlich nur auf Vorschlag der Kommission erlassen werden. In der Rechtssache C-409/13[33] ging es um Reichweite und Grenzen des Initiativrechts der Kommission, genauer um die Frage, unter welchen Bedingungen die Kommission einen Gesetzgebungsvorschlag zurücknehmen kann. Die vom Rat erhobene Nichtigkeitsklage richtete sich gegen die Rücknahme eines Gesetzgebungsvorschlags durch die Kommission, der den Erlass einer Rahmenverordnung betreffend die Gewährung von Makrofinanzhilfen an Drittländer zum Gegenstand hatte. Mit ihrem Vorschlag wollte die Kommission die Gewährung von Makrofinanzhilfen, die bislang für jedes Empfängerland einzeln im Wege des zeitaufwendigen ordentlichen Gesetzgebungsverfahren gemäß Art. 212 Abs. 2 AEUV beschlossen wurden, vereinfachen und beschleunigen. Zu diesem Zweck sah der Vorschlag der Kommission vor, dass die Rahmenverordnung der Kommission Durchführungsbefugnisse gemäß Art. 291 AEUV überträgt, auf deren Grundlage diese die Makrofinanzhilfen gewähren sollte. Im Zuge der während des Gesetzgebungsverfahrens abgehaltenen Triloge einigten sich das Europäische Parlament und der Rat darauf, anstelle der Übertragung von Durchführungsbefugnissen auf die Kommission für die Gewährung der Makrofinanzhilfen auf das ordentliche Gesetzgebungsverfahren zurückzugreifen, wobei sie sich auf das in Art. 10 Abs. 1 und 2 EUV verankerte Demokratieprinzip beriefen. Dadurch sah die Kommission ihren Vorschlag verfälscht und nahm ihn zurück. Der EuGH billigte das Verhalten der Kommission. Das Initiativrecht erlaubt der Kommission nicht nur gemäß Art. 293 Abs. 2 AEUV, ihren Vorschlag im Laufe des Rechtsetzungsverfahrens jederzeit zu ändern, sie verfügt grundsätzlich auch über eine Rücknahmebefugnis. Der Rücknahmebeschluss kann mit der Nichtigkeitsklage angegriffen werden, da durch die Rücknahme eines Vorschlags das Gesetzgebungsverfahren beendet wird und Parlament und Rat daran gehindert werden, ihre Gesetzgebungsfunktion auszuüben. Die Rücknahmebefugnis verleiht der Kommission jedoch kein Vetorecht, das gegen die Grundsätze der begrenzten Einzelermächtigung und des institutionellen Gleichgewichts verstoßen würde. Daher muss die Kommission ihre Gründe erläutern und diese durch überzeugende Gesichtspunkte untermauern. Sofern sie darlegen kann, dass die vom Unions-gesetzgeber beabsichtigte Änderung des Vorschlags diesen in einer Weise verfälschen würde, dass ihm die Daseinsberechtigung genommen würde, ist sie zur Rücknahme berechtigt. Im vorliegenden Fall erkannte der EuGH an, dass die Ersetzung der Durchführungsbefugnis durch das ordentliche Gesetzgebungsverfahren den Vorschlag seines Sinns beraubt hätte. Einen Verstoß gegen das Demokratieprinzip vermochte der EuGH angesichts der klaren Vertragslage nicht zu erkennen.

Das institutionelle Gleichgewicht im Bereich der auswärtigen Beziehungen beschäftigte den EuGH in der Rechtssache C-425/13.[34] Die Zuständigkeitsverteilung zwischen den Organen beim Abschluss internationaler Verträge der Union ist in Art. 218 AEUV geregelt, einer Bestimmung, die der EuGH als eine „allgemeine Bestimmung von verfassungsmäßiger Bedeutung" bezeichnet. In Rahmen dieser Bestimmung ist es Sache des Rates, die Kommission zur Aufnahme von Verhandlungen zu ermächtigen, sofern es nicht im Schwerpunkt um die Gemeinsame Außen- und Sicherheitspolitik geht, und die Verhandlungsrichtlinien festzulegen, während es Sache der Kommission ist, hierfür Empfehlungen

---

33   EuGH: Urteil vom 14. April 2015, ECLI:EU:C:2015:217, Rat/Kommission.
34   EuGH: Urteil vom 16. Juli 2015, ECLI:EU:C:2015:483, Kommission/Rat.

vorzulegen. In seinem Beschluss kann der Rat einen Sonderausschuss bestellen, wobei die Kommission die Verhandlungen gemäß Art. 218 Abs. 4 AEUV „im Benehmen mit diesem Ausschuss" zu führen hat. Mit ihrer Nichtigkeitsklage griff die Kommission einen Beschluss des Rates an, der sie zur Aufnahme von Verhandlungen mit Australien zur Verknüpfung der Emissionshandelssysteme beider Parteien ermächtigte. In seinem Beschluss hatte der Rat insbesondere verschiedene Unterrichtungspflichten der Kommission sowie Verfahrensregeln vorgesehen und bestimmt, dass die Verhandlungspositionen von ihm selbst oder vom Sonderausschuss festgelegt würden. Hiergegen wandte sich die Kommission. Was die Rüge der Unterrichtungspflichten und der Verfahrensregeln angeht, wies der EuGH die Klage der Kommission ab. Er strich die Bedeutung des Grundsatzes loyaler Zusammenarbeit für das internationale Handeln der Union heraus und erkannte das Informationsbedürfnis des Rates, dem gemäß Art. 218 Abs. 2 AEUV der Vertragsschluss obliegt, an. Der Vorbehalt der Festlegung der Verhandlungspositionen durch den Sonderausschuss oder den Rat verletzt jedoch Art. 13 Abs. 2 EUV, wonach der Rat nach Maßgabe der ihm durch Art. 218 AEUV zugewiesenen Befugnisse zu handeln hat, sowie den Grundsatz des institutionellen Gleichgewichts. Dem Sonderausschuss kommt gemäß Art. 218 Abs. 4 AEUV lediglich eine beratende Funktion zu, mit der die Festlegung von Verhandlungspositionen unvereinbar ist, und auch der Rat kann gemäß dieser Bestimmung zwar Verhandlungsrichtlinien aufstellen, jedoch ist es ihm versagt, der Kommission als Verhandlungsführer Verhandlungspositionen im Einzelnen vorzuschreiben.

Weiterführende Literatur

Michal Bobek: The Court of Justice of the European Union, in: Anthony Arnull/Damian Chalmers (Hrsg.): The Oxford Handbook of European Law, Oxford 2015, S. 153-177.

Damian Chalmers: Judicial performance, membership, and design at the Court of Justice, in: Michal Bobek (Hrsg.): Selecting Europe's Judges – A Critical Review of the Appointment Procedures to the European Courts, Oxford 2015, S. 51-77.

Tobias Lock: The European Court of Justice and International Courts, Oxford 2015.

Rüdiger Stotz: Die Rechtsprechung des EuGH, in: Karl Riesenhuber (Hrsg.): Europäische Methodenlehre, 3. Aufl., Berlin/New York 2015, S. 491-518.

Antonio Tizzano/Allan Rosas/Rosario Silva de Lapuerta/Koen Lenaerts/Juliane Kokott (dir.): La cour de justice de l'Union européenne sous la présidence de Vassilios Skouris (2003–2015) – Liber amicorum Vassilios Skouris, Bruxelles 2015.

Europäische Zentralbank

Martin Selmayr[*]

Im vergangenen Jahr[1] suchte die Europäische Zentralbank (EZB) in einem volatilen geopolitischen und weltwirtschaftlichen Umfeld weiterhin nach dem wirksamsten geldpolitischen Weg, um die Inflationsrate im Euroraum näher an das EZB-Ziel von mittelfristig „unter, aber nahe 2 Prozent" zu führen und das schwache Wirtschaftswachstum zu stärken. Die Rolle der EZB als Krisenhelferin einzelner Eurostaaten[2] trat in den Hintergrund, als Zypern Ende März 2016 sein unter Beteiligung der EZB ausgehandeltes Rettungsprogramm mit dem Europäischen Stabilitätsmechanismus (ESM) verlassen[3] und Griechenland im Juni 2016 die erste Überprüfung der gemäß seinem dritten Hilfsprogramm unternommenen Strukturreformen endlich erfolgreich abschließen konnte;[4] letzteres erlaubte es der EZB, griechische Banken wieder zu den regulären geldpolitischen Geschäften zuzulassen.[5] Jedoch erschwerten der nach wie vor äußerst niedrige Ölpreis,[6] die Wachstumsverlangsamung in den Schwellenländern,[7] die fragile Lage zahlreicher europäischer Banken, der ‚Brexit-Schock' sowie das in Zeiten von Flüchtlingskrise und Terrorgefahr immer mehr von populistischen Tönen beeinflusste politische Klima in mehreren EU-Staaten[8] den Frankfurter Währungshütern[9] die Arbeit erheblich. EZB-Präsident Mario Draghi sah sich wiederholt veranlasst, in seinen Pressekonferenzen, im Europäischen Rat und in internationalen Gremien darauf hinzuweisen, dass die Geldpolitik nicht allein für Wachstum sorgen könne. Andere Politikbereiche (Strukturreformen, Fiskalpolitik) müssten auf nationaler und europäischer Ebene wesentlich entschlossener dazu beitragen, dass die Maßnahmen der EZB ihre volle Wirkung entfalten.

---

[*]   Dieser Beitrag gibt ausschließlich die persönliche Auffassung des Verfassers wieder und entspricht nicht notwendig den offiziellen Positionen der Europäischen Kommission oder der EZB.

[1]   Berichtszeitraum: Oktober 2015 bis September 2016.

[2]   Martin Selmayr: Europäische Zentralbank, in: Werner Weidenfeld/Wolfgang Wessels (Hrsg.): Jahrbuch der Europäischen Integration 2015, Baden-Baden 2015, S. 113-126, hier S. 120 ff. Vgl. auch Gericht: Urteil vom 7. Oktober 2015, Rs. T-79/13, Dok. ECLI:EU:T:2015:756, wonach die EZB beim Griechenland-Programm innerhalb ihres Mandats handelte und nicht für die Verluste der Inhaber griechischer Staatsanleihen haften musste.

[3]   Von den im April 2013 von Eurostaaten und IWF gewährten Hilfen (10 Mrd. Euro) nahm Zypern nur 7,3 Mrd. Euro in Anspruch, vgl. ESM: Cyprus successfully exits ESM programme, Press release, 31.3.2016. Die Hilfen sind Kredite, die von 2025 bis 2031 zurückgezahlt werden müssen.

[4]   Die positive Beurteilung durch Europäische Kommission und EZB führte zur Freigabe der zweiten Tranche (10,3 Mrd. Euro) des bis zu 86 Mrd. Euro umfassenden dritten Hilfsprogramms.

[5]   European Central Bank (ECB): ECB reinstates waiver affecting the eligibility of Greek bonds used as collateral in Eurosystem monetary policy operations, Press release, 22.6.2016; Beschluss 2016/1041 der EZB vom 22. Juni 2016, in: Amtsblatt der EU L 169/14, 28. Juni 2016.

[6]   Hierzu EZB: Die weltwirtschaftlichen Folgen der niedrigen Ölpreise, in: Wirtschaftsbericht 4/2016, S. 35-38.

[7]   2015 legte das aggregierte Bruttoinlandsprodukt der Schwellenländer nur um 4 Prozent zu, während es 2010 noch um 7,5 Prozent gewachsen war; vgl. EZB: Die Wachstumsverlangsamung in den Schwellenländern und ihre Folgen für die Weltwirtschaft, in: Wirtschaftsbericht 3/2016, S. 39-57.

[8]   Financial Times (FT): ECB warns of populist threat to stability, 25.5.2016.

[9]   Mitarbeiterzahl Ende 2015: 2.871, davon rund 1.000 im Bereich der Bankenaufsicht.

Geldpolitik: Null- und Negativzinsen sowie Ausweitung des ‚Quantitative Easing'

Mit den Inflations- und Wachstumsaussichten im Euroraum konnte die EZB auch 2016 nicht zufrieden sein. So prognostizierten die Experten der EZB und der nationalen Zentralbanken der Eurostaaten im Juni 2016[10] eine am Harmonisierten Verbraucherpreisindex gemessene Inflationsrate von nur 0,2 Prozent für 2016 (nach 0,0 Prozent für 2015), die 2017 auf 1,3 Prozent und 2018 auf 1,6 Prozent ansteigen dürfte – weit entfernt vom EZB-Ziel (unter, aber nahe 2 Prozent). Die Kerninflation (ohne Energie und Nahrungsmittel) soll 2016 nur bei 1,0 Prozent liegen (nach 0,8 Prozent 2015), 2017 auf 1,2 Prozent und 2018 auf 1,5 Prozent steigen. Im Februar und April 2016 ging die Inflationsrate sogar zeitweise auf -0,2 Prozent zurück. Das Wachstum des realen Bruttoinlandsprodukts (BIP) sahen die Experten 2016 bei 1,6 Prozent (nach 1,6 Prozent 2015) sowie 2017 und 2018 jeweils bei 1,7 Prozent – was zwischen 2 und 6 Prozentpunkten unter dem Potenzialwachstum des Euroraums liegt.[11] Da ihr rechtliches Mandat der EZB gebietet, vorrangig für Preisstabilität zu sorgen und – sofern keine Gefahr für diese besteht – außerdem die Wirtschaftspolitik, also Wachstum und Beschäftigung, zu unterstützen (Art. 127 Abs. 1 S. 1, 2 AEUV), war die EZB im aktuell dysinflationären, nur äußerst moderat wachsenden Umfeld verpflichtet, ihre bereits akkommodierende Geldpolitik nicht nur fortzusetzen, sondern zu intensivieren. Dementsprechend handelte die EZB bei ihren Ratssitzungen am 3. Dezember 2015[12] und 10. März 2016[13]. Sie drehte die Zinsschraube weiter nach unten, weitete die Refinanzierungsgeschäfte für Banken aus und verstärkte ihre Politik der mengenmäßigen Lockerung (Quantitative Easing):

Erstens senkte der EZB-Rat den Zinssatz für die Hauptrefinanzierungsgeschäfte bei seiner März-Sitzung auf 0,00 Prozent.[14] Seit dem 16. März 2016 können Banken im Euroraum somit zinslose Kredite bei der EZB aufnehmen, und zwar in unbegrenzter Höhe, da die EZB bis auf Weiteres das Verfahren des ‚Mengentenders' mit Vollzuteilung anwendet, also jeweils genau die Liquidität zuteilt, die vom Bankensystem nachgefragt wird.

Zweitens senkte der EZB-Rat den Einlagenzinssatz zunächst um 10 Basispunkte auf -0,3 Prozent und dann im März 2016 um weitere 10 Basispunkte auf -0,4 Prozent. Banken, die über Nacht Liquidität bei der EZB ‚parken' wollen, werden dafür also durch einen empfindlichen Negativzins ‚bestraft'. Die EZB will so den Anreiz für Banken verstärken, Kredite an Unternehmen und private Haushalte zu geben.

Drittens reduzierte die EZB den Zinssatz für ihre Spitzenrefinanzierungsfazilität im März 2016 um 5 Basispunkte auf 0,25 Prozent. Dies macht für Banken, die sich sehr kurzfristig Liquidität bei der EZB besorgen müssen, die Refinanzierung historisch günstig.

Viertens startete die EZB im März 2016 eine zweite Serie von gezielten längerfristigen Refinanzierungsgeschäften (GLRG II, im Englischen Targeted Longer-Term Refinancing Operations, TLTRO II). Wie die bereits im Juni 2014 angekündigte erste Serie von acht

---

10   EZB: Von Experten des Eurosystems erstellte gesamtwirtschaftliche Projektionen für das Euro-Währungs-gebiet vom Juni 2016, abrufbar unter: http://bit.ly/2bXG3Yo (letzter Zugriff: 21.9.2016).

11   Marek Jarocinski/Michele Lenza: How large is the output gap in the euro area, 1.7.2016, abrufbar unter: http://bit.ly/2bYuhyt (letzter Zugriff: 21.9.2016).

12   Frankfurter Allgemeine Zeitung (FAZ): EZB-Chef Draghi lockert die Geldpolitik weiter, 4.12.2015; Süd-deutsche Zeitung (SZ): Draghis nächster Dreh, 4.12.2015; Le Monde: Draghi deçoit les marchés, 5.12.2015.

13   FT: ECB cuts rates and boosts QE to rachet up Eurozone stimulus, 11.3.2016.

14   SZ: Draghi drückt die Zinsen auf null, 11.3.2016; FAZ Sonntag: Eine Welt ohne Zinsen, 27.3.2016.

solchen Geschäften (GLRG I[15]) zielt auch die zweite mit vier weiteren Geschäften (GLRG II[16]) darauf ab, Banken direkt für eine verstärkte Kreditvergabe an nichtfinanzielle Kapitalgesellschaften und private Haushalte zu refinanzieren. Durch die GLRG II, die einmal pro Quartal zwischen Juni 2016 und März 2017 angeboten werden, können sich Banken bis zu 30 Prozent des Betrags der von ihnen an die Realwirtschaft vergebenen Kredite bei der EZB zu besonders günstigen Bedingungen leihen. Denn die EZB stellt über die GLRG II Liquidität für eine Laufzeit von vier Jahren sowie – und dies ist neu im Vergleich zur ersten Serie – zu einem Zinssatz zur Verfügung, der zwischen dem EZB-Leitzins (derzeit 0,00 Prozent) und dem Einlagezinssatz (derzeit -0,4 Prozent) liegt. Die dadurch regelmäßig negative Verzinsung der GLRG II bedeutet: je mehr Kredite eine Bank an Unternehmen oder private Haushalte vergibt, umso weniger muss sie am Ende an die EZB zurückzahlen.[17] Banken, die ihre bisherige Kreditvergabe um 2,5 Prozent steigern, können sich also um -0,4 Prozent refinanzieren und müssen für von der EZB heute geliehene 1.000 Euro in vier Jahren nur 996 Euro zurückzahlen.[18] Im ersten GLRG der zweiten Serie teilte die EZB am 29. Juni 2016 6,7 Mrd. Euro zu.

Fünftens verlängerte und verstärkte die EZB ihr bereits weit gefasstes, mehrere Teilprogramme einschließendes Programm zum Ankauf von Vermögenswerten (Asset Purchase Programme, APP), das auch als mengenmäßige Lockerung (Quantitiave Easing) bezeichnet wird. Bereits im Januar 2015 hatte die EZB beschlossen, zwischen März 2015 und September 2016 private und öffentliche Wertpapiere im Gegenwert von monatlich insgesamt 60 Mrd. Euro anzukaufen: 10 Mrd. Euro monatlich entfielen dabei auf forderungsbesicherte Wertpapiere (Asset-Backed Securities, ABS) und gedeckte Schuldverschreibungen (Covered Bonds), welche die EZB im Rahmen bereits bestehender Teilprogramme am Primär- und Sekundärmarkt kaufte;[19] weitere 50 Mrd. Euro – im Rahmen des im Januar 2015 beschlossenen Public Sector Purchase Programme (PSPP)[20] – auf öffentliche Anleihen, die die EZB nur am Sekundärmarkt (wegen des Verbots der monetären Finanzierung, Art. 123 Abs. 1 AEUV) kaufte, davon 44 Mrd. Euro auf Anleihen von Eurostaaten und öffentlichen Förderbanken (zum Beispiel der deutschen Kreditanstalt für Wiederaufbau) sowie 6 Mrd. Euro auf Anleihen supranationaler Emittenten (zum Beispiel Europäische Union, ESM, Europäische Investitionsbank). Zur Verstärkung des Programms beschloss der EZB-Rat im Dezember 2015 zunächst, die Wertpapierkäufe im Rahmen des APP über die angedachte Frist (September 2016) hinaus bis mindestens Ende März 2017 um weitere

---

15   Beschluss der EZB vom 29. Juli 2014, EZB/2014/34, in: Amtsblatt der EU L 258, 29. August 2014; geändert durch Beschluss der EZB vom 10. Februar 2015, EZB/2015/5, in: Amtsblatt der EU L 53, 25. Februar 2015 sowie Beschluss der EZB vom 28. April 2016, EZB/2016/11, in: Amtsblatt der EU L 132, 3. Mai 2016.

16   Beschluss der EZB vom 28. April 2016, EZB/2016/10, in: Amtsblatt der EU L 132, 21. Mai 2016.

17   FT: Central bank flexes its muscles in effort to silence doubting voices, 11.3.2016.

18   EZB: Die zweite Serie gezielter längerfristiger Refinanzierungsgeschäfte, in: Wirtschaftsbericht 3/2016, S. 30-35.

19   Zum Asset-Backed Securities Purchase Programme (ABSPP) vgl. Beschluss der EZB vom 19. November 2014, EZB/2014/45, in: Amtsblatt der EU L 1, 6. Januar 2015, geändert durch Beschluss der EZB vom 10. September 2015, EZB/2015/31, in: Amtsblatt der EU L 249, 25. September 2015. Zum dritten Covered Bond Purchase Programme (CBPP3) vgl. Beschluss der EZB vom 15. Oktober 2014, EZB/2014/40, in: Amtsblatt der EU L 335, 22. November 2014.

20   Beschluss der EZB vom 4. März 2015, EZB/2015/10, in: Amtsblatt der EU L 121, 14. Mai 2015; geändert durch Beschluss der EZB vom 5. November 2015, EZB/2015/33, in: Amtsblatt der EU L 303, 20. November 2015, Beschluss der EZB vom 16. Dezember 2015, EZB/2015/48, in: Amtsblatt L 344, 30. Dezember 2015 sowie Beschluss der EZB vom 18. April 2016, EZB/2016/8, in: Amtsblatt L 121, 11. Mai 2016.

sechs Monate zu verlängern. Die für den Ankauf bestimmten öffentlichen Wertpapiere ergänzte die EZB zudem um marktfähige Euro-Schuldtitel regionaler und lokaler Gebietskörperschaften im Euroraum.[21] Von erheblicher Bedeutung für die Wirksamkeit des Wertpapierkaufprogramms war der ebenfalls im Dezember 2015 gefasste Beschluss des EZB-Rates, die Tilgungszahlungen für im Rahmen des APP angekaufte Wertpapiere laufend zu reinvestieren, solange dies von der EZB für erforderlich angesehen wird; dies bedeutet, dass die durch die Wertpapierkäufe schrittweise bewirkte Erweiterung der EZB-Bilanz nicht mit der Fälligkeit der angekauften Anleihen rückgängig gemacht, sondern auf absehbare Zeit aufrechterhalten wird.

Sechstens beschloss der EZB-Rat am 15. März 2016, das monatliche Kaufvolumen im APP von 60 auf 80 Mrd. Euro zu erhöhen. Gleichzeitig erweiterte die EZB die für den Ankauf zugelassenen Aktiva um Anleihen von im Euroraum ansässigen Unternehmen mit guter Bonität (mindestens Rating BBB- oder vergleichbar; Marktvolumen rund 800 Mrd. Euro) mit einer Laufzeit zwischen sechs Monaten und 30 Jahren. Als Rechtsgrundlage für entsprechende Ankäufe beschloss der EZB-Rat ein neues Teilprogramm, das Corporate Sector Purchase Programme (CSPP)[22].[23] Seit Juni 2016 kauft die EZB daher am Primär- und Sekundärmarkt auch Unternehmensanleihen, unter anderem von Daimler, BASF, der Deutschen Telekom sowie von Versicherungsgesellschaften; es gilt eine Obergrenze von 70 Prozent[24] des ausstehenden Volumens pro Anleihetyp, wobei die Rendite nicht niedriger sein darf als der EZB-Einlagezinssatz (-0,4 Prozent). Ziel des CSPP ist es, der Realwirtschaft direkt Liquidität zur Verfügung zu stellen, solange dies über das Bankensystem nur unzureichend gelingt. Die EZB wird also vorübergehend zum Finanzintermediär auch für Unternehmen.[25] Da das CSPP die Renditen auf Unternehmensanleihen guter Bonität senkt, wird es für Investoren zugleich attraktiver, ihr Geld in riskanteren Unternehmensanleihen anzulegen, was ebenfalls positive Auswirkungen für die unternehmerische Tätigkeit im Euroraum haben soll. Durchgeführt werden die von der EZB beschlossenen und koordinierten Käufe von sechs nationalen Zentralbanken (Banque Nationale de Belgique, Deutsche Bundesbank, Banco de España, Banque de France, Banca d'Italia, and Suomen Pankki/Finnland), die für Ankäufe von Emittenten in jeweils einem bestimmten Teil des Euroraums verantwortlich sind. Rechtstechnisch handelt es sich hierbei um einen Fall der Spezialisierung bei der Durchführung der einheitlichen Geldpolitik, wie ihn Art. 9.2 der ESZB/EZB-Satzung ermöglicht.[26] Beispielhaft zeigt die von der Bundesbank veröffentlichte Liste der öffentlichen und privaten Emittenten von Wertpapieren, die von ihr im Rahmen des APP und seiner Teilprogramme erworben werden,[27] wie weit der Anwendungsbereich des von der EZB betriebenen Quantitative Easing heute reicht. Nicht ange-

---

21 Die aktuelle Liste der Emittenten von Wertpapieren, die im Rahmen des PSPP von der EZB angekauft werden können, ist abrufbar unter: http://bit.ly/1NyIQjZ (letzter Zugriff: 21.9.2016).

22 Beschluss der EZB vom 1. Juni 2016, EZB/2016/16, in: Amtsblatt der EU L 157, 15. Juni 2016.

23 FT: Draghi delivers a bold expansion of stimulus, 11.3.2016.

24 Bei öffentlichen Unternehmen gilt das im Rahmen des PSPP anzuwendende ‚Issue Limit‘ von 33 Prozent.

25 Maria Demertzis/Guntram B. Wolff: The Effectiveness of the European Central Bank's Asset Purchase Programme, in: Bruegel Policy Contribution 10/2016, S. 15.

26 Chiara Zilioli/Martin Selmayr: Recent Developments in the Law of the European Central Bank, in: Yearbook of European Law, 1/2006, S. 1-89, hier: S. 1; 63 ff.; sowie Martin Selmayr: Das Recht der Währungsunion, in: Peter Christian Müller-Graff (Hrsg.): Enzyklopädie des Europarechts, Bd. 4: Europäisches Wirtschaftsordnungsrecht, Baden-Baden 2015, § 23, Rn. 157.

27 Information zum Securities Lending im APP siehe Deutsche Bundesbank: Outright Geschäfte, abrufbar unter: http://bit.ly/2bOF5tU (letzter Zugriff: 21.9.2016).

kauft werden dürfen aber Anleihen, die von Kreditinstituten oder ‚Bad Bank'-Instituten begeben werden; ein Programm zur Bereinigung der Bilanzen europäischer Banken von ‚faulen Krediten' ist das CSPP ausdrücklich nicht, auch um Interessenkonflikte mit der neuen Rolle der EZB als Bankenaufseherin von vornherein auszuschließen.

Trotz der von der EZB wiederholt demonstrierten Handlungsbereitschaft werden angesichts weiterhin niedriger Inflations- und Wachstumsraten oft Zweifel geäußert, ob das Quantitative Easing tatsächlich wirksam sei oder ob nicht die EZB nach jahrelangem Krisenmanagement inzwischen den Punkt erreicht habe, an dem eine Zentralbank nicht mehr viel bewirken könne, da ihr Pulver weitgehend verschossen sei. Auch wenn es bislang nicht gelungen ist, die Inflationsentwicklung spürbar in Richtung EZB-Ziel (unter, aber nahe 2 Prozent) zu bewegen, haben sich die Finanzierungsbedingungen im Euroraum infolge der EZB-Maßnahmen doch deutlich verbessert; so gingen ab Mitte 2014 die Zinsen für Bankkredite im Euroraum um rund 80 Basispunkte zurück.[28] Die EZB hat ferner ermittelt, dass die Preissteigerungsrate ohne das APP 2015 negativ gewesen wäre und 2016 mehr als einen halben sowie 2017 rund einen halben Prozentpunkt niedriger ausfallen würde. Dank des APP soll das BIP im Euroraum von 2015 bis 2018 um etwa 1,5 Prozentpunkte zulegen.[29]

Die Sorge, dass das APP früher oder später ins Leere laufen würde, da die Menge der für den Ankauf zulässigen Wertpapiere zu begrenzt sei, hat sich bislang nicht bewahrheitet. Die EZB konnte zwischen März 2015 und Juni 2016 zuverlässig öffentliche und private Wertpapiere im Wert von monatlich durchschnittlich 60 Mrd. Euro erwerben und kurze Phasen geringer Markttiefe im Sommer und zu Jahresende 2015 durch Vorziehkäufe umfassend kompensieren.[30] Auch die ersten Erfahrungen mit der Durchführung des neuen Programms zum Ankauf von Unternehmensanleihen sind positiv. Allein im Juni 2016, dem ersten Monat der Umsetzung des CSPP, kaufte die EZB 458 verschiedene Unternehmensanleihen von 175 verschiedenen Emittenten (29 Prozent aus Frankreich, knapp 25 Prozent aus Deutschland) im Umfang von 10,4 Mrd. Euro (davon negativ verzinste Unternehmensanleihen im Wert von 2 Mrd. Euro), was den gewünschten Effekt auf die Renditeaufschläge hatte, die bei den vom CSPP erfassten Anleihen durchschnittlich um 11 Basispunkte zurückgingen,[31] aber auch bei riskanteren Anleihen infolge des Programms deutlich rückläufig waren.[32] Insgesamt erleichtert das neue Programm somit die Unternehmensfinanzierung im Euroraum; seit der Ankündigung des CSPP begeben Unternehmen verstärkt in Euro denominierte Anleihen.[33] Im Übrigen hat EZB-Präsident Draghi mehrfach darauf hingewiesen, dass das Programm zum Ankauf von Vermögenswerten flexibel ist und hinsichtlich seines Ausmaßes, seiner Struktur und seiner Laufzeit jederzeit verlängert, neu kalibriert oder erweitert werden kann, wenn dies erforderlich werden sollte, um die Bekämpfung von Deflationsgefahren zu intensivieren oder dem Wachstum neue Impulse zu geben. In den ersten 18 Monaten des Programms wurde so unter anderem das ‚Issue Limit' bei öffentlichen Anleihen von 25 Prozent auf 33 Prozent angehoben. Dies hat

---

28   FAZ: Kreditvergabe im Euroraum nimmt zu, 31.12.2015; FAZ: Kreditvergabe wächst langsam, 30.3.2016.

29   Alle Zahlen nach EZB: Jahresbericht 2015, Frankfurt am Main 2016, S. 4.

30   EZB: Monatliche Ankäufe im Rahmen des APP und seiner Teilprogramme, in: Jahresbericht 2015, S. 54.

31   FT: Corporate bonds rally after ECB action, 11.3.2015; FAZ: EZB kauft Unternehmensanleihen unter null, 4.8.2016.

32   FT: US and eurozone junk yields decline sharply, 11.8.2016.

33   EZB: Der Markt für Unternehmensanleihen und das EZB-Programm zum Ankauf von Wertpapieren des Unternehmenssektors, in: Wirtschaftsbericht 5/2016, S. 24-28.

dazu beigetragen, dass die Umsetzung des Quantitative Easing der EZB bislang an keine praktischen Grenzen gestoßen ist.[34]

Schließlich sind Sorgen laut geworden, die lockere Geldpolitik der EZB könne unbeabsichtigte Nebenwirkungen haben. So wird vor allem, aber nicht nur[35] in Deutschland über die Null- und Negativzinsen der EZB geschimpft, die in weiten Kreisen der Bevölkerung als ‚Enteignung der Sparer' sowie als Grund für die schlechte Ertragslage der Banken empfunden werden.[36] Diese Kritik verkennt allerdings, dass die Niedrigzinsen der EZB Symptom, nicht Ursache der schlechten Wirtschaftslage sind,[37] und dass es gerade das Ziel der von der EZB betriebenen lockeren Geldpolitik ist, die äußerst niedrige Inflation zu überwinden und die fragile Konjunktur wieder anzukurbeln. Zwar ist es zutreffend, dass die Zinserträge der privaten Haushalte im Euroraum seit Herbst 2008 um 3,2 Prozentpunkte (gemessen an deren verfügbaren Einkommen) gesunken sind. Gleichzeitig sind aber auch die Zinsaufwendungen erheblich – um rund 3 Prozentpunkte im Verhältnis zum verfügbaren Einkommen der privaten Haushalte – gesunken. Das durchschnittliche Nettoeinkommen der privaten Haushalte im Euroraum ist also weitgehend unverändert geblieben.[38] Je nachdem, ob einzelne Privathaushalte Nettoschuldner oder Nettosparer sind, haben sie daher mit Blick auf ihr Nettozinseinkommen entweder profitiert oder sie mussten Einbußen hinnehmen. Nicht alle Privathaushalte im Euroraum sind allerdings insofern in der gleichen Situation. Während vor allem in Deutschland und Frankreich das Nettozinseinkommen der privaten Haushalte von 2008 bis 2015 recht stabil geblieben ist, sind die Zinseinkünfte der privaten Haushalte in Italien mehr als doppelt so stark gesunken wie deren Zinsaufwendungen, da italienische Privathaushalte über recht umfangreiche zinstragende Vermögenswerte verfügen und im Verhältnis geringer verschuldet sind. In Spanien sind im selben Zeitraum die Zinsaufwendungen deutlich stärker gesunken als die Zinseinkünfte, was sich insgesamt begünstigend auf das Nettozinseinkommen der privaten Haushalte ausgewirkt hat; Grund dafür ist die höhere Verschuldung privater Haushalte sowie die Tatsache, dass in Spanien die Hypothekenzinsen zu einem Großteil an die Geldmarktsätze gekoppelt sind; die so variabel verzinslichen Hypothekarkredite sind also bei einer Niedrigzinspolitik umgehend günstiger zu finanzieren. Die in Deutschland oft sehr populistisch um die Niedrigzinsen geführte Debatte – die sogar hinter der von der EZB im Mai 2016 beschlossenen Einstellung der Herstellung der vor allem von der organisierten Kriminalität genutzten 500-Euro-Banknote[39] eine Verschwörung gegen den Normalsparer

---

34   Grégory Claeys/Alvaro Leandro: The European Central Bank's Quantitative Easing Programme: Limits and Risks, in: Bruegel Policy Contribution 4/2016.

35   Im europäischen Bankensektor insgesamt gibt es viel Kritik an den Negativzinsen; vgl. FT: Senior bankers warn ECB over perils of negative interest rates, 10.3.2016. Der Rückversicherer Munich Re protestierte gegen die Negativzinsen sogar mit dem symbolischen Bunkern von Gold und Bargeld; vgl. SZ: Gold im Keller, 17.3.2016; ebenso später die Drohung der Commerzbank; vgl. FT: Negative rates stir mutiny with bank threat to put cash in vaults, 9.6.2016.

36   BILD: EZB-Beschlüsse: Wer spart und vorsorgt, ist weiter der Dumme, 4.12.2015; Handelsblatt: Whatever it takes. Mario Draghis gefährliches Spiel mit dem Geld der deutschen Sparer, 11./12./13.3.2016.

37   EZB: Warum sind die Zinsen so niedrig?, in: Jahresbericht 2015, S. 20-22; EZB: Was bedeuten niedrige Zinsen für Banken und Sparer?, in: ebd., S. 23-24.

38   EZB: Nettozinseinkommen der privaten Haushalte im Niedrigzinsumfeld, in: Wirtschaftsbericht 4/2016, S. 44-46.

39   EZB: EZB stellt Produktion und Ausgabe der 500-€-Banknote ein, Pressemitteilung, 4.5.2016. Danach behält der 500-Euro-Schein seinen Wert und kann unbefristet bei nationalen Zentralbanken umgetauscht werden.

(,Abschaffung des Bargelds') witterte[40] – ist einer solchen differenzierten, an Fakten orientierten Wahrnehmung leider nicht zugänglich. So verstieg sich sogar der deutsche Bundesfinanzminister zu der Behauptung, die Geldpolitik der EZB sei für den Aufstieg der rechtspopulistischen Partei Alternative für Deutschland mitverantwortlich[41] – ein derart unsachlicher Angriff, dass sich Bundesbankpräsident Jens Weidmann, sonst eher ein Kritiker der aktuellen geldpolitischen Ausrichtung der EZB, veranlasst sah, seine EZB-Kollegen und deren Unabhängigkeit energisch zu verteidigen.[42] Dennoch sprachen sich zahlreiche deutsche Politiker und Bankenvertreter erneut dafür aus, das ,deutsche Stimmrecht' im EZB-Rat zu stärken.[43] Draghi selbst ging in die Gegenoffensive und erklärte in einem Interview in der BILD-Zeitung ausführlich die Gründe und die Wirkungsweise seiner Geldpolitik.[44]

Die EZB steht mit ihrem akkommodierenden geldpolitischen Kurs nicht allein. Auch die Bank von Japan weitet ihre Politik der mengenmäßigen Lockerung weiter aus, zuletzt durch ihre geldpolitischen Beschlüsse vom Juli 2016.[45] Die Bank of England reagierte Anfang August 2016 auf den ,Brexit-Schock', indem sie ihren Leitzins von 0,5 Prozent auf 0,25 Prozent (den niedrigsten Stand seit 322 Jahren) senkte und zugleich ihr Programm zum Ankauf von britischen Staatsanleihen für die kommenden sechs Monaten um 60 Mrd. auf 435 Mrd. Pfund (514 Mrd. Euro) ausweitete; zudem wird sie wie die EZB neben Staatsanleihen künftig auch Unternehmensanleihen kaufen.[46] Nur die US-amerikanische Notenbank versuchte im Dezember 2015 nach sieben Jahren Nullzinspolitik und Quantitative Easing, die geldpolitischen Zügel angesichts der guten Konjunkturlage erstmals wieder zu straffen, indem sie den Leitzins von 0,00 Prozent auf 0,25 Prozent anhob; ein nächster derartiger ,Trippelschritt' ist angesichts der weltwirtschaftlichen Unsicherheit immer wieder verschoben worden und nicht vor Jahresende 2016 zu erwarten.[47]

---

40 SZ: Rettet das Bargeld, 4.2.2016; BILD: Darum wird der 500-Euro-Schein abgeschafft, 4.5.2016, wo es heißt, die USA dränge auf die Abschaffung, um den Euro gegenüber dem US-Dollar zu schwächen. Sachlich SZ: Schein-Freiheit, 6.5.2016, darin: „Wessen Freiheit wird durch die Abschaffung der 500-Euro-Banknote beschränkt? Es ist vor allem der Spielraum für die organisierte Kriminalität, die in Koffern, Taschen und Plastiktüten ihre Einnahmen über Grenzen schmuggeln, um Waffen, Söldner und Drogen zu kaufen. Ohne 500-Euro-Schein werden Terrorfinanzierung, Geldwäsche und Steuerhinterziehung schwieriger."

41 Auf einer Veranstaltung in Kronberg sagte Schäuble, Draghi könne „stolz" sein – die Hälfte des Wahlergebnisses der AfD könne er der Auslegung seiner Geldpolitik zuschreiben; vgl. FAZ: Schäuble will höhere Zinsen, 11.4.2016; FT: Berlin blames ECB for rightwing revival, 11.4.2016. Schäuble bestritt später, die EZB ernsthaft kritisiert zu haben; vgl. SZ: Minister Spaßvogel, 12.5.2016.

42 FT: Bundesbank chief attacks Draghi critics, 13.4.2016; SZ: Warum Weidmann Draghi verteidigt, 16./17.4.2016.

43 Welt am Sonntag: Politik und Wirtschaft greifen Mario Draghi an, 27.3.2016, ebd.: Deutschland braucht mehr Macht in der EZB; Sieghard Rometsch: Die EZB reformieren, um den Euro zu retten, in: FAZ, 9.5.2016. Zu dieser (unberechtigten) Forderung bereits Selmayr: Europäische Zentralbank, in: Weidenfeld/Wessels (Hrsg.): Jahrbuch 2012, S. 111-124, hier: S. 114, und Jahrbuch 2014, S. 127-140, hier: S. 136 f.

44 BILD: Draghi: „Die EZB gehorcht nicht den Politikern", 28.4.2016; FT: Draghi goes on offensive against Berlin bullying, 22.4.2016; FT: Draghi rejects criticism of ECB rate drop, 9.5.2016; FAZ Sonntag: Wer kann Mario Draghi stoppen?, 3.4.2016.

45 Bank of Japan: Enhancement of monetary easing, 29.7.2016, abrufbar unter: https://www.boj.or.jp/en/announcements/release_2016/k160729a.pdf (letzter Zugriff: 21.9.2016).

46 FAZ: Notenbank kämpft gegen den Brexit-Schock, 5.8.2016. Bei einer August-Auktion verfehlte die Bank of England ihr Ziel, Staatsanleihen im Wert von 1,17 Mrd. Pfund zu kaufen, um 52 Mio. Pfund; vgl. FT: Fears for future determine tight grip on gilts, 12.8.2016.

47 FT: Fed keeps door open to prospect of second rate rise by end of year, 28.7.2016.

Keinen Niederschlag in der Zentralbankpraxis fand bislang die in akademischen Kreisen kontrovers diskutierte Idee des sogenannten ‚Helikopter-Geldes‘,[48] wonach Zentralbanken Geld direkt an Privathaushalte verteilen, um so Konsum und Wachstum anzukurbeln. Draghi bezeichnete diese Idee auf der EZB-Pressekonferenz am 10. März 2016 lediglich als „ein interessantes Konzept", das allerdings sehr komplex sei und mit dem sich der EZB-Rat noch nicht befasst habe. Allein diese Äußerung Draghis reichte aus, um Beobachter vor allem in Deutschland in helle Aufregung zu versetzen.[49] Richtig ist sicherlich, dass die EZB auch in Zukunft nicht vor weiteren Sondermaßnahmen zurückschrecken wird, um ihr Mandat zu erfüllen. Allerdings ist davon auszugehen, dass sie dafür auch in Zukunft Transmissionsriemen im Geld- und Finanzmarkt zur Weiterleitung ihrer Geldpolitik nutzen wird – und keine Helikopter.

Vier Jahre danach: Bundesverfassungsgericht akzeptiert EZB-Rettungsprogramm

Angesichts der regen geldpolitischen Aktivität der EZB und der Vielzahl ihrer neuen Teilprogramme zum Ankauf von Vermögenswerten geriet die Entscheidung des Bundesverfassungsgerichts (BVerfG) am 21. Juni 2016[50] zu den sogenannten ‚Outright Monetary Transactions‘ (OMT) in der öffentlichen Wahrnehmung beinahe in den Hintergrund. Das OMT-Programm ist das für die Integrität des Euroraums zweifellos wichtigste EZB-Programm. Denn danach will die EZB Staatsanleihen von Eurostaaten, die ein Stabilisierungsprogramm des ESM durchführen, am Sekundärmarkt ankaufen. EZB-Präsident Draghi hatte das in Deutschland umstrittene OMT-Programm mit seiner „Whatever it takes"-Rede am 26. Juli 2012 ins Leben gerufen. Mit nur wenigen Worten bewirkte er so die Wende in der Eurokrise, und das zu einem Zeitpunkt, als die Staats- und Regierungschefs der Eurostaaten noch nicht in der Lage waren, die langwierigen Beschluss- und Umsetzungsverfahren zum ESM und zur Bankenunion erfolgreich zum Abschluss zu bringen. Allein die Aussage Draghis, die EZB stünde bereit, im Rahmen ihres Mandats alles zu tun, um den Euro zu bewahren, beendete die Spekulationen um ein mögliches Auseinanderbrechen der Eurozone, stabilisierte die Märkte und führte die ‚Spreads‘ zwischen den Anleihen der Eurostaaten auf ein annehmbares Niveau zurück. Musste Spanien im August 2012 auf seine zehnjährigen Anleihen noch 7,165 Prozent Zinsen zahlen, sind diese vier Jahre später auf 1,11 Prozent (August 2016: 0,9 Prozent) zurückgegangen; auch Italien konnte vor allem dank der OMT-Ankündigung einen ähnlichen Rückgang von 6,3 Prozent auf 1,2 Prozent (August 2016: 1,1 Prozent) verzeichnen.[51] Eine Aktivierung des OMT-Programms war bislang nicht erforderlich; allein die Ankündigung Draghis hatte den gewünschten Effekt an den Märkten.

Bereits am 16. Juni 2015 hatte der Gerichtshof der Europäischen Union (EuGH) in Luxemburg auf ein Vorabentscheidungsersuchen des BVerfG vom 14. Januar 2014 entschieden, dass die EZB durch das EU-Recht (Art. 127 Abs. 2 AEUV; Art. 18.1 ESZB/EZB-Satzung) ermächtigt sei, als Teil ihrer Geldpolitik auch ein Programm für den

---

48 Wolfgang Münchau: Eurozone woes demand a much bolder response, in: FT, 7.3.2016; Die Welt: Die Idee vom Helikoptergeld, 21.3.2016.

49 FAZ: Weidmann gegen Helikopter-Geld; FAZ: Von Rubikon zu Rubikon, 21.3.2016; FAZ: Euro-Geistesverwirrung, 24.3.2016; und FAZ: Helikoptergeld wäre Bankrotterklärung, 24.3.2016.

50 BVerfG: Urteil des Zweiten Senats vom 21. Juni 2016, 2 BvR 2728/13, 2 BvE 13/13, 2 BvR 2731/13, 2 BvR 2730/13, 2 BvR 2729/13.

51 FT: 'Whatever it takes': four years on from Draghi's ECB pledge, 27.7.2016.

Ankauf von Staatsanleihen am Sekundärmarkt zu beschließen.[52] Die EZB müsse allerdings darauf achten, dass sie die Mechanismen des Anleihemarktes nicht über Gebühr verzerre, und bei ihren Marktinterventionen den Grundsatz der Verhältnismäßigkeit wahren. Insbesondere müsse sie eine Sperrfrist zwischen der Ausgabe einer Staatsanleihe am Primärmarkt und ihrem Ankauf am Sekundärmarkt einhalten, um die Bildung eines Marktpreises zu ermöglichen. Sie dürfe auch nicht im Voraus ankündigen, welche Anleihen sie in welcher Höhe und zu welchem Preis ankaufen würde.

Das BVerfG hatte noch in seiner Vorlage an die Luxemburger Richter im Januar 2014 deutlich gemacht, dass es das OMT-Programm nicht der Geld-, sondern der Wirtschaftspolitik zuordnete, es wegen Verstoßes gegen das Verbot der monetären Finanzierung für rechtswidrig ansah und damit insgesamt als ‚ultra vires' qualifizierte. In seinem abschließenden Urteil vom 21. Juni 2016 – nur zwei Tage vor der Brexit-Abstimmung in Großbritannien – zeigten sich die Karlsruher Richter nun aber aufgeschlossen gegenüber der Argumentation des EuGH, der es im Ergebnis bei der Bewertung der OMT als unionsrechtskonform folgte. Zwar formulierte das BVerfG Bedingungen für eine Beteiligung der Bundesbank am OMT-Programm.[53] Diese sind jedoch identisch mit den vom EuGH aufgestellten Konditionen, auf die das BVerfG explizit verweist („Die Deutsche Bundesbank darf sich an einer künftigen Durchführung des OMT-Programms nur beteiligen, wenn und soweit die vom Gerichtshof der Europäischen Union aufgestellten Maßgaben erfüllt sind [...]").[54] Damit vermeidet das BVerfG einen Justizkonflikt zwischen Karlsruhe und Luxemburg. Zugleich ist sichergestellt, dass die EZB ihre Geldpolitik in Deutschland weiterhin wirksam über die Bundesbank durchführen kann. Hätte das BVerfG der Bundesbank eine Mitwirkung an den OMT untersagt und hätte die Bundesbank dem entsprochen, dann wäre der EZB nichts anderes übrig geblieben, als gemäß Art. 9.2 ESZB/EZB-Satzung in Deutschland Anleihekäufe im Wege des Selbsteintritts anstelle der Bundesbank vorzunehmen oder damit die Zentralbank eines anderen Eurostaates zu betrauen.[55] Dass ein solcher Konflikt innerhalb des Zentralbanksystems des Euroraums vermieden werden konnte, stimmt hinsichtlich der wirksamen Durchführung der einzelnen EZB-Teilprogramme zum Ankauf von Vermögenswerten einigermaßen optimistisch, auch wenn weitere Auseinandersetzungen in Karlsruhe und Luxemburg nicht ausbleiben werden.[56]

Der Euro-Wechselkurs stabilisiert sich – wegen eines ‚Schanghai-Abkommens'?

Die EZB betreibt bekanntlich keine aktive Wechselkurspolitik, sondern sieht den Wechselkurs – ähnlich wie die Zentralbanken anderer großer Volkswirtschaften – im Wesentlichen als Ergebnis der für den Euroraum betriebenen Wirtschafts-, Finanz- und Geldpolitik (Politik des ‚benign neglect'). Interventionen zur Beeinflussung des Euro-Wechselkurses gegenüber Drittlandwährungen sind daher in der 17-jährigen Geschichte der einheitlichen Währung eine Ausnahme geblieben.[57] Dass der Euro seit dem Übergang der EZB zum Quantitative Easing im Herbst 2014 gegenüber dem US-Dollar deutlich abwertete, war

---

52   EuGH: Urteil des Gerichtshof (Große Kammer) vom 16.6.2015, C-62/14, Dok. ECLI:EU:C:2015:400.
53   FAZ: Karlsruher Warnung, 16.6.2016.
54   BVerfG: Urteil des Zweiten Senats vom 21. Juni 2016, Leits. 4; siehe auch Fn. 50.
55   Zu diesem Szenario Selmayr: Das Recht der Währungsunion, 2015, § 23, Rn. 252.
56   Die Welt: Verfassungsklage gegen den „souveränen Diktator" EZB, 15.5.2016; danach hat eine Gruppe deutscher Wissenschaftler und Unternehmer beim BVerfG Verfassungsbeschwerde gegen das Quantitative Easing eingelegt.
57   Nachweise bei Selmayr: Das Recht der Währungsunion, 2015, § 23, Rn. 254 ff., hier: Rn. 260.

jedoch ein willkommener Nebeneffekt der lockeren Geldpolitik.[58] Denn ein relativ billiger Euro stimuliert die Exportwirtschaft im Euroraum und wirkt zugleich gemäßigt inflationierend.

Nachdem der effektive Wechselkurs des Euro (gemessen an einem Korb der Währungen der 38 wichtigsten Handelspartner des Euroraums) zwischen Mai 2014 und Mai 2015 um 12 Prozent, gegenüber dem US-Dollar sogar um 23 Prozent gefallen war (Mai 2015: 1 Euro = 1,115 US-Dollar),[59] stabilisierte er sich allerdings in der Folge. Bis Juni 2016 stieg der effektive Wechselkurs des Euro um 3 Prozent im Vergleich zum Vorjahr an. Auch gegenüber dem US-Dollar fiel der Euro nicht weiter, sondern verzeichnete einen geringfügigen Anstieg von 0,1 Prozent (Juni 2016: 1 Euro = 1,12 US-Dollar). Auf den ersten Blick überrascht diese Entwicklung. Denn in den USA begann das Geld infolge der Zinserhöhung der US-amerikanischen Notenbank vom Dezember 2015 teurer zu werden, während die EZB gleichzeitig ihre Politik des lockeren Geldes intensivierte. Diese geldpolitische Divergenz hätte eigentlich einen weiteren deutlichen Anstieg des US-Dollar im Verhältnis zum Euro zur Folge haben müssen. Beobachter spekulieren deshalb über die Existenz eines sogenannten ‚Schanghai-Abkommens‘, das anlässlich des G20-Treffens der Finanzminister und Notenbankchefs Ende Februar 2016 in Schanghai informell – dem Vorbild des sogenannten ‚Plaza-Abkommens‘ von 1985 folgend – vereinbart worden sei.[60] Inhalt dieses neuen Geheimabkommens sei eine Absprache zwischen den großen Währungsräumen, einen Währungskrieg untereinander zu vermeiden und Wechselkursschwankungen in engen Grenzen zu halten. Zu diesem Zweck hätten sich die EZB und die Bank von Japan bereit erklärt, statt auf weitere Zinssenkungen beziehungsweise immer niedrigere Negativzinsen verstärkt auf den Ankauf von inländischen Vermögenswerten zu setzen, während die US-amerikanische Notenbank im Gegenzug ihren Leitzins nur langsam sowie in kleinen Schritten erhöhen wolle. Zugleich würde die chinesische Notenbank auf eine deutliche Abwertung des Renminbi verzichten. Diese Absprache solle Zeit dafür kaufen, damit sich die Rohstoffpreise und damit auch die Wachstumsraten in den Schwellenländern erholen, sodass weltweit die Inflation wieder etwas anziehen kann.

Konkrete Nachweise für die Existenz dieses Schanghai-Abkommens lassen sich nicht finden; allerdings verhalten sich die Notenbanken in der Praxis ziemlich genau so, wie es den Vorgaben des angeblichen Abkommens entspricht. Ob es nun das Schanghai-Abkommen war oder nur der Glaube an ein solches Abkommen: Jedenfalls stabilisierten sich die Wechselkursbeziehungen 2016; zu größeren Kursschwankungen zwischen den großen Währungen kam es nicht. Euro[61] und Yen[62] blieben verhältnismäßig stark gegenüber dem US-Dollar, auch wenn in beiden Währungsräumen eine weitere Schwächung der eigenen Währung durchaus willkommen gewesen wäre.[63] Seit Februar 2016 verringerten sich auch die Kapitalabflüsse aus China, welche die chinesische Notenbank zunächst gezwungen hatten, mehrfach mithilfe ihrer reichhaltigen Devisenreserven zu intervenieren, um den Renminbi zu stabilisieren.[64]

---

58   Selmayr: Europäische Zentralbank, 2014, hier: S. 134 f.
59   ECB: The international role of the euro, July 2015.
60   Zum Schanghai-Abkommen vgl. FAZ: Gerüchte um Geheimpakt in der Geldpolitik und Kosten der Kooperation, 24.3.2016; FAZ: Geldpolitische Beruhigungsmittel, 31.3.2016.
61   FAZ Sonntag: Der starke Euro macht keine Freude, 20.3.2016.
62   FT: Yen surges to 18-month high after BoJ inaction, 30.4.2016.
63   FT: Collateral damage from delay to US interest rate rises, 11.4.2016.
64   FT: China outflow data calm forex reserve fears, 8.3.2016.

Der Anteil des Euro an den weltweiten Devisenreserven (gemessen anhand konstanter Wechselkurse) ging 2015 im sechsten Jahr in Folge zurück, und zwar um 0,6 Prozentpunkte auf 19,9 Prozent, den niedrigsten Wert seit 2000. Auch der US-Dollar sank um 0,9 Prozentpunkte auf 64,1 Prozent, den niedrigsten Wert seit 1999.[65] Weiterhin ist der Euro unangefochten die zweitwichtigste Währung der Welt. Dies zeigt sich insbesondere bei den globalen Zahlungen. Zwar bleibt der US-Dollar mit einem Anteil von 40,97 Prozent die weltweit am meisten für Zahlungen verwendete Währung, der Euro konnte jedoch seinen Anteil nach drei Jahren Rückgang in Folge bei 30,82 Prozent stabilisieren. Der chinesische Renminbi, der sich weiter internationalisierte, lag im Juli 2016 bei 1,72 Prozent der weltweiten Zahlungen, noch hinter dem britischen Pfund mit 8,79 Prozent, dem japanischen Yen mit 3,46 Prozent und dem kanadischen Dollar mit 1,96 Prozent.[66] Mit Wirkung zum 1. Oktober 2016 ist der Renminbi jedoch als fünfte Korbwährung in die Reservewährung der Sonderziehungsrechte (SZR) des Internationalen Währungsfonds (IWF) aufgenommen worden. Der SZR-Korb setzt sich seither wie folgt zusammen: US-Dollar: 41,73 Prozent, Euro: 30,93 Prozent; Renminbi: 10,92 Prozent, Japanischer Yen: 8,33 Prozent, Pfund Sterling: 8,09 Prozent.[67] Die von der Weltbank im August 2016 angekündigte Ausgabe von SZR-Anleihen in China[68] ist ein weiteres Zeichen für den schrittweisen Aufstieg des Renminbi zu einer wichtigen Weltwährung neben US-Dollar und Euro.

Die EZB als Bankenaufseher

Im März 2016 veröffentlichte die EZB ihren zweiten Jahresbericht zur Aufsichtstätigkeit – Anlass für eine Bilanz der ersten 16 Monate, in denen die EZB in ihrer neuen Aufgabe als Bankenaufseherin[69] tätig war. Seit dem 4. November 2014 ist die EZB neben der Geldpolitik auch für die Aufsicht über die Banken im Euroraum[70] zuständig und bildet somit den Kern der im Juni 2012 von den Staats- und Regierungschefs der EU-Mitgliedstaaten gegründeten Bankenunion. Dabei beaufsichtigt die EZB derzeit 129 bedeutsame Kreditinstitute (deren Aktiva 82 Prozent der Bankenaktiva im Euroraum ausmachen) direkt, die übrigen 3.167 Institute indirekt über die in den Einheitlichen Aufsichtsmechanismus (Single Supervisory Mechanism, SSM) integrierten 19 Aufsichtsbehörden der Eurostaaten (elf davon sind nationale Zentralbanken, acht separate Bankenaufsichtsbehörden wie zum Beispiel die deutsche Bundesanstalt für Finanzaufsicht, BaFin).[71] Vor allem ist die EZB bei allen Kreditinstituten im Euroraum für die Erteilung und den Entzug von Bankenzulas-

---

65 ECB: The international role of the euro. in: Interim report, June 2016, S. 4.
66 SWIFT: RMB Tracker, Juli 2016, S. 6, abrufbar unter: http://bit.ly/2bYjX9U (letzter Zugriff: 21.9.2016).
67 Im März 2016 gab es 204,1 Mrd. SZRs (entspricht ca. 285 Mrd. US-Dollar), die den IWF-Mitgliedern zugeteilt waren. SZRs können jederzeit gegen frei verwendbare Währungen umgetauscht werden.
68 FT: World Bank's SDR issue marks China milestone, 13.8.2016.
69 Rechtsgrundlage ist die gemäß Art. 127 Abs. 6 AEUV erlassene Verordnung (EU) Nr. 1024/2013 des Rates vom 15. Oktober 2013 (SSM-Verordnung), in: Amtsblatt der EU L 287, 29. Oktober 2013 und die Verordnung (EU) Nr. 468/2014 der EZB vom 16. April 2014 (SSM-Rahmenverordnung), in: Amtsblatt der EU L 141, 14. Mai 2014.
70 Die Bankenunion sieht für Mitgliedstaaten außerhalb des Euroraums die Möglichkeit eines ‚Opt-in' vor; vgl. Beschluss der EZB vom 31. Januar 2014, EZB/2014/5, in: Amtsblatt der EU L 198, 5. Juli 2014. Bulgarien und Rumänien haben ihr politisches Interesse bereits signalisiert. Nur Schweden und das Vereinigte Königreich wollen definitiv nicht an der Bankenunion teilnehmen.
71 Die aktuellen Listen bedeutender beaufsichtigter Unternehmen und weniger bedeutender Institute (Stand: 31.5.2016) sind abrufbar unter: https://www.bankingsupervision.europa.eu/banking/list/who/html/index.en.html (letzter Zugriff: 21.9.2016).

sungen zuständig. Für die (in einem separaten Gebäude in Frankfurt am Main unter-gebrachte) EZB-Bankenaufsicht bestehen eigene, von der Geldpolitik weitgehend getrenn-te Beschlussfassungsverfahren und Gremien,[72] an deren Spitze das Aufsichtsgremium steht, das von der französischen Aufseherin Danièle Nouy und ihrer deutschen Stellver-treterin Sabine Lautenschläger (die zugleich Mitglied des EZB-Direktoriums ist) geleitet wird. Die Beschlüsse dieses Aufsichtsgremiums gelten rechtlich als vom EZB-Rat gefasste Beschlüsse, sofern dieser nicht ausnahmsweise Einwände erhebt, was ein kompliziertes Streitschlichtungsverfahren auslösen würde.[73] Hierzu ist es aber in den ersten 16 Monaten der Tätigkeit des SSM bei rund 1.500 Beschlussfassungen noch nicht gekommen, was zeigt, dass das Trennungsprinzip in der Praxis funktioniert.

Chefaufseherin Nouy schrieb in der Einleitung zum Jahresbericht 2015: „Unser Ziel einer wahrhaft europäischen Bankenaufsicht haben wir zwar noch nicht erreicht, aber wir sind ihm ein gutes Stück näher gekommen." Im Zentrum der Tätigkeit der EZB als Bankenaufseherin steht derzeit die weitere Harmonisierung von Regelwerk und Praxis der Bankenaufsicht im Euroraum. So führte die EZB 2015 erstmals einen euroraumweiten Überprüfungs- und Bewertungsprozess (Supervisory Review and Evaluation Process, SREP) mit gemeinsamen Aufsichtsteams (Joint Supervisory Teams, JST[74]) und auf Basis einer gemeinsamen Methodik durch, bewertete also alle bedeutenden Institute einheitlich. Ferner identifizierte die EZB in dem durch die Eigenkapitalverordnung[75] und die Eigenka-pitalrichtlinie[76] abgesteckten Rahmen mehr als 160 Bestimmungen, die den Aufsichts-behörden oder nationalen Regierungen bei der Entscheidung über die konkrete Umsetzung europäischer Normen nach wie vor einen gewissen Spielraum gewähren; viele davon tragen allerdings nicht nationalen Besonderheiten Rechnung, sondern sind schlicht Ausdruck nicht hinterfragter Traditionen, nationaler Interessen oder einer Vereinnahmung der Regulierungsbehörden (‚regulatory capture'). In der Praxis führt dies zu einer erheb-lichen Fragmentierung der Anwendung des aufsichtsrechtlichen Rahmens in den 19 Euro-staaten und begünstigt regulatorische Arbitrage. Die EZB verständigte sich deshalb mit den nationalen Aufsichtsbehörden im SSM darauf, in 120 der 160 Fällen diese nationalen Optionen und Ermessensspielräume im gesamten Euroraum einheitlich umzusetzen. Dies gilt künftig zum Beispiel für die Behandlung latenter Steueransprüche in der Bankenbilanz oder für die Befreiung gruppeninterner Positionen von den Großkreditvorschriften. Im Oktober 2016 tritt dazu eine EZB-Verordnung[77] in Kraft, die zusammen mit einem parallel veröffentlichten Leitfaden[78] einen wichtigen Schritt zu einem harmonisierten aufsichts-rechtlichen Rahmen für den Euroraum darstellt.

In der Praxis erwies sich die EZB-Bankenaufsicht als ‚tough', aber ‚fair', auch wenn sich einzelne Banken über die neuen Anforderungen und die in der Übergangsphase teil-

---

72 Beschluss der EZB vom 17. September 2014, EZB/2014/39, in: Amtsblatt der EU L 300, 18. Oktober 2014.
73 Selmayr: Das Recht der Währungsunion, 2015, § 23, Rn. 274.
74 Die 129 Joint Supervisory Teams – eines pro bedeutsamem Institut – bestehen aus Mitarbeitern der natio-nalen Aufsichtsbehörden und der EZB-Bankenaufsicht.
75 Verordnung des Europäischen Parlaments und des Rates vom 26. Juni 2013, (EU) Nr. 575/2013, in: Amts-blatt der EU L 176, 27. Juni 2013.
76 Richtlinie des Europäischen Parlaments und des Rates vom 26. Juni 2013, 2013/36/EU, in: Amtsblatt der EU L 176, 27. Juni 2013.
77 Verordnung der EZB vom 14. März 2016, EZB/2016/4, in: Amtsblatt der EU L 78, 24. März 2016.
78 Verordnung und Leitfaden der EZB zur Harmonisierung von eröffneten Optionen und Ermessensspiel-räumen in der Bankenaufsicht, Pressemitteilung, 24.3.2016; sowie EZB: Ergänzung, 10.8.2016.

weise noch nicht immer eindeutig geklärten Berichts- und Entscheidungswege beklagten. Bei der Ende 2014 vorgenommenen umfassenden Überprüfung von Vermögenswerten in den Bankbilanzen im Euroraum (Asset Quality Review, AQR) und dem ersten mit dem SSM koordinierten Stresstest hatte die EZB bereits eine Kapitallücke bei 25 Banken in Höhe von insgesamt 24,6 Mrd. Euro identifiziert und die entsprechenden, innerhalb von spätestens neun Monaten umzusetzenden Rekapitalisierungen überwacht. Neun weitere Banken, die 2014 noch nicht an der Prüfung teilgenommen hatten, wurden 2015 geprüft; die hierbei festgestellte Kapitallücke von insgesamt 1,74 Mrd. Euro wurde bis Juli 2016 regelkonform geschlossen. 2016 werden vier weitere Banken geprüft.[79] Die EZB hob ferner von 2015 auf 2016 die Eigenkapitalanforderungen über die rechtlichen Mindestanforderungen hinaus im Durchschnitt um weitere 30 Basispunkte an, um der nach wie vor unsicheren Konjunkturlage Rechnung zu tragen und ihrem rechtlichen Auftrag nachzukommen, bis 2019 schrittweise Systemrisikopuffer einzuführen. So sollen die von systemrelevanten Banken ausgehenden Krisengefahren begrenzt werden. Zur Untersuchung der Risikofaktoren in einzelnen Banken führte die EZB 2015 zudem 250 Vor-Ort-Prüfungen durch.

Besonders gefordert war die EZB in Griechenland. Bei der mühevollen Einigung auf das dritte Griechenland-Programm am 12./13. Juli 2015 hatten die Eurostaaten ihr die Aufgabe übertragen, im Herbst 2015 die Aktiva-Qualität bei den vier bedeutenden griechischen Instituten (deren Solvabilität sich wegen der krisenhaften Entwicklungen und dadurch ausgelösten Kapitalabflüsse in der ersten Jahreshälfte 2015 deutlich verschlechtert hatte) zu prüfen und sie anschließend einem Stresstest zu unterziehen. Die EZB identifizierte bei dieser bis Ende Oktober 2015 dauernden Prüfung eine Kapitallücke von insgesamt bis zu 14,4 Mrd. Euro im Fall einer weiteren Krise. Diese Lücke war von den vier Kreditinstituten nach mit der EZB abgestimmten Kapitalplänen bis zum 11. Dezember 2015 zu schließen. Zwei Institute (Alpha Bank und Eurobank) waren in der Lage, sich ausreichend Kapital bei privaten Anlegern zu beschaffen; die anderen beiden (Piraeus und National Bank of Greece) benötigten ergänzend staatliche Beihilfen in Form einer vorbeugenden Rekapitalisierung, deren Kosten in Höhe von 5,4 Mrd. Euro über das neue ESM-Programm für Griechenland getragen wurden (dort standen dafür bis zu 25,5 Mrd. Euro bereit, also weit mehr als am Ende erforderlich). Erstmals wurde so das Bankensystem eines Eurostaates unter Aufsicht der EZB geprüft und europäisch rekapitalisiert. Da gemäß dem laufenden Griechenland-Programm die vier bedeutenden griechischen Banken bis hin zur Auswahl des Führungspersonals europäisch gemanagt werden und das griechische Bankensystem 2015 intensiv durch die EZB gemeinsam mit der Bank von Griechenland überwacht, geprüft und reguliert wurde,[80] lässt sich feststellen, dass die Bankenunion in Griechenland derzeit in ihrer ausgeprägtesten Form in die Praxis umgesetzt ist. Nirgends sonst im Euroraum ist die finanzielle und aufsichtsrechtliche Verbindung zwischen Staat und Bankensystem so weitgehend getrennt wie in Griechenland.

Insgesamt ist die Lage der Banken im Euroraum heute deutlich besser als bei Gründung der Bankenunion im Juni 2012. Vor allem ist die Quote des harten Kernkapitals (also der eigenen, nicht geliehenen Reserven) bei den bedeutenden Instituten im Euroraum seit 2012 im Durchschnitt von 9 Prozent auf 13 Prozent – und damit um rund 260 Mrd. Euro – gestiegen. Allerdings gibt es noch eine Reihe europäischer Banken, die einen erhöhten

---

79   ECB Banking Supervision: ECB to conduct comprehensive assessment of four banks in 2016. Press Release, 10.5.2016.
80   EZB: EZB-Jahresbericht zur Aufsichtstätigkeit 2015, Frankfurt am Main 2016, S. 29-31.

Bestand an notleidenden Krediten (Non-performing Loans, NPL) verbuchen. Dabei ermöglicht es die von der EZB Ende 2014 durchgeführte Asset Quality Review (AQR), diese problematischen Kredite erstmals auf Basis einer harmonisierten Definition zu bestimmen; Ende September 2015 verzeichneten die Aufseher im Euroraum einen NPL-Bestand in Höhe von 928 Mrd. Euro, der im Wesentlichen durch die Finanzkrise entstanden ist (im Dezember 2007 machten NPL nur 292 Mrd. Euro aus). Heute konzentrieren sich die NPL vor allem auf Kreditinstitute in Irland, Griechenland, Spanien, Italien, Zypern, Portugal und Slowenien. Bei der weiteren Arbeit des SSM kommt es nun darauf an, dass bei den betroffenen Banken für die NPL hinreichend Rückstellungen gebildet werden. Ein erneuter Stresstest am 29. Juli 2016 zeigte, dass die Banken im Euroraum ihre Widerstandsfähigkeit weiter erhöht haben und insgesamt nach der beträchtlichen durch den SSM veranlassten Kapitalaufnahme eine weitgehend solide Kapitalausstattung aufweisen.[81] Jedoch offenbarte der Stresstest auch vereinzelte Schwachstellen.[82] In dem von den Bankenaufsehern unterstellten Krisenszenario (schwerer Konjunktureinbruch verbunden mit einem plötzlichen Anstieg der Anleiherenditen und geringer Liquidität am Sekundärmarkt) hielt sich die Kernkapitalquote einiger Banken nur knapp über den aufsichtsrechtlich ab 2019 geforderten 7 Prozent. So erreichte die Deutsche Bank in diesem Szenario nur 7,8 Prozent, die französische Société Générale 7,5 Prozent, die Commerzbank 7,4 Prozent und die italienische Unicredit gerade 7,1 Prozent. Die italienische Bank Monte dei Paschi verzeichnete im Krisenszenario eine negative Kernkapitalquote von -2,4 Prozent, weshalb für sie umgehend ein Rettungsplan beschlossen und von den EU-Aufsehern genehmigt werden musste. Vorgesehen ist eine bis Ende 2016 durchzuführende Kapitalerhöhung von 5 Mrd. Euro sowie die Ausgliederung aller NPL (Volumen: rund 28 Mrd. Euro) in eine Zweckgesellschaft, die dafür 33 Prozent des Buchwerts der NPL zahlen soll.[83] Anfang August 2016 mobilisierten italienische Banken und Versicherungsunternehmen (unter Vermittlung der italienischen Regierung, die sich erst spät für eine marktkonforme Lösung entschieden hatte) immerhin bereits 2,4 Mrd. Euro für Monte dei Paschi.[84]

Die gemeinsame Bankenaufsicht im Euroraum ist nur die erste Säule der seit 2012 entstehenden Bankenunion. Zum 1. Januar 2016 wurde die zweite Säule wirksam: Ein gemeinsames europäisches Abwicklungsregime (Single Resolution Mechanism, SRM[85]), im Rahmen dessen eine einheitliche (von der deutschen Aufseherin Elke König geleitete) Abwicklungsbehörde (Single Resolution Board, SRB[86]) beschließen kann, dass Banken saniert oder abgewickelt werden müssen. Dem SRB steht für seine Tätigkeit ein gemeinsam von den Eurostaaten zu finanzierender Abwicklungsfonds (Single Resolution Fund, SRF) mit einer Kapazität von bis zu 55 Mrd. Euro[87] zur Verfügung. Auch die materiellen Regeln für die Sanierung und Abwicklung von Kreditinstituten sind seit dem 1. Januar 2016 europaweit durch die Sanierungs- und Abwicklungsrichtlinie (Bank Recovery and

---

81 EZB-Bankenaufsicht: Stresstest zeigt stärkere Widerstandsfähigkeit des Bankensystems im Eurogebiet, Pressemitteilung, 29.7.2016.
82 FAZ: Keine Entwarnung für Europas Banken, 1.8.2016.
83 FAZ: Der Rettungsplan für Monte dei Paschi ist riskant, 1.8.2016.
84 FT: Italy's bad loan fund raises enough money to aid Monte dei Paschi, 6.8.2016.
85 Verordnung des Europäischen Parlaments und des Rates vom 15. Juli 2014, Nr. 806/2014, in: Amtsblatt der EU L 225, 30. Juli 2014.
86 Single Resolution Board, abrufbar unter: https://srb.europa.eu/ (letzter Zugriff: 21.9.2016).
87 Grundlage der Beiträge zum SRF ist das von 26 EU-Mitgliedstaaten (alle außer Schweden und Vereinigtes Königreich) abgeschlossene Übereinkommen vom 14. Mai 2014 über die Übertragung von Beiträgen auf den einheitlichen Abwicklungsfonds und über die gemeinsame Nutzung dieser Beiträge, Dok. 8457/14.

Resolution Directive, BRRD[88]) vereinheitlicht; danach gilt insbesondere der zentrale Grundsatz der Bankenunion, dass bei Bankenpleiten nicht mehr die Steuerzahler im Wege eines staatlichen ‚Bail-outs' zur Kasse gebeten werden, sondern in erster Linie die Anteilseigner und nachrangigen Gläubiger der Banken haften müssen (‚Bail-in'-Prinzip) – ein Grundsatz, den der EuGH im Juli 2016 in einem Fall betreffend die Sanierung des slowenischen Bankensystems ausdrücklich als rechtmäßig erklärte,[89] der aber nach wie vor bei Bankenrettungen (so bei der schwierigen Sanierung der italienischen Monte dei Paschi) äußerst kontrovers diskutiert wird.

Die dritte Säule der Bankenunion fehlt derzeit noch: ein gemeinsames System zur europäischen Absicherung der Kundeneinlagen in den Banken im Euroraum. Bislang sichert zwar die Einlagensicherungsrichtlinie[90] Kundeneinlagen bis zu 100.000 Euro für den Fall einer Bankenpleite ab. Allerdings stehen dahinter bislang rein nationale (öffentliche und/ oder private) Einlagensicherungssysteme, sodass die mit der Bankenunion an sich zu beseitigende finanzielle Verbindung zwischen Banken und staatlichen Haushalten hier fortbesteht. Die Europäische Kommission schlug deshalb am 24. November 2015 eine Richtlinie über ein europäisches Einlagenversicherungssystem (European Deposit Insurance System, EDIS[91]) vor. EZB-Präsident Draghi hatte ein solches System bereits im Juni 2015 gemeinsam mit Jean-Claude Juncker, dem Präsidenten der Europäischen Kommission, im sogenannten ‚Fünf-Präsidenten-Bericht'[92] gefordert. „Um unsere Bankenunion zu vollenden", schrieb Draghi jetzt im Vorwort zum EZB-Jahresbericht zur Aufsichtstätigkeit, „müssen wir nun die dritte Säule erbauen: die gemeinsame Einlagensicherung. Erst dann haben wir ein stabiles Gebäude errichtet." Im Rat opponiert vor allem die deutsche Bundesregierung gegen das Vorhaben. Sie fordert erst weitere Fortschritte bei der Reduzierung von Risiken im europäischen Bankensystem, bevor der nächste Schritt zur Teilung von Risiken getan wird.

Die EZB und der Brexit

Der Ausgang der von der britischen Regierung organisierten (rechtlich nur konsultativen) Volksabstimmung vom 23. Juni 2016, in der sich eine Mehrheit von 51,9 Prozent der Abstimmenden für den EU-Austritt des Vereinigten Königreichs (Brexit) entschied, war eine schlechte und folgenreiche Nachricht für die Union, ihre Institutionen und damit auch für die EZB. Die EZB hatte zuvor als Beobachter an den von Donald Tusk, dem Präsidenten des Europäischen Rates, und Kommissionspräsident Juncker geleiteten Verhandlungen über eine neue Regelung (New Settlement) für das Vereinigte Königreich[93] mit dem britischen Premierminister David Cameron zwischen Dezember 2015 und Februar 2016

---

88 Richtlinie des Europäischen Parlaments und des Rates vom 15. Mai 2014, 2014/59/EU, in: Amtsblatt der EU L 173, 12. Juni 2014.

89 EuGH: Urteil des Gerichtshof (Große Kammer) vom 19. Juli 2016, Rs. C-526/14, Dok. ECLI:EU:C: 2016:570.

90 Richtlinie des Europäischen Parlaments und des Rates vom 16. April 2014, 2014/49/EU, in: Amtsblatt der EU L 173, 12. Juni 2014.

91 Europäische Kommission: Vorschlag für eine Verordnung des Europäischen Parlaments und des Rates, KOM (2015) 586.

92 Jean-Claude Juncker: Die Wirtschafts- und Währungsunion vollenden. Bericht vorgelegt von Jean-Claude Juncker in enger Zusammenarbeit mit Donald Tusk, Jeroen Dijsselbloem, Mario Draghi und Martin Schulz, Brüssel, 22. Juni 2015.

93 Europäischer Rat: Tagung vom 18./19. Februar 2016, Schlussfolgerungen: Eine neue Regelung für das Vereinigte Königreich innerhalb der Europäischen Union, in: Amtsblatt der EU C 69 I/1, 23. Februar 2016.

mitgewirkt.[94] Während sich die Kommission (als EU-Institution für 28 EU-Mitgliedstaaten) in den Verhandlungen für großzügige, zum Teil sehr weitreichende Ausnahmeregelungen für das Vereinigte Königreich stark machte, stand die EZB (als EU-Institution, die vor allem für die Währungspolitik der 19 Eurostaaten zuständig ist) neben Frankreich auf Seiten der ‚Hardliner‘. Das britische Verhandlungsziel, trotz der Nichtteilnahme an der einheitlichen Währung in allen Fragen des Banken- und Finanzmarktrechts ein maßgebliches Mitsprache- oder sogar Vetorecht gegenüber den 19 Eurostaaten zu erhalten, wurde von der EZB nachdrücklich abgelehnt. Skeptisch sah sie auch das Bestehen der britischen Unterhändler auf umfassende binnenmarktrechtliche Nichtdiskriminierung des Finanzstandortes London in Fragen, die von unmittelbarer Bedeutung für die wirksame Durchführung der Währungspolitik der EZB sind; die EZB hatte sich bereits gerichtlich mit dem Vereinigten Königreich darüber auseinandersetzen müssen, ob und inwieweit sie berechtigt ist, im Wege einer ‚location policy‘ bestimmte Zentralbankgeschäfte auf Institute zu begrenzen, die ihren Sitz im Euroraum (nicht in London) haben.[95] Wegen des Interesses aller EU-Staaten und der Kommission, das Vereinigte Königreich in der Union zu halten[96], kam das New Settlement vom 18./19. Februar 2016 (das nur im Fall eines positiven Ausgangs des Referendums in Kraft treten sollte) den britischen Forderungen allerdings sehr viel weiter entgegen, als es den institutionellen Interessen der EZB entsprach. Insbesondere erhielt das Vereinigte Königreich das Recht, alle Fragen der Währungs- und Bankenunion, die das Funktionieren des Binnenmarktes berühren, jederzeit auf die Tagesordnung des Europäischen Rates setzen zu lassen (Evokationsrecht). Ferner erhielt es die Zusicherung, dass die Verwendung einer anderen Währung als des Euro nicht zu einer regulatorischen Ungleichbehandlung im Binnenmarkt führen dürfe.[97] Das Vereinigte Königreich wurde zudem von allen finanziellen Verpflichtungen freigestellt, die sich aus Hilfsprogrammen für Eurostaaten ergeben – obwohl das von allen Mitgliedstaaten finanzierte EU-Budget rechtlich gesehen letzter Garant von Beistandsleistungen der Union sowohl an Eurostaaten als auch an Nicht-Eurostaaten ist. Schließlich garantierten die Staats- und Regierungschefs dem Vereinigten Königreich, dass es an weiteren Integrationsschritten im Wirtschafts- und Finanzbereich nicht teilnehmen müsse. Im Gegenzug sicherte es zu, solche Schritte nicht zu blockieren, sondern sie zu erleichtern.

Dass trotz dieser weitreichenden Sonderregelungen zugunsten des Vereinigten Königreichs das Referendum aus weitgehend innenpolitischen Gründen am Ende dennoch negativ ausging, war sowohl für die Politik als auch für die Finanzmärkte ein heftiger Schock. Das britische Pfund fiel am 24. Juni 2016 um 11 Prozent gegenüber dem US-Dollar und sank im Monatsverlauf weiter auf seinen niedrigsten Stand seit 1985[98] (Stand Mitte August: 1 Pfund = 1,29 US-Dollar, 13 Prozentpunkte niedriger als vor dem Referendum)[99], während der Londoner Börsenindex FTSE 250 innerhalb von zwei Tagen fast 14

---

94   Vgl. hierzu den Beitrag von Birgit Bujard: Vereinigtes Königreich in diesem Buch.

95   Gericht: Urteil vom 4. März 2015, Vereinigtes Königreich/EZB, Rs. T-496/11, Dok. ECLi:EU:T: 2015:133.

96   Aussagekräftig insofern die zweisprachige Ausgabe des Magazins Der Spiegel: Please don't go!/Bitte geht nicht! Why Germany needs the British/Warum wir die Briten brauchen, 11.6.2016.

97   Im Sinne der EZB achtet die Präambel die „Befugnisse der Zentralbanken bei der Ausführung ihrer Aufgaben, einschließlich der Bereitstellung von Zentralbankliquidität innerhalb ihrer jeweiligen Zuständigkeiten".

98   FT: Sterling's 31-year-low reminds us that the past is another country, 8.7.2016.

99   FT: Sterling slips further below $1.30 mark, 12.8.2016.

Prozentpunkte verlor; sein größter Verlust seit dem Börsencrash von 1987.[100] Über das Vereinigte Königreich hinaus hatte der Sieg der ‚Leave'-Befürworter und die damit entstehende politische Unsicherheit anfangs Marktturbulenzen und sinkende Aktienkurse in Europa und der ganzen Welt zur Folge; vor allem Bankenaktien verloren in den Tagen nach dem Referendum in Europa rund 25 Prozent, während sie in den USA um rund 10 Prozent nachgaben. Die EZB erklärte am Morgen des 24. Juni 2016 in Abstimmung mit der Bank of England und anderen wichtigen Zentralbanken, dass sie die Finanzmärkte sehr genau beobachte und bereit sei, erforderlichenfalls zusätzliche Liquidität in Euro und Fremdwährungen bereitzustellen. Weitere Interventionen der EZB waren jedoch nicht erforderlich. Vielmehr stabilisierten sich Märkte und Aktienkurse rasch und zeigten eine „zuversichtlich stimmende Widerstandskraft", so die erste Zwischenbilanz von EZB-Präsident Draghi auf seiner Pressekonferenz am 21. Juli 2016.[101] Trotz insgesamt gestiegener weltwirtschaftlicher Volatilität wirkt sich der ‚Brexit-Schock' offenbar vor allem im Vereinigten Königreich selbst aus, wo nach dem ‚Leave'-Votum eine Regierungskrise mit Premierministerwechsel, Zweifel über das Verbleiben Schottlands im Vereinigten Königreich sowie die Unklarheit über das künftige Verhältnis zur Europäischen Union die Marktteilnehmer verunsicherten. Großbritannien verlor unmittelbar nach dem Referendum sein letztes noch verbliebenes AAA-Rating bei Standard & Poor's. Der wichtige Markit-Index, der die Erwartungen der britischen Einkaufsmanager erfasst, sank von 52,4 Prozent im Juni auf 47,7 Prozent im Juli 2016, signalisierte also eine schrumpfende Wirtschaft.[102] Die Bank of England erwartet für 2016 ein Wachstum von nur noch 0,8 Prozent, statt der vor dem Votum prognostizierten 2,3 Prozent; ihr zufolge sollen zudem mehr als eine Viertelmillion Jobs verloren gehen. Der Euro stieg gegenüber dem britischen Pfund zwischen dem 2. Juni und dem 20. Juli 2016 um 8,1 Prozent.[103]

Was der Brexit politisch und institutionell für die Zukunft des Euroraums und die Aufgaben der EZB bedeutet, ist noch offen. Denkbar ist eine Phase der politischen Destabilisierung oder jedenfalls Lähmung; es ist kaum vorstellbar, dass das Brexit-Votum die politische Ausrichtung der Union unberührt lassen wird, ja es besteht sogar die Gefahr, dass die in Teilen der Union ohnehin schon bestehenden Fliehkräfte (so in Frankreich, den Niederlanden, Dänemark, Schweden, Polen oder Ungarn) noch verstärkt werden. Denkbar ist allerdings auch, dass nach einer Phase der notwendigen Reflexion und Neubesinnung der Brexit eine insgesamt heilsame und positiv katalytische Wirkung für die übrige Union zeitigen wird.[104] Für die EZB verbindet sich damit die Hoffnung, dass möglicherweise noch vor den Wahlen in Frankreich und Deutschland im Mai/Juni und September 2017 weitere Schritte in Richtung der von den Frankfurter Währungshütern für dringend erforderlich gehaltenen Wirtschafts- und Fiskalunion beschlossen werden, so wie sie im Fünf-Präsidenten-Bericht vom Juni 2015 vorgezeichnet sind. Die EZB hofft vor allem auf einen institutionell auf europäischer Ebene hervorgebrachten expansiveren fiskalischen Kurs im Euroraum, der von den Eurostaaten getragen wird, die fiskalpolitischen Spielraum haben,

---

100   FT: Sell-off targets sterling and financial stocks as London tries to calm markets und Brexit leaves FTSE 250 highly exposed, 28.6.2016. Bis Ende Juli erholten sich die britischen Börsenwerte aber wieder; vgl. FT: FTSE 250 set to wipe out Brexit losses, 28.7.2016.
101   FT: Brexit fears have been overblown, Draghi says, 22.7.2016.
102   FT: UK economy suffered sharp downturn after exit vote, survey says, 23.7.2016.
103   EZB: Finanzielle Entwicklungen, in: Wirtschaftsbericht 5/2016, S. 10.
104   SZ: Der Brexit-Effekt. Eine Umfrage zeigt: Die Symphatien für Europa steigen wieder, 15.7.2016.

und der die Wirkung der akkommodierenden Geldpolitik der EZB verstärkt.[105] In diesem Sinne sprach sich EZB-Präsident Draghi in seiner Pressekonferenz am 21. Juli 2016 für eine Verlängerung der bereits 315 Mrd. Euro umfassenden Investitionsoffensive von Kommissionspräsident Juncker sowie für rasche Fortschritte beim Aufbau einer (durch britische Bedenken bislang verzögerten) Kapitalmarktunion aus. Praktisch wie konzeptionell könnte der Brexit die Aufgaben der EZB trotz aller damit verbundenen politischen Schwierigkeiten jedenfalls zum Teil erleichtern. Dies liegt nicht nur an der zu erwartenden Umsiedlung der Europäischen Bankenbehörde EBA in den Euroraum. Relevanter für die EZB ist, dass mit dem Vereinigten Königreich der Mitgliedstaat die Union verließe, der stets deutlich gemacht hat, niemals an der einheitlichen Währung teilnehmen zu wollen. Die bisherige künstliche Dichotomie zwischen Binnenmarkt und Währungsunion – die durch das am Ende nicht in Kraft getretene New Settlement vom 18./19. Februar 2016 weiter akzentuiert worden wäre – würde beendet; die Währungsunion wäre künftig für alle Mitgliedstaaten die logische Vollendung ihrer Teilnahme am Binnenmarkt.[106] Auch wenn der Konvergenzbericht der EZB im Juni 2016 zeigt, dass bislang keiner der EU-Staaten außerhalb des Euroraums alle Voraussetzungen erfüllt, um den Euro kurzfristig einzuführen, so dürfte ein britisches Ausscheiden aus der Union die Bemühungen dieser Mitgliedstaaten auf eine Euro-Teilnahme vor Ende des Jahrzehnts verstärken. Bereits heute nimmt Bulgarien wirtschaftlich am Euroraum teil, da seine Währung Lew seit 1999 einseitig fest an den Euro gebunden ist. Entsprechendes gilt für Dänemark, dessen Währung Krone im Rahmen des Wechselkursmechanismus II seit 1999 keine relevanten Abweichungen gegenüber dem Euro verzeichnet. Für andere EU-Staaten könnten solche de facto-Anbindungen an den Euroraum wichtige Zwischenschritte auf dem Weg zu einer endgültigen Teilnahme werden.

Weiterführende Literatur

EZB: Konvergenzbericht, Juni 2016, Frankfurt am Main 2016.

Christoph Herrmann/Corinna Dornacher: Grünes Licht vom EuGH für EZB-Staatsanleihenkäufe: ein Lob der Sachlichkeit!, in: Europäische Zeitschrift für Wirtschaftsrecht 2015, S. 579-583.

Lutz Lamers: Die Politik der EZB an den Grenzen ihres Mandats? Zu Vereinbarkeit unkonventioneller Maßnahmen mit dem europäischen Recht, in: Europäische Zeitschrift für Wirtschaftsrecht 2015, S. 212-217.

Dirk Schoenmaker/Nicolas Véron (Hrsg.): European banking supervision: the first eighteen months, in: Bruegel Blueprint Series XXV, Brussels 2016.

Martin Selmayr: Kommentierung der Artikel 127 und 282 des Vertrags über die Arbeitsweise der Europäischen Union (Europäische Zentralbank, Europäisches System der Zentralbanken und Eurosystem, insbesondere: Zentralbankmandat) sowie des Artikels 13 der Satzung des Europäischen Systems der Zentralbanken und der Europäischen Zentralbank (Präsident der Europäischen Zentralbank), in: Hans von der Groeben/Jürgen Schwarze/Armin Hatje (Hrsg.): Europäisches Unionsrecht, Baden-Baden 2015.

Martin Selmayr: How political are the institutions of Economic and Monetary Union? The cases of the European Central Bank and the European Commission, in: Europäische Zentralbank (Hrsg.): From Monetary Union to Banking Union, on the way to Capital Markets Union. New opportunities for European integration, ECB Legal Conferences 2015, 1-2 September 2015, Frankfurt am Main 2015, S. 261-275.

Sebastian Tusch/Benjamin Herz: Die Entwicklung des europäischen Bankenaufsichtsrechts in den Jahren 2014/2015, in: Europäische Zeitschrift für Wirtschaftsrecht 2015, S. 814-821.

---

105   EZB: Der fiskalische Kurs im Euro-Währungsgebiet, in: Wirtschaftsbericht 4/2016, S. 79-102.

106   In diesem Sinne plädierte die Europäische Kommission bereits 1990 für ‚one market, one money'; vgl. Europäische Kommission: Ein Markt, eine Währung: potentielle Nutzen und Kosten der Errichtung einer Wirtschafts- und Währungsunion; eine Bewertung, Europäische Wirtschaft, Vol. 44, S. 347.

Rechnungshof

Siegfried Magiera / Matthias Niedobitek

In seiner Sitzung vom 10. September 2015 verabschiedete der Rechnungshof als „Hüter der EU-Finanzen" den Jahresbericht über die Ausführung des Gesamthaushaltsplans der Europäischen Union einschließlich der Europäischen Atomgemeinschaft zum Haushaltsjahr 2014 sowie den Jahresbericht über die Tätigkeiten im Rahmen des achten, neunten, zehnten und elften Europäischen Entwicklungsfonds zum Haushaltsjahr 2014.[1] Für das Jahr 2014 erstellte er zudem 52 besondere Jahresberichte zu den Jahresabschlüssen der verschiedenen Agenturen, sonstigen Einrichtungen und Gemeinsamen Unternehmen der Union. Bei allen Institutionen war die Rechnungsführung zuverlässig; jedoch wurde zu drei Unternehmen[2] hinsichtlich der Recht- und Ordnungsmäßigkeit der dem Jahresabschluss zugrundeliegenden Vorgänge ein eingeschränktes Prüfungsurteil abgegeben. Ferner verfasste er 25 Sonderberichte, unter anderem zur EU-Polizeimission in Afghanistan, zur EU-Unterstützung für die Bekämpfung von Folter und die Abschaffung der Todesstrafe und zur Bekämpfung des innergemeinschaftlichen Mehrwertsteuerbetrugs, sowie acht Stellungnahmen, unter anderem zur Änderung der EU-Haushaltsordnung und zum Verfahren bei den EU-Eigenmitteln.[3] Die Europäische Zentralbank (EZB) unterliegt der Prüfung des Rechnungshofes nur hinsichtlich ihrer Verwaltungseffizienz, im Übrigen unabhängigen externen Prüfern, die vom EZB-Rat empfohlen und vom Rat anerkannt werden.[4] Auch der Rechnungshof selbst unterwirft sich einer externen Prüfung.[5]

In seinem 38. Jahresbericht zur Ausführung des Gesamthaushaltsplans, dessen Kernelement die dem Parlament und dem Rat vorzulegende Erklärung über die Zuverlässigkeit der Rechnungsführung sowie über die Recht- und Ordnungsmäßigkeit der zugrundeliegenden Vorgänge ist und die durch spezifische Beurteilungen zu allen größeren Tätigkeitsbereichen der Union ergänzt werden kann (Art. 287 AEU-Vertrag), kommt der Rechnungshof für das Haushaltsjahr 2014 zu dem Ergebnis, dass die konsolidierte Jahresrechnung die Vermögens- und Finanzlage der Union, die Ergebnisse ihrer Vorgänge und Cashflows sowie die Veränderungen ihrer Nettovermögenswerte vorschriftsmäßig und in allen wesentlichen Belangen insgesamt sachgerecht darstellt sowie die der Jahresrechnung zugrundeliegenden Einnahmen in allen wesentlichen Belangen recht- und ordnungsmäßig

---

1 Europäischer Rechnungshof: Jahresbericht über die Ausführung des Haushaltsplans und Jahresbericht über die Tätigkeiten im Rahmen des achten, neunten, zehnten und elften Europäischen Entwicklungsfonds (EEF), in: Amtsblatt der EU, Nr. C 373, 10. November 2015, S. 3-288 und S. 289-315.

2 Artemis – Eingebettete IKT-Systeme; ENIAC – Nanoelektronik; ECSEL – Elektronikkomponenten und -systeme.

3 Nachweise zu den vorstehenden Angaben finden sich in: Europäischer Rechnungshof: 2015 Tätigkeitsbericht, Luxemburg 2016 (zugänglich auf der Website des Rechnungshofs: eca.europa.eu).

4 Art. 27 EZB-Satzung; vgl. für 2015 den Independent Auditor's Report vom 10. Februar 2016, in: Europäische Zentralbank: Jahresabschluss 2015, Frankfurt am Main 2016, S. A 58-59.

5 Vgl. für 2014 „Unabhängiger Assurance-Bericht" vom 20. Mai 2015, in: Rechnungshof: Jahresabschluss des Europäischen Rechnungshofes für das Haushaltsjahr 2014, in: Amtsblatt der EU, Nr. C 304, 15. September 2015, S. 18-19.

sind. Demgegenüber sind die zugrundeliegenden Zahlungen in wesentlichem Ausmaß mit Fehlern behaftet.

Im Einzelnen finden sich in dem neu gegliederten Jahresbericht im Anschluss an das Anfangskapitel zur Zuverlässigkeitserklärung acht weitere Kapitel, davon zwei übergreifende Kapitel („Haushaltsführung und Finanzmanagement", „EU-Haushalt und Ergebniserbringung") sowie sechs spezifische Kapitel, davon ein Kapitel zu den Einnahmen und fünf Kapitel zu den Ausgaben, die Rubriken des Mehrjährigen Finanzrahmens 2014-2020 entsprechen: „Intelligentes und integratives Wachstum" (mit den Teilrubriken „Wettbewerbsfähigkeit für Wachstum und Beschäftigung", „Wirtschaftlicher, sozialer und territorialer Zusammenhalt"), „Natürliche Ressourcen", „Europa in der Welt", „Verwaltung". Für die beiden weiteren Rubriken („Sicherheit und Unionsbürgerschaft", „Ausgleichszahlungen") wurden keine spezifischen Beurteilungen vorgelegt.

Die 2014 verfügbaren Haushaltsmittel beliefen sich nach dem endgültigen Haushaltsplan auf 149,9 Mrd. Euro bei den Mittelbindungen und auf 147,5 Mrd. Euro bei den Zahlungen; tatsächlich beliefen sich die Einnahmen auf 143,9 Mrd. Euro, die Ausgaben auf 142,5 Mrd. Euro.[6] Die Einnahmen sind nicht in wesentlichem Ausmaß mit Fehlern behaftet und unterliegen – bis auf bedingt wirksame Kontrollen der Traditionellen Eigenmittel (TEM) in geprüften Mitgliedstaaten – einem wirksamen Überwachungs- und Kontrollsystem. Sie bestehen zu 89,6 Prozent (Vorjahr 93,7 Prozent) aus Eigenmitteln und zu 10,4 Prozent (Vorjahr 6,3 Prozent) aus sonstigen Einnahmen. Die TEM (Zölle und Zuckerabgaben) belaufen sich auf 16,5 Mrd. Euro (11,5 Prozent; Vorjahr 10,3 Prozent), die Mehrwertsteuer-Eigenmittel auf 17,7 Mrd. Euro (12,3 Prozent; Vorjahr 9,7 Prozent) und die Eigenmittel gemäß dem Bruttonationaleinkommen (BNE) auf 94,9 Mrd. Euro (66,6 Prozent; Vorjahr 73,6 Prozent) der Unionseinnahmen. Bei den Mehrwertsteuer-Eigenmitteln bestehen zwischen den Mitgliedstaaten und der Kommission weiterhin zahlreiche ungelöste Vorbehalte. Der Rechnungshof empfiehlt der Kommission, Maßnahmen zur Verringerung der Anzahl von Jahren zu ergreifen, für die jeweils noch Vorbehalte bestehen.

Die der Jahresrechnung zugrundeliegenden Zahlungen sind – bei einer allgemein angenommenen Wesentlichkeitsschwelle von 2 Prozent – mit der vom Rechnungshof geschätzten Fehlerquote von 4,4 Prozent[7] (Vorjahr 4,5 Prozent) weiterhin in wesentlichem Ausmaß mit Fehlern behaftet. Nicht mit wesentlichen Fehlern behaftet ist neben dem Bereich „Einnahmen" mit 0,0 Prozent (Vorjahr 0,0 Prozent) der Bereich „Verwaltung" mit 0,5 Prozent (Vorjahr 1,0 Prozent). Mit wesentlichen Fehlern behaftet sind die übrigen Ausgabenbereiche: „Europa in der Welt" mit 2,7 Prozent (Vorjahr 2,1 Prozent), „Natürliche Ressourcen" mit 3,6 Prozent (Vorjahr 4,4 Prozent), „Wettbewerbsfähigkeit für Wachstum und Beschäftigung" mit 5,6 Prozent (Vorjahr 4,0 Prozent), „Wirtschaftlicher, sozialer und territorialer Zusammenhalt" [„Kohäsion"] mit 5,7 Prozent (Vorjahr 5,3 Prozent). Der Rechnungshof stellt einen engen Zusammenhang zwischen Ausgabenart und Fehlerquoten fest, insbesondere wenn Informationen von den Empfängern selbst vorzulegen sind, wie bei flächenbezogenen Beihilfen für landwirtschaftliche Betriebe. Abhilfemöglichkeiten sieht er in einer Verbesserung der Korrekturmaßnahmen.

---

6 Europäische Kommission: Konsolidierte Jahresrechnung der Europäischen Union 2014, in: Amtsblatt der EU, Nr. C 377, 13. November 2015, S. 103-105.

7 Aufgrund eines neuen proportionalen Berechnungsansatzes sind diese Zahl und weitere Vergleichszahlen um 0,2 Prozentpunkte niedriger als die im Vorjahr geschätzten Zahlen (Europäischer Rechnungshof: Jahresbericht 2014, S. 17, Fußnote 11, S. 20, Ziff. 1.13 und 1.14).

Die von der Union geleisteten Zahlungen belaufen sich auf insgesamt 142,5 Mrd. Euro. Im Rahmen der Rubrik „Intelligentes und integratives Wachstum" mit einem Volumen von 67,7 Mrd. Euro (47,5 Prozent der Haushaltsmittel) entfallen auf den Bereich „Wettbewerbsfähigkeit für Wachstum und Beschäftigung" 13,3 Mrd. Euro (9,3 Prozent der Haushaltsmittel), davon 8,1 Mrd. Euro (5,7 Prozent) für Forschung, 1,5 Mrd. Euro (1,1 Prozent) für Bildung, Jugend und Sport, 1,4 Mrd. Euro (1,0 Prozent) für Raumfahrtprogramme, 0,8 Mrd. Euro (0,6 Prozent) für Verkehr und 1,5 Mrd. Euro (1,1 Prozent) für andere Maßnahmen und Programme. Fast 90 Prozent der Mittel gehen als Projektbeteiligung an private oder öffentliche Empfänger. Die Mittelverwaltung ist zwischen den Mitgliedstaaten und der Kommission geteilt. Hauptrisiken für die Ordnungsmäßigkeit bestehen darin, dass nicht förderfähige Kosten von den Empfängern gemeldet und vor der Erstattung von der Kommission nicht aufgedeckt oder berichtigt werden. Der Rechnungshof empfiehlt der Kommission und den Mitgliedstaaten, vor Erstattung von Kosten alle Möglichkeiten der Fehleraufdeckung und -berichtigung voll auszuschöpfen, und der Kommission, eine zweckdienliche Risiko- und Kontrollstrategie, einschließlich wirksamer Kontrollen, auszuarbeiten.

Der Bereich „Wirtschaftlicher, sozialer und territorialer Zusammenhalt" im Rahmen der Rubrik „Intelligentes und integratives Wachstum" umfasst Ausgaben in Höhe von 54,4 Mrd. Euro (38,2 Prozent der Haushaltsmittel). Davon entfallen 29,7 Mrd. Euro (20,8 Prozent) auf den Europäischen Fonds für regionale Entwicklung (EFRE) und sonstige regionale Maßnahmen, 13,5 Mrd. Euro (9,5 Prozent) auf den Kohäsionsfonds, 10,6 Mrd. Euro (7,4 Prozent) auf den Europäischen Sozialfonds (ESF) und 0,6 Mrd. Euro (0,4 Prozent) auf sonstige Maßnahmen. Diese Instrumente dienen der Kofinanzierung von Programmen der Mitgliedstaaten für die regionale Entwicklung und grenzüberschreitende Zusammenarbeit sowie die Förderung von Beschäftigung und sozialem Zusammenhalt. Ein Hauptrisiko für eine ordnungsgemäße Mittelverwaltung durch die Mitgliedstaaten besteht darin, dass ihre Behörden mit der zeitgemäßen Mittelvergabe und deren wirksamer Kontrolle konkurrierende Prioritäten ausgleichen müssen. Dementsprechend kommt es zu Regelverstößen insbesondere bei der Vergabe öffentlicher Aufträge und bei der Förderfähigkeit von Projekten. Der Rechnungshof empfiehlt der Kommission eine gezielte Analyse der nationalen Förderfähigkeitsregeln zur Ermittlung vorbildlicher Verfahren sowie den Mitgliedstaaten, ihre Primärkontrollen zu verbessern und gegebenenfalls erneut durchzuführen.

Der Bereich „Natürliche Ressourcen" wird durch den Europäischen Garantiefonds für die Landwirtschaft (EGFL), durch den Europäischen Landwirtschaftsfonds für die Entwicklung des ländlichen Raums (ELER) und durch den Europäischen Meeres- und Fischereifonds (EMFF) finanziert. Von den Ausgaben in Höhe von 56,6 Mrd. Euro (39,7 Prozent der Haushaltsmittel) entfallen auf Direktbeihilfen (Betriebs-, Flächen-, Produktionsprämien) und Marktmaßnahmen (Einlagerung, Ausfuhrerstattungen, Nahrungsmittelhilfe) 44,3 Mrd. Euro (31,1 Prozent) im Rahmen des EGFL sowie auf Entwicklung des ländlichen Raums, Umwelt, Klimapolitik und Fischerei 11,2 Mrd. Euro (7,9 Prozent) im Rahmen des ELER, 0,7 Mrd. Euro (0,5 Prozent) im Rahmen des EMFF und 0,4 Mrd. Euro (0,3 Prozent) im Rahmen sonstiger Finanzierungsmaßnahmen. Die Maßnahmen aus dem EGFL werden vollständig aus Unionsmitteln, diejenigen aus dem ELER und dem EMFF zusätzlich aus nationalen Mitteln finanziert. Die Mittelverwaltung ist zwischen den Mitgliedstaaten und der Kommission geteilt. Hauptrisiken für die Ordnungsmäßigkeit bestehen bei den Direktbeihilfen im Hinblick auf die Feststellung förderfähiger Flächen und Tiere, bei den Marktmaßnahmen im Hinblick auf die Förderfähigkeit und die Höhe geltend gemachter Mengen oder Kosten, bei der ländlichen Entwicklung im Hinblick auf die Nichteinhaltung komplexer Regelungen sowie in den Bereichen Umwelt und Fischerei im Hinblick auf nicht förderfähige Beihilfen oder überhöhte Kosten. Der Rechnungshof empfiehlt der Kommission und den Mitgliedstaaten, im Agrarbereich für eine Verbesserung der Prüfungen und Kontrollen zu sorgen, insbesondere die Beihilfefähigkeit und Größe von Dauergrünland korrekt zu bestimmen, um unberechtigte Beihilfezahlungen zu vermeiden.

Im Bereich „Europa in der Welt" mit einem Volumen von 7,2 Mrd. Euro (5,1 Prozent der Haushaltsmittel) werden die Maßnahmen im Außenbereich („Außenpolitik") finanziert durch das Finanzierungsinstrument für die Entwicklungszusammenarbeit (DCI) mit 1,8 Mrd. Euro (1,3 Prozent), das Europäische Nachbarschaftsinstrument (ENI) mit 1,7 Mrd. Euro (1,2 Prozent), das Instrument für Heranführungshilfe (IPA) mit 1,3 Mrd. Euro (0,9 Prozent), die Humanitäre Hilfe mit 1,4 Mrd. Euro (1,0 Prozent) sowie sonstige Maßnahmen und Programme mit 1,0 Mrd. Euro (0,7 Prozent). Systembedingt verfügt die Kommission in diesen Bereichen, die in über 150 Staaten von Bedeutung sind, über ein hohes Maß an Flexibilität und einen erheblichen Ermessensspielraum. Die Überprüfbarkeit durch den Rechnungshof endet, sobald die Unionsmittel an den Empfängerstaat überwiesen und mit dessen Haushaltsmitteln verschmolzen sind. Der Rechnungshof empfiehlt der Kommission, insbesondere ihre internen Kontrollen zu erweitern und ihre Ex-ante-Kontrollen zu stärken.

Der Bereich „Verwaltung" umfasst ein Ausgabenvolumen von 8,8 Mrd. Euro (6,2 Prozent der Haushaltsmittel), davon 5,1 Mrd. Euro (3,6 Prozent) für die Kommission, 1,8 Mrd. Euro (1,3 Prozent) für das Parlament, 0,8 Mrd. Euro (0,6 Prozent) für den Europäischen Auswärtigen Dienst sowie 1,1 Mrd. Euro (0,8 Prozent) für die anderen Organe und Einrichtungen der Union. Die Mittel verteilen sich weiterhin zu 60 Prozent auf die Personal- und zu 40 Prozent auf die Sachkosten (Gebäude, Energie, Kommunikation). Risikobehaftet sind vor allem Vergabeverfahren, Vertragsausführungen, Personaleinstellungen sowie Berechnungen von Dienstbezügen und Zulagen. Der Rechnungshof empfiehlt allen Institutionen eine Verbesserung ihrer Überwachungssysteme, um eine zeitnahe Berechnung der Familienzulagen zu gewährleisten, sowie dem Parlament eine verstärkte Kontrolle der politischen Parteien im Hinblick auf Kostenerstattungen und die Vergabe öffentlicher Aufträge.

Im Kapitel „Haushaltsführung und Finanzmanagement" stellt der Rechnungshof fest, dass die Zahlungen über der im Mehrjährigen Finanzrahmen 2014-2020 festgelegten Obergrenze lagen und in den Jahren 2018-2020 auszugleichen sind. Er empfiehlt der Kommission, das Volumen der noch abzuwickelnden Mittelbindungen unter Berücksichtigung der in bestimmten Mitgliedstaaten bestehenden Kapazitätsengpässe zu verringern. Im Kapitel „EU-Haushalt und Ergebniserbringung" befasst sich der Rechnungshof ausführlich mit der EU-Leistungserbringung im Rahmen der langfristigen Strategie „Europa 2020" für intelligentes, nachhaltiges und integratives Wachstum. Er empfiehlt eine bessere Abstimmung von EU-Strategie und Mehrjährigem Finanzrahmen, eine Übertragung der politischen Strategie-Ziele in zweckmäßige operative Ziele und verschiedene Gesetzesinitiativen zur Verstärkung der Ergebnisausrichtung.

Ausschuss der Regionen

Otto Schmuck

Von Juli 2015 bis Juni 2016 fanden sechs Plenartagungen des Ausschusses der Regionen (AdR) statt.[1] Dabei wurden von den 350 Vertreterinnen und Vertretern der regionalen und kommunalen Gebietskörperschaften zehn Resolutionen und 51 Stellungnahmen zu Initiativen der Europäischen Kommission beschlossen. Wie üblich nahmen Vertreter der jeweiligen Präsidentschaften des Rates der Europäischen Union und zahlreiche Mitglieder der Kommission an den Plenar- und Fachkommissionssitzungen teil und nutzten die Gelegenheit zu einer politischen Aussprache. So stellte Kommissionsvizepräsident Frans Timmermans während der Plenartagung im Dezember 2015 das Arbeitsprogramm der Kommission für 2016 vor. Der Präsident des Europäischen Rates Donald Tusk führte während der Februar-Tagung 2016 einen Meinungsaustausch mit den AdR-Mitgliedern über die zahlreichen europäischen Herausforderungen, unter anderem die Perspektiven des bevorstehenden britischen EU-Referendums. Tusk warb zudem um Unterstützung bei der Bewältigung der europäischen Migrationskrise. Die für Regionalpolitik zuständige Kommissarin Corina Crețu sprach sich dort für Vereinfachungen bei der administrativen Umsetzung der Kohäsionspolitik aus. Erstmals suchte im Oktober 2015 auch die Hohe Vertreterin der Union für Außen- und Sicherheitspolitik Federica Mogherini den Kontakt zum AdR und informierte sich über die Rolle von Regionen und Kommunen in den EU-Außenbeziehungen.

Schwerpunkte der Arbeiten

Während der Plenartagung im Juni 2015 legte der AdR fünf politische Prioritäten für die fünfjährige Mandatsperiode bis 2020 fest, die in den Arbeiten der Fachkommissionen berücksichtigt und auch in der Kommunikationspolitik gegenüber den Bürgerinnen und Bürgern deutlich werden sollten:[2]

(1) Ein Neubeginn für die europäische Wirtschaft: Schaffung von Arbeitsplätzen und nachhaltigem Wachstum in Städten und Regionen für eine bessere Lebensqualität der Bürger.

(2) Der regionale Aspekt der EU-Rechtsvorschriften zählt: Im Interesse der Bürger handeln, wo immer sie leben und arbeiten möchten.

(3) Ein einfacheres, besser vernetztes Europa: Bürger und Unternehmen auf kommunaler und regionaler Ebene wieder zusammenbringen.

(4) Stabilität und Zusammenarbeit inner- und außerhalb der Europäischen Union: Unterstützung der Nachbarstaaten auf ihrem Weg zu europäischen Werten.

---

1   113. Plenartagung (7.-8.10.2014), 114. Plenartagung (18.-19.7.2015), 115. Plenartagung (3.-4.12.2015), 116. Plenartagung (10.-11.2.2016), 117. Plenartagung (7.-8.4.2016); 118. Plenarsitzung (15.-16.6.2016); Berichte über die Plenartagungen sind abrufbar unter: http://cor.europa.eu/de/activities/plenary/Pages/plenary-sessions.aspx (letzter Zugriff: 1.7.2016).

2   Entschließung zu den Prioritäten des Europäischen Ausschusses der Regionen für die sechste Mandatsperiode 2015-2020, in: Amtsblatt der EU C 260, 7. August 2015, S. 1-5.

(5) Das Europa der Bürger ist das Europa der Zukunft: verstärkte zukunftsorientierte Partnerschaften zwischen der Europäischen Union und ihren Bürgern.

Diese Schwerpunkte finden sich in zahlreichen Entschließungen und Stellungnahmen des AdR wieder. Behandelt wurden Themen zur gesamten Bandbreite der EU-Politiken mit regionalem und lokalem Bezug, wie der digitale Binnenmarkt und die Klimapolitik (Oktober 2015) sowie die Reform der Strukturpolitik (April 2016). Zudem befasste sich der AdR auf Grundlage des Berichts der fünf Präsidenten im April 2016 ausführlich mit der Zukunft der Europäischen Union. Hinzu kamen bürgernahe Themen wie die jugend-politische Zusammenarbeit (Februar 2016) und die Verbesserung der Stadt-Land-Bezie-hungen (Oktober 2015). Das Arbeitsprogramm der Kommission für 2016 wurde im Juli und Dezember 2015 ausführlich diskutiert. Die Erfahrungen mit der Europäischen Bürger-initiative (EBI) standen im Oktober 2015 auf der Agenda. Bezüglich dieses neuen Instru-ments der Bürgerbeteiligung forderte der AdR von der Kommission Vereinfachungen des Verfahrens und organisatorische Hilfestellungen, etwa durch die Einsetzung von ‚Help-Desks'. Kritisiert wurde die häufige Ablehnung von Vorschlägen für EBI.

Flüchtlingsproblematik und Einwanderungspolitik

Der AdR musste sich auch mit aktuellen Herausforderungen befassen, zu denen 2015/2016 vor allem die Flüchtlingsproblematik gehörte. Die Regionen und Kommunen sind von der seit 2015 stark anwachsenden Zahl von Flüchtlingen in besonderem Maße betroffen. Zum besseren Informations- und Erfahrungsaustausch wurde eine neue AdR-Webseite mit Informationen über Entwicklungen rund um das Thema Migration und Integration aus regionaler und lokaler Sicht eingerichtet.[3] Finanzierungsmöglichkeiten für die lokalen und regionalen Gebietskörperschaften sowie Best-Practice-Beispiele werden dort vorgestellt.

Das Thema Migration stand mit unterschiedlichen Akzentsetzungen vielfach auf der Tagesordnung des AdR. Im Rahmen der 113. Plenartagung im Juli 2015 wurde auf Antrag der vier Fraktionen EVP, SPE, ALDE und der Gruppe der Europäischen Allianz die Entschließung „Ein tragfähiger Ansatz der EU für Migration" mit großer Mehrheit verab-schiedet;[4] aber ohne Zustimmung der Fraktion der Konservativen und Reformer. Der AdR betont darin, dass die Migrationsproblematik in die Verantwortung der gesamten Europäi-schen Union und damit aller EU-Staaten falle. Ein gemeinsamer Ansatz müsse langfristig tragfähig sein, auf Solidarität beruhen und Menschenrechte achten. Allen Aspekten der Migration müsse Rechnung getragen und Schleuserkriminalität wie Menschenhandel bekämpft werden. Der AdR unterstreicht außerdem die Bedeutung der Entwicklung und Stabilität in Drittstaaten, einer wirksamen Rückführungspolitik sowie Europas demografi-scher Herausforderungen. Neben dem Nutzen einer erfolgreichen Einwanderungspolitik für den Einzelnen sei reguläre Migration aufgrund ihres Beitrags zum Arbeitsmarkt sowie zur Finanzierung der Sozialsysteme auch ein Zugewinn für die Gesellschaft insgesamt. Allerdings stelle die ungleiche Verteilung von Asylsuchenden und Flüchtlingen zwischen den Staaten sowie zwischen und innerhalb von Regionen eine große Herausforderung für die lokalen und regionalen Gebietskörperschaften dar. Kritisiert wurden die fehlende Vorausplanung und die Unmöglichkeit, sich rechtzeitig auf die Aufnahme einzustellen.

---

3 AdR: Migration and Europe's regions, abrufbar unter: http://cor.europa.eu/de/news/Pages/migration-europe-regions.aspx (letzter Zugriff: 25.8.2016).

4 AdR: Entschließung Ein tragfähiger Ansatz der EU für Migration, 2015/C 313/01, in: Amtsblatt der EU C 313, 22. September 2015, S. 1-4.

In Anwesenheit des für Migration, Inneres und Bürgerschaft zuständigen Kommissars Dimitris Avramopoulos fand in der Plenartagung im Dezember 2015 eine umfassende Aussprache zu der im Mai 2015 von der Kommission veröffentlichten Migrationsagenda statt. In seiner Stellungnahme stellt der AdR fest, dass der Strom der Asylsuchenden und irregulären Wirtschaftsmigranten, die in der Europäischen Union ankommen, ein bislang ungekanntes Ausmaß angenommen hat.[5] Die Zahl der Migranten mache deutlich, dass die Kapazitäten eines einzelnen Mitgliedstaates, diesen Zustrom alleine zu bewältigen, auf kurze bis mittlere Sicht nicht ausreichen können. Einheit und Solidarität zwischen den EU-Staaten, sowie ein stärker partnerschaftliches Denken, Zugehörigkeitsgefühl und geteilte Verantwortung seien erforderlich. Alle, von den europäischen bis zu den lokalen, Regierungs- und Verwaltungsebenen müssten einen gemeinsamen Ansatz finden, um die sozialen, wirtschaftlichen und sicherheitsbezogenen Herausforderungen zu bewältigen. Nur mithilfe eines umfassenden und integrierten politischen Ansatzes, der bei den grundlegenden Ursachen für Migration ansetzt, könne das Problem erfolgreich gelöst werden.

Ein spezifischer Aspekt der Migrationsproblematik wurde vom AdR während der Tagung vom Februar 2016 in seiner „Entschließung zu den Bedrohungen für den grenzfreien Schengen-Raum der EU" aufgegriffen. In Anbetracht der außergewöhnlichen Situation betonte der AdR, dass die Freizügigkeit

> „(…) und die Abschaffung der Binnengrenzen zentrale Errungenschaften der europäischen Integration sind, die nicht nur erhebliche wirtschaftliche, soziale und territoriale Auswirkungen, sondern für die Europäische Union und ihre Bürger auch einen hohen symbolischen Wert haben, da sie unmittelbar mit dem Projekt einer noch engeren Union der Völker Europas verbunden sind."[6]

Zudem seien offene Binnengrenzen das Rückgrat der europäischen Wirtschaft. Die lokalen und regionalen Gebietskörperschaften in der Europäischen Union profitierten vom Wegfall der Binnengrenzen, was die wirtschaftliche Entwicklung, den sozialen und kulturellen Austausch, die grenzübergreifende Zusammenarbeit und insbesondere die Umsetzung der europäischen Programme für die territoriale Zusammenarbeit und der Europäischen Verbünde für territoriale Zusammenarbeit angehe. Der AdR rufe daher die Mitgliedstaaten, Organe und Einrichtungen der Europäischen Union auf, rasch eine konstruktive Haltung einzunehmen und der Versuchung zu widerstehen, vereinfachende Lösungen zu versprechen. Befristete Grenzkontrollen dürften nicht unbegrenzt verlängert werden.

Halbzeitüberprüfung des Finanzpakets 2014 bis 2020

Während der 118. Plenartagung vom Juni 2016 legte der AdR seinen Vorschlag zur Halbzeitüberprüfung des derzeitigen Mehrjährigen Finanzrahmens vor.[7] Darin setzte er sich für eine Finanzausstattung ein, die bis 2020 die Finanzierung wachstumsfördernder Strukturmaßnahmen und neuer Instrumente wie der Jugendgarantie, des Europäischen Fonds für strategische Investitionen (EFSI) und des Europäischen Unterstützungsbüros für Asylfragen gewährleistet. Angesichts der aktuellen Herausforderungen sprach sich der AdR gegen jegliche Umschichtung der Strukturfonds aus. Die Regionalpolitik (Mittelausstattung: circa 350 Mrd. Euro bis 2020) ziele eindeutig auf die Förderung langfristiger Maßnahmen

---

5   Stellungnahme des Europäischen Ausschusses der Regionen – Die europäische Migrationsagenda, 2016/C 051/03, in: Amtsblatt der EU C 51, 10. Februar 2016, S. 14-21.

6   AdR: Entschließung zu den Bedrohungen für den grenzfreien Schengen-Raum der EU, 2016/C 120/02, in: Amtsblatt der EU C 120, 5. April 2016, S. 4.

7   AdR: Regionen und Städte fordern überarbeiteten EU-Haushalt zur Wachstumsförderung und Finanzierung der neuen Migrationsagenda, 15.6.2016.

und biete nicht die richtigen Instrumente zur Krisenbewältigung. In Bezug auf Europas Forschungs- und Innovationsprogramm ‚Horizont 2020' und die Fazilität ‚Connecting Europe' zur Finanzierung strategischer Infrastrukturen vorrangig in östlichen EU-Ländern bestehe eine enorme Diskrepanz zwischen Zielen und Mitteln für den Zeitraum 2014 bis 2020. Die Haushaltsüberprüfung sollte einen Ausgleich für die Kürzungen sicherstellen, die durch die Mittelausstattungen für diese Instrumente zur Finanzierung des EFSI vorgenommen worden seien. Zur Deckung zusätzlicher Ausgaben könne die Haushaltsflexibilität keine Lösung für den Mangel an Finanzmitteln darstellen. Europäische Ziele wie die Aufnahme und Integration von Migranten könnten nur durch eine Anhebung der Ausgabenobergrenzen der einschlägigen Haushaltslinien erreicht werden. Die Aufstockung der EU-Eigenmittel sowie neue Bestimmungen, etwa die Abschaffung des Rückflusses nicht ausgegebener EU-Mittel in die nationalen Haushalte, sollten sorgfältig erwogen werden.

Neue Indikatoren für die territoriale Entwicklung

Eigene Akzente setzte der AdR mit der Initiativstellungnahme zu „Indikatoren für die territoriale Entwicklung – über das BIP hinaus". Zwar sei das Bruttoinlandsprodukt (BIP) ein einfacher Indikator auf der Grundlage einer klaren Methodik, der einen Vergleich zwischen Staaten und Regionen ermögliche, und ein nützliches Instrument für die Zuweisung von Ressourcen. Doch könne damit nicht die Fähigkeit einer Gesellschaft abgebildet werden, Probleme wie Klimawandel, Ressourceneffizienz, Wettbewerbsfähigkeit, Lebensqualität, Demografie, soziale Inklusion, Einkommens- und Ressourcenverteilung zu bewältigen. Methoden zur Ergänzung des BIP müssen entwickelt werden, um den Fortschritt und die Entwicklung bei gemeinsam definierten Zielen zu messen.[8] Daher sei die Verfügbarkeit von Indikatoren und regelmäßig aktualisierten Daten auf regionaler Ebene für die Entscheidungsfindung wie für die Zuverlässigkeit politischer Programme wesentlich. Die Kommission wurde aufgefordert, im Zuge der Überarbeitung der Strategie Europa 2020 den territorialen Zusammenhalt stärker zu berücksichtigen, indem neben dem BIP auch wirtschaftliche, ökologische wie soziale Faktoren gleichermaßen herangezogen werden.

Der AdR wies in diesem Zusammenhang ausdrücklich darauf hin, dass die diesbezügliche Debatte zu den Indikatoren politischer Natur sei und mit einer partizipativen und demokratischen Definition der strategischen Ziele für derzeitige und künftige Generationen bezüglich des politischen Handelns einer jedweden Instanz beginnen sollte. Als Entscheidungshilfe sei ein Modell zur Aufstellung einer Rangordnung der Prioritäten des Wohlergehens auf lokaler Ebene zu schaffen, damit gebietsspezifische Besonderheiten in einem für alle EU-Gebiete geltenden Rahmen ermittelt werden können. Diese Rangfolge könne dann zur ex-ante- und ex-post-Bewertung der Wirksamkeit der Maßnahmen auch in der Phase der Verhandlungen zwischen der Europäischen Kommission und den lokalen Gebietskörperschaften oder bei Konsultationen lokaler Interessenträger eingesetzt werden.

Jugendpolitische Zusammenarbeit in Europa

In einer ausführlichen Stellungnahme befasste sich der AdR in seiner Tagung vom Februar 2016 mit der EU-Jugendpolitik.[9] Darin wurde betont, dass auf neue Herausforderungen, wie die Integration junger Flüchtlinge oder die Verbreitung extremistischer Ansichten

---

8   Stellungnahme des Europäischen Ausschusses der Regionen – Indikatoren für territoriale Entwicklung – über das BIP hinaus, 2016/C 120/05, in: Amtsblatt der EU C 120, 5. April 2016, S. 16-21.
9   Stellungnahme des Europäischen Ausschusses der Regionen – jugendpolitische Zusammenarbeit in Europa (2010-2018), 2016/C 120/06, in: Amtsblatt der EU C 120, 5. April 2016, S. 22-26.

unter Jugendlichen, nach Möglichkeit schnell mit der entsprechenden Feinsteuerung der Politik reagiert werden müsse. Der AdR nahm mit Besorgnis zur Kenntnis, dass die direkte politische Aktivität insbesondere in Form der Wahlbeteiligung bei Jugendlichen sinkt und im Vergleich zu älteren Generationen niedriger ausfällt. Er begrüßte zugleich das Interesse zahlreicher junger Menschen, sich als aktive Mitglieder ihrer lokalen Gemeinschaft in Form von Mitgliedschaften in Organisationen, durch Online-Tools der sozialen Medien oder durch die Leistung von Freiwilligenarbeit einzubringen.

Kritisiert wurde aber, dass die Kommission die Rolle der regionalen und lokalen Gebietskörperschaften im Bereich der Jugendpolitik nicht hinreichend berücksichtige. Sie plädiere in der Jugendpolitik ohne regionalen und kommunalen Bezug für ein größeres Engagement der EU-Staaten und für eine bessere Abstimmung auf europäischer Ebene. Auch schade die Migration junger Menschen aus weniger wohlhabenden beziehungsweise aus den am stärksten von der Wirtschaftskrise betroffenen Regionen dem territorialen, sozialen und wirtschaftlichen Zusammenhalt in der Europäischen Union und führe zu ernsthaften demografischen Problemen. Der Abwanderung von jungen Menschen sei – finanziert durch die Europäischen Struktur- und Investitionsfonds – durch interregionale Partnerschaften und durch direkte lokale und regionale Maßnahmen entgegenzuwirken.

Die Kommission wurde aufgefordert, sich für die Gewährleistung einer Ausbildungs- platzgarantie für Jugendliche einzusetzen und sicherzustellen, dass alle jungen Menschen eine „Mindestqualifikations- und Kompetenzgarantie" erreichen, die in der gesamten Europäischen Union anerkannt wird. Zudem müsse jeder Mitgliedstaat jungen Menschen ein bestimmtes ‚Basispaket' garantieren, unter anderem den Zugang zu Breitband-Internet- verbindungen, die Möglichkeit zum Erwerb hinreichender Kenntnisse in der zweiten Fremdsprache im Rahmen der öffentlichen Bildung, Berufsberatung und fortlaufende Betreuung. Auch gehe es um die Chance auf eine angemessene Beteiligung an der Freiwil- ligentätigkeit und die Vorbereitung auf eine erste Beschäftigung. Mit Blick auf das poli- tische Engagement und der Bereitschaft zur Teilhabe von Jugendlichen fordern die AdR- Mitglieder, eine Senkung der unteren Altersgrenze im Wahlrecht auf 16 Jahre zu prüfen.

Positiv wird vermerkt, dass die Kommission und die Mitgliedstaaten neue Formen der Teilhabe an demokratischen Prozessen und den Zugang zur politischen Entscheidungs- findung im Rahmen der EU-Jugendstrategie nutzen wollen. Junge Menschen müssten stär- ker über ihr Recht aufgeklärt werden, eine EBI vorzuschlagen und zu unterstützen. Der AdR empfiehlt zudem, unter strikter Beachtung der Verantwortung der Mitgliedstaaten für Lehrinhalte und die Gestaltung des Bildungssystems die vorbildlichen Verfahren der Staa- ten und Regionen bei der Vermittlung politischer Kompetenzen zu prüfen.

Vernetzung und Erfahrungsaustausch als Daueraufgaben

Der AdR sieht die Unterstützung der Zusammenarbeit zwischen den regionalen und loka- len Gebietskörperschaften der Mitgliedstaaten als eine wichtige Aufgabe an.[10] Hierzu wurden zahlreiche Plattformen und Netze eingerichtet sowie Foren veranstaltet, um die Zusammenarbeit und den Erfahrungsaustausch zwischen Regionen, Städten und Gemein- den zu erleichtern und Partnerschaften mit ihren repräsentativen Organisationen zu ent- wickeln. Aktuell hat der AdR fünf Netzwerke zum Erfahrungsaustausch eingerichtet:[11]

---

10   AdR: Grundsatzerklärung zu den Aufgaben, 21. April 2009, CdR 56/2009 fin, abrufbar unter: http://cor.- europa.eu/en/about/Documents/Mission%20statement/DE.pdf (letzter Zugriff: 25.8.2016).
11   AdR: Über die Netzwerke, abrufbar unter: http://cor.europa.eu/de/activities/networks/Pages/about-net- works.aspx (letzter Zugriff: 25.8.2016).

Europa-2020-Monitoringplattform, Netz für Subsidiaritätskontrolle, Europäischer Verbund für territoriale Zusammenarbeit, Dezentralisierte Entwicklungszusammenarbeit und Bürgermeisterkonvent.

Den alljährlich im Rahmen der Oktober-Plenartagung stattfindenden ‚Open Days‘ kommt bei der Vernetzung regelmäßig eine herausragende Bedeutung zu. 2015 standen die 27 Diskussionsveranstaltungen und 105 Workshops mit mehr als 5.000 Teilnehmenden in den Gebäuden der EU-Institutionen und den regionalen Vertretungen in Brüssel unter dem Motto: „Regions and cities: Partners for investment and growth".[12] Schwerpunktthemen waren die regionale Unterstützung der Energieunion und des digitalen Binnenmarktes, die Bedeutung kleiner und mittelständischer Unternehmen für Innovation und Arbeitsplatzbeschaffung sowie Möglichkeiten der Verbesserung der Stadt-Land-Beziehungen. Zudem gab es verschiedene Netzwerktreffen und zahlreiche Veranstaltungen in den Regionen.

Rolle und Einfluss des AdR

Dem AdR kommt eine wichtige Scharnierfunktion zwischen der Europäischen Union und den Regionen und Kommunen zu, die im europäischen Mehrebenensystem einen wesentlichen Beitrag zum Gelingen der übergreifenden Ziele im Rahmen der ‚Europa 2020-Strategie‘ leisten müssen.[13] Der AdR versteht sich als „Botschafter Europas in den Regionen, Städten und Gemeinden und deren Sprachrohr in der europäischen Debatte."[14] Diese Sprachrohrfunktion wird vor allem auch dazu genutzt, auf Probleme aufmerksam zu machen und neue Themen auf die europäische Agenda zu setzen.[15] Auch wenn die faktische Entscheidungsmacht des Beratungsorgan AdR gering ist, so wurden doch die vielfachen Kontakte zu wichtigen EU-Entscheidungsträgern erfolgreich zur Einflussnahme genutzt.[16] In einem Grundsatzdokument definierten die AdR-Mitglieder bereits 2009 ihre Aufgabe zudem wie folgt: „Wir suchen das direkte Gespräch mit unseren Mitbürgern über die Leistungen Europas und die großen Aufgabenstellungen der Zukunft und arbeiten daran mit, die Umsetzung und die Wirkung der Gemeinschaftspolitiken auf die Gebietskörperschaften zu erklären und darzulegen."[17] Angesichts der britischen Brexit-Entscheidung und des überall in den EU-Staaten wachsenden Europaskeptizismus ist dies ohne Zweifel eine besonders vordringliche Aufgabe.

Weiterführende Literatur

Christoph Hönnige/Diana Panke: The Committee of the Regions and the European Economic and Social Committee: How Influential are Consultative Committees in the European Union?, in: Journal of Common Market Studies, 3/2013, S. 452-471.

Piattoni Simona/Justus Schönlau: Shaping EU Policy from below: EU Democracy and the Committee of the Regions, Cheltenham/Northampton 2015.

Gerhard Stahl: Der Ausschuss der Regionen: Politische Vertretung und Lobbyist für Städte und Regionen, in: Doris Dialer/Margarethe Richter (Hrsg.): Lobbying in der Europäischen Union: zwischen Professionalisierung und Regulierung, Wiesbaden 2014, S. 127-140.

---

12 AdR: Themes in 2015, abrufbar unter: http://ec.europa.eu/regional_policy/opendays/od2015/theme.cfm (letzter Zugriff: 25.8.2016).

13 Bundesministerium für Verkehr, Bau und Stadtentwicklung (Hrsg.): Umsetzung und Wirkungen der Strategie „Europa 2020" in deutschen Regionen, in: BMVBS-Online-Publikation, 24/2012.

14 AdR: Grundsatzerklärung zu den Aufgaben, 2009, S. 1-2.

15 Simone Piattoni/Justus Schönau: Shaping EU Policy from below: EU Democracy and the Committee of the Regions, Cheltenham / Northampton 2015, S. 156.

16 AdR: Annual Impact Report 2015, COR-2016-01748-00-00-TCD-EDI.

17 Siehe "Grundsatzerklärung zu den Aufgaben" des AdR, 2009.

Wirtschafts- und Sozialausschuss

Doris Dialer

Im Zuge der Finanz- und Wirtschaftskrise steht die Europäische Union nun vor einer umfassenden Vertrauenskrise. Das europäische Projekt liegt am Boden. Der Präsident des Europäischen Wirtschafts- und Sozialausschusses (EWSA) Georges Dassis will daher sämtliche Kräfte der Zivilgesellschaft mobilisieren, um die Attraktivität der Europäischen Union und ihre Präsenz im Alltag der Unionsbürgerinnen und -bürger zu verbessern. „Ziel muss es sein, allen Bürgern in Nord-, Süd-, Ost- und Westeuropa ein besseres Leben zu ermöglichen (...)", so Dassis in seiner Antrittsrede.[1]

Eine neue Mandatsperiode 2015 bis 2020

Gemäß Art. 301 des Vertrages über die Arbeitsweise der Europäischen Union (AEUV) beschließt der Rat der Europäischen Union einstimmig auf Vorschlag der Europäischen Kommission über die Zusammensetzung des EWSA. Die Mitglieder werden für eine fünf-jährige Amtszeit ernannt, wobei das Amt des Präsidenten und der beiden Vizepräsidenten alle zweieinhalb Jahre neu besetzt wird. In seiner Sitzung vom 30. Juni 2015 hat das Präsidium eine überarbeitete Liste der Arbeitsorgane und -gruppen vorgelegt und dem General-sekretariat des Europäischen Rates übermittelt. Anschließend wurde diese von der Kommission rechtlich geprüft und am 18. September 2015 wurde der Beschluss über die Neubesetzung angenommen.[2]

Im Mittelpunkt der EWSA-Plenartagung vom 16./17. September 2015 stand die Bilanz zum Ende der Mandatsperiode, die von den beiden Vizepräsidenten Jane Morrice und Hans-Joachim Wilms präsentiert wurde. Die konstituierende Sitzung fand am 6., 7. und 8. Oktober 2015 statt. Das neue Präsidium bilden Präsident Dassis sowie seine beiden Vize-präsidenten, der Nordire Michael Smyth (Haushalt) und der Portugiese Gonçalo Lobo Xavierm (Kommunikation). Im Rahmen des Wiederernennungsverfahrens wurden rund 40 Prozent neu besetzt. Die übrigen Mitglieder traten eine weitere Amtszeit an. Der EWSA setzt sich nunmehr aus 350 Mitgliedern[3] aus allen 28 Mitgliedstaaten zusammen. Ihre Tätigkeit erfolgt ehrenamtlich, es besteht lediglich ein Anspruch auf Kostenerstattung.

Arbeitspensum und Plenarpräsenz

Im Berichtzeitraum von Juni 2015 bis Juni 2016 wurden insgesamt 128 Stellungnahmen abgegeben, darunter 28 Initiativ- und 15 Sondierungsstellungnahmen. Die Initiativstel-lungnahmen sind vorwiegend den Politikbereichen Soziales, Beschäftigung, Verbraucher-schutz, Energie und Verkehr zuzuordnen. Von den Sondierungsstellungnahmen wurden elf

---

1   EWSA: EWSAinfo (Sonderausgabe), Dezember 2015, S. 6.
2   Europäischer Rat: Beschluss über die Zusammensetzung des Europäischen Wirtschafts- und Sozial-ausschusses 2015/1157, 14. Juli 2015.
3   Sitzverteilung (2015 bis 2020): 24 = DE, FR, IT, UK; 21 = PL, ES; 15 = RO; 12 = BE, EL, NL, AT, PT, SE, CZ, HU, BG; 9 = DN, FI, IE, LT, SK, HR; 6 = EE, LV, SI; 5 = LU, ZY, MT. In der letzten Mandats-periode waren es noch 353 Mitglieder. Einen Sitz abgeben mussten Estland, Luxemburg und Zypern.

von der jeweiligen amtierenden Ratspräsidentschaft (zwei von Luxemburg, neun von den Niederlanden), drei von der Kommission und eine vom Parlament in Auftrag gegeben. Über 95 Prozent aller Stellungnahmen, deren Vorbereitungen in sechs Fachgruppen erfolgten, wurden nahezu einstimmig angenommen, was Rückschlüsse auf die hohe Konsensbereitschaft der 350 EWSA-Mitglieder zulässt.

Im gleichen Zeitraum fanden insgesamt neun EWSA-Plenartagungen statt.[4] An der Präsenz von Kommissaren, Ministern und Parlamentariern kann man erkennen, dass die interinstitutionelle Kooperation nicht nur auf dem Papier stattfindet. Es nahmen zwei Mitglieder des Europäischen Parlaments, Eva Paunova (EVP-Fraktion) und Maria João Rodrigues (S&D-Fraktion), sowie die folgenden sieben Kommissare an EWSA-Plenartagungen teil: Frans Timmermanns (erster Vizepräsident), Federica Mogherini (Hohe Vertreterin der Union für Außen- und Sicherheitspolitik und Vizepräsidentin), Maroš Šefčovič (Vizepräsident, Energieunion), Phil Hogan (Landwirtschaft und ländliche Entwicklung), Miguel Arias Cañete (Klimapolitik und Energie), Dimitris Avramopoulos (Migration, Inneres und Bürgerschaft) und Neven Mimica (Internationale Zusammenarbeit und Entwicklung).

Das Protokoll über die Zusammenarbeit zwischen dem EWSA und der Europäischen Kommission[5] sieht vor, dass der EWSA einen Beitrag zum jährlichen Arbeitsprogramm der Kommission leistet. Am 14. Juli 2016 wurden folgende Schwerpunkte an das Kollegium übermittelt: (1) Beschleunigung der wirtschaftlichen Integration (Euroraum) und der Konvergenz der EU-Mitgliedstaaten (Kapitalmarktunion, Sozialinvestitionen, gerechtes Steuersystem), (2) Schaffung eines strategischen Rahmens für die Energieunion (EU-Energiedialog, Energiekosten, Sicherheit, Erneuerbare Energien) und (3) Bessere Rechtsetzung für mehr Demokratie und Konsultation (partizipative Demokratie/Europäische Bürgerinitiative).[6]

Motor der partizipativen Demokratie

Auf Grundlage von Art. 11 des Vertrages über die Europäische Union (EUV) wurde der EWSA vom Europäischen Parlament ersucht, zu prüfen, wie die Funktionsweise der Europäischen Union durch die Ausschöpfung des Potenzials des Vertrages von Lissabon verbessert beziehungsweise wie mögliche Entwicklungen und Anpassungen der derzeitigen institutionellen Struktur der Europäischen Union ausgelotet werden könnten.[7] Darüber hinaus machte der EWSA in seiner Initiativstellungnahme zur Bewertung der Konsultation von Interessenträgern durch die Kommission deutlich, dass sich die Qualität und Repräsentativität öffentlicher EU-Konsultationen erhöhen muss und schlägt diesbe-

---

4   509. Plenartagung 1./2. Juli 2015, 510. Plenartagung 16./17. September 2015, 511. Plenartagung 6-8. Oktober 2015, 512. Plenartagung 9./10. Dezember 2015, 513. Plenartagung 20./21. Januar 2015, 514. Plenartagung 17./18. Februar 2016, 515. Plenartagung 16./17. März 2016, 516. Plenartagung 27./28. April 2016, 517. Plenartagung 25./27. Mai 2016.

5   EWSA: Protokoll zur Kooperation zwischen der Europäischen Kommission und dem Wirtwschafts- und Sozialausschuss, 23. Februar 2012, abrufbar unter http://www.eesc.europa.eu/?i=portal.en.eu-cooperati on&itemCode=22469 (letzter Zugriff: 19.9.2016).

6   EWSA: EWSA empfiehlt der Kommission Anstrengungen zur Vertiefung der wirtschaftlichen Integration im Rahmen für 2016, Pressemitteilung, 14. Juli 2015, Dok. 48/2015.

7   EWSA: Verbesserung der Funktionsweise der Europäischen Union durch Ausschöpfung des Potenzials des Vertrags von Lissabon und Mögliche Entwicklungen und Anpassungen der derzeitigen institutionellen Struktur der Europäischen Union (Vorentwurf einer Stellungnahme), 9. September 2015, EESC-2015-03264-PAC-TRA.

züglich eine verstärkte interinstitutionelle Kooperation vor. Entscheidend wird sein, dass die Europäische Kommission die Expertise des EWSA in Sachen strukturierter Dialog mit der Zivilgesellschaft künftig mehr in Anspruch nimmt.[8] Ebenso fordert der EWSA in seiner Stellungnahme eine Aufnahme der beratenden Institutionen der Europäischen Union in die Interinstitutionelle Vereinbarung über bessere Rechtsetzung (IIA).[9] Dazu wurde eine Unterausschuss „Bessere Rechtsetzung" eingerichtet, der erstmals am 23. Juli 2015 tagte.

Am 20. April 2016 fand der Tag der Europäischen Bürgerinitiative (EBI) statt. Die Erfahrungen der letzten fünf Jahre haben gezeigt, dass massiver Verbesserungsbedarf herrscht. Allerdings hat die Kommission die Überprüfung der EBI verschoben, obwohl die EU-Bürgerbeauftragte elf Leitlinien zur Verbesserung erarbeitet hat und das Europäische Parlament einen Entschließungsantrag hierzu verabschiedete. Der EWSA war als institutioneller Mentor aktiv in das EBI-Verfahren einbezogen und wird im Herbst 2016 eine Stellungnahme vorlegen.

Pas de deux: Luxemburg und die Niederlande

Mit Luxemburg übernahm am 1. Juli 2015 ein Gründungsmitglied zum zwölften Mal den Ratsvorsitz. Die Zusammenarbeit mit dem luxemburgischen Wirtschafts- und Sozialrat (WSR) hat eine lange Tradition. Er ist direkt in die beratenden Tätigkeiten des EWSA eingebunden. Die Prioritäten der sogenannten ‚Trio-Präsidentschaft der EU' (Italien – Lettland – Luxemburg), insbesondere Finanzstabilität, Wachstum, Beschäftigung und digitaler Binnenmarkt, bildeten die Richtschnur für den sechsmonatigen Ratsvorsitz. Dabei erstreckte sich das Engagement des EWSA und seiner fünf luxemburgischen Mitglieder[10] vor allem auf die folgenden vier der insgesamt sieben Kernthemen des Arbeitsprogramms[11]: 1) Aufbau eines sozialeren Europas, 2) Entwicklung der digitalen Kompetenzen, 3) Investitionen in Frauen und Männer sowie 4) Neue Impulse für die Solidar- und Sozialwirtschaft. Zu letzterem verabschiedete der EWSA auf seiner 510. Plenartagung am 16. September 2015 eine Sondierungsstellungnahme „Schaffung eines Finanzökosystems für die Unternehmen der Sozialwirtschaft"[12], die auf Ersuchen des luxemburgischen Ratsvorsitzes erarbeitet wurde.

Am 1. Januar 2015 übernahmen die Niederlande den EU-Vorsitz und gaben den Startschuss für die nächste Trio-Präsidentschaft (Niederlande – Slowakei – Malta). Die Prioritäten der niederländischen Präsidentschaft wurden am 18. Februar 2016 im Rahmen der Plenartagung unter Teilnahme von Jetta Klijnsma, Staatssekretärin im niederländischen Ministerium für Beschäftigung und Soziales, präsentiert. Anhand der im Berichtzeitraum – auf Ersuchen des niederländischen Ratsvorsitzes – verabschiedeten Sondierungsstellungnahmen wird die Prioritätensetzung des EWSA im Rahmen der niederländischen Vorsitzperiode klar erkennbar: „Zukunft der EU-Städteagenda aus Sicht der Zivilgesellschaft"[13],

---

8   EWSA: Bewertung der Konsultation der Interessenträger durch die Europäische Kommission (Initiativstellungnahme), 26. Juni 2015, EESC-2015-02021-PAC-TRA.
9   EWSA: Bessere Ergebnisse durch bessere Rechtsetzung – eine Agenda der EU, 5. August 2015, EESC-2015-03697-DT-TRA.
10   1 Gruppe I (Arbeitgeber), 3 Gruppe II (Arbeitnehmer), 2 Gruppe III (Verschiedene Interessen).
11   Prioritäten des EWSA während des luxemburgischen EU-Ratsvorsitzes Juli - Dezember 2015, 2015, abrufbar unter: http://www.eesc.europa.eu/resources/docs/qe-04-15-389-de-n.pdf (letzter Zugriff: 19.9. 2016).
12   EWSA: Schaffung eines Finanzökosystems für Sozialunternehmen (Sondierungsstellungnahme), 10. September 2016, EESC-2015-03146-AS-TRA.

„Armutsbekämpfung"[14], „Gerechtere Arbeitskräftemobilität innerhalb der EU"[15], „Integration von Flüchtlingen in der EU"[16], „Externe Dimension der EU-Energiepolitik"[17], „Ein Nachhaltigkeitsforum der europäischen Zivilgesellschaft"[18], „Nachhaltigere Lebensmittelsysteme"[19], „Wandel der Beschäftigungsverhältnisse"[20], „Sharing Economy und Selbstregulierung"[21] sowie „Innovation als Impulsgeber für neue Geschäftsmodelle"[22].

Image und Öffentlichkeit

Ungeachtet seiner Anbindung ans EU-Institutionengefüge, seines langen Bestehens sowie seiner Funktion als „Brücke zur organisierten Zivilgesellschaft" (Art. 300 Abs. 1 AEUV) findet die Arbeit des EWSA in der Öffentlichkeit, aber auch in der Wissenschaft immer noch zu wenig Beachtung. Es wäre daher zweckdienlich, wenn künftig ein Bediensteter des EWSA für die Öffentlichkeitsarbeit auf nationaler Ebene in die Europahäuser (Informationsbüros von Kommission und Parlament) entsandt werden würde. Auch im Parlament sollte dem EWSA mehr Raum gewidmet werden.

Neben mangelnder Öffentlichkeit werden immer wieder Zweifel an der Sinnhaftigkeit des EWSA geäußert, unter anderem mit der Begründung, dass er Steuergelder verschwende, Doppelarbeit leisten würde und das Treffen von Arbeitnehmern und Arbeitgebern auch im Parlament stattfinden könnten. Betrachtet man allerdings die Qualität der Stellungnahmen sowie die Reform-, Kooperations- und Öffentlichkeitsbemühungen des EWSA, so sind diese Kritikpunkte nicht haltbar. Im Gegenteil: Der EWSA wird als Beratungsorgan seiner Vermittlerrolle gerecht und leistet einen wichtigen Beitrag für den Zusammenhalt Europas.

Weiterführende Literatur

Claire Guichet: Le Comité économique et social européen. Une organisation capable de s'imposer dans la gouvernance européenne?, Paris 2013.

Diana Panke/Christoph Hönnige/Julia Gollub: Consultative Committees in the European Union. No vote – no influence?, Colchester 2015.

Martin Westlake: The European Economic and Social Committee – the House of European Organised Civil Society, London 2016.

---

13 EWSA: Die Zukunft der EU-Städteagenda aus Sicht der Zivilgesellschaft (Sondierungsstellungnahme auf Ersuchen des niederländischen EU-Ratsvorsitzes), 17. Februar 2016, EESC-2016-05281-00-00-PA-TRA.

14 EWSA: Armutsbekämpfung (Sondierungsstellungnahme), 22. Januar 2016, EESC-2015-06663-00-00-PA-TRA.

15 EWSA: Gerechtere Arbeitskräftemobilität innerhalb der EU (Sondierungsstellungnahme), 27. April 2016, EESC-2016-00258-00-00-AC-TRA.

16 EWSA: Integration von Flüchtlingen in der EU (Sondierungsstellungnahme), 27. April 2016, EESC-2016-00262-00-00-AC-TRA.

17 EWSA: Die Außendimension der EU-Energiepolitik (Sondierungsstellungnahme), 28. April 2016, EESC-2016-00083-00-01-AC-TRA.

18 EWSA: Ein Nachhaltigkeitsforum der europäischen Zivilgesellschaft (Sondierungsstellungnahme auf Ersuchen des niederländischen Ratsvorsitzes), 26. Mai 2016, EESC-2016-00575-00-00-AC-TRA.

19 EWSA: Nachhaltige Lebensmittelsystems (Sondierungsstellungnahme), 26. Mai 2016, EESC-2016-00232-00-00-AC-TRA.

20 EWSA: Der Wandel der Beschäftigungsverhältnisse und seine Auswirkungen auf die Wahrung eines existenzsichernden Arbeitseinkommens sowie Auswirkungen technischer Entwicklungen auf das System der sozialen Sicherheit und das Arbeitsrecht, 25. Mai 2016, EESC-2016-00137-00-00-AC-TRA.

21 EWSA: Sharing Economy und Selbstregulierung (Sondierungsstellungnahme), 25. Mai 2016, EESC-2016-00933-00-00-AS-TRA .

22 EWSA: Innovation als Impulsgeber für neue Geschäftsmodelle (Sondierungsstellungnahme auf Ersuchen des niederländischen Rasvorsitzes), 25. Mai 2016, EESC-2016-00078-00-00-AC-TRA.

Europäische Agenturen

Michael Kaeding

Aktuell gibt es 43 Agenturen der Europäischen Union (EU-Agenturen), deren Standorte in über 19 Mitgliedstaaten verteilt sind.[1] Sie sind unabhängige Organe, die spezielle Aufgaben für die Europäische Union oder deren Mitgliedstaaten übernehmen. Die Europäische Kommission unterscheidet zwei Typen von EU-Agenturen. Aktuell sind sechs Exekutivagenturen für eine begrenzte Zeit eingerichtet und werden durch die Europäische Kommission verwaltet. Regulative Agenturen sind im Gegensatz dazu unabhängige Einrichtungen mit einer eigenen Rechtspersönlichkeit und individueller Rechtsgrundlage und werden je nach Bedarf zeitlich unbegrenzt gegründet. Ihre Aufgaben betreffen rechtliche, verwaltungstechnische, wissenschaftliche oder technische Fragen sowie Regulierungsaufgaben. Sie reichen dabei von schlichter Beobachtung und Beratung bis hin zur eigenständigen Aufsicht, Entscheidung und Kontrolle in unterschiedlichsten Politikfeldern.[2]

Mit Hilfe der EU-Agenturen gelingt es somit einerseits die europäischen Institutionen zu entlasten, hier insbesondere die Europäische Kommission, und andererseits wird die Zusammenarbeit zwischen den mitgliedstaatlichen Regierungen und der Europäischen Kommission in vielen Bereichen der Politik durch die Bündelung des auf europäischer und nationaler Ebene vorhandenen Fach- und Expertenwissens gestärkt.

Haushalte der EU-Agenturen

Alljährlich entscheidet das Europäische Parlament über die Entlastung der Haushalte der EU-Agenturen. Am 28. April 2016 standen die Haushalte aus dem Geschäftsjahr 2014 auf dem Prüfstand. Der Haushaltskontrollausschuss des Europäischen Parlaments empfahl für die Abstimmung im Oktober 2016 die Entlastung aller dezentralen EU-Agenturen. Fortschritte betonte der Ausschuss insbesondere im Bereich der Personalreduzierung. Die meisten EU-Agenturen hätten bereits 5 Prozent ihres Personals abgebaut, wie in Absatz 27 der institutionellen Vereinbarung vom 2. Dezember 2013 zwischen dem Europäischen Parlament, dem Rat und der Kommission über die Haushaltsdisziplin, die Zusammenarbeit in Haushaltsfragen und die wirtschaftliche Haushaltsführung vereinbart wurde.[3] Darüber hinaus lobte der Haushaltsausschuss, dass bereits über 80 Prozent der EU-Agenturen eine

---

1   Europäische Union: Agenturen und sonstige Einrichtungen, abrufbar unter: http://europa.eu/about-eu/agencies/index_de.htm (letzter Zugriff: 26.7.2016).
2   Michelle Everson/Cosimo Monda/Ellen Vos: EU Agencies in between Institutions and Member States, New York 2014; Esther Versluis/Erika Tarr: Improving Compliance with European Union Law via Agencies: The Case of the European Railway Agency, in: Journal of Common Market Studies 51/2013, S. 316-333; Berthold Rittberger/Arndt Wonka: Introduction: agency governance in the European Union, in: Journal of European Public Policy 18/2011, S. 780-789; Morten Egeberg/Jarle Trondal: EU-level agencies: new executive centre formation or vehicles for national control, in: Journal of European Public Policy 18/2011, S. 868-887.
3   European Parliament: Discharge for 2014 budget, abrufbar unter: http://www.europarl.europa.eu/RegData/etudes/ATAG/2016/581966/EPRS_ATA(2016)581966_EN.pdf (letzter Zugriff: 26.7.2016).

Antibetrugs-Strategie besitzen. Bedenken äußerte der Ausschuss allerdings hinsichtlich der Effizienz der Haushaltsausgaben und der Verantwortlichkeit, da es kaum Aussagen über die Wirksamkeit ihrer Tätigkeiten gibt, sowie über die Unabhängigkeit der EU-Agenturen.

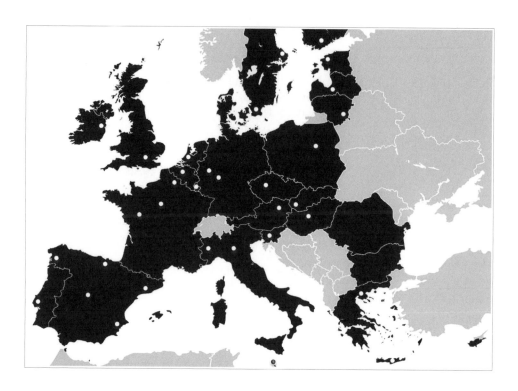

Rolle der EU-Agenturen in der europäischen Flüchtlingspolitik

Infolge der sogenannten ‚Flüchtlingskrise' traten im letzten Jahr insbesondere zwei Agenturen in den Mittelpunkt: die Europäische Agentur für operative Zusammenarbeit an den Außengrenzen der Mitgliedstaaten der Europäischen Union, kurz Frontex[4], und das Europäische Unterstützungsbüro für Asylfragen (EASO). Die steigende Zahl der in Europa ankommenden Flüchtlinge ließ den Ruf der EU-Mitgliedstaaten nach einer besseren Sicherung der europäischen Außengrenzen lauter werden und veranlasste die Europäische Kommission am 15. Dezember 2015 ein Maßnahmenpaket vorzulegen, welches „zur wirksameren Migrationssteuerung, Verbesserung der inneren Sicherheit der Europäischen Union und Wahrung des Grundsatzes der Freizügigkeit"[5] beitragen soll. Im Juni 2016 erzielten daraufhin das Europäische Parlament, der Rat der Europäischen Union und die Europäische Kommission eine Einigung für einen neuen Europäischen Grenz- und Küstenschutz.

---

4 Europäische Union: Europäische Agentur für die operative Zusammenarbeit an den Außengrenzen, abrufbar unter: http://europa.eu/about-eu/agencies/regulatory_agencies_bodies/policy_agencies/frontex/ index_de.htm (letzter Zugriff: 26.7.2016).

5 Europäische Kommission: Ein europäischer Grenz- und Küstenschutz für die Außengrenzen Europas, abrufbar unter: http://europa.eu/rapid/press-release_IP-15-6327_de.htm (letzter Zugriff: 26.7.2016).

Mit der Europäischen Agentur für Grenz- und Küstenschutz, die aus Frontex und den für das Grenzmanagement zuständigen Behörden der Mitgliedstaaten hervorgehen wird, ist diese zukünftige Agentur nicht mehr auf die Unterstützung der Mitgliedstaaten beschränkt. Die Kommission kann einen Durchführungsrechtsakt erlassen, „in dem sie feststellt, dass die Lage in einem bestimmten Abschnitt der Außengrenzen Sofort-maßnahmen auf europäischer Ebene erfordert"[6] und demnach auch gegen den Willen einzelner Mitgliedstaaten auf deren jeweiligen Territorium umgesetzt werden. Darüber hinaus ist der neuen Agentur erlaubt, selbst Ausrüstung zu erwerben, wodurch eine schnel-le Mobilisierung ermöglicht werden soll. Außerdem wird sie eine stärkere Rolle bei der Rückführung von abgelehnten Asylbewerbern und Drittstaatenangehörigen spielen, die sich ohne Genehmigung in der Europäischen Union aufhalten. Dazu soll innerhalb der Agentur eine zentrale europäische Rückführungsstelle eingerichtet und ein Standard-Reisedokument für die Rückführung eingeführt werden, mit dem Ziel die Bereitschaft der Drittstaaten zu erhöhen, die aus der Europäische Union abgeschobenen Personen aufzu-nehmen.

Neben dem Ausbau von Frontex gewann im letzten Jahr das EASO an Bedeutung. Sein Ziel ist es die Zusammenarbeit zwischen den Mitgliedstaaten im Asylbereich zu stärken und diese bei der Bewältigung von Krisensituationen zu unterstützen.[7] Dabei bietet es den Mitgliedstaaten praktische, technische und falls notwendig operative Unterstützung, unter anderem durch die Koordinierung von Asyl-Unterstützungsteams, die aus nationalen Experten im Asylbereich bestehen. Vor allem aber erleichtert EASO den Informations-austausch in Asylfragen zwischen den Mitgliedstaaten, indem es den Austausch von Infor-mationen über die Umsetzung des Gemeinsamen Europäischen Asylsystems auf nationaler Ebene koordiniert.

Europäische Aufsichtsbehörden

Neben der Flüchtlingskrise bestimmte im letzten Jahr weiterhin die europäische Finanz-, Banken- und Staatsschuldenkrise die tagespolitische Agenda. Die zur Sicherstellung eines gemeinschaftlichen Aufsichtshandelns über das europäische Finanzsystem und dessen Stabilität und Widerstandsfähigkeit gegründeten Europäischen Finanzaufsichtsbehörden (ESA) spielten hierbei immer noch eine wichtige Rolle. Die Europäische Bankenaufsichts-behörde (EBA), die Europäische Wertpapier- und Marktaufsichtsbehörde (ESMA) und die Europäische Aufsichtsbehörde für das Versicherungswesen und die betriebliche Altersver-sorgung (EIOPA) koordinierten im letzten Jahr weiterhin die tägliche Arbeit der nationalen Aufsichtsbehörden. Es wurden technische Standards entwickelt, die von der Europäischen Kommission als Delegierte und Durchführungsrechtsakte erlassen wurden. Es wurden ferner Leitlinien und Empfehlungen für nationale Aufsichtsbehörden und Finanzinstitute erstellt sowie Risiken und Schwachstellen im Finanzsektor in Form von Stresstests aufge-deckt beziehungsweise bewertet und Verletzungen des europäischen Rechts durch nationa-le Aufsichtsbehörden untersucht.

---

6   Europäische Kommission: Ein europäischer Grenz- und Küstenschutz für die Außengrenzen Europas, 2016.

7   EUR-Lex: Europäisches Unterstützungsbüro für Asylfragen, abrufbar unter: http://eur-lex.europa.eu/legal-content/DE/TXT/?uri=URISERV:jl0022 (letzter Zugriff: 27.6.2016).

Abschließend steht im Sommer 2016 nach dem Brexit-Referendum die Frage im Raum, welchen unmittelbaren Einfluss die britische Entscheidung, aus der Europäischen Union auszutreten, auf die im Vereinigten Königreich ansässigen EU-Agenturen hat. Eine erste Konsequenz wäre, dass die Europäische Arzneimittelagentur (EMA) und die EBA in einen anderen EU-Mitgliedstaat übersiedeln müssten. Sicherlich hätte dieser Umzug kurzfristig negative Folgen auf die Funktionalität und Kontinuität der Arbeit der beiden Agenturen. Zudem müsste das Vereinigte Königreich ihre jeweiligen Vertreter aus den Aufsichtsräten und Arbeitsgruppen aller EU-Agenturen zurückziehen. Da aber viele EU-Agenturen europäische Plattformen bilden, um Best Practices für nationale Verwaltungen zu entwickeln und zu verbreiten, wäre der Brexit sicherlich auch ein Verlust für die Agenturen, die in Sektoren aktiv sind, in denen die britischen Vertreter über wertvolle Expertise verfügen. Eine Agentur wie die Europäische Agentur für Flugsicherheit (EASA) beispielsweise hat in den letzten Jahren zweifellos von der Anwesenheit der britischen Civil Aviation Authority profitiert.[8]

Weiterführende Literatur

Michael Buess: European Union agencies and their management boards: an assessment of accountability and democratic legitimacy, in: Journal of European Public Policy 22/2015, S. 94-111.

Morten Egeberg/Jarle Trondal/Nina M. Vestlund: The question for order: unravelling the relationship between the European Commission and European Union agencies, in: Journal of European Public Policy 22/2015, S. 609-629.

Nuria Front/Ixchel Pérez Durán: The European Parliament oversight of EU agencies through written questions, in: Journal of European Public Policy 2015, S. 1-14.

---

8   Martijn Groenleer/Michael Kaeding/Esther Versluis: Regulatory governance through agencies of the European Union? The role of the European agencies for maritime and aviation safety in the implementation of European transport legislation, in: Journal of European Public Policy 17/2010, S. 1212-1230; Jon Pierre/B. Guy Peters: From a club to a bureaucracy: JAA, EAS, and European aviation regulation, in: Journal of European Public Policy 16/2009, S. 337-355.

3. Die politische Infrastruktur

Europäische Parteien

Jürgen Mittag

Die Kooperation von politisch nahestehenden nationalen Parteien beziehungsweise Partei-familien in Europa unterliegt sowohl in organisatorischer als auch quantitativer Hinsicht einer anhaltenden Weiterentwicklung. Die europäischen politischen Parteien – die in der bis zum Jahresende 2016 gültigen Terminologie offiziell als politische Parteien auf euro-päischer Ebene bezeichnet werden – stellen ein wichtiges Strukturelement europäischer Politik dar. Der Vertrag über die Europäische Union (EUV) schreibt ihnen die Aufgabe zu, „auf europäischer Ebene (…) zur Herausbildung eines europäischen politischen Bewusst-seins und zum Ausdruck des Willens der Bürgerinnen und Bürger der Union" beizutragen (Art. 10 EUV). Im Gegensatz zu nationalen Parteien dienen sie funktional jedoch weniger der Mobilisierung, Repräsentation und Rekrutierung und zielen auch nicht primär auf die Interaktion zwischen Staat und Bürgern. Stattdessen tragen die europäischen Parteien stär-ker zur Kommunikation, Koordination und Vernetzung zwischen der europäischen Ebene und den einzelnen nationalen Parteien bei. Die europäischen Parteien stellen dabei keine hierarchisch übergeordneten Dachorganisationen der nationalen Parteien auf EU- bezie-hungsweise Europa-Ebene dar und sie verfügen auch über keine Steuerungskompetenzen gegenüber nationalen Parteien. Ihr Pendant haben die europäischen politischen Parteien in den europäischen politischen Stiftungen. Diese sind jeweils mit einer Partei verbunden und ergänzen deren Tätigkeiten, indem sie etwa Studien durchführen oder Bildungsveranstal-tungen ausrichten.

Zum Jahresende 2015 wurden insgesamt 15 politische Organisationen vom Europä-ischen Parlament als politische Parteien auf EU-Ebene anerkannt und auf Grundlage der Parteienverordnung (Nr. 1141/2014) auch finanziell unterstützt. Unterschieden werden kann hierbei zwischen fünf Parteien (beziehungsweise deren Vorläufern), die sich bereits im Zuge der ersten Europawahl 1979 formierten (SPE, EVP, ALDE, EFA, EGP) und in (fast) allen EU-Staaten mit nationalen Mitgliedsparteien vertreten sind. Diese europä-ischen Parteien finden ihr parlamentarisches Gegenstück in einer größeren Anzahl von Europaabgeordneten in dauerhaften Fraktionen (S&D, EVP) beziehungsweise Fraktions-gemeinschaften (ALDE, Grüne/EFA). Weitere vier Parteien bezogen ihren Gründungs-impuls primär aus der Verordnung (Nr. 2004/2003) des Jahres 2003 zur Parteien-finanzierung auf europäischer Ebene (EL, EDP, EUD, ECPM); diese vier Parteien weisen grundsätzlich stabile Strukturen auf, sie sind aber nur in einem Teil der EU-Staaten mit nationalen Parteien verankert. Zudem fällt ihre Repräsentation durch Europaabgeordnete in den Fraktionen (GUE/NGL, ALDE, ECR, Grüne/EFA) schwächer und heterogener aus.

Hinzukommen weitere sechs Parteien, die seit 2009 im Wesentlichen mit europa-kritischer, nationalistischer oder rechtsextremer Zielsetzung entstanden sind (AECR, AENB, EAF, MENL, ADDE, APF). Der Gründungsimpuls dieser europäischen Parteien, die in der Regel jeweils nur in wenigen Staaten und einer begrenzten Anzahl nationaler Parteien verankert sind, geht primär auf Erfolge bei den Europawahlen 2009 und 2014 zurück. Im Europäischen Parlament sind sie entweder durch fraktionslose Abgeordnete, in der dauerhafteren EKR oder in einer der beiden erst im Zuge der letzten Wahlen entstandenen rechtsextremen Fraktionen (ENF, EFDD), durch Mandatsträger repräsentiert.

Die rechtliche Anerkennung und die Finanzierung europäischer Parteien haben seit deren Gründung immer wieder zu Kontroversen geführt. Mit dem Ziel, einfachere und präzisere Regeln sowie einen stärkere Akzeptanz findenden rechtlichen Rahmen zu etablieren, wurde am 22. Oktober 2014 die Verordnung „über das Statut und die Finanzierung europäischer politischer Parteien und europäischer politischer Stiftungen" verabschiedet, die bereits in Kraft ist, aber erst zum 1. Januar 2017 wirksam wird. Diese neue Verordnung sieht – neben einer terminologischen Anpassung, da ab 2017 auch offiziell die Bezeichnung „europäische politische Parteien" verwendet wird – weiterhin eine Verpflichtung zur Registrierung der Parteien im Vereinsregister des Staates vor, in dem sich die Partei gegründet hat. Die Verordnung schafft zugleich aber die Basis für die lange geforderte europäische Rechtspersönlichkeit der europäischen Parteien. Um eine systematische Prüfung der europäischen Parteien zu ermöglichen, wurde am 1. September 2016 eine neue Behörde für europäische politische Parteien und Stiftungen (BEUPS) eingerichtet, die die Aufgabe hat, die Anerkennung, Kontrolle und gegebenenfalls auch Sanktionierung der europäischen politischen Parteien und Stiftungen zu regeln. Die Behörde sitzt im Europäischen Parlament und administriert künftig die rund 31 Mrd. Euro pro Jahr, die an die europäischen Parteien ausgeschüttet werden, sowie die etwa 19 Mio. Euro, die an die europäischen Stiftungen gehen. Die Verordnung hat des Weiteren die Grundlage zur Einrichtung eines sechsköpfigen Ausschusses unabhängiger Persönlichkeiten geschaffen, der auf Anfrage der BEUPS Stellungnahmen über Verstöße einer europäischen politischen Partei oder einer europäischen politischen Stiftung gegen die Werte der Europäischen Union abgibt. Je zwei Mitglieder des Ausschusses werden vom Europäischen Parlament, dem Rat der Europäischen Union und der Europäischen Kommission benannt.

Mit dem neuen rechtlichen Rahmen wird die Rolle der europäischen Parteien einmal mehr strukturell gestärkt. Die Verordnung bildet damit einen weiteren Baustein in der langen Kette von Aktivitäten zur Ausgestaltung einer parlamentarischen Infrastruktur auf europäischer Ebene. Es muss aber ein Fragezeichen hinter Überlegungen gesetzt werden, dass die neuen Strukturen auch zu einer Föderalisierung der europäischen politischen Parteien oder sogar zu einer Ausweitung ihres Funktionskataloges führen werden.[1] Nach dem Aufmerksamkeitsschub durch die Kür von Spitzenkandidaten für die Europawahlen 2014 sind die europäischen politischen Parteien wieder weitgehend aus dem Blickfeld der Medien verschwunden; zur politischen Willensbildung tragen sie eher hinter als vor den Kulissen bei. Die vielfach geäußerte Perspektive, dass die europäischen politischen Parteien neue Impulse zur Stärkung einer europabezogenen Debattenkultur liefern, hat sich damit nicht im erwarteten Ausmaß eingestellt. Die Hauptaufgabe der europäischen politischen Parteien besteht weiterhin darin, zwischen den unterschiedlichen Interessen der Mitgliedsparteien zu vermitteln und zu deren Vernetzung und Koordination auf EU-Ebene beizutragen.

---

1   Siehe für entsprechende Überlegungen die Debattenbeiträge, abrufbar unter: http://www.foederalist.eu/2016/01/zukunft-europaische-parteien-serie-auftakt.html (11.10.2016).

Tabelle: Formal anerkannte politische Parteien auf europäischer Ebene

Partei	Gründung/ Reform	Sitz	Mitglieds-Parteien	EP-Fraktion	Politische Ausrichtung	EU-Finanzierung 2016[2]
Sozialdemokratische Partei Europas (SPE)	1974 1992	BE	33 VM aus 28 MS 13 AM/12 B	S&D	sozialdemokratisch /sozialistisch	7,154
Europäische Volkspartei (EVP)	1976 1999	BE	37 VM aus 30 MS 6 AM/13 B	EVP	christdemokratisch (konservativ)	8,684
Allianz der Demokraten und Liberalen für Europa (ALDE)	1976 1993	BE	61 VM aus 38 MS	ALDE	liberal	1,242
Europäische Freie Allianz (EFA)	1982 1994 2004	BE	38 VM aus 16 MS 2 AM/6 B	Grüne/EFA (ECR, GUE/NGL)	regional „nationalistisch"	2,337
Europäische Grüne Partei (EGP)	1983 1992 2004	BE	41 VM aus 35 MS 3 AM	Grüne/ EFA	grün/alternativ	0,777
Europäische Linke (EL)	2004	BE	13 VM aus 20 MS 6 B	GUE/ NGL	sozialistisch/postkommunistisch	1,798
Europäische Demokratische Partei (EDP)	2004	BE	16 M aus 14 MS	ALDE (S&D)	zentristisch (liberal)	0,588
Europäer vereint für Demokratie – Allianz für ein Europa der Demokraten (EUD)	2005	DK	12 M aus 12 MS	ALDE, Grüne/EFA, GUE/NGL	europaskeptisch	0,431
Europäische Christliche Politische Bewegung (ECPM)	2002 2010	NL	15 VM aus 14 MS 28 AM	EKR	christlich/ evangelikal	0,547
Allianz der Europäischen Konservativen und Reformisten (AKRE)	2009	BE	21 VM aus 17 MS	EKR	nationalkonservati v/europaskeptisch	2,532
Europäische Allianz nationaler Bewegungen (EAMN)	2009	FR	9 VM aus 9 MS 5 AM	–	rechtsextrem	0,392
Europäische Allianz für Freiheit (EAF)	2010	MT	10 M aus 10 MS	ENF	rechtspopulistisch	0,391
Bewegung für ein Europa der Nationen und der Freiheit (BENF)	2014	FR	5 M aus 5 MS	ENF	europaskeptisch/ rechtsextrem/ rechtspopulistisch	1,55
Allianz für direkte Demokratie in Europa (ADDE)	2014	UK	13 M aus 11 MS	EFDD	europaskeptisch/ rechtsextrem	1,4
Allianz für Frieden und Freiheit (APF)	2015	BE	12 M aus 12 MS	–	rechtsextrem	0,4

Legende: M = Mitgliedspartei / MS = Mitgliedstaaten / VM = Vollmitglied(partei) / AM = Assoziiertes
Mitglied / B = Beobachter.
Stand der Angaben: September 2016.

---

2   In Mio. Euro (gerundet). Daten zur Parteienfinanzierung: http://www.europarl.europa.eu/pdf/grants/Grant
    _amounts_parties_01-2016.pdf

Dies dokumentieren auch die spezifischen Aktivitäten der europäischen Parteien in den letzten Monaten: Das wichtigste Ereignis der Europäischen Volkspartei (EVP) war – neben einer Festveranstaltung Ende Mai 2016 in Luxemburg anlässlich des 40jährigen Bestehens der Parteiorganisation – der im Oktober 2015 abgehaltene 23. Kongress in Madrid. Bei den turnusgemäßen Wahlen wurde EVP-Präsident Joseph Daul im Amt bestätigt; neu gewählt wurde der CDU-Europaparlamentarier David McAllister zu einem der Vizepräsidenten und Bundeslandwirtschaftsminister Christian Schmidt (CSU) zum neuen Schatzmeister. Inhaltlich ging es auf dem Kongress vor allem um die EU-Flüchtlingspolitik und die Frage der Grenzsicherung, die seitens der Mitgliedsparteien kontrovers diskutiert wurden.

Wie schwierig sich die Koordinierungs- und Vermittlungsaktivitäten der europäischen Parteien darstellen, zeigt die Debatte um den Brexit in der Sozialdemokratischen Partei Europas (SPE.) Zahlreiche direkt oder über die SPE vermittelte Offerten von sozialistischen beziehungsweise sozialdemokratischen Parteien aus anderen EU-Mitgliedsländern, sich in den Referendumsdebatten in Großbritannien zu engagieren, wurden von der britischen Labour Party abgelehnt.

In der Partei Allianz der Demokraten und Liberalen für Europa (ALDE) ist der niederländische Europaabgeordnete Hans van Baalen (VVD) auf dem Budapester Kongress im November 2015 zum Nachfolger von Graham Watson gewählt worden. Er setzte sich gegen seinen estnischen Konkurrenten durch, den ehemaligen Ministerpräsidenten und EU-Kommissar Siim Kallas (Estnische Reformpartei). Markus Löning von der FDP wurde zu einem der fünf Vizepräsidenten gewählt. Mit der ungarischen Partei Liberalisok und der Alliance of Liberals and Democrats Party aus Rumänien wurden zwei neue Parteien aus Osteuropa aufgenommen, die beispielhaft für die unlängst auch wissenschaftlich eingehender behandelte Frage stehen, inwieweit die anhaltenden Veränderungen in den Parteiensystemen Mittel- und Osteuropas Auswirkungen auf die europäischen Aktivitäten haben und vice versa.[3]

Dass die europäischen politischen Parteien das vergangene Jahr auch zu einer grundsätzlichen Reflexion über Europa genutzt haben, zeigen exemplarisch die Aktivitäten des ,Councils' der Europäischen Grünen Partei (EGP) im Mai 2016 in Utrecht, der sich unter anderem mit den Fragen und Themen „What Holds Europe Together?" und „Europa Quo Vadis? Facts, Ideas And Alliances To Bring Back The European Dream" befasste.

Die Europäische Freie Allianz (EFA) hat Ende März 2016 auf ihrer General Assembly auf Korsika ihren Präsidenten François Alfonsi, Europaabgeordneter und Politiker der korsisch-nationalistischen Partei PNC, wiedergewählt. Inhaltlich hat die EFA ihr Kernthema Regionalismus vor allem mit Blick auf Katalonien, Korsika und Schottland behandelt, sich aber auch mit der Flüchtlingskrise und dem Terrorismus auseinandergesetzt.

In der Linkspartei EL spielen Grundsatzdebatten und theoretische Erörterungen traditionell eine zentrale Rolle. Eine wichtige Funktion kommt in diesem Zusammenhang der Sommeruniversität zu, die 2016 in Chianciano Terme in der Toskana stattfand. Zu den hier in Workshops und Diskussionsrunden behandelten Fragen gehörten vor allem wirtschaftliche und soziale Themen wie TTIP, Austerität, Prekarisierung und die Situation geflüchteter Menschen.

---

3   Siehe hierzu auch Edoardo Bressanelli: Europarties After Enlargement. Organization, Ideology and Competition, Houndmills/Basingstoke 2014 und Benjamin v.d. Berge: Im Osten was Neues. Die Osterweiterung der Europarteien und ihr Einfluss auf mittel- und osteuropäische Partnerparteien, Baden-Baden 2015.

Die von Francois Bayrou und Francesco Rutelli geleitete, romanisch dominierte Europäische Demokratische Partei (EDF) konnte mit der Partido Democrático Republicano aus Portugal ein neues Mitglied aufnehmen, das national indes parlamentarisch nicht vertreten ist. Inhaltlich setzte sich die Partei auf ihren Tagungen mit der Frage neuer politischer Strukturen und einer Reform politischer Partizipation auseinander, wobei auch Regionen jenseits der Europäischen Union mehr Aufmerksamkeit beigemessen wurde. Die nordisch geprägte, basisdemokratisch orientierte europaskeptische Partei Europäer vereint für Demokratie (EUD) hielt ihr Annual General Meeting 2015 unter Leitung ihrer Präsidentin Patricia McKenna in Berlin ab. Besondere Aufmerksamkeit widmete auch die EUD der Flüchtlingsfrage.

Die Europäische Christliche Politische Bewegung (ECPM) kam im Juni 2016 unter der Leitung des finnischen Christdemokraten Peter Östman zur 12. General Assembly in Rotterdam zusammen und stellte die Flüchtlingsfrage ebenfalls in den Mittelpunkt. Verfolgt wurde hier das Motto „Crossing the border: Giving direction to the refugee debate in a divided Europe". Für Aufsehen sorgte aufgrund von Aussagen zur Flüchtlingspolitik der Ausschluss der deutschen AfD-Politikerin Beatrice von Storch aus der ECPM.

Aus der Gruppe der nach 2009 gegründeten europäischen politischen Parteien weist allein die Europäische Konservative und Reformer (EKR) ein stärkeres organisatorisches und programmatisches Profil auf. Außergewöhnlich war mit Tunis der Tagungsort der Annual Conference der Allianz der Konservativen und Reformer in Europa (AKRE) im November 2015. Thematisiert wurde unter der Leitung des Europaabgeordneten und Präsidenten der Partei Jan Zahradil neben den politischen Reformen in Nordafrika und im Nahen Osten auch die Notwendigkeit souveräner staatlicher Entwicklung.

In der Regel folgt die Parteibildung auf europäischer Ebene der Konstituierung als Fraktion im Europäischen Parlament. Angesichts der beträchtlichen Ressourcen des Europäischen Parlaments, die Fraktionen – jedoch nicht einzelnen Abgeordneten – zukommen, besteht ein hoher Druck zum fraktionellen Zusammenschluss, vor allem im unmittelbaren Nachgang zu den Europawahlen. Im rechtspopulistischen und rechtsextremen Bereich verliefen diese Prozesse zuletzt jedoch differenzierter: So stellt die Allianz für Direkte Demokratie in Europa (ADDE) ein zeitlich nachgelagertes und mit Blick auf die Aktivitäten auch nachgeordnetes Parteiprojekt der Fraktion Europa der Freiheit und der direkten Demokratie (EFDD) unter Federführung der britischen UKIP dar. Demgegenüber wurde die Bewegung für ein Europa der Nationen und der Freiheit (MENL) 2014 zunächst als europäische Partei gegründet, da das notwendige Quorum zur Fraktionsbildung im Europäischen Parlament nicht erreicht wurde. Die anhaltende, wenngleich schwach ausgeprägte Kooperation im europäischen Parteirahmen unter Federführung des Front National hat dann – einhergehend mit Fraktionswechseln – den Boden zur Fraktionsbildung bereitet.

Beträchtliche mediale Aufmerksamkeit und vielschichtige Kritik im Europäischen Parlament hat die Gründung der rechtsextremen Allianz für Frieden und Freiheit als europäische Partei (APF) im Februar 2015 nach sich gezogen, da die EU-Zuwendungen dazu beitragen, Treffen von verfassungsfeindlich ausgerichteten Bewegungen, wie im Mai 2016 in Stockholm geschehen, zu finanzieren. Da sich die AFP aber zumindest in ihren offiziellen Dokumenten und Stellungnahmen zu den Grundwerten der Europäischen Union, zum Teil mit wortwörtlicher Übernahme der vorgegebenen EU-Textbausteine, bekennt, eröffnet der gegenwärtige rechtliche Rahmen der Europäischen Union nur begrenzte Handhabe. Als grundsätzliches Kennzeichnen sowohl der Allianz für Frieden und Freiheit als auch der weiteren nach 2009 gegründeten europäischen Parteien ist ihr nur schwach ausgeprägtes europäisches Profil und eine höchst begrenzte Anzahl von Aktivitäten auszumachen.

Selbst die zentrifugalen Wirkungen des Brexit wurden hier kaum näher thematisiert. Mit der Bewegung für ein Europa der Freiheit und der Demokratie (MELD), die der MENL-Fraktion nahestand, verabschiedete sich eine europäische politische Partei auch wieder aus der Liste der offiziell anerkannten Organisationen, da die Partei für 2016 keinen neuerlichen Antrag auf Parteienfinanzierung stellte und ihre potenzielle Nachfolgepartei Alternative for Europe (AFE) formal nicht anerkannt wurde.

Mit Ausnahme des auch parlamentarisch unbeständigen rechtsextremen Lagers zeugen die Entwicklungen der europäischen politischen Parteien – ungeachtet aller konstitutionellen Änderungen – eher von inkrementeller Weiterentwicklung als von grundlegendem Wandel. Vieles deutet darauf hin, dass die europäischen Parteien absehbar lediglich schrittweise Veränderungen erfahren und weder als Legitimationsstifter noch als Wahlkampflokomotiven stärker sichtbar in Erscheinung treten werden. Für einen grundlegenden Funktions- und Rollenwandel bedürfte es nicht zuletzt einer Änderung des Europawahlrechts mit transnationalen Wahllisten und europaweiter Kandidatenrekrutierung. Diese steht trotz entsprechender Initiativen des Europäischen Parlaments, die Sichtbarkeit der europäischen Parteien – unter anderem durch Namen und Logos auf den Stimmzetteln – zu erhöhen, gegenwärtig nicht auf der politischen Agenda. Da die Mitgliedstaaten entsprechende Initiativen ins Leere laufen lassen, bleibt vielmehr abzuwarten, ob die Terrain- und temporären Aufmerksamkeitsgewinne der europäischen politischen Parteien im Vorfeld der Europawahl 2014 bei den Wahlen 2019 zu wiederholen sein werden.

Weiterführende Literatur

Hartwig Hummel: Europaparlament und Europaparteien. Konfliktlinien auf dem Weg zu einem sozialen Europa, in: Ulrich von Alemann et al. (Hrsg.): Ein soziales Europa ist möglich. Grundlagen und Handlungsoptionen, Wiesbaden 2015.

Michael Kaeding/Niko Switek (Hrsg.): Die Europawahl 2014. Spitzenkandidaten, Protestparteien, Nichtwähler, Wiesbaden 2015.

Ingo Take: Durch politischen Wettbewerb zu mehr Akzeptanz? Die potenzielle Rolle von Europarteien in der Perspektive der agonistischen Theorie, in: integration, S. 123-143.

Tobias Schweitzer: Die europäischen Parteien und ihre Finanzierung durch die Europäische Union, Berlin 2014.

Kirchen und Religionsgemeinschaften

Matthias Belafi

Die drei Krisen des vergangenen Jahres – Griechenland, Flüchtlinge und Brexit – haben auch die Kirchen geprägt und nicht zuletzt tiefe Meinungsverschiedenheiten zwischen beziehungsweise innerhalb der Kirchen zu Tage gebracht, die oft an den politischen Konfliktlinien der Staaten entlanglaufen.

Griechenlandkrise

Als im Sommer 2015 die Verhandlungen über eine Rettung Griechenlands ganz Europa bewegten, bezogen auch die Kirchen Position. Der Heilige Synod der orthodoxen Kirche von Griechenland bat die Europäische Union in einem offenen Brief, „einmal mehr Verständnis und Solidarität zu zeigen, damit eine gegenseitig akzeptable Lösung für Griechenlands ökonomische Probleme gefunden werden kann." Auch vor dem Referendum über ein neues Hilfspaket äußerten sich griechische Kirchenvertreter: Der Metropolit von Thessaloniki bekundete, für Europa zu stimmen, und der Erzbischof von Athen appellierte für nationale Einheit und für den Verbleib in der „gemeinsamen europäischen Familie".[1] Die Konferenz Europäischer Kirchen (KEK) forderte von allen Beteiligten eine Lösung, die Griechenland eine Zukunft in der Eurozone ermöglicht. Papst Franziskus bekundete dem griechischen Volk seine Nähe und rief zum Gebet für Griechenland auf.[2] Währenddessen kamen das Vermögen und die Privilegien der orthodoxen Kirche in die Kritik.[3] Aus Protest gegen die am 13. Juli 2015 erzielte Einigung kündigte die griechische Kirche die Abberufung ihres Vertreters bei der Europäischen Union an,[4] das Büro wurde schließlich jedoch nicht geschlossen.

Flüchtlingskrise

In der Tradition ihres Engagements für Migranten[5] haben die Kirchen von Anfang an in der Flüchtlingskrise deutlich Position bezogen. Am 9. September 2015 adressierten der Weltkirchenrat und die KEK einen Brief an die Gläubigen, in dem sie unter dem Eindruck der in Europa ankommenden Flüchtlinge zu einem offenen Umgang aufriefen und „für ein

---

1   Kathpress: Griechen-Referendum: Bischof beklagt Verunsicherung, Verzweiflung, 3.7.2015.
2   KEK: Greece Crisis: CEC expresses solidarity with Greek churches, 3.7.2015, abrufbar unter: http://www. ceceurope.org/greece-crisis-cec-expresses-solidarity-with-greek-churches/ (letzter Zugriff: 29.8.2016); Kathpress: Papst ruft zum Gebet für Griechenland auf, 1.7.2015.
3   Die Welt: „Athen sollte an die Privilegien der orthodoxen Kirche ran", 2.7.2015. Vgl. Lina Molokotos-Liederman: The impact of the crisis on the Orthodox Church of Greece: a moment of challenge and opportunity?, in: Religion, State & Society 1/2016, S. 32-50; Vasilios N. Makrides: Hat die Orthodoxie mit der tiefgreifenden Finanzkrise in Griechenland seit 2009 etwas zu tun?, in: Reinhard Flogaus/Jennifer Wasmuth (Hrsg.): Orthodoxie im Dialog, Berlin 2015, S. 371-393.
4   Kathpress: Griechische Orthodoxe Kirche beruft Leiter des EU-Büros ab, 27.7.2015.
5   Vgl. François Foret/Julia Mourão Permoser: Between faith, expertise and advocacy: the role of religion in European Union policy-making on immigration, in: Journal of European Public Policy 8/2015, S. 1089-1108.

gemeinsames europäisches Asylsystem, einschließlich menschenwürdiger Aufnahmebedingungen" plädierten. Am gleichen Tag erklärte das Präsidium der Kommission der Bischofskonferenzen der Europäischen Union (ComECE), dass Flüchtlinge nicht „mit Stacheldraht und Mauern" von Europa abgehalten werden dürften. Es sei christliche Pflicht, Flüchtlingen unabhängig von ihrer Religion zu helfen.[6] Die Präsidenten der KEK und der ComECE betonten am 18. September 2015 gemeinsam die Solidarität der Kirchen mit den Schutzsuchenden, am 2. Oktober 2015 erneuerten sie ihren Appell „für eine konzertierte, einheitliche politische Antwort auf die aktuelle Flüchtlingskrise".[7] Auch in der Folgezeit äußerten sich die europäischen Kirchenzusammenschlüsse immer wieder zur Lage. Ebenso rief Papst Franziskus wiederholt zur Solidarität mit Flüchtlingen auf und bat jede Pfarrei in Europa, einen Flüchtling aufzunehmen.[8] Am 16. April 2016 reiste er nach Lesbos, wo er mit dem Ökumenischen Patriarchen von Konstantinopel und dem Oberhaupt der Griechisch-Orthodoxen Kirche ein Flüchtlingslager besuchte, mit den Flüchtlingen zu Mittag aß und der Ertrunkenen gedachte. Der Vatikan betonte zwar, die Reise sei nicht als Kritik an der EU-Flüchtlingspolitik zu verstehen, sondern als humanitäre und ökumenische Geste; trotzdem stand sie unter dem Eindruck des EU-Türkei-Abkommens. Auf der Rückreise nahm der Papst zwölf muslimische Flüchtlinge mit in den Vatikan.[9]

Diese starken Symbole konnten nicht darüber hinwegtäuschen, dass die Flüchtlingsfrage in den Kirchen zu großen Differenzen, oft entlang der staatlichen Linien, geführt hat. Vor allem die Visegrád-Staaten hatten von Anfang an und nachdrücklich ihre Ablehnung der Flüchtlingspolitik zum Ausdruck gebracht und unter Berufung auf die christlichen Wurzeln Europas die Aufnahme von muslimischen Flüchtlingen abgelehnt. Der damalige türkische Ministerpräsident Ahmet Davutoğlu kritisierte diese „christliche Festung Europa". Der Kritik an der Aufnahme von Muslimen entgegnete Bundeskanzlerin Merkel, sie vermisse in der Gesellschaft „den Mut, zu sagen, dass wir Christen sind, (…) mal wieder in den Gottesdienst zu gehen oder ein bisschen bibelfest zu sein".[10] Auch die kirchliche Meinung geht zwischen Ost- und Westeuropa weit auseinander. Während die Vorsitzenden der Deutschen Bischofskonferenz und der EKD am Münchner Hauptbahnhof Flüchtlinge begrüßten und die Kirchen die Politik der Bundeskanzlerin aktiv mit ihrer Flüchtlingsarbeit unterstützen, erklärte der Budapester Kardinal, die Kirche würde in die Rolle von Schleppern geraten, wenn sie Flüchtlingen Unterkünfte bereitstellte.[11] Ein anderer ungari-

---

6   KEK: Refugee crisis: Ecumenical organisations respond, 10.9.2015, abrufbar unter: http://www.cec europe.org/refugee-crisis-ecumenical-organisations-respond/ (letzter Zugriff: 29.8.2016); ComECE: Flüchtlingsproblematik bedarf einer gemeinsamen europäischen Lösung, 10.9.2015, abrufbar unter: http://www.comece.eu/site/de/unserearbeit/pressemeldungen/2015/article/8868.html (letzter Zugriff: 29.8.2016).
7   KEK/ComECE: Presidents of CEC, COMECE meet in Munich, 18.9.2015, abrufbar unter: http://www.ceceurope.org/presidents-of-cec-comece-meet-in-munich/ (letzter Zugriff: 29.8.2016); dies.: Wir brauchen eine einheitliche politische Reaktion auf die aktuelle Flüchtlingskrise, 2.10.2015, abrufbar unter: http://www.comece.eu/site/de/unserearbeit/pressemeldungen/2015/article/9865.html (letzter Zugriff: 29.8. 2016).
8   Frankfurter Allgemeine Zeitung: Papst ruft Katholiken zur Aufnahme auf, 7.9.2015.
9   Frankfurter Allgemeine Zeitung: Papst Franziskus: Ich habe so viel Schmerz gesehen, 18.4.2016; Kathpress: Lombardi: Papstreise zu Flüchtlingen in Lesbos keine Kritik an der EU, 14.4.2016.
10   EUobserver: EU states favour Christian migrants from Middle East, 21.8.2015; Frankfurter Allgemeine Zeitung: Davutoglu gegen „christliche Festung Europa", 7.9.2015; Christian Geyer: Sie ist nicht der Staat – oder doch?, in: Frankfurter Allgemeine Zeitung, 15.10.2015.
11   Frankfurter Allgemeine Zeitung: Kirchen lassen sich Flüchtlingshilfe viel kosten, 31.10.2015; Cathrin Kahlweit: Eine gegen alle, in: Süddeutsche Zeitung, 9.9.2015.

scher Bischof sprach von einer „muslimischen Invasion" nach Europa.[12] Der Prager Kardinal kritisierte öffentlich die deutsche Bundeskanzlerin und distanzierte sich von der Position des Papstes; in einer Erklärung nannten die tschechischen Bischöfe den Flüchtlingsstrom eine „organisierte Migration", um den Nahen Osten von Christen zu säubern und Europa mit Muslimen zu infiltrieren.[13] Während die katholischen Bischöfe in Polen den Flüchtlingen mehrheitlich zunächst skeptisch gegenüberstanden, erklärten sie im Juni 2016, nach Vorbild der Laienbewegung Sant'Egidio in Italien Flüchtlinge über humanitäre Korridore direkt ins Land zu holen. Unter den orthodoxen Kirchen lehnte vor allem die bulgarische Kirche die Flüchtlingshilfe ab.[14] Insbesondere der Wiener Kardinal kritisierte die Haltung der osteuropäischen Bischöfe. Der Vorschlag des österreichischen Außenministers Sebastian Kurz, Flüchtlinge auf Mittelmeerinseln zu sammeln, wurde vom Vatikan als „menschenunwürdig" kritisiert. Ein österreichischer Bischof weigerte sich, ein kirchliches Grundstück für den Grenzzaun zu Slowenien zur Verfügung zu stellen. Die Pläne Österreichs, die Grenze am Brenner zu schließen, wurden ebenfalls von der Kirche in Österreich und Italien kritisiert.[15] In Italien wandten sich die Bischöfe auch gegen die restriktive Flüchtlingspolitik ihrer Regierung.[16] In Großbritannien nahm der Erzbischof von Canterbury Flüchtlinge bei sich auf und in einem Brief baten 84 anglikanische Bischöfe die Regierung, mehr Flüchtlinge ins Land zu lassen.[17]

Aus- und Wechselwirkungen von politischen Konflikten und Kirchenbeziehungen

Politische Differenzen innerhalb der Kirchen zeigten sich auch, als die Zeitschrift der ComECE zwei Artikel über die Situation in Polen und Ungarn zurückziehen musste.[18] Hinter dem Konflikt steht die grundsätzliche Frage, welche Bedeutung Religion vor allem in Osteuropa zur Definition der Nation beigemessen wird.[19] In Polen ist die katholische Kirche zwar gespalten, steht aber überwiegend in gewisser Nähe zur rechtskonservativen Regierung, deren Verstöße gegen die Rechtsstaatlichkeit sie zunächst nicht oder dann nur zögerlich kritisierte. Als Martin Schulz den „Staatsstreich-Charakter" in Polen kritisierte, bescheinigte ihm gar ein Bischof, er solle sich mit wichtigeren Dingen wie der Länge von Kerzenflammen oder der Wassermenge im Toilettenspülkasten beschäftigen.[20]

Die internationalen Krisen und die Konstellationen in den Konflikten in Syrien und der Ukraine hatten immense Auswirkungen auf die Kirchen in Europa: Die Russisch-Ortho-

---

12 Washington Post online: Hungarian bishop says pope is wrong about refugees, 7.9.2015.
13 Kathpress: Prager Kardinal: Merkels Willkommenskultur hat Angst erzeugt, 7.5.2016; Kathpress: Prag, Pressburg: Kirchliche Kontroverse zu Flüchtlingen hält an, 22.4.2016.
14 Florian Hassel: Angst und Kalkül, in: Süddeutsche Zeitung, 10.9.2015; Kathpress: Kirche in Polen will Flüchtlinge aus Nahost aufnehmen, 9.6.2016; Der Standard Online: Bulgarisch-orthodoxe Kirche gegen weitere Flüchtlinge, 26.9.2015.
15 Kathpress: Schönborn kritisiert Flüchtlingspolitik der östlichen EU-Länder, 15.12.2015; Die Presse Online: Vatikan: Kurz-Vorschlag ist „menschenunwürdig", 7.6.2016; Die Presse Online: Burgenland: Diözese verweigert Grenzzaun auf Kirchengrund, 21.4.2016; Kathpress: Brenner-Grenze: Heftige Kritik der Kirchen an Regierung, 13.4.2016.
16 Stefan Ulrich: Um 180 Grad gedreht, in: Süddeutsche Zeitung, 13.8.2015; Frankfurter Allgemeine Zeitung: An ihren Taten erkennen, 22.12.2015.
17 Jenny Stanton: Archbishop of Canterbury throws opens the doors of Lambeth Palace to migrant families and says 'Jesus was a refugee', in: Daily Mail Online, 20.9.2015; Harriet Sherwood/Toby Helm: Bishops in stinging rebuke to David Cameron over refugee crisis, in: The Observer, 18.10.2015.
18 Der Standard Online: Aufregung um Zensur beim katholischen EU-Magazin „EuropeInfos", 24.2.2016.
19 Vgl. Willfried Spohn/Matthias Koenig/Wolfgang Knöbl (Hrsg.): Religion and National Identities in an Enlarged Europe, Houndmills 2015; Greg Simons/David Westerlund (Hrsg.): Religion, Politics and Nation-Building in Post-Communist Countries, Farnham 2015.

doxe Kirche (ROK) wird immer mehr zu einer tragenden Säule des Regimes und außenpolitisch zu einem verlängerten Arm Putins.[21] Die militärische Intervention Russlands in
Syrien bezeichnete Patriarch Kyrill als „Heiligen Krieg". Das erste Panorthodoxe Konzil
seit 787 musste nach dem Abschuss eines russischen Militärflugzeugs durch die Türkei im
November 2015 auf Druck der ROK von Istanbul nach Kreta verlegt werden.[22] Konzilian-
ter zeigte sich die ROK im Sinne Putins mit dem Vatikan: Nachdem Jahrzehnte lang ein
Treffen verweigert worden war, stimmte Patriarch Kyrill einem Gespräch mit dem Papst
am 12. Februar 2016 zu, allerdings auf Kuba, weil Europa historisch zu belastet sei.[23]
Franziskus spielte die Begegnung als pastoral herunter; trotzdem ließen sich die politischen Implikationen nicht verbergen. Die Katholiken in der Ukraine fühlten sich ‚verraten', weil der Heilige Stuhl die russische Aggression nicht hinreichend verurteile, um die
ökumenischen Beziehungen nicht zu gefährden und um Russland als Schutz der Christen
im Nahen Osten nicht zu verprellen. Der Papst sah sich bemüßigt, die ukrainischen
Bischöfe zu empfangen, eine Sonderkollekte für die Ukraine auszurufen und den Kardinal-
staatssekretär zu einer Reise in die Ukraine zu schicken.[24]

Die Diskussion um den Brexit

Für seine europapolitischen Impulse[25] wurde Papst Franziskus am 6. Mai 2016 der Karls-
preis verliehen. Kommissionspräsident Jean-Claude Juncker nahm die Verleihung zum
Anlass, um die Ernennung des ersten Sonderbeauftragten für die Förderung von Religions-
und Weltanschauungsfreiheit außerhalb der Europäischen Union bekanntzugeben. Die
Schaffung eines solchen Amtes war vom Europäischen Parlament gefordert worden.[26] In
seiner Rede zur Karlspreisverleihung bekannte sich der Papst zur Europäischen Einigung.[27] Sie konnte auch als Unterstützung für den Verbleib Großbritanniens in der Europäischen Union verstanden werden, da sich bereits im Januar 2016 der vatikanische
Außenminister dafür ausgesprochen hatte.[28] Die Kirchen im Vereinigten Königreich beteiligten sich intensiv an der Debatte über das mögliche Ausscheiden aus der Europäischen
Union. In ihren offiziellen Stellungnahmen blieben die Church of England und die eng-
lische Bischofskonferenz offiziell neutral und ließen bestenfalls eine leichte Präferenz für

20 Kathpress: Warum die polnische Kirchenspitze zur Verfassungskrise schweigt, 30.1.2016; Ulrike Kind:
    Bedrohte Rechtsstaatlichkeit, in: Herder Korrespondenz 3/2016, S. 33-36; Kathpress: Polnischer Bischof
    protesiert gegen EU-Parlamentspräsident, 8.1.2016.
21 Vgl. Uwe Halbach: Die Russisch-Orthodoxe Kirche als Stütze staatlicher (Außen-)Politik und Ideologie,
    in: SWP-Aktuell 5/2016.
22 Kathpress: Patriarch Kyrill: Antiterrorkampf in Syrien ist „heiliger Krieg", 7.5.2016; Rainer Hermann: In
    Uneinigkeit vereint, in: Frankfurter Allgemeine Zeitung, 18.6.2016.
23 Julian Hans/Stefan Ulrich: Zwei Hirten auf Augenhöhe, in: Süddeutsche Zeitung, 12.2.2016.
24 Die Welt Online: Ukrainische Katholiken enttäuscht vom Papst, 14.2.2016; Kathpress: Kiewer Erzbischof
    Schewtschuk übt Kritik an Kuba-Erklärung, 15.2.2016; Kathpress: Kardinalstaatssekretär Parolin im Juni
    in der Ukraine, 11.5.2016.
25 Vgl. Sébastien Maillard: Le pape François peut-il redonner sens à l'Europe?, in: Études 5/2016, S. 7-16.
26 Europäisches Parlament: Entschließung des zu dem vom sogenannten IS verübten systematischen Mas-
    senmord an religiösen Minderheiten, 4. Februar 2016; Europäische Kommission: Präsident Juncker
    ernennt ersten Sonderbeauftragten für die Förderung von Religions- und Weltanschauungsfreiheit außer-
    halb der Europäischen Union, Pressemitteilung, 6. Mai 2016.
27 Stefan Ulrich: „Was ist mit dir los, Europa?", in: Süddeutsche Zeitung, 7.5.2016. Vgl. Björn Siller
    (Hrsg.): Mein Traum von Europa. Die Rede des Papstes zum Karlspreis und Dokumentation der Lauda-
    tionen, Freiburg 2016.
28 Florian Eder: Pope's Europe speech a boost to anti-Brexit campaign, in: Politico Online, 5.6.2016; The
    Telegraph Online: Vatican wants UK to remain in the European Union, 20.1.2016.

‚Remain' durchblicken, in persönlichen Äußerungen plädierten die Kirchenvertreter jedoch deutlich für den Verbleib.[29] Gegen den Brexit sprachen sich die Church of Scotland, der Irische Rat der Kirchen und die katholischen Bischöfe Nordirlands aus.[30] Entsprechend enttäuscht zeigten sich auch die europäischen Kirchen sowie der Papst über das Ergebnis des Referendums.[31]

Der Dialog zwischen der Europäischen Union und den Kirchen

Mit großem Engagement begleiteten die Kirchen weltweit die UN-Klimakonferenz in Paris. Papst Franziskus, der im Juni 2015 die erste Umweltenzyklika Laudato Si veröffentlicht hatte, empfing mit Blick auf die Konferenz am 16. September 2015 die Umweltminister der Europäischen Union. KEK und ComECE begrüßten entsprechend das Verhandlungsergebnis in Paris.[32]

Auch das Transatlantische Freihandelsabkommen war Gegenstand zahlreicher kirchlicher Befassungen. Insbesondere die Wirkung des Abkommens auf Drittstaaten stand im Mittelpunkt zahlreicher Stellungnahmen kirchlicher Hilfswerke, Verbände und Initiativen. Daneben haben die katholischen Bischofskonferenzen der EU und der USA zu TTIP erstmals eine gemeinsame Stellungnahme veröffentlicht und ethische Standards angemahnt.[33] Aufgrund der eigenen Betroffenheit verfolgen die Kirchen seit Jahren die Novellierung des Datenschutzrechts. Die im April 2016 verabschiedete Grundverordnung sieht unter Bezugnahme auf Artikel 17 Absatz 1 des Vertrages über die Arbeitsweise der Europäischen Union (AEUV) Regelungen vor, nach denen die Kirchen ihr eigenes Datenschutzrecht fortführen können.[34]

---

29 Alexander Menden: Des göttlichen Auftrags nicht mehr sicher, in: Süddeutsche Zeitung, 17.6.2016; Kathpress: Anglikaner neutral zu „Brexit", Katholiken dagegen, 27.4.2016; Daily Mail Online: Archbishop of Canterbury Justin Welby makes a deeply personal, principled and powerful intervention against Brexit, 11.6.2016; The Spectator Online: Cormac Murphy-O'Connor: Let's vote 'in' to renew the EU, 7.5.2016.

30 Church of Scotland: General Assembly reaffirms position on European Union, 24.5.2016, abrufbar unter: http://www.churchofscotland.org.uk/news_and_events/news/recent/general_assembly_reaffirms_position_ on_european_union (letzter Zugriff: 29.8.2016); European Affairs Committee of the Irish Council of Churches: The Irish Churches and the EU Referendum, abrufbar unter: http://www.irishchurches.org/cms-files/ resources/Euro-Affairs-Doc-Email.pdf (letzter Zugriff: 29.8.2016); Northern Bishops: Statement on the UK referendum on EU Membership, 8.6.2016, abrufbar unter: http://www.catholicbishops.ie/ 2016/06/08/statement-from-northern-bishops-on-the-uk-referendum-on-eu-membership/ (letzter Zugriff: 29.8.2016).

31 KEK: UK EU-Referendum: KEK fordert erneuerte Verpflichtung zur Einheit in Zeiten der Spaltung, 24.6.2016, abrufbar unter: http://www.ceceurope.org/uk-eu-referendum-kek-fordert-erneuerte-verpflich tung-zur-einheit-in-zeiten-der-spaltung (letzter Zugriff: 29.8.2016); ComECE: „Es ist Zeit für Europa, nach vorne zu schauen", 27.6.2016, abrufbar unter: http://www.comece.eu/es-ist-zeit-fuer-europa-nach-vorne-zu-schauen (letzter Zugriff: 29.8.2016); Frankfurter Allgemeine Zeitung: Papst übt Kritik an Brexit-Votum und katholischer Kirche, 28.6.2016.

32 News.va: The Pope to EU environment ministers: it is time to honour our ecological debt, 16.9.2015; KEK: Paris Climate Agreement: A signal of hope, 14.12.2015, abrufbar unter: http://www.ceceurope.org/ paris-climate-agreement-a-signal-of-hope/ (letzter Zugriff: 29.8.2016); ComECE: COP21: Das Pariser Abkommen in konkrete Schritte umsetzen, 14.12.2015, abrufbar unter: http://www.comece.eu/site/de/ unserearbeit/pressemeldungen/2015/article/9925.html (letzter Zugriff: 29.8.2016).

33 ComECE: Freier Handel braucht einen Ordnungsrahmen und ethische Prinzipien, 16.6.2016, abrufbar unter: http://www.comece.eu/ethische-prinzipien-fuer-den-ttip-comece (letzter Zugriff: 29.8.2016).

34 Vgl. Gero Ziegenhorn/Hanka von Aswege: Kirchlicher Datenschutz nach staatlichen Gesetzen?, in: Kirche und Recht 2/2015, S. 198-210; Tamina Preuß: Das Datenschutzrecht der Religionsgesellschaften, in: Zeitschrift für Datenschutz 5/2015, S. 217-224.

Der Dialog zwischen der Europäischen Union und den Kirchen[35] beschäftigte sich besonders mit der Flüchtlingsproblematik, so zum Beispiel die Dialogseminare der Europäischen Kommission mit den christlichen Kirchen und mit Weltanschauungsgemeinschaften sowie ein hochrangiges Treffen mit Weltanschauungsgemeinschaften.[36] Daneben gab es zahlreiche bilaterale Begegnungen, etwa ein Besuch des Rates der Evangelischen Kirche in Deutschland bei der Europäischen Union am 23. April 2016.[37] Eine Dialogveranstaltung des Europäischen Parlaments am 1. Dezember 2015 befasste sich mit der Verfolgung von Christen, eine Veranstaltung mit muslimischen Vertretern am 26. April 2016 mit Radikalisierung.[38] Die Europäische Kommission ernannte Koordinatoren für die Bekämpfung von Antisemitismus und Islamophobie.[39] Während der Ratspräsidentschaften Luxemburgs und der Niederlande empfing Papst Franziskus die jeweiligen Ministerpräsidenten.[40] Zudem gibt es für die Europäische Union neue kirchliche Ansprechpartner: Die KEK wählte den Finnen Heikki Huttunen, die ComECE den Franzosen Olivier Poquillon zum neuen Generalsekretär.[41]

Literatur

Jonathan Chaplin/Gary Wilton (Hrsg.): God and the EU. Faith in the European project, Abingdon/New York 2016.

Claus Dieter Classen: Die Verwirklichung des Unionsrechts im Anwendungsbereich des kirchlichen Selbstbestimmungsrechts, in: Zeitschrift für evangelisches Kirchenrecht 2/2015, S. 115-130.

Andrea Edenharter: Das Selbstbestimmungsrecht der Religionsgemeinschaften vor dem Hintergrund europäischer Grundrechtsvereinheitlichung und kultureller Diversifizierung, in: Rechtswissenschaft 2/2015, S. 167-193.

Laurens Hogebrink: Europe's Heart and Soul, Genf 2015.

Petr Kratochvíl/Tomáš Doležal: The European Union and the Roman Catholic Church. Political Theology of European Integration, New York 2015.

Brent F. Nelsen/James L. Guth: Religion and the Struggle for European Union, Washington 2015.

---

35 Vgl. Stéphanie Wattier: Quel dialogue entre l'Union Européenne et les organisations religieuses et non confessionelles?, in: Cahiers de droit européen 2-3/2015, S. 535-556.

36 European Commission: Dialogue with churches, religious associations or communities and philosophical and non-confessional organisations, abrufbar unter: http://ec.europa.eu/justice/fundamental-rights/dialogue/index_en.htm (letzter Zugriff: 29.8.2016).

37 EKD: Friedensprojekt am Scheideweg, 23.04.2016, abrufbar unter: https://www.ekd.de/presse/pm45_2016_friedensprojekt_am_scheideweg.html (letzter Zugriff: 29.8.2016).

38 Europäisches Parlament: The persecution of Christians in the world – A call for action, 1.12.2015, abrufbar unter: http://www.europarl.europa.eu/resources/library/media/20151130RES05251/20151130RES05251.pdf (letzter Zugriff: 6.9.2016); dass.: European Muslims facing radicalisation and the challenge of de-radicalisation, 26.4.2016, abrufbar unter: http://www.europarl.europa.eu/resources/library/media/20160421RES24331/20160421RES24331.pdf (letzter Zugriff: 29.8.2016).

39 European Commission: EU Commission appoints Coordinators on combating antisemitism and anti-Muslim hatred, 1.12.2015, abrufbar unter: http://ec.europa.eu/justice/newsroom/fundamental-rights/news/151201_en.htm (letzter Zugriff: 29.8.2016).

40 News.va: Audience with the Prime Minister of Luxembourg, 17.9.2015; News.va: The Pope receives the prime minister of the Netherlands, 15.6.2016.

41 KEK: Fr Heikki Huttunen named CEC General Secretary, 15.10.2015, abrufbar unter: http://www.ceceurope.org/fr-heikki-huttunen-named-cec-general-secretary/ (letzter Zugriff: 29.8.2016); ComECE: Wahlen bei der ComECE, 7.3.2016, abrufbar unter: http://www.comece.eu/site/de/unserearbeit/pressemeldungen/2016/article/10015.html (letzter Zugriff: 29.8.2016).

Kommunen in der Europäischen Union

Ulrich von Alemann

Seit dem Vertrag von Lissabon sind die Kommunen endlich als Basis im europäischen Mehrebenensystem anerkannt.[1] Die Verwurzlung der europäischen Politik im kommunalen Bereich ist nicht nur demokratietheoretisch geboten, sondern sie ist auch essentiell für die Zukunft Europas. Gerade angesichts der heute allfälligen Kritik, Politik und insbesondere auch die der Europäischen Union sei ein Elitenprojekt, ist es unverzichtbar, dass Europa in der Politik der Städte und Gemeinden fest und deutlich sichtbar verankert wird. Im Übrigen sind die Kommunen auf finanzielle Unterstützung durch die Europäische Union über die europäische Regional- und Strukturpolitik mehr denn je angewiesen. Manche Probleme, die die Kommunen mit Europa haben, sind im vergangenen Jahr nicht wirklich vorangekommen, so insbesondere beim Dauerbrenner: der kommunalen Daseinsvorsorge. Bei den aktuellen Entwicklungen von 2015 bis 2016 möchte ich mich auf drei Politiken und ein Querschnittsthema konzentrieren.

(1) Die Gleichstellungspolitik der Europäischen Union und in den Kommunen, die schon 2010 mit der EU-Strategie für die Gleichstellung von Frauen und Männern verabschiedet wurde, ist ein deutliches Stück vorangekommen. Sie fordert die Lokal- und Regionalregierungen Europas auf, die in der Charta niedergelegten Verpflichtungen innerhalb ihres Gebietes umzusetzen. Bis 2016 haben 43 Kommunen die Charta unterzeichnet; dies wurde vom Council of European Municipalities and Regions veröffentlicht.[2]

(2) Die Sozialpolitik gehört zu den nicht vergemeinschafteten Politiken der Europäischen Union. Zuwanderern aus EU-Staaten stehen bereits jetzt unter bestimmten Bedingungen Sozialleistungen zu; das gilt für arbeitssuchende EU-Ausländer, die in Deutschland Hartz IV-Leistungen erhalten. Arbeitsministerin Andrea Nahles hat einen Vorschlag auf den Tisch gelegt, der EU-Bürgerinnen und -Bürger nur dann einen Anspruch auf Sozialleistung gewährt, wenn sie fünf Jahre in Deutschland gearbeitet haben. Der Deutsche Städtetag begrüßt die neue Regelung, da sie nötig sei, um „Fehlanreize für Zuwanderinnen und Zuwanderer aus anderen europäischen Mitgliedsstaaten zu vermeiden".[3] Dies ist auch vor dem Hintergrund des Brexit-Votums im Vereinigten Königreich bemerkenswert, da in der Austrittskampagne gerade Sozialleistungen für Zugewanderte problematisiert wurden. In der deutschen Politik ist dies allerdings des Weiteren umstritten. In der europäischen Sozialpolitik, die unmittelbar auf die Kommunen durchschlägt, sind im Übrigen Fortschritte nur im Trippelschritt zu verzeichnen.

---

1   Aufgrund der sehr unterschiedlichen Einbettung und Rolle der Kommunen in den Mitgliedstaaten der Europäischen Union liegt der Fokus in diesem Beitrag auf der deutschen kommunalen Ebene.

2   Karen Kühne/Jutta Troost: Die Gleichstellungspolitik der Europäischen Union und der Kommunen: Gemeinsam für mehr Geschlechtergerechtigkeit, in: EUROPA kommunal 1/2016, S. 3-4.

3   Julia Gundlach/Katharina Schuler/Steffen Dobbert: Darf sie das?, in: Zeit Online, 28.4.2016.

(3) Die Flüchtlingspolitik hat für die größten Debatten und Konflikte im vergangenen Jahr gesorgt. Sie ist eine klassische Querschnittspolitik, die von der Kommune über die Regionen (Länder) und Mitgliedstaaten bis auf die EU-Ebene und darüber hinaus auf die Weltpolitik ausstrahlt. Nach Deutschland kamen 2015 offiziell 1,1 Mio. Flüchtlinge; das sind 442.000 Erstanträge auf Asyl und damit 155 Prozent mehr als im Vorjahr.[4] Der Deutsche Städtetag weist auf die extreme Herausforderung hin, die die Flüchtlingsströme verursachen, und unterstützt den Ausbau der öffentlich geförderten Beschäftigung, der Ausbildungs- und Qualifizierungsmaßnahmen und der modularisierten und kohärenten Sprachförderung mit berufsbezogenen Elementen für Asylbewerberinnen und Asylbewerber.[5] Diesen Forderungen der kommunalen Verbände wurde weder auf der Ebene der Europäischen Union, noch auf der der Mitgliedstaaten oder in Deutschland auf der Ebene der Länder durchgreifend und nachhaltig Rechnung getragen. Bis Mitte 2016 hat sich die Situation nur insofern entspannt, als durch die Blockierung der Balkanroute und das Abkommen zwischen der Europäischen Union und der Türkei die Zuwanderungsströme drastisch zurückgegangen sind und sich die Lage – möglicherweise nur vorübergehend – entspannt hat.

Eine Auszeichnung „Europaaktive Kommune in Nordrhein-Westfalen" hat das Land Nordrhein-Westfalen aufgelegt. Es vergab am 8. Dezember 2015 zum dritten Mal die Auszeichnung an die Städte Oberhausen, Mülheim an der Ruhr, Stolberg und Xanten.[6] 2016 geht die Auszeichnung, für die sich Kreisstädte und Gemeinden bewerben können, in die vierte Runde. Die Auszeichnung wurde in einem gemeinsamen Projekt des Ministeriums für Bundesangelegenheiten, Europa und Medien mit der Bertelsmann-Stiftung und der regionalen Vertretung der Europäischen Kommission in Bonn entwickelt.[7] Es wäre wünschenswert, wenn mehr Bundesländer diesem Beispiel folgen würden.

Weiterführende Literatur

Ulrich von Alemann/Klaudia Köhn: Förderung kommunaler Europa-Arbeit, Gütersloh 2013.

Ulrich von Alemann/Eva G. Heidbreder/Hartwig Hummel/Domenica Dreyer/Anne Gödde (Hrsg.): Ein soziales Europa ist möglich. Grundlagen und Handlungsoptionen, Wiesbaden 2015.

Sonja Witte: Einflussgrad der deutschen kommunalen Ebene auf die Politikgestaltung der EU, Frankfurt/M. 2013.

---

4 Kay Ruge: Die europäische Flüchtlingspolitik aus Sicht der deutschen Kommunen: Kritik am europäischen Krisenmanagement, in: EUROPA kommunal 2/2016, S. 3-7, hier S. 3

5 Deutscher Städtetag: Integration von Flüchtlingen und Asylbewerbern in den Arbeitsmarkt, abrufbar unter: http://www.staedtetag.de/presse/beschluesse/077667/index.html, 20.4.2016 (letzter Zugriff 16.8.2016).

6 Ministerium für Bundesangelegenheiten, Europa und Medien: Die Landesregierung zeichnet vier Städte als Europaaktive Kommune in Nordrhein-Westfalen aus, 8.12.2015, abrufbar unter: http://www.europaaktivekommune.nrw.de/index.php?id=40&tx_ttnews%5Btt_news%5D=72&cHash=ffd3fb0235728f721241e476b4891d20 (letzter Zugriff: 16.8.2016).

7 Ulrich von Alemann/Klaudia Köhn: Förderung kommunaler Europa-Arbeit, Gütersloh 2013, S. 24-26.

Lobbyismus in der partizipativen Demokratie

Bernd Hüttemann

Nicht nur die europäischen Institutionen agierten unter den Bedingungen äußerer und innerer Krisen, sondern auch die intermediäre Sphäre. Unterhalb des Radars fanden dennoch beachtliche Entwicklungen statt. Die erst 2015 vorgestellte Kommissionsstrategie der „Besseren Rechtsetzung" mündete in der Begründung eines neuen Politikgestaltungs-zyklus. Interessengruppen werden in der Folge sowohl prozessual als auch in der Umsetzung eingebunden, wobei bestehende Mitwirkungsmöglichkeiten von Interessenträgern mit einer Tendenz zur Exklusivität der Beteiligten strukturiert werden. Vor allem das Transparenzregister wird öffentlich diskutiert. Es eignet sich weiter hervorragend als Negativschablone für ‚Brüsseler Lobbyismus', doch schafft es auch Klarheit für Verantwortungszusammenhänge. Hierzu zählt die zunehmende Klärung und Klassifizierung des Begriffs ‚Lobbyismus'. So erreichte die Praxis des informellen Trilogs zwischen Rat, Parlament und Kommission erstmals stärkere Aufmerksamkeit. Ein neuer Trend scheint die Betrachtung von Lobbyismus in den Ständigen Vertretungen der Mitgliedstaaten zu sein.

‚Bessere Rechtsetzung' der Institutionen und externe Initiativen im Politikgestaltungszyklus

Der Europäischen Kommission gelingt es zunehmend, gemeinsam mit dem Rat der Europäischen Union und dem Europäischen Parlament einen Politikgestaltungzyklus zu definieren, der ‚Bessere Rechtsetzung' ex-ante und ex-post verstärkt umfassen soll (dieser beinhaltet Konsultation, Folgenabschätzungen, Umsetzung und Evaluierung). Der von der Juncker-Kommission schon 2014 propagierte Prozesscharakter geht einher mit der Beschränkung und der Absicht der Verringerung von Legislativakten beziehungsweise dem Rückbau bestehender europäischer Rechtsetzung.

Das schon seit 2012 bestehende Programm zur Gewährleistung der Effizienz und Leistungsfähigkeit der Rechtsetzung (REFIT) wurde integraler Bestandteil des neuen Programms.[1] Neu ist die REFIT-Plattform bestehend aus zwei ständigen Gruppen, erstens der Gruppe der Sachverständigen aus den Mitgliedstaaten (Gruppe der Regierungsvertreter) und zweitens der Vertreter der Wirtschaft, der Sozialpartner und der Zivilgesellschaft (Gruppe der Interessenträger). Sie löste die bis 2014 bestehende Hochrangige Gruppe im Bereich Verwaltungslasten ab. Tatsächlich sind auch im Arbeitsprogramm 2016 der Kommission weniger Gesetzesinitiativen geplant. Die verringerte Quantität geht mit einer größeren Gründlichkeit einher, die vor allem größeren Interessengruppen Zugang zum Gesetzgebungsprozess verschafft. Die REFIT-Plattform besteht aus repräsentativen Verbänden, aber auch aus einfachen Initiativen, die von der Kommission ernannt werden. Sie tagte am 29. Januar 2016 erstmals unter dem Vorsitz des Ersten Vizepräsidenten der

---

1   Europäische Kommission: REFIT – so wird das EU-Recht schlanker, einfacher und effizienter, abrufbar unter: http://ec.europa.eu/smart-regulation/refit/index_de.htm (letzter Zugriff: 21.9.2016).

Europäischen Kommission, Frans Timmermans. Ihre Zusammensetzung ist, insbesondere durch repräsentative Verbände, relativ ausgewogen. Trotz Skepsis nutzen die beteiligten Verbände den neuen direkten Zugang.[2]

Mit dem neuen Politikgestaltungszyklus der Kommission geht eine interne Kohärenz der politischen Behörde einher. Das Generalsekretariat nimmt zunehmend Einfluss auf die Struktur und Einbindung der Interessenträger, auf Seiten der, ähnlich dem Ressortprinzip, sehr eigenständigen Generaldirektionen. Bei der Vereinheitlichung von Verfahren soll 2016 eine gemeinsame Online-Konsultations-Plattform helfen. Der stets auftretende Vorwurf, dass nur Interessensgruppen in den Prozess eingebunden werden, soll zumindest sprachlich durch den zusätzlichen Begriff ‚Bürger' entkräftet werden. Vor allem das Internet dient verstärkt der direkten Einbindung der ‚Bürgermeinung'.

Der Prozess wird begleitet von einer gewissen Aufrüstung des Europäischen Parlaments durch einen eigenen Wissenschaftlichen Dienst. Eine Direktion beschäftigt sich ausschließlich mit „Folgenabschätzung und Europäischem Mehrwert". Der Rat der Europäischen Union seinerseits hat die interinstitutionelle Vereinbarung mitgetragen, ohne freilich einen großen Anteil an der ‚Besseren Rechtsetzung' zu tragen. Es bleibt daher abzuwarten, ob ‚Bessere Rechtsetzung' auch an der Schnittstelle zwischen Rat und Mitgliedstaaten wirkt.

Es gibt Kritik, dass das Programm dazu diene, eine Deregulierung im Sinne der Wirtschaftslobby voranzutreiben,[3] – ein Vorwurf, der vor allem von der Europäischen Linken und den Grünen geteilt wird. Es ist nicht erstaunlich, dass die von einer ‚Großen Koalition' aus den Fraktionen EVP, S&D und ALDE im Europäischen Parlament getragene Kommission auch hier bei der Opposition und bei in Sachfragen nicht berücksichtigten Interessengruppen größere Kritik hervorruft.

Keine Rolle mehr spielte die noch in früheren Jahren auch vonseiten der Kommission propagierte und im EU-Vertrag festgelegte „Partizipative Demokratie". Allerdings gewinnt der ‚Soziale Dialog' zwischen Arbeitgebern und Arbeitnehmern bei der Kommission zunehmend an Bedeutung.[4] Dabei steht der Kapazitätsaufbau für beide Seiten des Dialogs im Vordergrund. Hierzu zählt auch der Aufbau und die Stärkung repräsentativer Strukturen in mittel- und osteuropäischen Ländern, deren Gesellschaft wenig korporatistische Beteiligungsmechanismen und selbstregulierende Merkmale aufweisen.

Die Attraktivität der Europäischen Bürgerinitiative (EBI) nimmt weiterhin ab. Nur drei Initiativen waren bis dato erfolgreich und nur vier weitere sind derzeit gemeldet. Obwohl sie in der Öffentlichkeit wenig Beachtung findet, bildet die EBI im Europäischen Parlament und bei bürgerschaftlichen Interessengruppen ein wichtiges Thema. Die Kommission schloss sich bisher jedoch nicht den Forderungen nach einer grundsätzlichen Reform der EBI an.

Parallel verlief die Diskussion zum sprunghaften Anstieg der informellen Triloge zwischen Rat der Europäischen Union, Europäischem Parlament und Europäischer Kommission, die über 85 Prozent der Gesetzgebungsverfahren ausmachen.[5] Das auch in der Wissenschaft erst in den letzten Jahren aufgenommene Thema wurde noch Ende 2015

---

2   Vgl. James Crisp: CAP could be called in for 'better regulation' scrutiny, in: EurActiv.com, 20.6.2016.

3   Vgl. u.a. Corporate Europe Observatory: Better Regulation: corporate-friendly deregulation in disguise, 2016, abrufbar unter: http://corporateeurope.org/pomawer-lobbies/2016/06/better-regulation-corporate-friendly-deregulation-disguise (letzter Zugriff: 20.6.2016).

4   Europäische Kommission: Beschäftigung, Soziales und Integration, Sozialer Dialog, abrufbar unter: http://ec.europa.eu/social/main.jsp?catId=329&langId=de (letzter Zugriff: 29.6.2016).

als „Brüssels größtes Geheimnis"[6] bezeichnet. Am Trilog lässt sich aufzeigen, dass „effizientere schnellere" Rechtsetzung zu einem Problem sowohl für Lobbyisten also auch für den ‚Transparenz-Watchdog' namens Europäischem Bürgerbeauftragten werden kann – auch im Gegensatz zum Parlament.[7] Das sogenannte ‚Vier-Säulendokument' der Positionen (Kommission-Parlament-Rat-Trilog) wird unter Lobbyisten als seltenes Dokument gehandelt. Dabei steht nicht nur die Einschränkung, sondern auch die erhöhte Transparenz im Vordergrund.[8] Dem Beispiel der Durchführungsrechtsakte folgend bereitet die Kommission auch für Delegierte Rechtsakte ein öffentliches Register vor.[9]

Weiterhin stehen Expertengruppen in der Kritik. Das Register soll bis Ende 2016 reformiert werden.

Transparenzregister als Schablone für Lobbyismus und Verantwortungszusammenhänge

Das Transparenzregister steht weiterhin in der Kritik, ist aber allgemein anerkannt. Gleichzeitig wird die Mitgliedschaft im Register zu einem Politikum mit Nachrichtenwert. Bis Juni 2016 ist das Register um weitere 900 Einträge auf 9.442 Einträge angewachsen. Obwohl die Quantität sich stets erhöht, bleibt eine starke Kritik an der Qualität der Einträge bestehen.[10] Auch innerhalb der Wirtschaftslobby werden Ungleichheiten etwa bei der Darstellung der Anzahl der Lobbyisten, aber auch von Wettbewerbsnachteilen von stark der ‚Compliance' verschriebenen Unternehmen kritisiert.

Während die Kommission weiter ein verpflichtendes Register auch für den Rat anstrebt, gibt sich das Parlament verhalten und der Rat gänzlich bedeckt. Eine Konsultation der Kommission fand zum 1. Juni 2016 statt. Mit der Auswertung ist bis Herbst 2016 zu rechnen. Parallel hat das Parlament einen Initiativbericht zur Transparenz initiiert. Die Beschlussfassung ist zum Juli 2016 geplant.[11]

Die Sollbruchstelle des Widerstands des Rates wird zunehmend in den Ständigen Vertretungen gesehen. Gleichzeitig findet eine Europäisierung der nationalen Transparenzdebatten statt. So gilt bei aller Kritik das Brüsseler Lobbyregister als Vorbild für nationale Transparenzinitiativen, auch in Deutschland. Umgekehrt gerät Wirtschaftslobbyismus in den Ständigen Vertretungen in Brüssel zunehmend in den Fokus des kritischen NGO-Lobbyismus.[12]

---

5   Christilla Roederer-Rynning/Justin Greenwood: The culture of trilogues, in: Journal of European Public Policy 22/2015, S. 1148-1165; Mads Dagnis Jensen/Dorte Martinsen: Out of Time? National Parliaments and Early Decision-Making in the European Union, in: Gov. & oppos. 50/2015, S. 240-270.
6   Guido Tiefenthaler: Brüssels größtes Geheimnis, in: ORF.at, 6.10.2015.
7   Quentin Ariès/James Panichi: Schulz warns watchdog over transparency probe, 13.6.2016, in: politico.eu.
8   Der Europäische Bürgerbeauftragte: Entscheidung der Europäischen Bürgerbeauftragten mit Vorschlägen im Anschluss an ihre strategische Untersuchung OI/8/2015/JAS zur Transparenz von Trilogen 2016, abrufbar unter: http://www.ombudsman.europa.eu/de/cases/summary.faces/de/69213/html.book ma rk (letzter Zugriff: 30.7.2016).
9   Vgl. Edoardo Bressanelli/Christl Koop/Christine Reh: The impact of informalisation. Early agreements and voting cohesion in the European Parliament, in: European Union Politics 17/2016, S. 91-113.
10   Vgl. Lisa Bauer/Marie Thiel: EU Lobbying Transparency Public Debate – 'Have Your Say.', 11.5.2016, abrufbar unter: https://epthinktank.eu/2016/05/11/eu-lobbying-transparency-public-debate-have-your-say/ (letzter Zugriff: 9.8.2016).
11   Vgl. European Parliament/Legislative Observatory: Transparency, accountability and integrity in the EU institutions. Procedure File: 2015/2041(INI).

Beim Verhaltenskodex, etwa bei Treffen von Lobbyisten, nimmt die Kommission eine striktere Haltung ein als der Rat und sogar das Parlament. Der Wechsel des ehemaligen Kommissionspräsidenten José Manuel Barroso zur Investmentbank Goldman Sachs wurde nicht nur politisch heftig kritisiert.[13]

Ausblick im Schatten bestehender und aufkommender Krisen

Zusätzlich zu den europäischen Großkrisen mag nun auch der propagierte Austritt des Vereinigten Königreichs die Aufmerksamkeit der intermediären Einflussnahme auf den ‚normalen' europäischen Gesetzgebungsprozess einschränken. Aber mit den für Frühjahr 2017 erwarteten offiziellen Austrittsverhandlungen wird nicht nur europa- und staatsrechtliches Neuland betreten. Sie bilden auch eine vollkommen neue Dimension für mögliche lobbyistische Aktivitäten. Das ‚Europa der 27' wird nicht nur die Interessen des Gemeinwohls in der Europäischen Union und ihrer Mitgliedstaaten berücksichtigen, sondern auch das von Partikularinteressen.

Vor allem die Gemeinschaftsorgane werden Lobbyismus verrechtlichen, obgleich nicht im Gleichklang mit dem Rat und der Mehrheit der Mitgliedstaaten. Partizipative Demokratie als Ergänzung zur repräsentativen wird kaum noch propagiert. Dennoch nimmt ein strukturierter Dialog mit repräsentativen Verbänden zu.

Auch wenn die Aufmerksamkeit zu den Veränderungen in der EU-Gesetzgebung vergleichsweise gering bleiben wird, so könnte die ‚Bessere Rechtsetzung' im Zeichen eines schwindenden Einflusses des Vereinigten Königreichs zu einer stärker korporatistischen Ausrichtung im an sich pluralistischen System der Europäischen Union führen.

Weiterführende Literatur

Heike Klüver: Lobbying in the European Union. Interest groups, lobbying coalitions, and policy change, Oxford 2013.

Doris Dialer/Margarethe Richter (Hrsg.): Lobbying in der Europäischen Union. Zwischen Professionalisierung und Regulierung, Wiesbaden 2014.

---

12 Vgl. Alliance for Lobbying Transparency and Ethics Regulation (ALTER-EU): National Representations in Brussels. Open for Corporate Lobbyists 2016, abrufbar unter: http://g8fip1kplyr33r3krz5b97d1.w pengine.netdna-cdn.com/wp-content/uploads/2016/03/NationalRepresentationBrussels-FINAL.pdf (letzter Zugriff: 13.6.2016).

13 Alberto Alemanno/Benjamin Bodson: So hält man Barroso von Goldman Sachs fern, in: EurActiv.com, 26.8.2016.

Nationale Parlamente

Alexander Hoppe

Den nationalen Parlamenten der Europäischen Union ist besonders im Zuge der Verhandlungen zwischen dem britischen Premierminister David Cameron und der Europäischen Union vor dem Hintergrund des britischen Referendums (Stichwort: ‚Brexit') ein gesteigertes öffentliches Interesse zugekommen. Um die Souveränität der Mitgliedstaaten zu stärken, hatte Cameron sich in diesen Verhandlungen für eine ‚rote Karte' eingesetzt, die es nationalen Parlamenten unter bestimmten Bedingungen erlaubt, Gesetzesinitiativen der Europäischen Kommission zu stoppen. Die anderen 27 Staats- und Regierungschefs haben zwar eingewilligt, jedoch tritt jene Regelung nun nach dem Votum der Britinnen und Briten für den Ausstieg nicht in Kraft.[1] Des Weiteren hat ein Zusammenschluss vor allem osteuropäischer Parlamente die im Frühwarnmechanismus festgeschriebene Mindestanzahl an begründeten Stellungnahmen erreicht und somit der Kommission die dritte der sogenannten ‚gelben Karten' seit Inkrafttreten des Vertrages von Lissabon gezeigt. Neben diesen Aktivitäten nationaler Parlamente gab es auch im vergangenen Jahr wieder Bemühungen, die interparlamentarische Kooperation zu stärken.

Mechanismen parlamentarischen Einflusses

Der Frühwarnmechanismus, welcher den nationalen Parlamenten im Zuge einer Subsidiaritätsprüfung erlaubt, Gesetzesvorschläge der Kommission zu kommentieren und gegebenenfalls die Kommission zu einer erneuten Prüfung zu zwingen, hat den Parlamenten seit dem Vertrag von Lissabon neue Kompetenzen zur Verfügung gestellt.[2] Im Mai 2016 erreichten einige Parlamente, erst zum dritten Mal seit der Einführung dieses Mechanismus, die nötige Anzahl begründeter Stellungnahmen für eine gelbe Karte. Der Protest der Parlamente richtete sich gegen die von der Kommission vorgeschlagene Reform der Entsenderichtlinie. Diese Richtlinie regelt die Bedingungen, unter denen Arbeitnehmer von einem Mitgliedstaat in einen anderen entsandt werden können. Gemäß des von Jean-Claude Juncker ausgerufenen Credos „Gleicher Lohn für gleiche Arbeit am gleichen Ort", wollte die Kommission die Richtlinie dahingehend anpassen, dass Mitarbeiter nach den Regeln und Standards des Gastlandes entlohnt werden müssen und nicht – wie bisher möglich – nach denen des entsendenden Landes.[3]

Gegen diese Änderung regte sich vor allem in den meist betroffenen Mitgliedstaaten im Osten der Union Widerstand. Begründete Stellungnahmen aus Ungarn, Tschechien, Polen, der Slowakei, Rumänien, Kroatien, Bulgarien, Estland, Lettland, Litauen und Dänemark sorgten im Mai dafür, dass die Kommission ihren Vorschlag erneut prüfen muss. Besonders die direkte Betroffenheit der meisten an der gelben Karte beteiligten Staaten lässt

---

1   Europäischer Rat: Tagung vom 18./19. Februar 2016, Schlussfolgerungen, EUCO 71/16.
2   Alexander Hoppe: Nationale Parlamente, in: Werner Weidenfeld/Wolfgang Wessels (Hrsg.): Jahrbuch der Europäischen Integration 2014, Baden-Baden 2014, S. 361-366.
3   Siehe auch im Folgenden Frankfurter Allgemeine Zeitung: Osteuropa leistet Widerstand gegen Billigarbeiter-Regeln, 12.5.2016, S. 17

darauf schließen, dass neben rechtlichen Subsidiaritätsbedenken vor allem inhaltlicher Protest der Auslöser der gelben Karte war. Dies erklärte auch die starke Kritik an der Initiative unter anderem aus Deutschland, wo sowohl rechtlich als auch politisch Bedenken gegen die gelbe Karte geäußert wurden. In diesem Fall kann die Kommission durchaus, wie bereits im Fall der zweiten gelben Karte im Jahr 2013, die Subsidiaritätsbedenken der Parlamente übergehen und an ihrem Vorhaben festhalten. Im September 2016 hat die Kommission folgerichtig entschieden, trotz der Subsidiaritätsbedenken der Parlamente an der Richtlinie festzuhalten. „Die Entsendung von Arbeitnehmern ist naturgemäß eine grenzüberschreitende Angelegenheit", erklärte die zuständige Kommissarin Marianne Thyssen.[4] Somit ist die Initiative der nationalen Parlamente vorerst gescheitert. Da die Änderung der Richtlinie auch in vielen Mitgliedsstaaten Befürworter findet, ist nicht davon auszugehen, dass die Bedenken der nationalen Parlamentarier von ihren europäischen Kollegen weiterhin aufgegriffen werden. Die Entscheidung der Kommission dürfte nicht förderlich für die Aktivität der nationalen Parlamente sein, die weiterhin immer seltener auf die Subsidiaritätsbeschwerde zurückgreifen. So sind im Jahr 2015 nur insgesamt acht begründete Stellungnahmen bei der Kommission eingegangen, was einen weiteren Rückgang um 62 Prozent im Vergleich zum Vorjahr bedeutet. Die Kommission stellt außerdem in ihrem Jahresbericht zur Subsidiarität eine generelle Abnahme der Aktivitäten nationaler Parlamente innerhalb des politischen Dialogs fest.[5] Dies ist ein weiteres Zeichen für die Unzufriedenheit der Parlamente an ihren Möglichkeiten der politischen Einflussnahme.

Folgerichtig sind aufseiten der Parlamente neben prozeduralen Verbesserungen des Frühwarnmechanismus insbesondere zwei weitere Vorschläge in vergangenen Jahren diskutiert worden. Zum einen die bereits bekannte Idee einer ‚grünen Karte', welche den Parlamenten die Möglichkeit gäbe, in der europäischen Gesetzgebung die Initiative zu ergreifen.[6] In der Tat wurde im November 2015 die erste grüne Karte vom britischen Oberhaus initiiert. Insgesamt unterschrieben 16 Parlamente die Initiative, allerdings beteiligten sich daran weder der Deutsche Bundestag noch der Bundesrat. Die Kommission hat bereits auf die Initiative geantwortet und sich positiv dazu geäußert. Man wolle die Forderungen der Parlamente berücksichtigen.[7] Feste Zusagen im Hinblick auf die Verwirklichung klarer Vorgaben wurden jedoch nicht getroffen. Im Mai 2016 folgte eine zweite Initiative der Parlamente, in der sich acht Kammern dafür aussprachen, Unternehmen stärker für Menschenrechtsverletzungen in ihren Standorten oder von ihren Zulieferern im Ausland zur Verantwortung zu ziehen.

Die grüne Karte ist nicht vertragsrechtlich festgehalten, unterliegt damit also einer gewissen Freiwilligkeit, vor allem auf Seiten der EU-Institutionen. Ob und mit welchem Einfluss das Verfahren sich etablieren wird, bleibt also abzuwarten und wird insbesondere

---

4   Europäische Kommission: Kommission hält an der Entsenderichtlinie fest, abrufbar unter:http://ec.europa.eu/germany/news/kommission-h%C3%A4lt-reform-der-entsenderichtlinie-fest_de (letzter Zugriff: 10.04.2016).

5   European Commission: Report from the commission annual report 2015 on subsidiarity and proportionality, C(2016) 494 final.

6   Alexander Hoppe: Nationale Parlamente, in: Werner Weidenfeld/Wolfgang Wessels (Hrsg.): Jahrbuch der Europäischen Union 2015, Baden-Baden 2015, S. 373-376.

7   European Commission: C(2015) 7983 final, 17. November 2015, abrufbar unter: http://www.parl iament.uk/documents/lords-committees/eu-select/green-card/EUCommission-response-to-HoL.PDF (letzter Zugriff: 22.9.2016).

von der Reaktion der Kommission auf die ersten Initiativen abhängen. Sollten die nationalen Parlamente den Eindruck erhalten, ihre Vorschläge haben wenig Einfluss, dürften sie mittelfristig nicht gewillt sein, weitere Ressourcen in grüne Karten zu investieren.

Zudem wurde im Zuge der Verhandlungen um eine bessere Position Großbritanniens in der Union die Idee einer ‚roten Karte' diskutiert. Cameron hatte gefordert, den nationalen Parlamenten die Möglichkeit einzuräumen, Gesetzesinitiativen eigenständig zu verhindern. Diesem Vorschlag stimmten die Mitglieder des Europäischen Rats im Februar 2016 zu. Die Schlussfolgerungen legen fest, dass bei einer Quote von 55 Prozent begründeter Stellungnahmen, eingereicht spätestens zwölf Wochen nach Veröffentlichung der Initiative, jene Initiative nach Konsultationen im Rat nicht weiter verfolgt wird, sollte sie nicht hinreichend abgewandelt werden.[8] Natürlich verlieren die Schlussfolgerungen mit dem Ergebnis des britischen Referendums vom 23. Juni 2016 ihre Gültigkeit. Jedoch hatte die Initiative auch außerhalb Großbritanniens Fürsprecher und es ist durchaus vorstellbar, dass sie nun von anderen Parlamenten und Regierungen wieder aufgegriffen wird.

Neben den direkten Formen des politischen Einflusses in der Europäischen Union bleibt den Parlamenten natürlich noch das wichtige Werkzeug der Kontrolle der eigenen Regierungen. Während sich besonders seit dem Vertrag von Lissabon die Position vieler Parlamente gegenüber ihren Regierungen erheblich verbessert hat, halten viele Experten den großen Unterschied zwischen der Stärke einzelner Parlamente für problematisch. So schlägt Valentin Kreilinger vor, das Europäische Semester zu nutzen, um Parlamenten auch in wirtschaftspolitischen Fragen mehr Kompetenzen zu geben. Parlamente sollten nicht nur stärker die eigenen Regierungen, sondern auch die Kommission kontrollieren, um diese stärker demokratisch zu legitimieren.[9] Generell hat vor allem der Ruf nach einer stärkeren demokratischen Legitimation die nationalen Parlamente in der Union gestärkt und ihren Einfluss gesichert. So provozierte die Kommission im Juni 2016 großen Protest mit der Aussage, man wolle das Freihandelsabkommen mit Kanada (CETA) an den nationalen Parlamenten vorbei beschließen, um Zeit zu sparen und Blockaden zu umgehen. Auch vor dem Hintergrund des Brexit steht zu erwarten, dass der Ruf nach Mitsprache der nationalen Parlamente in der Europäischen Union noch lauter wird, auch wenn sie langfristig mit Großbritannien wohl einen ihrer größten Advokaten verlieren.

Interparlamentarische Kooperation

Weiterhin ein wichtiges Instrument des Austauschs nationaler Parlamente in der Union bleiben die institutionalisierten Foren der Zusammenarbeit, so zum Beispiel die bereits jahrelang etablierte Conference of Parliamentary Committees for Union Affairs of Parliaments of the European Union (COSAC). Halbjährlich treffen hier Gesandte der nationalen Parlamente und des Europäischen Parlaments zusammen, um Fragen der parlamentarischen Arbeit in der Europäischen Union zu besprechen und das eigene Vorgehen zu koordinieren. Dass diese Kooperation funktionieren kann, zeigt sich durch die nun etablierte grüne Karte, welche vor allem auch im Rahmen von COSAC entwickelt worden ist. Bereits im Juni 2015 hatten die Parlamente durch dieses Forum dem damaligen luxemburgischen Ratsvorsitz ein Mandat erteilt, dieses Instrument zur Stärkung des parlamentarischen Einflusses auf Unionsebene voranzutreiben. Im 24. halbjährlichen Bericht

---

8   Europäischer Rat: Tagung vom 18. und 19. Februar 2016, Schlussfolgerungen, EUCO 1/16.
9   Valentin Kreilinger: National Parliaments, Surveillance Mechanisms and Ownership in the Euro Area, Jacques Delors Institut Berlin, Studies and Reports, March 2016.

wurden schließlich die prozeduralen Rahmenbedingungen ausgelotet, wie etwa die Reichweite, Zeitabläufe und die Mindestanzahl an Parlamenten, die für eine solche grüne Karte benötigt werden. Außerdem thematisiert der Bericht mögliche Verbesserungen des Frühwarnmechanismus sowie die Einwanderungspolitik der Union vor dem Hintergrund der Flüchtlingskrise.[10]

Neben diesem Forum haben sich in den letzten Jahren zwei themenspezifische Konferenzen gebildet, zum einen für die Gemeinsame Außen- und Sicherheitspolitik und die Gemeinsame Sicherheits- und Verteidigungspolitik, zum anderen über Stabilität, wirtschaftspolitische Koordinierung und Steuerung in der Europäischen Union. Letztere ist im Fiskalvertrag 2012 initiiert worden. Allerdings konnten sich vor allem auch nationale Parlamente wie das Europäische Parlament bis zum November 2015 nicht auf eine Geschäftsordnung einigen, da die Reichweite und die in der Konferenz zu behandelnden Politikbereiche umstritten waren. Die nun beschlossene Geschäftsordnung liest sich dementsprechend wie ein kleinster gemeinsamer Nenner. Der Modus operandi ist konsensbasiert, die Schlussfolgerungen nicht bindend, und es wird vermehrt darauf hingewiesen, dass sowohl die Kompetenzen der nationalen Parlamente als auch des Europäischen Parlaments durch die Konferenz nicht beschnitten werden.[11] Hier äußert sich die größte Schwäche der interparlamentarischen Kooperation. Zwar sehen alle Beteiligten die Notwendigkeit einer strukturierten Zusammenarbeit der Parlamente, jedoch bleibt es meist bei einem unverbindlichen Austausch von Informationen. Besonders aufgrund von natürlich divergierenden Präferenzen sprechen die Parlamente nur in den seltensten Fällen mit einer Stimme, was ihren Einfluss auf die Politik der Europäischen Union häufig begrenzt.

Weiterführende Literatur

Katrin Auel/Olivier Rozenberg/Angela Tacea: To Scrutinise or Not to Scrutinise? Explaining Variation in EU-Related Activities in National Parliaments, in: West European Politics 38/2015.

Thomas Winzen/Christilla Roederer-Rynning/Frank Schimmelfennig: Parliamentary co-evolution: national parliamentary reactions to the empowerment of the European Parliament, in: Journal of European Public Policy 22/2015.

---

10   COSAC: Twenty-fourth Bi-annual Report: Developments in the European Union, Procedures and Practices Relevant to Parliamentary Scrutiny, 4. November 2015.

11   Interparliamentary Conference on Stability, Economic Coordination and Governance in the European Union: Rules of Procedure of the Interparliamentary Conference on Stability, Economic Coordination and Governance in the European Union, 10. November 2015, abrufbar unter: http://www.ipex.eu/IPEXL-WEB/conference/getconference.do?type=082dbcc5420d8f480142510d09574e02 (letzter Zugriff: 21.9.2016).

Die öffentliche Meinung

Thomas Petersen

Zu den feststehenden, tausendfach wiederholten Redewendungen der Gegenwart gehört die Behauptung, wir befänden uns in einer ‚schnelllebigen Zeit'. Tatsächlich lassen sich viele gute Gründe dafür anführen, beispielsweise das hohe Tempo der technischen Entwicklung in den letzten Jahrzehnten oder die kurze Halbwertzeit von Schlagzeilen, die dazu führt, dass politische Themen, über die sich das ganze Land aufregt, schon nach wenigen Wochen wieder vergessen sind. Doch gibt es auf der anderen Seite Themen, bei denen die Zeit beinahe still zu stehen scheint. Konrad Adenauer notierte 1965 in seinen Erinnerungen über das Jahr 1951, damals sei die Chance vertan worden, die Einigung Europas gemeinsam mit Großbritannien zu beginnen. Er schrieb: „Die ablehnende Haltung Englands gegenüber der Schaffung europäischer Gebilde war so ausgesprochen prinzipieller Natur, dass man meines Erachtens auch für die Zukunft nicht mit einer positiveren Einstellung rechnen konnte. Meines Erachtens sollte man England die Tür offen halten, aber man sollte sich nicht durch sein Nein abhalten lassen zu handeln. Es war und ist notwendig, Europa zu schaffen."[1] Dieses Zitat liest sich beinahe so, als sei es 2016 zur Illustration der Stimmung sowohl der britischen Bevölkerung als auch der deutschen im Zusammenhang mit dem ‚Brexit'-Votum in Großbritannien geschrieben worden.

Das Meinungsklima in Großbritannien

Was die britische Position betrifft, so lässt sich als Beispiel für die Kontinuität des Denkens auch die berühmte Skizze anführen, die Churchill bei einem Besuch Adenauers im Mai 1953 in London auf ein Tischkärtchen kritzelte (Abbildung 1). „Churchill", schrieb Adenauer, „fasste seine Gedanken dahin zusammen, dass die Vereinigten Staaten, Großbritannien mit dem Commonwealth und das Vereinigte Europa wie drei Kreise, die einander berühren, miteinander verbunden sein müssen (...). An dieser Haltung Großbritanniens hat sich nichts geändert."[2] Und man könnte hinzufügen, auch bis 2016 scheint sich daran wenig geändert zu haben. Wer auf die Ergebnisse von Repräsentativumfragen in Großbritannien über die Europäische Union blickt, bekommt den Eindruck, als spräche die britische Bevölkerung über einen Staatenbund, zu dem sie nicht dazugehört.

Das Umfrageinstitut Ipsos MORI hat auf der Grundlage einer Repräsentativumfrage, die kurz vor der Volksabstimmung vom 23. Juni 2016 stattfand, eine beeindruckende Liste von Punkten zusammengestellt, bei denen in Großbritannien falsche Annahmen über die Europäische Union vorherrschen oder zumindest bei einem erheblichen Teil der Bevölkerung vorhanden sind. So überschätzten die Befragten massiv die Zahl der Familien, die britische Sozialleistungen im Ausland beziehen, vier von zehn sogar um das Vierzig- bis Hundertfache. Die Verwaltungsausgaben der Europäischen Union wurden im Durchschnitt um mehr als das Vierfache überschätzt; gerade vier von zehn Briten hatten mitbekommen,

---

1   Konrad Adenauer: Erinnerungen 1945-1953, Stuttgart 1965, S. 491.
2   Adenauer: Erinnerungen 1945-1953, 1965, S. 512.

dass die Mitglieder des Europäischen Parlaments direkt von den Bürgern der Mitgliedsländer gewählt werden. Das Fazit der Forscher lautete: „Offensichtlich herrscht ein hohes Ausmaß an Unkenntnis über die EU, was kurz vor der Abstimmung irritierend ist. Allerdings ist es nicht ganz so überraschend, wenn man sich anschaut, wie wenig korrekte Informationen publiziert wurden und in welchem Maße Unwahrheiten, Übertreibungen und Panikmache den Wahlkampf beherrscht haben."[3]

Abbildung 1: Tischkarte mit Skizze von Churchill

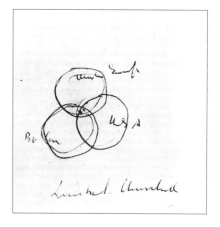

Quelle: Adenauer 1965, S. 512

Bemerkenswert ist in diesem Zusammenhang auch eine Umfrage von Ipsos MORI vom Februar 2016 unter Abgeordneten des Unterhauses. Sie zeigt, dass auch Parlamentarier erstaunlich geringe Kenntnisse von den Vorgängen in der Europäischen Union hatten. So wussten gerade acht Prozent der Abgeordneten, dass Luxemburg zum Zeitpunkt der Befragung die Ratspräsidentschaft der Europäischen Union innehatte.[4]

Massiv überschätzt wurde von der britischen Bevölkerung im Juni 2016 auch die Zahl der in Großbritannien lebenden EU-Ausländer.[5] Das war deswegen für das politische Klima im Referendumswahlkampf von besonderer Bedeutung, weil das Thema Einwanderung die Briten bereits Monate zuvor intensiv beschäftigt hatte. In einer Bevölkerungsumfrage vom Februar 2016 fragte Ipsos MORI: „Was, würden Sie sagen, ist heute das wichtigste Thema in Großbritannien?" Es handelte sich um eine sogenannte ‚offene Frage', das heißt, es wurden nicht, wie sonst bei Umfragen meist üblich, Antwortmöglichkeiten zur Auswahl präsentiert, sondern die Befragten formulierten ihre Antworten frei. Erst im Nachhinein werden die Antworten in Kategorien gebündelt. Für viele Befragte bedeutet es eine nicht geringe Aufgabe, eine eigene Antwort zu formulieren, weswegen bei solchen offenen Fragen vergleichsweise niedrige Prozentwerte zustande kommen.

---

3   Bobby Duffy/Hannah Shrimpton/Claire Wotherspoon: The Perils of Perception and the EU. Public misperceptions about the EU and how it affects life in the UK, 9.6.2016, abrufbar unter: https://www.ipsos-mori.com/researchpublications/researcharchive/3742/The-Perils-of-Perception-and-the-EU.aspx (letzter Zugriff: 25.8.2016).
4   Ipsos MORI JN: 15-053486-01.
5   Duffy/Shrimpton/Wotherspoon: The Perils of Perception and the EU, 2016.

Deswegen ist es durchaus bemerkenswert, wenn bei dieser Frage 27 Prozent antworteten, das wichtigste Thema sei Einwanderung. Erst mit großem Abstand an zweiter Stelle folgten Antworten, die Themen des Gesundheitswesens und der Krankenversorgung ansprachen (11 Prozent) (Grafik 1). Angesichts dieser Befunde liegt der Schluss nahe, dass der Ausgang des Referendums vermutlich wesentlich die Folge einer auf Falschinformationen beruhenden Furcht vor Einwanderern ist.

Grafik 1: Wichtige Themen in Großbritannien

Frage: „Was, würden Sie sagen, ist heute das wichtigste Thema in Großbritannien?" (offene Frage, keine Antwortvorgaben) – Auszug aus den Angaben.

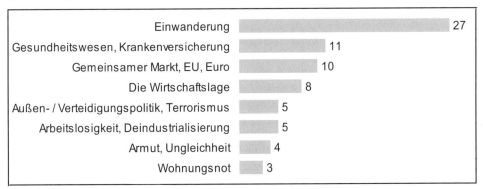

Quelle: Ipsos MORI JN Q 218.

Eine Phase der Skepsis und der Verunsicherung

Die britische Volksabstimmung fiel in eine Phase, in der in vielen EU-Ländern die Skepsis an der Gemeinschaft wuchs. Das amerikanische Pew Research Center stellte in einer vergleichenden Umfrage in zehn Ländern vom April/Mai 2016 fest, dass in sechs von sieben Ländern, bei denen Vergleichswerte aus den Vorjahren vorlagen (Deutschland, Italien, Frankreich, Spanien, Großbritannien und Griechenland), die Zustimmung zur Europäischen Union gegenüber dem Vorjahr gesunken war. Lediglich in Polen waren die Werte stabil geblieben. In den meisten dieser Länder hatte sich bereits in den Jahren zuvor ein deutlicher Abwärtstrend bei der Zustimmung zur Europäischen Union gezeigt.[6] Auch in der Tschechischen Republik ist nach den Umfrageergebnissen des Stem-Instituts die Zahl derjenigen, die sagen, sie hätten Vertrauen in die Europäische Union, auf 34 Prozent gesunken, und damit auf den niedrigsten Stand seit Beginn der Messungen im Jahr 1994.[7]

Es ist unübersehbar, dass die Europaskepsis in vielen EU-Ländern nationalistische Züge trägt. Die ursprüngliche Idee, dass die Gemeinschaft im Laufe der Zeit immer enger zusammenwachsen solle, ist derzeit alles andere als populär. Das Pew Research Center stellte in seiner international vergleichenden Studie die Frage, ob künftig weitere nationale

---

6   Bruce Stokes: Euroscepticism Beyond Brexit. Significant opposition in key European countries to an ever closer EU, 7.6.2016, abrufbar unter: http://www.pewglobal.org/2016/06/07/euroskepticism-beyond-brexit/ (letzter Zugriff: 25.8.2016).

7   Stem-Institut: Trust in European Parliament has significantly declined since last year, 14.3.2016, abrufbar unter: https://en.stem.cz/trust-in-the-european-union-and-european-parliament-has-significantly-declined-since-last-year/ (letzter Zugriff: 25.8.2016).

Kompetenzen auf EU-Ebene verlagert oder umgekehrt Kompetenzen an die National-staaten zurückübertragen werden sollten. In Griechenland und Großbritannien sprachen sich daraufhin zwei Drittel der Befragten für eine Rückübertragung von Kompetenzen an die Nationalstaaten aus, in allen anderen beteiligten Ländern waren es immerhin relative Mehrheiten (Grafik 2).

Grafik 2: Der Wunsch nach der Rückverlagerung von Kompetenzen

Frage: „Welche der folgenden Aussagen trifft am ehesten Ihre Meinung darüber, wie sich die Europäische Union künftig entwickeln sollte?"

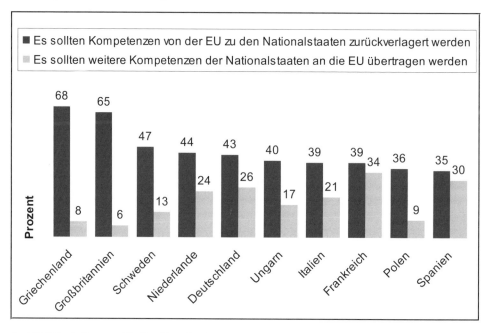

An 100 fehlende Prozent: „Die Verteilung der Kompetenzen sollte bleiben, wie sie ist".
Quelle: PEW Research Center: Spring 2016 Global Attitudes Survey, Q. 50B.

Es ist offensichtlich, dass in vielen Gesellschaften Europas Verunsicherung herrscht, zu der die große Zahl von Einwanderern aus Afrika und dem Nahen Osten erheblich beiträgt. Obwohl Großbritannien von dieser Entwicklung nur wenig betroffen ist, hat sie, wie oben gezeigt, die Bevölkerung mehr als alle anderen Themen beschäftigt und wurde folgerichtig zu einem wichtigen Thema im Referendumswahlkampf.[8] Auch im ungleich stärker betrof-fenen Österreich zeigt sich die Bevölkerung alarmiert. Im Oktober 2015 fragte das Linzer IMAS-Institut in einer repräsentativen Bevölkerungsumfrage, was den Bürgern spontan einfalle, wenn sie an die Situation der Kriegsflüchtlinge dächten. Mit weitem Abstand stand die Antwort, es seien einfach viel zu viele, an erster Stelle der Reaktionen. Fasste man die Antworten grob zu Kategorien zusammen, die das Gefühl beschrieben, die den

---

8   Gideon Skinner/Michael Clemence: Concern about immigration rises as EU vote approaches, 23.6.2016, abrufbar unter: https://www.ipsos-mori.com/researchpublications/researcharchive/3748/ Concern-about-im migration-rises-as-EU-vote-approaches.aspx (letzter Zugriff: 25.8.2016).

Antworten zugrunde zu liegen schienen, zeigte sich, dass aus 49 Prozent der Antworten Ohnmachtsgefühle und Überforderung, Ängste und Sorgen sprachen. Lediglich 26 Prozent waren von Empathie und Mitgefühl dominiert. Folgerichtig sagten auch bei der Frage „Wie zufrieden sind Sie eigentlich mit der Politik im Umgang mit der aktuellen Flüchtlingssituation?" 69 Prozent der befragten Österreicher, sie seien damit nicht zufrieden.[9]

Wie sehr die Flüchtlingskrise die Stimmung der Menschen in Deutschland drückt, zeigte sich an den Repräsentativumfragen des Instituts für Demoskopie Allensbach vom Dezember 2015 und Januar 2016. Einen ersten Hinweis lieferte dabei die Frage „Sehen Sie dem kommenden Jahr mit Hoffnungen oder Befürchtungen entgegen?", die das Institut jedes Jahr im Dezember stellt. Zur Jahreswende 2014/15 lag der Anteil derjenigen, die antworteten „Mit Hoffnungen" bei 56 Prozent,[10] zur Jahreswende 2015/16 waren es noch 41 Prozent.[11] Dabei reichen die Sorgen weit über die Tagespolitik hinaus. Es ist, als sei eine von vielen Menschen als sicher geglaubte Welt ins Wanken geraten.

Aufschlussreich ist in diesem Zusammenhang das Ergebnis einer Frage vom Januar 2016, bei der die Befragten gebeten wurden, anzugeben, welche Dinge ihnen zurzeit große Sorgen bereiten. Dazu wurde eine Liste mit 16 Punkten zur Auswahl vorgelegt. Am häufigsten genannt wurden Punkte, die der Tagespolitik geschuldet waren, allen voran den massenhaften sexuellen Übergriffen auf Frauen in Köln in der Silvesternacht.[12] Dass dies die Menschen in Deutschland im Januar 2016 bewegte, war nicht überraschend. Interessant ist aber die Entwicklung der Antworten bei einem anderen Listenpunkt, der – in vager Formulierung – ein von der Tagespolitik unabhängiges Unsicherheitsgefühl beschrieb. Er lautete: „Die allgemeine Unsicherheit, wie es weitergeht." Dass ihnen dies Sorgen bereite, hatten im Sommer 2014 29 Prozent der Befragten gesagt, im Januar 2016 waren es 53 Prozent.[13]

In die gleiche Richtung deuten die Antworten auf die Frage „Leben wir heute in einer besonders unsicheren Zeit, ich meine, dass alles weniger kalkulierbar und planbar ist als früher, oder würden Sie sagen, vor 20, 30 Jahren war alles genauso unsicher?" Im Juli 2011 waren 44 Prozent der Deutschen der Ansicht, dass wir in einer besonders unsicheren Zeit leben, im November 2012 waren es 48 Prozent, im Januar 2016 58 Prozent.[14] Diese Ergebnisse sind deswegen mit Blick auf die Europäische Union von Bedeutung, weil Menschen, die das Gefühl haben, die Orientierung zu verlieren, nach etwas Vertrautem suchen, an dem sie sich festhalten können, wie dem Nationalstaat. Es spricht einiges dafür, dass hier der Grund für den wachsenden Zulauf zu nationalistischen Bewegungen und Parteien in vielen europäischen Ländern zu suchen ist, zu deren typischen Argumentationsmustern es wiederum gehört, den Eindruck zu erwecken, als stünden die Interessen der eigenen Nation mit denen der Europäischen Union im Gegensatz.

Wie sehr das Gefühl der Verunsicherung nationalistischen und europaskeptischen Parteien in die Hände spielt, lässt sich in Deutschland am Beispiel der Alternative für Deutschland (AfD) gut zeigen. So sagten im Januar 2016 die Anhänger von CDU/CSU und SPD zu 55 beziehungsweise 51 Prozent, ihrer Meinung nach lebten wir in einer besonders unsicheren Zeit, von den AfD-Anhängern vertraten dagegen 84 Prozent diese

---

9   IMAS International: Flüchtlingskrise 2015. Zwischen Ohnmacht und Empathie 23/2015, S. 1-2.
10   Institut für Demoskopie Allensbach: Umfrage Nr. 11033.
11   IfD: Umfrage Nr. 11049.
12   IfD: Umfrage Nr. 11050.
13   IfD: Umfragen Nr. 11026 und 11050.
14   IfD: Umfragen Nr. 10075, 10099 und 11050.

Meinung. Jeweils rund die Hälfte der Anhänger der Regierungsparteien, aber 73 Prozent der AfD-Anhänger machten sich Sorgen wegen der „allgemeinen Unsicherheit, wie es weitergeht". Während sich die Bevölkerung insgesamt zu 27 Prozent Sorgen machte, dass sich in ihrer Region vieles verändert und „die Gegend ihren Charakter verliert", waren es unter den Anhängern der AfD 50 Prozent.

Man kann annehmen, dass ähnliche Reflexe zum Ausgang des Referendums in Großbritannien beigetragen haben und auch in vielen anderen europäischen Ländern zu finden sind – oft sogar ausgeprägter als in Deutschland, dessen Bevölkerung nach wie vor grundsätzlich sehr europafreundlich ist, wie unten noch gezeigt wird. Die Stärke nationalistischer und europaskeptischer Parteien in anderen Ländern deutet darauf hin, dass der Effekt in Deutschland noch vergleichsweise gering ausgeprägt ist (Grafik 3).

Grafik 3: Die Stärke nationalistischer/europaskeptischer Parteien in ausgewählten EU-Ländern zu Beginn des Jahres 2016.

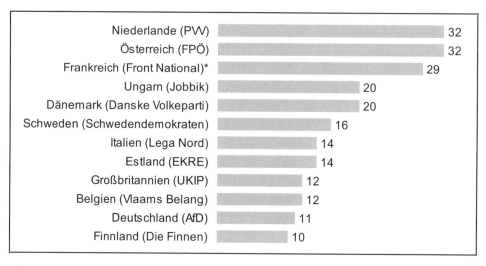

Alle EU-Länder, in denen eine nationalistische/europaskeptische Partei mindestens 10 Prozent in den Umfragen erhielt. Kommastellen in den Publikationen wurden auf ganze Prozentwerte gerundet.
* In Frankreich: Wahlabsicht Marine Le Pen bei Präsidentschaftswahl.

Quellen: Niederlande: tns NIPO. Österreich: Unique Research. Frankreich: ifop. Ungarn: Publicus. Dänemark: Gallup. Schweden: Demoskop. Italien: Demos. Estland: TNS Emor. Großbritannien: Ipsos MORI. Belgien: RTBF. Deutschland: Institut für Demoskopie Allensbach. Finnland: TNS Gallup. Umfragen von Januar bis April 2016.

Die Reaktion der Deutschen auf den Brexit

Am 23. Juni 2016, stimmte die britische Bevölkerung über einen Verbleib in der Europäischen Union ab, am Folgetag, dem 24. Juni, wurden die Ergebnisse bekannt. Gleich in der darauf folgenden Woche begann das Institut für Demoskopie Allensbach mit einer Bevölkerungsumfrage, deren Ergebnisse die unmittelbare Reaktionen der Deutschen auf den Austrittsbeschluss der Briten dokumentieren. Sie zeigen in erster Linie das Ausmaß ihrer Enttäuschung. So lautete eine Frage: „Großbritannien hat sich ja vor kurzem in einer Volksabstimmung dafür entschieden, die EU zu verlassen. Finden Sie es gut, dass Großbritannien die EU verlässt, oder finden Sie das nicht gut?" Fast zwei Drittel der Befragten, 63

Prozent, antworteten darauf, sie fänden es nicht gut, dass Großbritannien die Europäische Union verlassen wird, lediglich 17 Prozent begrüßten den Beschluss. Dabei zieht sich das Bedauern auffallend gleichmäßig durch fast alle Bevölkerungskreise: Westdeutsche sagten zu 63 Prozent, dass sie es nicht gut fänden, dass Großbritannien die Europäische Union verlässt, Ostdeutsche zu 61 Prozent. Ob man Männer mit Frauen vergleicht, die verschiedenen Bildungsgruppen oder sozialen Schichten, stets ist es eine klare Mehrheit um die 60 Prozent, die den Ausgang des Referendums bedauert.[15] Auch zwischen den Generationen gab es – anders als in Großbritannien selbst–[16] keine nennenswerten Unterschiede: Unter-30-Jährige sagten zu 68 Prozent, dass sie den Brexit bedauerten, 60-Jährige und Ältere zu 68 ebenfalls Prozent. Lediglich bei den 45-59-Jährigen lag der Wert mit 57 Prozent etwas niedriger. Aus der Einstimmigkeit ragten nur – angesichts des eben Ausgeführten folgerichtig – die Anhänger der AfD heraus. Sie sagten mit einer relativen Mehrheit von 49 Prozent, sie fänden den Austrittsbeschluss der britischen Bevölkerung gut, lediglich 20 Prozent bedauerten ihn. Die Anhänger aller anderen Parteien – von der CDU/CSU bis zur Linken – äußerten sich mit klaren Mehrheiten enttäuscht über den Austritt.[17]

An diesem Bild änderte sich auch nichts, wenn man versuchte, das Thema mit ausführlicheren Fragen etwas gründlicher auszuleuchten, und auch Argumente anführte, die möglicherweise für einen Austritt Großbritanniens aus der Europäischen Union sprechen könnten. Dies zeigt sich beispielsweise an den Antworten auf eine Dialogfrage, bei der die Interviewer ein Bildblatt überreichten, das zwei Personen im Schattenriss zeigte. Jeder Figur war, wie in einem Comic, eine Sprechblase zugeordnet. Die eine Figur sagte: „Ich finde es gut, dass Großbritannien die EU verlässt. Die Briten haben immer Sonderregelungen beansprucht, und die EU musste ihnen immer entgegenkommen. Es ist daher besser für die EU, wenn Großbritannien nicht mehr Mitglied ist." Die Gegenposition lautete: „Mir wäre es lieber gewesen, wenn Großbritannien sich dafür entschieden hätte, Mitglied der EU zu bleiben. Es schwächt die EU politisch und wirtschaftlich sehr, dass ein so wichtiges Mitgliedsland wie Großbritannien die EU verlässt." Die Befragten wurden gebeten anzugeben, welcher der beiden Personen sie mehr zustimmten. 26 Prozent entschieden sich daraufhin für das erste Argument, 58 Prozent für das zweite.

Bei einer weiteren Frage wurden neun verschiedene Meinungen zum EU-Austritt Großbritanniens auf einer Liste vorgelegt, mit der Bitte an die Befragten, die Punkte auszuwählen, denen sie zustimmten. 63 Prozent wählten daraufhin den Punkt „Die EU wäre mit Großbritannien wirtschaftlich stärker gewesen" aus. 54 Prozent entschieden sich für die Aussage „Die EU hätte mit Großbritannien größeren Einfluss in der Welt gehabt", gefolgt von „Großbritannien hätte auch in Zukunft eine Sonderbehandlung gefordert und damit Ärger provoziert" (45 Prozent). Obwohl dieser Punkt damit relativ viel Zustimmung bekam, wird auch deutlich, dass viele Deutsche diesen Ärger wohl gerne in Kauf genommen hätten. Den Punkt „Ohne Großbritannien kann Europa besser zusammenwachsen" wählten jedenfalls nur bei 12 Prozent der Befragten aus.

---

15 IfD: Umfrage Nr. 11058.
16 BBC.com: EU referendum: The result in maps and charts, 14.6.2016, abrufbar unter: http://www.bbc. com/ news/uk-politics-36616028 (letzter Zugriff: 25.7.2016).
17 Vgl. auch für die folgenden Ergebnisse Institut für Demoskopie Allensbach: Umfrage Nr. 11058.

Ein verändertes Bild von Europa

Vor dem Hintergrund der mit dem Bexit verbundenen Sorgen verdunkelt sich auch das Bild der Europäischen Union als Ganzes – allerdings nur graduell. Seit vielen Jahren enthalten die Fragebogen des Allensbacher Instituts immer wieder Assoziationstests zum Thema ‚Europa'. Die Interviewer lesen dabei verschiedene Begriffe vor und die Befragten sagen jeweils, ob man beim Stichwort ‚Europa' an diese Begriffe denken könne oder nicht. Die Reihenfolge der am häufigsten mit Europa in Verbindung gebrachten Begriffe ändert sich dabei seit Jahren meist nur langsam: 86 Prozent verbanden im Juli 2016 mit dem Stichwort ‚Europa' Bürokratie, 84 Prozent Vorschriften. An dritter Stelle folgte der Begriff ‚Vielfalt', genannt von 79 Prozent. Die Schlüsselbegriffe ‚Freiheit' und ‚Frieden' verband eine deutliche Mehrheit von jeweils zwei Dritteln der Befragten mit Europa. Alles in allem hielten sich die positiven und negativen Zuschreibungen ungefähr die Waage, mit einem leichten Vorsprung der negativen Assoziationen. Daran hat auch der Austrittsbeschluss Großbritanniens nichts Grundsätzliches geändert. Bei einer etwas genaueren Betrachtung der Entwicklung in den letzten Jahren erkennt man allerdings, dass die Zahl der negativen Assoziationen zu- und die der positiven abgenommen hat. Im Jahr 2013, als zum vorletzten Mal ein solcher Assoziationstest durchgeführt wurde, wurden die negativen Aussagen im Durchschnitt von 62 Prozent der Befragten ausgewählt, im Juli 2016 von 66 Prozent. Der durchschnittliche Prozentwert, der auf die positiven Assoziationen entfiel, sank von 55 auf 53.[18] Diese Veränderungen mögen auf den ersten Blick gering erscheinen, doch handelt es sich hierbei nicht um einzelne Prozent-, sondern um Durchschnittswerte, bei denen auch scheinbar geringe Veränderungen durchaus Beachtung verdienen.

Darüber hinaus gibt es einige wenige Einzelaussagen, die deutlichere Veränderungen zeigen. So spricht einiges dafür, dass die Volksabstimmung in Großbritannien bei den Deutschen den ohnehin seit Längerem zunehmenden Eindruck verstärkt hat, dass die Europäische Union geschwächt sei. Der Anteil derjenigen, die sagten, man könne bei „Europa" an das Stichwort „zerstritten" denken, lag 2005 bei 36 Prozent, 2013 waren es 58 Prozent, 2016 72 Prozent. Gleichzeitig sank die Zahl derjenigen, die mit „Europa" „Zukunft" verbanden, von 75 auf 55 Prozent (Grafik 4).

Wieder wachsende Zustimmung zur europäischen Einigung

Umso bemerkenswerter ist es, dass die allgemeine Zustimmung der Deutschen zur europäischen Einigung eher wieder gewachsen ist. Auf die Frage „Wie viel Vertrauen haben Sie in die Europäische Union?" antworteten im Dezember 2015 24 Prozent, sie hätten sehr großes oder großes Vertrauen. Im Juli 2016 waren es immerhin wieder 35 Prozent. Eine ähnliche Entwicklung zeigte sich bei der Frage „Wie rasch sollte die Entwicklung zu einem vereinten Europa sein? Schneller oder langsamer oder weiter wie bisher?" In den 1980er Jahren hatte stets eine Mehrheit der Befragten auf diese Frage geantwortet, die europäische Vereinigung solle schneller vorangehen. Das änderte sich mit der Deutschen Einheit, die ja von der damaligen Bundesregierung ganz bewusst mit einer Beschleunigung der europäischen Integration verknüpft wurde. Offensichtlich überfordert vom Tempo der Veränderungen sagten seitdem meist nur noch zwischen 10 und 20 Prozent der Befragten, ihrer Ansicht nach solle die europäische Einigung noch beschleunigt werden. Deutlich mehr, zwischen 30 und 40 Prozent, forderten, es solle doch besser langsamer voran gehen.

---

18   Ebenda, Umfragen Nr. 11012 und 11058.

Die Mehrheit wich auf die neutralen Antwortkategorien wie „Weiter wie bisher" oder „Unentschieden" aus.[19]

Grafik 4: Europa wird zunehmend als zerstritten wahrgenommen

Frage: „Wenn Sie einmal an das Wort ‚Europa' denken – es kann einem ja dazu alles Mögliche einfallen. Darf ich Ihnen mal einiges vorlesen? Sagen Sie mir dann bitte, ob man bei ‚Europa' tatsächlich daran denken könnte."
Antwort: „Daran könnte man denken." – Auszug aus den Angaben.

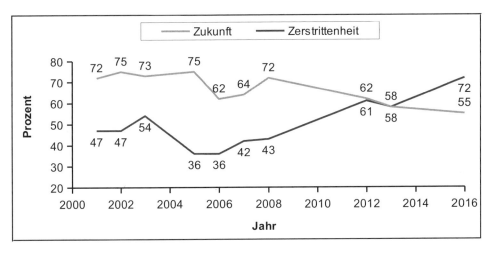

Quelle: Allensbacher Archiv, IfD-Umfragen, zuletzt Nr. 11058.

Im Juli 2016 jedoch, unter dem Eindruck der britischen Volksabstimmung, überwog mit 29 zu 24 Prozent zum ersten Mal seit dem Jahr 1989 wieder knapp, aber eindeutig, der Anteil derer, die sich eine schnellere europäische Einigung wünschten (Grafik 5). Man bekommt den Eindruck, dass Teilen der Bevölkerung angesichts der Gefährdung des Zusammenhalts in Europa die Vorteile der europäischen Integration bewusster geworden sind. Es drängt sich der Vergleich zum Euro auf, der von seiner Einführung im Jahr 2002 bis ins Jahr 2011 stets von einer klaren Mehrheit der Deutschen abgelehnt wurde. Erst als er in der Staatsschuldenkrise gefährdet schien, gerieten diejenigen, die sagten, sie wünschten sich die D-Mark zurück, in die Minderheit.[20]

So hat anscheinend die Entscheidung der Briten, die Europäische Union zu verlassen, zumindest kurzfristig die Bereitschaft der Deutschen eher bestärkt, die europäische Integration mit den verbliebenen 27 EU-Ländern weiter voranzutreiben. Es Großbritannien nachzutun und ebenfalls aus der Europäischen Union auszutreten, ist für eine überwältigende Mehrheit auf keinen Fall eine Option. Das zeigen die Antworten auf die Frage „Was wäre Ihrer Ansicht nach für die Zukunft, für die Entwicklung Deutschlands besser: Wenn Deutschland in der Europäischen Union bleibt, oder wenn Deutschland die Europäische

---

19   Vgl. Thomas Petersen: Die öffentliche Meinung, in: Werner Weidenfeld/Wolfgang Wessels (Hrsg.): Jahrbuch der Europäischen Integration 2011, Baden-Baden 2012, S. 351-358, hier S. 353.
20   Vgl. Thomas Petersen: Die öffentliche Meinung, in: Werner Weidenfeld/Wolfgang Wessels (Hrsg.): Jahrbuch der Europäischen Integration 2012, Baden-Baden 2012, S. 369-378, hier S. 372.

Union verlässt?" Mehr als drei Viertel, 78 Prozent, antworteten auf diese Frage, es wäre besser, wenn Deutschland in der Europäischen Union bleibt, und auch hier waren sich die Anhänger aller Parteien einig, mit Ausnahme derer der AfD, die nur zu 28 Prozent dieser Ansicht waren.[21] Damit entspricht die Haltung der Deutschen derjenigen von Adenauer vor einem halben Jahrhundert: Sie bedauern, dass die Chance, ein gemeinsames Europa mit Großbritannien zu schaffen, erst einmal vertan ist, doch sie will sich von diesem ,Nein' bei der europäischen Einigung nicht aufhalten lassen.

Grafik 5: Europäische Einigung - langsamer oder schneller?

Frage: „Wie rasch sollte die Entwicklung zu einem vereinigten Europa sein? Schneller oder langsamer oder weiter wie bisher?"

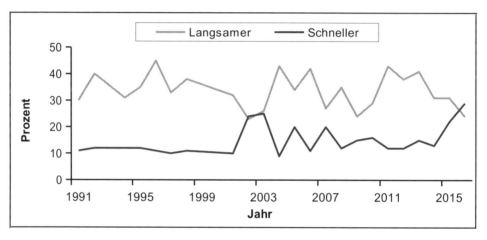

An 100 fehlende Prozent: „Weiter wie bisher" oder Unentschieden.
Quelle: Allensbacher Archiv, IfD-Umfragen, zuletzt Nr. 11058.

---

21   Institut für Demoskopie Allensbach: Umfrage Nr. 11058.

4. Die Innenpolitik der Europäischen Union

Agrar- und Fischereipolitik

Christian Lippert

Agrarpolitik

Der EU-Haushalt 2016 wurde dieses Mal bereits Ende November sowohl vom Rat der Europäischen Union als auch vom Europäischen Parlament ohne langwierige Konflikte zwischen den beiden Institutionen verabschiedet. Die rund 62,5 (55,1) Mrd. Euro an Verpflichtungsermächtigungen (Zahlungsermächtigungen), die auf die Haushaltsrubrik „Nachhaltiges Wachstum – Natürliche Ressourcen" entfallen, stellen 40 Prozent (38 Prozent) des Gesamthaushalts dar. Davon sind 42,2 Mrd. Euro für Direktzahlungen an die Landwirte und Marktmaßnahmen vorgesehen, während die zweite Säule der Gemeinsamen Agrarpolitik (GAP), die ländliche Entwicklung, mit 18,7 Mrd. Euro an Verpflichtungsermächtigungen ausgestattet wurde. Dem Agrarhaushalt wurden letztmalig zweckgebundene Einnahmen aus der sogenannten ‚Superabgabe', den Strafzahlungen durch Landwirte, die bei Überlieferung der 2015 abgeschafften Milchquote fällig wurden, zugeführt. Diese Einnahmen beliefen sich im letzten Milchquotenjahr auf rund 800 Mio. Euro. Nach Saldierung aller zusätzlichen zweckgebundenen Einnahmen mit Kürzungen ergibt sich für den Agrarbereich ein zusätzliches Mittelaufkommen von knapp 700 Mio. Euro, wovon 500 Mio. Euro für ein Hilfspaket für die von der Marktkrise (siehe unten) betroffenen Landwirte und 200 Mio. Euro für Obst- und Gemüseinterventionskäufe verwendet werden.[1]

Agrarmarktpolitik

Die europäische Landwirtschaft war im letzten Jahr mit einer schweren Marktkrise konfrontiert, von der unter anderem insbesondere die Milchviehhalter betroffen waren. Ein infolge der Quotenabschaffung gestiegenes Angebot (plus 5,6 Prozent im Januar 2016 verglichen mit Januar 2015) traf auf eine durch das russische Importembargo sowie die Wirtschaftskrise in China und anderen Teilen der Welt reduzierte Nachfrage nach Milchprodukten und bewirkte, dass die Auszahlungspreise anhaltend niedrig waren und in Deutschland zeitweise auf Beträge von unter 20 Eurocent je Liter sanken. Wegen der geringen Preiselastizität der Nachfrage nach Grundnahrungsmitteln bewirkt selbst ein starker Preisverfall keinen nennenswerten Anstieg der Binnennachfrage. Zudem passt sich das Milchangebot kurzfristig kaum an die verringerte Nachfrage an, denn trotz sehr niedriger Preise produzieren auch kleine, langfristig nicht wettbewerbsfähige Betriebe unvermindert weiter, da ein Großteil ihrer Kosten versunken ist und Stallungen und eigene Arbeitskraft nicht anderweitig genutzt werden können. Je länger das Preistief anhält, umso schwieriger wird es dann für Wachstumsbetriebe, die angesichts des Auslaufens der Milchquote investiert hatten und nun Kredite bedienen müssen, die Krise zu überstehen. Eine mögliche Folge ist, dass im Zuge eines beschleunigten Strukturwandels dann gerade auch solche Betriebe aufgeben müssen, die langfristig eigentlich rentabel wären.

---

1   Agra-Europe 43/2015, EU-Nachrichten, S. 2-3; Agra-Europe 49/2015, EU-Nachrichten, S. 4.

Im September 2015 war ein EU-Hilfspaket für die notleidenden Landwirte beschlossen worden, dass unter anderem die Möglichkeit von Liquiditätshilfen durch zinslose Kredite und vorzeitige Auszahlung von Direktzahlungen, neue Beihilfen zur Einlagerung von Milchprodukten und Schweinefleisch sowie eine verbesserte Absatzförderung für Agrarprodukte, jedoch keine höheren Interventionspreise für Butter und Milchpulver vorsah. Für Deutschland standen aus diesem Paket rund 69 Mio. Euro zur Verfügung, von denen bis Mitte Dezember etwa 60 Mio. Euro von 7.800 tierhaltenden Betrieben als Liquiditätsbeihilfe für die Stundung von Darlehen beantragt wurden. Von diesen Betrieben waren etwa zwei Drittel Milchviehhalter. Demnach haben weniger als 10 Prozent der deutschen Milchviehhalter von diesem Liquiditätsprogramm profitiert.

Angesichts der sich weiter zuspitzenden Krise haben Rat und Kommission im April 2016 eine sechsmonatige Ausnahme der Milcherzeuger vom Kartellrecht beschlossen. Bundestag und Bundesrat haben daraufhin im Juni das Agrarmarktstrukturgesetz geändert. Erzeugerorganisationen unterschiedlicher Rechtsformen ist es nun vorübergehend erlaubt, hinsichtlich ihrer Produktionsmengen Absprachen zu treffen, um hierdurch höhere Preise zu erzielen. Das Bundeslandwirtschaftsministerium kann entsprechende Vereinbarungen, „die einen wesentlichen Teil des Sektors" erfassen als „allgemein verbindlich" erklären. Bundesregierung und Deutscher Bauernverband erhoffen sich, dass es auf diesem Weg der Milchwirtschaft selbst, ohne weitere staatliche Eingriffe, gelingt, die hohen Produktionsmengen zurückzufahren. Eine derartige Ausnahme vom EU-Wettbewerbsrecht ist seit der Reform der Gemeinsamen Marktordnung im Jahr 2013 beim Vorliegen „ernster Marktstörungen" zulässig.

Die Maßnahme zielt darauf ab, der Marktmacht der Milchverarbeiter sowie des stark konzentrierten Handels ein Gegengewicht seitens der Landwirte gegenüberzustellen. Ob es den Landwirten möglich ist, dann regional höhere Preise für Milchprodukte durchzusetzen, ist jedoch sehr fraglich, da die Beschränkung der Produktion durch einzelne Marktakteure auf einem offenen Markt wirkungslos bleibt, solange andere Erzeuger ihre Produktion weiter ausdehnen und weil die Milchverarbeiter unterschiedlicher Regionen ihrerseits um Marktanteile konkurrieren. Mit einer ähnlichen Argumentation hat Bundeslandwirtschaftsminister Christian Schmidt den Wunsch Frankreichs und auch des Bundesverbands Deutscher Milchviehhalter abgelehnt, das Angebot auf dem Milchmarkt erneut staatlich zu steuern. Er befürchtet, dass hierdurch die europäischen Milcherzeuger Weltmarktanteile verlieren würden. Schmidt befürwortet stattdessen weitere Liquiditätshilfen. Auch die Kommission lehnt obligatorische, staatlich organisierte Mengenbegrenzungen weiterhin ab und sieht sich nicht befugt, entsprechende Beschränkungen anzuordnen. Stattdessen hat sie in Aussicht gestellt, einer nochmaligen Erhöhung der sogenannten ‚De-Minimis-Grenze' für aus den nationalen Haushalten finanzierte staatliche Beihilfen zuzustimmen. Diese Schwelle war erst 2014 von 7.500 Euro auf 15.000 Euro für jeweils drei Jahre heraufgesetzt worden. Es stellt sich hierbei durchaus die Frage, ob damit nicht einer Renationalisierung der GAP Vorschub geleistet wird. Des Weiteren erlaubte die Kommission im April doppelt so viel Butter und Magermilchpulver wie bisher zulässig zu einem festen Interventionspreis anzukaufen, bevor weitere Interventionen nur im Zuge des Ausschreibungsverfahrens vorgenommen werden. Im Juni wurde die entsprechende Milchpulverinterventionsgrenze nochmals auf dann 350.000 Tonnen heraufgesetzt.

Im Agrarrat gab es unterschiedliche Positionen, wie mit der Milchmarktkrise umzugehen sei: Während Frankreich und Belgien für erneute Maßnahmen zur staatlichen Mengenregulierung (verbunden mit Kompensationszahlungen an die Landwirte) plädierten und auch Italien verlangte, ab 2017 wieder gemeinschaftlich organisierte Mengenbegrenzungen zu erwägen, beharrten Schweden, Dänemark und das Vereinigte Königreich ebenso wie Agrarkommissar Phil Hogan auf der Beibehaltung der Marktorientierung der GAP und lehnten staatliche Markteingriffe ab. Schweden und Dänemark sind zudem gegen die von Deutschland, Frankreich, Luxemburg und Finnland gewünschte Heraufsetzung der De-Minimis-Schwelle und gegen zusätzliche Beihilfen an die Landwirte. Die Bundesregierung hat als weitere Krisenhilfe im Mai den Bundeszuschuss zur Landwirtschaftlichen Unfallversicherung um knapp 78 Mio. Euro pro Jahr erhöht und den notleidenden Betrieben Steuererleichterungen (durch Verrechnung von Gewinnen und Verlusten über einen Dreijahreszeitraum und Steuerbefreiung von Veräußerungsgewinnen, sofern sie zur Schuldentilgung genutzt werden) sowie Bürgschaftszusagen gewährt. Sie setzte sich darüber hinaus – bis Ende Juni 2016 zunächst vergeblich – für ein weiteres Liquiditätshilfepaket der Europäischen Union ein, zu dessen Finanzierung nun auch auf die aus Direktzahlungskürzungen zu finanzierende Krisenreserve zurückgegriffen werden sollte.[2]

Agrarumweltpolitik

Im November 2015 haben die betroffenen Saatguterzeuger (unter anderem Monsanto) entsprechend der Phase 1 der im letzten Jahr verabschiedeten ‚Opt-Out'-Regelung zur Anbauzulassung gentechnisch veränderter Organismen (GVO) den Anträgen Deutschlands und 18 weiterer Mitgliedstaaten entsprochen und deren (Teil-)Territorien von der beantragten EU-Zulassung für insgesamt acht Maislinien ausgenommen. Dies gilt auch für den einzigen bisher in der Europäischen Union angebauten GVO-Mais MON810, der aufgrund gentechnischer Veränderungen eine insektizide Substanz produziert und nun in der Europäischen Union nur noch in Spanien, Portugal, Rumänien, der Slowakei, Tschechien, Estland, Finnland, Schweden und Irland sowie in den Regionen Flandern und England angebaut werden darf. Wegen ihres freiwilligen Verzichts können sich die Saatgutunternehmen nun kaum mehr bei der Welthandelsorganisation (WTO) beschweren, dass ihnen trotz der von der Europäischen Behörde für Lebensmittelsicherheit bescheinigten Umwelt- und Gesundheitsunbedenklichkeit keine Anbauzulassung gewährt wurde.

In Deutschland haben sich Bund und Länder grundsätzlich auf einen, noch in einem Gesetz zu formulierenden Kompromiss zum Umgang mit der ‚Opt-Out'-Regelung geeinigt, wonach der Bund in Phase 1 auf Wunsch einer Ländermehrheit die Herausnahme des deutschen Territoriums von der Zulassung beantragt.

---

2   topagrar online, 15.2.2016; agrarheute.com, 25.2.2016, 15.3.2016 und 13.4.2016; Agra-Europe 10/2016, EU-Nachrichten, S. 1; Agra-Europe 12/2016, EU-Nachrichten, S. 1-2; Agra-Europe 16/2016, EU-Nachrichten, S. 1-2; Agra-Europe 16/2016, EU-Nachrichten, S. 3; Agra-Europe 18/2016, EU-Nachrichten, S. 2; Agra-Europe 20/2016, Länderberichte, S. 14-15, EU-Nachrichten, S. 11-12; Agra-Europe 21/2016, EU-Nachrichten, S. 1-2; Agra-Europe 22, EU-Nachrichten, S. 2; Agra-Europe 23/2016, Länderberichte, S. 1-2, 31-32; Agra-Europe 25/2016, S. 1; Agra-Europe 27/2016, EU-Nachrichten, S. 2.

In Phase 2 soll er die Initiative für ein bundesweites Verbot zum Anbau zugelassener GVO ergreifen, wenn die Länder hierfür gute Begründungen liefern. Unterbleibt eine bundesweite Rechtsverordnung, können auch einzelne Länder Anbauverbote erlassen. Der Kommissionsvorschlag zur Renationalisierung der Importzulassung transgener Futter- und Lebensmittel durch eine ‚Opt-Out'-Regelung, ähnlich wie beim GVO-Anbau, ist Ende Oktober mit großer Mehrheit vom Europäischen Parlament abgelehnt worden.

Ende April hat die Kommission die Bundesrepublik Deutschland vor dem Gerichtshof der Europäischen Union wegen Nichteinhaltung der sogenannten ‚EU-Nitratrichtlinie' (91/676/EWG) zum Gewässerschutz vor Nitrateinträgen aus der Landwirtschaft verklagt. Dies geschah trotz der bereits lange währenden zu hohen Belastung vieler deutscher Gewässer durchaus überraschend, da sich die Novelle der deutschen Düngeverordnung gerade in der parlamentarischen Endabstimmung befand. Inwieweit diese Novelle, die unter anderem strengere Nährstoffbilanzierungsvorgaben, längere Sperrfristen und größere Wirtschaftsdünger-Lagerkapazitäten vorschreibt, den Gerichtshof überzeugen wird, bleibt abzuwarten. Im Falle einer Verurteilung Deutschlands kann ein Strafgeld von täglich bis zu 250.000 Euro verhängt werden.

Der in der ersten Jahreshälfte 2016 sich zuspitzende Konflikt um die Wiederzulassung von Glyphosat, des in der Europäischen Union, aber auch weltweit und im historischen Maßstab am häufigsten eingesetzten Herbizids, führte zu einem überraschenden Streit innerhalb der Bundesregierung. Während Wirtschaftsminister Sigmar Gabriel und Umweltministerin Barbara Hendricks (beide SPD) unter Bezug auf das Vorsorgeprinzip einer Wiederzulassung im Mai nicht mehr zustimmen wollten, solange die gesundheitliche Unbedenklichkeit von Glyphosat nicht zweifelsfrei feststehe, zeigte sich ihr Kollege, Landwirtschaftsminister Schmidt (CSU), verärgert über diese Meinungsänderung des Koalitionspartners. Da es trotz der Vermittlungsversuche des Kanzleramts nicht gelang zu einer gemeinsamen Regierungsposition zurückzufinden, blieb der Bundesregierung nichts anderes übrig, als sich im zuständigen Ständigen Ausschuss zu enthalten. Diese Enthaltung war letztendlich für das zweimalige Scheitern der befristeten Wiederzulassung ausschlaggebend, da bei Gegenstimmen Frankreichs und Maltas sich auch Italien, Österreich, Portugal, Griechenland, Bulgarien und Luxemburg der Stimme enthielten und eine qualifizierte Mehrheit zustimmender Mitgliedsländer mit einem Anteil an der EU-Bevölkerung von zusammen mindestens 65 Prozent daher nicht zustande kam. Schließlich hat die Kommission per ‚technischer Verlängerung' den Wirkstoff für weitere 18 Monate zugelassen. Während dieser Frist soll die Europäische Chemikalienagentur ein Gutachten erstellen, auf dessen Basis dann über eine längerfristige Zulassung neu entschieden werden soll. Glyphosat ist ein seit 40 Jahren verwendetes Totalherbizid, das in der Europäischen Union bei der Abtötung noch grüner Pflanzenbestände zur Ernteerleichterung (sogenannte ‚Sikkation'), aber vor allem auch zur Ermöglichung der bodenschonenden pfluglosen Direktsaat verwendet wird. In anderen Teilen der Welt (zum Beispiel USA, Kanada, Argentinien, Brasilien) wird Glyphosat, das wegen des ausgelaufenen Patentschutzes recht preiswert ist, vor allem auch in Kombination mit den durch Gentechnik Glyphosat-resistenten Nutzpflanzensorten (unter anderem Mais, Raps, Soja, Baumwolle) der Firmen Monsanto und Bayer vertrieben. Diese Anbaupraxis ist in der Europäischen Union allerdings nicht erlaubt. Die Gegner einer Wiederzulassung verweisen auf eine Studie der zur Weltgesundheitsorganisation (WHO) gehörenden Internationalen Agentur für Krebsforschung aus dem Jahr 2015, die bei hohen, allerdings nicht praxisrelevanten Dosierungen ein kanzerogenes Risiko von Glyphosat festgestellt hat. Die Befürworter stützen sich demgegenüber auf Aussagen des WHO-Gremiums für Pflanzenschutzrückstände, wonach ein erhöhtes Krebs-

risiko durch Glyphosat in Lebensmitteln bei sachgerechter Anwendung sehr unwahrscheinlich sei. Dieser Einschätzung sind die Europäische Behörde für Lebensmittelsicherheit und
schließlich auch die Kommission gefolgt.

Vertreter der CDU/CSU-Fraktion im Bundestag warfen den Glyphosat-Gegnern in der
Regierung vor, sich nicht auf wissenschaftliche Fakten zu stützen, während Naturschutz-
verbände und Bündnis90/Die Grünen strikt gegen eine Verlängerung der Zulassung sind
und hierfür auch ökologische Gründe anführen. Der Präsidentin des Umweltbundesamtes
zufolge tragen Breitbandherbizide nachweislich zum Artenrückgang in Ackerlandschaften
bei. Sie schlägt daher vor, deren Einsatz deutlich zu verringern. Vertreter aus der landwirtschaftlichen Praxis befürchten einen Anstieg der Bodenerosion, sollte Glyphosat verboten
werden, da dann zur Unkrautbekämpfung wieder mehr gepflügt werden müsste. Zudem
beklagen sie eine Verschlechterung ihrer Wettbewerbsstellung gegenüber Landwirten in
anderen Teilen der Welt.[3]

Agrarhandelspolitik

Die WTO-Verhandlungen sind ebenso wie die bilateralen Verhandlungen zwischen den
USA und der Europäischen Union zur Transatlantischen Handels- und Investitionspartner-
schaft (TTIP) im letzten Jahr nicht entscheidend vorangekommen. Bei ersteren haben die
WTO-Mitglieder immerhin den Verzicht auf Exporterstattungen, mit zum Teil recht langen
Übergangsfristen, endgültig festgeschrieben; für die umstrittene öffentlich finanzierte
Getreideeinlagerung in ärmeren Ländern sowie zur Marktöffnung und zur internen Stüt-
zung des Agrarsektors stehen Kompromisse jedoch noch aus. Bei letzteren konnten im
Agrarbereich bisher weder zum Schutz der für die Europäische Union wichtigen
geographischen Herkunftsangaben noch zu den auf dem EU-Vorsorgeprinzip beruhenden,
vergleichsweise hohen sanitären und phytosanitären Standards – die die Kommission nicht
lockern möchte – nennenswerte Verhandlungsfortschritte erzielt werden. Die USA würden
hierbei gerne mittels Hormonmast erzeugtes Rindfleisch, antimikrobiell behandeltes
Fleisch sowie mehr transgene Agrarprodukte in die Europäische Union exportieren und
sehen die strikten EU-Verbote in diesen Bereichen als „unzulässige" nicht-tarifäre
Handelshemmnisse.

Inwieweit der bevorstehende Austritt des Vereinigten Königreichs (‚Brexit') sich auf
den Agrarhandel zwischen Europäischer Union und Vereinigtem Königreich sowie mit den
weltweiten Handelspartnern auswirken wird, ist gegenwärtig schwer abzuschätzen.
Hinsichtlich der Agrarpolitik ist zu bedenken, dass nach einem Brexit das Gewicht der
eher liberal eingestellten Akteure im Rat abnehmen wird.[4]

---

3 DLG-Mitteilungen 3/2015, S. 14-19; Agra-Europe 42/2015, EU-Nachrichten, S. 3; Agra-Europe 45/2015,
   EU-Nachrichten, S. 1; Agra-Europe 46/2015, EU-Nachrichten, S. 1; Agra-Europe 15/2016, Länderberichte, S. 13; Agra-Europe 16/2016, Länderberichte, S. 29-30; Agra-Europe 18/2016, EU-Nachrichten, S. 3-5;
   DIE ZEIT: EU verklagt Berlin im Gülle-Streit, 4.5.2016; Agra-Europe 20/2016, EU-Nachrichten, S. 8-9;
   Agrisalon.com, 19.5.2016, 28.5.2016, 1.6.2016, 24.6.2016 und 29.6.2016; Agra-Europe 21/2016, Länderberichte, S. 17-19, EU-Nachrichten, S. 6; Agra-Europe 23/2016, Länderberichte, S. 14-15; Agra-Europe
   24/2016, EU-Nachrichten, S. 3-4; Agra-Europe 27/2016, EU-Nachrichten, S. 7.
4 Agra-Europe 50/2015, EU-Nachrichten, S. 4-5; Agra-Europe 1/2016, EU-Nachrichten, S. 1-2; Agra-Europe 19/2016, EU-Nachrichten, S. 1-2; Agra-Europe 20/2016, EU-Nachrichten, S. 1-2; Agra-Europe
   21/2016, EU-Nachrichten, S. 6.

Fischereipolitik

Während die Heringsquote ebenso wie die Schollenquote in der westlichen Ostsee angehoben wurden, mussten die dortigen Dorschfangmengen aufgrund einer ökologisch bedingt ungünstigen Bestandsentwicklung erneut reduziert werden. Im Nordostatlantik konnten die Quoten zum Teil, so zum Beispiel für Kabeljau, Hering und Scholle, erhöht werden. Der Fischereirat war dabei den wissenschaftlichen Empfehlungen gefolgt. Fischereikommissar Karmenu Vella sieht die Europäische Union auf einem guten Weg, das mit der letzten Reform der Gemeinsamen Fischereipolitik gesetzte Ziel zu erreichen, wonach bis 2020 die Fischbestände so zu bewirtschaften sind, dass jeweils der maximale Dauerertrag erzielt wird.

In Deutschland wurden im September 2015 die EU-Vorgaben zur Fischetikettierung in nationales Recht überführt, sodass nun auf Fischereierzeugnissen jeweils die Fangtechnik (zum Beispiel Schleppnetz) und das Herkunftsgebiet (zum Beispiel Nordsee) anzugeben sind.

Um die illegale Fischerei zu bekämpfen, ist in der Europäischen Union und in 29 weiteren Ländern im Mai 2016 ein internationaler „Vertrag zur Bekämpfung des rechtswidrigen Fischfangs" in Kraft getreten. Demnach dürfen Fischereikapitäne nur noch dann einen Hafen anlaufen, wenn sie zuvor Angaben zum geladenen Fisch machen und über die erforderlichen Fischereigenehmigungen verfügen. Bei nachweislich illegaler Fischerei wird ein Hafenverbot verhängt und das betreffende Schiff als gesetzesbrüchig in internationalen Datenbanken vermerkt.[5]

Weiterführende Literatur

Nurzat Baisakova/Thomas Herzfeld: Aspekte der Agrarpolitik 2015, in: German Journal of Agricultural Economics (Agrarwirtschaft) 65/2016, Supplement, S. 1-8.

---

5   Agra-Europe 40/2015, Länderberichte, S. 37; Agra-Europe 44/2015, EU-Nachrichten, S. 8; Agra-Europe 52/2015, EU-Nachrichten, S. 6; Agra-Europe 24/2016, Länderberichte, S. 12.

Asyl-, Einwanderungs- und Visapolitik

Peter-Christian Müller-Graff / René Repasi

Die Asyl-, Einwanderungs- und Visapolitik war von Mitte 2015 bis Mitte 2016 einerseits dadurch gekennzeichnet, durch Kooperationen mit Transit- und Herkunftsländern den Migrationsdruck auf die Außengrenzen der Union zu senken. Andererseits legte die Europäische Kommission im Frühjahr 2016 eine umfassende Reform des gesamten Asylrechts vor, um auf die hausgemachten Missstände in der Asyl-, Einwanderungs- und Visapolitik zu reagieren. Gleichzeitig wird mit einer deutlichen Stärkung der Grenzschutzagentur Frontex der Außengrenzschutz weiter verstärkt. Die intensive politische und rechtsetzende Tätigkeit im Berichtszeitraum zeigt deutlich, dass die Asyl-, Einwanderungs- und Visapolitik den Schwerpunkt der aktuellen politischen Arbeit der Union bildet und dieses Politikfeld nach den Budgetkrisen in der Eurozone ein weiterer anspruchsvoller Prüfstein für die Krisenbewältigungsfähigkeit der Europäischen Union ist.

Der Rechtsrahmen der Zugangspolitiken

Der Lissabonner Vertrag zieht den primärrechtlichen Rahmen, innerhalb dessen sich die Zugangspolitiken bewegen. Der Vertrag bildet den vorläufigen Schlusspunkt einer Entwicklung,[1] die mit punktuellen und rein intergouvernementalen, völkerrechtlichen Übereinkommen (Schengener und Dubliner Übereinkommen) begann und etappenweise zuerst die Visapolitik (Vertrag von Maastricht) und später das Asyl- und Einwanderungsrecht (Vertrag von Amsterdam) in dem vom Vertrag sogenannten „Raum der Freiheit, der Sicherheit und des Rechts" vergemeinschaftete. Das reguläre Rechtsetzungsverfahren ist das ordentliche Gesetzgebungsverfahren mit Mehrheitsprinzip im Rat der Europäischen Union. Die Kompetenzen für die Regelung der Einwanderung erstrecken sich über die Gewährung kurzfristigen Aufenthalts (Art. 77 Abs. 2 des Vertrages über die Arbeitsweise der Europäischen Union (AEUV)) und langfristigen Aufenthalts (Art. 79 Abs. 2 lit. a) AEUV) bis zur rechtlichen Gleichstellung von Drittstaatsangehörigen mit Daueraufenthaltsrecht und Unionsbürgern (Art. 79 Abs. 2 lit. b) AEUV), begleitet von einer Befugnis der Europäischen Union zur Förderung der Integration Drittstaatsangehöriger (Art. 79 Abs. 4 AEUV). Der Gewährung von legalisierendem Aufenthaltsrecht beigesellt ist die Frage des Umgangs mit der vom Vertrag sogenannten illegalen Einwanderung und dem illegalen Aufenthalt (Art. 79 Abs. 2 lit. c) AEUV) sowie der Bekämpfung des Menschenhandels (Art. 79 Abs. 2 lit. d) AEUV). Die „irreguläre" Migration stellt die Mitgliedstaaten mit EU-Außengrenzen derzeit vor enorme Herausforderungen, zu deren Entlastung Art. 80 AEUV den Grundsatz der wechselseitigen Solidarität vorsieht. In räumlicher Hinsicht sind im Wege völkerrechtlicher Verträge Norwegen und Island sowie die Schweiz und Liechtenstein als Mitglieder des Schengenraums in die europäischen Zugangspolitiken einge-

---

[1]   Peter-Christian Müller-Graff: Der Raum der Freiheit, der Sicherheit und des Rechts in der Lissabonner Reform, in: Europarecht Beiheft 1/2009, S. 105-126; Jürgen Bast: Ursprünge der Europäisierung des Migrationsrechts, in: Georg Jochum/Wolfgang Fritzemeyer/Marcel Kau (Hrsg.): Grenzüberschreitendes Recht – Crossing Frontiers. Festschrift für Kay Hailbronner, Heidelberg 2013, S. 3-10.

bunden, während Großbritannien und Irland sowie Dänemark nur begrenzt teilnehmen.[2] Für Bulgarien, Kroatien, Rumänien und Zypern bestehen die Grenzkontrollen fort.[3]

Die politische Entwicklung in den Zugangspolitiken

Die politische Entwicklung in den Zugangspolitiken wurde im Berichtszeitraum durch die Rede zur Lage der Union des Präsidenten der Europäischen Kommission, Jean-Claude Juncker, im Europäischen Parlament am 9. September 2015 eingeläutet.[4] Dabei kündigte Juncker an, eine neue Regelung für die Umverteilung von Flüchtlingen innerhalb der Europäischen Union anzustreben, die anstelle der im vergangenen Berichtszeitraum anvisierten 40.000 Menschen insgesamt 160.000 Flüchtlinge umzuverteilen sucht.[5] Im Zuge der von Juncker gleichfalls angekündigten Reform des Gemeinsamen Europäischen Asylsystems (GEAS) soll diese Notfall-Umverteilung durch einen permanenten Umverteilungsmechanismus ersetzt werden.

Den Worten Junckers folgten schnell Taten. So beschloss der Rat zunächst am 14. September die Umverteilung von 40.000 Flüchtlingen aus Italien und Griechenland in andere Mitgliedstaaten,[6] bevor eine Woche später am 22. September die Umverteilung weiterer 120.000 Flüchtlinge aus diesen beiden Mitgliedstaaten vom Rat angenommen wurde.[7] In politischer Hinsicht ist bemerkenswert, dass der Beschluss vom 22. September im Gegensatz zu den vorherigen Ratsentscheidungen über die Umverteilung von Flüchtlingen mit qualifizierter Mehrheit gegen den Widerstand einiger Mitgliedstaaten gefasst wurde.[8] Sowohl Ungarn[9] als auch die Slowakische Republik[10] haben beim Gerichtshof der Europäischen Union (EuGH) eine Klage auf Nichtigerklärung dieses Beschlusses eingelegt.

Nachdem mit dieser Einigung über die Umverteilung von Flüchtlingen das politisch schwierigste Thema der ersten Jahreshälfte 2015 vorläufig zu einem Abschluss gebracht worden war, konzentrierten sich die politischen Aktivitäten auf eine Lösung der Flüchtlingswanderbewegung aus der Türkei über die sogenannte „Westbalkanroute" in die Europäische Union. Hierzu suchte die Europäische Union die enge Zusammenarbeit mit der Türkei. Am 15. Oktober stellte die Kommission den Aktionsplan EU-Türkei vor,[11] der

---

2   Müller-Graff: Der Raum der Freiheit, der Sicherheit und des Rechts, 2009, S. 105.

3   Nach Art. 4 Abs. 2 des Protokolls über den Beitritts Bulgariens und Rumäniens zur Europäischen Union (Amtsblatt der EU L 157, 21. Juni 2005, S. 29) und Art. 3 Abs. 2 der Beitrittsakte 2003 (Amtsblatt der EU L 236, 23. September 2003, S. 33) bedarf es für den Wegfall den Binnengrenzkontrollen eines gesonderten Beschlusses des Rates. Dieser Beschluss steht für Bulgarien, Rumänien und Zypern noch aus.

4   Jean-Claude Juncker: Rede zur Lage der Union 2015, Straßburg, 9. September 2015.

5   Juncker: Rede zur Lage der Union, 2015, S. 10.

6   Beschluss (EU) 2015/1523 des Rates zur Einführung von vorläufigen Maßnahmen im Bereich des internationalen Schutzes zugunsten von Italien und Griechenland, in: Amtsblatt der EU L 239, 15. September 2015, S. 146. Siehe im Detail zu den Verhandlungen über die Umsiedlung dieser 40.000 Flüchtlinge: Peter-Christian Müller-Graff/René Repasi: Asyl-, Einwanderungs-, und Visapolitik, in: Werner Weidenfeld/Wolfgang Wessels (Hrsg.): Jahrbuch der europäischen Integration 2015, Baden-Baden 2015, S. 152 f.

7   Beschluss (EU) 2015/1601 des Rates zur Einführung von vorläufigen Maßnahmen im Bereich des internationalen Schutzes zugunsten von Italien und Griechenland, in: Amtsblatt der EU L 248, 24. September 2015, S. 80. Die konkreten Zuweisungszahlen befinden sich in den Anhängen dieses Beschlusses.

8   Die gewählte Rechtsgrundlage, Art. 78 Abs. 3 AEUV, erlaubt die Beschlussfassung mit qualifizierter Mehrheit.

9   Rechtssache C-647/15, in: Amtsblatt der EU C 38, 1. Februar 2016, S. 43.

10   Rechtssache C-643/15, in: Amtsblatt der EU C 38, 1. Februar 2016, S. 41.

11   European Commission: Fact Sheet, EU-Turkey joint action plan, 15 October 2016, abrufbar unter http://europa.eu/rapid/press-release_MEMO-15-5860_en.htm (letzter Zugriff: 11.10.2016).

formal auf dem Gipfeltreffen der Staats- und Regierungschefs der Europäischen Union mit der Türkei am 29. November 2015 angenommen wurde. Hiernach unterstützt die Europäische Union die Türkei bei der Bewältigung der humanitären Lage der Flüchtlinge aus Syrien mit 3 Mrd. Euro. Die Türkei verpflichtet sich, das mit der Europäischen Union abgeschlossene Rückübernahmeabkommen vollumfänglich anzuwenden und Migranten, die aus Drittstaaten über die Türkei illegal in die Europäische Union eingereist sind, zurückzunehmen. Im Gegenzug soll die Visumspflicht für türkische Staatsangehörige rascher als bislang vorgesehen aufgehoben werden. Auf dem Gipfeltreffen der Europäischen Union mit der Türkei am 18. März 2016 wurde über den Aktionsplan EU-Türkei hinausgehend vereinbart, dass sämtliche nach dem 20. April 2016 auf die griechischen Inseln gelangte Migranten, die entweder keinen Asylantrag gestellt haben oder deren Asylantrag abgelehnt wurde, ab dem 4. April 2016 in die Türkei rückgeführt werden. Hierzu werden auf den Inseln sogenannte „hot spots" eingerichtet, in denen Asylanträge schnellstmöglich geprüft werden. Im Gegenzug verpflichtet sich die Europäische Union, für jeden zurückgeführten syrischen Flüchtling einen syrischen Flüchtling aus der Türkei in der Europäischen Union neu anzusiedeln. Hierfür soll das bestehende Neuansiedlungsprogramm auf Grundlage einer freiwilligen Vereinbarung der EU-Mitgliedstaaten um weitere 54.000 Personen aufgestockt werden. Innerhalb der Europäischen Union soll der Umsiedlungsbeschluss vom 22. September 2015 dahingehend geändert werden, dass neu angesiedelte Flüchtlinge auf die Quote derjenigen Flüchtlinge anzurechnen ist, die innerhalb der Europäischen Union in einen Mitgliedstaat umgesiedelt werden sollen. Strittig blieb die Aufhebung der Visapflicht für türkische Staatsangehörige. Diese wurde in der Gipfelerklärung für Ende Juni 2016 angekündigt, ist aber bislang noch nicht vollzogen worden, da die Türkei noch nicht alle hierfür aufgestellten Bedingungen erfüllt hat.

Neben der „Westbalkanroute" beschäftigte die politische Entwicklung die Eindämmung der Migration vom afrikanischen Kontinent über das Mittelmeer. Um dieser durch Kooperation mit den afrikanischen Staaten besser Herr zu werden, lud die Europäische Union zu einem Gipfel mit 35 afrikanischen Staaten am 11./12. November 2015 nach Valletta ein. Der hier beschlossene Aktionsplan sieht im Wesentlichen die Zahlung von EU-Mitteln an afrikanische Staaten vor, um damit konkrete Projekte zu finanzieren, die den Lebensstandard in diesen Staaten erhöhen und damit Anreize zur Migration senken sollen. Hierfür soll ein Nothilfe-Treuhandfonds aufgebaut werden, in den die Europäische Union 1,8 Mrd. Euro einzahlt und den die Mitgliedstaaten um dieselbe Summe nochmals aufstocken sollen. Im Gegenzug sollen die afrikanischen Staaten ihre Staatsangehörigen „auf freiwilliger Basis" verstärkt zurücknehmen, wenn sie in die Europäische Union illegal eingereist sind.

Die politische Entwicklung konzentrierte sich mithin auf den Rückgang der Anzahl an Migranten durch Kooperation mit Transit- und Herkunftsländern. Dabei führt die Zusammenarbeit mit Transitländern auch dazu, dass sich die Anzahl an Menschen, die einen Antrag auf internationalen Schutz in einem Mitgliedstaat der Europäischen Union stellen könnten, reduziert. Auf niedrigem Niveau versucht die Europäische Union zudem durch Neu- und Umsiedlungsprogramme die Mitgliedstaaten in der Peripherie der Union zu entlasten. Die aufgezeigte politische Entwicklung wird das Migrationsproblem als solches nicht lösen. Sie verlagert den Druck der Zahl an Personen, die Schutz in einem Mitgliedstaat der Union suchen, auf Regierungen von Drittstaaten, die die Kontrolle von Migrationsbewegungen im eigenen Land als Druckmittel gegen die Europäische Union und deren Mitgliedstaaten einsetzen.

Das Gemeinsame Europäische Asylsystem

Das GEAS setzt sich aus drei Komponenten zusammen: der unionsweit einheitlichen Bestimmung des für die Behandlung des Asylantrags zuständigen Mitgliedstaats, der Angleichung der mitgliedstaatlichen Asylrechtsordnungen mit dem Ziel der Vereinheitlichung und der Regelung des Lastenausgleichs unter den Mitgliedstaaten. Speziell die Asylrechtsharmonisierung wurde in zwei Stufen projektiert: zunächst die Schaffung von Mindeststandards und sodann die Errichtung eines unionalen Asylraums mit einheitlichem Verfahren und einheitlichem Status. Im Jahre 2013 wurde die Gesetzgebung für die zweite Stufe des GEAS abgeschlossen.[12] Das GEAS besteht nunmehr aus der Dublin III-Verordnung über die Bestimmung des für die Prüfung eines Asylantrags zuständigen Mitgliedstaats[13], der Richtlinie über die Aufnahmebedingungen[14], der Asylverfahrensrichtlinie[15], der Richtlinie über Normen für die Anerkennung von Drittstaatsangehörigen oder Staatenlosen als Personen mit Anspruch auf internationalen Schutz (Qualifikationsrichtlinie)[16] und der Eurodac-Verordnung über den Aufbau einer Fingerabdruckdatenbank[17].

Bereits kurz nach dem Abschluss der zweiten Stufe des GEAS wurde eine dritte Stufe für erforderlich gehalten, um dem Ziel eines gemeinsamen Asylsystems näher zu kommen.[18] Die Kommission kündigte im April 2016 eine Reform des GEAS an, die die Lehren aus den Erfahrungen der Migrationskrise der vergangenen Jahre ziehen soll:

> „Ziel ist letztlich die Abkehr von einem System, das aufgrund seiner Konzeption oder mangelhaften Implementierung bestimmten Mitgliedstaaten unverhältnismäßig viel Verantwortung aufbürdet und den unkontrollierten Zustrom irregulärer Migranten befördert, und die Hinwendung zu einem faireren System, das Drittstaatsangehörigen, die Schutz suchen oder die zur wirtschaftlichen Entwicklung der EU beitragen können, geordnete, sichere Wege in die EU bietet.“[19]

Mit deutlichen Worten kritisiert die Kommission das „Dublin-System", das „nicht dazu bestimmt [war], EU-weit eine nachhaltige Lastenteilung zu gewährleisten – ein Mangel, den die gegenwärtige Krise sichtbar gemacht hat."[20] Im Falle eines Massenzustroms weist

---

12 Peter-Christian Müller-Graff/René Repasi: Asyl-, Einwanderungs- und Visapolitik, in: Werner Weidenfeld/Wolfgang Wessels (Hrsg.): Jahrbuch der Europäischen Integration 2012, Baden-Baden 2012, S. 143-152, hier: S. 143, 145-148; Peter-Christian Müller-Graff/René Repasi: Asyl-, Einwanderungs- und Visapolitik, in: Werner Weidenfeld/Wolfgang Wessels (Hrsg.): Jahrbuch der Europäischen Integration 2013, Baden-Baden 2013, S. 138-142.

13 Verordnung (EU) Nr. 604/2013 zur Festlegung der Kriterien und Verfahren zur Bestimmung des Mitgliedstaats, der für die Prüfung eines von einem Drittstaatsangehörigen oder Staatenlosen in einem Mitgliedstaat gestellten Antrags auf internationalen Schutz zuständig ist, in: Amtsblatt der EU L 180, 29. Juni 2013, S. 30-59.

14 Richtlinie 2013/33/EU zur Festlegung von Normen für die Aufnahme von Personen, die internationalen Schutz beantragen, in: Amtsblatt der EU L 180, 29. Juni 2013, S. 96-107.

15 Richtlinie 2013/32/EU zu gemeinsamen Verfahren für die Zuerkennung und Aberkennung des internationalen Schutzes, in: Amtsblatt der EU, 2013 L 180, 29. Juni 2013, S. 60-95.

16 Richtlinie 2011/95/EU über Normen für die Anerkennung von Drittstaatsangehörigen oder Staatenlosen als Personen mit Anspruch auf internationalen Schutz, für einen einheitlichen Status für Flüchtlinge oder für Personen mit Anrecht auf subsidiären Schutz und für den Inhalt des zu gewährenden Schutzes, in: Amtsblatt der EU L 337, 20. Dezember 2011, S. 9-26; Müller-Graff/Repasi: Asyl-, Einwanderungs- und Visapolitik, 2012, S. 146.

17 Verordnung (EU) Nr. 603/2013 über die Einrichtung von Eurodac für den Abgleich von Fingerabdruckdaten, in: Amtsblatt der EU L 180, 29. Juni 2013, S. 1-30.

18 Müller-Graff/Repasi: Asyl-, Einwanderungs- und Visapolitik, 2013, S. 145.

19 Europäische Kommission: Mitteilung an das Europäische Parlament und den Rat, Reformierung des Gemeinsamen Europäischen Asylsystems und Erleichterung legaler Wege nach Europa, COM(2016) 197 final, S. 2.

20 COM(2016) 197 final, S. 4.

das System einigen wenigen Staaten die Hauptverantwortung für den Umgang mit Migranten zu. Hinzu kommt, dass die Überstellung von Migranten in den eigentlich zuständigen Mitgliedstaat der ersten Grenzübertritts nicht mehr möglich ist, wenn dessen Asylverfahren und Aufnahmebedingungen strukturelle Mängel aufweisen, wie dies etwa im Fall Griechenlands von der Rechtsprechung des EuGH[21] und des Europäischen Gerichtshofs für Menschenrechte (EGMR) [22] festgestellt wurde.

Neben der systemimmanenten Überforderung einiger weniger Mitgliedstaaten im Falle eines Massenzustroms erkennt die Kommission in den Anreizen, die das geltende GEAS für Sekundärmigration, das heißt für die Weiterwanderung von Migranten in einen anderen als den durch das Dublin-System bestimmten zuständigen Mitgliedstaat, ein durch die dritte Stufe des GEAS zu überwindendes Problem.[23] Dabei stellt sie auf die weiterhin bestehenden Unterschiede zwischen den mitgliedstaatlichen Asylsystemen im Hinblick auf die Länge der Asylverfahren und auf die Aufnahmebedingungen ab. Die Gründe für die fortbestehenden Unterschiede erkennt die Kommission in den zahlreichen „Kann-Bestimmungen" der das GEAS bildenden Richtlinien und den uneinheitlichen Beurteilungen in den Mitgliedstaaten bei der Verleihung des Flüchtlingsstatus und des subsidiären Schutzstatus.

Auf der Grundlage dieser Analyse[24] strebt die Kommission die Behebung der erkannten Defizite durch „fünf Prioritäten" an:[25] (1) Einführung eines tragfähigen Systems zur Bestimmung des für die Prüfung von Asylanträgen zuständigen Mitgliedstaats durch eine Änderung der Dublin III-VO; (2) Stärkung des Eurodac-Systems zur Erleichterung der Bekämpfung irregulärer Migration; (3) Herstellung größerer Konvergenz im EU-Asylsystem durch eine Ersetzung der bestehenden Richtlinien im GEAS durch Verordnungen; (4) Verhinderung von Sekundärmigration durch strenge Verfahrensmaßnahmen in den neuen GEAS-Verordnungen; (5) ein neues Mandat für die EU-Asylagentur, das es ihr erlaubt, an der Umsetzung der EU-Asylpolitik mitzuwirken und eine stärkere operative Rolle einzunehmen. Am 4. Mai brachte die Kommission ein erstes Paket mit Verordnungsvorschlägen in Form einer Neufassung der Dublin III-Verordnung,[26] einer Neufassung der Verordnung über die Asylagentur der Europäischen Union[27] und einer Neufassung der Eurodac-Verordnung[28] ein. Dem folgte am 13. Juli das zweite Paket mit Verordnungs-

---

21 Gerichtshof der Europäischen Union: Urteil des Gerichtshofs (große Kammer) in den verbundenen Rechtssachen C-411/10 und C-493/10, 21. Dezember 2011.
22 Europäischer Gerichtshof für Menschenrechte: Rechtsprechung 30696/09, 21. Januar 2011.
23 COM(2016) 197 final, S. 5.
24 Eine ähnlich kritische Würdigung der zweiten Stufe des GEAS findet sich bereits zum Zeitpunkt ihres Abschluss bei Müller-Graff/Repasi: Asyl-, Einwanderungs- und Visapolitik, 2013, S. 141 f.
25 COM(2016) 197 final, S. 6 f.
26 Vorschlag für eine Verordnung zur Festlegung der Kriterien und Verfahren zur Bestimmung des Mitgliedstaats, der für die Prüfung eines von einem Drittstaatsangehörigen oder Staatenlosen in einem Mitgliedstaat gestellten Antrags auf internationalen Schutz zuständig ist, COM(2016) 270 final.
27 Vorschlag für eine Verordnung über die Asylagentur der Europäischen Union und zur Aufhebung der Verordnung (EU) Nr. 439/2010, COM(2016) 271 final.
28 Vorschlag für eine Verordnung über die Einrichtung von Eurodac für den Abgleich von Fingerabdruckdaten zum Zwecke der effektiven Anwendung der [Verordnung (EU) Nr. 604/2013 zur Festlegung der Kriterien und Verfahren zur Bestimmung des Mitgliedstaats, der für die Prüfung eines von einem Drittstaatsangehörigen oder Staatenlosen in einem Mitgliedstaat gestellten Antrags auf internationalen Schutz zuständig ist], für die Feststellung der Identität illegal aufhältiger Drittstaatsangehöriger oder Staatenloser und über der Gefahrenabwehr- und Strafverfolgung dienende Anträge der Gefahrenabwehr- und Strafverfolgungsbehörden der Mitgliedstaaten und Europols auf den Abgleich mit Eurodac-Daten, COM(2016) 272 final.

vorschlägen zur Neufassung und Ersetzung der Asylverfahrensrichtlinie[29] und zur Neufassung und Ersetzung der Qualifikationsrichtlinie[30] sowie mit einem Vorschlag für eine Neufassung der Richtlinie über die Aufnahmebedingungen.[31]

Die Neufassung der Dublin-Verordnung[32] bringt drei Neuerungen. Während am Grundsatz festgehalten wird, dass der Mitgliedstaat der Ersteinreise für das Asylverfahren zuständig ist, sollen die Verfahren zur Übertragung der Zuständigkeit vereinfacht, einschneidende Konsequenzen an eine mangelnde Kooperationsbereitschaft der Antragsteller eingeführt und ein automatischer Kooperationsmechanismus im Falle der Überlastung eines Mitgliedstaats geschaffen werden. Das Prüfverfahren wird dazu in zwei Prüfschritte unterteilt. Zunächst und in einem ersten Schritt prüft der Mitgliedstaat, in dem ein Antrag gestellt wurde, ob der Antragsteller aus einem ersten Asylstaat, aus einem sicheren Drittstaat oder aus einem sicheren Herkunftsstaat kommt oder ob er eine Gefahr für die Sicherheit darstellt. In den ersten beiden Fällen ist der Antrag unzulässig und der Mitgliedstaat führt den Antragsteller in den ersten Asylstaat oder den sicheren Drittstaat zurück. In den beiden anderen Fällen führt der Mitgliedstaat ein beschleunigtes Verfahren zur Prüfung des Antrags durch. Erst wenn nach dieser Erstprüfung und somit in einem zweiten Schritt der Antrag grundsätzlich zulässig ist, prüft der Mitgliedstaat, in dem der Antrag gestellt wurde, seine Zuständigkeit entsprechend der bekannten Kriterien des bisherigen Dublin-Systems. Kommt der Mitgliedstaat zu dem Ergebnis, dass ein anderer Mitgliedstaat nach den Kriterien des Dublin-Systems zuständig ist, so muss er innerhalb einer Frist von einem Monat (bisher: drei Monate) ein Aufnahmegesuch stellen, das der andere Mitgliedstaat innerhalb eines Monats (bisher: zwei Monate) hinreichend begründet ablehnen kann. Wird kein Aufnahmegesuch innerhalb eines Monats gestellt, gilt der Mitgliedstaat der Antragstellung als zuständig, andernfalls nimmt der andere Mitgliedstaat seine Zuständigkeit an. Das bisherige Dringlichkeitsverfahren soll aufgrund der verkürzten Verfahrensfristen wegfallen. Neu eingeführt werden zudem Pflichten des Antragstellers, an deren Verletzung für den Antragsteller nachteilige Folgen geknüpft werden. Diese umfassen unter anderem die Pflicht für den Migranten, den Antrag in dem nach den Kriterien des Dublin-Systems zuständigen Mitgliedstaat zu stellen. Bei Verstoß ist der eigentlich zuständige Mitgliedstaat berechtigt, ein beschleunigtes Verfahren durchzuführen. Einen Anspruch auf materielle Leistungen mit Ausnahme der Notfallversorgung hat der Antragsteller nur in dem Mitgliedstaat, der nach den Kriterien des Dublin-Systems zuständig ist.

Besonderes Novum in der Neufassung der Dublin-Verordnung ist der automatische Korrekturmechanismus für die Zuweisung von Antragstellern. Hiernach wird jedem Mitgliedstaat eine Referenzzahl an zu behandelnden Anträgen zuzüglich tatsächlich neu angesiedelter Personen nach einem Referenzschlüssel zugewiesen, der sich je zur Hälfte aus der Bevölkerungsgröße und dem Bruttoinlandsprodukt des jeweiligen Mitgliedstaats

---

29 Vorschlag für eine Verordnung des Europäischen Parlaments und des Rates zur Einführung eines gemeinsamen Verfahrens in der Union und zur Aufhebung der Richtlinie 2013/32/EU, COM(2016) 467 final.

30 Vorschlag für eine Verordnung des Europäischen Parlaments und des Rates über Normen für die Anerkennung des Anspruchs von Drittstaatsangehörigen und Staatenlosen auf internationalen Schutz, für einen einheitlichen Status für Flüchtlinge oder für Personen mit Anrecht auf subsidiären Schutz und für den Inhalt des zu gewährenden Schutzes und zur Änderung der Richtlinie 2003/109/EG betreffend die Rechtsstellung der langfristig aufenthaltsberechtigten Drittstaatsangehörigen, COM(2016) 466 final.

31 Vorschlag für eine Richtlinie zur Festlegung von Normen für die Aufnahme von Personen, die internationalen Schutz beantragen, COM(2016) 465 final.

32 COM(2016) 270 final.

zusammensetzt.[33] Ein automatisiertes System überwacht die Referenzzahlen fortlaufend. Der Korrekturmechanismus wird aktiviert, wenn bei einem Mitgliedstaat die Gesamtzahl an Anträgen und neu angesiedelten Personen die Referenzzahl um 150 Prozent übersteigt. In diesem Fall weist das System Anträge automatisch den Mitgliedstaaten proportional zu, deren Referenzzahlen noch unterschritten sind, bis bei dem betroffenen Mitgliedstaat die Referenzzahl wieder unter 150 Prozent sinkt. Ein Mitgliedstaat kann vorübergehend für einen Zeitraum von zwölf Monaten erklären, sich nicht an dem Korrekturmechanismus zu beteiligen. In diesem Fall muss er einen „Solidarbeitrag" von 250.000 Euro pro Antrag an denjenigen Mitgliedstaat zahlen, der den dem ausgestiegenen Mitgliedstaat eigentlich zugewiesenen Antrag übernimmt. Rechtsgrundlage für den Verordnungsvorschlag ist Art. 78 Abs. 2 lit. e) AEUV, wonach das Europäische Parlament und der Rat im ordentlichen Gesetzgebungsverfahren, das heißt mit qualifizierter Mehrheit im Rat, über den Vorschlag entscheiden.

Zur Verwaltung des Korrekturmechanismus und zur Stärkung der Kohärenz des GEAS in den Mitgliedstaaten soll das EASO in eine Asylagentur der Europäischen Union umgewandelt und mit weitreichenden Mandaten und Befugnissen ausgestattet werden.[34] Von besonderem Interesse sind die Aufgabe der Kontrolle und Bewertung der Umsetzung des GEAS in den Mitgliedstaaten sowie die Überprüfung ihrer Asyl- und Aufnahmesysteme. Zur Umsetzung dieser Aufgabe wird ein komplizierter Mechanismus vorgeschlagen. Er baut auf einem Kontrollverfahren durch Expertengruppen der Agentur auf, mithilfe dessen die Asyl- und Aufnahmesysteme der Mitgliedstaaten regelmäßig bewertet werden sollen. Stellt ein Bericht einer Expertengruppe Mängel fest, legt der Exekutivdirektor der Agentur dem betroffenen Mitgliedstaat Entwürfe einer Empfehlung mit den notwendigen Maßnahmen zur Beseitigung der festgestellten Mängel vor, die unter Berücksichtigung der Stellungnahme des Mitgliedstaats vom Verwaltungsrat der Agentur angenommen werden. Der Mitgliedstaat muss dann der Agentur einen Aktionsplan mit Maßnahmen zur Behebung der Mängel vorlegen. Setzt der betroffene Mitgliedstaat den Aktionsplan nicht um und sind „die Mängel in den Asyl- und Aufnahmesystemen so schwer […], dass sie das Funktionieren des GEAS gefährden" (Art. 15 Abs. 1), übernimmt die Kommission das Verfahren und adressiert eigene Empfehlungen an den Mitgliedstaat. Kommt dieser nach Fristsetzung auch diesen Empfehlungen nicht nach, „kann die Kommission weitere Maßnahmen festlegen, die von der Agentur zu treffen sind, um den Mitgliedstaat zu unterstützen".[35] Andere Möglichkeiten wie etwa eine Ersatzvornahme durch die Asylagentur oder ein Selbsteintrittsrecht in Notfallsituationen ist nicht vorgesehen. Der vorgeschlagene Kontrollmechanismus erscheint somit demjenigen der Haushaltsüberwachung und der Koordination der mitgliedstaatlichen Wirtschaftspolitik vergleichbar. Die Agentur kann Missstände benennen und Empfehlungen mit den notwendigen Maßnahmen beschließen, weitergehende Befugnisse hat sie nicht. Im Unterschied zum Recht der Haushaltsüberwachung kann die Kommission aber in letzter Instanz noch das Vertragsverletzungsverfahren nach Art. 258 AEUV vor dem EuGH einleiten.

Die Vorgaben für die mitgliedstaatlichen Asylverfahren sollen durch eine neue Asylverfahrensverordnung[36] stärker vereinheitlicht werden und aufgrund der Wahl der Rechtsform der Verordnung in den mitgliedstaatlichen Rechtsordnungen unmittelbar anwendbar

---

33   Vgl. zu den früheren Versuchen der Kommission, einen automatischen Verteilungsschlüssel festzulegen, Müller-Graff/Repasi: Asyl-, Einwanderungs- und Visapolitik, 2015, S. 152.
34   COM(2016) 271 final.
35   COM(2016) 271 final, S. 10; Art. 15 Abs. 3 in Verbindung mit Art. 22 Abs. 3 des Verordnungsvorschlags.

sein, ohne dass es einer Umsetzung durch die Mitgliedstaaten bedarf. Von besonderer Bedeutung ist in diesem Vorschlag die in der Vergangenheit mehrfach versuchte, aber immer wieder gescheiterte Einführung einer EU-weit einheitlichen Bestimmung der Konzepte des sicheren Staates. Unterschieden wird zwischen drei Kategorien: (1) dem „ersten Asylstaat", wobei es sich um einen Drittstaat handelt, in dem der Antragsteller bereits internationalen Schutz erhalten hat und ihn weiterhin in Anspruch nehmen kann; (2) dem „sicheren Drittstaat", in dem ein Antragsteller die Möglichkeit hat, wirksamen internationalen Schutz zu erhalten; und (3) dem „sicheren Herkunftsstaat", für den die widerlegbare Vermutung gilt, dass ein Antragsteller sicher ist.[37] Die Europäische Union soll eine Liste der sicheren Drittstaaten[38] und der sicheren Herkunftsstaaten[39] im Wege des ordentlichen Gesetzgebungsverfahrens erlassen und die Anwendung des Konzepts der sicheren Drittstaaten und der sicheren Herkunftsstaaten nach Ablauf einer Übergangsfrist von fünf Jahren ab dem Inkrafttreten der Verordnung verbindlich für die Mitgliedstaaten vorschreiben. Neben unterschiedlichen Verfahren und Verfahrensfristen, die an die verschiedenen Konzepte anknüpfen, unterscheiden sie sich im Hinblick auf die aufschiebende Wirkung von Rechtsbehelfen gegen abgelehnte Anträge. Im Falle der ersten Asylstaaten und der sicheren Drittstaaten haben solche Rechtsbehelfe eine automatische aufschiebende Wirkung, während sie keine solche Wirkung besitzen im Fall der sicheren Herkunftsstaaten. Die Fristen für die Verfahrensabschnitte sollen sich nur geringfügig ändern, sodass die Prüfung der Begründetheit eines Antrags im regulären Verfahren sechs Monate betragen muss und aufgrund unverhältnismäßigen Drucks oder der Komplexität des zu behandelnden Sachverhalts einmalig um drei Monate verlängert werden darf. Neu eingeführt wurden Fristen für die Zulässigkeitsprüfung und das beschleunigte Verfahren. Die der Begründetheit vorgelagerte Zulässigkeitsprüfung ist auf einen Monat und in den Fällen, in denen es lediglich um die Feststellung eines ersten Asylstaats oder eines sicheren Drittstaats geht, auf zehn Tage beschränkt. Das beschleunigte Verfahren, das zur Anwendung gelangt, wenn der Antragsteller gegen seine neu eingeführte Kooperationspflicht verstößt, aus einem sicheren Herkunftsstaat kommt oder eine Gefahr für die nationale Sicherheit oder öffentliche Ordnung darstellt, ist auf zwei Monate begrenzt. Gelingt es einem Mitgliedstaat nicht, die Verfahrensfristen einzuhalten, so ist er dazu angehalten, die zu gründende EU-Asylagentur um Unterstützung zu ersuchen. Die Grenzverfahren (auch „Flughafenverfahren" genannt) sind auf vier Wochen beschränkt, bei deren ergebnislosen Ablauf der Antragsteller das Recht auf Einreise und Aufenthalt erhält.

Die Voraussetzungen für die Zuerkennung von internationalem Schutz sollen durch die Ersetzung der Qualifikationsrichtlinie durch eine Verordnung stärker vereinheitlicht werden.[40] Die Gewährung einer günstigeren Behandlung soll durch eine künftige Verordnung ausgeschlossen werden. Die Mitgliedstaaten sollen lediglich die Möglichkeit haben, einen nationalen humanitären Schutzstatus für Personen zu verleihen, denen nach der Verordnung kein Schutzstatus zusteht. Zentrale Neuerung ist die Einführung einer

---

36 Vorschlag für eine Verordnung zur Einführung eines gemeinsamen Verfahrens in der Union, COM(2016) 467 final.
37 COM(2016) 467 final, S. 19 f., Art. 44 (erster Asylstaat), Art. 45 (sicherer Drittstaat) und Art. 47 (sicherer Herkunftsstaat).
38 Die Liste soll durch eine künftige Änderung der Asylverfahrensverordnung erstellt werden.
39 Ein Verordnungsvorschlag für die Aufstellung einer Liste sicherer Herkunftsstaaten liegt zur Beschlussfassung vor (COM(2015) 452 final). Sie umfasst Albanien, Bosnien und Herzegowina, die ehemalige jugoslawische Republik Mazedonien, Kosovo, Montenegro, Serbien und die Türkei.
40 COM(2016) 466 final.

verpflichtenden Überprüfung des Schutzstatus bei seiner Verlängerung und im Fall einer wesentlichen Änderung der Lage im Herkunftsland des Flüchtlings. Die Feststellung einer solchen wesentlichen Lageänderung soll dabei aufgrund einer Orientierungshilfe durch die zu gründende Asylagentur der Europäischen Union erfolgen. Ist die Flüchtlingseigenschaft einmal zuerkannt, schränkt der Verordnungsvorschlag die innerunionale Freizügigkeit des Flüchtlings auf das Hoheitsgebiet des zuerkennenden Mitgliedstaats ein. Die Fünfjahres-periode zur Erlangung des Daueraufenthaltsrechts für Drittstaatsangehörige soll nach dem Willen der Kommission künftig immer dann erneut beginnen, wenn die Person in einem anderen Mitgliedstaat als demjenigen angetroffen wird, der ihr den internationalen Schutz-status verliehen hat. Die Geltungsdauer der Aufenthaltstitel soll bei Gewährung subsidi-ären Schutzes auf ein Jahr mit zweimaliger zweijähriger Verlängerungsmöglichkeit und bei Gewährung des Flüchtlingsstatus auf drei Jahre mit zweimaliger dreijähriger Verlänge-rungsmöglichkeit einheitlich festgelegt werden. Darüber hinaus wird die Qualifikations-richtlinie in weiten Teilen lediglich in die Verordnung übergeführt.

Abschließend soll eine Neufassung der Richtlinie über die Aufnahmebedingungen[41] zu einer stärkeren Harmonisierung der Aufnahmebedingungen in den Mitgliedstaaten und zu einer damit einhergehenden Verringerung der Anreize für Sekundärmigration führen. In Anknüpfung an die durch die Neufassung der Dublin-Verordnung eingeführte Pflicht zum Verbleib von Antragstellern in dem vom Dublin-System bestimmten Mitgliedstaat der Antragstellung schreibt der Vorschlag den Wegfall von materiellen Leistungen für Antrag-steller vor, die sich irregulär in einem anderen Mitgliedstaat befinden als dem nach dem Dublin-System zuständigen Mitgliedstaat, mit Ausnahme der medizinischen Versorgung und der Minimalleistungen für ein menschenwürdiges Leben.[42] Die materiellen Leistungen können nach dem Vorschlag gekürzt werden, wenn der Antragsteller grob gegen die Vorschriften des Unterbringungszentrums verstoßen oder sich grob gewalttätig verhalten hat oder seinen Antrag nicht in dem nach dem Dublin-System bestimmten Mitgliedstaat gestellt oder nicht an obligatorischen Integrationsmaßnahmen teilgenommen hat. Im Sinne der Bekämpfung der Sekundärmigration fügt der Richtlinienvorschlag die Tatsache, dass sich ein Antragsteller nicht an dem ihm zugewiesenen Ort aufgehalten hat und weiterhin Fluchtgefahr besteht, als weiteren zulässigen Haftgrund für die Inhaftnahme hinzu. Weitere Neuerungen des Richtlinienvorschlags betreffen die Verkürzung der Höchstfrist für die Zugangsverweigerung zum mitgliedstaatlichen Arbeitsmarkt von neun auf sechs Monate und die Inländergleichbehandlung bei den Arbeitsbedingungen, der Vereinigungs- und Beitrittsfreiheit, der allgemeinen und beruflichen Bildung, der Anerkennung von Berufs-qualifikationen und bei „Zweigen der sozialen Sicherheit im Sinne der Verordnung (EG) Nr. 883/2004".[43]

Im Ganzen gehen die Vorschläge der Kommission in die richtige Richtung. Das Dublin-System soll durch einen automatischen Umverteilungsmechanismus ergänzt, die Verein-heitlichung sowohl des Asylverfahrensrechts als auch der Anerkennungsvoraussetzungen und der Rechte für Flüchtlinge im Verordnungswege erreicht und einer eigenständigen Unionsagentur eine stärkere Rolle bei der Koordinierung der Asylrechtsordnungen einge-räumt werden. Dies geht einher mit einer grundsätzlichen Aufrechterhaltung des Dublin-Systems und teilweise scharfen Sanktionen im Falle von Sekundärmigration, die die Gren-zen der europäischen Grundrechte ausloten.

---

41   COM(2016) 465 final.
42   Artikel 17a des Richtlinienvorschlags, COM(2016) 465 final.
43   Art. 15 Abs. 3 des Richtlinienvorschlags, COM(2016) 465 final.

Einwanderung

Der Rechtsrahmen für die europäische Einwanderungspolitik setzt sich derzeit aus der Richtlinie über die Rechtsstellung langfristig aufenthaltsberechtigter Drittstaatsangehöriger (2003)[44], der „Blue Card"-Richtlinie[45] (2009), der Richtlinie über Saisonarbeitnehmer (2014)[46], der Richtlinie über die konzerninterne Entsendung (ICT-Richtlinie)[47] und der Richtlinie über wissenschaftliche und Bildungsaufenthalte (2016)[48] sowie der Rahmen-richtlinie[49] (2011) zusammen. Von zentraler Bedeutung ist dabei die „Blue Card"-Richt-linie, da sie das einzige Rechtsinstrument ist, das eine legale Zuwanderung regelt, ohne dass der zuwanderungswillige Drittstaatsangehörige einer besonderen eng definierten Personengruppe angehören muss. Sie ist damit das Instrument, mit dem die Europäische Union derzeit die legale Zuwanderung von hochqualifizierten Drittstaatsangehörigen steuert.

Vor diesem Hintergrund erkannte auch die Kommission in ihrer Mitteilung zur Erleich-terung legaler Wege nach Europa,[50] dass die „Blue Card"-Richtlinie reformiert werden muss, um das von Kommissionspräsident Juncker ausgegebene Ziel einer „neuen europä-ischen Politik der legalen Zuwanderung"[51] zu erreichen. Diesem Ziel entsprach die derzeit geltende Richtlinie nicht, da die von ihr aufgestellten Voraussetzungen relativ restriktiv sind. So wurden beispielsweise im Jahre 2014 lediglich 13.852 blaue Karten EU-weit ausgestellt.[52] Die Kommission legte daher im Berichtszeitraum einen Vorschlag für eine Neufassung der „Blue Card"-Richtlinie vor.[53] Wie bislang muss der Drittstaatsangehörige nach dem Vorschlag der Kommission über höhere Qualifikationen verfügen. Der antrags-berechtigte Drittstaatsangehörige kann dabei auch internationalen Schutz im Sinne der Anerkennungsrichtlinie in der Europäischen Union genießen, was nach der derzeit gelten-den Richtlinie noch ausgeschlossen ist. Die Zulassungsbedingungen für die „Blue Card" werden abgesenkt, sodass ein Arbeitsvertrag oder ein verbindliches Arbeitsplatzangebot

---

44   Richtlinie 2003/109/EG des Rates vom 25. November 2003 betreffend die Rechtsstellung der langfristig aufenthaltsberechtigten Drittstaatsangehörigen, in: Amtsblatt der EU L 16, 23. Januar 2004, S. 44-53.

45   Richtlinie 2009/50/EG über die Bedingungen für die Einreise und den Aufenthalt von Drittstaatsangehöri-gen zur Ausübung einer hochqualifizierten Beschäftigung, in: Amtsblatt der EU L 155, 18. Juni 2009, S. 17-29.

46   Richtlinie 2014/36/EU über die Bedingungen für die Einreise und den Aufenthalt von Drittstaatsangehöri-gen zwecks Beschäftigung als Saisonarbeitnehmer, in: Amtsblatt der EU L 94, 28. März 2014, S. 375-390.

47   Richtlinie 2014/66/EU über die Bedingungen für die Einreise und den Aufenthalt von Drittstaatsangehöri-gen im Rahmen eines unternehmensinternen Transfers, in: Amtsblatt der EU L 157 vom 27. Mai 2014, S. 1-22.

48   Richtlinie (EU) 2016/801 über die Bedingungen für die Einreise und den Aufenthalt von Drittstaatsange-hörigen zu Forschungs- oder Studienzwecken, zur Absolvierung eines Praktikums, zur Teilnahme an einem Freiwilligendienst, Schüleraustauschprogrammen oder Bildungsvorhaben und zur Ausübung einer Au-pair-Tätigkeit, in: Amtsblatt der EU L 132, 21. Mai 2016, S. 21-57.

49   Richtlinie 2011/98/EU über ein einheitliches Verfahren zur Beantragung einer kombinierten Erlaubnis für Drittstaatsangehörige, sich im Hoheitsgebiet eines Mitgliedstaats aufzuhalten und zu arbeiten, sowie über ein gemeinsames Bündel von Rechten für Drittstaatsarbeitnehmer, die sich rechtmäßig in einem Mitglied-staat aufhalten, in: Amtsblatt der EU L 343, 23. Dezember 2011, S. 1-9.

50   Europäische Kommission: Mitteilung an das Europäische Parlament und den Rat, Reformierung des Gemeinsamen Europäischen Asylsystems und Erleichterung legaler Wege nach Europa, COM(2016) 197 final, S. 18 ff.

51   Juncker: Ein neuer Start für Europa, 2014 S. 11.

52   COM(2016) 197 final, S. 20, Fußnote 42.

53   Vorschlag für eine Richtlinie über die Bedingungen für die Einreise und den Aufenthalt von Drittstaatsan-gehörigen zur Ausübung einer umfassende Qualifikationen voraussetzenden Beschäftigung, COM(2016) 378 final.

von mindestens sechs Monaten anstelle von zwölf Monaten notwendig ist. Das damit verbundene Bruttojahresgehalt soll statt des mindestens 1,5-fachen des durchschnittlichen Bruttojahresgehalts des betreffenden Mitgliedstaats zwischen dem 1,0- und höchstens 1,4-fachen liegen. Bei Mangelberufen und für junge Hochschulabsolventen soll das von den Mitgliedstaaten festgelegte Mindestgehalt lediglich 80 Prozent entsprechen müssen, während bislang in diesen Fällen mindestens das 1,2-fache des durchschnittlichen Brutto-jahresgehalts verlangt wird. Eine vorübergehende Arbeitslosigkeit schadet dem Aufent-haltsstatus nicht, solange sie nicht länger als drei Monate umfasst.

Außengrenzen und irreguläre Einwanderung

Den Schwerpunkt der politischen Maßnahmenpakete zur Bewältigung der mit den steigen-den Flüchtlingszahlen verbundenen Herausforderungen bildet die Bekämpfung irregulärer Einwanderung. Im Vordergrund stehen die Bekämpfung von Menschenhandel und gewerb-lichem Schleusertum, die weitere Integration der Grenzkontrollen über den erreichten Stand hinaus, aber auch eine verstärkte Zusammenarbeit der zuständigen mitgliedstaat-lichen Sicherheitsbehörden sowie die Zusammenarbeit mit den Herkunfts- und Transit-ländern. Bereits heute steht ein reichhaltiges Paket von Maßnahmen zur Verfügung, das vor allem die Unterstützung unerlaubter Einwanderung bekämpft und die Rückführung unerlaubt aufhältiger Drittstaatsangehöriger organisiert. Das Grenzüberwachungssystem Eurosur nahm im Dezember 2013 seinen Betrieb auf.

Im Zentrum der legislativen Tätigkeit stand im Berichtszeitraum die Reform der Grenz-schutzagentur Frontex, die nunmehr in der Europäischen Agentur für die Grenz- und Küstenwache aufgeht. Am 21. Juni 2016 erzielten das Europäische Parlament und der Rat eine Einigung[54] über den Vorschlag der Europäischen Kommission, der im Dezember 2015 vorgelegt wurde.[55] Besonders hervorzuheben ist dabei die ursprünglich von der Kommis-sion vorgeschlagene Möglichkeit, dass die Agentur auf Grundlage eines Durchführungsbe-schlusses der Kommission in Fällen unverhältnismäßig hohen Migrationsdrucks direkt in dem betreffenden Mitgliedstaat intervenieren soll.[56] Diese tief in die Souveränität der Mitgliedstaaten eingreifende Handlungsermächtigung hat das Gesetzgebungsverfahren nicht überstanden. Nach dem nunmehr gefundenen Kompromiss wird die Agentur auf Grundlage eines Durchführungsbeschlusses des Rates unter der Voraussetzung tätig, dass der betroffene Mitgliedstaat kooperiert. Verweigert der Mitgliedstaat die Kooperation, darf die Agentur nicht selbst eingreifen, sondern die Kommission leitet das Verfahren ein, wonach die Mitgliedstaaten die Binnengrenzen im Schengen-Raum wieder vorläufig selbst kontrollieren dürfen. Die Agentur erhält Zugriff auf einen Soforteinsatzpool, der aus 1.500 Grenzschutzbeamten der Mitgliedstaaten besteht, und erstellt eine „Schwachstellenbeurtei-lung", die eine Art „Stresstest" für die Fähigkeiten der Mitgliedstaaten darstellt, die Außengrenzen ausreichend zu schützen. Daneben werden die Kompetenzen der Agentur bei der Organisation, Koordinierung und Durchführung von Rückführmaßnahmen und -einsätzen ausgeweitet. Die Entscheidungskompetenz über die Rückführung verbleibt bei den Mitgliedstaaten. Die Agentur soll zudem die Kommission bei dem Aufbau von

---

54 Europäische Kommission: Einigung über Europäischen Grenz- und Küstenschutz, Pressemitteilung IP/16/2292, 22. Juni 2016.
55 Vorschlag für eine Verordnung über die Europäische Grenz- und Küstenwache und zur Aufhebung der Verordnung (EG) Nr. 2007/2004, der Verordnung (EG) Nr. 863/2007 und der Entscheidung 2005/267/EG des Rates, COM(2015) 671 final.
56 Artikel 18 des Vorschlags, dazu COM(2015) 671 final, S. 11.

„Brennpunkten" an den Außengrenzen („hot spots") unterstützen. Bemerkenswert ist schließlich die Einführung eines Beschwerdeverfahrens über etwaige Grundrechtsverletzungen der Agentur.

Das Gesetzgebungspaket der sogenannten „intelligenten Grenzen"[57] wurde von der Kommission zurückgezogen. Während das Gesetzgebungsvorhaben über ein Registrierungsprogramm für Reisende (RTP) gänzlich fallen gelassen wurde, stellte die Kommission einen neuen Vorschlag über ein „Einreise-/Ausreisesystem" der Europäischen Union (EES) vor.[58] Wie schon beim Vorgängervorschlag aus dem Jahr 2013 dient das EES der elektronischen Erfassung von Zeitpunkt und Ort der Ein- und Ausreise von Drittstaatsangehörigen. Im Gegensatz zu dem Vorschlag 2013 sollen zur Identifikation des Einreisenden anstelle von zehn Fingerabdrücken vier Abdrücke und das Gesichtsbild gespeichert werden. Die Speicherfrist soll nunmehr fünf Jahre statt sechs Monate andauern. Die fünfjährige Speicherfrist sah der frühere Vorschlag nur bei Nichtausreise nach Ablauf der Höchstaufenthaltsdauer vor. Die deutlich erhöhte Speicherfrist begründet die Kommission mit der Notwendigkeit einer umfänglichen Risikoanalyse des einreisenden Drittstaatsangehörigen, dessen vorherige Aufenthalte in der Europäischen Union nur durch eine längere Speicherfrist nachvollzogen werden können.[59] Die Gefahrenabwehr- und Strafverfolgungsbehörden der Mitgliedstaaten und Europol sollen zur Verhütung, Aufdeckung oder Untersuchung terroristischer oder sonstiger schwerer Straftaten Zugang zu den Daten erhalten. Neben den bereits zu dem Vorschlag aus dem Jahr 2013 vorgetragenen Kritikpunkt der fragwürdigen praktischen Umsetzbarkeit des EES angesichts der zahlreichen Land- und Seegrenzen[60] stellen sich erneut grundrechtliche Fragen im Hinblick auf die anlasslose Datensammlung und -speicherung, wie sie das Bundesverfassungsgericht (BVerfG)[61] und der EuGH[62] bezüglich der Vorratsdatenspeicherung aufgeworfen haben.

Neben der von der EU-Grenzschutzagentur Frontex durchgeführten Mission Triton, mit der die italienische EU-Außengrenze im Mittelmeer gesichert werden soll und die nach Angaben der Kommission zwischen dem 1. Januar 2015 und dem 31. Januar 2016 155.000 Menschenleben gerettet hat,[63] bekämpft die „European Union Naval Force – Mediterranean" (EUNAVFOR MED) mit dem Eintritt der sogenannten „2. Phase" ihres Einsatzes am 7. Oktober 2015 die Schleuserkriminalität im Mittelmeer.[64] Teil der zweiten Phase sind die Beschlagnahme und das Umleiten von Schiffen, die unter dem Verdacht stehen, Menschen zu schmuggeln, auf Hoher See und in den Hoheitsgewässern betroffener Küstenstaaten, sofern der Küstenstaat zustimmt oder der UN-Sicherheitsrat eine entsprechende Resolution annimmt. Am 9. Oktober 2015 erließ der Sicherheitsrat die Resolu-

---

57 Dazu Müller-Graff/Repasi: Asyl-, Einwanderungs- und Visapolitik, 2013, 143 f.

58 Vorschlag für eine Verordnung über ein Einreise-/Ausreisesystem (EES) zur Erfassung der Ein- und Ausreisedaten sowie der Einreiseverweigerungsdaten von Drittstaatsangehörigen an den Außengrenzen der Mitgliedstaaten der Europäischen Union und zur Festlegung der Bedingungen für den Zugang zum EES zu Gefahrenabwehr- und Strafverfolgungszwecken, COM(2016) 194 final.

59 COM(2016) 194 final, S. 7.

60 Müller-Graff/Repasi: Asyl-, Einwanderungs- und Visapolitik, 2013, S. 144.

61 Bundesverfassungsgericht: Urteil des ersten Senats vom 2. März 2010, 1 BvR 256/08.

62 Gerichtshof der Europäischen Union: Urteil des Gerichtshofs (große Kammer) vom 8. April 2014, verbundene Rechtssachen C-293/12 und C-594/12.

63 Europäische Kommission: Mitteilung zum aktuellen Stand der Umsetzung der Prioritäten im Rahmen der Europäischen Migrationsagenda, COM(2016) 85 final, S. 5 in Fußnote 1.

64 Die Militäroperation wurde eingesetzt durch den Ratsbeschluss (GASP) 2015/778, in: Amtsblatt der EU L 122, 19. Mai 2015, S. 31. Die 2. Phase wurde eingeleitet durch den Beschluss (GASP) 2015/1772 des Politischen und Sicherheitspolitischen Komitees, in: Amtsblatt der EU L 258, 3. Oktober 2015, S. 5.

tion 2240 (2015), mit der entsprechende Einsätze in den libyschen Hoheitsgewässern für ein Jahr autorisiert wurden. Der Operation wurde in der Zwischenzeit der Name „Sophia" verliehen. Die dritte Phase des Einsatzes beinhaltet die Zerstörung von Schiffen im Hoheitsgebiet von Küstenstaaten. Diese wurde bislang noch nicht eingeleitet.

Dreh- und Angelpunkt für eine zügige Rückführung nicht schutzbedürftiger Personen ist der Abschluss von Rückübernahmeabkommen mit den Herkunfts- und Transitländern der irregulären Migranten.[65] Im Berichtszeitraum wurden keine neuen Rückübernahmeabkommen abgeschlossen. Lediglich die bereits bestehenden Verpflichtungen der Türkei und die Rücknahmeverpflichtung eigener Staatsangehöriger der afrikanischen Staaten, die das Cotonou-Abkommen ratifiziert haben, wurden bekräftigt. Die Kommission verhandelt derzeit offiziell mit Marokko und Belarus. Für Algerien und Tunesien liegt der Kommission ein Verhandlungsmandat vor, ohne dass Verhandlungen bereits aufgenommen wurden. Der Rat ermächtigte die Kommission zur Aufnahme von entsprechenden Verhandlungen mit Jordanien[66] und Nigeria.[67]

Visapolitik

Mit der Visapolitik regelt die Europäische Union den kurzzeitigen (bis zu dreimonatigen) Aufenthalt von Drittstaatsangehörigen im Schengenraum.[68] Längerfristige Visa bleiben in nationaler Zuständigkeit, allerdings sind die Rechtsfolgen solcher Visa teilweise europäisiert.[69] Den Grundpfeiler des europäischen Visarechts bildet der Visakodex[70], der 2010 in Kraft trat. Dieser regelt im Wesentlichen die Vergabe und den Inhalt von Visa für Drittstaatsangehörige, die aufgrund einer Liste von Drittstaaten[71] visumspflichtig sind. Im April 2014 legte die Kommission einen Vorschlag für eine Neufassung des Visakodex vor.[72]

---

65 Bis jetzt hat die Europäische Union mit Hongkong, Macao (2004), Sri Lanka (2005), Albanien (2006), Russland (2007), Bosnien-Herzegowina, Mazedonien, Montenegro, Moldau, Serbien, Ukraine (2008), Pakistan (2010), Georgien (2011), Armenien, Aserbaidschan, Kap Verde, Türkei (2014) Rückübernahmeabkommen abgeschlossen.

66 Beschluss des Rates über die Ermächtigung zur Aufnahme von Verhandlungen mit dem Haschemitischen Königreich Jordanien über ein Abkommen zwischen der Europäischen Union und dem Haschemitischen Königreich Jordanien über Rückübernahme, 1. April 2016, Dok. 6963/16.

67 Beschluss des Rates über die Ermächtigung zur Aufnahme von Verhandlungen mit der Bundesrepublik Nigeria über ein Abkommen zwischen der Europäischen Union und der Bundesrepublik Nigeria über die Rückübernahme, 6. September 2016, Dok. 11975/16.

68 Das Vereinigte Königreich und Irland beteiligen sich nicht an der europäischen Visapolitik.

69 Verordnung (EU) Nr. 265/2010 des Europäischen Parlaments und des Rates vom 25. März 2010 zur Änderung des Übereinkommens zur Durchführung des Übereinkommens von Schengen und der Verordnung (EG) Nr. 562/2006 in Bezug auf den Verkehr von Personen mit einem Visum für den längerfristigen Aufenthalt, in: Amtsblatt der EU L 85, 31. März 2010, S. 1-4. Die Änderungsverordnung führt ein begrenztes Freizügigkeitsrecht für Drittstaatsangehörige mit nationalen längerfristigen Visa ein.

70 Verordnung (EG) Nr. 810/2009 über einen Visakodex der Gemeinschaft (Visakodex), in: Amtsblatt der EG L 243, 15. September 2009, S. 1-58.

71 Verordnung (EG) Nr. 539/2001 zur Aufstellung der Liste der Drittländer, deren Staatsangehörige beim Überschreiten der Außengrenzen im Besitz eines Visums sein müssen, sowie der Liste der Drittländer, deren Staatsangehörige von dieser Visumpflicht befreit sind, in: Amtsblatt der EG L 81, 21. März 2001, S. 1-8; Verordnung (EU) Nr. 509/2014 zur Aufstellung der Liste der Drittländer, deren Staatsangehörige beim Überschreiten der Außengrenzen im Besitz eines Visums sein müssen, sowie der Liste der Drittländer, deren Staatsangehörige von dieser Visumpflicht befreit sind, in: Amtsblatt der EU L 149, 20. Mai 2014, S. 67-70.

72 Vorschlag für eine Verordnung des Europäischen Parlaments und des Rates über den Visakodex der Union (Visakodex), COM(2014) 164; Müller-Graff/Repasi: Asyl-, Einwanderungs- und Visapolitik, 2014, S. 173-174.

Dieser befindet sich noch im Gesetzgebungsverfahren, wobei das Europäische Parlament seinen Bericht hierzu noch nicht angenommen hat, während der Rat seine Position am 13. April 2016 festlegte.[73] Der zweite im Rahmen der Visapolitik vorgelegte Verordnungsvorschlag[74] der Kommission zum sogenannten „Rundreise-Visum" befindet sich gleichfalls noch im Gesetzgebungsverfahren.

Fazit

Im Berichtszeitraum ist die politische und legislative Tätigkeit der Union in der Asyl- und Einwanderungspolitik massiv angestiegen. Dies ist angesichts der enormen Herausforderungen, die die Flüchtlingsbewegungen und Migrationen in Richtung Europas an die Mitgliedstaaten und die Europäische Union stellen, auch wenig verwunderlich. Dennoch ist die umfangreiche Komplettreform des GEAS sowie des Rechtsrahmens für den Außengrenzschutz ein in dieser Intensität für die Zugangspolitiken einmaliger, wenn auch notwendiger Vorgang. Die Vorschläge zielen dabei in die richtige Richtung, insoweit sie Unionsagenturen stärken und hierdurch über die Angleichung von Rechtsvorschriften hinausgehend eine Angleichung der Verwaltungspraxis anvisieren. Dies reduziert Ungleichheiten in den Asylsystemen der Mitgliedstaaten und damit einen zentralen Anreiz für Sekundärmigration in einzelne wenige Mitgliedstaaten. Die Kooperation mit Drittstaaten erscheint ein gangbarer Weg, um die Flüchtlingsbewegungen von den EU-Außengrenzen fern zu halten. Der politische Preis dafür ist jedoch, dass die Union und ihre Mitgliedstaaten den Regierungen dieser Staaten ein politisches Druckmittel in die Hand geben. Es bleibt mithin abzuwarten, ob das Feuerwerk an Maßnahmen aus dem Berichtszeitraum auch zündet.

Weiterführende Literatur

Peter-Christian Müller-Graff: Der Raum der Freiheit, der Sicherheit und des Rechts in der Lissabonner Reform, in: Europarecht Beiheft 1/2009, S. 105-126.

Loïc Azoulai/Karin de Vries: EU Migration Law, Oxford 2014.

Kay Hailbronner/Daniel Thym (Hrsg.): EU Immigration and Asylum Law, 2. Aufl., München 2016.

Steve Peers: EU Justice and Home Affairs Law, 4. Aufl., Oxford 2016.

Maarten den Heijer, Jorrit Rijpma und Thomas Spijkerboer: Coercion, Prohibition, and Great Expectations: The Continuing Failure of the Common European, 2016.

---

73   Council of the European Union: Proposal for a Regulation of the European Parliament and of the Council on the Union code on Visas, 29 April 2016, Dok. 8435/16.

74   Vorschlag für eine Verordnung des Europäischen Parlaments und des Rates über die Einführung eines Rundreise-Visums und zur Änderung des Übereinkommens zur Durchführung des Übereinkommens von Schengen sowie der Verordnung (EG) Nr. 562/2006 und (EG) Nr. 767/2008, COM (2014) 163; Müller-Graff/Repasi: Asyl-, Einwanderungs- und Visapolitik, 2014, S. 174.

Beschäftigungs- und Sozialpolitik

Peter Becker

Deutliche Tendenzen der Divergenz, der Differenzierung und sogar der Spaltung kennzeichneten die europäische Beschäftigungs- und Sozialpolitik. Zum einen verbessert sich die soziale Lage in der Europäischen Union und auf dem Arbeitsmarkt nur sehr schleppend und ungleichmäßig zwischen den Mitgliedstaaten; zum zweiten deutet sich eine Differenzierung zwischen der Eurozone und der Europäischen Union der 28 Mitgliedstaaten (EU-28) auch auf dem Felde der Sozial- und Beschäftigungspolitik an und zum dritten zeichnet sich ein innereuropäischer Ost-West-Konflikt bei der Frage der Arbeitnehmerfreizügigkeit und dem Anspruch auf Sozialleistungen ab.

Die soziale Lage und die Lage auf dem Arbeitsmarkt

Die langsame Erholung auf den europäischen Arbeitsmärkten hielt weiter an. Das Fazit des am 21. Januar 2016 von der Europäischen Kommission vorgestellten Beschäftigungs- und Sozialbericht 2015 lautete deshalb, dass sich die Lage auf den Arbeitsmärkten in der Europäischen Union insgesamt leicht positiv entwickelt habe.[1] Allerdings seien zwischen den Mitgliedstaaten noch große Unterschiede bei Wirtschaftswachstum und Beschäftigung zu verzeichnen.

Die saisonbereinigte Arbeitslosenquote verzeichnete einen leichten Rückgang gegenüber dem Vorjahr und lag im Euroraum im Mai 2016 bei 10,1 Prozent gegenüber 11,0 Prozent im Mai 2015. Das war die niedrigste Quote in der Eurozone seit Juli 2011. Auch in der EU-28 lag die Quote mit 8,6 Prozent im Mai 2016 so niedrig wie seit März 2009 nicht mehr. Eurostat schätzte die Zahl der arbeitslosen Männer und Frauen im Mai 2016 auf rund 21 Mio. in der EU-28 und in der Eurozone auf 16,3 Mio.[2] Gegenüber dem Vorjahr fiel die Zahl der arbeitslosen Männer und Frauen in der EU-28 somit um 2,1 Mio. Personen und im Euroraum um 1,4 Mio. Die niedrigsten Arbeitslosenquoten verzeichneten im April 2016 die Tschechische Republik mit einer Quote von 4,0 Prozent, Deutschland mit 4,2 Prozent und Malta mit 4,1 Prozent. Die höchsten Quoten hingegen registrierten die Krisenstaaten Griechenland mit einer Arbeitslosenquote von 24,1 Prozent und Spanien mit 19,8 Prozent.

Besonders betroffen von dieser hohen Arbeitslosigkeit sind noch immer zwei Gruppen: (1) Der Anteil der Langzeiterwerbslosen, also derjenigen, die zwölf Monate oder länger ohne Arbeit sind, ist mit rund 11,4 Mio. Menschen in der Europäischen Union noch immer sehr hoch. (2) Die Jugendarbeitslosigkeit konnte zwar leicht abgebaut werden, blieb allerdings auch weiterhin auf einem immens hohen Niveau, vor allem im Euroraum. Im Mai 2016 lag die Jugendarbeitslosenquote in der EU-28 bei 18,6 Prozent und im Euroraum bei 20,7 Prozent. Damit waren in der EU-28 noch immer rund 4,2 Mio. Personen im Alter

---

1   European Commission: Employment and Social Developments in Europe 2015, abrufbar unter: http://ec. europa.eu/news/2016/01/20160121_de.htm (letzter Zugriff: 9.9.2016).

2   Eurostat: Arbeitslosenquote im Euroraum bei 10,1%. In der EU28 bei 8,6%, Pressemitteilung, 1. Juli 2016, 129/2016.

unter 25 Jahren arbeitslos, davon im Euroraum rund 2,9 Mio. Die niedrigsten Quoten verzeichneten Deutschland mit einer Jugendarbeitslosigkeit von 7,2 Prozent, Malta mit 6,9 Prozent und die Tschechische Republik mit einer Quote von 10,1 Prozent. In Griechenland mit einer Quote von 50,4 Prozent und in Spanien mit 43,9 Prozent wurde die höchste Jugendarbeitslosigkeit gemessen.

Der europäische Arbeitsmarkt wurde durch die starke Migration von Flüchtlingen in der zweiten Jahreshälfte 2015 vor die Aufgabe gestellt, die Migranten in den Arbeitsmarkt zu integrieren. Nach den Eurostat-Erhebungen lag die Erwerbstätigenquote von Nicht-EU-Bürgerinnen und -Bürgern im Alter von 20 bis 64 Jahren mit durchschnittlich 70 Prozent knapp unter der Erwerbsquote von Unionsbürgerinnen und -bürgern mit einer Quote über 77 Prozent.[3] Der Ausschuss für Beschäftigung des Europäischen Parlaments hatte bereits am 18. Februar 2016 eine öffentliche Anhörung zur Frage der Arbeitsmarktintegration von Flüchtlingen durchgeführt, deren Ergebnisse in einem Initiativbericht des Parlaments berücksichtigt wurden. Der Berichtsentwurf des italienischen Abgeordneten Brando Benifei fordert den Zugang zum Arbeitsmarkt für Flüchtlinge und stärkere Anstrengungen zur Unterstützung der sozialen Inklusion und Integration von Flüchtlingen in den Arbeitsmarkt.[4]

Angesichts dieser Entwicklung auf den Arbeitsmärkten und der nur leicht zurückgehenden Arbeitslosigkeit bleibt der Druck auf die Sozialschutzsysteme in vielen Mitgliedstaaten hoch. Der Ausschuss für Sozialschutz der Europäischen Union bestätigte in seinem jährlichen Bericht über die wesentlichen sozialen Entwicklungen in der Europäischen Union für das Jahr 2015 die leichte Erholung auf dem europäischen Arbeitsmarkt und Anzeichen für eine positive Entwicklung der sozialen Lage.[5] Allerdings ist auch hier die Entwicklung innerhalb der Europäischen Union sehr unterschiedlich; insgesamt stagniere die Zahl der betroffenen Männer und Frauen auf einem hohen Niveau.

Eurostat errechnete für das Jahr 2015, dass der Anteil von Menschen in der Europäischen Union, die von erheblicher Armut betroffen sind, zwar seit 2012 stetig zurückgeht.[6] Dennoch müssen noch immer insgesamt 8,2 Prozent der EU-Bevölkerung oder rund 41 Mio. Personen unter prekären finanziellen Bedingungen leben und sind zum Beispiel nicht in der Lage, ihre Rechnungen zu bezahlen, ihre Wohnung angemessen zu beheizen oder eine einwöchige Urlaubsreise zu finanzieren. Im Oktober 2015 hatte die Behörde errechnet, dass im Jahr 2014 noch 24,4 Prozent der Bevölkerung oder rund 122 Mio. Menschen in der Europäischen Union von Armut oder sozialer Ausgrenzung bedroht waren.[7]

---

3   Eurostat: Integration von Migranten in den EU-Arbeitsmarkt im Jahr 2015. Erwerbsquote bei Nicht-EU-Bürgern niedriger als bei Staatsbürgern. Höhere Arbeitslosenquote und niedrigere Erwerbstätigenquote, Pressemitteilung, 6. Juni 2016, 110/2016.

4   Europäisches Parlament: Bericht über das Thema „Flüchtlinge – soziale Inklusion und Integration in den Arbeitsmarkt", 10. Juni 2016, A8-0204/2016.

5   Social Protection Committee: 2015 Social Protection Performance Monitor (SPPM) dashboard results, SPC/ISG/2016/02/4 FIN, abrufbar unter: https://webgate.ec.europa.eu/emplcms/social/BlobServlet?docId = 15180&langId=en (letzter Zugriff: 9.9.2016).

6   Eurostat: Erhebliche materielle Deprivation – frühzeitige Schätzungen für das Jahr 2015. Anteil der Personen, die unter erheblicher materieller Deprivation leiden, in der EU auf 8,2% gefallen, Pressemitteilung, 4. April 2016, 71/20161.

7   Eurostat: 17. Oktober: Internationaler Tag für die Beseitigung der Armut. Jeder Vierte war im Jahr 2014 in der EU von Armut oder sozialer Ausgrenzung bedroht, Pressemitteilung, 16. Oktober 2015, 181/2015.

Am höchsten waren demnach die Anteile der bedrohten Bevölkerung in Rumänien (40,2 Prozent), Bulgarien (40,1 Prozent) und Griechenland (36 Prozent); die niedrigsten Werte wiesen die Tschechische Republik (14,8 Prozent), Schweden (16,9 Prozent) und die Niederlande (17,1 Prozent) auf. Damit ist die Europäische Union also noch immer weiter von ihrem Vorhaben entfernt, Armut und Armutsgefährdung deutlich abzubauen und die Zahl der Betroffenen um 20 Mio. zu senken.

Die soziale Säule der Eurozone

Angesichts dieser nur leichten Verbesserung und der noch immer hohen Zahlen der von Arbeitslosigkeit, Armut und sozialer Armut betroffenen oder gefährdeten Menschen in der Europäischen Union hat die Europäische Kommission ihre Bemühungen um eine deutlichere soziale Dimension des europäischen Integrationsprozesses intensiviert. Kommissionspräsident Jean-Claude Juncker hatte bereits mehrfach darauf hingewiesen, dass die soziale Dimension des europäischen Integrationsprozesses gestärkt werden müsse und sprach dabei vom Ziel eines ‚Triple-AAA'-Status für das soziale Europa. Hierfür verstärkte die Kommission auch ihre Bemühungen zur Wiederbelebung und Stärkung des sozialen Dialogs der europäischen Sozialpartner.[8] Juncker sprach sich darüber hinaus dafür aus, bei künftigen Hilfsprogrammen der Europäischen Union die sozialpolitischen Folgen der Reformprogramme in den Krisenstaaten stärker zu beachten.

Am 8. März 2016 legte sie ihren Entwurf für einen sozialpolitischen Mindestsockel in der Europäischen Union, eine europäische Säule sozialer Rechte, vor.[9] Die Sozialpolitik sei ein Kernelement des europäischen Wachstumsmodells und insofern auch ein zentraler Aspekt der wirtschaftspolitischen Agenda der Europäischen Union. Die Kommission will ihre Initiative zunächst auf die Eurogruppe beschränken, sie müsse allerdings offen bleiben für alle anderen Mitgliedstaaten.

Mit der sozialpolitischen Säule für die Eurozone sollen gemeinsame Grundsätze für drei Politikfelder festgelegt werden: (1) Chancengleichheit und Zugang zum Arbeitsmarkt; (2) faire Arbeitsbedingungen, die für ein ausgewogenes und zuverlässiges Verhältnis zwischen Rechten und Pflichten von Beschäftigten und Arbeitgebern sorgen, sowie (3) angemessener und nachhaltiger Sozialschutz. Die drei Bereiche wiederum werden in der Mitteilung in 20 Unterpolitikbereiche aufgeteilt. Die Kommission will mit ihrer Initiative grundsätzlich die Sozialagenda und die sozialpolitische Legislativtätigkeit der Europäischen Union an die aktuellen wirtschaftlichen und sozialen Trends anpassen und das europäische Sozialmodell insgesamt stärken. Ziel der Initiative sei es, ein eigenständiges Referenzdokument vorzulegen, mit dem das bestehende Regelwerk der europäischen Sozialrechte zusammengestellt und definiert werde.

Die vorgeschlagene Säule sozialer Rechte solle auf dem sozialen Besitzstand der Europäischen Union aufbauen und diesen, wo notwendig, ergänzen. Angesichts der Herausforderungen einer alternden Gesellschaft, der zunehmenden Digitalisierung der Arbeitswelt und häufigeren Unterbrechungen von Erwerbsbiographien sollen europäische Schlüsselprinzipien und gemeinschaftliche soziale Rechte zusammengestellt werden, die ein gemeinsames sozialpolitisches Fundament und damit die Richtschnur für einen sozialpolitischen Konvergenzprozess bilden könnten. In einer Anlage zu ihrer Mitteilung legte

---

8   Rat der Europäischen Union, Ein Neubeginn für den sozialen Dialog – Sachstand, Bericht der Europäischen Kommission, Dok. 6232/16, Brüssel, den 2. März 2016.

9   Europäische Kommission: Einleitung einer Konsultation über eine europäische Säule sozialer Rechte, KOM(2016) 0127 final.

die Kommission einen ersten Entwurf für eine solche europäische Säule vor, den sie in einer öffentlichen Konsultation bewerten und diskutieren lassen will. Diese öffentliche Online-Konsultation mit dem Europäischen Parlament, den Sozialpartnern, NGOs, Unionsbürgerinnen und -bürgern sowie der Wissenschaft soll Ende 2016 abgeschlossen werden und im Frühjahr 2017 will die Kommission dann ihren endgültigen Vorschlag für eine sogenannte ‚europäische Säule sozialer Rechte' vorlegen.

Bereits im Oktober 2015 hatte die Kommission ein Maßnahmenpaket zur Stärkung der sozialpolitischen Dimension der Wirtschafts- und Währungsunion (WWU) vorgelegt.[10] Sie schlug vor, zusätzliche soziale Indikatoren im makroökonomischen Ungleichgewichtsverfahren für die WWU aufzunehmen und bei den Hilfsprogrammen des Europäischen Stabilitätsmechanismus künftig auch eine soziale Folgenabschätzungen vorzusehen. Damit wollte sie den sozialen Kontext und die Beschäftigungslage stärker als Kriterien zur Beurteilung der Maßnahmen heranziehen. Die notwendigen Strukturreformen und Anpassungsleistungen sollten, so die Kommission in ihrer Mitteilung, nicht zu Lasten der schwächsten Glieder der Gesellschaft gehen, sondern gleichmäßig verteilt werden. Der sozialen Gerechtigkeit sollte bei den makroökonomischen Anpassungsprogrammen eine größere Beachtung geschenkt werden. Im Bereich der Arbeitsmarktpolitik will die Kommission gemeinsame Maßstäbe (‚Benchmarks') definieren, die sich an Elementen des sogenannten ‚Flexicurity-Konzepts' orientieren sollen und so die notwendige Flexibilität des Arbeitsmarkts mit sozialer Sicherheit verbinden soll.

Freizügigkeit, Sozialleistungen und britische Sonderregelungen

Das Verhältnis von Arbeitnehmerfreizügigkeit im europäischen Binnenmarkt und dem Anspruch auf Bezug von Sozialleistungen in einem anderen Mitgliedstaat wurde von einigen Grundsatzurteilen des Gerichtshofes der Europäischen Union neu austariert. So bestätigte der Gerichtshof die deutsche Regelung, dass während der ersten drei Monate des Aufenthalts zugewanderte Unionsbürgerinnen und -bürger keinen Anspruch auf Sozialleistungen zur Sicherung des Lebensunterhalts haben, als europarechtskonform.[11]

Diese Frage war auch von besonderer Bedeutung für die Verhandlungen der Europäischen Kommission mit dem Vereinigten Königreich über neue Sonderregelungen für den Fall, dass das britische Referendum mit dem Verbleib des Vereinigten Königreichs in der Europäischen Union enden würde. Der Präsident des Europäischen Rates, Donald Tusk, hatte am 2. Februar 2016 einen Vorschlag für Reformen und eine Vereinbarung mit dem Vereinigten Königreich vorgelegt. Er reagierte damit auf britische Forderungen, insbesondere bei Fragen der Einwanderung und Freizügigkeit zu Sonderregelungen zu kommen. Tusk schlug die Änderung von zwei EU-Verordnungen vor: So sollte künftig die Höhe des Kindergeldes bei Zahlungen ins Ausland an den Lebensstandard im Empfangsstaat angepasst werden können. Diese Regelung sollte ab dem Jahr 2020 auch auf bereits bestehende Kindergeldansprüche angewandt werden können.

---

10 Europäische Kommission: Mitteilung über Schritte zur Vollendung der Wirtschafts- und Währungsunion, KOM(2015) 600 final.
11 Siehe Urteile des Europäischen Gerichtshofs: „Dano" (C-333/13), „Alimanovic" (C-67/14) und „García-Nieto" (C-299/14).

Darüber hinaus schlug er eine „Notbremse" bei Sozialleistungen an EU-Ausländer vor. Demnach sollten die Mitgliedstaaten künftig über die Möglichkeit verfügen, den Bezug von Sozialleistungen für Arbeitnehmer aus anderen Mitgliedstaaten für einen Zeitraum von bis zu vier Jahren aussetzen zu können, wenn diese Maßnahme durch den Ministerrat genehmigt würde. Voraussetzung für eine solche lange Aussetzung des Leistungsbezugs sollte der Nachweis einer Überlastungssituation des nationalen Sozialsystems sein. Dieses Paket mit weiteren Reformen und Sonderreglungen zugunsten des Vereinigten Königreichs wurde nach intensiven Verhandlungen vom Europäischen Rat am 18./19. Februar 2016 angenommen.[12] Mit der Entscheidung der Britinnen und Briten für den Brexit und das Ausscheiden aus der Europäischen Union erübrigte sich dieser schwierige Kompromiss über britische Sonderregelungen im Bereich der Arbeitnehmerfreizügigkeit und dem Bezug von Sozialleistungen in anderen Mitgliedstaaten. Allerdings wurde mit diesem Kompromiss nicht nur der Spielraum für britische Sondervereinbarungen als Anreiz für den Verbleib in der Europäischen Union abgesteckt, sondern zugleich auch die Möglichkeit für potentielle Ausnahme- oder Sonderregelungen zugunsten anderer Mitgliedstaaten aufgezeigt.

Die britischen Forderungen nach Ausnahme- und Sonderregelungen im Bereich der Zahlungen von Sozialleistungen an zugezogene EU-Bürgerinnen und -Bürger war insbesondere bei den mittel- und osteuropäischen Mitgliedstaaten auf Ablehnung und heftige Kritik gestoßen, richteten sich doch die Forderungen deutlich gegen die Ansprüche ihrer Staatsbürgerinnen und -bürger, die im Vereinigten Königreich leben. Dieser innereuropäische Ost-West-Konflikt in Fragen der Arbeitnehmerfreizügigkeit fand seine Fortsetzung bei dem Versuch, die EU-Entsenderichtlinie zu novellieren. Am 8. März 2016 hatte die Kommission ihren Vorschlag zur Überarbeitung der Entsenderichtlinie vorgelegt.[13] Sie schlug Änderungen in den Bereichen der Entlohnung entsandter Arbeitnehmer, bei den Vorschriften und bei tarifvertraglichen Regelungen für Leiharbeitnehmer und bei langfristigen Entsendungen vor. Kernelement des Vorschlags war die Einführung des Prinzips der gleichen Entlohnung für gleiche Arbeit am gleichen Ort; die Lohnvorschriften sollten nicht mehr wie bislang auf Mindestlohnsätze beschränkt sein, sondern alle Lohnbestandteile von Rechtsvorschriften oder allgemeinverbindlichen Tarifverträgen erfassen. Zudem sollte nach Ablauf einer Entsendungsdauer von 24 Monaten auch das Arbeitsrecht des Aufnahmemitgliedstaates anwendbar sein, insbesondere beim Kündigungsschutz.

Bereits bei den Beratungen im Rat der Europäischen Union wurde schnell deutlich, dass insbesondere die mittel- und osteuropäischen Mitgliedstaaten starke Vorbehalte gegen den Entwurf hatten. Die nationalen Parlamente in den mittel- und osteuropäischen Mitgliedstaaten und das dänische Folketing nutzten schließlich den Frühwarnmechanismus zur Subsidiaritätsprüfung, um eine sogenannte ‚gelbe Karte' gegen den Kommissionsvorschlag zur Revision der Entsenderichtlinie auszusprechen. Bis zum Stichdatum 10. Mai 2016 waren genügend Stimmen in den nationalen Parlamenten zusammen gekommen, um eine förmliche Subsidiaritätsrüge auszusprechen. Die Parlamente mahnten einen Verstoß gegen den Subsidiaritätsgrundsatz an und rügten insbesondere das Fehlen einer umfassenden Begründung, warum die Kommission überhaupt eine Änderung der bestehenden

---

12 Europäischer Rat: Schlussfolgerungen der Tagung des Europäischen Rates vom 18. und 19. Februar 2016, EUCO 1/16.

13 Europäische Kommission: Vorschlag für eine Richtlinie zur Änderung der Richtlinie 96/71/EG vom 16. Dezember 1996, KOM(2016) 128 final.

Entsenderichtlinie als notwendig erachte. Auch im Rat zeigte sich die Spaltung in Ost und West. Nahezu alle osteuropäischen Staaten kritisierten die Kommission dafür, mit ihrem Vorschlag die Dienstleistungsfreiheit im Binnenmarkt einschränken zu wollen. Sie drängten die Kommission dazu, ihren Vorschlag zurückzuziehen; sie müsse den Willen der nationalen Parlamente respektieren. Dagegen wollten die Vertreter einiger westeuropäischer Mitgeldstaaten an der Überarbeitung der Entsenderichtlinie festhalten. Auch der Europäische Gewerkschaftsbund (EGB) forderte die Kommission in einem offenen Brief auf, an dem Gesetzgebungsverfahren festzuhalten und es rasch voranzutreiben, während der Europäische Arbeitgeberverband Business Europe die gelbe Karte begrüßte. Die Europäische Kommission entschied sich schließlich, an ihrem Legislativvorschlag zur Novellierung der Entsenderichtlinie festzuhalten. Dazu legte sie eine begründete Stellungnahme vor, in der sie versuchte, die Subsidiaritätsbedenken der nationalen Parlamente zu entkräften.[14]

Weiterführende Literatur

Peter Becker: Europas soziale Dimension. Die Suche nach der Balance zwischen europäischer Solidarität und nationaler Zuständigkeit, SWP-Studien 2015/ S 21, Berlin, November 2015.

Karen M. Anderson: Social Policy in the European Union, The European Union Series, Basingstoke 2015.

---

14 European Commission: Communication on the proposal for a Directive amending the Posting of Workers Directive, with regard to the principle of subsidiarity, in accordance with Protocol No 2, COM(2016) 505 final.

Bildungspolitik

Knut Diekmann

Die Bildungspolitik ist einer der Politikbereiche, denen nur wenig Aufmerksamkeit zuteil wird, da mit ihr nur wenige plötzliche Krisen einhergehen. Sie steht daher auch im Schatten der anderen Politikfelder, die große Richtungsentscheidungen erfordern. Das war auch im vergangenen Jahr der Fall, als erst Griechenland und dann die Flüchtlingskrise die Agenda dominierten. Dennoch spielt die Bildungspolitik weiter eine mittelfristig wichtige strategische Rolle, da sie es ist, die ein wesentliches Moment für den inneren wirtschaftlichen Zusammenhalt sowie den Wohlstand der Gemeinschaft ausmacht. Bei ihrer Ausrichtung geht damit eine wesentlich stärkere Betonung auf Qualifizierung für den Arbeitsmarkt einher als bisher. Dies hat auch damit zu tun, dass die ursprünglich zuständige Generaldirektion (GD) Bildung und Kultur (EAC) wesentliche Kapazitäten und Themen an die GD Beschäftigung, Soziales und Integration (EMPL) abgeben musste.

Bei der EAC verbleibt daher im Wesentlichen nur noch das große Förderprogramm ‚Erasmus+'. Es ist im Kern ein Programm, das Maßnahmen zur Mobilität von Einzelpersonen bei ihren Bildungsanstrengungen außerhalb ihres Herkunftslandes fördert. Immerhin 66 Prozent der Mittel sind diesem Förderzweck vorbehalten. Für die Bewerbung können die Antragsteller erstmals ihre Sprachkenntnisse des Ziellandes testen und Vorbereitungskurse besuchen. An dem ‚Online Linguistic Support' (OLS) nimmt rund ein Viertel aller Geförderten teil.

Dass die Anstrengungen schon länger zurückreichen, zeigt das 40-jähige Jubiläum des Forschungsinstituts zur beruflichen Bildung (Cedefop) in Thessaloniki. Die nachgeordnete Behörde mit rund 130 Mitarbeitern ist zwar kleiner als ihre Äquivalente in den Mitgliedstaaten, jedoch mit Blick auf Forschung, Analyse und Politikberatung eine wichtige Unterstützung der Europäischen Kommission.[1] Eine solide Grundlage hat Cedefop mit dem neuen Launch des EU-Kompetenzpanoramas geschaffen.[2] Hiermit werden wissenschaftliche Daten in leicht verständlicher Form für politische Entscheidungsträger aufbereitet.

ESCO und die Digitalisierung des Arbeitsmarktes

Das Schlüsselprojekt ‚Eine europäische Klassifizierung für Fähigkeiten/ Kompetenzen, Qualifikationen und Berufe' (ESCO)[3] steht vor seiner Einführungsreife. Es soll vor der Jahreswende 2016/2017 mit einer ersten Version veröffentlicht werden. Zwar ist das Projekt nur zwei offiziellen Zielen, nämlich der Schaffung einer gemeinsamen Sprache von Bildung und Arbeitsmarkt sowie einer neuen EU-eigenen Klassifikation verpflichtet, doch könnten seine potentiellen Auswirkungen weitreichend sein. Denn durch die neue

---

1   Siehe Cedefop: Kurzbericht 9108DE. Auf neuen Wegen, abrufbar unter: www.cedefop.europa.eu/files/9108_de.pdf (letzter Zugriff: 5.8.2016).
2   Siehe Cedefop: Skills Panorama. Inspiring your choices on skills and jobs in Europe, abrufbar unter: http://skillspanorama.cedefop.europa.eu/en (letzter Zugriff: 5.8.2016).
3   Siehe Europäische Kommission: ESCO, abrufbar unter: https://ec.europa.eu/esco/portal/home (letzter Zugriff: 5.8.2016).

Klassifikation werden einige Standards gesetzt, die eine europaweite Verbreitung erlangen sollen, wie etwa Kern-Beschäftigungsprofile, deren differenzierte Definition über Wissensbestandteile, Fertigkeit und Kompetenz, ihre direkten Entsprechungen in den 24 Amtssprachen oder die eigenverantwortliche Generierung ihrer Profile durch die Arbeitssuchenden.

Geradezu revolutionär ist jedoch die konsequente Nutzung der neuen Tools der Web 3.0.-Generation wie der ‚linked open data‘, die für die Vermittlung von Arbeitssuchenden und Unternehmen eine neue Welt etablieren könnten, das heißt das automatisierte Matching von freier Arbeitsstelle und Fachkraft. Hierdurch würde eine konsequente Digitalisierung der Vermittlung und des Matchings erreicht. Auch vernetzt ESCO durch das zugrunde liegende Prinzip der Interoperabilität verschiedene nationale Systeme und ermöglicht die gleichzeitige Anwendung in unterschiedlichen Sprachen.

ESCO erhält mit der Verordnung über Europäisches Netz der Arbeitsvermittlungen (EURES)[4] erstmals eine rechtliche Grundlage. Somit wird aus einem Projekt eine Infrastruktur, die einen Rahmen für eine forcierte Mobilität zwischen den Mitgliedstaaten schafft. Davon erhofft sich die Europäische Kommission einen Ausgleich zwischen Fachkräftebedarf und Arbeitslosigkeit. Damit sollen zudem die Langzeitfolgen der schweren Finanzkrise seit 2008 gemildert werden.

ESCO kann noch weitere Auswirkungen haben. Voraussetzung dafür ist die Veröffentlichung der Klassifikation als ‚Open Access‘-Lösung. Somit werden private Einrichtungen das Modell nutzen und für eigene Zwecke weiterentwickeln können. Das können Brancheneinrichtungen ebenso wie multinationale Unternehmen sein. Durch eine angedachte Verlinkung mit dem sozialen Netzwerk ‚Linked-In‘ könnten die ESCO-Kategorien eine weitere Verbreitung jenseits der Grenzen der Europäischen Union erfahren.

Für Deutschland wird sich die Frage stellen, inwieweit die in ESCO definierten Beschäftigungsprofile auch zur Grundlage eigener Politik gemacht werden. Da die Profile nicht deckungsgleich mit deutschen Berufen sind, ist unklar, inwieweit Deutschland eine Sonderrolle einnehmen wird.

‚Skills Agenda‘

Dass der Kopenhagen-Prozess für die berufliche Bildung einer neuen Ausrichtung bedarf, wurde der Europäischen Kommission mit Blick auf das Überangebot an Transparenzinstrumenten, aber auch hinsichtlich ihrer geringen Durchdringung des europäischen Arbeits- und Bildungsmarktes deutlich. Erste Überlegungen waren schon 2014 mit der „European Area of Skills and Qualifications" angestellt worden, die jedoch bloßes Papier blieb.[5]

Im Riga-Kommuniqué konnte die Europäische Kommission mit den Mitgliedstaaten neue mittelfristige Schwerpunkte setzen. Ihrem Wunsch nach einer Ausdehnung auf eine automatisierte Anerkennung folgten die nationalen Minister allerdings nicht.[6]

---

4   Verordnung (EU) 2016/589 des Europäischen Parlaments und des Rates vom 13. April 2016 über ein Europäisches Netz der Arbeitsvermittlungen (EURES), den Zugang von Arbeitnehmern zu mobilitätsfördernden Diensten und die weitere Integration der Arbeitsmärkte und zur Änderung der Verordnungen (EU) Nr. 492/2011 und (EU) Nr. 1296/2013, Verordnung (EU) 2016/589.
5   European Commission: Special Eurobarometer 417. European Area of Skills and Qualifications, Report, June 2014.

Die ‚Skills Agenda' soll den neuen gemeinsamen Ansatz aus Bildungs- und Arbeits-marktpolitik differenzieren.[7] Damit wird eine Konzentration und enge Verzahnung der Instrumente versucht. Kurz vor ihrer Veröffentlichung hat die Europäische Kommission eine völlige Neugestaltung ihrer Gremienstruktur ins Spiel gebracht, was auf einen ernst-haften Versuch hindeutet, ihre Zielsetzungen durchzusetzen.

Der Vorschlag zielt auf eine massive Höherqualifizierung von Erwachsenen, die aufgrund geringer Qualifikationen Schwierigkeiten am Arbeitsmarkt haben. Damit setzt die Europäische Kommission die Agenda der Organisation für wirtschaftliche Zusammen-arbeit und Entwicklung (OECD) nach ihrer Untersuchung im Rahmen des Programme for the International Assessment of Adult Competencies (PIAAC) fort. Im Kern ist die Kompetenzgarantie ausgerichtet auf:

- „eine Kompetenzbewertung, die es geringqualifizierten Erwachsenen ermöglicht, ihre vorhandenen Kompetenzen und ihren Weiterbildungsbedarf festzustellen;
- die Konzipierung und Unterbreitung eines Bildungsangebots, das auf die spezifi-sche Situation des Einzelnen abgestimmt ist und auf vorhandenen Kompetenzen aufbaut;
- die Validierung und Anerkennung der auf dem individuellen Weiterbildungspfad erworbenen Kompetenzen."

Die BQ-Anerkennungsrichtlinie

Die Europäische Kommission hat mit ihrer Transparenzinitiative die reglementierten Beru-fe als Hindernis für den Binnenmarkt ausgemacht. Dies liegt in ihrer These begründet, dass die Reglementierung von Qualifikationen nur camouflierter Protektionismus ist und dazu führt, dass das zwischenstaatliche Wirtschaften eine weitere Hürde zu überwinden hat. Dafür hat sie eine Reihe von Studien in Auftrag gegeben,[8] deren Ergebnisse jedoch von den Mitgliedstaaten in Zweifel gezogen werden. Wie viele andere Mitgliedstaaten auch hält Deutschland am Status Quo und der Auffassung fest, dass der Abbau der Berufs-reglementierung nicht zu mehr Wachstum und Beschäftigung führt, sondern die Zu-lassungsstrukturen eine tendenziell positive ökonomische Wirkung aufweisen. Dies zeigt sich auch in der Veröffentlichung des Nationalen Aktionsplans, mit dem Deutschland zaghafte Reformen ankündigt.[9] Der Bundestag hingegen geht weiter als die vom Bundes-ministerium für Wirtschaft und Energie (BMWi) gesteuerte Politik zugunsten des Binnen-marktes. Die Verteidigungslinie zeigt eine Reihe von Anträgen der Regierungsfraktionen.[10]

---

6   Vgl. Latvian Presidency of the Council of the European Union/ European Commission: Riga Conclusions 2015 on a new set of medium-term deliverables in the field of VET for the period 2015-2020, as a result of the review of short-term deliverables defined in the 2010 Bruges Communiqué, abrufbar unter: http://ec.europa.eu/education/policy/vocational-policy/doc/2015-riga-conclusions_en.pdf (letzter Zugriff: 5.8.2016).

7   Vgl. Auch im Folgenden Vorschlag für eine Empfehlung des Rates zur Einführung zur Einführung einer Kompetenzgarantie, COM(2016) 382 final.

8   Siehe u .a. Centre for Strategy & Evaluation Services: Surveys, abrufbar unter: http://www.cses.co.uk/sur veys/ (letzter Zugriff: 5.8.2016).

9   Siehe Action plan as part of the transparency initiative on regulated professions under Article 59 of Direc-tive 2005/36/EC on the recognition of professional qualifications, abrufbar unter: ec.europa.eu/Docs Room/documents/17943/attachments/8/translations/en/renditions/native (letzter Zugriff: 5.8.2016).

10   Siehe u. a. Deutscher Bundestag: Antrag der Fraktionen der CDU/CSU und SPD. Transparenzinitiative der Europäischen Kommission mitgestalten – Bewährte Standards im Handwerk und in den Freien Berufen erhalten, 17. Juni 2015, Drucksache 18/5217.

Im April 2016 wird der sogenannte ‚Europäische Berufsausweis' (EBA) auf Grundlage der Durchführungsverordnung (EU) 2015/983 vom 24. Juni 2015 eingeführt. Er soll dazu dienen, die Mobilität von Fachkräften auf dem Europäischen Binnenmarkt zu erhöhen. Dabei handelt es sich jedoch nicht um einen physischen Ausweis, sondern um eine elektronische Datei, mit der der Austausch von Informationen zwischen den Behörden aus Herkunfts- und Zielland erleichtert werden soll. Zunächst bleibt der EBA auf einige reglementierte Qualifikationen beschränkt.[11]

Auch die geplante Einführung eines Dienstleistungspasses für den Europäischen Binnenmarkt zeigt das starke Drängen der Europäischen Kommission auf die Möglichkeiten, welche eGovernment-Strukturen bieten. Die Europäische Kommission hatte angekündigt, bis Ende 2016 einen solchen Dienstleistungspass für Schlüsselbranchen wie die Bauwirtschaft und Unternehmensdienstleistungen einzuführen. Für die weitere Ausgestaltung wurde jedoch im Juni 2016 zunächst eine öffentliche Konsultation gestartet.

Auch wenn aus den TTIP-Verhandlungen bislang nur wenige Informationen an die Öffentlichkeit gelangen, so lässt sich doch durch das Modell der CETA-Vereinbarung zwischen Kanada und der Europäischen Union ableiten, dass auch TTIP Auswirkungen auf die Anerkennung von Qualifikationen haben könnte. Der erleichterte Zugang zum Binnenmarkt würde somit einen vollständig neuen Sachverhalt begründen, nämlich das Dritt- und EU-Staaten eine Grundlage teilen. Eine tiefgründige Sorge bereitet jedoch die mögliche Konkurrenz privater Bildungsdienstleistungen zu staatlichen Bildungsinfrastrukturen sowie ihr Zugang zu öffentlichen Mitteln.[12]

Deutschland und seine Ausrichtung

Die Auswirkungen der Europäischen Ausbildungsallianz belaufen sich auf programmatische Selbstverpflichtungen, der Praxis in der beruflichen Ausbildung größere Priorität einzuräumen. Die mit der Allianz 2013 verbundene Jugendgarantie, die große Investitionssummen mobilisieren will, läuft allerdings weiter schleppend an. Immerhin haben alle Mitgliedstaaten zwischenzeitlich umfassende Umsetzungspläne für die Jugendgarantie vorgelegt. Nun heißt es, sie auch umzusetzen.[13]

Bei der Nationalen Agentur für Europa, einer Abteilung im Bundesinstitut für Berufsbildung, wurde die Koordinierungsstelle internationale Mobilität (IBS) neu eingerichtet.[14]

Damit erhofft man sich, Auslandsaufenthalte während einer Ausbildung weiter verbreiten zu können. Die gesetzliche Ermöglichung 2005 beabsichtigte schon die bessere Vorbereitung von Jugendlichen auf die sich internationalisierende Arbeitswelt, aber auch auf die Attraktivitätssteigerung der Berufsbildung. Daneben wurde eine neue Koordinierungsstelle

---

11 Europa.eu: Anerkennung von Berufsqualifikationen. Verfahren und benötigte Dokumente, 5. April 2016, abrufbar unter: http://europa.eu/youreurope/citizens/work/professional-qualifications/recognition-of-pro fessional-qualifications/index_de.htm (letzter Zugriff: 8.8.2016); Europäische Kommission: EBA. Der Europäische Berufsausweis, KM-01-14-853-DE-C, abrufbar unter: http://ec.europa.eu/internal_market/ publications/docs/european-professional-card-print_de.pdf (letzter Zugriff: 8.8.2016)

12 Siehe auch Deutscher Bundestag: Anfrage der Linken vom 29. April 2016, Drucksache 18/8359; Deutscher Bundestag: Antwort der Bundesregierung vom 8. Juni 2016, Drucksache 18/8715.

13 Siehe auch Europäischer Rat/Rat der Europäischen Union: Jugendgarantie. Was ist die Jugendgarantie?, abrufbar unter: http://www.consilium.europa.eu/de/policies/youth-employment/youth-guarantee/ (letzter Zugriff: 8.8.2016)

14 Nationale Agentur beim Bundesinstitut für Berufsbildung: Informations- und Beratungsstelle für Auslandsaufenthalte in der beruflichen Bildung (IBS), abrufbar unter: https://www.na-bibb.de/wer_wir_ sind/aufgaben_und_leistungen/ibs_informations_und_beratungsstelle_fuer_auslandsaufenthalte_in_der_b eruflichen_bildung.html (letzter Zugriff: 8.8.2016).

„Dekade für Alphabetisierung" eingerichtet.[15] Auch wenn dies eine nationale Initiative ist, so bleibt die Grundbildung doch ein Schwerpunkt der Europäischen Agenda für Erwachsenenbildung.

Flüchtlinge und ihre Qualifikationsherausforderungen

Eine völlig neue Zielgruppe wurde der Europäischen Union durch die Flüchtlingskrise 2015/2016 in der Bildungspolitik aufgezwungen. Aufgrund der enormen Spannungen um die Verteilung der Flüchtlinge ist es bislang noch zu keiner sichtbaren Initiative für ihre Qualifizierung gekommen. Daher sind die bisherigen Ideen Stückwerk, zeugen von dem Warten auf eine Konsolidierung. Einen gemeinsamen europäischen Ansatz gibt es (noch) nicht. Dies gleicht der Situation in den Mitgliedstaaten. Die Europäische Union kann nur auf ihre Instrumente zur Förderung von nationalen bis lokalen Projekten verweisen, um dezentrale Aktionen zu unterstützen. Dies ist bei Erasmus+ und im Europäischen Sozialfonds (ESF) der Fall.[16]

Einige Aspekte sind jedoch auch sichtbar. So hat die European Association for the Education of Adults beispielhaft eine Sammlung von Projektideen geschaffen.[17] Die Nationale Agentur hat im April 2016 eine große Konferenz „Education, Participation, Integration – Erasmus+ and Refugees" organisiert und zumindest eine Plattform für transnationale Aktivitäten anbieten können.[18] Im Gegensatz zu nationalen Zielsetzungen, die zwischen Abschottung und Integration divergieren können, konzentriert sich die EU-Politik vor allem auf den humanitären Aspekt.

Stagnation von Bologna

Der Bologna-Prozess zur Schaffung eines europäischen Hochschulraumes sucht immer noch nach seiner Vollendung, obgleich wesentliche Bestandteile der Programmatik europaweit umgesetzt wurden. In Deutschland jedoch kam es zu einem überraschenden Urteil des Bundesverfassungsgerichts, wonach der Gesetzgeber selbst die Akkreditierung von Studiengängen vorzunehmen hat, die Aufgabe nicht aber privaten Akteuren übertragen darf.[19] Begründung dafür ist die Unvereinbarkeit mit dem Grundgesetz, das die Wissenschaftsfreiheit garantiert. Dies bedeutet für einen Leitgedanken des Bologna-Prozesses, nämlich der Qualitätssicherung und der eigenständigen Profilbildung, zumindest eine Einschränkung in einem wichtigen Mitgliedstaat.

Förderpolitik im Wandel

Die klassischen Investitionen in die Bildung übernimmt die Europäische Kommission durch den ESF und das neue Programm Erasmus+. Daneben gibt es Nischen, wie die Förderung von Einzelprojekten oder universitären Lehrstühlen.

---

15 Vgl. Bundesinstitut für Berufsbildung: Koordinierungsstelle 'Dekade für Alphabetisierung', abrufbar unter: https://www.bibb.de/de/39396.php (letzter Zugriff: 8.8.2016).

16 Siehe beispielhaft Europäische Kommission: An European Agenda on Migration, COM(2015) 240 final, S. 15.

17 European Association for the Education of Adults: Refugees, abrufbar unter: http://www.eaea.org/en/policy-advocacy/adult-education-and-the-refugee-crisis.html (letzter Zugriff: 8.8.2016).

18 Nationale Agentur beim Bundesinstitut für Berufsbildung: Education, Participation, Integration – Erasmus+ and Refugees, abrufbar unter: http://www.na-bibb.de/fileadmin/user_upload/Veranstaltungen_Material/Veranstaltungen_2016/Programme/TCA_programme_final_web.pdf (letzter Zugriff: 8.8.2016).

19 Bundesverfassungsgericht: Beschluss vom 17. Februar 2016 - 1 BvL 8/10.

In seiner Periode 2014 bis 2020 ist der ESF weiter der Zielgruppe der Benachteiligten auf den Arbeitsmärkten verpflichtet. Daher war beim Start die Neuverteilung vor allem auf die Mitgliedstaaten, die weiter unter den Folgen der Finanzkrise leiden, folgerichtig. In Deutschland ist alleine auf Bundesebene die Mehrheit der insgesamt 27 Einzelprogramme der Qualifizierung gewidmet, auch wenn sie auf verschiedene Bundesressorts verteilt sind.[20] Das demonstriert eindrucksvoll, dass Qualifizierung ‚die' politische Antwort auf die Schlechterstellung auf dem Arbeitsmarkt ist.

Erstaunlich ist bei den Investitionen allerdings, dass meist nur diejenigen auf dem Niveau der Niedrig-Qualifizierten profitieren, nicht aber diejenigen, die durch den digitalen Strukturwandel schleichend ihre – auch qualifizierten – Arbeitsplätze und Beschäftigungsmöglichkeiten verlieren. Zudem stellt sich in Konsequenz neuer Regelungen ein ernsthaftes praktisches Problem ein, da zwingend für die Förderung von Einzelpersonen auch deren Teilnehmerdaten erfasst werden müssen. Das dient der Berichterstattungspflicht gegenüber den EU-Institutionen. Dies führt jedoch dazu, dass sich Personen mit einem prekären rechtlichen Stand der Förderung verweigern.

Mit Blick auf die Förderung in Mehr-Jahres-Programmen zeigt sich, dass ein strukturelles Problem ungelöst bleibt: Die Evaluierungen über eine Programmperiode erfolgen erst nach Abschluss eines Programms, sodass sich ihre Ergebnisse nicht mehr für die konzeptionelle Gestaltung des Anschlussprogramms nutzen lassen.

Und auch die vielen Pilotprojekte erleiden ein ähnliches Schicksal, da kein etabliertes Verfahren besteht, ihre Resultate – als einen Experimente-Kasten - für die Bildungspolitik aufzubereiten, um daraus systematisch Schlussfolgerungen zu ziehen. Das sogenannte Mainstreaming erfolgt bloß durch eigenverantwortliches Handeln der Verwaltung. Der Anspruch einer Evidenz-basierten Politik wird somit nicht erfüllt.

Weiterführende Literatur

Sandra Bohlinger/Andreas Fischer (Hrsg.): Lehrbuch europäische Berufsbildungspolitik, Bielefeld 2015.
Britta Siegert: Welchen Einfluss hat die Europäische Union auf das deutsche Bildungssystem? München 2014.
Erasmus+. Mehr Austausch in Europa, in: Weiterbildung. Zeitschrift für Grundlagen, Praxis und Trends 4/2016.

---

20 Siehe auch Die Bundesregierung: Übersicht der ESF-Förderprogramme 2014-2020, abrufbar unter: http://www.esf.de/portal/DE/Foerderperiode-2014-2020/ESF-Programme/inhalt.html;jsessionid=5C7CC6 4EC8B52D796D8F09D412EC7D43 (letzter Zugriff: 13.10.2016).

Binnenmarkt

Florian Baumann / Sebastian Schäffer

Der Binnenmarkt heute

Der neue Binnenmarktanzeiger bietet zwar interaktive Elemente und eine bessere Übersicht über die einzelnen Mitgliedstaaten, allerdings hat sich dadurch auch der Berichtszeitraum deutlich verlängert. Während die gedruckte Variante noch in einem etwa halbjährlichen Zyklus erschien, beziehen sich die Daten der Online-Version auf den Zeitraum von 2014 bis 2015. Die Analyse der Umsetzungsdefizite wurde zuletzt im Oktober 2015 aktualisiert und bezieht sich auf die gemeldeten Daten bis einschließlich Mai 2015. Die Veränderungen beziehen sich dabei auf die Werte von November 2014. Hierbei ist zu beachten, dass 130 Richtlinien, die die Automobilbranche betrafen, aufgehoben worden sind, was ungefähr 10 Prozent aller Richtlinien des Binnenmarkts (nun insgesamt 1.115 statt bisher 1.246) betraf und somit auch Auswirkungen auf das Umsetzungsdefizit hat.[1] Das bisher beste Ergebnis aus dem letzten Binnenmarktanzeiger konnte nicht gehalten werden. Erstmals war der von der Europäischen Kommission ausgegebene Wert von 0,5 Prozent erreicht worden.[2] Im letzten Untersuchungszeitraum waren 0,7 Prozent der Richtlinien durchschnittlich nicht korrekt in nationales Recht überführt worden. Fünf Länder (Italien, Slowenien, Polen, Rumänien und Luxemburg) überschreiten die 1-Prozent-Marke, die sich aber aufgrund der vorher erwähnten Aufhebung von 14 auf 12 nicht umgesetzte Richtlinien verringert hat. Insgesamt 14 und damit die Hälfte aller Mitgliedstaaten erreichen das Kommissionsziel. Die höchste Reduzierung konnte dabei Österreich erzielen (von 0,9 auf 0,5 Prozent, im Mai 2014 betrug das Defizit sogar noch 1,5 Prozent). Spitzenreiter bleibt Kroatien, was durch den im Vergleich zu den anderen Ländern erfolgten kürzer zurückliegenden Beitritt auch nicht verwunderlich ist. Deutschland liegt weiterhin über dem Durchschnitt und hat sich auch im Vergleich zum vorherigen Zeitraum weiter von 0,6 auf 0,8 Prozentpunkte verschlechtert. Insgesamt sind 46 Richtlinien in mindestens einem Mitgliedstaat nicht umgesetzt; die Bereiche mit den höchsten Defiziten sind Finanzdienstleistungen (8 von 74 beziehungsweise 10,8 Prozent), Umwelt (8 von 111 beziehungsweise 7,2 Prozent), Beschäftigungs- und Sozialpolitik (5 von 73 beziehungsweise 6,8 Prozent) sowie Verkehr (8 von 123 beziehungsweise 6,5 Prozent).

Entgegen des Trends hat sich die Anzahl der binnenmarktbezogenen Vertragsverletzungsverfahren von 826 im November 2014 auf 749 im Mai 2015 deutlich verringert und ist so niedrig wie nie zuvor. Auch der Durchschnitt in der Europäischen Union hat sich damit von 30 auf 27 verbessert. Keine Veränderung gab es allerdings in Deutschland, weiterhin sind 52 Verfahren anhängig. Da fast alle Mitgliedstaaten eine Reduzierung erzielen konnten, sind nur noch in Italien mehr Vertragsverletzungsverfahren, insgesamt 58, offen. Als einziges Land verschlechterte sich Kroatien (plus 7 auf nun insgesamt 8) und

---

1   Zum Binnenmarktanzeiger siehe European Commission: The Single Market Scoreboard, abrufbar unter: http://ec.europa.eu/internal_market/scoreboard/index_en.htm (letzter Zugriff: 1.9.2016).
2   European Commission: Better Governance for the Single Market, COM (2012) 259 final.

verliert damit seine Spitzenposition an Malta und Estland (je 7). 42 Prozent aller Verfahren betreffen die sechs Länder Italien, Deutschland, Griechenland, Frankreich, Spanien und Polen.

In Bezug auf die Dauer der Vertragsverletzungsverfahren setzt sich ebenfalls die gegenteilige Entwicklung zum letzten Untersuchungszeitraum fort. Durchschnittlich vergehen nun 29,1 Monate, zuvor waren es noch 26,9. Die Schwankungsbreite unter den Mitgliedstaaten bleibt stark unterschiedlich. Kroatien bleibt weiterhin unter vier Monaten, während Malta fast fünf Jahre benötigt. Zehn Länder liegen über dem Durchschnitt der Europäischen Union und überhaupt nur zwei Mitgliedstaaten (Zypern und Kroatien) schaffen die von der Europäischen Kommission ausgegebene Maximaldauer von 18 Monaten.

In den Ländern des Europäischen Wirtschaftsraums kommen zwar weniger Richtlinien (978) zur Anwendung, aber auch hier zeigt sich ein sehr diverses Bild. Norwegen hat ein Umsetzungsdefizit von 0 Prozent mit einer ausstehenden Richtlinie und erzielt damit ein besseres Ergebnis als alle Mitgliedstaaten der Europäischen Union. Liechtenstein (11 beziehungsweise 1,1 Prozent) und Island (21 beziehungsweise 2,1 Prozent) liegen hingegen über dem Durchschnitt und auch über dem 1-Prozent-Ziel. Durchschnittlich sind 19 Vertragsverletzungsverfahren anhängig. Island liegt mit 22 leicht darüber, Norwegen kommt auf 30 offene Verfahren, während in Liechtenstein lediglich 4 Fälle noch nicht abgeschlossen sind.

TTIP und CETA

Während die Intransparenz im Zuge der Verhandlungen über ein Freihandelsabkommen mit den Vereinigten Staaten (Transatlantic Trade and Investment Partnership, TTIP) weiterhin für Kritik sorgt, ist die Endfassung des Vertragstexts des Comprehensive Economic and Trade Agreement (CETA) mit Kanada am 29. Februar 2016 von der Kommission veröffentlicht worden. Darüber hinaus wurden Stellungnahmen von den Wirtschaftsministerien der Mitgliedstaaten angefordert, ob CETA bereits vor der Ratifizierung durch die nationalen Parlamente vorläufig angewendet werden soll. Dies hätte zur Folge, dass alle Zuständigkeitsbereiche, die in der Kompetenz der Europäischen Union liegen, bereits nach Ratifizierung durch das Europäische Parlament in Kraft treten würden. Zwar ist diese Vorgehensweise juristisch umstritten, von Seiten Deutschlands wurden hierzu allerdings keine Bedenken geäußert. Die Abstimmung in Straßburg wird frühestens für Ende des Jahres erwartet.

Rückschritte an den Binnengrenzen

Als Reaktion auf die massiv gestiegenen Flüchtlingszahlen haben einige Mitgliedstaaten im Schengen-Raum wieder Grenzkontrollen eingeführt. Formal ist der Binnenmarkt davon nicht betroffen, faktisch sind die Auswirkungen hingegen mehr als deutlich. Die gesamtwirtschaftlichen Folgen dieser temporären Kontrollen werden von Forschungsunterschieden mit einer recht großen Bandbreite angegeben – eine eher konservative Berechnung geht von bis zu 15 Mrd. Euro Wohlstandverlusten pro Jahr für die Europäische Union aus. Für Deutschland wird von einem Rückgang um bis zu 3 Mrd. Euro jährlich gerechnet.[3] Auch wenn der exakte Wert a priori kaum zu beziffern ist, so zeigt sich bereits für 2015/16 eine signifikante Beeinträchtigung des innereuropäischen Handels. Die Grenz-

---

[3] Gabriel Felbermayr/Jasmin Gröschl/Thomas Steinwachs: Handelseffekte von Grenzkontrollen, in: ifo Schnelldienst 5/2016, S. 19-27.

kontrollen verzögern den Gütertransport an den Binnengrenzen und schränken vor allem in grenznahen Regionen den Tourismus sowie die ansonsten üblichen ‚Einkaufsfahrten' erheblich ein.

Großbritannien vor dem Abschied

Am 23. Juni 2016 haben sich die Britinnen und Briten mehrheitlich, wenn auch mit 52 Prozent sehr knapp, für einen Austritt aus der Europäischen Union entschieden. Premier David Cameron, der mit dem Referendum insbesondere auf den parteiinternen Druck seitens der EU-Gegner reagiert hatte, erklärte direkt im Anschluss seinen Rücktritt. Die Kampagnen im Vorfeld wurden teils verbittert und vehement geführt. Bis zum Schluss war der Ausgang offen und trotzdem kam das Ergebnis letztlich überraschend. Obwohl das Vereinigte Königreich noch keinen formellen Austrittsantrag gestellt hat – ab diesem Zeitpunkt bleiben zwei Jahre, um die künftigen Beziehungen zu regeln –, zeigen sich schon jetzt die ersten wirtschaftlichen Konsequenzen: Pfund und Euro sind zunächst eingebrochen, haben sich aber wieder stabilisiert. Die Aktienmärkte hatten ebenfalls einen deutlichen Rückgang zu verzeichnen. Mehrere Ratingagenturen stuften die Kreditwürdigkeit des Vereinigten Königreichs herab und einschlägige Indizes zum Geschäftsklima beziehungsweise zur wirtschaftlichen Entwicklung rauschten in den Keller.

Durch den Brexit verliert die Europäische Union einen zentralen wirtschaftlichen Akteur mit einer soliden industriellen Basis und einer herausgehobenen Position im Bereich Finanzdienstleistungen. Es ist davon auszugehen, dass die ökonomischen Konsequenzen die Britinnen und Briten härter treffen als die Europäische Union – etliche Unternehmen haben bereits angekündigt, sich einen neuen Standort in Europa suchen zu wollen. Derzeit leidet der Binnenmarkt vor allem unter der hohen Unsicherheit, welches Ergebnis die Austrittsverhandlungen zwischen Brüssel und dem Vereinigten Königreich erzielen werden. Daher drängen Vertreter sämtlicher EU-Institutionen auf einen schnellen Verhandlungsbeginn.

Digitaler Binnenmarkt

Eine Dauerbaustelle, auf der nahezu Stillstand herrscht, bleibt weiterhin der digitale Binnenmarkt. Mangels anderer Erfolge preist die Kommission weiterhin die durchaus sehr erfreuliche Abschaffung der Roaming-Gebühren bis 2017 für mobile Telefonie, Internet und Textnachrichten. Von einem echten digitalen Binnenmarkt erwartet sich die Kommission hingegen zu recht einen enormen wirtschaftlichen Impuls: bis zu 250 Mrd. Euro zusätzliches Wachstum in den kommenden fünf Jahren.[4] Bis auf die Liberalisierung im Bereich Fernsehwerbung und damit längere Werbeblöcke zur besten Sendezeit sowie eine Europa-Quote für Streaming-Dienstleister sind die Fortschritte im vergangenen Jahr überschaubar. Am Rande wurde noch das Thema Geoblocking – wozu der gemeinsame Markt tatsächlich etwas bewegen könnte – teilweise zurückgestellt. Im Bereich E-Commerce hat die Kommission hier tatsächlich eine Liberalisierung vorgeschlagen, sodass beispielsweise ein Kunde aus Stockholm das Angebot eines Online-Händlers in Barcelona zu den selben Konditionen wie ein spanischer Kunde nutzen kann. Bei Medien wie Musik, Filme oder E-Books hat sich Brüssel noch nicht dazu durchringen können. Das Urheberrecht wird hier als unüberwindbare Hürde gesehen. Möglich soll hingegen die Portabilität audiovisueller

---

4   Europäische Kommission: Strategie für einen digitalen Binnenmarkt für Europa, KOM (2015) 192 final.

Inhalte werden. Damit könnten Streaming-Angebote, die man in seinem Heimatland abgeschlossen hat, zum Beispiel während des Urlaubs, auch im europäischen Ausland genutzt werden.

Zwei Initiativen – zur Bereitstellung digitaler Inhalte sowie zum Online-Handel – hat die Kommission im Dezember 2015 auf den Weg gebracht. Grundsätzlich sind das zaghafte Schritte in die richtige Richtung. Vor allem die Verbraucher werden in ihren Rechten gestärkt. Den Handel stellt aber die Trennung von On- und Offline-Geschäften vor größere Herausforderungen. Zudem kann es zu Abgrenzungsschwierigkeiten kommen, da der Entwurf zu digitalen Inhalten auch Datenträger oder Daten umfasst, die fest in ein Produkt integriert sind und dort eine wesentliche Funktion übernehmen. Es bleibt somit fraglich, ob die beiden Richtlinien tatsächlich geeignet sind, den digitalen Binnenmarkt maßgeblich weiterzuentwickeln.

Mehr als ein Binnenmarkt

Dass der gemeinsame Markt mehr ist als ein reiner Binnenmarkt, zeigen die immer vehementer vorgebrachten Vorschläge zur vertieften Integration, etwa im Bereich der Banken- oder Finanzunion. So konnte gegen Ende des Berichtzeitraums auch ein Maßnahmenpaket zur Bekämpfung der Steuervermeidung verabschiedet werden. Etwa durch Gewinnverlagerung entgingen den Finanzbehörden der Mitgliedstaaten bislang jährlich rund 70 Mrd. Euro. Künftig soll so vermieden werden, dass Unternehmen rechtliche Lücken nutzen, um beispielsweise Gewinne in Niedrigsteuerländer zu verschieben oder überhöhte Zinszahlungen geltend zu machen.

Bereits im Oktober 2015 hatte die Kommission einen neuen Fahrplan für den Binnenmarkt vorgestellt.[5] Die zentralen Elemente in dem Strategiepapier sind wenig überraschend: Die Mitgliedstaaten sollen noch enger zusammenwachsen, Chancen müssen besser genutzt werden und die Regeln für den gemeinsamen Markt sollen den aktuellen Umständen angepasst werden. An den Zielen ist grundsätzlich nichts auszusetzen. Aber nicht nur der Brexit, sondern auch zentrifugale Kräfte in anderen Mitgliedstaaten zeigen es deutlich: Wer Europa zusammenhalten will, muss Ergebnisse liefern und eine schlüssige Geschichte erzählen, warum es mit der Europäische Union besser ist als ohne. Regelmäßig aktualisierte Strategiepapiere helfen dabei nur bedingt weiter.

Weiterführende Literatur

Florian Baumann/Sebastian Schäffer: Binnenmarkt, in: Werner Weidenfeld/Wolfgang Wessels (Hrsg.): Europa von A bis Z, Baden-Baden 2016, S.108-112.

Josef Falke: Europäischer Binnenmarkt – ein unvollendetes Projekt, in: Ulrike Liebert/Janna Wolf (Hrsg.): Interdisziplinäre Europastudien. Eine Einführung, Wiesbaden 2015, S. 173-208.

Manfred A. Dauses/Alexander Brigola: Rechtsangleichung im Binnenmarkt der EU. Das Industriezeitalter 4.0 fordert eine Rechtsangleichung 4.0, in: Stefan Eckert/Georg Trautnitz (Hrsg.): Internationales Management und die Grundlagen des globalisierten Kapitalismus, Wiesbaden 2016, S.233-254.

---

5   Europäische Kommission: Den Binnenmarkt weiter ausbauen: mehr Chancen für die Menschen und die Unternehmen, KOM (2015) 550 final.

Digitale Agenda und Cybersicherheit

Annegret Bendiek[*]

Im grenzüberschreitenden Waren-, Dienstleistungs- und Personenverkehr spielen digitale Informationssysteme, allen voran das Internet, eine wesentliche Rolle. Die fortschreitende Vernetzung macht es notwendig, gemeinsame datenschutzrechtliche und sicherheitspolitische Regelungen zu treffen. Dauerhaftes Vertrauen der Bevölkerung in Technologie und Rechtssicherheit ist unabdingbar. Fehlende Akzeptanz hätte negative wirtschaftliche Konsequenzen zur Folge. So schätzt die Europäische Kommission, dass die Vollendung des digitalen Binnenmarkts das europäische Bruttoinlandsprodukt um fast 500 Mrd. Euro steigern könnte.[1] Estland mit nur 1,3 Mio. Einwohner gilt als Vorreiter der Digitalisierung in Europa. Die nationale ‚e-ID'-Infrastruktur wird von nahezu allen Bürgern genutzt. Das Land hat weltweit acht Duplikate der eigenen digitalen Staatsverwaltung aufgebaut, die von den estnischen Botschaften betreut werden. Die IT-Infrastruktur dieser ‚Daten-Botschaften' wird mit Hilfe von privaten Unternehmen in befreundeten Staaten wie Großbritannien, Deutschland, den USA, Kanada, Südafrika und Japan betrieben.

Legt man das Konzept der positiven und negativen Integration (Fritz W. Scharpf) zugrunde, so gibt es zwei grundsätzliche Handlungsoptionen staatlicher (De-)Regulierung als Antwort auf die Erweiterung des Wirtschaftsraums über nationalstaatliche Grenzen hinaus. Negative Integration bedeutet, dass Beschränkungen des freien Handels (zum Beispiel Zölle) beseitigt werden. Diese Maßnahmen wirken marktschaffend. Positive Integration bedeutet den Einsatz wirtschaftspolitischer und regulatorischer Kompetenzen auf EU-Ebene, um Marktergebnisse zu korrigieren und Marktversagen zu überwinden. Maßnahmen der positiven Integration wirken marktkorrigierend. Die digitale Integration ist analog zur wirtschaftlichen Integration als der Ausbau einheitlicher gesellschaftlicher Handlungsräume zu verstehen, die gemeinsamen Regeln unterliegen und durch die Aufhebung von institutionellen Grenzen zwischen den Mitgliedstaaten gekennzeichnet sind. Die Regulierung des Marktes setzt grundsätzlich auf verschiedenen Ebenen an. Die globale Standardsetzung sollte in internationalen Foren erfolgen, der Datenschutz sollte einheitlich auf der EU-Ebene geregelt sein, und die Verfolgung digitaler Straftaten gehört auch auf die nationale Ebene (gegebenenfalls EU-weite Koordinierung). Daraus ergibt sich, dass die digitale Regulierung als eine Mehrebenenstruktur zu verstehen ist. Die Europäische Union ist aufgrund des Binnenmarkts nicht nur ein wichtiger Ort der Regulierung, sondern gleichzeitig auch ein starker wirtschaftlicher Akteur mit einer globalen Ambition zur digitalen Selbstbehauptung. Normen wie MP3, SMS, Halbleiter etc., die sich europäisch durchsetzen konnten, haben automatisch einen Anpassungsdruck auf nicht-europäische Marktteilnehmer entfalten können. Durch den Gemeinschaftsrahmen werden staatliche und nicht-staatliche Akteure in die Lage versetzt, globale Standardsetzung in einem Ausmaß zu beeinflussen, das einzelstaatlichem und privatem Handeln verwehrt bleibt.

*   Die Autorin dankt Christoph Berlich und Tobias Metzger für die vielfältige Zuarbeit.

1   Europäische Kommission: Digital Agenda Review: Frequently Asked Questions, 18.12.2012, abrufbar unter: http://europa.eu/rapid/press-release_MEMO-12-1000_en.htm (letzter Zugriff: 16.6.2015).

Herausforderungen des digitalen Binnenmarkts

Die Herausforderungen bei der Schaffung eines digitalen Binnenmarkts lassen sich anhand des Datenweges einer E-Mail illustrieren. Mit welcher (1) Hard- beziehungsweise Software wird eine E-Mail geschrieben, über welche (2) Routinginfrastrukturen über das Internet übertragen, auf welchen (3) Datenservern und bei welchen Cloud-Anbietern gespeichert, dabei mittels welcher (4) Techniken verschlüsselt und durch welche (5) datenschutzrechtlichen und wettbewerbsrechtliche Vorgaben geschützt? Am Beispiel der digitalen Wegmarken lässt sich sowohl zeigen, dass es einen Regulierungsbedarf gibt als auch, dass die Europäische Union der angemessene Ort der Regulierung ist:

Erstens ist Europa in der Soft- und Hardware-Branche mit wenigen Ausnahmen wie SAP oder Alcatel-Lucent kaum noch ein relevanter Spieler. Die europäische Industrie ist zu einem so hohen Maß von US-amerikanischen und chinesischen Komponenten abhängig, dass ein vollkommen eigenständiger europäischer Markt nicht vorstellbar ist. Viele der Branchen wie Suchmaschinen befinden sich derzeit im Zustand eines Quasi-Monopols, indem sie von Microsoft, Google, Cisco oder Huawei dominiert werden. Zu den führenden PC-Herstellern zählen Apple, DELL, HP (alle USA), MSI, ASUS, Acer (alle Taiwan), Samsung (Südkorea), Lenovo (China) und Toshiba (Japan). Gleichzeitig sind einige dieser Hersteller auch beim Verkauf von Smartphones in der Weltspitze vertreten, wobei Huawei (China) und LG (Südkorea) hinzukommen. Die Hardwarekomponenten eines Heimnetzwerks kommen weltweit hauptsächlich aus dem Hause Cisco (USA) oder Huawei (China). Bei Server-Hardware der Rechenzentren wiederum liegt HP vor Dell und IBM. Durch den Rückgang des Marktanteils europäischer Anbieter (Siemens, Nokia) besteht de facto eine Duopolstellung zwischen US-amerikanischen und asiatischen Anbietern (Huawei, ZTE).

Zweitens setzt ein verlässliches europäisches Kommunikationsnetz voraus, dass es im öffentlichen Interesse betrieben und verwaltet wird und dass Einzelinteressen nur dort ihren Platz finden, wo sie das allgemeine Interesse nicht verletzen. In Europa ist heute genau das Gegenteil der Fall. Das Netz setzt sich zusammen aus nationalen Teilnetzen mit Kontrolleuren, die jeweils partikulare Interessen verfolgen. In der Theorie besteht das Internet aus den Netzen verschiedener Internetdienstanbieter (ISPs), welche an neutralen Stellen (Internetknotenpunkten) zum Gesamtnetz, dem Netz von Netzen, zusammengeschlossen sind. In der Praxis kann von Neutralität keine Rede sein. DE-CIX ist der größte der weltweit 321 Internetknotenpunkte und gehört dem Verband der deutschen Internetwirtschaft eco. Er wird in einer Weise betrieben, die dem Bundesnachrichtendienst Zugriffsmöglichkeiten erlaubt, wobei auch die Daten nicht-deutscher Akteure betroffen sind. Ob hier das europäische Interesse gewahrt bleibt, kann bezweifelt werden.

Drittens stellen sich im Bereich des Cloud Computing, der verteilten Bearbeitung und des Speicherns von Daten vielfältige neue Anforderungen. Für wichtige Fragen der positiven Regulierung im Bereich des EU-Konsumenten- und Datenschutzes entsteht das Problem des Auseinanderfallens von rechtlichen und ökonomischen Räumen. Europäische Gesetze greifen dort ins Leere, wo Daten und Zugriffe auf Daten an Orten jenseits der Gültigkeitsreichweite des EU-Rechts liegen. Daten, die auf Cloud-Plattformen abgelegt werden, können dort unerlaubt abgegriffen werden. Gefahren lauern etwa bei außereuropäischen Servern im großangelegten Datendiebstahl oder in Geschäftsbedingungen, die dritten Akteuren Zugriffsrechte auf Inhalte einräumen können. Die Rechtsunsicherheit brachte bereits einige von staatlicher Überwachung betroffene amerikanische Internetfirmen beziehungsweise Cloud-Anbieter in Schwierigkeiten. Demnach müssen amerikanische Anbieter die auf europäischen Servern gespeicherten Kundendaten auf Anfrage herausgeben (Streitfall irische Tochtergesellschaft von Microsoft versus US-Regierung), aber auch europäische Firmen, die in den USA tätig sind, unterliegen dieser Verpflichtung.

Viertens hat die Digitalisierung der Kommunikation dazu geführt, dass das Recht auf Privatheit nicht mehr in dem nötigen Umfang gewährleistet ist. Die Snowden-Veröffentlichungen haben gezeigt, dass staatliche Sicherheitsbehörden in der Lage sind, unverschlüsselte E-Mails zu jedem Zeitpunkt auszuwerten. Die Güter der Privatheit und Freiheit sind eine wichtige Voraussetzung für den Markt selber, und diese zu schützen liegt im eigenen Interesse desselben. Für liberale Gesellschaften ist das Recht auf Privatheit allerdings konstitutiv. Ohne Privatheit kann es auch keine Freiheit geben. Es bedarf einer europäischen Antwort auf die Gefährdung privater Daten und damit der gesellschaftlichen Freiheit. Da sich die Telekommunikationsinfrastruktur in privatwirtschaftlichem Besitz befindet und Netze Ländergrenzen überschreiten, liegt derzeit der Fokus auf verbesserten Verschlüsselungsverfahren. Voraussetzung ist jedoch, dass die Verschlüsselungstechnologie keine derartigen Zugriffsmöglichkeiten bereithält, welche zuletzt nicht nur von der chinesischen, sondern auch von den US-amerikanischen und britischen Regierungen für Ermittlungszwecke gefordert wurden. Doch auch aus verschlüsselten E-Mails lassen sich viele Infos ablesen. Die Metadaten, quasi der Briefumschlag einer E-Mail, verraten wer mit wem, wann und wie häufig in Kontakt steht, ja sogar den Betreff der Nachricht.

Fünftens sind Quasi-Monopolstellungen großer Unternehmen grundsätzlich problematisch. Kartellbildungen oder andere Formen der Marktbeherrschung führen bekanntermaßen zu Missbrauch, höheren Preisen, schlechteren Produkten und anderen gravierenden Abweichungen vom Ideal des freien Marktes. Es gibt zwar Fusionskontrollen, jedoch reagiert das EU-Wettbewerbsrecht erst dann mit Sanktionen, wenn Marktbeherrschung auch faktisch zu Missbrauch führt. Anders ausgedrückt: Europa reagiert erst dann, wenn ‚das Kind in den Brunnen gefallen ist'. Trotzdem wird die Frage einer marktbeherrschenden Stellung des US-Unternehmens Google im europäischen Markt durch die bevorzugte Listung eigener Angebote in seinen Suchergebnissen prominent diskutiert. Der ehemalige Wettbewerbskommissar Joaquín Almunia hat schon vor mehr als vier Jahren ein Verfahren gegen Google eingeleitet. Seine Nachfolgerin Margrethe Vestager hat es nun wiederbelebt. Nach ihrer Auffassung sprechen viele Fakten dafür, dass Google bei der allgemeinen Internetrecherche systematisch eigene spezialisierte Einkaufs-Suchdienste gegenüber Konkurrenzprodukten bevorzugt. Zudem geht die Wettbewerbskommissarin gegen mehrere Staaten vor, weil diese möglicherweise Konzerne wie Amazon oder Apple durch Steuervorentscheide (‚tax rulings') bevorzugen. Diese sind zumindest dann wettbewerbswidrig, wenn einzelne Unternehmen auf Kosten ihrer Konkurrenten bevorzugt werden.

Die digitale Gesamtstrategie

Regulatorische Herausforderungen, wie jene, die am Beispiel der digitalen Wegmarken veranschaulicht wurden, haben in der europäischen Geschichte oft zu qualitativ anspruchsvollen Integrationssprüngen wie zum Beispiel dem Deutschen Zollverein oder der gemeinsamen Handelspolitik beigetragen. Mit dem Amtsantritt der neuen Juncker-Kommission haben der für diesen Bereich zuständige Vizepräsident und Kommissar, Andrus Ansip, und sein Kollege Günther Oettinger, der die digitale Wirtschaft und Gesellschaft betreut, Anfang Juni 2015 ihre Gesamtstrategie zur Schaffung eines digitalen Binnenmarkts vorgestellt. Ziel ist es letztlich, die Vorzüge des europäischen Binnenmarkts auf den digitalen Raum auszuweiten. Man könne von den technischen Neuerungen rund um Big Data, Cloud-Computing und das Internet der Dinge (IoT) nur dann profitieren, wenn jüngst erklärte Ideen einer technologischen Souveränität zugunsten einer Harmonisierung von nationalen Märkten überwunden werden. Die Strategie der Kommission für einen digitalen Binnenmarkt beruht auf drei Säulen: (1) besserer Zugang für Verbraucher und Unternehmen zu digitalen Waren und Dienstleistungen in ganz Europa, (2) Schaffung der richtigen Bedingungen und gleichen Voraussetzungen für florierende digitale Netze und innovative Dienste und (3) bestmögliche Ausschöpfung des Wachstumspotenzials der digitalen Wirtschaft. Die jüngsten Gesetzesinitiativen beziehen sich auf den grenzüberschreitenden E-Commerce und eine Reform der Richtlinie über audiovisuelle Mediendienste mit neuen Vorgaben vor allem für Video-Plattformen im Internet.

1. Säule

Mithilfe der Maßnahmen der ersten Säule sollen Unternehmen gegenüber dem nationalen Handel künftig keinen beziehungsweise nur kleinstmöglichen Hemmnissen im digitalen Binnenmarkt unterliegen. Hierzu sollen das Vertragsrecht oder Mehrwertsteuer-Regelungen harmonisiert oder grenzübergreifende Paketlieferdienste verbessert werden. Die Kommission will so gegen „Diskriminierung auf Basis von Wohnort, Niederlassung oder Nationalität im Binnenmarkt" vorgehen. Durch den entsprechenden Verordnungsentwurf werden grenzüberschreitende Paketzustelldienste preislich transparenter und stärker beaufsichtigt. Zudem zielt die Initiative darauf ab, Zugriffseinschränkungen (Geo-Blocking) zu entfernen, indem urheberrechtliche Fragestellungen auf EU-Ebene vereinheitlicht beantwortet werden. An den Vertrieb von urheberrechtsgeschützten Online-Inhalten wie Musik, Filme oder E-Books soll gemäß eines bereits im Rat behandelten Rechtsaktes das Geo-Blocking zunächst erst einmal für die begrenzte Mitnahme legal erworbener Dienste auf Reisen in andere EU-Staaten gelockert werden. Der Verordnungsentwurf zum grenzüberschreitenden E-Commerce verpflichtet Händler, Kunden aus anderen EU-Staaten nicht mehr den Zugang zu ihren Online-Plattformen zu verwehren. Angebote dürfen demnach auch nicht mehr abhängig von der Herkunft beziehungsweise der IP-Adresse ihrer Kunden unterschiedlich gepreist werden. Die Kommission will zudem die Europäische Cloud-Initiative umsetzen und hierzu folgende Maßnahmen ergreifen:[2]

(1) Ab 2016: Schaffung einer Europäischen Cloud für Forscher und ihre weltweiten Wissenschaftspartner durch die Integration und Konsolidierung von e-Infrastruktur-Plattformen, die Verknüpfung bereits vorhandener wissenschaftlicher Clouds und Forschungsinfrastrukturen durch die Unterstützung der Entwicklung cloudgestützter Dienste.

(2) 2017: Alle wissenschaftlichen Daten, die im Rahmen des mit 77 Mrd. Euro ausgestatteten Forschungs- und Innovationsprogramms Horizont 2020 generiert werden, sollen standardmäßig offen zugänglich werden.

(3) 2018: Start der Flaggschiff-Initiative, um die neuen Entwicklungen im Bereich der Quantentechnologie zu beschleunigen.

(4) Bis 2020: Entwicklung und Einführung einer europäischen Großinfrastruktur für Hochleistungsrechner, Datenspeicher und Netze, der Erwerb von zwei Prototypen von Hochleistungsrechnern sowie der Aufbau eines europäischen Big-Data-Zentrums und die Modernisierung des Kernnetzes für Forschung und Innovation (GEANT).

---

2 Europäische Kommission: Mitteilung an die Presse. Die Europäische Cloud-Initiative – damit Europa in der Datenwirtschaft weltweit führend wird, 19. April 2016.

2. Säule

Mit den Maßnahmen der zweiten Säule „Regulatorische Klarheit" setzt die Kommission auf neue Gesetzgebungsakte zur positiven, das heißt eine dem EU-Binnenmarkt einen politischen Ordnungsrahmen gebende Integration. Doch diese Akte erfordern die Zustimmung einer großen Zahl politischer Akteure mit unterschiedlichsten Interessen und Zielen, die angesichts verschiedener nationaler Politikmodelle oft nur schwer zu erreichen sein werden. Um den Wettbewerb anzukurbeln, muss Klarheit darüber bestehen, welche Handlungen gesetzlich verpflichtend beziehungsweise zu unterlassen sind. Mit der Initiative zu den audiovisuellen Mediendiensten sollen geltende Bestimmungen für TV-Sender auf neue Dienste wie YouTube und Video-on-Demand-Angebote ausgedehnt werden. Auflagen für Kinder- und Jugendschutz sollen freiwillig auf Video-Plattformen erweitert werden. Verfahren, mit denen rechtswidrige Inhalte im Netz gelöscht werden, will die Europäische Union ebenfalls vereinheitlichen. Damit sind „Informationen, die dem öffentlichen Interesse zuwiderlaufen" und terroristische Propaganda, Kinderpornographie und Urheberrechtsverstöße, gemeint. Im Dezember 2015 hat die Kommission ein neues Urheberrecht vorgeschlagen, um das Leistungsschutzrecht, die Panoramafreiheit und eine stärkere Copyright-Durchsetzung EU-weit anzugleichen. Mit dem Entwurf zur Reform von Verbraucherschutzregeln sollen nationale Behörden mehr Befugnisse erhalten, betrügerische Webseiten sofort zu blockieren. Beim Verkauf gefälschter Tickets sollen Aufsichtsbehörden Sanktionen verhängen dürfen. Nicht zuletzt hat die Kommission ihr Wettbewerbsverfahren gegen Google erweitert. Unter anderem schränke der Konzern die Möglichkeiten von Unternehmen ein, auf ihren Webseiten Suchmaschinenwerbung von Googles Wettbewerbern anzuzeigen. In dem Verfahren geht es ferner um Shopping-Angebote und das weltweit dominierende Smartphone-Betriebssystem Android. Bei Wettbewerbsverfahren drohen dem Konzern von bis zu 10 Prozent des Jahresumsatzes an Strafzahlungen.

3. Säule

In der dritten Säule zu „Industrie 4.0 und die europäische digitale Wirtschaft" geht es sowohl um den Ausbau der europäischen digitalen Wirtschaft, das heißt derjenigen Unternehmen, deren Geschäftsbasis das Internet ist, als auch um die Nutzung von Digitaltechnik in der herkömmlichen Industrie. In Bezug auf Anbietern von Informations- und Kommunikationstechnik (IKT) legt die Strategie ein besonderes Augenmerk auf mittelständische Unternehmen (SME) und Neugründungen (Start-Ups). Das Angebot an IKT-Sicherheitsprodukten und -diensten im Binnenmarkt ist nach wie vor geografisch stark zersplittert. Darum ist es für europäische Unternehmen schwierig, auf diesem Feld international wettbewerbsfähig zu sein. Die Zertifizierung ist entscheidend für Vertrauen in IT-Produkte und Dienste und deren Sicherheit. Verstärkte nationale Initiativen zeigen zwar, dass die Bedeutung einer Zertifizierung anerkannt wird, unterschiedliche Standards im Binnenmarkt können aber Interoperabilitätsprobleme verursachen. Nur in wenigen EU-Staaten gibt es wirksame Zertifizierungsprogramme für die Sicherheit von IKT-Produkten. IKT-Anbieter müssen daher unter Umständen mehrere Zertifizierungsverfahren durchlaufen, um ihre Produkte gleichzeitig in mehreren EU-Staaten verkaufen zu können. Die Schaffung eines IKT-Sicherheitszertifizierungsrahmens auf EU-Ebene bleibt ein langfristiges Ziel.

EU-Strategie zur Cybersicherheit

Die Digitalisierung von Infrastruktur, Wertschöpfungsketten und Lebenswelt eröffnet nicht nur Chancen, sondern birgt auch Risiken. Immer wieder lässt sich beobachten, wie anfällig zum Beispiel kritische Infrastrukturen sind. Nach Untersuchungen der Europäischen Agentur für Netz- und Informationssicherheit (ENISA) nehmen Sicherheitsvorfälle im Cyberraum mit alarmierender Geschwindigkeit zu. Die Zahl der Sicherheitsvorfälle in der gesamten Wirtschaft nahm 2015 weltweit im Vergleich zum Vorjahr um 38 Prozent zu.

Die Angreifer können die Bereitstellung grundlegender Dienste wie Wasserversorgung, Gesundheitsfürsorge, Strom oder Mobilfunk stören oder sabotieren. Sicherheit im Cyberraum lässt sich nur durch konzertiertes Handeln von Wirtschaft, Politik und Gesellschaft erreichen.[3] Die erste EU-Cybersicherheitsstrategie[4], die im Februar 2013 präsentiert wurde, und die im Dezember 2015 vom Rat angenommene EU-Richtlinie für Netz- und Informationssicherheit (NIS) folgen diesem Multi-Stakeholder-Ansatz.[5] Zusammen mit dem Anfang 2013 eröffneten, bei EUROPOL angesiedelten Europäischen Zentrum zur Bekämpfung der Cyberkriminalität (EC3) legen diese Initiativen den Grundstein, gegen Cybergefahren vorzugehen.[6] Ziel ist es, europaweite Sicherheitsstandards zu gewährleisten und die bestehenden Grundrechte und -werte zu wahren. Die Kommission hat hierzu einen Aktionsplan angekündigt, um die Abwehrfähigkeit der Europäischen Union weiter zu stärken und die europäische Cybersicherheitsbranche zu fördern. Zu den Maßnahmen zählen:[7]

„(1) Ausbau der europaweiten Zusammenarbeit: Die Kommission bestärkt die Mitgliedstaaten darin, die Kooperationsmechanismen, die im Rahmen der künftigen Richtlinie über Netz- und Informationssicherheit (NIS) geschaffen werden, bestmöglich zu nutzen und die Art und Weise, wie sie zusammenarbeiten und sich auf einen großen Cybervorfall vorbereiten, zu verbessern. Dazu gehören auch verstärkte Bemühungen um die Aus- und Weiterbildung und Übungen zur Cybersicherheit (wie die CyberEurope-Übungen der ENISA).

(2) Förderung des entstehenden Binnenmarkts für Cybersicherheitsprodukte und -dienste in der EU: Die Kommission wird beispielsweise die Möglichkeit der Schaffung eines Zertifizierungsrahmens für IKT-Produkte und -Dienste ausloten, der durch ein freiwilliges und handliches Kennzeichnungssystem für die Sicherheit von IKT-Produkten ergänzt werden soll. Außerdem schlägt sie mögliche Maßnahmen für mehr Investitionen in die Cybersicherheit in Europa und Unterstützungsmaßnahmen für auf diesem Markt tätige KMU vor.

(3) Einrichtung einer vertraglichen öffentlich-privaten Partnerschaft (cPPP) mit der Branche für den Ausbau der Kapazitäten der Cybersicherheitsbranche und die Innovationsförderung in der EU."

In Deutschland wurde mit dem IT-Sicherheitsgesetz im Juli 2015 eine Meldepflicht für verschiedene privatwirtschaftliche Branchen im kritischen Infrastrukturschutz eingeführt.[8] Mit seinen wegweisenden Regelungen hat das deutsche IT-Sicherheitsgesetz eine Vorreiterrolle in der Europäischen Union inne und setzt wichtige Akzente für die Ausgestaltung der EU-Richtlinie zur NIS. Diese soll die IT bei Betreibern kritischer Infrastrukturen und großen Online-Dienstleistern sicherer machen und wird die betroffenen Firmen

---

3   Europäische Kommission: Mitteilung an die Presse. Kommission als ehrlicher Mittler bei künftigen internationalen Verhandlungen über die Internet-Governance, 12. Februar 2014.

4   Mitteilung der Kommission an das Europäische Parlament, den Rat, den Europäischen Wirtschafts- und Sozialausschuss und den Europäischen Ausschuss der Regionen. Cybersicherheitsstrategie der Europäischen Union – ein offener, sicherer und geschützter Cyberraum, JOIN (2013) 1 final.

5   European Commission: Proposal for a directive of the EP and the Council concerning measures to ensure a high common level of Network and Information Security across Europe, COM (2013) 48 final.

6   Europol: Combating Cybercrime in a Digital Age, abrufbar unter: https://www.europol.europa.eu/ec3 (letzter Zugriff: 16.6.2015).

7   Europäische Kommission: Factsheet. Kommission gibt Impulse für Cybersicherheitsbranche und verstärkt Bemühungen zur Bewältigung von Cyberbedrohungen, MEMO/16/2322.

8   Deutscher Bundestag: Bundestagsbeschlüsse am 11. und 12. Juni, 12. Juni 2015, abrufbar unter: http://www.bundestag.de/dokumente/textarchiv/2015/kw24_angenommen_abgelehnt/377456 (letzter Zugriff: 16.6.2016).

verpflichten, Sicherheits- und Datenschutzvorfälle sowie IT-Angriffe zu melden. Die Auflagen sollen für sämtliche Betreiber und Anbieter ‚essentieller Dienste' gelten, etwa in den Bereichen Energie, Wasserversorgung, Transport, Finanzwesen, Gesundheit und Internet. Im Entwurf werden Verkehrsknoten, Domain-Regierungsstellen, Online-Marktplätze und Suchmaschinen aufgeführt, nicht aber soziale Netzwerke. Kleine Digitalfirmen sollen ebenfalls außen vor bleiben. Sobald die Richtlinie in Kraft getreten ist, müssen alle EU-Staaten nationale Meldesysteme aufbauen und Informationen untereinander austauschen.

Durch die kommende NIS-Richtlinie werden zwei Koordinierungsmechanismen geschaffen: Erstens eine Kooperationsgruppe, die den Informationsaustausch über Cybervorfälle zwischen den EU-Staaten unterstützen soll, und zweitens ein Netzwerk der IT-Noteinsatzteams (CSIRT), um die operative Zusammenarbeit bei konkreten Cybersicherheitsvorfällen und den Informationsaustausch über Risiken zu erleichtern. 2017 will die Kommission ein Konzept vorstellen, in dem sie einen koordinierten Ansatz für die Krisenzusammenarbeit im Fall eines großen Cybervorfalls darlegen wird. Darin würden EU-Einrichtungen wie ENISA, das IT-Notfallteam der Europäischen Union (CERT-EU) und das bei Europol angesiedelte Europäische Zentrum zur Bekämpfung der Cyberkriminalität (EC3) ebenso eine Rolle spielen wie das CSIRT-Netzwerk.

Die ENISA spielt für die Cybersicherheit in der Europäischen Union eine zentrale Rolle, indem sie bei der Bewältigung, Abwehr und Vorbeugung von NIS-Problemen eng mit den Mitgliedstaaten, den EU-Organen und dem Privatsektor zusammen arbeitet. Hierzu zählt etwa die Leitung europaweiter Übungen zur Cybersicherheit, die Bereitstellung wichtiger Informationen über NIS-Probleme, ihr jährlicher Bericht über die Bedrohungslage im Cyberraum sowie die Ausbildung. Die Kommission muss bis Juni 2018 eine Bewertung der ENISA vornehmen, um die Änderung oder Erweiterung ihres Mandats, das im Jahr 2020 ausläuft, zu beurteilen. Angesichts der derzeitigen Cybersicherheitslage und der Implementierung der Richtlinie über Netz- und Informationssicherheit soll die Bewertung zeitlich vorgezogen werden. Kontinuierliche Zusammenarbeit zwischen öffentlichen und privaten Akteuren beim Austausch von Sicherheitsvorfällen ist wichtig, um angemessen auf Bedrohungen aus dem Cyberraum reagieren zu können. Hierzu wurde am 13. Juni 2016 die Europäische Cybersicherheitsorganisation (ECSO) in Brüssel gegründet. Die ECSO ist eine Vereinigung ohne Gewinnerzielungsabsicht nach belgischem Recht. Sie steht unter der Federführung der Branche. Zu den Mitgliedern zählen europäische Großunternehmen, KMU und Startups, Forschungszentren, Hochschulen, Cluster und Vereinigungen sowie lokale, regionale und nationale Verwaltungen in der Europäischen Union und dem Europäischen Wirtschaftsraum (EWR), der Europäischen Freihandelsassoziation (EFTA) und den mit Horizont 2020 assoziierten Ländern. Die Gründungsmitglieder sind die Europäische Organisation für Sicherheit (EOS), die Alliance pour la Confiance Numérique (ACN), Guardtime (im Namen des Estnischen IKT-Verbands) und Teletrust.[9] Die Europäische Union wird 450 Mio. Euro in diese Partnerschaft investieren, und zwar im Rahmen von Horizont 2020. Von den Akteuren des Cybersicherheitsmarkts, vertreten von der ECSO, wird erwartet, dass sie ihrerseits die dreifache Summe investieren.

Datenschutz als Standortvorteil

Der Schutz vertraulicher Daten, die aufgrund mangelnder Sicherheitsvorkehrungen oder nachteiliger rechtlicher Rahmenbedingungen in die Hände Dritter gelangen können, gilt

---

9   Weitere Informationen über ESCO ist abrufbar unter: http://www.ecs-org.eu/ (letzter Zugriff: 25.8.2016).

als Hauptaugenmerk der EU-Regulierungen. Restriktive Gesetze zum Datenstandort oder zu Verschlüsselungsverfahren will sie vereinheitlichen. Ein Vorschlag plädiert für eine Infrastruktur des Schengen-Routing, damit alle europäischen Marktteilnehmer in jeder Hinsicht gleich behandelt werden. Denn die Verteilung von Datenpaketen (Routing) – beispielsweise Kommunikation zwischen Estland und Italien – kann durchaus über US-amerikanische Server erfolgen. Die Implikation einer solchen Datenverbindung für den Datenschutz riefen daher vermehrt Verfechter eines Schengen-Routing auf den Plan. Dies ist allerdings aus Gesichtspunkten der Ausfallsicherheit und Ökonomie problematisch. Die US-Handelsbehörde USTR sieht darin – trotz vergleichbarer Regelungen in den USA – eine Verletzung internationaler Handelsvereinbarungen. Überzeugender ist ein Vorschlag der ENISA. Sie hat Möglichkeiten der Ende-zu-Ende-Verschlüsselung für verschiedene Anwendungen sowie Verschleierungsmethoden für Metadaten mit Hilfe von ‚Virtual Privat Network'-Verbindungen (VPN) oder Onion-Routing vorgestellt. Eine E-Mail würde beispielsweise in einer sogenannten ‚Dark Mail' mehrfach verschlüsselt. Die verschiedenen Verschlüsselungsschichten legen sich dann wie Briefumschläge um die eigentliche Nachricht und jede beteiligte Stelle kann nur auf diejenigen Informationen zugreifen, die sie unbedingt benötigt, um die Nachricht weiterzuleiten.

Die erste EU-Datenschutzrichtlinie aus dem Jahr 1995 verfolgt die gleichberechtigten Ziele, einerseits für den „Schutz natürlicher Personen bei der Verarbeitung personenbezogener Daten" und andererseits für den „freien Datenverkehr" zu sorgen. In der Folge wurden nationale Datenschutzgesetze insbesondere in den neuen EU-Staaten verabschiedet und bestehende Grundlagen der alten an die EU-Anforderungen angepasst. Im Jahr 2002 folgte die Datenschutzrichtlinie für elektronische Kommunikation (ePrivacy-Richtlinie) sowie 2009 die ergänzende Cookie-Richtlinie, doch werden mit beiden keine ausreichenden Schutzbestimmungen für ‚Big Data'-Analysen geschaffen. Hier werden allein Bestimmungen zum Schutz personenbezogener Daten wie durch entsprechende Cookies erhobene Daten bei der individuellen Internetnutzung festgelegt. Mit dem richtungsweisenden Urteil des Gerichtshofes der Europäischen Union (EuGH) zu Facebook aus dem Jahr 2013, zur Vorratsdatenspeicherung vom April 2014 und zum Recht auf Vergessenwerden vom Mai 2014 hat eine grundlegende Überprüfung aller Vorgaben in Bezug auf die Angemessenheit ihrer Vorkehrungen zu Datensicherheit und Datenschutz begonnen. Im Lichte des ‚Safe Habor'-Urteils des EuGH vom Oktober 2015 wurde bestimmt, dass Standardvertragsklauseln, verbindliche Unternehmensregeln sowie Einwilligungen derjenigen Personen, deren Daten übermittelt werden, alle zu überprüfen sind.

Mitte Dezember 2015 haben sich Parlament, Rat und Kommission auf eine neue Datenschutz-Grundverordnung (DS-GVO) der Europäischen Union geeinigt. Der Innen- und Justizausschuss hat diese Einigung mit großer Mehrheit von 48 Ja-Stimmen bei vier Nein-Stimmen und vier Enthaltungen angenommen. Der Rat und das Plenum des Parlaments müssen noch final zustimmen. Damit wird die erste umfassende Reform des EU-Datenschutzrechts seit 1995 in Kraft treten. In über 700 Sitzungsstunden der drei Jahren andauernden Verhandlungen wurden unter dem Berichterstatter des Europäischen Parlaments, Jan-Philipp Albrecht, mehr als 2.000 Änderungsvorschläge diskutiert; im Bundesinnenministerium war eine rund 340-köpfige Task Force mit der DS-GVO befasst. Mit Zustimmung von Rat und Parlament wird die Verordnung Anfang 2018 in Kraft treten und unmittelbar in nationales Recht umzusetzen sein. Die Verordnung wird damit den Flickenteppich vorheriger Regelungen in den 28 Mitgliedstaaten ablösen. Sie gilt für den gesamten privaten und öffentlichen Bereich. Ausgenommen ist lediglich der Bereich von Polizei und Justiz, für den gleichzeitig eine neue Datenschutzrichtlinie verhandelt wurde. Verordnung und Richtlinie werden auch richtungsweisend für die Verhandlungen mit den USA über ein neues Abkommen zum Datentransfer und Datenschutz sein.

Mit der DS-GVO wird es erstmals ein einheitliches und verbindliches EU-weites Schutzniveau geben. So soll die Wettbewerbskonkurrenz um die niedrigsten Schutzbestimmungen in der Europäischen Union vermieden werden. ‚Europäisches Recht auf europäischen Boden' lautet das Leitmotiv der Kommission. Die Neuregelung sieht grob vor, dass Internetkonzerne in Zukunft die ausdrückliche Zustimmung der Nutzer einholen müssen, wenn sie deren Daten verwenden wollen. Nutzer erhalten zudem das Recht, gespeicherte Informationen leichter wieder löschen zu lassen (Recht auf Vergessenwerden) und Daten von einem Anbieter zum nächsten mitzunehmen (Portabilität). Unternehmen müssen ihre Produkte datenschutzfreundlich voreinstellen (Privacy by Design und by Default). Wettbewerbsverzerrungen im Binnenmarkt durch Monopolbildungen sollen durch neue Anforderungen an ‚Privacy by Design' und ‚Security by Design' verringert werden, indem IT-Produkte gefördert werden sollen, die durch ihre technologische Ausgestaltung die Einhaltung des Datenschutzes erleichtern. Anerkannte Prüfverfahren und Datenschutzgütesiegel wie das European Privacy Seal von EuroPriSe existieren bereits und sollen gerade mittelständische Unternehmen auf dem hart umkämpften Markt vor allem gegenüber der übermächtigen amerikanischen und auch asiatischen Konkurrenz gestärkt werden.

An die neuen Regeln müssen sich nicht nur europäische Unternehmen halten, sondern auch Firmen aus Drittstaaten wie den USA. Wenn Anbieter dagegen verstoßen, drohen hohe Strafen von bis zu 4 Prozent des weltweiten Jahresumsatzes eines Unternehmens. Hat ein Verbraucher ein Problem mit dem Anbieter in einem anderen EU-Land, soll er sich künftig in seiner Sprache an die heimische Beschwerdestelle wenden können. Datenschutzbehörden nehmen als Beschwerde und Kontrollstelle eine immer wichtigere Funktion wahr, weil sie darauf achten, wie mit personenbezogenen Daten in der Informationsgesellschaft umgegangen wird und Sanktionen veranlassen können. Umso wichtiger ist es, deren Unabhängigkeit zu stärken und Einflussnahme seitens privatwirtschaftlicher Unternehmen zu begrenzen. Der EuGH hat in zwei Urteilen (2010, 2012) die Notwendigkeit der ‚völligen Unabhängigkeit' von Datenschutzbeauftragten und ihren Behörden betont.

Die derzeitige Rechtslage verbietet es, personenbezogene Daten aus EU-Staaten in Länder zu übertragen, die nicht über einen mit dem EU-Recht vergleichbaren Datenschutz verfügen. Daten-Portabilität ist ein wichtiges Thema, da das europäische Verfassungsverständnis nicht identisch mit dem der USA ist. Ihr Fokus ist nicht primär auf den Schutz der Menschenwürde, sondern auf Freiheit im Sinne von ‚liberty' als Bürgerrecht des Individuums, das „frei sein will von gesetzlicher Regulierung". Die neue DS-GVO soll aber Garantierechte für EU-Bürger bei der Rechtsbeihilfe durchsetzen und wird daher Auswirkungen auf alle derzeit zu verhandelnden bilateralen Abkommen mit den USA zum Datentransfer im Sicherheits- und Wirtschaftsbereich (unter anderem Safe Harbor, Rahmenabkommen zum Datenschutz, bilaterales Rechtshilfeabkommen, Austausch von Fluggastdaten) haben.

Europa in der digitalen Welt

Die EU-Regelsetzung lässt sich zwangsläufig nicht unabhängig vom Rest der Welt und damit dem Rahmen des EU-Binnenmarkts denken. Die europäische Informations- und Kommunikationswirtschaft ist hochgradig verflochten mit anderen Märkten. Um diesen wechselseitigen Abhängigkeiten der europäischen und globalen Standard- und Regelsetzung Rechnung zu tragen, sind die Kommission und einzelne EU-Staaten in internationalen Gremien zu den zentralen Themen Internet Governance und Cybersicherheit aktiv.

Die digitale Integration umfasst daher auch die außenpolitischen Dimensionen staatlicher Politik, die nicht nur auf die Erweiterung des digitalen Binnenmarkts über nationale Grenzen hinaus, sondern auch auf die Cyberaußen- und Sicherheitspolitiken der EU-Staaten gerichtet sind. In diesem Sinne wird sich in den Ratsschlussfolgerungen zur Internet Governance vom November 2014 sowie in denen zur Cyberdiplomatie vom Februar 2015 für den Multistakeholder-Ansatz ausgesprochen, nach welchem Regierungen, Vertreter der Wirtschaft und der technischen Community, der Wissenschaft und der Zivilgesellschaft gleichermaßen Berücksichtigung finden sollen, und eine enge Cyberdiplomatie mit den USA, zum Beispiel in Bezug auf die Group of Governmental Experts (GGE) auf Ebene der Vereinten Nationen (VN), stattfinden soll.

Unter Internet Governance wird sinngemäß die Entwicklung und Anwendung gemeinsamer Prinzipien, Normen und Vorgehensweisen bei der globalen Kommunikation verstanden. Sie wird mit der NETmundial-Konferenz 2014 und mit dem IANA-Transitionsprozess, der künftigen Ausgestaltung von Top-Level-Internetdomänen durch eine unabhängige Instanz verbunden. Grundlegend spalten sich die Regierungen in das Lager derer, die den derzeit praktizierten Multistakeholder-Ansatz unter Einbeziehung der Wirtschaft, Wissenschaft und Zivilgesellschaft bei der Ausgestaltung des künftigen Internets befürworten, und das Lager derer, die eine multilaterale, intergouvernementale Regelung in den VN fordern. Seit Juni 2011 verfolgt die Kommission das Ziel der Schaffung eines „einzigen, offenen, freien und unfragmentierten Netzwerkes von Netzwerken, welches denselben Gesetzen und Normen unterliegt, die offline gelten".[10] Das Akronym hierfür lautet COMPACT (Civic responsibilities, One unfragmented resource, Multistakeholder approach to Promote democracy and Human Rights, sound technological Architecture, Confidence and Transparent governance). Die Europäische Union hebt hierbei die Rolle des Internet Governance Forums (IGF) hervor, um eine staatliche Einflussnahme zu Lasten des Multistakeholder-Ansatzes zu verhindern. Die Fortsetzung des oft kritisierten Formats über 2015 hinaus hängt von der Entscheidung der VN-Generalversammlung Ende 2016 ab. Zudem fordert die Europäische Union Gremien wie ICANN (Internet Corporation for Assigned Names and Numbers) und IANA (Internet Assigned Numbers Authority), die unter einer starken US-Dominanz operieren, dazu auf, sich zu internationalisieren. Komplementär hierzu setzte die einmalige NETmundial-Konferenz im Jahr 2014 ihren Schwerpunkt auf Menschenrechte und das Recht auf Privatheit im Internet. Europa bestellt seit Anfang Juli 2015 mit dem Joseph Cannataci den Posten des VN-Sonderberichterstatters zum Recht auf Privatheit im VN-Menschenrechtsrates. Die auf Anstoß des Weltwirtschaftsforums (WEF), des brasilianischen Internet-Lenkungsausschusses CGI und der ICANN im Januar 2015 eingerichtete NETmundial-Initiative (NMI) wird wiederum von den europäischen Teilnehmenden aufgrund ihrer Zusammensetzung und mangelnder Abgrenzung zum IGF kritisiert und hat sich bisher nicht als Ergänzung des Internet Governance-Ökosystems etablieren können.

Die Europäische Union tritt auf VN-Ebene nicht als einheitlicher Block auf. In einem offenen Schreiben vom April 2015 weisen Federica Mogherini und der niederländische Außenminister Bert Koenders auf die Notwendigkeit hin, Staaten für Angriffe aus ihrem nationalen Cyberraum verantwortlich zu machen und darauf, dass ein unzureichender

---

10 Europäische Kommission: Mitteilung der Kommission an das Europäische Parlament, den Rat, den europäischen Wirtschafts- und Sozialausschuss und den Ausschuss der Regionen. Internet-Politik und Internet-Governance. Europas Rolle bei der Mitgestaltung der Zukunft der Internet-Governance, COM(2014) 72, S. 12.

Schutz der zentralen Infrastrukturelemente nicht nur eine Bedrohung für die nationale, sondern auch für die internationale Sicherheit darstellt. Derzeit sind fünf EU-Staaten auf der VN-Ebene engagiert. In der vierten Runde der Regierungsexperten zur Cybersicherheit (Group of Governmental Experts on Developments in the Field of Information and Telecommunications in the Context of International Security, GGE) verhandelten insgesamt 20 Staaten, darunter fünf EU-Staaten. Die GGE wurde 2004 auf Initiative Russlands gegründet. Ihre Mitglieder analysieren bestehende und zukünftige Sicherheitsrisiken des Cyberraums und entwickeln internationale Ansatzpunkte. Im Fokus ihrer Arbeit liegt die Auseinandersetzung mit Themen der Informations- und Cybersicherheit. Die letzte Sitzung der bereits vierten GGE-Runde fand Ende Juni 2015 in New York statt. Als Konfliktpunkt bleibt die konkrete Anwendung des Völkerrechts auf den Cyberraum. Grundsätzlich unterschiedliche Auffassungen verschiedenster Aspekte der Informationssicherheit machen eine tiefer gehende, substanzielle und inhaltliche Auseinandersetzung auf VN-Ebene nahezu unmöglich. Strittige Punkte sind etwa der Umfang des Themenfelds, die Bedrohungswahrnehmung, Rolle der VN und der Regierungen gegenüber privatwirtschaftlichen und zivilgesellschaftlichen Akteuren. In der Cybersicherheit zeigen sich Trennlinien zwischen den Lagern der rechtsstaatlich-demokratischen Gleichgesinnten, der Gruppe der autoritären Staaten und der sogenannten ‚Swing-States', welche themenabhängig Positionen beider Lager unterstützen. Eine engere Absprache gibt es unter den ‚Großen Drei' Europas sowie mit der Gruppe westlicher Gleichgesinnter. Weitere GGE-Beratungen in einer fünften Runde sollen ab Herbst 2016 stattfinden. Vieles spricht dafür, dass hier die künftig vertretenen EU-Staaten stärker denn je das europäische Interesse im Auge behalten.

Ausblick

Die digitale Gesamtstrategie der Europäischen Union gilt vielen als zu wenig ambitioniert, um die digitale Selbstbehauptung Europas gegenüber den USA und China vorantreiben zu können. Selbst ein großer EU-Staat wie Deutschland kann nur im Kontext der EU-Institutionen und in Zusammenarbeit mit den anderen EU-Staaten hinreichend global wirken. Die Gruppe der Friends of Presidency on Cyber Issues (FoP Cyber) leistet zur Unterstützung der jeweiligen EU-Ratspräsidentschaft relevante innereuropäische Koordinierungsaufgaben, die durchaus auch in internationalen Organisationen zur Geltung kommen sollten.

Die digitale Selbstbehauptung der Europäischen Union bedarf einer internationalen Flankierung der digitalen Integration mit dem Ziel, die Werte der Freiheit und der Demokratie in Europa zu stabilisieren und ihnen global weiter Geltung zu verleihen. Vertreter der Wissenschaft kritisieren, „der Diskurs zu Industrie 4.0 [verlaufe] häufig zu technisch und national".[11] Daher sei dieser Diskurs stärker als bisher mit der EU-Ebene zu verzahnen, denn bei diesen zum Teil kritischen Infrastrukturen werden Lösungen zu Datensicherheit, Betriebssicherheit und Datenschutz nicht zusammengeführt.

Marktschaffende, marktregulierende und distributive Politiken sollen nach Ansicht der Kommission möglichst zügig auf den Weg gebracht werden. Das geforderte Tempo ist jedoch ein Problem, denn die Kommission muss die Rechtspolitiken sämtlicher 28 EU-Staaten harmonisieren. Als wichtige Wegmarken einer europäischen beziehungsweise transatlantischen Verständigung in Datensicherheits- und Datenschutzpolitik gelten einige Grundsatzurteile des EuGH von 2014 und 2015, nämlich zur Illegalität der Vorratsdaten-

---

11   Sabine Pfeiffer: Industrie 4.0 und die Digitalisierung der Produktion – Hype oder Megatrend?, in: Bundeszentrale für politische Bildung (Hrsg.): Aus Politik und Zeitgeschichte 31-32/2015, S. 6-12, hier S. 8.

speicherung, zum Recht auf Vergessen und zur Unwirksamkeit des Safe-Harbor-Abkommens. Dessen Nachfolgevereinbarung zwischen Europäischer Union und USA, der sogenannte ‚Privatsphäre-Schutzschirm‘ (Privacy Shield), ist hier ebenfalls hervorzuheben.

Des Weiteren haben sich Parlament, Rat und Kommission Ende Dezember 2015 auf die NIS-Richtlinie sowie auf eine DS-GVO geeinigt. Industrievertreter hingegen ziehen mit Blick auf die EU-Harmonisierung eine kritische Bilanz. In den EuGH-Urteilen und den Gesetzesinitiativen der Kommission sehen sie eine protektionistische Politik, das heißt eine „Inanspruchnahme von Politikfeldern für eine digitale Industriepolitik"[12].

Schließlich gilt es der Versuchung zu widerstehen, auf die wachsende Zahl digitaler Angriffe mit dem Aufbau einer digitalen Rüstungsindustrie und damit Cyber-Offensivwaffen zu reagieren. Die Globale Strategie zur Außen- und Sicherheitspolitik vom Juni 2016 enthält die Vorgabe, dass die Europäische Union in der Cyberverteidigung möglichst eng mit der NATO kooperieren soll und ein breites Fähigkeitsspektrum abdecken muss. Militärisch wird der Cyberraum als ‚operative Domäne‘ qualifiziert, vergleichbar mit Land, Luft, See oder Weltraum. Derartige Strategieentscheidungen bergen die Gefahr, dass der Cyberraum versicherheitlicht oder gar militarisiert wird und so eine neue Bedrohungskulisse entsteht. Anschaulich wird diese Gefahr auf Konferenzen zur Cyber-Außen- und Sicherheitspolitik: Zwischen Herstellern von gepanzerten Fahrzeugen, ferngesteuerten Drohnen und Funkgeräten treffen Teilnehmende auf IT-Firmen wie McAfee, FireEye, Kaspersky, Symantec, Microsoft und einschlägige Startups, die hochspezialisierte Dienstleistungen anbieten. So ist es nicht verwunderlich, dass die private IT-Sicherheitsindustrie laut Schätzungen des Beratungsunternehmens Frost & Sullivan bis 2020 rund 155 Mrd. US-Dollar im Jahr umsetzen wird. Hier entwickelt sich relativ eigenständig ein Markt, nämlich ‚security as a service‘, dessen Kehrseite ‚crime as a service‘ ist.

Weiterführende Literatur

Frank Schirrmacher (Hrsg.): Technologischer Totalitarismus. Eine Debatte, Berlin 2015.

Annegret Bendiek: Sorgfaltsverantwortung im Cyberraum. Leitlinien für eine deutsche Cyber-Außen- und Sicherheitspolitik, in: SWP-Studie 3/2016.

Annegret Bendiek: Die Globale Strategie für die Außen- und Sicherheitspolitik der EU, in: SWP-Aktuell 44/2016.

Annegret Bendiek/Evita Schmieg: EU-Außenhandel und Datenschutz. Wie lässt sich beides besser vereinbren?, in: SWP-Aktuell 10/2016.

Annegret Bendiek/Christoph Berlich/Tobias Metzger: Die digitale Selbstbehauptung der EU, in: SWP-Aktuell 71/2015.

Bundesregierung: Digitale Agenda 2014 – 2017, abrufbar unter: https://www.digitale-agenda.de/Webs/DA/DE/Home/home_node.html.

Jerin Lanier: Wenn Träume erwachsen werden. Ein Blick auf das digitale Zeitalter, Essays und Interviews 1984-2015, Hoffmann und Campe 2015.

---

12 Ansgar Baums: Der weiße Elefant: Industriepolitik durch die Hintertür des Datenschutzes?, 10.3.2015, abrufbar unter: http://plattform-maerkte.de/der-weisse-elefant-industriepolitik-durch-die-hintertuer-des-datenschutzes/ (letzter Zugriff: 13.10.2016).

Energiepolitik

Severin Fischer

Die Gestaltung der Energieunion bleibt weiterhin das dominierende Thema in der Energie-politik der Europäischen Union. Nachdem die zentralen Zielsetzungen für die Zeit bis 2030 und die Grundzüge der Energieunion im Oktober 2014 durch die Staats- und Regie-rungschefs im Europäischen Rat beschlossen worden waren, konzentrierte sich die Arbeit der Europäischen Kommission 2015/16 auf die Veröffentlichung erster Gesetzgebungs-vorschläge und die Vorbereitung weiterer Initiativen. Für die Gestaltung energiepolitischer Projekte verbesserten sich die Rahmenbedingungen zuletzt deutlich: Niedrige Öl- und Gaspreise stärkten die Stellung der Europäischen Union auf der Nachfrageseite und boten volkswirtschaftlichen Handlungsspielraum. Der erfolgreiche Abschluss der Pariser Klima-konferenz im November 2015 bestätigte den Kurs der Transformation hin zu einer Nied-rigemissionswirtschaft. Für politische Kontroversen sorgte in erster Linie der angekündigte Bau der ‚Nord Stream 2‘-Pipeline zwischen Russland und Deutschland. Insbesondere die Frage nach dem richtigen Umgang mit Russland spaltet die Europäische Union in der Energiepolitik.

Weiterentwicklung des Rahmens für die Energieunion

Das Projekt ‚Energieunion‘ gehört zu den Kernvorhaben der Europäischen Kommission unter Jean-Claude Juncker. Mit dem bereits im Oktober 2014 ausformulierten Mandat zur Entwicklung einer „krisenfesten und wettbewerbsfähigen Energieunion mit einer voraus-schauenden Klimapolitik" und den quantitativen Zielvorgaben für die Bereiche Emissions-minderung, erneuerbare Energien, Energieeffizienz und Netzausbau gestaltete Juncker auch die Arbeitsstrukturen der Kommission um.[1] Die Ernennung von Maroš Šefčovič zum Vize-Präsidenten für die Energieunion und dem Fachkommissar Miguel Arias Cañete für die Bereiche Energie und Klima erforderte eine Neustrukturierung der Arbeitsabläufe, die sich nur langsam herauskristallisierte und zunächst halböffentlich ausgetragene Kompetenzstreitigkeiten der beiden Kommissare zutage beförderte.

Als Botschafter der Energieunion begann Šefčovič die Arbeit mit einem Besuch aller 28 Hauptstädte, um mit Regierungsvertretern und anderen nationalen Akteuren über Heraus-forderungen der Energieunion zu sprechen. In einer öffentlichen „State of the Energy Union"-Rede erläuterte Šefčovič schließlich im November 2015 den derzeitigen Stand des Projekts und seine weiteren Vorhaben, insbesondere die umfangreichen Gesetzgebungs-initiativen in 2016, das somit zum „Year of Delivery" der Energieunion werden soll.[2] Daneben veröffentlichte die Kommission umfangreiches Datenmaterial über nationale Entwicklungstrends im Bereich der Energie- und Klimapolitik und den Status Quo der EU-Energiepolitik. Als weitere Projekte wurden die Vorlage des ‚Winterpakets‘ Gas (siehe

---

1   Severin Fischer: Energiepolitik, in: Werner Weidenfeld/Wolfgang Wessels (Hrsg.): Jahrbuch der Europä-ischen Integration 2015, Baden-Baden 2015, S. 181-186.
2   Europäische Kommission: Mitteilung: Bericht zur Lage der Energieunion 2015, KOM(2015) 572.

folgender Abschnitt) im Dezember 2015, die Neugestaltung des Emissionshandelssystems und eine politische Entscheidung über die Aufteilung des Klimaziels in den nicht vom Emissionshandel betroffenen Sektoren,[3] die Neuauflage der Erneuerbare-Energien-Richtlinie und ein neues Design für den Strommarkt angekündigt.

Eine besondere Rolle im Rahmen der Steuerung der Energieunion soll in Zukunft eine eigenständige Form der Governance einnehmen. Der Energieministerrat hatte hierzu am 26. November 2015 Schlussfolgerungen verabschiedet, die eine gleichrangige Rolle aller fünf Dimensionen der Energieunion (Energiesicherheit und -solidarität, ein funktionierender Energiebinnenmarkt, Energieeffizienz, Dekarbonisierung, Forschung und Entwicklung) bei der neuen Gestaltung des Verhältnisses zwischen mitgliedstaatlichem Handeln und kommissionsseitiger Kontrolle und Steuerung vorsehen.[4] Eine Herausforderung dürfte dies zukünftig insbesondere in den Bereichen darstellen, in denen zwar europäische Ziele, aber keine konkreten nationalstaatlichen Verpflichtungen vorgesehen sind, so etwa bei der Umsetzung des ‚27 Prozent'-Ziels für den Ausbau der erneuerbaren Energien in der Europäischen Union.

Bislang treten die Kontroversen unter den Mitgliedstaaten über die Gestaltung der Energieunion noch nicht offen zutage, sodass weiterhin ein generell hohes Bekenntnis aller Akteure zu diesem Vorhaben der Kommission besteht. Dies ist in weiten Teilen jedoch der Vieldeutigkeit des Gesamtkonzepts und der bislang wenigen konkreten Gesetzgebungsvorhaben geschuldet. Dies dürfte sich aber mit Blick auf den weiteren Verlauf des Jahres 2016 und die Initiativen für das Jahr 2017 ändern. Hierzu zählen die Neuauflage der Erneuerbare-Energien-Richtlinie, eine neu gestaltete Energieeffizienzrichtlinie, Entwürfe für ein neues Strommarktdesign und die Gestaltung der neuen Energieunion-Governance.

Das ‚Winterpaket' Gas: Bessere Koordinierung für mehr Versorgungssicherheit

Die Kommission präsentierte am 18. Februar 2016 das bislang weitreichendste Gesetzgebungspaket im Energiebereich dieser Legislaturperiode. Neben zwei unverbindlichen Mitteilungen zur Zukunft von Flüssiggas und Speichern in der Europäischen Union sowie zu einer Strategie für den Wärme- und Kältebereich beinhaltete der Vorschlag zwei zentrale Legislativakte, die starken Einfluss auf die Energieversorgungssicherheit der Europäischen Union, insbesondere im Umgang mit dem Energieträger Erdgas haben sollten.[5] Zum einen wurde ein Entscheidungsentwurf veröffentlicht, welcher der Europäischen Kommission ausgeweitete ex-ante Informationsrechte beim Abschluss zwischenstaatlicher Verträge zwischen Regierungen von EU-Mitgliedstaaten und Staaten außerhalb der Europäischen Union zugestehen würde. Zum anderen, und sehr viel weitreichender, schlug die Kommission eine Revision der Gassicherheitsverordnung von 2010 vor. Die darin enthaltenen Neuregelungen betreffen in erster Linie gemeinsame Risikoanalysen der Mitgliedstaaten, die Umsetzung einer Solidaritätsklausel im Krisenfall und die erstmalige

---

3   Vgl. auch Gaby Umbach: Umwelt- und Klimapolitik in diesem Buch.

4   Rat der Europäischen Union: Tagung vom 26. November 2015, Schlussfolgerungen, EUCO869/15.

5   Europäische Kommission: Mitteilung über eine Strategie für Flüssigerdgas (LNG) und Speicher, KOM(2016) 69; (dies.): Mitteilung über eine EU-Strategie für die Wärme- und Kälteerzeugung, KOM(2016) 51; (dies.): Vorschlag für eine Verordnung des Europäischen Parlaments und des Rates über Maßnahmen zur Gewährleistung der sicheren Gasversorgung und zur Aufhebung der Verordnung (EU) Nr. 994/2010, KOM(2016) 52; (dies.): Vorschlag für einen Beschluss des Europäischen Parlaments und des Rates zur Einrichtung eines Mechanismus für den Informationsaustausch über zwischenstaatliche Abkommen und nicht verbindliche Instrumente zwischen Mitgliedstaaten und Drittländern im Energiebereich und zur Aufhebung des Beschlusses Nr.994/2012/EU, KOM(2016) 53.

Verpflichtung zur Entwicklung gegenseitiger Krisennotfallpläne in vorab definierten Regionen. Insbesondere die Zusammensetzung dieser Regionen sorgte für geteilte Meinungen unter den Mitgliedstaaten. Von deutscher Seite wurde die Gestaltung einer Deutschland, Polen, Tschechien und Slowakei umfassenden Gruppe kritisiert. Diese sei unter Marktgesichtspunkten wenig zielführend.

Ihre skeptische Haltung zum Kommissionspaket machten Belgien, Deutschland, Frankreich, Italien und Österreich in einem gemeinsamen Non-Paper deutlich.[6] Der Energieministerrat diskutierte die Vorlagen der Kommission am 6. Juni 2016 und erreichte zumindest für die Entscheidung zu intergouvernementalen Verträgen eine erste gemeinsame Position.[7] Die Neugestaltung der Regulierung im Bereich Gasversorgungssicherheit wird das Europäische Parlament und den Rat der Europäischen Union aller Voraussicht nach noch einige Zeit begleiten.

Integration des Energiebinnenmarkts und Infrastrukturentwicklung

Obwohl es im Zeitraum 2015/16 keine neuen binnenmarktbezogenen Gesetzgebungsinitiativen von Seiten der Kommission zu verzeichnen gab, gehört die Marktintegration mit dem dazugehörigen Infrastrukturausbau doch zu den dynamischsten Bereichen der europäischen Energiepolitik. Dies belegt auch die erstmalige Ausrichtung eines EU-Infrastrukturforums – analog zu den Foren für Strom, Erdgas und Erdöl – am 10./11. November 2015 unter Einbeziehung aller relevanten Akteure aus diesem Bereich. Die Annahme einer Liste von 195 Infrastrukturprojekten von gemeinsamem Interesse im Strom- und Gasbereich durch die Kommission, mit einem zur Verfügung stehenden Investitionsvolumen in Höhe von 5,35 Mrd. Euro bis 2020 zeigt einmal mehr die Bedeutung dieses Tätigkeitsbereichs.[8] Neben diesen Themen zählen die Entwicklung regionaler Initiativen, der Baubeginn zentraler Lückenschlüsse und die Debatte über ein neues Strommarktdesign zu den wichtigsten Projekten im Energiebinnenmarkt.

Von besonderer Bedeutung für die Integration des Gasmarkts könnte sich die Gruppe von 15 mittel- und südosteuropäischen EU-Mitgliedstaaten und Staaten der Energiegemeinschaft unter Beteiligung der Kommission erweisen. In einem gemeinsamen „Memorandum of Understanding" wurden im Juli 2015 erste Grundzüge einer verstärkten Zusammenarbeit für Versorgungssicherheit im Gasmarkt festgehalten. In diesem Zusammenhang ist auch der Baubeginn der Transadriatischen-Pipeline (TAP) zu vermelden, über die in Zukunft Gas aus dem südlichen Korridor von Griechenland nach Italien befördert werden kann. Die lange erhoffte Anbindung der Gasquellen in Aserbaidschan könnte damit bald Wirklichkeit werden – wenn auch in deutlich geringerem Umfang als noch vor Jahren erwartet.

---

6   Ewa Krukowska: Five Western EU Countries Seek to Soften Gas Security Proposal, in: Bloomberg News, 8.4.2016.
7   Rat der Europäischen Union: Tagung vom 6./7. Juni 2016, Schlussfolgerungen, EUCO 9736/16.
8   Europäische Kommission: Kommission benennt zentrale Energieinfrastrukturvorhaben für die Integration der Energiemärkte und die Diversifizierung der Versorgungsquellen in Europa, Pressemitteilung IP/15/6107, 18. November 2015.

Auch im Strommarkt spielte die Intensivierung regionaler Zusammenarbeit eine wichtige Rolle. Zu nennen sind hier Übereinkommen zur engeren Kooperation zwischen Frankreich, Spanien und Portugal, eine Vereinbarung der Nordseeanrainer (ohne Beteiligung Großbritanniens) oder aber die Initiativen des Pentalateralen Forums sowie der von Deutschland initiierten Gruppe der elektrischen Nachbarn. Infrastrukturausbau, Marktintegration und Versorgungssicherheit stehen in allen Formaten im Vordergrund. Auch bei der Entwicklung der Stromnetze wurden Erfolge erzielt, so etwa durch die durch EU-Mittel kofinanzierte Anbindung der baltischen Staaten an das polnische Netz. Auf Seiten der Regulierung dominierte die Vorbereitung des neuen Strommarktdesigns die Debatten, mit dessen Vorlage durch die Kommission im Winter 2016 zu rechnen sein wird. Im Mittelpunkt dürften dabei die Weiterentwicklung des Marktes für Flexibilität, der gemeinsame Umgang mit Kapazitätsmärkten sowie die Kompetenzgestaltung bei der Regulierung rund um die Agentur zur Zusammenarbeit nationaler Regulierer (ACER) stehen. Einen kritischen Blick auf die nationalen Kapazitätsmärkte wirft derzeit die Generaldirektion Wettbewerb, wie sich im Rahmen einer Zwischenveröffentlichung ihrer Sektoruntersuchung bereits deutlich zeigte.

Ein weiteres kontroverses Thema im Bereich des europäischen Strombinnenmarkts ist die Debatte über die Trennung der deutsch-österreichischen Strompreiszone, die insbesondere aus mittel- und osteuropäischen Mitgliedstaaten aufgrund zunehmender ‚Ringflüße‘ deutschen Stroms durch ihr Netz vorangetrieben wird. Nachdem sich ACER positiv zu diesem Schritt geäußert hatte, könnte diese Maßnahme in absehbarer Zukunft umgesetzt werden.

Die inkrementelle Weiterentwicklung der Strom- und Gasmärkte ist eine Erfolgsgeschichte, auch wenn die dabei erzielten kleinen Fortschritte nur selten eine breitere Öffentlichkeit erreichen. Die künftigen Regeln für die Gestaltung des Strommarkts werden die Diskussionen in diesem Bereich in den kommenden Monaten mit Sicherheit prägen.

Ein neuer Konflikt: Die Ostseepipeline ‚Nord Stream 2‘

Die vermutlich größte Kontroverse der vergangenen Jahre in der EU-Energiepolitik rief die Bekanntgabe der Kapazitätserweiterung der Ostseepipeline ‚Nord Stream‘ von 55 Mrd. m^3 auf 110 Mrd. m^3 pro Jahr durch ein Konsortium aus fünf westeuropäischen Energieunternehmen und der russischen Gazprom hervor.[9] Während die deutsche Bundesregierung das Projekt unterstützt und Wirtschaftsminister Sigmar Gabriel bei einem Besuch in Moskau Ende 2015 eine aktive Rolle Deutschlands bei der Umsetzung des Baus der in Greifswald endenden Pipeline versprach, entwickelte sich in Brüssel und anderen Hauptstädten erheblicher Widerstand gegen das Vorhaben. Deutlich wurde dies anhand eines Briefs von sieben mittel- und osteuropäischen Regierungschefs und Staatspräsidenten an Kommissionspräsident Juncker, in dem dieser zu einem Einschreiten gegen den Bau der Pipeline aufgefordert wurde. Ähnlich äußerte sich auch Italiens Ministerpräsident Matteo Renzi, der beim Gipfel des Europäischen Rates im Dezember 2015 das Thema ‚Nord Stream 2‘ aufrief und Bundeskanzlerin Angela Merkel für ihre Haltung öffentlich kritisierte.

---

9   Severin Fischer: Nord Stream 2: Trust in Europe, CSS Policy Perspective, Vol. 4/4, März 2016.

Bei der Debatte über die Ostseepipeline lassen sich zahlreiche, teils miteinander verwobene Diskussionsstränge identifizieren, deren Bedeutung von Akteuren unterschiedlich gewichtet wird. Hierzu zählen der außenpolitische Umgang mit Russland nach der Annexion der Krim und dem Krieg in der Ostukraine ebenso wie die Frage nach der Rolle russischer Erdgaslieferungen bei der Gewährleistung von Versorgungssicherheit. Während Deutschland und andere Mitgliedstaaten mit einer Erhöhung der gemeinsamen europäischen Versorgungssicherheit durch neue Infrastruktur argumentieren, sieht die Gegenseite eine Verhinderung alternativer Lieferungen als zentrales Problem. Auch die Rolle der Ukraine als Transitland und langfristige klimapolitische Erwägungen werden im Kontext der Debatte über ‚Nord Stream 2' zunehmend thematisiert.

Die entscheidende Frage für die Realisierung des Projekts dürfte jedoch die rechtliche Bewertung der Pipeline vor dem Hintergrund des Dritten Energiebinnenmarktpakets darstellen. So wird es der Kommission nur dann möglich sein die Ausgestaltung des Vorhabens zu beeinflussen, wenn hierfür eine Handhabe aus dem europäischen Recht abgeleitet werden kann. Dies ist bis heute auch innerhalb der Kommission stark umstritten.

Die internationale Dimension der Energieunion

Energieaußenpolitik und Energiediplomatie spielten 2015/16 aus unterschiedlichen Gründen wie zu kaum einem anderen Zeitraum zuvor eine wichtige Rolle. Zum einen war die Europäische Kommission im Winter 2015 zum wiederholten Male als Vermittlerin in den Gasliefergesprächen zwischen Russland und der Ukraine gefragt. Diese Rolle hatte Kommissionsvizepräsident Šefčovič von seinem Vorgänger Günther Oettinger geerbt. Einmal mehr konnte ein einjähriges Übergangsabkommen ausgehandelt werden. Abseits der Bemühungen um konkrete Lösungen für die ukrainische Versorungs- und Transitfrage sind die Kontakte zwischen der Kommission und der russischen Regierung im Energiebereich weitgehend eingefroren. Zum anderen geht es der Kommission in wachsendem Maße darum, ihre Vorstellungen von einer Energieunion in der Nachbarschaft der Europäischen Union zu erläutern und für verstärkte Kooperation zu werben. In diesem Zusammenhang sind in erster Linie Gespräche mit Norwegen, der Türkei und nordafrikanischen Staaten zu nennen. Aber auch im Dialog mit der indischen und chinesischen Regierung sowie dem im Frühjahr 2016 einmal mehr veranstalteten EU-US-Energierat wurden zentrale Herausforderungen für die Gewährleistung globaler Energiesicherheit und gemeinsamer Projekte im Bereich Technologieentwicklung und Klimaschutz angesprochen.

Die gestiegene Bedeutung internationaler Energiepolitik spiegelt sich auch in einem vom Rat der Europäischen Union verabschiedeten gemeinsamen Papier zur Energiediplomatie sowie der prominenten Integration des Themas ‚Energiesicherheit' in der neuen außen- und sicherheitspolitischen Strategie der Kommission wider.[10]

---

10   Rat der Europäischen Union: Tagung vom 20. Juli 2015, Schlussfolgerungen, EUCO 10995/15; Federica Mogherini: Shared Vision, Common Action: A Stronger Europe, A Global Strategy for the European Union's Foreign and Security Policy, June 2016.

Ausblick

Die Gestaltung der Energieunion bestimmt seit zwei Jahren die Diskussionen über die EU-Energiepolitik. Der komplizierte Interessenausgleich zwischen den Mitgliedstaaten über Detailfragen wird nun ab 2016 die zentrale Herausforderung sein. Bereits die Auseinandersetzung über die ‚Nord Stream 2'-Pipeline macht deutlich, dass die Vorstellungen in diesem Bereich teilweise weit auseinander liegen. Weiter erschwert werden dürfte die Debatte in den kommenden Jahren durch den bevorstehenden Austritt Großbritanniens aus der Europäischen Union. Die Energie- und Klimapolitik verliert damit einen zentralen Akteur, der für die heutige Konstruktion des Politikfelds maßgeblich ist und sich aktiv für einen offenen Markt im Energiebereich sowie eine hervorgehobene Rolle der Europäischen Union in der Klimapolitik eingesetzt hat. Damit einher geht eine zeitaufwändige neue Ausbalancierung von Mehrheiten zu spezifischen Gestaltungsfragen. Die Erneuerbare-Energien-Politik könnte dadurch an Zustimmung gewinnen. Ehrgeizige klimapolitische Transformationsbemühungen dürften hingegen einen Rückschlag erleiden.

Weiterführende Literatur

Severin Fischer: Searching for an Energy Union, CSS Policy Perspective, Vol. 3/5, November 2015.

Severin Fischer: Nord Stream 2: Trust in Europe, CSS Policy Perspective, Vol. 4/4, März 2016.

Severin Fischer/Oliver Geden: Die Energie- und Klimapolitik der EU nach dem Brexit-Referendum, SWP-Aktuell 50/2016.

Forschungs-, Technologie- und Telekommunikationspolitik

Jürgen Turek

Mit Horizont 2020 verfolgt die Europäische Union von 2014 bis 2021 kontinuierlich ein mit 80 Mrd. Euro ausgestattetes Forschungsrahmenprogramm[1], das einen geeigneten Raum für Forschung, Wissenschaft, Innovation und Wettbewerbsfähigkeit in Europa schaffen will. Das Budget verteilt sich auf die Schwerpunkte „EU-Spitzenforschung", „industrielle Innovationen" und „Bewältigung der größten gesellschaftlicher Herausforderungen". Horizont 2020 ist das weltweit größte Forschungsprogramm, das derzeit von einem Staat oder einer Staatengemeinschaft organisiert und abgewickelt wird. Es vereint alle Forschungs- und Förderprogramme der Europäischen Kommission, bietet europäische Kooperationsmöglichkeiten zwischen Universitäten, Forschungseinrichtungen und Unternehmen, legt einheitliche Vorschriften fest und reduziert bürokratischen Aufwand. Horizont 2020 ist fester Bestandteil des Europäischen Forschungsraums (EFR). Zusammen mit der ‚Innovationsunion' dient es der Umsetzung der ‚Strategie 2020', in deren Fokus die gesamte Wertschöpfungskette von Forschung und Wissenschaft bis zur Erfindung und Markteinführung wettbewerbsfähiger Produkte und Dienstleistungen steht. Sie soll Forschung und Forscher, Industrie sowie Manager näher zusammenbringen. Daraus sollen sich Impulse für Wachstum, Arbeitsplätze und die Bewältigung gesellschaftlicher Herausforderungen ergeben. Die EU-Mittel für Forschung sind für die Verbesserung des täglichen Lebens in Bereichen wie Gesundheit, Umwelt, Verkehr, Nahrungsmittel und Energie bestimmt. Forschungspartnerschaften mit der pharmazeutischen Industrie, der Luft- und Raumfahrtindustrie, dem Maschinenbau oder der Automobil- und der Elektronikindustrie fördern auch privatwirtschaftliche Investitionen in künftiges Wachstum und die Schaffung von Arbeitsplätzen mit hohem Qualifikationsniveau. Das Programm steht Forschern aus der ganzen Welt offen, strukturiert und koordiniert ihre Forschungstätigkeit und fördert durch die Marie-Curie-Maßnahmen ihre weltweite und interdisziplinäre Kooperation. Ein wichtiges Ziel des Forschungsrahmenprogramms, der Forschungspartnerschaften und der Aktivitäten des Europäischen Innovations- und Technologieinstituts (European Institute of Technology, EIT) ist die Erhöhung der Forschungsintensität in der Union. Der Anteil der Forschungs- und technologischen Entwicklungsinvestitionen (FTE) in den 28 EU-Staaten beträgt im Durchschnitt immer noch nur rund 2 Prozent; insofern ist das Anliegen der Steigerung der Forschungsintensität in Europa nach wie vor aktuell und die EU-Staaten und die Kommission verfolgen weiterhin das Ziel, bis 2020 den Anteil der FTE-Investitionen am Bruttosozialprodukt im Durchschnitt der EU-Staaten auf 3 Prozent zu heben.[2]

Forschungs- und Technologiepolitik

In diesem strategischen Rahmen wurde Ende 2015 ein neues Horizont-2020-Arbeitsprogramm verabschiedet, das 2016 und 2017 gezielte Investitionen von annähernd 16

---

1   Europäische Kommission: Gesamtbericht über die Tätigkeit 2015, Brüssel 2016, S. 18.
2   Europäische Union: Forschung und Innovation, abrufbar unter http://europa.eu/pol/rd/index_de.htm (letzter Zugriff 27.5.2016).

Mrd. Euro in Forschung und Entwicklung vorsieht. Das Programm bietet neue Förder-möglichkeiten in Bereichen, welche mit den von der Kommission festgelegten politischen Schwerpunktthemen übereinstimmen: Arbeitsplätze, Wachstum und Investitionen, digitaler Binnenmarkt, Energieunion und Klimaschutz, Binnenmarkt mit einer stärkeren Wirtschaft sowie die Europäische Union als globaler Akteur.[3] Es sieht eine breite Palette von Auffor-derungen zur Einreichung von Vorschlägen vor, die Fördermöglichkeiten in 600 Themen-bereichen anbieten. Im Gegensatz zu früheren – statischer angelegten – Forschungspro-grammen soll der aktuelle Programmaufbau die Flexibilität von Horizont 2020 unterstreichen, dessen Schwerpunkt sowohl auf langfristige EU-Prioritäten als auch auf den drängendsten gesellschaftlichen Herausforderungen der Gegenwart liegt. Insofern werden technologisch wichtige Querschnittsinitiativen in der Europäischen Union unter-stützt: die Modernisierung des verarbeitenden Gewerbes (1 Mrd. Euro), Technologien und Normen für automatisiertes Fahren (100 Mio. Euro), das Internet der Dinge (140 Mio. Euro) im Zusammenhang mit der Digitalisierung der EU-Wirtschaft, Industrie und Kreis-laufwirtschaft (670 Mio. Euro) für den Aufbau starker und tragfähiger Volkswirtschaften sowie intelligente und nachhaltige Städte (232 Mio. Euro), damit Umwelt, Verkehr, Ener-gie und digitale Netze in urbanen Gebieten besser miteinander vernetzt werden.

Neben diesen Herausforderungen der Technologie- und Wissensentwicklung konzen-triert sich die Kommission damit außerdem auf sicherheits- und gesellschaftspolitische Probleme der Gegenwart und Zukunft. Zusätzlich werden 8 Mio. Euro für Forschungsar-beiten zur Sicherung der EU-Außengrenzen bereitgestellt, um Menschenhandel und Schmuggel erkennen und unterbinden zu können. 27 Mio. Euro stehen für neue Technolo-gien zur Bekämpfung von Kriminalität und Terrorismus bereit sowie 15 Mio. Euro für die Erforschung der Ursachen und Auswirkungen der Migrationsströme in Europa. Ziel dieser dichotom fokussierten Maßnahmen ((a) Technologie- und Forschungsaktivitäten und b) gesellschaftliche Herausforderungen) soll es nach dem Wunsch der Kommission sein, die Wirkung der Horizont-2020-Förderung zu verbessern. Aufgrund der Mittelzuweisung in diesen Bereichen wird klar, dass die Priorität auf der Förderung von Forschung und Tech-nologieentwicklung insbesondere im natur- und ingenieurwissenschaftlichen Bereich ruht, dass es aber auch in sozialwissenschaftlichen Bereichen zum Wohl der europäischen Allgemeinheit Erklärungs- und Problemlösungsbedarf gibt. Im Rahmen dieser Priorisie-rung soll mehr Geld für innovative und technologieintensive Unternehmen zur Verfügung stehen, zum Beispiel aus dem Europäischen Fonds für Strategische Investitionen (EFSI). Die Forschungs- und Investitionsmöglichkeiten von etwa 2.000 kleinen und mittleren Unternehmen (KMU) werden mit über 740 Mio. Euro unterstützt. Synergieeffekte sollen mit anderen EU-Förderprogrammen mobilisiert werden.

Digitaler Binnenmarkt

Das Thema Informationsgesellschaft und Telekommunikation wird mittlerweile mit dem des digitalen Binnenmarkts griffiger erfasst, politischer prägnanter besetzt und sachlich umfassender beschrieben als früher mit dem Label ‚Digitale Agenda'. Der Grund dafür liegt in der rasanten Konkretisierung einer digitalen Gesellschaftswelt in Europa, welche Wirtschaft und Industrie, die öffentliche Verwaltung, die operative Politik, die Kultur und

---

3   Vgl. auch im Folgenden Europäische Kommission: Kommission investiert in den nächsten zwei Jahren 16 Mrd. EUR in Forschung und Innovation, Pressemitteilung, 13.10.2015, abrufbar unter http://europa.eu/rapid/press-release_IP-15-5831_de.htm (letzter Zugriff 18. 5. 2016).

letztlich jeden Einzelnen in zunehmender Weise umfasst. Dem Internet der Dinge und der Industrie 4.0 kommt dabei eine herausragende Rolle zu. Dies fordert adäquate Marktregulierungen und weitreichende gesellschaftliche Anpassungsprozesse heraus. 2015 implementierte die Kommission die Umsetzung ihrer Strategie für den vernetzten digitalen Binnenmarkt. Mit dieser Strategie soll in der Union ein einheitlicher digitaler Binnenmarkt entwickelt werden, in dem neue Arbeitsplätze entstehen und ein Beitrag von jährlich 415 Mrd. Euro zur Wirtschaftsleistung in der Europäischen Union realisiert werden soll. Die Strategie für den digitalen Binnenmarkt ruht auf drei Pfeilern: (1) Verbraucher und Unternehmen sollen einen besseren Zugang zu digitalen Inhalten und Dienstleistungen in der Europäische Union erhalten; (2) digitale Netze und innovative Dienste sollen sich durch optimale Bedingungen und gleiche Voraussetzungen gut entfalten können und (3) das Wachstumspotenzial der digitalen Wirtschaft soll maximal ausgeschöpft werden.[4]

Auf dieser programmatischen Grundlage erreichte die Kommission 2015/16 operative Fortschritte. So wurde eine Einigung darüber erzielt, Mitte 2017 die Roaminggebühren im Mobilfunk abzuschaffen. Diese Gebühren hatten sich in den vergangenen Jahren zu einem Ärgernis bei Kunden der Telefonnetzanbieter und bei staatlichen Regulierungsstellen entwickelt, da damit bei den Kritikern einer zu freien Marktliberalisierung im Mobilfunkbereich der Verdacht einer ‚Abzocke' von Verbrauchern verbunden worden war.[5] Damit werden die EU-Bürger nunmehr innerhalb der Union reisen können, ohne zusätzliche Gebühren für die Nutzung ihrer Mobiltelefone, Smartphones oder Tablets zahlen zu müssen. Darüber hinaus war man sich auch darüber einig, die Netzneutralität – also ein offenes Internet für alle – sicherzustellen. Die ersten im Dezember 2015 vorgelegten Gesetzesvorschläge enthalten Regeln, damit EU-Bürger das Recht bekommen, Filme, Sportsendungen, Musik, E-Books und Spiele, für die sie in ihrem Mitgliedsland bezahlt haben, auch auf ihren Reisen zu nutzen. Die Kommission hat zudem grenzüberschreitende Vertragsregeln vorgelegt, die Verbraucher, die online in der Europäischen Union einkaufen, besser schützen und den Unternehmen Expansionsmöglichkeiten im Online-Geschäft bieten sollen. Und es herrscht in der Kommission und im Europäischen Rat auch über die neue EU-Datenschutzregelung und die neuen Vorschriften zur EU-weiten Gewährleistung einer hohen gemeinsamen Netz- und Informationssicherheit politischer Konsens.[6]

Mit dieser Konkretisierung in der politischen Willensbildung und gemeinschaftlichen Rechtsetzung sind wichtige Schritte innerhalb der Digitalen Agenda gegangen worden. In den kommenden Jahren stehen noch weitere Vorhaben an. So soll der audiovisuelle Sektor innerhalb des gemeinschaftsrechtlichen Bestands dahingehend überprüft werden, ob die bestehende Richtlinie über audiovisuelle Mediendienste überarbeitet und aktualisiert werden muss. Neue Technologien und Geschäftsmodelle, Abrufdienste sowie neue Verbreitungskanäle wie Smartphones prägen das Bild der Informationsgesellschaft. Hierzu gehören auch Online-Plattformen, die hinsichtlich illegaler Inhalte Gegenstand von EU-Konsultationen bleiben. Zusätzlich bleibt das Regelwerk für die Telekommunikation auf der Agenda, da Asymmetrien in der Versorgung in Europa, Schwierigkeiten mit Blick auf Internetgeschwindigkeit und Verbindungsqualität weiterhin bestehen. Unternehmen in Europa, Konsumenten und Wirtschaft wollen das Wachstumspotenzial der Digitalisierung in vollem Umfang nutzen. Dazu gehören die Entwicklung von Normen, um unterschiedliche technische Systeme technisch und rechtlich kompatibel miteinander zu koppeln, und

---

4   Vgl. Europäische Kommission: Gesamtbericht über die Tätigkeit 2015, S. 23.
5   Vgl. Spiegel Online: Handy-Abzocke: Deutschland liegt nicht in der EU, 27.8.2014.
6   Vgl. Europäische Kommission: Gesamtbericht über die Tätigkeit 2015, S. 18 ff.

das aufkommende Datenvolumen von Big Data, das innerhalb des Cloud-Computings und einer bestmöglichen Datenwirtschaft verlässliche Regulierungen erzwingt.

Die aktuellen Herausforderungen der Europäischen Union in der Forschungs-, Technologie- und Telekommunikationspolitik

Auch im Rahmen der Forschungs- und Technologiepolitik und der Strategie für einen digitalen Binnenmarkt spiegeln sich die aktuellen Probleme von Gegenwart und Zukunft der Europäischen Union wider. Im Gegensatz zu den Anfängen der Politikfeldvernetzung der europäischen Integration seit den Römischen Verträgen und der folgenden Integrationsgeschichte ist heute die kybernetische Vernetzung von sozioökonomischen, technologischen und kulturellen Vorgängen evident, und auch die Akteure in den Bereichen Wissenschaft, Forschung und Technologieentwicklung müssen sich dieser Vernetzung und ihren vielfältigen Rückkoppelungen Tag für Tag stellen.

Mit Blick auf die gesellschafts- und sicherheitspolitischen Herausforderungen Europas ist es folgerichtig und klug, auch einen nennenswerten Anteil der Ressourcen für eine sorgfältige Analyse und gute Vorausschau im Bereich der terroristischen Gefahren oder der Integrationsprobleme von Migranten und Flüchtlingen zu lenken. Die Kommission hat dies mit ihrem Horizont-2020-Arbeitsprogramm getan, auch wenn – im Vergleich zu den natur- und ingenieurwissenschaftlichen Schwerpunkten des Rahmenprogramms – die formulierten Ziele und in Aussicht gestellten Mittelansätze eher bescheiden sind. Bereits in der vergangenen Dekade haben die europäischen Institutionen gut verstanden, dass FTE-Mittel auch in sozial- und geisteswissenschaftliche Vorhaben zu investieren sind, um dem Anspruch der europäischen Humanität gerecht zu werden, gesellschaftspolitische Stabilität zu erreichen und Fortschritte in sozialpolitischen Politikfeldern zu befördern, die – letztendlich – enorme finanzielle Ressourcen der Mitgliedstaaten und der Union binden. Dies tangiert die eigentliche Absicht der FTE-Politik nicht, insbesondere den natur- und ingenieurwissenschaftlichen sowie informationstechnischen Fortschritt anzutreiben und heute alles zu tun, um die europäische Wirtschaft mit Blick auf die alles beherrschende Digitalisierung und die Industrie 4.0 wettbewerbsfähig zu machen oder zu erhalten.

Mit Blick auf den Modernisierungsanspruch der europäischen Integration sind darüber hinaus alle Schritte zur Schaffung und Vollendung des digitalen Binnenmarkts wichtig. Standen früher besonders technische Fragen der Verfügbarkeit der technologischen Infrastruktur, Regulierungsfragen der Kabel- oder Mobilfunknetze und der Verfügbarkeit von Anschlussmöglichkeiten sowohl im urbanen und ländlichen Raum im Vordergrund, so hat sich mit der zunehmenden Entwicklung der Netzwerktechnik der Fokus aller Regulierungsfragen nunmehr auf den Faktor Mensch verlagert: Datenschutz, Verbrauchersicherheit, Datenkriminalität und Big Data. Auch wenn vielen Unternehmen, Verbrauchern oder Politikern die Geschwindigkeit des technologischen Fortschritts in Europa zu langsam erscheint, sind die Zielrichtung und die erreichten Ergebnisse der Forschungs-, Technologie- und Telekommunikationspolitik bemerkenswert und zielführend für die zukünftige Entwicklung des alten Kontinents.

Weiterführende Literatur

Europäische Kommission: Gesamtbericht über die Tätigkeit 2015, Brüssel 2016.

Jürgen Turek: Forschungs-, Technologie- und Telekommunikationspolitik, in: Werner Weidenfeld/Wolfgang Wessels (Hrsg.): Jahrbuch der europäischen Integration, Bonn/Baden-Baden 1993 ff.

Jürgen Turek: Forschungs- und Technologiepolitik, in: Werner Weidenfeld/Wolfgang Wessels (Hrsg.): Europa von A - Z, 14. Aufl., Baden-Baden, 2016.

Gesundheits- und Verbraucherpolitik

Sarah-Lena Böning / Remi Maier-Rigaud

Vielfältige Neuerungen bei der Kooperation sowie der Harmonisierung der Europäischen Gesundheits- und Verbraucherpolitik sind jüngst zu verzeichnen. Hierzu gehören europäische Antworten auf grenzüberschreitende Gesundheitsbedrohungen, wie etwa das Zika- oder der Ebola-Virus. Aufgrund der problematischen Erfahrungen hinsichtlich der Reaktion auf den Ebola-Ausbruch 2014 wurde für derlei Bedrohungen im Rahmen des EU-Katastrophenschutzverfahrens ein Europäisches Medizinisches Korps eingerichtet.[1] Das Korps soll frühzeitig und schnell entsandt werden können und besteht unter anderem aus medizinischen Teams, mobilen Bio-Labors sowie Flugzeugen für medizinische Evakuierungen. Obwohl dieses Korps auch den europäischen Beitrag zur Global Health Emergency Workforce der Weltgesundheitsorganisation WHO leisten soll, haben bis dato nur wenige Mitgliedsländer Ressourcen im Rahmen dieser freiwilligen Initiative zugesagt.

Am 29. Februar 2016 wurde der finale Text zum Freihandelsabkommen CETA zwischen Kanada und der Europäischen Union veröffentlicht. Dieser wird derzeit in alle EU-Amtssprachen übersetzt, um das Abkommen im Jahr 2016 unterschreiben zu können. In den Verhandlungen um ein Freihandelsabkommen mit den USA (TTIP) ist nach der jüngsten Verhandlungsrunde im April 2016 ein planmäßiger Abschluss der Verhandlungen Ende 2016 nur realisierbar, wenn bis dahin für möglichst alle Bereiche konsolidierte Texte vorliegen und nur noch die schwierigsten Themen der Klärung bedürfen. Dies ist nach wie vor erklärtes Ziel der Verhandlungspartner. Von 27 Themen liegen bisher zu 17 Themen konsolidierte Texte vor.[2] Der Europäische Verbraucherverband BEUC hat wiederholt dafür plädiert, die mündlichen Zusagen der Verhandlungspartner schriftlich umzusetzen und den Bereich der Gesundheitsversorgung explizit aus TTIP auszuklammern.[3]

‚Mobile Health'-Dienste

Im Anschluss an die Veröffentlichung des Grünbuches über ‚Mobile Health'-Dienste (‚mHealth') im April 2014 startete die Europäische Kommission eine öffentliche Konsultation, auf deren Basis für das Jahr 2015 weitere Schritte zur Nutzung der Potentiale von ‚mHealth' in der Europäischen Union angekündigt wurden.[4] Erste Stakeholder-Meetings fanden im Rahmen der ‚eHealth'-Week in Riga im Mai 2015 sowie in Brüssel im Juli 2015 statt. Dabei wurden politische Handlungsoptionen zur Implementierung von ‚mHealth' in der Europäischen Union vor allem im Kontext von Datenschutz und Datensicherheit, Marktzugangsbarrieren für Webentwickler sowie Qualitätssicherung und Verlässlichkeit von Gesundheits-Apps diskutiert, da hier der höchste Regulierungsbedarf gesehen wird. Anknüpfend an die Arbeitsergebnisse zu diesen drei Schwerpunktthemen hat

---

1   Europäische Kommission: EU richtet neues Europäisches Medizinisches Korps als Beitrag zur schnelleren Reaktion auf Notfälle ein, Pressemitteilung, 15. Februar 2016.
2   European Commission: The Transatlantic Trade and Investment Partnership (TTIP) – State of Play, 27 April 2016.
3   The European Consumer Organization: Factsheet. Health in TTIP, BEUC-X-2016-037, April 2016.
4   Europäische Kommission: Grünbuch über Mobile-Health-Dienste („mHealth"), KOM(2014)219 final.

die Kommission bereits verschiedene ‚mHealth'-Initiativen auf den Weg gebracht. Gemeinsam mit Experten aus der Industrie soll ein Verhaltenskodex für App-Entwickler in Bezug auf Datenschutz und Datensicherheit bei Gesundheits-Apps entwickelt werden, der im Einklang mit den EU-Datenschutzbestimmungen steht und das Vertrauen der Nutzer stärkt. App-Entwicklern soll zudem der Marktzugang erleichtert werden. Projekte wie „Startup Europe" und „Digital Single Market Strategy" ermöglichen vielfältige Initiativen unter anderem mit dem Ziel, klare und einheitliche rechtliche Rahmenbedingungen sowie Interoperabilität zu schaffen.[5] Darüber hinaus gründete sich eine interdisziplinäre Arbeitsgruppe mit Mitgliedern aus Zivilgesellschaft, Wissenschaft und Industrie, die bis Ende des Jahres 2016 Richtlinien für die Bewertung der Validität und Reliabilität von Daten, die von Gesundheits-Apps generiert werden, veröffentlichen will.[6]

Glyphosat

Am 30. Juni 2016 läuft die Zulassung des in zahlreichen Pflanzenschutzmitteln vorkommenden Herbizids Glyphosat aus. Eine erneute Zulassung wäre für maximal 15 Jahre möglich und sollte in einer Abstimmung aller EU-Mitgliedstaaten entschieden werden. Die Kommission hatte vorgeschlagen, die Zulassung von Glyphosat vorerst um weitere 12 bis 18 Monate zu verlängern, um ein Gutachten der europäischen Chemikalienagentur ECHA zu dem Wirkstoff abzuwarten. Bisher hat es in den Sitzungen des zuständigen Ausschusses der Experten aus allen EU-Staaten im März und im Mai 2016 jedoch weder eine qualifizierte Mehrheit für oder gegen eine Erneuerung der Zulassung von Glyphosat, noch für den jüngsten Kommissionsvorschlag gegeben. Auch der Berufungsausschuss aus Vertretern aller EU-Staaten konnte am 24. Juni 2016 keine Einigung herbeiführen. Damit muss die Kommission nun über den Fall entscheiden. Bei einer erneuten Zulassung von Glyphosat haben die EU-Staaten 12 Monate Zeit, die Pflanzenschutzmittel, die Glyphosat enthalten, neu zu bewerten und zuzulassen.[7] Die Europäische Behörde für Lebensmittelsicherheit (EFSA) hatte Glyphosat im Oktober 2015 zusammen mit den EU-Staaten im Rahmen einer Risikobewertung und eines Peer-Review-Verfahrens als wahrscheinlich nicht genotoxisch (das heißt DNA schädigend) oder krebserregend bewertet. Dies bestätigte auch das für Pestizidbewertung zuständige WHO/FAO-Gremium (JMPR) am 16. Mai 2016 in einer eigenen Bewertung.[8] Zuvor hatte die Internationale Agentur für Krebsforschung (IARC) der WHO im März 2015 Glyphosat als genotoxisch und „wahrscheinlich" krebserregend eingestuft. Während die EFSA-Bewertung gemäß geltendem EU-Recht nur den Wirkstoff Glyphosat berücksichtigt hatte, betrachtete die IARC zusätzlich Glyphosat-basierte Formulierungen unabhängig von ihrer Zusammensetzung.[9]

Digitaler Binnenmarkt

Im Februar 2016 startete die Kommission gemäß der Online Dispute Resolution (ODR)-Verordnung eine Online-Plattform zur Streitbeilegung zwischen Verbrauchern und Händ-

---

5   European Commission: Summary of the Meeting. Stakeholder Meeting in Quality and Reliability of Mobile Health Applications, 6. July 2015.

6   European Commission: Second draft of guidelines. EU guidelines on assessment of the reliability of mobile health applications, 2016.

7   Europäische Kommission, Deutschland: Presse, Hintergrund: Fragen und Antworten zu einer möglichen Erneuerung der Zulassung von Glyphosat, 17. Mai 2016.

8   World Health Organization: Joint FAO/WHO Meeting on Pesticides Residues, 9-13 May 2016, Summary Report, 16 May 2016.

9   Europäische Behörde für Lebensmittelsicherheit: EFSA erklärt Risikobewertung: Glyphosat, 2015.

lern in Bezug auf Online-Einkäufe. Diese ODR-Plattform bietet eine alternative Form der Streitbeilegung für den elektronischen Geschäftsverkehr anstelle von Gerichtsverfahren und setzt damit an der Alternative Dispute Resolution (ADR) an, welche den reibungslosen Handel sowie das Vertrauen der Verbraucher in den Binnenmarkt stärken soll. Für Offline- und Online-Einkäufe sowie Dienstleistungen soll Verbrauchern der Zugang zu einfachen, effizienten und kostengünstigen Möglichkeiten zur Lösung innereuropäischer Streitigkeiten gewährt werden. Eine solche Möglichkeit bietet die Plattform, auf der Verbraucher online in drei Schritten und in allen 24 EU-Amtssprachen eine Beschwerde einreichen können, die zuerst an den entsprechenden Händler und schließlich an eine der zugelassenen nationalen ‚Alternativen Streitbeilegungs-Stellen' (ADR-Stellen) weitergeleitet wird, welche als neutrale Mediatoren zwischen den Streitparteien fungieren.[10] Entsprechend müssen beide Parteien der zu beauftragenden ADR-Stelle zustimmen. Das gesamte Schlichtungsverfahren kann dann online realisiert und soll innerhalb von 90 Tagen von der Schlichtungsstelle zu einem Ergebnis geführt werden. Die Zufriedenheitsquote unter den Verbrauchern mit den ADR-Verfahren liegt bisher bei 70 Prozent. Online-Händler müssen die ODR-Plattform auf ihren Webseiten verlinken.[11]

Arzneimittel

Ab Mai 2016 findet die Verordnung über klinische Prüfungen Anwendung.[12] Klinische Prüfungen und Studien bedürfen einer Genehmigung und sind Voraussetzung für die Zulassung von Arzneimitteln in der Europäischen Union. Die Verordnung harmonisiert und vereinfacht die bislang uneinheitliche Zulassung klinischer Studien durch die EU-Staaten. Im Zuge der Verordnung wurden zahlreiche öffentliche Konsultationen von der Kommission gestartet.[13] So sind ab 1. Juni 2016 die Bevölkerung und interessierte Organisationen aufgerufen, Eingaben zu Themen wie der Verhältnismäßigkeit von Risiken bei klinischen Studien, ethischer Aspekte bei Studien mit Minderjährigen und hinsichtlich der Anforderungen an die in der Verordnung geforderten Zusammenfassungen klinischer Studienergebnisse für Laien durch die Auftraggeber abzugeben. Eine weitere Neuerung im Arzneimittelsektor stellt die delegierte Verordnung über die Sicherheitsmerkmale auf Verpackungen von Humanarzneimitteln dar.[14] Diese sieht vor, bis 2019 einen Barcode zur besseren Erkennung auf jeder Arzneimittelverpackung anzubringen und eine der Manipulation vorbeugende Vorrichtung einzuführen, mithilfe derer eine unbemerkte Öffnung und Bearbeitung der Verpackung nicht mehr möglich ist. Diese Neuerungen sind ein weiterer Schritt zur Umsetzung der Richtlinie über gefälschte Arzneimittel.

Tabakrichtlinie gültig

Die vor zwei Jahren in Kraft getretene überarbeitete Tabakrichtlinie[15] musste bis Mai 2016 in nationales Recht umgesetzt werden. Deren Gültigkeit wurde in mehreren Urteilen des

---

10 Europäische Kommission: Online-Streitbeilegung: Neue Plattform für Verbraucher und Unternehmer, Pressemitteilung, 15 Februar 2016.

11 European Commission: Settling consumer disputes online, Factsheet 2016.

12 Verordnung 536/2014 über klinische Prüfungen mit Humanarzneimitteln und zur Aufhebung der Richtlinie 2001/20/EG, in: Amtsblatt der EU L 158/1, 27. Mai 2014.

13 European Commission: Clinical trials – major developments, abrufbar unter: http://ec.europa.eu/health/human-use/clinical-trials/developments/index_en.htm (letzter Zugriff: 25.6.2016).

14 Delegierte Verordnung 2016/161 zur Ergänzung der Richtlinie 2001/83/EG durch die Festlegung genauer Bestimmungen über die Sicherheitsmerkmale auf der Verpackung von Humanarzneimitteln, in: Amtsblatt der EU L 32/1, 9. Februar 2016.

Gerichtshofes der Europäischen Union am 4. Mai 2016 bestätigt.[16] Unter anderem wurde die von Rumänien unterstützte Klage Polens gegen das Verbot von mit Menthol versetzten Zigaretten abgewiesen. Die Richtlinienbestimmung, wonach Tabakerzeugnisse mit charakteristischem Aroma in der Europäischen Union verboten sind, wurde unter anderem als geeignet beurteilt, um einen hohen Gesundheitsschutz vor allem für junge Menschen sicherzustellen. Auch die weiteren Regelungen der Richtlinie wie etwa die textlichen und bildlichen Warnhinweise auf der Verpackung sowie die spezifische Regulierung des Inverkehrbringens von elektronischen Zigaretten wurden als verhältnismäßig und im Einklang mit dem Vorsorgeprinzip eingestuft. Darüber hinaus stellte der Gerichtshof klar, dass kein Verstoß gegen das Subsidiaritätsprinzip vorliege, da die heterogenen Regelungen der EU-Staaten in diesem Bereich die Funktionsfähigkeit des Binnenmarktes beeinträchtigt hätten.

RAPEX: Meldungen über gefährliche Produkte

Das Schnellwarnsystem für gefährliche Verbraucherprodukte (RAPEX) dient dem EU-weiten (einschließlich Island, Liechtenstein und Norwegen) Informationsaustausch über gefährliche Produkte (Nahrungsmittel ausgenommen), damit zügig Maßnahmen ergriffen werden können. Im Jahr 2015 konnte zwar ein leichter Rückgang an gemeldeten gefährlichen Produkten von 2.435 im Vorjahr auf 2.072 verzeichnet werden. Dies führte zu 2.745 Folgemaßnahmen der EU-Staaten im gleichen Jahr. Hierzu gehören Maßnahmen wie die Rücknahme vom Markt, Verkaufsverbote, Rückrufe und Einfuhrverweigerungen durch die Zollbehörden. Die meisten Meldungen gingen in der Produktkategorie Spielzeug (27 Prozent) ein. Chemische Risiken (25 Prozent) dominieren vor allem aufgrund von Schwermetallen wie Nickel und Blei in Modeschmuck knapp vor Verletzungsgefahren (22 Prozent). Die Kommission identifizierte zwei zentrale Herausforderungen: Die Zunahme der Online-Käufe durch Verbraucher, die sich möglicherweise nicht sicherheitsgeprüfte Waren von außerhalb der Europäischen Union nach Hause liefern lassen, und die weiterhin starke Präsenz von gefährlichen Produkten aus China. China führt mit nunmehr 62 Prozent der RAPEX-Meldungen die Liste der Ursprungsländer für gefährliche Produkte an. Über den China-Mechanismus des Schnellwarnsystems werden zwar bereits die chinesischen Behörden informiert – in einigen Fällen wurden Maßnahmen in China ergriffen – aber die anhaltend hohe Zahl gefährlicher Produkte aus China auf dem europäischen Markt gibt wie bereits in den vergangen zehn Jahren Anlass zur Sorge.[17]

Weiterführende Literatur

European Food Safety Authority: Conclusion on Pesticide Peer Review. Conclusion on the peer review of the pesticide risk assessment of the active substance glyphosate, in: EFSA Journal 11/2015, S. 4302-4409.

European Commission: Trade SIA on the Transatlantic Trade and Investment Partnership (TTIP) between the EU and the USA, Draft Interim Technical Report, May 2016.

Giesela Rühl: Alternative and Online Dispute Resolution for Cross-Border Consumer Contracts: a Critical Evaluation of the European Legislature's Recent Efforts to Boost Competitiveness and Growth in the Internal Market, in: Journal of Consumer Policy 38/2015, S. 431-456.

---

15 Richtlinie 2014/40/EU zur Angleichung der Rechts- und Verwaltungsvorschriften der Mitgliedstaaten über die Herstellung, die Aufmachung und den Verkauf von Tabakerzeugnissen und verwandten Erzeugnissen und zur Aufhebung der Richtlinie 2001/37/EG, in: Amtsblatt der EU L 127/1, 29. April 2014.

16 Gerichtshof der Europäischen Union: Pressemitteilung Nr. 48/16 zu den Urteilen C-358/14, C-477/14 und C-547/14, Luxemburg, 4. Mai 2016.

17 European Commission: Rapid Alert System for Dangerous Products 2015 results, Luxembourg 2016.

Haushaltspolitik

Peter Becker

Die Haushaltspolitik der Europäischen Union wurde 2015/16 von zwei Themen dominiert: Den Vorbereitungen auf die im Jahr 2017 anstehende Halbzeit-Überprüfung des mehrjährigen Finanzrahmens (MFR) und den Verhandlungen über den Jahreshaushalt 2016. Hinzu kam die Diskussion über die Auswirkungen des britischen Brexit-Referendums auf das Budget der Europäischen Union. Denn zweifellos werden zumindest die Verhandlungen über den nächsten Finanzrahmen post-2020 den Verlust dieses großen Nettozahlers berücksichtigen müssen. Das Vereinigte Königreich war im Jahr 2014 mit einem negativen Nettosaldo von 4,9 Mrd. Euro immerhin nach Deutschland und Frankreich drittgrößter Nettozahler. Absehbar ist auch, dass der negative deutsche Nettosaldo weiter ansteigen wird. Darüber hinaus werden die Verhandlungspositionen der Nettozahler und insbesondere die deutsche Verhandlungsführung mit dem Ausscheiden des Vereinigten Königreichs deutlich geschwächt. Umgekehrt bietet der Wegfall des britischen Beitragsrabatts die Chance, die Kohärenz des EU-Haushaltssystems zu verbessern und jegliche Rabatte und weitere Sonderregelungen zu streichen.

Verhandlungen zum EU-Haushalt 2016

Wie üblich begann das Verfahren zur Verabschiedung des Jahreshaushalts 2016 mit der Vorlage des Haushaltsentwurfs durch die Europäische Kommission am 27. Mai 2015.[1] Darin schlug sie vor, die Verpflichtungsermächtigungen für das Jahr 2016 auf 153,5 Mrd. Euro (1,04 Prozent des Bruttonationaleinkommens) und die Zahlungsermächtigungen auf 143,5 Mrd. Euro (0,98 Prozent des Bruttonationalprodukts) festzulegen. Im Vergleich zum EU-Haushalt 2015 sollten die Verpflichtungsermächtigungen demnach um rund 5 Prozent sinken und die Zahlungsermächtigungen hingegen um 1,6 Prozent steigen. Der Großteil der Mittel sollte nach den Vorstellungen der Kommission dazu verwendet werden, das Wachstum anzukurbeln und Arbeitsplätze zu schaffen. Dafür sollten die Zahlungsermächtigungen in der Rubrik 1a Wettbewerbsfähigkeit für Wachstum und Beschäftigung um 11,4 Prozent auf 17,5 Mrd. Euro steigen. Außerdem sollte die Rubrik 3 Sicherheit und Unionsbürgerschaft mit deutlich mehr Geld zur Bewältigung der Migrations- und Flüchtlingsproblematik ausgestattet werden (Plus 17 Prozent bei den Zahlungsermächtigungen).

Die Haushaltsverhandlungen zwischen Rat der Europäischen Union und Europäischem Parlament begannen nachdem die EU-Staaten sich am 9. Juli 2015 auf eine gemeinsame Position verständigt hatten. Die Vorstellungen des Rates zur Gesamtausstattung des Haushalts unterschieden sich dabei nicht wesentlich vom Kommissionsvorschlag. Demnach plädierten die EU-Staaten bei den Verpflichtungsermächtigungen für 153,27 Mrd. Euro und bei den Zahlungsermächtigungen für 142,12 Mrd. Euro. Im Vergleich zum Kommissionsentwurf bedeutete die Einigung des Rates Einschnitte von 563,6 Mio. Euro bei

---

1 Europäische Kommission: Kommission legt Entwurf für EU-Haushaltsplan 2016 vor, Pressemitteilung IP/15/5046, 27. Mai 2015.

Zahlungen und von 1,4 Mrd. Euro bei Verpflichtungen. Die Mitgliedstaaten unterstützen auch die von der Kommission vorgeschlagene Prioritätensetzung auf den Europäischen Fonds für strategische Investitionen (EFSI), die Bewältigung der Flüchtlingsströme, die humanitäre Hilfe und das Hochschulprogramm Erasmus.[2]

Dennoch lehnte der Haushaltsausschuss des Europäischen Parlaments in seiner Sitzung am 27./28. September 2015 den Vorschlag des Rates ab. Die Parlamentarier forderten, sowohl die Verpflichtungs- als auch die Zahlungsermächtigungen um jeweils rund 4 Mrd. Euro zu erhöhen, um Mehrausgaben bei der Jugendbeschäftigungsinitiative, zur Förderung von Wachstum und Beschäftigung, zur Bewältigung der Flüchtlingskrise, zur Entlastung der Milchbauern und Maßnahmen zur Unterstützung Griechenlands finanzieren zu können. Demnach sollten für die Verpflichtungsermächtigungen 157,4 Mrd. Euro und für die Zahlungsermächtigungen 146,5 Mrd. Euro vorgesehen werden.[3] Nachdem der Rat und das Plenum des Europäischen Parlaments ihre Positionen formell beschlossen hatten, begann im Oktober/November 2015 das dreiwöchige Vermittlungsverfahren. Bei der abschließenden und entscheidenden Sitzung in der Nacht vom 13. auf den 14. November 2015 konnten sich Rat und Parlament schnell auf Mehrausgaben zur Bewältigung der Migrationsherausforderungen verständigen. Auch aufgrund der eintreffenden Agentur-meldungen über die Terroranschläge in Paris verständigten sich Rat und Parlament auf einen Kompromiss, der die Hauptanliegen beider Institutionen wahrte.[4]

EU-Haushalt 2016				
Rubrik	Mittel für Zahlungen in Mio. Euro	Differenz zu 2015 in %	Mittel für Verpflichtungen in Mio. Euro	Differenz zu 2015 in %
1a. Wettbewerbsfähigkeit für Wachstum und Beschäftigung	17 418,3	+10,7	19 010,0	+8,3
1b. Wirtschaftlicher, sozialer und territorialer Zusammenhalt	48 844,3	-4,5	50 831,2	-15,8
2. Nachhaltiges Wachstum Natürliche Ressourcen	55 120,8	-1,5	62 484,2	-2,2
3. Sicherheit und Unionsbürgerschaft	3 022,3	+56,8	4 052,0	+60,7
4. Globales Europa	10 155,6	+35,8	9 167,0	+5,2
5. Verwaltung	8 935,1	+3,2	8 935,2	+3,2
Gesamt	**143 885,3**	**+1,8**	**155 004,2**	**-4,5**
Spielraum zur MFR-Obergrenze	799,7		2 331,4	

(Quelle: Bundesministerium der Finanzen)

Der Haushalt 2016 legt seinen Schwerpunkt auf die Steigerung der migrationsrelevanten Ausgaben und die präventive Außenpolitik. Zugleich wurden, wie von der Kommission vorgeschlagen, die Ausgaben für Wachstum und Beschäftigung erhöht. Im EU-Haushalt konnte außerdem ein angemessener Spielraum gesichert werden, um auf unvorhergesehene Ereignisse zu reagieren. Das Gesamtvolumen der Ausgaben des EU-Haushalts 2016

2   Rat der Europäischen Union: EU-Haushalt 2016: Rat legt seinen Standpunkt fest, 9. Juli 2015.
3   European Parliament: Parliament reverses Council cuts to draft 2016 budget, adds funds for migration, jobs, youth, 29 September 2015.
4   Bundesministerium der Finanzen: Verhandlungen zum EU-Haushalt 2016, in: BMF-Monatsbericht, 12/2016, S. 6-8.

beträgt nunmehr rund 144 Mrd. Euro bei den Zahlungsermächtigungen und 155 Mrd. Euro bei den Verpflichtungsermächtigungen. Das Gesamtvolumen liegt bei den Zahlungen um 1,8 Prozent höher als das Gesamtvolumen des Haushalts 2015 und stärkt insbesondere die zur Bearbeitung der finanziellen Lasten der Flüchtlingskrise zentrale Rubrik Sicherheit und Unionsbürgerschaft mit einem Plus von 57 Prozent und die Rubrik Globales Europa mit einer Steigerung um 36 Prozent.

Gegenüber dem ursprünglichen Kommissionsentwurf vom Mai 2015 wurden in dem verabschiedeten EU-Budget 2016 zusätzliche Gelder zur Bewältigung der Migrations-herausforderungen in Höhe von rund 1,6 Mrd. Euro für Verpflichtungen und 1,4 Mrd. Euro für Zahlungen bereitgestellt. Die Kommission hatte bereits mit einem Berichtigungs-schreiben vom 14. Oktober 2015 ihren Jahreshaushaltsentwurf für 2016 geändert und die Obergrenzen von 143,5 Mrd. Euro auf 144,5 Mrd. Euro bei den Zahlungen sowie von 153,8 Mrd. Euro auf 154,9 Mrd. Euro bei den Verpflichtungen erhöht.[5] Der Großteil der Mehrausgaben sollte zur Bewältigung der Flüchtlingskrise verwendet werden – also etwa für die Umverteilung von 160.000 Flüchtlingen in der Europäischen Union, zur Unter-stützung der drei EU-Agenturen mit Migrationsbezug und zur Aufstockung des Asyl-, Migrations- und Integrationsfonds und des Fonds für die innere Sicherheit. Insbesondere die Mittel für diesen Fonds sollen im Jahr 2016 nahezu verdreifacht werden. Zudem wurden die Gelder zur humanitären Unterstützung in Syrien und den Anrainerstaaten deut-lich erhöht. Zur Bewältigung der Flüchtlingskrise werden in den Jahren 2015 und 2016 somit aus dem EU-Haushalt schätzungsweise insgesamt rund 10 Mrd. Euro mobilisiert werden. Darüber hinaus wurden die Gelder für das EU-Programm für Forschung und Inno-vation Horizont 2020 um rund 32 Mio. Euro auf 9,5 Mrd. Euro erhöht und rund 700 Mio. Euro zur Unterstützung europäischer Landwirte bereit gestellt.[6]

Der informelle Kompromiss zwischen Rat und Parlament im Vermittlungsverfahren musste dann noch formal vom Rat und dem Plenum des Europäischen Parlaments ange-nommen werden. Nachdem der Rat bereits am 24. November 2015 einstimmig den Jahres-haushalt angenommen hatte, folgte am 25. November 2015 auch das Plenum mit 516 Ja-Stimmen, bei 179 Gegenstimmen und acht Enthaltungen.

Die Vorbereitungen auf die Überprüfung des Finanzrahmens

Art. 2 der Verordnung über den mehrjährigen Finanzrahmen der Europäischen Union (MFR) sieht vor, dass die Kommission bis spätestens Ende 2016 eine Überprüfung der Funktionsweise des MFR vorlegen muss. Sie muss dabei die aktualisierten Indikatoren zur Entwicklung der wirtschaftlichen Lage sowie die jüngsten makroökonomischen Vorher-sagen berücksichtigen. Diese Überprüfung geht auf den Wunsch des Parlaments während der letzten MFR-Verhandlungen zurück, eine Halbzeitüberprüfung über den Finanzbedarfs während der Geltungsdauer des MFR entsprechend der wirtschaftlichen Entwicklung zu ermöglichen. Die Kommission hat sich darüber hinaus selbst dazu verpflichtet, im Zuge dieses Reviews einen Gesetzgebungsvorschlag für die Änderung der MFR-Verordnung vorzulegen. Damit eröffnet sich im Zuge der Überprüfung die Möglichkeit für eine um-

---

5   Europäische Kommission: Berichtigungsschreiben Nr. 2 zum Entwurf des Gesamthaushaltsplans 2016, 14.10.2015, KOM(2015)513 final.
6   Council of the European Union: Deal reached on 2016 EU budget, Press Release 824/15, 14 November 2015; European Parliament: Budget 2016 deal: Parliament ensures more funding for refugees and job, Press Release, 14 November 2015; Europäische Kommission: Einigung über den EU-Haushalt ermöglicht wirksamere Reaktion auf die Flüchtlingskrise, Pressemitteilung IP 15/6093, 16. November 2015.

fassende Anpassung und Änderung des MFR, bei der neben einer veränderten Aufteilung der EU-Haushaltsmittel auf die Ausgabenrubriken auch eine Reform des Eigenmittelsystems diskutiert werden könnte. Ohnehin wird eine von den drei Organen eingesetzte Expertengruppe zur Reform des Eigenmittelsystems ihren Bericht ebenfalls bis Ende 2016 vorlegen und zuvor eine breite Debatte mit beziehungsweise in den nationalen Parlamenten führen. Die einzige Einschränkung dieser Halbzeitüberprüfung des MFR besteht darin, dass die bereits den Mitgliedstaaten zugeteilten EU-Gelder nicht reduziert werden dürfen.

Zur Vorbereitung der Überprüfung haben die zentralen Akteure frühzeitig begonnen, sich auf die anstehende Halbzeitbewertung vorzubereiten und sich für die Debatte zu positionieren. Ebenso wie die niederländische Ratspräsidentschaft, die die Debatte über die MFR-Überprüfung während ihres Vorsitzes im Zuge einer großen Konferenz anstoßen wollte, veranstaltete auch die Kommission eine ganztägige hochrangige Konferenz. Unter dem Titel „EU Budget Focused on Results" nahmen am 22. September 2015 neben Vizepräsidentin und Haushaltskommissarin Kristalina Georgieva und Kommissionspräsident Jean-Claude Juncker auch Bundesfinanzminister Wolfgang Schäuble sowie drei weitere Kommissare und zwei Finanzminister aus den Mitgliedstaaten teil. Das Ziel der Kommission war es, mit der Konferenz den Austausch von unterschiedlichen Vorstellungen über eine umfassende Reform des EU-Haushalts zu ermöglichen und dabei insbesondere Ideen zu entwickeln, wie EU-Gelder effektiver und effizienter genutzt werden könnten. Auch die Bundesregierung und andere Mitgliedstaaten haben bereits Positionspapiere erarbeitet und der Kommission zugeleitet, um den Diskussions- und Meinungsbildungsprozess innerhalb der Kommission bei der Erstellung ihres Berichts in ihrem Interesse zu beeinflussen. Unter der Federführung des Auswärtigen Amtes erstellten die Bundesregierung im Herbst 2015 und auch die französische Regierung im Mai 2016 ihr jeweiliges Positionspapier. Das Auswärtige Amt hatte bereits zwei internationale Konferenzen in Berlin und Brüssel durchgeführt wie auch das Bundesfinanzministerium eine eigene große Konferenz in Brüssel veranstaltet hatte.

Der Haushaltsausschuss des Europäischen Parlaments hat ebenfalls frühzeitig seine Vorbereitungen für den Überprüfungsprozess aufgenommen und mit Jan Olbrycht (EVP) und Isabelle Thomas (SPE) zwei Berichterstatter benannt, die einen Initiativbericht zur MFR-Halbzeitüberprüfung erarbeiten sollen. Bereits am 17. März 2016 fand im Haushaltsausschuss eine öffentliche Anhörung zur MFR-Halbzeitüberprüfung mit den Experten Jorge Nunez Ferrer (Centre for European Policy Studies), Jacques Le Cacheux (Universität Pau) und Jacek Dominik vom polnischen Finanzministerium statt. Der Bericht[7] wurde Ende April 2016 erstmals im Ausschuss diskutiert und am 28. Juni 2016 mit breiter Mehrheit im Ausschuss verabschiedet. Mit diesem Bericht fordern die Parlamentarier für die zweite Hälfte der Laufzeit des MFR eine Steigerung der Mittel für Rubrik 3 (Sicherheit und Unionsbürgerschaft) und Rubrik 4 (Europa in der Welt) als haushaltspolitische Konsequenz der Flüchtlingskrise. Für einen neuen MFR nach 2020 fordert das Parlament eine Anpassung der MFR-Laufzeit an die Mandatsperioden von Parlament und Kommission sowie eine wirkliche Reform des Eigenmittelsystems.

Weiterführende Literatur

Peter Becker: Das Scheitern der Reform des mehrjährigen Haushalts der EU oder warum sich die Ströme nicht verkoppeln lassen, in: Zeitschrift für Staats- und Europawissenschaften 2/2016, S. 213-239.

---

7   Europäisches Parlament: Bericht über die Vorbereitung der Überarbeitung des MFR 2014-2020 nach der Wahl: Beitrag des Parlaments im Vorfeld des Kommissionsvorschlags, 30. Juni 2016.

Industriepolitik

Jürgen Turek

Nach wie vor verfolgt die Europäische Union das Programm einer Re-Industrialisierung der europäischen Wirtschaft, einer Konzentration auf High-Tech-Bereiche, einer Entbürokratisierung und einer Versöhnung zwischen Industrie und Umwelt. Grundlage dafür ist die Wachstumsstrategie 2020 mit ihren verschiedenen Komponenten, die Binnenmarktstrategie sowie die Mitteilung der Europäischen Kommission zur Industriepolitik von 2014.[1] Letztere besteht (1) aus einem Aufruf an die EU-Staaten, die zentrale Bedeutung der Industrie für die Beschäftigung und das Wachstum anzuerkennen und den Belangen der industriellen Wettbewerbsfähigkeit in allen Politikfeldern Rechnung zu tragen. Dabei setzt die Kommission insbesondere auf eine wettbewerbsfähige Industrie in den Bereichen Energie, Verkehr, Raumfahrt und digitale Kommunikationsnetze. Sie ersuchte einerseits das Europäische Parlament und den Rat der Europäischen Union, die Rechtsvorschriften für die Vollendung des Binnenmarkts um- und durchzusetzen; andererseits forderte sie eine Modernisierung der Industrie, die insbesondere durch Investitionen in Innovationen, Ressourceneffizienz, neue Technologien, Qualifikation sowie den Zugang zu Investitionskapital gefördert werden soll. Zudem sind (2) Maßnahmen zur Vereinfachung des Rechtsrahmens und Effizienzsteigerung der Verwaltungsbehörden auf EU-Ebene sowie nationaler und regionaler Ebene vorgesehen. Sie sollen Europa unternehmensfreundlicher machen. Weitere Kernthemen sind (3) die Erleichterung des Zugangs zu Drittlandmärkten außerhalb des Binnenmarkts durch die Harmonisierung internationaler Normen, ein öffentliches Beschaffungswesen, ein wirksamer Patentschutz und eine gute Wirtschaftsdiplomatie.

Ein entscheidendes Motiv europäischer Industriepolitik ist, dass ein starker industrieller Sektor in Europa nur dann Bestand haben kann, wenn sowohl auf EU-Ebene als auch in den einzelnen EU-Staaten eine kohärente Gesamtstrategie verfolgt wird. Neben einer sektoralen Industriepolitik und der Innovations-, Wachstums- und Beschäftigungsförderung in der Europäischen Union sind Verfahrensfragen und das Prozessmanagement innerhalb der Bürokratie wichtig. Die einzelnen Politikfelder der Wachstumsstrategie sind die Forschungs- und Technologiepolitik, die Weltraumpolitik und die Industriepolitik. In zunehmender Weise dominieren dabei – insbesondere angesichts der dynamischen Entwicklung von hochtechnologischen Angebots- und Nachfragefeldern in den USA, Japan, China, in den BRICS-Ländern und im gesamten pazifischen Raum – hochtechnologische Wachstums- und Wettbewerbsstrategien die industriepolitische Haltung der europäischen Industrieunternehmen sowie der nationalen und europäischen Bürokratien. Zusätzlich stehen die Industrie 4.0 und ausgewählte High-Tech-Sektoren im Mittelpunkt.

Die Industrie 4.0 bezeichnet eine gravierende Veränderung der Produktionsprozesse, wie dies bereits zur ersten industriellen Revolution im 19. und 20. Jahrhundert der Fall gewesen ist. Der aktuelle Prozess wird einen weiteren Schub der Digitalisierung innerhalb

---

1 Mitteilung der Kommission an das Europäische Parlament, den Rat, den EWSA und den Ausschuss der Regionen. Für ein Wiedererstarken der europäischen Industrie, KOM (2014) 14.

der Industrieproduktion von Gütern, der IT-Architekturen von Unternehmen, der Administrationen, der industrienahen Dienstleistungen und des Internets der Dinge in Gang setzen. Dies wird die Grundlagen der industriellen Produktion global verändern. Einzelne High-Tech-Sektoren in Europa sind: (1) saubere Produktionstechnologien, (2) nachhaltige Bauwirtschaft, (3) saubere Fahrzeugtechnologien, (4) nachwachsende Rohstoffe, (5) Schlüsseltechnologien wie die Informatik, die Bio- und Nanotechnologie und (6) intelligente Stromnetze (Grid Nets). Industriepolitik bleibt eine allumfassende Modernisierungsstrategie für das verarbeitende Gewerbe, die großen ‚Global Player', die kleinen und mittleren Unternehmen (KMU) sowie die mittelständisch geprägte Industrie in der Europäischen Union. Im Rahmen dieser Zielsetzung sind regulatorische Einzelfragen von Bedeutung, wie sie sich dann in Details wie einheitlichen Normen, Verfahren, Baukomponenten von Industriegütern und Sicherheitsstandards in der Produktion, dem Abbau von nicht tarifären Hemmnissen oder Arbeitsrichtlinien in der industriellen Produktion auf dem Binnenmarkt niederschlagen. Dies materialisiert sich in der konkreten Rechtsetzung etwa mit Blick auf die Förderung von KMUs, der Produktions- und Vertriebsbedingungen einzelner Branchen oder der Angleichung der Rechtsvorschriften für Industrieprodukte. Damit werden sektorale Fragmentierung und sich einander überschneidende Anforderungen vermieden, wenn Produkte mehr als nur einer Rechtsvorschrift unterliegen.

Industriepolitisches Ziel der Wachstumsstrategie: europäischer Binnenmarkt mit gestärkter industrieller Basis

Der Rahmen für eine gemeinschaftliche Industriepolitik ist und bleibt der Binnenmarkt. Der Präsident der Europäischen Kommission, Jean-Claude Juncker, wies vor dem Hintergrund der Kommissionsmitteilung zur Industriepolitik 2014 im Sommer 2015 dezidiert darauf hin, dass der Binnenmarkt in Zeiten zunehmender Globalisierung Europas größter Trumpf sei.[2] Dementsprechend ist die EU-Industriepolitik auch ein Teil der Binnenmarktstrategie, welche die Kommission Ende 2015 veröffentlicht hat.[3] Die Binnenmarktstrategie soll durch eine ausgewogene Entwicklung der partizipativen Wirtschaft, durch die Unterstützung von KMUs sowie Start-ups bei ihrem Wachstum, durch die Verwirklichung eines grenzenlosen Binnenmarkts für Dienstleistungen, durch den Abbau von Hindernissen für den Einzelhandel und durch die Verhinderung der Diskriminierung von Verbrauchern und Unternehmern umgesetzt werden. Zudem soll sie eine Modernisierung des Normungssystems der Europäischen Union ermöglichen, mehr Transparenz, Effizienz und Rechenschaftspflicht bei der Vergabe öffentlicher Aufträge bewirken und den EU-Rahmen für die Rechte des geistigen Eigentums konsolidieren. Zusammen mit der Wachstumsstrategie 2020 der Kommission soll mit der Binnenmarktstrategie die Industrie in den Mittelpunkt eines veränderten EU-Wirtschaftswachstumsmodells gestellt werden. Programmatisch fordert „die Industriepolitik im Zeitalter der Globalisierung" eine neue Herangehensweise, mit der die Wettbewerbsfähigkeit europäischer Unternehmen gestärkt, Wachstum und Arbeitsplätze geschaffen und der Übergang zu einer kohlenstoffarmen und ressourceneffizienten Wirtschaft ermöglicht werden sollen.[4]

Die europäische Industriepolitik ist mit der Wachstumsstrategie 2020 und ihren sektora-

---

2   Europäische Kommission: Gesamtbericht über die Tätigkeit der Europäischen Union 2015, 2016, S. 41.
3   Europäische Kommission: Mitteilung an die Presse. Ein vertiefter und gerechterer Binnenmarkt: Kommission stärkt die Chancen von Bürgern und Unternehmen, 28. Oktober 2016.
4   Olga Abramczyk: EuroConsults, In Europe we trust, abrufbar unter: http://www.euroconsults.eu/service/eu-foedernews/8675-industriepolitik-im-zeitalter-der-globalisierung.html (letzter Zugriff 23.8.2016).

len, horizontalen sowie prozessualen Initiativen gut positioniert. Die Konzentration auf High-Tech-Bereiche, die Entwicklung der KMUs und eine Sensibilität für die unternehmerischen und öffentlichen Belange im Rahmen der Industrie 4.0 sind nach wie vor situationsgerecht und zukunftsfähig. Mit der Binnenmarktstrategie von 2015 wurde die Re-Industrialisierung der europäischen Wirtschaft programmatisch und operativ durch die Harmonisierung internationaler Normen, ein einheitliches öffentliches Beschaffungswesen, einen wirksamen Patentschutz und eine gute Wirtschaftsdiplomatie unterfüttert.

Der Brexit als Herausforderung für die europäische Industriepolitik

Wie viele EU-Politikfelder wird auch das Konstrukt der Industriepolitik von den Erschütterungen des Brexit-Votums tangiert. Dies bezieht sich in besonderer Weise auf die Wirtschaftsbeziehungen zur englischen Industrie und industrienahen Dienstleistungswirtschaft und belastet die Tätigkeit europäischer Firmen in Großbritannien wie auch die Existenzbedingungen britischer Unternehmen im Binnenmarkt. Britische Unternehmen erbringen etwa 10 Prozent der industriellen Bruttowertschöpfung des verarbeitenden Gewerbes in der Europäischen Union; sie sind über gewachsene Handelsbeziehungen, komplexe Lieferketten, strategische Allianzen, Kooperationen, den äußerst wichtigen Finanzplatz London oder industrienahe Dienstleistungen auf das engste mit dem Binnenmarkt verknüpft, der die vier Freiheiten bisher für das Inselreich garantierte. Im Rahmen der EU-Forschungs- und Technologiepolitik stand dem Land der Zugang zum 80 Mrd. Euro starken Programm Horizont 2020 uneingeschränkt offen. Großbritannien war in das System der europäischen industriellen Arbeitsteilung über Markterschließungen, ausländische Investitionen und das wichtige britische Investmentbanking der großen angelsächsischen Geldhäuser eng mit der Entwicklung des Binnenmarkts und die Internationalisierung der EU-Industrie verknüpft. Diese wichtigen Essentials der europäischen wirtschaftlichen Performance stehen nun ein Stück weit zur Disposition – mit tausenden von einzelnen Konsequenzen.[5]

Der Brexit zwingt Großbritannien zu einer Vielzahl von schwierigen Entscheidungen, die insgesamt auf eine nationale Re-Regulierung des britischen Wirtschafts- und Handelsrechts hinauslaufen. Alles dies hat Folgen für die EU-Industriepolitik. Dabei steht außer Frage, dass die britische Brexit-Entscheidung das Land selbst, Deutschland als einen der wichtigsten Handels- und Kooperationspartner sowie die Europäische Union, wirtschaftlich wie politisch schwächt. Dabei gibt es keine Blaupause für einen geordneten industriellen Rückzug eines Mitgliedstaates aus der Europäischen Union. Besonders betroffen sind der Automobil- und der Energiesektor, die Telekommunikationsbranche, die Hersteller von Elektronik, die Metallproduktion, der Einzelhandel und die Finanzdienstleister. Mit dem Brexit ist ein Rückgang der Geschäfte mit Großbritannien zu erwarten, wobei die zukünftigen industriepolitischen Beziehungen mit Schottland aufgrund des Unwillens der Schotten zum EU-Austritt zusätzlich unklar sind. Die Industriepolitik ist ein fester Bestandteil der EU-Wirtschaftspolitik und Ausdruck des Willens, zu einer wirtschaftlichen Einheit zum gegenseitigen Vorteil zusammenzuwachsen. Inwieweit industrielle Aktivitäten und Verflechtungen geregelt werden, bestimmen die Regeln des EU-Binnenmarkts und die Handelspolitik. Die Briten sind an 33 Freihandelsabkommen mit insgesamt 62 Nicht-EU-Staaten beteiligt. Damit hängen 63 Prozent des britischen Außenhandels direkt und indirekt mit der EU-Mitgliedschaft zusammen, wobei die Handelsabkommen auch Form und

---

5   Bundesverband der deutschen Industrie: Industriepolitik Dossier. Innovation und Internationalisierung. Zum Strukturwandel der industriellen Investitionen, Berlin 2016.

Güte industrieller Produkte im internationalen Handel rechtlich verbindlich festlegen. Über den gemeinschaftlichen Rechtsbestand der Europäischen Union werden die industriepolitischen, wettbewerbspolitischen und arbeitsmarktrechtlichen Verhältnisse in den EU-Staaten neben nationalen Regelungen geregelt. Mit einem tatsächlichen Brexit werden diese Verhältnisse nach einer über 40-jährigen EU-Mitgliedschaft obsolet, was auch die industrielle Basis des Landes tangieren wird. Damit werden auch alle EU-Vorschriften für Großbritannien ungültig. Das Land muss nach Art. 50 EUV in zwei Jahren sein Verhältnis zur Union neu regeln und dabei sämtliche Vorschriften überprüfen, gegebenenfalls ändern und in britisches Recht überführen. Insgesamt geht es dabei um Tausende einzelner Regeln, Richtlinien und rechtlichen Vorgaben. Großbritannien muss auch entscheiden, ob es die EU-Zuschüsse an die armen Regionen Wales und Nordirland ersetzt. Fragen der Wettbewerbsfähigkeit müssen künftig wieder in London geklärt werden. Insofern ist der Brexit auch ein industriepolitischer Schock. Inwiefern das Land wirtschafts-, wettbewerbs- und industriepolitische Beziehungen zur Europäischen Union mittels eines EWR- oder eines reinen WTO-Modells neu organisieren kann, ist derzeit ungewiss. Optionen sind dabei Assoziationsmodelle, wie sie die Europäische Union mit Norwegen, der Schweiz oder der Türkei umgesetzt hat. Am schnellsten umzusetzen wäre das Norwegen-Modell, das die Staaten des Europäischen Wirtschaftsraums (EWR) umfasst. Das hieße voller Marktzugang, Anpassung an EU-Standards, aber auch die Übernahme von EU-Recht und Beibehaltung der Personenfreizügigkeit. Eine rasche Umsetzung dieses Modells ist wegen der unberechenbaren Signalwirkung für andere beitrittsmüde Staaten aber eine unbehagliche Option. Weniger Pflichten, aber auch weniger Rechte bietet das Schweiz-Modell. Dies bedeutet eingeschränkter Marktzugang, wobei alles individuell ausgehandelt werden muss. In diesem Modell gäbe es eine eingeschränkte Personenfreizügigkeit. Das Türkei-Modell realisiert einen partiellen Marktzugang mit strengen Vorgaben aus Brüssel, dafür aber auch keine Personenfreizügigkeit.[6] Die vierte Option ist ein spezifisches UK-Modell, das eine maßgeschneiderte Lösung entwickeln könnte, wobei es die besonderen Komplikationen der Anbindung Schottlands, Nordirlands oder von Wales zusätzlich zu berücksichtigen hat. Weiter verkompliziert wird die Anbindung Schottlands an Großbritannien und Nordirland. Das Land hatte sich in einem Volksentscheid für einen Verbleib in Großbritannien entschieden. Der Brexit könnte nun eine Revision dieser Entscheidung zur Folge haben. Aufgrund der industriellen Erschließung der Nordseeölfelder und der steuerlichen Beibehaltung der Einnahmen durch Schottland bedeutet dies spürbare Folgen für die Bonität Englands. Bei jeder der genannten Optionen ist sicher, dass die industriepolitischen Ziele der EU-Wachstums- und Binnenmarktstrategie für die Insel im gewachsenen Rechtsrahmen der Gemeinschaft keine solche Geltung mehr haben werden wie bisher, sollte es nicht zu einer kompletten Revision des britischen Votums kommen. So oder so ist der Ruf des Industriestandorts Europa und seine Bonität schon jetzt beschädigt, wie es die Einschätzungen internationaler Ratingagenturen kurz nach dem Brexit-Votum signalisiert haben.

Weiterführende Literatur

Bundesverband der Deutschen Industrie: Industriepolitik Dossier. Innovation und Internationalisierung. Zum Strukturwandel der industriellen Investitionen, Berlin 2016.

Europäische Kommission: Gesamtbericht über die Tätigkeit der Europäischen Union 2015, Brüssel 2016.

Jürgen Turek: Industriepolitik, in: Werner Weidenfeld/ Wolfgang Wessels (Hrsg.): Jahrbuch der europäischen Integration 2013, Baden-Baden 2013.

---

6   Christoph Röckerath/Eike Petering: Heute Journal, 5. Juli 2016.

Kulturpolitik

Otto W. Singer

Die Betonung europäischer Grundwerte war eines der zentralen Anliegen der EU-Kulturpolitik,[1] zugleich ging es um die Förderung der kulturellen Vielfalt, der Kreativwirtschaft und der internationalen Beziehungen der Europäischen Union. Eine Gesamtübersicht der vorgesehenen Projekte enthält der Arbeitsplan des Rates für Kultur für die Jahre 2015 bis 2018,[2] aktuelle Vorhaben finden sich in den Programmen des Ratsvorsitzes und den Achtzehnmonatsprogrammen des Rates. Das Achtzehnmonatsprogramm vom 1. Juli 2014 bis 31. Dezember 2015 zielt vor allem auf die ökonomische Dynamik der Kreativwirtschaft,[3] das darauffolgende enthält eine Reihe neuer Elemente, die den Herausforderungen der Migrationskrise geschuldet sind.[4] Im Programm der luxemburgischen Ratspräsidentschaft im zweiten Halbjahr 2015 geht es um Kultur als Querschnittsaufgabe sowie um die Frage der Kohärenz von kulturpolitischen Maßnahmen im Bereich der Entwicklungszusammenarbeit;[5] im Fokus des niederländischen Ratsvorsitzes im ersten Halbjahr 2016 stehen Regulierungsmaßnahmen im Bereich des digitalen Kulturerbes.[6] Zu den Themen der slowakischen Ratspräsidentschaft im zweiten Halbjahr 2016 gehören die Halbzeitbewertung des Arbeitsplans für Kultur, der Vorschlag zum Europäischen Jahr des kulturellen Erbes sowie die Mitteilung zur Kultur in den EU-Außenbeziehungen der Kommission.[7]

Projekte im Rahmen des Arbeitsplans des Rates

Die meisten der in der vorangegangenen Planperiode begonnenen Vorhaben sind im neuen Arbeitsplan[8] weitergeführt worden und mehrere der im Rahmen der offenen Koordinierungsmethode arbeitenden Expertengruppen haben ihre Arbeitsergebnisse vorgelegt.[9] So wurde etwa im Dezember 2015 im Bereich „Zugang zu Kultur" ein Handbuch zur Entwicklung der Schlüsselkompetenz „Kulturbewusstsein und kulturelle Ausdrucksfähig-

---

1   Entschließung des Europäischen Parlaments vom 19. Januar 2016 zu der Rolle des interkulturellen Dialogs, der kulturellen Vielfalt und der Bildung bei der Förderung der Grundwerte der EU, 2015/2139(INI).
2   Schlussfolgerungen des Rates und der im Rat vereinigten Vertreter der Regierungen der Mitgliedstaaten zum Arbeitsplan für Kultur (2015-2018), in: Amtsblatt der EU C 463, 23. Dezember 2014, S. 4-14.
3   Achtzehnmonatsprogramm des Rates (1. Juli 2014 - 31. Dezember 2015), 23. Juni 2014, Dok. 11258/14.
4   Am 11. Dezember 2015 wurde das gemeinsame Arbeitsprogramm der Trio-Ratspräsidentschaft Niederlande, Slowakei und Malta vorgestellt. Rat der Europäischen Union: Achtzehnmonatsprogramm des Rates (1. Januar 2015 - 31. Juni 2017), 3. Dezember 2015, Dok. 12396/15.
5   Programm des luxemburgischen Ratsvorsitzes, abrufbar unter http://www.eu2015lu.eu/de/index.html (letzter Zugriff: 31.6.2016).
6   Programm des niederländischen Ratsvorsitzes, abrufbar unter http://deutsch.eu2016.nl/ (letzter Zugriff: 31.6.2016).
7   Programm des slowakischen Ratsvorsitzes, abrufbar unter http://www.eu2016.sk/de (letzter Zugriff: 31.6.2016).
8   Schlussfolgerungen des Rates zum Arbeitsplan für Kultur (2015-2018), 2014, S. 4-14.
9   Europäische Kommission: Europäische Zusammenarbeit: offene Methode der Koordinierung, abrufbar unter: http://ec.europa.eu/culture/policy/strategic-framework/european-coop_de.htm (letzter Zugriff: 30.6.2016).

keit" abgeschlossen,[10] davor wurde bereits ein Bericht einer Arbeitsgruppe zum Zugang zu Finanzmitteln für die Kultur- und Kreativwirtschaft veröffentlicht.[11] Eine weitere Priorität des Arbeitsplans ist die Verbesserung der Statistiken über den EU-Kultursektor. Hier untersucht eine Studie im Auftrag der Europäischen Kommission die Datenerhebung im Bereich der Kulturwirtschaft.[12] Angesichts der im Herbst 2015 akut auftretenden Migrationskrise kam eine Erweiterung des Bereichs „Förderung der kulturellen Vielfalt" hinzu; entsprechend konzipierte Instrumentarien des interkulturellen Dialogs sollen in einem Handbuch bewährter Verfahren zusammengefasst werden.[13] Darüber hinaus wurde eine neue Dialogreihe mit der Zivilgesellschaft ins Leben gerufen (Voices of Culture), die von einem Konsortium bestehend aus Goethe-Institut, Flagey Kulturzentrum und dem Europäischen Bündnis der Kunstinstitute (ELIA) durchgeführt wird. Ziel ist es, die Kulturakteure bei der Vermittlung ihrer Interessen auf EU-Ebene zu unterstützen. Auf der Grundlage von Treffen, die in verschiedenen EU-Staaten stattfinden, erstellen die beteiligten Experten Handlungsempfehlungen, die bei Dialogveranstaltungen in Brüssel mit Vertretern der Kommission erörtert werden.[14] Hinzu kommt das alle zwei Jahre stattfindende Europäische Kulturforum. Zunächst aus Sicherheitsgründen abgesagt,[15] fand die Veranstaltung schließlich am 19./20. April 2016 in Brüssel statt. Auf der zweitägigen Konferenz der Kommission ging es in drei Panels und mehreren thematischen ‚Flash Sessions' vorrangig um die Ziele der Europäischen Kulturagenda, debattiert wurde über die Rolle der Kultur in den EU-Außenbeziehungen und die Förderung der kulturellen Vielfalt.[16]

Facetten der Kulturförderpolitik

Zwar werden vom Rat Bildung, Jugend, Kultur und Sport in der Regel nur Empfehlungen angenommen, es gibt aber auch gesetzgeberische Projekte wie das Programm Kreatives

10 European Commission: New Handbook on Cultural Awareness and Expression published, abrufbar unter: http://ec.europa.eu/culture/news/2016/0422-handbook-cultural-awareness-expression_en.htm (letzter Zugriff: 10.6.2016).

11 Europäische Kommission: Bericht über bewährte Praxis für leistungsfähigere finanzielle Ökosysteme: Innovative Instrumente zur Erleichterung des Zugangs zu Finanzmitteln für die Kultur- und Kreativwirtschaft (KKW), November 2015, ist abrufbar unter http://bookshop.europa.eu/de/bericht-ueber-bewaehrte-praxis-fuer-leistungsfaehigere-finanzielle-oekosysteme-pbNC0416092/. Siehe auch European Creative Industries Alliance (ECIA), abrufbar unter: http://eciaplatform.eu/ (letzter Zugriff: 30.6.2016).

12 KEA European Affairs: Feasibility study on data collection and analysis in the cultural and creative sectors in the EU, September 2015, abrufbar unter: http://ec.europa.eu/culture/library/studies/ccs-feasibility-study_en.pdf (letzter Zugriff: 30.6.2016).

13 Schlussfolgerungen des Rates und der im Rat vereinigten Vertreter der Regierungen der Mitgliedstaaten zur Änderung des Arbeitsplans für Kultur (2015-2018) hinsichtlich des Vorrangs für den interkulturellen Dialog, 15. Dezember 2015, 2015/C 417/07. Hintergrund sind die Schlussfolgerungen des Europäischen Rates vom Oktober 2015 zur Bewältigung des Migrations- und Flüchtlingskrise (EUCO 26/15) und Maßnahmen gegen die Zerstörung von und den illegalen Handel mit kulturellem Erbe in Konfliktgebieten: Outcome of the Council Meeting, 23/24 November 2015, Dok. 14411/15, S. 14. Vgl. dazu auch Rat der Europäischen Union: Gemeinsames Vorgehen gegen die Zerstörung von und den illegalen Handel mit kulturellem Erbe in Konfliktgebieten, 9. November 2015, Dok. 13647/15.

14 Vgl. "Voices of Culture – Structured Dialogue between the European Commission and the cultural sector", abrufbar unter http://www.voiceofculture.eu/ (letzter Zugriff: 28.6.2016).

15 Vgl. Gemeinsame Erklärung der EU-Kulturminister, des EU-Kommissars für Bildung, Kultur, Jugend und Sport und der Vorsitzenden des CULT-Ausschusses des Europäischen Parlaments, 20. November 2015, abrufbar unter: http://www.eu2015lu.eu/actualites/communiques/2015/11/20-declaration-paris-culture/index.html (letzter Zugriff: 28.6.2016).

16 Zum Europäischen Kulturforum 2016 vgl. European Commission, Culture: The European Culture Forum, abrufbar unter http://ec.europa.eu/culture/forum (letzter Zugriff: 20.6.2016).

Europa, das mit Kulturfördermaßnahmen im Umfang von über 1,4 Mrd. Euro im audiovisuellen Bereich und der Kulturbranche verbunden ist. Anliegen des Programms ist die Förderung von grenzübergreifenden Projekten aus dem Kultur- und Kreativbereich.[17] Auch die jährliche Veranstaltung „Kulturhauptstadt Europas" wird damit finanziert.[18] Inzwischen können Kultureinrichtungen aus der Ukraine am Teilprogramm KULTUR teilnehmen.[19] Zugänglich für alle Teilnehmenden ist auch das im Frühjahr 2016 geschaffene „European Network of Creative Hubs".[20] Daneben unterstützt die Europäische Union zahlreiche kulturelle Projekte auch im Rahmen anderer europäischer Programme wie „Europa für Bürgerinnen und Bürger"[21] oder der EU-Strukturfonds.[22] Besonderes Gewicht erhielt der Schutz des Kulturerbes. In einer Entschließung vom 8. September 2015 warb das Europäische Parlament hierfür für ein integriertes Konzept, das zur Stärkung des sozialen, wirtschaftlichen und territorialen Zusammenhalts und zur Verwirklichung der Ziele der Strategie Europa 2020 beitragen soll. Die Kommission wird zugleich aufgefordert, ein Europäisches Jahr des Kulturerbes 2018 auszurufen.[23] Ein entsprechender Vorschlag ist 2016 unter slowakischer Präsidentschaft vorgesehen.[24] Hinzu kommen Initiativen zur Digitalisierung des kulturellen Erbes. Besondere Aufmerksamkeit fand die digitale europäische Bibliothek ‚europeana.eu', für die im Frühjahr 2016 eine neue Konzeptionen entworfen wurde.[25] Ein Projekt im Bereich der audiovisuellen Medien betrifft außerdem die Überarbeitung der Richtlinie über audiovisuelle Mediendienste. In einer Orientierungsdebatte auf der Tagung des Rates Bildung, Jugend, Kultur und Sport am 31. Mai 2016 wurde festgehalten, dass die Förderung des grenzüberschreitenden Vertriebs von europäischen audiovisuellen Inhalten nicht nur für die kulturelle und sprachliche Vielfalt Europas wichtig sei, sondern auch der Schaffung des Binnenmarktes für audiovisuelle Werke und damit der Wettbewerbsfähigkeit des europäischen Kreativsektors diene.[26]

---

17 Education, Audiovisual and Culture Executive Agency (EACEA): Support to European Cooperation projects 2016, abrufbar unter: https:// eacea.ec.europa.eu/creative-europe/selection-results/support-european-cooperation-projects-2016_en (letzter Zugriff: 20.6.2016).

18 Für die Evaluationsberichte zu den Kulturhauptstädten 2014 und 2015 siehe European Commission, Creative Europe: European Capitals of Culture, abrufbar unter: https://ec.europa.eu/programmes/creative-europe/actions/capitals-culture_en (letzter Zugriff: 30.6.2016).

19 European Commission, Creative Europe: Ukraine joins the Creative Europe programme, abrufbar unter: http://ec.europa.eu/programmes/creative-europe/news/2015/1119-ukraine-joins-creative-europe_en.htm (letzter Zugriff: 28.6.2016).

20 European Commission: European Network of Creative Hubs, abrufbar unter: http://ec.europa.eu/culture/news/2016/0405-european-network-creative-hubs_en.htm (letzter Zugriff: 30.6.2016).

21 Vgl. dazu die Kontaktstelle Deutschland „Europa für Bürgerinnen und Bürger" abrufbar unter: http://www.kontaktstelle-efbb.de sowie die Informationen der Exekutivagentur Bildung, Audiovisuelles und Kultur abrufbar unter: http://eacea.ec.europa.eu/europe-for-citizens_en (letzter Zugriff: 20.6.2016).

22 Vgl. hierzu Magdalena Pasikowska-Schnass: EU funding for culture: the regional dimension, in: European Parliamentary Research Service, At a Glance, October 2015, abrufbar unter: www.europarl.europa.eu/RegData/etudes/ATAG/2015/569010/EPRS_ATA(2015)569010_EN.pdf (letzter Zugriff: 20.6.2016).

23 Entschließung des Europäischen Parlaments vom 8. September 2015 zum Thema „Für ein integriertes Konzept für das kulturelle Erbe Europas, (2014/2149(INI); European Commission, Culture: Supporting cultural heritage, abrufbar unter: http://ec.europa.eu/culture/policy/culture-policies/cultural-heritage_en.htm (letzter Zugriff: 20.6.2015).

24 Outcome of the Council Meeting (Education, Youth, Culture and Sport), 30/31 May 2016, Dok. 9629/16, S. 18.

25 Vgl. Schlussfolgerungen des Rates zur Rolle von Europeana für den digitalen Zugang, die Sichtbarkeit und die Nutzung des europäischen Kulturerbes, 1. Juni 2016, Dok. 9643/16.

Neue Impulse für die kulturellen Außenbeziehungen

Mit ausdrücklichem Bezug auf die Europäische Kulturagenda und den Ratsarbeitsplan forderte der Kulturministerrat im November 2015 die Kommission auf, gemeinsam mit der Hohen Vertreterin der Union für Außen- und Sicherheitspolitik ein strategisches Konzept für eine kohärente Einbindung der Kultur in die Außenbeziehungen zu entwickeln.[27] Mit Hilfe der im März 2016 eingerichteten „Cultural Diplomacy Platform" des Europäischen Auswärtigen Dienstes[28] soll in den nächsten Jahren das Instrumentarium der EU-Kulturdiplomatie überprüft und neu ausgerichtet werden.[29] Im Rahmen der European Development Days (EDD 2016)[30] wurde im Juni 2016 hierzu eine Mitteilung zur Neugestaltung der auswärtigen Kulturbeziehungen der Europäischen Union vorgelegt.[31] Vorangegangen war bereits im September 2015 eine von der luxemburgischen Ratspräsidentschaft organisierte Konferenz,[32] hinzu kam im Dezember 2015 die Veröffentlichung der Studie „Analysis of the perception of the EU and EU's policies abroad",[33] die die bisherigen Erfahrungen auf diesem Gebiet analysiert. Anfang 2016 wurde vom Europäischen Parlament eine weitere Studie veröffentlicht, die sich mit der Rolle nationaler Kulturinstitute im Rahmen der auswärtigen Kulturbeziehungen der Europäischen Union beschäftigt.[34]

Weiterführende Literatur

Lena Freigang: EU-Demokratie- und Menschenrechtsförderung im auswärtigen Handeln nach dem Vertrag von Lissabon, Baden-Baden 2015.

Evangelia Psychogiopoulou (Hrsg.): Cultural Governance and the European Union: Protecting and Promoting Cultural Diversity in Europe, New York 2015.

UNESCO Institute for Statistics: The Globalisation of Cultural Trade - a Shift in Cultural Consumption. International Flows of Cultural Goods and Services 2004-2013, Montreal 2016.

Roland Robertson / Didem Buhari-Gulmez: Global Culture: Consciousness and Connectivity, Farnham 2015.

---

26 Vorschlag für eine Richtlinie des Europäischen Parlaments und des Rates zur Änderung der Richtlinie 2010/13/EU zur Koordinierung bestimmter Rechts- und Verwaltungsvorschriften der Mitgliedstaaten über die Bereitstellung audiovisueller Mediendienste im Hinblick auf sich verändernde Marktgegebenheiten, KOM(2016) 287; Rat: Überprüfung der Richtlinie über audiovisuelle Mediendienste und Förderung europäischer audiovisueller Inhalte - Diskussionspapier des Vorsitzes, 19. Mai 2016, Dok. 9146/16.

27 Schlussfolgerungen des Rates zur Rolle der Kultur in den Außenbeziehungen der EU und insbesondere in der Entwicklungszusammenarbeit, in: Amtsblatt der EU C 417, 15. Dezember 2015, S. 41-43.

28 European Commission, Foreign Policy Instruments (FPI): New European Cultural Diplomay Platform launched, abrufbar unter: http://ec.europa.eu/dgs/fpi/announcements/news/20160401_1_en.htm (letzter Zugriff: 29.6.2016).

29 European Union External Action Service: Speech of the HR/VP Federica Mogherini at the Culture Forum in Brussels, 20. April 2016, abrufbar unter: http://eeas. europa.eu/statements-eeas/2016/160420 _03_en.htm (letzter Zugriff: 30.6.2016). Außenkulturelle Aspekte finden sich auch in der neuen außen- und sicherheitspolitischen Strategie der Europäischen Union vom 28. Juni 2016, abrufbar unter: https:// europa.eu/globalstrategy (letzter Zugriff: 30.6.2016).

30 European Commission: A strategy for culture in EU external relations and development policies, abrufbar unter: https://eudevdays.eu/sessions/strategy-culture-eu-external-relations-and-development-policies (letzter Zugriff: 29.6.2016).

31 European Commission/High Representative: Joint Communication to the European Parliament and the Council: Towards an EU strategy for international cultural relations, JOIN(2016) 29 final.

32 Konferenz „Kultur und Entwicklung: Hin zu einem strategischeren Ansatz der Kulturpolitik in den Außenbeziehungen der EU" vom 3./4. September 2015 abrufbar unter: http://www.eu2015lu.eu/de/actualites/ communiques/2015/08/31-conf-culture-dev/ (letzter Zugriff: 29.6.2016).

33 European Commission, FPI: Analysis of the perception of the EU and of EU's policies abroad, abrufbar unter: http://ec.europa.eu/dgs/fpi/showcases/eu_perceptions_study_en.htm (letzter Zugriff: 30.6.2016).

34 European Parliament: Research for CULT Committee – European Cultural Institutes Abroad, Study 2016, IP/B/CULT/FWC/2010-001/Lot4/C2/SC2.

Menschenrechtspolitik

Gabriel N. Toggenburg*

Die Umsetzung der Grundrechte, wie sie in der entsprechenden Charta der Europäischen Union seit Ende 2009 juristisch bindend gelistet sind, wird jedes Jahr im Grundrechtsbericht der Agentur der Europäischen Union für Grundrechte (Fundamental Rights Agency, FRA) sowie im Bericht über die Anwendung der EU-Charta der Grundrechte der Europäischen Kommission nachgezeichnet.

Wiederum war im vergangenen Jahr insbesondere Migration ein Politikbereich, in dem sich zentrale menschenrechtliche Herausforderungen stellten. Doch auch die Rechtsstaatsdebatte setzte sich fort, wobei Polen Ungarn als Objekt des Interesses ablöste. Neben einer Vielzahl an unverbindlichen Dokumenten wurden auch relevante Verordnungen und Richtlinien zum Grundrechtsschutz angenommen. So wurde im Bereich des Datenschutzes die Datenschutz-Grundverordnung[1] sowie eine Richtlinie zum Datenschutz bei der strafrechtlichen Zusammenarbeit[2] beschlossen. Zudem wurde dieser Bereich besonders im Zusammenhang mit der elektronischen Massenüberwachung sowie der Rolle nationaler Geheimdienste diskutiert.[3] Er kam außerdem auch im Zusammenhang mit dem Gerichtshof der Europäischen Union in die Schlagzeilen, als dieser das Prinzip des „sicheren Hafens" anzweifelte und eine entsprechende Kommissionsentscheidung zum Datenaustausch mit Amerika für ungültig erklärte.[4] Im Bereich des Strafprozessrechts sind die Richtlinie zu den Verfahrensrechten von Kindern[5] sowie die Richtlinie zur Stärkung der Unschulds-

---

* Alles hier Gesagte widerspiegelt die persönliche Meinung des Autors und kann in keiner Weise der EU-Grundrechteagentur zugerechnet werden.

1 Verordnung (EU) 2016/679 vom 27. April 2016 zum Schutz natürlicher Personen bei der Verarbeitung personenbezogener Daten, zum freien Datenverkehr und zur Aufhebung der Richtlinie 95/46/EG, in: Amtsblatt der EU L119/1, 4. Mai 2016.

2 Richtlinie (EU) 2016/680 vom 27. April 2016 zum Schutz natürlicher Personen bei der Verarbeitung personenbezogener Daten durch die zuständigen Behörden zum Zwecke der Verhütung, Ermittlung, Aufdeckung oder Verfolgung von Straftaten oder der Strafvollstreckung sowie zum freien Datenverkehr und zur Aufhebung des Rahmenbeschlusses 2008/977/JI des Rates, in: Amtsblatt der EU L 119/89, 4. Mai 2016.

3 Siehe Europäisches Parlament: Entschließung vom 29. Oktober 2015 zur Weiterbehandlung der Entschließung des Europäischen Parlaments vom 12. März 2014 zur elektronischen Massenüberwachung der Unionsbürger. Vgl. dazu auch den im November 2015 vorgestellten Bericht der Grundrechteagentur zu den entsprechenden Verfahrensgarantien; FRA: Surveillance by intelligence services: fundamental rights safeguards and remedies in the EU – Mapping Member States' legal frameworks, abrufbar unter: http://fra.europa.eu/en/publication/ 2015/surveillance-intelligence-services (letzter Zugriff: 27.9.2016).

4 Gerichtshof der Europäischen Union: Rechtssache C-362/14 (Maximilian Schrems), 6. Oktober 2015.

5 Richtlinie (EU) 2016/800 vom 11. Mai 2016 über Verfahrensgarantien in Strafverfahren für Kinder, die Verdächtige oder beschuldigte Personen in Strafverfahren sind, in: Amtsblatt der EU L 132/1, 21. Mai 2016.

vermutung[6] zu nennen. Generell kann festgestellt werden, dass sicherheitspolitische Überlegungen und Vorhaben in Brüssel in den Vordergrund traten, was durchaus auch grundrechtliche Spannungen auslösen kann.[7]

Menschenrechtliche Fragen im Zusammenhang mit Migration und Asyl

Fast 4.000 Menschen starben 2015 beim Versuch über das Mittelmeer nach Europa zu
kommen. Es wären noch um ein Vielfaches mehr gewesen, hätten die Europäischen Union
und ihre Mitgliedstaaten nicht ihre Rettungskapazitäten erhöht. Mit diesen Migrationsbewegungen gingen das Verschwinden von tausenden Kindern, teilweise menschenrechts-
widrige Unterbringung und Versorgung von Flüchtlingen, Schlepperei und verschiedenste
problematische Phänomene wie sexueller und sonstiger Ausnutzung einher. Im Jahr 2015
kam es in neun der 28 EU-Mitgliedstaaten zu einer Verdoppelung und zum Beispiel in
Finnland sogar zu einer Verzehnfachung der Asylanträge. Von den 1,25 Mio. neuen
Asylanträgen im Jahr 2015 entfielen weit über die Hälfte nur auf Deutschland und Schweden. Die EU-Grundrechteagentur begann im Oktober 2015, zuerst wöchentlich und dann
monatlich über grundrechtlich relevante Migrationsphänomene in neun ausgewählten
Mitgliedstaaten zu berichten, und widmete den Fokus in ihrem Grundrechtsbericht 2016
den Asyl- und Migrationsfragen.

Unzulänglichkeiten bei der Behandlung von Flüchtlingen und Migranten sind auch
Frucht des strukturellen Problems der ungleichen Belastung der 28 EU-Mitgliedstaaten.
Das Europäische Parlament stellte einen „bedauerlichen Mangel an Solidarität einiger
Regierungen mit den Asylsuchenden und eine unzulänglich koordinierte und kohärente
Vorgangsweise" fest.[8] Es erklärte, dass das Dublin-System die Ziele einer objektiven und
fairen Zuweisung von Zuständigkeiten sowie das schnelle Gewähren von Schutz „im
Wesentlichen verfehlt hat". Neben „langfristig größere[n] Anstrengungen zur Lösung der
geopolitischen Probleme" forderte das Parlament unter anderem ein „dauerhaftes, EU-
weites Neuansiedlungsprogramm mit verbindlicher Teilnahme aller Mitgliedstaaten".[9] Die
Europäische Kommission hat ihre Politik überarbeitet; verschiedenste Rechtsinstrumente
werden gegenwärtig im Rat der Europäischen Union neu verhandelt.[10] Mit einem Ratsbeschluss wollte die Europäische Union die Umsiedlung von 120.000 Flüchtlingen vor allem
aus Griechenland erreichen. Entsprechend eines Schlüssels sollen diese auf alle Mitgliedstaaten verteilt werden. Da eine konsensuale Einigung nicht erreichbar erschien, wurde
über einen Mehrheitsbeschluss abgestimmt. Zwei der überstimmten Staaten – Ungarn und
die Slowakei – brachten den Beschluss vor den Gerichtshof der Europäischen Union, der
nun über die Rechtmäßigkeit dieser verbindlichen Verteilung von Flüchtlingen von Griechenland und Italien auf die anderen Mitgliedstaaten zu befinden hat.[11]

6　Richtlinie (EU) 2016/343 vom 9. März 2016 über die Stärkung bestimmter Aspekte der Unschulds-
　　vermutung und des Rechts auf Anwesenheit in der Verhandlung in Strafverfahren, in: Amtsblatt der EU L
　　65/1, 11. März 2016.
7　Siehe hierzu auch Christoph Gusy/Laura Schulte: Polizeiliche und justizielle Zusammenarbeit in diesem
　　Buch.
8　Europäisches Parlament: Entschließung vom 10. September 2015 zum Thema „Migration und Flüchtlinge
　　in Europa".
9　Europäisches Parlament: Entschließung vom 12. April 2016 über die Lage im Mittelmeerraum und die
　　Notwendigkeit eines ganzheitlichen Ansatzes der EU für Migration.
10　Siehe dazu Peter-Christian Müller-Graff/René Repasi: Asyl- und Einwanderungspolitik in diesem Buch.
11　Gerichtshof der Europäischen Union: Rechtssache C-643/15 (Slowakische Republik/Rat der Europä-
　　ischen Union), seit dem 2. Dezember 2015 gerichtsanhängig.

Rechtsstaatlichkeit: anhaltende Debatte und Suche nach Lösungsansätzen

Zur Lage in Ungarn vertrat das Europäische Parlament die Auffassung, dass

> „der Rat und die Kommission durch ihr Versäumnis, auf die (...) wiederholt zum Ausdruck gebrachten Bedenken des Parlaments angemessen einzugehen oder reagieren, den in Artikel 13 Absatz 2 EUV verankerten Grundsatz der loyalen Zusammenarbeit der Organe verletzen (...) und deshalb ernste Bedenken dahingehend bestehen, ob die Union die Achtung der politischen Kriterien von Kopenhagen (...) überhaupt noch durchzusetzen vermag.“[12]

Der im Jahr 2014 vorgestellte EU-Rahmen zur Stärkung des Rechtsstaatsprinzips[13] kam 2016 erstmals gegenüber Polen zur Anwendung.[14] Im Herbst 2015 entwickelte sich in Polen eine Meinungsverschiedenheit zur Zusammensetzung und Rolle des Verfassungsgerichts, die in einen Konflikt zwischen Gericht und Regierung mündete und drohte, das Verfassungsgericht de facto gänzlich zu lähmen. Dazu gesellten sich noch weitere Gesetzgebungsvorhaben insbesondere im medienrechtlichen und sicherheitspolitischen Bereich, die ebenfalls Irritationen hervorriefen. Ende Dezember ersuchte die polnische Regierung um eine Stellungnahme der Venedig-Kommission des Europarates über das Gesetz zur Änderung des Gesetzes über das Verfassungsgericht.[15] Dieses Ansuchen um externe Expertise führte aber nicht dazu, dass das Gesetzesvorhaben auf Eis gelegt wurde. Vielmehr trat es am 28. Dezember desselben Jahres in Kraft. Zwei Tage danach bat die Europäische Kommission schriftlich um zusätzliche Auskünfte zur geplanten Reform der öffentlich-rechtlichen Rundfunkanstalten in Polen. In ihrer Antwort vom 7. Januar 2016 bestritt die polnische Regierung jede Einschränkung des Medienjournalismus.

Am 13. Januar 2016 beschloss die Kommission, den neuen Rechtsstaatsmechanismus zum ersten Mal anzuwenden. In den Folgemonaten kam es zu einem Austausch von Schriftsätzen zwischen der Kommission und der polnischen Regierung sowie auch zu direkten Gesprächen in Warschau zwischen dem ersten Vizepräsidenten der Kommission Frans Timmermans (zuständig für Rechtsstaatlichkeit) und den relevanten polnischen Regierungsvertretern und Stellen. Am 1. Juni 2016 gab die Kommission eine Stellungnahme zur Rechtsstaatlichkeit in Polen ab, die zunächst nicht öffentlich gemacht wurde.[16] Am 27. Juli 2016 ging die Kommission zum zweiten Schritt im Rechtsstaatsverfahren über und erließ die Empfehlung 2016/1374 zur Rechtsstaatlichkeit in Polen.[17] Sie empfiehlt darin der polnischen Regierung, die einschlägigen Urteile des polnischen Verfassungsgerichts nicht länger zu obstruieren und auch künftige Urteile systematisch zu veröffentlichen und umzusetzen, und mahnt zur loyalen Zusammenarbeit zwischen den Staatsorganen. Die polnische Regierung hat drei Monate Zeit darauf zu reagieren.

---

12 Europäisches Parlament: Entschließung vom 10. Juni 2015 zur Lage in Ungarn.

13 Siehe Gabriel N. Toggenburg: Menschenrechtspolitik, in: Werner Weidenfeld/Wolfgang Wessels (Hrsg.): Jahrbuch der Europäischen Integration 2014, Baden-Baden 2014, S. 197-202, hier S. 199.

14 Siehe auch Ryszarda Formuszewicz: Polen in diesem Buch.

15 Das Gutachten wurde am 11. März 2016 vorgestellt. Vgl. Venice Commission: Opinion on amendments to the Act of 25 June 2015 on the Constitutional Tribunal of Poland, adopted by the Venice Commission at its 106th Plenary Session (833/2015), 11.-12. March 2016, abrufbar unter: http://www.venice.coe.int/webforms/documents/?pdf=CDL-AD(2016)001-e (letzter Zugriff: 27.9.2016). Darin schlussfolgerte die Venedig-Kommission, dass die angestrebte Gesetzesreform zur Arbeitsweise des Verfassungsgerichts drohe, alle drei Grundprinzipien des Europarates – Demokratie, Menschenrechte und Rechtsstaatlichkeit – auszuhöhlen.

16 Die Veröffentlichung erfolgte dann später auf Betreiben von Professor Laurent Pech unter Berufung auf das Recht auf Zugang zu EU-Dokumenten.

17 Europäische Kommission: Empfehlung (EU) 2016/1374 der Kommission vom 27. Juli 2016 zur Rechtsstaatlichkeit in Polen, in: Amtsblatt der EU L 217/53, 12. August 2016.

Auch jenseits des bei der Kommission angesiedelten Rahmens zur Stärkung des Rechtsstaatsprinzips wurde über Rechtsstaatlichkeit diskutiert. Im Europäischen Parlament wurde im April ein Berichtsentwurf vorgelegt, der die „Einrichtung eines EU-Mechanismus für Demokratie, Rechtsstaatlichkeit und Grundrechte" vorsieht.[18] Neben einer Art regelmäßigen ‚Scoreboards' wird vorgeschlagen, nach dem Modell des finanzwirtschaftlichen Europäischen Semesters auch ein „Europäisches Semester für Demokratie, Rechtsstaatlichkeit und Grundrechte" einzuführen und auf EU-Ebene einen entsprechenden Politikzyklus zu etablieren. Im Herbst 2016 werden diese Vorschläge im Plenum des Parlaments diskutiert.

Wenig erstaunlich sehen die Vorstellungen zur diesbezüglichen Rolle der Union im Rat der Europäischen Union deutlich anders aus. Man setzt dort eher auf eine Art ‚Multilog' unter Gleichen der aufgrund von ‚peer pressure' (so die Hoffnung der Befürworter dieses Modells) nicht nur dem Austausch dient, sondern auch von den Grundwerten der Europäischen Union[19] abweichende Staaten wieder einfangen kann. Dieser Ende 2014 unter italienischer Ratspräsidentschaft ins Leben gerufene Dialog zur Stärkung der Achtung der Rechtsstaatlichkeit fand das erste Mal während der luxemburgischen Präsidentschaft am 17. November 2015 statt. Der zweite Rechtsstaatsdialog des Rates fand am 25. Mai 2016 unter niederländischer Präsidentschaft statt. Das Thema war diesmal die Integration von Migranten und die Grundwerte der Europäischen Union. Den Ministern waren vorab Fragen zugestellt worden. Eingeleitet wurde der zweite Rechtsstaatsdialog durch ein Impulsreferat des Direktors der EU-Grundrechteagentur, Professor Michael O'Flaherty.[20] Es liegt nun an der slowakischen EU-Präsidentschaft, die bisherige Praxis der Rechtsstaatsdialoge einer Bewertung zu unterziehen.

Völkerrechtliche Verpflichtungen: Europäische Menschenrechtskonvention, Istanbul-Übereinkommen und die Behindertenrechtskonvention

Während die Europäische Union verpflichtet ist, der Europäischen Menschenrechtskonvention (EMRK) beizutreten, verbleibt sie diesbezüglich in einem rechtlichen Schwebezustand. Bislang hat die Europäische Kommission noch nicht verlautbart, wie sie auf das Gutachten des Gerichtshofes der Europäischen Union, der den Beitritt auf der Grundlage des ausverhandelten Beitrittsabkommens untersagt, reagieren will.[21] Was das neue Übereinkommen des Europarates zur Verhütung und Bekämpfung von Gewalt gegen Frauen und häuslicher Gewalt betrifft, so legte die Kommission einen Fahrplan zum Beitritt der Europäischen Union zu dieser Konvention vor.[22]

---

18 Siehe Ausschuss für bürgerliche Freiheiten, Justiz und Inneres des Europäischen Parlaments: Entwurf eines Berichts mit Empfehlungen an die Kommission zur Einrichtung eines EU-Mechanismus für Demokratie und Rechtsstaatlichkeit und Grundrechte (2015/2254(INL), 5. April 2016. Berichterstatterin ist die liberale Politikerin Sophie in't Veld.

19 Siehe Artikel 2 des Vertrages über die Europäische Union. Für eine akademische Bearbeitung aller aktuellen Fragestellungen vgl. u.a. Carlos Closa/Dimitry Kochenov: Reinforcing Rule of Law Oversight in the European Union, Cambridge 2016.

20 Siehe FRA: Rule of law dialogue at General Affairs Council, abrufbar unter: http://fra.europa.eu/en/speech/2016/rule-law-dialogue-general-affairs-council (letzter Zugriff: 27.9.2016).

21 Siehe Gabriel N. Toggenburg: Menschenrechtspolitik, in: Werner Weidenfeld/Wolfgang Wessels (Hrsg.): Jahrbuch der Europäischen Integration 2015, Baden-Baden 2015, S. 209-214.

22 Siehe Europäische Kommission: Vorschlag für einen Beschluss des Rates über die Unterzeichnung – im Namen der Europäischen Union – des Übereinkommens des Europarats zur Verhütung und Bekämpfung von Gewalt gegen Frauen und häuslicher Gewalt, KOM(2016) 111 final.

Bis auf weiteres bleibt aber das Übereinkommen der Vereinten Nationen (VN) über die Rechte von Menschen mit Behinderungen das einzige menschenrechtliche Abkommen, dem die Europäische Union beigetreten ist. Doch auch hier verlaufen die Dinge nicht ganz reibungsfrei. Fünf Jahre nach dem Beitritt der Europäischen Union zur Behindertenrechtskonvention hat der VN-Ausschuss für die Rechte von Menschen mit Behinderungen turnusmäßig überprüft, inwieweit die Europäische Union ihren menschenrechtlichen Verpflichtungen nachkommt. In seinen abschließenden Bemerkungen wies der Ausschuss auf eine Reihe von Unzulänglichkeiten hin, welche die Europäische Union zu bereinigen hat. Dazu gehört auch die Überarbeitung der Überwachungsstrukturen, welche die Europäische Union gemäß Artikel 33 Absatz 2 der Behindertenrechtskonvention einzurichten hat. Als Teil dieser Überwachungsstruktur hat sich die EU-Grundrechteagentur in einem Gutachten hierzu detailliert geäußert.[23] Detailliert fiel auch eine entsprechende Entschließung des Europäischen Parlaments[24] aus, die unter anderem unterstrich, dass die Inklusion von Menschen mit Behinderungen „nicht nur eine Frage der Entwicklung, sondern auch eine Frage der Menschenrechte" ist. Es forderte eine umfassende Querschnittsüberprüfung bestehender und künftiger EU-Rechtsvorschriften im Hinblick auf das Thema Behinderung. Gefordert wurde ebenso eine Annahme der EU-Gleichbehandlungsrichtlinie, die nun mittlerweile bereits seit acht Jahren als unverbindlicher Kommissionsvorschlag ihr Dasein fristet, ohne dass sich die Mitgliedstaaten auf dieses Rechtsinstrument einigen können.[25]

Schwerpunkt Kinderrechte

Im vergangenen Jahr hat die EU-Grundrechteagentur eine Reihe von Berichten zur Situation von Kindern und ihren Rechten präsentiert. Diese beschäftigen sich mit Gewalt gegen Kindern mit Behinderungen[26], Kinder als Opfer von Hasskriminalität[27], Kinder und der Zugang zum Recht[28] oder Fragen der Vormundschaft.[29] Darüber hinaus hat die Agentur eine Bestandsaufnahme präsentiert, die die verschiedenen Kinderschutzsysteme in der

---

23 Siehe FRA: Opinion of the European Union Agency for Fundamental Rights concerning requirements under Article 33 (2) of the UN Convention on the Rights of Persons with Disabilities within the EU context 3/2016, 13.5.2016, abrufbar unter: http://fra.europa.eu/sites/default/files/fra_uploads/fra-opinion-03-2016-crpd.pdf (letzter Zugriff: 27.9.2016).

24 Europäisches Parlament: Entschließung vom 7. Juli 2016 zur Umsetzung des Übereinkommens der Vereinten Nationen über die Rechte von Menschen mit Behinderungen.

25 Europäisches Parlament: Entschließung vom 20. Mai 2015 zum Übereinkommen der Vereinten Nationen über die Rechte von Menschen mit Behinderungen.

26 FRA: Violence against children with disabilities: legislation, policies and programmes in the EU (Gewalt gegen Kinder mit Behinderungen: Gesetzgebung, Maßnahmen und Programme in der EU), Dezember 2015, abrufbar unter: http://fra.europa.eu/en/publication/2015/children-disabilities-violence (letzter Zugriff: 5.10.2016).

27 FRA: Equal protection for all victims of hate crime – The case of people with disabilities (Gleicher Schutz für alle Opfer von Hassdelikten: der Fall von Menschen mit Behinderungen), abrufbar unter: http://fra.europa.eu/sites/default/files/fra-2015-focus-03-hate-crime-disability_en_0.pdf (letzter Zugriff: 5.10.2016).

28 FRA: Child-friendly justice – Perspectives and experiences of professionals on children's participation in civil and criminal judicial proceedings in 10 EU Member States (Kindgerechte Justiz – Sichtweisen und Erfahrungen von Fachkräften – Zusammenfassung), May 2015, abrufbar unter http://fra.europa.eu/en/publication/2015/child-friendly-justice-perspectives-and-experiences-professionals-childrens (letzter Zugriff: 5.10.2016).

29 FRA:Vormundschaft für Kinder, die nicht unter elterlicher Sorge stehen, 2015, abrufbar unter: http://fra.europa.eu/sites/default/files/fra_uploads/fra-2014-guardianship-children_de.pdf (letzter Zugriff: 5.10.2016).

Europäischen Union aufzeigt.[30] Im November 2015 wurde schließlich auch das „Handbuch zu den europarechtlichen Grundlagen im Bereich der Rechte des Kindes"[31] vorgelegt. Wie bei den vorangegangen Handbüchern handelt es sich hierbei um eine von der Agentur und dem Gerichtshof für Menschenrechte erstellte Analyse der Rechtsprechung beider Europäischer Gerichtshöfe (des Gerichtshofes für Menschenrechte in Straßburg und des Gerichtshofes der Europäischen Union in Luxemburg). Was die gegenwärtigen Herausforderungen betrifft, so hebt die EU-Grundrechteagentur in ihrem Grundrechtsbericht 2016 insbesondere die Kinderarmut hervor. In ihren Stellungnahmen ruft die Agentur die Europäische Union und ihre Mitgliedstaaten auf, im Rahmen des Europäischen Semesters Maßnahmen ins Auge zu fassen, die zu einer Verbesserung des Schutzes und der Betreuung von Kindern beitragen. Vor dem Hintergrund, dass ein Fünftel der Gesamtbevölkerung der Europäischen Union jünger als 18 Jahre ist und fast 28 Prozent dieser von Armut oder sozialer Ausgrenzung bedroht sind, hat sich auch das Parlament diesem Thema detailliert angenommen.[32]

Andere Themen: Frauen, Soziales, Transparenz, Datenschutz und mehr

Welche Themen die politische Debatte im vergangenen Jahr geprägt haben, lässt sich insbesondere an den Entschließungen des Europäischen Parlaments[33] nachvollziehen, die insofern eine gewisse Spiegelfunktion haben.[34] Eine große Zahl von grundrechtsrelevanten Parlamentsentschließungen standen 2015/2016 im Zusammenhang mit der EU-Strategie für die Gleichstellung von Frauen und Männern.[35] Das Parlament forderte die Annahme einer neuen formellen Strategie für die Jahre 2016 bis 2020 (statt eines bloßen Arbeitsdokuments).[36] Es setzte sich mit Gender Mainstreaming[37], der Gleichstellung im digitalen Zeitalter[38], der Stärkung durch Bildung[39], der Chancengleichheit am Arbeitsmarkt[40], weib-

---

30 FRA: Überblick über Kinderschutzsysteme (nur online), abrufbar unter: http://fra.europa.eu/de/publi cations-and-resources/data-and-maps/indikatoren-vergleichsdaten/kinderschutzsysteme-eu (letzter Zugriff: 5.10.2016).

31 FRA: Handbuch zu den europarechtlichen Grundlagen im Bereich der Rechte des Kindes, November 2015, abrufbar unter: http://fra.europa.eu/de/publication/2016/handbuch-zu-den-europarechtlichen-grund lagen-im-bereich-der-rechte-des-kindes (letzter Zugriff: 13.10.2016).

32 Europäisches Parlament: Entschließung vom 24. November 2015 zur Verringerung der Ungleichheit mit besonderem Schwerpunkt auf Kinderarmut. Siehe auch Entschließung vom 28. April 2016 zum Schutz des Wohls des Kindes in der EU auf der Grundlage von an das Europäische Parlament gerichteten Petitionen.

33 Der Bericht der Berichterstatterin Laura Ferrara (IT, EFD) zu den Grundrechten wurde am 2. Juli 2015 angenommen. Vgl. Europäisches Parlament: Bericht über die Lage der Grundrechte in der Europäischen Union (2013-2014), 16. Juli 2015 .

34 Dieser hier gewählte Zugang sollte nicht darüber hinwegtäuschen, dass der Europäischen Kommission sowie dem Rat der Europäischen Union in der Ausgestaltung einer ‚EU-Menschenrechtspolitik' (die als solch geschlossene Figur formell nicht existiert) eine zentrale Rolle zukommt.

35 Europäisches Parlament: Entschließung vom 9. Juni 2015 zu der Strategie der EU für die Gleichstellung von Frauen und Männern nach 2015.

36 Europäisches Parlament: Entschließung vom 3. Februar 2016 zur neuen Strategie für die Gleichstellung der Geschlechter und die Rechte der Frau nach 2015.

37 Europäisches Parlament: Entschließung vom 8. März 2016 zum Gender Mainstreaming in der Arbeit des Europäischen Parlaments.

38 Europäisches Parlament: Entschließung vom 28. April 2016 zur Gleichstellung der Geschlechter und Stärkung der Frauen im digitalen Zeitalter.

39 Europäisches Parlament: Entschließung vom 9. September 2015 zur Stärkung der Stellung von Mädchen in der EU durch Bildung.

lichem Hauspersonal[41] oder dem weiblichen Unternehmertum[42] auseinander. Verschiedene Politikbereiche wurden vom Parlament (auch) aus einer frauenspezifischen Perspektive betrachtet, wie etwa in der Migrationspolitik[43] und der Armutsbekämpfung[44]. Armutsbekämpfung[45], Sozialverantwortung[46], aktives Altern[47] oder gesellschaftliche Randgruppen[48] waren Themen einer langen Reihe von sozialpolitisch motivierten Entschließungen, die ebenso grundrechtliche Argumente aufweisen.

Natürlich wurden auch strukturelle Fragen der Europäischen Union selbst diskutiert, wie etwa die Reform des Wahlrechts bei den Wahlen zum Europäischen Parlament (das Parlament fordert zum Beispiel ein vereinheitlichtes Wahlalter von 16 Jahren oder die Möglichkeit, auch bei Aufenthalt in einem Drittstaat an den Wahlen teilnehmen zu können)[49] oder die Ausübung des Petitionsrechts der Bürgerinnen und Bürger[50]. Auch die Tätigkeit der Europäischen Bürgerbeauftragten – sie ist ein zentraler Kanal für die Bürgerinnen und Bürger, um ihre Anliegen im EU-Institutionengefüge direkt deponieren zu können – wurde diskutiert.[51] Mehr als ein Fünftel der Beschwerden, die die Bürgerbeauftragte erreicht haben, betrafen den (mangelhaften) Zugang zu EU-Dokumenten.[52] Die Frage des Zugangs zu EU-Dokumenten ist ein Ausdruck des Grundrechts auf eine gute Verwaltung, wie es in Artikel 41 der Grundrechte-Charta festgehalten wird. Im Berichtszeitraum hat sich die Bürgerbeauftragte auf eigene Initiative auch den sogenannten ‚Trialogen‘ angenommen. Dies sind jene informellen Absprachen zwischen Parlament, Rat und Kommission, die für ihre Effizienz geschätzt (nur eine Lesung ist erforderlich für die Annahme des Aktes) und für ihre Intransparenz gepeinigt werden (die Verhandlungen finden zwischen Vertretern von Kommission, Rat und Parlament jenseits des normalen

---

40 Europäisches Parlament: Entschließung vom 8. Oktober 2015 zur Chancengleichheit und Gleichbehandlung von Männern und Frauen in Arbeits- und Beschäftigungsfragen.
41 Europäisches Parlament: Entschließung vom 28. April 2016 zu Weiblichen Hausangestellten und weibliches Pflegepersonal in der EU.
42 Europäisches Parlament: Entschließung vom 19. Januar 2016 zu externen Faktoren, die Hindernisse für weibliches Unternehmertum darstellen.
43 Europäisches Parlament: Entschließung vom 8. März 2016 zur Lage von weiblichen Flüchtlingen und Asylsuchenden in der EU.
44 Europäisches Parlament: Entschließung vom 26. Mai 2016 zu dem Thema Armut: eine geschlechtsspezifische Perspektive.
45 Europäisches Parlament: Entschließung vom 14. April 2016 über die Verwirklichung des Ziels der Armutsbekämpfung in Anbetracht der steigenden Haushaltskosten.
46 Europäisches Parlament: Entschließung vom 5. Juli 2016 zur Umsetzung der Empfehlungen des Parlaments von 2010 zu Sozial- und Umweltnormen, Menschenrechten und zur sozialen Verantwortung der Unternehmen.
47 Europäisches Parlament: Entschließung vom 9. September 2015 zur Bewertung des Europäischen Jahres 2012 für aktives Altern und Solidarität zwischen den Generationen.
48 Europäisches Parlament: Entschließung vom 24. November 2015 zum Thema Kohäsionspolitik und gesellschaftliche Randgruppen.
49 Europäisches Parlament: Entschließung vom 11. November 2015 zu der Reform des Wahlrechts der Europäischen Union.
50 Europäisches Parlament: Entschließung vom 21. Januar 2016 zu den Tätigkeiten des Petitionsausschusses. Im Jahr 2014 gingen 2.714 Petitionen beim Parlament ein, wovon 817 zulässig waren.
51 Europäisches Parlament: Entschließung vom 25. Februar 2016 zu dem Jahresbericht 2014 über die Tätigkeit der Europäischen Bürgerbeauftragten. Siehe zur Bürgerbeauftragten und ihren Jahresbericht im Jahre 2015 Toggenburg: Menschenrechtspolitik, 2015.
52 Europäisches Parlament: Entschließung vom 28. April 2016 zum Zugang der Öffentlichkeit zu Dokumenten im Zeitraum 2014-2015.

Verfahrens statt).[53] Interessant ist in diesem Kontext noch der Vorschlag des Europäischen Parlaments für eine „Verordnung für eine offene, effiziente und unabhängige Verwaltung der Europäischen Union".[54] Würde ein solches Instrument angenommen, so hätte die Europäische Union erstmals ein umfassendes eigenes Verwaltungsverfahrensrecht, welches erstaunlicherweise bislang nicht existiert (wenn man von sektoralen Prozeduren beziehungsweise von umfassenden, aber unverbindlichen Verhaltenskodizes absieht).

Weiterführende Literatur

Wolfgang Benedek et al (Hrsg.): European Yearbook on Human Rights, Antwerp/Vienna/Graz 2016 (im Erscheinen).

Fundamental Rights Agency (FRA): Fundamental Rights Report 2016, June 2016.

European Commission: 2015 report on the application of the EU Charter of fundamental rights, June 2016.

---

53 Siehe Der Europäische Bürgerbeauftragte: Report on the European Ombudsman's inspection of documents concerning Own-Initiative Inquiry OI/8/2015/JAS involving the European Commission, abrufbar unter: http://www.ombudsman.europa.eu/cases/correspondence.faces/en/61595/html.bookmark (letzter Zugriff: 11.10. 2016).

54 Europäisches Parlament: Entschließung vom 9. Juni 2016 zu einer offenen, effizienten und unabhängigen Verwaltung der Europäischen Union.

Polizeiliche und justizielle Zusammenarbeit

Christoph Gusy / Laura Schulte

Das vergangene Jahr war für die polizeiliche und justizielle Zusammenarbeit ereignisreich. Die zur Bewältigung der Flüchtlingskrise und zur Abwehr des Terrorismus entwickelte Europäische Migrationsagenda[1] und die europäische Sicherheitsagenda[2] geben konkrete Ziele und Maßnahmen vor, mit deren Umsetzung beziehungsweise Durchführung begonnen wurde. Einer Fülle neuer Initiativen stehen allerdings nur wenige abgeschlossene Projekte gegenüber. Zu Letzteren zählt das legislative Langzeitprojekt der Reform des europäischen Datenschutzregimes.

Polizeiliche Zusammenarbeit

Am 15. Dezember 2015 wurde der informelle Trilog über das europäische Datenschutzreformpaket zwischen dem Europäischen Parlament, dem Rat der Europäischen Union und der Europäischen Kommission abgeschlossen. Während der Datenschutzgrundverordnung großes mediales Interesse zuteil wurde, galt dies nicht für die simultan erfolgende Arbeit an der Datenschutzrichtlinie für die polizeiliche und justizielle Zusammenarbeit in Strafsachen.[3] Sie wird den bislang geltenden Rahmenbeschluss 2008/977/JI ersetzen.[4] Dessen Anwendungsbereich war auf die Übermittlung und Bereitstellung personenbezogener Daten durch mitgliedstaatliche und unionale Behörden beschränkt. Künftig wird zumindest auch die interne Datenverarbeitung in den Mitgliedstaaten geregelt.[5]

Die neue Richtlinie basiert sowohl auf tradierten wie auch auf neuartigen Datenschutzkonzepten. Sie statuiert etablierte Verarbeitungsgrundsätze, etwa zur Zweckbindung, zur Erforderlichkeit und zur Verhältnismäßigkeit (Art. 4). Innovativ ist die Ausrichtung der unterschiedlich strengen Verarbeitungsvoraussetzungen an verschiedenen Kategorien von Daten; es wird danach differenziert, auf welche Person sich die Daten beziehen, etwa

---

1   Europäische Kommission: Mitteilung der Kommission an das Parlament, den Rat, den Europäischen Wirtschafts- und Sozialausschuss und den Ausschuss der Regionen – Die Europäische Migrationsagenda, KOM(2015)240.

2   Europäische Kommission: Mitteilung der Kommission an das Parlament, den Rat, den Europäischen Wirtschafts- und Sozialausschuss und den Ausschuss der Regionen – Die Europäische Sicherheitsagenda, KOM(2015)185.

3   Verordnung 2016/679 zum Schutz natürlicher Personen bei der Verarbeitung personenbezogener Daten, zum freien Datenverkehr und zur Aufhebung der Richtlinie 95/46/EG, in: Amtsblatt der EU L 119, 4. Mai 2016, S. 1-88. Richtlinie 2016/680 zum Schutz natürlicher Personen bei der Verarbeitung personenbezogener Daten durch die zuständigen Behörden zum Zwecke der Verhütung, Ermittlung, Aufdeckung oder Verfolgung von Straftaten oder der Strafvollstreckung sowie zum freien Datenverkehr und zur Aufhebung des Rahmenbeschlusses 2008/977/JI des Rates, in: Amtsblatt der EU L 119/89, 4. Mai 2016, S. 89-131.

4   Rahmenbeschluss 2008/977/JI des Rates vom 27. November 2008 über den Schutz personenbezogener Daten, die im Rahmen der polizeilichen und justiziellen Zusammenarbeit in Strafsachen verarbeitet werden, in: Amtsblatt der EU L 350, 30. Dezember 2008, S. 60-71.

5   Für diese gelten die Vorgaben der Verordnung 45/2001 zum Schutz natürlicher Personen bei der Verarbeitung personenbezogener Daten durch die Organe und Einrichtungen der Gemeinschaft und zum freien Datenverkehr, in: Amtsblatt der EU L 8, 12. Januar 2001, S. 1-22.

Verdächtige oder verurteilte Straftäter, ob die Daten auf Fakten oder subjektiven Einschätzungen basieren, und schließlich nach der Sensibilität. Konzeptionell neu ist auch die Ausrichtung an einem risikobasierten Ansatz, nach dem sich zu ergreifende Datenschutzmaßnahmen an Art, Umfang, Umständen und Zweck der Verarbeitung sowie der Eintrittswahrscheinlichkeit und Schwere der Risiken für die Rechte und Freiheiten der Betroffenen ausrichten sollen (Art. 19 Abs. 1). Damit werden den Verpflichteten eher Anhaltspunkte als konkrete Maßstäbe an die Hand gegeben. Ein grundlegender Ansatz der Richtlinie ist die Sicherstellung von Daten- und damit Grundrechtsschutz durch Verfahren: So muss bei einer voraussichtlich eingriffsintensiven Datenverarbeitung eine Datenschutz-Folgenabschätzung angestellt werden, die der zuständigen Aufsichtsbehörde vorzulegen ist und den Ausgangspunkt für deren weiteres Vorgehen bilden kann (Art. 27, 28 Abs. 4, 5). Die Richtlinie sieht die Etablierung einer unabhängigen Aufsichtsbehörde vor, der wirksame Eingriffsbefugnisse zustehen sollen (Art. 41 Abs. 1, 42, 47). Hier dürfte sich im Polizeirecht von Bund und Ländern der größte Umsetzungsbedarf ergeben. Die Informationspflicht, die namentlich bei heimlich oder verdeckt stattfindenden Maßnahmen notwendige Voraussetzung für die Geltendmachung von Betroffenenrechten ist, wird durch zahlreiche unbestimmte Ausnahmetatbestände eingeschränkt (Art. 15 Abs. 1, 16 Abs. 4).[6] Hier bleibt die Richtlinie hinter dem durch die Datenschutzgrundverordnung gewährten – seinerseits kritisierten[7] – Schutzniveau zurück.

Am 14. April 2016 hat das Europäische Parlament unter dem Eindruck der Terroranschläge von Brüssel vom 22. März 2016 mit großer Mehrheit den Kommissionsvorschlag einer Passenger Name Record-Richtlinie (PNR-Richtlinie) angenommen.[8] Sie sieht die anlasslose Speicherung einer Vielzahl personenbezogener Daten, die bei Flügen aus beziehungsweise in Drittstaaten anfallen, vor. Als Vorratsdatenspeicherung von Fluggastdatensätzen muss sie den europäischen Grundrechten, insbesondere in der Konkretisierung durch das Vorratsdatenspeicherungsurteil des Gerichtshofes der Europäischen Union,[9] gerecht werden. Dass dies der Fall ist, wird massiv bezweifelt; der Berichterstatter der Fraktion Die Grünen/Europäische Freie Allianz, Jan Philipp Albrecht, kritisiert teure und sinnlose Maßnahmen, die Daten lieferten, welche die Arbeit der Sicherheitsbehörden nicht verbesserten.[10] Als Indikator für die Grundrechtskonformität gilt der Ausgang des anhängigen Verfahrens zur Überprüfung des PNR-Abkommens zwischen der Union und der Regierung von Kanada durch den Gerichtshof.[11] In diesem werden insbesondere fehlende Rechtsschutzmöglichkeiten Betroffener und die mangelhafte Ausgestaltung der Daten-

---

6   Kritisch insoweit Thilo Weichert: Die EU-Richtlinie für den Datenschutz bei Polizei und Justiz, 1.2.2016, abrufbar unter: http://www.netzwerk-datenschutzexpertise.de/autor/dr-thilo-weichert (letzter Zugriff: 20.5. 2016).

7   Alexander Roßnagel: Schriftliche Stellungnahme zum öffentlichen Fachgespräch zur Datenschutz-Grundverordnung am 24. Februar 2016 im Ausschuss Digitale Agenda des Deutschen Bundestages, 19. Februar 2016, abrufbar unter: https://www.bundestag.de/blob/409512/4afc3a566097171a7902374da77cc7ad/a-drs-18-24-94-data.pdf (letzter Zugriff: 5.10.2016).

8   Europäisches Parlament: Parlament stimmt EU-Richtlinie über Verwendung von Fluggastdaten zu, 14. April 2016, Referenz-Nr. 20160407IPR21775.

9   Gerichtshof der Europäischen Union: Urteil vom 8. April 2014 – in den verbundenen Rechtssachen C-293/12 und C-594/12, Vorratsdatenspeicherung.

10   Jan Philipp Albrecht: #NoPNR! Fluggastdatenspeicherung im Parlament und vor Gericht, April 2016, abrufbar unter: https://www.janalbrecht.eu/newsletter-jan-philipp-albrecht-mdep-ausgabe-april-2016.html#c 876 (letzter Zugriff: 20.5.2016).

11   Abkommen zwischen der Europäischen Union und der Regierung Kanadas über die Verarbeitung von erweiterten Fluggastdaten und Fluggastdatensätzen, in: Amtsblatt der EU L 82, 21. März 2006, S. 15-19.

schutzaufsicht kritisiert.[12] Diese beiden Aspekte werden auch zentral in dem Urteil des Gerichtshofes der Europäischen Union vom 6. Oktober 2015 gerügt, in der er die ‚Safe Harbor'-Entscheidung der Kommission aus dem Jahre 2000 für ungültig erklärte.[13] Auf der Grundlage dieser Entscheidung ist ein Transfer personenbezogener Daten in die USA nicht mehr legitim. Das zwischen dem US-amerikanischen Handelsministerium und der Europäischen Kommission ausgehandelte EU-US-Privacy-Shield soll künftig den transatlantischen Datenverkehr anstelle des ‚Safe Harbor'-Abkommens erleichtern und gleichzeitig datenschutzkonform ausgestalten. Am 12. Juli 2016 traf die Europäische Kommission eine Angemessenheitsentscheidung in Bezug auf die Abrede und teilte diese den Mitgliedstaaten mit.[14] Der Datenschutzbeauftragte der Europäischen Union geht davon aus, dass auch diese Übereinkunft einer Überprüfung durch den Europäischen Gerichtshof nicht standhalten werde. Er kritisierte insbesondere, dass der zentrale Mechanismus des Privacy-Shield, die Selbstverpflichtung von Unternehmen, allein nicht den effektiven Schutz personenbezogener Daten sicherstellen werde.[15]

Politik im Bereich der Außengrenzen

Die Verbesserung des Schutzes der unionalen Außengrenzen ist ein Ansatzpunkt für die Bewältigung der aktuellen Flüchtlingskrise. Um den Zustrom von Flüchtlingen, deren Anzahl gegenwärtig einen nie dagewesenen Höchststand erreicht hat,[16] künftig besser kontrollieren zu können, schlug die Europäische Kommission am 15. Dezember 2015 die Schaffung eines europäischen Grenz- und Küstenschutzes vor. Geplant ist folglich eine Vergemeinschaftung nicht nur von Rechtsetzungs-, sondern auch von Exekutivaufgaben. Eine neue Behörde soll aus Frontex hervorgehen und weitgehend unabhängig von der Unterstützung durch die Mitgliedstaaten agieren können. Sie soll insbesondere dafür sorgen können, dass „vor Ort auch dann gehandelt wird, wenn ein Mitgliedstaat nicht in der Lage oder nicht gewillt ist, die erforderlichen Maßnahmen zu treffen".[17] Hierzu soll bei ihr eine Zentralstelle für die Überwachung von Migrationsströmen eingerichtet werden; zudem soll sie ein Mandat für die Durchführung und Organisation gemeinsamer Einsätze mit Drittstaaten – auch in deren Hoheitsgebieten – erhalten. Daneben soll bei der neuen Agentur eine europäische Rückführstelle eingerichtet werden. Bei der Errichtung einer solchen Behörde muss der Grundrechtsschutz, namentlich das Recht auf Asyl, und die erforderliche demokratische Kontrolle sichergestellt werden. In den aktuellen Debatten nehmen diese Aspekte jedoch wenig Raum ein.

---

12 Digitale Gesellschaft: Massenüberwachung des Reiseverkehrs vor dem Aus: EU-Abkommen mit Kanada auf dem Prüfstand, 5.4.2016, abrufbar unter: https://digitalegesellschaft.de/2016/04/vds-reisedaten-kana da-eugh/ (letzter Zugriff: 20.5.2016).

13 Europäischer Gerichtshof: Urteil der Großen Kammer vom 6. Oktober 2015 – Rechtssache C-362/14, Schrems.

14 Europäische Kommission: Pressemitteilung. Europäische Kommission lanciert EU-US-Datenschutzschild: besserer Schutz für den transatlantischen Datenverkehr, 12. Juli 2016, IP/16/2461.

15 Europäischer Datenschutzbeauftragter: Pressemitteilung. Privacy Shield: more robust and sustainable solution needed, 30. Mai 2016, EDPS/16/11. Kritisch auch Thilo Weichert: EU-US-Privacy-Shield – Ist der transatlantische Datentransfer nun grundrechtskonform?, in: Zeitschrift für Datenschutz 5/2016, S. 209-217.

16 Rat der Europäischen Union: Schlussfolgerung des Rates zur Migrantenschleusung, 10. März 2016, Dok. 6995/16, S. 2.

17 Europäische Kommission: Pressemitteilung. Ein europäischer Grenz- und Küstenschutz für die Außengrenzen Europas, 15. Dezember 2015, IP/15/6327.

Die Kommission legte am 6. April 2016 einen überarbeiteten Vorschlag für eine Verordnung über ein Einreise-/Ausreisesystem (EES) vor, welche die Grenzkontrolle für Drittstaatsangehörige an den Außengrenzen neu regeln soll.[18] Sie plant die Errichtung einer zentralen Datenbank mit nationalen Netzzugangspunkten, in der alphanumerische und biometrische Daten erfasst werden. Außerdem soll zwischen dieser Datenbank und dem Visa-Informationssystem Interoperabilität hergestellt werden. Europol und nationale Strafverfolgungsbehörden sollen Zugang erhalten. Datenschutz soll primär über strenge Zugangsregelungen, Datensicherheitsmaßnahmen und die Kontrolle durch den europäischen Datenschutzbeauftragten sowie nationale Datenschutzbehörden gewährleistet werden (Art. 44-53). Der Vorschlag ist Teil des Systems „Intelligente Grenzen", das sich im Wesentlichen aus dem EES und einem Registrierungsprogramm für Vielreisende aus Drittstaaten zusammensetzt und zuletzt wegen zu hoher Kosten, technischer Schwierigkeiten bei der Umsetzung und aus datenschutzrechtlichen Gründen in der Kritik stand.[19]

Weiterhin schlug die Kommission eine Änderung des Schengener Grenzkodex vor, um den Grenzbehörden obligatorische systematische Kontrollen von Unionsbürgerinnen und -bürgern an den Außengrenzen bei deren Ein- und Ausreise zu ermöglichen.[20] Hierfür soll ein Abgleich mit dem Schengener Informationssystem, der Interpol-Datenbank für gestohlene und verlorene Reisedokumente sowie sicherheitsbehördlichen Datenbanken der Mitgliedstaaten erfolgen können. Dies ist eine Reaktion auf den Umstand, dass auch Unionsbürgerinnen und -bürger an den in den Zeitraum 2015/2016 fallenden Attentaten in Paris und Brüssel beteiligt waren.

Justizielle Zusammenarbeit – insbesondere Strafrecht und Strafverfahrensrecht

Die Europäische Kommission hat am 2. Dezember 2015 einen Vorschlag für eine Richtlinie zur Terrorismusbekämpfung vorgestellt.[21] Ziel des Entwurfs ist es, Straftaten ausländischer terroristischer Kämpfer, die in Konfliktgebiete reisen, um dort mit terroristischen Gruppen zu kämpfen beziehungsweise eine entsprechende Ausbildung zu erhalten und anschließend in die Union zurückkehren, zu verhindern. Zu diesem Zweck will der Entwurf die öffentliche Aufforderung zur Begehung terroristischer Straftaten, Auslandsreisen für terroristische Zwecke sowie deren Organisation und Erleichterung unter Strafe stellen. Zur Umsetzung der Europäischen Sicherheitsagenda wurde außerdem ein EU-Aktionsplan gegen den unerlaubten Handel mit Feuerwaffen und Explosivstoffen und deren unerlaubte Verwendung vorgestellt.[22] Beide Initiativen sollen Lücken im geltenden Unionsrecht der Terrorismusbekämpfung schließen und insoweit Bestimmungen beziehungsweise Empfehlungen des internationalen Rechts verwirklichen, insbesondere der Resolution 2178 (2014) des Sicherheitsrates der Vereinten Nationen, des Zusatzprotokolls

---

18 Europäische Kommission: Pressemitteilung. Solidere und intelligentere Grenzen in der EU: Kommission schlägt Einreise-/Ausreisesystem vor, 6. April 2016, IP/16/1247.

19 Felix Weiß: Scharfe Kritik an EU-Grenzüberwachungsinitiative, abrufbar unter: http://www.migrations recht.net/nachrichten-auslaenderrecht-europa-und-eu/scharfe-kritik-an-eu-grenzueberwachungsinitiativen. html (letzter Zugriff: 20.5.2016).

20 Europäische Kommission: Ein europäischer Grenz- und Küstenschutz für die Außengrenzen Europas. Straßburg, 15. Dezember 2015, Pressemitteilung. IP/15/6327.

21 Europäische Kommission: Vorschlag für eine Richtlinie des Europäischen Parlaments und des Rats zur Terrorismusbekämpfung und zur Ersetzung des Rahmenbeschlusses 2002/475/JI zur Terrorismusbekämpfung, KOM(2015)625.

22 Europäische Kommission: Mitteilung der Europäischen Kommission an das Parlament und den Rat, 2. Dezember 2015, KOM(2015)624.

zum Übereinkommen des Europarates zur Verhütung von Terrorismus sowie der Financial Task Force zur Terrorismusbekämpfung.

Zum Strafverfahrensrechts wurden neue Initiativen zur Gewährleistung einheitlicher Mindeststandards im Strafprozess eingeleitet. Am 9. März 2016 hat das Europäische Parlament den Vorschlag der Kommission für eine Richtlinie über Verfahrensgarantien für verdächtige und beschuldigte Kinder angenommen.[23] Die Richtlinie sieht unter anderem den möglichst frühen Zugang zu anwaltlichem Beistand, das Recht auf eine von Erwachsenen getrennte Unterbringung und besonderen Schutz bei Vernehmungen vor.

Außerdem wurde am 20. Januar 2016 mit großer Mehrheit ein Kompromiss über die vorgeschlagene Richtlinie zur Stärkung bestimmter Aspekte der Unschuldsvermutung und des Rechts auf Anwesenheit im Strafverfahren angenommen.[24] Der Vorschlag soll der Praxis verschiedener Mitgliedstaaten entgegenwirken, in bestimmten Fällen dem Angeklagten den Beweis seiner Unschuld aufzubürden. Darüber hinaus sieht die Richtlinie die ausdrückliche Statuierung des Rechts zu Schweigen vor.

Im Hinblick auf die geplante Etablierung einer Europäischen Staatsanwaltschaft, deren maßgebliche Aufgabe es sein soll, Delikte zum finanziellen Nachteil der Union zu ahnden, sind zentrale Fragen im Rat der Europäischen Union weiterhin umstritten.[25] Sie betreffen primär die konkrete Ausgestaltung ihrer Zuständigkeiten sowie ihrer Befugnisse vor allem bei (grenzüberschreitenden) Ermittlungsmaßnahmen.

Die Entwicklungen im Bereich der justiziellen Zusammenarbeit in Zivilsachen beschränken sich im Wesentlichen auf die Verdichtung des bestehenden Besitzstandes.[26] Es wurden etwa Maßnahmen zum Ausbau der e-Justiz, welche durch die Integration von Informations- und Kommunikationstechnologien den Zugang der Unionsbürgerinnen und -bürger und Unternehmen zu Gerichten gewährleisten soll, getroffen.[27] Schließlich konnten die langwierigen Verhandlungen über die Verordnung zur Befreiung von der Legalisation und zur Vereinfachung sonstiger Förmlichkeiten in der Europäischen Union erfolgreich abgeschlossen werden.[28] Außerdem wurde die europäische Insolvenzverordnung neu gefasst und so deren Anwendungsbereich erweitert.[29] Diese verfolgt insbesondere das Ziel, Gläubiger und Gerichte besser zu informieren. Zu diesem Zweck werden die Mitgliedstaa-

---

23 Europäisches Parlament: Legislative Entschließung des Europäischen Parlaments vom 9. März 2016 zu dem Vorschlag für eine Richtlinie des Europäischen Parlaments und des Rats über Verfahrensgarantien in Strafverfahren für verdächtige oder beschuldigte Kinder, KOM(2013)0822, 9. März 2016, PV09/03/2016-11.5.

24 Europäische Kommission: Vorschlag für eine Richtlinie des Parlaments und des Rates zur Stärkung bestimmter Aspekte der Unschuldsvermutung und des Rechts auf Anwesenheit im Strafverfahren. KOM(2013)821.

25 Rat der Europäischen Union: Vorschlag für eine Verordnung des Rates über die Errichtung der Europäischen Staatsanwaltschaft – Sachstandsbericht. Brüssel, 22. Dezember 2015, Dok. 15100/15.

26 Rolf Wagner: Aktuelle Entwicklungen in der justiziellen Zusammenarbeit in Zivilsachen, in: Neue Juristische Wochenschrift 25/2015, S. 1796-1802.

27 Rat (Inneres und Justiz): Information der Organe, Einrichtungen und sonstigen Stellen der Europäischen Union – Mehrjähriger Aktionsplan für die Europäische E-Justiz (2014-2018), in: Amtsblatt der EU L 182, 14. Juni 2016, S. 2-13.

28 Europäische Kommission: Vorschlag für eine Verordnung des Europäischen Parlaments und des Rates zur Förderung der Freizügigkeit von Bürgern und Unternehmen durch die Vereinfachung der Annahme bestimmter öffentlicher Urkunden innerhalb der Europäischen Union und zur Änderung der Verordnung (EU) Nr. 1024/2012. KOM(2013)228.

29 Verordnung (EU) 2015/848 des Europäischen Parlaments und des Rates vom 20. Mai 2015 über Insolvenzverfahren, in: Amtsblatt der EU L 141 19, 5. Juni 2015, S. 19-72.

ten verpflichtet, Informationen, die grenzüberschreitende Insolvenzfälle betreffen, in einem öffentlich zugänglichen elektronischen Register bekannt zu machen.

Ausblick

Die Flüchtlingskrise und die Gefahren des Terrorismus haben Entwicklungen eingeleitet, die den Raum der Freiheit, der Sicherheit und des Rechts voraussichtlich nachhaltig verändern werden; etwa zeichnet sich eine ‚Europäisierung' von Grenzpolitik und -schutz ab. Die immer intensivere Sammlung und der sich anschließende Austausch personenbezogener Daten, von denen sowohl Drittstaatsangehörige als auch Unionsbürgerinnen und -bürger betroffen sind, ist ein zentraler Ansatz bei der Bewältigung von Konflikten in diesem Kontext. Insoweit ist die Dimension der Sicherheit angesprochen. Ob die Dimension des Grundrechtsschutzes und damit der Freiheit in gleichem Maße fortentwickelt wird, erscheint fraglich. Zwar ist die Arbeit an dem europäischen Datenschutzreformpaket abgeschlossen worden, gleichwohl stellt sich eine gewisse Ernüchterung ein: Namentlich in Bezug auf die Vielzahl weiterer Ausnahmebestimmungen und unbestimmter Rechtsbegriffe sowie Generalklauseln wird es weiterhin dem Gerichtshof der Europäischen Union obliegen, grundrechtssichernde Basisarbeit zu leisten. Das Verhältnis von Freiheit und Sicherheit bedarf im grundrechtssensiblen Bereich der polizeilichen und justiziellen Zusammenarbeit differenzierter Fortentwicklung.

Weiterführende Literatur

Stefanie Schiedermair/Anna Mrozek: Die Vorratsdatenspeicherung im Zahnräderwerk des europäischen Mehrebenensystems, in: Die Öffentliche Verwaltung 3/2016, S. 89-97.

Dorothea Magnus: Europäische Staatsanwaltschaft – Vorzüge und Schwächen des aktuellen EU-Verordnungsvorschlags, in: Zeitschrift für Rechtspolitik 6/2015, S. 181-184.

Martin S. Smagon: Schutzschirm für EU/US-Datentransfer in Strafsachen – Neues transnationales Datenschutz-Rahmenabkommen und die Auswirkungen des Safe Harbor-Urteils, in: Zeitschrift für Datenschutz 2/2016, S. 55-57.

Fritz Zeder: Justizielle Zusammenarbeit in Strafsachen nach dem Ende der Übergangsperiode: Normalität und Sonderfälle, in: Europarecht 4/2015, S. 487-498.

Regionalpolitik

Konrad Lammers[*]

Mitte 2016 befindet sich die Regionalpolitik am Ende des ersten Drittels der Förderperiode 2014 bis 2020. Nachdem Ende 2014 die Partnerschaftsvereinbarungen zwischen Europäischer Kommission und den Mitgliedstaaten abgeschlossen wurden, sind bis Ende 2015 alle darauf aufbauenden Operationellen Programme durch die Mitgliedstaaten erstellt und durch die Kommission gebilligt worden. Damit kam die programmatische Umsetzung der administrativen Vorgaben für die Regionalpolitik der aktuellen Förderperiode zum Abschluss. Wichtige regionalpolitische Aktivitäten der Europäischen Union waren im Berichtszeitraum 2015/2016 darüber hinaus die Einrichtung einer weiteren Makroregionalen Strategie und der Beschluss über eine EU-Städteagenda. Bedeutsam war ferner der Start der Investitionsoffensive für Europa im Sommer 2015, die zwar nicht regionalspezifisch ausgerichtet ist, aber wichtige Berührungspunkte mit der Regionalpolitik aufweist.

Operationelle Programme

Bis Ende 2015 sind alle vorgesehenen Operationellen Programme von der Europäischen Kommission gebilligt worden. Die Anzahl der Programme beläuft sich damit in der aktuellen Förderperiode auf 637. In den Operationellen Programmen werden die Investitionsprioritäten für jedes Land beziehungsweise jede Region gemäß den Zielen benannt, die in den zuvor abgeschlossenen Partnerschaftsabkommen festgelegt worden waren. Die einzelnen Programme beziehen sich auf die Verwendung der Mittel aus einem oder aus mehreren der fünf Europäischen Struktur- und Investitionsfonds – den sogenannten ‚ESI-Fonds':
- dem Europäischen Fonds für regionale Entwicklung (EFRE),
- dem Europäischen Sozialfonds (ESF),
- dem Kohäsionsfonds (KF),
- dem Europäischen Landwirtschaftsfonds für die Entwicklung des ländlichen Raumes (ELER),
- dem Europäischer Meeres- und Fischereifonds (EMFF).

Die Anzahl der Programme, die vom EFRE beziehungsweise vom EFRE und dem KF zusammen gefördert werden, beträgt 305. Davon beziehen sich 219 Programme auf einzelne Mitgliedsländer oder auf Regionen innerhalb von Mitgliedsländern.[1] 86 Operationelle Programme sind der grenzüberschreitenden, transnationalen oder interregionalen Zusammenarbeit gewidmet und sind damit auf mehr als einen Mitgliedstaat gerichtet. Letztere werden als Kooperationsprogramme bezeichnet.[2] Aus dem ESF werden 187 Programme gefördert,[3] 118 aus dem ELER,[4] und 27 über den EMFF.[5] Der Regionalpolitik im eigentlichen Sinne werden nur die Operationellen Programme zugerechnet, die aus dem EFRE,

---

*   Für umfangreiche Recherchen dankt der Verfasser Florian Kommer.

1   Europäische Kommission: Regionalpolitik. In Ihrem Land. Programme, abrufbar unter: http://ec.europa.eu/regional_policy/de/atlas/programmes?search=1&keywords=&periodId=3&countryCode=ALL&regionId=ALL&objectiveId=ALL&tObjectiveId=ALL (letzter Zugriff: 20.7.2016).

2   Auch angrenzende Nichtmitgliedstaaten können in Kooperationsprogramme einbezogen sein.

dem ESF oder dem KF Mittel erhalten, weil der Einsatz dieser Fonds an regionalen Disparitäten oder anderen regionalen Spezifika ausgerichtet ist. Die Mittel aus dem ELER und dem EMFF werden von der Kommission nicht der Regionalpolitik zugeordnet, obwohl aus dem ELER explizit der „ländliche Raum" gefördert wird oder im Falle des EMFF mit der Förderung des Fischereisektors spürbare Effekte in den Regionen verbunden sind, in der Fischerei betrieben wird.[6]

Auch wenn seit Ende 2015 alle Operationellen Programme angenommen worden sind, ist der Verhandlungsprozess zwischen der Kommission und den Mitgliedstaaten über die Umsetzung der vorgesehenen Maßnahmen noch nicht abgeschlossen. In der aktuellen Förderperiode wurden sogenannte ‚Ex-ante-Konditionalitäten' eingeführt. Diese besagen, dass ein ausreichender regulatorischer und strategischer Rahmen auf der nationalen oder regionalen Ebene vorhanden sein muss, in den sich die zur Unterstützung vorgesehenen Projekte konsistent einfügen lassen. Ferner müssen die Verwaltungskapazitäten ausreichend sein, um die Förderung effizient umzusetzen. Bevor diese Bedingungen nicht erfüllt sind, kann eine Investition nicht gefördert werden. Zwar waren zum Zeitpunkt der Annahme der Programme etwa 75 Prozent der Ex-ante-Konditionalitäten erfüllt. Für die fehlenden Konditionalitäten wurden Aktionspläne zu deren Erfüllung vereinbart, denen bis Ende 2016 entsprochen werden muss. Wenn dies nicht der Fall ist, muss die Kommission entscheiden, ob sie die Finanzierung betreffender Projekte in einzelnen Programmen streicht.[7]

Makroregionale Strategien

Im Berichtsjahr sind zu den drei schon bestehenden makroregionalen Strategien für den Ostseeraum (seit 2009), die Strategie für den Donauraum (seit 2011) und die Strategie für das adriatisch-ionische Meer (seit 2014) eine vierte makroregionale Strategie, die für den Alpenraum, hinzugekommen. Eine makroregionale Strategie soll einen Handlungsrahmen abstecken, um Herausforderungen und Chancen in einem bestimmten geographisch abgegrenzten Raum, der mehrere Mitgliedsländer (oder Teile von ihnen) und auch Drittländer (oder Teile von ihnen) umfasst, durch länderübergreifende Kooperationen zu begegnen beziehungsweise zu nutzen. Makroregionale Strategien werden vom Europäischen Rat initiiert und müssen von ihm letztlich angenommen werden. Der Kommission obliegt die Aufgabe, die Strategien unter Beteiligung der betreffenden Staaten auszuarbeiten. Für

---

3   Europäische Kommission: Beschäftigung, Soziales und Integration. Europäischer Sozialfonds. Operationelle Programme, abrufbar unter: http://ec.europa.eu/esf/main.jsp?catId=576&langId=de (letzter Zugriff: 20.7.2016).

4   European Commission: Agriculture and Rural Development. Rural development 2014-2020. Country files, abrufbar unter: http://ec.europa.eu/agriculture/rural-development-2014-2020/country-files/index_ en.htm (letzter Zugriff: 20.7.2016).

5   European Commission: Fisheries. CFP. EMFF. Country files, abrufbar unter: http://ec.europa.eu/fisheries/ cfp/emff/country-files/index_en.htm (letzter Zugriff: 20.7.2016).

6   Es gibt keine zusammenfassende Übersicht über alle Operationellen Programme. Stattdessen dokumentieren einzelne Generaldirektionen diejenigen Operationellen Programme, die aus den von ihnen verwalteten Fonds gespeist werden. Die Generaldirektion Regionalpolitik und Stadtentwicklung ist für die EFRE und den KF zuständig, die Generaldirektion Beschäftigung, Soziales und Integration für den SF, obwohl die Mittel aus diesem Fonds der Regionalpolitik zugeordnet sind. Für den ELER und den EMFF ist die Generaldirektion Landwirtschaft und ländliche Entwicklung zuständig. Die verschiedenen Zuständigkeiten machen es schwierig, einen umfassenden Überblick über alle Programme zu erhalten.

7   Europäische Kommission: Mitteilung der Kommission. Investitionen in Beschäftigung und Wachstum – Maximierung des Beitrags der europäischen Struktur- und Investitionsfonds, COM (2015) 639 final.

makroregionale Strategien gelten die sogenannten drei ‚Nein': Für sie werden keine neuen Institutionen errichtet; es gibt für sie keine neuen Rechtsvorschriften; die Europäische Union stellt keine zusätzlichen Mittel bereit. Das letztgenannte ‚Nein' bedeutet, dass Maßnahmen, die im Rahmen einer makroregionalen Strategie durchgeführt werden, aus bestehenden Töpfen, das heißt aus den ESI-Fonds oder nationalen Budgets, finanziert werden müssen. Der übergeordnete Leitgedanke makroregionaler Strategien ist es, spezifische regionale Charakteristika und Herausforderungen bei der Umsetzung von EU-Politiken, was insbesondere die Verwendung aus den ESI-Fonds einschließt, zu berücksichtigen. Damit soll dem sogenannten ‚ortsbezogenen' Politikansatz bei der Umsetzung von raumwirksamen Politiken Rechnung getragen werden, wie unter anderem in der Territorialen Agenda 2020 der Europäischen Union gefordert.

Die Alpenraumstrategie (EUSALP) wurde im November 2015 vom Rat der Europäischen Union gebilligt. Sie umfasst sieben Länder (beziehungsweise Teile von ihnen): fünf Mitgliedstaaten (Deutschland, Österreich, Frankreich, Italien und Slowenien) und zwei Drittstaaten (Liechtenstein und die Schweiz) mit 48 Regionen, in denen etwa 70 Mio. Menschen leben und durch die vier von neun europäischen Verkehrskorridoren verlaufen.[8] Im Januar 2016 fand die EUSALP-Auftaktkonferenz im slowenischen Brdo statt. Sie führte unter der Initiative und Mitwirkung der Kommission nationale und regionale Akteure aus dem Alpenraum zusammen und läutete die Durchführungsphase ein, indem über Arbeitsmethoden und Verwaltungsfragen der Strategie beraten wurde.[9]

EU-Städteagenda

In der aktuellen Förderperiode sind die Städte verstärkt in das Blickfeld der Europäischen Kommission gerückt. Damit mag man der Erwartung entsprochen haben, die durch die Umbenennung der Generaldirektion „Regionalpolitik" in „Regionalpolitik und Stadtentwicklung" im Jahr 2012 geweckt worden war. 2014 legte die Kommission in einer Mitteilung eine Bestandsaufnahme über die Bedeutung von Städten für die wirtschaftliche Entwicklung und über die Probleme von Städten sowie über die bisherigen Bemühungen für eine Berücksichtigung städtischer Belange in den EU-Politiken vor. In der Mitteilung stellte die Kommission heraus, dass es ein vielstimmiges Interesse an einer EU-Städteagenda gäbe, umriss die möglichen Inhalte einer solchen Agenda, rief zu einer Debatte über eine zu entwickelnde Städteagenda auf und leitete den entsprechenden Konsultationsprozess ein.[10] Im Juni 2015 stellte die Kommission die Ergebnisse dieses Prozesses vor.[11] Am 30. Mai 2016 wurde dann auf einem informellen Treffen der zuständigen Minister für städtische Fragen der sogenannte ‚Pakt von Amsterdam' angenommen, der die wichtigsten Grundsätze der Städteagenda für die Europäische Union benennt.[12] An dem Treffen

---

8   EU Strategy for the Alpine Region: Über EUSALP, abrufbar unter: http://www.alpine-region.eu/austria/about-eusalp.html (letzter Zugriff: 20.7.2016).
9   European Commission: Regional Policy. Policy Cooperation. Macro-regional strategies. Alpine Region Strategy, abrufbar unter: http://ec.europa.eu/regional_policy/en/policy/cooperation/macro-regional-strategies/alpine/ (letzter Zugriff: 20.8.2016).
10 Europäische Kommission: Mitteilung der Kommission an das Europäische Parlament, den Rat, den Europäischen Wirtschafts- und Sozialausschuss und den Ausschuss der Regionen. Die städtische Dimension der EU-Politikfelder – Kernpunkte einer EU-Städteagenda, COM (2014) 490 final.
11 European Commission: Commission Staff Working Document. Results of the Public Consultation on the Key Features of an EU Urban Agenda, SWD (2015) 109 final/2.
12 Europäische Kommission: Pressemitteilung. Die Städteagenda für die EU: Die europäischen Städte erhalten Mitspracherecht bei der Politikgestaltung der EU, 30. Mai 2016, Dok. IP/16/1924.

nahmen neben den zuständigen Minister der EU-Mitgliedstaaten, Vertreter der Kommission und anderer EU-Institutionen (zum Beispiel des Ausschusses der Regionen) sowie Vertreter europäischer Städte teil. Am 24. Juni hat der Europäische Rat die im Pakt von Amsterdam enthaltene Städteagenda begrüßt und alle relevanten Akteure (Kommission, Mitgliedstaaten, regionale und lokale Behörden, Europäisches Parlament, Ausschuss der Regionen, Wirtschafts- und Sozialausschuss, Europäische Investitionsbank) dazu aufgefordert beziehungsweise ersucht, alles im jeweiligen Geschäftsbereich Liegende zu tun, um die Städteagenda zum Erfolg zu führen.[13]

Hintergrund der Bemühungen um eine Städteagenda auf EU-Ebene ist einerseits die Tatsache, dass Städte eine enorme Bedeutung für die wirtschaftliche Entwicklung der Europäischen Union haben. Die Kommission stellt heraus, dass fast 70 Prozent der EU-Bevölkerung in Städten leben. Andererseits seien Städte Brennpunkte wirtschaftlicher, sozialer, ökologischer und demographischer Probleme, in denen sich die genannten Probleme zumeist in ihren extremen Ausprägungen zeigen. Eine EU-Städteagenda solle die Möglichkeit bieten, dass die Städte ihre Belange und Sachkenntnisse in die Entwicklung und Umsetzung von EU-Strategien einbringen können. Dadurch solle es möglich werden, EU-Strategien besser auf die besonderen Gegebenheiten von Städten abzustimmen.[14]

Im Pakt von Amsterdam ist nun festgehalten, dass im Rahmen von zwölf thematischen Partnerschaften Aktionspläne für integrierte Politiken für zentrale städtische Problemlagen entwickelt und umgesetzt werden. Die Themen der Partnerschaften sind: Integration von Migranten und Flüchtlingen (1), Luftqualität (2), Armut in den Städten (3), Wohnungsbau (4), Kreislaufwirtschaft (5), Jobs und Fähigkeiten in der lokalen Wirtschaft (6), Anpassung an den Klimawandel (7), Energiewende (8), Nachhaltige Landnutzung und naturbasierte Lösungen (9), Städtische Mobilität (10), Digitaler Wandel (11), Innovative und verantwortungsvolle Vergabe öffentlicher Aufträge (12). Im Rahmen von Pilotprojekten sind die Arbeiten zu den Themen (1), (2), (3), und (4) aufgenommen worden. Die übrigen Partnerschaften sollen ab Ende 2016 bis Sommer 2017 eingerichtet werden. Die Aktionspläne für die thematischen Partnerschaften haben zum Ziel, für eine wirksamere und kohärente Umsetzung der bestehenden EU-Strategien in den Städten unter anderem in den Bereichen Umwelt, Verkehr und Beschäftigung zu sorgen. Ferner soll der Zugang zu EU-Finanzmitteln sowie deren Kombination aus den verschiedenen EU-Fonds erleichtert sowie das Wissen über städtische Probleme sowie der Austausch bewährter Verfahren verbessert werden.[15]

Die stärkere Fokussierung der Europäischen Union auf städtische Belange hat Befürchtungen aufkommen lassen, diese gehe auf Kosten der Unterstützung der ländlichen Räume.[16] Dem ist grundsätzlich entgegenzuhalten, dass die Europäische Union bei einer Umsetzung ihrer Strategien und Politiken den gesamten EU-Wirtschaftsraum im Auge behalten muss, wenn ihre Politiken die größtmögliche Wirkung entfalten sollen. Das gilt unabhängig davon, wie sinnvoll oder wirksam einzelne Strategien oder Politiken sind. Mit

---

13 Europäischer Rat: Pressemitteilung. Schlussfolgerungen des Rates zu einer Städteagenda für die EU, 24. Juni 2016, Dok. 382/16.
14 Europäische Kommission: Pressemitteilung. EU- Städteagenda: Kommission stellt Ergebnisse der öffentlichen Konsultation vor, 2. Juni 2015, Dok. IP/15/5096.
15 Europäische Kommission: Pressemitteilung. Die Städteagenda für die EU, 2016.
16 Ausschuss der Regionen: Arbeitsdokument. Fachkommission für Kohäsionspolitik und EU-Haushalt. Konkrete Schritte zur Umsetzung der EU-Städteagenda, 11. Dezember 2015, COTER-VI/010.

der Städteagenda werden zudem keine besonderen Fördertöpfe für Städte eingerichtet. Die Europäische Union tritt auch nicht als städtischer Akteur auf. Ähnlich wie bei den Makro-regionalen Strategien geht es um das Bemühen, einen ortsbezogenen Politikansatz zu verfolgen und in finanzieller Hinsicht darum, bestehende Fördermöglichkeiten besser zu nutzen sowie die Zusammenarbeit regionaler – hier städtischer – Akteure bei der Bewälti-gung gemeinsamer Probleme zu unterstützen. Lediglich der dazu notwendige administrati-ve Aufwand kann durch EU-Mittel aus bestehenden Fonds unterstützt werden. Im Gegen-satz zu den Städten erhalten ländliche Räume hingegen spezifische Fördermittel, so aus dem ELER.

Regionalpolitik und Investitionsoffensive für Europa

Um die Investitionstätigkeit in der Europäischen Union zu steigern, ist auf Initiative von Kommissionspräsident Jean-Claude Juncker im Sommer 2015 eine Investitionsoffensive für Europa gestartet worden. Sie verfolgt drei Ziele: erstens Beseitigung von Investitions-hindernissen durch eine Vertiefung des Binnenmarktes, zweitens Unterstützung von Inves-titionsvorhaben durch Öffentlichkeitsarbeit sowie technische Unterstützung bei der Verwirklichung von Investitionsvorhaben einschließlich des Zugangs zu Finanzierungs-quellen und drittens intelligentere Nutzung neuer und bestehender finanzieller Ressourcen. Im Zusammenhang mit dem letztgenannten Punkt ist der Europäische Fonds für strategi-sche Investitionen (EFSI) eingerichtet worden, der das ‚Herzstück' der Offensive ausmacht.[17] Mit dem Start der Investitionsoffensive und der Etablierung eines weiteren Fonds zur Finanzierung von Investitionen in der Europäischen Union stellt sich die Frage, wie diese Initiative im Verhältnis zur Regionalpolitik einzuordnen ist; letztere stellt ja gemäß früheren Bekundungen der Europäischen Union die Hauptinvestitionspolitik der Union dar.[18]

Was die ersten beiden Ziele angeht, so gelten sie ausdrücklich auch für die Regional-politik. Was das dritte Ziel und in diesem Zusammenhang insbesondere die Einrichtung des EFSI betrifft, so gibt es wichtige Unterschiede zwischen diesem Fonds und den ESI-Fonds.

In den EFSI fließen 8 Mrd. Euro aus dem Haushalt der Europäischen Union. Die Mittel stehen der Europäischen Investitionsbank (EIB) zur Verfügung, die diese zur Absicherung ihrer Kreditaufnahmen einsetzt und in deren Händen auch die Vergabe von Krediten oder die Gewährung anderer Finanzierungshilfen an potentielle Investoren liegt. Zusammen mit Eigenmitteln der EIB soll der EFSI Investitionsrisiken in Höhe von 21 Mrd. Euro ab-decken können. Die Kommission unterstellt, dass damit innerhalb von drei Jahren Investi-tionen in Höhe von 315 Mrd. Euro ausgelöst werden könnten, die ohne diese Unterstüt-zung nicht zustande gekommen wären. Besonders angesprochen werden sollen durch die Förderung Investoren von Infrastrukturprojekten sowie kleine und mittlere Unternehmen (KMU) und sogenannte ‚Midcaps' (Unternehmen mit 250 bis 3000 Beschäftigten).[19]

---

17 Europäische Kommission: Factsheet. Die Investitionsoffensive für Europa – Fragen und Antworten. Brüs-sel, 20. Juli 2015, MEMO/15/5419.

18 Konrad Lammers: Europäische Regionalpolitik, in: Akademie für Raumforschung und Landeskunde (Hrsg.): Handwörterbuch der Stadt- und Raumentwicklung, im Erscheinen.

19 Europäische Kommission: Die Investitionsoffensive für Europa: ein Jahr Europäischer Fonds für strategi-sche Investitionen (EFSI) – häufig gestellte Fragen, Factsheet, 2015, Brüssel, 1. Juni 2016, MEMO/16/1967.

Die Unterschiede zwischen den ESI-Fonds und dem EFSI liegen in den Vergabekriterien, dem Charakter der geförderten Projekte sowie in den Wegen und der Art der Finanzierung. Was die Vergabekriterien anbelangt, so werden die Mittel aus den ESI-Fonds von den Verwaltungsbehörden in den Mitgliedstaaten gemäß den Operationellen Programmen eingesetzt, die für sie explizit erstellt worden sind. Da den Operationellen Programmen regionale oder sektorale Abgrenzungsmerkmale zugrunde liegen, werden über die ESI-Fonds Investitionen in bestimmten Regionen oder auch in einem spezifischen Sektor, der Fischerei, gefördert. Der EFSI hingegen stellt Mittel für Projekte bereit, die keinerlei regionaler oder sektoraler Einschränkungen unterliegen. Entscheidend ist vielmehr die Nachfrage nach den angebotenen Finanzierungsinstrumenten, egal wo und in welchem Sektor die Investitionen in der Europäischen Union realisiert werden sollen.

Im Hinblick auf den Charakter der geförderten Projekte besteht ein wichtiger Unterschied darin, dass aus den ESI-Fonds sowohl private Investitionen mit Gewinnabsichten als auch Projekte mit dem Charakter von Öffentlichen Gütern gefördert werden können. Mit Mitteln des EFSI können hingegen ausschließlich erstere unterstützt werden.

Was schließlich Wege und Art der Finanzierung betrifft, so werden aus den ESI-Fonds ganz überwiegend Finanzhilfen gewährt. Die entsprechenden Mittel werden von der Kommission den Mitgliedstaaten oder deren regionalen Gebietskörperschaften zugewiesen, denen die Weiterleitung an die Empfänger obliegt. Der EFSI hingegen stellt Mittel der EIB bereit, die diese für Instrumente zur Risikofinanzierung (Darlehen, Garantien, Eigenkapitalhilfen) von Investitionsprojekten verwendet, ohne dass nationale oder regionale Behörden eingeschaltet sind. Im Übrigen ist eine kombinierte Förderung aus beiden Programmen möglich, sofern ein Projekt die Kriterien für eine Finanzierung sowohl aus einem der ESI-Fonds als auch aus dem EFSI erfüllt.[20]

Weiterführende Literatur

Christiane Krieger-Boden: EU Cohesion Policy, Past and Present: Sustaining a Prospering and Fair European Union? Kiel Working Papers No. 2037, Januar 2016.

Konrad Lammers: Europäische Regionalpolitik, in: Akademie für Raumforschung und Landeskunde (Hrsg.): Handwörterbuch der Stadt- und Raumentwicklung, im Erscheinen.

---

20 Walter Deffaa: The New Generation of Structural and Investment Funds – More Than Financial Transfers?, in: Intereconomics – Review of European Economic Policy 3/2016, S. 155-163, hier: S. 162.

Sportpolitik

Jürgen Mittag

Die europäische Sportpolitik der vergangenen Monate stand im Zeichen der Debatten um Good Governance und Integrität im organisierten Sport. Der Umstand, dass mit Michel Platini (UEFA) und Patrick Hickey (European Olympic Committee EOC) zwei der profiliertesten Vertreter des organisierten Sports auf europäischer Ebene ihre Ämter aufgeben beziehungsweise ruhen lassen mussten, dokumentiert die akuten Schwierigkeiten und Herausforderungen, mit denen namentlich die internationalen Sportorganisationen konfrontiert sind. Als Lösung wird nicht allein auf einen Wechsel einzelner Führungspersönlichkeiten gesetzt, sondern auch auf grundsätzliche Strukturreformen der internationalen Sportorganisationen, die indes – wie das Beispiel FIFA zeigt – kaum von innen heraus, also allein durch den organisierten Sport zu bewältigen sind. Vor diesem Hintergrund dürfte auch nach Wahl des Slowenen Aleksander Ceferin zum neuen UEFA-Präsidenten die Debatte um das Ausmaß staatlicher Intervention und Kontrolle im Sport weiter anhalten.

Der organisierte Sport auf europäischer Ebene

Die Entwicklung des organisierten Sports ist durch anhaltende Mobilisierung und Differenzierung, aber auch durch die Suche nach geregelten Einflusskanälen und Koordinationsformen auf europäischer Ebene gekennzeichnet. In immer mehr Bereichen des Sports bilden sich Dachverbände und Foren auf europäischer Ebene: Besondere Bedeutung kommt dabei dem EU-Büro des Europäischen Olympischen Komitees (EOC) zu, das unter Leitung von Folker Hellmund in der Brüsseler Avenue de Cortenbergh den wichtigsten Repräsentanten im ‚House of European Sport' stellt. Neu hinzugekommen ist im Herbst 2015 in der Avenue des Arts in Brüssel ein weiteres ‚House of Sport', das Verbände und Interessenorganisationen wie EuropeActive (European Health and Fitness Association), FESI (Federation of the European Sporting Goods Industry), ICSS (International Centre for Sport and Security) und den europäischen Thinktank Sport & Citizenship beherbergt, aber auch den Rahmen für Organisationen wie ACES Europe (European Capitals and Cities of Sport Federation), EMCA (European Multisport Club Association), EHLA (European Healthy Lifestyle Alliance), FEDAS (Federation of European Sport Retailers), EFCS (European Federation of Company Sports) and EPSI (European Platform for Sport Innovation) bildet.

Sport-Agenda der EU-Institutionen

Die staatliche Sportpolitik auf europäischer Ebene ist durch hohe Konstanz gekennzeichnet. Im Rat der Europäischen Union lag die Federführung im vergangenen Jahr bei der luxemburgischen und niederländischen Ratspräsidentschaft. Zu den Prioritäten der luxemburgischen Ratspräsidentschaft im zweiten Halbjahr 2015 zählte neben der Förderung der körperlichen Aktivität von Kindern und Jugendlichen auch die Rolle der Europäischen Union im Board der Welt-Anti-Doping-Agentur (WADA) sowie die Unterzeichnung der Konvention des Europarates zur Bekämpfung von Spielmanipulationen. Letztere ist mittlerweile von 21 Staaten, darunter zwölf EU-Staaten, unterzeichnet, bislang aber lediglich von Portugal ratifiziert worden. Die luxemburgischen Aktivitäten spiegeln sich auch in den Ergebnissen des Sportministerrates vom 23./24. November 2015, der den organisierten Sport aufforderte, verstärkt nicht-wettbewerbsorientierte Aktivitäten für Kinder anzubieten und die Zusammenarbeit mit Kommunen zu intensivieren. Die niederländische Ratspräsidentschaft, die im Januar 2016 begann, befasste sich eingehend mit der Integrität des Sports und widmete der Vergabe von Großsportveranstaltungen besondere Aufmerksamkeit. Gefordert wurde in diesem Zusammenhang seitens des Rates der Europäischen Union unter anderem

> „einen Katalog mit realistischen Anforderungen in der Ausschreibungsphase von Sportgroßveranstaltungen, einschließlich transparenter Auswahlverfahren und relevanter Auswahlkriterien für die Vergabe von Sportgroßveranstaltungen, in Bezug auf spezifische Integritätsaspekte wie Menschenrechte, einschließlich Kinderrechte, Arbeitnehmerrechte und Gleichstellung von Männern und Frauen (…) auszuarbeiten und zu veröffentlichen."[1]

Mit einer Konferenz zum Thema „Bildung im und durch den Sport – jenseits von Grenzen" markierte die slowakische Präsidentschaft bereits im Juli 2016 ihr sportpolitisches Leitmotiv für die kommenden Monate. Die fünf Arbeitsgruppen des Rates markieren unverändert die zentrale Arbeitsebene des Sports auf europäischer Ebene. In den Arbeitsgruppen treffen Mitgliedstaaten und organisierter Sport sowie Vertreter der EU-Institutionen zusammen, um Grundlagen für künftige Aktivitäten zu erarbeiten. Seitens der einzelnen Arbeitsgruppen sind umfassende Bestandsaufnahmen des aktuellen Arbeitsplans (2014 bis 2017) des Rates zum Sport in Vorbereitung, in denen nicht zuletzt eine stärkere Vernetzung der Aktivitäten angemahnt wird, aber auch die Frage nach den Einfluss- und Gestaltungsmöglichkeiten einer primär auf Stellungnahmen und ‚best practice'-Beispielen basierenden Sportpolitik hinterfragt wird.

Ihre Ergänzung finden die Arbeitsgruppen des Rates in den beiden von der Europäischen Kommission initiierten, zeitlich befristet agierenden ‚High-Level-Groups' zu den Themen Sportdiplomatie und Breitensport. Die Gruppe zur Sportdiplomatie hat bislang die Themen EU-Nachbarschaftspolitik, Entwicklungspolitik, Sportgroßveranstaltungen und Wissensaufbau in den EU-Institutionen behandelt.[2] Die High-Level-Group zum Breitensport befasste sich hingegen bislang mit der gesundheitlichen Bedeutung des Breitensports, dem Ehrenamt im Sport und informellem Lernen.

Gemeinsam wurde von Kommission und niederländischer Ratspräsidentschaft das jährliche EU-Sportforum organisiert, das am 9. und 10. März 2016 in Den Haag stattfand. Thematisch standen hier die Themen Good Governance, der digitale EU-Binnenmarkt und der künftige EU-Arbeitsplan Sport im Blickfeld. Kontrovers diskutiert wurde die im September 2015 erstmals durchgeführte Europäische Woche des Sports, mit der die Kommission für eine Stärkung von Sport und körperlicher Aktivität wirbt. Offiziell gemeldet wurden über 7.000 Veranstaltungen mit mehr als fünf Mio. Teilnehmenden in ganz Europa. Während der Evaluationsbericht vor diesem Hintergrund von einem Erfolg

---

1   Siehe Entwurf von Schlussfolgerungen des Rates und der im Rat vereinigten Vertreter der Regierungen der Mitgliedstaaten zur Erhöhung der Integrität, Transparenz und Good Governance von Sportgroßveranstaltungen vom 19. Mai 2016, Dok. 9069/16.
2   Siehe Report to Commissioner Tibor Navracsics: High Level Group on Sport Diplomacy, June 2016, abrufbar unter: http://ec.europa.eu/sport/library/policy_documents/hlg-sport-diplomacy-final_en.pdf (letzter Zugriff: 7.10.2016).

spricht,[3] fiel die mediale Resonanz und die Beteiligung des organisierten Sports jedoch verhalten aus – nicht zuletzt auch in Brüssel, wo das ‚Sport Village' nur begrenzte Begeisterung wecken konnte.

Neben der Förderung von Sport und Bewegung aus gesundheitlichen Erwägungen ist die Europäische Kommission weiterhin in die Klärung von Streitpunkten im professionellen Sport eingebunden. Dabei geht es in der Regel um die Geltung der Bestimmungen des Binnenmarkts und der Arbeitnehmerfreizügigkeit. Dies spiegelt sich in den zahlreichen Feldern wider, in denen die Kommission unter anderem Verfahren eingeleitet hat oder von Akteuren aus dem Sport um Klärung ersucht wurde. So hat die Kommission entschieden, ein förmliches Kartellverfahren gegen die Internationale Eislauf-Union (ISU) einzuleiten. Den Ausgangspunkt hierfür markierte die Frage, ob Verbandsregeln zulässig sind, die Athleten mit dem Ausschluss von Wettbewerben bestrafen, wenn sie an Wettkämpfen teilnehmen, die von anderen Ausrichtern, jenseits der ISU, organisiert werden. In einem anderen Fall baten die Formel-1-Teams Sauber und Force India die EU-Wettbewerbsgeneraldirektion um eine Prüfung von Sonderzahlungen der Veranstalter an einzelne Rennställe, die eine potenziell unzulässige Wettbewerbsverzerrung darstellen könnten. Ein wiederum anderes Problemfeld berührte die Entscheidung der Kommission im Juni 2016, sieben spanische Fußballclubs anzuhalten, unzulässige staatliche Beihilfen in Millionenhöhe zurückzahlen. Zeitgleich billigte die Kommission aber auch Beihilfen für niederländische Proficlubs, da sie mit einem realistischen Plan zu deren Umstrukturierung verbunden waren. Allen Fällen lag dabei die zentrale Frage europäischer Sportpolitik zugrunde, ob der Sport spezifischen Charakter und besondere Rechte besitze und inwieweit Ausnahmen beim EU-Wettbewerbs- und Kartellrecht zulässig sind.

Seitens des Europäischen Parlaments wurde der Integritätsfrage ebenfalls rege Aufmerksamkeit beigemessen. So wurde unter anderem am 6. April 2016 eine Konferenz zum Thema Spielmanipulation abgehalten, die von der interfraktionellen ‚Sport Intergroup' ausgerichtet wurde. Dass die europäische Sportpolitik nicht losgelöst von den allgemeinpolitischen Entwicklungen erfolgt, dokumentieren die im Rahmen des Europäischen Parlaments geführten Debatten über die Folgen von Flüchtlingskrise und dem sogenannten ‚Brexit', dem Austritt Großbritanniens aus der Europäischen Union, auf den Sport. Im Lichte der Bedeutung des Sports für die Gesellschaft ist auch das gemeinsam vom Europäischen Parlament und der European Non-Governmental Sports Organisation durchgeführte Hearing zur Zukunft des Breitensports in Europa zu sehen.

Schlussfolgerungen

In den wissenschaftlichen Debatten über die europäische Sportpolitik rückt neben einer wachsenden Zahl von policy-bezogenen Einzelfragen vor allem die grundsätzliche Frage nach den Einflusskanälen im Sport auf europäischer Ebene in den Mittelpunkt. Während Kritiker monieren, dass die Programmaktivitäten im Zuge von ‚Erasmus+' und der strukturierte Dialog zwischen organisiertem Sport und EU-Institutionen die bestehenden Organisationen einseitig begünstige und eine Elitenbildung auf europäischer Ebene forciere, mahnen andere eine stärkere Konzentration auf Kernthemen und -akteure an, um einer anhaltenden Fragmentierung entgegenzuwirken.

---

3   Siehe Europäische Kommission: #Be Active: European Week of Sport 2015 – Evaluation Report, December 2015, abrufbar unter: http://ec.europa.eu/sport/library/documents/ewos-2015-evaluation-report_en.pdf (letzter Zugriff: 7.10.2016).

Angesichts einer sich zunehmend ausdifferenzierenden europäischen Sportpolitik verstärkt der organisierte Sport weiterhin seine Aktivitäten zur Professionalisierung: Besondere Beachtung fanden hierbei zuletzt der ‚European Handball-Manager', ein gemeinsamer universitärer Weiterbildungsmaster der Kölner Sporthochschule und der Europäischen Handball Föderation sowie die verschiedenen Projekte zur Implementierung von Good Governance-Aktivitäten im organisierten Sport. Seitens der Wissenschaft wird dem europäischen Sport ebenfalls verstärkte Bedeutung beigemessen.

Weiterführende Literatur

Arnout Geeraert: The EU in international sports governance. A principal-agent perspective on EU control of FIFA and UEFA, Basingstoke/New York 2016.

Wolfram Pyta/Nils Havemann (Hrsg.): European Football and Collective Memory, Houndmills 2015.

Jeroen Scheerder/Koen Breedveld (Hrsg.): Running across Europe: The Rise and Size of One of the Largest Sport Markets, Houndmills 2015.

Tourismuspolitik

Anna-Lena Kirch

Die europäische Tourismusbranche war im vergangenen Jahr nicht nur mit langfristigen Herausforderungen konfrontiert (demographischer Wandel, Digitalisierung, Konkurrenz durch Drittstaaten etc.), sondern auch mit der Flüchtlingskrise, militärischen Konflikten in der Ukraine und der Region Nahost und Nordafrika (MENA) sowie einer erhöhten Terrorgefahr. Vor dem Hintergrund des andauernden europäischen Krisenmodus gab es keine substanziellen neuen politischen Impulse und Initiativen der Europäischen Union im Bereich Tourismus.

Das Europäische Parlament veröffentlichte im September 2015 unter Federführung von Isabella De Monte (S&D) einen Initiativbericht, in dem es die Europäische Kommission dazu aufforderte, das Parlament über die Implementierung bisheriger Zielvorgaben – etwa im Zusammenhang mit dem Aktionsplan der Kommission aus dem Jahr 2010[1] oder der Tourismusförderung durch verschiedene EU-Finanzierungstöpfe – zu informieren und sich stärker tourismuspolitisch zu positionieren, beispielsweise durch die Erarbeitung europäischer Pilotprojekte im Tourismussektor.[2] Das Parlament setzte sich insbesondere für eine neue EU-weite Tourismusstrategie in Kombination mit einem gesonderten EU-Budget im Mehrjährigen Finanzrahmen und einem festen Personalstock zur Tourismusförderung ein, um europäische Tourismuspolitik als eigenständiges Politikfeld zu etablieren und konsequenter voranzutreiben. Bislang veröffentlichte die Europäische Kommission jedoch kein neues, umfassendes Grundsatzdokument. Ihr Engagement beschränkte sich im Wesentlichen auf Konsultationen mit Stakeholdern und die Implementierung bestehender Instrumente und Initiativen, in denen Tourismuspolitik als ein Querschnittthema behandelt wird.

Investitionen in den europäischen Tourismussektor

Neben einem Mangel an neuen EU-Initiativen zur besseren Koordinierung nationaler Tourismuspolitiken und einer Stärkung der EU-Dimension verlief bisher auch die Implementierung des Europäischen Fonds für strategische Investitionen (EFSI) – besser bekannt als Juncker-Plan – schleppend, was zu einem großen Teil auf das Fehlen geeigneter Projekte zurückgeführt werden kann. Kommissar Jyrki Katainen, zuständig für Arbeit, Wachstum, Investitionen und Wettbewerb, kündigte in diesem Zusammenhang im Juni 2016 an, kleinere Tourismusprojekte in Südeuropa zu Paketen zu bündeln und in einem zentralen EU-Portal (Europäisches Investitionsvorhabenportal) zu präsentieren, um sie für Investoren attraktiver zu machen und damit den erwünschten Investitionsschub doch noch herbeizuführen.[3] Insbesondere zur nachhaltigen Konsolidierung von Ländern wie Grie-

---

1 Europäische Kommission: Europa – wichtigstes Reiseziel der Welt: ein neuer politischer Rahmen für den europäischen Tourismus KOM(2010) 352 endgültig.

2 European Parliament: Report on new challenges and concepts for the promotion of tourism in Europe, 22 September 2015, 2014/2241(INI).

3 European Commission: Keynote speech by Vice-President Katainen, Brussels Economic Forum 9 June, abrufbar unter: http://europa.eu/rapid/press-release_SPEECH-16-2125_de.htm (letzter Zugriff 30.9.2016).

chenland, Spanien und Italien, die nicht nur von der Euro-Krise, sondern auch der Flüchtlingskrise stark betroffen sind, spielt der Tourismussektor eine herausgehobene Rolle und birgt großes Wachstumspotenzial.

Neben dem EFSI wurden europäische Maßnahmen zur Ankurbelung von Wachstum, Beschäftigung und nachhaltiger Innovation im Jahr 2015/2016 – wie bereits im Vorjahr – über weitere EU-Fördertöpfe wie das COSME-Rahmenprogramm oder Horizont 2020 finanziert.

Digitaler Tourismusmarkt

Schwerpunktthemen im europäischen Diskurs waren 2015/2016 insbesondere die fortschreitende Digitalisierung des Tourismusmarkts sowie insbesondere Risiken und Chancen der wachsenden ‚Sharing Economy', die durch Plattformen wie Airbnb zur Wohnraumvermittlung oder Uber zur Vermittlung von Fahrdiensten einen zunehmend großen Einfluss auf die europäische Tourismusbranche ausübt. Um sich im Spannungsfeld zwischen wirtschaftlichem Wachstumspotenzial, Einbußen für die Hotel-, Taxi- und Reiseanbieterbranche sowie Risiken für den Verbraucherschutz zu positionieren, legte die Europäische Kommission im Juni 2016 Leitlinien für den künftigen Umgang mit Online-Plattformen wie dem Wohnraumvermittler Airbnb oder dem Online-Fahrdienstvermittler Uber vor. Darin stärkt die Kommission unter Berufung auf das Innovationspotenzial der Online-Portale die Ausgangsposition der ‚Sharing Economy' und warnt die EU-Mitgliedstaaten vor nationalen Verboten und unnötig strikten Marktzugangsbeschränkungen.[4]

Koordinierungsmaßnahmen zur Förderung der Tourismusbranche

Die Kommission war in zahlreichen Initiativen zur Koordinierung nationaler Tourismuspolitiken und zum Austausch bewährter Praktiken involviert, indem sie Gelegenheiten zum Austausch zwischen EU-Mitgliedstaaten, europäischen Regionen und sonstigen privaten und öffentlichen Stakeholdern schuf – beispielsweise im Rahmen des Europäischen Tourismus Forums in Luxemburg oder des Europäischen Tourismustages in Brüssel. Inhaltliche Schwerpunkte lagen unter anderem auf der Steigerung von EU-Investitionen, nachhaltigem Tourismus, Visapolitik sowie Digitalisierung und Sharing Economy.

Weiterführende Literatur

Maria Juul: Tourismus und die Europäische Union: Jüngste Trends und politische Entwicklungen, 2015, abrufbar unter: http://www.europarl.europa.eu/thinktank/en/document.html?reference=EPRS_IDA(2015)568343 (letzter Zugriff: 30.6.2016).

---

4   European Commission: A European agenda for the collaborative economy COM(2016) 356 final.

Umwelt- und Klimapolitik

Gaby Umbach

In ihrer Mitteilung zu regelmäßigen Umsetzungskontrollen in der EU-Umweltpolitik unterstrich die Europäische Kommission im Mai 2016 einmal mehr die Relevanz der Durchsetzung europäischen Umweltrechts zur Verbesserung der Umweltqualität und für den Erhalt der menschlichen Gesundheit. Sie betonte deren Bedeutung für die Entwicklung hin zur Kreislaufwirtschaft, für die Steigerung der Wettbewerbsfähigkeit europäischer Unternehmen sowie als wesentlicher Bestandteil besserer Ressourceneffizienz.[1] Besondere Probleme stellte sie bei der Anwendung von EU-Umweltrecht in der Abfallwirtschaft, Abwasserbehandlungsinfrastruktur und bei Luftqualitätsgrenzwerten fest. Hauptgründe mangelnder Umsetzung seien fehlende Durchsetzungsbehörden und inexistente Koordination auf Regierungsebene, mangelnde Berücksichtigung von Umweltbelangen in anderen Politikbereichen, unzureichende Datenerhebungen sowie fehlende Qualifikation lokaler Akteure. Diese Aspekte stellten allgemeine Probleme in allen EU-Staaten dar.

Insgesamt war der Bereich des EU-Umweltrechts auch Ende 2015 wieder derjenige mit dem höchsten Anteil anhängiger Vertragsverletzungsverfahren. 276 von 1.368 anhängigen Verfahren wurden hier verzeichnet. 126 davon waren 2015 neu eingeleitet worden. In 88 der 543 neu eingeleiteten Verfahren wegen verspäteter Umsetzung war EU-Umweltrecht betroffen, das damit der Bereich mit den viertmeisten Neueröffnungen war. Es wurden 363 neue Beschwerden über potenziell fehlerhafte Umsetzung und Anwendung sowie 101 neu eingeleitete EU-Pilot-Vorgänge verzeichnet. In 38 Fällen führten EU-Pilot-Vorgänge zu förmlichen Vertragsverletzungsverfahren. Damit belegt die Umweltpolitik den zweiten Rang in diesem Bereich. Insgesamt waren 2015 1.260 EU-Pilot-Vorgänge anhängig. Mit 298 Fällen betrafen die meisten davon das EU-Umweltrecht. 40 der von der Europäischen Kommission 2015 übermittelten 248 mit Gründen versehenen Stellungnahmen betrafen die EU-Umweltpolitik. Der Gerichtshof der Europäischen Union erließ vier von 25 Urteilen gemäß Art. 258 des Vertrags über die Arbeitsweise der Europäischen Union (AEUV).[2]

Ökologisierung des Europäischen Semesters

Im Oktober 2015 hielt der Rat der Europäischen Union einen Gedankenaustausch zur nachhaltigen Integration von Umweltaspekten in das Europäische Semester ab. Er diskutierte neben allgemeinen Fragen der besseren Umsetzung auch die stufenweise Abschaffung umweltschädlicher Subventionen, die – bereits von der Europa 2020 Strategie und dem 7. Umweltaktionsprogramm auf die EU-Agenda gehoben – prinzipiell von allen Delegationen als Beitrag zu einer kohlendioxidemissionsarmen Kreislaufwirtschaft unterstützt wurde. Die Diskussion im Rat betraf speziell Subventionen für fossile Brennstoffe sowie

---

1   Mitteilung der Kommission an das Europäische Parlament, den Rat, den Europäischen Wirtschafts- und Sozialausschuss und den Ausschuss der Regionen. Sicherung der Vorteile aus der EU-Umweltpolitik durch regelmäßige Umsetzungskontrollen, COM(2016) 316 final.
2   Europäische Kommission (2016): Kontrolle der Anwendung des EU-Rechts: Jahresbericht 2015, COM(2016) 463.

solche in der Landwirtschaft und im Fischereibereich. Kritisch wurden mögliche soziale und wirtschaftliche Auswirkungen der Abschaffung solcher Subventionen sowie Übergangsfristen diskutiert.[3]

Als weiteren Beitrag zur Ökologisierung des Europäischen Semesters diskutierten die Umweltminister im März 2016 das über die Europa 2020 Strategie hinausgehende, Wachstum und Beschäftigung generierende Potenzial von Umwelt- und Klimapolitik. Der Umsetzung der übergreifenden 2030 UN-Agenda für Nachhaltige Entwicklung in koordinierte und integrierte EU-Politiken, der Kreislaufwirtschaft sowie deren Integration in nationale und europäische makroökonomische Politiken kam dabei eine besondere Rolle zu. Insgesamt wurde das ausgewiesene Potenzial des Europäischen Semesters als Überwachungsinstrument für die Integration von Umweltbelangen hervorgehoben, das durch die Entwicklung konkreter Indikatoren nationale Fortschritte aufzeigen könne. Einigung über die Details eines solchen Monitoring-Ansatzes und über den konkreten Einsatz des Europäischen Semesters als Kontrollinstrument bestand allerdings nicht.[4]

Biologische Vielfalt

Im Dezember 2015 nahm der Umweltrat den Kommissionsbericht zur Halbzeitbewertung der EU-Biodiversitätsstrategie 2020 an.[5] Er hob in seinen Anmerkungen insbesondere die übergreifende Bedeutung von Biodiversität und funktionierender Ökosysteme für Landwirtschaft und Fischerei sowie für Klimaschutzmaßnahmen hervor.

Wie schon die Bewertung der Umwelt in Europa 2015[6] zeichnet die Zwischenevaluation ein gemischtes Bild zum Artenerhalt innerhalb der Europäischen Union. Globale Tendenzen reflektierend seien insgesamt keine signifikanten Fortschritte im Hinblick auf das Gesamtziel der Strategie – das Aufhalten des Biodiversitätsverlustes und der Verschlechterung der Ökosystemdienstleistungen bis 2020 – zu verzeichnen. Demgegenüber stünden allerdings zahlreiche lokale Erfolge, wie zum Beispiel der leichte Anstieg von Arten und Lebensräumen von europäischer Bedeutung mit sicherem oder günstigem Erhaltungsstatus oder die augenscheinliche Stabilisierung der Populationen einiger häufiger Vogelarten. Insgesamt seien derzeit über 75 Prozent der relevanten natürlichen Lebensräume innerhalb der Europäischen Union in einem ungünstigen Zustand, 70 Prozent der Arten drohe der Verlust ihres Lebensraums und die Anzahl der vom Aussterben bedrohten wildlebenden Arten sei mit etwa 25 Prozent weiterhin Besorgnis erregend hoch. Fortschritte in den Bereichen illegale Fischerei, Handel mit wildlebenden Arten, Integration von Biodiversitätsbelangen in Handelsvereinbarungen und der insgesamt als positiv zu bewertende Einfluss des ‚NATURA-2000'-Netzwerkes wurden jedoch ebenso hervorgehoben. Zu geringe Anstrengungen bei Artenschutz und Arterhalt an der Basis, das heißt bei der besseren Umsetzung von EU-Umwelt- und Naturschutzrecht und bei der Integration dieser Belange in die Bereiche Landwirtschaft, Forstwirtschaft, Fischerei, regionale Entwicklung und Handel stünden diesen partiellen Fortschritten allerdings immer noch gegenüber. Auch

---

3   Council of the European Union: Outcome of the 3419th Council meeting Environment, 26 October 2015, Dok. 13357/15; and: Background 1, Environmental Council, 26 October 2015.

4   Council of the European Union: Outcome of the 3452nd Council meeting Environment, 4 March 2016, Dok. 6792/16; and: Greening the European Semester: environmentally harmful subsides and implementation of environmental legislation – Exchange of views, 9 October 2015, Dok. 12790/1/15.

5   Europäische Kommission: Bericht der Kommission an das Europäische Parlament und den Rat. Halbzeitbewertung der EU-Biodiversitätsstrategie bis 2020, COM(2015) 478.

6   Europäische Umweltagentur: Die Umwelt in Europa: Zustand und Ausblick 2015. Synthesebericht, Kopenhagen 2015 (SOER 2015).

bei der Wiederherstellung natürlicher Lebensräume, der Eindämmung invasiver gebietsfremder Arten, dem verbesserten ‚NATURA-2000'-Netzwerkmanagement und dessen besseren Finanzierung – unter anderem durch den prioritären Aktionsrahmen, die Europäischen Struktur- und Investitionsfonds (ESIF) und nationale Programmlinien – sowie bei der Entwicklung grüner Infrastrukturen müssten die Anstrengungen deutlich erhöht werden. Ein Ökosystemansatz sei dabei ebenso wichtig, wie integrierte Raum- und Meereslandschaftspläne und der Fokus auf Schutz und Wiederherstellung.

Zur Steigerung der Bemühungen seien neben den derzeitigen Aktivitäten zur Kreislaufwirtschaft speziell das Zusammenwirken von Wirtschaft und Naturschutzverbänden von herausragender Bedeutung. Der Rat unterstrich außerdem die Bedeutung eines einheitlichen Überwachungs-, Bewertungs- und Berichterstattungsrahmens, um bestehende Datenquellen bestmöglich zu nutzen und forderte die Mitgliedstaaten zur Verbesserung der Datenerhebung, insbesondere für den Bereich der Meeresdaten, auf. Verstärkung von Synergien zwischen natürlichem und kulturellem Kapital und die Entwicklung eines Bewertungssystems für natürliche Ressourcen und Biodiversität, das durch gezielte Indikatoren wirtschaftliche Bewertungssysteme begleiten sollte, ergänzten die Empfehlungen des Rates. In diesem Sinne solle auch die Kommission an der Biodiversitätsüberprüfung des EU-Budgets arbeiten und die Effektivität eines integrierten Ansatzes zur Biodiversitäts-Finanzierung analysieren. In diesem Zusammenhang seien bestehende Finanzierungssysteme, wie etwa der Europäische Fonds für Regionale Entwicklung (EFRE) oder die Finanzierungsfazilität für Naturkapital (NCFF) der Europäischen Investitionsbank (EIB), besser zu nutzen und auf grüne Infrastrukturprojekte auszurichten. Dem selben Petitum folgend seien auch Subventionen in Landwirtschaft und Fischerei auf ihre Auswirkungen auf die Artenvielfalt zu prüfen. Der Rat forderte die Kommission auf, wie in der Strategie vorgesehen, bis Ende 2016 einen Vorschlag für einen gemeinschaftlichen Ansatz zur Sicherstellung der Vermeidung des ‚Netto-Biodiversitätsverlustes' zu erarbeiten, der auf vorhandenen nationalen Rechtsrahmen aufbauen solle.

Nach Ansicht des Europäischen Parlaments werden die Europäische Union und ihre Mitgliedstaaten ohne erhebliche zusätzliche Anstrengungen die 2020-Ziele der Strategie zur Erhaltung der biologischen Vielfalt verfehlen. Das Parlament forderte die Kommission daher zur zweijährlichen Berichterstattung über Umsetzungsstand, Gründe der fehlenden Zielerreichung sowie über Optionen für die zukünftige Einhaltung auf. Kommission und Mitgliedstaaten sollten der Strategie außerdem durch einen stärker partizipatorischen Ansatz eine höhere politische Priorität einzuräumen. In seiner Entschließung zur Halbzeitbewertung unterstrich das Parlament im Februar 2016 zudem die besondere Relevanz des Handelns gegen Verschlechterung und Fragmentierung von Lebensräumen, der besseren Umsetzung von geltendem EU-Naturschutzrecht, der Notwendigkeit spezieller Finanzierungskriterien für die NCFF, der Unterstützung von Multiplikatoreffekten durch die Entwicklung eines fondsübergreifenden Finanzierungsansatzes, der Stärkung der Rolle von biologischer Vielfalt und Ökosystemen in der Wirtschaft – speziell durch die Ökologisierung des Europäischen Semesters – und der Integration von Biodiversitätsschutz in andere Politikbereiche.[7]

---

7   Europäische Kommission: Naturschutz in Europa: Mehr Ehrgeiz für das Biodiversitätsziel für 2020, Pressemitteilung, 2. Oktober 2015, Dok. IP/15/5746; Council of the European Union: Outcome of the 3441st Council meeting Environment, Dok. 15380/15, 16 December 2015; Entschließung des Europäischen Parlaments vom 2. Februar 2016 zur Halbzeitbewertung der Strategie der EU zur Erhaltung der biologischen Vielfalt (2015/2137(INI)).

Kreislaufwirtschaft

Im Dezember 2015 stellte die Kommission ihre lang erwartete Mitteilung über einen EU-Aktionsplan zur Kreislaufwirtschaft und ein diesbezügliches Maßnahmenpaket vor. Letzteres soll den Übergang zum kreislauforientierten Wirtschaften regeln und enthält ein langfristiges Konzept zum Umgang mit Abfällen und zur Verbesserung der Abfallwirtschaft. Außerdem skizziert es einen Aktionsplan zum Ausbau von Recyclingraten und zur Verringerung der Deponierungsquote, unter anderem durch wirtschaftliche Anreize wie verursacherbezogene ‚Pay As You Throw'-Instrumente. Der Aktionsplan selbst basiert auf dem Lebenszyklusprinzip von Produkten, legt Maßnahmen zur Abfallbewirtschaftung, für einen Sekundärrohstoffmarkt, zur Beseitigung von Markthindernissen, zu Materialströmen – wie etwa Biomassenutzung, Lebensmittelverschwendung oder Bau- und Abbruchmaßnahmen – fest und enthält Sektor übergreifende Maßnahmen. Er ist auf eine hohe Wertschöpfung ausgerichtet, zielt auf die Verlängerung des Lebenszyklusses von Produkten ab und will diese durch Vorgaben für Produktion, Verbrauch (einschließlich Reparierbarkeit und Obsoleszenz) und Entsorgung sowie zu Innovationen, Investitionen und Überwachung erreichen. Insgesamt soll der Ressourcenverbrauch in der Produktion verringert, Reparierbarkeit gefördert, Langlebigkeit und Recyclingfähigkeit gesteigert sowie die Herstellerverantwortung orientiert am finanziellen Aufwand der Produktabwicklung am Ende des Lebenszyklusses reformiert werden. Die Verstärkung von Synergien mit dem Klimaschutz wird durch die mit diesen Vorschlägen einhergehende CO_2-Emissionsreduktion erhofft.

Bezogen auf die Abfallwirtschaft sieht der Plan bis 2030 eine Recyclingquote von 65 Prozent für Siedlungsabfälle und 75 Prozent für Verpackungsabfälle vor. Letztere ist im Vergleich zu früheren EU-Vorgaben erhöht worden. Industrieabfälle bleiben von den Regelungen ausgenommen und werden weiterhin durch Merkblätter über die besten verfügbaren Techniken (BVT-Merkblätter) abgedeckt.

In seiner Märzsitzung 2016 hielt der Umweltrat eine Aussprache zum Aktionsplan ab; Umweltaspekte standen dabei im Vordergrund. Die Minister lobten den Produktlebenszyklusansatz des Vorschlags, der den Kreislaufgedanken klar in den Mittelpunkt stellt und nicht ausschließlich auf die Regulierung von Abfall und Entsorgung abhebt. Darüber hinaus wurden Innovationsfokus, Austausch bester Praktiken, Stakeholderbeteiligung, der geplante Markt für Sekundärrohstoffe sowie Reparierbarkeit, Langlebigkeit und Recyclingfähigkeit als klare Anreize für zukunftsorientierte Investitionen gelobt. Im Hinblick auf die vorgesehenen Recyclingquoten begrüßten einige Delegationen die Anerkennung nationaler Besonderheiten bei der Erfüllung, während andere die vorgeschlagenen Zeithorizonte zur Erreichung für nicht realistisch hielten. Des Weiteren wurde eine Überwachung des Übergangs zur Kreislaufwirtschaft sowie eine regelmäßige Unterrichtung des Rates über den erzielten Fortschritt angemahnt. Im Juni 2016 schließlich nahm der Rat Schlussfolgerungen zum Aktionsplan an. Darin betonte er nochmals den Beitrag der Kreislaufwirtschaft für den Übergang zum nachhaltigen Wirtschaften, zur Verringerung der Primärressourcenabhängigkeit und zur Steigerung der Ressourceneffizienz. Er forderte Kommission und Mitgliedstaaten auf, Innovationen entlang der Wertschöpfungskette durch gesetzliche Regelungen zu unterstützen sowie Effektivität und Kohärenz existierender Produktpolitiken zu stärken. Kritisch äußerte er sich über die noch immer nicht von der Kommission vorgelegten Vorschläge zum Ökodesign und verlangte deren umgehende Ausarbeitung, die speziell Reparierbarkeit, Langlebigkeit, Recyclingfähigkeit und Demontage thematisieren sollten. Zusätzlich wurde die Kommission aufgefordert, Vorschläge zu Maßnahmen zu erarbeiten, die – auch durch die Beseitigung geplanter Obsoleszenz –

Produktlebenszeiten verlängerten. Das Verursacherprinzip zur Kostendeckung für notwendige Abfallmanagementinfrastrukturmaßnahmen unterstrich er dabei. Auf EU-Ebene forderte er jährliche Fortschrittsberichte der Kommission und entsprechende Überwachungs- und Governance-Strukturen, um Umsetzungshindernisse frühzeitig zu identifizieren. Die auf dem Aktionsplan basierenden Politiken sollten von 2018 an einer Gesamtevaluation unterzogen werden. Die Entwicklung eines ‚Dashboard'-Ansatzes relevanter Indikatoren sowie deren Integration in die Europa 2020 Strategie und die EU-Bestrebungen für nachhaltige Entwicklung seien dabei von besonderer Bedeutung.[8]

Klimapolitik

Das Jahr 2015 war ein, wenn nicht das entscheidende Jahr in der Geschichte globaler Klimaverhandlungen. Unter französischer Präsidentschaft einigte sich die internationale Staatengemeinschaft am 12. Dezember in Paris auf einen neuen Klimadeal für die Zeit nach 2020, das heißt für die Zeit nach Auslaufen des Kyoto-Protokolls. Auch das Klimaabkommen von Paris selbst – obwohl von vielen Delegationen trotz allgemeiner Zufriedenheit über den Abschluss der COP-21-Verhandlungen wegen seiner mangelnden Kühnheit und Konkretheit mit Voltaires Modifikation des italienischen Sprichworts ‚il meglio è l'inimico del bene' (‚das Bessere ist der Feind des Guten') kommentiert – stellt nichtsdestoweniger eine herausragende Etappe in der Geschichte der globalen Klimaübereinkünfte dar: Erstmals stimmten 196 der mittlerweile 197 UNFCCC-Parteien einstimmig für ein rechtlich-bindendes Instrument, dass alle Staaten einschließt.

Kritik am erzielten Kompromiss wurde dahingehend geäußert, dass es sich nur um ein „rechtlich bindendes Instrument" und nicht um einen formellen internationalen Vertrag handelt. Es fehlen zudem verbindliche Verpflichtungen zur Emissionsreduktion, quantitative Reduktionsziele und Zwangsmechanismen, die die Einhaltung garantieren würden. Die Europäische Union hatte im Vorfeld den ambitioniertesten Vorschlag gemacht und für ein Emissionsreduktionsziel von 40 Prozent bis 2030 verglichen zu 1990 plädiert, während die nationalen Beiträge anderer Teilnehmer stark davon abwichen. Die USA schlugen 26 bis 28 Prozent Reduktion bis 2025 verglichen zu 2005 vor, China stellte ein Emissionsmaximum um 2030 in Aussicht, Brasilien wollte Emissionen bis 2025 um 37 Prozent verglichen zu 2005 reduzieren, Indien beharrte generell auf der Freiwilligkeit zur Emissionsreduktion und wollte bis 2020 20 bis 25 Prozent verglichen zu 2005 einsparen. Russland schließlich sah 20 bis 30 Prozent Verringerung verglichen zu 1990 bis 2030 als realistisch an und Kanada wollte bis 2030 30 Prozent verglichen zum Basisjahr 2005 reduzieren.

Darüber hinaus wurde kein von vielen Delegationen geforderter Internationaler Klimagerichtshof eingerichtet, der die Einhaltung des Abkommens überwachen könnte. Die Reduktion des Grenzwerts für die Erderwärmung auf angestrebte 1,5 Grad Celsius bedeutet immer noch eine kaum zu bewältigende Herausforderung im Hinblick auf die notwendigen Anpassungsmaßnahmen. Dem Abkommen fehlen Fristen für spezielle Reduktionsziele, die vor 2020 zu erreichen sind. Ebenso fehlt ein genaues Datum für die Erreichung des Emissionsmaximums, auch wenn das Jahr 2050 als Ziel zur Erreichung der Treibhaus-

---

8   Mitteilung der Kommission an das Europäische Parlament, den Rat, den Europäischen Wirtschafts- und Sozialausschuss und den Ausschuss der Regionen. Den Kreislauf schließen – Ein Aktionsplan der EU für die Kreislaufwirtschaft, COM(2015) 614; Europäische Kommission: Das Paket zur Kreislaufwirtschaft: Fragen und Antworten, MEMO-15-6204; Council of the European Union: Outcome of the 3441st Council meeting Environment, 2015; and: Outcome of the 3452nd Council meeting Environment, 2016; and: Outcome of the 3476th Council meeting Environment, 10441/16, 20 June 2016.

gasemissionsneutralität festgelegt wurde. Aus diesem Grund bleibt auch die Lücke in den Anstrengungen bis 2020, das sogenannte ‚pre-2020 ambition gap', weiterhin Grund zur Besorgnis, da auch nach dem Abkommen von Paris die zurzeit festgelegten nationalen Beiträge (INDCs), immer noch auf einen Anstieg von 2,7 Grad Celsius bis 2100 hinauslaufen. Des Weiteren umfasst das Abkommen zwar Emissionen aus fossilen Brennstoffen, lässt die Zukunft deren Produktion aber unreguliert. Auch die Besteuerung oder Einführung von Strafzahlungen für Verschmutzung wurde ausgelassen. Die Detailerarbeitung für ein neues gemeinsames Langzeitfinanzierungsziel für 2025 wird auf die Zeit nach 2020 verschoben, über einen offiziellen Kompensationsfonds oder über Haftungsregelungen für Schäden und Verluste durch den Klimawandel konnte sich nicht geeinigt werden und auch ein eigenständiges Finanzierungsziel für Anpassungsmaßnahmen, das die historische Verantwortung der UNFCCC-Vertragsparteien reflektiert, fehlt. Die Definition eines globalen Kohlenstoffbudgets blieb aus und die spezielle Anfälligkeit afrikanischer und lateinamerikanischer Staaten wurde nicht ausreichend anerkannt.

Trotz dieser sichtbaren Mängel wurde das Ergebnis von Paris als Erfolg eingestuft, weil es zuvorderst ein Erfolg multilateraler globaler Klima-Governance ist. Kollegialität, Kompromissbereitschaft und Konsenssuche prägten den Verhandlungsstil. Koalitionsbildung erfolgte über etablierte Interessengruppierungen hinweg. Nicht nur Industriestaaten erklärten sich bereit, ihrer Verantwortung stärker gerecht zu werden, auch Schwellenländer wie Brasilien, China, Indien und Südafrika zeigten gesteigertes Engagement. Staaten Lateinamerikas, Asiens und des Pazifiks, wie Kolumbien, Peru, die Philippinen oder die Marshall-Inseln wurden aktive Verhandlungspartner. Im Ergebnis ergaben sich neue multinationale Kooperationszusammenhänge und bekannte Trennlinien zwischen Industriestaaten und Entwicklungsländern verschwommen, wie zum Beispiel in der von der Europäischen Union unterstützten und vorangetriebenen ‚Koalition der Ehrgeizigen' (‚High Ambition Coalition') von über 100 Staaten. Auch das Engagement und die Beteiligung von Zivilgesellschaftsakteuren war außerordentlich beachtlich und sichtbar. ‚Klimagerechtigkeit' war das Schlagwort der Stunde. Was das Abkommen selbst angeht, so ist es als Erfolg zu werten, dass es für alle Staaten rechtlich verbindlich ist. Es ist stärker regelbasiert als seine Vorgänger, flexibler und dynamischer. Alle Parteien stimmten zu, durch ihre individuellen Beiträge den Klimawandel gemeinsam zu bekämpfen. Die Bekämpfung des Klimawandels wird damit zu einem von allen Parteien getragenen ‚Global Governance'-Paradigma. Zur Paradigmenerneuerung haben zudem die Integration der Themenbereiche ‚Mutter Erde', Menschenrechte (mit dem Recht auf Entwicklung und Gesundheit und den Rechten von Naturvölkern, Migranten, Kindern sowie Menschen in schutzbedürftigen Situationen), Geschlechter- und Klimagerechtigkeit sowie der intergenerationellen Gerechtigkeit in die Präambel des Übereinkommens nachhaltig beigetragen. Die zwei zentralen Diskurse der globalen Governance-Arena – der Kampf gegen Klimawandel und für nachhaltige Entwicklung – werden so erstmals in einem zentralen internationalen Abkommen verbunden.

Zu den weiteren Erfolgen der Pariser Übereinkunft zählt, dass alle Parteien nationale Emissionsreduktionsziele festlegen und alle fünf Jahre über ihren Fortschritt berichten müssen. Beide Elemente sind rechtsverbindlich. Im Rahmen der regelmäßigen Berichterstattung können die individuellen Ziele schrittweise dynamisch angehoben werden. Die Festschreibung der Begrenzung der Erderwärmung auf angestrebte 1,5 Grad Celsius im Vergleich zum vorindustriellen Zeitalter ist ambitionierter als noch mit 2 Grad Celsius in den Entwürfen vor Paris vorgesehen. Industriestaaten kündigten die Aufstockung des Grünen Klimafonds um 10,1 Mio. US-Dollar in dessen Mobilisierungsphase an. Darüber hinaus kündigte eine weitere Gruppe von elf Staaten zusätzliche Mittel in Höhe von 248 Mio. US-Dollar für den Entwicklungsländerfond der Globalen Umweltfazilität an. Der Anpassungsfonds erhielt weitere Zusagen von Deutschland, Italien, Schweden und der Belgischen Region Wallonie über annähernd 75 Mio. US-Dollar. Der Aspekt Schäden und Verluste erhielt einen eigenen Artikel, der einem zentralen Anliegen der am meisten bedrohten Entwicklungsländer stärkere Sichtbarkeit verleiht. Zu Fragen von Schäden und Verlusten wird eine eigene Taskforce gegründet, die Empfehlungen zu klimabedingter Migration ausarbeiten soll. Die Rolle von Biodiversität, Landnutzung und Waldschutz sind an prominenter Stelle in den Abschnitten zur Finanzierung festgehalten. Außerdem leitet die Übereinkunft von Paris den globalen Übergang hin zum Einsatz erneuerbarer Energien und damit zum kohlendioxidemissionsarmen Wirtschaften ein. Eine Vielzahl von Wirtschafts- und Zivilgesellschaftsorganisationen stellten in Paris ihre diesbezüglichen Projekte vor.[9] In der Summe all dieser Fortschritte und Entwicklungen muss das Abkommen von Paris daher trotz seiner ausgewiesenen Mängel als das Bestmögliche angesehen werden. Sein Ratifizierungsprozess wurde am 22. April 2016 eröffnet und es tritt in Kraft 30 Tage nachdem mindestens 55 UNFCCC-Parteien, die mindestens 55 Prozent der weltweiten Treibhausgasemissionen repräsentieren, ihre Ratifizierungsinstrumente offiziell hinterlegt haben. Der erste Teil dieser Zielmarken wurde am 21. September 2016 erreicht, an dem 60 Parteien, die für 47,76 Prozent der globalen Treibhausgasemission verantwortlich zeichnen, das Übereinkommen ratifiziert hatten. Die Europäische Union und ihre Mitgliedstaaten unterzeichneten das Abkommen am 22. April in New York. Der Rat verabschiedete im Juni 2016 einen Vorschlag zur Ratifizierung des Übereinkommens, auf dessen Basis die nationalen Ratifizierungsverfahren vorangetrieben wurden. Am 30. September 2016 stimmte ein außerordentlicher Umweltrat der Ratifizierung des Abkommens zu. Am 4. Oktober 2016 gab auch das Parlament seine Zustimmung und schloss damit den offiziellen Ratifizierungsprozess durch die Europäische Union in Anwesenheit von UN-Generalsekretär Ban Ki-moon, COP-21-Präsidentin Ségolène Royal und Kommissionspräsident Juncker ab. Am 6. Oktober 2016 hinterlegten die Europäische Union und sieben ihrer Mitgliedstaaten, die die nationalen Ratifizierungen bereits abgeschlossen hatten, ihre Ratifizierungsinstrumente in New York. Damit erreichte das internationale Ratifizierungsverfahren auch die zweite Zielmarke von über 55 Prozent der globalen Emissionen und trat somit am 4. November 2016 in Kraft. Anfang November 2016 hatten 87 Vertragsparteien das Abkommen ratifiziert. Deutschland ratifizierte das Pariser Übereinkommen im beschleunigten Gesetzgebungsverfahren am 22. September 2016.[10]

Für die Verhandlungen von Paris, die die Europäische Union als historischen Meilenstein für die Verstärkung globaler kollektiver Maßnahmen einstufte, hatte sie es sich zum Ziel gesetzt, ihre Führungsrolle in den internationalen Klimaverhandlungen zurückzugewinnen. Hierfür legte sie zur Erreichung eines ‚Global Deal for Climate' im Vorfeld ambitionierte Verhandlungspositionen fest: (1) ein globaler, fairer, inklusiver, dynamischer, ambitionierter und rechtlich-verbindlicher internationaler Vertrag in Rahmen des UNFCCC, (2) eine Begrenzung der Erderwärmung auf deutlich unter 2 Grad Celsius, (3) das Erreichen des Emissionsmaximums spätestens 2020, (4) ein langfristiges Reduktionsziel von mindestens 60 Prozent verglichen zu 2010 im Jahr 2050 einschließlich Klimaneutralität im Jahr 2100, (5) die Emissionsreduktion von 80 bid 95 Prozent verglichen zum

---

9   So zum Beispiel die Breakthrough Energy Coalition, International Solar Energy Alliance, Africa Renewable Energy Initiative, 1 Gigaton Coalition, Portfolio Decarbonisation Coalition, Mission Innovation, Kopernik's Ibu Inspirasi Initiative, Indonesian 'Wonder Women' oder das Divest-Invest Movement.

1990er Niveau für die Industriestaaten als Gruppe bis 2050, (6) ambitionierte Reduktions-ziele für alle Großemitter, (7) einen fünfjährlichen Klimaschutzmechanismus einschließ-lich Erfüllungskontrolle und dynamischer Steigerung der Reduktionsziele entlang wissen-schaftlicher Standards, (8) Transparenz und Verantwortlichkeit für die Umsetzung der nationalen Reduktionsziele, (9) die zentrale Rolle internationaler Klimafinanzen für den Übergang zu einer kohlendioxidemissionsarmen Wirtschaftsform. Während der Verhand-lungen galt die Europäische Union als einer der ‚Big Player' und trat geschlossen und ohne nationale Alleingänge auf. Sie versuchte erfolgreich ihre Klimadiplomatie wiederzube-leben und durch Koalitionsbildung zwischen Industrie- und Entwicklungsländern ein ambitioniertes Abkommen mitzugestalten. Einstimmigkeit anstelle von Kakophonie erlaubte der Europäischen Union in Paris, einen deutlichen Beitrag zur Weiterentwicklung des internationalen Klimaübereinkommens zu leisten, auch wenn sie dabei im Interesse des international Machbaren auf die Durchsetzung einiger ihrer eigenen Maximalforderun-gen, wie zum Beispiel verbindliche, ambitionierte Reduktionsziele, verzichten musste. Im Post-Paris-Prozess betonte der Rat ab 2018 proaktiv an der regelmäßigen Kontrolle der weltweiten Ambitionen und des Fortschritts im Hinblick auf die nationalen Verpflichtun-gen (,facilitative dialogue') teilnehmen zu wollen, um der selbstdefinierten Rolle der Euro-päischen Union als Klimaführerin weiterhin gerecht zu werden.[11]

Weiterführende Literatur

Tom Delreux/Sander Happaerts: Environmental Policy and Politics in the European Union, Palgrave, 2016.

Herbert Reul: Europäische Energie-und Klimapolitik zwischen Anspruch und Wirklichkeit, in: Zeitschrift Für Außen- und Sicherheitspolitik, online/2016, DOI 10.1007/s12399-016-0579-8.

---

10 Zum aktuellen Status des Ratifizierungsprozesses vgl. United Nations Treaty Collections website, abruf-bar unter: https://treaties.un.org/Pages/ViewDetails.aspx?src=TREATY&mtdsg_no=XXVII-7-d&chapter=27&clang=_en (letzter Zugriff: 10.10.2016); siehe Council of the European Union: Outcome of the 3476th Council meeting Environment, 2016; und: Outcome of the 3452nd Council meeting Environment, 2016; Europäische Kommission: Vorschlag für einen Beschluss des Rates über den Abschluss des im Rah-men des Rahmenübereinkommens der Vereinten Nationen über Klimaänderungen geschlossenen Übereinkommens von Paris im Namen der Europäischen Union, COM(2016) 395; Rat der Europäischen Union: Beschluss (EU) 2016/590 des Rates vom 11. April 2016 über die Unterzeichnung des im Rahmen des Rahmenübereinkommens der Vereinten Nationen über Klimaänderungen geschlossenen Übereinkom-mens von Paris im Namen der Europäischen Union; Europäische Kommission: Nach Paris: Bewertung der Folgen des Pariser Übereinkommens – Begleitunterlage zu dem Vorschlag für einen Beschluss des Ra-tes über die Unterzeichnung des im Rahmen des Rahmenübereinkommens der Vereinten Nationen über Klimaänderungen geschlossenen Pariser Übereinkommens im Namen der Europäischen Union, COM(2016) 110.

11 Vgl. Gaby Umbach: The 'turning point in the world's fight against unmanaged climate change'?, in: Euto-pia Magazine: Special Issue on Climate and Sustainability, 22. 12. 2015, abrufbar unter http://www.eutopiamagazinearchive.eu/en/gaby-umbach/issue/cop21-paris-%e2%80%98turning-point-world%e2%80%99s-fight-against-unmanaged-climate-change%e2%80%99.html (letzter Zugriff: 10.10. 2016); Gaby Umbach: COP21 Paris: Doomed to Succeed, in: Eutopia Magazine, Special Issue on Climate and Sustainability, 30. 11 2015, abrufbar unter http://www.eutopiamagazinearchive.eu/en/gaby-umbach/issue/cop21-paris-doomed-succeed.html (letzter Zugriff: 10.10.2016); Council of the European Union: Outcome of the 3441st Council meeting Environment, 2015; Rat der Europäischen Union: Vorbereitungen für die 21. Tagung der Konferenz der Vertragsparteien (COP 21) des Rahmenübereinkommens der Verein-ten Nationen über Klimaänderungen (UNFCCC) und für die 11. Tagung der Vertragsparteien des Kyoto-Protokolls (CMP 11), 2015, 657/15; Council of the European Union: Outcome of the 3409th Council meeting Environment, 10166/15, 18 September 2015; Europäische Kommission: Mitteilung der Kommis-sion an das Europäische Parlament und den Rat. Das Paris-Protokoll – Ein Blueprint zur Bekämpfung des globalen Klimawandels nach 2020, COM(2015) 81 final.

Verkehrspolitik

Sebastian Schäffer

Die Kommissarin für Verkehrspolitik Violeta Bulc wurde aufgrund ihrer geringen politischen Erfahrung und der Umstände, durch die sie zu ihrem Amt kam, zunächst mit einer gewissen Skepsis bedacht. Als Ersatzkandidatin für Alenka Bratušek, die bei der Anhörung durch das Europäische Parlament abgelehnt worden war, hat sie sich jedoch inzwischen einen positiven Ruf auch über die Europäische Kommission hinaus erarbeitet. Für eine Bilanz ist es nach nur eineinhalb Jahren im Amt noch zu früh, aber es ist erkennbar, dass Bulc die von ihr gesetzten Prioritäten für die europäische Verkehrspolitik vorantreibt. Investitionen und Schaffung von Arbeitsplätzen, Reduzierung der Straßenverkehrstoten sowie die Senkung der $CO2$-Emmissionen zählen dabei zu den Schwerpunkten ihrer Arbeit.

Schienenverkehr

Eine der wichtigsten Debatten in Bezug auf den Schienenverkehr fand über das im Januar 2013 von der Europäischen Kommission vorgestellte Vierte Eisenbahnpaket statt.[1] Vorgesehen ist eine weitgehende Vereinheitlichung des Schienensystems. Subventionen für Verkehrsangebote sollen untersagt, eine zentrale Buchung der Tickets geschaffen sowie eine Trennung von Netz und Betrieb vorgenommen werden. Diese Liberalisierungen sollen zu einem kompetitiveren Angebot der Schiene gegenüber Flugreisen führen. Die Trennung zwischen Eigentum und Betrieb hatte für Diskussionen zwischen Europäischem Parlament und dem Rat der Europäischen Union geführt. Eine Einigung über den politischen Teil konnte am 19. April 2016 erzielt werden. Insbesondere die Bundesrepublik Deutschland setzte sich hier für eine Änderung des Vorschlags der Europäischen Union ein. Die vorgesehene Aufteilung zwischen Schienennetz und Bahnbetrieb wird begrenzt, allerdings sind Maßnahmen gegen eine Querfinanzierung vorgesehen. Ein Datum zur Umsetzung ist nicht im Entwurf enthalten, allerdings soll eine Evaluation im Jahr 2024 stattfinden. Ab dem Jahr 2020 soll zudem ein europaweites Angebot von Schienenverkehrsdiensten durch Eisenbahnverkehrsunternehmen aus der Europäischen Union möglich sein. Die Abstimmung im Parlament wird für Herbst 2016 erwartet.

Dem technischen Teil des Vierten Eisenbahnpakets wurde hingegen bereits am 28. April 2016 zugestimmt. Dieser sieht eine zentrale Zuständigkeit für Sicherheitsbescheinigungen von Eisenbahnverkehrsunternehmen für alle Mitgliedstaaten bei der Europäischen Eisenbahn Agentur (European Railway Agency) vor. Letztgenannte wird im Zuge dessen in European Union Agency for Railways umbenannt. Ziel dessen ist, ein integriertes Bahnsystem zu schaffen. Der technische Teil ist am 15. Juni in Kraft getreten. Grenzüberschrei-

---

1 Europäische Kommission: Anstehende Herausforderungen im europäischen Bahnverkehr. Viertes Eisenbahnpaket, 30. Januar 2013, MEMO/13/45.

tend operierende Fahrzeuge werden zukünftig nach einer Übergangsperiode von drei Jahren bei der Agentur zugelassen. Züge, die nur im Inland eingesetzt werden, können auch bei nationalen Behörden zugelassen werden.[2]

Weiterhin problematisch bleibt das Ziel, den Güterverkehr im Binnenmarkt von der Straße auf andere Verkehrsträger, insbesondere die Schiene, zu verlagern. Zwar bleibt der Umfang mit etwa 2.300 Mrd. Tonnenkilometern pro Jahr relativ konstant, allerdings entfallen auf die Straße etwa 75 Prozent der Gesamtmenge und damit leicht mehr als dies noch im Jahr 2011 der Fall war. Trotz diverser legislativer Maßnahmen und einer Förderung von rund 28 Mrd. Euro aus dem Haushalt für 2007 bis 2013, ist es nicht gelungen, hier zu einem höheren Anteil des Schienengüterverkehrs beizutragen. Eine Beförderung von Gütern abseits der Straße könnte hierbei aber nicht nur zu einem geringeren CO_2-Ausstoß beitragen, sondern würde auch die Infrastruktur entlasten sowie die Zahl der Straßenverkehrstoten senken.[3]

Straßenverkehr

In diesem Zusammenhang verfolgt die Europäische Kommission das ehrgeizige Ziel, die Zahl der Todesfälle im Straßenverkehr bis 2020 im Vergleich zu 2010 um die Hälfte zu verringern.[4] In den vergangenen Jahren konnten hierbei große Fortschritte erzielt werden. Von 2001 bis 2010 sind die Verkehrsunfälle mit Todesfolge trotz eines höheren Verkehrsaufkommens um 43 Prozent zurückgegangen. Seitdem hat sich diese Zahl erneut um 17 Prozent verringert. In den letzten beiden Jahren ist allerdings kaum ein Fortschritt zu verzeichnen. Gründe dafür sieht die Europäische Kommission in mehreren zusammenhängenden Faktoren: eine wachsende Anzahl älterer Verkehrsteilnehmenden, höheres Verkehrsaufkommen in Städten und damit auch eine höhere Interaktionsdichte zwischen ,schwächeren', also ungeschützten, und motorisierten Straßenverkehrsteilnehmenden, eine durch mildere Temperaturen bedingte häufigere Nutzung von Fahrzeugen im Winter, durch die Wirtschaftskrise ausgelöste geringere Investitionen in Infrastruktur und neue Kraftfahrzeuge sowie häufigeres Abgelenktsein durch eine verbreitete Nutzung neuer Technologien wie Mobiltelefone. Seit 2015 werden zum ersten Mal auch Daten zu Schwerverletzten im Straßenverkehr gemeldet. Bisher haben rund 14 Mitgliedstaaten, in denen zusammen rund 85 Prozent der Bevölkerung der Europäischen Union leben, ihre Statistiken übermittelt. Besonders betroffen sind Fußgänger, Fahrrad- und Motorradfahrer insbesondere in Städten.

Eine erste Analyse der Daten durch die Europäische Kommission vermutet, dass unterschiedliche Gründe für tödliche Verkehrsunfälle verantwortlich sind. Hierfür sollen zukünftig entsprechende Gegenmaßnahmen entwickelt werden. Dennoch sind bereits große Erfolge erzielt worden. Die Zahl der Verkehrstoten ist mit 51,5 Fällen je 1 Mio. Einwohner eine der niedrigsten weltweit. Mehr als doppelt so viele Menschen sterben auf den Straßen der Vereinigten Staaten (106), im globalen Vergleich sind es sogar mehr als

---

2 Verordnung (EU) 2016/796 des Europäischen Parlaments und des Rates vom 11. Mai 2016 über die Eisenbahnagentur der Europäischen Union und zur Aufhebung der Verordnung (EG) Nr. 881/2004, in: Amtsblatt der EU L 138, 26. Mai 2016, S. 1-43.

3 Europäischer Rechnungshof: Der Schienengüterverkehr in der EU: noch nicht auf dem richtigen Kurs, Luxemburg 2016, QJ-AB-16-008-DE-N.

4 Europäische Kommission: Mitteilung an den Rat, das Europäische Parlament, den Europäischen Wirtschafts- und Sozialausschuss und den Ausschuss der Regionen. Ein europäischer Raum der Straßenverkehrssicherheit: Leitlinien für die Politik im Bereich der Straßenverkehrssicherheit 2011-2020, KOM(2010) 389 endgültig.

das Dreifache (174). Diese Zahlen variieren allerdings stark von Mitgliedstaat zu Mitgliedstaat. Schweden hat mit 27 Toten pro 1 Mio. Einwohner den niedrigsten Wert. Je 95 Tote und damit die meisten Menschen kommen auf den Straßen Rumäniens und Bulgariens ums Leben. Von Seiten der Europäischen Kommission sind vielfältige Initiativen in Gang gesetzt worden beziehungsweise werden in Kürze gestartet. Dazu zählt die Überprüfung und Überarbeitung von Rechtsvorschriften, etwa zur Sicherheit der Infrastruktur oder der Ausbildung von Berufskraftfahrern. Es sollen aber auch innovative Technologien wie kooperative intelligente Verkehrssysteme (Intelligent Traffic Systems, ITS), die eine Kommunikation zwischen Fahrzeugen und Infrastruktur ermöglichen, gefördert werden. So soll frühzeitig auf Verkehrsrisiken wie etwa Baustellen oder Vollbremsungen hingewiesen werden. Eine Vereinbarung über die Einführung eines eCall Systems in allen Neufahrzeugen ab März 2018 wurde bereits 2015 getroffen. Bei einem schweren Verkehrsunfall wird dann automatisch der Notruf gewählt und der Standort übermittelt. Dies soll auch dazu beitragen, ein schnelleres Eintreffen der Rettungskräfte in ländlichen Gebieten zu ermöglichen, in denen sich mit 55 Prozent die Mehrheit der Unfälle mit Todesfolge ereignen.[5] Aber auch Initiativen wie die Road Safety Awards und die Europäische Charta für Straßenverkehrssicherheit sollen die Zivilgesellschaft aller Mitgliedstaaten in den Prozess einbinden.[6]

Für Deutschland waren in Bezug auf die europäische Straßenverkehrspolitik im vergangenen Jahr neben der Sicherheit vor allem zwei Aspekte von Bedeutung. Sowohl gegen die PKW-Maut als auch gegen die Anwendung des Mindestlohns für LKW-Fahrer, die deutsches Staatsgebiet lediglich durchfahren, wird ein Vertragsverletzungsverfahren eingeleitet. Kommissarin Bulc könnte langfristig eine Eurovignette für PKW planen, bei der dann datengestützt nur die tatsächlich gefahrenen Kilometer abgerechnet werden sollen.

Luftverkehr

In das Dauerthema einheitlichen europäischen Luftraum (Single European Sky, SES) scheint etwas Bewegung gekommen zu sein. Ursprünglich war vorgesehen, mit Ende des Jahres 2012 neun sogenannte ‚funktionale Luftraumblöcke‘ (Functional Airspace Blocks, FABs) einzurichten, in denen sich mehrere Länder die Kontrolle des Luftraums teilen. Flugrouten sollen direkter und unabhängig von Landesgrenzen werden. Dadurch sollen Flugzeiten verkürzt sowie Kerosin eingespart werden. Doch die Abgabe von nationaler Souveränität ist allgemein ein kontroverser Punkt innerhalb der Europäischen Union. Auch bei den Fortschritten in Bezug auf die FABs macht sich dies bemerkbar, jedoch sind inzwischen einige direkte Routen eingerichtet worden. EUROCONTROL berichtet von über 1.000 sogenannten ‚planbaren direkten Streckenführungen‘ (DCT) auf der Achse Nordost-Südwest zwischen Irland und Ungarn.[7] Österreich und Slowenien werden eine gemeinsame Kontrolle ihres Luftraums innerhalb des ‚FAB Central Europe‘ einführen. Bis 2019 sollen hier alle beteiligten Länder (Bosnien und Herzegowina, Kroatien, Slowakei, Tschechien und Ungarn) einbezogen sein. Insbesondere die großen Mitgliedstaaten, darunter auch

5   Europäische Kommission: Statistik zur Sicherheit im Straßenverkehr 2015: Was verbirgt sich hinter den Zahlen?, Brüssel, 31. März 2016, MEMO/16/864.

6   Informationen zur Charta und den Road Safety Awards sind abrufbar unter http://www.erscharter.eu/de (letzter Zugriff 24.6.2016).

7   Eurocontrol: Direct route options expand across several Functional Airspace Blocks, 10 December 2015, abrufbar unter: https://www.eurocontrol.int/news/direct-route-options-expand-across-several-functional-airspace-blocks (letzter Zugriff 24.6.2016).

Deutschland, sperren sich jedoch gegen schnellere Fortschritte und die damit verbundene Abgabe von Souveränität. Hinzu kommen bilaterale Streitigkeiten, die in Zeiten offener Grenzen am Boden gerade im Luftraum längst überwunden hätten sein sollen. Mit der teilweisen Aussetzung der Schengen-Regeln wird die Situation sicherlich nicht einfacher. Als exemplarisch hierfür kann die Uneinigkeit der Zuständigkeit über den Luftraum Gibraltars gesehen werden. Geografisch dem FAB South West, bestehend aus Portugal und Spanien, zugehörig, möchte Madrid diesen hiervon ausnehmen, da die Insel formal zum Hoheitsgebiet Großbritanniens gehört.

Kommissarin Bulc hat versucht hier Anreize zu schaffen. So wurden im März 2016 erstmals die Single European Sky Awards an fünf Gewinner vergeben, die zur Umsetzung des einheitlichen Europäischen Luftraums beigetragen haben.[8] Für den Zeitraum Juni bis September ist zudem eine ex-post Evaluation des SES Performance and Charging Scheme durch die Europäische Kommission gestartet worden. Die Ergebnisse sollen Ende des Jahres veröffentlicht werden und dann auch in die dritte Referenzperiode 2020 bis 2025 einfließen.

Ein Durchbruch konnte im Rahmen der Verhandlungen über eine globale Deckelung der $CO2$-Emmissionen von Flugzeugen bei der International Civil Aviation Organisation (ICAO) erreicht werden. Eine formale Annahme durch die Generalversammlung der ICAO wird für Anfang 2017 erwartet.

Ausblick

Die Höhe der vorgesehenen Investitionen von 6,7 Mrd. Euro in die Infrastruktur durch die Connecting Europe Facility unterstreicht den hohen Stellenwert der europäischen Verkehrspolitik für das Maßnahmenpaket der Europäischen Kommission zur Schaffung von Arbeitsplätzen und Wachstum. Hier bleibt abzuwarten, ob die insgesamt 195 Projekte auch auf die Prioritäten von Bulc unterstützend wirken können. Ein wichtiger Aspekt wird dabei auch sein, eine bessere Intermodalität zu fördern. Die Zustimmung zur Verteilung der Investitionssumme wird für die zweite Jahreshälfte 2016 erwartet.

Weiterführende Literatur

Hans-Helmut Grandjot/Tobias Bernecker: Verkehrspolitik: Grundlagen, Herausforderungen, Perspektiven, Hamburg 2015.

Detlef Sack: Mehrebenenregieren in der europäischen Verkehrspolitik, in: Oliver Schwedes/Weert Canzler/ Andreas Knie (Hrsg.): Handbuch Verkehrspolitik, Wiesbaden 2016, S. 189-210.

---

8   European Commission: European Commission celebrates winners of the first Single European Sky Awards, 8 March 2016, abrufbar unter: http://ec.europa.eu/transport/modes/air/news/2016-03-08-ses-awards-winners_en.htm (letzter Zugriff 24.06.2016).

Währungspolitik

Werner Becker / Barbara Böttcher

Die Währungspolitik der Eurozone war von Mitte 2015 bis Mitte 2016 von moderatem Wachstum, einem niedrigen Ölpreis und Eurowechselkurs sowie von den Auswirkungen der britischen Brexit-Entscheidung am 23. Juni 2016 geprägt. Die Weltkonjunktur blieb auf gemäßigtem Expansionskurs. Im Rahmen der Europäischen Bankenunion ist der einheitliche Abwicklungsmechanismus für Problembanken am 1. Januar 2016 an den Start gegangen. Die Europäische Zentralbank (EZB) interpretierte die anhaltende Kombination von niedrigen Inflationsraten und schwachem Wachstum als Deflationsgefahr und verstärkte ihre expansive Geldpolitik nochmals kräftig. Die Krisenerfahrungen und die Brexit-Entscheidung machen eine tiefere Debatte über die Zukunft der Europäischen Union dringlich.

Moderater Konjunkturaufschwung in der Eurozone und der Weltwirtschaft

Das Währungsgeschehen in der Eurozone stand 2015/16 im Zeichen eines moderaten Wachstums, niedriger Ölpreise, Zinsen und Eurowechselkurse sowie der Unsicherheiten aufgrund der Brexit-Entscheidung. Die Wachstumsraten sind enger zusammengerückt, zum Beispiel bei Deutschland, Frankreich und Italien. Das kräftige Wachstum in Spanien und Irland verlangsamte sich 2016.

Die Weltkonjunktur blieb 2016 weiterhin auf gemäßigtem Expansionskurs. Die US-Notenbank hat im Dezember 2015 einen geldpolitischen Kurswechsel eingeleitet und erstmals seit dem Ausbruch der Finanzkrise die Leitzinsen leicht erhöht. Obwohl die EZB ihren Expansionskurs nochmals verstärkt hat, bewegte sich der Dollarkurs zumeist weiter zwischen 1,10 und 1,15 Dollar pro Euro. Die Wachstumsrate Chinas pendelt sich bei 7 Prozent ein. Unsicherheiten bezüglich der chinesischen Wachstumsdynamik und einer Yuan-Abwertung führten zeitweise zu hoher Volatilität an den weltweiten Währungs- und Aktienmärkten.

Anpassungsprozess nach Schuldenkrise kommt weiter voran

Die Unsicherheiten aufgrund der Schulden- und Bankenkrise in der Eurozone haben 2015/16 erst einmal nachgelassen. Die Schaffung einer Europäischen Bankenunion (EBU) hat ebenso wie der Abbau der Leistungsbilanzdefizite in den Eurokrisenländern zur Stabilisierung der Lage beigetragen. In den meisten dieser Länder nehmen die Exporte zu und die Arbeitslosigkeit geht langsam zurück. Das ist auch dem Umstand zu verdanken, dass sich die Wettbewerbsfähigkeit einiger dieser Länder – gemessen an den Lohnstückkosten – weiter verbessert hat. Dies ist auf Strukturreformen am Arbeitsmarkt und in den Sozialsystemen, aber auch auf Nominallohnkürzungen zurückzuführen. In Frankreich und Italien ist eine Korrektur der Lohnstückkosten allerdings noch nicht gelungen, was mit der schleppenden Umsetzung von Strukturreformen zusammenhängt.

Die Budgetkonsolidierung ist 2015/16 weiter langsam vorangekommen. Das Budgetdefizit der Eurozone hat sich 2015 im Schnitt um 0,6 Prozentpunkte auf 2,0 Prozent des Bruttoinlandsprodukts (BIP) verringert, was auf die günstigere Konjunkturentwicklung und niedrigere Zinsausgaben zurückgeht. Allerdings sind die Fortschritte in den einzelnen Ländern uneinheitlich. Während Deutschland 2015 erneut einen Überschuss erzielte, wiesen vier (Vorjahr: sieben) der 19 Euroländer – darunter Frankreich und Spanien – zur Jahresmitte 2016 übermäßige Budgetdefizite von mehr als 3 Prozent des BIP auf. Die Staatsschuldenquote der Eurozone ist 2015 erstmals seit Ausbruch der Finanzkrise um 0,5 Prozentpunkte auf 94 Prozent des BIP gesunken. Während sie in Deutschland um 3,5 Prozentpunkte auf 71,4 Prozent fiel, blieb sie in Frankreich stabil (95,5 Prozent) und stieg in Spanien weiter auf 101 Prozent an. Die höchsten Quoten haben Griechenland (195 Prozent), Italien (133 Prozent) und Portugal (128 Prozent). Es besteht also weiter Konsolidierungsbedarf.

Die Reform des Stabilitäts- und Wachstumspakts (SWP) und die Einigung auf den Fiskalpakt verbesserten die Budgetdisziplin nur begrenzt. Der reformierte SWP sieht vor, dass Sanktionen bei exzessiven Budgetdefiziten nur noch durch eine qualifizierte Mehrheit der Eurostaaten verhindert werden können. Der präventive Arm des Paktes wird zum Beispiel durch größere Sanierungsanforderungen bei guter Konjunktur gestärkt. Ergänzend wurde im Dezember 2011 in einem Fiskalpakt, bei dem sich die Mitgliedstaaten zu einer nationalen Schuldenbremse verpflichten, vereinbart, dass strukturelle Defizite auf 0,5 Prozent des BIP zu begrenzen sind. Sanktionen hat es aber auch mit dem reformierten SWP nicht gegeben – im Gegenteil: Frankreich wurde im Frühjahr 2016 eine erneute Verlängerung für das Erreichen des Budgetziels von 3 Prozent bis 2017 zugestanden, die vierte seitdem Frankreich 2009 ins Defizitverfahren aufgenommen wurde. Letztlich widerspricht diese großzügige Auslegung dem während der Krise erklärten politischen Willen, dem reformierten SWP ‚Biss' zu verleihen.

Griechenlandkrise schwelt weiter

Die griechische Schuldenkrise, die sich nach der Regierungsübernahme von Ministerpräsident Alexis Tsipras im Januar 2015 zuspitzte, wurde im Juli 2015 durch die Einigung auf ein drittes Rettungspaket im Finanzierungsvolumen von bis zu 86 Mrd. Euro über drei Jahre erst einmal entschärft. Im Gegenzug hat die griechische Regierung Strukturreformen zugesagt, vor allem in den Bereichen Rentensystem, Privatisierung und Finanzverwaltung. Das Paket wurde bis Mitte 2016 – gemäß der Maßgabe Reformen gegen frisches Geld – schrittweise umgesetzt. Zweifel an der Schuldentragfähigkeit Griechenlands bestehen fort. Im Zusammenhang mit der Auszahlung der Kredittranche im Mai 2016 wurden dem Land frühestens nach Ablauf des Rettungspakets 2018 Schuldenerleichterungen in Aussicht gestellt. Eine Rückkehr auf den Wachstumspfad scheint erst 2017 möglich. Mit dem Pakt wurde der Präzedenzfall eines Austritts aus der Europäischen Wirtschaftsunion (EWU) mit schwer kalkulierbaren Risiken für Wirtschaft und Währung der Eurozone abgewendet. Offen ist jedoch, ob die Politik der Rettungspakete in Griechenland zum Erfolg führen wird.

Europäische Bankenunion gewinnt Gestalt

Bei der Umsetzung der EBU, die den bedeutendsten Integrationsschritt seit dem EWU-Start 1999 darstellt, wurden weitere Fortschritte erzielt. Die EBU besteht aus drei Säulen: einem einheitlichen Bankenaufsichtsmechanismus (Single Supervisory Mechanism, SSM), einem einheitlichen Abwicklungsmechanismus für Problembanken (Single Resolution Mechanism, SRM) und einem einheitlichen Sicherungssystem für Bankeinlagen (Deposit Guarantee Scheme, DGS). Mit der EBU werden Lehren aus der Finanz- und Schuldenkrise gezogen. Ziel ist es, die Stabilität und Servicequalität des Finanzbinnenmarkts zu stärken sowie künftig Belastungen der Steuerzahler durch Rettungsmaßnahmen für Banken zu vermeiden.

Die einheitliche Bankenaufsicht SSM hat die EZB am 4. November 2014 übernommen. Sie beaufsichtigt die 123 größten der circa 6.000 Banken in der Eurozone direkt, während die nationalen Aufseher weiterhin die Aufsicht über die übrigen Kreditinstitute ausüben. Ziel des SSM ist es, die Qualität der Bankenaufsicht durch gleiche Aufsichtsregeln zu verbessern und Fehlentwicklungen im Bankensektor vorzubeugen. Die enge Kooperation zwischen der EZB und den nationalen Aufsehern konnte bisher eine hohe Aufsichtsqualität sicherstellen.

Der SSM ist ab 1. Januar 2016 durch den einheitlichen Abwicklungsmechanismus SRM für fallierende Banken ergänzt worden. Ziel des SRM ist es, das Eingehen übermäßiger Risiken zu begrenzen und für eine effektive Abwicklung von Problembanken zu sorgen. Der SRM besteht aus einem neu geschaffenen Abwicklungsgremium und einem einheitlichen Abwicklungsfonds. Ein wichtiges Signal für die Märkte liefern die neuen Regeln für die Einbeziehung der Eigentümer und Gläubiger im Krisenfall. Die Rangfolge der Haftung für die Kosten der Abwicklung einer Problembank beginnt bei den Aktionären und schließt die Gläubiger von Anleihen und großen Depositen mit ein, während Sparer mit Guthaben bis 100.000 Euro explizit ausgenommen sind. Erst nach dem Rückgriff auf diese ‚Haftungskaskade' soll der Abwicklungsfonds zum Einsatz kommen, der über acht Jahre bis 2024 aus Bankenbeiträgen im Volumen von 55 Mrd. Euro aufgebaut wird. Es ist angemessen, die Sanierung und Abwicklung von Problembanken nach diesem ‚Bail-in'-Grundsatz zu organisieren, um ein ‚Bail-out' zulasten des Steuerzahlers künftig zu vermeiden. Der Praxistest des SRM steht freilich noch aus.

Der dritte Baustein der EBU sieht ein einheitliches Sicherungssystem für Bankeinlagen vor, um im Krisenfall einem systemgefährdenden ‚Run' auf Bankeinlagen vorzubeugen. Bisher gilt hier die 2014 reformierte Einlagensicherungsrichtlinie, nach der die EU-Mitgliedstaaten Bankguthaben bis 100.000 Euro schützen müssen. Die Europäische Kommission hat inzwischen einen Vorschlag für ein DGS vorgelegt, das bis 2024 eingeführt werden soll. Dieser Baustein ist komplex und umstritten, da er zum Beispiel ‚Moral Hazard'-Probleme beinhaltet, wenn auch die reichlich ausgestatteten Einlagensicherungssysteme eines Landes wie Deutschland für die Risiken in allen anderen Euroländer gelten sollen, ohne dass eine Kontrolle der Bankenrisiken in anderen Ländern erfolgen kann. Diese Risiken hängen unter anderem von der nationalen Wirtschaftspolitik und der Insolvenzordnung für Banken ab. Zunächst muss es hier zu einer stärkeren Harmonisierung kommen, bevor ein problemadäquates DGS geschaffen wird.

EZB: Ausweitung des Expansionskurses statt Rückkehr zur Normalität

Die Inflationsrate im Euroraum fiel 2015 im Schnitt auf 0,0 Prozent. Nachdem die Teuerungsrate im Berichtszeitraum in mehreren Monaten ölpreisbedingt sogar leicht negativ war, lag sie im Juni 2016 bei plus 0,1 Prozent. Sie unterschreitet weiterhin deutlich das Inflationsziel der EZB von unter, aber nahe 2 Prozent über die mittlere Frist. Die EZB sah in der anhaltenden Kombination von niedrigen Inflationsraten und schwachem Wachstum weiterhin Deflationsgefahr und verstärkte ihre sehr expansive Geldpolitik nochmals kräftig. Sie senkte den Leitzins im März 2016 auf Null und erhöhte den negativen Einlagesatz auf minus 0,4 Prozent. Zugleich stockte sie das massive Programm der quantitativen Lockerung durch Anleihekäufe ab April 2016 auf monatlich 80 Mrd. Euro auf. Das Programm war seit März 2015 auf ein Volumen von 60 Mrd. Euro ausgelegt und umfasst vor allem den Kauf von EWU-Staatsanleihen.

Ziel der EZB ist es, noch mehr Liquidität für die Kreditvergabe der Banken und die Belebung der Konjunktur bereitzustellen und damit die Inflationsrate in Richtung der 2 Prozent-Marke zu heben. Die quantitative Lockerung ist höchst umstritten. Die Sorge, dass die Eurozone in einen kumulativen Abwärtstrend mit sinkenden Preisen und Kaufzurückhaltung der Verbraucher und schrumpfenden Absatzerwartungen der Unternehmen geraten könnte, scheint überzogen. Weder die laufenden BIP- und Auftragszahlen noch die Stimmungsbarometer bei Unternehmen und Verbrauchern signalisieren deflationäre Tendenzen. Anleihekäufe der EZB sind aber nicht unproblematisch, da sie die Steuerungsfunktion von Risikoaufschlägen bei Zinsen und den Reformanreiz der Problemländer schwächen. Ein unbegrenzter Staatsanleihenkauf läuft vermutlich auf eine vertraglich unzulässige monetäre Budgetfinanzierung hinaus.

Die Rechtmäßigkeit von Staatsanleihenkäufen steht seit dem OMT-Anleiheprogramm der EZB von 2012 im Zentrum zahlreicher Klagen beim Bundesverfassungsgericht (BVerfG), das nach seiner im Februar 2014 getroffenen Aussage, das OMT-Programm sei durch den Vertrag nicht gedeckt, den Gerichtshof der Europäischen Union (EuGH) angerufen hat. Der EuGH hat im Urteil vom Juni 2015 Staatsanleihenkäufen der EZB am Sekundärmarkt Rechtmäßigkeit – wenn auch nicht ohne Verweis auf einige Einschränkungen – attestiert und damit den Rechtsstreit höchstrichterlich geklärt. Das BVerfG hat dieses Urteil im Juni 2016 im Wesentlichen bestätigt.

Die ultra-lockere Geldpolitik der EZB hat positive und negative Nebenwirkungen. Der negative Einlagezins verstärkt den Anreiz der Banken, Geld zu verleihen statt es bei der EZB zu parken. Beispielsweise hat sich die Kreditnachfrage in allen großen Euroländern mit Ausnahme Frankreichs bis zum zweiten Quartal 2016 belebt. Auch die Renditen von Staatsanleihen der meisten Euroländer sind bis Juni 2016 weiter gesunken. Zehnjährige Bundesanleihen, die in der EWU als Referenzwert dienen, verzeichneten im Juni 2016 erstmals Negativzinsen.

Moderates Wachstum und die insgesamt eher zurückhaltende Kreditvergabe in der EWU zeigen, dass die extrem lockere Geldpolitik der EZB auf Grenzen stößt und offensichtlich auch noch andere Gründe für Wachstum und Investitionstätigkeit maßgeblich sind, wie zum Beispiel die Absatz- und Renditeerwartungen der Unternehmen. Allerdings bewirkte diese Geldpolitik der EZB in Kombination mit der Zinswende der US-Notenbank im Dezember 2015 einen bis auf Weiteres niedrigeren Euro-Wechselkurs. Dies begünstigt die Exporte der Eurozone.

Anhaltend niedrige Zinsen haben aber auch eine Reihe negativer Nebenwirkungen. Sie belasten die Sparer und die kapitalbasierte Altersvorsorge in erheblichem Umfang. Der Zinseszinseffekt entfällt fast völlig. Wer heute für das Alter mehr sparen muss, kann weniger konsumieren. Auch hat die Bereitschaft deutlich zugenommen, höhere Risiken einzugehen. Damit erhöht sich die Gefahr der Blasenbildung, zum Beispiel bei Immobilien. Die Allokationsfunktion des Zinssatzes wird zunehmend ausgehebelt. Die massiven Anleihekäufe der EZB haben die Liquidität und die Funktionsfähigkeit der betroffenen Marktsegmente merklich reduziert. Der Finanzsektor wird durch mangelnde Zinsattraktivität der Kapitalmärkte und schrumpfende Margen im Kreditgeschäft belastet. Niedrige Zinsen erleichtern den Regierungen der Eurozone die Schuldenfinanzierung – ein wichtiger

Aspekt. Mit Blick auf ihr Mandat muss die EZB nach dem Abklingen der Krise ihre Notmaßnahmen zielstrebig beenden. Eine baldige Rückkehr zur Normalität ist freilich nicht in Sicht.

Brexit-Entscheidung erschüttert Politik und Wirtschaft in Europa ...

Im britischen Referendum am 23. Juni 2016 stimmten 51,9 Prozent der Wähler für einen EU-Austritt. Gründe hierfür waren vor allem die vermeintlich ungebremste Zuwanderung nach Großbritannien aus süd- und osteuropäischen EU-Staaten, Kritik an der Arbeitsweise der Brüsseler Bürokratie und die Demokratie- und Legitimierungsdefizite der Europäischen Union. Schließlich lehnt Großbritannien die Leitmaxime des EU-Vertrages ab, eine „immer enger werdende Union" anzustreben. Die Brexit-Entscheidung bestürzte die EU-Partnerländer Großbritanniens. Die Finanzmärkte reagierten zunächst mit deutlichen Kursabschlägen an den Währungs- und Aktienmärkten. Das Pfund Sterling und der Euro gerieten unter Druck. An den Aktienmärkten rund um den Globus sanken die Kurse deutlich. Der Austritt Großbritanniens nach 43-jähriger Zugehörigkeit stößt die Europäische Union in die tiefste Krise ihrer fast 60-jährigen Geschichte. Er trifft die Europäische Union in einer Zeit gravierender ungelöster Probleme wie der hohen Arbeitslosigkeit in vielen Euroländern, der Flüchtlingsfrage, aber auch der Zunahme euroskeptischer Bewegungen in vielen Mitgliedsländern.

Die Brexit-Entscheidung hat signifikante Konsequenzen für Großbritannien, aber auch für die verbliebene EU-27. Mit Großbritannien verlässt die zweitstärkste Wirtschaftsmacht die Europäische Union. Das Land wickelt etwa die Hälfte seines Außenhandels mit der Europäischen Union ab. Großbritannien nimmt 7,5 Prozent der deutschen Exporte ab und ist nach den USA und Frankreich der drittgrößte Exportmarkt Deutschlands, das einen marktorientierten, weltoffenen Partner in der Europäischen Union verliert. Die Verunsicherung in Politik und Wirtschaft auf beiden Seiten des Ärmelkanals ist groß. Der Austritt birgt erhebliche Risiken für Wachstum und Investitionen. Offen ist vor allem, wie künftig das Verhältnis Großbritanniens zur Europäischen Union und insbesondere zum Europäischen Binnenmarkt gestaltet wird. Ziel der Verhandlungen über die künftigen Rahmenbedingungen für Politik und Wirtschaft zwischen der EU-27 und Großbritannien sollte es sein, eine lähmende Hängepartie zu vermeiden und einen möglichst wachstumsschonenden Austrittsprozess auszuhandeln, der nach Artikel 50 EU-Vertrag mindestens zwei Jahre dauert.

Ende Juni 2016 gibt es weder einen Zeitplan noch einen Plan der Austrittsmodalitäten. Mit dem offiziellen Austrittsantrag will sich Großbritannien Zeit lassen, denn Premierminister David Cameron ist bereits kurz nach der Brexit-Entscheidung zurückgetreten und das neue Kabinett von Theresa May muss nun die Austrittsmitteilung nach Brüssel versenden, was im März 2017 erfolgen soll, und die Austrittsverhandlungen führen. Eine Option der britischen Teilhabe am Binnenmarkt wäre zum Beispiel der Europäische Wirtschaftsraum, der für Norwegen gilt. Sie schließt allerdings die von den Brexitbefürwortern abgelehnte Freizügigkeit für Arbeitnehmer ein. Eine möglichst schnelle Klärung dieser Rahmenbedingungen ist wünschenswert, um die Erwartungen für Wirtschaft und Währung nachhaltig zu stabilisieren.

… und erfordert eine eingehende Debatte über die Zukunft Europas

Die Brexit-Entscheidung ist ein notwendiger Anlass, eine eingehende Debatte über Konsequenzen für die Europäische Union und die Zukunft Europas zu führen. Europa braucht derzeit keine neuen großen Würfe zur Vertiefung der Europäischen Union und der EWU. Die implizite Botschaft der Brexit-Entscheidung für das übrige Europa lautet vielmehr, dass die Bürgerinnen und Bürger eher weniger als mehr ‚Brüssel' wollen. Beispielsweise sollte dem Subsidiaritätsgedanken gemäß dem Leitspruch ‚Europa, wo nötig und mehr Nationalstaat, wo möglich' mehr Geltung verschafft werden. Zugleich erwarten die Bürgerinnen und Bürger einen erkennbaren Mehrwert von der Europäischen Union. Das erfordert mehr Transparenz und Effizienz. Die EU-Regierungen und -Institutionen müssen Verträge und Versprechen einhalten und bessere Problemlösungen bieten. Eine Priorität sollte die Stärkung der Wettbewerbsfähigkeit sein. Auf nationaler Ebene bedeutet dies eine konsequentere Umsetzung von Strukturreformen. Auf EU-Ebene kann zum Beispiel das Vorantreiben des Projekts der Kapitalmarktunion die Bedingungen für die Mittelstandsfinanzierung und die Bereitstellung von Risikokapital verbessern und damit Wachstum und Beschäftigung fördern. Die Europäische Union und ihre Mitgliedstaaten sind auch auf den Gebieten Innovation und Digitalisierung gefordert.

Für die EU-Staaten ist der Brexit ein Weckruf, ihr Handeln zu überdenken und den Wert der Europäischen Union für die Bürgerinnen und Bürger besser unter Beweis zu stellen. Integrationsprozesse brauchen künftig womöglich mehr Flexibilität, um nationalen Besonderheiten besser Rechnung zu tragen. Die zukünftige Gestaltung Europas wird zweifellos auch 2017 bei den wichtigen Wahlen in Frankreich und Deutschland eine Schlüsselrolle spielen.

Weiterführende Literatur

Bank für internationalen Zahlungsausgleich: 85. Jahresbericht 2015/16, Juni 2016.
Barbara Böttcher: Weg zur Bankenunion ist vorgegeben, in: Börsenzeitung, 17.5.2014.
Deutsche Bundesbank: Geschäftsbericht 2015, Frankfurt am Main, März 2016.
EZB: Jahresbericht 2015, 2015.
Hans-Werner Sinn: Gefangen im Euro, München 2014.

Weltraumpolitik

Jürgen Turek

Im Rahmen der europäischen Wettbewerbs- und Wachstumsstrategie und Innovations-
programmatik bleibt die in die Forschungs- und Technologiepolitik eingebettete Weltraumpolitik nach wie vor von großer Bedeutung. Sie bildet ein wichtiges Instrument für
die Umsetzung der Strategie 2020 der Europäischen Union, unter anderem durch die
Weiterführung ihrer Raumfahrtprogramme. Dazu gehören das Satellitenprogramm Galileo
und der geostationäre Navigationsergänzungsdienst für Europa (EGNOS), das Europäische Erdbeobachtungsprogramms Copernicus zur Überwachung von Land, See, Atmosphäre, Luftqualität und Klimawandel, der Aufbau eines europäischen Systems zur Welt-
raumlageerfassung (SSA), die Unterstützung der Weltraumforschung im Kontext der
Internationalen Weltraumstation (ISS), die Förderung der Grundlagenforschung und
Entwicklung sowie die Stärkung der Partnerschaft zwischen Europäischer Weltraumorga-
nisation und den EU-Staaten. Die dafür notwendigen Voraussetzungen schafft die Europäische Weltraumagentur (ESA), der operative Arm des EU-Weltraumprogramms, mit einer
entsprechenden Infra- und Betreibungsstruktur und durch die Entwicklung geeigneter
Trägersysteme. Die Zielsetzung des Weltraumprogramms ist vielschichtig: von der Erforschung der Erde, ihres unmittelbaren Umfelds, des Sonnensystems und des Universums
über die Entwicklung satellitengestützter Technologien und Dienstleistungen bis hin zur
Förderung verschiedener High-Tech-Industrien.[1] Neben der wichtigen Satelliteninfrastruk-
tur im Rahmen des Galileo-Projekts arbeitet das Weltraumprogramm auch an Themen wie
wiederverwertbaren Raketen, einer Mond- und einer Marsmission und einer zukunftsfesten
Ausbildung europäischer Astronauten.[2] Nach wie vor sehr wichtig bleibt Copernicus, das
den aktuellen geologischen und meteorologischen Zustand der Erde erfasst und dabei
Satelliten und Sensoren am Boden, in der Atmosphäre und auf See einsetzt.

Galileo – das ehrgeizigste Projekt des europäischen Raumfahrtprogramms

Galileo ist das europäische Satellitennavigations- und Zeitgebungssystem. Bisher verfügen
nur die USA (GPS) und Russland (GLONASS) über weltraumgestützte Navigationssys-
teme, die aber vom Militär kontrolliert werden. Galileo gilt insofern als europäische Alternative und als Garant für europäische Unabhängigkeit in der Weltraumpolitik. Das System
dient der zentimetergenauen Positionsbestimmung von Fahrzeugen auf dem Boden, dem
Meer und in der Luft. Ein zuverlässiges Navigations- und Ortungssystem gilt als Schlüs-
selelement für die Vernetzung von Verkehrsträgern und die Schaffung eines integrierten
Gesamtverkehrssystems. Das System basiert auf einer Grundkonstellation von 30 Satelliten, welche die Erde in einer Höhe von etwa 23.260 Kilometer mit einer Geschwindigkeit
von 3,6 Kilometer pro Sekunde umkreisen. Gesteuert wird die Satellitennavigation von
Bodenstationen, welche die Satelliten kontrollieren. Aufgrund von komplexen Problemen

---

1   ESA: Die ESA: Fakten und Zahlen, abrufbar unter: http://www.esa.int/ger/ESA_in_your_country/Germa
    ny/Die_ESA_Fakten_und_Zahlen (letzter Zugriff: 8.6.2016).
2   Augsburger Allgemeine: Das plant die Europäische Weltraumagentur für 2016 und später, 3.1.2016.

und erheblichen Zeitverzögerungen wurde der Prozess des Systemaufbaus signifikant beschleunigt. Mit Stand Mitte 2016 sind nunmehr 14 der geplanten Satelliten im All. Bis Anfang 2017 sollen 18 Galileo-Satelliten im Orbit sein und bis 2020 soll das System dann aus 30 aktiven Satelliten und dem voll funktionsfähigen Bodensegment bestehen, um die gewünschten qualitativ hochwertigen Dienste zuverlässig zur Verfügung stellen zu können. Galileo wird mehrere Dienste anbieten: einen kostenlosen offenen Dienst, mit dessen Hilfe zum Beispiel Autos metergenau auf Kurs kommen; einen kostenpflichtigen und verschlüsselten Dienst, der eine noch weit höhere Präzision verspricht; sowie einen Dienst für sicherheitskritische Anwendungen etwa im Luft- und Schienenverkehr. Bei vollem Ausbau des Systems sollen zwei Dienste hinzukommen: Ein Dienst für staatliche – eventuell auch militärische – Aufgaben, der gegen Störungen gesichert ist, sowie ein Such- und Rettungsdienst, der Notsender zum Beispiel von Flugzeugen oder Schiffen orten kann.[3]

Die avisierten 18 Satelliten bis Anfang 2017 reichen dabei aus, um das System im Grundsatz regulär in Betrieb zu nehmen.[4] Damit wird das System funktionsfähig. Mit der Fertigstellung des Galileo-Systems können allerdings auch Zielkonflikte über seine zivile und militärische Nutzung wieder stärker in den Fokus der EU-Integrationspolitik rücken. Im Gegensatz zum Copernicus-System mit seinen beiden Sentinel-Satelliten 1A und 1B ist eine militärische Nutzung des Galileo-Systems möglich und zum Teil auch erwünscht.

Ungeklärtes Verhältnis von ziviler und militärischer Nutzung des Galileo-Systems

Hierbei geht es um die Spannung zwischen ziviler und politischer/militärischer Nutzung des Systems. Ursprünglich ist das Galileo-System zivil disponiert; mit Blick auf seine – theoretisch mögliche – Einbindung in die Europäische Sicherheits- und Verteidigungspolitik (ESVP) bestehen Unstimmigkeiten zwischen der ESA, der Europäischen Kommission, dem Europäischen Parlament und einzelnen EU-Staaten. Durch eine vom Parlament 2008 verabschiedete Entschließung soll Galileo auch für Operationen im Rahmen der ESVP zur Verfügung stehen. Dieses Spannungselement wurde bisher von technisch-organisatorischen Problemen oder Managementpannen überlagert. Doch das System ist in absehbarer Weise betriebsbereit. Angesichts der Bündnisverpflichtungen des Westens und der (auch militärischen) Konflikte in der Peripherie der Europäischen Union, im Nahen und Mittleren Osten, im Kaukasus oder an der Südflanke der Türkei, angesichts der damit korrespondierenden sicherheitspolitischen Spannungen in der NATO, der ESVP und den geostrategisch sensiblen Problemen (zum Beispiel in der Ukraine oder der Schwarzmeerregion) könnte diese Thematik zur Belastung der EU-Weltraumpolitik werden, wenn sicherheitspolitische und militärische Belange die ursprünglich rein zivile Nutzungsabsicht konterkarieren. Vieles spricht dafür, dass militärische Nutzungsabsichten angesichts des Problemdrucks in der internationalen Politik wachsen, auch inspiriert von den USA, die mit Blick auf die genannten Krisenherde größere militärische Beiträge von den Europäern und hier insbesondere auch von der deutschen Bundesregierung erwarten.[5]

Weiterführende Literatur

Europäische Kommission: Gesamtbericht über die Tätigkeit 2015, Brüssel 2016.

Turek, Jürgen: Weltraumpolitik, in: Werner Weidenfeld/ Wolfgang Wessels (Hrsg.): Europa von A – Z, 14. Aufl., Baden-Baden 2016.

---

3   Christoph Seidler: Europäisches Navigationssystem, in: Spiegel Online, 10.9.2015.
4   Golem.de: ESA beschleunigt Galileo, 25.2.2016.
5   Stefan Kornelius: Bedrängt von allen Seiten, in: Süddeutsche Zeitung,14.6.2016

Wettbewerbspolitik

Henning Klodt

Die Wettbewerbspolitik der Europäischen Union ist in den vergangenen Jahren sowohl in der öffentlichen Wahrnehmung als auch in der politischen Praxis ein wenig aus dem Blick geraten. Zunächst waren es die Turbulenzen der Finanzkrise nach dem Kollaps der amerikanischen Investmentbank Lehman Brothers, dann folgte die Eurokrise rund um Griechenland und andere Länder; heute sind es die makroökonomischen Debatten um die Geld- und Fiskalpolitik und nicht zuletzt der Brexit, die Europa in Atem halten. Dabei betonen die Verantwortlichen bei jeder Gelegenheit, dass alle Makropolitik (inklusive der extrem expansiven Geldpolitik der Europäischen Zentralbank) ins Leere laufen, wenn es auf der Mikroebene keine Strukturreformen gibt. Was genau sich dahinter verbirgt, bleibt meist im Dunkeln, aber als Generalnenner lässt sich ausmachen, dass es um die Stärkung des Wettbewerbs auf allen Ebenen geht. Vor diesem Hintergrund gebührte der Wettbewerbspolitik eigentlich ein hohes Maß an Aufmerksamkeit, da sie in besonderem Maße dazu beitragen könnte und sollte, den allenthalben geforderten Strukturreformen die nötige mikroökonomische Basis zu schaffen.

Sonderbehandlung wachstumsfördernder Beihilfen

Auch die Europäische Kommission vertritt in ihrem Bericht über die Wettbewerbspolitik 2015 die Ansicht, dass eine Stärkung des Wettbewerbs für sich genommen bereits wachstumsfördernde Wirkung entfaltet.[1] Sie versucht allerdings, die wachstumsfördernden Wirkungen ihrer Wettbewerbspolitik zusätzlich dadurch zu steigern, dass sie bei der Prüfung bestimmter Beihilfen großzügiger verfährt als bei anderen. Dies betrifft zunächst einmal diejenigen Maßnahmen, die unter dem Dach des neu aufgelegten Europäischen Fonds für strategische Investitionen (EFSI), dem sogenannten 'Juncker-Fonds', finanziert werden. Die vom Fonds selbst ausgereichten Mittel unterliegen nicht der Beihilfenaufsicht, da sie Gemeinschaftsbeihilfen darstellen und die Beihilfenaufsicht vertragsgemäß nur auf nationale Beihilfen anzuwenden ist. Wenn die geförderten Projekte aber eine nationale Kofinanzierung erhalten, dann unterliegen diese Kofinanzierungsmittel sehr wohl der Beihilfenaufsicht. Um den Erfolg des EFSI nicht zu gefährden, prüft die Kommission die von den EU-Staaten bereitgestellten Kofinanzierungsmittel vorrangig vor anderen nationalen Beihilfen. Zusätzlich hat sie das Beihilferecht mit dem Ziel überarbeitet, jene Beihilfen bei ihrer Kontrolle zu bevorzugen, die von den Mitgliedstaaten in besonderem Maße auf Wachstums- und Beschäftigungsförderung ausgelegt sind.

---

[1]   Als Beleg dafür zitiert sie eine Studie der Weltbank, nach der wettbewerbspolitische Maßnahmen der Kommission mit einer gewissen Zeitverzögerung zu einer statistisch messbaren und signifikanten Erhöhung der privatwirtschaftlichen Investitionen führen. Adriaan Dierx/Jukka Heikkonen/Fabienne Ilzkovitz/Beatrice Pataracchia/Anna Thum-Thysen/Janos Varga: Distributional Macroeconomic Effects of EU Competition Policy – a General Equilibrium Analysis, Washington, D.C. 2016 (in Vorbereitung).

Diese Sonderbehandlung bestimmter Beihilfen mag gut gemeint sein, aber sie widerspricht den eigentlichen Intentionen der Beihilfenaufsicht, wie sie im Europäischen Vertragswerk niedergelegt sind. Nach Art. 107 des Vertrages über die Arbeitsweise der Europäischen Union (AEUV) sind Beihilfen dann zu untersagen, wenn sie den Wettbewerb verfälschen oder zu verfälschen drohen. Es ist schwer nachvollziehbar, weshalb die Gefahr einer Verfälschung des Wettbewerbs geringer ausfallen soll, nur weil sich der EFSI an der Finanzierung beteiligt. Die Sonderbehandlung erweckt eher den Eindruck, dass sie den bürokratischen Eigeninteressen der Kommission dienen und nicht der Bewahrung des Wettbewerbs. Auch die Sonderbehandlung von Gemeinschaftsbeihilfen ist ein wettbewerbspolitisches Ärgernis. Zwar gelten die beihilferechtlichen Vorschriften der Art. 107 bis 109 AEUV definitionsgemäß nur für Beihilfen der Mitgliedstaaten, doch die Kommission könnte die Glaubwürdigkeit ihrer Wettbewerbs- und Strukturpolitik spürbar verbessern, wenn sie die von ihr selbst oder anderen Gemeinschaftsinstitutionen gewährten Beihilfen den gleichen Regeln unterwerfen würde wie die nationalen. Das sieht die Kommission allerdings anders.

So gesehen birgt die jetzt vollzogene ,Modernisierung' der Beihilfenaufsicht durchaus die Gefahr, das gemeinschaftliche Wettbewerbsrecht in den Dienst eines industriepolitisch motivierten Interventionismus zu stellen. In die gleiche Richtung gehen die Tendenzen, bei staatlichen Umweltschutz- und Energiebeihilfen eher großzügig zu verfahren. Dem Wettbewerb in der Europäischen Union wird damit letztlich ein Bärendienst erwiesen.

Wettbewerbsprobleme in der digitalen Wirtschaft

Die digitale Ökonomie schreitet rasch voran. Das mobile Internet ist allgegenwärtig, die Produktionsstrukturen wandeln sich zu Industrie 4.0 und immer mehr Dinge des Alltagsgebrauchs sind befähigt, an der digitalen Kommunikation teilzunehmen. Es erscheint daher nur folgerichtig, dass die Kommission im Mai 2015 eine eigene Strategie für den Binnenmarkt aufgelegt hat.[2] Diese Strategie hat auch Auswirkungen auf die Beihilfenaufsicht – Subventionen der Mitgliedstaaten werden tendenziell günstiger beurteilt, wenn sie der Digitalisierung der Wirtschaft dienen. Dagegen lassen sich die gleichen Bedenken vorbringen wie gegen die oben diskutierte Sonderbehandlung wachstumsfördernder Beihilfen. Daneben ist die Kommission allerdings bestrebt, wettbewerbsbeschränkenden Tendenzen in digitalen Märkten entschlossen entgegenzutreten. Die besondere Relevanz dafür ergibt sich aus der inhärenten Tendenz der digitalen Wirtschaft, der Entstehung natürlicher Monopole Vorschub zu leisten. Die Ursachen liegen zum einen bei den ausgeprägten Netzwerkexternalitäten, die zu einer sich selbst verstärkenden Dominanz einmal etablierter Marktanbieter führen kann. Zum anderen ist die digitale Ökonomie in vielen Bereichen durch extrem niedrige Grenzkosten charakterisiert, wodurch ebenfalls die Monopolbildung begünstigt wird.[3]

Im Scheinwerferlicht steht dabei vor allem das Kartellverfahren gegen Google. Im April 2015 teilte die Kommission dem Konzern mit, dass sie den Verdacht prüfe, Google nutze seine marktbeherrschende Stellung bei Internet-Suchdiensten aus, um seinen eigenen

---

2 Europäische Kommission: Mitteilung der Kommission vom 6. Mai 2015 an das Europäische Parlament, den Rat, den Europäischen Wirtschafts- und Sozialausschuss und den Ausschuss der Regionen – Strategie für einen digitalen Binnenmarkt für Europa, KOM (2015) 192.

3 Die industrieökonomischen Grundlagen der digitalen Ökonomie wurden bereits von Shapiro und Varian herausgearbeitet. Carl Shapiro/Hal R. Varian: Information Rules, Boston 1999; Vgl. auch Monopolkommission: Hauptgutachten XX: Eine Wettbewerbsordnung für die Finanzmärkte, Baden-Baden 2014.

Preisvergleichsdienst gegenüber anderen Diensten zu bevorzugen. Darüber hinaus werden weitere Formen missbräuchlichen Verhaltens beanstandet, unter anderem bei den Beschränkungen, denen sich auf der Google-Plattform werbende Unternehmen unterwerfen müssen. Erweitert wurden die Untersuchungen im April 2016, als die Kommission dem Konzern mitteilte, dass der Verdacht auf missbräuchliche Ausnutzung einer beherrschenden Marktstellung auch bei dem Betriebssystem Android bestehe. Dieses Betriebssystem ist weltweit auf etwa 80 Prozent aller Smartphones und Tablets installiert. Google enthalte all diesen Nutzern eine größere Auswahl an mobilen Anwendungen und Dienstleistungen vor und bremse zudem die Innovationsaktivitäten anderer Unternehmen. Konkret geht es beispielsweise darum, Gerätehersteller aufgrund entsprechender Exklusivverträge zu veranlassen, den Browser Google Chrome vorzuinstallieren und den Betreibern von Mobilfunknetzen finanzielle Anreize dafür zu bieten, ausschließlich die Google-Suchfunktion zu installieren. Außerdem können die Nutzer bestimmte Apps wie Gmail oder Maps nur im Paket mit anderen Google-Apps installieren.[4]

Ebenfalls in den Bereich der digitalen Ökonomie fällt das Verfahren gegen Amazon, das die Kommission im Juni 2016 eingeleitet hat. Hier geht es um den Verdacht, Amazon verwende beim Vertrieb seiner E-Books restriktive Vertragsklauseln, mit denen andere Anbieter von E-Books behindert werden. Darin könnte – ebenso wie bei Google – der Missbrauch einer marktbeherrschenden Stellung liegen.

Wie all diese Verfahren ausgehen werden, ist offen. Es kann vermutet werden, dass sie allein schon aufgrund ihrer finanziellen Dimensionen letztlich beim Gerichtshof der Europäischen Union landen werden. Immerhin kann die Kommission Strafzahlungen in einer Höhe von bis zu zehn Prozent des Jahresumsatzes festsetzen, sodass die Konzerne große Anreize haben dürften, den Rechtsweg möglichst vollständig auszuschöpfen. Ein solches Prozedere musste die Kommission schon in ihrem legendären Verfahren gegen Microsoft durchstehen, in dessen langjährigem Verlauf der europäische Gerichtshof immer wieder die von ihr verhängten Bußgelder bestätigte.[5]

Bekämpfung ungerechtfertigter Steuervergünstigungen

Doch nicht nur im Bereich der Kartelle setzt sich die Kommission erfreulich energisch und nachhaltig für den Wettbewerb ein. Ein weiterer Bereich, der über das Feld der Wettbewerbspolitik hinausreicht, liegt in der Bekämpfung ungerechtfertigter Steuervorteile für internationale Konzerne. Es sind im Wesentlichen drei Kanäle, mit denen Steuerschlupflöcher genutzt werden: Erstens können künstlich verzerrte Verrechnungspreise bei konzerninternen Lieferungen genutzt werden, um Gewinne an Niedrigsteuerstandorte zu verschieben. Zweitens können Lizenzrechte für Markennamen oder Technologien an Konzerneinheiten übertragen werden, die in Steueroasen residieren. Drittens können Kreditverflechtungen innerhalb der Konzerne so gestaltet werden, dass die Zinsen in Hochsteuerländern gezahlt und in Niedrigsteuerländern als Gewinnbestandteile vereinnahmt werden. All diese Praktiken sind nur schwer kontrollierbar, wenn man nicht tief in die Steuerautonomie der einzelnen Länder eingreifen will oder kann. Die Länder der G20 und die OECD haben jedoch eine breitangelegte Initiative gestartet, mit der zumindest sichergestellt werden soll, dass die anzuwendenden Verfahren in der Steuererhebung

---

4   Alexander Mühlauer: Gar nicht smart, in: Süddeutsche Zeitung, 21.4.2016.
5   Henning Klodt: Wettbewerbspolitik, in: Werner Weidenfeld, Wolfgang Wessels (Hrsg.): Jahrbuch der Europäischen Integration 2013, Baden-Baden 2013, S. 237-240.

möglichst einheitlich gestaltet werden und dass die verschiedenen Sitzländer multinationaler Konzerne und ihrer Tochtergesellschaften sich gegenseitig konsultieren und über die jeweilige Steuererhebung informieren. Die Kommission hat diese sogenannten ‚BEPS'-Initiative (base erosion and profit shifting) von vornherein unterstützt, was allein deshalb schon ins Gewicht fällt, weil einige der international bedeutendsten Steueroasen zur Europäischen Union gehören (insbesondere Irland, Luxemburg, das Vereinigte Königreich und die Niederlande).[6]

Konkret unterstützt wurde die BEPS-Initiative durch zwei Verfahren gegen Luxemburg und die Niederlande, in denen es um Steuervorbescheide ging, mit denen die extrem verzerrten internen Verrechnungspreise der Unternehmen Starbucks und Fiat Finance& Trade von den Finanzbehörden anerkannt wurden. Die Kommission argumentiert, die daraus resultierenden Steuervorteile seien als ungerechtfertigte (und im Übrigen auch als nicht notifizierte) Beihilfen anzusehen und müssten deshalb von den Unternehmen zurückgezahlt werden. Hier erweist sich das EU-Beihilfenrecht als scharfes Schwert, das der BEPS-Initiative ansonsten fehlt.

Weitere Prüfverfahren der Kommission, die inhaltlich ähnlich gelagert sind, betreffen die steuerliche Behandlung von McDonald's in Luxemburg und von Apple in Irland. Im Apple-Fall hat die Kommission im August 2016 die bis zum Jahr 2014 gewährten extremen steuerlichen Vergünstigungen zugunsten dieses Unternehmens als unzulässige Unternehmensbeihilfe bewertet. Folgerichtig hat sie Irland verpflichtet, eine Steuernachzahlung von Apple an den irischen Fiskus in Höhe von 13 Mrd. Euro durchzusetzen. Dabei wendet sie sich nicht gegen die relativ niedrigen allgemeinen Körperschaftsteuersätze in Irland, sondern dagegen, dass manchen Unternehmen zusätzliche Steuervergünstigungen eingeräumt werden, die den Wettbewerb verfälschen.

Fazit

Insgesamt kann der gemeinschaftlichen Wettbewerbspolitik auch in diesem Berichtszeitraum ein substantieller Beitrag zur Stärkung und Sicherung des Wettbewerbs in der Europäischen Union bescheinigt werden. Allerdings gibt es verstärkte Tendenzen, die Beihilfenaufsicht in manchen Bereichen in den Dienst eines industriepolitischen Interventionismus zu stellen, wodurch die grundsätzlich wettbewerbsfördernden Wirkungen konterkariert werden könnten.

Weiterführende Literatur

Dierx Adriaan/Jukka Heikkonen/Fabienne Ilzkovitz/Beatrice Pataracchia/Anna Thum-Thysen/Janos Varga: Distributional Macroeconomic Effects of EU Competition Policy – a General Equilibrium Ananlysis, Washington, D.C. 2016 (in Vorbereitung).

Europäische Kommission: Bericht der Kommission an das Europäische Parlament, den Rat, den Europäischen Wirtschafts- und Sozialausschuss und den Ausschuss der Regionen: Bericht über die Wettbewerbspolitik 2015, KOM (2016) 393 final.

Jonathan Faull/Ali Nikpay (Hrsg.): The EU Law of Competition, Oxford 2014.

Ingo Schmidt/Justus Haucap: Wettbewerbspolitik und Kartellrecht – Eine interdisziplinäre Einführung, München 2013.

Ingo Schmidt/André Schmidt: Europäische Wettbewerbspolitik und Beihilfenkontrolle, München 2006.

Helmut Schröter/Thienam Jakob/Robert Klotz/Wolfgang Mederer (Hrsg.): Europäisches Wettbewerbsrecht, Baden-Baden 2014.

---

6   Henning Klodt/Stefanie Lang: Patentboxen – Forschungsanreiz oder Steuersparmodell?, in: List Forum für Wirtschafts- und Finanzpolitik 3/2015, S. 349-365.

Wirtschaftspolitik

Roland Döhrn / Wim Kösters

Die wirtschaftliche Belebung in der Europäischen Union hielt im Jahr 2015 und in der ersten Hälfte des Jahres 2016 an. Im ersten Quartal 2016 war das Bruttoinlandsprodukt (BIP) 1,8 Prozent höher als im gleichen Zeitraum des Vorjahres. Dabei war die Konjunktur in der Mehrzahl der Länder spürbar aufwärts gerichtet. Besonders kräftig war die Expansion in Spanien und in Irland, die sich in zunehmendem Maße von der tiefen Rezession erholen, in die sie nach der Finanzkrise gefallen waren. In Spanien nahm das BIP im Jahr 2015 um 3,2 Prozent zu, in Irland sogar um 7,8 Prozent. Rückläufig ist die Wirtschaftsleistung weiterhin in Griechenland. Allerdings hat der Aufschwung in einigen Ländern zu Beginn des Jahres 2016 an Tempo verloren; einen Rückschlag erlebten insbesondere Polen und Ungarn. Alles in allem wuchs die Wirtschaft in den Ländern des Euroraums mit in etwa der gleichen Rate wie die in den übrigen Ländern der Europäischen Union.

Die Lage am Arbeitsmarkt verbesserte sich aufgrund der guten Konjunktur weiter. In der Europäischen Union insgesamt lag die Arbeitslosenquote (saisonbereinigt) im Mai 2016 mit 8,6 Prozent um einen Prozentpunkt unter der vor einem Jahr. Im Euroraum ist sie noch höher, erreichte aber mit 10,1 Prozent den niedrigsten Stand seit Jahresende 2011. Der Arbeitsmarkt hat damit eine Dynamik erreicht, bei der zumindest in einigen Ländern freie Stellen nicht mehr ohne weiteres besetzt werden können. Jedenfalls nimmt die von Eurostat berechnete Quote Offener Stellen in der Europäischen Union insgesamt wie im Euroraum in der Tendenz weiter zu, wenn auch nur leicht.

Allerdings bestehen nach wie vor beträchtliche Unterschiede zwischen den Ländern. In Griechenland betrug die Arbeitslosenquote zuletzt 24,1 Prozent (März 2016). Auch in Spanien lag sie mit 19,8 Prozent (Mai 2016) weit über dem Durchschnitt der EU-Länder. Allerdings verbessert sich dort die Beschäftigungslage zunehmend; die Arbeitslosenquote war zuletzt 2,7 Prozentpunkte niedriger als vor Jahresfrist. Besonders niedrig war die Arbeitslosigkeit in Deutschland, in Tschechien und in Malta. In allen drei Ländern lag die harmonisierte Arbeitslosenquote unter 5 Prozent, und dies mit sinkender Tendenz.

Ungeachtet der besseren Konjunktur und dem damit steigenden Auslastungsgrad blieb der Preisauftrieb außerordentlich gering. Die Inflationsrate im Euroraum schwankt nunmehr seit Jahresbeginn 2015 um die Nulllinie, im Juni 2016 betrug sie +0,1 Prozent. Maßgeblich hierfür ist zwar der Rückgang der Energiepreise. Aber auch ohne Energie und unverarbeitete Nahrungsmittel betrachtet, lag die Teuerung mit zuletzt 0,8 Prozent unter dem mittelfristigen Inflationsziel der Europäischen Zentralbank. Nach Ländern differenziert reichte die Spannweite der Inflationsraten in der Europäischen Union im Mai 2016 von einem deutlichen Preisrückgang in Rumänien (-3,0 Prozent) und Bulgarien (-2,5 Prozent) bis hin zu einer moderaten Preissteigerung in Malta (+1,1 Prozent) und Belgien (+1,6 Prozent), wobei letzteres allerdings eine Folge der Erhöhung von Steuern und staatlichen Gebühren ist. In 16 der 28 EU-Länder lag die Teuerungsrate zuletzt im negativen Bereich.

Europäische Zentralbank erhöht Expansionsgrad ihrer Politik weiter

Angesichts eines Preisauftriebs deutlich unterhalb ihres Inflationsziels, Anzeichen eines Sinkens der mittelfristigen Inflationserwartungen und einer weiterhin zögerlichen Wirtschaftsbelebung hat die Europäische Zentralbank den Expansionsgrad ihrer Geldpolitik nochmals erhöht. Auf seiner Sitzung am 10. März 2016 beschloss der EZB-Rat unter anderem, mit Wirkung vom 16. März den Hauptrefinanzierungssatz auf 0 Prozent herabzusetzen, den Zinssatz für die Einlagenfazilität auf -0,4 Prozent zu senken und das Volumen der monatlichen Ankäufe von Vermögenswerten auf 80 Mrd. Euro auszuweiten. Zugleich wurde der Kreis der Wertpapiere, die im Rahmen des Ankaufprogramms erworben werden können, auf erstklassige Unternehmensanleihen ausgedehnt. Schließlich wurden auch vier weitere gezielte längerfristige Refinanzierungsgeschäfte (GLRG II) beschlossen. Diese haben eine Laufzeit von jeweils vier Jahren, wobei die Verzinsung mindestens der der Einlagenfazilität entspricht. Die Inanspruchnahme dieser Geschäfte ist an die Kreditvergabe der Banken gekoppelt; teilnehmen können nur Banken, die Mindestwerte hinsichtlich der Ausweitung ihrer Kreditvergabe übertreffen. Da die Konditionen der Geschäfte über die jeweilige Laufzeit fix bleiben, und das letzte Geschäft im März 2017 mit einer Laufzeit bis 2021 getätigt wird, signalisiert die Europäische Zentralbank mit dem GLRG II, dass sie die Zinsen noch über einen längeren Zeitraum niedrig halten will.

Nach diesen Beschlüssen sind die Zinsen im Euro-Raum nochmals gesunken, und zwar sowohl am kurzen als auch am langen Ende. Der Drei-Monatszins (EURIBOR) lag im Juni 2016 bei -0,27 Prozent, und die Umlaufrendite von Staatsanleihen wurde bis hin zu einer Laufzeit von zehn Jahren negativ. Spürbare Folgen für das Geldmengenwachstum und die Kreditvergabe hatten die geldpolitischen Beschlüsse bisher allerdings nicht. Die Geldmenge M3 wächst weiterhin mit Raten knapp unter 5 Prozent, und die Kredite an nicht-finanzielle Unternehmen und an private Haushalte werden zwar – anders noch als bis zur Jahresmitte 2015 – ausgeweitet, aber zuletzt nicht mehr beschleunigt.

Fraglich ist, wie weit der geldpolitische Kurs der Europäischen Zentralbank überhaupt die monetären Rahmenbedingungen verbessern kann. Denn nach wie vor ist die Fragmentierung des Bankensektors groß. Für viele Banken ist nicht der Zugang zu Refinanzierungsmitteln das zentrale Problem, sondern ein zu geringes Eigenkapital und ein hoher Stand ausfallbedrohter Kredite. Diese Probleme können allerdings nicht von der Geldpolitik gelöst werden, sondern es muss hier die Wirtschaftspolitik aktiv werden, was vielerorts allerdings nicht geschieht. So verschärften sich in der ersten Hälfte 2016 die Probleme im italienischen Bankensektor, nachdem es über Jahre keinerlei Fortschritte bei dessen Restrukturierung gab.

Gerade vor diesem Hintergrund ist der Kurs der Europäischen Zentralbank mit erheblichen Problemen behaftet. Da an den Gütermärkten der Wettbewerb innerhalb der Europäischen Union hoch ist, was die Preiserhöhungsspielräume begrenzt, dürfte die expansive Geldpolitik insbesondere Wirkungen an den Immobilienmärkten zeigen. So steigen die Preise für Wohnimmobilien in Deutschland, wo die Wirtschaft gut ausgelastet ist und der Bankensektor funktionsfähig ist, inzwischen beschleunigt und es besteht die Gefahr einer Preisblase. Auch besteht das Risiko, dass die niedrigen Zinsen sich negativ auf die Margen der Banken auswirken. Dies erschwert es ihnen, ihre Eigenkapitalquote in dem Maße zu erhöhen, wie im Interesse der Finanzmarktstabilität erforderlich.

Ausgewählte Wirtschaftsindikatoren der EU Länder

	Reales Wirtschaftswachstum[1]			Anstieg der Verbraucherpreise[2]			Arbeitslosenquote[3]			Finanzierungssaldo des öffentlichen Haushalts[4]		
	2013	2014	2015	2013	2014	2015	2013	2014	2015	2013	2014	2015
Belgien	0	1.3	1.4	1.2	0.5	0.6	8.4	8.5	8.5	-3.0	-3.1	-2.6
Deutschland	0.3	1.6	1.7	1.6	0.8	0.1	5.2	5.0	4.6	-0.1	0.3	0.7
Estland	1.6	2.9	1.1	3.2	0.5	0.1	8.6	7.4	6.2	-0.2	0.8	0.4
Finnland	-0.8	-0.7	0.5	2.2	1.2	-0.2	8.2	8.7	9.4	-2.6	-3.2	-2.7
Frankreich	0.6	0.6	1.3	1.0	0.6	0.1	10.3	10.3	10.4	-4.0	-4.0	-3.5
Griechenland	-3.2	0.7	-0.2	-0.9	-1.4	-1.1	27.5	26.5	24.9	-13.0	-3.6	-7.2
Irland	1.4	5.2	7.8	0.5	0.3	0.0	13.1	11.3	9.4	-5.7	-3.8	-2.3
Italien	-1.7	0.3	0.8	1.2	0.2	0.1	12.1	12.7	11.9	-2.9	-3.0	-2.6
Lettland	3.0	2.4	2.7	0.0	0.7	0.2	11.9	10.8	9.9	-0.9	-1.6	-1.3
Litauen	3.5	3.0	1.6	1.2	0.2	-0.7	11.8	10.7	9.1	-2.6	-0.7	-0.2
Luxemburg	4.3	4.1	4.8	1.7	0.7	0.1	5.9	6.0	6.4	0.8	1.7	1.2
Malta	4.3	3.5	6.4	1.0	0.8	1.2	6.4	5.8	5.4	-2.6	-2.0	-1.5
Niederlande	-0.5	1.0	2.0	2.6	0.3	0.2	7.3	7.4	6.9	-2.4	-2.4	-1.8
Österreich	0.3	0.4	0.9	2.1	1.5	0.8	5.4	5.6	5.7	-1.3	-2.7	-1.2
Portugal	-1.1	0.9	1.5	0.4	-0.2	0.5	15.4	14.1	12.6	-4.8	-7.2	-4.4
Slowakei	1.4	2.5	3.6	1.5	-0.1	-0.3	14.2	13.0	11.5	-2.7	-2.7	-3.0
Slowenien	-1.1	3.0	2.9	1.9	0.4	-0.8	10.1	9.7	9.0	-15.0	-5.0	-2.9
Spanien	-1.7	1.4	3.2	1.5	-0.2	-0.6	26.1	24.5	22.1	-6.9	-5.9	-5.1
Zypern	-5.9	-2.5	1.6	0.4	-0.3	-1.5	15.9	16.1	15.1	-4.9	-8.9	-1.0
Euro-Raum	**-0.3**	**0.9**	**1.7**	**1.3**	**0.4**	**0.0**	**12.0**	**11.6**	**10.9**	**-3.0**	**-2.6**	**-2.1**
Bulgarien	1.3	1.5	3.0	0.4	-1.6	-1.1	13.0	11.4	9.2	-0.4	-5.4	-2.1
Dänemark	-0.2	1.3	1.2	0.5	0.4	0.2	7.0	6.6	6.2	-1.1	1.5	-2.1
Großbritannien	2.2	2.9	2.3	2.6	1.5	0.0	7.6	6.1	5.3	-5.6	-5.6	-4.4
Kroatien	-1.1	-0.4	1.6	2.3	0.2	-0.3	17.3	17.3	16.3	-5.3	-5.5	-3.2
Polen	1.3	3.3	3.6	0.8	0.1	-0.7	10.3	9.0	7.5	-4.0	-3.3	-2.6
Rumänien	3.5	3.0	3.8	3.2	1.4	-0.4	7.1	6.8	6.8	-2.1	-0.9	-0.7
Schweden	1.2	2.3	4.2	0.4	0.2	0.7	8.0	7.9	7.4	-1.4	-1.6	0.0
Tschechische Rep.	-0.5	2.0	4.2	1.4	0.4	0.3	7.0	6.1	5.1	-1.3	-1.9	-0.4
Ungarn	1.9	3.7	2.9	1.7	0.0	0.1	10.2	7.7	6.8	-2.6	-2.3	-2.0
EU insgesamt	**0.2**	**1.4**	**2.0**	**1.5**	**0.5**	**0.0**	**10.9**	**10.2**	**9.4**	**-3.3**	**-3.0**	**-2.4**

Eigene Berechnungen nach Angaben von EUROSTAT und nationalen Quellen. – [1]Jahresdurchschnittliche Veränderungsrate des realen BIP. – [2]EU: Harmonisierter Verbraucherpreisindex (HVPI). – [3]Standardisierte Arbeitslosenquote nach EUROSTAT, Jahresdurchschnitt. – [4]In % des BIP.

Schließlich besteht die große Gefahr negativer Wirkungen der expansiven Geldpolitik auf die Finanzpolitik. Zum einen bergen die Ankaufprogramme das Risiko einer Staatsfinanzierung durch die Europäische Zentralbank. Zum anderen fehlt das disziplinierende Element steigender Zinsen, wenn ein Staat eine unsolide Finanzpolitik betreibt. So sind parallel zum Rückgang der Zinsen auch die Zinsausgaben der EU-Staaten gesunken. Dies verbessert für sich genommen die staatlichen Finanzierungssalden, ohne dass dies Folge einer strukturellen Konsolidierung wäre. Zwar wird die Europäische Zentralbank nicht müde, die Bedeutung solider Staatsfinanzen auch für ihre Geldpolitik zu betonen, zugleich aber nimmt sie Konsolidierungsdruck von den nationalen Regierungen.

Strukturelle Budgetsalden verschlechtern sich wieder

Vor diesem Hintergrund hat sich im Euroraum insgesamt der konjunkturbereinigte Primärsaldo, in den die Zinszahlungen nicht eingehen, bereits 2015 leicht verschlechtert und er wird sich nach den vorliegenden Budgetplanungen 2016 weiter verschlechtern. Dass sich gleichwohl der zusammengefasste nominelle Budgetsaldo des Euroraums 2015 recht deutlich verbesserte, liegt zum einen an der besseren Konjunktur und zum anderen am Rückgang der Zinszahlungen relativ zur Wirtschaftsleistung, ist also nicht verstärkten Konsolidierungsbemühungen zu verdanken. Für 2016 erwartet die Europäische Kommission trotz der Fortsetzung des Konjunkturaufschwungs und weiter sinkenden Zinsausgaben nur noch eine geringe Verbesserung des nominellen Budgetsaldos von -1,2 Prozent in Relation zum BIP auf -1,9 Prozent. Darin ist noch nicht berücksichtigt, dass einige Länder größere Haushaltsfehlbeträge, als ursprünglich geplant, angekündigt haben.

Die Bilanz für den Euroraum insgesamt wäre 2015 noch ungünstiger ausgefallen, hätte sich nicht in Deutschland – und damit im größten Land des Euroraums – auch der von der Europäischen Kommission berechnete konjunkturbereinigte Primärsaldo verbessert. Markant verschlechtert hat sich dieser vor allem in Spanien und in Italien. Auch in Griechenland hat sich sowohl der nominelle als auch der konjunkturbereinigte Haushaltssaldo 2015 stark verschlechtert, dies stellt allerdings einen Einmaleffekt im Zusammenhang mit der Rekapitalisierung von Banken dar.

Wirtschaftspolitische Überlegungen zur europäischen Polykrise

Die Europäische Union wird gegenwärtig von einer Reihe von Krisen ('Polykrise') geplagt. So kommen zur weiter schwelenden Krise der europäischen Währungsunion die Flüchtlingskrise, der Brexit und die italienische Bankenkrise. Nachdem im August 2015 eine endgültige Einigung über die Bedingungen für das dritte Hilfsprogramm für Griechenland in Höhe von bis zu 86 Mrd. Euro und einer Laufzeit von drei Jahren erzielt werden konnten, folgten – wie schon zuvor – viele Monate eines Tauziehens um die konkrete Ausgestaltung von Strukturreformen und von Schritten zur Haushaltskonsolidierung. Da die Auszahlung der Hilfsgelder an die Erfüllung der vereinbarten Bedingungen gebunden ist, konnte eine wichtige Tranche schließlich erst Ende Juni 2016 auf Beschluss der Finanzminister ausgezahlt werden. Es zeigte sich erneut, dass die griechische Regierung nicht an einer zügigen Umsetzung der geschlossenen Abkommen interessiert ist, sondern nur unter Druck bereit ist, zu handeln. Eine rasche Erholung und ein nachhaltiges Wachstum der griechischen Wirtschaft sind unter diesen Umständen nicht zu erwarten.

Zum griechischen Lavieren und Taktieren könnte auch die mangelnde Glaubwürdigkeit der EU-Institutionen, insbesondere der Europäischen Kommission, beigetragen haben. Denn sie hat auch im vergangenen Jahr ihre Aufgabe, Hüterin der Verträge zu sein, wenn überhaupt nur höchst unzureichend wahrgenommen. Der durch die Verlängerung von Fristen und die Erhöhung der Zahl der Ausnahmetatbestände sowieso schon unübersichtlich gewordene Stabilitäts- und Wachstumspakt wird durch die Europäische Kommission unter Jean-Claude Juncker mit dem Argument, eine politische Kommission sein zu wollen, nach Belieben gehandhabt. So hat Juncker gleich zu Beginn seiner Amtszeit erklärt: „Wir haben Regeln, Strafen, Sanktionen. Ich habe die Wahl getroffen, nicht zu sanktionieren."[1] So lässt die Europäische Kommission gegenüber Frankreich, das seit 2009 die Regeln des Stabilitätspaktes verletzt, Milde walten, indem sie immer wieder Fristverlängerungen gewährt, ohne Sanktionen auszusprechen. Bei einer Rede in Paris nach einer Begründung für dieses Vorgehen gefragt, antwortete der Präsident der Europäischen Kommission, die Ausnahmen von den Regeln des Paktes habe er gemacht, „weil es Frankreich ist."[2]

Ähnlich ‚politisch' ging die Europäische Kommission auch in dem Verfahren gegen Spanien und Portugal vor. Trotz mehrfacher Fristverlängerungen und schließlich sogar förmlich festgestellter Verletzung des Defizitkriteriums verzichtete sie auf die Verhängung von Sanktionen, die bei vorgesehenen 0,2 Prozent des BIP im Falle Spaniens zwei Mrd. Euro und im Falle Portugals 200 Mio. Euro betragen hätten. Währungskommissar Pierre Moscovici begründete die „politisch und wirtschaftlich angemessene" Entscheidung, nicht zu sanktionieren, damit, dass eine Sanktionierung „kontraproduktiv in Zeiten gewesen wäre, in denen weitreichende Zweifel an Europa (bestehen)". Zudem könne sie „die Vergangenheit nicht korrigieren"[3]. Da solche Begründungen bei jeder Gelegenheit vorgebracht werden können, kann wohl niemand mehr erwarten, dass die Europäische Kommission ihre Rolle als Hüterin der Verträge in Zukunft ernst nehmen wird. Ihre Glaubwürdigkeit wird daher weiter schwinden und die Wirksamkeit ihrer Maßnahmen auch in anderen Bereichen weiter abnehmen.

Dies wird sich schon in der italienischen Bankenkrise zeigen. Denn die italienische Regierung versucht, die gerade erst zum 1. Januar 2016 in Kraft getretenen neuen Regeln der Europäischen Bankenunion gleich beim ersten größeren Test auszuhebeln. Eine Reihe von italienischen Banken ist durch faule Kredite, für die in erheblichem Ausmaß keine Risikovorsorge getroffen worden ist, in eine Schieflage geraten. Die Regierung möchte nun bei der Sanierung der Banken Steuergelder in beträchtlicher Höhe einsetzen, obwohl die Regeln der Bankenunion in solchen Fällen vorsehen, dass zunächst private Kapitalgeber Verluste übernehmen müssen. Da dies jedoch auch private Kleinanleger betreffen würde, versucht die italienische Regierung dies zu verhindern, zumal im Herbst ein wichtiges Referendum zur Reform des Staates ansteht. Sie beruft sich bei ihrem Versuch der staatlichen Bankenrettung auf die vertragliche Ausnahmeregelung für den Fall, dass die italienische Bankenkrise das gesamte Bankensystem der Eurozone bedroht. Dies ist jedoch eindeutig nicht der Fall.

---

1   Süddeutsche Zeitung, 28.11.2014, S.1.
2   Frankfurter Allgemeine Zeitung, 2.6.2016, S.17.
3   Frankfurter Allgemeine Zeitung, 28.7.2016, S.15.

Sollte dem Vorhaben der italienischen Regierung kein entschlossener Widerstand vor allem von der Europäischen Kommission entgegengesetzt und es verhindert werden, würden gleich bei der ersten Gelegenheit die Regeln der Bankenunion ausgehebelt. Es müsste damit zukünftig für sie die gleiche Beliebigkeit erwartet werden, wie sie nun schon für die Regeln des Stabilitätspaktes gilt. Dies gefährdete in hohem Maße die Wirksamkeit der Bankenunion.

Es ist daher nicht verwunderlich, dass vor allem aus dem deutschen Finanzministerium der Vorschlag kommt, statt der Europäischen Kommission eine eigene europäische Institution mit der Überwachung der Einhaltung der Verträge zu betrauen. In der Diskussion ist der Europäische Stabilitätsmechanismus, der zu diesem Zwecke zu einem Europäischen Währungsfond ausgebaut werden soll.

In einem Referendum am 23. Juni 2016 stimmten bei einer Wahlbeteiligung von 72,2 Prozent im Vereinigten Königreich 51,9 Prozent der Wähler für den Austritt aus der Europäischen Union. Die neue britische Premierministerin Theresa May bekräftigte, dieses Votum zu respektieren und in einigen Monaten nach Artikel 50 des Vertrages über die Europäische Union den Austritt gegenüber dem Europäischen Rat zu erklären. Damit wird zum ersten Mal ein Mitgliedstaat die Europäische Union verlassen. Mit der Erklärung des Austritts beginnt eine Frist von zwei Jahren, in der die Modalitäten des Austritts unter Berücksichtigung „des Rahmens für die künftigen Beziehungen" verhandelt werden. Erst ab Inkrafttreten des Austrittsabkommens werden die Verträge nicht mehr auf das bisherige Mitglied angewendet. Bis dahin aber behält es alle Mitgliedschaftsrechte und -pflichten. Sollte in den zwei Jahren keine Einigung erzielt werden, kann durch einstimmigen Beschluss die Frist verlängert werden. Nach dem Austrittsabkommen muss ein Abkommen zur Neuregelung der Beziehungen mit dem dann ehemaligen Mitglied Vereinigtes Königreich ausgehandelt werden. Schließlich ist noch eine Anpassung der EU-Verträge nach dem Ausscheiden des Vereinigten Königreiches erforderlich.

Da es dabei um die Regelung höchst komplexer Fragen geht, dürften die Verhandlungen einige Jahre in Anspruch nehmen, während derer keine Klarheit darüber herrscht, welche Folgen der Brexit für das Vereinigte Königreich, für die Europäische Union und für die Weltwirtschaft haben wird. Diese Phase der Unsicherheit wirkt dämpfend auf die Investitionstätigkeit und die Wirtschaftsaktivität nicht nur im Vereinigten Königreich und sollte deshalb möglichst kurz gehalten werden. Die Reaktionen der Finanzmärkte auf den Brexit waren zwar deutlich, können aber insgesamt als moderat bezeichnet werden. Der Internationale Währungsfonds hat seine Prognose für das Wachstum der Weltwirtschaft nach dem Brexit für dieses und das kommende Jahr nur um 0,1 Prozentpunkte zurückgenommen. Aktuelle Indikatoren lassen freilich Schlimmeres befürchten; so ist der Purchasing Managers Index in der Industrie im Juli 2016 um mehr als vier Punkte gefallen und liegt mit 48,2 deutlich unterhalb der Wachstumsschwelle. Es bleibt abzuwarten, wie die Reaktionen ausfallen, nachdem die britische Regierung ihre Austrittserklärung abgegeben und ihre Verhandlungsziele bekannt gemacht hat.

Weiterführende Literatur

European Commission: Report on Public Finances in the EMU 2015. Institutional Paper 014, December 2015.

European Commission: European Economic Forecast Spring 2016. Institutional Papers 025, April 2016.

5. Die Außenpolitik der Europäischen Union

Außenwirtschaftsbeziehungen

Wolfgang Weiß[*]

Im Mittelpunkt der EU-Außenwirtschaftspolitik von Mitte 2015 bis Mitte 2016 standen in der öffentlichen Wahrnehmung die Verhandlungen mit den USA, die zu einem transatlantischen Handels- und Investitionsschutzabkommen TTIP (Transatlantic Trade and Investment Partnership) führen sollen. Bis zum Juli 2016 fanden hierzu 14 Verhandlungsrunden statt. Öffentliche Aufmerksamkeit erhielt auch weiterhin das umfassende Wirtschafts- und Handelsabkommen mit Kanada (CETA), dessen Unterzeichnung für Ende Oktober und vorläufige Anwendung für Februar 2017 ansteht. Weitgehend unbehelligt von öffentlicher Aufmerksamkeit führte die Kommission die Verhandlungen mit vielen weiteren Staaten fort und trieb eine unionale Luftverkehrspolitik voran[1], die auch ein Mandat für die Kommission bringen soll, künftig zentrale EU-weite Luftverkehrsabkommen mit Drittstaaten auszuhandeln.

Im Oktober 2015 präsentierte die Kommission die nunmehr überarbeitete Handelsstrategie der Union unter dem Titel „Handel für alle"[2], um die sie vom Rat der Europäischen Union ersucht worden war[3], und die auch eine eigene Investitionsschutzpolitik konturiert. Fortbestehende Schwierigkeiten im internationalen Handel, neue Herausforderungen etwa der Rohstoff- und Energieversorgung und durch globale Wertschöpfungsketten, aber auch Schwierigkeiten in der Vermittlung der Handelspolitik der Europäischen Union gegenüber der Öffentlichkeit (Stichwort: Transparenz der Verhandlungen) erforderten eine Aktualisierung der bisherigen EU-Handelsstrategie „Handel, Wachstum, Weltgeschehen" aus dem Jahr 2010.[4] An dieser Agenda wird auch nach dem Brexit-Votum festgehalten.

Die Europäische Union war weiterhin aktiv am Geschehen in der Welthandelsorganisation (WTO) und in den mehrseitigen Verhandlungen zu einem neuen Dienstleistungsabkommen beteiligt. Daneben entwickelten sich weitere Legislativbemühungen in der Handelspolitik.

---

[*]   Der Autor dankt Dr. Simon Hümmrich-Welt, Corinna Kreissl und Marie Tholl für vorbereitende Recherchen.

[1]   Siehe Europäische Kommission: Vorschlag für eine Verordnung des Europäischen Parlaments und des Rates zur Festlegung gemeinsamer Vorschriften für die Zivilluftfahrt und zur Errichtung einer Agentur der Europäischen Union für Flugsicherheit sowie zur Aufhebung der Verordnung (EG) Nr. 216/2008 des Europäischen Parlaments und des Rates, COM (2015) 613.

[2]   Europäische Kommission: Handel für alle – Hin zu einer verantwortungsbewussteren Handels- und Investitionspolitik, Oktober 2015, abrufbar unter: http://trade.ec.europa.eu/doclib/docs/2015/october/tradoc_153880.PDF (letzter Zugriff: 5.10.2016).

[3]   Vgl. Wolfgang Weiß: Außenwirtschaftsbeziehungen, in: Werner Weidenfeld/Wolfgang Wessels (Hrsg.): Jahrbuch Europäische Integration 2015, S. 263-268.

[4]   Vgl. Wolfgang Weiß: Vertragliche Handelspolitik, in: Andreas von Arnauld (Hrsg.): Europäische Außenbeziehungen, Baden-Baden 2014, S. 515-586, hier Randnummer 44 ff.

Streit um die Unterzeichnung und vorläufige Anwendung von CETA

Die Europäische Kommission legte nach dem Abschluss der Rechtsförmlichkeitsprüfung (,legal scrubbing') zum Ende Februar 2016 den endgültigen Text zunächst in englischer Sprache vor.[5] Seit Sommer 2016 existieren auch die übrigen Sprachfassungen. Im Oktober 2016 steht die Beschlussfassung im Rat der Europäischen Union zur Unterzeichnung und vorläufigen Anwendung des CETA und das weitere Abschlussverfahren an. Die Kommission hat dem politischen Druck nachgegeben und den Abschluss von CETA als gemischtes Abkommen vorgeschlagen, will aber gemäß ihrer Ansicht an der vollumfänglichen vorläufigen Anwendung des CETA festhalten.[6] Allerdings hat sich der Rat mittlerweile klar auf eine bloß teilweise vorläufige Anwendung festgelegt. Insbesondere die Investitionsgerichtsbarkeit soll keine vorläufige Anwendung erfahren. Der genaue Umfang der vorläufigen Anwendung ist aber nicht zuletzt infolge eines Urteils des Bundesverfassungsgerichts (BVerfG)[7] noch nicht abschließend geklärt. In dem Urteil hat das BVerfG der Bundesregierung aufgetragen, dafür zu sorgen, dass der Umfang der vorläufigen Anwendung nicht über die Zuständigkeiten der Europäischen Union hinausgeht. Der Senat ging davon aus, dass auch die Vorschriften zum Seeverkehr, zur gegenseitigen Anerkennung von Berufsqualifikationen und zum Arbeitsschutz nicht von der vorläufigen Anwendung erfasst werden. Die Auseinandersetzung um CETA hat zu einer intensiven Debatte über die Relevanz parlamentarischer Entscheidungen geführt, da die vorläufige Anwendung ohne Mitwirkung nationaler Parlamente erfolgt und nicht sichergestellt ist, dass die verweigerte Zustimmung eines nationalen Parlaments zu CETA Auswirkungen auf seine vorläufige Anwendung hat. Schwierigkeiten bei der Verabschiedung des CETA in den nationalen Parlamenten zeichneten sich früh ab. Sie bestehen bis zuletzt in Belgien aufgrund des ablehnenden Votums des wallonischen Parlaments. Die ursprünglich für den 18. Oktober 2016 vorgesehene Beschlussfassung im Rat über die Unterzeichnung und vorläufige Anwendung des CETA konnte daher nicht erfolgen.[8]

Luxemburger Rechtsprechung zur EU-Außenhandelszuständigkeit

Grundlegend bedeutsame Judikatur zu diesem Politikfeld erging im Berichtszeitraum nicht. Das von der Kommission schon vor über einem Jahr beantragte Gutachten beim Gerichtshof der Europäischen Union über die Reichweite der EU-Zuständigkeiten für den Abschluss von umfangreichen Handelsabkommen anhand des Freihandelsabkommens mit Singapur[9] wird frühestens Anfang 2017 vorliegen. Von diesem Gutachten werden wichtige

---

5   European Commission: Comprehensive Economic and Trade Agreement, abrufbar unter: http://trade.ec. europa.eu/doclib/docs/2016/february/tradoc_154329.pdf (letzter Zugriff: 5.10.2016).

6   Siehe dazu die Kommissionsvorschläge COM (2016) 443, 444 und 470; Zur Unzulässigkeit eines solchen Vorgehens der Kommission vgl. Wolfgang Weiß: Stellungnahme bei der Öffentlichen Anhörung des Ausschusses für Wirtschaft und Energie des Deutschen Bundestags am 5.9.2016, abrufbar unter: http://www.bundestag.de/blob/438052/9f45bd9ca1de30f51726df5d391b8702/stgn_weiss-data.pdf (letzter Zugriff: 5.10.2016).

7   Bundesverfassungsgericht: Urteil vom 13. Oktober 2016, 2 BvR 1368/16 u.a.

8   Das wallonische Parlament hat im April 2016 der wallonischen Regierung aufgegeben, der belgischen Regierung kein Mandat für den Abschluss von CETA zu gewähren. Das holländische Parlament hat am 28. April 2016 eine vorläufige Anwendung von CETA wegen der unklaren Zuständigkeitsverteilung zwischen Europäischer Union und ihren Mitgliedstaaten abgelehnt und eine Anhörung vor der Zustimmung zu einer vorläufigen Anwendung durch die Regierung gefordert. Vgl. Daniela Vincenti: CETA runs into trouble with Dutch, Walloon parliaments, in: Euractiv.com, 29.4.2016.

9   Siehe Antrag der Europäischen Kommission auf ein Gutachten nach Art. 218 Abs. 11 AEUV, Gutachten 2/15, in: Amtsblatt der EU C 363, 3. November 2015.

Impulse für die Klärung des Umfangs der EU-Zuständigkeit für den alleinigen Abschluss von Freihandels- und Investitionsabkommen im Verhältnis zu den Mitgliedstaaten erwartet, die auch Relevanz für den anstehenden Abschluss des CETA haben werden. Die Kommission hofft insoweit, ihre Rechtsansicht umfassender alleiniger EU-Zuständigkeiten durchzusetzen. Auf dieser Linie ist auch eine anhängige Klage der Kommission gegen den Rat hinsichtlich der Überarbeitung des Lissabonner Abkommens über Ursprungsbezeichnungen und geografische Angaben (Rechtssache C-389/15). Der Rat hat insoweit in einem Beschluss die Mitgliedstaaten zu Verhandlungsführern eingesetzt. Die Kommission sieht hingegen die Angelegenheit als von der alleinigen Zuständigkeit der Union nach Art. 207 Abs. 3 des Vertrages über die Arbeitsweise der Europäischen Union (AEUV) aus der Gemeinsamen Handelspolitik abgedeckt an, sodass alleine die Kommission Verhandlungsführerin sein dürfe.

Legislative Entwicklungen

Die Kommission nutzte die jüngere Gegenwart für die schon länger verfolgten Neukodifizierungen der für den Außenhandel relevanten, in den letzten Jahren wiederholt punktuell, vor allem bedingt durch die infolge des Vertrags von Lissabon gebotene Reform des Komitologiewesens auch für das Politikfeld des Außenhandels[10], veränderten Verordnungen. So wurde die Handelshemmnisverordnung 3286/94 neu kodifiziert als Verordnung 2015/1843.[11] Die gemeinsame Einfuhrregelung der Verordnung 260/2009 wurde kodifiziert als Verordnung 2015/478[12], die Ausfuhrregelung der Verordnung 1061/2009 als Verordnung 2015/479.[13]

Auch erfolgte eine Neukodifizierung der Antidumpingverordnung[14], ohne jedoch die seit Jahren beabsichtigte Novellierung der Handelsschutzinstrumente und auch des Antidumpingrechts[15] abschließen zu können. Das Europäische Parlament hatte die Neuordnung des Antidumpingrechts im April 2014 beschlossen. Im Rat der Europäischen Union besteht aufgrund fortbestehender Meinungsunterschiede keine Einigkeit, nicht zuletzt aufgrund grundsätzlicher Divergenzen über die richtige Handelspolitik.[16] Zuletzt zeigten sich vorsichtige Hinweise, dass die Mitgliedstaaten sich aufeinander zubewegen.[17] Das Bemühen Chinas auf eine bisher von der Europäischen Union abgelehnte Anerkennung als Marktwirtschaft hält das Thema auf der Agenda; im Mai 2016 drängte das Europäische

---

10 Dazu die detaillierten Regelungen in der Verordnung 37/2014 zur Änderung bestimmter Verordnungen zur gemeinsamen Handelspolitik hinsichtlich der Verfahren für die Annahme bestimmter Maßnahmen vom 15. Januar 2014, in: Amtsblatt der EU L 18, 21. Januar 2014.

11 Verordnung 2015/1843 zur Festlegung der Verfahren der Union im Bereich der gemeinsamen Handelspolitik vom 6. Oktober 2015, in: Amtsblatt der EU L 272, 16. Oktober 2015.

12 Verordnung 2015/478 über eine gemeinsame Einfuhrregelung vom 11. März 2015, in: Amtsblatt der EU L 83, 27. März 2015.

13 Verordnung 2015/479 über eine gemeinsame Ausfuhrregelung vom 11. März 2015, in: Amtsblatt der EU L 83, 27. März 2015.

14 Verordnung 2016/1036 über den Schutz gegen gedumpte Einfuhren aus nicht zur Europäischen Union gehörenden Ländern vom 8. Juni 2016, in: Amtsblatt der EU L 176, 30. Juni 2016.

15 Europäische Kommission: Vorschlag für eine Verordnung des Europäischen Parlaments und des Rates zur Änderung der Verordnung (EG) Nr. 1225/2009 des Rates über den Schutz gegen gedumpte Einfuhren aus nicht zur Europäischen Gemeinschaft gehörenden Ländern und der Verordnung (EG) Nr. 597/2009 des Rates über den Schutz gegen subventionierte Einfuhren aus nicht zur Europäischen Gemeinschaft gehörenden Ländern, COM (2013) 192.

16 Zu den Vorschlägen näher Weiß: Außenwirtschaftsbeziehungen (Fn. 3), 2015, S. 264-265.

17 Vgl. Bulletin Quotidien Europe: Nr. 11549 vom 12.5.2016, Nr. 11551 vom 14.5.2016, Nr. 11570 vom 11.6.2016.

Parlament auf eigene Berechnungsregeln für die Dumpingspanne bei chinesischen Einfuhren[18]; die Kommission hat daraufhin im Juli 2016 einen neuen Vorschlag der Kommission zur Berechnung der Dumpingspanne für Staaten, die nicht als Marktwirtschaften anerkannt werden, angekündigt.[19] Die chinesischen Stahlüberkapazitäten sollen im Rahmen eines OECD-Forums erörtert werden, auf das die Europäische Union und die USA drängten. Die Antisubventionsverordnung wurde gleichfalls ohne inhaltliche Änderungen neu kodifiziert.[20]

Der von der Kommission im Interesse eines gleichberechtigten wechselseitigen Zugangs zu den Beschaffungsmärkten vorgelegte Entwurf über den Zugang zum Vergabemarkt, mit dem die EU-Position in den Verhandlungen mit Drittstaaten über den Zugang von EU-Anbietern zu deren Beschaffungsmärkten gestärkt und die Rechtssituation von Bietern aus Drittstaaten in der Europäischen Union geklärt werden sollte[21], wurde infolge von Uneinigkeiten im Rat nachgebessert[22], um die befürchteten negativen Effekte einer Verschlechterung des Zugangs von Bietern bestimmter Drittstaaten abzumildern. Das Gesetzgebungsverfahren ist noch nicht abgeschlossen.

Im Gesetzgebungsverfahren ist derzeit auch eine Verordnung, mit der die Europäische Union den Handel von Rohstoffen wie Zinn oder Gold aus Konfliktgebieten einschränken will, um die dadurch bedingte Kriegsfinanzierung zu beenden.[23]

Die neue handelspolitische Strategie „Handel für alle"

Im Oktober 2015 hat die Kommission die neue handelspolitische Politik der Europäischen Union vorgelegt, die – ausweislich ihrers Untertitels – eine Dynamik hin zu einer verantwortungsbewussteren Handels- und Investitionspolitik entfachen soll. Ihre drei Kernprinzipien sind Effektivität, Transparenz und Werte. Das lässt deutlich werden, dass die neue Strategie der intensiven öffentlichen Kritik an einer rein wachstumsorientierten Sichtweise der Handelspolitik Rechnung tragen soll. Die neue Handels- und Investitionsstrategie der Europäischen Union platziert die Handelspolitik gezielter als bisher in den Kontext auch anderer Politikfelder. Insoweit wird insbesondere der wechselseitige Bezug von Handels- und Entwicklungspolitik betont. Die Nachhaltigkeit von Handelsbeziehungen erhält besondere Aufmerksamkeit. Die neuen Freihandelsabkommen der Europäischen Union – nicht nur mit Entwicklungsländern – werden daher durchweg auch Kapitel zu Handel und nach-

---

18 Vgl. Bulletin Quotidien Europe: Nr. 11550 vom 13.5.2016.
19 Vgl. Bulletin Quotidien Europe: Nr. 11598 vom 21.7.2016.
20 Siehe Verordnung 2016/1037 über den Schutz gegen subventionierte Einfuhren aus nicht zur Europäischen Union gehörenden Ländern vom 30. Juni 2016, in: Amtsblatt der EU L 176, 30. Juni 2016.
21 Siehe Europäische Kommission: Vorschlag für eine Verordnung des Europäischen Parlamentes und des Rates über den Zugang von Waren und Dienstleistungen aus Drittländern zum EU-Binnenmarkt für das öffentliche Beschaffungswesen und über die Verfahren zur Unterstützung von Verhandlungen über den Zugang von Waren und Dienstleistungen aus der Union zu den öffentlichen Beschaffungsmärkten von Drittländern, COM (2012) 124.
22 Siehe Europäische Kommission: Geänderter Vorschlag für eine Verordnung des Europäischen Parlaments und des Rates über den Zugang von Waren und Dienstleistungen aus Drittländern zum EU-Binnenmarkt für öffentliche Aufträge und über die Verfahren zur Unterstützung von Verhandlungen über den Zugang von Waren und Dienstleistungen aus der Union zu den Märkten für öffentliche Aufträge von Drittländern, COM (2016) 34.
23 Siehe Europäische Kommission: Vorschlag für eine Verordnung des Europäischen Parlamentes und des Rates zur Schaffung eines Unionssystems zur Selbstzertifizierung der Erfüllung der Sorgfaltspflicht in der Lieferkette durch verantwortungsvolle Einführer von Zinn, Tantal, Wolfram, deren Erzen und Gold aus Konflikt- und Hochrisikogebieten, COM (2014) 111.

haltiger Entwicklung enthalten, die dann die Arbeits- und Umweltbedingungen einbeziehen. Der Rat der Europäischen Union hat hierzu hervorgehoben, dass die Handels- und Investitionspolitik der Europäischen Union zur Förderung nachhaltiger Entwicklung, von Menschenrechten und Good Governance beitragen soll. In Umsetzung dieser Verpflichtung wurde im Freihandelsabkommen mit Vietnam die Zivilgesellschaft in die Durchsetzung von Handelsregeln mit einbezogen. Die Werteorientierung soll sich in Antikorruptionsregelungen niederschlagen.

In Fortsetzung der pragmatischen Linie der Handelspolitik seit 2010 wird der Schwerpunkt der handelspolitischen Fokussierung der Europäischen Union auf den asiatischpazifischen Raum gelegt, als der wachstumsstärksten Weltregion. Demgemäß sollen weitreichende Abkommen mit China, Australien, Neuseeland sowie den Ländern Südostasiens angestrebt werden. Auch soll Sorge getragen werden, dass kleine und mittlere Unternehmen (KMUs) und Verbraucher besser von den Handelsvorteilen profitieren können. Die Partizipation von KMUs an Handelsvorteilen aus den Freihandelsabkommen der Europäischen Union wird eine vordringliche Aufgabe, deren Umsetzung durch insoweit spezifische Bestimmungen in künftigen Abkommen vorangetrieben wird.

Die Europäische Union in den WTO-Verhandlungen und der Streitbeilegung

Die Europäische Union war und ist weiterhin aktiv bei dem Bemühen, im Rahmen der WTO wenigstens einen Teil der Doha-Runde zum Abschluss zu bringen. Das in Bali erzielte Übereinkommen zu den Handelserleichterungen (Trade Facilitation Agreement) wurde vom Europäischen Parlament genehmigt. Die zehnte WTO-Ministerkonferenz in Nairobi im Dezember 2015 brachte – nach dem Bali-Paket aus 2013 – ein paar weitere Ergebnisse, vor allem im Bereich des Agrarhandels, für den sich die Staaten auf ein abgestuftes Ende von Exportbeihilfen einigen konnten. Bei den internen Subventionen wurden keine Fortschritte erzielt, und den Entwicklungsländern wird weiterhin die Möglichkeit zu Schutzzöllen gegen Agrareinfuhren und zu Nahrungsmittelhilfen gewährt. Ferner wurde die Position der ärmsten Staaten der Welt durch Sonderregeln im Waren- und Dienstleistungsverkehr gestärkt; hier kommt ihnen insbesondere ein großzügigeres System an Ursprungsregeln zugute. Ferner wurde der zollfreie Handel im Informationstechnologiebereich durch Ausweitung des ITA-Abkommens (Information Technology Agreement) vorangebracht. Damit liegt die erste WTO-Zollsenkungsvereinbarung seit 18 Jahren vor, die völlige Zollfreiheit bis 2024 bringen soll.

Offen bleibt das weitere Schicksal der Doha-Runde. Den Dissens hierüber hat die Nairobi-Ministererklärung erstmals offen gelegt.[24] Insbesondere die Industrieländer arbeiten – neben der Umsetzung der Nairobi-Einigungen und der Weiterverfolgung der für sie relevanten Doha-Themen wie Marktzugang von Industriegütern und Ausbau der Dienstleistungsliberalisierung – an einem neuen Fokus der Verhandlungen in der WTO, die sich neuen Fragen, etwa des digitalen Handels oder des Verhältnisses zu multilateralen Umweltschutzvereinbarungen und Investitionsschutz, zuwenden sollen.

Die Europäische Union nutzte wieder intensiv das WTO-Streitbeilegungssystem. So hat die Europäische Union Russland wegen Einfuhrbeschränkungen für Schweine und aus Schweinefleisch hergestellter Produkte erfolgreich verklagt (DS475). Das Panel entschied im August 2016, dass ein EU-weites Einfuhrverbot mit den Verpflichtungen aus dem SPS-Abkommen nicht vereinbar ist, weil die afrikanische Schweinepest nicht in der ganzen

---

24 Vgl. Textziffer 30 der Nairobi Ministerial Declaration, WT/MIN(15)/DEC, 19. Dezember 2015.

Europäischen Union aufgetreten war. Auch die Klage wegen unrichtiger Anwendung der Zollzugeständnisse Russlands bezüglich bestimmter Agrar- und Industrieprodukte (DS485) war teilweise erfolgreich. In der Beschwerde gegen russische Antidumpingzölle zulasten von Leichtlastwagen aus Deutschland und Italien (DS479) wird der Panelbericht für Ende 2016 erwartet, ebenso in der Beschwerde gegen Brasilien wegen steuerlicher Vorteile, die anderen Handelspartnern im Automobilsektor und bei der Elektroindustrie gewährt werden (DS472) und in der Beschwerde gegen US-Steueranreizen für Zivilluftfahrzeuge (DS487). Neu angestrengt hat die Europäische Union Beschwerden gegen China wegen Ausfuhrbeschränkungen bei Rohstoffen (DS509; in Konsultation) und gegen Kolumbien wegen Spirituosen (DS502).

Die Beschwerde Argentiniens gegen EU-Antidumpingzölle auf Biodieseleinfuhren (DS473) war teilweise erfolgreich. In ihrer Kalkulation der Dumpingspanne hatte die Europäische Union Fehler bei der Berechnung der Herstellungskosten gemacht. Die Europäische Union hat den Appellate Body angerufen. Auch das auf Betreiben Chinas eingesetzte Compliance-Panel und der Appellate Body-Bericht hierzu, die die Umsetzung eines früheren WTO-Streitbeilegungsberichts durch die Europäische Union bewerteten, stellten fortwährende Verletzungen des Antidumpingrechts durch die Europäische Union zulasten chinesischer Stahlprodukte fest (DS397/RW). Umgekehrt bestätigte der Appellate Body weitgehend die Verletzungen des Antidumpingrechts durch China wegen Stahlröhreneinfuhren aus der Europäischen Union (DS454, 460), die ein Panel auf Betreiben der Europäischen Union festgestellt hatte.

Die wechselseitigen Streitigkeiten um Flugzeugsubventionierung zwischen Europäischer Union und USA wegen der Beihilfen an Airbus beziehungsweise Boeing (DS316, DS 353) befinden sich im Compliance-Verfahren; ihr Abschluss ist nicht vor Ende 2016 zu erwarten.

In den laufenden Verfahren Indonesiens (DS442) gegen die Europäische Union wegen Antidumpingzöllen gegen Ethylalkohole, Chinas wegen EU-Zollmaßnahmen auf bestimmte Geflügelprodukte (DS492) und Pakistans wegen EU-Abwehrmaßnahmen gegen bestimmte Polyäthylene (DS486) ergehen die Entscheidungen frühestens Ende 2016, in der Beschwerde Russlands gegen das dritte EU-Energiepaket (DS476) ist der Panel-Bericht für Mai 2017 angekündigt. Ebenso soll die Beschwerde Indonesiens wegen EU-Antidumpingmaßnahmen auf Biodiesel (DS480) bis Juli 2017 entschieden sein. Weitere Beschwerden gegen die Europäische Union werden von Russland wegen der EU-Berechnungsmethode für die Dumpingmarge betrieben. Bei der ursprünglichen Beschwerde (DS474) steht die Panelbesetzung noch immer aus. Die Ergänzung (DS494) befindet sich im Konsultationsverfahren. Die Panelbesetzung steht gleichfalls noch immer aus für das von der Europäischen Union seit 2013 betriebene Verfahren gegen russische Recyclingabgaben auf Autos aus der Europäischen Union (DS462). Insgesamt haben sich die Handelsstreitigkeiten der Europäischen Union mit China eher wieder intensiviert, während die mit Russland tendenziell zurückgehen.[25]

---

25 Ein Überblick über den Stand aller Streitbeilegungsverfahren der Europäischen Union als Klägerin oder Beklagte mit Stand Februar 2016 ist abrufbar unter: http://trade.ec.europa.eu/doclib/docs/2016/february/tradoc_154243.pdf (letzter Zugriff: 15.9.2016).

Die Europäische Union in plurilateralen Verhandlungen

Die Verhandlungen über ein neues internationales Dienstleistungsabkommen (Trade in Services Agreement, TiSA), an denen auch die Europäische Union beteiligt ist und die seit April 2013 außerhalb des WTO-Rahmens ablaufen, haben mittlerweile die 19. Runde erreicht. Die Agenda ist breit und reicht von digitalem Handel über Telekommunikations-, Finanz-, und Verkehrsleistungen bis hin zu Vorgaben für die Dienstleistungserbringung durch natürliche Personen (GATS Mode 4) und eine eigene institutionelle Struktur (TiSA-Ausschuss). Die Europäische Union will auch Vorgaben für die öffentliche Beschaffung in das Abkommen einfügen. Das Abkommen zielt auf im Vergleich zum GATS erweiterte Liberalisierungen im Dienstleistungssektor, will aber auch die Qualität der Leistungen sichern und Ausnahmebereiche von der Liberalisierung zulassen. Die Europäische Union hält einen Abschluss bis Jahresende für möglich. Das Europäische Parlament hat die Kommission angehalten, den Verbraucherschutz, die Sorge um öffentliche Dienstleistungen und die nationalen Regulierungszuständigkeiten in die Verhandlungen einzubeziehen. Erste Forderungen nach mehr Transparenz der Verhandlungen wurden bereits laut.

Das Vorhaben der Europäischen Union, die Bemühungen für eine völlige Zollfreiheit des Handels mit umweltfreundlichen Produkten (Environmental Goods Agreement, EGA) auf der Nairobi-Ministerkonferenz zum Abschluss zu bringen, konnte nicht umgesetzt werden. Allerdings kommen die Verhandlungen zwischen der Europäischen Union und 16 weiteren WTO-Mitgliedern gut voran. Man hofft auf einen Abschluss bis Ende 2016.

Die Verhandlungen zum TTIP

Die Verhandlungen zum TTIP mit den USA wurden intensiv weiter betrieben, doch noch fehlt es trotz langsamer Annäherung an Einigungen in den Verhandlungskapiteln. Zuletzt wurden geringe Fortschritte nur in den am wenigsten umstrittenen Bereichen wie Zollerleichterungen, Regulierungszusammenarbeit, technische Handelsbarrieren, phytosanitäre Maßnahmen sowie gegenseitige Anerkennung von guter Herstellungspraxis im Pharmabereich gemeldet. Nach wie vor sind die Marktzugangsfragen für Waren und Dienstleistungen und zum Öffentlichen Vergabewesen die problematischsten Verhandlungsthemen. Die öffentliche Kritik an TTIP hat sich intensiviert und jüngst hat sich der deutsche Wirtschaftsminister Gabriel von TTIP distanziert, indes im Gegensatz zur Europäischen Union, die sich zunächst weiter um einen Abschluss der Verhandlungen bis Jahresende 2016 bemühte, mittlerweile aber die Unerreichbarkeit dieses Ziels erkannt hat. Die EU-Handelskommissarin Cecilia Malmström hat die laufende Berichterstattung über den Verhandlungsfortgang ausgeweitet und im November 2015 einen Vorschlag für ein Investitionsgerichtssystem vorgelegt, der ähnlich den Regelungen im CETA-Abkommen die Errichtung stärker an öffentlichen Gerichten orientierter Investitionsgerichte verfolgt. Es soll ein dauerhaftes Schiedsgericht aus beständig tätigen Richtern eingerichtet werden, das sich als Modell für die Reform der Schiedsmechanismen auch in anderen Investitionsabkommen eignet. Darauf haben sich die USA aber bislang nicht zubewegt. Sie lehnen insbesondere ein Berufungsgremium und Beschränkungen der Richterauswahl ab. Ob es nach der Oktoberrunde vor dem Jahresende zu einer weiteren Verhandlungsrunde kommt, ist derzeit offen.

Weitere Handels- und Investitionsschutzvereinbarungen

Die Europäische Union verhandelt trotz der Schwierigkeiten mit CETA und TTIP mit etlichen weiteren Partnern wie Malaysia, Marokko, Japan und Indien und neuerdings mit Tunesien und Mexiko über umfangreiche, den Investitionsschutz einschließende Abkommen. Verhandlungen mit Chile, Australien und Neuseeland sind in Vorbereitung. Auch die Verhandlungen zu einem umfangreichen Investitionsabkommen mit China, das den Marktzugang einschließt, und mit Myanmar schreiten fort. Das Abkommen mit Vietnam ist unterschriftsreif, und auch das zu Singapur liegt vor, allerdings wegen des eingangs erwähnten Gutachtenantrags bis zur Entscheidung des Gerichtshof der Europäischen Union auf Eis.

Das Assoziierungsabkommen mit der Ukraine, das bezüglich seiner Handelsregelungen vorläufig angewendet wird, ist in den Niederlanden in einem Referendum abgelehnt worden. Das Referendum ist allerdings nicht verbindlich für das Parlament.

Weiterführende Literatur

Evita Schmieg/Bettina Rudloff: Die Zukunft der WTO nach der Ministerkonferenz in Nairobi, SWP-Aktuell 9/2016.

Eva Schmitt/David Kabus: Die EU als Liberalisierungsakteu in der WTO, integration 2015, S. 214-230.

Europäische Nachbarschaftspolitik

Barbara Lippert

Zwölf Jahre nach ihrer Einführung und nach mehreren Reformen ist die Europäische Nachbarschaftspolitik (ENP) als einheitlicher Politikrahmen für die Gestaltung der Beziehungen zu den Ländern der östlichen und südlichen Nachbarschaft an den dortigen politischen Realitäten gescheitert.[1] Zwar besteht die ENP als administrative Struktur in Brüsseler Institutionen fort und die EU-interne bürokratische Logik wird zumindest bis 2019 dafür sorgen, dass ‚ENP' als Dachmarke für die Aktivitäten der Europäischen Union und die Allokation und Verteilung der Ressourcen gegenüber den 16 Ländern überleben wird.[2] Dazu tragen auch die Versuche der konzeptionellen Unterfütterung durch eine dritte Reform der ENP (ENP-Review) und im Rahmen der „Globalen Strategie" bei, die 2015 und 2016 von der Europäischen Kommission und der Hohen Vertreterin der Union für Außen- und Sicherheitspolitik, Federica Mogherini, vorgelegt worden sind.[3] Die beiden Grundlagendokumente stehen im Zentrum dieses Rückblicks auf die Halbjahre 2015/16. Hingegen ist eine Darstellung der Aktivitäten und eine Bewertung aus der Makro-Perspektive der ENP auf die Politik der Europäischen Union gegenüber den Nachbarländern wenig aussagekräftig. Von der Warte der ENP her können allenfalls einige gemeinsame Ordnungselemente im Rahmen der bilateralen Vertragsbeziehungen in den Blick genommen werden. Eine regionale Komponente ist nur noch in der Östlichen Partnerschaft vorhanden. Die Union für das Mittelmeer ist hingegen eine politisch substanzlose organisatorische Hülle. Kritiker der ENP werden einwenden, dass die konzeptionelle Zusammenführung der sogenannten ‚MENA-Region' (Nahost und Nordafrika) mit den europäischen Ländern aus dem postsowjetischen Raum von Anbeginn nicht sinnvoll war. Davon abgesehen lag der Kardinalfehler der ENP jedoch darin, die innergesellschaftlichen Konfliktladungen und Dynamiken, die geopolitischen Interessenkalküle interessierter Staaten und deren unterschiedliche Ordnungsansprüche im Süden wie Osten weitgehend ausgeblendet zu haben. Zudem überschätzte die Europäische Union die eigenen Möglichkeiten, zur friedlichen Transformation beizutragen. Sie unterschätzte die sicherheitspolitischen Interdependenzen, die eigene Verwundbarkeit durch Gewalteskalation in benachbarten Ländern und die Notwendigkeit, die eigenen Interessen zu definieren und ordnungspolitische Vorstellungen für beide Räume zu entwickeln. Letzteres hat die Europäische Union allen-

---

1 Die Staaten, die von der ENP abgedeckt werden, sind Algerien, Ägypten, Armenien, Aserbaidschan, Belarus, Georgien, Israel, Jordanien, Libanon, Libyen, Marokko, Moldau, Palästinensische Gebiete, Syrien, Tunesien und Ukraine.

2 In der Europäischen Kommission ist Johannes Hahn für die Generaldirektion (GD) NEAR – Nachbarschaftspolitik und Erweiterungsverhandlungen – verantwortlich. Sie wird vom Europäischen Auswärtigen Dienst (EAD) unterstützt.

3 Europäische Kommission: Gemeinsame Mitteilung an das Europäische Parlament, den Rat, den Europäischen Wirtschafts- und Sozialausschuss und den Ausschuss der Regionen. Überprüfung der Europäischen Nachbarschaftspolitik, JOIN(2015) 50; Europäischer Auswärtiger Dienst: Shared Vision, Common Action: A Stronger Europe, A Global Strategy for the European Union's Foreign and Security Policy, June 2016.

falls für die Länder der Östlichen Partnerschaft getan, unter der Annahme, dass diese Länder dem wirtschaftlichen, politischen und gesellschaftlichen Konvergenzsog der Europäischen Union folgen werden.

Seit dem Sommer 2015 hat sich die Lage in der südlichen Nachbarschaft weiter zugespitzt. Im Osten herrscht ein äußerst brüchiger (Waffen-)Stillstand, vor allem in der Ostukraine und anderen Konfliktherden wie in Berg-Karabach. In vielen Ländern der Levante sind weiterhin Hunderttausende auf der Flucht vor Bürgerkrieg, terroristischer und militärischer Gewalt. Syrien, der Irak und Libyen sind Schlachtfelder, die die regionale Ordnung ins Wanken bringen. Die Räume fragiler oder bereits verlorener Staatlichkeit nehmen zu, Reformen, die auf Pluralisierung und Teilhabe setzen, werden – wie in Ägypten – von restaurativen Eliten wieder unterdrückt oder – wie in Tunesien – durch Terrorangriffe bedroht und herausgefordert. Die Europäische Union beziehungsweise ihre Mitgliedstaaten leisten humanitäre Hilfe und betreiben Krisendiplomatie sowie begrenzte zivilmilitärische Operationen. Spezifische ENP-Instrumente greifen hier aber kaum oder gar nicht.

Neue Aufschläge: ENP-Review und Globale Strategie

Vor diesem düsteren Hintergrund hat die Europäische Union die ENP überprüft. Die Europäische Kommission und die Hohe Vertreterin der Union für Außen- und Sicherheitspolitik veröffentlichten die Ergebnisse im November 2015.[4] Sie hatten im Frühjahr 2015 den Review-Prozess mit einem öffentlichen Konsultationsprozess eröffnet. Dazu hatte die Kommission im März 2015 ein Konsultationspapier mit relevanten Fragen vorgelegt. Zwischen März und Juni 2015 gingen daraufhin insgesamt 250 Beiträge ein und der Europäische Auswärtige Dienst führte zahlreiche Treffen mit Stakeholdern aus dem Kreis von Parlamenten, Regierungen, internationalen Organisationen, zivilgesellschaftlichen Akteuren, Wissenschaft und Einzelpersonen, die aus den Mitgliedstaaten und Partnerländern kamen, durch.[5] Die Kommission und die Hohe Vertreterin fassen in einem Begleitdokument zentrale Punkte aus dem Konsultationsprozess zusammen und ergänzen es durch eigene Zwischenevaluierungen und Schlussfolgerungen aus rund zehn Jahren ENP. Somit handelt es sich nicht um eine streng methodisch angeleitete Evaluierung, sondern um eine Skizze und Deutung des Feedbacks der Stakeholder im Hinblick auf einige Schlüsselfragen der Reform. Aus Sicht von Kommission und der Hohen Vertreterin bestätigen die eingegangenen Stellungnahmen, dass die ENP inhaltlich und operativ reformiert werden muss.

Kommissar Hahn und die Hohe Vertreterin Mogherini präsentierten das gemeinsame Abschlussdokument zur Überprüfung der Europäischen Nachbarschaftspolitik unter dem Titel „stärkere Partnerschaften für eine stärkere Nachbarschaft"[6]. Die wichtigsten Punkte sind folgende:

Die Ziele der ENP, Stabilität, Sicherheit und Wohlstand in den Nachbarländern zu unterstützen, gelten fort. Jedoch sollen Konzeption, Prioritäten und Arbeitsweisen neugefasst werden. Die neue ENP soll realistischer, fokussierter und pragmatischer sein. In der Nachbarschaftspolitik kommt der Stabilisierung der Nachbarschaft die politische Priorität

---

4   Europäische Kommission: Überprüfung der Europäischen Nachbarschaftspolitik, Brüssel, 18. November 2015, JOIN(2015) final.

5   Europäische Kommission: Überprüfung der Nachbarschaftspolitik, 2015.

6   Europäische Kommission: Überprüfung der Europäischen Nachbarschaftspolitik (ENP): stärkere Partnerschaften für eine stärkere Nachbarschaft, Pressemitteilung, 18. November 2015, Dok. IP/15/6121.

in der Amtszeit der Kommission Juncker zu. Die Europäische Union will künftig Umfang und Intensität ihrer Angebote zur Kooperation stärker an den individuellen Wünschen der 16 Länder ausrichten. Das bedeutet eine Abkehr von den Maximalofferten der umfassenden und vertieften Freihandelsabkommen (DCFTA) und politischer Kooperation beziehungsweise Assoziierung. Das könnte zu neu modulierten Abkommen bei selektivem Griff in den Instrumentenkasten der Europäischen Union führen. Zugleich hält die Europäische Union daran fest, universelle Werte zu verteidigen und nach Wegen zu suchen, Demokratie, Menschenrechte und Grundfreiheiten sowie Rechtsstaatlichkeit zu fördern. Aber die Transformations- und Demokratisierungsagenda tritt hinter die Stabilisierungsagenda. Das Spannungsfeld von Interessen und Werten akzentuiert die Europäische Union somit stärker realpolitisch. Der neue Realismus in der ENP bedarf damit auch einer Bestimmung der Interessen der Europäischen Union gegenüber jedem der 16 ENP-Länder. Das ist zumal dann relevant, wenn sich die Europäische Union in Richtung einer an der Nachfrage orientierten ENP á la carte entwickelt, bei der autoritäre Partner ein enges, oft nur finanziell-wirtschaftlich-klientelistisch bestimmtes Kooperationsinteresse haben.

Der Stabilisierungsschwerpunkt entspringt der neuen Bedrohungswahrnehmung in der Europäischen Union durch Gewaltkonflikte, Terrorismus und Radikalisierung in den Nachbarschaften. Sie treten zu den bekannten Konflikttreibern wie Armut, Ungleichheit, schlechte Regierungsführung und Korruption hinzu.

Insofern ruht der Ansatz ‚Stabilität durch Stabilisierung' auf den beiden Säulen des ökonomischen und außen- und sicherheitspolitischen Engagements. Demnach strebt die Europäische Union erstens eine inklusive wirtschaftliche und soziale Entwicklung in den ENP-Ländern an. Bei der Schaffung von Arbeitsplätzen sollen vor allem junge Menschen zum Zuge kommen. Als Rahmen sollen vertiefte Freihandelsabkommen und schlankere Handelsabkommen mit Vereinbarungen zu Konformitätsbewertung und Heranführungen an Rechtsvorschriften und Standards der Europäischen Union angeboten beziehungsweise bestehende ausgefüllt werden. Zweitens soll zur Stabilisierung eine echte außen- und sicherheitspolitische Komponente in die ENP eingeführt werden, eine notorische Lücke der ursprünglichen ENP. Es müsste gelingen, Transformationshilfe (Handel, Entwicklung, Institutionenaufbau) und die klassische Gemeinsame Außen- und Sicherheitspolitik (GASP) inklusive der sicherheitspolitischen Dimension zu verzahnen, um einen Beitrag zur Stabilisierung zu leisten. Das wird intensive Diplomatie, Konfliktprävention und Konfliktbearbeitung als Daueraufgabe in Nachbarländern verlangen. Wenn dieser Sicherheitsdimension ein höherer Stellenwert eingeräumt werden soll, hieße das etwa bei der Bearbeitung der ungelösten Konflikte in der östlichen Nachbarschaft von Moldau bis zum Südkaukasus konkrete Initiativen zu ergreifen. Darauf gibt es aber keinerlei Hinweise seitens der Europäischen Kommission und der Hohen Vertreterin. Deutlich wird vor allem, dass die Aufwertung der Sicherheitsinteressen unter dem Eindruck der Flüchtlingsbewegung nach Europa und in der südlichen Nachbarschaft steht. Allerdings werden im Rahmen der ENP keine neuen Instrumente oder Konzepte etwa zur Kontrolle irregulärer Migration oder zur Eindämmung der Schleuserkriminalität und des Menschenhandels gemacht. Ein weiterer Schwerpunkt, der die Interessen der Europäischen Union gut widerspiegelt, ist die Energieversorgungssicherheit. Insgesamt fällt auf, dass die neue ENP trotz zunehmender Versicherheitlichung weiterhin kaum geopolitisch durchdrungen ist und die Interessen gegenüber den ENP-Ländern nicht definiert und einige priorisiert werden.

Um die beiderseitigen Interessen besser zu berücksichtigen, müssen diese zwischen der Europäischen Union und den Partnerländern definiert werden. Dazu benötigt die Europäische Union interessierte, legitimierte und kompetente Verhandlungspartner in den Nachbarländern.

Im Lichte der ,drei M-Formel'[7] der letzten Revision von 2011 ist bei der Verbesserung des Marktzugangs und der Mobilität eher ein selektiver Ansatz und geringere Ambition seitens der Europäischen Union zu konstatieren. Die Finanzmittel sollen flexibler eingesetzt werden können. Der Grundsatz des ,mehr für mehr' und die prononcierte Konditionalität wird nicht mehr als Kernanliegen hochgehalten. Die Zivilgesellschaft und Sozialpartner sowie junge Menschen sollen stärker an ENP-Maßnahmen beteiligt werden. Künftig sollen die Nachbarn der Nachbarn und regionale Akteure stärker in Problemlösungen einbezogen werden. Das bedeutet jedoch nicht, dass der 16-er Kreis der ENP rekonfiguriert wird. Zudem hält auch die neue ENP am einheitlichen Rahmen ENP für Ost und Süd fest, bei Ausdifferenzierung der Östlichen Partnerschaft und der Union für das Mittelmeer als regionale Arrangements und bei gleichzeitig maximaler länderspezifischer Differenzierung. Die Kommission wird künftig nicht mehr alljährlich ein Gesamtpaket mit sämtlichen Länderberichten veröffentlichen, sondern nach dem jeweils geeigneten Rhythmus.

Die Review war keine Reform an Haupt und Gliedern der ENP. Es handelt sich eher um Korrekturen, Akzentverschiebungen und Erwartungsmanagement im Horizont der Amtszeit der Kommission Juncker. Es fehlt der ENP weiterhin ein politisches Steuerungszentrum. Die ENP bleibt damit reaktiv ausgerichtet. Auch ist die überholte ENP kein Instrument des Krisenmanagements, sondern allenfalls eine Brücke in eine Zeit, in der in Nachbarländern wieder eine auf Dauerhaftigkeit und Nachhaltigkeit gezielte Politik verfangen kann. Drei Faktoren werden für ein besseres Gelingen der ENP wichtig sein: (1) Sie muss die unterschiedlichen Politikinstrumente inklusive der GASP und Akteure auf EU- und nationaler Ebene praktisch besser verzahnen; (2) sie muss Partner und Akteure in Ländern finden, mit denen man differenzierte, länderspezifisch formulierte Nachbarschaftspolitik betreiben kann und (3) es muss in jedem Einzelfall gerungen werden, um die Grundspannung zwischen Stabilitäts- und Transformationszielen auszutarieren. Dies und die gesamte Seite der Umsetzung stehen noch aus und müssten ab 2016 im Mittelpunkt der ENP stehen.

Die Globale Strategie für die Europäische Außen- und Sicherheitspolitik zählt die „Widerstandsfähigkeit von Staat und Gesellschaft in unserer östlichen und südlichen Nachbarschaft"[8] zu den fünf vorrangigen Zielen. Deren Resilienz liege im eigenen Schutzinteresse der EU-Bevölkerung. Die Hohe Vertreterin hatte schon bei der Vorstellung der ENP-Review die Resilienz, ein neuerdings auch in Brüssel oft gebrauchtes Schlagwort, als Hauptziel genannt. Resilienz und Stabilisierung haben die Demokratisierungsrhetorik verdrängt, die die letzte Reform der ENP unter dem Eindruck des sogenannten ,Arabischen Frühlings' ausgezeichnet hatte. Der Kreis der Nachbarn wird in der Globalen Strategie allerdings nicht auf die ENP-Länder im strikten Sinne begrenzt, sondern schließt strategisch die Nachbarn der Nachbarn ein, bis nach Zentralafrika, außerdem die Türkei

---

7 Die Formel bezeichnet die drei Angebote „Money, Mobility and Market", die 2011 im Fokus der ENP-Überprüfung standen, siehe Europäischer Auswärtiger Dienst: Eine Neue Antwort auf eine Nachbarschaft im Wandel, Gemeinsame Mitteilung der Hohen Vertreterin der Europäischen Union für Außen- und Sicherheitspolitik und der Europäischen Kommission, 25. Mai 2011.

8 Europäischer Auswärtiger Dienst: Globale Strategie der EU – Zusammenfassung, SN 10193/16.

und die Länder des Westbalkan. Ein direkter Bezug zwischen ENP und Russland wird in beiden Schlüsseldokumenten gemieden. In der Globalen Strategie wird unter außen- und sicherheitspolitischer Perspektive die rote Linie zwischen Erweiterungs- sowie ENP-Ländern und anderen Nachbarn vernünftigerweise ignoriert und diese problemorientiert zusammenbetrachtet. Die Europäische Union will unterschiedliche Pfade zu Resilienz im Süden und Osten unterstützen, dabei die dringlichsten Dimensionen der Fragilität im Auge haben und jene Länder priorisieren, in denen sie einen relevanten Unterschied machen kann. Die ENP ist nur eine Politikkomponente von geringer Bedeutung, die im Hinblick auf die vorrangigen Ziele eines integrierten Ansatzes zur Bewältigung von Konflikten und zur kooperativen globalen Ordnungsbildung beitragen kann. Ob dadurch die GASP-Lücke in der ENP konzeptionell und operativ zu schließen sein wird? Deshalb ist die Forderung nach einer „koordinierten Union"[9] so zentral für beides, die ENP und die GASP.

Der Rat der Europäischen Union bekräftigte auf seiner Sitzung im Dezember die Kernelemente der ENP-Review: das vorrangige Ziel der Stabilisierung der Nachbarschaft, die Differenzierung und das Ownership. 2016 soll eine neue Phase des Engagements mit den Partnerländern beginnen. Die Mitgliedstaaten reagieren auf die angekündigte stärkere Einbeziehung der Mitgliedstaaten in die ENP und die regelmäßigen auch hochrangigen Dialoge über Implementierung und Ergebnisse der ENP mit der Kommission und der Hohen Vertreterin. Der Rat hält in schöner Ausgewogenheit die Östliche Partnerschaft wie auch die Union für das Mittelmeer für wertvolle Foren.[10]

Nach der Vorstellung der ENP-Review riefen Europaabgeordnete zu einem stärkeren Fokus auf Sicherheit und Migration innerhalb der ENP auf.[11] Das Europäische Parlament hatte im Juli 2015 eine diesbezügliche Entschließung verabschiedet und eine wirksame ENP gefordert, die

> „(…) der Schlüssel für die Stärkung der außenpolitischen Glaubwürdigkeit und der globalen Positionierung der Europäischen Union ist und dass sich in der ENP die tatsächliche Führungsrolle der Europäischen Union in der Nachbarschaft und in den Beziehungen zu ihren globalen Partnern zeigen muss".[12]

Seitens der Wissenschaft und von Think Tanks unterschiedlicher politischer Couleur und Mission fand das Ergebnis des Review-Prozesses, an dem sich einige selbst im Rahmen der Konsultationen beteiligt hatten, ein anerkennend-kritisches Echo. Die Richtung der Neuakzentuierungen stimme, greife aber zu kurz, und es fehlten neue Lösungsansätze.[13]

9 Council conlusions on the Review of the European Neighbourhood Policy, Punkte 11, 12, Press Release, Dok. 926/15, 14 December 2015.
10 Council conlusions, 2015.
11 Siehe European Parliament: Revised EU Neighbourhood Policy must focus on security and migration, say MEPs, Press Release, 18 November 2015.
12 Europäisches Parlament: Bericht zur Überprüfung der Europäischen Nachbarschaftspolitik, Punkt 2, (2015/2002(INI)), A8-0194/2015, 18. Juni 2015.
13 Vgl. unter anderem Hrant Kostanyan: The European Neighbourhood Policy reviewed: Will pragmatism trump normative values?, in: Center for European Policy Studies (Hrsg.): European Neighbourhood Watch, Issue 121, December 2015; Marco Schwarz: Vor den Toren der EU brodelt es, Internationale Politik und Gesellschaft, 15. Februar 2016, abrufbar unter: http://www.ipg-journal.de/rubriken/europaeische-integration/artikel/vor-den-toren-der-eu-brodelt-es-1280/ (letzter Abruf: 6.10.2016); Rosa Balfour: Making the Most of the European Neighbourhood Policy Toolbox, The German Marshall Fund of the United States, 18.11.2015, abrufbar unter: http://www.gmfus.org/blog/2015/11/18/making-most-european-neighbourhood-policy-toolbox (letzter Zugriff 6.10.2016).

Rat der Europäischen Union und Europäisches Parlament

Der Rat der Europäischen Union hielt am 14. Dezember 2015 sowie am 18. und 19. April 2016 Aussprachen zur östlichen Nachbarschaft.[14] Bei beiden Terminen befasste er sich mit der multilateralen Östlichen Partnerschaft ohne Beschlüsse zu fassen. Der nächste Gipfel ist für 2017 geplant. Angesichts der instabilen Sicherheitslage in beiden Nachbarschafts-räumen setzten sich der Europäische Rat, die Außenminister und der allgemeine Rat der Europäischen Union laufend und teils auf Sondersitzungen[15] mit den akuten Herausforderungen und Entwicklungen in den Ländern der ENP und in ihrem regionalen Umfeld auseinander. Im Mittelpunkt standen Syrien, Russland und die Ukraine sowie Migrationsfragen.[16] Abgestützt wurde dies auch durch eine rege Reisediplomatie.[17]

Kommissar Hahn war sowohl in der südlichen als auch in der östlichen Nachbarschaft stark präsent und besuchte die Ukraine besonders häufig (unter anderem am 18. Juni 2015, 10. bis 12. September 2015, 19./20. November 2015 und 20./21. April 2016). Das Europäische Parlament begleitete das Geschehen in ENP-Staaten laufend, fasste Entschließungsanträge zu Moldau, Georgien, der Ukraine und Russland und pflegte weiter den interparlamentarischen Austausch mit den nationalen Parlamenten mehrerer ENP-Staaten.[18]

---

14 Rat der Europäischen Union: 3438. Tagung des Rates. Auswärtige Angelegenheiten, 14. Dezember 2015; Rat der Europäischen Union: 3460. Tagung. Auswärtige Angelegenheiten, 18. April 2016.

15 Mitteilung des Ministeriums für auswärtige und europäische Angelegenheiten: Informelles „Gymnich"-Treffen der Minister für auswärtige Angelegenheiten der Europäischen Union am 4./5. September 2015 in Luxemburg, Pressemitteilung; Europäischer Rat: Informelle Tagung der Staats- und Regierungschefs, 23. September 2015, Erklärung, Dok. 673/15; Europäischer Rat: Informelle Tagung der Staats- und Regierungschefs, 12. November 2015.

16 Migration als großes Thema, dazu Schlussfolgerungen am 22. Juni 2015, 14. September 2015, 12. Oktober 2015, 26. Oktober 2015, 16./17. November 2015, 18./19. April 2016, 23. Mai 2016; Zu Russland siehe beispielsweise European External Action Service: Relations with Russia: EU's guiding principles, 15 March 2016: Zu Ukraine siehe beispielsweise Europäische Kommission: Ergebnisse der trilateralen Gespräche über die Umsetzung des Assoziierungsabkommens sowie der vertieften und umfassenden Freihandelszone zwischen der EU und der Ukraine, Erklärung, Statement/15/5603, 7. September 2015; Zu Syrien siehe beispielsweise Rat der Europäischen Union: Schlussfolgerungen des Rates zu Syrien, Pressemitteilung 721/15, 12. Oktober 2015.

17 Hohe Vertreterin Mogherini: Marokko 21.7.15 und 4.3.16, Algerien 17.9.15, Ägypten 3.11.15, Ukraine und Georgien 9./10.11.15, Tunesien 7.1.16, Armenien und Azerbaijan 29.2.-1.3.16, Libanon 21.3.16, Jordanien 22.3.16; Kommissar Hahn: Ukraine 18.6.15, 10.-12.9.15, 19./20.11.15, 20./21.04.2016, Libanon 23.-25.6.15 und 29.1.16, Georgien 27.11.15, Jordanien 28.1.16 und 1./2.6.16, Tunesien 7./8.4.16, 16.6.16, Algerien 11./12.5.16, Israel 13.6.16, Palästinensische Gebiete 14.6.16; Präsident Tusk: Armenien 20.7.15, Georgien 22.7.15, Azerbaijan 22.7.15, Ägypten 19.9.15, Jordanien 20.9.15 und 3.5.16.

18 Europäisches Parlament: Gemeinsamer Entschließungsantrag zu dem Assoziierungsabkommen sowie den vertieften und umfassenden Freihandelsabkommen mit Georgien, der Republik Moldau und der Ukraine, 2015/3032(RSP), 20. Januar 2016; Europäisches Parlament: Stand der Beziehungen EU-Russland, Entschließung des Europäischen Parlaments vom 10. Juni 2015 über den Stand der Beziehungen EU-Russland, 2015/2001(INI); European Parliament: Revised EU Neighbourhood Policy must focus on security and migration, 2015; Committee on Foreign Affairs of the European Parliament: AFET Ad Hoc Delegation to Georgia, Tbilisi, 25 July 2015.

Stand der Vertragsbeziehungen mit den Nachbarn

In den bilateralen Beziehungen der Europäischen Union zu den ENP-Staaten haben sich in der ersten Hälfte 2016 die Ergebnisse der ENP-Review allenfalls stellenweise gezeigt.[19] Im Lichte der Vertragsbeziehungen schreitet die Differenzierung unter den Nachbarn in ihrem Nähe- und Distanzverhältnis zur Europäischen Union voran. Bilaterale Verhandlungen mit südlichen ENP-Ländern wie *Marokko, Tunesien* und *Jordanien* zeigten wenig Fortschritte. Derzeit ist noch kein DCFTA ausverhandelt worden. Die Assoziierungsabkommen (AA)/DCFTA mit *Moldau* und *Georgien* wurden bereits von allen Mitgliedstaaten sowie vom Europäischen Parlament und dem Rat der Europäischen Union ratifiziert und traten am 1. Juli 2016 in Kraft.[20] Große Teile der Abkommen werden schon seit dem 1. September 2014 vorläufig angewandt. Komplikationen gab es auf EU-Seite, nachdem in den Niederlanden ein Referendum über das AA/DCFTA mit der Ukraine abgehalten wurde und negativ ausging. Die Ratifizierung konnte deshalb nicht abgeschlossen werden, der Termin dafür ist ungewiss.

Das AA/DCFTA mit der *Ukraine* ist allerdings am 1. Januar 2016 vorläufig in Kraft getreten, nachdem die trilateralen Gespräche mit Russland ergebnislos zu Ende gegangen sind.[21] [22] Hinsichtlich der Gewährung der visafreien Einreise in die Europäische Union hat diese keine gemeinsame Position gefunden. Die Kommission hat ungeachtet des niederländischen Referendums auch für die Ukraine eine solche Freistellung vorgeschlagen.

Der Rat der Europäischen Union beschloss im Oktober 2015 auf Vorschlag der Kommission ein neues Verhandlungsmandat für ein „rechtlich bindendes Abkommen" mit *Armenien* und autorisierte die Kommission und die Hohe Vertreterin diese aufzunehmen. Sie begannen offiziell am 7. Dezember 2015. Das neue Abkommen soll eine reduzierte Fassung des nicht zustande gekommenen AA/DCFTA darstellen und mit den Beziehungen Armeniens zu Russland im Kontext der Eurasischen Wirtschaftsunion vereinbar sein.[23] Jedoch überschattet das Wiederaufleben des Konflikts um Bergkarabach mit Aserbaidschan den Neuansatz.

Die Beziehungen zu *Aserbaidschan* verschlechterten sich weiter; Überlegungen zu einer vertraglichen Regelung der Zusammenarbeit wie die seit 2013 ins Spiel gebrachte Strategische Modernisierungspartnerschaft kamen nicht voran.[24] Am 10. September 2015 nahm das Europäische Parlament eine Entschließung an, in der es seine ernsthafte Besorgnis darüber zum Ausdruck brachte, dass sich die Menschenrechtslage im Land weiter

---

19 Siehe zur multilateralen Dimension die Beiträge Katrin Böttger: Östliche Partnerschaft und Tobias Schumacher: Mittelmeerpolitik in diesem Buch.

20 Council of the European Union: Agreement between the European Union and the European Atomic Energy Community and their Member States, of the one part, and the Republic of Moldova, of the other part, Council Decision (EU) 2016/839 of 23 May 2016, in: Amtsblatt der EU L141, 28 May 2015; Council of the European Union: Association Agreement between the European Union and the European Atomic Energy Community and their Member States, of the one part, and Georgia, of the other part, Council Decision (EU) 2016/838 of 23 May 2016, in Amtsblatt der EU L141, 28 May 2015; European Commission: Association Agreements/DCFTAs Georgia, the Republic of Moldova and Ukraine – Remarks by Johannes Hahn on behalf of the HR/VP at the EP Plenary, 20 January 2016.

21 Insgesamt 13 trilaterale Treffen, davon 4 auf Ministerebene.

22 Bulletin Quotidien Europe 11527, 8.4.2016; European Council: Association Agreement between the European Union and the European Atomic Energy Community and their Member States, of the one part, and Ukraine, of the other part, 21 March 2014.

23 European Union External Action: Fact sheet, EU-Armenia relations, December 2015.

24 European Parliament: The Eastern Partnership after Five Years: Time for Deep Rethinking. Generaldirektion für externe Politikbereiche der Union, 23 Febuary 2015, S. 16.

verschlechtert, und die Regierung Aserbaidschans aufforderte, das gewaltsame Vorgehen gegen die Zivilgesellschaft und Menschenrechtsverfechter unverzüglich einzustellen. Im September 2015 setzte Aserbaidschan seine Teilnahme an der Parlamentarischen Versammlung Euronest aus.[25]

Im Fall von *Belarus* setzte die Europäische Union die restriktiven Maßnahmen gegen die meisten Personen und alle Organisationen, die derzeit solchen Maßnahmen unterliegen, für vier Monate aus. Sie reagierte damit auf die Freilassung sämtlicher verbleibender belarussischer politischer Gefangenen.[26] Der Rat der Europäischen Union beschloss im Februar 2016, dass diese Abschwächung der Sanktionen, wonach die restriktiven Maßnahmen in Bezug auf 170 Einzelpersonen und drei Unternehmen, deren Aufnahme in die einschlägige Liste derzeit ausgesetzt ist, nicht verlängert werden. Er kam jedoch überein, dass das Waffenembargo gegen Belarus und restriktive Maßnahmen um einen Zeitraum von zwölf Monaten verlängert werden.

Weiterführende Literatur

Rosa Balfour: The European Neigbourhood Policy's Identity Crisis, in: European Neigbourhood Policy Review: European Union's Role in the Mediterranean, January 2016.

Sabine Fischer/Margarete Klein (Hrsg.): Denkbare Überraschungen, Elf Entwicklungen, die Russlands Außenpolitik nehmen könnte, SWP-Studie, Berlin, Juli 2016.

---

25 Europäisches Parlament: Kurzdarstellungen zur Europäischen Union, Östliche Partnerschaft, Juni 2016, abrufbar unter: http://www.europarl.europa.eu/atyourservice/de/displayFtu.html?ftuId=FTU_6.5.5.html (letzter Zugriff: 12.10.2016).

26 Rat der Europäischen Union: Belarus: EU setzt restriktive Maßnahmen gegen die meisten Personen und alle Organisationen, die derzeit solchen Maßnahmen unterliegen, aus, Pressemitteilung 767/15, 29. Oktober 2015.

Gemeinsame Außen- und Sicherheitspolitik

Niklas Helwig / Isabelle Tannous

Die Lücke zwischen den Ambitionen einer wirklichen Gemeinsamen Außen- und Sicherheitspolitik (GASP) und dem Umgang mit den Herausforderungen in der Nachbarschaft klaffte weiterhin weit auseinander. Die Hohe Vertreterin der Union für Außen- und Sicherheitspolitik, Federica Mogherini, wollte die Konsultationen der Globalen Strategie für die Außen- und Sicherheitspolitik als Gelegenheit für einen breiten Dialog mit den nationalen Regierungen, Außenpolitik-Experten und der Öffentlichkeit nutzen und erhoffte sich, dass gemeinsame Interessen der 28 Mitgliedstaaten deutlicher zutage kommen. In der Praxis war die EU-Außenpolitik aber mit einem drohenden EU-Austritt Großbritanniens, innenpolitischem Druck durch die hohen Flüchtlingszahlen und einer zunehmenden Fragmentierung von Gefahrenwahrnehmungen der Mitgliedstaaten konfrontiert.

Der Weg zur Globalen Strategie für die EU-Sicherheits- und Außenpolitik[1]

Der Europäische Rat verlieh im Juni 2015 Mogherini das Mandat, eine EU-Außenpolitikstrategie zu verfassen. Obwohl der breitangelegte Konsultationsprozess ein in sich stimmiges Dokument hervorbrachte,[2] war aufgrund der politisch schwierigen Situation nach dem negativen Referendum in Großbritannien Mitte 2016 nicht klar, inwieweit die Strategie neue Impulse für die GASP setzen kann. Zwischen Oktober 2015 und April 2016 fanden 38 Konsultationsveranstaltungen zur neuen Strategie in fast allen Mitgliedstaaten statt. Die unterschiedlichen Formate wurden meistens unter Beteiligung lokaler Think Tanks und nationaler Außenministerien organisiert. Neben diesen Expertenveranstaltungen gab es Konsultationen mit EU-Diplomaten, Außenministern, im Europäischen Parlament und in nationalen Parlamenten.

Früh im Prozess wurden Grundelemente der neuen Strategie mit den Mitgliedstaaten kommuniziert und in den Veranstaltungen diskutiert. Ausgangspunkt für die Strategie sollten die gemeinsamen Interessen der Europäischen Union und ihrer Mitgliedstaaten sein. Als Interessen wurden die Sicherheit der EU-Bürgerinnen und -Bürger, der Wohlstand der europäischen Wirtschaft und die Widerstandsfähigkeit der demokratischen und rechtsstaatlichen Ordnung definiert. Ein zentrales Element war die weitgefasste ‚globale' Herangehensweise an die Europäische Außenpolitik, die auch Themen wie Entwicklungszusammenarbeit oder Energiesicherheit umfasste.

Es gab dennoch unterschiedliche Meinungen, inwieweit sich die EU-Außenpolitik grundsätzlich neu ausrichten sollte. So wurden vor allem Stimmen laut, welche angesichts

---

1   Federica Mogherini: Shared Vision, Common Action: A Stronger Europe, A Global Strategy for the European Union's Foreign and Security Policy, June 2016, abrufbar unter: https://europa.eu/globalstrategy/ (letzter Zugriff: 9.7.2016).
2   Für eine kritische Betrachtung vgl. Annegret Bendiek: Die Globale Strategie für die Außen- und Sicherheitspolitik der EU, SWP-Aktuell 2016/A 44, Juli 2016, abrufbar unter: http://www.swp-berlin.org/publikationen/swp-aktuell-de/swp-aktuell-detail/article/die_globale_strategie_fuer_die_aussen_und_siche rheitspolitik_der_eu.html (letzter Zugriff: 26.10.2016).

der Krisen in der Nachbarschaft und der Spannungen mit Russland eine Rückbesinnung auf eine ‚realistische' Außenpolitik forderten. Danach kann es sich die Europäische Union nicht mehr leisten, das Mittel der Macht in der internationalen Politik zu ignorieren und muss sich selber als ein geopolitischer Spieler wahrnehmen, welcher eigene Interessen verfolgt.[3] Die Europäische Sicherheitsstrategie von 2003 hatte eine pluralistische, demokratische und rechtsgebundene Regierungsführung als festes Element Europas und als Model für die Welt gesehen.[4] Nun ist es nach Ansicht einiger Experten nicht mehr genug, sich nur auf die ‚Soft Power' der Europäischen Union zu verlassen. Die Gemeinschaft sollte sich nicht scheuen, aktiv die Umwelt zu beeinflussen.[5]

Im Kontrast dazu wurde jedoch angezweifelt, inwieweit die GASP wirklich in der Lage ist, eine auf ‚Hard Power' und Interessen basierende Außenpolitik zu verwirklichen.[6] So wurde argumentiert, dass gerade die wertegebundene Außenpolitik die Stärke der Europäischen Union sei. Eine interessengeleitete ‚pseudo-Realpolitik' sei zu vermeiden, da eine wirkliche Transformation unsere Nachbarschaft nur durch ein klares Bekenntnis zu europäischen Werten möglich sei.[7] Die traditionelle Debatte zwischen den Verteidigern einer wertegebundenen transformativen Außenpolitik und den Anhängern einer realistischen und machtorientierteren Sichtweise wurde demnach deutlich.

Im Bereich der Sicherheitspolitik wurde der Zusammenhang zwischen internen und externen Gefahren unterstrichen, welcher durch die Attentate in Paris und Brüssel erneut sichtbar wurde. Für das zweite Halbjahr 2016 wurde allgemein erwartet, dass eine Strategie oder ein Weißbuch zur Gemeinsamen Sicherheits- und Verteidigungspolitik (GSVP) in Auftrag gegeben werden wird, um sich mit den spezifischen Fragen in diesem Bereich zu beschäftigen. Dieses Dokument soll zu den teilweise neuen Bedrohungen durch hybride Kriegsführung (zum Beispiel Desinformationskampagnen und Cyberangriffe) oder Terrorismus konkretere Antworten bringen.

Der Strategieprozess hat unter Experten zu einer europaweiten Diskussion zu den Grundlagen und Zielen Europäischer Außenpolitik geführt. Eine breitere Debatte in der Öffentlichkeit wurde, wie zu erwarten war, nicht angestoßen. Im Vergleich zur Diskussion zur EU-Sicherheitsstrategie in 2003, welche damals eine gemeinsame Europäische Perspektive nach den Zerwürfnissen des Irakkrieges suchte, fehlte diesmal das eindeutige Bekenntnis zur Zusammenarbeit der Mitgliedstaaten. Die Tatsache, dass die Vorstellung der Strategie im Europäischen Rat einige Tage nach dem Ausstiegsreferendum in Großbritannien stattfand, belastete schon im Vorhinein die politische Stimmung, da man den britischen Europaskeptikern keine zusätzliche Munition liefern wollte. So stellten mehrere Zeitungen der Insel fälschlicherweise die Strategie als einen Geheimplan zur Schaffung einer Europäischen Armee nach dem EU-Referendum dar.[8] Am 28. Juni 2016 „begrüßte"

---

3   Jolyon Howorth: For a big picture strategic review: simplicity and realism, Egmont Institute, 4.3.2016, abrufbar unter: https://europa.eu/globalstrategy/en/big-picture-strategic-review-simplicity-and-realism (letzter Zugriff: 9.7.2016).

4   Vgl. Beitrag von Constanze Stelzenmüller, in: Antonio Missiroli (Hrsg.): Towards an EU Global Strategy – Consulting the Experts, Paris 2015, S. 45 f.

5   Vgl. Beitrag von Giovanni Grevi, in: Antonio Missiroli (Hrsg.): Towards an EU Global Strategy, Paris 2015, S. 59 f.

6   Vgl. Beitrag von Michael Leigh, in: Antonio Missiroli (Hrsg.): Towards an EU Global Strategy, Paris 2015, S. 47 f.

7   Vgl. Beitrag von Heather Grabbe, in: Antonio Missiroli (Hrsg.): Towards an EU Global Strategy, Paris 2015, S. 105 f.

8   Bruno Waterfield: EU army plans kept secret from voters, in: The Times, 27.5.2016, S. 1.

der Europäische Rat die Vorstellung der neue Strategie und „ersucht(e) die Hohe Vertrete-rin, die Kommission und den Rat, die Arbeiten weiter voranzubringen."[9] Dies wurde von Beobachtern als ‚lauwarme' Bestätigung bewertet, ermöglichte jedoch auch, die Arbeit in konkreten Politikfeldern zu vertiefen.

Brexit und die GASP

Die Entscheidung der britischen Wähler am 23. Juni 2016, einen Austritt aus der Europä-ischen Union anzustreben, sorgte für politische Turbulenzen in Großbritannien und einen politischen Schock im restlichen Europa. Im Vorfeld hatte sich der überwiegende Teil der Brexit-Diskussionen vor allem um Themen wie Wirtschaft und Migration gedreht. Es wurde jedoch auch debattiert, inwieweit das Großbritannien weltpolitischen Einfluss kosten würde und welcher Impuls für die GASP von einem Austritt der Britinnen und Briten ausgehen könnte.

Der ehemalige britische Premier David Cameron versuchte, die Rolle der Europäischen Union in der Weltpolitik in seiner Kampagne als ein positives Element für den Verbleib hervorzuheben. In einer prominenten Rede im Londoner Think Tank Chatham House am 10. November 2015 hob Cameron hervor, dass die EU-Mitgliedschaft seines Landes ein wichtiger Bestandteil der nationalen Sicherheit seines Landes ist. Als positive Elemente hob er die erfolgreichen EU3+3-Iran-Atomverhandlungen und die Russlandsanktionen hervor. Er warnte, „if the British Prime Minister was no longer present at European summits, we would lose that voice and therefore permanently change our ability to get things done in the world."[10]

Ein Report des britischen Unterhauses mahnte auch vor einem Einflussverlust in der GASP.[11] Die Europäische Union und Großbritannien teilen auch in der Zukunft viele außenpolitische Interessen, jedoch benötigt ein isoliertes London deutlich mehr diploma-tische Ressourcen, um die Politik in Brüssel zu beeinflussen.[12] Zudem ist die spezielle Partnerschaft mit den USA in Gefahr, da die Amerikaner sich in Zukunft direkt an Paris oder Berlin wenden können. Die Kampagne für einen Austritt Großbritanniens betonte jedoch mögliche Vorteile: Eine angeblich flexiblere Außenpolitik, welche dennoch in der NATO und in bilateralen Verteidigungsbündnissen (zum Beispiel mit Frankreich) einge-bunden bleibt, sei möglich.

Die möglichen Folgen eines Austritts Großbritanniens aus der Europäischen Union für die Zukunft der GASP wurden ebenfalls unterschiedlich bewertet. Einige Stimmen sahen keinen langfristigen Nachteil eines Ausstiegs. Die engen US-EU-Beziehungen sind weiter-hin eine tragende Säule der GASP, da die USA neben der Partnerschaft mit Deutschland und Frankreich auch auf die pro-amerikanischen Mitgliedstaaten in Ost- und Mitteleuropa und im Baltikum setzen kann.[13] Mit Großbritannien fällt auch ein Bremsklotz für eine Vertiefung der GSVP weg. So ist zum Beispiel der Weg für ein permanentes militärisches

---

9   Europäischer Rat: Schlussfolgerung. Tagung des Europäischen Rates vom 28. Juni 2016, Dok. EUCO 26/16, S. 7.

10   Rede von David Cameron beim Londoner Think Tank Chatham House, London, 10.11.2015, abrufbar un-ter: https://www.gov.uk/government/speeches/prime-ministers-speech-on-europe (letzter Zugriff: 9.7. 2016).

11   House of Commons Foreign Affairs Committee: Implications of the referendum on EU membership for the UK's role in the world, 26.4.2016, abrufbar unter: http://www.publications.parliament.uk/pa/cm2015 16/cmselect/cmfaff/545/545.pdf (letzter Zugriff 9.7.2016).

12   Richard Whitman: Brexit or Bremain: what future for the UK's European diplomatic strategy?, in: Interna-tional Affairs 3/2016, S. 509-529.

EU-Hauptquartier frei, während die britischen Streitkräfte weiterhin an GSVP-Missionen teilnehmen können. Es wurde jedoch auch vor negativen Konsequenzen gewarnt. Ohne die britische Stimme in Brüssel könnte die GASP weniger aktiv sein, da London eine treibende Kraft zu wichtigen Themen wie zum Beispiel zu Sicherheitsfragen im Asien-Pazifik-Raum oder der EU-Sanktionspolitik ist.[14] Ohne die größte Militärmacht Europas – Großbritannien erreicht als eines der wenigen EU-Länder, das NATO-Ziel 2 Prozent des Bruttoinlandsprodukts für Verteidigungsausgaben aufzuwenden – ist es schwieriger, eine größere Rolle der Europäischen Union in Verteidigungsfragen zu erwarten.

Zudem wurde das zukünftige Ungleichgewicht in Europa als problematisch gesehen. Berlin hatte durch die Ukrainekrise und den Flüchtlingsdeal mit der Türkei ohnehin schon einen ungewöhnlichen Status als „neuer politscher Motor der GASP" erhalten.[15] Nach einem Austritt Großbritanniens, so befürchteten Kommentatoren, würde Deutschland als europäischer Hegemon wahrgenommen werden und es könne zu einer dauerhaften Konfrontation mit einem antagonistisch eingestellten Südeuropa kommen.[16]

Die direkte Reaktion auf das Brexit-Votum Ende Juni war vor allem von einem demonstrativen Einigungswillen geprägt. Die GASP wurde dabei am Rande als ein gemeinsames Projekt aufgeführt, welches den Nutzen der Gemeinschaft aufs Neue unterstreichen könnte. Die Außenminister Deutschlands und Frankreichs traten zum Beispiel dafür ein, in Sicherheitsfragen noch enger zusammenzuarbeiten und „die EU Schritt für Schritt zu einem unabhängigen und globalen Akteur zu entwickeln".[17]

Die GASP in Aktion

Ein roter Faden der Globalen Strategie ist die zunehmende Verflechtung der inneren und äußeren Dimension des politischen Handelns in einer komplexer werdenden Welt. Wie sehr die Verschränkung von Innen und Außen längst Realität geworden ist, zeigte das seit Spätsommer 2015 die Agenden dominierende Thema: der Umgang mit Migration und Flucht. Die Strategiebekundungen auf EU-Ebene dienen häufig nicht mehr als gemeinsames Narrativ und ermöglichen keine europäischen Antworten auf die Herausforderungen, mit denen die Europäische Union heute insbesondere in ihrer Nachbarschaft im Süden und Osten konfrontiert ist.

Die Fluchtbewegungen nach Europa und neue globale Bedrohungsszenarien werden in den 28 Mitgliedstaaten sehr unterschiedlich wahrgenommen. Auch unabhängig von einem möglichen Austritt Großbritanniens aus der Europäischen Union bilden sich neue Allianzen unter den EU-Staaten. Diese formieren sich insbesondere entlang der Reaktionen auf

---

13 Tim Oliver: Special relationships in flux: Brexit and the future of the US-EU and US-UK relationships, in: International Affairs 3/2016, S. 547-567.

14 Ian Bond: Europe after Brexit: Unleashed or Undone?, Centre for European Reform, 2016, abrufbar unter: https://www.cer.org.uk/publications/archive/policy-brief/2016/europe-after-brexit-unleashed-or-undone (letzter Zugriff: 9.7.2016).

15 Niklas Helwig (Hrsg.): Europe's New Political Engine: Germany's role in the EU's foreign and security policy, FIIA Report, 11.4.2016, abrufbar unter: http://www.fiia.fi/en/publication/585/europe_s_new_polit ical_engine/ (letzter Zugriff: 22.8.2016).

16 Hans Kundnani: Enough of the hegemony: why Germany really wants the UK to stay in the EU, LSE Blog Eintrag, 23.2.2016, abrufbar unter: http://blogs.lse.ac.uk/brexitvote/2016/02/23/enough-of-the-hegemony-why-germany-really-wants-the-uk-to-stay-in-the-eu/ (letzter Zugriff: 9.7.2016).

17 Gemeinsamer Beitrag des französischen Außenministers Jean-Marc Ayrault und Außenminister Frank-Walter Steinmeiers: Ein starkes Europa in einer unsicheren Welt, 24.6.2016, abrufbar unter: http://www.auswaertiges-amt.de/DE/Infoservice/Presse/Meldungen/2016/160624-BM-AM-FRA.html (letzter Zugriff: 9.7.2016).

die Flüchtlingskrise sowie den Umgang mit dem großen Nachbarn Russland im Osten. Die bisherigen ‚Minilateralismen' haben sich jedoch bisher selten als dauerhaft erwiesen und sie gewährleisten, anders als der Konsens der ‚großen Drei', nicht mehr die Handlungs-fähigkeit der Europäischen Union.[18]

Im Süden

Die Europäische Union ist von einer gemeinsamen Position im Umgang mit dem Krieg in Syrien weit entfernt. Versuche, die Syrien-Politik zu koordinieren, scheiterten weiterhin an den unterschiedlichen Haltungen der Mitgliedstaaten. Stattdessen bemühte sich die Euro-päische Union bei der Geberkonferenz in London im Februar 2016, Präsenz zu zeigen, und war mit dem Präsidenten des Europäischen Rates Donald Tusk, Parlamentspräsident Martin Schulz, der Hohen Vertreterin Mogherini und den beiden EU-Kommissaren für Nachbarschaft und humanitäre Hilfe, Johannes Hahn und Christos Stylianides, vor Ort. Während die Europäische Union ihre finanziellen Hilfszusagen weiter erhöhte, wurde jedoch offensichtlich, dass gerade die Mitgliedstaaten, die sich vehement gegen mehr Soli-darität bei der Aufnahme von Flüchtlingen ausgesprochen hatten, ihren Zusagen, in den Ende 2014 von der Europäischen Union eingerichteten Syrien-Treuhandfonds (‚Madad Fund') einzuzahlen, nicht ausreichend nachgekommen sind.[19]

Spätestens mit den Anschlägen von Paris im November 2015 wurde die Flüchtlingskrise auch zu einer außen- und sicherheitspolitischen Angelegenheit der Europäischen Union. Frankreich berief sich nach den Anschlägen auf die Beistandsklausel nach Art. 42 Abs. 7 des Vertrages über die Europäische Union (EUV) und forderte bei der Bekämpfung des Terrorismus im In- und Ausland sowie bei den französischen militärischen Einsätzen im Nahen Osten und in Afrika mehr Unterstützung der EU-Partner. Die Versuche, das Schen-gener und Dubliner System wiederherzustellen und die EU-Außengrenzen zu kontrollie-ren, machte das Management der Flüchtlingskrise zum Ankerpunkt der europäischen Außen- und Sicherheitspolitik. Dabei wurde das Ziel der Europäischen Union, das breite Spektrum an politischen Maßnahmen und Instrumenten zusammenzuführen, vor allem einem Ansinnen untergeordnet: Die Flüchtlingszahlen in die Europäische Union zu redu-zieren und den Dialog zwischen den Mitgliedstaaten wiederherzustellen.

2015 erreichte der Großteil der Flüchtenden und Migranten von der Türkei über die Ägäis Griechenland und nutzte die Westbalkanroute für die Weiterreise. Mit dem Ziel, die Zahl der Migranten und Flüchtlinge nach Europa deutlich zu reduzieren und gleichzeitig die humanitäre Lage in der Türkei zu verbessern, einigten sich die Europäische Union und die Türkei im Oktober 2015 auf einen Aktionsplan. Ausbuchstabiert wurde die Umsetzung nach mehrmonatigen Verhandlungen schließlich durch die EU-Türkei-Erklärung. Dieses wurde auf dem EU-Türkei-Gipfel im März 2016 unterzeichnet, nur wenige Tage nachdem die türkische Zeitung Zaman unter staatliche Kontrolle gestellt worden war. Die Türkei verpflichtete sich den Grenzschutz zu verbessern, stärker gegen illegale Schleuser vorzu-gehen und das Rückübernahmeabkommen mit der Europäischen Union in vollem Umfang anzuwenden. Im Gegenzug sprach sich die Europäische Union für eine rasche Aufhebung der Visumspflicht für türkische Staatsangehörige im Schengen-Raum und eine Intensivie-

---

18   Rosa Balfour: Europe's Patchwork Foreign Policy Needs More Than a Few New Stitches, in: The German Marshall Fund of the United States (Hrsg.): Policy Brief 6/2015, July 2015.

19   Süddeutsche Zeitung: Große Worte, kleine Schecks, 4.2.2016, S. 2; vgl. zu den jeweiligen Anteilen aus den EU-Staaten die Übersicht von Oxfam: Syria Crisis Fair Share Analysis 2016, February 2016, abrufbar unter: http://oxf.am/ZnVx (letzter Zugriff: 9.7.2016).

rung der Beitrittsverhandlungen aus.[20] Im Juni wurde mit den Gesprächen zu den Finanz-
und Haushaltsregeln das 16. der insgesamt 35 Kapitel der Beitrittsgespräche geöffnet und
es soll – unbeschadet der jüngsten Entwicklungen in der Türkei – bis Oktober weiterver-
handelt werden.[21] Nach dem Putschversuch in der Türkei im Juli 2016 bemühten sich die
EU-Außenminister um eine möglichst ausgewogene Beurteilung der Situation.[22] Sie zeigten sich solidarisch mit dem NATO-Partner Türkei und verurteilten den versuchten Staatsstreich auf das Schärfste. Gleichzeitig riefen sie dazu auf, die verfassungsmäßige Ordnung
der Türkei in vollem Umfang einzuhalten und forderten von der türkischen Regierung,
Zurückhaltung zu üben. Nach Verhaftungen und Entlassungen im großen Stil in Justiz,
Medien und Universitäten, die von vielen Kommentatoren als ,Säuberungen' interpretiert
wurden, wiederholten führende Politiker in der Europäischen Union und die Hohe Vertreterin Mogherini, dass eine Wiedereinführung der Todesstrafe in der Türkei das Aus für die
Beitrittsgespräche bedeuten würde.

Der Grund für die Zurückhaltung der Europäischen Union ist auch die strikte Einhaltung des Flüchtlingsabkommens durch die Türkei. Zeitweise drohte die Flüchtlingskrise
eine nahezu existenzielle Krise der Europäischen Union heraufzubeschwören, die den
Zusammenhalt der gesamten Union gefährdet hätte. Nachdem Ungarn bereits im Oktober
2015 seine Grenze zu Kroatien gesperrt hatte, hatten sich die Anrainerstaaten im
Anschluss an ihre Strategietagung in Wien im Februar 2016 ebenfalls entschlossen, ihre
Grenzen zu schließen. Die de facto Schließung der Westbalkan-Route sorgte daher nicht
nur für ein Aufatmen der Anrainerstaaten. Bereits unmittelbar nach Unterzeichnung der
EU-Türkei-Erklärung sanken die Flüchtlingszahlen über die Türkei nach Griechenland
dramatisch.

Unmittelbare Folge der Schließung der Ägäis- und Westbalkanroute war das Ausweichen auf die gefährliche Route über das Mittelmeer von Libyen aus. Entsprechend
waren einige der Außen- und Verteidigungsminister der EU-Staaten auf ihrem Ratstreffen
im April 2016 in Luxemburg bemüht, die im Mai 2015 beschlossene Mittelmeer-Mission
EUNAVFOR (seit Herbst 2016 unter der Bezeichnung „Sophia") auf libysche Hoheitsge-
wässer auszuweiten. Insbesondere Frankreich, Großbritannien und Italien sprachen sich
trotz der weiter bestehenden rechtlichen und politischen Hürden[23] sowie Vorbehalten, etwa
aus Deutschland, für einen Einsatz europäischer Marineeinheiten in libyschen Hoheitsgewässern aus. In der Erklärung des Außenministerrates wurde eine solche Ausweitung nicht
explizit genannt, stattdessen konzentrieren sich die Maßnahmen auf Hilfen zum Aufbau
des libyschen Staatswesens, zum Beispiel durch eine zivile EU-Mission mit dem Ziel,
Polizei und Justiz zu unterstützen, den Grenzschutz zu verbessern sowie die Schleuserkriminalität zu bekämpfen.[24] Auf dem NATO-Gipfel in Wales im Mai 2016 warb Mogherini für einen engeren Schulterschluss der beiden Organisationen auch bei der GSVP-

---

20 European Council: EU-Turkey Statement, Press release 144/16, 18 March 2016; Europäischer Rat:
    Schlussfolgerungen des Europäischen Rates vom 17./18. März 2016, Pressemitteilung 143/16.
21 Elmar Brok: Die EU ist nicht abhängig von der Türkei, in Frankfurter Allgemeine Zeitung, 2.8.2016, S. 8.
22 Rat der Europäischen Union: Schlussfolgerungen des Rates zur Türkei, 18. Juli 2016, Dok. 463/16.
23 Ein solcher Einsatz bedarf der Bitte einer legitimen politischen Führung Libyens sowie neben der Zustim-
    mung der Vereinten Nationen voraussichtlich auch der Zustimmung des Deutschen Bundestages, vgl.
    Niklas Helwig/Isabelle Tannous: Gemeinsame Außen- und Sicherheitspolitik, in: Werner Weidenfeld/
    Wolfgang Wessels (Hrsg.): Jahrbuch der Europäischen Integration 2015, S. 287-294.
24 Council of the European Union: Council conclusions on Libya, Press release 193/16, 1.8 April 2016; siehe
    auch Frankfurter Allgemeine Zeitung: Land in Sicht. Die EU will ihre Mittelmeer-Mission nach Libyen
    hin ausweiten, 20.4.2016, S. 5.

Operation Sophia.[25] Die NATO, die bereits als Juniorpartner beim Einsatz in der Ägäis beteiligt ist, könnte künftig weitere Unterstützungsleistungen, etwa in Form von Lageanalysen oder der Durchsetzung eines UN-Waffenembargos, übernehmen.[26]

Libyen ist eines der Länder, in denen die Europäische Union sogenannte ‚Migrationszentren' plant. Mit dem Fokus auf Migration und Flucht haben die EU-Partner auch das 2013 noch als eigenmächtig wahrgenommene Vorgehen Frankreichs in Mali neu bewertet.[27] Neben Maßnahmen zur Terrorbekämpfung rücken heute Unterstützungsleistungen für Herkunfts- und Transitländer in den Fokus, die die illegale Weiter- und Einreise nach Europa unterbinden sollen. Ziel ist es, auch im Rahmen der entwicklungspolitischen Zusammenarbeit mit Drittstaaten die Migration bereits in den Herkunfts- und Transitländern zu steuern, also die Migranten an der Weiterreise zu hindern und bei Rückführungen aus Europa mit der Europäischen Union zu kooperieren. Auf dem EU-Afrika-Gipfel zu Migrationsfragen in Valletta, Malta, ist mit dem Nothilfe-Treuhandfonds für Afrika ein dritter EU-Treuhandfonds eingerichtet worden.[28] In diesem sollen unter anderem auch Mittel für die Bekämpfung der Ursachen irregulärer Migration und Vertreibungen bereitgestellt werden. Die EU-Türkei-Erklärung stand Pate für die im Juni 2016 von der Europäischen Kommission lancierten „neuen Migrationspartnerschaften".[29] Die Kommission setzt bei diesen auf den bekannten Mix aus positiven und negativen Anreizen. Dazu zählen neben der Verbesserung der Lebensbedingungen, Handelserleichterungen und Visaerleichterungen sowie finanzielle Unterstützung beim Grenzschutz, beim Kampf gegen Schmuggler oder bei der Ausbildung der Sicherheitskräfte. Als Sanktionsmaßnahmen können Kürzungen von Entwicklungshilfemitteln oder Handelsrestriktionen erwogen werden. Im Gespräch sind neben Libyen auch Jordanien, Libanon, Tunesien, Nigeria, Senegal, Mali, Niger und Äthiopien. Zu einem späteren Zeitpunkt soll eine Ausdehnung auch auf Staaten wie Afghanistan, Pakistan und Bangladesch möglich sein.[30]

Ebenfalls im Juni 2016 legte die Kommission und die Hohe Vertreterin einen Vorschlag vor, der es künftig erlauben soll, Entwicklungshilfe in Ausnahmefällen stärker für Sicherheitsmaßnahmen in Drittstaaten vorzusehen.[31] Geplant ist unter anderem, Mittel aus dem Gemeinschaftshaushalt über das Instrument zur Unterstützung von Stabilität und Frieden auch für militärische Zwecke, wie Aus- und Weiterbildung sowie Beratung von Sicherheitskräften, Minenräumung oder Kommunikationstechnik zu nutzen, wofür für den Zeit-

---

25 Vgl. zu den laufenden GSVP-Missionen Daniel Göler/Lukas Zech: Gemeinsame Sicherheits- und Verteidigungspolitik sowie zum Verhältnis der beiden Organisationen Hans-Georg Ehrhart: Die EU und die NATO in diesem Buch.

26 Süddeutsche Zeitung: Der Nato-Gipfel in Warschau soll die Wende bringen, 9.7.2016.

27 Frankfurter Allgemeine Zeitung: Auf der Suche nach der afrikanischen Türkei, 4.5.2016.

28 Vgl. u.a. Europäische Kommission: Präsident Juncker startet EU-Nothilfe-Treuhandfonds zur Bekämpfung der Ursachen von irregulärer Migration in Afrika, Pressemitteilung IP/15/6055, 12. November 2015. Zu den EU-Treuhandfonds vgl. Volker Hauck/Anna Knoll/Alisa Herrero Cangas: EU Trust Funds – Shaping more comprehensive external action?, in: European Center for Development Policy Management (Hrsg.): Briefing Note 81, November 2015.

29 Europäischen Kommission: Kommission stellt neuen Migrationspartnerschaftsrahmen vor: Zusammenarbeit mit Drittländern verstärken, um Migration besser zu steuern, Pressemitteilung IP/16/2072, 7. Juni 2016; European Commission: Communication from the Commission: on establishing a new Partnership Framework with third countries under the European Agenda on Migration, COM(2016) 385 final.

30 Süddeutsche Zeitung: Locken und drohen, 8.6.2016, S. 6.

31 Siehe Europäische Kommission: Neue Vorschläge zur Verbesserung der EU-Unterstützung für Sicherheit und Entwicklung in Partnerländern, Pressemitteilung IP/16/2405, 5. Juli 2016; European Commission: Joint Communication: Elements for an EU-wide strategic framework to support security sector reform, JOIN(2016) 31 final.

---

raum 2017 bis 2020 circa 100 Mio. Euro bereitgestellt werden sollen.[32] Der Vorstoß, bei dem sich die Kommission auch auf die Agenda 2030 für nachhaltige Entwicklung der Vereinten Nationen beruft, blieb im Europäischen Parlament nicht unkommentiert und kann eine Klage vor dem Gerichtshof der Europäischen Union nach sich ziehen.[33]

Im Osten

Während Migration und Flucht die Agenden der Treffen des Europäischen Rates und verschiedene Ratsformationen dominierte, war Tusk darauf bedacht, die Verlängerung beziehungsweise Lockerung der EU-Sanktionen gegenüber Russland nicht auf Ebene der Staats- und Regierungschefs zu diskutieren. Diese hatten im März 2015 die Aufhebung der Sanktionen an die vollständige Umsetzung des Abkommens von Minsk gekoppelt.[34] Mit Blick auf ein Auslaufen der Sanktionen Mitte 2016 wurden auch im vergangenen Jahr wieder Stimmen laut, die Sanktionspolitik der Europäischen Union zu überdenken. Der deutsche Wirtschaftsminister Sigmar Gabriel überlegte laut, ob die Sanktionen gegenüber Russland nicht zumindest teilweise gelockert werden sollten und kam damit Forderungen des Ost-Ausschusses der Deutschen Wirtschaft nach, der den „Einstieg in den Ausstieg aus den Sanktionen" gefordert hatte.[35] Auch in Frankreich und Italien wurden das rigide Festhalten an der Sanktionspolitik wiederholt infrage gestellt; so forderte der französische Senat in einer nicht-rechtsverbindlichen Resolution die schritt- und teilweise Aufhebung der Strafmaßnahmen.[36] Auch der deutsche Außenminister Frank-Walter Steinmeier und die Hohe Vertreterin Mogherini äußerten wiederholt, dass die Sanktionen gegen Russland kein „Selbstzweck" seien.[37] Dessen ungeachtet betonten die G7 auf ihrem Gipfel im Mai 2016 in Japan, bei dem die Europäische Union von Tusk und Kommissionspräsident Jean-Claude Juncker vertreten wurde, weiterhin die vollständige Umsetzung des Abkommens von Minsk als Voraussetzung für eine Beendigung der Sanktionen.[38] Der Rat verlängerte am 17. Juni 2016 die restriktiven Maßnahmen der Europäischen Union als Reaktion auf die Annexion der Krim um ein Jahr bis zum 23. Juni 2017. Die Verlängerung der Wirtschaftssanktionen bis zum 31. Januar 2017 erfolgte am 1. Juli 2016. Der Europäische Rat wird sich ab Herbst 2016 mit dem Thema beschäftigen.

Weiterführende Literatur

Federica Mogherini: Gemeinsame Vision, gemeinsames Handeln: Ein stärkeres Europa. Eine Globale Strategie für die Außen- und Sicherheitspolitik der Europäischen Union, Juni 2016.

---

32   Frankfurter Allgemeine Zeitung, Entwicklungshilfe für militärische Zwecke?, 6.7.2016, S. 4.
33   Süddeutsche Zeitung: Bewaffnet zum Frieden. EU-Entwicklungshilfe soll künftig auch ans Militär fließen können, 6.7.2016, S. 7.
34   Zu den Bedingungen des Abkommens von Minsk und der Sanktionspolitik der Europäischen Union vgl. Helwig/Tannous: Gemeinsame Außen- und Sicherheitspolitik, 2015, S. 287 ff.
35   Süddeutsche Zeitung: Zu früh für Vergebung, 11.6.2016, S. 7.
36   Süddeutsche Zeitung: Zu früh für Vergebung, 2016.
37   Beispielsweise Interview mit Federica Mogherini in der Süddeutschen Zeitung, 28.6.2016, S. 5; Süddeutsche Zeitung: Der Baustellen-Minister, 2.6.2016, S. 6.
38   G7 Summit 2016: Ise-Shima Leaders' Declaration. G7 Ise-Shima Summit, 26-27 May 2016, abrufbar unter: http://www.mofa.go.jp/files/000160266.pdf (letzter Zugriff 24.8.2016).

Gemeinsame Sicherheits- und Verteidigungspolitik

Daniel Göler / Lukas Zech[*]

Die weltpolitische Sicherheitslage muss im vergangenen Jahr weiterhin als kritisch einge-schätzt werden. Die immer noch ungelöste Ukrainekrise hat dazu geführt, dass die russi-sche Außenpolitik in weiten Teilen Europas als geostrategische Herausforderung betrachtet wird. Dies zeigen nicht zuletzt die jüngsten NATO-Truppenstationierungen in Osteuropa. Gleichzeitig bleiben Syrien und der Irak trotz des internationalen Kampfs gegen den soge-nannten ‚Islamischen Staat' Konfliktherde, welche die Europäische Union unmittelbar betreffen – insbesondere durch die von diesen Konflikten ausgelösten Flüchtlingsbewe-gungen sowie die sich verschärfende terroristische Bedrohung. Neben diesem schwierigen sicherheitspolitischen Umfeld wurde die Gemeinsame Sicherheits- und Verteidigungs-politik (GSVP) im letzten Jahr aber auch intern herausgefordert, wobei hier vor allem das Brexit-Referendum in Großbritannien das alles überschattende Ereignis darstellte.

Brexit und die GSVP

Die Bedeutung des Brexits, dem Austritt Großbritanniens aus der Europäischen Union, für die GSVP ist ambivalent zu beurteilen. Auf der einen Seite ist Großbritannien in der Vergangenheit immer wieder als Bremser bei der Weiterentwicklung der GSVP aufge-treten,[1] sodass zu erwarten ist, dass die internen Reibungsverluste mit dem Brexit abneh-men werden. Auf der anderen Seite hat Großbritannien aber erst die Entwicklung der GSVP ermöglicht. Denn es war die britisch-französische Initiative von Saint-Malo, welche als Geburtsstunde der GSVP gilt.[2] Hinzu kommt Großbritanniens erhebliches militärisches und sicherheitspolitisches Gewicht als das Land mit den höchsten Militärausgaben inner-halb der Europäischen Union, als eine von zwei europäischen Atommächten sowie als ständiges Mitglied im UN-Sicherheitsrat. Dieser politische Einfluss wird der GSVP in Zukunft fehlen.

Insoweit wird der Brexit sowohl die Homogenität innerhalb der GSVP erhöhen und somit zu einer Vereinfachung der internen Entscheidungsprozesse beitragen als auch das sicherheitspolitische Potential und Fähigkeitsspektrum der Europäischen Union deutlich reduzieren, was den Möglichkeitsraum einer eigenständigen europäischen Sicherheits- und Verteidigungspolitik einschränkt.

[*]   Die Autoren danken Johanna Specker und Zekije Bajrami für ihre Unterstützung.

1   Nicolai von Ondarza: Die Gemeinsame Sicherheits- und Verteidigungspolitik der Europäischen Union nach dem Verteidigungsgipfel von Dezember 2013. Von der Stagnation zum (ambitionslosen) Pragmatis-mus, in: Zeitschrift für Außen- und Sicherheitspolitik 3/2014, S. 311-321, hier S. 312.

2   Markus Kaim: Die Europäische Sicherheits- und Verteidigungspolitik. Präferenzbildungs- und Aus-handlungsprozesse in der Europäischen Union (1990-2005), Baden-Baden 2007, S. 17.

Die neue Sicherheitsstrategie

Auf der Sitzung des Europäischen Rates am 28. Juni 2016 wurde eine unter Federführung der Hohen Vertreterin der Union für Außen- und Sicherheitspolitik, Federica Mogherini, ausgearbeitete neue Sicherheitsstrategie für die Europäische Union vorgestellt.[3] Angesichts der Schwierigkeiten und gescheiterten Anläufe, die sich bei vorangegangenen Versuchen gezeigt haben, die noch aus dem Jahr 2003 stammende bisherige Europäische Sicherheits-strategie (ESS)[4] grundlegend zu überarbeiten, muss die Vorlage einer neuen Sicherheits-strategie schon als Erfolg für sich angesehen werden.

Auffallend an der neuen Sicherheitsstrategie ist, dass diese nicht mehr in dem Maße wie die ESS von dem Ziel geprägt ist, die Europäische Union zu einem eigenständigen Akteur im Bereich der robusten Krisenbewältigung und Friedensschaffung zu machen. Stattdessen wird der Schwerpunkt künftiger EU-Aktivitäten eher im Bereich des zivilen Krisenmanagements sowie bei Unterstützungs-, Ausbildungs- und Überwachungsmis-sionen gesehen. So nennt die neue Strategie als konkrete Einsatzszenarien Capacity-Building und zivile Missionen (die auch als ‚trademark‘ der Europäischen Union bezeich-net werden) sowie Missionen zur Grenzkontrolle. Damit wird auf konzeptioneller Ebene die faktische Entwicklung der letzten Jahre nachvollzogen. Denn während die Europäische Union in den ersten Jahren nach der Jahrtausendwende auch Militärmissionen im robusten Spektrum durchführte, ist in den letzten Jahren eine klare Fokussierung auf eher nieder-schwellige Einsatzszenarien festzustellen.[5] Deutlich wird die konzeptionelle Anpassung auch darin, dass das Ziel der ESS „to develop a strategic culture that fosters early, rapid, and when necessary, robust intervention"[6] in der neuen Sicherheitsstrategie nicht mehr auftaucht. Stattdessen heißt es nun: „We must develop a political culture of acting sooner in response to the risk of violent conflict".[7]

Ein zweiter Unterschied zur ESS kann in der geographischen Reichweite des Gestal-tungsanspruchs gesehen werden. Denn während die ESS das Ziel formulierte, die Europä-ische Union zu einem globalen Sicherheitsakteur zu entwickeln, hat die neue Sicherheits-strategie einen klar regional definierten Fokus. Zwar trägt sie noch den Titel ‚global strategy‘, das Attribut wird jedoch gleich zu Beginn umgedeutet, da Mogherini im Vorwort ausführt: „‘Global‘ is not just intended in a geographical sense: it also refers to the wide array of policies and instruments the Strategy promotes".[8] Der in der weiteren Strategie klar zu Tage tretende regionale Fokus liegt dabei auf Osteuropa (zuzüglich der angrenzen-den zentralasiatischen Region) sowie dem Mittelmeerraum (zuzüglich Zentralafrika) und damit auf einer Art ‚ENP-PLUS-Raum‘. Da der vormalige globale Anspruch der ESS in den 13 Jahren seit deren Verabschiedung faktisch aber ohnehin nicht ausgefüllt wurde, ist die regionale Fokussierung eine zu begrüßende Klarstellung, die hilft, die bisherige ‚conception-action-gap‘ der GSVP zu verringern.

---

3   European External Action Service: Shared Vision, Common Action: A Stronger Europe. A Global Strategy for the European Union's Foreign and Security Policy, Brussels, 28 June 2016.

4   Europäischer Rat: Ein sicheres Europa in einer besseren Welt. Europäische Sicherheitsstrategie, Brüssel, 12. Dezember 2003.

5   Daniel Göler: Zwischen security provider und security consultant. Veränderungen im Leitbild der strategi-schen Kultur der Europäischen Union, in: Zeitschrift für Außen- und Sicherheitspolitik 3/2014, S. 323-342, hier S. 332.

6   Europäischer Rat: Europäische Sicherheitsstrategie, 2003, S. 11.

7   European External Action Service: Shared Vision, Common Action, 2016, S. 30.

8   European External Action Service: Shared Vision, Common Action, 2016, S. 4.

Mit Blick auf die konkreten Bedrohungsszenarien fällt der gewandelte sicherheitspolitische Kontext seit der Ukrainekrise auf. So wird die Sicherstellung der territorialen Integrität hervorgehoben und das Verhalten Russlands explizit als „violation of international law" beziehungsweise „illegal annexation of Crimea"[9] bezeichnet. Eine so klare ‚Adressierung' eines Landes ist für europäische Strategiedokumente eher unüblich und unterstreicht somit die drastische Bedrohungsperzeption. Aber auch die Form der russischen Aggression (das heißt die Verbindung aus klassischer militärischer Bedrohung, umfassenderer Propaganda und innenpolitischen Destabilisierungsmaßnahmen) wird als neue Herausforderung gesehen, was sich darin zeigt, dass sogenannten ‚hybriden Bedrohungen' eine zentrale Bedeutung zugemessen wird.

Neben der Sicherung der territorialen Integrität und der Herausforderung hybrider Bedrohungen nennt die Strategie als weitere Bedrohungsschwerpunkte Terrorismus, ökonomische Schwäche, den Klimawandel, Energieunsicherheit, Cyber Security, organisierte Kriminalität und den Schutz der Außengrenzen. Die im Kontext der ESS noch zentrale Bedrohungskategorie der ‚failing states' taucht nicht explizit auf, allerdings wird der Aufbau staatlicher Strukturen nach wie vor als wichtige Aufgabe gesehen, wenngleich jedoch mit klarem Fokus auf den oben genannten ENP-PLUS-Raum.

Im Kontext des Terrorismus fällt zudem eine Akzentverschiebung auf. Während die ESS noch eine weltweite aktive Bekämpfung internationaler Terrororganisationen im vollen Spektrum der sicherheitspolitischen Möglichkeiten anmahnte, sieht die neue Sicherheitsstrategie Terrorismus als Herausforderung, der primär mit Mitteln der Aufklärung und klassischen Instrumenten der inneren Sicherheit sowie langfristig durch Bekämpfung der politischen Ursachen des Terrorismus in Drittstaaten begegnet werden soll.

Diese Sichtweise entspricht auch der grundsätzlichen Tendenz der Strategie, eine enge Verknüpfung von innerer und äußerer Sicherheit zu fordern. Neben der Terrorbekämpfung wird hierbei vor allem die Migrationspolitik – der ein eigenes Kapitel gewidmet ist[10] – sowie die Grenzsicherung genannt. Zu Letzterer wird explizit eine engere Verbindung der GSVP mit verschiedenen EU-Agenturen angemahnt. Die sich hierin zeigende stärkere Bedeutung supranationaler Komponenten schlägt sich auch in dem Trend der Juncker-Kommission nieder, stärkeren Einfluss auf Fragen der Sicherheits- und Verteidigungspolitik zu nehmen. Beispiele hierfür sind etwa die Versuche der Europäischen Kommission, Fragen der Rüstungskooperation als Wirtschaftsfragen zu ‚framen',[11] sowie das deutlich ‚kommissionsnähere' Amtsverständnis der neuen Hohen Vertreterin.

Insgesamt lässt sich damit festhalten, dass das ‚level of ambition' der neuen Sicherheitsstrategie im Hinblick auf das robuste Spektrum sicherheitspolitischer Maßnahmen und Instrumente deutlich abgenommen hat. Zwar wird der Aufbau militärischer Kapazitäten nach wie vor als Ziel genannt, die gesamte Struktur und Schwerpunktsetzung der Strategie setzt jedoch die Prioritäten klar in den zuvor genannten Bereichen. Vor dem Hintergrund der faktischen Entwicklung der letzten Jahre sollte dieser reduziertere Anspruch aber nicht als Schwäche, sondern eher als konzeptionelle Klarstellung angesehen werden.

---

9   European External Action Service: Shared Vision, Common Action, 2016, S. 33.
10   Siehe Peter-Christian Müller-Graff/René Repasi: Asyl-, Einwanderungs- und Visapolitik in diesem Buch.
11   Patrick Müller: EU foreign policy: no major breakthrough despite multiple crises, in: Journal of European Integration 3/2016, S. 359-374, hier S. 367.

Zivile und militärische GSVP-Missionen

Betrachtet man die operative Arbeit im Rahmen der GSVP, so wird die Flüchtlingsfrage im Berichtszeitraum Mitte 2015 bis Mitte 2016 weiterhin als besonderes Sicherheitsproblem wahrgenommen. Dies zeigt sich darin, dass die militärische Mission EUNAVFOR MED (ab Oktober 2015 geändert in EUNAVFOR MED Operation SOPHIA[12]) ausgeweitet und verlängert wurde, wobei die in der neuen Sicherheitsstrategie festgehaltene und sich bereits in den letzten Jahren auch auf operativer Ebene abzeichnende Verschränkung von äußerer und innerer Sicherheit[13] sich ganz konkret in den Ratsbeschlüssen zur Mission EUNAVFOR MED äußert. So ist explizit die Kooperation mit der Grenzschutzagentur Frontex und weiteren Agenturen vorgesehen.[14] Die Mission startete im Juni 2015 mit dem Ziel, Schleusernetzwerke im Mittelmeer zu bekämpfen.[15] In der im September 2015 abgeschlossenen ersten Phase wurden zunächst Maßnahmen zur Aufklärung und Überwachung von Schleuseraktivitäten durchgeführt. Nach Beschluss des politischen und sicherheitspolitischen Komitees[16] konnte die Operation im Oktober 2015 in die zweite Phase eintreten, in der verdächtige Seefahrzeuge durchsucht, beschlagnahmt und umgeleitet werden können. Auf Basis seiner Schlussfolgerungen zur EUNAVFOR MED vom Mai 2016[17] und nach einer entsprechenden UN-Resolution[18] hat der Rat der Europäischen Union die Mission im Juni 2016 bis Ende Juli 2017 verlängert und darüber hinaus beschlossen, die Aufgaben um zwei Punkte auszuweiten:[19] erstens um Maßnahmen zum Kapazitätsaufbau und Ausbildung der libyschen Küstenwache und Marine sowie Informationsaustausch; zweitens um die Umsetzung des UN-Waffenembargos gegen Libyen auf Grundlage der neuen UN-Resolution. Damit bekämpft die Mission nun auch Waffenschmuggel. Inwieweit es nun möglich sein wird, die Aktivitäten auch in libyschen Hoheitsgewässern durchzuführen, was bisher nicht möglich war und einer der großen Kritikpunkte an der Mission ist,[20] bleibt abzuwarten.

Fortgeführt wird auch das europäische Engagement in der Zentralafrikanischen Republik. Mit der Ratsentscheidung vom April 2016[21] wird eine neue militärische Ausbildungsmission EUTM RCA an die im Januar 2015 beschlossene und im Juli 2016 beendete EUMAM RCA[22] anschließen. Ebenso wie die Vorgängermission hat EUTM RCA kein robustes Mandat, sondern verfolgt das Ziel, die afrikanischen Streitkräfte auszubilden und zu beraten. Sie ist für zwei Jahre angelegt und wird weiterhin in der Hauptstadt Bangui stationiert sein.

---

12   Rat der Europäischen Union: Beschluss (GASP) 2015/1926, Brüssel, 26. Oktober 2015.

13   Daniel Göler/Lukas Zech: Gemeinsame Sicherheits- und Verteidigungspolitik, in: Werner Weidenfeld/ Wolfgang Wessels (Hrsg.): Jahrbuch der Europäischen Integration 2015, Baden-Baden 2015, S. 295-300, hier S. 298.

14   Rat der Europäischen Union: Beschluss (GASP) 2015/778, Brüssel, 18. Mai 2015, und Beschluss (GASP) 2016/993, Brüssel, 20. Juni 2016.

15   Rat der Europäischen Union: Beschluss (GASP) 2015/778, 2015, und Beschluss (GASP) 2015/972, Brüssel, 22. Juni 2015.

16   Beschluss (GASP) 2015/1772 des politischen und sicherheitspolitischen Komitees, Brüssel, 28. September 2015.

17   Rat der Europäischen Union: Tagung vom 23. Mai 2016, Schlussfolgerungen, 9064/16.

18   Vereinte Nationen, Sicherheitsrat: Resolution 2292 (2016), 14. Juni 2016.

19   Rat der Europäischen Union: Beschluss (GASP) 2016/993, 2016.

20   Sebastian Feyock: Kein Land in Sicht, in: DGAPkompakt, 7/2016, S. 3.

21   Rat der Europäischen Union: Beschluss (GASP) 2016/610, Brüssel, 19. April 2016.

22   Rat der Europäischen Union: Beschluss (GASP) 2015/78, Brüssel, 19. Januar 2015.

Weitere militärische Missionen sollen ebenfalls verlängert werden. Im Februar 2016 erklärte der Rat der Europäischen Union die Absicht, die Mandate der Antipirateriemission am Horn von Afrika (EU NAVFOR Atalanta, seit 2008) sowie der seit 2010 laufenden EUTM Somalia bis Ende des Jahres 2018 auszudehnen, ebenso wie die zivile Somalia-Mission EUCAP Nestor (seit 2012).[23]

Bei den zivilen Missionen wurden im Berichtszeitraum die seit 2006 laufende EU-Polizeimission für die Palästinensischen Gebiete (EUPOL COPPS) sowie die Grenz-mission EUBAM Rafah (seit 2005) im Juli 2015 bis zum 30. Juni 2016[24] und im Juli 2016 bis Ende Juni 2017[25] verlängert, wobei der Rat der Europäischen Union in beiden Verlän-gerungsdokumenten feststellt, dass die Missionen „im Kontext einer Lage durchgeführt werden, die sich verschlechtern kann und die Erreichung der Ziele des auswärtigen Handelns der Union nach Artikel 21 des Vertrags behindern könnte".[26] Mit Anpassungen fortgeführt bis 2018 wird auch die zivile EU-Capacity-Building-Mission EUCAP Sahel Niger.[27] Eine Reihe von weiteren zivilen und militärischen Missionen dauert an.[28]

Beendet wurde am 30. Juni 2016 die seit 2005 bestehende zivile Mission EUSEC RD Congo, welche das Ziel der Unterstützung und Beratung der Demokratischen Republik Kongo bei der Sicherheitssektorreform verfolgte.[29] Die Europäische Union war seit 2003 mit insgesamt fünf militärischen und zivilen Missionen im Kongo aktiv. Die Bilanz fällt dabei gemischt aus. Während einige Erfolge wie die kurzfristige Unterstützung von Sicherheitsmaßnahmen in Zeiten der Instabilität vermerkt werden, wird bezweifelt, dass ein struktureller und nachhaltiger Wandel im Sicherheitssektor bewirkt werden konnte.[30] Beim europäischen Engagement in Afghanistan im Rahmen der Polizeimission EUPOL war bislang unklar, wie es nach dem geplanten Missionsende Ende 2016 weitergehen wird. Der Rat der Europäischen Union hat nun im Mai 2016 die Absicht erklärt, dass die zivile Polizeiarbeit auch nach dem Ende der EUPOL-Mission weiter unterstützt werden soll.[31] Hier bleibt abzuwarten, wie dies konkret aussehen wird. Die schwierige Sicherheitslage in Afghanistan wird ein weiteres Engagement jedenfalls erforderlich machen.

Fazit und Ausblick

Insgesamt gesehen ist festzuhalten, dass die GSVP Mitte des Jahres 2016 an einem Wendepunkt steht. Die neue Sicherheitsstrategie ist als wichtige Chance hin zu einer neuen konzeptionellen Basis zu werten, wird sich allerdings daran messen lassen müssen, inwie-weit die praktischen Probleme der letzten Jahre nun ausgeräumt werden können. Das

---

23 Rat der Europäischen Union: Tagung vom 15. Februar 2016, Schlussfolgerungen, 6057/16.

24 Rat der Europäischen Union: Beschluss (GASP) 2015/1065, Brüssel, 2. Juli 2015, und Beschluss (GASP) 2015/381, Brüssel, 2. Juli 2015.

25 Rat der Europäischen Union: Beschluss (GASP) 2016/1107, Brüssel, 7. Juli 2016, und Beschluss (GASP) 2016/1108, Brüssel, 7. Juli 2016.

26 Rat der Europäischen Union: Beschluss (GASP) 2016/1107, 2016 beziehungsweise in fast identischer Wortwahl Beschluss (GASP) 2016/1108, 2016.

27 Council of the EU: EUCAP Sahel Niger, Press Release 460/16, 18.7.2016, abrufbar unter: http://www. consilium.europa.eu/press-releases-pdf/2016/7/47244644414_en.pdf (letzter Zugriff: 21.7.2016).

28 Einen Überblick über alle laufenden Missionen und deren Mandate bietet die Internetpräsenz des Europä-ischen Auswärtigen Dienstes (EAD), abrufbar unter: http://www.eeas.europa.eu/csdp/missions-and-operations (letzter Zugriff: 14.7.2016).

29 Rat der Europäischen Union: Beschluss (GASP) 2005/355, Brüssel, 2. Mai 2005.

30 Valerie Arnould/Koen Vlassenroot: EU Policies in the Democratic Republic of Congo: Try and Fail?, Lon-don 2016, S. 16-17.

31 Rat der Europäischen Union: Tagung vom 12. Mai 2016, Schlussfolgerungen, 8631/16.

Brexit-Votum eröffnet hier das Potenzial, die Einigkeit innerhalb der GSVP zu erhöhen, bedeutet aber zugleich auch einen erheblichen ‚Kapazitätsverlust'. Die deutsche Forderung, notfalls auch nur mit einzelnen Ländern wie Deutschland oder Frankreich voranzugehen,[32] und auch die Anregung aus der Wissenschaft, die Ständige Strukturierte Zusammenarbeit zu nutzen,[33] zeigen aber deutlich, dass ein gemeinsames Vorgehen eines Großteils oder sogar aller Mitgliedstaaten sich weiterhin als schwierig erweisen wird.

Auf operativ-faktischer Ebene ist zu resümieren, dass nach wie vor der Trend hin zu Klein- und Kleinstmissionen für Beratungs-, Ausbildungs- und Unterstützungsleistungen besteht. Die neue Sicherheitsstrategie lässt erwarten, dass an dieser Grundausrichtung der GSVP-Missionen festgehalten wird. Die konzeptionelle Klarstellung der Entwicklungen auf praktischer Ebene durch die Strategie eröffnet jedoch Entwicklungsoptionen für das zukünftige Nebeneinander von NATO und GSVP. Denn angesichts des Revivals der NATO durch die Ukrainekrise, welches sich durch den Brexit eher verstärken wird, könnte die zukünftige Aufgabe einer europäischen sicherheits- und verteidigungspolitischen Integration im zivilen Krisenmanagement und Unterstützungsmissionen liegen, während die NATO als Rahmen für robuste Einsätze dient. Eine solche Arbeitsteilung könnte vor dem Hintergrund der komplexen weltweiten Bedrohungsszenarien die innenpolitische Akzeptanz der Europäischen Union fördern.

Weiterführende Literatur

Sven Biscop: Global and Operational: A New Strategy for EU Foreign and Security Policy, in: IAI Working Papers 15/2015.

Patrick Müller: EU foreign policy: no major breakthrough despite multiple crises, in: Journal of European Integration 3/2016, S. 359-374.

Gisela Müller-Brandeck-Bocquet/Carolin Rüger: Die Außenpolitik der EU, Berlin 2015.

---

32 So Wolfgang Schäuble im Bericht aus Berlin: „Wir müssen Europa besser erklären", abrufbar unter: http://www.tagesschau.de/inland/schaeuble-bab-103.html (letzter Zugriff: 15.7.2016).

33 Ronja Kempin/Ronja Scheler: Auflösungserscheinungen in der GSVP vorbeugen. Die Ständige Strukturierte Zusammenarbeit als Vehikel für mehr Integration, in: SWP-Aktuell 63/2015.

Afrikapolitik

Claudia Simons / Denis M. Tull

Das vergangene Jahr brachte keine wesentlichen Richtungsänderungen in den Beziehungen zwischen Afrika und der Europäischen Union hervor. Das Thema Migrations- und Fluchtbewegungen aus Afrika dominierte die politische Agenda. Der Akzent, den die Europäerinnen und Europäer dabei zu setzen schienen (Migranten und Flüchtlinge als sicherheitspolitisches Problem), fügte sich in die mittel- und langfristige Tendenz der Europäischen Union ein, ihre Außenbeziehungen zum Kontinent zunehmend unter dem Zeichen sicherheitspolitischer Herausforderungen zu gestalten. Vor allem im Sahel und am Horn von Afrika zeigt sich diese Politik in einer Vielzahl an Maßnahmen (Missionen, Kooperationsabkommen, Ertüchtigungsinitiativen). Das stärkere sicherheitspolitische Profil wird auch durch die vielfach kritisierte Neigung deutlich, Mittel der Entwicklungszusammenarbeit für die Förderung von Frieden und Sicherheit einzusetzen. Zwei Merkmale der Beziehungen der Europäischen Union mit Afrika blieben dominant: Erstens bestimmten die bilateralen Beziehungen, die einzelne Mitgliedstaaten zu afrikanischen Ländern unterhielten, oftmals früheren Kolonien, auch die Beziehungen der Europäischen Union zu diesen Ländern. Zweitens fehlten weiterhin die Fundamente für eine Vertiefung der Beziehungen jenseits von Entwicklungszusammenarbeit. Die Frage, welche gemeinsamen oder zumindest kompatiblen strategischen Interessen beide Regionen verbinden, blieb die große Herausforderung. Die Migrationsfrage, in der beide Seiten sehr unterschiedliche Interessen vertraten, unterstrich einmal mehr das Unvermögen beider Seiten, einen konstruktiven Dialog zu führen.

Schwerpunktthema Flucht und Migration nach Europa

Auch wenn die ganz überwiegende Mehrheit von Flüchtlingen, die Mitte 2015 bis Mitte 2016 in die Europäische Union kamen, aus nicht-afrikanischen Ländern stammte (Syrien, Irak, Afghanistan), so wurde von europäischer Seite gleichwohl auch Afrika stärker in den Blick genommen, das als Herkunftsregion den Flucht- und Migrationsdruck auf Europa weiter erhöhen könnte. Dies galt umso mehr in Anbetracht des Zerfall des Transitlandes Libyen. Ohne einen staatlichen Partner in Libyen war eine Zusammenarbeit der Europäischen Union zum Zwecke der Migrationsbekämpfung, wie sie noch unter Muammar al-Gaddafi stattgefunden hatte, zumindest kurz- und mittelfristig unmöglich.

Vor diesem Hintergrund fand am 11./12. November 2015 in Valetta ein Gipfeltreffen von insgesamt 63 europäischen und afrikanischen Staats- und Regierungschefs zu Migrationsfragen statt. Das wichtigste Ergebnis war die Verabschiedung eines Aktionsplanes zur Bekämpfung von Fluchtursachen[1] und die Einrichtung eines Treuhandfonds in Höhe von 1,8 Mrd. Euro. Davon waren 750 Mio. Euro für die Sahel-Staaten und die Länder am Horn von Afrika und 300 Mio. Euro für Nordafrika vorgesehen. Ein wesentliches Ansinnen der

---

[1] Europäischer Rat: Gipfeltreffen zu Migrationsfragen in Valletta, 11.-12.11.2015, abrufbar unter: http://www.consilium.europa.eu/de/meetings/international-summit/2015/11/11-12/ (letzter Zugriff: 18.8. 2016).

Europäischen Union bestand darin, die afrikanischen Staaten im Gegenzug für mehr Entwicklungshilfe zu größerer Kooperationsbereitschaft zu bewegen, um ‚illegale Migration' zu verhindern, die Zusammenarbeit beim Grenzschutz zu verbessern und insbesondere die Bereitschaft afrikanischer Länder zur Rücknahme von aus der Europäischen Union ausgewiesenen Migranten zu erhöhen.

Der Gipfel war trotz des offiziellen Diskurses über die gemeinsamen Herausforderungen alles andere als von Einigkeit geprägt. Während die Politik der Europäischen Union vom Gedanken der Migrationsabwehr dominiert wurde, wurde von afrikanischer Seite, namentlich der Präsidentin der Kommission der Afrikanischen Union, Nkosazana Dlamini-Zuma, die Abschottungspolitik der Europäischen Union beklagt, die afrikanische Mobilität und legale Einreisemöglichkeiten behindere.[2] Tatsächlich war aus afrikanischer Sicht Migration eher ein Vorteil als ein Problem. Die Rücküberweisungen von Migranten aus dem Ausland überstiegen die Zuflüsse aus Mitteln der offiziellen Entwicklungszusammenarbeit.[3] Aber auch über diese Frage hinaus zeichneten sich fundamentale Interessengegensätze ab. Für die afrikanische Seite sank die Relevanz von Entwicklungshilfe im Vergleich zu einer globalen Reform- und Strukturpolitik im Bereich des internationalen Handels, privatwirtschaftlichen Investitionen und der Bekämpfung von Steuerflucht durch multinationale Unternehmen.

Dies wurde auch deutlich in den Diskussionen um Partnerabkommen mit Herkunfts- und Transitländern, den sogenannten ‚Migrationspartnerschaften'. Angelehnt an das Abkommen der Europäischen Union mit der Türkei sah ein am 7. Juni 2016 von der Europäischen Kommission veröffentlichtes Strategiepapier die Kooperation mit Herkunfts- und Transitstaaten in der Flüchtlingsabwehr vor, für die insgesamt 8 Mrd. Euro bereitgestellt werden sollten. Als Prioritätsländer wurden Tunesien, Mali, Niger, Senegal, Nigeria, Äthiopien und Libyen genannt.[4] Die Europäische Union erweiterte und intensivierte damit auch den seit November 2014 laufenden ‚Khartum-Prozess', der die Kooperation mit Ländern Nord- und Ostafrikas zur besseren Kontrolle der Migration vorsah. Die Strategie basierte auf Anreizen wie unter anderem Handelsabkommen und Lockerung von Visabestimmungen und der Sanktionierung kooperationsunwilliger Länder. Die Zusammenarbeit mit Diktatoren zum Zwecke der Migrationsbekämpfung wurde weithin kritisiert.

Die Verteidigung europäischer Interessen wurde durch den Beschluss zur Entsendung der Marineoperation EUNAVFOR MED – Operation Sophia (22. Juni 2015) unterstrichen. Ihre Aufgabe war die Bekämpfung von Migration und Menschenschmuggel vor den

---

2   African Union: Statement by H.E. Dr. Nkosazana Dlamini Zuma Chairperson of the African Union Commission on the Occasion of the Valletta Summit on Migration, 13 November 2015, abrufbar unter: http://www.au.int/en/speeches/statement-he-dr-nkosazana-dlamini-zuma-chairperson-african-union-comm ission-occasion-3, (letzter Zugriff: 19.8.2016).

3   Amadou Sy/Fenohasina Maret Rakotondrazaka: Private capital flows, official development assistance, and remittances to Africa: Who gets what?, Washington DC 2015.

4   European Commission: Communication from the Commission to the European Parliament, the European Council, the Council and the European Investment Bank on establishing a new Partnership Framework with third countries under the European Agenda on Migration, 7 June 2016, COM(2016) 385 final.

Mittelmeerküsten Tunesiens und Libyens – eine Aufgabe, die sie laut eines Berichts des britischen Unterhauses nicht erfüllte und nicht erfüllen kann.[5] Seit Mai 2016 sollte die Mission außerdem zum Aufbau der libyschen Küstenwache beitragen.

Frieden und Sicherheit

Auch über die Migrationsbekämpfung hinaus dominierten Fragen der Sicherheits- und Verteidigungspolitik die Afrikapolitik der Europäischen Union. Die Tatsache, dass neun von 16 laufenden Missionen und Operationen der Europäischen Union (Stand Juni 2016) in Afrika durchgeführt wurden, verdeutlichte dies. Den Umkehrschluss, Afrika sei eine sicherheitspolitische Priorität Europas, ließ dies freilich nicht zu. Gleichwohl ist das Bewusstsein dafür gewachsen, dass sicherheitspolitische Probleme und Megatrends in Afrika (demographisches Wachstum, Migration, Urbanisierung, Klimawandel) Auswirkungen auf Europa haben können, nicht zuletzt wegen der Verzahnung dieser Herausforderungen zwischen Sub-Sahara und Nordafrika/Mittelmeerraum einerseits sowie dem Horn von Afrika und dem Nahen/Mittleren Osten andererseits.[6]

Konflikte und Instabilität insbesondere im Sahel-Gürtel erhielten ein erhebliches Maß an Aufmerksamkeit. Neben dem Thema Flucht und Migration war dies vor allem auf die Ausbreitung des islamistischen Terrorismus zurückzuführen. Dieser stellte nicht nur die internationalen Stabilisierungsbemühungen in Mali vor Herausforderungen, sondern griff außerdem als ‚westlich' geltende Ziele auch außerhalb seines Kernoperationsgebiets in Nordmali an. Bei Anschlägen auf Luxushotels in Bamako (Mali) am 20. November 2015, Ouagadougou (Burkina Faso) am 15. Januar 2016 und die Touristenmetropole Grand Bassam (Elfenbeinküste) am 13. März 2016, kamen insgesamt rund 70 Menschen ums Leben, darunter auch zahlreiche Europäerinnen und Europäer. Der Sahel blieb zudem ein Hauptbetätigungsfeld von Missionen im Rahmen der Gemeinsamen Sicherheits- und Verteidigungspolitik der Europäischen Union. Mit EUTM Mali, EUCAP Sahel Niger, und EUCAP Sahel Mali blieb die Region im europäischen Fokus.

Auf Drängen Frankreichs wurde eine Trainingsmission in der Zentralafrikanischen Republik (EUTM RCA) beschlossen (19. April 2016), die ab Jahresmitte 2016 mit 170 Personen die Reform des Sicherheitssektors in dem ehemaligen Bürgerkriegsland unterstützen sollte. EUTM RCA löste damit eine kleine Beratermission (EUNAM RCA) ab, die seit Januar 2015 im Land war. Eine weitere Mission mit dem Auftrag der Sicherheitssektorreform –EUSEC RD Congo –wurde nach zehnjähriger Laufzeit und begrenztem Erfolg im Juni 2016 beendet.

Beim Management akuter Krisen und Konflikte (unter anderem Burundi, DR Kongo, Südsudan, Tschadbecken/Boko Haram) trat die Europäische Union nur verhalten in Erscheinung. Analog zu den im Frühjahr 2015 vorgelegten „Regionalen Aktionsplänen" zum Golf von Guinea und der Sahel-Region verabschiedete der Rat der Europäischen Union im Oktober 2015 ein entsprechendes Dokument zum Horn von Afrika.[7] Die jeweils

---

5   European Union Committee of the UK-Parliament: Operation Sophia, the EU's naval mission in the Mediterranean: an impossible challenge, 14th Report of Session 2015-16, 13 May 2016, abrufbar unter: http://www.publications.parliament.uk/pa/ld201516/ldselect/ldeucom/144/14402.htm (letzter Zugriff: 18. 8.2016).

6   European Union External Action: EU Strategy, Shared Vision, Common Action: A Stronger Europe. A Global Strategy for European Union's Foreign and Security Policy, 2016, S. 22.

7   European Council/Council of the European Union: Council Conclusions on the EU Horn of Africa Regional Action Plan 2015-2020, Press release, 26 October 2016, abrufbar unter: http://www.consilium.europa. eu/en/press/press-releases/2015/10/26-fac-conclusions-horn---africa/.

für den Zeitraum 2015 bis 2020 geltenden Aktionspläne sollten die Außenbeziehungen der Europäischen Union mit Blick auf die Politikfelder Entwicklungs- und Sicherheitspolitik inhaltlich wie institutionell kohärenter gestalten.[8]

Im Berichtszeitraum geriet ein wesentliches sicherheitspolitisches Instrument der Europäischen Union, die African Peace Facility, unter Druck. Seit 2004 hat diese 1,7 Mrd. Euro ausgeschüttet, um afrikanisch geführte Friedensmissionen zu finanzieren sowie den Aufbau von Kapazitäten im Rahmen der Afrikanischen Friedens- und Sicherheitsarchitektur der Afrikanischen Union und sub-regionalen Wirtschaftsgemeinschaften zu unterstützen.[9] Der vermehrte Bedarf an Friedensmissionen seit etwa 2010 hatte drei Folgen: Erstens flossen nur noch wenige Mittel in den Kapazitätsaufbau, da 90 Prozent der Mittel der African Peace Facility laufende Friedensmissionen finanzieren mussten; zweitens stieg der Bedarf an Mitteln, sodass Ende 2015 das für den Zeitraum 2014 bis 2016 vorgesehene Volumen auf 900 Mio. Euro angehoben werden musste, unter anderem um die Multi-National Joint Task Force (MNJTF) mitzufinanzieren, mit der 8.700 Soldaten aus Nigeria, Kamerun, Tschad, Niger und Benin die Terrororganisation Boko Haram bekämpften. Drittens vermehrten sich Befürchtungen innerhalb der Europäischen Union, dass die African Peace Facility zur Belastung geworden sei, da einerseits großzügige externe Finanzierung afrikanischer Missionen die finanziellen Eigenanstrengungen der afrikanischen Partner möglicherweise unterminiere und andererseits die Schieflage bei den Ausgaben zugunsten der laufenden Operationen einem nachhaltigen Kapazitätsaufbau im Wege stehen könnte.

Weiterführende Literatur

Conrad Rein: The European Union and the African Union: a strategic partnership?, in: European Foreign Affairs Review, 4/2015, S. 553-572.

Thierry Tardy: The EU and Africa: a changing security partnership, Paris 2016.

Katrin Sold/Tobias Koepf: Migration und Sicherheit in Europas südlicher Nachbarschaft: warum die EU den Maghreb-Sahel als Großregion verstehen muss, Berlin 2016.

---

8   Rona Kempin/Ronja Scheeler: Vom ‚umfassenden' zum ‚integrierten Ansatz': notwendige Schritte zur Weiterentwicklung der EU-Außenbeziehungen am Beispiel der Sahelzone und des Horns von Afrika, SWP-Studie, April 2016.

9   European Commission: African peace facility annual report 2015, 2015, S. 10.

Asienpolitik

Franco Algieri[*]

Aus der im Juni 2016 veröffentlichten globalen Sicherheitsstrategie der Europäischen Union ergibt sich, dass die Prosperität Europas unmittelbar mit der sicherheitspolitischen Entwicklung in Asien verknüpft ist. Folglich stellt sich für die Union die Frage, wie die sicherheitspolitische Dimension ihrer Asienpolitik weiter ausgebaut werden kann. Hierzu soll die bestehende Wirtschaftsdiplomatie vertieft werden, beispielsweise durch Freihandelsabkommen mit Japan, Indien, einzelnen ASEAN-Staaten und eventuell auch mit dem Verband Südostasiatischer Staaten (ASEAN). Damit einhergehend wird ein stärkeres politisches Gewicht der Union in Asien angestrebt und die sicherheitspolitische Zusammenarbeit mit den Staaten der Region soll ausgebaut werden. Gleichzeitig sollen der Transformationsprozess in Myanmar, die Maßnahmen zur Terrorismusbekämpfung, die Stabilisierung Afghanistans, die Partnerschaften mit China, Japan, Südkorea und Indonesien wie auch die Unterstützung einer vom ASEAN geführten regionalen Sicherheitsarchitektur gefördert werden.[1]

ASEM und ASEAN

Rückblickend auf die ersten zwei Jahrzehnte des Asia-Europe Meeting (ASEM) wird von den beteiligten Akteuren auf die Erfolge dieses multilateralen Forums hingewiesen. Die schon wenige Jahre nach Beginn des ASEM konstatierten Ermüdungserscheinungen scheinen vergessen. In der Erklärung des Vorsitzes des 11. ASEM-Gipfeltreffens (15./16. Juli 2016 in Ulan Bator) wird eine breite Palette gemeinsamer Interessen in Bezug auf regionale und globale Themen aufgelistet.[2] Beachtenswert sind die Textteile, in denen es um ein Überdenken der Arbeitsmethoden geht. So soll untersucht werden, welche Möglichkeiten bestehen, um die Methoden und Koordinierung innerhalb des ASEM zu optimieren sowie die informelle Art und Effizienz des Forums aufeinander abzustimmen. Vor dem Hintergrund wiederkehrender Zweifel an der Wirksamkeit eines an teilnehmenden Akteuren über zwei Jahrzehnte größer gewordenen Forums erscheint dies nachvollziehbar.

Die EU-ASEAN-Beziehungen sind von dem behutsamen Ausbau der sicherheitspolitischen Hinwendung der Europäischen Union nach Asien und dem fortbestehenden Interesse an einem Freihandelsabkommen gekennzeichnet. So sollen unter anderem kooperative Bemühungen zur Sicherheit der Region unterstützt werden. Erstmals nahm die Europäische Union im April 2016, auf Einladung Indonesiens, an der Vorbereitung der multinationalen Seeübung Komodo teil. Der erste menschenrechtspolitische Dialog EU-ASEAN fand im Oktober 2015 in Brüssel statt und im April 2016 besuchte Federica

---

[*] Der Autor dankt Jasna Miletić für die Unterstützung bei der Dokumentenrecherche.

[1] European External Action Service: Shared Vision, Common Action: A Stronger Europe: A Global Strategy for the European Union's Foreign and Security Policy, 2016, S. 37f.

[2] 11th ASEM Summit: 20 Years of ASEM: Partnership for the Future through Connectivity, Chair's Statement, Ulan Bator, 15-16 July 2016, abrufbar unter: http://www.aseminfoboard.org/sites/default/files/documents/Chairs-Statement-ASEM11-adopted.pdf (letzter Zugriff: 21.9.2016).

Mogherini, die Hohe Vertreterin der Union für Außen- und Sicherheitspolitik, das ASEAN-Sekretariat in Jakarta. Die handelspolitischen Beziehungen bleiben vom Bilateralismus zwischen der Europäischen Union und einzelnen ASEAN-Mitgliedstaaten bestimmt und es gibt keine nennenswerten Fortschritte auf dem Weg zu einem EU-ASEAN-Freihandelsabkommen.

Ostasien[3]

Von bleibender sicherheitspolitischer Spannung ist die koreanische Halbinsel geprägt. Der politische Dialog zwischen der Europäischen Union und der Demokratischen Volksrepublik Korea (zum 14. Mal im Juni 2015 in Pyönyang) wurde als Teil einer Politik des kritischen Engagements der Union gegenüber Nordkorea verstanden.[4] Die Grenzen einer solchen Erwartungshaltung waren jedoch Anfang 2016 deutlich geworden. Als Reaktion auf den Nukleartest Nordkoreas im Januar und den Test ballistischer Raketentechnologie im Februar 2016 nahm der Rat der Europäischen Union im darauffolgenden Mai weitere restriktive Maßnahmen im Handels-, Finanz-, Investitions- und Transportbereich gegenüber Nordkorea an.

Eine Verstärkung der außen- und sicherheitspolitischen Zusammenarbeit zwischen der Europäischen Union und Südkorea wurde beim achten Gipfeltreffen zwischen der Europäischen Union und der Republik Korea (15. September 2015 in Seoul) thematisiert. Beide Seiten beabsichtigen, die strategische Partnerschaft noch umfassender zu gestalten. Die Eckpunkte der Beziehungen bilden das Framework Agreement (politischer Rahmen), das Free Trade Agreement (handelspolitischer Rahmen) und das Framework Agreement in Crisis Management (sicherheits- und verteidigungspolitischer Rahmen). Besondere Aufmerksamkeit findet die Ausweitung des Handels. Seit der Implementierung des Freihandelsabkommens vor vier Jahren ist ein signifikanter Anstieg der gegenseitigen Im- und Exporte zu verzeichnen.[5]

Die Vertiefung der sicherheitspolitischen Zusammenarbeit ist ebenfalls ein wichtiges Thema in den europäisch-japanischen Beziehungen. Vor dem Hintergrund der japanischen Unterstützung von EU-Operationen und Missionen im Rahmen der Gemeinsamen Sicherheits- und Verteidigungspolitik (beispielsweise EU NAVFOR Somalia oder EUCAP Sahel Niger) bleibt abzuwarten, wie Japans sicherheits- und verteidigungspolitische Neuausrichtung sich weiterentwickelt und welche Anknüpfungspunkte sich hieraus für gemeinsame Aktivitäten mit der Europäischen Union ergeben könnten.[6] Dies wird sich auch auf die Institutionalisierung der europäisch-japanischen Beziehungen auswirken. Die parallelen Verhandlungen über ein Economic Partnership Agreement (EPA) und ein Strategic Partnership Agreement/Free Trade Agreement (SPA/FTA) dauern an und bei einem Treffen des Präsidenten des Europäischen Rates Donald Tusk, des Kommissionspräsidenten Jean-Claude Juncker und des japanischen Ministerpräsidenten Shinzu Abe (3. Mai 2016 in Brüssel) forderten diese, dass die jeweiligen Verhandlungen noch 2016 abgeschlossen werden sollten. Kurz danach folgten die Regierungschefs von Japan, Deutschland, Frank-

---

3 Zu China siehe Franco Algieri: Europäische Union und China in diesem Buch.
4 European External Action Service: EU-DPRK Political Dialogue – 14th Session, 25 June 2015, abrufbar unter: https://eeas.europa.eu/headquarters/headquarters-homepage/6336_en (letzter Zugriff: 21.9.2016).
5 European Commission: Report from the Commission to the European Parliament and the Council. Annual Report on the Implementation of the EU-Korea Free Trade Agreement, COM (2016) 268 final.
6 Weiterführend Eva Pejsova: EU and Japan: stepping up the game, in: European Union Institute for Security Studies, Brief Issue 15/2015.

reich, Italien, dem Vereinigten Königreich sowie die Präsidenten des Europäischen Rates und der Europäischen Kommission, am Rande des G7 Gipfeltreffens in Ise-Shima, mit der Forderung nach einem zügigen Abschluss der EPA/FTA-Verhandlungen. Sowohl die Europäische Union als auch Japan erwarten sich hiervon positive Effekte für die Handelsbeziehungen. 2015 war die EU-28 der drittgrößte Handelspartner für Japan und dieses lag an siebter Stelle der EU-Handelspartner.[7]

Südasien

Im Juni 2014 hatte der Rat einer von der Hohen Vertreterin und Kommission ausgearbeiteten Afghanistanstrategie für die Zeit 2014 bis 16 zugestimmt, deren Schwerpunkt sich auf die Förderung von starken Institutionen in Afghanistan richtet.[8] Damit verband sich die Forderung nach Abschluss eines Kooperationsabkommens über Partnerschaft und Entwicklung, das Anfang Juli 2015 in Kabul paraphiert werden konnte. Im darauffolgenden Dezember wurde dem Rat der Vorschlag für einen entsprechenden Beschluss vorgelegt.[9] Erstmals soll nun ein offizieller vertraglicher Rahmen für die Zusammenarbeit beider Seiten entstehen. Schwerpunktmäßig richtet sich die EU-Politik gegenüber Afghanistan auf entwicklungspolitische Maßnahmen.[10] Die EU-Maßnahmen sind ergänzend zur Afghanistanstrategie der NATO und den USA zu sehen. Letztere begrüßen die von der Union und der Regierung Afghanistans für den 5. Oktober 2016 in Brüssel geplante Afghanistankonferenz. Die Bedeutung dieser Konferenz war auch bei einem trilateralen Treffen zwischen der Europäischen Union, den USA und Afghanistan am Rande der Heart of Asia Ministerial Conference (9. Dezember in Islamabad) hervorgehoben worden.

Die sicherheitspolitische Entwicklung Afghanistans ist in einen weiteren regionalen Kontext einzubetten. Pakistan, das im Vergleich zu den anderen asiatischen Handelspartnern der Europäischen Union eher unbedeutend ist, ist sicherheitspolitisch betrachtet ein wichtiger Partner in der Region. Im Kontext des EU-Pakistan Five-Year Engagement Plan fanden im April 2016 der Dialogue on Non-proliferation and Disarmament und der fünfte Political Counter Terrorism Dialogue statt. Gemeinsam soll geprüft werden, wie die Zusammenarbeit bei der Terrorismusbekämpfung verbessert werden kann.

Auch die europäisch-indischen Beziehungen sind von sicherheitspolitischen Aspekten geprägt. Von den 41 Punkten der gemeinsamen Verlautbarung zum 13. EU-Indien-Gipfeltreffen (30. März 2016 in Brüssel) beziehen sich mehr als die Hälfte auf die strategische Partnerschaft, Außenpolitik, Menschenrechte und Zusammenarbeit im Bereich der Sicherheit. In einer separaten Erklärung verpflichten sich die Europäische Union und Indien bilateral wie auch im Rahmen der Vereinten Nationen, den Dialog und Maßnahmen zur Terro-

---

7   European Commission: European Union. Trade in goods with Japan, S. 8 f., abrufbar unter: http://tra de.ec.europa.eu/doclib/docs/2006/september/tradoc_113403.pdf (letzter Zugriff: 21.9.2016).

8   European Commission/High Representative of the European Union for Foreign Affairs and Security Policy: Joint Communication to the European Parliament and the Council. Elements for an EU strategy in Afghanistan 2014-16, JOIN (2014) 17 final.

9   Europäische Kommission/Hohe Vertreterin der Union für Außen- und Sicherheitspolitik: Gemeinsamer Vorschlag für einen Beschluss des Rates über die Unterzeichnung – im Namen der Europäischen Union – des Kooperationsabkommens über Partnerschaft und Entwicklung zwischen der Europäischen Union und der Islamischen Republik Afghanistan, JOIN (2015) 35 final.

10   European External Action Service/European Commission: Government of the Islamic Republic of Afghanistan. EU Development Cooperation Instrument: Multi-Annual Indicative Programme 2014-2020, abrufbar unter: http://ec.europa.eu/europeaid/sites/devco/files/mip-afghanistan-2014-2020_en.pdf (letzter Zugriff: 21.9.2016).

rismusbekämpfung voranzubringen. Ebenfalls vereinbart wurde die EU-India Agenda for Action-2020, die für einen Zeitraum von fünf Jahren eine gemeinsame ‚Roadmap' darstellen soll. Gleich der erste Themenabschnitt betrifft die außen- und sicherheitspolitische Kooperation, gefolgt von den Bereichen Handel, Investitionen, Unternehmen und Wirtschaft sowie die Zusammenarbeit bezüglich globaler Fragen. Die institutionelle Struktur der strategischen Partnerschaft soll optimiert werden, unter anderem durch die Zusammenlegung des sicherheitspolitischen Dialogs und der Foreign Policy and Security Consultations (FPSC). Das Gipfeltreffen wollte auch neue Impulse für die handelspolitischen Beziehungen setzen. In diesem Zusammenhang steht die vereinbarte Wiederaufnahme von Verhandlungen über ein EU-India Broad-based Trade and Investment Agreement (BTIA). Ob sich die unterschiedlichen Erwartungen zum gegenseitigen Marktzugang in Einklang bringen lassen, bleibt offen. Des Weiteren wird zu prüfen sein, ob dieses Treffen die Relevanz der Europäischen Union für Indien erhöhen konnte, denn in der Vergangenheit hat Indien einzelnen großen Mitgliedstaaten der Union mehr Beachtung entgegengebracht als der supranationalen Ebene.[11]

Fazit

In der EU-Asienpolitik kommt das sicherheitspolitische Interesse Europas an den Entwicklungen in der asiatisch-pazifischen Region zum Vorschein. Im Vergleich zur handelspolitischen und militärischen Präsenz der USA in dieser Region fehlt es der Europäischen Union immer noch an sicherheitspolitischem Profil. Dass ein transatlantischer Wettbewerb um Asien entstehen und dies eventuell zu Konflikten in den Beziehungen EU-USA führen könnte,[12] erscheint vorerst wenig wahrscheinlich.

Weiterführende Literatur

Asia Europe Foundation: Asia Europe Meeting. 20 Years of Asia-Europe Relations. Online Publikation, abrufbar unter: http://asef.org/pubs/asef-publications/3767-ASEM-20-Anniversary-Publication.

---

11 Garima Mohan/Joel Sandhu: Can EU-India summit revive a flagging partnership?, in: Euobserver.com, 29.3.2016.
12 Esther Brimmer: Why rising Asia risks souring U.S.-EU relations, 22.6.2015, abrufbar unter: http://euro pesworld.org/2015/06/22/why-rising-asia-risks-souring-u-s-eu-relations/#.V9Uje7UaeQs (letzter Zugriff: 30.6.2016).

Die Europäische Union und China

Franco Algieri

Im Lichte des Bestehens von vierzig Jahren diplomatischer Beziehungen zwischen der Europäischen Union und der Volksrepublik China war die umfassende gemeinsame Erklärung anlässlich des 17. EU-China-Gipfeltreffens (29. Juni 2015) in Brüssel von aktiven, nach vorne blickenden Formulierungen geprägt.[1] Doch bereits bei dem darauffolgenden 18. Gipfeltreffen (12. bis 13. Juli 2016) in Peking, zu dem keine gemeinsame Erklärung veröffentlicht worden war, zeigte sich erneut, wie sehr diese Beziehungen von Ambivalenz geprägt sind. In der europäischen Chinapolitik spiegelt sich nach wie vor die systemisch bedingte Kohärenzproblematik europäischer Außenpolitik wider. Während einerseits die Fortschreibung und Ausdifferenzierung des strategisch-konzeptionellen Rahmens fortgeführt werden konnte, dauern andererseits die Schwierigkeiten bei der Implementierung von Maßnahmen an.

Elemente einer neuen China-Strategie

Die am 22. Juni 2016 gemeinsam von der Hohen Vertreterin für Außen- und Sicherheitspolitik und der Europäischen Kommission, Federica Mogherini, veröffentlichten Mitteilung „Elemente für eine neue China-Strategie der EU" stellt den jüngsten Entwicklungsschritt dar, die europäische Chinapolitik zu präzisieren.[2] Ergänzend zur Strategischen Agenda 2020 für die Zusammenarbeit zwischen der Europäischen Union und China, die als „übergeordnetes gemeinsames Dokument und Richtschnur für die umfassende strategische Partnerschaft" zwischen den beiden Akteuren verstanden wird, ist jetzt eine „eigene Strategie" für die Union gefordert,

> „die ihre eigenen Interessen in den Vordergrund der neuen Beziehungen rückt, die universelle Werte fördert, die die Notwendigkeit einer bedeutenderen Rolle Chinas im internationalen System anerkennt und zur Definition dieser Rolle beiträgt und die auf einer positiven Partnerschaftsagenda beruht und gleichzeitig den konstruktiven Umgang mit Meinungsverschiedenheiten erleichtert."[3]

Für die nächsten fünf Jahre soll dieses Dokument den Rahmen für die Ausrichtung der EU-Chinapolitik bilden. Der Rat der Europäischen Union bekräftigte in seinen Schlussfolgerungen den gewählten Ansatz.[4]

---

1 European Council: EU-China Summit Joint Statement. The way forward after forty years of EU-China co-operation, 29 June 2015.

2 Europäische Kommission/Hohe Vertreterin der Union für Außen- und Sicherheitspolitik: Gemeinsame Mitteilung an das Europäische Parlament und den Europäischen Rat. Elemente für eine neue China-Strategie der EU, JOIN(2016) 30 final.

3 Europäische Kommission/Hohe Vertreterin: Elemente für eine neue China-Strategie der EU, 2016, S. 2.

4 Council of the European Union: EU strategy on China. Council conclusions (18 July 2016), Dok. 11252/16, 18 July 2016.

Grundsätzlich werden die bestehenden Eckpunkte der EU-Chinapolitik bestätigt (vom Festhalten an der Ein-China-Politik über die handels- und investitionspolitischen Interessen bis hin zur Verstärkung der außen- und verteidigungspolitischen Zusammenarbeit und Förderung multilateraler Kooperation). Gleichzeitig wird deutlich, dass europäische Interessen nicht ohne die Berücksichtigung der innen- und außenpolitischen Entwicklung Chinas formuliert werden können. So wird beispielsweise nicht nur der Wohlstand der Union in Abhängigkeit von einem nachhaltigen Wachstum Chinas gesehen. Darüber hinaus wird der Volksrepublik ein wesentlicher Einfluss auf die Bewältigung regionaler und globaler Sicherheitsaspekte zuerkannt. Nicht zuletzt deshalb wird die Forderung formuliert, „die EU sollte mit China bei der Konsolidierung der Weltordnungspolitik zusammenarbeiten".[5]

Für die erfolgreiche Umsetzung dieser ambitioniert formulierten Strategie bedarf es jedoch der Überwindung einiger lange bestehender Hindernisse. Folglich findet sich auch in diesem Dokument einmal mehr die Forderung, die Europäische Union müsse gegenüber China mit einer Stimme sprechen. Außerdem wird ein kohärenter Ansatz gefordert, der die supranationale und nationale Ebene verbindet. Die einzelnen EU-Mitgliedstaaten sollen Standpunkte der Union in ihren Beziehungen zu China bekräftigen und der Kommission und dem Europäischen Auswärtigen Dienst wird eine Informationsrolle gegenüber den Mitgliedstaaten zugeordnet. Das Europäische Parlament soll in die Zusammenarbeit mit Kommission und Europäischen Auswärtigen Dienst eng einbezogen werden.[6] Um einer durch die Vielzahl bestehender europäisch-chinesischer Dialoge aufkommenden Fragmentierung eines gemeinsamen Ansatzes entgegenzuwirken, erscheine es notwendig, Prioritäten zu setzen.

Verflechtung und Herausforderungen

Als Handelspartner bleiben die Europäische Union und China nach wie vor von höchster Bedeutung füreinander.[7] Wie erwähnt verweist das neue Chinadokument auf die aus einer hohen Verflechtungsdichte erwachsenden Risiken. So stellt die Verlangsamung der Wirtschaftsleistung Chinas nicht nur die Volksrepublik, sondern auch deren Handelspartner vor Herausforderungen. Auch finden sich kritische europäische Anmerkungen, was den Wirtschaftsstandort China betrifft. Aus einer von der EU-Wirtschaftskammer in China veröffentlichten Umfrage geht hervor, dass sich die Bedingungen für unternehmerische Tätigkeit in der Volksrepublik zunehmend schwieriger gestalten. Europäische Investitionen fielen 2015 im Vergleich zum Vorjahr um neun Prozent geringer aus. Unter anderem klagen europäische Unternehmen über eine Benachteiligung und Diskriminierung gegenüber chinesischen Firmen. Wird die Stimmungslage bei den Unternehmen Mitte des vergangenen Jahrzehnts vergleichend herangezogen, so fühlt sich ein großer Teil dieser Unternehmen weniger willkommen in China. Dennoch beabsichtigen die befragten Unternehmen weiterhin in der Volksrepublik tätig zu sein. Wohl nicht zuletzt auch deswegen, weil bei mehr als der Hälfte aller Antworten ein Anstieg der Gewinne im Chinageschäft

---

5   Europäische Kommission/Hohe Vertreterin: Elemente für eine neue China-Strategie der EU, 2016, S. 16.
6   Siehe auch Ausschuss für Auswärtige Angelegenheiten des Europäischen Parlaments: Bericht über die Beziehungen zwischen der EU und China (2015/2003(INI)), Dok. A8-0350/2015, 2. Dezember 2015.
7   Die Europäische Union war 2015 größter Handelspartner Chinas und China zweitgrößter Handelspartner der Union. Siehe European Commission/Directorate General for Trade: European Union, Trade in goods with China, 21 June 2016, abrufbar unter http://trade.ec.europa.eu/doclib/docs/2006/september/tradoc_ 113366.pdf (letzter Zugriff: 27.6.2016).

genannt wurde.[8] Positive Auswirkungen auf die Beziehungen erwarten sich beide Seiten im Falle eines verbesserten Investitionsklimas. Im Rahmen des High Level Economic and Trade Dialogue (28. September 2015) in Peking erklärte China als erstes Nicht-EU Land, zur Investitionsoffensive für Europa beizutragen.[9] Abzuwarten bleibt auch, welche Synergien sich aus der Verknüpfung von Chinas ‚One Belt One Road'-Initiative und den europäischen Konnektivitätsinitiativen (zum Beispiel Transeuropäische Transportnetzwerke) ergeben.

Unterschiedliche Interpretationen bestehen bei den beiden Partnern, ob China der Status einer Marktwirtschaft gewährt werden soll oder nicht. Nach 15 Jahren Mitgliedschaft in der Welthandelsorganisation (WTO) enden im Dezember 2016 entsprechende Regelungen des Beitrittsprotokolls Chinas zur WTO. China fordert den Status ein und die Europäische Kommission hat einen entsprechenden Prüfungsprozess begonnen. Verschiedene Szenarien können durchgespielt werden. So unter anderem, dass die Gewährung des Status an Bedingungen geknüpft wird. Die Kommission hat auch zu prüfen, in welchem Ausmaß sich negative Auswirkungen auf den Arbeitsmarkt innerhalb der Europäischen Union und die Wirtschaftsleistung der Europäischen Union ergeben könnten.[10] Eine Statusänderung verlangt die Anpassung des rechtlichen Rahmens und die Zustimmung von Rat und Europäischem Parlament.

Immer deutlicher werden die europäisch-chinesischen Beziehungen von sicherheits- und verteidigungspolitischen Themen geprägt. Das Europäische Parlament forderte, dass die Europäische Union in Asien aktiver werde und mit „China, den USA und anderen regionalen Akteuren für mehr Stabilität in der Region" zusammenarbeite.[11] China wird eine wichtige Akteursrolle hinsichtlich der sicherheitspolitischen Herausforderungen in der asiatisch-pazifischen Region zugewiesen. Aus Sicht des Parlaments solle die Hohe Vertreterin prüfen, wie sich ein bewaffneter Konflikt in der Region auf europäische Interessen auswirken könnte. Positiv bewertet die Europäische Union die konstruktive Zusammenarbeit mit China bei den Verhandlungen über das Abkommen mit dem Iran und leitet daraus das Interesse ab, bei weiteren sicherheitspolitischen Themen (Afghanistan, Myanmar, Syrien, Nordkorea, Mittlerer Osten und Migration) zusammenzuarbeiten.[12] Einen sicherheitspolitischen Hotspot bildet das Südchinesische Meer. Die Europäische Union positioniert sich hierbei nicht zu Souveränitätsaspekten im Zusammenhang mit territorialen Forderungen. Vielmehr beschränkt sie sich auf die Forderung nach einer friedlichen Konfliktlösung und Beachtung des internationalen Rechts, einschließlich des Rahmens der United Nations Convention on the Law of the Sea (UNCLOS).[13]

---

8   European Union Chamber of Commerce in China: European Business in China. Business Confidence Survey 2016, abrufbar unter: http://www.europeanchamber.com.cn/cms/page/en/publications-business-confidence-survey/274 (letzter Zugriff: 23.6.2016).

9   European Commission: Investment Plan for Europe goes global. China announces its contribution to #investEU, Press release, Dok. IP/15/5723, 28 September 2015, abrufbar unter: http://trade.ec.europa.eu/doclib/docs/2015/october/tradoc_153844.PDF (letzter Zugriff: 12.10.2015).

10   Eine sehr kritische Einschätzung findet sich bei Robert E. Scott/Xiao Jiang: Unilateral grant of market economy status to China would put millions of EU jobs at risk, in: Economic Policy Institute, Briefing Paper 407, 18.9.2015; und allgemein zum Thema weiterführend verschiedene Beiträge in EU-China Observer 1.16, College of Europe, Department of EU International Relations and Diplomacy Studies.

11   Ausschuss für Auswärtige Angelegenheiten: Bericht über die Beziehungen zwischen der EU und China, 11. Dezember 2015, S. 18-19.

12   Council of the European Union: EU strategy on China, 18 July 2016, S. 5.

13   Council of the European Union: EU strategy on China, 18 July 2016, S. 6.

Die Reihe von Beispielen, die für eine engere Verflechtung zwischen der Europäischen Union und China sprechen, kann weiter fortgesetzt werden. Im Juni 2016 begann der EU-China Legal Affairs Dialogue, bei dem als erste Themen E-Commerce und Verbraucherschutz im Internet behandelt wurden. In der im gleichen Monat veröffentlichten gemeinsamen Erklärung zum Klimawandel finden sich eine Reihe gemeinsamer Vorhaben, wie beispielsweise die Schaffung einer ‚EU-China Low-Carbon Cities'-Partnerschaft oder eine engere Zusammenarbeit bei der wissenschaftlichen Forschung und Technologieentwicklung. Es gibt auch Anzeichen, dass das Thema Terrorismus für die gemeinsame Agenda bedeutender werden kann, trotz der bislang noch bestehenden Interpretationsunterschiede, wie aus europäischer beziehungsweise chinesischer Betrachtungsweise der Begriff Terrorismus verstanden wird.[14]

Fazit

Die Ausweitung der Beziehungen, die Präzisierung der europäischen Interessen und Widersprüchlichkeiten kennzeichnen die Chinapolitik der Europäischen Union. Der Rat, die Kommission und das Europäische Parlament haben alte Forderungen wiederholt und um neue ergänzt. Unverkennbar bleibt hierbei der appellierende Charakter in den jeweiligen Dokumenten. Neben dem Interesse nach mehr Kooperation steht das Festhalten an Bestehendem, wie sich exemplarisch an der unveränderten Position der Union zur Aufrechterhaltung des Waffenembargos gegenüber China zeigt.

Weiterführende Literatur

Philippe Le Corre/Alain Sepulchre: China's offensive in Europe, Washington D.C. 2016.

Mikko Huotari/Miguel Otero-Iglesias/John Seaman/Alice Ekman (Hrsg.): Mapping Europe-China relations: A bottom-up approach, Mercator Institute for China Studies/French Institute of International Relations/Elcano Royal Institute, 2015.

---

14   Weiterführend Mathieu Duchâtel/Alice Ekman: Countering terrorism. An area for EU-China cooperation? in: European Union Institute for Security Studies, Brief Issue 14/2015.

Die EFTA-Staaten, der EWR, Island und die Schweiz

Burkard Steppacher

Seitdem die Mehrheit der britischen Stimmbürger sich am 23. Juni 2016 für einen Austritt des Vereinigten Königreichs aus der Europäischen Union ausgesprochen hat (‚Brexit'), ist der Europäische Wirtschaftsraum (EWR) erneut in aller Munde und wird als mögliche Alternative zur EU-Mitgliedschaft diskutiert.[1] Allerdings sind manche dieser Debatten-beiträge ziemlich unrealistisch und erwecken eher den Eindruck einer politischen Fata Morgana: Sie zeichnen den EWR als utopisches Phantasiegebilde, in dem dann neben den bisherigen Mitgliedern und dem Vereinigten Königreich auch die Ukraine, die Türkei und eventuell sogar Israel sowie weitere Staaten des Nahen Ostens Mitglieder wären.[2] Ein solch schillernder ‚EWR als Wunschkonzert' hat aber mit dem realen EWR wenig gemein, in welchem aktuell drei der vier Mitglieder der Europäischen Freihandelsassoziation (EFTA), Island, Norwegen und Liechtenstein, seit über 20 Jahren inhaltlich und institutio-nell eng und erfolgreich mit der Europäischen Union verbunden sind.

Um die aktuelle Situation und die Perspektiven besser zu verstehen, müsste man die jeweiligen Beziehungsformen auf einer Integrationsskala von 0 bis 100 eintragen, wobei ‚0' für einen völlig souveränen Drittstaat und ‚100' für Vollmitgliedschaft in einem Bundesstaat stünde.[3] Auf einer solchen Skala stünde die Europäische Union selbst etwa bei 90, die EWR-Partner wären je nach Gewichtung der politischen und wirtschaftlichen Faktoren vielleicht bei 65 einzustufen, die Schweiz bei 60 und die Türkei bei etwa 40 bis 50, assoziierte Länder der Europäischen Nachbarschaftspolitik (ENP) rangieren vielleicht bei 20 bis 30. Spannend wird die Frage sein, wo denn künftig die Briten stehen wollen.

Die derzeit 28 EU-Mitglieder sind aufgrund des untereinander vereinbarten geltenden EU-Primärrechts und daraus abgeleiteter Rechtsetzung in einer Vielzahl von Politikfeldern (nicht allen!) in unterschiedlichem Umfang eng miteinander verflochten. Das vermutlich wichtigste Politikfeld ist dabei der EU-Binnenmarkt mit seinen vier Freiheiten, ergänzt durch die Schengen-Vereinbarungen zur Abschaffung stationärer Grenzkontrollen in diesem Binnenraum.

Die vier EFTA-Mitglieder, Island, Norwegen, Liechtenstein und die Schweiz, sind untereinander durch die EFTA-Konvention verbunden; mit der Europäischen Union sind sie auf der Basis des Freihandelsabkommens von 1972 und weiterer, daraus abgeleiteter Vereinbarungen assoziiert.[4]

---

1 Zur Struktur des EWR vgl. die entsprechenden Beiträge in den Vorjahresbänden des Jahrbuchs.

2 Herbert Vytiska: Der Europäische Wirtschaftsraum: Chance für Großbritannien, Ukraine und Türkei?, in: EurActiv.de, 25.7.2016.

3 Skala in Anlehnung an Jan Bergmann: Der Reformvertrag von Lissabon – Eine neue Legitimationsbasis des Europäischen Integrationsverbundes, in: Deutschland&Europa, 56/2008, S. 6-11, hier: S. 6.

4 Zu den EFTA-Schwerpunkten vgl. European Free Trade Association (EFTA): This is EFTA 2015, March 2015, abrufbar unter: http://www.efta.int/sites/default/files/publications/this-is-efta/this-is-efta-2015.pdf (letzter Zugriff: 15.9.2016).

Sämtliche EU-Mitglieder sowie Island, Norwegen und Liechtenstein, nicht aber die Schweiz, bilden zusammen den Europäischen Wirtschaftsraum: Das EWR-Abkommen ermöglicht den beteiligten drei EFTA-Staaten die weitgehende Teilnahme am EU-Binnenmarkt mit seinen vier Freiheiten. Voraussetzung dafür ist die Übernahme des relevanten EU-Rechts.[5] Die Überwachung der Umsetzung nimmt der Gemeinsame EWR-Ausschuss vor, flankiert von der Europäischen Kommission und der EFTA-Überwachungsbehörde. Vertragsverstöße werden vor dem Gerichtshof der Europäischen Union beziehungsweise vor dem EFTA-Gerichtshof verhandelt.[6]

Im Gegenzug für die erleichterte Teilnahme am Binnenmarkt leisten die drei EFTA-EWR-Staaten seit 1994 über den EWR-Finanzierungsmechanismus einen Beitrag zur Reduzierung von wirtschaftlichen und gesellschaftlichen Ungleichheiten innerhalb des EWR und unterstützen damit in Anlehnung an die EU-internen Kohäsionsfonds konkret die Entwicklung in 16 strukturschwächeren EU-Mitgliedstaaten. Diese finanziellen Mittel betrugen im Rahmen des EWR-Finanzierungsmechanismus 2009-2014 insgesamt 993,5 Mio. Euro. Norwegen stellt über den zusätzlichen Norwegischen Finanzierungsmechanismus ergänzende 804,6 Mio. Euro zugunsten der 13 seit 2004 neu beigetretenen EU-Mitgliedstaaten bereit. Für den EWR-Finanzierungsmechanismus 2014-2021 ist ein Gesamtbetrag der EFTA-EWR-Staaten von 1,5481 Mrd. Euro vorgesehen, Norwegen zahlt zusätzliche 1,2537 Mrd. Euro.[7]

Auch die Schweiz, die als viertes EFTA-Mitglied nicht über den EWR und dessen Mechanismen, sondern über umfangreiche spezielle bilaterale Vereinbarungen mit der Europäischen Union verflochten ist und so einen eigenen, besonderen Zugang zum EU-Binnenmarkt hat, engagiert sich auf der Basis eines Bundesgesetzes vereinbarungsgemäß mit dem Schweizer Erweiterungsbeitrag (Kohäsionsbeitrag) seit 2008 mit 1,3 Mrd. Franken (circa 1,2 Mrd. Euro) in den seit 2004 neu beigetretenen EU-Mitgliedstaaten.[8]

Island – Zwischen Staatskrise und Neubeginn

Das nach dem isländischen Bankencrash 2008 gestartete Projekt EU-Beitritt ist seit März 2015 definitiv Teil der isländischen Geschichte.[9] Island ist über den EWR gut in den EU-Binnenmarkt integriert; wegen der Sondersituation bei der Fischerei- und Landwirtschaftspolitik dürfte Island in absehbarer Zeit den europapolitischen Status quo kaum verändern wollen.

Die isländische Politik kommt allerdings nicht so recht in ruhiges Fahrwasser: Seit rund zehn Jahren schlingert das Staatsschiff des nordischen Kleinstaats von einer Krise zur nächsten. Auch wenn Island seit dem wirtschaftlichen Zusammenbruch im Jahr 2008 inzwischen wieder erkennbar floriert, nicht zuletzt wegen der boomenden Tourismus-

---

5   Nur Liechtenstein hat im EWR-Abkommen seit 1992 eine einseitige Ausnahme bei der Personenfreizügigkeit erhalten: Wegen des hohen Ausländeranteils von knapp 34 Prozent der Wohnbevölkerung gilt eine Sonderregelung zur Beschränkung des Ausländerzuzugs. Vgl. Günther Meier: Als Brüssel eine Ausnahme machte, in: Neue Zürcher Zeitung, 12.2.2014.

6   EFTA Court: Introduction to the EFTA Court, abrufbar unter: http://www.eftacourt.int/the-court/jurisdiction-organisation/introduction/ (letzter Zugriff: 15.9.2016).

7   EEA Grants/Norway Grants: The EEA and Norway Grants, abrufbar unter: http://eeagrants.org/Who-we-are (letzter Zugriff: 15.9.2016).

8   Schweizerische Eidgenossenschaft: Kurzporträt Erweiterungsbeitrag, 5.7.2016, abrufbar unter: https://www.erweiterungsbeitrag.admin.ch/erweiterungsbeitrag/de/home/der_erweiterungsbeitrag/kurzportraet-erweiterungsbeitrag.html (letzter Zugriff: 15.9.2016).

9   Spiegel Online: Island will nicht mehr in die EU, 13.3.2015.

branche, flankiert aktuell durch werbewirksame Erfolge der Fußballnationalmannschaft bei der Europameisterschaft 2016 in Frankreich, ist doch die Aufhebung der 2008 eingeführten Kapitalverkehrskontrollen noch immer nicht erfolgt.

Während die Bürger Islands derzeit nur begrenzt ausländische Währungen erwerben können, wurde Anfang April 2016 mit der Veröffentlichung der ‚Panama-Papers' bekannt, dass der seit 2013 regierende Ministerpräsident Sigmundur Davíð Gunnlaugsson von der zentristischen Fortschrittspartei über seine Frau in umfangreiche Geschäfte mit einer privaten Briefkastenfirma auf den britischen Jungferninseln verwickelt sei. Wegen dieser verschwiegenen Millionen-Transaktionen der Familie Gunnlaugsson versammelten sich in den Folgetagen weit über zehntausend der 300.000 Isländer zu wütenden Protesten in Reykjavík und forderten den Rücktritt Gunnlaugssons und baldige Neuwahlen.[10]

Am 7. April 2016 trat Gunnlaugsson schließlich zurück, neuer (Übergangs-)Ministerpräsident bis zu vorgezogenen Neuwahlen im Herbst 2016 wurde der bisherige Landwirtschaftsminister Sigurður Ingi Jóhannsson. Damit wird, wie schon 2009, die regulär vierjährige Legislatur erneut verkürzt. Beste Aussichten bei den anstehenden Wahlen haben nach aktuellen Meinungsumfragen vom Frühsommer 2016 zum einen der Koalitionspartner der Fortschrittspartei, die traditionsreiche liberal-konservative Unabhängigkeitspartei, auch wenn deren Vorsitzender Finanzminister Bjarni Benediktsson ebenfalls in den Panama-Papers auftaucht, sowie zum anderen die seit 2013 im Althing vertretene Piratenpartei, die programmatisch jedoch stark irrlichtert.[11]

Die einzige dauerhafte politische Konstante in Island war bislang Präsident Ólafur Ragnar Grímsson, der seit 1996 als isländisches Staatsoberhaupt amtierte. Auf eine kurzfristig erwogene sechste Amtszeit ab 2016 verzichtete er allerdings, als bekannt wurde, dass auch der Name seiner Frau in den Panama-Papers vorkommt. Als Nachfolger Grímssons wählten die Isländer bei der Präsidentschaftswahl am 25. Juni 2016 den parteilosen Historiker Guðni Th. Jóhannesson mit 39,1 Prozent der gültigen Stimmen zum neuen Staatsoberhaupt, dessen vierjährige Amtszeit am 1. August 2016 beginnt. Neun Kandidaten hatten sich zur Wahl gestellt, darunter mit dem ehemaligen Ministerpräsidenten Davíð Oddsson lediglich eine Person mit aktiver Politikerfahrung, der am Wahltag mit 13,8 Prozent Stimmen jedoch nur Platz 4 erreichte. Kandidatenspektrum wie Ergebnis der Präsidentschaftswahl machen deutlich, wie hoch die Frustration der Isländer über Politiker wie Politik seit Beginn der Finanzkrise 2008 immer noch oder wiederum zu sein scheint.[12]

Norwegen – Die Furcht vor dem britischen Goliath

Ohne größere Veränderungen hat sich die norwegische Europapolitik im vergangenen Jahr fortentwickelt. Allerdings beobachtet Norwegen mit Aufmerksamkeit und durchaus spürbarer Sorge die britischen EU-Austrittsbestrebungen.[13] Deutlich haben norwegische Politiker im Vorfeld des Brexit-Referendums in Stellungnahmen die Briten vor einem EU-Austritt gewarnt, aus eigener Erfahrung wissend, dass auch ein Abseitsstehen einen klaren Preis kostet.[14] Skeptisch sieht Norwegen die eher utopischen britischen EWR-

10   Süddeutsche Zeitung: Die Insel bebt, 6.4.2016; Frankfurter Allgemeine Zeitung: Bananen am Polarkreis, 7.4.2016.
11   Gabriele Schneider: Unabhängigkeitspartei und Piraten gleich beliebt, in: Iceland Review online, 3.5.2016.
12   Handelsblatt: Wütend, wütender, Isländer, 6.4.2016; Süddeutsche Zeitung: Trollt euch, 12.4.2016.
13   Süddeutsche Zeitung: Die Warner aus Oslo, 10.5.2016.
14   Carsten Schmiester: Oslo warnt London vor EU-Austritt, in: Deutschlandfunk, 7.6.2016.

Vorstellungen, die stark an der Realität vorbei gehen. Als größtes der drei EFTA-EWR-Länder hat Norwegen dort eine gewisse Führungsrolle. Einer eventuellen britischen EWR-Teilnahme stehen die Norweger allerdings wohl auch deswegen zurückhaltend gegenüber, da die Rolle Norwegens im EWR dann zweifellos erheblich relativiert würde.

Norwegen bemüht sich angesichts der seit 2015 stark angewachsenen Flüchtlingsströme in Europa um enge Kooperation mit den nordischen Nachbarn, wobei die norwegische Position sich inhaltlich zwischen der strikten Asylpolitik Dänemarks und der Laissez-faire-Politik Schwedens bewegt.[15] Im Jahr 2015 war heftiger innenpolitischer Streit entstanden, ob Norwegen in den kommenden drei Jahren 8.000 oder 10.000 syrische UN-Flüchtlinge aufnehmen solle.[16] Inzwischen wurden deutlich über 30.000 Asylanträge gestellt,[17] ein erheblicher Teil der Flüchtlinge war dabei über die russisch-norwegische Grenze im arktischen Norden eingereist. Diese Grenze wird inzwischen stärker kontrolliert und mit einem Grenzzaun gesichert.

Wirtschaftlich floriert Norwegen aktuell nicht mehr so stark wie in den Vorjahren: Der Ölpreisverfall seit 2014 hat spürbare Konsequenzen für die norwegische Wirtschaft, insofern die Erträge sinken und Investitionen im Öl- und Gassektor zurückgefahren werden. Die Folgen sind Arbeitsplatzverluste mit einer Arbeitslosenquote von mittlerweile über 4 Prozent, eine Krise des Immobilienmarkts, Kursverluste der Norwegischen Krone und ein markanter Rückgang des BIP-Wachstums.[18] Entsprechend sanken auch die Überschüsse des staatlichen norwegischen Ölfonds (Statens Pensjonsfonds Utland, SPU), in dem seit 1996 die staatlichen Überschüsse aus dem Öl- und Gasgeschäft langfristig zurückgelegt werden und der mit rund 770 Mrd. Euro Wertanlagen der größte Anlagefonds der Welt ist.[19]

Aus Sicht der europäischen Nachbarn sind das alles immer noch paradiesische Verhältnisse, gleichwohl hat sowohl die norwegische Bevölkerung als auch die bürgerlich-konservative Minderheitsregierung von Ministerpräsidentin Erna Solberg Zukunftssorgen, wobei letztere auf die im Herbst 2017 turnusmäßig anstehenden Parlamentswahlen blickt.

Liechtenstein – Erfolgreich zwischen Schweiz und Europäischer Union

Liechtenstein ist in der glücklichen Situation, sich als europäischer Mikrostaat in zwei Sphären zugleich bewegen zu können: Das Fürstentum ist zum einen auf der Grundlage des Zollvertrags von 1923 mit der Schweiz in einer Wirtschafts-, Zoll- und Währungsunion verbunden, zum anderen hat Liechtenstein über das EWR-Abkommen weitreichenden Zugang zum EU-Binnenmarkt. Da Liechtenstein zudem mit der Europäischen Union eine dauerhafte Sonderlösung bei der Personenfreizügigkeit vereinbaren konnte,[20] wird der Status quo der Beziehungen zur Europäischen Union seitens der Regierung des Fürstentums durchaus zufrieden als ‚EWR++' bezeichnet.[21]

---

15 Elisabeth Bauer: Steigende Flüchtlingszahlen: Norwegen strebt engere Kooperation im Norden an, in: KAS Länderbericht, März 2015, S. 1.

16 Jochen Bittner: Integration: Mehr Herz als Hirn?, in: Zeit Online, 10.9.2015.

17 Frankfurter Allgemeine Zeitung: Norwegen will Asylrecht verschärfen, 30.12.2015.

18 Handelsblatt: Krise im Königreich, 18.8.2015; Neue Zürcher Zeitung: Zukunftsangst im Erdölstaat, 3.9.2015.

19 Handelsblatt: Der Fonds leckt, 29.4.2016.

20 Wegen des hohen Ausländeranteils von knapp 34 Prozent der liechtensteinischen Wohnbevölkerung konnte das Fürstentum beim EWR-Beitritt eine Sonderregelung zur Beschränkung des Ausländerzuzugs aushandeln, die bei der EWR-Erweiterung 2004 dauerhaft vereinbart wurde.

Schweiz – Zwischen Sackgasse und vagem Hoffen auf Durchbruch

Keine wesentlichen Veränderungen haben die Schweizer Parlamentswahlen vom 18. Oktober 2015 gebracht. Die nationalkonservative Schweizer Volkspartei (SVP) legte um 2,8 Prozentpunkte auf 29,4 Prozent der Stimmen zu und gewann elf zusätzliche Sitze im Nationalrat, die Sozialdemokraten (SP) und die beiden grünen Parteien (GPS und glp) verloren leicht. Da im Ständerat, der zweiten gleichberechtigten Kammer des Parlaments in Bern, allerdings nur kleine Veränderungen zu verzeichnen waren und die SVP dort wiederum nur fünf der 46 Ständeratssitze errang, blieb die siebenköpfige Regierung (Bundesrat) weitgehend unverändert: Als Nachfolger für die zurückgetretene Bundesrätin Eveline Widmer-Schlumpf (BDP) wurde der Waadtländer Guy Parmelin (SVP) gewählt, der seit Anfang 2016 als VBS-Vorsteher (Verteidigungsminister) amtiert. Die Konkordanzregierung aus aktuell vier Parteien wird damit fortgesetzt, wenngleich sich die Parteien unverändert untereinander inhaltlich oft stark reiben.[22]

Keine wesentlichen Veränderungen sind auch bei der schweizerischen Europapolitik feststellbar: Seit der Annahme der Volksinitiative „Gegen Masseneinwanderung" in der Abstimmung vom 9. Februar 2014 befinden sich die Beziehungen Schweiz – EU in einer Situation der Lähmung, Irritation und Ungewissheit. Die anfänglich gehegte Hoffnung, dass die Europäische Union erkennbar auf die Schweizer Sonderwünsche eingehen würde, hat sich seit dem britischen Brexit-Entscheid deutlich zerschlagen. Allenfalls Optimisten erwarten, dass die Schweiz trotz oder vielleicht wegen der Briten hier rasch zu Ergebnissen kommt.[23]

Unverändert zäh sind die Bemühungen, aus der Sackgasse von 2014 herauszukommen. Mit der Ablehnung der sogenannten ‚Durchsetzungsinitiative' am 28. Februar 2016, mit der die Ausschaffungsinitiative von 2010 hätte verschärft werden sollen, ist zwar die Situation etwas entspannt, allerdings ist auch nach über zwei Jahren immer noch völlig unklar, wie die Schweiz erfolgreich aus dem Dilemma herauskommen will, einerseits die neue Verfassungsvorschrift konkret umzusetzen, die eine autonome Steuerung der Zuwanderung mit jährlichen Kontingenten und Höchstzahlen verlangt, ohne andererseits damit die Bilateralen Abkommen mit dem Grundsatz der Personenfreizügigkeit zwischen Schweiz und Europäischer Union zu gefährden. Im August 2015 hatte die Landesregierung mit Finanzstaatssekretär Jacques de Wattewille einen neuen Chef-Unterhändler für alle EU-Dossiers eingesetzt. Die bisherigen Überlegungen und Vorschläge der Schweizer Seite über eine Zuwanderungsschutzklausel stoßen bei der Europäischen Union allerdings auf geringe Resonanz.

Das handfesteste Ergebnis der schweizerischen Europapolitik war im Frühjahr 2016 der offizielle Rückzug des schon seit langen Jahren ruhenden EU-Beitrittsgesuchs vom 20. Mai 1992.[24] Spätestens nach dem deutlichen Nein zur Aufnahme von Beitrittsverhandlungen in einer Volksabstimmung von 2001[25] war dieses Beitrittsgesuch de facto gegen-

---

21   Aurelia Frick: Wie gut ist der EWR wirklich? Vortrag beim Europa-Institut der Universität Zürich, 19.5.2016.

22   Burkard Steppacher: Knirschende Konkordanz: Parlaments- und Regierungswahlen in der Schweiz, in: KAS Auslandsinformationen, 3/2012, S. 56-71.

23   Vgl. die eher skeptische Einschätzung bei Burkard Steppacher: Schweizerische Europapolitik am Scheideweg, in: integration 2/2016, S. 107-122.

24   Neue Zürcher Zeitung: Schweiz zieht EU-Beitrittsgesuch zurück, 16.6.2016.

25   Schweizerische Bundeskanzlei: Ergebnisse der Volksabstimmung vom 04.03.2001, Eidgenössische Volksinitiative „Ja zu Europa", abrufbar unter: https://www.admin.ch/ch/d/pore/va/20010304/index.html (letzter Zugriff: 15.9.2016).

standslos. Nach dem Parlamentsbeschluss vom 15. Juni 2016 teilte der Bundesrat nun mit Schreiben vom 27. Juli 2016 der Europäischen Union offiziell mit, dass das „Beitritts-gesuch (von 1992) als zurückgezogen erachtet werden muss."[26] Die weitere Wegrichtung der Schweiz in Sachen Europa ist damit allerdings nicht klarer geworden.

Fazit und Perspektiven

Alle vier EFTA-Staaten, sowohl die drei EWR-Mitglieder wie auch die stärker bilateral agierende Schweiz, wollen im Grundsatz die Beziehungen zur Europäischen Union dauer-haft stärken, festigen und ausbauen, wenngleich jeder der vier sich als Sonderfall sieht und gegenüber der Europäischen Union verschiedene Sonderwünsche artikuliert.

Die Europäische Union ihrerseits ist bestrebt, die Beziehungen zu den westeuro-päischen Drittstaaten möglichst zu vereinheitlichen und zu systematisieren. Über Stand und Perspektiven dieser EU-Drittstaatsbeziehungen hatte der Rat der Europäischen Union zuletzt im Dezember 2014 „Schlussfolgerungen des Rates zu einem homogenen erweiter-ten Binnenmarkt und den Beziehungen der EU zu nicht der EU angehörenden westeuro-päischen Ländern" verabschiedet.[27]

Angesichts des britischen EU-Austrittsvotums wird es im höchsten Maße spannend sein, wie die Europäische Union in den nächsten Schlussfolgerungen Ende 2016 die Beziehungen zu dieser Staatengruppe perspektivisch einschätzen dürfte.

Weiterführende Literatur

Aurelia Frick: Wie gut ist der EWR wirklich? Vortrag beim Europa-Institut der Universität Zürich, 19.5.2016.

Burkard Steppacher: Schweizerische Europapolitik am Scheideweg, in: integration 2/2016, S. 107-122.

European Free Trade Association: 55th Annual Report of the European Free Trade Association 2015, 2016, abrufbar unter: http://www.efta.int/publications/annual-report (letzter Zugriff: 15.9.2016).

European Free Trade Association: This is EFTA 2015, 2015, abrufbar unter: http://www.efta.int/publications/this-is-efta, (letzter Zugriff: 15.9.2016).

EWR-Website der EFTA, abrufbar unter: http://www.efta.int/eea (letzter Zugriff: 15.9.2016).

Fürstentum Liechtenstein, Stabsstelle EWR: Der Europäische Wirtschaftsraum (EWR). Kurzinformation, Vaduz 2016, abrufbar unter: http://www.llv.li/files/sewr/ewr-kurzinformation-deutsch-marz-2016-web.pdf (letzter Zugriff: 15.9.2016).

Rat der Europäischen Union: Schlussfolgerungen des Rates zu einem homogenen erweiterten Binnenmarkt und den Beziehungen der EU zu den nicht der EU angehörenden westeuropäischen Ländern, 16.12.2014, DOC 16583/14.

Fürstentum Liechtenstein, Stabsstelle EWR: EWR Basisinformationen, abrufbar unter: http://www.llv.li/#/116525/ewrbasisinformationen (letzter Zugriff: 15.9.2016).

Tobias Etzold/Christian Opitz: Nordeuropa nach dem Brexit-Votum. Die fünf nordischen Länder stellen ihre Beziehungen zur EU auf den Prüfstand, SWP-Aktuell 57, August 2016.

---

26 Tagesanzeiger (Zürich): Schweizer Brief an die EU – „der Bundesrat teilt Ihnen mit ...", 29.7.2015.
27 Rat der Europäischen Union: Schlussfolgerungen des Rates zu einem homogenen erweiterten Binnen-markt und den Beziehungen der EU zu den nicht der EU angehörenden westeuropäischen Ländern, 16. Dezember 2014, DOC 16583/14.

Lateinamerikapolitik

Birte Windheuser

Das letzte Jahr war in Lateinamerika von Wahlen und politischen Krisen gekennzeichnet, die vor allem die linken Regierungen unter Druck setzten: In Bolivien scheiterte Präsident Evo Morales mit dem Versuch, durch ein Referendum den Weg für eine in der Verfassung nicht vorgesehene weitere Amtszeit zu ebnen. In Venezuela konnte die Opposition die Parlamentswahlen für sich gewinnen und betreibt seither die Absetzung von Präsident Nicolás Maduro. In Argentinien setzte sich Mauricio Macri bei den Präsidentschaftswahlen durch und konnte so die zusammen genommen mehr als zehnjährige Regierungszeit des Ehepaars Néstor und Cristina Kirchner beenden. In Peru lieferten sich die beiden Präsidentschaftskandidaten Pedro Pablo Kuczynski und Keiko Fujimori ein spannendes Kopf-an-Kopf-Rennen, welches letztendlich der Ökonom und ehemalige Wirtschaftsminister Kuczynski für sich gewinnen konnte. Dabei war die als Rechtspopulistin bekannte Fujimori wohl vor allem die Vergangenheit ihres Vaters, dem wegen Menschenrechtsverletzungen verurteilten Ex-Präsidenten Alberto Fujimori, zum Verhängnis geworden. Besonders dramatisch wurde es zuletzt in Brasilien, als gegen Präsidentin Dilma Rousseff aufgrund von angeblicher Manipulation des Haushalts ein Amtsenthebungsverfahren eingeleitet wurde. Allerdings wurden die Beziehungen zur Europäischen Union von diesen Ereignissen kaum berührt. Insbesondere die Suspendierung Rousseffs, die zeitlich mit dem Austausch der Marktzugangsangebote zwischen der Europäischen Union und dem Mercado Común del Sur (Mercosur) zusammenfiel, wurde kaum zur Kenntnis genommen. Der Fokus lag auch in diesem Jahr weiterhin auf der Förderung der wirtschaftlichen Beziehungen der Europäischen Union zu verschiedenen Ländern Lateinamerikas.

Fortschritte im Freihandelsabkommen mit dem Mercosur

Neue Bewegung kam in die Verhandlungen um das Freihandelsabkommen zwischen der Europäischen Union und dem Mercosur: Nachdem der Termin bereits mehrfach verschoben worden war, tauschten beide Seiten im Mai 2016 erstmals seit 2004 wieder Marktzugangsangebote aus.[1] Zuvor hatten sich 13 europäische Länder klar gegen die Aufnahme von sensiblen landwirtschaftlichen Produkten in das Angebot ausgesprochen, da sie negative Effekte auf den europäischen Agrarsektor sowie auf den Abschluss weiterer Handelsabkommen fürchteten.[2] Die endgültigen Angebote wurden zwar nicht bekannt gemacht, jedoch scheint die Europäische Union in letzter Minute Quoten für Rindfleisch – eines der wichtigsten Exportprodukte Südamerikas – und Ethanol gestrichen zu haben.[3] Dies bedeute laut dem uruguayischen Außenminister jedoch nicht, dass diese Produkte

---

1   European Commission: EU-Mercosur joint communiqué on exchange of negotiating offers, Brussels, 11 May 2016, abrufbar unter: http://trade.ec.europa.eu/doclib/press/index.cfm?id=1497 (letzter Zugriff: 17.6.2016).
2   Council of the European Union: Negotiation of the Association Agreement between the European Union and Mercosur, Brussels, 7 April 2016, 7629/16.
3   Buenos Aires Herald: Beef, ethanol excluded from EU trade offer to Mercosur, 12.5.2016.

nicht mehr zur Verhandlungsmasse gehörten.[4] Die Europäische Union und der Mercosur verhandeln mit Unterbrechungen bereits seit 1999 über ein Freihandelsabkommen. Diesmal soll es aber offenbar schneller vorangehen, weshalb zwei weitere Treffen noch vor der Sommerpause vereinbart wurden.[5] Dennoch lassen die neuesten Unstimmigkeiten darauf schließen, dass die Verhandlungen auch weiterhin nur holprig und mit viel Unmut auf beiden Seiten fortfahren werden. Abzuwarten bleibt auch, wie sich Venezuelas bevorstehende Präsidentschaft im Mercosur auswirken wird, da das Land nicht an den Verhandlungen zum Freihandelsabkommen teilnimmt.[6]

Auch könnte sich die Krise im größten Mercosur-Mitgliedsland Brasilien durchaus noch negativ auf die gesamte Region sowie auf die Beziehungen zur Europäischen Union auswirken. Die Ereignisse erreichten mit der Suspendierung von Präsidentin Rousseff am 12. Mai 2016 einen neuen Höhepunkt. Ihr wird vorgeworfen, den Haushalt manipuliert und Gelder für den Wahlkampf abgezweigt zu haben.[7] Eine formale Anklage gegen sie liegt nicht vor, zudem scheint die Opposition auch nicht von Korruptionsvorwürfen frei zu sein. Von europäischer Seite gab es keine offizielle Stellungnahme zu den Vorkommnissen, obwohl diese zeitlich nahezu parallel zum Austausch der Marktzugangsangebote stattfanden.

Rahmenabkommen zwischen der Europäischen Union und Kuba beschlossen

Im März 2016 schlossen die Europäische Union und Kuba ihre Verhandlungen über ein bilaterales Rahmenabkommen über politischen Dialog und Zusammenarbeit ab. Dieses soll bis Ende des Jahres von allen Seiten ratifiziert werden und damit den gemeinsamen Standpunkt, welcher bisher die Politik gegenüber Kuba definierte, ablösen.[8] Kuba war lange daran gelegen, die Europäische Union zur Aufhebung des Standpunkts zu bewegen, da dieser die Intensivierung der Beziehungen unter anderem von Fortschritten im Demokratisierungsprozess und einer Verbesserung der Menschenrechtslage abhängig gemacht hatte.[9] Insofern ist das neue Abkommen für das Land durchaus von politischer Bedeutung.[10] Aber auch aus wirtschaftlicher Sicht ist das Abkommen interessant: Die Europäische Union ist Kubas zweitwichtigster Handelspartner, wichtigste Exportregion und größter ausländischer Investor. Die Hohe Vertreterin der Europäischen Union für Außen- und Sicherheitspolitik, Federica Mogherini, die zur Unterzeichnung nach Kuba gereist war, bezeichnete das Abkommen als „Beginn einer neuen Phase der bilateralen Beziehungen"[11]. In der Tat haben diese in den letzten Jahren durch die Öffnung Kubas und die Wiederaufnahme der Beziehungen zu den Vereinigten Staaten an Dynamik gewonnen.

---

4   El Pais: Nin Novoa: "La carne no se sacó, está dentro de la negociación", 12.5.2016.

5   European Commission: EU-Mercosur joint communiqué, 2016.

6   Günther Maihold: Brasiliens Krise und die regionale Ordnung Lateinamerikas. Auf dem Subkontinent verlagern sich die Gewichte – auch weil die USA wieder im Spiel sind, in: SWP-Aktuell 36/2016, S. 4.

7   Mariana Llanos/Detlef Nolte: Die vielen Gesichter des lateinamerikanischen Präsidentialismus, in: GIGA Focus 1/2016, S. 7-10.

8   European External Action Service: EU-Cuba negotiations towards a Political Dialogue and Cooperation Agreement, La Havana, 11 March 2016.

9   Rat der Europäischen Union: Gemeinsamer Standpunkt vom 2. Dezember 1996 – vom Rat aufgrund von Art. J.2 des Vertrags über die Europäische Union festgelegt – zu Kuba (96/697/GASP), Amtsblatt der EG C 322, 12. Dezember 1996.

10   Eduardo Perera Gómez: Cuba de moda, in: Friedrich Ebert Stiftung (Hrsg.): Perspectivas 2/2015, S. 5.

11   European External Action Service: Remarks by HR/VP Federica Mogherini at the Joint press conference with Minister of Foreign Affairs of Cuba, Bruno Rodriguez, La Havana, 11 March 2016.

Anhaltende Krise in Venezuela

Am 6. Dezember 2015 fanden in Venezuela die Wahlen zur Nationalversammlung statt, aus welchen das Oppositionsbündnis Mesa de la Unidad Democrática seit 16 Jahren erstmals als klarer Sieger hervorging. Das Europäische Parlament hatte ursprünglich geplant, eine Delegation zur Wahlbeobachtung zu schicken, hatte dies aber dann kurzfristig aus Sicherheitsgründen wieder abgesagt.[12] Im März wurde vom venezolanischen Parlament ein Amnestiegesetz zur Freilassung von politischen Gefangenen verabschiedet, da insbesondere in der Zeit kurz vor den Wahlen viele Oppositionelle verhaftet und der bereits inhaftierte Oppositionsführer Leopoldo López zu mehr als 13 Jahren Haft verurteilt worden waren. Präsident Maduro legte umgehend ein Veto gegen das Amnestiegesetz ein, welches durch das Verfassungsgericht bestätig wurde.[13] Das Verfassungsgericht war nach den Wahlen von der scheidenden Regierungsmehrheit teilweise noch neu mit regierungsfreundlichen Richtern besetzt worden, sodass Maduro auch in Abwesenheit einer parlamentarischen Mehrheit weiterhin seine Politik durchsetzen kann.[14] So befindet sich das Land zur Zeit in einer politischen Blockadesituation: Gesetze des Parlaments werden durch den Präsidenten mit Unterstützung des Verfassungsgerichts verhindert, während der Präsident mit Hilfe von Dekreten am Parlament vorbeiregiert. Im Mai verlängerte er erneut den wirtschaftlichen Notstand, wodurch Lebensmittel und andere Güter rationiert werden können. Die Opposition plant im Gegenzug ein Referendum zur Amtsenthebung von Maduro.[15] Ob es jedoch tatsächlich so weit kommt, wer in diesem Falle profitieren und wie sich das Militär positionieren würde, ist bisher nicht abzusehen.[16]

Vor dem Hintergrund der anhaltenden Krise widmete auch das Europäische Parlament eine Plenardebatte mit der Hohen Vertreterin Mogherini der Situation in Venezuela. In einer Resolution rief das Parlament die Regierung Venezuelas auf, sich mehr für die Überwindung der Krise einzusetzen und forderte die Freilassung der politischen Gefangenen.[17] Mogherini bot an, die Vermittlungsbemühungen zwischen der Regierung und der Opposition von europäischer Seite zu unterstützen.[18]

Verhandlungen mit Mexiko über das Globalabkommen eröffnet

Die Verhandlungen über ein überarbeitetes Globalabkommen zwischen der Europäischen Union und Mexiko sind in eine neue Phase eingetreten: Im Mai 2016 erteilte der Rat der Europäischen Union hierzu das offizielle Mandat.[19] Das aktuell gültige Abkommen aus

---

12 ABC: La Eurocámera suspende el viaje de una delegación a Venezuela por motivos de seguridad, 2.12.2015.
13 Reuters: Venezuela parliament approves amnesty law, Maduro vows to veto, 20.3.2016.
14 Llanos/Nolte: Die vielen Gesichter des lateinamerikanischen Präsidentialismus, 2016, S. 9.
15 Zeit Online: „Venezuela ist eine Zeitbombe", 14.5.2016.
16 Claudia Zilla: Macht auf Zeit. Zur Wiederwahl und Absetzung von Präsidentinnen und Präsidenten, in: SWP-Aktuell 15/2016, S. 6.
17 Europäisches Parlament: Lage in Venezuela. Entschließung des Europäischen Parlaments vom 8. Juni 2016 zur Lage in Venezuela (2016/2699(RSP)).
18 European External Action Service: Statement by High Representative Federica Mogherini on the latest developments regarding Venezuela, Brussels, 8 June 2016.
19 Secretaría de Relaciones Exteriores, Europäische Union: Mexico and the European Union announced the start of negotiations for the Modernization of the Bilateral Legal Framework. Joint Communique, Mexiko Stadt, 24 May 2016, S. 1.

dem Jahr 2000 wird als nicht mehr zeitgemäß erachtet. Die neue Vereinbarung soll daher an die „Abkommen der neuen Generation"[20], wie beispielsweise die Transatlantische Handels- und Investitionspartnerschaft, angepasst werden.

Hatten die angekündigte Überarbeitung aufgrund der schlechten Menschenrechtslage in Mexiko letztes Jahr noch zu Protesten aus der Europäischen Union geführt, so scheinen diese in diesem Jahr verklungen zu sein, obwohl erst Ende April der Abschlussbericht der Interamerikanischen Menschenrechtskommission zu den 2014 verschwundenen Studierenden veröffentlicht wurde. Der Bericht erhebt schwere Anschuldigungen gegen den mexikanischen Staat: Es sei nicht genug in den eigenen Reihen und insbesondere gegen hohe Amtsträger sowie Polizei und Militär ermittelt worden. Auch soll die Generalstaatsanwaltschaft verfälschte und vertrauliche Informationen an die Öffentlichkeit weitergegeben haben.[21] Die Europäische Union nahm die Arbeit laut einer Pressemitteilung „zur Kenntnis".[22] Auswirkungen auf die aktuellen Verhandlungen scheinen die neusten Veröffentlichungen aber nicht zu haben.

Bilanz und Ausblick

Die Europäische Union setzt sich auch weiterhin relativ wenig mit politischen Ereignissen in Lateinamerika auseinander und legt den Fokus klar auf die wirtschaftlichen Beziehungen. Eine kritischere Auseinandersetzung mit aktuellen Ereignissen wäre jedoch wünschenswert, insbesondere wenn mit den betreffenden Staaten konkrete Verhandlungen laufen. Für das kommende Jahr steht das nächste große Gipfeltreffen zwischen der Europäischen Union und der Gemeinschaft Lateinamerikanischer Staaten auf dem Programm, an das man aber aufgrund der Erfahrung der vergangenen Gipfeltreffen keine allzu großen Erwartungen haben sollte.

Weiterführende Literatur

Günther Maihold: Brasiliens Krise und die regionale Ordnung Lateinamerikas. Auf dem Subkontinent verlagern sich die Gewichte – auch weil die USA wieder im Spiel sind, in: SWP-Aktuell 36/2016.

---

20 European External Action Service: Remarks by HR/VP Federica Mogherini at the Joint press conference with Minister of Foreign Affairs of Mexico, Claudia Ruiz Massieu, Mexiko, 24 May 2016.

21 Grupo Interdisciplinario de Expertos Independientes: Informe Ayotzinapa II. Avances y nuevas conclusions sobre la investigación, búsqueda y atención a las víctimas, 2016, S. 596-599.

22 European External Action Service: Declaración de la portavoz sobre el informe del GIEI acerca de la investigación sobre la desaparición de los 43 estudiantes en Iguala (México), Brussels, 29 April 2016, 160429_02_en.

Mittelmeerpolitik

Tobias Schumacher

Im Jahresverlauf 2015/16 war das die EU-Außenbeziehungen dominierende Thema die Revision der Europäischen Nachbarschaftspolitik (ENP), in deren Rahmen sich auch die EU-Mittelmeerpolitik vollzieht. Dieser Konsultations- und Überarbeitungsprozess, der insgesamt mehr als 245 Stellungnahmen und Positionspapiere gouvernementaler und nicht-gouvernementaler Akteure generierte und in der Veröffentlichung der von der Europäischen Kommission und dem Europäischen Auswärtigen Dienst (EAD) verfassten gemeinsamen Kommunikation am 18. November 2015 seinen Abschluss fand, drehte sich ursprünglich um die Frage, ob die ENP grundsätzlich beibehalten werden sollte.[1] Ferner warf das bereits am 4. März 2015 von EU-Kommissar Johannes Hahn und der Hohen Beauftragten der Union für Außen- und Sicherheitspolitik, Federica Mogherini, gemeinsam ausgearbeitete und den Revisionsprozess offiziell initiierende Konsultationspapier die Frage auf, ob der bestehende institutionelle Rahmen der ENP sowie die der Politik zugrundeliegenden Instrumente im Hinblick auf die die ENP leitenden Zielsetzungen nach wie vor angemessen seien.[2] Insbesondere der Anspruch der Europäischen Union, die ENP und somit auch ihre Mittelmeerpolitik als Instrument externer Demokratieförderung einzusetzen und potentielle Kooperationsangebote negativ (,less for less') oder positiv (,more for more') zu konditionalisieren, hat im Laufe der Jahre zu Spannungen zwischen den Regierungen der südlichen Mittelmeeranrainerstaaten einerseits und der Europäischen Union beziehungsweise den EU-Mitgliedstaaten andererseits geführt. So haben Vertreter der südlichen Nachbarstaaten in unregelmäßigen Abständen die ENP sowie die EU-Mittelmeerpolitik als Ausdruck vermeintlich neo-kolonialer Einflussnahme kritisiert und überdies fehlende Eigentümerschaft an der ENP beklagt. Angesichts dieser Kritik, die bereits im Zuge der 2010/2011 erfolgten Überarbeitung der ENP geäußert wurde, aber auch nicht zuletzt bedingt durch die geringe Wirkungskraft des euro-mediterranen Kooperationsrahmens im Hinblick auf die von der Europäischen Union anvisierte Transformation ihrer südlichen Nachbarschaft in einen Raum des Friedens, der Stabilität und Prosperität, sah sich der Revisionsprozess vor die Herausforderung gestellt, künftig eine Balance herzustellen zwischen dem partnerschaftlichen Anspruch der ENP/EU-Mittelmeerpolitik einerseits und den politischen Interessen und Prioritäten der EU-Mitgliedstaaten andererseits.[3]

---

1 European Commission and High Representative of the Union for Foreign Affairs and Security Policy: Review of the European Neighbourhood Policy, JOIN(2015) 50 final, 18 November 2015.

2 Europäische Kommission: Gemeinsames Konsultationspapier. Auf dem Weg zu einer neuen Europäischen Nachbarschaftspolitik, JOIN(2015) 6 final, 4. März 2015.

3 Rosa Balfour: The European Neighbourhood Policy's Identity Crisis, in: Instituto Europeo del Mediterráneo (Hrsg.): Euromed Survey of Experts and Actors. European Neighbourhood Policy Review: European Union's Role in the Mediterranean, Barcelona 2016, S. 22-25.

Die arabischen Mittelmeeranrainer und der ENP-Revisionsprozess

Wie die sechs von der ENP einbezogenen osteuropäischen Nachbarstaaten der Europäischen Union wurden auch die südlichen Mittelmeeranrainerstaaten in die Revision der ENP eingebunden beziehungsweise haben existierende Kooperationsforen und -kanäle genutzt, um ihren Positionen Gehör zu verschaffen. Nachdem es bereits am 13./14. April 2015 zu einem informellen Treffen der EU-Außenminister mit ihren Amtskollegen aus dem südlichen Mittelmeerraum in Barcelona kam, das ausschließlich dem ENP-Revisionsprozess gewidmet war, haben die arabischen Mittelmeeranrainer im Anschluss und unter Federführung des ägyptischen Regimes ein Positionspapier ausgearbeitet, das sie am 24. Juni 2015 der Kommission und dem EAD vorgelegt haben.[4] Enthält das Papier insgesamt 34 Punkte, so ragen einige besonders heraus, knüpfen sie doch an bereits in der Vergangenheit geäußerte Kritikpunkte an der ENP beziehungsweise der EU-Mittelmeerpolitik an. Die arabischen Mittelmeeranrainer forderten beispielsweise eine Abkehr von dem vermeintlich unilateralen Charakter der EU-Politik sowie damit verbunden ein Ende der faktisch seit 1995 geltenden politischen Konditionalität. Stattdessen sprachen sie sich für eine stärkere Mitbestimmung an der konkreten Ausgestaltung der ENP und der EU-Mittelmeerpolitik aus, dies jedoch nicht ohne gleichzeitig auch deutlich zu machen, dass die Europäische Union künftig die lokalen, nationalen und regionalen Spezifika stärker berücksichtigen und dabei die existierenden Partnerschaftsinstrumente flexibler und effizienter einsetzen solle.[5] Neben zahlreichen Hinweisen auch Fragen der Migration und Mobilität größere Bedeutung beizumessen und – unter Berücksichtigung gegenseitiger Interessen – sicherheitspolitisch verstärkt zusammenzuarbeiten, wird damit das zentrale und auch im Berichtszeitraum fortbestehende Narrativ der arabischen Mittelmeeranrainer hinsichtlich des euro-mediterranen Beziehungsgeflechts deutlich: Sektorspezifische Kooperation und sogar partielle Integration in EU-europäische Binnenmarktstrukturen werden von den nicht-demokratischen Regimen noch immer nur dann als nutzbringend erachtet, sofern dadurch legitimitätssteigernde und das eigene Herrschaftsmonopol stärkende Effekte generiert werden. Im Umkehrschluss bedeutet dies aus ihrer Sicht jedoch auch, dass die von der Europäischen Union bereits im Zuge der 2010/2011 überarbeiteten ENP betonte Gewichtung auf ‚deep democracy‘ fortan überdacht werden und idealerweise einem gezielten Fokus auf gemeinsame ‚strategische Interessen‘ weichen sollte.[6]

Die ‚Neue‘ ENP und der südliche Mittelmeerraum – Das Ende normativer Ambitionen[7]

Zwischen dem gemeinsamen Positionspapier der arabischen Mittelmeeranrainer und der gemeinsamen Kommunikation vom 18. November 2015 besteht eine nicht unerhebliche Deckungsgleichheit hinsichtlich der künftigen Zielsetzungen der ‚neuen‘ ENP sowie auch hinsichtlich des Gestaltungsspielraums, den Brüssel seinen südlichen Nachbarn fortan bei der Implementierung des überarbeiteten Kooperationsrahmens einzuräumen gedenkt. Dies muss angesichts der Tatsache, dass sich die ENP und damit verbunden die EU-Mittelmeerpolitik in der Vergangenheit durch ein hohes Maß an Eurozentrismus ausgezeichnet haben, zunächst überraschen. Ein näherer Blick auf die von den Regierungen der EU-Mitglied-

---

4   Arab ENP Common Position Paper, Beirut, 24 June 2015.
5   Arab ENP Common Position Paper, 2015.
6   Egyptian Non-paper, On the European Neighbourhood Policy, Kairo, 2015.
7   Tobias Schumacher: Back to the Future: The ‚New‘ ENP towards the Southern Neighbourhood and the End of Ambition, College of Europe Policy Brief 1/2016.

staaten vorgelegten ‚Non-paper' lässt jedoch erkennen, dass es den gouvernementalen Eliten gelungen ist, ihre europäischen Partner für die im südlichen Mittelmeerraum um sich und auf den europäischen Kontinent gar übergreifenden Krisenphänomene wie Radikalisierung, islamistischer Terrorismus, Staatszerfall, Konflikt und Vertreibung zu sensibilisieren. Unter dem Eindruck dramatisch ansteigender Flüchtlingsströme aus dem südlichen Mittelmeerraum sowie zunehmender, von ISIS/Da'esh verübter Terroranschläge in europäischen Städten hatten sich folglich bereits zu Beginn der Überarbeitung der ENP zahlreiche Mitgliedstaaten für eine verstärkte Hinwendung zu sogenannten ‚transaktionalen Beziehungsgefügen' und damit einhergehend für eine Abkehr von den normativen Ambitionen EU-europäischer Außenpolitik ausgesprochen.[8] Diese Position, das heißt, südliche Mittelmeeranrainerstaaten primär in technische/technokratische und sektorspezifische Zusammenarbeitsstrukturen einzubinden, ohne dieses Kooperationszugeständnis an zuvor vollzogene Reformmaßnahmen zu knüpfen, wurde zügig von einer zunehmenden Zahl an EU-Mitgliedstaaten geteilt und bereits wenige Wochen nach Initiierung des ENP-Überprüfungsprozesses während des Brüsseler Europäischen Rates gar schriftlich fixiert.[9] Damit war im Prinzip bereits nur sechs Wochen nach der Veröffentlichung des gemeinsamen Konsultationspapiers durch Hahn und Mogherini die weitere Richtung des Überarbeitungsprozesses vorgegeben. Diese Entwicklung gipfelte sodann darin, dass die am 18. November 2015 veröffentlichte Kommunikation nicht mehr auf die bis dato geltende negative beziehungsweise positive Konditionalität als charakteristischem Strukturmerkmal der euro-mediterranen Beziehungen Bezug nimmt, dafür im Gegenzug aber den Partnerstaaten im südlichen Mittelmeerraum konkret Eigentümerschaft an der ENP zuerkennt. Dies wird begleitet von der expliziten Zusage der Europäischen Union, künftig zwischen den einzelnen Nachbarstaaten zu differenzieren und dementsprechend auch mit reformfeindlichen beziehungsweise nicht-demokratischen Regimen bereits bestehende oder sich anbahnende Kooperationen bedingungslos zu intensivieren. Mit anderen Worten: Das bereits seit 1995 existierende Spannungsgefüge zwischen einer auf der Förderung demokratischer Werte beruhenden EU-Mittelmeerpolitik einerseits und den Stabilitätsinteressen autokratisch verfasster Herrschaftsregime im südlichen Mittelmeerraum andererseits wurde durch den bewusst vollzogenen Wegfall politischer Konditionalität sowie der den südlichen Nachbarn zugestandenen exklusiven Entscheidungsbefugnis hinsichtlich der gewünschten Kooperationsdichte schlichtweg aufgelöst. Die dieser Entscheidung zugrunde liegende Vorstellung, dass (arabische) Diktaturen im südlichen Mittelmeerraum tatsächlich stabilitätsgenerierend wirken können, ist jedoch irreführend angesichts der Tatsache, dass sie aufgrund ihrer nicht-demokratischen und vielfach gar totalitären Herrschaftspraktiken für eben jene Instabilität und Unsicherheit verantwortlich zeichnen, welche die Europäische Union – zumindest entsprechend des der ENP und damit der EU-Mittelmeerpolitik zugrundeliegenden offiziellen Diskurses – noch immer zu bekämpfen beabsichtigt.[10]

In der konkreten Ausgestaltung des sich folglich neu konstituierenden euro-mediterranen Beziehungsgefüges hat das gezielte Fokussieren auf nicht-sensitive Kooperationszusammenhänge sowie die in europäischen Hauptstädten mittlerweile vorherrschende

---

8   Belgium, Czech Republic, Denmark, Finland, Hungary, Latvia, Lithuania, Netherlands, Sweden, and UK: European Neighbourhood Policy – Elements for a Review, 2015.

9   Europäischer Rat: Schlussfolgerungen des Rates zur Europäischen Nachbarschaftspolitik, Pressemitteilung 188/15, 20. April 2015.

10 Brynjar Lia: The Arab Mukharabat State and its ‚Stability': A Case of Misplaced Nostalgia, in: The New Middle East Blog, 26.4.2016.

Konzentration auf die Abwehr von aus dem Mittelmeerraum stammenden Krisenphäno-
menen dazu geführt, dass die Europäische Union in der Jahresperiode 2015/2016 insbesondere ihren sicherheitspolitischen Dialog und ihre sicherheitspolitische Zusammenarbeit
mit ihren südlichen Nachbarregimen vertieft hat. EU-intern ging damit die Schaffung
neuer Dienststellen an EU-Delegationen in zahlreichen Nachbarstaaten des südlichen
Mittelmeerraums einher, die sich seither ausschließlich und gezielt mit sicherheitspolitischen Themen und Fragen der Terrorismusbekämpfung auseinandersetzen. Auf bilateraler Ebene hingegen wurden Dialoge zur Terrorismusbekämpfung initiiert, die allerdings
wiederum vereinzelt von Nachbarregimen als Vorwand genutzt wurden, um politische
Freiheiten weiter einzuschränken und unliebsame Oppositionsgruppen verstärkt unter
Druck zu setzen. Die Europäische Union hat sich diesen Entwicklungen allerdings gegenüber weitestgehend ebenso passiv verhalten, wie dies auch nach der Ermordung des italienischen Studenten Giulio Regeni Ende Januar 2016 durch ägyptische Sicherheitskräfte der
Fall war.[11]

Zurück in die Zukunft: Die EU-Mittelmeerpolitik nach der Überprüfung der ENP

Angesichts der durch die Überprüfung der ENP neu definierten Ziel- und Schwerpunktsetzungen ist zu konstatieren, dass die EU-Mittelmeerpolitik im Jahreszeitraum 2015/2016
ein erhebliches Maß an Ambition eingebüßt und ihren normativen Anspruch deutlich abgeschwächt hat. In gewisser Weise reflektiert dies den gegenwärtigen Wandel der Europäischen Union hin zu einem zunehmend pragmatisch ausgerichteten Akteur. Vor dem
Hintergrund des damit einhergehenden offensichtlichen Eingeständnisses EU-europäischer
Eliten, mit ihrer transformativen Ambition im südlichen Mittelmeerraum gescheitert zu
sein, ist dies zu einem gewissen Grad nachvollziehbar. Gleichwohl ist diese Entwicklung
aber problematisch, stellt sie doch den seit 1995 mühevoll entwickelten Barcelona acquis
und die damit verbundenen Errungenschaften, als auch die weitere Evolution der Europäischen Union als kohärent agierendes Subjekt der internationalen Beziehungen deutlich in
Frage. Sollte es bei diesem Kurswechsel bleiben, ist folglich folglich zu erwarten, dass
sich die Europäische Union in absehbarer Zeit in ihrer südlichen Nachbarschaft sowohl
diskursiv als auch in Bezug auf die politische Praxis wohl auf ein limitiertes Aufgaben-
portfolio beschränken muss, das im Wesentlichen um Themen wie humanitäre Hilfe,
Entwicklung, Wiederaufbau sowie Grenzsicherung kreist.

Weiterführende Literatur

Dimitris Bouris/Tobias Schumacher (Hrsg.): The Revised European Neighbourhood Policy. Continuity and
    Change in EU Foreign Policy, Basingstoke 2016.
Raffaella Del Sarto: Normative Empire Europe: The European Union, its Borderlands, and the ‚Arab Spring', in:
    Journal of Common Market Studies 2/2016, S. 215-232.
Instituto Europeo del Mediterráneo (Hrsg.): Euromed Survey of Experts and Actors. European Neighbourhood
    Policy Review: European Union's Role in the Mediterranean, Barcelona 2016.
Maria O'Neill: Security cooperation, counterterrorism, and EU-North Africa cross-border security relations, a
    legal perspective, in: European Security 3/2016, S. 438-453.

---

11   Andrea Dernbach: Der Foltermord an Giulio Regeni spielt keine Rolle, in: Der Tagespiegel, 20.4.2016.

Nahostpolitik

Michael L. Bauer / Simon Hartmann

Der Nahe Osten ist über die Flüchtlingskrise des Jahres 2015 und die gestiegene terroristische Bedrohung, die sich in Anschlägen in Paris und Brüssel manifestierte, in der europäischen Innenpolitik angekommen. Im Zentrum der europäischen Nahostpolitik steht dabei der Bürgerkrieg in Syrien und das Aufkommen der Terrormiliz des sogenannten ‚Islamischen Staates' beziehungsweise ‚Daesh'. Beherrschende Themen waren darüber hinaus auch das Atomabkommen mit dem Iran, das als außenpolitischer Erfolg der Europäischen Union gefeiert wurde, die Verschärfung der saudisch-iranischen Rivalität, die in zahlreichen regionalen Konfliktherden zur Eskalation beiträgt, sowie der nach wie vor stagnierende israelisch-palästinensische Friedensprozess.

Eine neue außenpolitische Strategie

Die Verknüpfung von Außen- und Innenpolitik spiegelt sich auch in der Debatte um eine Neufassung der Sicherheitsstrategie der Europäischen Union wieder.[1] Eine neue Gesamtstrategie für die Gemeinsame Außen- und Sicherheitspolitik (GSVP) soll als „Global Strategy" im Juli 2016 vorliegen und den veränderten internationalen Rahmenbedingungen Rechnung tragen. Auch wenn die neue Strategie noch in der Entwurfsphase ist, zeigen die Arbeitsschwerpunkte des Europäischen Auswärtigen Dienstes (EAD), welche Prioritäten sich für Nordafrika und den Nahen Osten andeuten. Dort liegt der unmittelbare Fokus auf der Bekämpfung des Terrorismus mit sicherheitspolitischen Instrumenten der Innen- und Außenpolitik, humanitären Hilfsmaßnahmen und Entwicklungszusammenarbeit in der Region sowie migrationspolitischen Maßnahmen. Selbstkritisch wird in diesem Zusammenhang auch angemerkt: „(...) the biggest challenge is reminding ourselves that stability is no substitute for sustainability"[2], was als Signal gewertet werden kann, dass die Unterstützung mittel- bis langfristig angelegter politischer, wirtschaftlicher und gesellschaftlicher Reformen weiter beziehungsweise wieder ein wichtiges Element europäischer Nahostpolitik werden sollen. Dabei sollen auch die Nachbarn der südlichen Nachbarstaaten in der außenpolitischen Planung verstärkt mitberücksichtigt werden, für den Nahen Osten insbesondere die Golfstaaten.

Kaum Hoffnung für Syrien

Der Konflikt in Syrien ist aus humanitären, sicherheits- und innenpolitischen Gründen die wichtigste Herausforderung der europäischen Nahostpolitik. Im Zentrum der europäischen Politik stehen dabei Versuche, zu einer Deeskalation des Konfliktes beizutragen sowie eine weitere Ausbreitung der Terrormiliz ‚Daesh' zu verhindern.

---

[1]   Vgl. auch im Folgenden European Union Election Observation Missions: Federica Mogherini launches the EU Global Strategy, 12 October 2015. Siehe auch Daniel Göler/Lukas Zech: Gemeinsame Sicherheits- und Verteidigungspolitik in diesem Buch.

[2]   European External Action Service: Rethinking the EU's approach towards North Africa and the Middle East, 2015.

Nach Einschätzungen des Syrian Center of Policy Research wurden in dem Konflikt bis Anfang 2016 470.000 Menschen getötet und 1,8 Mio. verwundet. Weiterhin sollen 6,3 Mio. Personen im Inland und 4 Mio. im Ausland auf der Flucht sein.[3] Aus Sicht der Europäischen Union ist der Bürgerkrieg eine „Tragödie, (...) deren Ausmaß keine Parallelen in der jüngsten Geschichte hat", und die „größte humanitäre Katastrophe der Welt".[4]

Die Deeskalationsbemühungen Europas setzen dabei auf die Unterstützung multilateraler Initiativen, die verschiedenen Parteien in Syrien zu einem Friedensschluss zu bewegen.[5] Zentrales Ziel seit den Friedensgesprächen in Wien im November 2015 ist es, über den Beginn einer Waffenruhe direkte Friedensgespräche zu ermöglichen, wobei der Kampf gegen ‚Daesh' fortgeführt werden soll.[6] Tatsächlich vermittelten die USA und Russland Ende Februar 2016 eine Waffenruhe für Syrien, die sich zwar als brüchig erwies, in deren Folge es aber dennoch zu Verhandlungen zwischen den syrischen Konfliktparteien kam. Aufgrund anhaltender Brüche der Waffenruhe wurden diese Gespräche Mitte April 2016 allerdings ohne Ergebnisse auf unbestimmte Zeit ausgesetzt.[7] Multilaterale Formate, die über die innersyrischen und regionalen Konfliktlinien hinausreichen, wie etwa die International Syria Support Group, bilden dennoch weiterhin das Zentrum der europäischen Bemühungen um eine Deeskalation des Syrienkonfliktes.

In Reaktion auf die Anschläge in Paris im November 2015 gehen einige Mitgliedstaaten, allen voran Frankreich, verstärkt mit Luftschlägen gegen die Terrormiliz ‚Daesh' vor. Zahlreiche europäische Staaten hatten sich bereits seit 2014 an den US-geführten Luftangriffen auf die Miliz beteiligt. Im Rahmen der Terrorismusbekämpfung stärken einige Mitgliedstaaten auch Bürgerkriegsparteien vor Ort mit Waffenlieferungen und Ausbildungsprogrammen. In den sicherheitspolitischen Planungen der Mitgliedstaaten spielen zudem Rückkehrer aus den Kampfgebieten eine zentrale Rolle.[8]

Die russische Intervention in Syrien durch Luftschläge wurde vom Rat der Europäischen Union kritisiert. Aus europäischer Sicht zielen die Angriffe weniger auf eine Schwächung von ‚Daesh' als vielmehr auf eine Stärkung des syrischen Regimes, das Mitte 2015 nach Einschätzung internationaler Beobachter kurz vor dem Zusammenbruch gestanden hat.[9] Die russischen Angriffe richteten sich zumindest teilweise auch auf vom Westen unterstützte Rebellen und verstärkten Angriffe von Bodentruppen des syrischen Regimes auf von Rebellen gehaltene Gebiete.[10]

---

3   Syrian Center of Policy Research: Confronting Fragmentation. Impact of Syrian Crisis Report, February 2016, abrufbar unter: http://scpr-syria.org/publications/confronting-fragmentation/ (letzter Zugriff: 7.6. 2016), S. 7 f., 61.

4   Rat der Europäischen Union, Auswärtige Angelegenheiten: Mitteilungen an die Presse. Tagung des Rates. Sicherheit und Verteidigung, Brüssel, 12. Oktober 2015, Dok. 721/15.

5   Rat der Europäischen Union: Mitteilungen, Sicherheit und Verteidigung, 2015.

6   European External Action Service: Final declaration on the results of the Syria Talks in Vienna as agreed by participants, 30 October 2015.

7   Tagesschau.de: Opposition verlässt Verhandlungstisch, 18.4.2016.

8   Rat der Europäischen Union: Vorgehen gegen ausländische terroristische Kämpfer und Reaktion auf die jüngsten Terroranschläge in Europa, 4. April 2016.

9   Joshua Landis/Steven Simon: Assad Has It His Way. The Peace Talks and After, in: Foreign Affairs, 19.1.2016.

10   The Carter Centers: Russian Airstrike Update, 29.1.2016, abrufbar unter: https://www.cartercen ter.org/re sources/pdfs/peace/conflict_resolution/syria-conflict/Russian-Airstrikes-Update-Jan-29-2016.pdf (letzter Zugriff: 22.6.2016).

Chancen und Risiken in der Golfregion

Durch das Atomabkommen mit dem Iran wurde ein Konflikt beigelegt, der den UN-Sicherheitsrat über fast eine Dekade immer wieder beschäftigt hat. Der Vertrag war von den fünf permanenten Mitgliedern des UN-Sicherheitsrates und Deutschland (den sogenannten ‚P5+1') ausgehandelt worden. Deutschland, Frankreich und Großbritannien (die sogenannten ‚EU-3') sowie die Hohe Vertreterin der Europäischen Union für Außen- und Sicherheitspolitik, Federica Mogherini, hatten bei der Anbahnung des Kompromisses eine zentrale Rolle gespielt und die Kommunikationskanäle mit dem Iran offen gehalten. Die nun gültige Vereinbarung nimmt dem Iran die Fähigkeiten für ein Nuklearwaffenprogramm, im Gegenzug werden die internationalen Sanktionen gegen Teheran nach und nach aufgehoben.[11] Dieses Ergebnis wird jedoch nicht von allen Akteuren aus der Region begrüßt und vor allem Israel und Saudi-Arabien stehen dem Abkommen ablehnend gegenüber.[12]

Anfang 2016 wurde der saudisch-iranische Konflikt weiter angefacht. Im Januar 2016 ließ Riad den schiitischen Prediger Nimr al-Nimr hinrichten, woraufhin die saudische Botschaft in Teheran von einem aufgebrachten Mob gestürmt wurde. Saudi-Arabien brach die diplomatischen Beziehungen mit dem Iran nach diesem Ereignis ab.[13] Die Rivalität zwischen den beiden Regionalmächten wirkt sich auch auf andere Konfliktherde aus. Bereits seit März 2015 führt Saudi-Arabien mit Unterstützung einer Reihe arabischer und internationaler Partner eine Militäroperation gegen die schiitischen Huthi-Rebellen im Jemen durch, die mit dem ehemaligen jemenitischen Präsidenten Saleh kooperieren und strategisch wichtige Regionen im Jemen erobert haben. Die saudische Behauptung, die Rebellen würden vom Iran substanziell unterstützt, wird international kaum geteilt.[14]

Die Europäische Union steht dem Konflikt zwischen Teheran und Riad machtlos gegenüber. Zwar verurteilte Außenbeauftragte Mogherini die Exekution des Schiitenpredigers Nimr und die Stürmung der saudischen Botschaft in Teheran.[15] Auch leistet die Europäische Union im Jemen humanitäre Hilfe für die betroffene Bevölkerung,[16] während das Europäische Parlament in einer nicht bindenden Resolution ein Waffenembargo für Saudi-Arabien gefordert hat.[17] Doch die Reichweite dieser Maßnahmen ist gerade mit Blick auf die ambitionierte Außenpolitik Saudi-Arabiens unter dem neuen König Salman und seinem Sohn Mohamed bin Salman, der als Vizekronprinz und Verteidigungsminister die militärische Kampagne im Jemen leitet, begrenzt.

---

11 European External Action Service: Joint Comprehensive Plan of Action, Vienna 2015.
12 Henner Fürtig: Der Atomvertrag mit Iran. Erfolgreiche Beilegung einer internationalen Krise, in: German Institut of Global and Area Studies Focus Nahost 4/2015; Brent Sasley: Deal With It. How Israel Can Live with the Iranian Nuclear Agreement, in: Foreign Affairs, 17.7.2015; William Roberts: Riyadh ‚satisfied' with US assurances on Iran deal, in: Aljazeera 5.9.2015.
13 Sebastian Sons: König Salman und die Krisen. Doch Saudi-Arabien spielt auch weiterhin eine wichtige geostrategische Rolle, in: Internationale Politik 2/2016, S. 76-82.
14 Zu einer Analyse der iranischen Rolle im Jemen siehe u.a. Mohsen Milani: Iran's Game in Yemen. Why Tehran Isn't to Blame for the Civil War, in: Foreign Affairs, 19.4.2015.
15 European External Action Service: Press release on the phone conversation between the HR/VP Federica Mogherini and the Saudi Foreign Minister Adel al-Jubeir, 3.2.2016.
16 European Commission: Humanitarian Aid and Civil Protection. Yemen, 3.2.2016.
17 Europäisches Parlament: Resolution 2016/2515(RSP) vom 25. Februar 2016 über die humanitäre Lage im Jemen.

Keine Bewegung in Israel und Palästina

Ein anderes beständiges Thema der europäischen Nahostpolitik ist der Konflikt zwischen Israel und Palästina. In einer Resolution aus dem Frühjahr 2016 hat der Rat der Europäischen Union die Zwei-Staaten-Lösung, die die Europäische Union bereits in der sogenannten ‚Venice Declaration' aus dem Jahr 1980 als außenpolitische Zielsetzung formuliert hat, abermals bekräftigt.[18]

Im Herbst 2015 verstärkte die Europäische Union den Druck auf die israelische Siedlungspolitik im Westjordanland mit neuen Einfuhrregelungen, da sie aus Sicht der Union einer Zweistaatenlösung entgegenwirkt. Produkte, die aus israelischen Siedlungen im besetzten Palästinensergebiet stammen, dürfen nicht mehr das Siegel ‚Made in Israel' tragen. Der Rat der Europäischen Union rechtfertigte diesen Schritt mit der Anwendung europäischen und internationalen Rechts, demzufolge die von Israel 1967 im Sechs-Tage Krieg eroberten Gebiete nicht als israelisches Staatsgebiet anerkannt werden.[19] Die israelische Regierung betrachtete die neue Reglung als Affront und zog den israelischen Botschafter bei der Europäischen Union als Reaktion darauf ab.[20]

Eine neue Friedensinitiative Frankreichs, die im Juni 2016 gestartet ist und an der Vertreter aus 28 Staaten und internationale Organisationen teilnehmen, scheint unter diesen Bedingungen wenig erfolgsversprechend zu sein.[21] Delegierte aus Israel oder Palästina waren nicht anwesend. Die Initiative zielt darauf ab, die seit 2014 unterbrochenen Friedensgespräche bis zum Ende des Jahres wiederzubeleben. Sie trifft in der Region und international allerdings nur auf ein geteiltes Echo.

Weiterführende Literatur

Michael Bauer/Almut Möller: Angewandte Politikforschung zur europäischen Nahostpolitik, in: Manuela Glaab/Karl-Rudolf (Hrsg.): Angewandte Politikforschung, Berlin 2012, S. 307-318.

European Institute for Mediterranean (Hrsg.): Mediterranean Yearbook, Barcelona versch. Jg. seit 2003.

Louis Fawcett: International Relations of the Middle East, Oxford 2013.

---

18 Rat der Europäischen Union, Auswärtige Angelegenheiten: Mitteilungen an die Presse. Tagung des Rates, Brüssel, 18. Januar 2016, Dok. 14/16.
19 Rat der Europäischen Union: Mitteilungen an die Presse, 2016.
20 EuroActiv und Reuters: Israel fumes over planned EU labeling of ‚settlement' products, 31.11.2015.
21 Andrea Frontini/Francesca Fabbri: Diplomatic parade or last struggle against fatalism? Making Sense of the Paris ministerial meeting on the Middle East Peace Process, in: EPC Commentary, 16.6.2016.

Die Europäische Union und die Länder der Östlichen Partnerschaft

Katrin Böttger[*]

In den Jahren 2015/2016 war die öffentliche Debatte zur Östlichen Partnerschaft weiterhin von der Ukraine dominiert. Auch das Wiederaufflammen des Bergkarabach-Konflikts fällt in diese Zeit. Seit 2009 sind die Beziehungen der Europäischen Union zu ihren östlichen Nachbarn, das heißt Armenien, Aserbaidschan, Belarus, Georgien, Moldau und Ukraine, in der Östlichen Partnerschaft organisiert. Der Reform- und Review-Prozess[1] der Europäischen Nachbarschaftspolitik (ENP), zu der auch die Östliche Partnerschaft zählt, mündete in der Veröffentlichung der Schlussfolgerungen des Europäischen Rates am 14. Dezember 2015 in Reaktion auf die Gemeinsame Stellungnahme der Europäischen Kommission und der Hohen Vertreterin der Union für Außen- und Sicherheitspolitik vom 18. November 2015.[2] In den Dokumenten wird der Schwerpunkt auf die Stabilisierung der Nachbarschaft in den Bereichen Politik, Wirtschaft und Sicherheit gelegt. Dabei werden sowohl die Interessen der Europäischen Union, geopolitische Rahmenbedingungen als auch die immer deutlicher differenzierten Interessen auf Seiten der Nachbarstaaten berücksichtigt – alles Punkte, die in der Vergangenheit kritisiert wurden.[3] Insgesamt bleibt sie jedoch bedauernswert vage und konkretisiert nicht, wie die genannten Ziele erreicht werden könnten.

Das Referendum in den Niederlanden über das EU-Assoziierungsabkommen mit der Ukraine, bei dem 61 Prozent der an der Abstimmung beteiligten 32,28 Prozent der Wahlberechtigten gegen das Abkommen stimmten, führte dazu, dass das Assoziierungsabkommen (seit November 2014) und das Vertiefte und Umfassende Freihandelsabkommen (Deep and Comprehensive Free Trade Agreement, DCFTA, seit 1. Januar 2016) mit der Ukraine weiterhin nur vorläufig angewandt werden können. Die Abkommen mit Moldau und Georgien, die ebenfalls seit 1. September 2014 vorläufig angewandt wurden, sind seit dem 1. Juli 2016 offiziell in Kraft getreten, nachdem alle Vertragspartner sie ratifiziert haben.[4] Die Beziehungen zu den drei weiteren Staaten der Östlichen Partnerschaft Armenien, Aserbaidschan und Belarus erfolgt in zunehmend differenzierter Weise.

---

*   Die Autorin dankt Kim Henningsen und Friederike Bodenstein-Dresler für ihre vielfältige Zuarbeit.

1   Katrin Böttger: Die Europäische Union und die Länder der Östlichen Partnerschaft, in: Werner Weidenfeld/Wolfgang Wessles (Hrsg.): Jahrbuch der Europäischen Integration 2015, Baden-Baden 2015, S. 333-338.

2   Europäische Kommission und die Hohe Vertreterin der Union für Außen- und Sicherheitspolitik: Gemeinsame Mitteilung an das Europäische Parlament, den Rat und den Europäischen Wirtschafts- und Sozialausschuss und den Ausschuss der Regionen. Überprüfung der Europäischen Nachbarschaftspolitik, 18. November 2015, Dok. JOIN(2015) 50.

3   Katrin Böttger: Im Osten nichts Neues? Ziele, Inhalte und erste Ergebnisse der Östlichen Partnerschaft, in: integration 4/2009, S. 372-387.

4   European Commission: Full entry into force of the Association Agreement between the European Union and the Republic of Moldova, Press release, 1 June 2016, Dok. IP/16/2368, abrufbar unter: http://europa.eu/rapid/press-release_IP-16-2368_en.htm (letzter Zugriff: 1.8.2016); European Commission: EU-Georgia Association Agreement fully enters into force, Press release, 1 June 2016, Dok. IP/16/2369, abrufbar unter: http://europa.eu/rapid/press-release_IP-16-2369_en.htm (letzter Zugriff: 1.8.2016).

Die Entwicklungen der bilateralen Beziehungen

Armenien

Am 7. Dezember 2015 haben die Europäische Union und Armenien Verhandlungen für ein neues Abkommen zur Vertiefung der bilateralen Beziehungen begonnen. Die Hohe Vertreterin Federica Mogherini und der Außenminister von Armenien, Edward Nalbandian, eröffneten diese. Sie bauen auf einer gemeinsamen Analyse der Rahmenbedingungen für ein neues bilaterales Abkommen auf. Das zukünftige Abkommen soll einen Rahmen für politische, wirtschaftliche und sektorale Kooperation bilden (1), die Kooperation in den Bereichen Energie, Transport und Umwelt stärken (2), neue Chancen für Handel und Investment eröffnen (3) und die Mobilität der Menschen der Europäischen Union und Armeniens verbessern (4).[5] Durch das neue Abkommen wird das bisher geltende Partnerschafts- und Kooperationsabkommen (PKA) abgelöst. Das Abkommen soll eine neue Richtung der EU-Armenien-Beziehungen einläuten, welche durch den Abbruch der Verhandlungen zum Assoziierungsabkommen zuletzt Rückschritte zu verzeichnen hatten, nachdem sich Armenien 2013 für den Beitritt zur Eurasischen Zollunion und der Eurasischen Wirtschaftsunion mit Russland, Belarus und Kasachstan entschieden hatte.

Im Verlauf des vergangenen Jahres kam es zu gewaltsamen Protesten gegen die Regierung (Juni 2015).[6] Darüber hinaus flammte auch der Bergkarabach-Konflikt wieder auf. Anfang Dezember 2015 häuften sich Fälle gewaltsamer Auseinandersetzungen. Ende Dezember kündigte Armenien den Waffenstillstand mit Aserbaidschan auf. Erst im April 2016 und nach zahlreichen Toten konnten sich Armenien und Aserbaidschan auf eine Waffenruhe einigen.[7] Unabhängig davon beklagte die Zivilgesellschaft im Februar 2016 die sich verschlechternde Menschenrechtslage im Land.[8]

Aserbaidschan

Die Verhandlungen über ein Assoziierungsabkommen ohne DCFTA zwischen Aserbaidschan und der Europäische Union, die von 2010 bis 2014 geführt wurden, liegen weiter auf Eis. Auch in Aserbaidschan ist die Lage der Zivilgesellschaft nach Schließung des Büros der Organisation für Sicherheit und Zusammenarbeit in Europa (OSZE) im Juli 2015 weiterhin schwierig. Beim Deutschlandbesuch des aserbaidschanischen Staatspräsidenten Ilham Alijew am 7. Juni 2016 sprach sich Bundeskanzlerin Angela Merkel dafür aus, dass deutsche politische Stiftungen in Aserbaidschan arbeiten können.[9] Auch die Friedrich-Ebert-Stiftung und die Konrad-Adenauer-Stiftung sind nicht mit Büros in Baku vertreten. Darüber hinaus appellierte Merkel an Armenien und Aserbaidschan, den Bergka-

---

5   European Union External Action: EU and Armenia to start negotiations for a new agreement, 7 December 2015, abrufbar unter: http://eeas.europa.eu/top_stories/2015/071215_eu-armenia_agreement_negotiations _en.htm (letzter Zugriff: 1.8.2016).

6   Zeit Online: Armenier gehen gegen Regierung auf die Straße, 24.6.2015.

7   Süddeutsche Zeitung: Feuerpause im Kampf um Berg-Karabach vereinbart, 5.4.2016.

8   Eastern Partnership Social Society Forum: Statement by the Steering Committee of the Eastern Partnership Civil Society Forum on the Deteriorating Human Rights Situation in Armenia, 1.2.2016, abrufbar unter: http://eap-csf.eu/assets/files/Statement%20Armenia%20February%202016_EN.pdf (letzter Zugriff: 1.8.2016).

9   Die Friedrich-Naumann-Stiftung führt beispielsweise aufgrund der verschlechterten Lage derzeit keine Veranstaltungen in Aserbaidschan durch. Vgl. Friedrich-Naumann-Stiftung für die Freiheit: Aserbaidschan: Für Frieden und Markwirtschaft im Südkaukasus, abrufbar unter: https://www.freiheit.org/ content/aserbaidschan (letzter Zugriff: 1.8.2016).

rabach-Konflikt friedlich zu lösen.[10] Auch Mogherini kritisierte 2015 wiederholt Gerichtsurteile gegenüber Journalisten und Menschenrechtsaktivisten[11], während sie ab 2016 Freilassungen begrüßen konnte.[12] Bei den Parlamentswahlen am 1. November 2015 kam keine Wahlbeobachtung durch das Office for Democratic Institutions and Human Rights (ODIHR) der OSZE zustande, da es mit der aserbaidschanischen Führung keine Einigung über die Zahl der Beobachter gab. Lediglich die Beobachtermission des Europarates wurde durchgeführt, die nur von kleineren Auffälligkeiten am Wahltag berichtete, aber die Menschenrechtslage in Aserbaidschan kritisierte.[13]

Belarus

Die Beziehungen mit Belarus liegen seit Mitte der 1990er Jahre offiziell auf Eis. Das Land nimmt lediglich an einigen Programmen der multilateralen Dimension der Östlichen Partnerschaft teil. Während das Waffenembargo verlängert wurde, hat die Europäische Union Sanktionen gegenüber einzelnen und juristischen Personen („restrictive measures') im Februar 2016 aufgehoben. Dies geschah in der Folge des Trends rückläufiger Repressionen im Land, die als zaghafter Fortschritt bewertet werden können. Hierzu gehört auch die Entlassung politischer Gefangener vor der Präsidentschaftswahl am 11. Oktober 2015. Anderthalb Monate zuvor hatte der amtierende und mit 83,5 Prozent der Stimmen wiedergewählte Präsident Alexander Lukaschenko im August 2015 die sechs letzten, auch international anerkannten politischen Gefangenen entlassen, darunter den ehemaligen Präsidentschaftskandidaten Mikola Statkewitsch.[14] Laut OSZE entsprachen die Wahlen dennoch nicht demokratischen Standards, insbesondere in Bezug auf die Zusammensetzung der Wahlkomitees und die vorzeitige Abgabe der Stimme wie durch Briefwahl.[15]

Nachdem der Menschenrechtsdialog zwischen der Europäischen Union und Belarus im Juli 2015 wieder aufgegriffen wurde, fand die nächste Sitzung im Juni 2016 statt. Unter Einbeziehung zivilgesellschaftlicher Gruppen diskutierten die beiden Seiten insbesondere die bevorstehenden Parlamentswahlen, für die die Europäische Union die Einhaltung internationaler Standards forderte.[16] Trotz zögerlicher Fortschritte sind viele ehemals politische

---

10   Claudia von Salzen: Schwieriger Besuch aus dem Kaukasus: Die Bundesregierung appelliert an Aserbaidschan und Armenien, den Konflikt um Berg-Karabach diplomatisch zu lösen, in: Der Tagesspiegel, 7.6.2016.

11   European Union External Action: Statement by High Representative/Vice-President Federica Mogherini on the sentencing of Leyla and Arif Yunus, prominent Human Rights Defenders in Azerbaijan, 14 August 2015, abrufbar unter: http://eeas.europa.eu/statements-eeas/2015/150814_01_en.htm (letzter Zugriff: 1.8.2016).

12   European Union External Action: Statement by the Spokesperson on the release of Khadija Ismayilova, 25 May 2016, abrufbar unter: http://eeas.europa.eu/statements-eeas/2016/160525_04_en.htm (letzter Zugriff: 1.8.2016); and: Statement by the Spokesperson on Leyla and Arif Yunus, 19 April 2016, abrufbar unter: http://eeas.europa.eu/statements-eeas/2016/160419_04_en.htm (letzter Zugriff: 1.8.2016).

13   Council of Europe Parlamentary Assembly: Statement by PACE Election Observation Mission on the parliamentary elections in Azerbaijan on 1 November 2015, 2 November 2015, abrufbar unter: http://assembly.coe.int/nw/xml/News/News-View-EN.asp?newsid=5856&cat=31 (letzter Zugriff: 1.8.2016).

14   DerStandard.at: Lukaschenko begnadigt politische Häftlinge, 22.8.2015.

15   Organization for Security and Co-operation in Europe: International Election Observation Mission. Republic of Belarus – Presidential Election, 11 October 2015: Statement of Preliminary Findings and Conclusions, abrufbar unter: http://www.osce.org/odihr/elections/belarus/191586?download=true (letzter Zugriff: 1.8.2016).

16   European Union External Action: EU-Belarus Human Rights Dialogue, Press release, 7 June 2016, abrufbar unter: http://eeas.europa.eu/statements-eeas/2016/160609_06_en.htm (letzter Zugriff: 1.8.2016).

Gefangene weiterhin in ihren Rechten beschränkt, zudem gilt in Belarus weiterhin die Todesstrafe, die 2016 bereits fünfmal ausgesprochen wurde.[17] Auch die Zivilgesellschaft in Belarus ist weiter von Einschränkungen und Willkür betroffen.

Die im Januar 2014 begonnenen Verhandlungen der Europäischen Union mit Belarus über Visaerleichterungen und ein Rückübernahmeabkommen waren bereits Ende 2015 abgeschlossen. Eine bestehende Hürde waren Sicherheitslücken der Diplomaten-Reisepässe, da sie noch nicht den notwendigen Sicherheitsstandards entsprachen.[18] Der belarussische Innenminister Alexey Begun ging aber im März 2016 davon aus, dass die Abkommen bis Ende des Jahres unterzeichnet wären.[19]

Georgien

Durch die Implementierung des DCFTA seit September 2014 ist der Handel Georgiens mit der Europäischen Union von 27 Prozent auf 30 Prozent gewachsen.[20] Die EU-Importe georgischer Produkte stiegen im ersten Jahr um 15 Prozent.[21]

Nachdem im Verlauf des vergangenen Jahres wiederholt der Zerfall der Regierungskoalition ‚Georgischer Traum' drohte, trat Premierminister Irakly Garibashvili am 23. Dezember 2015 von seinem Posten zurück. Er war zwei Jahre im Amt. Am 29. Dezember 2015 wählte das Parlament den früheren Außenminister Georgi Kvirikashvili zum neuen Premierminister.[22] Als möglicher Grund für den Rücktritt wurde die Währungsabwertung genannt. Die Regierungskoalition ‚Georgischer Traum' bleibt weiter in der Regierungsverantwortung.[23]

Die Lage entlang der administrativen Grenze zu Abchasien und Südossetien ist nach dem militärischen Konflikt mit Russland im Jahr 2008 weiterhin relativ stabil.[24] Die Sitzung des Incident Prevention and Response Mechanism am 28. Juni 2016 stellte Herausforderungen insbesondere hinsichtlich Grenzüberschreitungen und Verhaftungen fest, welche die Lage mittelfristig wieder eskalieren könnten.[25]

Bezüglich der angestrebten Visafreiheit für Georgierinnen und Georgier bei der Einreise in die Europäische Union berichtete die Europäische Kommission im letzten Fortschrittsbericht am 18. Dezember 2015, dass Georgien alle Benchmarks des Aktionsplanes erfülle. Die Entscheidung, die noch 2016 getroffen werden könnte, liegt nun in den Händen des Rates der Europäischen Union und des Europäischen Parlaments.[26]

---

17 Amnesty International: Wenn der Staat tötet: Todesstrafe in Berlarus, Stand: 3. Juni 2016, abrufbar unter: http://www.amnesty-todesstrafe.de/files/reader_todesstrafe-in-belarus.pdf (letzter Zugriff: 1.8.2016).

18 Belarus News: Belarus-EU visa facilitation agreement ready for signing, 9.12.2016.

19 Eurasiat'x: Belarus-EU visa facilitation agreement might be signed by the end of the year, 4.3.2016.

20 European Union External Action: EU-Georgia relations, abrufbar unter: http://www.eeas.europa.eu/fact sheets/news/eu-georgia_factsheet_en.htm (letzter Zugriff: 1.8.2016).

21 Cecilia Malmström: EU Georgia Trade: Staying the Course, Speech, 21 March 2016, abrufbar unter: http://trade.ec.europa.eu/doclib/docs/2016/march/tradoc_154366.pdf (letzter Zugriff: 1.8.2016).

22 European Forum for Democracy and Solidarity: Georgia, abrufbar unter: http://www.europeanforum.net/ country/georgia (letzter Zugriff: 1.8.2016).

23 European Forum for Democracy and Solidarity: Georgia, 2016.

24 European Union External Action: 67th IPRM meeting takes place in Ergneti, Press Release, 28 June 2016, abrufbar unter: https://www.eumm.eu/en/press_and_public_information/press_releases/5443/?year=2016 &month=7 (letzter Zugriff: 1.8.2016).

25 European Union External Action: Press Release. 67th IPRM meeting, 2016.

26 European Union External Action: EU-Georgian Relations, Fact Sheet, 7/2016, S. 1-6, hier: S. 3, abrufbar unter: http://www.eeas.europa.eu/factsheets/docs/eu-georgia_factsheet_en.pdf (letzter Zugriff, 1.8.2016).

Moldau

Mit Ministerpräsident Pavel Filip hat Moldau seit dem 20. Januar 2016 die dritte Regierung seit den Parlamentswahlen im November 2014.[27] Sein Vorgänger Valeriu Strelet (Juli bis Oktober 2015) wurde durch ein Misstrauensvotum in Folge eines Bankenskandals gestürzt, in dessen Zusammenhang der ehemalige Regierungschef Vlad Filat (2009 bis 2013) unter dem Vorwurf der Korruption verhaftet wurde.[28] Diese Vorgänge haben die dringende Notwendigkeit einer systematischen Korruptionsbekämpfung im Land nochmals unterstrichen. Wirtschaftlich profitiert auch Moldau vom DCFTA, allerdings weniger stark als Georgien. Importe von moldawischen Gütern in die Europäische Union sind 2015 um 5 Prozent gestiegen, Exporte von EU-Gütern nach Moldau jedoch zurückgegangen.[29]

Der eingefrorene Konflikt in Transnistrien wird seit nunmehr zehn Jahren durch die European Union Border Assistance Mission to Moldova and Ukraine (EUBAM) überwacht.[30] Zuletzt hatten Moldau und die Ukraine zwei Kooperationsabkommen unterzeichnet, die den Handel und den Austausch von Daten über Grenzübertritte erleichtern.[31] Sie unterzeichneten mit der Europäischen Union zudem einen Vertrag über eine Verlängerung von EUBAM um 24 Monate mit an die DCFTA beider Länder angepasster Regularien.[32]

Ukraine

Die Lage in der Ukraine ist durch den kriegerischen Konflikt im Osten des Landes und den nach wie vor großen Reformbedarf weiterhin schwierig. So sank das Bruttoinlandsprodukt im Jahr 2015 um 10 Prozent. Nachdem die Implementierung von Minsk II vom Februar 2015 weiterhin stockte, erweiterte die Europäische Union die Sanktionen gegenüber Russland im Juni 2015 nochmals.[33] Seitdem kam es zu mehreren Treffen des Normandie-Quartetts (Treffen auf Regierungsebene von Deutschland, Frankreich, Russlands und der Ukraine). Es unterstützt die Umsetzung des Waffenstillstandsabkommens durch die OSZE, deren Vorsitz Deutschland 2016 inne hat, politisch.[34] Insgesamt brachten diese Treffen jedoch keinen Durchbruch.

Eine Regierungskrise von Februar bis April 2016 erschwerte die Lage in der Ukraine zusätzlich. Ausgangspunkt war der Rücktritt des Wirtschaftsministers Aivaras Abromavičius, in dessen Folge Ministerpräsident Arsenij Jazenjuk zunächst ein Misstrauensvotum überstand, am 10. April 2016 aber schließlich seinen Rücktritt bekanntgab. Am 14. April

27 Zeit Online: Proteste gegen proeuropäische Regierung, 21.1.2016.

28 Keno Verseck: Milliardenskandal in Republik Moldau: Geplünderter Staat, wütendes Volk, in: Spiegel Online, 24.10.2015; European Union External Action: EU-Republic of Moldova relations, abrufbar unter: http://eeas.europa.eu/factsheets/news/eu-moldova_factsheet_en.htm (letzter Zugriff: 1.8.2016).

29 European Union External Action: EUBAM Advisory Board appraises ongoing reforms and Transnistria conflict settlement efforts, 11 May 2016, abrufbar unter: http://eubam.org/newsroom/eubam-advisory-board-appraises-ongoing-reforms-and-transnistria-conflict-settlement-efforts/ (letzter Zugriff: 1.8.2016).

30 European Union External Action: EUBAM Advisory Board appraises ongoing reforms and Transnistria conflict settlement efforts, 2016.

31 European Union External Action: Moldova, Ukraine, EU make it easier to move across the Moldova-Ukraine border, 4 November 2016, abrufbar unter: http://eubam.org/newsroom/moldova-ukraine-eu-make-it-easier-to-move-across-the-moldova-ukraine-border/ (letzter Zugriff: 1.8.2016).

32 European Commission: EU, Moldova and Ukraine strengthen border cooperation, abrufbar unter: http://ec.europa.eu/enlargement/news_corner/news/2015/11/20151124_en.htm (letzter Zugriff: 1.8.2016).

33 EU Nachrichten: EU-Sanktionen gegen Russland aufgrund der Krise in der Ukraine, abrufbar unter: https://europa.eu/newsroom/highlights/special-coverage/eu_sanctions_de (letzter Zugriff: 1.8.2016).

34 Auswärtiges Amt: Politische Konfliktlösung: Minsker Abkommen und Normandie-Format, abrufbar unter: http://www.auswaertiges-amt.de/DE/Aussenpolitik/Laender/Aktuelle_Artikel/Ukraine/Politische_Konflikt loesung_node.html (letzter Zugriff: 1.8.2016).

2016 wurde der bisherige Parlamentspräsident Wolodymyr Groisman neuer Ministerpräsident. Während mit Ivanna Klympush-Tsintsadze eine Vizepremierministerin für Europäische und Euro-Atlantische Integration berufen wurde,[35] schaffte die neue Regierung die ressortbezogenen Vizeminister für europäische Integration ab. Durch diese Revirements fehlt es bei der Implementierung des DCFTA noch an Kontinuität, die auch durch finanzielle Unterstützung nicht zu kompensieren ist.[36]

Auch für die Ukraine empfahl die Europäische Kommission im April 2016 die Visafreiheit.[37] Eine Entscheidung durch das Europäische Parlament und den Rat der Europäischen Union steht auch hier noch aus.

Fazit und Ausblick

Der Berichtszeitraum war von der zögerlichen Implementierung der existierenden Instrumente geprägt, die mit einer immer stärkeren Differenzierung zwischen den Staaten der Östlichen Partnerschaft einhergeht. Auch die Global Strategy betont diese maßgeschneiderten Partnerschaften.[38] Die Ukraine-Krise, aber auch der Konflikt um Bergkarabach zeigen, dass Osteuropa und der Südkaukasus weiterhin von der Lage zwischen Russland und der Europäischen Union geprägt sind und die eingefrorenen Konflikte jederzeit wieder aufflammen können. Hier will sich die Europäische Union weiter und stärker engagieren. Es bleibt abzuwarten, welchen Beitrag die Europäische Union leisten kann, um die Resilienz ihrer Nachbarstaaten in Osteuropa und im Südkaukasus zu stärken.

Weiterführende Literatur

Katrin Böttger: Deutschland, die Östliche Partnerschaft und Russland, in: Handbuch zur deutschen Europa-politik, Baden-Baden 2016, S. 407-420.

Katrin Böttger: Auf dem sicherheitspolitischen Auge blind. Die EU-Außenpolitik angesichts der Ukraine-Krise: Zustand und Entwicklungsoptionen, in: integration 2/2014, S. 95-108.

Katrin Böttger/Mathias Jopp: Plädoyer für ein Ende der Naivität: Die Ukraine-Krise und die Lehren für die EU-Ostpolitik, in: Werner Weidenfeld/Wolfgang Wessels (Hrsg.): Jahrbuch der Europäischen Integration 2014, Baden-Baden 2014, S. 49-63.

Katrin Böttger: Die Entstehung und Entwicklung der Europäischen Nachbarschaftspolitik. Akteure und Koalitionen, Baden-Baden 2010.

Katrin Böttger: Im Osten nichts Neues? Ziele, Inhalte und erste Ergebnisse der Östlichen Partnerschaft, in: integration, 4/2009, S. 372-387.

Stefan Lehne: Time to reset the European Neighbourhood Policy. Carnegie Europe 02/2014.

---

35 Web-Portal of Ukrainian Government: Vice Prime Minister of Ukraine for European and Euro-Atlantic Integration, abrufbar unter: http://www.kmu.gov.ua/control/en/publish/article?art_id=249018640&cat_id =247605901 (letzter Zugriff: 1.8.2016).

36 Andrzej Godlewski: Ukraine needs support and not only financial aid, in: Central European Financial Observer, 21.7.2016, abrufbar unter: http://www.financialobserver.eu/cse-and-cis/ukraine-needs-support-and-not-only-financial-aid/ (letzter Zugriff: 1.8.2016).

37 Europäische Kommission: EU-Kommission schlägt Visafreiheit für Ukraine vor, 20. April 2016, abrufbar unter: http://ec.europa.eu/germany/news/eu-kommission-schl%C3%A4gt-visafreiheit-f%C3%BCr-ukrai ner_de (letzter Zugriff: 1.8.2016).

38 Vgl. auch im Folgenden European Union Global Strategy: Shared Vision, Common Action: A Stronger Europe. A Global Strategy for the European Union's Foreign and Security Policy.

Die Europäische Union und Russland

Katrin Böttger[*]

Aufgrund der divergierenden Positionen der Europäischen Union und Russlands, nicht nur mit Blick auf die Ukrainekrise, sondern auch auf den Bürgerkrieg in Syrien, befinden sich ihre Beziehungen weiterhin in einem Tief. So war das Treffen zwischen dem Präsidenten der Europäischen Kommission, Jean-Claude Juncker, und dem russischen Präsidenten Vladimir Putin beim St. Petersburg International Forum vom 16. Juni 2016[1] das erste zwischen Putin und einem EU-Politiker seit der Verhängung von Sanktionen seitens der Europäischen Union gegen Russland im Jahr 2014. Es traf in den EU-eigenen Reihen, insbesondere bei osteuropäischen und baltischen Regierungen, aber auch bei Abgeordneten von Junckers Fraktion der Europäischen Volkspartei (EVP) und seinen Mitarbeitern auf Unverständnis. Wichtigster Grund hierfür ist die Annexion der Krim und die weiterhin fehlende Umsetzung der Bestimmungen des Minsk II-Abkommens durch Russland. Letztere nannte auch Juncker als Bedingung für die Aufhebung von Sanktionen gegenüber Russland.[2] Künftig wollen Juncker und Putin engen Kontakt halten, um die bilateralen Beziehungen wieder zu verbessern.[3]

In der Global Strategy der Europäischen Union vom Juni 2016 wird Russland als zentrale Herausforderung für die Sicherheit in Europa konkret benannt.[4] Ziel ist deshalb die Stärkung der Europäischen Union bei gleichzeitiger Anerkennung der Interdependenz zwischen der Europäischen Union und Russland, sodass bei überlappenden Interessen kooperiert werden kann.[5]

Sanktionen

Nachdem die Europäische Union erstmals am 6. März 2014 im Zusammenhang mit dem geplanten Referendum zur Unabhängigkeit der Krim Sanktionen gegenüber Russland verhängte, umfasste die Liste der sogenannten ‚restriktiven Maßnahmen‘ zeitwillig bis zu 151 Personen und 37 Unternehmen.[6] Bei der Verlängerung der personenbezogenen Sanktionen am 10. März 2016 bis zum 15. September 2016 wurde diese Liste allerdings auf 46 Personen und elf Organisationen gekürzt.[7] Die Krim-Sanktionen wurden am 17. Juni 2016 um ein weiteres Jahr bis zum 23. Juni 2017 verlängert, die sektoralen Wirtschaftssanktio-

---

*   Die Autorin dankt Bastian Hennigfeld für seine Zuarbeit.
1   Jorge Valero: Juncker restarts dialogue with Putin on the eve of sanctions renewal, in: EurActiv.com, 16.6.2016.
2   Jorge Valero: Juncker, Putin vow to keep 'close contacts' after bilateral freeze, in: EurActiv.com, 17.6.2016.
3   Valero: Juncker, Putin vow to keep 'close contacts' after bilateral freeze, 2016.
4   European Union: Shared Vision, Common Action: A Stronger Europe. A Global Strategy for the European Union's Foreign And Security Policy, 6/2016, S. 33.
5   European Union: A Global Strategy for the European Union's Foreign And Security Policy, 2016, S. 33.
6   Europäische Union Nachrichten: EU-Sanktionen gegen Russland aufgrund der Krise in der Ukraine, 2014, abrufbar unter: http://europa.eu/newsroom/highlights/special-coverage/eu_sanctions/index_de.htm (letzter Zugriff: 3.9.2016).

nen am 1. Juli 2016 um ein halbes Jahr bis zum 21. Januar 2017.[8] Geknüpft sind die Sanktionen an die Umsetzung des Minsk II-Abkommens,[9] die weiterhin stockt. Grund hierfür ist vor allem die mangelnde Akzeptanz des Abkommens auf beiden Seiten. Somit sind substantielle Fortschritte in der Umsetzung gegenwärtig nicht zu erwarten, Alternativen zu dem Abkommen liegen aber auch nicht auf dem Tisch.

Auch Russland hat seine Gegensanktionen am 29. Juni 2016 um 18 Monate bis zum 31. Dezember 2017 verlängert. Die Lebensmittelsanktionen wurden am 27. Mai 2016 hingegen gelockert und erlauben nun zum Beispiel die Einfuhr bestimmter Waren zur Weiterverarbeitung als Kindernahrung.[10]

Öffentliche Debatte in Deutschland

Die öffentliche Meinung in Deutschland zu Russland scheint weiterhin in zwei Meinungslager gespalten.[11] So nimmt der Wunsch nach einer Lockerung der Sanktionen gegen Russland laut ZDF-Politbarometer vom Juni 2016 zu.[12] Gegenüber Februar 2016 sprechen sich nun 40 Prozent statt 33 Prozent für eine Lockerung der Sanktionen aus, wobei es sich schwerpunktmäßig um Wählerinnen und Wähler der Parteien Die Linke und der Alternative für Deutschland (AfD) handelt. 29 Prozent anstatt 40 Prozent votierten für eine Beibehaltung der Sanktionen. Jedoch steigt auch die Zustimmung für eine Verschärfung der Sanktionen von 21 Prozent auf 24 Prozent leicht an.

Obwohl die gegenwärtige Politik Russlands von 50 Prozent der Befragten als ernsthafte Bedrohung für die zum NATO-Bündnis gehörenden baltischen Staaten und Polen gesehen wird, ist immer noch eine knappe Mehrheit der Deutschen gegen die Bereitstellung von NATO-Truppen in Osteuropa.[13] Eine große Mehrheit der Deutschen (88 Prozent) spricht sich zudem für den Versuch eines stärkeren Dialogs mit Russland aus.[14] Gleichzeitig sind 72 Prozent der Deutschen der Auffassung, dass man Russland nicht vertrauen kann, wie auch Stefan Meister argumentiert.[15]

---

7   Germany Trade & Invest: GTAI Special – Russland Sanktionen. Zeitlicher Ablauf der Sanktionen, 5.7.2016, abrufbar unter: http://www.gtai.de/GTAI/Navigation/DE/Trade/Maerkte/Dossiers/russland-sanktionen,t=11-zeitlicher-ablauf-der-sanktionen,did=1256404.html (letzter Zugriff: 4.8.2016).
8   Germany Trade & Invest: Russland Sanktionen, 2016.
9   Siehe hierzu Katrin Böttger: Die Europäische Union und die Staaten der Östlichen Partnerschaft in diesem Buch.
10   Germany Trade & Invest: Russland Sanktionen, 2016.
11   Siehe hierzu auch Katrin Böttger: Die Europäische Union und Russland, in: Werner Weidenfeld/Wolfgang Wessels: Jahrbuch der Europäischen Integration 2015, Baden-Baden 2015, S. 339-342.
12   ZDF: Politbarometer. Für Deutsche überwiegen die Vorteile der EU, 24.6.2016, abrufbar unter: http://www.heute.de/politbarometer-fuer-deutsche-ueberwiegen-die-vorteile-der-eu-44108648.html (letzter Zugriff: 5.8.2016).
13   ZDF: Politbarometer. Terrorangst: Jeder Zehnte ändert Urlaubspläne, 8.7.2016, abrufbar unter: http://www.heute.de/zdf-politbarometer-terrorangst-jeder-zehnte-aendert-urlaubsplaene-44313140.html# (letzter Zugriff: 5.8.2016).
14   Die Welt: Umfragen: Deutsche sehen Verstärkung der Nato-Truppen in Osteuropa skeptisch, 8.7.2016, abrufbar unter: http://www.welt.de/newsticker/news1/article156895601/Umfragen-Deutsche-sehen-Verstaerkung-der-Nato-Truppen-in-Osteuropa-skeptisch.html (letzter Zugriff: 5.8.2016); Julian Rohrer: Gegen die EU, Deutschland und Merkel. Osteuropa-Experte Meister: „Moskau geht zum Angriff über", in: Focus Online, 26.2.2016.
15   Die Welt: Umfragen: Deutsche sehen Verstärkung der Nato-Truppen in Osteuropa skeptisch, 2016.

Viel, aber meist nur oberflächlich diskutiert, ist das Thema russische Medienarbeit im Ausland,[16] meist unter dem Stichwort ‚Russische Propaganda‘. Konkrete Zahlen oder Informationen werden jedoch seltener genannt. Die wichtigsten Medien sind der Fernsehsender RT Deutsch und das Medienportal Sputnik International, das vom RIA-Novosti-Nachfolger Rossija Segodnja (Russland heute) gegründet wurde und die Webseite Sputnik Deutschland betreibt.[17] Auffällig ist, dass beide erst im Verlauf der Ukrainekrise ihre Arbeit in Deutschland aufnahmen.[18]

Die innenpolitische Entwicklung in Russland

Am 13. September 2015 wurden in vielen russischen Regionen Gouverneurs- und Kommunalwahlen abgehalten. In allen 21 Wahlen für Spitzenämter wurden die Kandidaten von der Partei Einiges Russland gewählt.[19] Oppositionelle Kandidaten insbesondere der ‚nichtsystemischen Opposition‘, das heißt der liberalen und demokratischen Parteien scheiterten bei den Wahlen zu den Regional- und Kommunalparlamenten meist an der Fünf-Prozent-Hürde und waren im Vorfeld der Wahl behindert worden.[20] Die Wahlbeobachtungsorganisation Golos berichtete im Nachgang, dass in der Hälfte der Regionen das regionale Wahlrecht erst weniger als vier Wochen vor der Wahl verabschiedet wurde.[21] Das föderale Wahlrecht wurde im Gegensatz zu früheren Jahren hingegen nicht verändert.

Die Zustimmungsraten zu Wladimir Putin sind weiterhin auf hohem Niveau stabil, sie lagen zuletzt bei 82 Prozent.[22] Schlagzeilen machte auch in Deutschland die Entscheidung, dass das über Russlands Grenzen hinaus bekannte und renommierte Meinungsforschungsinstitut Levada nun, wie auch viele andere Institute, den Zusatz ‚ausländischer Agent‘ führen muss. Dieses Beispiel verdeutlicht die zunehmenden Schwierigkeiten insbesondere der politisch aktiven Zivilgesellschaft, zu agieren[23] bis hin zur Gefährdung ihrer Existenz.[24] Für die am 18. September 2016 stattfindenden Parlamentswahlen werden keine großen Überraschungen erwartet.

---

16   Russland Analysen: Russlands Medienarbeit im Ausland, 3.6.2016, abrufbar unter: http://laender-analy sen.de/russland/pdf/RusslandAnalysen317.pdf (letzter Zugriff: 21.9.2016).

17   Susanne Spahn: Das Ukraine-Bild in Deutschland: Die Rolle der russischen Medien. Wie Russland die öffentliche Meinung in Deutschland beeinflusst, in: Russland Analysen 6/2016, abrufbar unter: http://laender-analysen.de/russland/pdf/RusslandAnalysen317.pdf (letzter Zugriff: 21.9.2016).

18   Dmitri Stratievski: Die Wirkung der Staatsmedien Russlands in Deutschland: Genese, Ziele, Einflussmöglichkeiten, in: Russland Analysen 6/2016, abrufbar unter: http://laender-analysen.de/russland/pdf/Russ landAnalysen317.pdf (letzter Zugriff: 21.9.2016).

19   Hans-Henning Schröder: Langweilig, vorhersehbar und inhaltsleer, in: Russland Analysen 9/2015, abrufbar unter: http://www.laender-analysen.de/russland/pdf/RusslandAnalysen301.pdf (letzter Zugriff: 13.10. 2016), S. 2.

20   Hans-Henning Schröder: Langweilig, vorhersehbar und inhaltsleer, 2016, S. 2.

21   Russland Analyse: Nationaler Wahltag, in: Russland Analysen, 9/2015, abrufbar unter: http://www.laen der-analysen.de/russland/pdf/RusslandAnalysen301.pdf (letzter Zugriff: 13.10.2016), S. 4.

22   Levada-Center: From Opinion to Understanding, abrufbar unter: http://www.levada.ru/en/ (letzter Zugriff: 21.9.2016).

23   Konstantin Kehl/Benjamin Kummer/Volke Then: Wie kann die russische Zivilgesellschaft in unruhigen Zeiten unterstützt werden? Antworten aus einer Stakeholder-Befragung, in: Russland Analysen 5/2015, S. 8.

24   Development of Civic Activism Athwart: Russian NGOs after the Law on „Foreign Agents", 26.5.2016, abrufbar unter: http://eu-russia-csf.org/ (letzter Zugriff: 9.11.2016).

Fazit und Ausblick

Eine hochwertige Wiederbelebung der Beziehungen zwischen der Europäischen Union und Russland scheint nach wie vor in weiter Ferne zu liegen. Die Ukrainekrise ist im letzten Jahr einer Lösung kaum näher gekommen. Für die Europäische Union ist geschlossenes Agieren gegenüber Russland ein vorrangiges Ziel.[25] Dies ist im Verlauf der Ukraine-Krise und insbesondere in Bezug auf die Sanktionen in bemerkenswerter Weise gelungen. Dennoch bleiben die Beziehungen zwischen der Europäischen Union und Russland zentral, nicht nur für die Entwicklung auf dem europäischen Kontinent, sondern auch für die Lösung zahlreicher außenpolitischer Konflikte, für die der Bürgerkrieg in Syrien nur ein Beispiel ist. Ein erster Schritt in diese Richtung war der erste NATO-Russland-Rat, der nach zwei Jahren Pause erstmals im April 2016 wieder tagte, jedoch an den tiefen und anhaltenden Unstimmigkeiten zwischen den beiden Akteuren nichts zu ändern vermochte.

Weiterführende Literatur

Katrin Böttger: Die EU-Russland-Beziehungen: Rückblick und Ausblick im Zeichen der Ukraine-Krise, in: integration 3/2015, S. 204-213.

Hiski Haukkala: From Cooperative to Contested Europe? The Conflict in Ukraine as a Culmination of a Long-Term Crisis in EU-Russia Relations, in: Journal of Contemporary European Studies, 1/2015, S. 25-40.

Periodika

Russland Analysen, Bremen.

---

25 European Union: Shared Vision, Common Action: A Stronger Europe. A Global Strategy for the European Union's Foreign And Security Policy, 6/2016, S. 33.

Südosteuropapolitik

Franz-Lothar Altmann

Für die Europäische Union waren die Jahre 2015 und 2016 in Südosteuropa vor allem durch die Problematik der Balkanroute für Flüchtlinge aus Nahost, aber auch durch die sich zuspitzende innenpolitische Krise in Makedonien gekennzeichnet. Die Erweiterungspolitik, die vorrangig den Westlichen Balkan betrifft, ist dadurch in der politischen Diskussion in der Europäischen Union zunächst nebenrangig geworden.

Südosteuropa als Transitregion für Flüchtlinge und Migranten: die Balkanroute

Im Jahr 2015 ergab sich plötzlich eine neue Flüchtlingsbewegung, die nicht mehr wie bisher Flüchtlinge aus dem afrikanischen Kontinent, sondern aus dem Nahen Osten sowie aus Afghanistan und Pakistan beinhaltete. Dieser schnell anschwellende Flüchtlingsstrom bewegte sich nun durch die Türkei zunächst nach Griechenland und von dort vorwiegend über Makedonien, aber auch über Bulgarien nach Serbien und weiter zunächst nach Ungarn. Als Ungarn seine Südgrenze zu Serbien mit der Errichtung eines Stacheldrahtzauns (2014 hatte bereits Bulgarien an seiner Grenze zur Türkei ebenfalls einen Zaun errichtet) schloss – die Arbeiten an dem 175 km langen und 4 Meter hohen Stacheldrahtzaun begannen am 13. Juli 2015 –, suchte sich der Flüchtlingsstrom einen neuen Weg über Kroatien und Slowenien nach Österreich.

Am 25. Oktober 2015 versammelte Kommissionspräsident Jean-Claude Juncker die Regierungschefs von Albanien, Bulgarien, Deutschland, Griechenland, Kroatien, Makedonien, Österreich, Rumänien, Serbien, Slowenien und Ungarn in Brüssel zur Verabschiedung eines 17-Punkte-Aktionsplans zur Westlichen Balkanroute.[1] Substantielle Bedeutung findet man vor allem unter Punkt 13, Border Management: Implementierung des EU-Türkei-Aktionsplans mit der Rücknahmevereinbarung einschließlich der Visaerleichterung für türkische Bürgerinnen und Bürger. Am 18. März 2016 vereinbarten die Mitglieder des Europäischen Rates und die Türkei, dass beginnend mit dem 20. März 2016 illegale Migranten, die von der Türkei in Griechenland ankommen, in die Türkei zurückgeschickt werden können, wobei die Europäische Union sich verpflichtet, für jeden zurückgeschickten Syrer eine syrische Person wieder aufzunehmen.[2] Im Rahmen des 17-Punkte-Plans wurde weiter beschlossen, die Poseidon Sea Joint Operation zwischen der Türkei und Griechenland zu erweitern und den Frontex-Einsatz an der Grenze zwischen der Türkei und Bulgarien zu verstärken. Vereinbart wurden auch verstärkte Zusammenarbeit zwischen Griechenland und Makedonien sowie Albanien mit verstärktem Engagement des Flüchtlingswerks der Vereinten Nationen (UNHCR) und Frontex (Hilfestellung bei der Registrierung von Flüchtlingen in Griechenland). Verstärkte Zusammenarbeit mit Frontex wurde auch für die Grenze zwischen Kroatien und Serbien beschlossen, Slowenien wurde die Bereitstellung von 400 Polizisten mit entsprechender Ausrüstung versprochen.

---

1 Europäische Kommission: Flüchtlingsströme auf der Westbalkanroute: Staats- und Regierungschefs einigen sich auf 17-Punkte-Plan, Pressemitteilung, 25. Oktober 2015, Dok. IP/15/5904.
2 Europäischer Rat: Erklärung EU-Türkei, 18. März 2016, Pressemitteilung 144/16.

Im Rahmen der European Agenda for Migration hat die Kommission ihrem Mitgliedsland Griechenland im April 2016 als direkte Hilfe 83 Mio. Euro für die rund 50.000 Flüchtlinge zur Verfügung gestellt, die sich an 30 verschiedenen Orten im Land befinden. Darüber hinaus unterstützt die Europäische Union Flüchtlinge in der Türkei aus dem Irak und Syrien. Seit dem Beginn der Syrienkrise in 2011 hatte die Europäische Union 455 Mio. Euro hierfür zur Verfügung gestellt. Im November 2015 wurde zusätzlich eine sogenannte ‚Refugee Facility for Turkey‘ in Höhe von 3 Mrd. Euro eingerichtet. Am 20. April 2016 stellte die Kommission sodann nochmals 50 Mio. Euro an Hilfe für syrische Flüchtlinge in der Türkei zur Verfügung. Seit dem Beginn der Flüchtlingskrise hat die Europäische Union über 22,5 Mio. Euro an humanitärer Hilfe für den Westlichen Balkan geleistet, vor allem für Serbien und Makedonien. Die Kommission koordiniert die direkte materielle Hilfe für Mitgliedsländer und die Nachbarstaaten, die größeren Herausforderungen durch die Flüchtlingskrise ausgesetzt sind und Hilfe anfordern, durch den EU Civil Protection Mechanism (seit 2015). Die Unterstützung erfolgt durch freiwillige Beiträge der Länder, die an dem Mechanismus teilnehmen, wobei dieser durch das Emergency Response Coordination Centre (ERCC) der Kommission betreut wird.[3]

Anfang März 2016 vereinbarten schließlich die Balkanländer Makedonien, Serbien, Kroatien, Ungarn und Slowenien, die Westbalkanroute völlig zu schließen. Die Schließung der Grenze zwischen dem EU-Mitgliedsland Griechenland und dem Beitrittsland Makedonien im Januar 2016 wurde von den ostmitteleuropäischen EU-Mitgliedstaaten begrüßt und gefördert – Ungarn hatte bereits im Dezember Ausrüstung und Baumaschinen geliefert und Anfang 2016 ebenso wie Tschechien und die Slowakei Polizisten zur Verstärkung des mazedonischen Grenzschutzes geschickt. Polizisten der Visegrád-Länder bewachen auch die Grenzen Sloweniens und Serbiens. Der parallel unternommene Versuch der Kommission, ein ‚Temporary European Relocation Scheme‘ für Flüchtlinge und Asylbewerber, also einen Verteilungsschlüssel für bereits angekommene Flüchtlinge (160.000), durchzusetzen, stößt auf erbitterten Widerstand vor allem der ostmitteleuropäischen Mitgliedsländer.

Brennpunkte Makedonien und Kosovo

Mittlerweile wurde Makedonien zum primären Sorgenkind der Europäischen Union auf dem Balkan. Seit Monaten herrscht politisches Chaos in dem Zweimillionen-Land. Dem langjährigen Ministerpräsidenten Nikola Gruevski und seinen Regierungsmitgliedern wird Korruption vorgeworfen und ein Anfang 2015 aufgedeckter Abhörskandal größeren Ausmaßes führte zu Massenprotesten in der Hauptstadt Skopje und der Forderung nach Rücktritt der Regierung. Als sich die Krise im Frühjahr 2015 immer weiter zuspitzte, ergriff die Europäische Kommission die Initiative. Das von der Europäischen Union (Priebe-Kommission) vermittelte Abkommen von Pržino brachte schließlich am 15. Januar 2016 den Rücktritt der Regierung, eine Übergangsregierung unter Beteiligung der Opposition (deren Mitglieder wurde aber am 18. Mai 2016 wieder aus der Regierung entfernt), die Einrichtung einer Sonderstaatsanwaltschaft für die Ermittlungen zur Abhöraffäre und die Ankündigung vorgezogener Neuwahlen für den 24. April 2016. Diese wurden zunächst auf den 5. Juni 2016 verschoben, konnten jedoch nicht stattfinden, weil die dringend erfor-

---

3   Siehe European Commission: Humanitarian Aid and Civil Protection. What we do. Refugee Crisis in Europe, 20.6.2016, abrufbar unter: http://ec.europa.eu/echo/refugee-crisis_en (letzter Zugriff: 7.10.2016).

derliche Überarbeitung des Wählerregisters noch nicht erfolgt war. Die Europäische Union und die USA bemühen sich weiterhin darum, in dem Konflikt zu vermitteln.[4]

Das personell und finanziell bei weitem stärkste Engagement der Europäischen Union außerhalb des Mitgliedsbereichs findet weiterhin im Kosovo mit der Rechtsstaatlichkeitsmission der Europäischen Union (EULEX) statt. Die Mission ist zuständig für Kriegsverbrechen und Rechtsfälle, die zu sensitiv für lokale Staatsanwaltschaft und Gerichte sind. Offiziell endete das EULEX-Mandat am 14. Juni 2016. Am 17. Juni 2016 wurde die Verlängerung des Abkommens zwischen der Europäischen Union und Kosovo über das Mandat von EULEX durch das Parlament in Prishtina akzeptiert. Streitpunkt zwischen Europäischer Union und Kosovo war, ob die Mission lediglich Monitoringfunktion behalten sollte (Standpunkt Kosovo) oder weiterhin Untersuchungen und Rechtsverfahren durchführen kann (Standpunkt Europäische Union). Die jetzt getroffene Vereinbarung legt fest, dass EULEX laufende Verfahren weiter betreut, neue jedoch nur mit Zustimmung der kosovarischen Rechtsbehörden öffnen darf. EULEX bleibt bis zum 15. Juni 2018.[5]

Erweiterung

Die Erweiterungsagenda der Europäischen Union beschränkt sich weiterhin auf die Länder des Westlichen Balkans und die Türkei. Mit der Türkei wurden 2005 Beitrittsverhandlungen begonnen, zurzeit ist der Fortgang schleppend bis stillstehend. Mit Montenegro befinden sich Beitrittsverhandlungen seit 2012 und mit Serbien seit 2014 auf dem Weg, während der Beitrittsprozess mit Makedonien, das seit 2005 einen Kandidatenstatus besitzt, sich in einer Sackgasse befindet. Albanien erhielt den Kandidatenstatus im Jahr 2014 und muss eine Reihe von sogenannten ‚Benchmark'-Bedingungen in wichtigen Bereichen erfüllen, bevor die Kommission den Beginn von Beitrittsverhandlungen empfehlen kann. Mit Bosnien und Herzegowina trat im Juni 2015 ein Stabilisierungs- und Assoziierungsabkommen (SAA) in Kraft, das Land hat am 15. Februar 2016 den offiziellen Antrag auf Mitgliedschaft in der Europäischen Union gestellt, mit Kosovo wurde ein SAA im Oktober 2015 unterzeichnet.[6]

Der Berliner Prozess

2013 wurde die Wiederaufnahme einer regelmäßigen Serie von sogenannten ‚EU-Westbalkankonferenzen', vorläufig bis 2018, beschlossen. Die letzte größere Westbalkankonferenz hatte im Jahr 2003 in Porto Carras bei Thessaloniki stattgefunden, mit dem Versprechen der vorbehaltlosen Unterstützung der Balkanstaaten in ihrer europäischen Ausrichtung. Die nunmehr neu aufgelegte Serie der Westbalkankonferenzen konzentriert sich insbesondere auf jährliche Gipfeltreffen, deren erstes am 28. August 2014 in Berlin stattfand. Seither werden die Sommergipfel unter der inoffiziellen Bezeichnung „Berliner Prozess" geführt. Die erste Folgekonferenz im Rahmen des Berliner Prozesses fand am 28. August 2015 in Wien statt. Sie stand bereits stark im Zeichen der aktuellen Tagespolitik

---

4 Siehe hierzu ausführlicher: Lutz Schrader: Mazedonien, in: Bundeszentrale für Politische Bildung: Dossier Innerstaatliche Konflikte, 27.4.2016.
5 Radio Free Europe/Radio Liberty: Kosovo Lawmakers Extend EU Justice Mission For Two Years, 18.6.2016, abrufbar unter: http://www.rferl.org/a/kosovo-lawmakers-extend-eu-justice-mission-for-two-years/27806080.html (letzter Zugriff 7.10.2016).
6 European Commission: Communication from the Commission to the European Parliament, The Council, The European Economic and Social Commitee and the Commitee of the Regions. EU Enlargement Strategy. COM(2015) 611, S. 2.

der Flüchtlingsproblematik auf der Balkanroute. Die Konferenz bestand aus drei Teilen, einem Treffen der Ministerpräsidenten der Länder des Westlichen Balkan, Deutschlands und Österreichs sowie der Hohen Vertreterin Federica Mogherini, einem Paralleltreffen der jeweiligen Außen- und Wirtschaftsminister sowie einer Sonderveranstaltung am Vortag mit über 300 Vertretern der Zivilgesellschaft aus den Balkanstaaten, wobei das Ergebnis dieser Veranstaltung beim Treffen der Ministerpräsidenten vorgetragen wurde. Beschlossen wurde ein Investitionspaket für den Ausbau der Infrastruktur (zum Beispiel die Autobahn Niš – Prishtina – Durres und die Modernisierung der Bahnstrecke Belgrad – Sarajewo) sowie ein spezielles Jugendaustauschprogramm, für das beispielhaft das deutsch-französische Jugendprogramm genannt wurde.

Der dritte Westbalkan-Gipfel fand am 4. Juli 2016 in Paris statt. Er stand insofern unter dem Eindruck des Brexit-Referendums vom 23. Juni 2016, als die Balkanstaaten nun befürchteten, dass sich dem Beispiel Großbritanniens folgend auch in Kontinental-Europa die Erweiterungsabneigung verstärken würde: Die Festigung der Europäischen Union habe jetzt Vorrang vor weiteren Erweiterungen. In der Tat wurde den Regierungschefs und Außenministern der sechs Balkanstaaten (anwesend waren auch Bundeskanzlerin Angela Merkel, Präsident François Hollande sowie vier Kommissionsmitglieder) in Paris nichts in Aussicht gestellt, was auf eine schnelle Aufnahme in die Europäische Union hindeuten würde. Bundeskanzlerin Merkel wiederholte zwar in einer kurzen Stellungnahme, dass die Länder nach wie vor eine Beitrittsperspektive haben, sie machte allerdings auch deutlich, dass die Europäische Union bei der Terrorbekämpfung und der Kontrolle der Flüchtlingsströme auf die Kooperation der Balkanländer setze. Mehrere Staaten der Region waren erst im vergangenen Jahr als sichere Herkunftsländer deklariert worden – was bedeutet, dass sie ausgereiste Flüchtlinge zurücknehmen müssen. Inhaltlich wurde aber vorrangig über die Hilfe der Europäischen Union für regionale Entwicklungsprojekte, vor allem im Verkehrs- und Energiebereich (100 beziehungsweise 50 Mio. Euro) und über die Gründung eines Büros für den Jugendaustausch nach deutsch-französischem Vorbild mit Sitz in Tirana gesprochen.[7] Das nächste Treffen wird 2017 in Rom stattfinden.

Weiterführende Literatur

Die Bundesregierung: Westbalkan-Konferenz in Berlin. EU-Perspektive für Westbalkanstaaten, abrufbar unter: https://www.bundesregierung.de/Content/DE/Artikel/2014/08/2014-08-28-westbalkankonferenz.html (letzter Zugriff: 2.11.2016).

---

7   Vgl. Western Balkans Summit: Final Declarations by the Chair of the Paris Western Balkans Summit, Paris, 4 July 2016, abrufbar unter: http://www.diplomatie.gouv.fr/en/country-files/balkans/events/article/final-declaration-by-the-chair-of-the-paris-western-balkans-summit-04-06-16 (letzter Zugriff: 7.10.2016).

Die Europäische Union und die USA

Gerlinde Groitl

Im Verhältnis zwischen der Europäischen Union und den Vereinigten Staaten von Amerika zeigten sich im vergangenen Jahr zwei gegenläufige Entwicklungstrends. Einerseits bauten die beiden Seiten in Fragen der euro-atlantischen Sicherheit ihre Kooperation aus. Im Umgang mit Russland waren sie sich einig. Die NATO erlebte eine Revitalisierung im Bereich der kollektiven Verteidigung. Außerdem suchte die Europäische Union eine engere Anbindung an die Allianz. Um den außen- und sicherheitspolitischen Herausforderungen besser begegnen zu können, formulierte Brüssel eine neue Sicherheitsstrategie, was aus transatlantischer Sicht eine gute Nachricht war. Schließlich beklagte Washington regelmäßig die mangelnde Eigenständigkeit und Ernsthaftigkeit im europäischen Handeln. Bei der Beilegung des Atomstreits mit dem Iran bewährte sich die Europäische Union als Krisenmanager. Andererseits drifteten die transatlantischen Partner bei Zukunftsfragen auseinander. Obwohl ab Sommer 2015 eine präzedenzlose Flüchtlingskrise die Europäische Union überwältigte, blieben für die USA Nordafrika und der Mittlere Osten entfernte Probleme. Umgekehrt stand für Washington Pekings Revisionismus im Fokus, während die EU-Staaten Chinas Markt als wirtschaftliche Chance sahen und mitunter amerikanische Interessen konterkarierten. Auf beiden Seiten des Atlantiks verzeichneten wiederum nationalistische Populisten Zulauf, die den liberal internationalistischen Kurs der Vorjahre infrage stellten. Rufe nach gesellschaftlicher Abschottung, politischer Re-Nationalisierung, wirtschaftlichem Protektionismus und außenpolitischem Isolationismus beziehungsweise prinzipienloser Realpolitik wurden laut und gingen mit einem generellen Misstrauen gegenüber politischen Eliten und demokratischen Prozessen einher. Erwartungsgemäß liefen auch die Verhandlungen zur Transatlantischen Handels- und Investitionspartnerschaft (TTIP) weiter schleppend. Für die Europäische Union und die USA ist es unter diesen Umständen schwierig, die internationale Ordnung zu gestalten.

Geteilte Interessen, transatlantisches Handeln: Iran, Russland und die NATO

Europa und die USA bauten im vergangenen Jahr ihre Partnerschaft zur Wahrung der euro-atlantischen Sicherheit aus. Gegenüber Moskau hielten sie wegen der Annexion der Krim, der Destabilisierung der Ostukraine und der russischen Provokationen gegenüber dem Westen gemeinsam an ihrer Sanktions- und Abschreckungspolitik fest. Die NATO erlebte zwischen den Gipfeltreffen von Wales im September 2014 und Warschau im Juli 2016 eine Renaissance der kollektiven Verteidigung. Konkret bedeutete dies, dass das Bündnis die östlichen Mitglieder beruhigte und sich an das veränderte Sicherheitsumfeld anpasste. So führten die NATO und einzelne Alliierte im Jahr 2015 etwa 280 Manöver durch, für 2016 sind 240 geplant. Das Manöver 'Trident Juncture' vom Oktober und November 2015 war mit 36.000 Mann das größte seit 2002.[1] Die Schnelle Eingreiftruppe (NATO Response

---

1 Vgl. NATO: Fact Sheet – Key NATO & Allied Exercises (June 2016); NATO: Exercise Trident Juncture 2015 Factsheet (October 2015), beide abrufbar unter: http://www.nato.int/cps/en/natolive/topics _49285.htm (letzter Zugriff: 30.6.2016).

Force; NRF) wächst nach einem Beschluss vom Juni 2015 von 19.000 auf 40.000 Mann. Die sogenannte ‚Speerspitze' (Very High Readiness Joint Task Force; VJTF) befand sich in der Aufbau- und Erprobungsphase und soll im Notfall 5.000 Mann binnen zwei bis fünf Tagen verlegen. Daneben zeigte die Allianz mit dem Ausbau des Multinationalen Korps Nordost in Stettin, der Einrichtung von acht multinational besetzten Aufnahmestützpunkten in Mittel- und Osteuropa und rotierenden Truppenstationierungen Präsenz.[2] Da das Bündnis an den Bestimmungen der NATO-Russland-Grundakte festhielt, waren Verteidigungslücken jedoch unvermeidlich. Ein Ausgleich mit Russland gelang Europa und den USA dennoch nicht. Der Versuch, sich im April 2016 nach zwei Jahren Funkstille im NATO-Russland-Rat zu verständigen, scheiterte und endete mit der Bestätigung „tiefgreifender und anhaltender Meinungsunterschiede".[3]

Ergänzend zur Belebung des Konsenses in der NATO zeichnete sich die Annäherung der Europäischen Union an die atlantische Allianz ab. Im Februar 2016 einigten sich die beiden Organisationen auf eine Zusammenarbeit in der Cyberabwehr. Im Zuge der Flüchtlingskrise ersuchten im selben Monat Deutschland, Griechenland und die Türkei die NATO um Unterstützung bei der europäischen Grenzsicherung. Ein NATO-Marineverband begann daraufhin am 7. März unter deutscher Führung in der Ägäis mit der Überwachung des Seegebiets zwischen der Türkei und Griechenland. Generell wollen die NATO und die Europäische Union künftig in den Bereichen hybride Kriege, Cyber und maritime Sicherheit enger zusammenrücken, was die sicherheitspolitische Bindung zwischen Brüssel und Washington stärken würde. Die amerikanische Seite hofft, dass Europa mit der Formulierung der neuen Sicherheitsstrategie vom Juni 2016 mehr außenpolitisches Bewusstsein entwickelt und entsprechende Kapazitäten aufbaut. Präsident Barack Obama prangerte die Schwäche und das ‚Free Riding' der europäischen Partner zuletzt offen an.[4]

Als fähiger Krisenmanager profilierte sich die Europäische Union bei der Einhegung des iranischen Nuklearprogramms, womit sie der Obama-Administration einen großen Dienst erwies. Der im EU/E3+3-Format von Großbritannien, Frankreich, Deutschland, China, Russland und den USA unter Vermittlung der Hohen Vertreterin der Union für Außen- und Sicherheitspolitik am 14. Juli 2015 ausgehandelte Joint Comprehensive Plan of Action (JCPOA) legte nach zwölf Verhandlungsjahren den Atomstreit mit dem Iran vorerst bei. Nach seinem Inkrafttreten am 16. Januar 2016 (‚Implementation Day') hoben die Vereinten Nationen (VN), die USA und die Europäische Union ihre nuklearbezogenen Wirtschafts- und Finanzsanktionen auf. Die USA behielten allerdings andere, nicht mit dem Atomstreit zusammenhängende Sanktionen bei, etwa wegen der iranischen Förderung des internationalen Terrorismus. Dass internationale Banken und Unternehmen wegen der verbliebenen extraterritorialen Sekundärsanktionen vor Geschäften im Iran zurückschreckten, lässt Brüssel um das Abkommen fürchten.[5]

---

2   Vgl. Rainer L. Glatz/Martin Zapfe: Nato-Verteidigungsplanung zwischen Wales und Warschau: Verteidigungspolitische Herausforderungen der Rückversicherung gegen Russland, Stiftung Wissenschaft und Politik: SWP-Aktuell 95/Dezember 2015.

3   Jens Stoltenberg: Pressekonferenz nach dem Treffen des NATO-Russland-Rats, 20.4.2016. Eigene Übersetzung.

4   Vgl. Jeffrey Goldberg: The Obama Doctrine: The U.S. president talks through his hardest decisions about America's role in the world, in: The Atlantic, April 2016.

5   Vgl. The Economist: The nuclear deal with Iran: Teething pains or trouble ahead?, 25.6.2016.

Transatlantische Prioritätenverschiebung: Mittlerer Osten vs. Asien

Da sich die Lageanalyse der Weltmacht USA vom Fokus der Europäischen Union auf ihre unmittelbare Nachbarschaft unterscheidet, liefen ihre Prioritätensetzungen ansonsten auseinander. Ab dem Spätsommer 2015 vereinnahmte die Flüchtlingskrise die europäische Aufmerksamkeit, als ab August Hunderttausende – primär Syrer, Iraker und Afghanen – über die Türkei und Griechenland nach Europa kamen. Die USA halfen der Europäischen Union in dieser Frage kaum und wollten ab Oktober 2015 binnen eines Jahres nur bis zu 10.000 syrische Flüchtlinge aufnehmen. Ende Mai 2016 hatten erst 2.500 Personen die aufwändige Sicherheitsüberprüfung durchlaufen.[6]

Während die Instabilität im Mittleren Osten mit der Massenflucht und den Anschlägen des Islamischen Staates (IS) vom November 2015 in Paris und vom März 2016 in Brüssel Europa direkt bedrohten, waren für Obama weder der Krieg in Syrien noch der IS existenzielle Herausforderungen. Ein Engagement, das über den diplomatischen Prozess und die Einhegung des IS mit Luftschlägen und Spezialkräften hinausging, kam daher nicht in Frage, zumal sich – so Obamas Sicht – die stabile Staatlichkeit und konfessionelle Versöhnung nicht von außen einpflanzen ließen. Ab September 2015 komplizierte Russlands Eingreifen in Syrien die Lage weiter und ließ eine entschlossene amerikanische Politik in der Region noch unwahrscheinlicher werden. Der Europäischen Union zeigte das vergangene Jahr, dass die USA nicht automatisch für sie europäische Interessen im Mittleren Osten oder in (Nord)Afrika wahren.

Umgekehrt sorgten sich die Vereinigten Staaten um Chinas Politik des politischen, ökonomischen und militärischen Einflussgewinns. Der Europäischen Union fehlten hier strategisches Bewusstsein und eine gemeinsame Linie. Zwar rief Brüssel im März 2016 zu Mäßigung im Südchinesischen Meer auf, doch fast alle Mitgliedstaaten halten sich bedeckt.[7] Nur Frankreich forderte im Juni 2016, dass die Europäische Union wie die USA Seepatrouillen in dem Gebiet unternehmen sollen. Manche Mitglieder, zuvorderst Großbritannien, Italien und Deutschland, verfolgen stattdessen in einem Überbietungswettlauf ihre nationalen Wirtschaftsinteressen. An Bedeutung gewannen dabei seit 2011 chinesische Direktinvestitionen, die Peking Know-how, Marktpräsenz und Einfluss sichern. Chinesische (Staats)Unternehmen investierten 2015 in Europa 20 Mrd. Euro. Das waren 44 Prozent mehr als im Vorjahr.[8] Der von China dominierten Asian Infrastructure Investment Bank (AIIB), die im Januar 2016 ihre Arbeit aufnahm und mit der westlich geprägten Weltbank und der Asian Development Bank konkurriert, traten 14 EU-Staaten als Gründungsmitglieder bei, obwohl die USA für einen Boykott geworben hatten. Ob China, der mittlerweile zweitgrößte Handelspartner der Europäischen Union, nach 15 Jahren WTO-Mitgliedschaft Ende 2016 automatisch den Status einer Marktwirtschaft erhält, wird zum nächsten Kräftemessen. Die USA drängen Europa, sich im Kampf gegen chinesische

---

6   Vgl. Julie Hirschfeld Davis: U.S. Struggles With Goal of Admitting 10,000 Syrians, in: New York Times, 30.5.2016.

7   Vgl. Rat der Europäischen Union: Erklärung der Hohen Vertreterin im Namen der EU zu den jüngsten Entwicklungen im Südchinesischen Meer, Pressemitteilung 126/16, 11. März 2016.

8   Thilo Hanemann/Mikko Huotari: A New Record Year for Chinese Outbound Investment in Europe, in: Mercator Institute for China Studies: MERICS Studie/Februar 2016, S. 1-11, hier: S. 2.

Dumpingpreise nicht „unilateral selbst zu entwaffnen".[9] China warnte bereits vor einem Handelskrieg, falls es die mit dem Status einer Marktwirtschaft verbundenen Privilegien nicht bekommt. Einen europäischen Konsens gab es im Berichtszeitraum nicht.

Erosion transatlantischer Handlungsfähigkeit: Nationalismus, Populismus, Protektionismus

Auf beiden Seiten des Atlantiks unterminierten zugleich nationalistische Populisten und Protestbewegungen das transatlantische Kooperationspotenzial. In den USA lief ab Sommer 2015 der Vorwahlkampf für die Präsidentschaftswahlen am 8. November 2016 auf Hochtouren. Auf republikanischer Seite setzte sich der Anti-Establishment-Kandidat Donald Trump gegen 16 Mitbewerber durch. Er plädiert für Protektionismus und verspricht, ins Ausland verlagerte Jobs zurückzuholen; die NATO und andere Allianzstrukturen stellt er infrage, die Europäische Union verunglimpft er. Im Kampf gegen illegale Einwanderer fordert er eine Mauer, die von Mexiko zu bezahlen sei, und droht, Muslimen angesichts der Terrorismusgefahr die Einreise in die USA zu verweigern. Mit solchen kruden Parolen dominierte er die politische Debatte. Bei den Demokraten mobilisierte wiederum der linke Populist Bernie Sanders mit einer ‚sozialistischen', protektionistischen, isolationistischen, gegen Washington gerichteten Kampagne viele Wähler. Hillary Clinton, die überzeugte liberale Internationalistin, musste für die zunächst als sicher geltende Mehrheit bei den Delegierten für die Präsidentschaftsnominierung letztlich bis Juni 2016 kämpfen. Angesichts der globalisierungskritischen Stimmung distanzierte sogar sie sich im Vorwahlkampf von Freihandelspositionen, für die sie als Außenministerin eingetreten war.

Der lange und polarisierende Vorwahlprozess in den USA bekam in Europa viel Aufmerksamkeit. Die Reaktionen bewegten sich zwischen Fassungslosigkeit angesichts Donald Trumps Erfolg und der Sorge vor den politischen Konsequenzen. Mit ihm reüssierte bei den Republikanern ein Kandidat, der keinerlei politische Erfahrung besitzt, mit traditionellen Parteipositionen und dem bis dato existierenden außenpolitischen Grundkonsens bricht, durch skandalöse Aussagen provoziert und weder Fakten noch Normen politischen Anstands respektiert. In einer Meinungsumfrage in zehn europäischen Staaten vom Frühsommer 2016 gaben 77 Prozent der Befragten an, dass sie dem amtierenden Präsidenten Barack Obama vertrauten, die richtigen Entscheidungen in der Weltpolitik zu treffen. Von Donald Trump erwarten dies nur neun Prozent. Hillary Clinton trauen wiederum 59 Prozent zu, das Amt klug zu führen.[10] Selbst europäische Politiker kritisierten entgegen gängiger Gepflogenheiten den republikanischen Spitzenreiter im Vorwahlkampf direkt.[11]

Obwohl Trump in Europa wenig Zuspruch erhält, gibt es doch Parallelen in den Entwicklungen auf beiden Seiten des Atlantiks. Die Europäische Union war ihrerseits in Ungarn, Polen, Frankreich, den Niederlanden, Österreich, Deutschland, Großbritannien und anderen Mitgliedstaaten mit anti-europäischen, anti-liberalen und nationalistischen Rechtspopulisten konfrontiert. Selbst dort, wo sie nicht in politischer Verantwortung standen, verengten sie den Spielraum der nationalen Regierungen und traten als rhetorische

---

9   Christian Oliver/Shawn Donnan/Tom Mitchell: China Trade: US warns Europe over granting market economy status to China, in: Financial Times, 28.12.2015. Eigene Übersetzung.

10   Pew Research Center: As Obama Years Draw to Close, President and U.S. Seen Favorably in Europe and Asia, June 2016, hier: S. 5.

11   Vgl. Joseph J. Schatz: German officials slam Trump's "America First", in: Politico, 29.4.2016.

Brandstifter auf. Der Brexit-Entscheid Großbritanniens vom 23. Juni 2016, mit dem sich das Land endgültig von seiner früheren Sonderrolle als zentraler Partner Washingtons in Europa verabschiedete, war der vorläufige Höhepunkt der Re-Nationalisierungstendenzen, die die Europäische Union gefährden.

Für das europäisch-amerikanische Verhältnis bedeuten die Erfolge nationalistischer Populisten eine neue Unberechenbarkeit. Die Fliehkräfte in der Europäischen Union unterminieren aus amerikanischer Sicht ihren Wert als Partner. Vor einem Brexit warnte Obama gerade mit dem Argument, dass die USA und die Welt ein „starkes, wohlhabendes und geeintes Europa" bräuchten.[12] Umgekehrt werden die USA weiter mit den gesellschaftlichen und parteipolitischen Brüchen konfrontiert sein, die Trump möglich machten, selbst wenn sich sein unerwarteter Erfolg im Hauptwahlkampf erschöpfen sollte. Dies schadet ihrer politischen Handlungsfähigkeit und ihrem Ansehen. Zugleich geraten auf beiden Seiten die transatlantische Partnerschaft, bündnispolitische Verpflichtungen und Kernüberzeugungen unter Rechtfertigungsdruck. Dies reicht von liberalen gesellschaftlichen Prinzipien bis hin zum Freihandel. Die Europäische Union und die USA scheinen zunehmend unfähig und unwillig, die liberale internationale Ordnung zu erhalten, die sie miteinander geschaffen haben.

Wie begrenzt ihre Gestaltungsfähigkeit ist, zeigt TTIP. Dessen Ziel ist es, durch den Abbau von Handelshemmnissen die transatlantische Wirtschaft zu beleben und Regeln und Standards für die Weltwirtschaft zu definieren. Seit dem Abschluss der Transpazifischen Partnerschaft (TPP) im Oktober 2015 verfolgten die USA die TTIP-Verhandlungen mit neuem Engagement. Obama warb bei einem Deutschlandbesuch im April 2016 für eine Übereinkunft bis zum Jahresende. Laut der Europäischen Kommission bräuchte es dafür aber „beträchtliche Flexibilität auf beiden Seiten".[13] Im Berichtszeitraum fanden vier der bislang 13 Verhandlungsrunden statt. Von bis zu 30 geplanten Kapiteln gab es für 17 konsolidierte Textfassungen mit Verhandlungsbedarf, ansonsten lagen Positionspapiere vor.[14] Die inhaltlichen Differenzen blieben beträchtlich. Der europäische Vorschlag vom November 2015, beim Investorenschutz als Alternative zu Schiedsverfahren einen Gerichtshof (‚Investment Court System') einzurichten, fand auf amerikanischer Seite keinen Anklang. Die ‚Buy America'-Klausel im US-Beschaffungswesen und die Tiefe der regulatorischen Kooperation sind weitere schwierige Punkte.[15] Immerhin wurde vor der 14. Runde im Juli 2016 die Zahl der Arbeitstreffen erhöht.

Dessen ungeachtet ist fraglich, ob TTIP in Europa politisch eine Chance hat. In manchen Staaten, darunter Deutschland und Österreich, diskreditiert eine Protestbewegung TTIP systematisch und verleitet Politiker dazu, mit Klagen über eine mangelnde Einbeziehung im Verhandlungsprozess die Autorität der Europäischen Union in der Handelspolitik zu untergraben. Hartnäckig hält sich das populistische Scheinargument ‚undemokratischer Geheimverhandlungen'. Dabei bespricht die Europäische Kommission im Auftrag der EU-Mitglieder mit den USA den Vertragsinhalt, der nach Abschluss dem Europäischen Parlament und bei einem gemischten Abkommen den nationalen Parlamenten zur Ratifizierung

---

12   Zeit Online: Barack Obama: „Wir brauchen ein starkes Europa", 25.4.2016.
13   European Commission: The Transatlantic Trade and Investment Partnership (TTIP) – State of Play, 27 April 2016, S. 1-10, hier: S. 2, abrufbar unter: http://trade.ec.europa.eu/doclib/html/154477.htm (letzter Zugriff 30.6.2016). Eigene Übersetzung.
14   Vgl. European Commission: Transatlantic Trade and Investment Partnership, 2016, S. 4.
15   Vgl. Winand von Petersdorff-Campen: Freihandelsabkommen: Das sind die Streitpunkte bei TTIP, in: Frankfurter Allgemeine Zeitung, 2.5.2016.

vorgelegt wird. Im Oktober 2015 protestierten in Berlin 150.000 Menschen gegen das Abkommen, Zehntausende waren es im April 2016 in Hannover, in den Niederlanden fordert eine Petition ein TTIP-Referendum. Die Europäische Kommission ließ im Juni 2016 die Staats- und Regierungschefs bestätigen, dass die Verhandlungen fortgesetzt werden sollen. Es ist nicht auszuschließen, dass die Transatlantische Handels- und Investitionspartnerschaft scheitert, obwohl die führenden Akteure auf beiden Seiten das Zukunftsprojekt wollen.

Fazit

Der Europäischen Union und den USA gelang es im Berichtszeitraum, dem russischen Revanchismus gemeinsam entgegenzutreten und die nuklearen Ambitionen des Iran einzuhegen. Angesichts der Herausforderungen im Osten und Süden Europas rückten sie in der NATO und bilateral enger zusammen, um euro-atlantische Sicherheitsinteressen zu wahren. Dem gegenüber stehen jedoch politische und gesellschaftliche Fliehkräfte, die die transatlantische Bindung auf die Probe stellen. Innere Bruchlinien unterminieren den liberal-internationalistischen Grundkonsens, der der Europäischen Union und den USA jahrzehntelang Orientierung geboten hat. Die US-Präsidentschaftswahlen im November 2016 und die Entwicklung Europas nach dem Brexit-Votum werden entscheiden, ob die transatlantische Partnerschaft fortbesteht und die beiden Seiten die Zukunft der internationalen Ordnung weiter mitgestalten.

Weiterführende Literatur

Anne Applebaum: Obama and Europe, in: Foreign Affairs 5/2015, S. 37-44.

Michael J. Boyle: The Coming Illiberal Order, in: Survival 2/2016, S. 35-66.

Elbridge Colby/Jonathan Solomon: Facing Russia: Conventional Defence and Deterrence in Europe, in: Survival 6/2015, S. 21-50.

Heather A. Conley/James Mina/Phuong Nguyen: A Rebalanced Transatlantic Policy toward the Asia-Pacific Region. Center for Strategic and International Studies: CSIS Report/ May 2016.

John R. Deni: Still the One? The Role of Europe in American Defense Strategy, in: Orbis 1/2016, S. 36-51.

Karl-Heinz Kamp: Die Agenda des NATO-Gipfels von Warschau, Bundesakademie für Sicherheitspolitik: Arbeitspapier Sicherheitspolitik 9/2015.

Richard Maher: The Rise of China and the Future of the Atlantic Alliance, in: Orbis 3/2016, S. 366-381.

Tim Oliver/Michael John Williams: Special relationships in flux: Brexit and the future of the US-EU and US-UK relationships, in: International Affairs 3/2016, S. 547-567.

Marco Overhaus/Lars Brozus: US-Außenpolitik nach den Wahlen 2016. Gegensätzliche Leitbilder der Präsidentschaftsbewerber und innenpolitische Dynamik, Stiftung Wissenschaft und Politik: SWP Aktuell 40/Juni 2016.

Laura von Daniels: »TTIP right« geht vor »TTIP light«. US-Industrie fordert ein umfassendes Handelsabkommen mit der EU, Stiftung Wissenschaft und Politik: SWP-Aktuell 33/April 2016.

Die Europäische Union und Zentralasien

Katrin Böttger[*]

Die Zentralasienstrategie der Europäischen Union aus dem Jahr 2007 wurde 2015 auf Initiative der lettischen Ratspräsidentschaft in Zusammenarbeit mit den Mitgliedstaaten der Europäischen Union, dem Europäischen Auswärtigen Dienst und dem Europäischen Wirtschafts- und Sozialausschuss überarbeitet. Sie regelt die Beziehungen zwischen der Europäischen Union und den zentralasiatischen Republiken Kasachstan, Kirgistan, Tadschikistan, Turkmenistan sowie Usbekistan. Die Schlussfolgerungen des Rates beinhalten keinen Kurswechsel, sondern vielmehr eine Aktualisierung und Präzisierung der Ziele der Europäischen Union für die Beziehungen zu den zentralasiatischen Staaten. Der Rat der Europäischen Union kombiniert in bewährter Manier eine engere politische und wirtschaftliche Zusammenarbeit mit Reformbestrebungen in den Bereichen Demokratie, Rechtstaatlichkeit und Menschenrechte.[1]

Aktuelle Entwicklung

Ein Erfolg der lettischen Ratspräsidentschaft war die Wiedereinführung des Amtes des Sonderbeauftragten für Zentralasien. Dieses Amt hat seit dem 15. April 2015 der slowakische Diplomat Peter Burian inne.[2] Neben den Themen Sicherheit, Grenzschutz und Energieversorgung legen die Schlussfolgerungen des Rates der Europäischen Union einen Schwerpunkt auf den Bereich Bildung.[3] Deshalb organisierte die lettische Ratspräsidentschaft am 25. und 26. Juni 2015 in Riga ein Treffen der zentralasiatischen und EU-Bildungsminister, um gemeinsame Prioritäten für eine gemeinsame Hochschul- und Berufsausbildung zu bestimmen. Wichtige Instrumente zur Verbesserung der Bildungsstandards in einer Region, in der die Mehrheit der Bevölkerung unter 25 ist,[4] sind von Seiten der Europäischen Union ‚Erasmus Plus' und die von ihr geförderte zentralasiatische Bildungsplattform, die unter anderem Geldgeber koordiniert und einen Leitfaden für Stipendien herausgibt.[5] Eine Nachfolgekonferenz soll 2017 in Zentralasien stattfinden.

---

[*]   Die Autorin dankt Friederike Bodenstein-Dresler für die vielfältige Zuarbeit.

[1]   Rat der Europäischen Union: Beziehungen zu Zentralasien – Schlussfolgerungen des Rates zur Strategie der EU für Zentralasien, 22. Juni 2016, Dok. 10191/15.

[2]   Rat der Europäischen Union: Neuer EU-Sonderbeauftragter für Zentralasien ernannt, Pressemitteilung 177/15, 15. April 2015, abrufbar unter: http://www.consilium.europa.eu/de/press/press-releases/2015/04/15-new-eu-special-representative-for-central-asia/ (letzter Zugriff: 7.9.2015).

[3]   Lettische Ratspräsidentschaft der Europäischen Union: Die Ratspräsidentschaft und die EU. Prioritäten der Ratspräsidentschaft Lettlands, abrufbar unter: https://eu2015.lv/de/die-ratsprasidentschaft-und-die-eu/prioritaeten-der-ratspraesidentschaft-lettlands (letzter Zugriff: 26.7.2016).

[4]   European Commission: EU cooperation in education in Central Asia, abrufbar unter: https://eeas.europa.eu/central_asia/docs/factsheet_education_en.pdf (letzter Zugriff: 6.7.2016).

[5]   Lettische Ratspräsidentschaft der Europäischen Union: Minister werden die Zusammenarbeit zwischen der EU und Zentralasien in der Hochschul- und Berufsausbildung stärken, Pressemitteilung, 25. Juni 2015, abrufbar unter: https://eu2015.lv/de/nachrichten/pressemitteilungen/2435-minister-werden-die-zusammenarbeit-zwischen-der-eu-und-zentralasien-in-der-hochschul-und-berufsausbildung-staerken (letzter Zugriff: 26.7.2016).

Das jährlich stattfindende Treffen des Kooperationsrates der Europäischen Union und Zentralasien auf Außenministerebene war ursprünglich für den 31. Juli 2015 angesetzt, wurde aber verschoben, und fand schließlich am 21. Dezember 2015 in Astana, Kasachstan statt. Es war das erste Treffen mit Federica Mogherini und nach der Überarbeitung der Zentralasienstrategie. Die wirtschaftlichen Entwicklung und Handelsfragen, aber auch Fragen der Radikalisierung und der Bekämpfung von Terrorismus standen hierbei im Vordergrund.

Nach dem 11. März 2015 fand der nächste Sicherheitsdialog zwischen der Europäischen Union und Zentralasien am 18. Mai 2016 unter Einbeziehung Afghanistans in Brüssel statt.[6] Er wurde von Helga Schmid geleitet und erfolgte auf der Ebene der stellvertretenden Außenminister.[7] Themen waren Terrorismusbekämpfung, Grenzmanagement, Migration und regionale Konnektivität.[8]

Eurasische Wirtschaftsunion

Zwei der zentralasiatischen Staaten, Kasachstan und Kirgisistan, sind neben Armenien, Belarus und Russland Mitglied in der Eurasischen Wirtschaftsunion (EAWU). Diese ist ebenso wie die chinesische Seidenstraßeninitiative in der Gestaltung der EU-Zentralasien-Beziehungen zu berücksichtigen. So möchte die EAWU einen gemeinsamen Energiemarkt etablieren. Dieser hätte auch Auswirkungen auf die Energieversorgung der EU-Mitgliedstaaten. Jedoch böten sich hier auch Möglichkeiten zur Kooperation, da für die Etablierung des Energiesektors ausländische Investitionen, Know-how und Technologien benötigt werden.[9]

Kasachstan

Nachdem die Europäische Union mit Kasachstan auf bilateraler Ebene seit 2011 Verhandlungen über ein vertieftes Partnerschafts- und Kooperationsabkommen geführt hatte, wurden diese im September 2014 erfolgreich beendet, sodass das Abkommen im Januar 2015 in Brüssel paraphiert und am 21. Dezember 2015 unterzeichnet werden konnte.[10] Das Abkommen wird seit dem 1. Mai 2016 vorläufig angewandt. Von den EU-Mitgliedstaaten hat Lettland das Abkommen bisher als einziges ratifiziert, was die Bedeutung Zentral-

6   European Union External Action: EU-Central Asia High Level Political and Security Dialogue takes place in Brussels today, Press release, 18 May 2016, Dok. 160518_03_en, abrufbar unter: https://eeas.europa.eu/headquarters/headquarters-homepage/2799/eu-central-asia-high-level-political-and-security-dialogue-takes-place-in-brussels-today_en (letzter Zugriff: 26.7.2016).
7   European Union External Action: EU-Central Asia High Level Security Dialogue takes place in Dushanbe, Press release, 11 March 2015, Dok. 150311_01_en, abrufbar unter: http://eeas.europa.eu/statements-eeas/ 2015/150311_01_en.htm (letzter Zugriff: 07.9.2015).
8   European Union External Action: EU-Central Asia High Level Political and Security Dialogue, 2016.
9   Maria Pastukhova/Kirsten Westphal: Ein gemeinsamer Energiemarkt in der Eurasischen Wirtschaftsunion. Implikationen für die EU und ihre Energiebeziehungen zu Russland, in: SWP-Aktuell 2/2016, S. 1-8, hier: S. 7.
10   European Union External Action: Fact Sheet EU-Kazakhstan Enhanced Partnership and Cooperation Agreement, 9 October 2014, Dok. 141009/01, abrufbar unter: http://www.eeas.europa.eu/statements/docs/ 2014/141009_01_en.pdf (letzter Zugriff: 9.9.2015).

asiens für Lettland einmal mehr unterstreicht.[11] Das Abkommen soll neben dem politischen EU-Kasachstan-Dialog vor allem die wirtschaftlichen Beziehungen stärken, befasst sich aber auch mit Fragen von Demokratie, Rechtsstaatlichkeit und Menschenrechten.

Nach 20 Jahren Verhandlungen trat Kasachstan am 31. Oktober 2015 der Welthandelsorganisation (World Trade Organisation, WTO) bei, eine wichtige Voraussetzung für den Abbau von Handelshemmnissen. Die Verhandlungen gestalteten sich als schwierig, da für Zollangelegenheiten ein Übereinkommen mit den anderen Mitgliedstaaten der EAWU, Armenien, Kirgisistan, Russland und Belarus unabdingbar war. Insgesamt wurden für Kasachstan in der EAWU 1.400 Ausnahmen vom gemeinsamen Zolltarif geschaffen, um der WTO beitreten zu können.[12]

Kirgistan

Bei den Parlamentswahlen im Oktober 2015 ging die sozialdemokratische Partei SDPK als stärkste Fraktion hervor und formte eine Koalitionsregierung.

Die politische Lage wird durch die Suche nach einem neuen Kandidaten für die Präsidentschaftswahlen 2017 erschwert, da der amtierende Präsident Almazbek Atambayev nicht erneut antreten kann. Auch die wirtschaftliche Lage im Land hat sich durch den russischen Wirtschaftsabschwung verschlechtert, allerdings weniger stark als in Russland und Kasachstan. Darüber, ob der Beitritt Kirgistans zur EAWU am 12. Mai 2015 positive oder negative Auswirkungen hat, sind die Meinungen geteilt. Der Handel zwischen Kirgistan und China könnte durch die Annäherung an die EAWU und den Beitritt Kasachstans in die WTO beeinträchtigt werden, was wiederum tausende Arbeitsplätze gefährden würde.[13] Mit der Europäischen Union verhandelte Kirgistan für Februar 2016 die Aufnahme in das EU-Präferenzsystem APS+, das den Import kirgisischer Waren in die Europäische Union durch Zollpräferenzen erleichtert. Im Rahmen der Aufnahme in das APS+-System wurde das Land aufgefordert, alle Verpflichtungen der 27 internationalen Konventionen zu Menschenrechten, verantwortungsvoller Regierungsführung, Arbeitnehmer- und Umweltstandards einzuhalten.[14]

Bewertung und Ausblick

Bei großen Herausforderungen in den Bereichen Energie und Sicherheit fällt die Bilanz der Zentralasienstrategie nüchtern aus.[15] Regelmäßig geäußerte Kritikpunkte betreffen die mangelnde Differenzierung zwischen den einzelnen zentralasiatischen Republiken und das ungelöste Spannungsfeld zwischen Interessen und Werten, das andere Geldgeber in der

---

11 Latvijas Republikas Saeima: Saeima ratifies Enhanced Partnership and Cooperation Agreement between the European Union and Kazakhstan, 9.6.2016, abrufbar unter: http://www.saeima.lv/en/news/saeima-news/24915-saeima-ratifies-enhanced-partnership-and-cooperation-agreement-between-the-european-union-and-kazakh (letzter Zugriff: 26.7.2016).

12 AHK-Delegation der Deutschen Wirtschaft für Zentralasien: Kasachstan ist 162. Mitglied der WTO, 2.12.2015, abrufbar unter: http://zentralasien.ahk.de/news/einzelansicht-nachrichten/artikel/kasachstan-ist-162-mitglied-der-wto/?cHash=52b84f6e63012673b782f058d86d180c (letzter Zugriff: 26.7.2016).

13 George Voloshin: Looming Long-Term Economic Problems Stem From Kyrgyzstan's EEU Membership, in: Eurasia Daily Monitor 28/2016, 10.2.2016.

14 European Union Delegation to the Kyrgyz Republic: European Union Grants GSP+ Status to the Kyrgyz Republic, 2.2.2016, abrufbar unter: http://eeas.europa.eu/delegations/kyrgyzstan/documents/ press_cor ner/ news2016/news160202_en.pdf (letzter Zugriff: 26.7.2016).

15 Konrad Adenauer Stiftung: Bilanz der EU-Zentralasienstrategie fällt nüchtern aus. Experten sehen Herausforderungen im Bereich Energie und Sicherheit in den Staaten Zentralasiens, 7.12.2015, abrufbar unter: http://www.kas.de/wf/de/33.43593/ (letzter Zugriff: 26.7.2016).

Region weniger betrifft. Hinzu kommt, dass die Europäische Union nach der Wirtschafts- und Schuldenkrise durch die Herausforderungen der hohen Flüchtlingszahlen, die terroristische Bedrohung auf eigenem Boden und die besorgniserregenden Entwicklungen in der unmittelbaren Nachbarschaft, sei es in der Ukraine, im Südkaukasus oder zuletzt in der Türkei, andere politische Prioritäten setzen muss. Es ist zu erwarten, dass erst eine erneute Destabilisierung der Region, zum Beispiel durch den altersbedingten Generationenwechsel auf der Ebene der Präsidenten, welche insbesondere in Usbekistan und Kasachstan zu Machtverschiebungen und -kämpfen führen könnten, Zentralasien wieder in den Fokus der Aufmerksamkeit rücken wird.[16]

Weiterführende Literatur

Vanessa Boas: Re-electing a dictator? Electoral logics in Central Asia, IEP Policy Paper, 7/2015.

Andrew Campbell/Jan van der Lingen/Aline Medow/Julian Plottka: Synopsis of Reviews of "The EU and Central Asia: Strategy for a new Partnership", IEP Policy Paper, 5/2015.

Council of the European Union: The EU and Central Asia: Strategy for a New Partnership, Brussels 2007.

Gerhard Sabathil: Neue Impulse für die Beziehungen zwischen Europa und Zentralasien, in: integration 2/2015, S. 146-152.

Mahabat Sadyrbek: Die Zentralasienstrategie der EU. Neues „Great Game" oder neue Chance für die Region? Schriften zur Europapolitik, Band10, Hamburg 2009.

Sigita Urdze/Michèle Knodt: Jenseits von Zuckerbrot und Peitsche: Zur Messung der externen Demokratieförderung der Europäischen Union am Beispiel Zentralasiens, in: Zeitschrift für Vergleichende Politikwissenschaft, 7/2013, S. 49-74.

---

16   Vanessa Boas: Re-electing a dictator? Electoral logics in Central Asia, IEP Policy Paper 7/2015.

6. Die Erweiterung der Europäischen Union

Die Erweiterungspolitik der Europäischen Union

Barbara Lippert

Kandidatenländer des Westlichen Balkans und die Türkei standen 2015/16 im Zentrum der Flüchtlingsbewegungen in Richtung der Europäischen Union. Das wertete Südosteuropa in den Augen Brüssels und einiger Mitgliedstaaten zu wichtigen Kooperationspartnern auf, um den Zustrom von Flüchtlingen über das Mittelmeer und die Balkanroute zu ordnen und wenn möglich zu reduzieren. Insbesondere die Türkei und Mazedonien wurden für die Europäische Union zu Schlüsselländern, was sich auch in einer regen Reisediplomatie der Spitzenvertreter von EU-Institutionen niederschlug. 2015/16 fanden zur Bewältigung der Flüchtlingskrise mehrere Konferenzen mit der Türkei und Kandidatenländern des Balkans statt, bei variabler Zusammensetzung der Mitgliedstaaten und mit unterschiedlicher Beteiligung der EU-Organe.[1] Es ist noch nicht abzusehen, welche Konsequenzen die Europäische Union aus der wiederentdeckten geostrategischen Bedeutung dieser Länder für ihre Erweiterungspolitik ziehen wird. Im Fall der Türkei soll zum Beispiel die Eröffnung von Verhandlungskapiteln mit neuer Energie verfolgt werden. Das bleibt aber eine vage politische Absichtserklärung im sogenannten Flüchtlingsabkommen vom März 2016, die nicht die üblichen von Benchmarks gesteuerten Prozesse aussetzt.[2] Entsprechend ist die Europäische Union auch bei der Visaliberalisierung mit der Türkei vorgegangen: Sie stellt im Kontext des Aktionsplans vom Oktober 2015 und des Flüchtlingsabkommens eine Beschleunigung in Aussicht, rückt aber nicht davon ab, dass die Türkei dafür den Katalog von 72 Anforderungen erfüllt haben muss.[3]

---

1 Um nur einige zu nennen: der Westbalkangipfel am 27. August 2015 in Wien im Rahmen des Berlin-Prozesses, das ‚Gymnich'-Treffen der EU-Außenminister mit den Kandidatenländern am 5. September 2015, die Konferenz über die östliche Mittelmeer- und die Westbalkan-Route in Luxemburg am 8. Oktober 2015, drei EU-Türkei-Gipfel: am 29. November 2015 auf Einladung von Donald Tusk, am 7. März 2016 mit Tusk, Jean-Claude Juncker und Federica Mogherini und am 18. März 2016 mit Tusk, Juncker, Mogherini und Martin Schulz. Zudem gab es den hochrangigen politischen Dialog EU-Türkei am 25. Januar 2016, den Wiener Balkan-Gipfel am 24. Februar 2016, den Österreich unter Ausschluss aller EU-Organe und -Mitglieder mit Ausnahme von Bulgarien und Kroatien im Alleingang mit den Westbalkan-Staaten abhielt. Vgl. Adelheid Wölfl: Westbalkangipfel: Ein Schubs für den Balkan, dann nur mehr das Asylthema, in: Der Standard, 27.8.2015. Großherzogtum Luxemburg: Informelles ‚Gymnich'-Treffen der Minister für auswärtige Angelegenheiten der Europäischen Union am 4. und 5. September 2015 in Luxemburg, abrufbar unter: http://www.eu2015lu.eu/de/actualites/communiques/2015/09/04-05-gymnich/index.html (letzter Zugriff: 19.8.2016); Großherzogtum Luxemburg: Konferenz „Östliche Mittelmeer- und Westbalkan-Route" am 8. Oktober 2015 in Luxemburg, abrufbar unter: http://www.eu2015lu.eu/de/actualites/communiques/2015/09/25-conf-balkans/index.html (letzter Zugriff: 19.8.2016); Treffen der Staats- und Regierungschefs der EU mit der Türkei, 29. November2015, Erklärung EU-Türkei; EU-Türkei-Gipfel zu Migration und Balkanroute am 7. März 2016, Erklärung EU-Türkei, 18. März 2016, siehe European Commission: Statement following the High-Level Political Dialogue between the EU and Turkey, Ankara, 25 January 2016, Christian Utsch: Tsipras: Westbalkan-Konferenz in Wien ist „Schande", in: Die Presse, 24.2.2016.

2 Europäischer Rat: Erklärung EU-Türkei, Pressemitteilung 144/16, 18. März 2016, Punkt 8.

3 Europäischer Rat: Erklärung EU-Türkei, 2016, Punkt 5; European Commission: Fact Sheet EU-Turkey joint action plan, 15 October 2015, Dok. MEMO/15/5860.

In der „Globalen Strategie für die Sicherheits- und Außenpolitik der Europäischen Union" wird im Zusammenhang mit der Erweiterungspolitik festgestellt, dass die Europäische Union die Resilienz der Kandidatenländer stärken will, da sie ebenso wie die Europäische Union mit den Herausforderungen von Migration, Energiesicherheit, Terrorismus und Organisierter Kriminalität konfrontiert seien.[4] Offen ist auch, ob die Entscheidung der Britinnen und Briten, die Europäische Union zu verlassen, einem „Erdbeben" gleichkommt, wie der serbische Ministerpräsident Vučić meinte.[5] Dagegen beschwichtigten EU-Spitzenpolitiker wie Angela Merkel, François Hollande und Federica Mogherini, der Brexit sei irrelevant für die Erweiterungspolitik der Europäischen Union.[6] Die Europäische Union registriert, dass die Kandidaten beständig Zweifel an der politischen Glaubwürdigkeit der Europäischen Union oder einzelner Mitgliedstaaten äußern, sie eines Tages tatsächlich als neue Mitglieder aufnehmen zu wollen. Wenn der Rat der Europäischen Union, die Europäische Kommission und auch das Europäische Parlament immer wieder formelhaft bekräftigen, wie wichtig die Glaubwürdigkeit des Prozesses sei, dann ist das einerseits eine Aussage gegen die Erweiterungsmüdigkeit in den Hauptstädten und andererseits gegen die Reformmüdigkeit in den Kandidatenländern auf dem sehr langen Weg, der an die Beitrittsreife heranführt.[7] Die Kommission bekräftigte im November 2015 die frühere Aussage von Präsident Jean-Claude Juncker, dass bis 2019, also dem Ende des Mandats der derzeitigen Kommission, kein Land reif sein werde, der Europäischen Union beizutreten.[8] Sie hat 2015 einige eher technische Änderungen für die Begleitung und Steuerung des Beitrittsprozesses eingeführt. Die seit 2006 definierten Eckpunkte der Konsolidierung, der strikten Konditionalität und Kommunikation bestehen fort.[9]

Die öffentliche Meinung in der Europäischen Union zur Erweiterung bleibt mehrheitlich skeptisch. Die jüngste Eurobarometer-Umfrage vom November 2015 zeigt, dass eine stabile Mehrheit eine Erweiterung in den nächsten Jahren ablehnt: Nur 38 Prozent der Bevölkerung in der Europäischen Union sprachen sich dafür, jedoch 51 Prozent dagegen aus (minus 3 Prozent im Vergleich zum Herbst 2014).[10] Am stärksten ausgeprägt ist die Ablehnung in Deutschland (73 Prozent), Österreich (75 Prozent), Luxemburg (69 Prozent) und Frankreich (67 Prozent). Mitgliedstaaten, deren Bevölkerung eine Erweiterung unterstützen, schließen alle Länder der Erweiterungsrunden 2004, 2007 und 2013 ein (bis auf Tschechien und Zypern), ferner auch Griechenland und Spanien.

---

4   European Union External Action Service: Shared Vision, Common Action: A Stronger Europe. A Global Strategy for the European Union's Foreign and Security Policy, June 2016, S. 24.

5   Andreas Ernst: Schlechte Stimmung im Wartesaal der EU. Für die Länder auf dem Westbalkan hat der Brexit einschneidende Folgen, in: Neue Züricher Zeitung, 7.7.2016.

6   Die Bundeskanzlerin: Pressestatement von Bundeskanzlerin Merkel zur Konferenz zum Westlichen Balkan am 4. Juli 2016, 4.7.2016.

7   European Union External Action Service: A Global Strategy, 2016, S. 24; Rat der Europäischen Union: Schlussfolgerungen des Rates. Erweiterung sowie Stabilisierungs- und Assoziierungsprozess, 15. Dezember 2015, Dok. 15356/15, Punkt 4; European Parliament: Slovak Presidency priorities discussed in committee, Press release, 13 July 2016.

8   Europäische Kommission: Mitteilung der Kommission an das Europäische Parlament, den Rat, den Europäischen Wirtschafts- und Sozialausschuss und den Ausschuss der Regionen. Erweiterungsstrategie der EU, KOM(2015) 611 final, 10. November 2015, S. 2 f.; zuvor European Commission: The Juncker Commission: A strong and experienced team standing for change, Press Release, Dok. IP/14/984, S. 2-3.

9   Europäischer Rat: Schlussfolgerungen vom 14./15. Dezember 2006, Dok. 16879/1/06, 12. Februar 2007.

10 Hier wie für den gesamten Absatz: Europäische Kommission: Standard Eurobarometer 84, November 2015, im Bericht „Ansichten der Europäer zu den Prioritäten der Europäischen Union", S. 16.

Die Erweiterungspolitik im Jahreszyklus – das Erweiterungspaket

Die EU-Organe befassten sich im alljährlichen Zyklus mit Erweiterungsfragen. Zum Auftakt legte die Kommission diesmal im November 2015 das erste unter Kommissar Johannes Hahn erarbeitete Erweiterungspaket vor. Es enthält sieben Länderberichte sowie die Mitteilung zur Erweiterungsstrategie der Europäischen Union.[11] Darin werden, soweit absehbar, die wichtigsten Herausforderungen bis 2019 skizziert sowie die sieben länderspezifischen Fortschrittsberichte zusammengefasst. Der Rat für Allgemeine Angelegenheiten stützte seine Schlussfolgerungen auf diese Referenzdokumente.[12] Ähnlich wie im Jahr zuvor bekräftigte er, dass die Erweiterung eine Schlüsselpolitik der Europäischen Union sei. Sie trage zu Frieden, Demokratie, Sicherheit und Wohlstand bei und müsse glaubwürdig und entlang der Prinzipien des 2006 erneuerten Erweiterungskonsenses und seiner Schlussfolgerungen vom Dezember 2014 praktiziert werden.[13] Sein politisches Bekenntnis zur europäischen Perspektive der Westbalkanstaaten fiel erneut eindeutiger aus als für die Türkei.[14] Denn weiterhin gibt es einige Regierungen beziehungsweise Regierungsparteien in EU-Mitgliedstaaten, die eine Anbindung der Türkei an die Europäische Union unterhalb der Mitgliedschaft bevorzugen.[15] Der Rat dankte besonders der Türkei, Mazedonien und Serbien für ihre Anstrengungen zur Bewältigung der akuten Flüchtlings- und Migrationskrise.[16] Das zweite Jahr in Folge befasste sich der Europäische Rat nicht mit der Erweiterungsstrategie. Das signalisiert: Erweiterungspolitik im engeren Sinne hat an politischer Relevanz für die Regierungen verloren. Es geht nicht um Weichenstellungen und Verhandlungspakete. Auch die vom Europäischen Parlament zwischen Februar und April 2016 verabschiedeten Entschließungen zu den Fortschrittsberichten für die betreffenden Länder[17] zeigten Einvernehmen über die Grundsätze der Erweiterung zwischen den hauptsächlich beteiligten EU-Organen, der Europäischen Kommission, dem Rat der Europäischen Union und dem Europäischen Parlament.

---

11   Europäische Kommission: Erweiterungsstrategie der EU, 2015, KOM(2015) 611, final; European Commission: Commission Staff Working Documents. 2015 Progress Reports: Albanien, Bosnien und Herzegowina, Kosovo, Montenegro, Serbien, die ehemalige jugoslawische Republik Mazedonien und Türkei, SWD(2015) 210-216 final, 10 November 2015.
12   Rat der Europäischen Union: Schlussfolgerungen, Dezember 2015, S. 1-20.
13   Rat der Europäischen Union: Schlussfolgerungen, Dezember 2015, Ziffer 2.
14   Rat der Europäischen Union: Schlussfolgerungen, Dezember 2015, Ziffer 2.
15   Vgl. zur deutschen Position: Barbara Lippert: Die Bundesrepublik Deutschland und die Erweiterung der Europäischen Union, in: Katrin Böttger/Mathias Jopp (Hrsg.): Handbuch zur deutschen Europapolitik, Baden-Baden 2016, S. 393-406; zur Position Frankreichs: Anne-Slyvaine Chassany: Holland faces public scepticism over concession to Turkey, in: Financial Times, 18.3.2016.
16   Rat der Europäischen Union: Schlussfolgerungen, Dezember 2015, Ziffer 11.
17   Europäisches Parlament: Entschließungen zur Erweiterung: Fortschrittsbericht 2015 über Serbien, 4. Februar 2016, Dok. P8_TA(2016)0046; zum Prozess der europäischen Integration 2015 des Kosovo, 4. Februar 2016, Dok. P8_TA(2016)0047; zum Fortschrittsbericht 2015 über Mazedonien, 10. März 2016, Dok. P8_TA(2016)0091, und zum Fortschrittsbericht 2015 über Montenegro, 10. März 2016, Dok. P8_TA(2016)0092; zum Fortschrittsbericht 2015 über Albanien, 14. April 2016, Dok. P8_TA(2016)0134, zum Fortschrittsbericht über Bosnien und Herzegowina, 14. April 2016, Dok. P8_TA(2016)0135 und zum Fortschrittsbericht 2015 über die Türkei, 14. April 2016, Dok. P8_TA-PROV(2016)0133.

Die Kommission hat mit dem Erweiterungspaket 2015 einige prozedurale Neuerungen und Schwerpunktsetzungen in politischer Absicht eingeführt. Sie sind vor allem als Reaktion auf die schleppenden und allenfalls punktuellen Fortschritte in den Beitrittsländern zu verstehen. Ungewiss ist, ob daraus ein politisches Momentum und praktische Verbesserungen in den Zielländern erwachsen werden.[18] Eine erste Änderung betrifft die alljährlich vorgelegte Gesamtstrategie, die erstmals für einen Vierjahreszeitraum, also bis zum Ablauf der Amtszeit der Kommission Juncker, vorgelegt wurde.[19] Damit verschafft sich die Kommission eine Atempause, weil sie dann nicht alljährlich die Erwartung bedienen muss, die Gesamtstrategie mit (vermeintlich) neuen Elementen anzureichern. Das passt zum ernüchterten Ansatz, mit dem Kommissar Hahn sein Amt angetreten ist. Die Änderungen betreffen jedoch hauptsächlich die Länderberichte der Kommission. Die Aussagekraft der länderspezifischen Evaluierungen und die Vergleichbarkeit dieser alljährlichen Zwischenbilanzen sollen erhöht werden. Die Hoffnung ist, dass sie damit für die Gestaltung der Anpassungs- und Reformprozesse in den Kandidatenländern instruktiver werden. Da die Kommission diese ‚Zeugnisse‘ veröffentlicht, können und sollen sie Gegenstand öffentlicher Debatten über die Qualität und die Probleme der nationalen Reform- und Heranführungsprozesse werden, an denen sich nicht nur die politischen Parteien, sondern insbesondere Akteure der Wirtschaft und Zivilgesellschaft beteiligen sollen. Die Bewertung der Kommission gilt dem Stand der Vorbereitung auf den Beitritt im Lichte der absoluten Acquis-Anforderungen (wie nah beziehungsweise wie weit entfernt ist das Land von der Beitrittsreife). Außerdem macht sie eine Tendenzaussage zu den relativen Fortschritten auf dem Weg dahin (Tempo und Richtung).[20] Den Stand der Vorbereitungen qualifiziert die Kommission mit festen Formeln: „sind in einem frühen Stadium“, „haben einen gewissen / etwa mittleren / einen guten Stand erreicht“ oder „sind weit fortgeschritten“. Auch für die Fortschritte im Hinblick auf die Übernahme des Acquis in einzelnen Sektoren nutzt die Kommission fortan eine einheitliche Bewertungsskala, basierend auf einheitlicheren Indikatoren für die Berichterstattung. Mittels einer Fünfer-Skala hält sie fest, ob ein Land „Rückschritte“, „keine / einige / gute / sehr gute Fortschritte“ in einem Bereich gemacht hat.[21] Diese Trendaussagen und Zwischenstände sollen den Wettbewerb unter den Ländern anstacheln.

Die von der Kommission festgemachten Pilotbereiche 2015 sind Rechtsstaatlichkeit, einschließlich Justizreformen und Bekämpfung der Organisierten Kriminalität und der Korruption sowie Grundrechte, einschließlich der Meinungsfreiheit und Bekämpfung von Diskriminierung (LGBTI-Community und Roma), die wirtschaftliche Entwicklung und Stärkung der Wettbewerbsfähigkeit sowie die Reform der öffentlichen Verwaltung.[22] Das passt zu dem proklamierten Ansatz der Kommission „Wesentliches zuerst“.[23] Ferner misst die Kommission der regionalen Kooperation große Bedeutung zu. Dafür stehen der 2014 von der deutschen Bundeskanzlerin initiierte ‚Berliner Prozess‘ und die ‚Westbalkan-Sechs‘-Gruppe. Hauptthema ist die wirtschaftliche Integration unter den Ländern des Westbalkans und mit der Europäischen Union. Eine Konnektivitätsagenda umfasst Infrastrukturmaßnahmen im Bereich Verkehr und Energie. Diesbezügliche Investitionen sollen

---

18 Vgl. den Überblick Experts react: EU progress reports 2015, in: LSE blog, 18.11.2015.
19 Europäische Kommission: Erweiterungsstrategie der EU, 2015, S. 2.
20 Europäische Kommission: Erweiterungsstrategie der EU, 2015, S. 41-43.
21 Europäische Kommission: Erweiterungsstrategie der EU, 2015, S. 42 f.
22 Europäische Kommission: Erweiterungsstrategie der EU, 2015, S. 43 ff.
23 Europäische Kommission: Erweiterungsstrategie der EU, S. 5.

Wachstum, Beschäftigung und Wettbewerbsfähigkeit stimulieren. Auf der politischen Seite steht die Verbesserung der bilateralen nachbarschaftlichen Beziehungen, die ein wesentlicher Bestandteil der Stabilisierungs- und Assoziierungsprozesse ist. Die Streitigkeiten zwischen Athen und Skopje über den Namen des mazedonischen Staats und der Streit zwischen Serbien und Kosovo um Souveränitätsfragen dauern an und hemmen die Zusammenarbeit untereinander und mit der Europäischen Union. Aber auch die Europäische Union muss sich fragen, ob ihr statusneutraler Ansatz zu Kosovo nicht selbst eine Integrationsbremse ist und sie sich bemühen sollte, zu einer gemeinsamen Position in der Anerkennungsfrage zu gelangen.[24] In Bosnien und Herzegowina blockieren Statusfragen und Streitigkeiten zwischen den ethnischen Gruppen die Ausübung staatlicher Basisfunktionen und notwendige konstitutionelle Reformen. Der Rat der Europäischen Union und die Europäische Kommission mahnten – seit Jahren ohne Erfolg –, dass bilaterale Streitigkeiten zwischen Erweiterungs- und EU-Kandidaten frühzeitig geregelt werden müssen, um den Beitrittsprozess nicht aufzuhalten. Die Europäische Union lanciert und unterstützt Projekte und Initiativen wie die Regionalkommission für Wahrheitsfindung und Aufrichtigkeit in Bezug auf Kriegsverbrechen und schwere Verstöße gegen die Menschenrechte im ehemaligen Jugoslawien (RECOM). Bezüglich einer Lösung des Zypernkonflikts und einer möglichen Entspannung im zyprisch-griechisch-türkischen Verhältnis gab sich die Kommission optimistisch, ohne aber von ihren Positionen abzurücken, was die Rechtsauffassungen der Mitgliedstaaten Zypern und Griechenland angeht. Außerdem bleibt die Verpflichtung der Türkei zur vollständigen Umsetzung des Zusatzprotokolls zum Assoziierungsabkommen bestehen, aber unverändert nicht eingelöst.

Die Europäische Union hat für die Jahre 2015 und 2016 eine Finanzhilfe im Rahmen des Instruments für die Heranführungshilfe (IPA) von insgesamt 3.108,5 Mrd. Euro zur Verfügung gestellt.[25]

Laufende Beitrittsverhandlungen

Unter lettischer und luxemburgischer Ratspräsidentschaft hielt die Europäische Union Beitrittskonferenzen mit Montenegro,[26] mit der Türkei[27] und Serbien[28] ab. Da die Verhandlungen mit Island ausgesetzt worden sind und der Beitrittsprozess mit Mazedonien weiter von Griechenland aufgehalten wird, steht die Europäische Union derzeit nur mit diesen drei Ländern in Verhandlungen über den Beitritt. Bosnien und Herzegowina[29] stellte am

---

24 Griechenland, Rumänien, Spanien, Slowakei und Zypern haben Kosovo bislang nicht anerkannt.
25 Europäische Kommission: Country Strategy Papers für die Jahre 2015, 2016, abrufbar unter: http://ec.eu ropa.eu/enlargement/news_corner/key-documents/index_en.htm?key_document=080126248ca659ce (letzter Zugriff 23.8.2016).
26 7. Beitrittskonferenz am 21. Dezember 2015, Eröffnung der Kapitel Verkehrspolitik und Energie (14 und 15), 4. Beitrittskonferenz auf Stellvertreterebene am 30. Juni 2016 mit Eröffnung der Kapitel 12 und 13, Lebensmittelsicherheit und Fischerei.
27 Beitrittskonferenz am 14. Dezember 2015 und am 30. Juni 2016.
28 Beitrittskonferenz am 14. Dezember 2015 und am 18. Juli 2016.
29 Siehe auch Tobias Flessenkemper: Bosnien und Herzegowina in diesem Buch.

15. Februar 2016 einen Mitgliedschaftsantrag.[30] Mit Kosovo[31] wurde im Oktober 2015 ein Stabilisierungs- und Assoziierungsabkommen unterzeichnet, also eine Vorstufe auf dem Weg zur Beitrittskandidatur genommen. Es trat im April 2016 in Kraft.[32]

Türkei[33]

In die Verhandlungen mit der Türkei kam insofern etwas Bewegung, als die Europäische Union die beiden Kapitel zur Wirtschafts- und Währungspolitik im Dezember 2015 und zu den Finanz- und Haushaltsbestimmungen im Juni 2016 eröffnete. Beim letztgenannten Kapitel hatte Frankreich seine Blockade aufgegeben[34] und die Türkei nach Einschätzung von Rat und Kommission die Benchmarks erfüllt. Zudem sprach sich der Europäische Rat dafür aus, die Vorbereitungen für die Eröffnung weiterer Kapitel zu beschleunigen. Das lag auch daran, dass sich die Europäische Union seit dem Sommer 2015 aktiv um eine Kooperation mit der Türkei bemühte, um die Fluchtbewegungen aus Syrien über die Türkei und die irreguläre Migration über die Ägäis nach Griechenland zu kontrollieren und zurückzuhalten. Im Länderbericht vom November 2015 sah die Kommission die Türkei „an vorderster Front bei der großen Flüchtlingskrise" und hob die Bereitschaft der Europäischen Union zur vertieften Zusammenarbeit und finanziellen Unterstützung angesichts von bald 3 Mio. Flüchtlingen in der Türkei hervor.[35] Die Vereinbarung zwischen Europäischer Union und der Türkei vom März 2016 zur „Bewältigung der Migrationskrise", die maßgeblich von der Kommission, Donald Tusk, dem Präsidenten des Europäischen Rates, sowie der niederländischen und deutschen Regierung vorbereitet worden war, zeigte, dass die Europäische Union inzwischen selbst immer mehr zum Demandeur gegenüber Ankara geworden ist. Die für Beitrittsverhandlungen charakteristische Machtasymmetrie (wer braucht wen?) zugunsten Brüssels hatte sich also bereits stark relativiert. Zwar verpflichteten sich beiden Seiten zur Neubelebung des Beitrittsprozesses.[36] Dennoch bleibt die direkte Verbindung zwischen dieser Vereinbarung und den konkreten Beitrittsverhandlungen und damit die Gefahr der politischen Erpressbarkeit der Europäischen Union nicht zuletzt angesichts der technokratisch-inkrementellen Verhandlungsstruktur mit vielen Veto-Möglichkeiten auf EU-Seite und von langen Zeithorizonten limitiert. Das Öffnen und Schließen von Verhandlungskapiteln ist kein Gradmesser für den Stand der Beziehungen und wohl auch kein Instrument, um Kandidaten zu belohnen oder zu bestrafen, wenn es fundamentale Unterschiede der Interessen, Präferenzen und Durchsetzungsmöglichkeiten zwischen den Verhandlungsparteien gibt. Deshalb kann die leicht verbesserte Bilanz bei den Verhandlungskapiteln (16 geöffnet/eines geschlossen) nicht darüber hinwegtäuschen, dass sich der Negativtrend der letzten Jahre in der Türkei hinsichtlich der politisch-gesell-

---

30 European Union External Action Service: Bosnia and Herzegovina enters new chapter with EU application, 15 Febuary 2016.
31 Siehe auch Tobias Flessenkemper: Kosovo in diesem Buch.
32 European Commission: Stabilisation and Association Agreement (SAA) between the European Union and Kosovo enters into force, Press release IP/16/1184, 1 April 2016.
33 Siehe auch Funda Tekin: Türkei in diesem Buch.
34 Bulletin Quotidien: Europe Turkey: EU and Ankara reach controversial agreement aiming to stem migration crisis, 19.3.2016.
35 European Commission: Turkey 2015 report. Commission staff working document, 10 November 2015, SWD(2015) 216, S. 7.
36 Erklärung EU-Türkei vom 18. März 2016, Ziffer 5, und Erklärung EU-Türkei vom 29. November 2015.

schaftlichen Passfähigkeit mit der Europäischen Union fortgesetzt hat. Die weiteren Rückschritte hinsichtlich Rechtsstaatlichkeit und Grundfreiheiten und Gewaltenteilung zeugen von Entfernung statt Annäherung.

So hatte die Kommission ihren Länderbericht 2015 bis nach den Wahlen in der Türkei am 1. November 2015 zurückgehalten, weil sie bereits darin ein sehr kritisches Bild von der sich verschlechternden politischen Lage in der Türkei zeichnete. Das betrifft die Unabhängigkeit der Justiz, die Presse- und Meinungs- sowie Versammlungsfreiheit. Nicht unerwähnt lässt die Kommission den „Stillstand in der Lösung der Kurdenfrage"[37], der die innenpolitischen Spannungen und die Polarisierung verschärft und die Sicherheitslage in der Türkei erheblich gefährde. Der Weg in eine „neue Türkei" (Recep Tayyip Erdoğan), die das Emanzipationsvehikel Europäische Union nicht mehr benötigt und die Errichtung einer Präsidialdiktatur als Ziel verfolgt, zeichnete sich noch schärfer nach der Niederschlagung des Militärputschs im Juli 2016 ab.[38] Die Europäische Union verurteilte den Umsturzversuch und versicherte den demokratisch gewählten Institutionen der Türkei ihre Unterstützung. Sie betonte aber zugleich, dass eine rasche Rückkehr zur verfassungsmäßigen Ordnung notwendig sei.[39] Dahinter steckt der Vorwurf der Unverhältnismäßigkeit.[40] Jenseits des erfolgten rhetorischen Schlagabtauschs gab es keine unmittelbaren Auswirkungen auf die Beitrittsverhandlungen. Dennoch offenbarten die Entwicklungen seit Sommer 2015 die konzeptionellen Schwächen der Türkeipolitik der Europäischen Union, die nicht zuletzt in einer Reduktion und Engführung der bilateralen Beziehungen auf die Verhandlungen über einen Beitritt zum Ausdruck kommt.[41] Die Beitrittsverhandlungen sind als alleiniges oder zumindest zentrales Kommunikationsgefäß und als Hauptachse zwischen Brüssel und Ankara im Lichte der EU-Interessen obsolet. Da hilft es nur begrenzt, dass die wirtschaftlichen Voraussetzungen für eine Mitgliedschaft (eine funktionierende Marktwirtschaft, bei moderatem Wachstum) gegeben ist. Das Land weist in Bereichen wie Wettbewerbsfähigkeit einen guten Vorbereitungsstand auf.[42] Es deutet sich bereits an, dass in praktischer Hinsicht, etwa bei der Reform der Zollunion zwischen Europäischer Union und der Türkei, ein gemeinsames Interessenfeld für intensivere Kooperation liegt.[43] Das Europäische Parlament sieht zwar die Türkei als „strategische[n] Partner", kritisiert aber deutlich, dass sich das Land in eine Richtung entwickelt, in der die Einhaltung der politischen Kriterien „in immer weitere Ferne rückt".[44]

---

37 Europäische Kommission: Erweiterungsstrategie der EU, 2015, S.20.

38 Jürgen Gottschlich: Abschied von Europa, in: Die Tageszeitung, 21.7.2016; Ruth Berschens: Interview mit Elmar Brok. „Erdogan riskiert viel, wenn er die EU ignoriert", in: Handelsblatt, 20.7.2016.

39 Siehe Statement by the President of the European Council, the President of the European Commission and the EU High Representative on behalf of the EU Member States present at the ASEM Summit on the situation in Turkey, 16 July 2016; Council of the European Union: Council conclusion on Turkey, Press release 463/16, 18 July 2016.

40 Siehe European Parliament: President Schulz comments on latest developments in Turkey, Press release, 16 July 2016; Doris Simon: Interview mit Alexander von Lambsdorff. „Man kann ein Demokratiedefizit nicht mit einem Putsch beseitigen", in: Deutschlandfunk, 16.7.2016.

41 Vgl. zur Kritik bereits Barbara Lippert: EU-Erweiterung. Vorschläge für die außenpolitische Flankierung einer Beitrittspause, in: SWP-Studie 7/2011.

42 Europäische Kommission: Erweiterungsstrategie der EU, 2015, S. 39.

43 Erklärung EU-Türkei 29.11.2015, Punkt 10; Siehe auch European Parliament: 2015 Report on Turkey, Ziffer 5, 2016, Dok. P8_TA-PROV(2016)0133.

44 Europäisches Parlament: Entschließung zu dem Bericht 2015 über die Türkei, Ziffer 1 und 2, Dok. P8_TA-PROV(2016)0133.

Montenegro[45]

Das mit einer Bevölkerung von gut 600.000 Einwohnern sehr kleine Land Montenegro ist im Mai 2016 in die NATO aufgenommen worden.[46] Der EU-Beitritt liegt trotz einiger Fortschritte noch in weiter Ferne.[47] Allerdings steht Montenegro mit insgesamt 24 geöffneten Kapiteln an der Spitze des Beitrittszuges. Unter lettischer, luxemburgischer und niederländischer Ratspräsidentschaft wurden sechs Kapitel geöffnet.[48] Kein weiteres Kapitel wurde vorläufig geschlossen (bisher 2). Der Rat der Europäischen Union würdigt die Verbesserungen im Bereich der Rechtsstaatlichkeit und die Arbeiten an der Einrichtung neuer Institutionen, erhofft aber konkrete Ergebnisse bei der Bekämpfung von Korruption und organisierter Kriminalität. Des Weiteren werden Verbesserungen im Bereich der Meinungs- und Medienfreiheit, die Fortsetzung der Reform der öffentlichen Verwaltung, die Stärkung der Unabhängigkeit von Institutionen und Verbesserung der Wirtschaftsbedingungen angemahnt.[49] Angesichts der innenpolitischen Krise (Abhöraffäre) ruft der Rat die politischen Parteien zum konstruktiven Dialog miteinander auf.[50] Auch die Kommission hatte in ihrem Länderbericht nicht mehr wie im Vorjahr dazu Stellung genommen, inwieweit Montenegro die politischen Kriterien für die EU-Mitgliedschaft erfüllt. 2014 hatte sie noch ein ausreichendes Maß attestiert. Laut Kommission erreicht Montenegro in den meisten Einzelpunkten wie Reform der öffentlichen Verwaltung und im Bereich des Justizwesens allenfalls einen mittleren Stand, bei der Korruptionsbekämpfung nur einen gewissen Stand.[51] Beim Aufbau einer funktionierenden Marktwirtschaft sieht die Kommission einen mittleren Vorbereitungsstand.[52] Sie erkennt die aktive Rolle Montenegros in der regionalen Zusammenarbeit an und nennt dafür die Paraphierung des Grenzabkommens mit Bosnien und Herzegowina und dem Kosovo. Bei der Übernahme des Acquis, vor allem der Rechtsangleichung, registriert die Kommission uneinheitliche Fortschritte auf mittlerem Stand.

Serbien[53]

2015 gingen die Verhandlungen mit Serbien in eine praktische Phase. Die ersten beiden Verhandlungskapitel Finanzkontrolle und Sonstiges, worunter Fragen der Normalisierung der Beziehungen zum Kosovo behandelt werden, wurden im Dezember 2015 geöffnet. Als nächstes folgten die beiden anspruchsvollen und kritischen Kapitel zu Justiz und Grundrechte sowie Recht, Freiheit und Sicherheit im Juli 2016.[54] Die Kommission verzichtete auch im Fall von Serbien darauf, eine bündige Einschätzung abzugeben, ob das Land die politischen Kriterien der Mitgliedschaft erfüllt. Vielmehr geht sie zu einer Einschätzung

---

45   Siehe auch Sebastian Schäffer: Montenegro in diesem Buch.
46   Der Ratifizierungsprozess läuft derzeit. Vgl. NATO: Relations with Montenegro, 26.5.2016, abrufbar unter: http://www.nato.int/cps/en/natohq/topics_49736.htm (letzter Zugriff: 13.10.2016).
47   Siehe auch European Parliament: 2015 Report on Montenegro, 10 March 2016, Dok. P8_TA(2016)0092.
48   Kapitel 9: Finanzdienstleistungen und 21: Transeuropäische Netze am 22. Juni 2015, Kapitel 14: Verkehrspolitik und Kapitel 15: Energie am 21. Dezember 2015, Kapitel 12: Lebensmittelsicherheit, Tier- und Pflanzengesundheit sowie 13: Fischerei am 30. Juni 2016.
49   Rat der Europäischen Union: Schlussfolgerungen, Dezember 2015, S. 11, Ziffer 23 und 22.
50   Rat der Europäischen Union: Schlussfolgerungen, Dezember 2015, Ziffer 24.
51   Europäische Kommission: Erweiterungsstrategie der EU, 2015, S. 23.
52   Europäische Kommission: Erweiterungsstrategie der EU, 2015, S. 24.
53   Siehe auch Sabine Willenberg: Serbien in diesem Buch.
54   Christian Geinitz: Der Westbalkan rückt näher an die EU – trotz Brexits. London gibt Widerstand gegen Serbiens Beitritt auf, in: Frankfurter Allgemeine Zeitung, 7.7.2016.

einzelner Aspekte wie Rechtsstaatlichkeit oder Korruptionsbekämpfung über, die überwiegend als mittel bezeichnet werden. Der Rat lobt Serbien für den vorgelegten Aktionsplan für die Kapitel 23 und 24. Er begrüßt die erheblichen Fortschritte bei dem von der Europäischen Union unterstützten Dialog mit Kosovo, insbesondere die Vereinbarung vom 25. August 2015.[55] Die Kommission hält fest, dass es konstruktive Gespräche zwischen Serbien und dem Kosovo gab, um die Zusammenarbeit bei der Bewältigung der Migrationsströme aus dem Kosovo zu verbessern. Davon abgesehen konstatiert der Rat eine immer konstruktivere Rolle bei der regionalen Kooperation. Bei den wirtschaftlichen Kriterien hält die Kommission gute Fortschritte bei der Beseitigung einiger politischer Schwachstellen und eine positive Dynamik bei den Strukturreformen fest, sieht beim Aufbau einer funktionierenden Marktwirtschaft einen mittleren Vorbereitungsstand erreicht.[56] Bei der Übernahme des rechtlichen Acquis setzt Serbien die Rechtsangleichung fort. Das Europäische Parlament würdigt die Fortschritte Serbiens, mahnt aber unter anderem ein stärkeres Alignment mit den außen- und sicherheitspolitischen Positionen, auch im Zusammenhang mit Russland, an und bedauert konkret, dass das Land Militärübungen mit Russland durchführt.[57] Serbien betreibt weiterhin eine doppelgleisige Politik der Beitrittsverhandlungen einerseits und engen Beziehungen zu Russland andererseits.[58]

Andere Kandidaten

Den Kandidatenstatus halten unverändert seit 2005 Mazedonien[59] und seit 2014 Albanien[60]. Im November 2015 erklärte die Kommission, die Empfehlung für die Aufnahme von Beitrittsverhandlungen mit Mazedonien aufrechtzuerhalten, vorausgesetzt, dass die politische Vereinbarung vom Juni/Juli 2015 ebenso wie die ‚dringenden Reformprioritäten' umgesetzt werden. Der Rat bekräftigt, dass er den Beitrittsprozess der ehemaligen jugoslawischen Republik Mazedonien uneingeschränkt unterstützt. Das Europäische Parlament unterstreicht, dass Mazedonien seit zehn Jahren Bewerberland im Hinblick auf die EU-Mitgliedschaft ist und, was die Angleichung an den Besitzstand betrifft, nach wie vor als am weitesten fortgeschritten erachtet wird. Davon abgesehen hat sich die innenpolitische Lage in Mazedonien 2015 verschärft, die durch eine von Polarisierung geprägte politische Kultur, mangelnde Kompromisskultur, Rückschritte in Bezug auf Meinungsfreiheit und Unabhängigkeit der Justiz sowie schwindendes Vertrauens in die öffentlichen Institutionen gekennzeichnet ist.[61] Kommissar Hahn ist es nach vielen Anläufen gelungen, im Juli 2015 eine Vereinbarung zwischen den verfeindeten politischen Lagern auszuarbeiten, doch bleibt die Umsetzung immer wieder stecken.[62] Die politische Krise überschattet den guten Vorbereitungsstand bei der Erfüllung der wirtschaftlichen Kriterien im Hinblick

---

55 Rat der Europäischen Union: Schlussfolgerungen, Dezember 2015, S. 12.
56 Europäische Kommission: Erweiterungsstrategie der EU, 2015, S. 26.
57 Europäisches Parlament: Entschließung zu dem Bericht über Serbien, Punkt 7, 2016.
58 Tomasz Zornaczuk: Forever on the periphery? The return of geopolitics to EU enlargement to the Balkans, in: Polish Institute of International Affairs: Policy Paper No. 6, 2016; Stefan Kreitewolf: "Putin ist unser Gott", in: Handelsblatt, 11.8.2015.
59 Siehe auch Oliver Schwarz: Mazedonien in diesem Buch.
60 Siehe auch Tobias Flessenkemper: Albanien in diesem Buch.
61 Rat der Europäischen Union: Schlussfolgerungen, Dezember 2015, S. 13.
62 Andreas Ernst: Mazedonische Parlamentswahl abgesagt; das Land rutscht immer tiefer in die Sackgasse, in: Neue Zürcher Zeitung, 20.5.2016.

auf eine funktionierende Marktwirtschaft. Die Flüchtlingskrise machte Mazedonien im Frühjahr 2016 zu einem Schlüsselland zur Abriegelung der Balkanroute an der Grenze zu Griechenland.

Im Fortschrittsbericht konstatierte die Kommission, dass Albanien bei der Erfüllung der politischen Kriterien mehr tun muss, um die von Gegensätzen geprägte politische Kultur des Landes zu verbessern und einen konstruktiven parteiübergreifenden Dialog sicherzu-stellen.[63] Bei den wirtschaftlichen Kriterien wird dem Land ein etwa mittlerer Vorberei-tungsstand bescheinigt. Die Rechtsangleichung und Übernahme des Acquis wird fortge-setzt. Albanien muss allerdings noch erhebliche Anstrengungen unternehmen, um seine Vorbereitungen auf die Anwendung des Besitzstands zu verbessern. Von einer Eröffnung der Beitrittsverhandlungen ist noch keine Rede.

Weiterführende Literatur

Heinz-Jürgen Axt: Südosteuropa im Schatten der EU-Krisen, in: Südosteuropa-Mitteilungen 3/2016, S. 6-21.

Aichele, Rahel/ Felbermayer, Gabriel/ Putzhammer, Fritz/ Yalcin, Erdal: Turkey's EU integration at a crossroads. What consequences does the new EU trade policy have for economic relations between Turkey and Europe, and how can these be addressed? GED Study, April 2016.

---

63   Europäische Kommission: Erweiterungsstrategie der EU, 2015, S. 30.

Albanien

Tobias Flessenkemper

Im Juni 2014 beschloss der Rat der Europäischen Union, dass Albanien die Bedingungen für den EU-Kandidatenstatus erfüllt hat. Im Länderbericht vom November 2015 stellt die Kommission fest, dass das Stabilisierungs- und Assozierungsabkommen (SAA), in Kraft seit 2009, ‚reibungslos‘ umgesetzt wird.[1] Die Umsetzung der im Juli 2016 verabschiedeten Justizreform ist die nächste Hürde für die Aufnahme von Beitrittsverhandlungen.

Justizreform im Mittelpunkt

Der Fortgang des Beitrittsverfahrens ist für die Europäische Union abhängig von positiven Entwicklungen in den ‚Fünf Prioritäten‘ Justiz- und Verwaltungsreform, Korruptions- und Kriminalitätsbekämpfung und verbesserter Menschenrechtsschutz, besonders für Minderheiten. Funktional sind die Bereiche eng miteinander verzahnt und gleichzeitig sind Fortschritte und Verbesserung häufig nur langfristig erreichbar. Daher wurde am 12. November 2013 ein ‚Hochrangiger Dialog‘ institutionalisiert. Das sechste Treffen fand am 30. März 2016 in Tirana statt und wurde gemeinsam von Ministerpräsident Edi Rama und Kommissar Johannes Hahn geleitet. Ziel war es, die Justizreform ‚verabschiedungsreif‘ zu machen. Da die Justiz nicht ohne die Verfassung zu ändern ist, eignete sich die Reform dafür, der Forderung der Europäischen Union nach einem inklusiven innenpolitischen Dialog erneut Nachdruck zu verleihen. Stets droht der innenpolitische Antagonismus zwischen der Sozialistischen Partei (SP) von Rama und der oppositionellen Demokratischen Partei (DP), den EU-Integrationsprozess zu zerreiben. Die Justizreform soll auch vermeiden, dass unter dem Vorwand der Korruptionsbekämpfung die Regierung die Opposition kriminalisieren und ausschalten kann. Durch die Einbeziehung der ‚Venedig-Kommission‘ des Europarates wurde der parteipolitische Konflikt, der nur dürftig individuelle wirtschaftliche Interessen der Akteure kaschiert, weitestgehend europäisiert. Ab Frühjahr 2016 dominierten die vielfältigen Aspekte der Justizreform die politische Debatte. Europäische Union und USA bestanden auf der Zustimmung des früheren DP-Regierungschefs Sali Berisha. Einreiseverbote und das Einfrieren von ausländischen Vermögenswerten von DP-Politikern standen zur Debatte.[2] Der Schaden für Albanien bei Ablehnung der Justizreform schien größer als das Risiko für die einzelnen Akteure, von einer reformierten Justiz belangt zu werden. Nach einer turbulenten Sitzung am 21. Juli 2016 beschlossen Regierung und Opposition die Reform einstimmig im Parlament. Entschieden wurden Neuerungen bei der Ernennung, Überwachung von Richtern und Staatsanwälten für alle Rechtsbereiche, Stärkung der Ermittlungszusammenarbeit mit der Polizei in Strafsachen und – besonders sensibel – die Möglichkeit der Amtsenthebung verdächtiger Richter, Staatsanwälte und anderen Personals durch eine unabhängige Überprüfungskommission; Europäische Union und USA sicherten sich ein Mitspracherecht bei der

---

1   European Commission: Albania 2015 Report, 10 November 2015, S. 1, abrufbar unter: http://ec.euro pa.eu/enlargement/pdf/key_documents/2015/20151110_report_albania.pdf (letzter Zugriff: 19.10.2016).
2   Adelheid Wölfl: Albanien einigt sich auf Justizreform, in: Der Standard, 21.7.2016.

Ernennung der Mitglieder. Das starke US-Engagement, begründet in Albaniens NATO-Mitgliedschaft, wird sich in Zukunft auch auf die Ausbildung der Kriminalpolizei erstrecken. Ob nun jedoch das notwendige Vertrauen der Bevölkerung in die Unabhängigkeit der Justiz und eine Überwindung des politischen Antagonismus durch die verbesserten Verfahren geschaffen werden kann, muss sich zeigen. Der Justizminister warnte, dass die von außen an die Justiz herangetragenen Veränderungen das System nicht zwangsläufig gestärkt haben: „Man hat ein bisschen etwas aus Rumänien, aus Kroatien, aus Deutschland, aus Österreich, aus Italien genommen. Experten und ausländische Botschafter sagen, es handle sich um ein albanisches Modell, und wir sollten stolz sein. Ich weiß nicht, ob wir das sollten."[3]

Regionale Entwicklungen

Am 27. August 2015 fand in Wien das zweite Gipfeltreffen des ‚Berlin-Prozesses' statt, mit dem die Westbalkanländer ihre regionale Zusammenarbeit im Hinblick auf die gemeinsame zukünftige EU-Mitgliedschaft stärken sollen. Unterstützt von Österreich und Deutschland wurde die Zusammenarbeit zwischen Aleksandar Vučić, dem serbischen Ministerpräsidenten, und Rama weiter vertieft. Albanien und Serbien bauten ihre Stellung als vergleichsweise zuverlässige EU-Partner aus. Inspiriert vom französisch-deutschen Tandem, also der Idee des Ausgleichs und Wettbewerbs über große Unterschiede hinweg, soll die enge Zusammenarbeit eine stabilisierende Wirkung entfalten. Das Duo Albanien-Serbien repräsentiert die beiden größten regionalen (ethno-)linguistischen Gruppen und teilt in vielen Fragen keine gemeinsame Position, zum Beispiel zum Kosovo-Status, zur NATO-Mitgliedschaft und bei der Zustimmung zu EU-Sanktionen gegenüber Russland. Ein greifbares Ergebnis ist das Regional Youth Cooperation Office (RYCO) für den Westbalkan. Mit französisch-deutscher Hilfe wurde beim dritten Westbalkantreffen in Paris am 4. Juli 2016 als RYCO-Sitz Tirana festgelegt. Ein weiterer Erfolg in den Augen der Regierung war die erfolgreiche Abschreckung von Migranten und Flüchtlingen im Herbst/Winter 2015/16. Albanien blieb von den Entwicklungen unberührt und es gelang, keinen Zweifel an der Abwehr irregulärer Migration aufkommen zu lassen. Im Nachgang zur ‚Asylkrise' albanischer Bewerber in den reichsten EU-Mitgliedstaaten 2014/2015 hat dies Albaniens Rolle und Ansehen im europäischen Grenzsicherungsverbund gestärkt.

Ausblick

Die Eröffnung der EU-Beitrittsverhandlungen bleibt das politische Ziel der Regierung Rama, denn Wettbewerber Serbien verhandelt seine seit Dezember 2015. Da die Einhegung des innenpolitischen Antagonismus hierfür ein entscheidender Gradmesser geworden ist, scheint ein Beginn der Verhandlungen vor den Parlamentswahlen im Sommer 2017 unwahrscheinlich. Die Europäische Union wird erst die Umsetzung der Justizreform und einen ‚harmonischen' Ablauf der Wahlen abwarten. Die Unwägbarkeiten des britischen EU-Austritts, die Entwicklungen in der Türkei und die Vorstöße Russlands könnten jedoch auch zu einer Beschleunigung führen, um die östliche Adria-Region stabil zu halten.

Weiterführende Literatur

Blendi Kajsiu: A Discourse Analysis of Corruption. Instituting Neoliberalism Against Corruption in Albania, 1998-2005, Milton Park 2015.

---

3   Interview mit Ylli Manjani, Albaniens Justizminister, in: Der Standard, 31.5.2016.

Bosnien und Herzegowina

Tobias Flessenkemper

Am 15. Februar 2016 übergab Bosnien und Herzegowina der niederländischen Rats-präsidentschaft seinen EU-Mitgliedschaftsantrag. Nachdem der Rat der Europäischen Union schrittweise davon abgerückt war, seine im März 2011 aufgestellten Bedingungen für einen ‚glaubwürdigen' Antrag einzufordern, bestand er allerdings auf die Erfüllung bestimmter Bedingungen, bevor der Antrag an die Europäische Kommission weitergeleitet wird. Bis zum 18. Juli 2016 konnte Bosnien und Herzegowina nicht alle Forderungen erfüllen und damit weiterhin keinen Status als Beitrittskandidat erlangen.

Paradoxerweise ist das Beitrittsgesuch die Kehrseite der schwindenden politischen Durchsetzungsfähigkeit der Europäischen Union in der Region. 2014 enthielt sich Russ-land bei der Verlängerung des EUFOR-Mandats im VN-Sicherheitsrates der Stimme. Im November 2015 drohte sein Veto gegen eine Verlängerung des EU-geführten Militär-einsatzes zur Sicherung der Nachkriegsordnung. Russland setzte durch, dass die Resolu-tion erstmals seit 2003 keinen Bezug zur Perspektive der EU-Mitgliedschaft und NATO-Annäherung beinhaltet.[1] Dies stärkte die Position der Republika Srpska (RS) gegen eine NATO-Mitgliedschaft; rhetorisch aus Solidarität mit Serbien, faktisch aber um ihren Anspruch auf eine staatliche Unabhängigkeit nicht zu gefährden. Gleichzeitig suchte Bakir Izetbegović, bosniakisches Mitglied des Staatspräsidiums, verstärkt den Schulterschluss mit der Türkei.[2] So wurde das Mandat des Europäischen Sonderbeauftragten Lars-Gunnar Wigemark bis zum 28. Februar 2017 verlängert. Er soll den Friedens- und Beitrittsprozess unumkehrbar machen.[3] Innenpolitisch verstärkte sich der Eindruck der Perspektivlosigkeit, wobei sich Dissenz und Opposition verstetigten. Alternativen politischen Kräften gelingt es dennoch kaum, die Vorherrschaft des seit 1991 regierenden ethnopolitischen Parteien-kartells, das zunehmend autokratische Tendenzen entwickelt, nachhaltig zu schwächen. Kritisiert wird auch die ‚neoliberale Austeritätspolitik' der Europäischen Union. Seit Ende 2014 soll ein EU Compact for Growth and Jobs[4] helfen, die Wirtschaft zu liberalisieren und wettbewerbsfähiger zu machen. Mit Hilfe des Internationalen Währungsfonds sollte Druck ausgeübt werden, der aber weitestgehend verpuffte. Die EU-induzierten Arbeits-marktreformen haben es schwer, bei einer Arbeitslosenrate von über 17 Prozent zu greifen.

Anfang 2016 zeichnete sich ab, dass die Regierung den Antrag auf EU-Mitgliedschaft gemäß Art. 49 des Vertrages der Europäischen Union vorbereiten würde. Dies löste auf EU-Ebene Überraschung aus und wurde innenpolitisch als Aktionismus einer blockierten Regierung gedeutet. Fünf Jahre zuvor hatte der Rat Kernbedingungen für einen ‚glaubwür-

---

1   United Nations Security Council: Resolution 2247 (2015), 10 November 2015.
2   Adelheid Wölfl: Unterstützung für Erdoğan auf dem Balkan, in: DerStandard.at, 20.7.2016.
3   Council Decision (CFSP) 2015/2007 of 10 November 2015 extending the mandate of the European Union Special Representative in Bosnia and Herzegovina, in: Official Journal of the European Union L294/64-68, 11 November 2015.
4   Delegation of the European Union to Bosnia and Herzegovina, European Union Special Representative in Bosnia and Herzegovina: Compact for Growth and Jobs, abrufbar unter: http://europa.ba/?page_id=547 (letzter Zugriff: 11.8.2016).

digen' Antrag gestellt: unter anderem mehr politische Rechte für Bürger, die keinem der drei konstituierenden Völker angehören (EGMR-Fall Finci/Sejdić gegen Bosnien-Herzegowina 2009), die Abhaltung einer Volks- und Haushaltszählung (Zensus) und die Umsetzung des Stabilisierungs- und Assoziierungsabkommens (SAA). Die erste Bedingung wurde durch die deutsch-britische Initiative 2014 nach hinten gestellt, was das Inkrafttreten des SAA am 1. Juni 2015 und in der Folge den Mitgliedschaftsantrag ermöglichte.

Der Zensus wurde im Oktober 2013 abgehalten, allerdings blockierte die ethnopolitisch dominierte Verfassungsdiskussion die Veröffentlichung der Daten.[5] Nicht zuletzt mit Blick auf die EU-Finanzperiode ab 2021 braucht es aber Klarheit über die strukturelle Situation des Landes. EU-Delegation in Sarajevo sowie Kommission arbeiten 2015/16 mit den bosnisch-herzegowinischen Partnern ohne Ergebnis an der SAA-Umsetzung. Die diplomatischen Kräfte von Kommissar Johannes Hahn waren jedoch durch die Auswirkungen der Flüchtlingskrise, die Krise in Mazedonien und die Entwicklungen in der Nachbarschaftspolitik gebunden. Ein seit 2015 geplantes Treffen des Staatspräsidiums mit Bundeskanzlerin Angela Merkel brachte Bewegung in die Lage. Um nicht ohne Ergebnisse am 30. Juni in Berlin zu erscheinen, veröffentlichte die bosnisch-herzegowinische Statistiskbehörde die Zensusdaten.[6] So konzentrierten sich die Konsultationen auf die handelspolitischen Fragen des SAA, die seit dem EU-Beitritt Kroatiens schwelten. Bis 2013 handelten die Nicht-EU-Mitglieder Bosnien und Herzegowina sowie Kroatien gemäß den Regeln des Mitteleuropäischen Freihandelsabkommen CEFTA. Mit Kroatiens Mitgliedschaft musste eine Anpassung stattfinden, um allen EU-Staaten denselben Marktzugang wie Kroatien einzuräumen. Negative Auswirkungen auf die Landwirtschaft wurden von der RS beklagt, aber nicht belegt. Am 13. Juli 2016 vereinbarte der deutsche Landwirtschaftsminister Christian Schmidt in Sarajevo, dass Anpassungsprobleme finanziell abgefedert würden.[7] Vor der Ratssitzung am 18. Juli 2016 blieb somit die letzte Bedingung eine Vereinbarung zu einem EU-Koordinierungsmechanismus. Damit soll erreicht werden, dass Verpflichtungen gegenüber der Europäischen Union auch umgesetzt und nicht im ethnonationalistischen Zwist zerrieben werden. Da bis zum 18. Juli keine Lösungen von der Regierung präsentiert wurden, vertagten die EU-Staaten die Entscheidung über die Einholung der Stellungnahme der Kommission auf den Herbst 2016. Dann beginnt der Wahlkampf für die Kommunalwahlen am 2. Oktober 2016. Ob es der bosnisch-herzegowinischen Politik gelingt gleichzeitig die EU-Forderungen zu erfüllen, kann kaum erwartet werden. Vor 2017 wird das Land eher nicht EU-Kandidat werden.

Weiterführende Literatur

Kerim Kudo: Europäisierung und Islam in Bosnien-Herzegowina. Netzwerke und Identitätsdiskurse, Baden-Baden 2016.

Adis Merdzanovic: Democracy by Decree. Prospects and Limits of Imposed Consociational Democracy in Bosnia and Herzegovina, Stuttgart 2015.

---

5 Tobias Flessenkemper: Bosnia and Herzegovina, in: Anna Fruhstorfer/Michael Hein (Hrsg.): Constitutional Politics in Central and Eastern Europe. From Post-Socialist Transition to the Reform of Political Systems, Wiesbaden 2016, S. 243-266.

6 Zensus-Ergebnisse: 50,11 Prozent bosniakische, 30,78 Prozent serbische, 15,43 Prozent kroatische und 2,73 Prozent mit einer anderen ethnischen beziehungsweise nationalen Zugehörigkeit. Die Ergebnisse zeigen, dass das Land bei Bildung und Alphabetisierung signifikant hinter den Stand vor 1991 zurückgefallen ist. Siehe Popis Stanovstva, 2013, abrufbar unter: http://www.popis2013.ba/popis2013/doc/Popis2013prvoIzdanje.pdf (letzter Zugriff: 15.8.2016).

7 Erich Rathfelder: Durchbruch dank Merkel, in: Die Tageszeitung taz, 19. Juli 2016.

Kosovo

Tobias Flessenkemper

Die Republik Kosovo ist der jüngste Staat Europas, sowohl in demographischer als auch rechtlich-territorialer Hinsicht.[1] Eine erfolgreiche europäische Integration ist entscheidend für die Zukunftsaussichten der überwiegend jungen Bevölkerung. Am 17. Februar 2008 erklärte sich die Republik Kosovo unabhängig von Serbien. Der ‚unilateralen' Unabhängigkeitserklärung waren jahrzehntelange verfassungspolitische Auseinandersetzungen vorausgegangen. Der Konflikt um einen allseits akzeptierten Status für Kosovo ist bis heute nicht aufgehoben. Die Europäische Union entschied sich für eine Doppelstrategie: Auf der einen Seite stellte sie die Frage der Anerkennung einer unabhängigen Republik Kosovo ihren Mitgliedern frei. Auf der anderen Seite, übernahm die Europäische Union die tragende Rolle für das ‚Staatsaufbau'-Projekt, das von den Vereinten Nationen (VN) 1999 begonnen wurde. Anfang Februar 2008 entsandte die Europäische Union ihre größte Mission im Rahmen der Gemeinsamen Sicherheits- und Verteidigungspolitik (GSVP), die Rechtsstaats- und Polizeimission EULEX Kosovo. Kurz darauf sprachen 22 der damaligen 27 EU-Mitgliedstaaten der Republik Kosovo die Anerkennung aus. Griechenland, Spanien, die Slowakische Republik, Rumänien und Zypern betrachten Kosovo weiterhin als Teil Serbiens. Der Dualismus zwischen tragender Rolle beim Aufbau des Staatswesens der Republik Kosovo und gleichzeitiger Uneinigkeit über den (internationalen) Status Kosovos charakterisiert die Dynamik und macht die europäische Integration der Republik Kosovo zu einer Dreiecksbeziehung zwischen der Europäischen Union, Serbien und Kosovo.[2] Kosovo testet damit die Europäische Union als Gestaltungskraft in Südosteuropa sowie als außen- und sicherheitspolitischen Akteur.

Normalisierung

Damit das Ziel der Europäischen Union, alle Länder des Westlichen Balkans als Mitglieder aufzunehmen, gelingen kann, hat der Rat der Europäischen Union beschlossen, dass das trotz Unabhängigkeitserklärung spannungsgeladene Verhältnis zwischen Serbien und Kosovo ‚normalisiert' werden soll. Serbien kann ohne ein geklärtes rechtliches Verhältnis zu Kosovo nicht EU-Mitglied werden. Unterhalb der Schwelle einer Anerkennung verlangt die Europäische Union daher von Serbien eine eindeutige juristische Trennung von allen Angelegenheiten in Kosovo. Für Kosovo bedeutet dies die schrittweise Integration des bislang serbisch dominierten Nordens in staatliche Strukturen, insbesondere das Zoll-, Polizei- und Gerichtswesen. Begleitet wird die Normalisierung durch die EU-Mission EULEX, das Instrument für Vorbeitrittshilfe sowie das Engagement der Europäischen Außenbeauftragten. Catherine Ashton gelang es im April 2013 ein erstes grundlegendes

---

1   Siehe European Commission: Kosovo Report 2015, Dok. SWD (2015) 215 final, 10. November 2015.
2   In Dokumenten der Europäischen Union steht nun ‚Kosovo*'; der Asteriks-Text lautet: "References to Kosovo are without prejudice to positions on status. They are in line with United Nations Security Council Resolution 1244/99 and the opinion by the International Court of Justice on the Kosovo declaration of independence."

Abkommen zu verhandeln, das den Weg für den Visadialog und das Stabilisierungs- und Assoziierungsabkommen (SAA) für Kosovo öffnete. Der Abschluss eines SAA stellte die Europäische Union vor besondere Herausforderungen aufgrund der auch EU-intern umstrittenen Unabhängigkeit. Da das SAA nach Inkrafttreten des Vertrages von Lissabon verhandelt wurde, konnte die Europäische Union als Rechtspersönlichkeit (und nicht auch die Mitgliedstaaten) Vertragspartei werden. So konnte erstmals auf die Ratifizierung eines SAA durch die Mitgliedstaaten verzichtet werden. Das Europäische Parlament ratifizierte das SAA im Februar 2016 und es trat gemäß des Verfahrens Art. 144 des Vertrages über die Arbeitsweise der Europäischen Union am 1. April 2016 in Kraft.

Seit 2008 setzt die Europäische Union die Visumspolitik im Westlichen Balkan gezielt ein, um die regionale Ordnung und die Sicherheitszusammenarbeit zu fördern.[3] Der Visadialog mit Serbien 2008/2009 legte die Grundlagen für spätere Normalisierungsschritte. So wurde damals von der Europäischen Union verlangt, die Ausgabe von serbischen Reisepässen an in Kosovo registrierte Bürgerinnen und Bürger einzustellen, um die Abschaffung der Visumspflicht zu erreichen. Kosovo erfüllte die im Rahmen der ‚visa liberalisation road map' 2012 gestellten Bedingungen und die Europäische Kommission schlug im Mai 2016 die Aufhebung der Visumspflicht vor.[4] Angesichts der europäischen Grenzmanagements- und Flüchtlingskrise im Winter 2015/2016 ist die Behandlung des Vorschlags nicht prioritär. Im Rat der Europäischen Union besteht angesichts der migrationspolitischen Krise und im Hinblick auf den plötzlichen Anstieg von Asylbewerberzahlen aus Kosovo im Winter 2014/2015 keine Eile. Daraufhin haben die EU-Mitgliedstaaten Kosovo zu einem sicheren Drittstaat erklärt. Der erfolgreiche Abschluss des Visadialogs wird nun als wichtiger Schritt für den Erfolg zukünftiger Konditionalitätspolitik gegenüber Kosovo angesehen.

Mit EULEX, dem SAA, den Beitrittsverhandlungen mit Serbien und der Fortsetzung des Normalisierungs-Dialogs hofft die Europäische Union die Grundlage für die weiteren Integrationsschritte gelegt zu haben. Der EU-Austritt Großbritanniens könnte die Konstruktion jedoch schwächen. Großbritannien wird sowohl als Freund Serbiens als auch Verteidiger der Unabhängigkeit der Republik Kosovo angesehen. Als ständiges Mitglied des VN-Sicherheitsrates hat Großbritannien die euro-atlantische Integration und Einhegung des Konflikts zwischen Kosovo und Serbien besonders befördert. Eine Rolle, die weder Deutschland, Frankreich oder Italien in dieser Weise übernehmen könnten. Vor Ort bleibt die Europäische Union mit EULEX für weitere zwei Jahre bis Juni 2018 präsent. Auch das Instrument des EU-Sonderbeauftragten (EUSB) wurde verlängert. Seit September 2016 ist die bulgarische Diplomatin Natalya Apostolova EUSB und die Leiterin der EU-Delegation.

Weiterführende Literatur

Florian Bieber: The Serbia-Kosovo Agreements: An EU Success story?, in: Review of Central and East European Law 3-4/2015, S. 285-319.

---

3 Vgl. Tobias Flessenkemper/Tobias Bütow: Building and Removing Visa Walls: on European Integration of the Western Balkans, in: Security and Peace 3/2011, S. 162-168.
4 European Commission: Proposal for a regulation of the European Parliament and of the Council amending Regulation (EC) 539/2001, COM (2016) 277; listing the third countries whose nationals must be in possession of visas when crossing the external borders and those whose nationals are exempt from that requirement (Kosovo*).

Mazedonien

Oliver Schwarz

Das politische System Mazedoniens durchlebt seine schwerste Krise seit 2001. Die von der Opposition veröffentlichten Abhörprotokolle haben aufgezeigt, wie das ‚System Gruevski' in den vergangenen Jahren den Rechtsstaat zurückgebaut, die Verwaltung politisiert und individuelle Freiheiten beschnitten hat. Erst nachdem sich der bereits seit Jahren schwelende Konflikt zwischen Regierung und Opposition in Massenprotesten manifestierte und durch den umstrittenen Kumanovo-Einsatz mazedonischer Polizeikräfte eine sicherheitspolitische Dimension bekam, schaltete sich die Europäische Union ein. Von der Europäischen Kommission geführte Verhandlungen zwischen den Konfliktparteien führten zu einer Reformagenda und schließlich zum Rücktritt des mazedonischen Premierministers.

Abkommen von Przino

Die im Februar 2015 durch den Vorsitzenden der Sozialdemokratischen Partei Mazedoniens (SDSM), Zoran Zaev, ausgelöste Abhöraffäre setzte die Kommission unter Zugzwang. Johannes Hahn, Kommissar für Europäische Nachbarschaftspolitik und Erweiterungsverhandlungen, rief eine unabhängige Expertengruppe ins Leben, um die Vorfälle zu untersuchen. Die Arbeitsgruppe unter der Leitung von Reinhard Priebe, ehemaliger deutscher Verwaltungsrichter und Direktor in der Kommission, führte von April bis Mai 2015 eine Reihe von Gesprächen mit verschiedenen Akteuren und gesellschaftlichen Gruppen. Der am 8. Juni 2015 präsentierte 20-seitige Abschlussbericht[1] konzentriert sich auf fünf Hauptpunkte: das massenhafte illegale Abhören von Kommunikation, der Zustand der Justiz- und Strafverfolgungsorgane, die Arbeit weiterer Institutionen wie die des Ombudsmanns und der Datenschutzbehörde, die Durchführung von Wahlen und die Lage der Medien. Der Bericht hält zwar fest, dass die vorherrschenden rechtlichen Rahmenbedingungen keinen besonderen Anlass zur Sorge böten und die relevanten Akteure im Allgemeinen professionell und kompetent arbeiteten. Es heißt aber auch unmissverständlich: „There is however a lack of proper, objective and unbiased implementation. The considerable gap between legislation and practice has to be urgently addressed and overcome." Die Expertengruppe hat es jedoch nicht nur dabei belassen, den Status quo zu beschreiben, sondern sie hat zu den einzelnen Punkten auch konkrete Politikempfehlungen formuliert. Diese wurden von der Europäischen Kommission aufgegriffen und in eine Liste „Dringender Reformprioritäten" überführt.[2] Am 2. Juni 2016 hatten sich die Vorsitzenden der vier großen mazedonischen Parteien bereits unter der Leitung von Kommissar Hahn auf das Abkommen von Przino verständigt. Das Abkommen wurde in verschiedenen Verhandlungsrunden weiter ergänzt und fand seine endgültige Fassung am 15. Juli 2015, die im

---

1   European Commission: The former Yugoslav Republic of Macedonia: Recommendations of the Senior Experts' Group on systemic Rule of Law issues relating to the communications interception revealed in Spring 2015, 8 June 2015.
2   European Commission: Urgent Reform Priorities for the former Yugoslav Republic of Macedonia, June 2016.

Kern folgende Punkte vorsieht: Rückkehr der Opposition ins Parlament, Stopp der Veröffentlichung der Abhörprotokolle, Berufung einer Sonderstaatsanwaltschaft zur Untersuchung der in den Protokollen aufgezeigten Straftaten, Beteiligung der Opposition an der Regierung, Bereinigung der Wählerlisten, Reform des Wahlrechts sowie Gewährleistung der Freiheit der Medien.[3] Schließlich solle Premierminister Nikola Gruevski 100 Tage vor neu abzuhaltenden Parlamentswahlen zurücktreten. Als Wahltermin wurde zunächst der 24. April, dann der 5. Juni 2016 festgelegt.

Rücktritt des Premierministers

Angesichts dieser Vereinbarung entschied sich die Europäische Kommission im Rahmen ihres alljährlichen Fortschrittsberichtes dafür, ihre Empfehlung für die Aufnahme von Beitrittsverhandlungen mit Mazedonien aufrechtzuerhalten. Relativ deutlich koppelte sie diese Entscheidung jedoch an die „kontinuierliche Umsetzung" des Przino-Abkommens sowie „substanzielle Fortschritte" bei der Umsetzung der angemahnten Reformprioritäten.[4] Schnell wurde allerdings offenbar, dass die mazedonische Regierung alles daran setzte, eben diese Umsetzung zu hintertreiben.[5] Erst die Berufung der Sonderstaatsanwaltschaft am 15. September 2015 sowie der Rücktritt von Gruevski am 18. Januar 2016 änderten die Lage. Am 12. Februar 2016 präsentierten die drei Staatsanwältinnen Katica Janeva, Fatime Fetai und Lence Ristoska der Öffentlichkeit die ersten Ergebnisse ihrer Arbeit.[6] Die Regierung stellte daraufhin die Rechtmäßigkeit der Sonderstaatsanwaltschaft infrage. Schließlich stellte der seit 2009 amtierende Staatspräsident Gjorge Ivanov am 12. April 2016 insgesamt 56 Personen unter Amnestie, gegen die ermittelt wurde. Ivanov ist zwar selbst nicht Mitglied der regierenden VMRO-DPMNE (Innere Mazedonische Revolutionäre Organisation – Demokratische Partei für Mazedonische Nationale Einheit), steht dieser Partei jedoch nahe und wurde 2009 von der VMRO-DPMNE für die Präsidentschaftswahlen nominiert. In der mazedonischen Hauptstadt kam es infolge des Amnestiebeschlusses zu gewaltsamen Protesten. Sowohl die Europäische Union als auch die USA erklärten den Beschluss als nicht hinnehmbar. Aufgrund der sich zuspitzenden politischen Krise untersagte das Verfassungsgericht in einem Urteil vom 18. Mai 2016 sämtliche Aktivitäten, die ein Wahlkampf umfasst. Der anberaumte Termin für die vorgezogenen Neuwahlen wurde daraufhin vom mazedonischen Parlament abgesagt. Erweiterungskommissar Hahn, inzwischen in seinen Vermittlungsbemühungen von der Hohen Vertreterin der Europäischen Union für Außen- und Sicherheitspolitik, Federica Mogherini, unterstützt, reagierte auf die Entscheidung des Verfassungsgerichts mit Zustimmung.[7]

Weiterführende Literatur

Wolf Oschlies: Makedonien 2001 – 2004. Kriegstagebuch aus einem friedlichen Land, Berlin 2004.

Stefan Troebst: Das mazedonische Jahrhundert. Von den Anfängen der nationalrevolutionären Bewegung zum Abkommen von Ohrid 1893-2001, München 2007.

---

3 European Commission: Statement by Commissioner Hahn and MEPs Vajgl, Howitt and Kukan: Agreement in Skopje to overcome political crisis, 15 July 2015.
4 Europäische Kommission: Erweiterungsstrategie und wichtigste Herausforderungen 2015-2016, COM (2015) 611 final, S. 18.
5 Lutz Schrader: Mazedonien, in: Bundeszentrale für politische Bildung, 27.4.2016.
6 Keno Verseck: Mazedonien: Die Unbestechlichen gegen den Mafia-Staat, in: Spiegel Online, 11.3.2016.
7 Joint statement by High Representative/Vice-President Federica Mogherini and Commissioner Johannes Hahn on the latest developments in the former Yugoslav Republic of Macedonia, 18 May 2016.

Montenegro

Sebastian Schäffer

Während die vergangenen Jahre durch politische Kontinuität in Person Milo Đukanović, aber auch durch Klientelismus und Korruption geprägt waren, kam rund ein halbes Jahr vor den nächsten Parlamentswahlen Bewegung in die Parteienlandschaft des kleinen Adriastaates. Eine Regierungsumbildung war notwendig geworden, da die Koalition aus der von Đukanović geführten Demokratischen Partei der Sozialisten (DPS) mit der Sozialdemokratischen Partei (SDP) nach fast 20 Jahren entgegen der Erwartungen aufgekündigt worden war. Zwar bleibt die SDP in der Regierung vertreten, hinzu gekommen sind aber auch mehrere kleinere Oppositionsparteien, die nun den Parlamentspräsidenten und Vize-Regierungschef stellen sowie Ministerposten im Innen-, Finanz-, Landwirtschafts- und Sozialministerressort übernehmen. Der neue Innenminister Goran Danilovic (DEMOS) hat sich zum Ziel gesetzt, die Mordanschläge auf Journalisten, die sich insbesondere in den vergangenen Jahren gehäuft hatten, aufzuklären. Es bleibt abzuwarten, ob dies eine echte Veränderung im politischen System zur Folge haben wird oder ob Đukanović, der seit 1991 immer Regierungs- beziehungsweise Staatschef war, hier nur aus Kalkül vor den Wahlen im Oktober handelt.

Trennlinien zwischen Regierung und Opposition: Einschränkung der Medienfreiheit, Korruption, NATO-Beitritt

Neben den Angriffen auf die Medienfreiheit und die allgegenwärtige Korruption kritisiert die Opposition insbesondere den geplanten Beitritt Montenegros zur NATO. Ende 2015 hatte Podgorica die Einladung durch den Generalsekretär Jens Stoltenberg erhalten. Am 19. Mai 2016 wurde das Beitrittsprotokoll durch die 28 Mitgliedstaaten unterzeichnet, womit Đukanović am Treffen der Staats- und Regierungschefs des euro-atlantischen Bündnisses im Juli in Warschau teilnehmen kann. Bis zur Ratifizierung durch die Parlamente der NATO-Mitglieder und mit dem offiziellen Beitritt wird aber nicht vor Beginn des Jahres 2017 gerechnet und kann sich formal auch bis Ende des kommenden Jahres hinziehen. Der Kreml hat bereits im Vorfeld der Unterzeichnung des Protokolls deutlich gemacht, dass eine Erweiterung des Bündnisses als Provokation gesehen wird und angekündigt alle wirtschaftlichen Beziehungen zwischen Montenegro und der Russischen Föderation im Falle eines Beitritts abzubrechen.

Die Wahl im Oktober wird von Seiten Đukanovićs auch zu einer Abstimmung über den Beitritt hochstilisiert. Ein echtes Referendum lehnt die DPS ab. Laut Umfragen befürwortet zwar eine Mehrheit die Aufnahme des eigenen Landes in das euro-atlantische Sicherheitsbündnis, allerdings sind auch rund 15 Prozent noch unentschieden.[1] Insbesondere die serbische Minderheit, die knapp ein Drittel der Bevölkerung stellt, lehnt einen NATO-

---

1   Norbert Beckmann-Dierkes/Evelyn Haefs/Steffen Kawohl/Milica Mijatovic: Montenegros Beitritt zur NATO. Länderbericht der Konrad-Adenauer-Stiftung Serbien-Montenegro, Mai 2016, abrufbar unter: http://www.kas.de/wf/doc/kas_45330-544-1-30.pdf?160527130417 (letzter Zugriff: 14.6.2016).

Beitritt strikt ab. Die Parlamentswahl wird dadurch auch zu einer Richtungsentscheidung zwischen Orientierung nach Westen sowie der Europäischen Union und einer Vertiefung der Beziehungen zu Serbien und insbesondere auch zum Kreml.

Orientierung nach West oder Ost? Richtungsentscheidende Wahl im Oktober

Die Europäische Union sieht sich hierbei mit der schwierigen Situation konfrontiert, dass zwar ein Wahlsieg von Đukanović für die Fortsetzung der Annäherung an den Acquis communautaire wünschenswert wäre, gleichzeitig aber die über Jahrzehnte gefestigten Strukturen, die die montenegrinische Politik charakterisieren, ohne einen echten Regierungswechsel wohl kaum aufzulösen sind. Die Korruption bleibt eine der größten Herausforderungen für Podgorica auf dem Weg zu einer EU-Mitgliedschaft.

Mit Blick auf die Verhandlungen zum Beitritt konnten jedoch auch im vergangenen Jahr erneut Erfolge erzielt werden. Vier weitere Kapitel sind eröffnet worden (Finanzdienstleistungen, Verkehrspolitik, Energie sowie Transeuropäisches Verkehrsnetz) und damit insgesamt 22 von 31 in Verhandlung. Die beiden Kapitel Wissenschaft und Forschung (seit Dezember 2012) sowie Bildung und Kultur (seit April 2013) sind vorläufig geschlossen.[2] Mögliche zukünftige Schwierigkeiten für die Fortsetzung dieser positiven Bilanz sieht die Kommission in den Bereichen Wettbewerbsrecht sowie Umwelt. Hier werden besondere Anstrengungen notwendig sein, um die Anforderungen zur Eröffnung dieser Kapitel zu erfüllen. Tiefgreifende Reformen sind auch weiterhin im Bezug auf die Rechtsstaatlichkeit und die damit in Verbindung stehenden Kapitel 23 und 24 notwendig.

Ausblick

Die Europäische Union sieht sich bei der montenegrinischen Wahl mit einem Dilemma konfrontiert, dass in einer anderen Konstellation bereits vor zehn Jahren bestand. Damals hat die Kommission versucht, durch die zweigleisige Verhandlung der Stabilisierungs- und Assoziierungsabkommen mit den beiden Entitäten der Staatenunion Serbien-Montenegro Podgorica näher an Brüssel zu binden, während die Beziehungen zu Belgrad aufgrund der damals noch nicht erfolgten Auslieferung von Kriegsverbrechern eingefroren waren. Gleichzeitig war Brüssel bestrebt, eine Abspaltung durch die erhöhte Hürde von 55 Prozent im Referendum über eine Unabhängigkeit Montenegros zu verhindern. Für eine Fortsetzung des Integrationsprozesses wäre ein Wahlsieg der DPS aus Sicht der Kommission zumindest die sichere Variante, dennoch scheint eine Bewältigung der beschriebenen Herausforderungen unter Ministerpräsident Đukanović schwer möglich.

Weiterführende Literatur

Jelena Dzankic: Montenegro and the EU: Changing Contexts, Changing Roles, in: Radeljic, Branislav (Hrsg.): Europe and the Post-Yugoslave Space, London and New York 2016, S. 109-132.

Branko Banovic: The Reproduction of Contemporary Montenegrin Identity in the Context of NATO and EU Membership: Is NATO Solidifying or Fracturing the Montenegrin Identity? in: The Montenegrin Warrior Tradition. Questions and Controversies over NATO Membership, London and New York 2016, S. 85-104.

---

2   European Commission: Commission Staff Working Document, Montenegro 2015 Report, Brussels, 10. November 2015, SWD(2015) 210 endg.

Serbien

Sabine Willenberg

Serbien liegt direkt auf der westlichen Balkanroute. Die Tausenden von Flüchtlingen auf ihrem Weg aus den vom Islamischen Staat umkämpften Gebieten Richtung Europäische Union zu versorgen, war in den Jahren 2015 und 2016 eine der größten Herausforderungen des Transitlands. Dass Serbien selbst noch mit verschleppten Transitionsproblemen kämpft, illustriert die hohe Zahl der serbischen Staatsbürgerinnen und -bürger, die jährlich das Land verlassen. Mit vorgezogenen Parlamentswahlen versuchte Premier Aleksandar Vucic im April 2016 das Land auf seinen Europakurs, vor allem aber auch auf seine Person einzuschwören.

Lackmustest Nachbarschaftsbeziehungen

Ende 2015 konnten die ersten EU-Verhandlungskapitel geöffnet werden, darunter prioritär Kapitel 35 zur Normalisierung der Beziehungen zum Kosovo wie auch Kapitel 32 zur Finanzkontrolle. Seit 2012 ist Serbien EU-Beitrittskandidat; im Januar 2014 begannen formell die Verhandlungen, die allerdings eng mit der Fortführung des Normalisierungsprozesses mit dem Kosovo verbunden sind. Dazu gehört die Umsetzung der Vereinbarung über die Normalisierung der Beziehungen zwischen Serbien und Kosovo vom April 2013, für deren Implementierung im August 2015 wichtige Einigungen erzielt wurden.

Um die nächsten Kapitel, die sogenannten ‚Rechtsstaatlichkeitskapitel‘ 23 (Justiz und Grundrechte) und 24 (Sicherheit, Freiheit und Recht), zu öffnen, musste Serbien nicht nur einen Aktionsplan vorlegen (November 2015). Es musste auch Nachbar und EU-Mitglied Kroatien überzeugen, das seine Zustimmung an die Änderung des serbischen Gesetzes zur universalen Zuständigkeit für Kriegsverbrechen, eine stärkere Vertretung der kroatischen Minderheit im serbischen Parlament sowie die Zusammenarbeit Belgrads mit dem UN-Kriegsverbrechertribunal knüpfte. Erst Anfang Juni 2016 gab Zagreb seine Blockade soweit auf, dass der Weg für die Kapitelöffnung für Ende Juni frei wurde.[1] Zuvor waren die ohnehin spannungsreichen Beziehungen der beiden jugoslawischen Nachfolger in einem heftigen verbalen Schlagabtausch beinahe eskaliert.[2]

Vorgezogene Wahlen: Europakurs vs. griechisches Szenario

Um den EU-Kurs, dem sich der konservative Ex-Nationalist Vucic verschrieben hat, halten zu können, hielt er es zwei Jahre nach Amtsantritt für nötig, sich des Rückhalts zu versichern. Schließlich stehen gemäß der Forderung des Internationalen Währungsfonds und um nach der Rezession den Schuldenberg abzutragen, gravierende Reformen an: die Verschlankung der öffentlichen Verwaltung und die Kürzung von Subventionen an staatliche

---

1   B92.net: Chapters 23, 24, 5 to be opened by end of June, 2.6.2016.
2   Aleksandar Vucic: Serbien: Öffnung von EU-Beitrittskapitel durch Kroatien blockiert, in: derStandard.at, 9.4.2016.

Betriebe.[3] Seine Bestätigung bekam Vucic bei den vorgezogenen Neuwahlen im April 2016 mit absoluter Mehrheit. Dies ist nicht unbedingt ein klares Votum für die europäische Integration – proeuropäische Programme bietet eher die Mehrheit der anderen Parteien. Abgesehen von Unregelmäßigkeiten bei den Wahlen und einer medial manipulierten Wahlkampagne sind die Stimmen zu guten Teilen auch Voten für die Person Vucic, weniger für sein Programm. Für viele verkörpert er die neue serbische Stärke. Ob er die versprochenen Reformen tatsächlich anpackt, bleibt abzuwarten. Immerhin würden sie das klientelistische System gravierend schwächen, das ihn in seiner Position stärkt.

Auch außerhalb Vucics Serbischer Fortschrittspartei (SNS) brachte die Wahl eine Gewichtsverlagerung ins national-radikale Lager: Der ehemalige Koalitionspartner Sozialistische Partei Serbiens (SPS) landete auf Platz zwei. Platz drei belegte die Serbische Radikale Partei (SRS), deren Vorsitzender Vojislav Seselj eben erst vom UN-Kriegsverbrechertribunal freigesprochen worden war. Von den oppositionellen Kräften gelang allein der Demokratischen Partei (DS) der Wiedereinzug ins Parlament.

Transit und Sackgasse auf der westlichen Balkanroute

Im September 2015 wurde Serbien für Flüchtlinge auf der Balkanroute zeitweise zur Sackgasse, als seine nördlichen Nachbarn Ungarn und Kroatien ihre Grenze abriegelten beziehungsweise ihre Kontrollen verstärkten.[4] Gestützt durch Hilfslieferungen aus der Europäischen Union gelang Serbien eine relativ gute Versorgung der Flüchtlinge, Vucic gleichzeitig auch die Präsentation als überlegener EU-Kandidat: Immerhin sorge Serbien – anders als EU-Mitglied Griechenland und Beitrittskandidat Mazedonien – oft überhaupt erst für eine ordnungsgemäße Registrierung.

Weniger populär, weil es die Missstände im Land illustriert: Serbien ist weiterhin und im Sog der durchziehenden Flüchtlingswelle noch verstärkt selbst Herkunftsland für viele, die in der Europäischen Union Asyl suchen, um Diskriminierung und der schlechten und für einige Minderheiten sogar ausweglosen wirtschaftlichen Lage zu entkommen. 2014 stellten serbische Staatsangehörige in Deutschland die zweitgrößte Gruppe der Asylbewerber dar. Seit Serbien ‚sicheres Herkunftsland‘ ist und die ‚Westbalkanflüchtlinge‘ angesichts der zahlreichen Kriegsflüchtlinge aus Syrien schneller abgeschoben werden, muss sich Belgrad noch stärker mit deren (Re-)Integration befassen. Unmissverständlich war hierzu auch die Warnung der Europäischen Union: Serbien möge nachhaltig Maßnahmen ergreifen, die Zahl der unbegründeten Asylbewerbungen durch serbische Staatsbürgerinnen und -bürger in den EU-Staaten zu mindern, will sich Serbien seine Visafreiheit weiter bewahren.[5] Dabei sei die Lösung Vucic nach doch so einfach: „Wir bitten darum, dass Deutschland die finanziellen Hilfen für Flüchtlinge aus dem Westbalkan deutlich senkt. Dann wird sich das Problem mit den Migranten vom Westbalkan sehr schnell lösen."[6]

Weiterführende Literatur

Norbert Beckmann-Dierkes: Wahlen in Serbien 2016. KAS Länderbericht, 17.5.2016, abrufbar unter: http://www.kas.de/serbien/de/publications/45204/ (letzter Zugriff: 16.8.2016).

---

3   Dusan Reljic: Die Parlamentswahlen in Serbien waren kein Votum für oder gegen die EU, in: SWP Kurz gesagt, 28.4.2016.
4   Spiegel Online: Flüchtlingskrise: Serbien wettert gegen Stacheldrahtpolitik, 18.9.2015; Pavle Kilibarda: Serbia Facing the Refugee and Migrant Crisis, in: Südosteuropa Mitteilungen 2/2016, S. 32-45.
5   European Commission: Serbia Progress Report, November 2015, S. 6.
6   Aleksandar Vucic: Serbien fordert von Deutschland weniger Geld für Balkan-Flüchtlinge, in: EurActiv.de, 25.8.2015.

Türkei

Funda Tekin

Lange standen die EU-Türkei-Beziehungen nicht mehr so im Fokus der Europapolitik wie in den vergangenen zwölf Monaten. Auf dem EU-Türkei-Gipfel am 29. November 2015 wurde im Lichte der massenhaften Flüchtlingszuwanderung in die Europäische Union übereinstimmend beschlossen, dass der Beitrittsprozess mit dem strategischen Partner Türkei mit neuer Energie weitergeführt werden müsse.[1] Gleichzeitig hatte die Europäische Kommission der Türkei aber hinsichtlich des sogenannten politischen Kopenhagener Kriteriums ein schlechtes Zeugnis ausgestellt.[2] Bereits kurze Zeit später wurden die Beziehungen zwischen der Türkei und der Europäischen Union vom stagnierenden Prozess der Visaliberalisierung, angespannten bilateralen Beziehungen einzelner EU-Mitgliedstaaten mit der Türkei und nicht zuletzt vom gescheiterten Putschversuch in der Türkei am 15. Juli 2016 überschattet.

Die Türkei sah sich im Berichtszeitraum mit einer Vielzahl von außen- und innenpolitischen Konflikten konfrontiert. Der Abschuss eines russischen Kampfjets an der türkisch-syrischen Grenze im November 2015 führte nicht nur zu einem Abbruch türkisch-russischer Beziehungen Ende 2015, sondern barg auch das Risiko der Eskalation der Krisensituation in der Region mit Auswirkungen für die NATO und die globalen Beziehungen. Eine erschreckende Serie von Terroranschlägen in Ankara, Istanbul und dem Osten des Landes hat die Türkei darüber hinaus seit Anfang 2016 erschüttert. Die Auswirkungen dieser gestiegenen Terrorismusgefahr auf den Tourismus und die russischen Wirtschaftsembargos haben auch die türkische Wirtschaft empfindlich getroffen. Der gescheiterte Putschversuch und die nachfolgenden Entlassungs- und Verhaftungswellen im türkischen Verwaltungs- und Staatsapparat haben das Land weiter politisch und auch wirtschaftlich destabilisiert. Die EU-Türkei-Beziehungen haben somit keinesfalls an Komplexität, Ambiguität oder Kontroversität eingebüßt.

EU-Türkei-Beziehungen im Lichte der Migrations- und Asylpolitik

In den letzten zwölf Monaten haben 1,4 Mio. Menschen Asyl in der Europäischen Union beantragt.[3] Im Spätsommer und Herbst 2015 setzten diese Migrationsbewegungen den Schengenraum massiv unter Druck. Das sogenannte Dublin-System, bei dem Asylsuchende ihren Antrag in dem Land einreichen müssen, in dem ihr Eintritt in die Europäische

---

1 Treffen der Staats- und Regierungschefs der EU mit der Türkei: Erklärung EU-Türkei, Pressemitteilung 870/15, 29. November 2015, abrufbar unter: http://www.consilium.europa.eu/de/press/press-releases/2015/11/29-eu-turkey-meeting-statement/ (letzter Zugriff: 1.11.2016).

2 European Commission: Turkey 2015 Report. Commission Staff Working Document accompanying the document Communication from the Commission to the European Parliament, the Council, the Economic and Social Affairs Committee and the Committee of the Regions. EU Enlargement Strategy, 10 November 2015, SWD(2015) 216 final.

3 Siehe Zahlen aus dem Asylum quartlery report: First time asylum applicants, Q2 2015-Q2 2016, Eurostat, Statistics explained, abrufbar unter: http://ec.europa.eu/eurostat/statistics-explained/index.php/File:First_time_asylum_applicants,_Q2_2015_%E2%80%93_Q2_2016.png (letzter Zugriff: 1.11.2016).

Union zuerst registriert worden ist, kollabierte. Dies führte dazu, dass die Zahl der Asyl-suchenden insbesondere in Deutschland exponentiell anstieg, wo circa 720.000 Asyl-suchende zwischen September 2015 und September 2016 registriert wurden.[4] Gleichzeitig ist in der Europäischen Union ein Zuwachs europaskeptischer sowie rechtspopulistischer Stimmungen und Parteien zu beobachten. Diese Angst vor Überfremdung und die durch die Terroranschläge in Paris im November 2015 oder Nizza im Juli 2016 noch gestiegene Sorge um die innere Sicherheit, auch durch Migration, verstärkte den Souveränitätsreflex der EU-Mitgliedstaaten. Obwohl immer wieder eingefordert, waren innereuropäische Lösungen für die europäische Asyl- und Migrationspolitik zum Beispiel durch temporäre Umverteilungsquoten von Asylsuchenden nur schwierig zu finden und gleichzeitig höchst umstritten. Die Türkei als zentrales Transitland repräsentierte im Sinne der Externalisie-rung der Asyl- und Migrationspolitik daher einen „wichtigen Baustein in der Bewältigung der Flüchtlingskrise".[5] Der im Oktober 2015 ausgehandelte und am 29. November 2015 auf dem EU-Türkei-Gipfel beschlossene EU-Türkei-Aktionsplan diente dem Zweck, „die Türkei bei den immensen Folgen der Flüchtlingskrise besser zu unterstützen, die humani-täre Lage für die dortigen Flüchtlinge zu verbessern und gleichzeitig die Zahl der nach Europa einreisenden Flüchtlinge deutlich zu reduzieren".[6] Dieser Aktionsplan wurde im Rahmen eines sogenannten 11-Punkte-Plans durch weitere Maßnahmen zur Intensivierung und Verbesserung der EU-Türkei-Beziehungen im institutionellen Austausch und in vereinzelten wichtigen Politikfeldern, zur Wiederbelebung der Beitrittsverhandlungen mit der Europäischen Union sowie zur Einrichtung einer Fazilität für Flüchtlinge in der Türkei von 3 Mrd. Euro flankiert. Am 18. März 2016 ergänzte die „EU-Türkei-Erklärung" mit dem Ziel, die irreguläre Migration und damit das illegale Geschäft der Schleuser zu unter-binden, den Aktionsplan. Ein Kernelement ist der sogenannte ‚1:1'-Mechanismus, nach dem alle irregulär auf den griechischen Inseln eintreffenden Migranten in die Türkei rück-geführt und für jeden rückgeführten Syrer ein Syrer aus der Türkei in die Europäische Union umgesiedelt werden soll. Darüber hinaus verpflichten sich die Türkei, ihre Seegren-zen verstärkt zu kontrollieren, und die Europäische Union, die Fazilität für Flüchtlinge in der Türkei um weitere 3 Mrd. Euro zu erhöhen.[7]

Eine Bewertung dieser Abkommen im Lichte der EU-Türkei-Beziehungen muss verschiedene Aspekte berücksichtigen. Hinsichtlich des Hauptziels der EU-Staats- und Regierungschefs, die irreguläre Migration in die Europäische Union einzudämmen, zeigt die EU-Türkei-Erklärung seine Wirkung. Allerdings gibt es neben den recht positiven Evaluationen seitens der Europäischen Kommission[8] auch skeptischere Analysen, die

---

4   Siehe Zahlen bei Statista: Anzahl der Asylanträge (Erstanträge) in Deutschland von September 2015 bis September 2016, abrufbar unter: https://de.statista.com/statistik/daten/studie/151124/umfrage/asylan traege-in-deutschland/ (letzter Zugriff: 1.11.2016).

5   Bundesregierung: Ergebnisse des EU-Türkei-Gipfels in Brüssel. Aktionsplan mit der Türkei beschlossen, Pressemitteilung, Berlin, 30. November 2015, abrufbar unter: https://www.bundesregierung.de/Content/ DE/Infodienst/2015/11/2015-11-30-eu-tuerkei-gipfel/2015-11-30-tuerkei.html (letzter Zugriff: 1.11.2016).

6   Bundesregierung: Ergebnisse des EU-Türkei-Gipfels, 2015.

7   Für weitere Details siehe Peter-Christian Müller-Graff/René Repasi: Asyl-, Einwanderungs- und Visa-politik in diesem Buch.

8   Siehe unter anderem Europäische Kommission: Anhang zu der Mitteilung der Kommission an das Euro-päische Parlament und den Rat zum aktuellen Stand der Umsetzung der Prioritäten im Rahmen der Europäischen Migrationsagenda. Gemeinsamer Aktionsplan EU-Türkei: Bericht über die Durchführung, COM(2016) 85 final; Europäische Kommission: Mitteilung der Kommission an das Europäische Parla-ment, den Europäischen Rat und den Rat. Dritter Bericht über die Fortschritte bei der Umsetzung der Erklärung EU-Türkei, COM(2016) 634 final.

sowohl die Missstände bei der Registrierung der Flüchtlinge auf den griechischen Inseln trotz Unterstützung des Europäischen Unterstützungsbüros für Asylfragen als auch die (menschen-)rechtliche Frage der Rückführung in die Türkei an sich kritisch bewerten.[9] Die Türkei ihrerseits hat mit mehr als 3,1 Mio. Menschen die größte Zahl an Flüchtlingen weltweit aufgenommen. Dies stellt das Land vor nicht zu unterschätzende politische, gesellschaftliche und finanzielle Herausforderungen, was lange Zeit von europäischer Seite aus unterschätzt wurde.[10] Darüber hinaus ist die Umsetzung des Versprechens, weitere Kapitel in den Beitrittsverhandlungen mit der Europäischen Union noch vor Ende 2015 zu eröffnen, und der Visaliberalisierung – beides Kerninteressen der Türkei – im Verlauf des Jahres 2016 ins Stocken geraten. In den Beitrittsverhandlungen sind die wichtigen Kapitel 23 und 24 zu Fragen im Bereich von Justiz, Freiheit und Sicherheit aufgrund von Vetos einzelner EU Mitgliedstaaten – insbesondere Zyperns – blockiert. Bedingung für die Visaliberalisierung mit der Türkei ist die Umsetzung einer bereits im Jahr 2013 beschlossenen Visa Roadmap mit einem detaillierten Katalog von 72 Kriterien. Diese beinhalten unter anderem die Forderung nach Änderung des Anti-Terrorgesetzes in der Türkei. Aufgrund des im Jahr 2015 wieder aufgelebten Konflikts mit der Kurdischen Arbeiterpartei (PKK), der Bedrohung durch den Islamischen Staat (IS) und des gescheiterten Putschversuchs in der Türkei, der der Bewegung von Fetullah Gülen zugeschrieben wird, ist eine solche Änderung aus türkischer Sicht nicht möglich – denn alle drei Gruppierungen gelten dort als Terrororganisationen. Daher hat das Europäische Parlament die Frage der Visaliberalisierung mit der Türkei im Sommer 2016 erst einmal auf Eis gelegt. Dies veranlasste die türkische Regierung wiederholt mit der Aufkündigung der EU-Türkei-Erklärung zu drohen, falls die Visaliberalisierung nicht realisiert werden sollte.[11]

Letzteres verdeutlicht eine allgemeine Folge der durch die Migration in 2015 auf dem europäischen Kontinent ausgelösten Krise für die EU-Türkei-Beziehungen. Das Machtverhältnis hat sich Ende 2015 insofern verschoben, als das nicht mehr der Beitrittskandidat Türkei allein als Bittsteller auftritt, sondern die Europäische Union ebenfalls auf die Türkei angewiesen ist. In diesem Zusammenhang sehen sich die europäischen Staats- und Regierungschefs in dem Dilemma, dass die Interessen in der Migrations- und Asylpolitik dem Prinzip der Europäischen Union als Normen-Exporteur konträr laufen.

Außen- und Sicherheitspolitik

Im Jahr 2016 durchlief die türkische Außenpolitik einen grundlegenden Wandel. Jahrelang war diese durch Ahmet Davutoğlus Doktrin der strategischen Tiefe geprägt, die umgangssprachlich auch als ‚keine Probleme mit den Nachbarstaaten'-Strategie bekannt war. Diese Strategie stand jedoch in einem starken Kontrast zur Realität in der Region, in der kein Nachbarstaat ohne Probleme[12] auszumachen ist. Binali Yıldırım, der Davutoğlu im Mai 2016 als Vorsitzender der AK-Partei und somit ebenfalls im Amt des Ministerpräsidenten der Türkei folgte, verlor daher nur wenig Zeit, einen Wandel zu erklären. In einer seiner

---

9   Vgl. zum Beispiel European Stability Initiative: Pangloss in Brussels. How (not) to implement the Agean Agreement, 7 October 2016.
10 Vgl. Günter Seufert: Die Türkei als Partner der EU in der Flüchtlingskrise. Ankaras Probleme und Interessen, SWP Aktuell 98, Stiftung Wissenschaft und Politik, Berlin, Dezember 2015.
11 Vgl. zum Beispiel FAZ.net: Der türkische Trumpf, 1.8.2016.
12 Sara Stefanini: Turks seek ‚more friends, fewer enemies'. Ankara's foreign policy of 'zero problems with neighbours' produced 'zero neighbours without problems', in: Politico.eu, abrufbar unter: http://www. politico.eu/article/turks-seek-more-friends-fewer-enemies-turkey-relations-russia-israel/ (letzter Zugriff: 1.11.2016).

ersten offiziellen Reden betonte er, dass sich die türkische Regierung sehr wohl der Probleme in der Region bewusst sei; die einzige Antwort könne nur sein, die Anzahl der Freunde zu erhöhen und die der Feinde zu reduzieren.[13] Zwei Fälle verdeutlichen die sofortige Umsetzung dieses Strategiewandels sowie die zugrundeliegenden Motive. Die Türkei hat nach sechs Jahren die diplomatischen Beziehungen zu Israel wieder aufgenommen und beide Länder unterzeichneten ein Versöhnungsabkommen im Juni 2016. Die Türkei strebte auch eine Wiederannäherung an Russland an. Der russische Präsident Putin hatte infolge des Abschusses eines russischen Kampfjets durch die Türkei Ende November 2015 unter anderem mit einem Wirtschaftsembargo auf türkische Lebensmittelexporte sowie mit einer Einstellung von Charterflügen aus Russland in die Türkei reagiert. Neben diesen wirtschaftlichen Konsequenzen sah sich die Türkei auch mit einer Isolation in ihrer Syrienpolitik und in der Region konfrontiert, weil Russland unter anderem kurdische Parteien in Syrien im Kampf gegen den IS unterstützte. Darüber hinaus verschlechterten sich aufgrund der türkischen Forderung zur Auslieferung Gülens, der seit den 1990ern in den USA Exil gefunden hat, auch die US-amerikanisch-türkischen Beziehungen. Nachdem Präsident Recep Tayyip Erdoğan dem russischen Präsidenten eine umfassende Aufklärung des Abschusses des Kampfjets zugesichert hatte, wurde die russisch-türkische Annäherung offiziell mit einem Staatsbesuch Putins in der Türkei im August 2016 besiegelt. Dies war auch deshalb möglich, weil die türkische Regierung ihre grundlegende Opposition zur Assad-Regierung in Syrien aufgeweicht hat. Allerdings ist hierfür nicht nur Russlands offene Unterstützung Assads, sondern vielmehr die Ausweitung der durch die syrischen Kurden kontrollierten Gebiete an der türkisch-syrischen Grenze ausschlaggebend. Die Türkei sieht in der syrischen Partei der Demokratischen Union (PYD) und der kurdischen Volksverteidigungseinheit (YPG) direkte Ableger der PKK und somit ein Kurdengebiet an ihrer Grenze auch als Bedrohung für die externe und interne Sicherheit.[14] Im August startete die Türkei die Militäroffensive „Schutzschild Euphrat", die sowohl die Bekämpfung des IS als auch der YPG zum Ziel hat. Die Kurdenpolitik der Türkei ist somit ein nicht zu unterschätzender Faktor in der Beurteilung der strategischen Rolle des Landes im Krisen- und Konfliktmanagement in der Region.

Innenpolitische Turbulenzen

Bei der zweiten Wahl zur Großen Türkischen Nationalversammlung im Jahr 2015 hat die AK-Partei am 1. November mit 49,5 Prozent die absolute Mehrheit der Parlamentssitze (zurück)gewonnen. Die Republikanische Volkspartei (CHP) wurde mit 25,3 Prozent zweitstärkste Partei. Die Partei der nationalistischen Bewegung (MHP) und die pro-kurdische linke Demokratische Partei der Völker (HDP) schafften mit 11,9 Prozent und 10,8 Prozent gerade noch den Einzug ins Parlament.

---

13 Hürriyet Daily News: New PM signals shift in foreign policy: more friends than enemies, 24.5.2016, abrufbar unter: http://www.hurriyetdailynews.com/new-pm-signals-shift-in-foreign-policy-more-friends-than-enemies.aspx?pageID=238&nID=99616&NewsCatID=338 (letzter Zugriff: 1.11.2016).

14 Vgl. hierzu auch Tannas Michel/Günter Seufert: Turkey's failed pursuit of hegemony in the Middle East: Three periods of Turkey's 'independent' foreign policy, in: Margret Johannsen et al. (Hrsg.): Peace Report 2016, S. 73-88.

Somit hatte diese Wahl die seit Jahren dominierende Vormachtstellung der AK-Partei wieder hergestellt. Die verfassungsgebende Mehrheit erreichte sie jedoch nicht und somit musste Präsident Erdoğan Pläne für eine Verfassungsänderung zur offiziellen Einführung eines Präsidialsystems weiter aufschieben. Dennoch war de facto ein autoritärer Regierungsstil zu beobachten. Vor allem der politische Druck auf die Justiz sowie substanzielle Defizite in Menschenrechtsfragen und Pressefreiheit sind zu kritisieren.[15]

In der Nacht vom 15. auf den 16. Juli 2016 wurde das Land in seinen Grundfesten erschüttert, als eine Gruppierung des türkischen Militärs einen Putschversuch unternahm. Dieser scheiterte am aktiven Widerstand der durch Präsident Erdoğan aufgerufenen Bevölkerung und Polizei. Dieser gescheiterte Staatsstreich hat zu einem zeitweiligen Schulterschluss der AK-Partei mit den oppositionellen Parteien geführt, wovon die HDP jedoch aktiv ausgeschlossen worden ist. Somit sind aktuell in der Türkei oppositionelle politische Kräfte neutralisiert. Seine gravierendsten Konsequenzen sind jedoch die Massenentlassungen und -verhaftungen, die seit dem Sommer, zum Teil legitimiert durch den ausgerufenen Ausnahmezustand, vorgenommen worden sind. Mittlerweile gibt es in der Türkei nur noch wenige Zweifel daran, dass die Bewegung von Fetullah Gülen Drahtzieher des Putschversuchs war. Aus diesem Grund wurden mehr als 1.000 Schulen und 15 Universitäten, die Gülen zugeordnet werden, geschlossen. Insgesamt wurden circa 100.000 Staatsdiener entlassen und 5.000 Wissenschaftler aus den Universitätsdienst entfernt. Tausende Pässe wurden konfisziert und Wissenschaftler benötigen eine explizite Erlaubnis, um (Dienst-)Reisen ins Ausland unternehmen zu können. Darüber hinaus wurden 35.000 Personen inhaftiert.[16] Somit sind die Konsequenzen des Putschversuchs die Aushöhlung sowohl des Staatsapparats als auch der Rechtsstaatlichkeit.

Diese politischen Instabilitäten belasteten sowohl die türkische Wirtschaft, denn Ratingagenturen stuften die Bonität des Landes empfindlich herab,[17] als auch die EU-Türkei-Beziehungen. Zum einen wurden die Einschränkungen der Rechtsstaatlichkeit und vor allem die Diskussion um die Wiedereinführung der Todesstrafe in der Türkei in den Wochen direkt nach dem Putschversuch in der Europäischen Union sehr kritisch betrachtet. Letztere wurde als eine rote Linie für das Fortbestehen der Beitrittsperspektive der Türkei definiert.[18] Zum anderen haben türkische Politiker wie Vertreter der Zivilgesellschaft die Europäische Union und ihre Mitgliedstaaten scharf für das Versäumnis kritisiert, der Türkei nach dem Putschversuch öffentlich Solidarität auszusprechen. Eine solche Bekundung hätte nicht nur den Ernst der Lage anerkannt, sondern auch der europäischen Kritik an Erdoğans Umgang mit der Krise Glaubwürdigkeit gegeben.[19]

---

15 Europäische Kommission: Turkey 2015 Report, 2015, S. 3-7.
16 Die Zahlen der Entlassungen und Inhaftierungen in der Türkei steigen zur Zeit fast täglich an. Für die hier genannten Zahlen siehe Tagesschau.de: Folgen des Putschversuchs in der Türkei. Erneut mehr als 10.000 Beamte entlassen, 30. Oktober 2016.
17 FAZ.net: Moody's senkt Rating für Türkei auf Ramschniveau, 24.9.2016.
18 Zeit Online: Todesstrafe würde Ende der Beitrittsverhandlungen bedeuten, 18.7.2016.
19 Vgl. zum Beispiel Sinan Ülgen: Sultandämmerung. Erdogan nach dem Militäraufstand, in: Spiegel Online, 8.8.2016.

Ausblick

Sowohl die Türkei als auch die Europäische Union sind aktuell mit Herausforderungen konfrontiert, die wegweisend für die Zukunft der Beziehung zueinander sein können. Die Türkei ist noch von den Folgen des gescheiterten Putschs geprägt. Die Regierung hat bis zum Ende 2016 den Ausnahmezustand ausgerufen. Auch wenn es zu diesem Zeitpunkt schwierig ist, genau abzusehen, welche Form die aktuellen Entwicklungen annehmen werden, so ist es doch sicher, zu behaupten, dass diese das Land nicht näher an die Erfüllung des politischen Kopenhagener Kriteriums heranbringen. Die Europäische Union ist ihrerseits starken europaskeptischen Kräften in ihren Mitgliedstaaten ausgesetzt. Dies macht dringend notwendige Reformen wie zum Beispiel in der Asyl- und Migrationspolitik fast unmöglich. Darüber hinaus tritt im nächsten Jahr der Fall ein, mit dem keiner ernsthaft gerechnet hatte: Die Europäische Union wird den Austritt eines Mitgliedstaates, dem Vereinigten Königreich, verhandeln müssen. Diese Herausforderungen für die Europäische Union können in Bezug auf die EU-Türkei-Beziehungen zwar auch positiv interpretiert werden – so könnte der sogenannte Brexit je nach seiner Ausgestaltung einen Präzedenzfall für eine Form der assoziierten Mitgliedschaft auch für die Türkei dienen[20] und die Migrationspolitik könnte dem Konzept der ‚Privilegierten Partnerschaft‘ die nötige Substanz geben[21] – allerdings sind wohl eher schwierige Zeiten in den EU-Türkei-Beziehungen zu erwarten.

Weiterführende Literatur

Laura A. Batalla: The Refugee Card in EU-Turkey Relations: A Necessary but Uncertain Deal, Working Paper 14. September 2016.

Can Büyükbay/Wulf Reiners: Germany's Turkey policy in troubling times: A necessary partner for Europe in an unstable region?, in: Niklas Helwig (Hrsg.): Europe's New Political Engine. Germany's role in the EU's foreign and security policy, FIIA Report 44, Finnish Institute for International Affairs, 2016, S. 193-208.

---

20 Vgl. unter anderem Sinan Ülgen: How "Brexit" could end the EU-Turkey Deadlock, Carnegie Europe, 6 July 2015, abrufbar unter: http://europesworld.org/2015/07/06/brexit-end-eu-turkey-deadlock/#.VvuvSe KLSUk (letzter Zugriff: 1.11.2016).

21 Vgl. Ebru Turhan: Die Flüchtlingskrise als Wegbereiter für eine neue institutionelle Architektur der Türkei-EU-Beziehungen? (Arbeitstitel), in: integration 1/2017, im Erscheinen.

7. Die Europäische Union und andere Organisationen

Die Europäische Union und der Europarat

Klaus Brummer

Politischer Dialog, Kooperation in Rechtsfragen sowie gemeinsame Projekte stellen die drei zentralen „Säulen" der Zusammenarbeit zwischen der Europäischen Union und dem Europarat dar.[1] Diese Bereiche waren es auch, die im Berichtszeitraum das Zusammenspiel zwischen den beiden Organisationen charakterisierten. Die Interaktion verlief dabei wesentlich ‚ruhiger' als im vorangegangenen Berichtszeitraum. Der zentrale Grund hierfür war, dass die Beitrittsfrage der Europäischen Union zur Europäischen Konvention zum Schutz der Menschenrechte und Grundfreiheiten (EMRK) ‚auf Eis' gelegt wurde und somit nicht zu erneuten Reibungen führen konnte. Zugleich eröffnete sich eine neue brisante Sachfrage, als es um die Bewertung rechtsstaatlicher Entwicklungen in Polen ging. Diesmal arbeiteten die beiden Organisationen jedoch nicht gegen-, sondern miteinander, indem die Europäische Union sich der verfassungsrechtlichen Expertise des Europarates bediente. Im Unterschied zu dieser auch medial breit aufgegriffenen Thematik, geriet der Großteil der Zusammenarbeit nicht in den Blick einer breiteren Öffentlichkeit, was jedoch den Wert gemeinsamer Maßnahmen nicht schmälert, wie Beitritte der Europäischen Union zu Vertragswerken des Europarates oder die „Gemeinsamen Programme" illustrieren.

Der weiterhin ausstehende Beitritt der Europäischen Union zur Menschenrechtskonvention des Europarates

Das im Dezember 2014 vorgelegte Gutachten des Gerichtshofs der Europäischen Union (EuGH) stoppte den laut Art. 6 Abs. 2 des Vertrages über die Europäische Union (EUV) vorgesehenen Beitritt der Europäischen Union zur EMRK.[2] Die Luxemburger Richter bemängelten an dem von der Europäischen Kommission vorgelegten Entwurf für die Beitrittsübereinkunft unter anderem, dass die Gleichstellung der Europäischen Union mit den Vertragsstaaten der EMRK den Charakter der Organisation verkenne und die Autonomie des EU-Rechts nicht ausreichend beachtet werde. Zudem beanstandeten die Richter beispielsweise, dass dem Europäischen Gerichtshof für Menschenrechte (EGMR) Kompetenzen bei der Kontrolle der Gemeinsamen Außen- und Sicherheitspolitik (GASP) der Europäischen Union zugewiesen würden, über die der EuGH selbst nicht verfüge.[3]

---

1   Committee of Ministers of the Council of Europe: The implementation of the Memorandum of Understanding between the Council of Europe and the European Union. Reply to Parliamentary Assembly Recommendation 2060 (2015), 15 September 2015, CM/AS(2015)Rec2060-final.

2   Gerichtshof der Europäischen Union: Gutachten 2/13 des Gerichtshofs (Plenum) vom 18. Dezember 2014, Gutachten nach Art. 218 Abs. 11 AEUV – Entwurf eines internationalen Übereinkommens – Beitritt der Europäischen Union zur Europäischen Konvention zum Schutz der Menschenrechte und Grundfreiheiten – Vereinbarkeit des Entwurfs mit dem EU-Vertrag und dem AEU-Vertrag.

3   Für Details siehe Klaus Brummer: Die Europäische Union und der Europarat, in: Werner Weidenfeld/Wolfgang Wessels (Hrsg.): Jahrbuch der Europäischen Integration 2015, Baden-Baden 2015, S. 545-551.

Im Berichtszeitraum wurden daher Überlegungen angestellt, wie die vom EuGH errichtete Blockade beseitigt und der Beitritt der Europäischen Union doch noch vollzogen werden könne. Konkrete Ergebnisse ergaben sich allerdings nicht. Vielmehr blieb es in den meisten Fällen bei allgemeinen Stellungnahmen dahingehend, den Beitritt möglichst zeitnah in die Wege zu leiten. Ideen dahingehend, wie dies konkret geschehen könnte, fanden sich in den offiziellen Stellungnahmen der beiden Organisationen jedoch nicht.

Exemplarisch für diese Unbestimmtheit steht die folgende Passage aus einer Antwort des Ministerkomitees des Europarates und somit des Vertretungsorgans der Mitgliedstaaten der Organisation, auf eine Empfehlung der Parlamentarischen Versammlung des Europarates:

> „The Committee of Ministers reaffirms the importance it attaches to accession by the European Union to the European Convention on Human Rights and reiterates its political support for this. It expresses the hope that the process will be finalised at the earliest opportunity."[4]

Um dieses Ziel zu erreichen, seien die formellen wie auch die informellen Kontakte zwischen den beiden Organisationen ausgeweitet worden, um nach Lösungen für die vom EuGH aufgeworfenen Punkte zu suchen. Zudem sei man bestrebt, in der Öffentlichkeit ein breites Bewusstsein für die mit einem Beitritt der Europäischen Union zur EMRK verbundenen Synergien zu schaffen.[5] Ähnlich lautende, im Vagen bleibende Hoffnungsbekundungen wurden auch in späteren Verlautbarungen des Ministerkomitees geäußert. So wurde im November 2015 die Bedeutung eines Beitritts der Europäischen Union zur EMRK bestätigt und die „politische Unterstützung" für einen solchen Schritt bekräftigt.[6]

Seitens der Europäischen Union wurde in den „EU priorities for cooperation with the Council of Europe in 2016-2017" ebenfalls die Wichtigkeit eines Beitritts zur EMRK zum Zwecke der weiteren Vertiefung der Zusammenarbeit der beiden Organisationen unterstrichen. Zugleich wurde allerdings ausdrücklich betont, dass das Gutachten des EuGH unweigerlich „important changes" an dem von der Kommission vorgelegten Entwurf für das Beitrittsabkommen nach sich ziehen werde, ohne genau anzuführen, welche Veränderungen dies sein sollten.[7] Der Präsident der Europäischen Kommission, Jean-Claude Juncker, hob während einer Rede vor der Parlamentarischen Versammlung des Europarates im April 2016 ebenfalls den Stellenwert hervor, den ein Beitritt der Europäischen Union zur EMRK habe. Dieser sei „eine politische Priorität – für die von mir geführte Kommission und für mich persönlich. Wir arbeiten an einer Lösung und wir werden nicht eher ruhen, bis wir eine Lösung gefunden haben."[8]

Trotz dieser und weiterer Beteuerungen beider Seiten ob der unverminderten Bedeutung eines Beitritts der Europäischen Union zur EMRK, ist es in den Folgemonaten nicht zu nennenswerten Fortschritten gekommen. Entsprechend vage blieben dann auch

---

4   Committee of Ministers of the Council of Europe: The implementation of the Memorandum of Understanding, 2015, paragraph 5.

5   Committee of Ministers of the Council of Europe: The implementation of the Memorandum of Understanding, 2015, paragraph 5, 11.

6   Committee of Ministers of the Council of Europe: European institutions and human rights in Europe. Reply to Parliamentary Assembly Recommendation 2065 (2015), 6 November 2015, CM/AS(2015) Rec2065-final, paragraph 2.

7   Council of the European Union: EU priorities for cooperation with the Council of Europe in 2016-2017, 15 December 2015, Dok. 14919/15.

8   European Commission: Speech by President Jean-Claude Juncker at the Parliamentary Assembly of the Council of Europe, 19 April 2016, abrufbar unter: http://europa.eu/rapid/press-release_SPEECH-16-1487_de.htm (letzter Zugriff: 10.7.2016).

beispielsweise die Stellungnahmen des Ministerkomitees des Europarates während seines jährlichen Gipfeltreffens im Mai 2016. In einem Bericht über das Zusammenspiel der beiden Organisationen bekundeten die Staatenvertreter lediglich allgemein ihre Bereitschaft, die Partnerorganisation in ihrem Bestreben weiterhin zu unterstützen.[9] Der konkreteste Hinweis erfolgte noch im Zuge der Diskussionen zur Zukunftsfähigkeit des EMRK-Systems. In dem diesbezüglich verabschiedeten Dokument findet sich im Unterpunkt zum Beitritt der Europäischen Union zur Menschenrechtskonvention der Hinweis, dass man den Lenkungsausschuss für Menschenrechte (CDDH) damit beauftragt habe, „to carry out a detailed analysis of all questions relating to the place of the Convention in the European and international legal order and on the medium and longer term-prospects".[10]

Dieser an ein Expertengremium gerichtete Arbeitsauftrag ist freilich nur nicht eher unbestimmt, sondern geht weit über die konkrete Beitrittsfrage hinaus. Die Vermutung liegt somit nahe, dass es trotz der von beiden Seiten wiederholt vorgebrachten Absichtserklärungen in absehbarer Zeit keine Lösung geben wird. Ein Hinweis hierauf könnte es sein, dass in den Prioritäten der estnischen Präsidentschaft des Europarates (Mai bis November 2016) die Beitrittsfrage erst gar nicht explizit angeführt worden ist.[11]

Die Europäische Kommission, die Venedig-Kommission des Europarates und Polen

Aus den Parlamentswahlen in Polen vom Oktober 2015 ging eine konservative Regierung unter Ministerpräsidentin Beata Szydlo hervor. Die von der Partei Recht und Gerechtigkeit dominierte Regierungskoalition führte in der Folgezeit Entscheidungen herbei, die auf europäischer Ebene Fragen bezüglich der Einhaltung beziehungsweise Wahrung rechtsstaatlicher Grundsätze in Polen aufwarfen und Sorgen bereiteten. Hierzu gehörten insbesondere Maßnahmen mit Blick auf das polnische Verfassungsgericht (zum Beispiel Zusammensetzung, Nichtveröffentlichung von Urteilen). Als Reaktion auf diese Entwicklungen entschied die Europäische Kommission im Januar 2016 auf der Grundlage des 2014 eingeführten „EU-Rahmens zur Stärkung des Rechtsstaatsprinzips", in einen Dialog zu rechtsstaatlichen Fragen mit Polen zu treten und von der polnischen Regierung Informationen zu den genannten Themen anzufordern. Im Juni 2016 nahm die Europäische Kommission schließlich eine Stellungnahme an, in der sie die Entwicklungen unvermindert kritisch bewertete.[12]

Einer der inhaltlichen Referenzpunkte für diese Stellungnahme der Europäischen Kommission ergab sich aus Aktivitäten des Europarates, genauer aus den Tätigkeiten der Europäischen Kommission für Demokratie durch Recht (kurz: Venedig-Kommission). Die im Jahr 1990 etablierte Venedig-Kommission ist ein aus Experten bestehendes Beratungsgremium, das sich insbesondere mit Wahlrechts- und Verfassungsfragen auseinandersetzt.[13] Die Europäische Kommission sieht in den Arbeiten der Venedig-Kommission einen

---

9   Committee of Ministers of the Council of Europe: 126th Session of the Committee of Ministers (Sofia, 18 May 2016). Co-operation with the European Union – Summary report, 11 May 2016, CM(2016)74, paragraph 9.

10   Committee of Ministers of the Council of Europe: 126th Session of the Committee of Ministers (Sofia, 18 May 2016). Report on securing the long-term effectiveness of the supervisory mechanism of the European Convention on Human Rights, 11 May 2016, CM(2016)40-final, S. 3.

11   Committee of Ministers of the Council of Europe: Priorities of the Estonian Chairmanship of the Committee of Ministers of the Council of Europe (May – November 2016), 6 May 2016, CM/Inf(2016)13.

12   Siehe auch Ryszarda Formuszewicz: Polen in diesem Buch.

13   Für Details zur Venedig-Kommission vgl. Klaus Brummer: Der Europarat. Eine Einführung, Wiesbaden 2008, S. 221-226.

maßgeblichen Referenzpunkt für die Definition von Rechtsstaatlichkeit und rechtsstaatlicher Prinzipien.[14] Entsprechend hat die Kommission im Zuge der Diskussionen um die Entwicklungen in Polen wiederholt auf die Bedeutung der Zusammenarbeit mit dem Expertengremium des Europarates hingewiesen.[15]

Konkreter Ausgangspunkt der Aktivitäten der Venedig-Kommission im Kontext der Entwicklungen in Polen war jedoch keine Anfrage der Europäischen Kommission, sondern der polnischen Regierung selbst. Inwieweit diese einer entsprechenden Anregung des ersten Vize-Präsidenten der Europäischen Kommission, Frans Timmermanns, geschuldet war, sei dahingestellt.[16] In jedem Fall ersuchte der polnische Außenminister Witold Waszczykowski in einem Schreiben vom 23. Dezember 2015 die Venedig-Kommission um eine Stellungnahme zu zwei Gesetzesvorhaben der polnischen Regierung, die Änderungen am Gesetz zum polnischen Verfassungsgericht zum Gegenstand hatten. Nach einem intensiven Austausch mit der polnischen Regierung, der unter anderem einen Besuch einer Delegation der Venedig-Kommission in Warschau beinhaltete, nahm das Expertengremium im März 2016 eine Stellungnahme an. Deren Ausrichtung war eindeutig: „Rather than speeding up the work of the Tribunal these amendments, notably when taken together, could lead to a serious slow-down of the activity of the Tribunal and could make it ineffective as a guardian of the Constitution".[17] Die Experten sprachen sogar von einer möglichen „Verkrüppelung" (crippling) der Effektivität des Verfassungsgerichts, welche wiederum nachhaltig negative Konsequenzen für alle drei Grundpfeiler des Europarates in Form von Demokratie, Menschenrechten, Rechtsstaatlichkeit haben könnten.[18]

Diese kritische Einschätzung der Venedig-Kommission spiegelte sich unzweifelhaft in den Bewertungen der Europäischen Kommission wider. In ihrer am 1. Juni 2016 angenommenen Stellungnahme betonte die Kommission, dass die polnische Regierung noch keine ausreichenden Maßnahmen in die Wege geleitet habe, um die festgestellten Defizite bezüglich des Verfassungsgerichts beispielsweise bei der Ernennung von Richtern zu beseitigen.[19] Die Europäische Kommission nahm in ihrer Begründung ausdrücklich Bezug auf die Tätigkeiten der Venedig-Kommission. Sie verwies auf die vom Expertengremium im März 2016 verabschiedete Stellungnahme, welche die Unvereinbarkeit der Maßnahmen der polnischen Regierung mit rechtsstaatlichen Prinzipien festgestellt habe. Die Kommission monierte ferner, dass die polnische Regierung trotz des Umstands, dass sie selbst die Venedig-Kommission angefragt hatte, nicht abgewartet habe, bis deren Einschätzung vorlag, sondern bereits zuvor die zur Prüfung vorgelegten Änderungen in Kraft setzte.[20]

---

14 European Commission: College Orientation Debate on recent developments in Poland and the Rule of Law Framework: Questions & Answers, 13 January 2016, MEMO 16/62, abrufbar unter: europa.eu/rapid/press-release_MEMO-16-62_en.htm (letzter Zugriff: 12.7.2016).

15 Siehe beispielsweise European Commission: Minutes of the 2151st meeting of the Commission held in Brussels (Berlaymont) on 13 January 2016 (morning), 27 January 2016, PV(2016) 2151 final, S. 26.

16 European Commission: Commission Opinion on the Rule of Law in Poland and the Rule of Law Framework: Questions & Answers, 1 June 2016, MEMO 16/2017, abrufbar unter: europa.eu/rapid/press-release_MEMO-16-2017_en.htm (letzter Zugriff: 12.7.2016).

17 Venice Commission: Opinion on Amendments to the Act of 25 June 2015 on the Constitutional Tribunal of Poland. Adopted by the Venice Commission at its 106th Plenary Session (Venice, 11-12 March 2016), CDL-AD(2016)001, paragraph 137.

18 Venice Commission: Opinion on Amendments, 2016, paragraph 138.

19 European Commission: Commission Opinion on the Rule of Law in Poland, 2016.

20 European Commission: Commission Opinion on the Rule of Law in Poland, 2016.

Beispiele für die ‚wenig sichtbare' Zusammenarbeit[21]

Jenseits dieser beiden vergleichsweise prominent diskutierten Themen verlief die Zusammenarbeit zwischen der Europäischen Union und dem Europarat im Berichtszeitraum in eher weniger sichtbaren – und damit wohl typischen – Bahnen. Auch wenn sich auf einer solchen Grundlage nur schwerlich eine „strategische Partnerschaft"[22] herleiten lässt, wie seitens des Europarates getan, so erbringen die Kooperationsmaßnahmen einen offensichtlichen Mehrwert für beide Seiten. Die Europäische Union profitiert von der über die Jahrzehnte hinweg gesammelten Expertise des Europarates in dessen drei zentralen Handlungsfeldern Demokratie, Menschenrechte und Rechtsstaatlichkeit. Auch wenn der Beitritt der Europäischen Union zur EMRK noch auf sich warten lässt, hat sich die Union mittlerweile in mehrere andere Konventionen des Europarates eingebracht. Hierzu gehören das Übereinkommen des Europarates zur Verhütung des Terrorismus und das Zusatzprotokoll zu diesem Übereinkommen, die von der Europäischen Union im Oktober 2015 unterzeichnet wurden. Im Berichtszeitraum ist zudem erstmals eine Konvention des Europarates von der Europäischen Union auch ratifiziert worden. Am 10. September 2015 trat das von der Europäischen Union bereits im Dezember 2011 unterzeichnete Europäische Übereinkommen über Rechtsschutz für Dienstleistungen mit bedingtem Zugang und der Dienstleistungen zu bedingtem Zugang in Kraft.[23] Neben dieser Zusammenarbeit im Rechtsbereich kooperieren die beiden Organisationen auch im Bereich des Menschenrechtsschutzes. Exemplarisch hierfür steht das Zusammenspiel zwischen dem Europarat und der Agentur der Europäischen Union für Grundrechte (FRA), welches beispielsweise zur Publikation von mehreren gemeinsamen Handbüchern zu menschenrechtlichen Fragen geführt hat.[24]

Der Europarat wiederum erhält durch die Verzahnung mit der Europäischen Union nicht nur ein größeres politisches Gewicht, sondern generiert auf diese Weise auch die für die Umsetzung von Programmen unerlässlichen finanziellen Mittel. Im Mittelpunkt der praktischen, projektbezogenen Zusammenarbeit standen auch in diesem Berichtszeitraum die „Gemeinsamen Programme". Diese Programme werden von beiden Organisationen im Verbund mit den Zielländern ausgearbeitet, von der Europäischen Union maßgeblich finanziert und vom Europarat implementiert.[25] Im Jahr 2015 belief das im Zuge der einzelnen Maßnahmen umgesetzte Finanzvolumen auf rund 128 Mio. Euro, von denen allein die Europäische Union 111,4 Mio. Euro beisteuerte.[26] Um die Größenordnung dieser Summen einordnen zu können, sei auf den ordentlichen Jahreshaushalt des Europarates verwiesen, der sich für 2016 auf ,nur' 260 Mio. Euro beläuft.[27]

---

21 Für eine Übersicht der jüngsten gemeinsamen Aktivitäten von Europäischer Union und Europarat siehe Committee of Ministers of the Council of Europe: Co-operation with the European Union, 2016.

22 Committee of Ministers of the Council of Europe: The implementation of the Memorandum of Understanding, 2015, paragraph 2.

23 Committee of Ministers of the Council of Europe: Co-operation with the European Union, 2016, paragraph 11.

24 Committee of Ministers of the Council of Europe: The implementation of the Memorandum of Understanding, 2015, paragraph 9.

25 Für Details zu den Gemeinsamen Programmen siehe Joint Programmes between the Council of Europe and The European Union, abrufbar unter: www.jp.coe.int (letzter Zugriff: 12.7.2016).

26 Committee of Ministers of the Council of Europe: Co-operation with the European Union, 2016, paragraph 6.

27 Committee of Ministers of the Council of Europe: Council of Europe Programme and Budget 2016-2017, Straßburg, 21 December 2015, CM(2016)1.

Zu den Maßnahmen, die durchweg auf Staaten abzielen, die Mitglieder des Europarates, nicht aber der Europäischen Union sind oder die in unmittelbarer Nachbarschaft zu Europa liegen,[28] gehört beispielsweise das Projekt „Towards Strengthened Democratic Governance in the Southern Mediterranean", das zwischen 2015 und 2017 läuft und mit 7,4 Mio. Euro ausgestattet wurde. Ferner wurde im Dezember 2015 mit Marokko ein länderspezifisches Projekt zur Reform des dortigen Justizsystems auf den Weg gebracht, für welches in den Jahren 2016 und 2017 insgesamt 1,7 Mio. Euro zur Verfügung stehen. In Zentralasien wiederum wurden beispielsweise mit Kirgisien Programme zur Reform des Wahlrechts und zur Bekämpfung der Geldwäsche neu aufgelegt. Zugleich endete ein Projekt, in dem es in der zentralasiatischen Region länderübergreifend um die Reform der Verfassungsgerichtsbarkeit und des Zugangs zur Justiz und zu Wahlrechtsfragen ging.[29]

Fazit

Die Zusammenarbeit zwischen der Europäischen Union und dem Europarat gestaltet sich weiterhin uneinheitlich. In den übergeordneten politischen Fragen, die auf eine grundlegende Verständigung über das Zusammenspiel der beiden Organisationen abzielen, gibt es trotz zahlreicher Willensbekundungen nur geringe Fortschritte, wie die weiterhin ungelöste Frage des Beitritts der Europäischen Union zur EMRK zeigt. In weniger prominenten ‚praktischen' Fragen, bei denen die Bearbeitung konkreter Sachverhalte im Mittelpunkt steht, lässt sich hingegen ein ebenso vielfältiges wie weithin gut funktionierendes Zusammenspiel beobachten. Der unlängst erfolgte Austausch zwischen der Europäischen Kommission und der Venedig-Kommission zu rechtsstaatlichen Entwicklungen in Polen belegt dies ebenso wie die bereits seit Jahrzehnten laufenden Gemeinsamen Programme. Insofern erbringt das Zusammenspiel einen kleinen, wenn auch wesentliche Fragen der europäischen Wertegemeinschaft betreffenden Mehrwert, den es künftig noch stärker zu schätzen wie auch weiter auszubauen gilt.

Weiterführende Literatur

Committee of Ministers of the Council of Europe: The implementation of the Memorandum of Understanding between the Council of Europe and the European Union – Parliamentary Assembly Recommendation 2060 (2015). Reply of the Committee of Ministers (adopted on 10 September 2015 at the 1234th meeting of the Ministers' Deputies), 15. September 2015, CM/AS(2015)Rec2060-final.

Committee of Ministers of the Council of Europe: 126th Session of the Committee of Ministers (Sofia, 18 May 2016). Co-operation with the European Union – Summary report, 11 May 2016, CM(2016)74.

Venice Commission: Opinion on Amendments to the Act of 25 June 2015 on the Constitutional Tribunal of Poland. Adopted by the Venice Commission at its 106th Plenary Session (Venice, 11-12 March 2016), CDL-AD(2016)001.

---

28 Committee of Ministers of the Council of Europe: 126th Session of the Committee of Ministers (Sofia, 18 May 2016). Report on the implementation of the Council of Europe Policy towards neighbouring regions, 11 May 2016, CM(2016)23 final.
29 Committee of Ministers of the Council of Europe: Co-operation with the European Union, 2016, paragraph 8.

Die Europäische Union und die NATO

Hans-Georg Ehrhart

Die Beziehungen zwischen der Europäischen Union und der NATO entwickelten sich einerseits weiterhin eher schwerfällig, andererseits scheint der Veränderungsdruck zu einer neuen Aufgabenteilung zu führen. Dies spiegelt die Aussage des Generalsekretärs der NATO, Jens Stoltenberg, im Mai 2016 wider, beide Organisationen hätten „in den letzten drei Monaten mehr Vereinbarungen miteinander getroffen als in den vergangenen 13 Jahren".[1] Die bilateralen Beziehungen werden auf der interinstitutionellen Ebene immer noch durch den türkisch-zypriotischen Konflikt blockiert. Das fehlende Sicherheitsabkommen mit Zypern zwingt die Europäischen Union und das Bündnis dazu, informelle Treffen mit der Beteiligung Zyperns abzuhalten. Gleichwohl kooperierten beide Organisationen auf politischer und operativer Ebene. Insbesondere der gewaltsame Konflikt in der Ukraine stellte die Europäische Union und die NATO vor die grundsätzlichen Fragen, wie die Europäische Union Sicherheit künftig gewährleistet und wie das Verhältnis beider Organisationen gestaltet werden soll.

Institutionelle Herausforderungen, konzeptionelle Entwicklungen und praktische Schritte

Offiziell ist seit Jahren davon die Rede, dass beide Organisationen angesichts gemeinsamer Werte und Interessen eine strategische Partnerschaft pflegen. Den Rahmen dafür bilden die Gemeinsame Erklärung von NATO und Europäischer Union zur Gemeinsamen Sicherheits- und Verteidigungspolitik (GSVP) vom 16. Dezember 2002 und das „Berlin-Plus-Abkommen" vom 17. März 2003. Die Umsetzung dieses Anspruchs in die Realität ist jedoch schwierig. Sowohl das neue strategische Konzept der NATO von 2010 als auch das Kommuniqué der Staats- und Regierungschefs der Europäischen Union vom Dezember 2013 betonen, die Komplementarität der GSVP mit der NATO, „im vereinbarten Rahmen der strategischen Partnerschaft zwischen der Europäischen Union und der NATO und unter Achtung der jeweiligen Entscheidungsautonomie und Verfahren weiter(zu)entwickeln."[2] Die Verbesserung der erforderlichen Mittel und der Aufrechterhaltung eines ausreichenden Investitionsniveaus bleiben allerdings eine Herausforderung, auch wenn mehrere Länder angesichts des Konflikts in der Ukraine mittlerweile eine Erhöhung ihrer Verteidigungsbudgets angekündigt haben.

Ein Strategiepapier der Bundesregierung zur Stärkung der europäischen Verteidigungsindustrie aus dem Jahr 2015 betont die Notwendigkeit einer eigenen und leistungsfähigen Verteidigungsindustrie und plädiert für die Stärkung des europäischen Rahmens für die Verteidigungsindustrie.[3] Es folgte dem Beschluss des Europäischen Rates auf den soge-

---

1   Zitiert in Daniel Rössler: Wider die Sprachlosigkeit, in: Süddeutsche Zeitung, 20.5.2016.
2   Europäischer Rat: Tagung vom 19./20. Dezember 2013, Schlussfolgerungen, 20. Dezember 2013, Dok. EUCO 217/13, S. 2, abrufbar unter: http://consilium.europa.eu/uedocs/cms_data/docs/pressdata/de/ec/140268.pdf (letzter Zugriff: 10.10.2016).

nannten Verteidigungsgipfeln von Ende 2013[4] und von Juni 2015[5], die GSVP wirksamer zu machen, die Fähigkeiten zu verbessern und die europäische Verteidigungsindustrie zu stärken. So möchte Bundesverteidigungsministerin Ursula von der Leyen die Rüstungsausgaben der Bundeswehr von derzeit weniger als 5 Mrd. jährlich in den nächsten 15 Jahren auf 130 Mrd. steigern. Sollte dieses Vorhaben den Bundestag passieren, so würde dies nahezu eine Verdopplung auf 8,7 Mrd. Euro bedeuten. Auch die Personalstärke soll von 177.000 (2015) zunächst auf die Sollstärke von 185.000 und dann in mehreren Schritten um weitere 15.000 erhöht werden.[6]

Offizielles Ziel der Bundesregierung ist nicht mehr der Aufbau einer „Europäischen Armee", sondern der einer Europäischen Sicherheits- und Verteidigungsunion (ESVU). Dabei handelt es sich um ein Konzept, das bereits auf dem sogenannten „Pralinengipfel" von 2003 von Deutschland, Frankreich und den Beneluxstaaten vorgeschlagen worden war und damals wegen des Vorschlags eines europäischen Hauptquartiers für einen diplomatischen Sturm im Wasserglas gesorgt hatte, weil die USA, Großbritannien und einige mittel- und osteuropäische Regierungen eine Schwächung der NATO befürchteten. Die Obama-Administration teilt die Zielsetzung einer engeren europäischen Verteidigungszusammenarbeit, nur verläuft der Prozess in diese Richtung sehr langsam.

So betonte Frankreichs Staatspräsident zwar, dass ein „Europa der Verteidigung" an erster Stelle stehe und es eines gemeinsamen Kraftaktes in den Verteidigungshaushalten bedürfe, wenn man nicht von Dritten abhängig sein wolle.[7] Doch mangelt es seit Jahren an großen konkreten deutsch-französischen Projekten und einer vorgeschalteten gemeinsamen Analyse und Planung. Großbritannien erklärte erstmals in einem Regierungsdokument seinen Wunsch nach einer verstärkten sicherheits- und verteidigungspolitischen Beziehung zu Deutschland und nannte in diesem Kontext die gemeinsame Nutzung von Erkenntnissen im Kampf gegen den Terrorismus, die Energiesicherheit, humanitäre militärische Einsätze, Cybersicherheit und Kapazitätsaufbau in Ländern außerhalb der Europäischen Union. Doch wirft der für 2018/19 zu erwartende Austritt Großbritanniens aus der Europäischen Union die Frage auf, was davon in welchem institutionellen Rahmen – bilateral, NATO, Europäische Union – umgesetzt werden kann. Polen und Deutschland planen, bis 2021 ein deutsches Panzergrenadierbataillon einer polnischen Brigade und ein polnisches Panzerbataillon einer deutschen Brigade zu unterstellen. Allerdings ist es bisher bei dieser politischen Absichtserklärung geblieben. Die Verflechtung zwischen der deutschen und der niederländischen Armee ist da schon weiter vorangeschritten. 2014 wurde die 11. Luftbewegliche Brigade in die Division Schnelle Kräfte integriert. Beide Länder vereinbarten zudem, bis 2019 Truppenteile der 43. Mechanisierten Brigade und der 1. Panzerdivision wechselseitig zu integrieren und dadurch die Handlungsfähigkeit der Europäischen Union zu stärken.

---

3   Siehe Deutsche Bundesregierung: Strategiepapier der Bundesregierung zur Stärkung der Verteidigungsindustrie in Deutschland, 8. Juli 2015, abrufbar unter: https://www.bmvg.de/portal/a/bmvg/!ut/p/c4/Nyux DsMgDET_yIaptFsjlq5dGrqRBCFXASLXpEs-PjD0TnrDPR2-sTX7naIXKtmvOKKb6Tb9YEp7hE-p3F ZllOkrgakmfPXPEmAuOUinhCzUGNlLYdgKy9pNZW4GaEGntB2UVv_o4-qMNaMyF_sYnrildD8BE ku-_g!!/ (letzter Zugriff: 10.10.2016).
4   Europäischer Rat: Tagung vom 19./20. Dezember 2013.
5   Europäischer Rat: Tagung vom 25./26. Juni 2015, Schlussfolgerungen, S. 5-6, abrufbar unter: http://ww w.consilium.europa.eu/de/press/press-releases/2015/06/26-euco-conclusions/ (letzter Zugriff: 10.10.2016).
6   Frankfurter Allgemeine Zeitung: Von der Leyen will tausende Soldaten einstellen, 22.3.2016.
7   Kai Dieckmann/Tanit Koch: BILD-Interview mit François Hollande. „Die EU entscheidet zu langsam", 5.4.2016.

Die Zusammenarbeit zwischen Europäischer Union und NATO soll sich vor allem mit hybriden Bedrohungen, wie sie etwa durch Russlands verdeckte Kriegsführung in der Ukraine manifest geworden sind, befassen. Nachdem die NATO am 1. Dezember 2015 ihre Strategie gegen hybride Bedrohungen verabschiedet hatte, legte die Europäische Union vier Monate später in einer gemeinsamen Mitteilung ihr Konzept vor. Darin konzediert sie die Schwierigkeit, eine einheitliche Definition dieses Phänomens zu finden, stellt aber auch die Notwendigkeit fest,

„die Mischung von Zwang und Unterwanderung und von konventionellen und unkonventionellen Methoden (diplomatischer, militärischer, wirtschaftlicher oder technologischer Natur) zu erfassen, auf die von staatlichen oder nicht-staatlichen Akteuren in koordinierter Weise zur Erreichung bestimmter Ziele zurückgegriffen werden kann, ohne dass jedoch die Schwelle eines offiziell erklärten Kriegs erreicht wird."[8]

Die Mitteilung schlägt 22 konkrete Maßnahmen vor, um das Bewusstsein für hybride Bedrohungen zu verbessern, die Resilienz zu stärken und Prävention, Krisenreaktion und Rückkehr zur Normalität zu unterstützen. Die Strategie will den ganzheitlichen Ansatz der Europäischen Union fördern und macht Vorschläge für eine intensivierte Zusammenarbeit und Koordinierung zwischen Europäischer Union und NATO. Als mögliche Kooperationsbereiche nennt sie

„Lagebewusstsein, strategische Kommunikation, Cybersicherheit und Krisenprävention und -reaktion. Der derzeitige informelle Dialog zwischen Europäischer Union und NATO über hybride Bedrohungen sollte intensiviert werden, um die Tätigkeiten der beiden Organisationen in diesem Bereich aufeinander abzustimmen."[9]

Viele der genannten Aspekte finden sich auch in der im Juni 2016 vorgestellten Globalen Strategie für die Außen- und Sicherheitspolitik der Europäischen Union wieder, welche die Europäische Sicherheitsstrategie von 2003 abgelöst hat.[10] Die NATO wird darin nicht weniger als 17-mal erwähnt. Die Verbindung zu ihr soll in ausgewählten Bereichen intensiviert werden. Dazu gehören neben den hybriden Bedrohungen die Cyberabwehr, die militärische „Ertüchtigung" von Drittstaaten und der maritime Bereich. Als Hauptprioritäten nennt die Globale Strategie die Sicherheit der Union, die Stärkung der Widerstandsfähigkeit von Staat und Gesellschaft in der Nachbarschaft, die Weiterentwicklung des umfassenden Ansatzes für Krisenmanagement, die Unterstützung kooperativer regionaler Ordnungen und die Stärkung einer globalen Rechtsordnung. Auf dem NATO-Gipfel von Warschau wurde schließlich eine gemeinsame Erklärung verabschiedet, die unter anderem bekräftigt, hybride Bedrohungen abzuwehren, komplementäre Fähigkeiten zu entwickeln, die Zusammenarbeit in der Cybersicherheit auszubauen, die jeweiligen Übungen abzustimmen und die Resilienz der Partner im Osten und Süden zu stärken.[11]

---

8   Europäische Kommission/Rat der Europäischen Union: Gemeinsame Mitteilung an das Europäische Parlament und den Rat. Gemeinsamer Rahmen für die Abwehr hybrider Bedrohungen – eine Antwort der Europäischen Union, Dok. JOIN(2016) 18, 7. April 2016, S. 2.
9   Kommission/Rat: Rahmen für die Abwehr hybrider Bedrohungen, 2016, S. 20 f.
10   European Union External Action: Shared Vision, Common Action: A Stronger Europe. A Global Strategy for the European Union's Foreign and Security Policy, June 2016, abrufbar unter: https://europa.eu/global-strategy/en/shared-vision-common-action-stronger-europe (letzter Zugriff: 10.10.2016).
11   NATO-European Union Joint Declaration, Warsaw, 8 July 2016, Press release 419/16, abrufbar unter: http://www.consilium.europa.eu/en/press/press-releases/2016/07/08-eu-nato-joint-declaration/ (letzter Zugriff 10.10.2016).

Operative Aktivitäten

Die parallel geführten Missionen von Europäischer Union und NATO in Afghanistan wurden im Berichtszeitraum fortgesetzt. Während sich die NATO weiterhin im Bereich der militärischen Sicherheit und des Polizeiaufbaus für Aufstandsbekämpfung engagierte, konzentrierte sich die Europäische Union im Rahmen der Polizeimission EUPOL Afghanistan auf die Reform des Innenministeriums, die Professionalisierung der Afghanischen Nationalpolizei im Sinne des zivilen „community policing" und der Verbindung von Polizei- und Justizreform.[12]

Die sicherheits- und integrationspolitischen Aktivitäten in Bosnien-Herzegowina wurden ebenfalls fortgesetzt. Die Europäische Union setzte ihre einzige militärische Operation im Rahmen der GSVP, die nach dem Berlin-Plus-Abkommen mit Unterstützung der NATO durchgeführt wird, fort. Die Aufgaben bestehen in der Gewährleistung eines sicheren Umfelds, Ausbildung für die bosnische Armee und Unterstützung der umfassenden Strategie für Bosnien-Herzegowina.[13] Darüber hinaus will die NATO Bosnien über die Partnerschaft für den Frieden näher an die nordatlantischen Strukturen heranführen. Die im Mai 2016 erfolgte Unterzeichnung des Aufnahmeprotokolls für Montenegro in das Bündnis zeichnet auch den Weg für Bosnien vor, das allerdings – ebenso wie Mazedonien – zunächst die Voraussetzungen für die angebotene Mitgliedschaft im Membership Action Plan, der Vorstufe zur Mitgliedschaft, erfüllen muss.[14] Beide Länder dürften aufgrund fehlender interner Voraussetzungen noch auf längere Zeit im Wartemodus für eine weitere Annäherung an die Europäische Union und die NATO verweilen.

Im Kosovo ergänzten sich die Aktivitäten von Europäischer Union und NATO weiterhin. Die Europäische Union ist im Rahmen der zivilen Mission EULEX bemüht, die Rechtsstaatlichkeit des jungen Staates zu stärken. Trotz einiger Erfolge ist das Ergebnis bislang nicht überzeugend, weil politische Einmischung und Korruption immer noch vorherrschen. EULEX wurde zwar bis Mitte 2018 verlängert, gleichwohl ist die darüber hinausgehende Zukunft dieser Mission fraglich. Die von der NATO geführte KFOR trug mit über 4.700 Einsatzkräften zur Gewährleistung eines sicheren Umfelds bei. Die schrittweise Verkleinerung der Truppenpräsenz setzte sich fort. So wurde beispielsweise das Bundeswehrkontingent als größtes Teilkontingent auf 650 reduziert.[15]

Im Bereich der maritimen Sicherheit setzten Europäische Union und NATO ihre Operationen zur Eindämmung der Piraterie vor dem Horn von Afrika beziehungsweise im Indischen Ozean fort. Das Mandat der Operation Ocean Shield läuft bis Ende 2016, während das von EUNAVFOR Atalanta über 2016 hinausreicht. Diese Operationen koordinieren ihre Aktivitäten zusammen mit den USA vor allem im Rahmen der Kontaktgruppe zur Bekämpfung der Piraterie vor der Küste Somalias. Die Europäische Union engagiert sich darüber hinaus mit der von den USA unterstützten Trainingsmission EUTM in Soma-

---

12 European External Action Service: EU Police Mission in Afghanistan Fact Sheet, abrufbar unter: http://www.eupol-afg.eu/sites/default/files/EUPOL%20Afghanistan_Factsheet_March%202016_English.pdf (letzter Zugriff: 10.10.2016).
13 European External Action Service: EU military operation in Bosnia and Herzegovina, January 2015, abrufbar unter: http://eeas.europa.eu/csdp/missions-and-operations/althea-bih/pdf/factsheet_ for_althea_ en.pdf.
14 North Atlantic Treaty Organization: Relation with Bosnia and Herzegovina, 8.12.2015, abrufbar unter: http://www.nato.int/cps/en/natohq/topics_49127.htm (letzter Zugriff 10.10.2016).
15 Matthias Gebauer: Bundeswehr reduziert Truppenstärke im Kosovo, in: Spiegel online, 30.5.2016.

lia sowie mit einer zivilen Mission zur Verbesserung der maritimen Kapazitäten in Ost-afrika.[16]

Die Lage, die sich nach der Intervention der NATO und dem dadurch verursachten Sturz des Regimes von Muammar al-Gaddafi in Libyen entwickelte, bleibt äußerst proble-matisch. Sie verlangt nach verstärktem internationalem Engagement. Die Frage ist nur in welcher Form. Sowohl die Europäische Union als auch die NATO meiden bislang eine stärkere Verwicklung in die konfliktreichen inneren Angelegenheiten des Landes und lassen den Vereinten Nationen den Vortritt, während die USA, Frankreich und Großbritan-nien gelegentlich und punktuell mit Spezialkräften eingriffen. Die mittlerweile erfolgte Bildung einer Einheitsregierung hat bislang zu keinen großen Fortschritten geführt. Sie ist zwar international anerkannt, sieht sich aber noch immer mehreren Machtzentren gegen-über. Die NATO will sich wiederum erst im Land engagieren, wenn die Sicherheitslage es zulässt und wenn eine offizielle Anfrage vorliegt, während die Europäische Union ihre in Tunis stationierte Grenzmanagementmission verlängerte und personell aufstockte.[17]

Die Flüchtlingskrise führte zu einer weiteren Arbeitsteilung zwischen Europäischer Union und NATO im Mittelmeer und in der Ägäis. Im Mittelmeer operiert die Europäische Union mit FRONTEX mit dem Ziel der Grenzschutzkoordinierung und Flüchtlingsrettung und im Rahmen der GSVP mit der EUNAVFOR MED Operation Sophia gegen Schleuser. Im Oktober 2016 beschloss die NATO, die Operation Sophia mit Aufklärung und Versor-gung zu unterstützen. Bereits im März 2016 hatte die NATO einen Flottenverband in die Ägäis geschickt, um das Seegebiet zwischen der türkischen Küste und den griechischen Inseln angesichts der Flüchtlingsproblematik zu überwachen. Sie arbeitet mit der ebenfalls dort tätigen FRONTEX zusammen, was ein Novum ist.[18] Es handelt sich bei der Marine-mission mit Militärschiffen um den kostenintensiven und wenig erfolgreichen Versuch, die Flüchtlingsbewegungen über das Meer einzudämmen. Das Mandat der Operation Sophia wurde im Juni um ein Jahr verlängert und erweitert. Sie soll nun auch die libysche Küsten-wache und Marine „ertüchtigen" und dazu beitragen, das UN-Waffenembargo gegen Liby-en auf hoher See durchzusetzen.[19]

Ukrainekonflikt und die Krise der Europäischen Sicherheitsordnung

Die aggressive russische Politik gegenüber der Ukraine, die völkerrechtswidrige Annexion der Krim und die Unterstützung der Aufständischen in der Ukraine stellen NATO und Europäische Union weiterhin vor große Herausforderungen. Einerseits haben beide Orga-nisationen Strategien für den Umgang mit hybriden Herausforderungen vorgelegt, anderer-seits ist damit der Ukrainekonflikt nicht gelöst. Nach der verdeckten Intervention Russ-lands und der Annexion der Krim ist der Krieg im Osten des Landes in einen bewaffneten Konflikt übergegangen, der trotz der Vereinbarungen von Minsk I und II über einen Waffenstillstand sowie zahlreicher Vermittlungsversuche und Verhandlungsrunden auf

---

16   European External Action Service: EUTM Somalia Continues the Training Activity for the Somali Natio-nal Army, 3.5.2016, abrufbar unter: http://eeas.europa.eu/csdp/missions-and-operations/eutm-somalia/ne ws/20160503_en.htm (letzter Zugriff: 10.10.2016).

17   European External Action Service: EU Relations with Libya, abrufbar unter: http://eeas.europa.eu/libya/index_en.htm (letzter Zugriff: 10.10.2016).

18   Frontex: Frontex and NATO to Cooperate in the Aegean Sea, 6.3.2016, abrufbar unter: http://frontex.euro pa.eu/news/frontex-and-nato-to-cooperate-in-the-aegean-sea-nZMSYr (letzter Zugriff: 10.10.2016).

19   European External Action Service: EUNAVOR MED operation Sophia, 29.9.2016 abrufbar unter: http://eeas.europa.eu/csdp/missions-and-operations/eunavfor-med/index_en.htm (letzter Zugriff: 10.10.2016).

kleiner Flamme weitergeht und bis Oktober 2016 fast 10.000 Todesopfer zur Folge hatte. In der Ukraine selbst geht der Reformprozess nur mühsam voran und das politische System ringt mit Korruption und Angriffen auf die Pressefreiheit. So verbanden die USA und der Internationale Währungsfonds (IWF) die Gewährleistung weiterer Milliardenkredite mit der Einhaltung des Reformprozesses. Gleichzeitig belastet der Gewaltkonflikt im Osten die Stabilität des Landes. Trotz einer gewissen Annäherung liegt das größte Problem in der Umsetzung der grundsätzlich vereinbarten freien Wahlen in den Separatistengebieten. So lange aber die Verwirklichung von Minsk II nicht nachhaltig erfolgt ist, hält die Europäische Union – trotz eines internen Dissens über deren Dauer – an den Sanktionen gegen Russland fest.

Die NATO setzte die in Wales beschlossenen Maßnahmen zur Stärkung der Abschreckung und der Unterstützung der osteuropäischen Mitgliedstaaten fort und baute sie durch die auf dem Gipfel in Warschau getroffenen Beschlüsse weiter aus.[20] So wurde die personelle Stärke der NATO Response Force (NRF) auf 40.000 verdoppelt, inklusive einer „Speerspitze" genannten sehr schnellen Eingreiftruppe von 5.000 Einsatzkräften. Ferner richtete die NATO in den osteuropäischen Mitgliedstaaten acht kleine aufwuchsfähige Kommandostellen („integration units") ein. Sie machte das multinationale Hauptquartier Nordost in Polen voll operationsfähig und baute in Rumänien das multinationale Hauptquartier Südost auf, das die „integration units" führen wird. Sie verstärkte die Manövertätigkeit und beschleunigte den Planungs- und Entscheidungsprozess. Der Forderung der osteuropäischen Staaten nach der permanenten Stationierung größerer Kampfverbände entsprach die NATO allerdings nur teilweise. So sollen in Polen, Litauen, Lettland und Estland je ein Bataillon von 1.000 Einsatzkräften stationiert werden. Als Rahmennationen dienen die USA, Kanada, Großbritannien und Deutschland. Darüber hinaus wollen die USA eine Panzerbrigade in Polen stationieren. Die Stationierungen sollen dauerhaft sein, aber auf Rotationsbasis erfolgen, da die NATO in der Grundakte mit Russland zugesagt hat, auf die dauerhafte Stationierung signifikanter Truppen in Osteuropa zu verzichten.

Insbesondere Berlin befürchtete, dass das diplomatische Krisenmanagement durch einen Bruch der NATO-Russland-Grundakte zusätzlich erschwert würde. Darum bemühte es sich auch in besonderem Maße und letztlich erfolgreich darum, den wegen der Ukrainekrise ausgesetzten NATO-Russland-Rat zu reaktivieren. Dieser trat im April und Juli 2016 wieder zusammen und nährte bei allem Dissens die Hoffnung, damit ein potenziell wichtiges Forum für die Konfliktregelung zur Verfügung zu haben.[21] Die NATO bekräftigte in Warschau ihre Position, dass jeder Staat grundsätzlich die freie Bündniswahl habe und ermunterte Mazedonien, Bosnien-Herzegowina und Georgien, ihre Reformbemühungen fortzusetzen. Der Ukraine versicherte die NATO, sie in ihrem Reformprozess zu unterstützen und die bereits bestehende bilaterale Partnerschaft zu stärken. Während die NATO sich um die Reform des militärischen Sicherheitssektors kümmert, engagiert sich die Europäische Union in der Reform der zivilen Sicherheitssektoren. Eine Bündnismitgliedschaft der Ukraine schätzen aber sowohl die NATO als auch die USA als nicht aktuell ein. Die langfristige Option bleibt aber – zum Leidwesen Russlands –, wie bereits 2008 in Bukarest grundsätzlich beschlossen, bestehen.

---

20 North Atlantic Treaty Organization: Warshaw Summit Communiqué. Issued by the Heads of State and Government participating in the meeting of the North Atlantic Council in Warsaw 8-9 July 2016, Press Release (2016) 100, abrufbar unter: http://www.nato.int/cps/en/natohq/official_texts_133169.htm (letzter Zugriff: 10.10.2016).

21 Niklaus Nuspliger: Schwieriger Dialog mit Moskau, in: Neue Züricher Zeitung, 13.6.2016.

Der Ukrainekonflikt hat die jahrzehntealten Grundlagen der europäschen Friedens- und Sicherheitsordnung erschüttert. Es stellt sich also die dringende Frage, wie die künftige Friedens- und Sicherheitsarchitektur beschaffen sein soll. Und vor allem: Welche Rolle soll Russland zukommen, und welche will es eigentlich übernehmen? Bislang galt die Erkenntnis, dass europäische Sicherheit ohne Russland nicht zu haben ist. Moskau hat den Eindruck, dass der Westen seine Sicherheitsinteressen, wenn überhaupt, nur rhetorisch anerkennt, faktisch hingegen seine eigenen Interessen zu Lasten der russischen höher bewertet. Die befürchtete Hinwendung Kiews zum Westen und die damit absehbare Mitgliedschaft in der Europäischen Union und in der NATO hätte aus dieser Sicht Russland in eine geostrategisch so prekäre Lage manövriert, dass entschiedenes Handeln notwendig erschien.[22] Der Westen ist sich mit seiner Politik der Normübertragung durch Demokratieförderung und Wirtschaftsreform einerseits und zunehmender Sicherheitskooperation andererseits keiner Schuld bewusst und reagiert mit verstärkter Unterstützung für die zwischen der Europäischen Union und Russland liegenden Länder. Solange aber beide Seiten die jeweils andere als nicht kooperativ oder gar aggressiv wahrnimmt, ist der Aufbau einer stabilen Friedens- und Sicherheitsordnung nicht möglich.

Der erste Schritt in die richtige Richtung wäre die Aufnahme von Verhandlungen über einen Gewaltverzicht und die Durchführung von sicherheits- und vertrauensbildenden Maßnahmen. Das setzt aber ein Ende der Gewalt in der Ukraine voraus. Der institutionelle Rahmen für die Behandlung des Problems steht mit der Organisation für Sicherheit und Zusammenarbeit in Europa (OSZE) bereits zur Verfügung. Diese Organisation hat gleich mehrere Vorteile: Russland und die USA sind in ihr gleichberechtigt vertreten, die Europäische Union unterstützt sie seit Jahren und hat mit 28 Mitgliedern eine vergleichbar gute Position. Die OSZE verfügt über entsprechende Instrumentarien und Verfahren, und sie ist bereits mit Zustimmung Russlands in der Ukraine mit einer – insbesondere von der Europäischen Union finanziell und materiell unterstützten – Sonderbeobachtungsmission aktiv.[23] So könnten im Rahmen des OSZE-Forums für Sicherheitskooperation Gespräche über die Verminderung von Konfliktrisiken etwa durch hybride Kriegführung – also die Kombination von (Des)Informationsoperationen, verdecktem Einsatz von Spezialkräften, Unterstützung von Aufständischen, Cyberattacken, Mobilisierung lokaler Bevölkerungsgruppen, wirtschaftlichem Druck, Waffenlieferungen und militärischen Drohgebärden – geführt werden. Da der Westen im Irak, in Libyen und in Syrien ebenfalls eine indirekte Interventionsform praktizierte beziehungsweise noch praktiziert, läge es nahe, sich mit Russland über ein entsprechendes Regelwerk zu verständigen. Das ist aber bestenfalls Zukunftsmusik. Bislang denken Europäische Union und NATO vor allem über eine engere Zusammenarbeit bei der Abwehr hybrider Bedrohungen nach.

Auf dem Weg zu einer neuen Rollenteilung?

Da die Aussichten auf die gesamteuropäische Sicherheit eher düster sind, stellt sich die Frage nach der Rolle von Europäischer Union und NATO umso dringlicher. Die jüngsten Entwicklungen vermitteln den Eindruck, dass die Europäische Union eher schwächer wird, die NATO hingegen gestärkt aus den diversen Krisen hervorgeht. Bereits ohne den Brexit

---

22   President of Russia: Conference of Russian diplomats and permanent representatives, 1.7.2014, abrufbar unter: http://eng.kremlin.ru/news/22586 (letzter Zugriff: 10.10.2016).

23   Vgl. Organization for Security and Co-operation in Europe: Daily and spot reports updates from the special monitoring mission to Ukraine, abrufbar unter: http://www.osce.org/ukraine-smm/reports (letzter Zugriff: 10.10.2016).

stagnierte die Entwicklung der GSVP. Nach Vollzug des Brexit dürfte sie weiter geschwächt werden, ist Großbritannien doch ein wichtiger sicherheits- und verteidigungspolitischer Akteur. Das Vorwort der Hohen Beauftragten der Union für Außen- und Sicherheitspolitik, Federica Mogherini, für die neue Europäische Sicherheitsstrategie beginnt vielsagend mit der Aussage, dass der Zweck und selbst die Existenz der Europäischen Union infrage gestellt würden. Eine starke Europäische Union müsse strategisch denken und brauche eine entsprechende Strategie.[24] Doch das vorgelegte Dokument ist weniger eine Strategie denn eine Kompilation von Absichtserklärungen und geläufigen, aber unklaren Begriffen. Was sind die konkreten strategischen Interessen der Europäischen Union? Mit welchen Mitteln sollen sie gewahrt werden? Wie soll die angestrebte strategische Autonomie hergestellt werden? Wie soll der vielbeschworene „umfassende Ansatz" umgesetzt werden? Wie soll die Verteidigungszusammenarbeit zur Norm werden, wenn die Mitgliedstaaten in diesem Bereich souverän bleiben? Es ist von der „true Union", der „joint-up Union und der „energy Union" die Rede, bemerkenswerterweise aber nicht von „defence Union" oder von „security and defence Union". Die Überbetonung der Resilienz als Aufgabe lässt vermuten, dass die Europäische Union sich mehr den internen und zivilen sicherheitsrelevanten Herausforderungen stellen will. Angesichts der sicherheits- und integrationspolitischen Herausforderungen, vor denen die Europäische Union steht, ist es nahezu folgerichtig, dass sie verstärkt auf die Kooperation mit der NATO setzt. Zivile und militärische Mittel sollen besser miteinander verknüpft werden – immerhin ist die Europäische Kommission Mitunterzeichner der Gemeinsamen Erklärung von Warschau –, die GASP soll möglicherweise stärker an die NATO gebunden werden. Die Vermutung von Annegret Bendiek, dass sich eine neue Arbeitsteilung zwischen Europäischer Union und NATO abzeichnet, klingt angesichts der Beschlüsse von Warschau plausibel.[25] Die Frage ist nur, was dann noch vom Projekt einer strategischen Autonomie der Europäischen Union übrig bleibt.

Weiterführende Literatur

Annegret Bendiek: Die Globale Strategie für die Außen- und Sicherheitspolitik der Europäischen Union, SWP-Aktuell 44, Juli 2016.

Hans-Georg Ehrhart: Unkonventioneller und hybrider Krieg in der Ukraine: zum Formwandel des Krieges als Herausforderungen für Politik und Wissenschaft, in: Zeitschrift für Außen- und Sicherheitspolitik 2/2016, S. 223-241.

Dave Johnson: Russia's Approach to Conflict – Implications for NATO's Deterrence and Defence, NATO Defence College Research Paper No. 111, April 2015.

---

24 European Union External Action: A Global Strategy for the European Union's Foreign and Security Policy, 2016, S. 3.

25 Annegret Bendiek: Die Globale Strategie für die Außen- und Sicherheitspolitik der EU, SWP-Aktuell 44, Juli 2016, S. 4.

Die Europäische Union und die OSZE

Wolfgang Zellner

Das beherrschende Thema bei der Organisation für Sicherheit und Zusammenarbeit in Europa (OSZE) im Berichtszeitraum 2015/2016 war erneut der Konflikt in und um die Ukraine und die darauf bezogenen OSZE-Aktivitäten – die OSZE-Sonderbeobachtungsmission (Special Monitoring Mission, SMM) in der Ukraine und die beiden Verhandlungsforen der Trilateralen Kontaktgruppe (Trilateral Contact Group, TCG: OSZE, Ukraine, Russland) und des Normandie-Formats (Ukraine, Russland, Deutschland, Frankreich). Der Ukrainekonflikt beherrschte auch das Treffen des OSZE-Ministerrates am 3./4. Dezember 2015 in Belgrad. Zwar waren die Minister im informellen Rahmen durchaus zu einem offenen, kontroversen Dialog in der Lage, dies änderte jedoch nichts daran, dass das Treffen gerade einmal sechs Beschlüsse zu eher nachrangigen oder ‚leichten' Themen (Jugend, Terror, Drogen, aber auch Transnistrien) annahm. Am 31. Dezember 2015 konnte fristgerecht das OSZE-Budget für 2016 verabschiedet werden, was in dieser Organisation als Erfolg gewertet werden darf.

Zum Jahresanfang 2016 übernahm Deutschland unter dem Motto „Dialog erneuern, Vertrauen neu aufbauen, Sicherheit wieder herstellen" den OSZE-Vorsitz. Die OSZE-Troika 2016 besteht nun aus Frank-Walter Steinmeier (Deutschland), Ivica Dacic (Serbien) und Sebastian Kurz, Österreich, das den OSZE-Vorsitz 2017 übernehmen wird. Der von der Vorgänger-Troika beauftragte und von dem früheren Staatssekretär im Auswärtigen Amt, Wolfgang Ischinger, geleitete Weisenrat (Panel of Eminent Persons) für europäische Sicherheit als gemeinsames Projekt legte am Rande des Ministerratstreffens seinen Bericht „Back to Diplomacy" vor, der neben zahlreichen Einzelempfehlungen vor allem die Einleitung eines „robusten Prozesses aktiver Diplomatie" anmahnt. Allerdings hatte sich der russische Teilnehmer des Panels den Bericht nicht zu Eigen gemacht.

Die Aktivitäten der OSZE in und zur Ukraine

Der Versuch, den Konflikt in und um die Ukraine einzudämmen, blieb im Berichtszeitraum die wichtigste Aktivität der OSZE. Dabei spielen drei Regulierungsmechanismen eine Rolle: Auf politischer Ebene versuchten die Akteure des Normandie-Formats auf bisher drei Gipfel-, zwölf Außenminister- und zahlreichen Treffen auf Beamtenebene, politische Kompromisse zur Implementierung des Minsker Umsetzungsabkommens vom 12. Februar 2015 zu erreichen, das nach wie vor die relevante Berufungsbasis darstellt. Auf Arbeitsebene ist die Trilaterale Kontaktgruppe mit ihren vier Arbeitsgruppen zu Sicherheit, politischen Fragen, Flüchtlingen und humanitären Angelegenheiten sowie wirtschaftlichen Fragen das zentrale Arbeitsgremium. Dort löste der österreichische Diplomat Martin Sajdik am 22. Juni 2015 die Schweizer Botschafterin Heidi Tagliavini als OSZE-Vertreterin ab. Die SMM überwacht den Waffenstillstand, verifiziert den Abzug schwerer Waffen und moderiert örtliche Waffenstillstände zur Ermöglichung humanitärer Hilfe und zur Wiederherstellung zerstörter Infrastruktur. Dies betrifft einen etwa 100 Kilometer breiten und 420 Kilometer langen Streifen, ein Gebiet etwa von der Größe der Schweiz. Dafür standen der Mission Ende Mai 2016 701 Beobachter aus 45 OSZE-Staaten zur Verfügung, darunter auch 40 aus Russland. Die täglichen Beobachtungsberichte sind auf der Webseite der OSZE einsehbar.[1] Die SMM hat in dem zu beobachtenden Gebiet keineswegs immer überall Zugang, SMM-Fahrzeuge wurden gelegentlich beschossen und in Flammen gesetzt. Am 18. Februar 2016 wurde das SMM-Mandat bis zum 31. März 2017 verlängert, die Finanzierung der Mission ist, anders als in der Anfangsphase 2014, nun weitgehend geregelt.

Während der gesamten Berichtsperiode wurde der Waffenstillstand niemals über einen längeren Zeitraum vollständig eingehalten. Vielmehr wechselten sich ruhigere Perioden mit solchen erhöhter Kampftätigkeit ab, auch wenn es sich dabei ‚nur' um Schusswechsel und nicht um Bewegungskrieg mit Geländegewinnen handelte. Im September 2015 etwa wurde ein Rückgang der Kämpfe vermeldet, Ende September einigten sich die Parteien in der TCG auf einen Abzug schwerer Waffen. Seit Mitte November 2015 und verstärkt im Januar 2016 kam es zu einer erneuten Eskalation der Kampfhandlungen. Nach einer vorübergehenden Beruhigung über das orthodoxe Osterfest war dann der Mai 2016 mit 25 Toten und rund 100 Verletzten für die ukrainischen Streitkräfte der bisher blutigste Monat im Jahr 2016.

Neben der Festigung des Waffenstillstands konzentrierten sich die Aktivitäten von TCG und Normandie auf die Umsetzung des politischen Teils des Minsker Abkommens und hier insbesondere auf die Abhaltung der in diesem Abkommen vorgesehenen Lokalwahlen und die Ausarbeitung eines entsprechenden Gesetzes. Auch hier hat es bisher keinen Durchbruch gegeben. Nach dem zwölften Normandie-Außenministertreffen konstatierte Außenminister Steinmeier am 11. Mai 2016:

> „Bei der wichtigen Frage der Lokalwahlen selbst ist es ganz offensichtlich besonders schwierig, Fortschritte zu erzielen. […] Immerhin haben wir heute zum ersten Mal auf der Grundlage konkreter Vorschläge für ein Lokalwahl-Gesetz in der Sache miteinander beraten können. Und wir haben die Kontaktgruppe beauftragt, die Diskussionen auf der Grundlage eines ukrainischen Konzepts mit russischen Vorschlägen fortzusetzen."[2]

Diese hatte sich allerdings bereits zuvor rund drei Dutzend Mal erfolglos mit der Materie auseinandergesetzt. Sicherheitslage und Lokalwahlen stehen in einem engen Zusammenhang: Solange die Sicherheit nicht hinreichend gewährleistet ist, sind Wahlen kaum abzuhalten. Ohne die Wahlen aber kann der Gesamtprozess der Umsetzung des Minsker Abkommens nicht vorankommen. Ende Juni 2016 wurde an der Auflösung dieses Dilemmas gearbeitet, eine Lösung war aber (noch) nicht zu erkennen. Wenn sich dies nicht ändert, dann wird sich der Ukrainekonflikt zu einem ungelösten, verschleppten Konflikt entwickeln, allerdings in einer Größenordnung, die die Summe aller anderen von der OSZE moderierten Konflikte (Transnistrien, Abchasien, Südossetien, Berg-Karabach) übersteigt.

---

1   Organization for Security and Co-operation in Europe: Daily and spot reports from the Special Monitoring Mission to Ukraine, abrufbar unter: http://www.osce.org/ukraine-smm/reports (letzter Zugriff: 26.8.2016).
2   Auswärtiges Amt: Normandietreffen in Berlin – Steinmeier: Fortschritte bei der Sicherheit in der Ostukraine, Pressemitteilung, 11.5.2016.

Andere Regionalkonflikte

Die drei von der OSZE moderierten Regionalkonflikte entwickelten sich sehr unterschiedlich. Nachdem sich die Lage in Berg-Karabach bereits in den Vorjahren zugespitzt hatte, brachen dort, für die meisten Beobachter überraschend, Anfang April 2016 schwere Kämpfe aus, die mit Panzern, Artillerie und Kampfhubschraubern geführt wurden. Die Gefechte forderten mehrere Dutzend Tote, die aserbaidschanischen Streitkräfte erzielten leichte Geländegewinne. Nach zwei Tagen gelang es Russland, die Parteien zu einer Waffenruhe zu bewegen. Diese Eskalation war und ist deshalb so gefährlich, weil sie auch zu einer direkten militärischen Konfrontation zwischen Russland und der Türkei führen kann, die sich nach dem Abschuss eines russischen Kampfflugzeugs über Syrien durch die türkischen Streitkräfte explizit als Feinde angesehen haben. Damit übersteigt das Eskalationspotential dieses Konflikts bei Weitem das der anderen verschleppten Konflikte (Moldau/Transnistrien und Georgien/Abchasien und Südossetien) und möglicherweise sogar dasjenige des Ukrainekonflikts. Dementsprechend lösten die Kampfhandlungen eine Reihe diplomatischer Bemühungen aus. Der amtierende Vorsitzende der OSZE, Außenminister Steinmeier, schaltete sich direkt ein, unter anderem in Telefonaten mit dem russischen Außenminister Sergei Lawrow. Am 5. April fand eine Sondersitzung des Ständigen Rates der OSZE statt, Steinmeier besprach sich mit den Ko-Vorsitzenden der Minsk-Gruppe der OSZE – Frankreich, Russland und die USA –, die in diesem Konflikt vermittelt. Anfang Mai kam es zu einem Treffen der Außenminister dieser drei Staaten mit den Präsidenten Armeniens und Aserbaidschans, Mitte Juni wurden diese vom russischen Präsidenten Wladimir Putin empfangen. Für Anfang Juli plante Außenminister Steinmeier eine Kaukasusreise. Über das Ergebnis dieser Bemühungen ist wenig bekannt. Obwohl es seit Anfang April zu keinen größeren Kampfhandlungen mehr gekommen ist, muss befürchtet werden, dass es in der Sache wenig Fortschritte gegeben hat. Das aber ist, wie Außenminister Steinmeier feststellte, problematisch: „Wer nur darauf setzt, den gegenwärtigen Status Quo beizubehalten, riskiert, dass sich in unregelmäßigen Abständen immer wieder gewaltsame Eruptionen ereignen."[3]

Im Unterschied zu Berg-Karabach bestätigt sich im Fall von Moldau die ursprüngliche Befürchtung nicht, dass der Ukrainekonflikt zu einer Zuspitzung der Lage bei allen verschleppten Konflikten führen werde. Vielmehr wird das Verhalten Russlands und der Ukraine, die beide dem für die Regulierung des Transnistrien-Konflikts zuständigen ,5 + 2'-Format (Moldau, Transnistrien, OSZE, Russland, Ukraine plus EU und USA) als Mediatoren angehören, als konstruktiv beschrieben. Vor diesem Hintergrund gelang es nach zweijähriger Unterbrechung am 2. Juni 2016, die offiziellen Verhandlungen im ,5 + 2'-Format wiederaufzunehmen.

Leichte Entspannungstendenzen waren auch bei den Genfer internationalen Gesprächen zu verzeichnen, bei denen unter der Vermittlung durch die Vereinten Nationen, Europäische Union und OSZE sowie im Beisein Russlands und der USA Vertreter Georgiens mit denen der beiden Entitäten Abchasien und Südossetien sprechen. Eine der konkreten eskalationsdämpfenden Errungenschaften dieses Formats sind die sogenannten Incidents Prevention and Response Mechanism (IPRM), monatliche Treffen aller Beteiligten, um Zwischenfälle im Grenzgebiet zu besprechen, von entlaufenem Vieh bis zu Mord. Während der IPRM zu Südossetien seit Jahren arbeitet, war der für Abchasien vor vier

---

3   Auswärtiges Amt: Außenminister Steinmeier zum „sehr fragilen Zustand" in der Region Berg-Karabach, Pressemitteilung, 6.4.2016.

Jahren ausgesetzt worden. Im März 2016 gelang es jedoch, diesen Mechanismus und damit ein wichtiges Instrument zur lokalen Eskalationskontrolle zu reaktivieren.

Die wichtigste Lehre aus dem letzten Jahr ist, dass die Lage bei den verschleppten Konflikten nicht über einen Kamm geschoren werden kann, sondern einzeln untersucht werden muss; zu unterschiedlich sind die Konstellationen und Interessen. Höchste Gefahr droht nach wie vor von Berg-Karabach.

Rüstungskontrolle und militärischer Dialog

Am 16./17. Februar 2016 fand ein mit 350 Personen, darunter 36 Generälen, gut besuchtes Militärdoktrinen-Seminar statt, wie es nach dem Wiener Dokument über Vertrauens- und Sicherheitsbildende Maßnahmen 2011 (WD 11) im Abstand von jeweils fünf Jahren vorgesehen ist. Obgleich es über weite Strecken gelang, einen qualifizierten Fachdialog zu führen, konnte kein handlungsrelevanter Durchbruch erzielt werden. Dies gilt insbesondere für das vom deutschen OSZE-Vorsitz mit einigem Aufwand betriebene Projekt, das WD 11 zu modernisieren. Dies wurde von russischen Vertretern auf dem Seminar und auch zu anderen Gelegenheiten abgelehnt; vielmehr bedürfe es wirklich neuer Ansätze der Rüstungskontrolle. Wie solche allerdings in dem derzeitigen politischen Klima vorangebracht werden sollen, ist offen. Vielmehr ist ein längerer Stillstand bei der europäischen Rüstungskontrolle zu befürchten.

Transnationale Risiken

Etwas überraschend gelang es am 10 März 2016, im Ständigen Rat ein Dokument über OSZE-Vertrauensbildende Maßnahmen im Bereich von Informations- und Kommunikationstechnologien zu verabschieden, welches das bereits bestehende Dokument von 2013, das sich auf den Informationsaustausch konzentriert, um kooperative Maßnahmen erweitert. Dem war eine Vorsitz-Konferenz zu Cyber-Sicherheit am 20. Januar in Berlin vorausgegangen.

Am 31. Mai/1. Juni 2016 veranstaltete der deutsche OSZE-Vorsitz eine große Antiterrorismuskonferenz in Berlin, die rund 300 stellvertretende Minister, Antiterrorismus-Koordinatoren und andere Fachleute zusammenbrachte. In seiner Eröffnungsrede betonte Außenminister Steinmeier die Bedeutung eines ganzheitlichen Ansatzes zur Prävention, um die politischen, gesellschaftlichen und wirtschaftlichen Ursachen von Terrorismus angehen zu können.

Wirtschaftliche Fragen

Die mit Abstand größte Vorsitz-Konferenz war die Wirtschaftskonferenz „Konnektivität für Handel und Investment", die am 18./19. Mai 2016 im Auswärtigen Amt in Berlin rund 1.000 Wirtschaftsvertreter, Politiker, Beamte und Wissenschaftler zusammenbrachte. Diese Konferenz sei ein Experiment, so der OSZE-Vorsitzende Steinmeier. Man wolle von Vertretern der Wirtschaft hören, was gerade in schwierigen Zeiten wie diesen nötig sei, um den eurasischen Raum wirtschaftlich und infrastrukturell besser zu vernetzen. Erstmals nahm eine chinesische Delegation an einer OSZE-Konferenz teil. Chinesisch war siebente Konferenzsprache.

Menschliche Dimension

Das Hauptinstrument der OSZE im Bereich der „menschlichen Dimension" (unter anderem Menschenrechte, Rechtsstaatlichkeit, Demokratie, Nichtdiskriminierung) ist das von dem früheren Staatsminister im Auswärtigen Amt, Michael Georg Link, geführte Büro für demokratische Institutionen und Menschenrechte (BDIMR) mit einem Etat von 18,3 Mio. Euro und 148 Mitarbeitern im Jahre 2015. Die wohl bekannteste Aktivität des BDIMR sind seine Wahlbeobachtungsmissionen, die es zusammen mit der Parlamentarischen Versammlung der OSZE und denen anderer internationaler Organisationen durchführt. Im Berichtszeitraum wurden fünf volle (Ukraine, Slowakei, Kasachstan, Mazedonien, Mongolei) und eine begrenzte (Serbien) Wahlbeobachtungsmission sowie sechs kleinere wahlbezogene Aktivitäten durchgeführt. Die Beobachtung der russischen Parlamentswahlen im Dezember 2016 dürfte zu einem Test auf Kooperationsfähigkeit werden.

Darüber hinaus führt das BDIMR eine Reihe von Konferenzen durch. Die bedeutendste ist das jährliche Human Dimension Implementation Meeting (HDIM) in Warschau mit 1.387 Teilnehmenden im Jahr 2015, darunter 514 Vertretern von Nichtregierungsorganisationen. Allerdings wird es immer schwieriger, mit Russland und einigen anderen Staaten Konsens über die Agenda des HDIM und anderer Konferenzen der menschlichen Dimension zu finden.

Halbzeitbilanz des deutschen OSZE-Vorsitzes 2016

Für den OSZE-Vorsitz hat sich die Bundesregierung fünf Schwerpunkte vorgenommen: „Krisen- und Konfliktmanagement", „OSZE-Fähigkeiten im gesamten Konfliktzyklus stärken", „OSZE als Dialogplattform nutzen", „Konnektivität und gute Regierungsführung im OSZE-Raum nachhaltig fördern" und „Menschliche Dimension besonders in den Fokus nehmen".[4] Die Frage, inwieweit es bisher gelang, diese Ziele umzusetzen, deckt sich weitgehend mit der Frage, ob der mit dem Krisenmanagement in der Ukraine einsetzende Aufschwung der OSZE von nachhaltiger Natur sein kann.

Was das Tagesgeschäft betrifft, konnte der deutsche Vorsitz im ersten Halbjahr 2016 eine Reihe kleinerer Erfolge verzeichnen. Der OSZE-Haushalt 2016 wurde rechtzeitig verabschiedet und enthält auch einige zusätzliche Stellen zur Stärkung des Konfliktverhütungszentrums. Die Personalpolitik (Ernennungen) lief im Wesentlichen gut, das eigentlich abgelaufene Mandat der Beauftragten für die Medienfreiheit, Dunja Mijatovic, konnte um ein Jahr verlängert werden, da sich die Staaten auf keine/n Nachfolger/in einigen konnten. Bei den Regionalkonflikten gab es kleine Fortschritte in Georgien und Moldau, die Eskalation in Berg-Karabach konnte fürs Erste gestoppt werden. Auf einer Fülle von Konferenzen – die oben genannten stellen nur eine Auswahl dar – konnten Dialogansätze in einem breiten Themenspektrum geschaffen werden.

Aber in den beiden großen Fragen – Umsetzung des Minsker Abkommens und Einleitung eines strategischen Dialogs mit Russland – sind noch kaum Fortschritte zu erkennen. Die Fortschritte bei der Implementierung des Abkommens von Minsk sind, so es sie überhaupt gibt, minimal. Andererseits sind Szenarien wie ein Angriff auf Mariupol oder ein Durchbruch nach Transnistrien, wie sie im vergangenen Jahr noch diskutiert wurden, vom Tisch. Normandie, Minsk und SMM haben das Problem auf den Donbass begrenzt; das ist nicht befriedigend, aber gemessen an den Befürchtungen von 2015 doch ein Erfolg. Was

---

4   Bundesregierung: Dialog erneuern, Vertrauen neu aufbauen, Sicherheit wieder herstellen. Schwerpunkte des deutschen OSZE-Vorsitzes 2016, Berlin 2016.

den Dialog betrifft, so ist kein Durchbruch in Sicht. Unter den gegebenen Bedingungen ist selbst die Einleitung eines ernsthaften, nicht-propagandistischen Dialogs fraglich, zu stark ist die eskalierende Gegenbewegung aus Stationierung, Gegenstationierung, Manöver und Gegen-Manöver. Hier dürften der NATO-Gipfel im Juli 2016 und die russische Reaktion darauf erst noch einmal auf einen Anstieg des Eskalationsniveaus hinauslaufen.

Die OSZE als solche hingegen ist kaum noch wegzudenken, weder aus der Ukraine noch insgesamt. In der Ukraine sind SMM und TCG nicht zu ersetzen. Was 2014/2015 für die OSZE noch eine scheinbar kaum zu bewältigende Herausforderung war, wird langsam zur (anspruchsvollen) Routine. Käme die Notwendigkeit einer Mission in Berg-Karabach hinzu, müsste sich die OSZE mit dem in der Ukraine noch vermiedenen Thema Peacekeeping auseinandersetzen, was eine noch weiterreichende Herausforderung darstellen würde. Insgesamt hat sich gezeigt, dass die OSZE in Konflikt und Krise dringender gebraucht wird als in relativ ruhigen Zeiten, dass sie also eher eine ‚Schlechtwetter'- als eine ‚Gutwetter'-Organisation darstellt. Entscheidend dabei ist, dass sich große Staaten das Instrument OSZE zu eigen machen; hier liegt die eigentliche Bedeutung des deutschen OSZE-Vorsitzes. Mit dem österreichischen Vorsitz 2017 tritt der Sitzstaat der Organisation an, was eine besondere und anspruchsvolle Konstellation darstellt. Gut für die Organisation wäre, wenn das Ministerratstreffen in Hamburg am 8./9. Dezember einen weiteren großen europäischen Staat zur/m OSZE-Vorsitzenden 2018 wählen würde.

Weiterführende Literatur

OSCE: Annual Report 2015, Vienna 2016.

Institute for Peace Research and Security Policy at the University of Hamburg/IFSH (Hrsg.): OSCE Yearbook 2015, Baden-Baden 2016.

Die Europäische Union und die Vereinten Nationen

Günther Unser

Am 24. Oktober 2015 feierten die Vereinten Nationen (VN) ihr 70-jähriges Bestehen. Vor 70 Jahren war die bis heute nicht wesentlich veränderte völkerrechtliche Vertragsgrundlage, die VN-Charta, in Kraft getreten. Als Spiegelbild der internationalen Politik hat sich jedoch das Gesicht der Staatenorganisation wesentlich verändert: Die Zahl ihrer Mitglieder hat sich seit ihrer Gründung nahezu vervierfacht (heute gehören ihr 193 Staaten an), und auch die Spannbreite ihrer Aufgabenfelder ist inzwischen nahezu grenzenlos.

Zur Eröffnungsphase der am 15. September 2015 beginnenden 70. Sitzungsperiode der Generalversammlung hatten sich nahezu 150 Staats- und Regierungschefs, Papst Franziskus sowie Spitzenvertreter internationaler Organisationen in New York versammelt, die ein dichtgedrängtes Programm absolvieren mussten. Unter der Präsidentschaft des Plenums, die der Däne Mogens Lykketoft inne hatte, fanden zahlreiche hochrangige Plenartagungen statt, so zur Annahme der Post-2015-Entwicklungsagenda, zum Drogenproblem und zur Unterzeichnung des Pariser Klimaabkommens. Neben einer Vielzahl bilateraler Gespräche hatte US-Präsident Barack Obama zu einem Gipfeltreffen eingeladen, um die Reformen der VN-Friedenssicherungen zu diskutieren.

Die Europäische Union war mit einem repräsentativen Großaufgebot vertreten: mit dem Präsidenten des Europäischen Rates, Donald Tusk, der Hohen Vertreterin der Union für Außen- und Sicherheitspolitik, Federica Mogherini, dem amtierenden luxemburgischen Vorsitzenden des Rates der Europäischen Union, Jean Asselborn, dem Vizepräsidenten der Europäischen Kommission, Frans Timmermans, sowie weiteren sieben Kommissionsmitgliedern; auch zahlreiche EU-Parlamentarier waren vor Ort.

EU-Prioritäten

Der bisherigen langjährigen Tradition entsprechend legte der Rat der Europäischen Union bereits im Vorfeld der beginnenden Sitzungsperiode am 22. Juni 2015 „Die Prioritäten der EU in der 70. VN-Generalversammlung" fest.[1] Einleitend wird anlässlich des 70-jährigen VN-Jubiläums betont, dass die Existenz der Weltorganisation angesichts der gravierenden weltpolitischen Herausforderungen relevanter denn je sei: „Die Welt braucht starke und effektive Vereinte Nationen als Herzstück des multilateralen Systems." Gemeinsam mit ihren Mitgliedstaaten will die Europäische Union die Schwerpunkte der VN-Zusammenarbeit auf drei Themenbereiche legen:

---

[1] Council of the European Union: EU Priorities at the United Nations and the seventieth United Nations General Assembly, 22 June 2015, abrufbar unter: http://eu-un.europa.eu/eu-priorities-for-the-70th-un-general-assembly-2/ (letzter Zugriff 13.10.2016).

1. Internationaler Frieden

Die „Kultur der Prävention", das heißt das frühzeitige Handeln, soll ausgebaut werden. Die im Rahmen der VN in Gang gekommene Überprüfung der derzeitigen Aktivitäten in den Bereichen Frieden und Sicherheit soll zur Verbesserung der Wirksamkeit beitragen. Die Nichtverbreitung der Atomwaffen und die Abrüstung sollen vorangetrieben werden. Und schließlich will die Europäische Union die Schlüsselrolle der VN im Rahmen der multilateralen Zusammenarbeit in der Terrorismusbekämpfung angesichts der sich wandelnden terroristischen Bedrohung unterstützen.

2. Gestaltung einer gemeinsamen Zukunft

Die Europäische Union ist entschlossen, einen umfangreichen politischen Rahmen für die Zeit nach 2015 zu errichten, der Armutsbekämpfung und nachhaltige Entwicklung mit einschließt. Sie strebt ein faires, ehrgeiziges und rechtsverbindliches Klimaschutzübereinkommen an, wird weiterhin weltweit ihre Stimme gegen Menschenrechtsverletzungen erheben und die Führungsrolle der VN bei der Koordinierung und Bereitstellung internationaler humanitärer Hilfe auch künftig maßgeblich unterstützen. Die Europäische Union will gemeinsam mit den VN die Geschlechtergleichstellung voranbringen und sich an einer Reihe von parallelen Prozessen aus dem Cyberbereich in den VN beteiligen.

3. Wirksamer Multilateralismus

Um für die Bewältigung der globalen Herausforderungen besser gerüstet zu sein, muss das System der Vereinen Nationen reformiert werden. Die Europäische Union will dazu ihren Beitrag leisten. Hatte in den Jahren zuvor das Europäische Parlament dem Rat der Europäischen Union regelmäßig vor dessen Verabschiedung des jeweiligen Prioritätenpapiers Handlungsoptionen empfohlen, so war dies 2015 nicht der Fall. Stattdessen erarbeitete der ehemalige finnische Außenminister Paavo Väyrynen im Ausschuss für auswärtige Angelegenheiten im Juli 2015 den Entwurf eines umfassenden Berichts über die Grundsätze der Beziehungen EU/VN, der nach Stellungnahmen verschiedener Parlamentsausschüsse mit einigen Änderungen schließlich am 24. November 2015 vom Plenum angenommen wurde.[2]

Dieser als eigenständiger Beitrag des Parlaments gedachte Initiativbericht über die Rolle und Aufgaben der Europäischen Union in den VN enthält zunächst eine Bestandsaufnahme der außenpolitischen Ziele und Aktivitäten der Europäischen Union, danach folgt ein Überblick über das System der VN mit den 19 Sonderorganisationen („das System der Vereinten Nationen [ist] das wichtigste globale Forum für die Verbesserung der Weltordnungspolitik"; es deckt „alle Bereiche der Zusammenarbeit" ab). Der zweite Teil der Vorlage beschreibt und bewertet einleitend das Agieren der Europäischen Union im VN-System in den verschiedensten Politikfeldern („die EU [ist] ein wirklicher internationaler Akteur geworden"). Sehr ausführlich und detailliert legt das Parlament einen Katalog mit Forderungen nach VN-Reformen vor, an deren Umsetzung die Europäische Union sich aktiv beteiligen soll. Abschließend wird der EU-Außenbeauftragten aufgegeben, „in ihren

---

2   Europäisches Parlament: Die Rolle der EU innerhalb der VN. Entschließung des Europäischen Parlaments vom 24. November 2015 zum Thema „Die Rolle der EU innerhalb der Vereinten Nationen: Wie können die außenpolitischen Ziele der EU besser verwirklicht werden?", 24. November 2015, Dok. P8_TA(2015)0403; Vgl. hierzu Libertas Institute: How to Work for EU Foreign Policy Goals in the UN – European Parliament Resolution on the EU Role within the United Nations, in: European Union Foreign Affairs Journal 1/2016, S. 19 f.

Jahresbericht über die GASP einen umfassenden Abschnitt über die Förderung der globalen außenpolitischen Ziele der EU aufzunehmen". Diese Entschließung des Europäischen Parlaments sollte dem Rat der Europäischen Union, der Europäischen Kommission, dem Europäischen Auswärtigen Dienst (EAD) und dem Generalsekretär der VN vorgelegt werden.

Die seit Jahren zu konstatierende Befassung des Parlaments mit den Beziehungen EU-VN und die zunehmenden direkten Kontakte mit New York lassen das große Interesse des Plenums an einer Mitsprache in außenpolitischen Themen erkennen. (Ein vergleichbares Positionspapier des Deutschen Bundestages über die Grundsätze der deutschen VN-Politik kam bisher nicht zustande – ist aber längst überfällig.)

Die Europäische Union in New York

In der obligatorischen Generaldebatte zu Beginn jeder neuen Sitzungsperiode der Generalversammlung, in der in der Regel Spitzenvertreter der Mitgliedstaaten ihre Einschätzung der aktuellen internationalen Politik geben, nahm für die Europäische Union der Präsident des Europäischen Rates Tusk Stellung, indem er schwerpunktmäßig auf die europäische Flüchtlingsproblematik, die Syrien-Krise und die Pariser Klimakonferenz einging.[3]

In der Gedenkveranstaltung zum 70. Jahrestag des Inkrafttretens der VN-Charta am 23. Oktober 2015 versicherte der EU-Vertreter, dass die Charta auch weiterhin die Richtschnur für das internationale Handeln der Europäischen Union sei, und würdigte die bisherigen Leistungen der Weltorganisation in ihren drei Hauptaufgabenfeldern Frieden und Sicherheit, Menschenrechtsschutz und Entwicklungszusammenarbeit.[4] Auch Mogherini, die Hohe Vertreterin der Union für Außen- und Sicherheitspolitik, die vertragsgemäß – neben der EU-Kommission – zu „jeder zweckdienlichen Zusammenarbeit" mit den VN beauftragt ist (Art. 220 des Vertrages über die Arbeitsweise der Europäischen Union, AEUV), wies in ihrer Stellungnahme zum VN-Jubiläum auf die Verdienste der Organisation hin: Die Europäische Union werde sich nachhaltig dafür einsetzen, dass die VN ihr vielfältiges Instrumentarium zur Lösung globaler Probleme wirksam einsetzen können.[5]

Unter der Leitung der EU-Außenbeauftragten vertritt im Rahmen des Europäischen Auswärtigen Dienstes (EAD) die Delegation der Europäischen Union bei den Vereinten Nationen die Union an den verschiedenen VN-Standorten (Art. 221 AEUV). An der Spitze der inzwischen mehr als 50 Mitarbeiterinnen und Mitarbeiter umfassenden New Yorker Delegation steht nunmehr der portugiesische Diplomat João Vale de Almeida, der den österreichischen Vorgänger Thomas Mayr-Harting am 16. Oktober 2015 im Amt ablöste. Im mächtigsten VN-Gremium, im Sicherheitsrat, war die Europäische Union 2015 mit vier Sitzen vertreten, neben Frankreich und Großbritannien, den beiden ständigen Mitgliedern, Litauen und Spanien, das auch 2016 dem Rat angehört, als nichtständige Mitglieder.

---

3   Donald Tusk: Address by the President of the European Council Donald Tusk at the 70th General Assembly General Debate, 29 September 2015, Dok. EUUN15-130EN.
4   European Union Statement at the 70th Session of the United Nations General Assembly on the 70th Anniversary of the Charter, 23 October 2015, Dok. EUUN15-443EN.
5   Federica Mogherini: Statement by the High Representative/Vice-President Federica Mogherini on the 70th anniversary of the entry into force of the UN Charter, 24 October 2015, Dok. EU15-446EN.

Relevanz der Zusammenarbeit EU-VN

Die zunehmend engere Zusammenarbeit zwischen der Europäischen Union als einer der VN-Regionalorganisationen gemäß Kapitel VIII der VN-Charta hatte die Generalversammlung in einer Grundsatzresolution zuletzt im Mai 2015 gewürdigt.

In einem entsprechenden ausführlichen Statement am 6. Juni 2016 im Sicherheitsrat[6] wies die EU-Außenbeauftragte erneut auf die Intensivierung dieser Beziehungen hin, so dass sie selbst nicht mehr all die Kontakte, Meetings und gemeinsamen Projekte mit den weltweiten VN-Einrichtungen zählen könne. Sie bewertete die Kooperation als derzeit „wahrlich ausgezeichnet" und kündigte gleichzeitig an, dass in der neuen Globalen Strategie der Europäischen Union für die Außen- und Sicherheitspolitik der Multilateralismus als eines der Kernprinzipien verankert sein wird. Um den vielfältigen krisenhaften Herausforderungen wirkungsvoll begegnen zu können, müsse gemeinsam – eben als *vereinte Nationen* – gehandelt werden: „Je schwieriger die Aufgabe, desto effektiver muss die Zusammenarbeit sein." Mogherini betont zudem die Notwendigkeit der Bildung regionaler Partnerschaften („Nur ein Netzwerk regionaler Allianzen kann letztlich zu globalem Frieden und Sicherheit führen"). Deshalb fördere die Europäische Union den Auf- und Ausbau regionaler Netzwerke und Organisationen, vor allem mit der Afrikanischen Union (AU) wie auch mit der Arabischen Liga, mit der Gemeinschaft der Lateinamerikanischen und Karibischen Staaten (CELAC) und dem Verband Südostasiatischer Staaten (ASEAN). Die vorhandenen Einrichtungen sollten gestärkt und auch neue Kooperationsformate geschaffen werden.

Konkret geht die Außenbeauftragte in ihrem Beitrag ausführlich auf eine Reihe von Krisenherden ein, so auf die Konflikte im Nahen Osten, in Syrien, im Irak, in Libyen, in der Ukraine sowie auf das aktuelle europäische Flüchtlingsproblem. Sie analysiert, sucht nach den Ursachen und skizziert die jeweilige Positionen der Europäischen Union.

Der Leiter der EU-Delegation in New York João Vale de Almeida wies in einer Stellungnahme zum Prioritätenpapier des Generalsekretärs für das Jahr 2016[7] darauf hin, dass sich die Europäische Union und die VN im März 2015[8] in einem Aktionsplan auf eine engere Kooperation in Fragen gemeinsamer Interessen auf dem Feld der Sicherheitspolitik für den Zeitraum 2015 bis 2018 verständigt haben.[9]

---

6   Statement by European Union High Representative Federica Mogherini at the United Nations Security Council: Cooperation between the United Nations and regional and subregional organizations in maintaining international peace and security, 6 June 2016, Dok. EUUN16-083EN.

7   United Nations News Centre: UN must get "priorities right" in 2016, Ban tells Member States, calling for "more and better work", 14.1.2016, abrufbar unter: http://www.un.org/apps/news/story.asp?NewsID= 53002#.V_-hifHwBHg (letzter Zugriff: 13.10.2016).

8   Siehe hierzu Council of the European Union: Strengthening the UN-EU Strategic Partnership on Peace-keeping and Crisis Management: Priorities 2015-2018, 27 March 2015, Dok. 7632/2015; Ein entsprechendes ‚Briefing' mit einer Übersicht zur Strategie-Entwicklung erfolgte im November 2015 durch das Europäische Parlament. Siehe European Parliament Research Service: EU-UN cooperation in peacekeeping and crisis Management, November 2015, Dok. PE572.783.

9   Statement by H. E. João Vale de Almeida, Head of the Delegation of the European Union to the United Nations, at the Informal briefing to Member States on the Secretary-General's priorities for 2016, 14 January 2016, Dok. EUUN16-001EN, S. 4.

Die zunehmende politische Relevanz der Zusammenarbeit der VN mit der Europäischen Union hebt auch VN-Generalsekretär Ban Ki-moon in seinem Jahresbericht 2015 über die Tätigkeit der VN hervor.[10]

Friedenssicherung

Einer der thematischen Schwerpunkte während der 69. beziehungsweise 70. Sitzungsperiode (2015/2016) war die Friedenssicherung im Rahmen der VN, ein Aufgabenfeld, dem in der Zusammenarbeit EU-VN ein hoher Stellenwert zukommt.

Da angesichts neuer und komplexerer Konfliktszenarien – zunehmend vielschichtig und grenzüberschreitend – die Instrumente der VN zur Friedenssicherung offensichtlich nicht mehr zielführend sind, hatte Generalsekretär Ban Ki-moon am 31. Oktober 2014 zur Überprüfung der VN-Sicherheitsarchitektur die „Hochrangige unabhängige Gruppe für Friedensmissionen" (High-level Independent Panel on Peace Operations) eingesetzt.[11] Die Expertenkommission legte ihren nahezu 100 Seiten umfassenden Abschlussbericht am 16. Juni 2015 vor.[12] Auf der Grundlage von Beratungen mit den Mitgliedstaaten zog der Generalsekretär in einem Implementierungsbericht[13] vom 2. September 2015 seine Schlussfolgerungen, die unter anderem auf mehr Partnerschaft mit Regionalorganisationen vor Ort hinausliefen. In seiner letzten Rede als EU-Delegationsleiter befürwortete Mayr-Harting im Namen der Union[14] die Intention des Berichts des Generalsekretärs und hob weitere Eckpunkte hervor.

Beide Berichte dienten dem am 28. September 2015 im Rahmen der Generalversammlung zusammentretenden sogenannten Leader's Summit als Vorlage. Unter dem Co-Vorsitz von US-Präsident Barack Obama berieten 37 Staats- und Regierungschefs sowie Spitzenvertreter von NATO, Europäischer Union und Afrikanischer Union auf höchster Ebene zum zweiten Mal in der Geschichte der VN über die Zukunft der VN-Friedenssicherung. In der Gipfel-Erkärung[15] werden einige Reformbereiche besonders hervorgehoben, so eine „wirklich integrierte Missionsplanung" und ein verbessertes Personalmanagement. Die Unterzeichnerstaaten verpflichten sich zudem, der Weltorganisation zur Friedenssicherung mehr uniformiertes Personal zur Verfügung zu stellen und eine tiefer gehende „Partnerschaft und Kooperation" zwischen den VN und den sich friedenspolitisch engagierenden Regionalorganisationen zu unterstützen. Konkrete Personalzusagen enthält die Erklärung nicht, aber zahlreiche Staaten, so die USA und China, kündigten eine erhebliche Personalaufstockung an.

---

10   Bericht des Generalsekretärs über die Tätigkeit der Vereinten Nationen, New York 2015, S. 14.

11   Vgl. zu diesem Themenkomplex Oliver Ulrich: Reform der UN-Friedenssicherung. Die Vorschläge der Hochrangigen Gruppe weisen den Weg, in: Vereinte Nationen 5/2015, S. 220-224.

12   Report of the High-level Independent Panel on United Nations Peacekeeping Operations (kurz HIPPO-Bericht), 16 June 2015, Dok. A/70/95-S/2015/446.

13   Report of the Secretary-General: The Future of UN Peace Operations: Implementation of the Recommendations of the High-level Independent Panel on Peace Operations, 2 September 2015, Dok. A/70/357-S/2015/682.

14   Statement by H.E. Thomas Mayr-Harting, Head of the Delegation of the European Union to the United Nations, at the 70th Session of the UN General Assembly, Agenda item 122 – Strengthening of the United Nations, 12 October 2015, Dok. EUUN15-144EN.

15   Declaration of Leader's Summit on Peacekeeping, 28 September 2015, abrufbar unter: www.whitehouse. gov/the-press-office/2015/09/28/declaration-leaders-summit-peacekeeping (letzter Zugriff 17.10.2016).

Für die Europäische Union äußerte sich auf dem Gipfel Ratspräsident Tusk. In einem kurzen, wenig themenrelevanten Statement[16] sicherte er pauschal die Stärkung der VN-Friedensoperationen durch die Europäische Union zu und stellte lediglich das faktische Engagement der Europäischen Union in der Friedenssicherung heraus: die EU-Staaten als größter Geldgeber bei der Finanzierung der VN-Friedensmissionen (mehr als ein Drittel des Peacekeeping-Budget 2014-2015) und Trägerin von 17 Missionen. Für die Stärkung der Friedens- und Sicherheitsarchitektur der Afrikanischen Union (African Peace and Security Architecture, APSA) erhöht die Europäische Union ihre bisherige Finanzleistung für die Friedensfazilität für Afrika für die Periode 2014 bis 2016 von 750 auf 900 Mio. Euro.

Weniger Engagement ließ die Europäische Union jedoch als Truppensteller erkennen: Die Staaten der Europäischen Union stellen seit Jahren immer weniger Personal für VN-geführte Missionen zur Verfügung. Belief sich das entsprechende europäische Truppenkontingent 2007 noch auf 13.000 Peacekeeper, so verringerte sich die Zahl bis 2015 auf 6.000.[17] Zwar appelliert die Europäische Union immer wieder an die Mitgliedstaaten, sich mit deutlich mehr Friedenssicherungskräften an VN-Missionen zu beteiligen,[18] aber in New York erklärten sich nur elf der 28 EU-Staaten zu einer bescheidenen Aufstockung bereit.

Die Friedensoperationen der VN konzentrieren sich schon seit einiger Zeit auf Afrika. Neun Einsatzgebiete der derzeit laufenden 16 Missionen liegen auf dem Schwarzen Kontinent; rund 85 Prozent der insgesamt nahezu 105.000 militärischen und polizeilichen Friedenssicherungskräfte sind dort stationiert.[19] Die Europäische Union leitete im Juli 2016 insgesamt 17 friedenssichernde Missionen[20]; bei den folgenden sechs VN-mandatierten Operationen war gemäß dem Völkerrecht die Anwendung militärischer Gewalt vom VN-Sicherheitsrat legitimiert worden.

- EUFOR Althea: Militäroperation in Bosnien-Herzegowina zur Überwachung der Umsetzung des militärischen Teils des Friedensabkommens von Dayton; Mandat des Sicherheitsrates: zuletzt Resolution 2183 (2014); Beginn der Stationierung: Dezember 2004; Personal: 600 Militärs.
- EULEX Kosovo: Rechtsstaatlichkeitsmission im Kosovo zur Unterstützung der Regierung beim Aufbau rechtsstaatlicher Strukturen; Mandat des Sicherheitsrates: Resolution 1244 (1999); Beginn der Stationierung: Dezember 2008; volle Einsatzfähigkeit: April 2009; Personal: rund 1.500 internationale und nationale Zivilpersonen.

---

16   Statement by European Council President Donald Tusk at the Leader's Summit on Peacekeeping – United Nations, 28 September 2015, Dok. EUUN15-124EN.

17   Richard Gowan: UN Peace Operations and European Security: New Strategic Dynamics, in: European Council on Foreign Relations, 25 Febuary 2015, S. 3.

18   Vgl. hierzu Tom Sauer/Michel Liégeois: Blue Helmets: Why Europe should contribute more troops to the UN, in: Europe's World, 9 April 2015, abrufbar unter: http://europesworld.org/2015/04/09/blue-helmets-europe-contribute-troops-un/#.WASmv_HwBHg (letzter Zugriff: 17.10.2016).

19   United Nations Peacekeeping Operations Fact Sheet, 30 April 2016, abrufbar unter: www.un.org/en/pea cekeeping/documents/bnote0416.pdf (letzter Zugriff: 17.10.2016).

20   European Union External Action: Military and civilian missions and operations, 3 May 2016, abrufbar unter: http://eeas.europa.eu/csdp/missions-and-operations/index_en.htm (letzter Zugriff 17.10.2016).

- EU NAVFOR Somalia (Operation ATALANTA): erste militärische EU-Marine-operation zur Abschreckung, Bekämpfung und Prävention der Piraterie im Seege-biet Somalias; Mandat des Sicherheitsrates: zuletzt Resolution 2020 (2011); Beginn der Mission: Dezember 2008, volle Einsatzfähigkeit: Februar 2009; Personal: rund 1.200 Militärs (Mandatsobergrenze: 1.400).
- EUTM Somalia: Militärmission zur Ausbildung somalischer Sicherheitskräfte zunächst in Kampala/Uganda, seit Anfang 2014 in Mogadischu/Somalia; Mandat des Sicherheitsrates: Resolution 1872 (2009); Beginn der Stationierung: April 2010; Personal: 125 Ausbilder.
- EUTM Mali: Militärmission zur Ausbildung malischer Sicherheitskräfte in Bamako; Mandat des Sicherheitsrates: Resolution 2085 (2012); Beginn der Stationierung: Februar 2013; Personal: 578 Ausbilder.
- EUNAVOR MED (Operation SOPHIA): Drei-Phasen-Operation gegen die Schleuserkriminalität im Mittelmeer; Mandate des Sicherheitsrates: Resolution 2240 (2015) und Resolution 2292 (2016), mit der in Phase 2 die Verschärfung des Vorgehens vor den Küsten Libyens legitimiert wurde; Personal: 1.600 Solda-ten und Zivilpersonal.

Auch die Haupteinsatzgebiete der friedenssichernden EU-Missionen konzentrieren sich auf Afrika[21]: vier der oben genannten militärischen Operationen und vier zivile Operatio-nen (in Somalia, Niger, Mali[22] und Libyen). In einigen dieser Krisengebiete agieren zudem die VN und die AU[23], was oftmals – aufgrund unzureichender Koordinierung – zu einem ineffizienten Neben- und Nacheinander führt – eine Problematik, die das Europäische Parlament im April 2016 in einem Bericht ausführlich und grundsätzlich thematisierte.[24]

Pariser Klimaabkommen und Agenda 2030

Im 70. Jubiläumsjahr gelang es den VN, zwei spektakuläre Abkommen zu verabschieden, an deren Zustandekommen die Europäische Union mit eigenen Vorschlägen zielgerichtet beteiligt war.

Nachdem der Europäische Rat bereits im Oktober 2014 die EU-Klimaziele beschlossen hatte, legte sowohl der Rat[25] als auch die Europäische Kommission[26] die Verhandlungs-positionen der Europäischen Union auf der Pariser VN-Konferenz im Dezember 2015 fest. Als „Vorreiter und Antreiber des Post-2020-Klimaregimes"[27] war die Europäische Union

---

21 Vgl. Richard Gowan: European Military Contributions to the UN Peace Operations in Africa, in: Global Peace Operations Review, Dezember 2015.

22 Vgl. hierzu die Fallstudie von John Karlsrud/Adam C. Smith: Europe´s Return to UN Peacekeeping in Af-rica? Lessons from Mali, in: International Peace Institute, July 2015, S. 1-15.

23 Siehe hierzu die Einschätzung des EU-Delegationsleiters: Statement on behalf of the EU and its Member States by H. E. Mr. João Vale de Almeida, Head of the Delegation of the European Union, at the Security Council Open Debate on AU-UN peace and security cooperation: Chapter VIII application and the future of APSA, 24 May 2016, Dok. EUUN16-077EN.

24 Ausschuss für Auswärtige Angelegenheiten des Europäischen Parlaments: Bericht über das Thema „Frie-densunterstützungsmissionen – Zusammenarbeit der EU mit den Vereinten Nationen und der Afrikanischen Union", 28. April 2016, Dok. A8-0158/2016.

25 Rat der Europäischen Union: Standpunkt der EU für die VN-Klimakonferenz in Paris: Schlussfolgerungen des Rates, Pressemitteilung 657/15, 18. September 2015.

26 European Commission: Paris climate conference: historic opportunity to avoid dangerous climate change, Press release, 25 November 2015, Dok. IP/15/6160.

27 Susanne Dröge/Oliver Geden: Nach dem Pariser Klimaabkommen, SWP-Aktuell 16, 2016.

am Zustandekommen des „Rahmenübereinkommens der VN über Klimaänderungen"[28] maßgeblich beteiligt. Bei der Unterzeichnung des Vertragswerks im April 2016 in New York stellte der EU-Vertreter eine baldige Ratifikation durch die EU-Staaten in Aussicht.[29]

Die vom Rat im Dezember 2014 angenommenen Schlussfolgerungen bildeten die Grundlage für die EU-Positionen bei den Verhandlungen auf VN-Ebene über die Post-2015-Entwicklungsagenda. In einer Stellungnahme zu der am 25. September 2015 beschlossenen „Agenda 2030 für nachhaltige Entwicklung" betonte der Vizepräsident der Kommission Timmermans, dass sich die Europäische Union von Anfang an mit Nachdruck für ein ehrgeiziges Ergebnis eingesetzt habe.[30]

Bleibt als Fazit festzuhalten: Die vielfältige Zusammenarbeit mit der Europäischen Union ist inzwischen die am stärksten institutionalisierte Kooperation zwischen der Weltorganisation und den Regionalorganisationen.

Weiterführende Literatur

Jan Scheffler: Die Europäische Union als rechtlich-institutioneller Akteur im System der Vereinten Nationen, Berlin/Hamburg 2010.

Manuela Scheuermann: VN-EU-Beziehungen in der militärischen Friedenssicherung. Eine Analyse im Rahmen des Multilateralismus-Konzepts, Baden-Baden 2012.

---

28 Text des Übereinkommens vom 12. Dezember 2015 abrufbar unter: http://unfccc.int/resource/docs/convkp/convger.pdf.

29 Statement by EU Climate and Energy Commissioner Miguel Arias Cañete at the UN Signature Ceremony for the Paris Agreement, 22 April 2016, Dok. EUUN16-053EN.

30 Statement by Frans Timmermans, First Vice-President of the European Commission, on „A World to Transform" at the Post-2015 Development Summit – The 2030 Agenda for Sustainable Development, 27 September 2015, Dok. EUUN15-122EN.

8. Die Europapolitik in den Mitgliedstaaten der Europäischen Union

Belgien

Christian Franck[*]

Die seit dem 11. Oktober 2014 amtierende belgische Regierungskoalition setzt sich aus drei flämischen Parteien zusammen, der N-VA (Nieuwe Vlaamse Alliantie), der CD&V (Christen-Democratisch en Vlaams) und der Open VLD (Open Vlaamse Liberalen en Democraten), sowie einer einzigen frankophonen Partei, der MR (Mouvement réformateur), welche ein liberales Profil vertritt. Die Koalition vereint 65 der 87 flämischen sowie 20 der 63 frankophonen Abgeordneten auf sich. Diese asymmetrische Repräsentation der politischen Kräfte des nördlichen und südlichen Teils des Landes stellt jedoch kein Hindernis für eine paritätische Zusammensetzung der Regierung dar: Den sieben flämischen Ministern stehen sieben frankophone Minister gegenüber und an der Spitze mit Charles Michel ein frankophoner Premierminister. Die mit 33 Sitzen wichtigste flämische Partei N-VA setzt sich für eine größtmögliche Autonomie Flanderns und eine Weiterentwicklung des belgischen Föderalismus mit dem Ziel einer Konföderation, wenn nicht sogar einer vollständigen Unabhängigkeit Flanderns, ein. Auf EU-Ebene zählt die Partei vier Abgeordnete, die im Europäischen Parlament Mitglieder der Fraktion der Europäischen Konservativen und Reformer (EKR) sind und damit an der Seite der britischen Tories sowie der ultra-konservativen polnischen Partei für Recht und Gerechtigkeit (PIS) stehen. Weder europaphil noch europaskeptisch präsentiert sich die N-VA als Europarealisten, die die Konsolidierung des Binnenmarkts preist, einen restriktiven Kurs in der Asyl- und Einwanderungspolitik fordert und ein Europa mit konföderalem Charakter anstrebt.

Die Regierungsbeteiligung der N-VA wirft die Frage nach der Kompatibilität ihrer europapolitischen Orientierung mit der früherer Regierungen auf, die seit Jahrzehnten einen traditionell vertiefungsfreundlichen und auf die Stärkung der EU-Institutionen ausgerichteten Kurs verfolgten. Hat das Handeln der N-VA Minister, die die Portfolios der Finanzen, des Inneren und der Verteidigung sowie das Amt des Staatssekretärs für Einwanderung und Asyl innehaben, zu einer graduellen oder tatsächlich Kursänderung der belgischen Europapolitik geführt? Es herrscht der Eindruck, dass die besondere Positionierung der N-VA in dieser Frage kaum zu internen Spannungen und offensichtlichen Divergenzen innerhalb der Regierung geführt hat. Das im Oktober 2014 unterzeichnete Koalitionsabkommen sieht vor, dass Belgien seine Vorreiterrolle in EU-Angelegenheiten bewahren sollte. Die Stellungnahmen des Premierministers Michel, der im Übrigen seine europapolitische Überzeugung offen darlegt, schienen nicht von Unstimmigkeiten mit den in der Regierung vertretenen N-VA-Ministern geprägt zu sein. Auch bezüglich des Brexit konnte man kaum Unstimmigkeiten innerhalb der Regierung registrieren. Dissonanzen waren hingegen sowohl im belgischen Parlament als auch im Europäischen Parlament zu vernehmen.

---

[*]   Übersetzt aus dem Französischen von Dominic Maugeais.

Brexit

Man hätte mithin erwarten können, dass die Nähe der N-VA zur Partei von David Cameron die scharfe Position Belgiens bezüglich des Brexit abschwächen würde. Dies war jedoch weder während des Treffens des Europäischen Rates vom 18./19. Februar 2016, bei dem die dem britischen Regierungschef gewährten Konzessionen angepasst wurden, damit dieser im Zuge der Referendumskampagne für den Verbleib werben konnte, noch am Tag nach dem Referendum am 23. Juni 2016 der Fall.

Der Gipfel des Europäischen Rates vom 18./19. Februar erlaubte es Michel, eine Führungsrolle bei den Verhandlungen mit David Cameron einzunehmen. Er war einer der drei Regierungschefs, die in der Nacht vom 18. auf den 19. Februar an den bilateralen Verhandlungen zwischen den Präsidenten des Europäischen Rates, der Europäischen Kommission und dem britischen Regierungschef teilnahmen. Am Morgen des 19. Februar verkündete er: „Es wird keine zweite Chance geben, jetzt oder nie (…) die erste Wahl ist natürlich ein Abkommen (…), aber nicht zu jeder beliebigen Bedingung"[1]. Durch seine demonstrative Standfestigkeit verteidigte Michel auch die ‚roten Linien' der belgischen Delegation: keine Einschränkungen der Personenfreizügigkeit und des Zugangs zu britischen Sozialleistungen; kein britisches Veto bei Entscheidungen der Eurogruppe zur Wirtschafts- und Währungsunion; kein Infragestellen der politischen Finalität des europäischen Integrationsprozesses; sowie noch eine Art ‚Selbstzerstörungsklausel', die im Falle des Brexit vorsieht, dass alle Zugeständnisse nicht mehr geltend gemacht werden können.

Am Folgetag des 23. Juni ähnelt die belgische Position der von Paris und Rom: London müsse den Brexit so früh wie möglich beantragen und es solle vor diesem Antrag keine Verhandlungen geben. Nach einem Bericht der flämischen Tageszeitung De Standaard äußerte Michel: „Ich will mich nicht in einer Situation wiederfinden, in der Großbritannien über Monate hinweg unsere Geduld strapaziert"[2]. Es sei zudem wichtig, das europäische Projekt mit jenen Partnern wiederzubeleben, die weiter voranschreiten wollen, insbesondere jenen der Eurogruppe. Am 30. Juni, während einer Debatte zum Brexit im belgischen Parlament, wiederholte Michel seinen Wunsch, das Austrittsbegehren so früh wie möglich eingehen zu sehen. Um einen Domino-Effekt des Brexit zu vermeiden, müsse auch gezeigt werden, dass der Austritt aus der Union einen Preis habe: Das Vereinigte Königreich werde nicht ‚à la carte' jene Vorteile wählen können, die es behalten wolle. Ein Engagement Belgiens für eine europäische Wiederbelebung sei im Übrigen gesichert: „Belgien wird eine Schlüsselrolle bei den Diskussionen über die Zukunft des europäischen Projekts spielen", die bis zum März 2017 zum sechzigsten Jahrestag der römischen Verträge abgeschlossen sein könnten. Auch wenn die Regierung die guten wirtschaftlichen Beziehungen zum Vereinigten Königreich bewahren möchte, so lädt Michel doch Unternehmen, die das britische Hoheitsgebiet verlassen wollen, dazu ein, sich in Belgien niederzulassen und wirbt hierfür mit einer Kampagne und dem Slogan: „Welcome to Belgium"[3].

Eine schnelle Beantragung des britischen EU-Austritts, kein Zugang zum gemeinsamen Markt ohne die Gewährung der Personenfreizügigkeit und ohne finanziellen Beitrag zum europäischen Haushalt, Wiederbelebung des europäischen Projekts, insbesondere durch eine Stärkung der Eurozone: Es zeigt sich, dass die Anwesenheit von N-VA-Ministern die entschlossenen Reaktionen der belgischen Regierung nicht abgeschwächt hat. Zwischen

---

1   Vgl. Pressemitteilung bei Belga, 19.2.2016.
2   Bart Beirlant: Wie deze familie wil verlaten, moet niet op privileges rekenen, in: De Standaard, 29.6.2016.
3   La Libre Belgique: La Belgique veut être ferme avec Londres, 29.6.2016.

diesen und den Vorschlägen der Abgeordneten der flämischen nationalistischen Partei gibt es jedoch in der Tat Dissonanzen. Am Folgetage des 23. Juni plädiert die N-VA für einen ‚soft Brexit', der die wirtschaftlichen Verbindungen zwischen der Europäischen Union und Großbritannien bewahren sollte. Am 30. Juni interpretiert der Fraktionschef der NV-A im belgischen Parlament das Austrittsvotum im Lichte des von den Vereinten Nationen anerkannten Selbstbestimmungsrechts der Völker. Er ruft dazu auf, die Verbindungen zum Vereinigten Königreich neu zu knüpfen, und warnt vor der Versuchung eines grenzenlosen Europas, das in einen „europäischen Superstaat" abzudriften drohe.[4] Ganz an seiner Seite erläutert der N-VA-Europaabgeordnete Sander Loones, dass seine Partei die Verbindungen zu den Tories aufrechterhalten werde und weiterhin einer europarealistischen Perspektive und dem Ziel einer europäischen Konföderation verbunden bleibe. Er führt das Austrittsvotum auf die Unfähigkeit der Union zurück: Es sei das Ergebnis einer desaströsen Asylpolitik, zahlreicher Sicherheitslücken und zu vieler bürokratischer Regulierungen; er kündigte ebenfalls an, dass sich die Europaabgeordneten der N-VA der Schaffung eines eigenen Budgets für die Eurozone und einer neuen Vertragsreform widersetzen werden.[5]

Die Treue der flämischen Nationalisten zu den britischen Konservativen ist jedoch ambivalent. Einerseits reden sie die Folgen des Brexit klein, andererseits widmen sie einer der Konsequenzen besondere Aufmerksamkeit: Einem Ausscheiden Schottlands, das in der Europäischen Union bleiben möchte, aus dem Vereinigten Königreich. Die Führung der N-VA hegt Sympathien und erklärtermaßen eine Affinität für die Forderungen nach Unabhängigkeit und dem Verbleib Schottlands und Kataloniens in der Europäischen Union.

Die Migrationsproblematik

Die Jahre 2015 und 2016 waren auch geprägt von einem hohen Migrationsdruck, der durch die Konflikte in Syrien, Irak und Libyen verursacht wurde und insbesondere Griechenland und Italien belastete. Auch wenn die belgische Regierung sich von der Willkommenspolitik, wie sie in Deutschland praktiziert wird, distanziert hat, so unterstützte sie die Vorschläge der Europäischen Kommission vom Juli und September 2015, die die Einrichtung eines Solidaritätsmechanismus zur Verteilung der in Griechenland und Italien ankommenden Asylsuchenden zwischen den Mitgliedstaaten vorsehen. Dementsprechend stimmte sie am 22. September 2015 anlässlich des Rates der Minister des Inneren für die quotenregulierte Aufteilung von 120.000 Asylantragsteller, die sich in den beiden Ländern aufhalten.[6] Gleichzeitig bestand Théo Francken, der Staatssekretär für Einwanderung und Asyl, darauf, dass Rom und Athen sogenannte ‚Hotspots' zur Registrierung von Asylsuchenden einrichten: „Das ist sehr wichtig für uns, weil es die Nachricht an die Migranten sendet, dass die Ankunft in Europa nicht gleichbedeutend mit einem Eintrittsticket ist"[7].

Im März 2016 unterstützte Belgien auch die Erklärung EU-Türkei zum Stopp des Flüchtlingsstroms auf türkischem Hoheitsgebiet und zur Einführung eines Tauschmechanismus, der die Rücksendung in Griechenland neu ankommender Migranten sowie im Gegenzug eine zahlenmäßig gleiche Verteilung von sich in der Türkei aufhaltenden syrischen Flüchtlingen auf die EU-Mitgliedstaaten vorsieht. Auch wenn das Abkommen im linken Milieu Belgiens sehr umstritten ist, lenkte selbst die flämische Oppositionspartei

---

4   7sur7.be: La N-VA au cœur d'un débat sur le Brexit à la Chambre, 1.6.2016.
5   Wim Winckelmans: N-VA laat conservatieven niet los, in: De Standaard, 29.6.2016.
6   Für 2015 wurde Belgien mit der Entscheidung vom 22. September für die erste Tranche ein Kontingent von 2.448 von insgesamt 66.000 Personen aus Griechenland und Italien zugeteilt.
7   Le Soir: La Belgique relocalisera 1.364 réfugiés dès octobre 2015, 21.7.2015.

Socialistische Partij.Anders (SP.A) ein, dass dieses Modell die Gefahren und Tragödien der Migration über das Meer reduzieren könnte und deshalb ein kleineres Übel darstelle.[8]

Im Jahr 2015 hat Belgien 19.420 Asylanträge registriert und 10.900 Antragstellern einen Flüchtlingsstatus oder temporären Schutz gewährt.[9] Der Migrationsdruck hat in Belgien ebenfalls eine Debatte über eine Neugestaltung des Schengensystems ausgelöst. Auch wenn Belgien die Beibehaltung des gegenwärtigen Systems verteidigt, so wurden vorübergehend wieder Kontrollen an der Grenze zum Norden Frankreichs aufgenommen. Ziel ist es, zu vermeiden, dass Migranten, die im 30 Kilometer von der französisch-belgischen Grenze entfernten Calais die Überfahrt nach Großbritannien wagen wollten, sich in Richtung der belgischen Häfen Ostende und Zeebrugge aufmachten.

Grexit

Der Sommer 2015 ist auch die heiße Phase der Grexitdebatte gewesen. Belgien ist gegen einen, auch nicht temporären Austritt Griechenlands aus der Eurozone. Belgien ist zwar kompromissbereiter gegenüber Athen als Deutschland, die Niederlanden, Finnland oder die Slowakei. Jedoch ist es weniger versöhnlich als Frankreich und besteht auf einer Sanierung des griechischen Staatshaushalts. Laut dem belgischen Finanzminister Luc van Overveldt muss Griechenland verstehen, „dass das Land eine Reihe von Reformen benötigt, um seine Wirtschaft wieder auf den richtigen Weg zu bringen"[10]. Das von Alexis Tsipras für den 5. Juli organisierte Referendum irritierte die belgische Regierung. Dennoch warb Premierminister Michel beim Gipfel der Eurogruppe im Juli 2015 dafür, eine Vereinbarung über das dritte Hilfspaket zu treffen: „Wir wollen uns darum bemühen, dass Griechenland [in der Eurozone] bleibt. Ich werbe für Einheit, Zusammenkunft und Lösungsgeist (...)"[11]. Die Grexitkrise hat dem belgischen Staat als „sicherer Hafen" auch finanziell genutzt. Er konnte von sehr niedrigen Zinsen für seine langfristigen Schulden profitieren und somit zwischen 2010 und 2015 12 Mrd. Euro an Zinsen einsparen.[12]

Wiederbelebung des europäischen Projekts durch die sechs Gründerstaaten

Grexit, Brexit, Migrationsdruck: In diesem Kontext einer tiefen Krise versammelten sich die sechs Gründerstaaten am 9. Februar 2016 in Rom, um ihr Engagement für eine immer enger werdende Union zu erneuern. In diesem Sinne äußerte sich der belgische Außenminister Didier Reynders: „Wir sind der Meinung, dass wir in einigen wichtigen Bereichen stärkere europäische Lösungen liefern müssen"[13]. Weitere Treffen der sechs werden folgen, um auf die Wiederbelebung des europäischen Projekts hinzuarbeiten.

Weiterführende Literatur

Fabian Willermain/Quentin Genard: The Juncker Plan 2.0: a Belgian view, in: Egmont Royal Institute for International Relations, European Policy Brief, n°45, October 2016.

---

8   Vgl. Bart Brickman: SP.A en N-VA op een lijn over asiel, in: De Standaard, 16.3.2016.
9   Eurostat: EU-Mitgliedstaaten erkannten im Jahr 2015 über 330.000 Asylbewerber als schutzberechtigt an, Pressemitteilung 79/2016, 20. April 2016.
10   Le Soir: Les réactions, d'Elio Di Rupo à Charles Michel, 5.7.2015.
11   RTBF info: Grèce: négociations sur le texte, très dur, de l'Eurogroupe, abrufbar unter: http://bit.ly/2fgCY kJ(letzter Zugriff: 15.8.2016).
12   7sur7.be: La Belgique a gagné 12 milliards d'euros grâce à la Grèce, 27.8.2015.
13   Le Soir: Les six pays fondateurs, nous estimons devoir apporter des solutions européennes plus fortes, 10.2.2016.

Bulgarien

Johanna Deimel

Die bulgarische Regierung unter Boiko Borissov von GERB konnte sich trotz einiger Probleme im Amt halten. Ein Misstrauensvotum der Bulgarischen Sozialistischen Partei (BSP) und der Bewegung für Rechte und Freiheit (DPS) im Februar 2016 hat die Regierung ebenso überstanden wie diverse Rücktritte aus dem Kabinett. Nach einem Zerwürfnis über die Justizreform war Ende 2015 Justizminister Christo Ivanov aus der Regierung ausgeschieden; es folgte der Rücktritt des Bildungsministers Todor Tonev wegen eines Disputs mit Borissov über neue Lehrpläne und die darin enthaltende Interpretation der Osmanischen Zeit. Am schwerwiegendsten aber war der Rücktritt des Vize-Premiers und Ministers für Arbeit und Soziales, Ivailo Kalfin, von der linksgerichteten Alternative für Bulgariens Wiedergeburt (ABV) im Mai 2016. Anlass für diese Entscheidung war das Veto von Staatspräsident Rossen Plevneliev, der sich gegen die Beschneidung des Wahlrechts der Auslandsbulgarinnen und -bulgaren aussprach, was in den Novellen zum Wahlgesetz vorgesehen war. Die ABV ging in die Opposition und ließ die Regierung mit nur 114 Stimmen im Parlament zurück – mit der Konsequenz, dass der Premier, um die notwendige Mehrheit der Stimmen (121) zu erreichen, nunmehr auf wechselnde Mehrheiten bauen muss.[1] Umfragen von Exacta sehen GERB nach wie vor als stärkste politische Kraft (26,5 Prozent), gefolgt von der BSP (15,4 Prozent), dem Block der Reformisten (5,6 Prozent) und der DPS (5,4 Prozent).[2] Die BSP, die sich in Umfragen auf einem immer noch niedrigen Niveau zeigt, hat sich mit der Wahl von Kornelia Ninova zur ersten weiblichen Parteivorsitzenden Anfang Mai 2016 neu aufgestellt.

Europäische Union und Brexit

Im Kooperations- und Kontrollverfahren,[3] dem Bulgarien nach wie vor unterliegt, ist weniger von Fortschritt denn von Stillstand die Rede. Die Europäische Kommission listet in ihrem letzten Bericht vom Januar 2016 die alt bekannten Mängel auf, ohne dass in den einzelnen Bereichen – wie Korruptionsbekämpfung, Reform des Justizwesens, Kampf gegen organisierte Kriminalität – nicht nur Worte und Strategien, sondern vor allem Implementierungen und konkrete Maßnahmen erfolgt wären. Negativ fiel auch der Bericht der Europäischen Zentralbank (EZB) 2016 für Bulgariens potentiellen Beitritt in den Euroraum aus.[4] Das „bulgarische Recht (würde) nicht alle Anforderungen an die Unabhängigkeit der Zentralbank, das Verbot der monetären Finanzierung und die rechtliche Integration der Zentralbank in das Eurosystem" erfüllen, heißt es in dem Bericht der EZB.

---

1   Siehe die Analysen von Georgi Karasimeonov (Hrsg): Barometer. Bulgaria's Political Parties, Friedrich Ebert Stiftung, Sofia 1/2016 und 2/2016.
2   Electrograph: BULGARIA, March 2016. Exacta poll, abrufbar unter: http://www.electograph.com/2016/04/bulgaria-march-2016-exacta-poll.html (letzter Zugriff: 11.8.2016).
3   Europäische Kommission: Bericht der Kommission an das Europäische Parlament und den Rat über Bulgariens Fortschritte im Rahmen des Kooperations- und Kontrollverfahrens, Brüssel, 27. Januar 2016.
4   Europäische Zentralbank: Konvergenzbericht, Juli 2016, abrufbar unter: https://www.ecb.europa.eu/pub/pdf/conrep/cr201606.de.pdf?d48c46207f6b12e50d97a553790b940e 8letzter Zugriff: 12.8.2016), S. 62.

Eigentlich sollte Bulgarien in der zweiten Jahreshälfte 2018 den EU-Ratsvorsitz übernehmen. Nach dem Brexit-Referendum und durch den möglichen EU-Austritt des Vereinigten Königreichs, das in der zweiten Jahreshälfte 2017 den Vorsitz übernehmen sollte, könnte dies schon Anfang 2018 der Fall sein. Die Entscheidung hierüber fällt der Europäische Rat im September 2016. Das nach dem Brexit-Referendum mögliche Ausscheiden des Vereinigten Königreichs aus der Europäischen Union kann gravierende negative Folgen für die heimische bulgarische Wirtschaft nach sich ziehen. Wie die bulgarische Zeitschrift Kapital darlegt,[5] war das Vereinigte Königreich 2015 der achtgrößte Markt für bulgarische Waren. Die Gefahr liegt in der Vertriebsstruktur der Exportwaren, da die meisten Produkte (wie etwa Textilindustrie) Teil der Wertschöpfungskette sind und einem Kursverfall des Pfunds nicht standhalten würden. Wichtig sind für viele Familien in Bulgarien zudem die Überweisungen der im Vereinigten Königreich arbeitenden Saisonarbeiter (laut Angaben der Weltbank machten diese 2014 etwa 74 Mio. US-Dollar aus). Die bulgarischen Migranten im Vereinigten Königreich (derzeit circa 65.000)[6] machten die populistischen Euroskeptiker zum Thema in ihrer Brexit-Kampagne. Nach dem Votum fürchten Bulgarinnen und Bulgaren um ihre Aufenthaltsrechte, denn viele möchten im Vereinigten Königreich bleiben. Insgesamt ist für Bulgarien der Brain-Drain mittlerweile dramatisch. Allein 2015 haben 30.000 Bulgarinnen und Bulgaren, insbesondere junge zwischen 20 und 39 Jahren, ihrem Land vor allem in Richtung Deutschland, Großbritannien und Spanien den Rücken gekehrt.[7] Sie verlassen Bulgarien, das im EU-Vergleich statistisch eine der niedrigsten Lebenserwartungen hat (Männer 71,1 Jahre, Frauen 78 Jahre – im Vergleich dazu die Männer in Spanien mit 83,3 Jahren)[8] und mit nur 46 Prozent des Bruttoinlandsprodukt der Europäischen Union (gemessen nach Kaufkraftstandards) das ärmste EU-Mitgliedsland ist.[9] Laut Eurobarometer ist die Mehrheit der Bulgarinnen und Bulgaren (53 Prozent im Vergleich zu 20 Prozent der EU-28 im Durchschnitt) mit ihrem Leben unzufrieden und nur 9 Prozent haben eine positive Einstellung zur nationalen Wirtschaftsentwicklung.[10] Inzwischen machen die über 60-jährigen bulgarischen Bürgerinnen und Bürger ein Fünftel der Gesamtbevölkerung aus. Und für viele ist die Situation zunehmend prekär. Laut Eurostat vom Oktober 2015 sind 40 Prozent der Bevölkerung – und darunter europaweit insbesondere die alten Menschen Bulgariens – am meisten von Armut und sozialem Ausschluss bedroht.[11] Die demographische Krise verschärft sich, denn durch Migration und Geburtenrückgänge steuert Bulgarien auf eine überalterte Gesellschaft zu – mit gravierenden Konsequenzen für den Arbeitsmarkt sowie die Sozial- und Pensionskassen.

---

5   Vera Denizova: (De)effekat Brexit za Balgaria. In: Kapital, 21.7.16.
6   BalkanInsight: EU Exit Worries Bulgarians, Romanians, in UK, 15.3.2016.
7   Novinite.com, Sofia News Agency: Nearly 30 000 Bulgarians Emigrated in 2015, Immigrants Exceeded 25 000, 12.7.2016.
8   Novinite.com, Sofia News Agency: Average Life Expectancy in Bulgaria Grows, Still Among Lowest in EU, 16.5.2014.
9   Auswärtiges Amt: Wirtschaft, Februar 2016, abrufbar unter: http://www.auswaertiges-amt.de/DE/Aussen politik/Laender/Laenderinfos/Bulgarien/Wirtschaft_node.html (letzter Zugriff: 15.8.2016).
10 European Commission: Standard Eurobarometer 83, Spring 2015.
11 Eurostat: Newsrelease 181/2015, The risk of poverty or social exclusion affected 1 in 4 persons in the EU in 2014, 16.10.2015.

Flüchtlinge

Bulgarien war anders als die Nachbarländer Griechenland, Serbien und Mazedonien nicht in dem Maße von Flüchtlingsströmen durch das eigene Territorium belastet. Als Nicht-Schengenland war Bulgarien weniger attraktiv. Laut der Angaben des bulgarischen Innenministeriums haben 2015 fast 8.500 illegale Migranten den Weg durch Bulgarien von der bulgarisch-türkischen zur bulgarisch-serbischen Grenze genommen.[12] Flüchtlinge wurden außerdem einerseits durch den circa 130 Kilometer langen Grenzzaun an der türkischen Grenze (im Juni 2016 gab das Parlament den Weg frei für die Verlängerung auf bis zu 160 Kilometer) abgehalten, zum anderen wurden sie von den schlechten Bedingungen, denen Flüchtlinge auf ihrem Weg durch das Land ausgesetzt waren, abgeschreckt. Seitdem die Bulgarische Nationalversammlung im Februar 2016 einstimmig genehmigte, die bulgarische Grenzpolizei durch die Armee zu unterstützen, ist die Grenze noch schwieriger zu passieren. Zwischenfälle und Übergriffe gingen durch die Medien im In- und Ausland. Im Oktober 2015 kam ein afghanischer Flüchtling durch Schüsse der bulgarischen Grenzpolizei zu Tode. Bulgarische Bürgerwehren machten Jagd auf Flüchtlinge, patrouillierten entlang der bulgarisch-türkischen Grenze und setzten ihre Aktionen in sozialen Medien ab – all das mit einer überwältigenden Zustimmung der bulgarischen Bevölkerung; eine Umfrage des bulgarischen Nationalen Fernsehens vom April 2016 ergab, dass 84 Prozent die staatliche Anerkennung und Unterstützung der Bürgerwehren forderten.[13] In ihrem Jahresbericht 2015/2016 kritisiert Amnesty International, dass Flüchtlinge sogar an regulären bulgarisch-türkischen Grenzübergängen von der bulgarischen Grenzpolizei zurückgewiesen wurden und es nach der im Juni 2015 verabschiedeten Nationalen Migrations-, Asyl- und Integrationsstrategie 2015 bis 2020 keinerlei weitere konkrete Aktionspläne zu deren Umsetzung gibt.[14]

Nachdem der bulgarische Premier Borissov mehrfach eine Unterscheidung zwischen Flüchtlingen und Wirtschaftsmigranten gefordert hatte, wurde er vom ungarischen Premier Viktor Orbán aus Anlass der Flüchtlingskrise im Februar 2016 zum Treffen der Visegrád-Staaten nach Prag geladen. Der bulgarische Premier aber stellte sich hinter die europäischen Beschlüsse, betonte, dass die EU-Außengrenzen gesichert werden müssen und kritisierte in einem Interview im Mai 2016 die mangelnde Solidarität der ostmitteleuropäischen Staaten bei der Aufnahme von Flüchtlingen.[15] Bulgarien erklärte sich zur Übernahme von 1.200 Flüchtlingen bereit. Der Premier aber versuchte noch kurz vor dem Beschluss des Europäischen Rates über das am 20. März 2016 in Kraft getretene EU-Türkei-Abkommen in einem Schreiben an die Europäische Kommission, das Europäische Parlament und den Europäischen Rat die besondere Situation seines Landes an der Grenze zur Türkei deutlich zu machen und das Recht auf Rückführung irregulärer Migranten in die Türkei durchzusetzen. Am 1. Juni 2016 trat letztlich ein bilaterales Rückführungsabkommen mit der Türkei in Kraft. Die Flüchtlingskrise zeitigt in der bulgarischen Politik und Gesellschaft ihre Wirkung, wie eine Studie der Friedrich-Ebert-Stiftung zeigt.[16]

---

12 Lyubomir Kyuchukov: Impact of the Refugee Crisis on Bulgarian Society and Politics: Fears But No Hatred, in: Friedrich Ebert Stiftung Analysis, April 2016.

13 Georgi Gotev: Bulgarien befürwortet Selbstjustiz an Flüchtlingen, in: Euractiv, 13.4.16

14 Amnesty International: Annual Report 2015/2016. The State of the World's Human Rights, abrufbar unter: https://www.amnesty.org/en/latest/research/2016/02/annual-report-201516/ (letzter Zugriff: 11.8.2016).

15 Frankfurter Allgemeine Zeitung: Etwas Solidarität auch in Südosteuropa, 7.5.2016.

16 Siehe auch im Folgenden Kyuchukov: Impact of the Refugee Crisis on Bulgarian Society and Politics, 2016.

Gefürchtet wird unter anderem eine Zunahme von radikalem Islamismus. Hassreden gegenüber der Roma-Minderheit, besonders gegenüber Musliminnen und Muslimen, haben in den Medien und in der Gesellschaft deutlich zugenommen.[17] Eine Folge der zunehmenden Angst vor einer Islamisierung ist, dass das bulgarische Parlament im Juni 2016 mit überwältigender Mehrheit das Verbot einer teilweisen und ganzen Verschleierung in öffentlichen Räumen und Institutionen verabschiedete und damit das bereits vorher beschlossene Burka-Verbot einzelner Kommunen (wie Pazardschik, Stara Zagora, Sliven und Burgas) auf die nationale Ebene zog.

Russland und Sicherheit

Die Kriege in Syrien und in der Ukraine und die damit verbundenen verstärkten Sicherheitsmaßnahmen der NATO haben in Bulgarien zu etlichen Spannungen mit Russland geführt. Bulgarien trägt die EU-Sanktionen gegenüber Russland mit, obwohl nicht nur historische und kulturelle, sondern auch wirtschaftliche (vor allem im Tourismus- und Energiebereich), enge Verbindungen mit Moskau bestehen und die Sanktionen entsprechende Einbußen (Importverbot bulgarischer Waren nach Russland) bedeuten.[18] Auf ihrem Gipfel im Juli 2016 in Warschau zeigten die NATO-Mitgliedstaaten Verständnis für Bulgariens Bitte um eine verstärkte Präsenz des Militärbündnisses in der Schwarzmeer-Region. Doch hat Moskau auch Unterstützer in der bulgarischen Politik. Anfang Juni 2016 stellten die Abgeordneten der BSP eine Anfrage an das Parlament, den Premier zu beauftragen, beim Europäischen Rat auf eine Aufhebung der EU-Reisebeschränkungen für russische Abgeordnete zu dringen. Nur 49 Abgeordnete – von der BSP, der ABV und der ultrarechtsnationalistischen Ataka – stimmten für den letztlich gescheiterten Antrag. Russlands ‚Softpower‘ ist nicht zu unterschätzen: So gibt es seit Anfang März 2016 einen eigenen bulgarisch-russischen Fernsehsender. Der Vorsitzende der bulgarisch-orthodoxen Kirche, Patriarch Neophyte, wurde gemeinsam mit dem serbischen Präsidenten Tomislav Nikolić und dem Vorsitzenden der russischen Duma, Sergej Naryschkin, in Moskau mit einem Orden versehen. Atakas Vorsitzender, Volen Siderov, erhielt die Ehrenmedaille des Komitees der Russischen Kriegsveteranen und Vertreter von Ataka wie von der ABV und der BSP nahmen Ende Juni 2016 am Parteikongress der russischen Partei Jedinaja Rossija (Geeintes Russland) teil.

Weiterführende Literatur

Bertelsmann Stiftung: Bertelsmann Transformation Index 2016, Bulgaria, abrufbar unter: http://www.bti-project.org/en/reports/ (letzter Zugriff: 15.8.2016).

Freedom House: Nations in Transit 2016: Bulgaria, abrufbar unter: https://freedomhouse.org/report/nations-transit/2016/bulgaria (letzter Zugriff: 15.8.2016).

---

17   Open Society Sofia: Public Attitudes towards hate speech in Bulgaria, Report, 12.7.2016.
18   Dimitar Bechev: Russia's influence in Bulgaria. Defence, Foreign Policy and Security. Online-Publikation, abrufbar unter: http://europeanreform.org/files/ND-report-RussiasInfluenceInBulgaria-preview-lo-res_FV.pdf (letzter Zugriff: 15.8.2016).

Bundesrepublik Deutschland

Michael Garthe

Die Jahre 2015/2016 markieren eine Zäsur in der deutschen Europapolitik. Unter dem Eindruck der Finanz- und Schuldenkrise, des Flüchtlingsstromes und des islamistischen Terrors wächst einerseits die Distanz der Deutschen zur europäischen Einigung. Ausgerechnet im Jahr 2015, in dem des Endes des Zweiten Weltkrieges gedacht wird, findet die Erzählung von der friedens- und freiheitsstiftenden Wirkung der Einigung Europas in der Bevölkerung immer weniger Gehör. Infolgedessen kann sich erstmals auch in Deutschland eine offen europakritische Partei etablieren. Andererseits verliert die deutsche Regierung das Ansehen eines europäischen Musterknaben, der vermittelt und die Fliehkräfte innerhalb der Europäischen Union im Zaum hält. Deutschlands politische und ökonomische Stärke wird in vielen Partnerländern erstmals vor allem negativ konnotiert.[1] Bundeskanzlerin Angela Merkel wird dort nicht mehr als präsidiale und gelegentlich spendable Moderatorin Europas angesehen, sondern als dessen geizige Herrscherin. Die Bundesrepublik gilt nicht mehr als die ausgleichende Mitte, sondern als parteiisch, vor allem in der Finanz- und in der Flüchtlingspolitik. Insbesondere die östlichen und die südlichen EU-Länder gehen auf Distanz zu Deutschland.

Das alles ist in seiner Nachhaltigkeit eine neue Erfahrung für die Deutschen und für ihre Politiker. Europas Einigung ist entzaubert. Die Zeiten Konrad Adenauers, Willy Brandts, Helmut Schmidts und Helmut Kohls scheinen ferner als sie es sind. Die Deutschen waren es gewohnt, dass die Einigung Europas Krisen erlebt, aber eben auch aushält. Der Glaube an dieses Europa war stets größer als der Zweifel an ihm. 2015 und 2016 ist das nicht mehr sicher. Renationalisierung ist im Trend und in ihrem Gefolge wächst auch der Nationalismus.

Die Europäische Union in der deutschen öffentlichen Meinung

„Die Deutschen haben den Europa-Blues" betitelte der Berliner „Tagesspiegel" seinen Artikel über die Eurobarometer-Umfrage der Europäischen Kommission aus dem Herbst 2015.[2] Nur noch 34 Prozent der befragten Deutschen hatten darin ein positives Bild von der Europäischen Union. Im Mai 2015 waren es immerhin noch 45 Prozent gewesen. 27 Prozent der im November Befragten hatten ein negatives Bild von der Europäischen Union. Damit war in keinem anderen Mitgliedstaat, außer in Estland, der Imageverlust der Europäischen Union binnen des Jahres 2015 so groß wie in Deutschland. Die Eurobarometer-Umfrage hat auch ergeben, dass 63 Prozent der befragten Deutschen der Europäischen Union „eher nicht vertrauen" und nur 28 Prozent ihr „eher vertrauen". Selbst dem Europäischen Parlament misstraute eine knappe Mehrheit von 51 Prozent, 36 Prozent äußerten „eher Vertrauen". 56 Prozent sagten, „dass sich die Dinge in der EU derzeit ganz

---

1 Brendan Simms/Lukas Schmelter: Die deutsche Frage. Mit ihrer Größe und ihrem Wohlstand hat die Bundesrepublik Deutschland die Europäische Union destabilisiert, in: Frankfurter Allgemeine Zeitung, 23.3.2016.

2 Albrecht Meier: Die Deutschen haben den Europa-Blues, in: Tagesspiegel, 26.1.2016.

allgemein in die falsche Richtung entwickeln", nur 18 Prozent meinten, die Richtung sei richtig.[3] Der ARD-Deutschland-Trend bestätigte die Europaskepsis der Bundesbürgerinnen und -bürger: Nur noch 30 Prozent der Befragten sagten, die EU-Mitgliedschaft bringe Deutschland eher Vorteile. Für 43 Prozent hielten sich Vor- und Nachteile die Waage und für 24 Prozent überwogen die Nachteile.[4] Die Politiker der etablierten europafreundlichen Parteien reagieren nervös und aktionistisch auf diesen Befund.

Das Ringen um Griechenland und den Euro

Die sich ausbreitende Europaskepsis der Deutschen hat viel mit der Finanzkrise Griechenlands zu tun. Das exorbitante Staatsdefizit und die scheinbare Unfähigkeit zu nachhaltigen Sparanstrengungen und Reformen stoßen in Deutschland auf wenig Verständnis. Da prallen fiskalpolitische Welten aufeinander: In Deutschland die Reduktion auf eine schwarze Null in der Staatsverschuldung, in Griechenland seit Jahren eine Politik des ‚deficit spending' durch staatliche Subventionen, mit denen Investitionen angeleiert und Wirtschaftswachstum stimuliert werden sollen. Die Auseinandersetzung zwischen dem deutschen Finanzminister Wolfgang Schäuble und dem griechischen Finanzminister Gianis Varoufakis wird zum symbolhaften Duell für diese beiden konträren finanzpolitischen Konzepte. Schäuble gewinnt zwar dieses Duell, Varoufakis musste gar von seinem Amt zurücktreten. Aber Deutschland macht sich keine Freunde mit seiner rigiden Position. Insbesondere die Mittelmeerstaaten der Europäischen Union gehen in unterschiedlicher Ausprägung auf Distanz zum Sparmeister Deutschland.

Innenpolitisch schlägt das Griechenland-Problem hohe Wellen. Die einen wollen den Spar- und Reformdruck auf Griechenland aufrecht erhalten und Staatsschulden nicht vergemeinschaften. Zu ihren prominentesten Verfechtern zählt Bundesbankpräsident Jens Weidmann.[5] Die anderen verlangen einen Schuldenschnitt und Hilfsprogramme. Zu ihnen zählt Alt-Bundeskanzler Helmut Schmidt.[6] Ex-Außenminister Joschka Fischer hält der Bundeskanzlerin Tatenlosigkeit vor.[7] Die Alternative für Deutschland (AfD) behauptet, die Bundesregierung begehe Rechtsbruch, weil sie den im Euro-Stabilitätspakt vorgesehenen Haftungsausschluss für die Staatsverschuldung von Euro-Staaten unterlaufe.

Die Konfliktfronten gehen mitten durch die Gesellschaft und die politischen Lager. Innerhalb der Bundesregierung fordert die CSU einen härteren Druck auf Griechenland. Bundesfinanzminister Schäuble erwägt kurzzeitig einen Privatisierungsfonds als Beitrag zur Entschuldung Griechenlands und einen temporären Austritt Griechenlands aus dem Euro (Grexit). Der Philosoph Jürgen Habermas nennt ihn daraufhin „Zuchtmeister Europas".[8]

---

3   Statista: Europäische Kommission 2016: Repräsentative Umfrage im Zeitraum 7. bis 17. November 2015 unter 1.548 Deutschen ab 15 Jahren.

4   ARD-Deutschland-Trend: Infratest dimap, repräsentative Umfrage im Zeitraum vom 1. und 2. Februar 2016 unter 1004 Deutschen ab 18 Jahren.

5   Uwe Heuser: „Das hat nicht funktioniert. Wie kommt die Bekämpfung der Euro-Krise voran?", Interview mit Bundesbankpräsident Jens Weidemann, in: Die Zeit, 12.3.2015.

6   Helmut Schmidt: Geld reicht nicht. Europa muss Solidarität mit den Griechen zeigen, in: Die Zeit, 9.7.2015.

7   Tina Hildebrandt/Mark Schieritz: „Worauf wartete Merkel?", Interview mit Joschka Fischer, in: Die Zeit, 23.7.2015.

8   Ralph Bollmann: Hassfigur. Der deutsche Finanzminister wird als Hassfigur geschmäht, in: Frankfurter Allgemeine Zeitung, 19.7.2015.

Bundeskanzlerin Merkel stößt an die Grenzen ihres Konfliktlösungspotenzials. Innerhalb der CDU und zwischen CDU und CSU gibt es Streit über den Griechenlandkurs. Der Koalitionspartner SPD hält der Union Uneinigkeit und Lähmung vor. Auch von außen steigt der Druck auf die Bundesregierung: Der Internationale Währungsfonds (IWF), zusammen mit der Europäischen Zentralbank (EZB) und dem Euro-Rettungsfonds (EFSF/ESM) einer der drei Hauptgläubiger Griechenlands, verlangt eine deutliche Schuldenerleichterung für den Mittelmeerstaat als Voraussetzung für die weitere Beteiligung des IWF am Hilfsprogramm.[9]

Aber die große Rebellion gegen Merkel bleibt aus. Im Juli 2015 stimmen zwar 63 Abgeordnete der Unionsfraktion gegen das dritte Hilfspaket für Griechenland. Im August setzen die Euro-Finanzminister es aber mit einem Volumen von 86 Mrd. Euro und einer Laufzeit bis August 2018 in Kraft. Die Wogen in CDU und CSU und in der großen Koalition glätten sich. Der IWF bleibt an Bord der Troika. 2016 wachsen die Zweifel an Griechenlands Reformfähigkeit und die Sorgen um die Zahlungsfähigkeit seiner Banken wieder. Im Mai 2016 wird aber eine weitere Teilauszahlung des dritten Hilfspaketes in Höhe von 10,3 Mrd. Euro freigegeben. Zuvor hat der IWF weitere Schuldenerleichterungen für Griechenland durchgesetzt. In Deutschland löst das kaum noch Kritik und Widerstand aus. Das öffentliche Interesse an der Euro-Finanzkrise und der Lage Griechenlands hat stark nachgelassen. Mitverantwortlich dafür ist das Flüchtlingsproblem, das die deutsche und die europäische Öffentlichkeit in ihren Bann schlägt.

Der Streit um die Flüchtlingspolitik

Nie zuvor in der Geschichte der Bundesrepublik Deutschland hat ein einzelnes Thema die Gemütslage der Nation in so kurzer Zeit so durcheinander gewirbelt, wie der massive Anstieg des Flüchtlingsstromes nach Deutschland seit dem Sommer 2015. Als Bundeskanzlerin Merkel im September beschließt, die vor der Grenze zu Österreich wartenden abertausend Flüchtlinge nach Deutschland zu lassen, erfährt sie viel Zustimmung in der Bevölkerung für diesen humanitären Akt. Die Menschen heißen die Flüchtlinge willkommen. Eine Welle der Hilfsbereitschaft erfasst das Land. Ungezählte ehrenamtliche Helfer engagieren sich bei der Aufnahme und Betreuung der Fremden. Die Deutschen erfahren international Lob und Bewunderung für ihre Demonstration der Solidarität und Toleranz. Doch als sich das ganze Ausmaß der Zuwanderung von Flüchtlingen abzeichnet, wird die Willkommenskultur in wenigen Wochen verdrängt von Befürchtungen über eine Überforderung der deutschen Gesellschaft und von der Angst vor Überfremdung. Schon im Herbst 2015 spaltet die Flüchtlingsproblematik die deutsche Gesellschaft. Wo sich Toleranz gegenüber Flüchtlingen paart mit pauschaler Intoleranz gegenüber Landsleuten, die sich Sorgen wegen des Flüchtlingsstromes machen, fühlen sich Letztere als Schlechtmenschen in „Dunkeldeutschland" und in die rechtsextreme Ecke gedrängt.[10] Auf der anderen Seite stellen Kritiker der Flüchtlingsaufnahme deren Befürworter als naive Gutmenschen dar.

---

9   Cerstin Gammelin: IWF dringt auf deutsches Tabuthema: einen Schuldenerlass für Griechenland, in: Süddeutsche Zeitung, 4.4.2016.

10   „Es gibt ein helles Deutschland, das sich leuchtend darstellt gegenüber dem Dunkeldeutschland", sagte Bundespräsident Joachim Gauck beim Besuch einer Flüchtlingsunterkunft in Berlin und warnte vor Fremdenfeindlichkeit und Rechtsextremismus, in: Lukas Ondreka: Joachim Gauck, die Ossis und Dunkeldeutschland, in: Sueddeutsche.de, 26.8.2015.

„Gutmensch" wird zum (Schimpf-)Wort des Jahres. Dieser Streit aus Gutmensch gegen Schlechtmensch nährt sich aus wenig Substanz, aber vielen Vorurteilen, aus wenig Wissen, aber viel Wahrheitsgewissheit, aus wenig Rücksichtnahme, aber viel Intoleranz.[11]

Das Ausmaß des Streites ist bedrohlich: Die Funktionsfähigkeit der staatlichen Behörden Deutschlands und der EU-Institutionen werden infrage gestellt. Politiker werden diskreditiert und bedroht. Die Kritik an ihnen ist teilweise maßlos: Unfähig, verlogen, heuchlerisch, volksverdummend seien sie und sie verrieten ihren Amtseid, ist in Internet-Blogs und in Leserbriefen massenhaft zu lesen. Die Politik in Deutschland und Europa wird zum Sündenbock für alles gemacht. Die streitenden Bürgerinnen und Bürger gehen auf Distanz zur Demokratie und zur Einigung Europas. Das Pro und Contra der Flüchtlingsaufnahme spaltet Nachbarschaften, Freundschaften und Familien. Deutschland erlebt im Herbst 2015 eine tiefe gesellschaftliche Verunsicherung.

Es ist eine europäische Aufgabe, die Flüchtlingsproblematik in den Griff zu bekommen. Aber die Europäische Union tritt monatelang fast auf der Stelle, weil die Interessen der Nationalstaaten zu unterschiedlich sind.[12] Die Bundesregierung arbeitet eng mit der Europäischen Kommission zusammen und sucht Verbündete für EU-weite Lösungen. Doch die Anzahl der Koalitionäre Deutschlands wird bis zum Frühjahr 2016 eher kleiner als größer.

Bundeskanzlerin Merkel will die Grenzen zwischen den EU-Mitgliedstaaten offen halten und die Flüchtlinge an den EU-Außengrenzen in sogenannten Hotspots registrieren, verteilen oder zurückweisen lassen. Sie hält ein Flüchtlingsabkommen mit der Türkei für unabdingbar. Sie will, dass alle Mitgliedstaaten von der Kommission festgelegte Kontingente von Flüchtlingen aufnehmen und fordert eine Verschärfung des deutschen und des europäischen Asylrechts sowie eine Verstärkung von Grenzschutz und Küstenwacht durch die EU-Agentur Frontex. Merkel will Nato-Verbände gegen Schlepperbanden im Mittelmeer einsetzen und sie setzt sich dafür ein, dass die Staatengemeinschaft die Flüchtlingsursachen in den Herkunftsländern der Flüchtlinge entschieden bekämpft.

Die Hotspots kommen spät und funktionieren zunächst nicht richtig. Fast alle Mitgliedstaaten verweigern feste Aufnahmekontingente. Nach und nach schließen die Länder entlang der Flüchtlingsroute über den Balkan nach Deutschland ihre Grenzen.[13] Asylrechtsreformen verzögern sich, weil die große Koalition sich nicht einig wird oder im Bundesrat die notwendigen Mehrheiten fehlen. Die Meinungen darüber, wie die Flüchtlingsursachen zu bekämpfen seien, gehen in den Mitgliedstaaten zum Teil weit auseinander.

---

11 Michael Garthe: Gutmensch gegen Schlechtmensch. Das Flüchtlingsproblem spaltet unsere Gesellschaft. Findet der Streit kein Ende, gefährdet das unsere Demokratie mehr als der Zustrom von Fremden, in: Rheinpfalz am Sonntag, 27.9.2015.

12 Anton Pelinka: Die Union kann nur an sich selbst scheitern. Auf die Ängste, welche die Flüchtlingswelle hervorruft, ist das Europa der Vernunft nicht vorbereitet, in: Die Zeit, 28.1.2016.

13 Caterina Lobenstein: Abschiebung mal anders. Die EU hat die Chance vertan, Flüchtlinge fair zu verteilen. Nun regeln die ersten Staaten die Sache selbst – und machen die Binnengrenze dicht, in: Die Zeit, 2.7.2015.

Merkels Kanzlerschaft gerät in Gefahr

Mehr noch als in der Grexit-Debatte gerät Bundeskanzlerin Merkel in die Enge, sowohl innenpolitisch als auch außenpolitisch. Ihr in der Bundespressekonferenz am 31. August 2015 gesprochener Satz „Wir schaffen das" wird zum geflügelten Wort der deutschen Flüchtlingspolitik. Zunächst erntet sie national und international Zuspruch für ihre Humanität und Solidarität mit den Flüchtlingen und für ihren Mut, Deutschland die Last unabsehbar vieler Flüchtlinge aufzubürden.[14] Schon bald aber wird gefragt, ob Deutschland das wirklich schaffen könne, wer mit „wir" gemeint sei und was denn nun alles zu schaffen sei. Merkel hält an dem Satz fest und erntet den Vorwurf der Sturheit und des Alleingangs. In der Bevölkerung wachsen die Befürchtungen vor einer Überfremdung rasch an. Die vom früheren Bundespräsidenten Christian Wulff ausgelöste Debatte, ob der Islam zu Deutschland gehöre, wird immer kontroverser. Die Anzahl ausländerfeindlicher Verbrechen, insbesondere Anschläge gegen Flüchtlingsunterkünfte, nimmt schnell zu.[15]

Die AfD machte sich den Stimmungsumschwung in der Bevölkerung zu nutze, fordert ein rigides Grenzregime und ein strenges Abweisen von Flüchtlingen sowie die Kürzung finanzieller Leistungen für Flüchtlinge. Sie wirft der Kanzlerin Rechtsbruch vor, weil sie die Dublin-Verordnung (Ein Flüchtling muss immer dort Asyl beantragen, wo er die Europäische Union zum ersten Mal betreten hat) außer Kraft gesetzt habe. Entschieden auf Distanz zur Bundeskanzlerin geht die CSU.[16] Sie fordert Obergrenzen für den Flüchtlingszuzug und droht der Bundesregierung, in der die CSU selbst mit vier Ministern vertreten ist, mit einer Klage vor dem Bundesverfassungsgericht, weil die Flüchtlingspolitik des Bundes Bayern daran hindere, seine Grenzschutzaufgaben wahrnehmen zu können.[17] CSU-Parteichef Horst Seehofer kanzelt Merkel auf dem CSU-Parteitag im November 2015 in München regelrecht ab. In Bayern werden Überlegungen lanciert, die Gemeinschaft von CDU und CSU aufzukündigen.

Auch in der CDU selbst wächst die Kritik an Merkel. Die Spitzenkandidaten der Partei bei den Landtagswahlen im März 2016 in Baden-Württemberg, Rheinland-Pfalz und Sachsen-Anhalt fürchten um ihre bis zum Beginn der Flüchtlingskrise guten Wahlchancen. Sie stellen eigene Pläne zur Flüchtlingspolitik vor.[18] Sie glauben, damit den Aufstieg der AfD in ihren Bundesländern verhindern zu können. Merkel müsse Ergebnisse liefern, sonst gingen nicht nur die Landtagswahlen für die CDU verloren, sondern auch ihre Kanzlerschaft.[19]

14 Ullrich Fichtner: Sprung nach vorn. In der Flüchtlingskrise riskiert Kanzlerin Merkel ihr Amt. Das macht große Politik aus, in: Der Spiegel, 10.10.2015; Ferdinand Knauß: „Wir schaffen das". Deutschland könnte aus der Flüchtlingskrise gestärkt hervorgehen, Interview mit dem Sozialwissenschaftler Meinhard Miegel, in: Wirtschaftswoche, 4.3.2016.
15 Bernd Ulrich: Wut ohne Grenzen. Attentate, Hetze, Tabubrüche: Kann die Politik die Aggression der Straße noch verarbeiten?, in: Die Zeit, 5.11.2015.
16 Die Welt: Seehofer attackiert Merkel – und lädt Orbán ein, 11.9.2015; Der Spiegel: Kein Fall für zwei. Der Streit um die Flüchtlinge spaltet die Union, 10.10.2015.
17 Sueddeutsche.de: Seehofer stellt Merkel neues Ultimatum, 16.1.2016.
18 Tina Hildebrandt: CDU: An der Obergrenze des Wahnsinns. Die Spitzenkandidaten der CDU bei den anstehenden Landtagswahlen suchen immer neue Wege, sich von der Kanzlerin zu distanzieren, in: Die Zeit, 25.2.2016.
19 Der Spiegel: An der Grenze. Wie nie zuvor in ihrer Amtszeit ist Angela Merkels Kanzlerschaft bedroht, 31.10.2015; Markus Feldenkirchen/René Pfister: Egal wie es ausgeht. Noch nie war Merkels Kanzlerschaft so in Gefahr wie derzeit, in: Der Spiegel, 23.1.2016; Florian Eder: Fünf Gründe, warum die Ära Merkel in Europa endet, in: Die Welt, 26.1.2016.

Der EU-Fahrplan scheint sich in der Tat in den ersten drei Monaten des Jahres 2016 nach der deutschen Innenpolitik zu richten. Mehrere Sondergipfel der EU-Staats- und Regierungschefs werden anberaumt. Doch die Fortschritte sind minimal. Merkel scheint im Europäischen Rat weitgehend isoliert zu sein, insbesondere nachdem Österreich seine Grenzen geschlossen und eine Obergrenze für Flüchtlinge eingeführt hat.[20] Auch international wurde jetzt darüber spekuliert, ob Merkel sich als Kanzlerin halten könne.[21]

Bei den drei Landtagswahlen erleidet die CDU Verluste. Die AfD erzielt jeweils zweistellige Ergebnisse und bewirkt damit in allen drei Bundesländern neue Regierungskoalitionen. Merkel weist Vorwürfe zurück, sie sei Schuld an den Verlusten der CDU, räumt aber ein, dass die Flüchtlingsproblematik die Wahlchancen ihrer Partei beeinträchtigt habe. Die Zeit spielt für sie: Sind im Oktober 2015 noch 181.000 Flüchtlinge nach Deutschland gekommen, waren es im März 2016 noch 20.000.[22] Die gegen die Vorstellungen Merkels erfolgten Schließungen der nationalen Grenzen entlang der Balkanroute zeigen Wirkung. Wenige Tage nach den Landtagswahlen wird das Flüchtlingsabkommen zwischen der Europäischen Union und der Türkei geschlossen. Merkel selbst hatte darüber mehrfach mit dem Präsidenten und der Regierung der Türkei verhandelt. Die Vereinbarung wirkt: Im Frühsommer 2016 kommen immer weniger Flüchtlinge nach Deutschland.

Merkels Popularität hat während der Flüchtlingskrise heftig gelitten. Jahrelang hatten sich oft fast 80 Prozent der Bevölkerung in repräsentativen Umfragen dafür ausgesprochen, dass Merkel eine wichtige politische Rolle haben solle. Im Januar 2016 wollen das noch 58 Prozent der Befragten.[23] Sie rutscht in der Skala der Beliebtheit führender Politiker von den gewohnten Spitzenplätzen ins Mittelfeld ab. In der Europäischen Union ist ihr Nimbus gebrochen. Jede weitere Krise kann ihre Autorität nachhaltig beeinträchtigen. Andererseits gibt es in Deutschland im Frühsommer 2016 keine andere politische Persönlichkeit, der man eine Kanzlerschaft mehr zutrauen würde als Merkel. Die SPD kann von der Schwäche Merkels nicht profitieren und macht sich kaum Hoffnungen auf eine aussichtsreiche Kanzlerkandidatur. In der Union hat Merkel bisher keine ernsthafte Konkurrenz um den Parteivorsitz und eine Kanzlerkandidatur im Jahr 2017.

Auch in der Europäischen Union konnte sich während der Flüchtlingskrise niemand als allseits anerkannte europäische Führungsfigur etablieren. Zu groß waren dafür vor allem die innenpolitischen Probleme, denen sich etwa der Präsident Frankreichs oder die Regierungschefs von Großbritannien, Italien oder Spanien gegenüber sahen. Merkel hat im elften Jahr ihrer Kanzlerschaft den Zenit ihres Ansehens hinter sich. Aber weder in Deutschland noch in der Europäischen Union ist sie 2016 einfach ersetzbar.[24]

---

20 Romain Leick: Die Unaufrichtigen. Die Flüchtlingskrise bedroht die Existenz Europas. Im Mittelpunkt des Dramas steht Deutschland, in: Der Spiegel, 9.12.2015; Matthias Krupa, Bernd Ulrich: Wird sie springen? Viele in Europa halten Merkels Flüchtlingspolitik für verrückt, in: Die Zeit, 30.1.2016; Die Entmachtung. Angela Merkel hat sich mit ihrer Flüchtlingspolitik isoliert wie kein deutscher Regierungschef zuvor, in: Der Spiegel, 12.3.2016.
21 The European: Die Merkeldämmerung hat begonnen, 14.9. 2015.
22 Quelle: Bundesamt für Migration und Flüchtlinge.
23 Umfrage von TNS Forschung, in: Der Spiegel, 23.1.2016.
24 Bernd Ulrich: Weltmacht Geduld. Dramatische EU-Gipfel, verwirrende Landtagswahlkämpfe, Repression in der Türkei, Flüchtlingselend an Europas Grenzen - doch die Kanzlerin hat die Ruhe weg. Zu Recht? In: Die Zeit, 10.3.2016.

Die Türkei – ein schwieriger Partner

Ob die Türkei EU-Mitglied werden soll, ist in der deutschen Europapolitik seit Jahrzehnten umstritten. SPD und Grüne sprechen sich eher für ihren Beitritt aus. Die CSU ist eindeutig dagegen. In CDU und FDP überwiegen die Gegner einer türkischen EU-Mitgliedschaft, es gibt aber nicht wenige Befürworter. Die EU-kritische AfD will die Türkei klar auf Distanz halten. Merkel hat sich noch als Oppositionsführerin gegen einen EU-Beitritt der Türkei und stattdessen für eine privilegierte Partnerschaft ausgesprochen. Als sie 2005 zur Bundeskanzlerin gewählt wurde, bestätigte sie diese Position. Damals war der türkische Präsident Recep Tayyip Erdoğan noch ein Reformer, der sein Land moderner und europäischer machte. Doch er entwickelte sich immer mehr zum Autokraten, der aus der laizistischen Türkei einen islamischen Staat macht. Er schränkt die Meinungs- und die Pressefreiheit, die Gewaltenteilung und die unabhängige Rechtsprechung ein. Er verweigert den Dialog mit der kurdischen Minderheit im Land, führt Krieg gegen die Kurdenmiliz PKK und verursacht damit, dass der Kurdenkonflikt zum Bürgerkrieg ausgeartet ist.[25]

Die im Jahr 2015 kräftig anschwellende Flüchtlingswanderung nach Europa zwingt die Europäische Union und die Bundesregierung dazu, mit dem autokratischen Präsidenten der Türkei über ein Flüchtlingsabkommen zu verhandeln. Bundeskanzlerin Merkel gerät ins Dilemma: Einerseits ist sie eine scharfe Kritikerin des Erdoğan-Kurses. Andererseits setzt kaum jemand sonst in der Europäischen Union so sehr auf den Schutz der EU-Außengrenzen, insbesondere auf dem Balkan, wie Merkel. Folglich übernimmt sie zusammen mit der Europäischen Kommission federführend die Verhandlungen,[26] die am 18. März 2016 zu einem Abkommen führen. Im Ergebnis wird die Türkei zu einem sicheren Herkunftsland erklärt, in das Flüchtlinge zurückgeschickt werden, die irregulär nach Griechenland gekommen sind. Für jeden Syrer, der aus Griechenland in die Türkei zurückgewiesen wird, gelangt ein Syrer aus der Türkei über legale Verfahren in die Europäische Union. Türkische Hilfsorganisationen werden insgesamt, über mehrere Jahre verteilt, 6 Mrd. Euro zur Unterbringung und Integration von syrischen Flüchtlingen erhalten. Außerdem gibt es in dem Abkommen die Zusage, dass noch 2016 weitere Kapitel der EU-Beitrittsverhandlungen eröffnet werden.[27]

In Deutschland wird von einem „Deal" mit der Türkei gesprochen. Laut ARD-Deutschlandtrend vom April 2016 halten 56 Prozent der Befragten das Abkommen für „eher schlecht". 68 Prozent der Befragten sind gegen einen EU-Beitritt der Türkei, sogar 79 Prozent halten die Türkei nicht für einen vertrauenswürdigen Partner.[28] Das Abkommen zwischen der Europäischen Union und der Türkei führt zu einer nachhaltigen Verringerung der Flüchtlingswanderung in die Europäische Union und nach Deutschland. Trotzdem verhilft es zunächst weder der Europäischen Union noch der deutschen Regierung und der Bundeskanzlerin zu mehr Ansehen.

25 Der Spiegel: Der wilde Mann vom Bosporus, 2.4.2016.
26 Özlem Topcu: Verbotene Liebe. Erst wollte sie nicht, dann wollte er nicht. Jetzt müssen beide. Zwischen Deutschland und der Türkei beginnt etwas Neues, in: Die Zeit, 3.3.2016.
27 Martin Klingst: Türkische Eröffnung. Fünf Fragen und Antworten zum neuen Flüchtlingsplan, in: Die Zeit, 10.3.2016.
28 Spiegel-Online: Umfrage: Mehrheit der Deutschen lehnt Türkei-Deal der EU ab, 7.4.2016.

Deutschlands neue Sicherheitspolitik

Die Flüchtlingsproblematik und der Terror des sogenannten Islamischen Staates (IS) veranlassen die Bundesregierung 2015 endgültig zu einer neuen sicherheitspolitischen Doktrin.[29] Bisher konzentrierte Deutschland seine internationale Beteiligung an militärischen Aktionen auf Hilfsmaßnahmen, Ausbildungsmissionen und Rüstungsexporte. Eine Mehrheit der Deutschen war zumeist gegen eine unmittelbare militärische Beteiligung der Bundeswehr an Kriegseinsätzen. Unter dem Eindruck der Terroranschläge in Frankreich und Belgien, die in der deutschen Bevölkerung eine Welle des Mitgefühls auslösten, und angesichts des Zustroms an Flüchtlingen aus Syrien, Irak und Afghanistan änderte sich das Meinungsklima. Die Regierungskoalition bekam nur noch wenig Widerspruch, als sie die Präsenz der Bundeswehr in Afghanistan doch verlängerte, Frankreich in seinem Kampf gegen den islamistischen Terror in Mali mit 500 Bundeswehrsoldaten unterstützte und sich mit Aufklärungsflugzeugen am Kampfeinsatz einer internationalen Koalition gegen den IS in Syrien beteiligte.[30] „Wir müssen staatliche Macht und Stabilität in Ländern wie Syrien, Irak, Afghanistan oder Libyen wiederherstellen", begründete Bundesverteidigungsministerin Ursula von der Leyen Anfang November 2015[31] offensiv die Beteiligung der Bundeswehr an militärischen Interventionen. Die Absicht der Bundesregierung war eindeutig: Der verlängerte Bundeswehreinsatz in Afghanistan sollte dazu beitragen, den Staat am Hindukusch zu einem wenigstens in bestimmten Zonen sicheren Herkunftsland zu erklären, in das man Flüchtlinge zurückschicken kann. In Mali, Syrien und Irak will sie sowohl dazu beitragen, den IS zu bekämpfen wie auch die Lebensbedingungen so zu verbessern, dass von dort weniger Flüchtlinge kommen.[32]

Wie ernst es der Bundesregierung mit dem Wandel ihrer sicherheitspolitischen Doktrin ist, wurde deutlich, als sie 2016 eine Vergrößerung der Bundeswehr und ein neues sicherheitspolitisches Weißbuch auf den Weg brachte. Dass Deutschland weniger Skrupel als früher hat, außen- und sicherheitspolitische Verantwortung zu übernehmen, hatte sich schon 2014 gezeigt, als Bundeskanzlerin Merkel und Frankreichs Präsident François Hollande in der Ukraine-Krise für den Westen die Verhandlungsführung mit Russland übernommen haben.

Infolge des stärkeren militärischen Engagements Deutschlands in der Welt, wurden in der Bundesrepublik im Jahre 2016 auch wieder Forderungen nach einer EU-Armee laut.[33]

Deutschland gegen den Brexit

Ausgerechnet in dieser Zeit der Finanzkrisen, der Flüchtlingsproblematik, des Terrorismus und der neuen sicherheitspolitischen Herausforderungen pflegte Großbritannien weiter seine Sonderrolle in der Europäischen Union. Das vom britischen Premierminister David Cameron vor allem aus parteipolitischen Motiven für den 23. Juni 2016 angesetzte Referendum über die Zukunft des Vereinten Königreichs in Europa hat in Brüssel und in den nationalen Hauptstädten Kräfte vereinnahmt, die eigentlich für die Bewältigung der großen

---

29   Der Spiegel: Die Weltverbesserer, 7.11.2015.
30   Zeit Online: Trial und Terror. Angela Merkel war immer skeptisch gegenüber militärischen Lösungen. Jetzt schickt sie deutsche Soldaten in den Syrien-Krieg, 4.12.2015.
31   Zitiert nach Der Spiegel: Die Weltverbesserer, 7.11.2015.
32   Die Zeit: Koalition der Feinde. Ängste, Träume, Illusionen – was die Europäer im Kampf gegen den IS bewegt, 3.12.2015.
33   Michael Hüther/Hans-Werner Sinn: Warum eine gemeinsame Armee Europa helfen könnte, in: Süddeutsche Zeitung, 27.2.2016.

Krisen vonnöten gewesen wären. In der deutschen Politik gibt es zunächst wenig Verständnis für das Vorgehen Camerons, der mit Hilfe des Referendums seine über die Europapolitik tief zerstrittene Partei, die Torys, zusammenführen und wieder handlungsfähig machen wollte. Kritisiert wird auch, dass Cameron einerseits die Europäische Union scharf angreift, andererseits aber für den Verbleib des Königreichs in ihr wirbt. Allmählich setzt sich in Deutschland aber die Einsicht durch, man müsse Großbritannien entgegenkommen, damit es im EU-Verbund bleibe. Dies sei im deutschen Interesse. In repräsentativen Umfragen spricht sich auch die Mehrheit der deutschen Bevölkerung gegen einen Brexit aus.

Großbritannien ist die zweitgrößte EU-Volkswirtschaft und der drittwichtigste Handelspartner Deutschlands. Clemens Fuest, Präsident des Wirtschaftsforschungsinstituts Ifo, warnte: „Deutschland wäre wahrscheinlich der größte Verlierer eines Brexit, abgesehen von Großbritannien selbst."[34] Er könne Deutschland langfristig bis zu 3 Prozent Wirtschaftsleistung kosten, so Fuest. Der Kreditversicherer Euler Hermes sagte im Falle eines Brexits für die deutsche Exportwirtschaft bis 2019 Einbußen von 6,8 Mrd. Euro voraus.[35] Insbesondere in der Automobil-, der Chemie- und der Pharmaindustrie klingelten die Alarmglocken, als bei Umfragen auf der Insel die Brexit-Befürworter in der Mehrheit waren.

Für alle Bundesregierungen war Großbritannien innerhalb der Europäischen Union immer auch ein strategischer Partner, mit dessen Hilfe sie insbesondere in Fragen des Binnenmarkts, des freien Wettbewerbs, der Finanzpolitik, der gemeinsamen Außenpolitik und beim Kampf gegen Bürokratie immer wieder ein Gegengewicht gegen Frankreich und die südlichen EU-Staaten herstellen konnten. Ein Austritt Großbritanniens würde Deutschlands Rolle in der Europäischen Union schwächen. Die Bundesregierung setzte deshalb schon seit Mitte 2015 darauf, eine maßvolle EU-Reform zu erreichen, die es dann Cameron erleichtern würde, den Verbleib seines Landes in der Union durchzusetzen. Bundeskanzlerin Merkel bereiste selbst die europäischen Hauptstädte und warb für einen Kompromiss mit der britischen Regierung. So hatte sie maßgeblichen Anteil daran, dass der Europäische Rat der Staats- und Regierungschefs im Februar 2016 ein Reformpaket verabschiedete, das Großbritannien in gewissem Maße einen Sonderstatus innerhalb der Gemeinschaft einräumte und den nationalen Parlamenten ein stärkeres Einspruchsrecht gegen EU-Vorhaben gab.

Am 23. Juni 2016 stellte sich der Einsatz der Bundesregierung als vergebliche Mühe heraus. Die Britinnen und Briten stimmten mit knapper Mehrheit für den Brexit. Die wachsende Anzahl der EU-Kritiker in Deutschland sah sich durch das britische Referendum bestätigt

Deutschland – die einsame Vormacht der Europäischen Union

Der Prozess der europäischen Einigung nach dem Zweiten Weltkrieg verfolgte auch das Ziel, Deutschland nicht wieder zu stark werden zu lassen. Die Bundesrepublik entwickelte sich zu einem Schlüsselstaat der Europäischen Union, dominierte sie aber nicht. Zwar war sie 1989/1990 unter der Regierung von Bundeskanzler Kohl in Westeuropa federführend bei der Überwindung des Kalten Krieges und der Wiedervereinigung Deutschlands und wurde in Bevölkerungszahl und Wirtschaftskraft eindeutig das stärkste Mitglied der Euro-

---

34 Der Tagesspiegel: Was der Brexit für uns bedeutet, 24.6.2016.
35 EurActiv: Brexit: Deutschland stößt an seine Grenzen, 7.6.2016.

päischen Union. Dennoch behielt sie ihren Kurs bei, Gleicher unter Gleichen zu sein. Bei von den Vereinten Nationen (VN) oder der NATO geführten internationalen militärischen Einsätzen hielt sie sich sogar noch lange zurück und pochte auf einer Sonderrolle.

Die auf 28 Mitglieder angewachsene Europäische Union und die Globalisierung zwingen Deutschland aber immer mehr in eine Führungsrolle. Am deutlichsten ist dies bisher in der Ukraine-Krise, in der Finanz- und der Griechenlandkrise sowie angesichts der Flüchtlingsproblematik. Deutschlands Führung wird akzeptiert, aber nicht immer gemocht.[36] In der Finanz- und der Griechenlandkrise konnte sich Berlin letztlich mit seinem Kurs durchsetzen. In der Flüchtlingspolitik ist das der Bundesregierung allenfalls teilweise gelungen und sie ist dabei in eine riskante Abhängigkeit von der Türkei geraten.

In der europäischen Geldpolitik befindet sich die Bundesregierung in einem mittlerweile fast chronischen Konflikt mit der EZB,[37] die ihrerseits auf die Unterstützung der drei großen Länder Frankreich, Italien und Spanien und der anderen besonders verschuldeten Euro-Staaten setzen kann. In der Energiepolitik ist Deutschland mit seinem Ausstieg aus der Kernenergie mittlerweile fast auf einem Alleingang.

Das deutsch-französische Tandem ist häufiger aus dem Tritt als in Schwung. Mit dem bevorstehenden Austritt Großbritanniens aus der Europäischen Union verliert Deutschland etwa in der Finanz- und Wirtschaftspolitik einen Verbündeten. Das für die Bundesrepublik stets besonders wichtige Verhältnis zu seinem größten östlichen Nachbarn Polen ist belastet, seit dort eine rechtskonservative Regierung im Amt ist.

Die Bundesrepublik Deutschland ist Mitte der 2010er Jahre mehr notgedrungen als gewollt die Führungsmacht der Europäischen Union. Als solche wird sie mehrheitlich akzeptiert. Doch sie ist ein einsamer Hegemon.[38]

Weiterführende Literatur

Bundeszentrale für politische Bildung (Hrsg.): Europäische Integration in der Krise, in: Aus Politik und Zeitgeschichte 52/2015.
Bundeszentrale für politische Bildung (Hrsg.): Flucht und Asyl, in: Aus Politik und Zeitgeschichte 25/2015.
Barbara Lippert: Deutsche Europapolitik zwischen Tradition und Irritation, SWP-Arbeitspapier Oktober 2015.
Herfried Münkler: Macht in der Mitte. Die neuen Aufgaben Deutschlands in Europa, Hamburg 2015.

---

36 Oliver Das Gupta: Warum die Deutschen über Europas Einigung abstimmen sollten. Über die Angst vor den Deutschen in Europa, Interview mit dem Historiker Heinrich August Winkler, in: Sueddeutsche.de, 18.8.2015.
37 Der Spiegel: „Für mich überwiegen die Risiken", Spiegel-Gespräch mit Bundesbank-Präsident Jens Weidmann über die Staatsanleihenkäufe der EZB, 2.10.2015; Giovanni die Lorenzo: „Wenn du deinen Mut verlierst, hast du alles verloren", Interview mit EZB-Präsident Mario Draghi, in: Die Zeit, 15.1.2015.
38 Hans Kundnani/Ulrike Guérot/Alister Miskimmon: Deutschland in Europa. Drei Perspektiven, in: Aus Politik und Zeitgeschichte 52/2015.

Dänemark

Tobias Etzold / Christian Opitz

Nach den Parlamentswahlen im Juni 2015 stand die neue, lediglich aus der konservativ-liberalen Venstre bestehende Minderheitsregierung unter Ministerpräsident Lars Løkke Rasmussen vor großen Herausforderungen. Die europaweite Flüchtlingskrise verstärkte den seit Langem in Dänemark herrschenden Trend, sich abzuschotten. Zu diesem Zweck begann das Land im Herbst seine ohnehin schon restriktive Asylgesetzgebung weiter zu verschärfen. Im Dezember 2015 hielt das Land ein Referendum über die Umwandlung des dänischen Vorbehalts in der EU-Innen- und Justizpolitik in ein sogenanntes ‚Opt-In' in ausgewählten Bereichen ab. Eine Mehrheit der Däninnen und Dänen lehnte das Ansinnen der Regierung und der meisten Oppositionsparteien jedoch ab. Die Brexit-Entscheidung der Britinnen und Briten löste in Dänemark eine Debatte über EU-Reformen sowie die eigene Rolle in der Europäischen Union aus.

Innen- und Flüchtlingspolitik

In Dänemark entwickelte sich bereits seit den 1990er Jahren eine restriktive Migrations- und Flüchtlingspolitik in einem langjährigen kontinuierlichen Prozess. 2015 mutierte Dänemark zum Durchgangsland, indem es Flüchtlinge, die nach Schweden, Norwegen oder Finnland ziehen wollten, ungehindert durchreisen ließ. Pro 1.000 Einwohner stellten 2015 nur 3,7 Menschen (insgesamt circa 21.000) einen Asylantrag in Dänemark (Deutschland 5,9 und Schweden 16,9).[1] Bereits im September 2015 führte Dänemark an der dänisch-deutschen Grenze vorübergehend Stichkontrollen durch. Als Schweden im Winter schließlich Kontrollen an der Grenze zu Dänemark einführte, sah sich das Land gezwungen auch an der Grenze zu Deutschland schärfer zu kontrollieren. Im Januar 2016 beschloss das dänische Parlament eine weitere Verschärfung der Asylpolitik in Form eines weiteren Abbaus von Unterstützungsleistungen, temporärer Aufenthaltsbewilligungen für eine kürzere Dauer und härterer Bedingungen für den Familiennachzug. Besonders umstritten war der Parlamentsbeschluss, dass die Polizei Flüchtlingen höhere Geldbeträge sowie Wertgegenstände abnehmen darf, um damit ihre Aufenthaltskosten mitzufinanzieren.[2] Dänemark unternahm insgesamt große Anstrengungen, so unattraktiv wie möglich für Flüchtlinge zu erscheinen.

Im Hinblick auf eine gemeinsame europäische Asylpolitik spricht sich Dänemark regelmäßig gegen verbindliche Aufnahmequoten aus beziehungsweise will daran nicht teilnehmen. Dabei beruft sich die Regierung auf Dänemarks Ausnahmeregelungen zum Vertrag von Maastricht, die die Asylpolitik betreffen.

Die hohen Flüchtlingszahlen wirken sich auch unmittelbar auf den Staatshaushalt des Landes aus. Unvorhergesehene Mehrausgaben, die für die Unterbringung und Integration der Flüchtlinge aufgebracht werden müssen, machen aus Sicht der Regierung anderswo

---

1   Pro Asyl: Fakten, Zahlen und Argumente, abrufbar unter: https://www.proasyl.de/thema/fakten-zahlen-argumente/ (letzter Zugriff: 11.8.2016).
2   Süddeutsche Zeitung: Dänemark verschärft Asylgesetze, 26.1.2016.

Einschnitte nötig. Der im Herbst 2015 vorgelegte Haushalt für 2016 vollzog empfindliche Kürzungen in den Bereichen Bildung und Forschung, Sozialleistungen und Investitionen im öffentlichen Transportwesen. Außerdem beschnitt er umweltpolitische Maßnahmen wie zum Beispiel die Steuererleichterung bei Elektroautos. Kritiker werfen deshalb der Regierung vor, sich mit diesem und anderen Schritten von den bisher ehrgeizigen Klimazielen zugunsten industriepolitischer Interessen abzuwenden.[3] Dänemarks Wirtschaftswachstum verlor unterdessen im zweiten Halbjahr 2015 deutlich an Dampf und liegt für 2016 voraussichtlich bei lediglich 0,9% Prozent.[4] Auch die längerfristigen Prognosen weisen auf einen eher geringen, wenngleich stetigen Anstieg in den nächsten Jahren hin.

EU-Referendum und Sonderabkommen

Am 3. Dezember 2015 hielt Dänemark ein von der Regierung und weiteren Parteien initiiertes Referendum über die Umwandlung seines Vorbehalts in der europäischen Innen- und Justizpolitik in ein ‚Opt-In'-Modell ab, das es dem Land erlauben würde, einzelne EU-Rechtsakte in diesem Politikfeld hinzu- oder abzuwählen. Zunächst standen 22 der insgesamt 32 relevanten EU-Verordnungen zur Abstimmung, darunter die Europol-Verordnung, Bestimmungen zum grenzüberschreitenden Handel, zur Cyberkriminalität und zum Erb- und Sorgerecht. Bei einer Beteiligung von 72 Prozent sprach sich eine Mehrheit von 53,6 Prozent der Wählerinnen und Wähler gegen das ‚Opt-In'-Modell aus.[5] Obwohl sämtliche die europäische Migrations- und Asylpolitik betreffenden Bestimmungen nicht zur Abstimmung standen und die Regierung beteuerte, an jenen nicht rütteln zu wollen, fürchteten die Gegner eines ‚Opt-In' vor allem, dass dieser Vorbehalt in naher Zukunft ebenfalls aufgehoben werden könnte. Tatsächlich hätte ein ‚Opt-In'-Modell bedeutet, dass das Parlament künftig ohne ein weiteres Referendum weitere EU-Rechtsakte hinzuwählen kann. Bestärkt durch die Flüchtlingskrise fürchtet eine Mehrheit der Däninnen und Dänen gerade in der Asyl- und Migrationspolitik besonders einen Verlust nationaler Souveränität.

Das Nein-Votum ist ein Dämpfer für diejenigen politischen Kräfte, die eine weitere Annäherung an den ‚Kern der Europäischen Union' befürworten. Konkret wird Dänemark sich vorläufig nicht mehr an der europäischen Polizeikooperation Europol beteiligen können. Diese wird seit Inkrafttreten der EU-Verträge 2009 schrittweise von der intergouvernementalen Zusammenarbeit auf die supranationale Ebene überführt. Das bilaterale Parallelabkommen, über das Dänemark bislang mit Europol kooperierte, läuft 2016 aus; eine Erneuerung wird aufgrund des neuen supranationalen Charakters Europols schwierig. Viele Politiker fürchten damit erhebliche Nachteile für Dänemark bei der Bekämpfung organisierter Kriminalität. Dennoch bemüht sich die Regierung um ein neues bilaterales Abkommen mit der Europäischen Union, das aber insbesondere aufgrund des Brexit-Votums der Britinnen und Briten eher geringe Erfolgsaussichten hat, da die Europäische Union Sonderwünschen einzelner Mitglieder in der jetzigen Situation kritisch gegenüber steht.

3   Reinhard Wolff: Dänen stoppen Energiewende, in: Tageszeitung, 17.5.2016.
4   Economist Intelligence Unit: Country Report Denmark, abrufbar unter: http://country.eiu.com/denmark (letzter Zugriff: 30.6.2016)
5   EUobserver: Denmark says No to more EU, casts shadow on UK vote, 4.12.2015.

Dänische Reaktion auf das britische EU-Referendum

Die großen politischen Parteien in Dänemark reagierten mehrheitlich mit Bedauern auf den Ausgang des EU-Referendums in Großbritannien.[6] Premierminister Rasmussen sprach von einem „sehr traurigen Ergebnis für Europa und für Dänemark". Gleichzeitig mahnte er an, dass sich die Europäische Union vor allem auf wirtschaftliche Fragen konzentrieren und sich aus den Politikfeldern heraushalten solle, die besser von den Mitgliedsstaaten übernommen werden könnten. In seinen Worten: „Wir gehören in die EU, aber gerne eine schlankere EU". Dem schloss sich die Vorsitzende der Sozialdemokraten Mette Frederiksen an. Aus ihrer Sicht sollte sich die Europäische Union auf drei Kernbereiche fokussieren: Europas Außengrenzen sichern, Arbeitnehmerrechte stärken und Steuerhinterziehung verhindern.

Begrüßt wurde das Referendumsergebnis dagegen von der rot-grünen Einheitsliste und der Dänischen Volkspartei (DF). Die Einheitsliste sieht die Europäische Union vor allem als undemokratisches Gebilde, das wirtschaftliche Interesse vor Klima- und Umweltschutz stellt. Die Partei schlug deshalb vor, ein dänisches Austrittsreferendum 2017 am Tag der Verfassung (5. Juni) abzuhalten. Der Vorsitzende der DF, Kristian Thulesen Dahl, setzt hingegen auf eine andere Strategie. Aus seiner Sicht soll Dänemark zunächst für eine bestmögliche Vereinbarung zwischen der Europäischen Union und Großbritannien kämpfen. In einem zweiten Schritt soll dann ein ähnliches Arrangement auch dem eigenen Volk zur Abstimmung vorgelegt werden – in der Hoffnung, dass Dänemark anstatt einer Vollmitgliedschaft als dann ‚souveräner' Staat ebenfalls weitreichende Sonderrechte gegenüber der Europäischen Union bekommen könnte.

Bei derartigen Überlegungen wird oft das Stereotyp der sehr EU-skeptischen Däninnen und Dänen bemüht, was nicht nur im Ausland, sondern auch im Land selbst vorherrscht. Mit Blick auf die regelmäßig erhobenen Meinungsumfragen ergibt sich aber ein zumindest differenziertes Bild.[7] Die Aussage, dass ihr Land besser für die Zukunft gerüstet wäre, wenn es nicht Mitglied der Europäischen Union wäre, lehnen 70 Prozent der Befragten ab (genauso viele wie in Deutschland). 57 Prozent sagen aus, dass sie der Europäischen Union „eher vertrauen" – EU-weit der fünfthöchste Zustimmungswert und weitaus mehr als in Deutschland (39 Prozent). Mit einem EU-weiten Spitzenwert haben wiederum 49 Prozent der Befragten weder ein positives noch negatives Bild von der Europäischen Union. Hier zeigt sich ein ausgeprägter Pragmatismus der Däninnen und Dänen gegenüber der Europäischen Union. Diese gereifte Einstellung erlaubt Differenzierungen und hat eine Austritt-Verbleib-Dichotomie prinzipiell hinter sich gelassen, die noch oft in politischen Kreisen zu beobachten ist.

Sicherheits- und Verteidigungspolitik

Über den EU-Kontext hinaus strebt das Land weiterhin eine aktive Rolle in der internationalen Politik an. Im Herbst 2015 hatte die Regierung den Diplomaten Peter Taksøe-Jensen beauftragt, einen außen- und sicherheitspolitischen Expertenbericht zu verfassen. Darin sollte es um die Frage gehen, wie sich Dänemark in Zeiten begrenzter finanzieller Ressourcen am besten international positionieren soll. So hat sich das Budget des Außenministeriums von 2000 bis 2019 um ein Drittel deutlich reduziert. Vor diesem Hintergrund

---

6   Vgl. auch im Folgenden Johan Blem Larsen: Danske politikere om Brexit, in: DR Politik, 24.6.2016.
7   Europäische Kommission: Standard Eurobarometer 83 Frühjahr 2015, abrufbar unter: http://ec.europa.eu/ public_opinion/archives/eb/eb83/eb83_first_de.pdf (letzter Zugriff: 1.7.2016).

plädiert Taksøe-Jensen in seinem Bericht klar dafür, dänische Interessen zu priorisieren und sich auf die Gebiete zu fokussieren, wo das Land Einfluss nehmen kann.[8] Eine Priorität sei, die Migrationsströme nach Dänemark zu unterbinden. Demzufolge müsse sich die dänische Außen- und Entwicklungspolitik auf Länder wie Afghanistan, Syrien und Libyen fokussieren, um vor Ort Maßnahmen zur Stabilisierung zu intensivieren. In diesem Zusammenhang muss auch das sichtbare Engagement im Kampf gegen den sogenannten ‚Islamischen Staat' gesehen werden. Ein Parlamentsbeschluss vom April 2016 vergrößerte den bisherigen Beitrag am internationalen Einsatz in Syrien und Irak noch einmal, an dem nun bis zu sieben F16-Kampfflugzeuge sowie 400 Soldaten teilnehmen werden.[9] Damit, so bemerkt die Regierung nicht ohne Stolz, leiste Dänemark einen der größten Beiträge gerechnet auf einer pro-Kopf Basis.

Ausblick

Obgleich das politische Dänemark auf eine Tradition von Minderheitsregierungen zurückblickt, ist der Handlungsspielraum der Einparteienregierung unter Ministerpräsident Rasmussen sehr gering. Bereits in seinem ersten Amtsjahr zeigte sich, wie abhängig er von der Zustimmung der DF ist. Letztere wird ein EU-Referendum nach britischem Vorbild wohl nicht erzwingen können, aber ihr Einfluss könnte das Land weiter vom ‚Kern der Europäischen Union' entfernen. Einen weiteren Anlauf, die dänischen EU-Vorbehalte zurückzunehmen, wird es daher auf absehbare Zeit nicht geben. Insgesamt gelingt es zwar weiterhin, für bestimmte Politikanliegen eine überparteiliche Kooperation herzustellen (siehe den breiten Rückhalt für eine aktive internationale Rolle Dänemarks). Derartige Kompromisse werden jedoch nicht zwangsläufig von der Mehrheit der Bevölkerung mitgetragen (siehe das abgelehnte ‚Opt-In'-Modell). Zudem hat diese Konsens-Tradition in den letzten Jahren kontinuierlich nachgelassen. Vor diesem Hintergrund wird es in der Zukunft eine zunehmende Herausforderung sein, das öffentliche Vertrauen in die politische Handlungsfähigkeit sowie das Vertrauen zwischen den politischen Parteien wieder zu stärken.

Weiterführende Literatur

Maja Kluger Rasmussen: Denmark and the EU: (comfortable) support for a sober and pragmatic membership, EU Forum Clingendael, 6.6.2016.

---

8   Peter Taksøe-Jensen: Dansk diplomati og forsvar i en brydningstid, abrufbar unter: http://um.dk/da/Uden rigspolitik/aktuelle-emner/dansk-diplomati-og-forsvar-i-en-brydningstid/ (letzter Zugriff: 25.6.2016).
9   Gerard O'Dwyer: Denmark To Reinforce Military Fight Against ISIS, in: Defence News, 21.4.2016.

Estland

Andres Kasekamp[*]

Innenpolitik

Im März 2015 übernahm eine aus der liberalen Reformpartei, den Sozialdemokraten und Konservativen (IRL) bestehende Koalition die Regierungsverantwortung. Eine Alternative zu dieser vom jüngsten Premierminister in der Europäischen Union, Taavi Rõivas (Reformpartei), geführten Regierung ist nicht in Sicht. Der polarisierende Oppositionsführer Edgar Savisaar aus der Zentrumspartei, die von der Mehrheit des russischsprachigen Teils der Gesellschaft unterstützt wird, wurde aufgrund von Korruptionsvorwürfen von seinem Posten als Bürgermeister Tallinns suspendiert. Der Konservativen Volkspartei (EKRE) kam als erste populistisch-europaskeptische Partei Estlands viel Aufmerksamkeit zu. Im März 2015 gelang ihr der Einzug ins Parlament. Seitdem haben sich ihre Zustimmungswerte von 7 auf 14 Prozent verdoppelt, was größtenteils auf ihren öffentlichkeitswirksamen Widerstand gegen die vermeintliche ‚Masseneinwanderung‘ im Zuge der Flüchtlingskrise und gegen die geplante Legalisierung der gleichgeschlechtlichen Ehe zurückzuführen ist.

Die russische Annexion der Krim 2014 katapultierte die Integration der russischsprachigen Bevölkerung auf die Spitze der politischen Agenda. Durch Wladimir Putins Rechtfertigung, dass Russland stets seine Staatsbürgerinnen und -bürger schützen werde, rangen Alarmglocken in Tallinn. Die mit der Annexion einhergehende Propaganda- und Desinformationskampagne ist für Estland von besonderer Bedeutung, da die russischsprachige Minderheit sich größtenteils über russische Medien informiert. Um dem entgegenzuwirken, gründete die estnische Regierung einen neuen russischsprachigen Fernsehsender.

Seit dem Frühling 2016 ist der öffentliche Diskurs zunehmend von der im September anstehenden Präsidentenwahl geprägt. Die gegenwärtigen Favoriten auf die Nachfolge Toomas Hendrik Ilves sind der ehemalige EU-Kommissar Siim Kallas, die damalige Außenministerin Marina Kaljurand, der ehemalige Ombudsmann Allar Jõks sowie der Sprecher des Parlaments Eiki Nestor. Die Präsidentschaftswahl in Estland ist jedoch vergleichbar mit derjenigen in Deutschland und der Person der Kandidaten kommt daher nicht allzu viel öffentliche Aufmerksamkeit zu.

Außenpolitik

Das Grenzabkommen zwischen Russland und Estland, welches 2014 unterzeichnet wurde, löste einen positiven Impuls in den bilateralen Beziehungen aus. Mit der Annexion der Krim nahm dies jedoch ein jähes Ende. Die estnische Regierung appellierte an die internationale Gemeinschaft, resolut auf die Völkerrechtsverletzung durch Russland zu reagieren. Im September 2014 wurde ein Polizist wegen angeblicher Spionageaktivitäten auf estni-

---

[*]   Übersetzt aus dem Englischen von Leonard Schütte und Julia Klein.

schem Hoheitsgebiet vom russischen Geheimdienst (FSB) entführt. Er kam erst ein Jahr später – nach einem Gefangenenaustausch mit einem verurteilten russischen Spion – wieder frei. Als Reaktion hierauf errichtete Estland einen Grenzzaun zu Russland. Nichtsdestotrotz war die estnische Seite Anfang 2016 zuversichtlich, das Grenzabkommen alsbald ratifizieren zu können. Diese Hoffnung wurde jedoch aufgrund des Widerstands der russischen Duma enttäuscht.

Im vergangenen Jahr war eine substanzielle Zunahme der Anzahl und des Umfangs von NATO-Übungen in Estland zu beobachten. Deren Zweck ist die Beschwichtigung der estnischen Ängste und die Untermauerung der Bündnisverantwortung als Reaktion auf die russischen Aggressionen. Estland hofft, dass die NATO-Partner sich beim Gipfel in Warschau im Juli 2016 verpflichten, ein Bataillon auf Rotationsbasis in Estland zu stationieren. Den Hoffnungen kam die NATO mit einem Bataillon von 1.000 Einsatzkräften entgegen.

Europapolitik

Estland ist und bleibt lautstarker Befürworter des EU-Sanktionsregimes, welches Russland von zukünftigen Grenzverletzungen, unter anderem in der Ostukraine, abschrecken soll. Trotz wirtschaftlichen Schadens für die einheimische Transport- und Tourismusbranche sowie für die Landwirtschaft, plädiert Estland für die Verlängerung der Sanktionen, bis die im Minsker Abkommen vereinbarten Bedingungen erfüllt sind.

Die Flüchtlingskrise hat die öffentliche Debatte seit Jahresmitte 2015 dominiert. Die estnische Regierung lehnte zunächst den Vorschlag der Europäischen Kommission für eine verpflichtende Quote zur Umverteilung der Flüchtlinge aus Italien und Griechenland ab. Letztendlich wurde die Aufnahme von 530 Flüchtlingen akzeptiert. Die ersten trafen im März 2016 ein. Auf Bitte von Frontex sandte Estland im März 2016 20 Grenzbeamte nach Griechenland, um der Gefahr eines Zusammenbruchs der Schengenzone entgegenzuwirken.

Estland unterstützte weiterhin vor allem solche Initiativen auf EU-Ebene, die die Bereiche Cybersicherheit, Energieversorgungssicherheit, die Östliche Partnerschaft, Transparenz, Innovation und den Binnenmarkt (insbesondere den freien Dienstleistungsverkehr) betrafen, und blieb ein überzeugter Befürworter der EU-Erweiterung. Die innereuropäische Zusammenarbeit mit anderen baltischen und nördlichen Staaten als regionaler Ostsee-Block wurde weiter ausgebaut. Da Estland führend in der IT-Branche ist, blieb die Schaffung eines gemeinsamen digitalen Binnenmarkts das Leuchtturmprojekt der Europapolitik der Regierung. Eine weitere Priorität stellt der Ausbau von regionalen Verbindungswegen vor allem im Energie- und Transportsektor dar. Estland, Lettland und Litauen einigten sich auf den Bau der Rail Baltic, einem Hochgeschwindigkeitszug, der sie mit Zentraleuropa verbinden soll. Bereits 2015 beschlossen Estland und Finnland den Bau einer unterseeischen Gaspipeline (Balticconnector), allerdings kam es zu keiner Einigung bezüglich des Baus eines Terminals für verflüssigtes Erdgas.

Weiterführende Literatur

Andres Kasekamp: Why Narva is not next, in: Anne-Sofie Dahl (Hrsg.): Baltic Sea Security (30-33), Copenhagen: Copenhagen University, Centre for Military Studies.

Finnland

Tuomas Iso-Markku

Nachdem die finnischen Wählerinnen und Wähler im April 2015 über die Zusammensetzung des nationalen Parlaments abgestimmt hatten, wurde unter der Führung von Wahlgewinner Juha Sipilä eine Regierungskoalition gebildet, der außer Sipiläs Zentrumspartei auch die liberal-konservative Nationale Sammlungspartei und die rechtspopulistischen Basisfinnen angehören. Damit wurden die Basisfinnen erstmals in der Geschichte der Partei Teil einer Regierungskoalition. Im gemeinsamen Regierungsprogramm[1] verpflichteten sich die Koalitionspartner zur Initiierung von umfassenden Strukturreformen und einem strengen Sparprogramm. Mehr Geld versprachen sie nur für die Landesverteidigung und die Wahrung der inneren Sicherheit.

Mit der Regierungsbeteiligung der Basisfinnen bekam die finnische Europapolitik einen kritischeren Anstrich, zu einem radikalen Wandel kam es jedoch nicht. In ihrem Programm sprach sich die Regierung unter anderem für die Vertiefung des europäischen Binnenmarktes, die transatlantische Handels- und Investitionspartnerschaft, eine Verstärkung der Gemeinsamen Sicherheits- und Verteidigungspolitik (GSVP) und eine neue Europäische Sicherheitsstrategie aus.[2] Gleich in den ersten Monaten der Legislaturperiode wurden die Regierung und ihre Europapolitik jedoch auf eine harte Probe gestellt, als sich zuerst die finanzielle und politische Krise in Griechenland zuspitzte und kurz daraufhin die Flüchtlingskrise auch Finnland erreichte.

Ein finnisch-griechisches Euro-Drama

Die Euro-Rettungspakete wurden in Finnland von Anfang an sehr kontrovers aufgenommen. Der hartnäckige Widerstand in der finnischen Bevölkerung gegen die Rettungspakete hatte den Basisfinnen im Jahr 2011 zu einem spektakulären Wahlerfolg verholfen. Aufgrund ihrer kompromisslosen Haltung hatte die Partei damals jedoch auf eine Regierungsbeteiligung verzichten müssen. Als die Spekulationen über ein mögliches drittes Rettungspaket für Griechenland im Frühjahr 2015 begannen, betonte Parteichef Timo Soini wieder, dass seine Partei einem weiteren Griechenland-Paket nicht zustimmen würde.[3] Gleichzeitig wollte Soini aber seinen Weg in die Regierung nicht noch einmal versperren. Am Ende akzeptierten die Basisfinnen einen Kompromiss, der ihren Vorbehalten Rechnung trug, ohne eine weitere Verwendung des Europäischen Stabilitätsmechanismus (ESM) ganz auszuschließen.[4]

---

1   Prime Minister's Office Finland: Finland, a land of solutions. Strategic Programme of Prime Minister
    Juha Sipilä's Government, 29 May 2015, in: Government Publications 12/2015, 29. May 2015.
2   Prime Minister's Office Finland: Finland, a land of solutions, 2015, S. 34-35.
3   YLE Uutiset: Finns Party's Soini vows to oppose further Greek bailouts – if in government, 28.3.2015.
4   Prime Minister's Office: Finland, a land of solutions, 2015, S. 34.

Als die Verhandlungen zwischen Griechenland und den Gläubigern ihre heißeste Phase erreichten, erwies sich Finnland erwartungsgemäß als einer der schwierigsten Verhandlungspartner.[5] Tatsächlich hielt die Regierung die von Griechenland am 9. Juli 2015 vorgebrachten Reformvorschläge für unzureichend und befürwortete einen vorläufigen Ausschluss des Landes aus der Eurozone. Finnlands harte Linie wurde vor allem auf den Druck der Basisfinnen zurückgeführt, aber von der gesamten Regierungskoalition getragen.[6]

Finnland wollte sich aber nicht als einziges Land querstellen, als sich allmählich ein Konsens über ein neues Rettungspaket abzeichnete.[7] Auch die Basisfinnen billigten die Eröffnung von formalen Verhandlungen über ein neues Griechenland-Paket. Den für seine Partei sehr bitteren Entschluss begründete Parteichef Soini damit, dass er keine Regierungskrise auslösen wollte. Er wies auch darauf hin, dass andere Mitgliedstaaten Finnland notfalls mithilfe des Dringlichkeitsverfahrens des ESM hätten überstimmen können. Zudem brachte er sicherheitspolitische Argumente ins Spiel.[8]

Uneinigkeit in der Flüchtlingskrise

Flüchtlings- und Migrationspolitik gehörten neben der Euro-Rettungspolitik von vornherein zu den Bereichen, in denen die Regierungsparteien Kompromisse finden mussten. Während dies bei den Koalitionsverhandlungen noch gelang, gestaltete sich die Kompromissfindung in der Koalition im Laufe der Flüchtlingskrise immer schwieriger. Der Plan, Griechenland und Italien durch die Verteilung von 40.000 Asylbewerbern unter den restlichen Mitgliedstaaten zu entlasten, führte innerhalb der finnischen Regierung sofort zu Missklängen. Die Basisfinnen waren gegen die Verteilung und unterstrichen, dass solche Schritte nur auf freiwilliger Basis erfolgen sollten. Ihre Koalitionspartner waren dagegen bereit, einem temporären Verteilungsmechanismus zuzustimmen.[9] Am Ende einigten sich die Mitgliedstaaten auf die Verteilung von etwa 55.00 Asylbewerbern und Flüchtlingen. Finnland wurde dabei ein Kontingent von insgesamt 1.085 Personen zugeteilt.[10]

Konkreter erreichte die Flüchtlingskrise Finnland im September 2015, als sich die Zahl der ankommenden Asylsuchenden schnell vervielfachte: Während im Jahr 2014 insgesamt nur 3.651 Asylanträge in Finnland gestellt worden waren[11], kamen allein im September 2015 über 10.000 Asylbewerber an, die meisten über Schweden. Im Grenzstädtchen Tornio wurde eilig ein Registrierungszentrum errichtet und Kontrollen an der Grenze verschärft. Auf die Einführung von formellen Grenzkontrollen verzichtete die Regierung jedoch, obwohl Innenminister Petteri Orpo von der Sammlungspartei sogar die Schließung der finnischen Grenzen als Möglichkeit erwägte.[12]

---

5   David Francis: Tiny Finland Could Complicate New Greek Bailout Deal, in: ForeignPolicy.com, 13.7.2015.

6   Riikka Uosukainen: Kolmen Ässän tulikaste – miten tiukka Kreikka-linja syntyi?, in: YLE Uutiset, 25.7.2015.

7   Uosukainen: Kolmen Ässän tulikaste, 2015.

8   Martta Nieminen: Soini perusteli tukipaketin hyväksymistä: Kreikka vaarassa hajota sisältä, in: Helsingin Sanomat. 16.7.2016.

9   Tiina Saari: Suomi vatuloi Välimeren turvapaikanhakijoiden pakkosiirroista, in: Kauppalehti, 24.6.2015.

10   Sisäministeriö: Euroopan muuttoliikeagenda: Miten EU vastaa Välimeren pakolaistilanteeseen?, abrufbar unter: http://www.intermin.fi/fi/eu-asiat/eu_muuttoliikeagenda (letzter Zugriff: 27.6.2016).

11   Für die Zahlen siehe Maahanmuuttovirasto: Turvapaikanhakijat ,1.1.-31.12.2014.

12   Alberto Claramunt: Petteri Orpo: Pakolaiskriisi huutaa eurooppalaista sopimusta – kiintiöistä ratkaisu rajapaineisiin, Verkkouutiset, 21.9.2015.

Stets betonte die Regierung, dass für die Krise eine europäische Lösung gefunden werden müsse. Ihr Hauptaugenmerk richtete sie dabei auf die Verstärkung der Sicherung der EU-Außengrenzen und die Registrierung der ankommenden Asylbewerber.[13] Die Verteilung von Asylbewerbern zwischen den Mitgliedstaaten blieb dagegen umstritten: Als die Innenminister am 22. September 2015 über die Verteilung von 120.000 Asylbewerbern entschieden, enthielt sich Finnland auf Druck der Basisfinnen. Trotz der Enthaltung signalisierte die Regierung, dass Finnland bereit sei, die ihm zugeteilten Asylbewerber aufzunehmen.[14]

Der Vorschlag zur Einrichtung eines europäischen Grenz- und Küstenschutzes fand in der finnischen Regierung vorsichtig Unterstützung. Gleichzeitig betonte die Regierung, dass jeder Mitgliedstaat für seine eigenen Grenzen selbst zuständig sei.[15] Wie auch die anderen nordischen Regierungen verabschiedete die finnische im Zusammenhang mit der Flüchtlingskrise eine Reihe von Maßnahmen, die Finnlands Asylpolitik deutlich verschärften.[16]

Die Zahl der in Finnland ankommenden Asylbewerber nahm deutlich ab, nachdem Schweden im November 2015 Grenzkontrollen einführte. Ab Dezember 2015 kamen aber immer mehr Asylbewerber über die finnisch-russische Grenze. In Finnland wurde gerätselt, warum Russland anders als zuvor Personen ohne Schengen-Visum ins Grenzgebiet ließ.[17] Es war von organisierter Kriminalität und sogar von einer hybriden Operation gegen Finnland die Rede.[18] Verteidigungsminister Jussi Niinistö von den Basisfinnen ließ sich zu der Einschätzung hinreißen, der Zuzug über die Ostgrenze stelle Finnlands größte Herausforderung dar.[19] Das Thema stand hoch auf der Tagesordnung von bilateralen Treffen zwischen finnischen und russischen Politikern. Bei einem Treffen zwischen den Präsidenten Sauli Niinistö und Wladimir Putin im März 2016 wurde entschieden, dass die zwei nördlichsten Grenzübergänge zwischen den Ländern vorläufig nur finnischen, russischen und weißrussischen Staatsbürgerinnen und -bürgern zugänglich sein sollten. Danach ebbte der Zuzug schnell ab.

Sicherheitspolitische Solidarität

Etwas reibungsloser lief es für die Regierung im Bereich der GSVP. Als Frankreich nach den Terrorangriffen in Paris um die Aktivierung der Beistandsklausel des Vetrags über die Europäische Union (EUV) bat, löste dies in Finnland große Aufregung aus. Als Nicht-NATO-Mitglied hatte Finnland schon länger die Rolle der Europäischen Union als Sicherheitsgemeinschaft hervorgehoben und dabei besonders auf die Beistands- und Solidaritätsklausel hingewiesen. Die Ukrainekrise und die Spannungen zwischen Russland und dem Westen haben dieser Rolle zusätzliche Bedeutung verliehen. Folglich war es für Finnland sehr wichtig, Frankreich beizustehen. Daher verlängerte Finnland seinen Einsatz bei der internationalen Ausbildungsmission im Irak sowie der UNIFIL-Mission im Libanon und

---

13 Hallituksen turvapaikkapoliittinen toimenpideohjelma, 8.12.2015.
14 Maria Stenroos: Näkökulma: Suomi äänesti kuin strutsi, in: YLE Uutiset, 24.9.2015.
15 Turun Sanomat: Suomi pitäisi EU: n rajajoukot jäsenmaiden ohjaksissa, 22.1.2016.
16 Olli Pohjanpalo: Orpo: Suomi kiristää turvapaikkalinjaansa muiden Pohjoismaiden tasolle, in: Helsingin Sanomat, 1.10.2015.
17 Uusi Suomi: Sauli Niinistöltä tiukka viesti Venäjälle: "Ei tulisi olla oikeutta valita", 13.2.2016.
18 Antti Honkamaa: Ex-sisäministeri Räsänen: Suomen itärajat tilanne viittaa Venäjän hybridisotaan, in: Ilta-Sanomat, 26.1.2016.
19 Maria Stenroos: Puolustusministeri Niinistö: Turvapaikanhakijoiden tulo itärajalta on Suomen vakavin haaste, in: YLE Uutiset, 11.2.2016.

gewährte Frankreich Flugstunden aus seinem nationalen Kontingent.[20] Frankreichs Gesuch brachte jedoch auch eine praktische Hürde zum Vorschein: Finnlands eigene Gesetze hätten es nämlich nicht erlaubt, Frankreich direkte militärische Hilfe zu leisten. Eine interministerielle Arbeitsgruppe hatte zwar schon im Jahr 2013 vorgeschlagen, die Gesetzgebung zu ändern, ein entsprechender Gesetzentwurf war jedoch nicht dem Parlament vorgelegt worden. Der Entwurf wurde nun im Juni 2016 vorgestellt.

Die politisch schwierigeren Fragen galten nach wie vor der Möglichkeit eines finnischen NATO-Beitritts. Eine von der Regierung zusammenberufene Expertengruppe listete in ihrem im April 2016 veröffentlichten Bericht die möglichen Auswirkungen eines Beitritts auf.[21] Große Aufmerksamkeit erhielt auch die Beteiligung von US-amerikanischen Truppen an Militärübungen in Finnland.

Ausblick

Die größte Herausforderung für die finnische Regierung bleibt weiterhin Finnlands Wirtschaftslage, die sich nur wenig verbessert hat. Gleichzeitig haben viele der von der Regierungskoalition initiierten Sparmaßnahmen und Reformen großen Widerstand hervorgerufen. Ein kleiner Zwischensieg für die Regierung war die nach monatelangen Verhandlungen erfolgte Unterzeichnung des sogenannten ‚Wettbewerbsfähigkeitspaktes', der unter anderem längere Arbeitszeiten bei gleichem Gehalt vorsieht. Im Gegenzug sollen die Arbeitnehmer mit Steuersenkungen belohnt werden.

Die Schwierigkeiten der Regierung spiegeln sich in den Popularitätswerten der Regierungsparteien wieder, die deutlich abgenommen haben. Dies trifft vor allem auf die Basisfinnen zu, die in den Umfragen unter die 10-Prozentmarke abgerutscht sind.[22] Auch die Sammlungspartei hat an Unterstützung verloren, was Parteichef und Finanzminister Alexander Stubb seine Ämter kostete: Er wurde im Juni 2016 in beiden Ämtern von Innenminister Petteri Orpo abgelöst.

Weiterführende Literatur

Tuomas Iso-Markku: Finland – Pro-European arguments prevail despite the rise of Euroscepticism, in: Karlis Bukovskis (Hrsg.): Euroscepticism in Small EU Member States, Rīga 2016.

David Mac Dougall: The trouble with Finland's treble coalition: Can unlikely partners find an enduring common ground?, in: Politico, 16.9.2015, abrufbar unter: http://www.politico.eu/article/the-trouble-with-finlands-treble-coalition/ (letzter Zugriff: 16.9.2016).

---

20 Suomen pysyvä edusto Euroopan unionissa: Tuomas Koskenniemi: Kultainen sääntö puolustuspolitiikan ohjenuorana, abrufbar unter: http://www.finland.eu/Public/default.aspx?contentid=342668&culture=fi-FI (letzter Zugriff: 27.6.2016).

21 Ministry for Foreign Affairs: The Effects of Finland's Possible NATO Membership: An Assessment, 29.4.2016.

22 Anne Orjala: Keskusta palasi niukasti piikkipaikalle – vihreät porskutti ennätyslukemiin, in: YLE Uutiset, 8.6.2016.

Frankreich

Joachim Schild

Innerfranzösische Ereignisse und innenpolitische Motive haben im vergangenen Jahr einen zunehmenden Einfluss auf die Gestaltung französischer Europapolitik gewonnen. So haben die Terroranschläge in Paris im Januar und November 2015 zu einem Drängen der Regierung auf europäische Absicherung und Ergänzung ihrer Politik der inneren Sicherheit und Terrorismusbekämpfung geführt. Vor diesem Hintergrund ist die im Laufe des letzten Jahres gesunkene Bereitschaft Frankreichs zu sehen, eine angemessene Last bei der Bewältigung der europäischen Flüchtlingskrise zu schultern. Auch die wachsende Unbeliebtheit von Staatspräsident François Hollande und seines Premierministers Manuel Valls, die zunehmende innere Zerrissenheit der sozialistischen Partei (PS) und die nahenden Präsidentschafts- und Parlamentswahlen im Jahr 2017 haben dazu geführt, dass Europapolitik stark mit Blick auf die innenpolitischen Folgen gestaltet worden ist. Dies hatte Auswirkungen auf die Haushaltspolitik. Die Defizitreduzierung hat an Gewicht verloren und die Politik der Ausgabenbegrenzung wurde schrittweise aufgeweicht, um innenpolitische Brandherde – etwa in Form von Bauern- und Studentenprotesten – zu löschen. Auch die Verhärtung der französischen Position im Rahmen der TTIP-Verhandlungen über ein Handels- und Investitionsabkommen mit den Vereinigten Staaten lässt sich mit einem veränderten innenpolitischen Hintergrund und verstärkten gesellschaftlichen Widerständen gegen das geplante Abkommen erklären. Gleiches gilt für die lauten Rufe der Regierung nach einer Reform der Entsenderichtlinie, um eine gleiche Bezahlung osteuropäischer entsandter Arbeitnehmer mit ihren französischen Kollegen sicherzustellen und sogenanntes ‚Lohndumping‘ zu verhindern.

Terrorismusbekämpfung

Die Terrorattentate in Paris am 7., 8. und 9. Januar 2015 gegen die Redaktion des Satiremagazins Charlie Hebdo, gegen eine Polizistin sowie in einem jüdischen Supermarkt (Hyper cacher) und insbesondere die koordinierten Attentate von Paris am 13. November 2015 hatten weitreichende Auswirkungen auf die Prioritätensetzung der französischen Europapolitik.

Zunächst wurden nach dem 13. November Grenzkontrollen wieder eingeführt, wie sie das Schengener Abkommen als zeitlich befristete Maßnahme erlaubt. Schon nach den Januarattentaten hatte Frankreich eine rasche Verabschiedung der europäischen Passagierdatenrichtlinie zur Einrichtung eines Fluggastdatensatzes (Passenger Name Record, PNR) gefordert, die eine umfangreiche Speicherung von personenbezogenen Fluggastdaten auf Flügen in die oder aus der Europäischen Union erlaubt. Die Novemberattentate öffneten dann ein Fenster der Gelegenheit zur endgültigen Verabschiedung der Richtlinie im April 2016, über die zuvor seit Jahren erfolglos verhandelt worden war. Dabei konnte Frankreich die verpflichtende Speicherung von Fluggastdaten rein innereuropäischer Flüge nicht durchsetzen, die Speicherung bleibt freiwillig. Doch haben sich die Innenminister der Mitgliedstaaten im Dezember 2016 zu einer Speicherung auf freiwilliger Basis bereit erklärt.[1]

Daneben machte sich Innenminister Bernard Cazeneuve für einen verstärkten Datenaustausch über das Schengener Informationssystem (SIS) stark.[2] Auch drängte er auf eine Verschärfung der europäischen Gesetzgebung zum Handel mit Kleinwaffen und konnte die Europäische Kommission dazu bewegen, die Arbeit an ihrem diesbezüglichen Gesetzgebungsvorschlag zu beschleunigen und schon im November 2015 einen Entwurf vorzulegen. Schließlich forderte Paris, systematische Kontrollen auch von Unionsbürgerinnen und -bürgern an den Schengenaußengrenzen inklusive eines Abgleichs mit SIS und Interpol, um per Haftbefehl gesuchte Dschihadisten identifizieren zu können.[3] Im Rahmen eines von Frankreich initiierten Sondertreffens einigten sich die Innenminister am 20. November 2015 darauf, an den Schengenaußengrenzen zukünftig auch EU-Bürgerinnen und -Bürger systematisch zu kontrollieren. Diese Einzelmaßnahmen sind für Paris Bestandteile eines „europäischen Sicherheitspaktes", dessen Verwirklichung es als unabdingbar für das Überleben des Schengener Abkommens und als angemessene Reaktion auf die terroristische Bedrohung betrachtet.[4]

Auch der von der Europäischen Kommission vorgelegte Aktionsplan gegen die Terrorismusfinanzierung[5] entsprach weitgehend französischen Vorstellungen, insbesondere im Hinblick auf die Überarbeitung der Richtlinie zur Geldwäsche, um etwa Internetplattformen für den Umtausch virtueller Währungen europäisch regulieren und die anonyme Nutzung von Zahlungsinstrumenten auf Guthabenbasis (Prepaid-Karten) zur Terrorfinanzierung erschweren zu können.

Flüchtlingswelle und europäische Migrationspolitik

Frankreich war ungleich weniger als seine europäischen Partner von der Flüchtlingswelle des Jahres 2015 betroffen. Zwar sind die Asylbewerberzahlen im Vergleich zum Vorjahr um 22 Prozent gestiegen, aber laut Eurostat lediglich auf 76.000 (Deutschland: 477.000). Nicht zuletzt wegen der schwierigen Arbeitsmarktlage zieht es wenige Flüchtlinge nach Frankreich.

Paris, das zunächst eine skeptische Haltung gegenüber der Umverteilung von Flüchtlingen einnahm, hat sich im Rahmen der europäischen Entscheidung zur einmaligen Umverteilung verpflichtet, insgesamt 30.000 Flüchtlinge beziehungsweise Asylbewerber in zwei Jahren aufzunehmen.[6] Im September 2015 plädierte Staatspräsident Hollande dann in einem gemeinsamen Brief mit Bundeskanzlerin Angela Merkel an die europäischen Institutionen für verbindliche und dauerhafte Verteilungsregeln für Flüchtlinge, setzte sich für eine europäische Liste sicherer Herkunftsländer ein und sprach sich für die Entwicklung eines gemeinsamen europäischen Asylrechts aus.[7]

---

1   Focus-online: EU-Parlament verabschiedet umstrittene Richtlinie, 14.4.2016.
2   The Economist: After Paris, drawbridges up?, 21.11.2015.
3   Le Monde: L'UE prête à modifier les règles de Schengen, 22./23.11.2015.
4   Compte rendu du Conseil des ministres du 13 janvier 2016: Les grands enjeux européens pour l'année 2016, abrufbar unter: http://www.gouvernement.fr/conseil-des-ministres/2016-01-13/les-grands-enjeux-eu ropeens-pour-l-annee-2016 (letzter Zugriff: 20.7.2016).
5   Europäische Kommission: Mitteilung der Kommission an das Europäische Parlament und den Rat. Ein Aktionsplan für ein intensiveres Vorgehen gegen Terrorismusfinanzierung, KOM(2016) 50.
6   Le Monde: Migrants: Paris et Berlin valident le plan européen, 11.7.2015.

Unter dem Eindruck der Terroranschläge vom November 2015 lehnten 62 Prozent der Französinnen und Franzosen laut einer IFOP-Umfrage allerdings die Aufnahme weiterer Flüchtlinge ab.[8] Zwei der Attentäter der Terroranschläge des 13. November 2015 sind mit gefälschten syrischen Pässen als angebliche Flüchtlinge über Griechenland nach Frankreich eingereist, sodass es für Gegner offener Grenzen ein Leichtes war, die Verbindung zwischen der Flüchtlingswelle und der erhöhten Terrorgefahr herzustellen. Vor diesem Hintergrund waren Präsident und Regierung bemüht, Schritte und Themen zu meiden, die Marine Le Pen und dem Front National Wahlkampfmunition im nahenden Präsidentschaftswahlkampf liefern würden.

Die Priorität der Exekutive lag auf der zügigen Errichtung von Erstaufnahmeeinrichtungen in Griechenland und Italien (‚Hotspots'), der Schaffung von Möglichkeiten zur Unterbringung von Flüchtlingen in den Nachbarländern Syriens und der Durchsetzung von Rücküberahmeabkommen mit den Herkunftsländern von irregulär in die Union eingereisten Migranten. In Bezug auf das Dubliner Abkommen plädierte Paris für die Beibehaltung der Asylverfahrenszuständigkeit der Staaten an den Außengrenzen, in denen Asylbewerber erstmals den Schengenraum betreten, unterstützte aber die von der Europäischen Kommission in einer Mitteilung vom April 2016 vorgeschlagene Option, dies mit temporären Umverteilungsmechanismen zu verbinden, falls die Zahlen kurzfristig in die Höhe schnellen.[9] Prioritär ist für Paris die Wiederherstellung eines effektiven Regimes zur Sicherung der Schengenaußengrenzen. So unterstützten die Regierung und die Nationalversammlung die Pläne der Kommission zum Ausbau von Frontex zu einer Grenz- und Küstenschutzagentur.[10] In einem gemeinsamen Brief an ihre Amtskollegen vom 4. Dezember 2015 machten sich der französische und der deutsche Innenminister ganz im Sinne der Kommission dafür stark, dass Frontex unter außergewöhnlichen Umständen eigenständig die Initiative zur Entsendung von Grenzschutzkräften ergreifen könne.[11]

In Frankreich ist die Entscheidung der Bundesregierung zur Grenzöffnung nur anfänglich auf Respekt und Unterstützung gestoßen. Als absehbar war, dass es sich nicht um eine einmalige, kurzzeitige Öffnung zur Linderung der Not der am Budapester Hauptbahnhof gestrandeten Flüchtlinge handelte, schwoll der parteiübergreifende Chor der Kritik rasch an.[12] In ungewöhnlich offener Weise und hart an der Grenze zur diplomatischen Brüskierung formulierte Premierminister Valls seine Kritik an der Einwanderungspolitik Deutschlands anlässlich seiner Teilnahme an der Münchner Sicherheitskonferenz 2016.[13] „Diese zeitweise durchaus gerechtfertigte Politik ist auf Dauer nicht tragbar", so der Regierungschef in einem Interview mit der Funke-Medien-Gruppe.[14] Er machte bei dieser Gelegenheit auch deutlich, dass Frankreich jenseits der zugesagten Aufnahme von 30.000 keine weite-

7   Bundesregierung: Deutsch-französische Initiative. Flüchtlingsfrage gesamteuropäisch lösen, abrufbar unter: http://www.bundesregierung.de/Content/DE/Artikel/2015/09/2015-09-04-fluechtlinge-gesamt.html (letzter Zugriff: 10.8.2016); vgl. auch Frankfurter Allgemeine Zeitung: Ein neuer Blick auf den Nachbarn, 2.9.2016; Le Monde: La lettre commune de François Hollande et d'Angela Merkel pour accueillir les réfugies en Europe, 5.9.2015.
8   Frankfurter Allgemeine Zeitung: Franzosen lehnen Aufnahme von Flüchtlingen ab, 19.11.2015.
9   Le Monde: Bruxelles envisage une réforme drastique du traitement des demandes d'asile, 7.4.2015.
10   Déclaration conjointe du 33ème Sommet franco-italien, Venedig, 8.3.2016; abrufbar unter: http://www.elysee.fr/declarations/article/declaration-conjointe-du-33eme-sommet-franco-italien/ (letzter Zugriff: 27.7.2016); vgl. auch die Resolution der Nationalversammlung zum entsprechenden Verordnungsvorschlag der Kommission, Assemblée nationale: Texte adopté no 776, 28 juin 2016.
11   Le Monde: Face aux migrants, l'UE veut des gardes-frontières permanents, 13./14.12.2015.
12   Süddeutsche.de: Frankreichs Konservative entsetzt über Merkels Flüchtlingspolitik, 16.9.2016.
13   Frankfurter Allgemeine Zeitung: Pariser Schlingerkurs, 16.3.2016.

ren Flüchtlinge mehr aufnehmen wolle. Damit begab sich die französische Regierung in offenen Gegensatz zur Position der Bundesregierung und auch Italiens, die sich für einen dauerhaften Umverteilungsmechanismus für Flüchtlinge innerhalb der Europäischen Union stark gemacht haben. In Deutschland hat diese von Frankreich eingenommene Zuschauerrolle im europäischen Flüchtlingsdrama zu Irritationen geführt. Umgekehrt gilt dies auch für das aus Sicht Frankreichs ungenügende Engagement der Bundesrepublik im Kampf gegen die Terroristen des Islamischen Staates. Staatspräsident Hollande forderte die Bundesrepublik nach den Terroranschlägen im November 2015 zu einem verstärkten Kampf gegen den IS an der Seite Frankreichs auf.[15]

Die Art und Weise, wie die Bundeskanzlerin Merkel vor dem Europäischen Rat in der Nacht vom 6. auf den 7. März 2016 mit dem damaligen türkischen Premierminister Ahmet Davutoglu die Verhandlungen über ein bilaterales Abkommen zwischen der Europäischen Union und der Türkei im Alleingang führte, hat in Frankreich zu erheblichen Verärgerungen geführt.[16] Auch zeigte sich Paris sehr reserviert im Hinblick auf die ins Auge gefasste Aufhebung der Visumspflicht für türkische Staatsbürgerinnen und -bürger.[17] So betonte Präsident Hollande, dass es „keinerlei Zugeständnisse im Bereich der Menschenrechte oder der Kriterien geben (dürfe), was für die Liberalisierung der Visaregelung gilt".[18] Gemeinsam mit der Bundesrepublik hat Frankreich ein Positionspapier unterbreitet, das im Falle eines Inkrafttretens der Visafreiheit eine Art Notbremse vorsieht für den Fall einer starken Zunahme der Fälle unrechtmäßigen Aufenthalts nach Überschreiten der Drei-Monats-Aufenthaltsfrist, eines starken Anstiegs der Asylanträge oder wenn das Visafreiheit erhaltende Land sich weigert, aus EU-Staaten zurückgeschickte Migranten aus Drittstaaten wieder aufzunehmen. Dies wurde von der Kommission nach anfänglichem Zögern in ihre Verhandlungslinie zur Visaliberalisierung für die Türkei aufgenommen.[19]

Brexit

Schon vor dem britischen Austrittsreferendum nahmen Frankreichs Präsident und Regierung eine eher unnachgiebige Haltung gegenüber britischen Sonderwünschen ein. Dies zeigte sich an der Reaktion auf die von Premierminister David Cameron geforderten Zugeständnisse seitens seiner europäischen Partner zur Neugestaltung des Verhältnisses zwischen seinem Land und der Europäischen Union. So stieß dessen Vorstellung, Anspruch auf britische Sozialleistungen für Arbeitsmigranten aus EU-Staaten erst nach vier Jahren zu gewähren, zunächst auf Skepsis.[20] Eine rote Linie zog Paris im Hinblick auf ein mögliches britisches Vetorecht bezüglich der rechtlichen Fortentwicklung der Eurozone.[21] Auch warnte Staatspräsident Hollande Großbritannien anlässlich des 34. französisch-briti-

---

14   WAZ: Frankreichs Premier Valls kritisiert Merkels Grenzpolitik, 12.2.2016, abrufbar unter: http://www.derwesten.de/politik/frankreichs-premier-valls-kritisiert-merkels-grenzpolitik-id11558975.html (letzter Zugriff: 21.7.2016).
15   Le Monde: Au-delà des discours solidaires, l'Allemagne s'engage modestement, 28.11.2015.
16   Le Monde: La nuit où Angela Merkel a perdu l'Europe, 17.3.2016; Le Monde: Paris marginalisé dans la gestion de crise, 9.3.2016.
17   Le Monde: Berlin et Ankara font cause commune, 24./25.1.2016.
18   François Hollande: Verteilung der Flüchtlinge bedarf Schutz der Außengrenzen (sic), Französische Botschaft in Berlin, 15.3.2015, abrufbar unter: http://www.ambafrance-de.org/Verteilung-von-Fluchtlingen-bedarf-Schutz-der-EU-Aussengrenzen (letzter Zugriff: 27.7.2016).
19   Frankfurter Allgemeine Zeitung: Brüssel bremst Notbremse aus, 30.4.2016 und: EU-Kommission unterstützt „Notbremse", 2.5.2016.
20   Le Monde: 'Brexit': 'David, on veut t'aider', 19.12.2015.
21   Le Monde: Cameron et l'UE: un accord contre le Brexit, 4.2.2016.

schen Gipfels in Amiens am 3. März 2016 vor den Folgen eines Austritts, während Wirtschaftsminister Emmanuel Macron gar mit der Einstellung der Grenzkontrollen am Ärmelkanal und damit mit der ungehinderten Weiterreise der im Flüchtlingslager Calais gestrandeten Flüchtlingen und Migranten drohte.[22]

Während der britischen Referendumskampagne machte Frankreich seine Präferenz für einen Verbleib des Landes in der Union zwar deutlich. Präsident Hollande und die Regierung übten sich aber in Zurückhaltung und mieden das Thema, um den Eindruck einer Einmischung von außen zu vermeiden.

Nach dem Brexit-Votum kam aus Paris, im Einklang mit Berlin, das Signal, dass eine Fortsetzung der Binnenmarktintegration Großbritanniens nur um den Preis einer fortgesetzten Arbeitnehmerfreizügigkeit zu haben sei.[23] Anders als die Bundeskanzlerin drängte Hollande aber auf eine schnelle Gangart im Rahmen des in Art. 50 des Vertrages über die Europäische Union (EUV) festgelegten Austrittsverfahrens.[24] Auch ist eine französische Präferenz, gemeinsam mit Italien, für eine eher harte Verhandlungslinie zu erkennen, um nur wenige Sonderregelungen für einen Nichtmitgliedstaat zu vereinbaren. Damit dürfte sich Paris aber eher in einer Minderheitenposition wiederfinden.[25]

Aus den Reihen der Opposition war wiederholt Kritik an der fehlenden Initiative Frankreichs nach der Brexit-Entscheidung zu vernehmen, die mit der Diagnose einer Scheu vor Verantwortungsübernahme wegen des sinkenden Gewichts Frankreichs in Brüssel verbunden wurde.[26]

Eine Auswirkung des Brexit-Votums ist in der gestiegenen Skepsis gegen zukünftige Erweiterungsschritte der Europäischen Union zu sehen. Zwar hat Präsident Hollande betont, dass die seitens der Union eingegangenen Verpflichtungen gegenüber Beitrittsaspiranten aus der Balkanregion nicht infrage gestellt würden. Aber zum einen hat Kommissionspräsident Jean-Claude Juncker ohnehin neue Erweiterungen im Rahmen der aktuellen Legislaturperiode ausgeschlossen, zum anderen haben führende Oppositionspolitiker ihre ablehnende Haltung im Hinblick auf künftige Erweiterungen unmissverständlich zu Protokoll gegeben und in Anbetracht der zunehmend autoritären Regression in der Türkei den Abbruch der laufenden türkischen Beitrittsverhandlungen befürwortet, so etwa Alain Juppé.[27]

Mit dem Brexit wird Frankreich seinen zentralen Partner für eine aktive außen- und vor allem sicherheitspolitisch-militärische Rolle der Europäischen Union verlieren, der, wie es selbst, in weltpolitischen Kategorien denkt. Der Verlust des britischen Partners dürfte die Rolle der französisch-deutschen Sonderbeziehung noch weiter stärken, in der Deutschland aber aufgrund der anhaltenden Wirtschaftsschwäche des französischen Partners mehr

---

22 Frankfurter Allgemeine Zeitung: Paris droht London mit Grenzöffnung, 4.3.2016.

23 Le Monde: Le casse-tête des accords commerciaux post-Brexit, 28.6.2016.

24 Staatspräsident Hollande zum Brexit: Entscheidung respektieren und Konsequenzen daraus ziehen, Erklärung vom 24.6.2016, Französische Botschaft, Berlin, abrufbar unter: http://www.ambafrance-de.org/Staatsprasident-Hollande-zum-Brexit-Entscheidung-respektieren-und-Konsequenzen (letzter Zugriff: 21.7.2016).

25 Le Monde: Londres et Bruxelles se préparent à des négociations houleuses, 29.6.2016.

26 Vgl. etwa das Interview des potentiellen Präsidentschaftskandidaten der Republikaner, Alain Juppé, in Le Monde: Juppé: „L'Europe est menacée de dislocation", 28.6.2016. Zum sinkenden Einfluss Frankreichs in der Europäischen Union, vgl. Christophe Carresche/Pierre Lequiller: Rapport d'information deposé par la Commission des Affaires européennes sur l'influence française au sein de l'Union européenne, Assemblée nationale, No 4368, Paris, 2 février 2016.

27 Siehe Fußnote 26.

Gewicht besitzt. Allerdings ist eine Verstärkung der bilateralen sicherheitspolitischen und militärischen Beziehungen zu Großbritannien zu erwarten. Dies stünde in Verlängerung der 2010 in Lancaster House abgeschlossenen beiden bilateralen Verträge, die ein gemeinsames Expeditionskorps und rüstungspolitische Kooperationsprojekte vorsahen. Auch stellt Paris den Vertrag von Touquet von 2003 nicht infrage, der gemeinsame Grenzkontrollen vorsieht und in dem sich Frankreich verpflichtet, Flüchtlinge an der Überquerung des Ärmelkanals zu hindern.[28]

Staatspräsident Hollande ließ erkennen, dass er den Brexit-Schock für eine Initiativrolle Frankreichs zur Redynamisierung des Integrationsprojektes zu nutzen gedenke, insbesondere um den Schutz der inneren und äußeren Sicherheit der Unionsbürgerinnen und -bürger zu erhöhen. Allerdings ist derzeit kaum erkennbar, wie Frankreich die Unterstützung seiner Partner für Anliegen wie eine Stärkung der Eurozone (Eurozonenbudget und -parlament), eine Harmonisierung von Steuern und sozialen Regulierungsstandards, europäische Mindestlohnregelungen oder eine Vertiefung europäischer Verteidigungskooperation gewinnen könnte. Eine exklusive Konzertierung der Positionen mit Deutschland, wie von Hollande und auch von politischen Schwergewichten aus den Reihen der bürgerlichen Opposition gewünscht, stieß in Berlin auf wenig Gegenliebe.[29]

TTIP

Das verstärkte Gewicht innenpolitischer Kalküle für die Gestaltung französischer Europapolitik lässt sich in der verhärteten Haltung Frankreichs zu den Verhandlungen über das transatlantische Freihandelsabkommen TTIP (in Frankreich auch als TAFTA – Transatlantic Free Trade Association bezeichnet) erkennen. In den letzten beiden Jahren hat die gesellschaftliche und politische Mobilisierung linker Globalisierungsgegner aus den Reihen der Grünen, der Linkspartei und Kommunisten, aber auch der rechtspopulistischen Front National, gegen „neoliberale" Freihandelspläne deutlich zugenommen.[30] Dabei bildete in der öffentlichen Debatte vor allem die Frage der internationalen Schiedsgerichte zur Verhandlung von Investorenklagen gegen Staaten den Stein des Anstoßes.

Hatte Frankreich in den ersten beiden Jahren der Verhandlung eher die möglichen positiven Auswirkungen betont, so ist seit Herbst 2015 von Handelsstaatssekretär Matthias Fekl erstmals eine Beendigung der Verhandlungen ins Spiel gebracht. Er drohte damit für den Fall, dass sich ein für die Europäische Union ungünstiges Ergebnis abzeichne und Frankreich seine Anliegen bezüglich des Schutzes geographischer Produktherkunftsbezeichnungen im Hinblick auf den Zugang zu öffentlichen Beschaffungsmärkten nicht durchsetzen könne. Im April 2016 drohte Staatspräsident Hollande dann offen ein französisches Veto an, sofern das Vertragswerk Umwelt- und Gesundheitsstandards absenke und den US-amerikanischen Markt nicht genügend für europäische Anbieter öffne. Im Juni 2016 legte Premierminister Valls dann nochmals nach und stellte die Möglichkeit einer Einigung über TTIP grundsätzlich infrage.[31]

---

28 Frankfurter Allgemeine Zeitung: Paris will Kooperation am Kanal fortsetzen, 1.7.2016.
29 Frankfurter Allgemeine Zeitung: Traumpaar nur im Traum, 27.6.2016.
30 Elvire Fabry: Frankreich – ein Hort des Widerstandes gegen TTIP?, in: Deutsche Gesellschaft für Auswärtige Politik (DGAP): DGAPAnalyse 7/2015.
31 Frankfurter Allgemeine Zeitung: Hollande droht mit Abbruch der TTIP-Verhandlungen, 4.5.2016; vgl. auch Le Monde: Manuel Valls hausse le ton contre la Tafta, 28.6.2016.

Eurozone und Haushaltspolitik

Hollande wiederholte sein Plädoyer zugunsten eines Eurozonenbudgets und -parlaments. Das Thema wird nach dem Brexit-Votum noch an Bedeutung für Paris gewinnen, wenn es darum geht, die aus seiner Sicht richtigen Lehren aus dem Referendum zu ziehen. Wirtschaftsminister Macron ging noch deutlich weiter als Präsident Hollande, als er einen europäischen Finanzausgleich forderte – „eine Währungsunion ohne Finanzausgleich, das gibt es nicht!"[32] – und sich für eine ‚Euro-Regierung' unter Führung eines mit starken supranationalen Befugnissen ausgestatteten Kommissars einsetzte. Diese Meinungsäußerung des Wirtschaftsministers, die nicht die offizielle Haltung der Regierung oder des Präsidenten wiedergibt, würde demnach eine Transferunion mit deutlich verstärkter supranationaler Governance kombinieren, zu der sich Frankreich bislang nie bereit fand.

Vor dem Hintergrund der Terrorakte in Paris vom 13. November 2016 stellte Hollande klar, dass der ‚Sicherheitspakt' Vorrang vor dem Stabilitätspakt habe und traf mit dieser Prioritätensetzung auf eine willfährige Kommission. Deren Präsident Juncker äußerte wie der französische Kommissar Pierre Moscovici Verständnis für diese Prioritätensetzung und stellte eine besondere Behandlung der zur Terrorbekämpfung eingesetzten Zusatzausgaben im Rahmen des seit 2009 gegen Frankreich laufenden Verfahrens wegen eines übermäßigen Defizits in Aussicht.[33] Auch als Frankreich zum wiederholten Male seine Ziele zum Abbau des strukturellen Defizits verfehlte, ließ die Kommission Milde walten und verzichtete auf eine Verschärfung des Verfahrens. Gefragt, warum Frankreich diese nachsichtige Behandlung erfahre, antwortete Kommissionspräsident Juncker in entwaffnender Offenheit: „Weil es Frankreich ist".[34]

Der lange Schatten des Wahlkampfs

Das wachsende Gewicht innenpolitischer Motive für die Gestaltung der französischen Europapolitik lässt sich auch an der Haltung der französischen Regierung zur Novelle der Entsenderichtlinie ablesen. Im März 2016 hatte die Europäische Kommission auf Drängen Frankreichs, Deutschlands und Belgiens vorgeschlagen, die Entsenderichtlinie von 1996 dahingehend zu reformieren, dass die Entlohnung von entsandten Arbeitnehmern derjenigen von Arbeitnehmern im Tätigkeitsland angenähert werden soll. Dies stieß in den osteuropäischen Mitgliedstaaten erwartungsgemäß auf Ablehnung. Anfang Juli drohte Premierminister Valls angesichts des ins Stocken geratenen Dossiers ganz offen mit einem Rechtsbruch, nämlich die geltende Entsenderichtlinie nicht mehr anzuwenden, falls die Reform keine Fortschritte mache.[35]

Die Arbeitnehmerentsendepraxis und ähnliche Fragen, die mit verschärftem innereuropäischem Wettbewerb infolge der Osterweiterung zu tun haben, eignen sich hervorragend für Wahlkampfzwecke. Es steht praktisch außer Zweifel, dass Europathemen einen höheren Stellenwert in den anstehenden Präsidentschafts- und Parlamentswahlkämpfen einnehmen werden als in vergangen Wahlkämpfen. Schon in den parteiinternen ‚Primaires' der Republikaner (Les Républicains) im November 2016 und der Sozialisten im Januar 2017 zur Auswahl ihrer Präsidentschaftskandidaten dürfte die Haltung zu Fragen europäischer

---

32 Vgl. sein Interview in der Süddeutschen Zeitung: „Wollen wir die Totengräber sein?", 31.8.2015.
33 Le Monde: M. Hollande se délivre du 'pacte de stabilité', 18.11.2015 und: Bruxelles à l'heure du cas par cas sur le pacte de stabilité, 24.11.2015.
34 Frankfurter Allgemeine Zeitung: "Weil es Frankreich ist", 2.6.2016. Das vollständige Interview ist abrufbar unter: https://www.youtube.com/watch?v=iw4e5pc7l34 (letzter Zugriff: 22.7.2016).
35 The Economist: Going posted, 9.7.2016.

Politik ein wichtiges Abgrenzungsmerkmal für die Bewerber sein. Gleiches ist für den Präsidentschaftswahlkampf selbst zu erwarten, zumal nach allen derzeitigen Umfragen die Kandidatin des Front National, Le Pen, im zweiten Wahlgang vertreten sein und für ein EU-Austrittsreferendum in Frankreich werben wird.

Weiterführende Literatur

Joachim Bitterlich: France-Allemagne: "rien ne va plus"? Une relation charnière a restaurer d'urgence, in: Annuaire français de relations internationales 16/2015, S. 369-374.

Frédéric Bozo: Deutsche Stärke oder französische Schwäche? Die deutsch-französischen Beziehungen angesichts der neuen deutschen Außenpolitik. In: Martin Koopmann/Barbara Kunz (Hrsg.): Deutschland 25 Jahre nach der Einheit: Partner, Führungsmacht, Modell? Genshagener Schriften 3, Baden-Baden 2016, S. 73-83.

Christophe Carresche/Pierre Lequiller: Rapport d'information deposé par la Commission des Affaires européennes sur l'influence française au sein de l'Union européenne, Assemblée nationale, No 4368, Paris, 2 février 2016.

Ulrich Krotz/Joachim Schild: Frankreich – unverzichtbarer Partner deutscher Europapolitik, in: Katrin Böttger/ Mathias Jopp (Hrsg.): Handbuch zur deutschen Europapolitik, Baden-Baden 2016, S. 435-448.

Mathieu Tardis: Zwischen Abschottung und Ambitionen. Arbeiten Deutschland und Frankreich in der europäischen Flüchtlingskrise zusammen?, in: Deutsche Gesellschaft für Auswärtige Politik: DGAPAnalyse 7/2016.

Matthias Waechter: Is France still a pivotal power in the EU? Reflections on the country's declining agenda-setting role, in: Hartmut Marhold (Hrsg.): Europe under stress, Denkart Europa 24, Baden-Baden 2016, S. 65-68.

Griechenland

Heinz-Jürgen Axt

Fast sah es in jüngster Vergangenheit so aus, als werde die Berichterstattung über Griechenland ausschließlich vom Flüchtlingsthema beherrscht und die finanzielle, wirtschaftliche und soziale Situation des Landes gerate völlig aus dem Blickfeld. Im Mai 2016 kam allerdings ein erneuter finanzieller Engpass auf Griechenland zu, was die Gläubiger zwang, die Umsetzung der von der Regierung Tsipras am 12. Juli 2015 versprochenen Reformen zu überprüfen, damit eine erneute Kredittranche freigegeben werden konnte. Und wieder machte das Wort ‚Grexit' die Runde. Erst in letzter Minute wurde die griechische Regierung aktiv, um im Parlament die versprochenen Reformgesetze zu beschließen – Reformen, an deren Notwendigkeit und Wirksamkeit der griechische Regierungschef jedoch selbst nicht glaubt.[1]

Parlamentswahlen

Aus Protest gegen die Reformauflagen des am 12. Juli 2015 zugesagten dritten Hilfspakets verließen 25 Abgeordnete vom linken Flügel der SYRIZA (Synaspismos Rizospastikis Aristeras, Koalition der Radikalen Linken) die Regierungspartei und gründeten eine eigene Parlamentariergruppe. Später firmierten die Abtrünnigen unter dem Parteinamen Laiki Enotita (Volkseinheit). Angeführt wurde die Gruppe vom ehemaligen Energieminister Panagiotis Lafazanis, der seinen Ministerposten im Juli 2015 hatte räumen müssen, weil er im Parlament gegen die von den internationalen Geldgebern geforderten Spar- und Reformmaßnahmen gestimmt hatte. SYRIZA hatte fortan im Parlament nur noch 124 Abgeordnete. Ende August 2015 trat Alexis Tsipras als Ministerpräsident zurück, um Neuwahlen zu erzwingen. Damit konnte er die kommunistische Opposition in den eigenen Reihen in die Schranken weisen, indem er als Parteivorsitzender die Kandidaten für die Fraktion benannte. Am 20. September 2015 wurden die Wahlen durchgeführt (Tabelle 1).

Mit der Wahl vom September 2015 war es Tsipras gelungen, die Abweichler in seiner Partei aus dem Parlament zu verdrängen – Laiki Enotita blieb unter der Sperrklausel von 3 Prozent, ohne dass SYRIZA selbst übermäßig an Wahlanteilen verlor: Um 0,8 Prozentpunkte der Stimmen und vier Abgeordnete verschlechterte sich die Regierungspartei. Da im Parlament mit seinen 300 Abgeordneten SYRIZA keine absolute Mehrheit erreichte, kam es erneut zur Koalition mit der rechtspopulistischen ANEL (Anexartitoi Ellines, Unabhängige Griechen). Angesichts ihrer Wahlverluste konnte diese Partei keine großen Bedingungen anlässlich der Regierungsbildung stellen. Die konservative Neue Demokratie (Nea Dimokratia) konnte sich als stärkste Oppositionspartei nur wenig verbessern. Da schnitt die rechtsextreme Chrysi Avgi (Goldene Morgenröte), relativ gesehen, etwas besser ab, steigerte sie ihren Wahlanteil doch auf 7 Prozent. Die sozialdemokratische PASOK (Panellinio Sosialistiko Kinima, Panhellenische Sozialistische Bewegung) konnte leicht

---

1   Im Juni 2015 äußerte Ministerpräsident Tsipras: „Ich übernehme die Verantwortung für einen Text, an den ich nicht glaube, um ein Desaster für das Land zu vermeiden, den Kollaps der Banken". Zit. n. Frankfurter Allgemeine Zeitung: Alexis, ich kann nicht mehr, 16.7.2015, S. 15.

zulegen.[2] Die Zustimmung für die Kommunisten der KKE (Kommounistiko Komma Elladas) stagnierte, während die linksliberal ausgerichtete Partei To Potami (Der Fluss) 2 Prozentpunkte verlor. Die zentristische EK (Enosi Kentroon, Union der Zentristen) überwand die Sperrklausel und ist mit 9 Abgeordneten vertreten. Dass die Griechen wahlmüde geworden waren, zeigte sich an der Wahlbeteiligung. Diese sank von 63,9 Prozent auf 56,6 Prozent. Dass mit Euklid Tsakalotos der neue Finanzminister der alte war, signalisierte, dass Tsipras die Verhandlungen mit den Gläubigern ernsthaft zu führen gedachte. Dem Vorgänger von Tsakalotos, dem am 6. Juli 2015 zurückgetretenen Yanis Varoufakis, konnte man das nicht nachsagen.

Tabelle 1: Ergebnisse der Parlamentswahlen von 2015[3]

	20. September 2015		25. Januar 2015	
	in Prozent	Sitze	in Prozent	Sitze
SYRIZA	35,5	145	36,3	149
Neue Demokratie	28,2	75	27,8	76
Chrysi Avgi	7,0	18	6,3	17
PASOK	6,3	16	4,7	13
DIMAR			1,2	–
KKE	5,6	15	5,5	15
To Potami	4,1	11	6,1	17
ANEL	3,7	10	4,8	13
EK	3,4	9	1,8	-
Laiki Enotita	2,9	–	–	–
Wahlbeteiligung	56,6		63,9	

Sieben Jahre Rezession

Seit Ausbruch der Schuldenkrise ist Griechenlands Wirtschaftsleistung in sieben von acht Jahren geschrumpft. Betrug das Bruttoinlandsprodukt (BIP) im Jahr 2009 zu jeweiligen Preisen noch 237,534 Mrd. Euro, so sank es 2015 auf 176,022 Mrd. Euro. Auf 21.400 Euro kam das BIP pro Kopf im Jahr 2009, sieben Jahre später waren es bloß noch 16.200 Euro. Auch für 2016 rechnet man mit einem Negativ-Wachstum von 0,3 Prozent. Die negativen Wirtschaftsdaten werden von einer unverändert hohen Arbeitslosigkeit begleitet. 2015 betrug die allgemeine Arbeitslosenquote 24,9 Prozent, die der Jugendlichen im Alter von 15 bis 24 Jahren 49,5 Prozent. Das wenig erfreuliche Bild wird komplettiert durch eine Staatsverschuldung, die 182,8 Prozent des BIP erreicht.[4] Eine positive Ausnahme stellt der Tourismus dar. Die Einnahmen steigerten sich 2015 auf 14,2 Mrd. Euro, im Vorjahr waren es noch 9,6 Mrd. Euro.[5]

---

2   Am 25. Januar 2015 war PASOK zusammen mit DIMAR (Dimokratiki Aristera, Demokratische Linke) angetreten.

3   Quelle: Parties and Elections in Europe, abrufbar unter http://www.parties-and-elections.eu/greece.html (letzter Zugriff: 29.8.2016).

4   Alle Angaben siehe Eurostat: Europa in Zahlen. Griechenland, abrufbar unter: https://www.destatis.de/Europa/DE/Staat/EUStaaten/Griechenland.html (letzter Zugriff: 18.8.2016).

5   Frankfurter Allgemeine Zeitung: Tourismus in Griechenland, 29.3.2016, S. 20.

Reformmaßnahmen wurden nur halbherzig vorangetrieben. Von den im Memorandum mit den Gläubigern vereinbarten Privatisierungsmaßnahmen im Umfang von 50 Mrd. Euro sind bislang lediglich 2,5 Mrd. Euro an Einnahmen erzielt worden. Die Privatisierung der Regionalflughäfen und eines Teils des Hafens Piräus sind immerhin vereinbart worden.[6] Die Organisation für wirtschaftliche Zusammenarbeit und Entwicklung (OECD) führt das ausbleibende Wachstum darauf zurück, dass die Märkte nicht entschlossen liberalisiert werden und dass Verwaltung und Rechtssystem unzureichend funktionieren. Das Wirtschaftsklima sei wenig unternehmerfreundlich. Das wird damit begründet, dass man sich mit den vereinbarten Reformen nicht identifiziere und sich gegen widerständige Interessengruppen gerade in den staatlich kontrollierten Unternehmen nicht durchsetzen wolle.

Um Löhne und Renten nicht weiter zu senken, hat die Regierung Tsipras die fiskalische Konsolidierung zu Lasten der Mittelklasse vor allem durch eine Erhöhung der Steuern angestrebt. Steuererhöhungen haben jedoch die Probleme nicht lösen können, weil immer weniger an Steuern tatsächlich gezahlt wird. Die Steuerschuld der Bürgerinnen und Bürger erreichte nach Berechnungen des Internationalen Währungsfonds (IWF) 2015 eine Rekordmarke: Von 100 Euro ausstehenden Steuern zahlten die Griechen an den Staat demnach lediglich noch 45 Euro. Insgesamt schulden die Griechen ihrem Staat inzwischen etwa 87 Mrd. Euro an Steuern.[7] Das entspricht etwa der Hälfte der griechischen Wirtschaftsleistung. In keinem anderen EU-Staat liegt die Steuerschuld der Bürgerinnen und Bürger sowie Unternehmen im Verhältnis zur Wirtschaftsleistung auch nur annähernd so hoch wie in Griechenland. Zwar hätten viele Menschen kein Geld mehr, um die Steuern zu begleichen, aber die ausstehenden Steuern seien auch ein Indiz für eine weiterhin unzureichend arbeitende Steuerbehörde, schreibt die Athener Zeitung Kathimerini.[8]

Um den geplanten Rentenkürzungen zu entgehen, haben mittlerweile viele Staatsbedienstete den vorzeitigen Ruhestand beantragt, was nicht nur die Steuereintreibung, sondern die gesamte Verwaltung lähmt.[9] Mittlerweile ziehen es viele Unternehmen vor, mit einer Verlagerung ins Ausland der hohen Steuerlast zu entgehen. Im ersten Halbjahr 2016 sollen es 9.000 Unternehmen gewesen sein, die sich im benachbarten Bulgarien angesiedelt haben.[10] Da eine Stabilisierung der griechischen Wirtschaft noch immer nicht in Sicht ist, bleiben auch die am 29. Juni 2015 eingeführten Kapitalverkehrskontrollen weiterhin in Kraft.

Griechenland und das dritte Hilfsprogramm der Gläubiger

Seit Amtsantritt hatte die Regierung Tsipras lange gezögert, ernsthafte Verhandlungen mit den Gläubigern zwecks Weiterführung der Finanzhilfen zu führen. Erst am 12. Juli 2015 konnte sich das von einem Finanzkollaps bedrohte Land mit den Gläubigern auf eine Liste mit Spar- und Reformmaßnahmen einigen. 86 Mrd. Euro auf drei Jahre wurden Griechenland in Aussicht gestellt. Der Sinneswandel auf griechischer Seite wurde durch die vom deutschen Finanzminister Wolfgang Schäuble ins Spiel gebrachte Idee beschleunigt, dass, wenn keine Vereinbarung erzielt werden könne, mit Griechenland Verhandlungen über

---

6   Frankfurter Allgemeine Zeitung: Halbherzige Reformen in Griechenland, 16.4.2016, S. 16.
7   Frankfurter Allgemeine Zeitung: Griechen schulden dem Staat 87 Milliarden Euro, 30.5.2016, S. 1.
8   Ekatimerini.com: Half of Greeks are in debt to the tax authorities, 15.3.2016.
9   Die vereinbarten Rentenkürzungen sollen erst 2017 wirksam werden. Vgl. Tagesschau.de: Steuerschulden in Griechenland.
10   Frankfurter Allgemeine Zeitung: Griechenlands Steuerbehörden pfänden im Akkord, 11.6.2016, S. 23.

eine Auszeit von der Euro-Zone geführt werden sollten.[11] Der Begriff des ‚Grexit' kam in Umlauf. Nach 17 Stunden Verhandlungen einigte man sich auf dem Euro-Gipfel auf die Eckpunkte eines dritten Hilfspakets für Griechenland.

Am 13./14. August 2015 stimmte auch das griechische Parlament für das dritte Hilfspaket. Von den 300 Abgeordneten votierten 222 für das Paket. Unterstützung bekam Tsipras von der Opposition, nicht aber von großen Teilen der SYRIZA-Fraktion. 43 Abgeordnete dieser Fraktion stimmten gegen die Verständigung mit den Gläubigern, was die Vereinbarung von Beginn an auf eine wenig stabile Grundlage stellte. Die innerparteiliche Opposition konnte Tsipras erst mit den Wahlen vom 20. September 2015 ausschalten.[12] Der IWF erklärte, er werde sich beim dritten Hilfspaket vorerst nicht beteiligen, was allerdings insofern kein Problem darstellte, als das Programm des IWF sowieso noch bis Frühjahr 2016 lief. Der Deutsche Bundestag indes pochte auf eine Beteiligung des IWF. Als der Bundestag am 19. August 2015 über die Finanzhilfen für Griechenland abstimmte, sprachen sich zwar 453 von 584 an der Abstimmung beteiligten Abgeordnete für die Hilfen aus, doch immerhin 113 Abgeordnete, darunter 63 aus der CDU/CSU-Fraktion, waren dagegen.

Die Zurückhaltung des IWF, sich am dritten Hilfspaket zu beteiligen, wurde vom Fonds mit der nicht gegebenen Schuldentragfähigkeit in Griechenland begründet. Im April 2016 wurde durch WikiLeaks ein internes Telefongespräch zwischen IWF-Verantwortlichen bekannt gemacht, wonach diese ein Ausscheiden des Fonds aus der Griechenlandhilfe für möglich erachteten. Einerseits waren die Vertreter des Fonds mit dem Reformtempo unzufrieden, andererseits wollten sie Druck insbesondere auf Deutschland ausüben, damit Berlin seinen Widerstand gegen Schuldenerleichterungen für Griechenland aufgibt.[13] Das Pochen auf einen Schuldennachlass übersieht freilich zwei Aspekte: Zum einen setzt Griechenland die vereinbarten Reformen nur unwillig um, was die erhoffte Stabilisierung der Wirtschaft konterkariert. Zum anderen sind Zinsen und Laufzeiten der an Griechenland vergebenen Kredite bereits jetzt so moderat, dass durch eine weitere Streckung von Laufzeiten und Senkung von Zinsen kaum noch eine substantielle Senkung der Schuldenlast zu erreichen ist. Die 15 Mrd. Euro, die Griechenland noch an den IWF zurückzuzahlen hat, haben einen durchschnittlichen Zins von 3,6 Prozent und eine durchschnittliche Laufzeit von 5,9 Jahren. Die europäischen Kredite der Europäischen Finanzstabilisierungsfazilität (EFSF) laufen durchschnittlich 25 Jahre bei einem Zins von 1,2 bis 1,5 Prozent. Dieser ist obendrein bis 2025 gestundet. Der Europäische Stabilitätsmechanismus (ESM) hat Kredite mit einem Zins von 0,7 bis 1 Prozent und einer Laufzeit von 32 Jahren vergeben. Die Kredite der ersten Griechenlandhilfe vom Mai 2010 kosten lediglich 0,6 Prozent an Zinsen und laufen im Durchschnitt 16,4 Jahre.[14] Die Diskussion um die Schuldentragfähigkeit ist zwar für den IWF wegen seiner Regel relevant, nur an prinzipiell zahlungsfähige Staaten Kredite vergeben zu dürfen, in der Sache jedoch lenkt sie von den eigentlichen Problemen in Griechenland ab.

---

11 Tagesschau.de: Protokoll der Einigung mit Athen, 13.7.2015.
12 Vgl. ausführlich Heinz-Jürgen Axt: Griechenland, in: Werner Weidenfeld/Wolfgang Wessels (Hrsg.): Jahrbuch der Europäischen Integration 2015, Baden-Baden 2015, S. 427-434.
13 Reuters.com: IMF chief denies threat to pull out of Greek bailout. 3.4.2016; Frankfurter Allgemeine Zeitung: Berlin: Kein Schuldenschnitt, 5.4.2016, S. 1.
14 Frankfurter Allgemeine Zeitung: IWF stellt als Gläubiger hohe Ansprüche an Griechenland, 21.5.2016, S. 20.

Die ordnungsgemäße Auszahlung der einzelnen Tranchen des dritten Hilfspakets wurde immer wieder durch Unstimmigkeiten zwischen Griechenland und den Gläubigern infrage gestellt. Im Oktober 2015 wurde die Überweisung von 2 Mrd. Euro gestoppt, weil von den vereinbarten 48 Reformmaßnahmen (‚milestones') nur ein Drittel erledigt war. Im Dezember 2015 stellte die Gläubiger-Troika des ESM ein negatives Zeugnis über die Reformumsetzung insbesondere zum Privatisierungsfonds aus. Eine bis zum Jahresende fällige Zahlung an den IWF durch Griechenland geriet ins Wanken. Erst in letzter Minute konnte der IWF durch eine Nachbesserung der griechischen Seite befriedigt werden. Besonders strittig war stets die Umsetzung der Rentenreform. Griechenland muss für sein Rentensystem einen Betrag in Höhe von 17,7 Prozent des BIP aufbringen, im Durchschnitt der Europäischen Union sind es 12,8 Prozent.[15] Als Finanzminister Schäuble im Mai 2016 Griechenland erneut auf die Umsetzung vereinbarter Reformen drängte und erklärte, frisches Geld gebe es erst nach den Reformen, sah er sich zunehmend isoliert. Der Präsident der Europäischen Kommission, Jean-Claude Juncker, und der Eurogruppenchef, Jeroen Dijsselbloem, stellten Athen ein positives Zeugnis aus. 95 Prozent der vereinbarten Spar- und Reformziele seien erreicht.[16] Strittig blieb auch der im Memorandum vereinbarte Primärüberschuss von 3,5 Prozent des BIP im griechischen Haushalt. Schäuble hielt daran fest, der IWF bezweifelte, dass Athen dieses Ziel ohne einen Schuldenschnitt werde erreichen können. Im Falle eines Schuldenschnitts darf der Deutsche Bundestag allerdings keine Kredite mehr bewilligen. Gestritten wurde auch über die sogenannten ‚Vorsorge-Sparmaßnahmen', die in Kraft treten sollen, wenn sich negative Wirtschaftsszenarien bewahrheiten sollten und der Primärüberschuss des Staates nicht wie geplant im Jahr 2018 steigt.

Am 8. Mai 2016 lag dem griechischen Parlament ein Reformpaket mit Steuererhöhungen und Rentenkürzungen zur Beschlussfassung vor. Wie üblich wurde die Beratung von heftigen Protesten und Streiks begleitet. 153 Abgeordnete aus den Reihen der Regierungsparteien SYRIZA und ANEL stimmten dem Gesetz zu. Ministerpräsident Tsipras hatte eindringlich um Zustimmung geworben. Ohne Reformen werde das griechische Rentensystem zusammenbrechen, sagte er. 1,8 Mrd. Euro sollen mit den Rentenkürzungen eingespart werden. Weitere 1,8 Mrd. Euro sollen durch Steuererhöhungen in die Staatskassen fließen. Die stärkste Oppositionspartei Nea Dimokratia forderte die Regierung auf, den ausgedehnten Staatsapparat zu verkleinern statt die Renten zu kürzen.[17]

Als die Euro-Finanzminister am 24. Mai 2016 zu einer Sitzung zusammenkamen, wurden zwar Schuldenerleichterungen für Griechenland abgelehnt, doch äußerten sich die Minister sehr positiv über die in Griechenland getroffenen Maßnahmen. Es wurde damit gerechnet, dass eine erste Finanztranche schon in der zweiten Juni-Hälfte fließen werde. Eine zweite Tranche könnte folgen, wenn Griechenland weitere Reformen umgesetzt hat. Um die Wachstumskräfte in Griechenland zu stärken und nicht nur für die Ablösung fälliger Kredite zu sorgen, soll eine größere Bereitschaft bestehen, Griechenland zusätzliche Mittel zur Verfügung zu stellen.[18] Bei allem wurde vermutet, dass bei der überraschend

---

15 Angaben für 2012 siehe Eurostat: Rentenausgaben, 11.8.2016, abrufbar unter: http://ec.europa.eu/eurostat/tgm/table.do?tab=table&init=1&language=de&pcode=tps00103&plugin=1 (letzter Zugriff: 13.6.2016).

16 Tagesschau.de: Schäuble in der Zwickmühle, 9.5.2016.

17 Neben Rentenkürzungen sollen die Mehrwertsteuer von 23 auf 24 Prozent, die Steuern auf Unternehmensgewinnanteile, die Einkommenssteuern für ‚Vielverdiener' und die Solidaritätssteuer angehoben werden. Vgl. Tagesschau.de: Athen stimmt für neue Sparmaßnahmen, 9.5.2016.

18 Frankfurter Allgemeine Zeitung: Schäubles schleichender Sinneswandel, 21.5.2016, S. 20.

raschen positiven Entscheidung der Gläubiger auch die Sorge eine Rolle gespielt haben könnte, vor dem Referendum über die Zukunft Großbritanniens in der Europäischen Union am 23. Juni 2016 weitere Unruhe wegen Griechenland zu vermeiden.[19] Dass vom Athener Parlament beschlossene Reformmaßnahmen nicht unbedingt auch umgesetzt werden, machte eine Studie des IWF klar: Die griechische Regierung bleibe hinter den nötigen Schritten zurück und erforderliche Reformen würden nur widerwillig umgesetzt.[20]

Flüchtlinge: vom Transit- zum Aufnahmeland

Griechenland hatte sich seit Anschwellen der Flüchtlingsströme über die Ägäis darauf eingerichtet, die Flüchtlinge möglichst umgehend über die Balkanroute nach Nordeuropa weiterzuleiten. Registrierung und Durchführung von Asylverfahren entfielen damit weitgehend. Das änderte sich allerdings schlagartig, als am 8. März 2016 der nördliche Nachbar Mazedonien seine Grenzen schloss. Die Regierung in Skopje hatte schon im August 2015 beklagt, dass Flüchtlinge in Griechenland mit Bussen an die nördliche Grenze gebracht würden, damit sie von dort nach Nordeuropa weiter reisen. 50.000 Flüchtlinge kamen im Juli 2015 nach Griechenland, von denen nur 6.200 in Griechenland einen Asylantrag gestellt hatten. Ende 2015 kamen auf 1.000 Einwohner Griechenlands 0,8 Asylbewerber, bei Schweden waren es 16,6 und bei Deutschland 13,5.

Die griechische Regierung tat wenig, um die Außengrenzen zu kontrollieren und den Zustrom von Flüchtlingen zu regulieren. Ministerpräsident Tsipras weigerte sich, den Zaun am Grenzfluss Evros zur Türkei zu entfernen, um Flüchtlinge von dem gefährlichen Seeweg abzubringen.[21] Die EU-Partner kritisierten Griechenland und sprachen von „schweren Mängeln"[22] beim Schutz der Außengrenzen. Im Februar 2016 setzten die EU-Staaten am Rande einer Sitzung der Finanzminister Griechenland eine Frist von drei Monaten, um den Grenzschutz zu gewährleisten. Geschehe dies nicht, so könnten die übrigen Staaten interne Grenzkontrollen von bis zu zwei Jahren im Schengenraum einführen. „Obgleich Griechenland infolge der hohen Zahl von ankommenden Personen unter beispiellosem Druck steht, ist eine hinreichende Identifizierung, Registrierung und Aufnahme unabdingbar", heißt es in dem Beschluss, der gegen den Widerstand der Regierung in Athen angenommen wurde. Außer Verbesserungen bei der Abnahme von Fingerabdrücken sollten Kontrolleure etwa mit „Vergrößerungsapparaten zwecks Erleichterung der Dokumentenkontrollen" ausgestattet werden. Ein Herzschlagdetektor zum Aufspüren blinder Passagiere könnte von einem Grenzübergang ohne Frachtverkehr an einen anderen Übergang verlegt werden, so der Vorschlag.

Neben anderen Staaten hatte auch Deutschland Grenzkontrollen eingeführt.[23] Ende Januar 2016 hatte Kommissionsvizepräsident Valdis Dombrovskis Athen bereits indirekt mit einem ‚Schexit‘, also einem vorläufigen Ausschluss aus dem Schengenraum gedroht,

---

19 Frankfurter Allgemeine Zeitung: Griechenland erwartet Auszahlung zweiter Kredittranche, 24.5.2016, S. 15.

20 „Serious implementation problems caused a sharp deterioration in sustainability, raising fresh doubts about the realism of policy assumptions (…)", so in: IMF: Greece. Preliminary Debt Sustainability Analysis – Updated Estimates and Further Considerations, Washington May 2016, abrufbar unter: http://www.imf.org/external/pubs/ft/scr/2016/cr16130.pdf (letzter Zugriff: 14.6.2016).

21 EurActiv: Tsipras under pressure to tear down Turkish border fence, 3.11.2015.

22 Frankfurter Allgemeine Zeitung: EU fordert von Athen bessere Sicherung der Außengrenzen, 26.1.2016, S. 1.

23 Tagesschau.de: Eindringliche Appelle und eine Frist an Athen, 12.2.2016.

sollte Griechenland weiterhin seine Aufgaben vernachlässigen.[24] Tschechien, die Slowakei und Slowenien verwahrten sich auf einer Sitzung der EU-Innenminister dagegen, dass sie Griechenland im Stich ließen. Es sei vielmehr die Regierung in Athen, die Hilfsangebote anderer Staaten ablehne.[25] 36 Mio. Euro soll die Europäische Union an Athen zum Schutz der Außengrenzen überwiesen haben. Nachdem Österreich mit den übrigen Anliegerstaaten der Balkanroute – unter Ausschluss von Griechenland – im Februar 2016 das weitere Vorgehen beriet, beorderte Athen seine Botschafterin nach Athen zurück.[26]

Griechenland zeigte sich wenig bereit, die Schengen-Außengrenze in der Ägäis gemeinsam mit den EU-Partnern zu überwachen. Die Grenzen seien gut bewacht, meinte Verteidigungsminister Panos Kammenos. Deshalb weigerte sich Griechenland lange Zeit, dass die EU-Grenzbehörde Frontex das Kommando über die Küstenwache übernimmt. Das traditionell angespannte Verhältnis Griechenlands zur Türkei versperrte gemeinsamen Bemühungen der Schengen-Staaten den Weg. Stattdessen war Athen besorgt, die Türkei könne die Flüchtlingskrise zum Anlass nehmen, ihre Pläne zur territorialen Ausdehnung in der Ägäis voranzubringen.[27] Erst als der faktische Ausschluss aus dem Schengenraum die Runde machte, zeigte sich Griechenland im April 2016 bereit, die Türkei als sicheren Drittstaat anzuerkennen, was erst die engere Kooperation mit Ankara ermöglichte. Im Rahmen des zwischen der Europäischen Union und der Türkei vereinbarten und am 20. März 2016 in Kraft getretenen Abkommens konnten 462 bis Mitte Juni 2016 nach Griechenland eingereiste Flüchtlinge in die Türkei zurückgebracht werden. 456 Syrer wurden dafür in verschiedenen EU-Staaten (Deutschland, Finnland, Italien, Luxemburg, Schweden und Portugal) untergebracht. Im April 2016 wurden in Griechenland 46.475 Flüchtlinge auf dem Festland und 7.330 auf den Inseln gezählt.[28] Bis März 2016 kamen täglich rund 1.200 Flüchtlinge in Griechenland an, seit Anfang Mai sank ihre Zahl auf durchschnittlich 44.[29]

Trotz der partiellen Entspannung war die Unterbringung und Versorgung von Flüchtlingen auf den griechischen Ägäisinseln weiter unbefriedigend. Ende Mai 2016 wurde berichtet, dass auf Lesbos 4.207 Flüchtlinge lebten, für die aber nur 3.500 Plätze zur Verfügung standen. Auf Chios waren es 1.100 Plätze für 2.276 Flüchtlinge.[30] Die Registrierung verlief weiterhin stockend. Griechenland verfügt über 130 Asylbeamte, 10 davon tun Dienst auf Lesbos. Das Europäische Unterstützungsbüro für Asylfragen (EASO) hat 130 Beamte nach Griechenland geschickt, darunter 9 Mitarbeiter des Bundesamtes für Migration und Flüchtlinge. Entscheiden dürfen indes nur die griechischen Beamten.

Nach drei Tagen Polizeigroßeinsatz wurde das illegale Flüchtlingslager Idomeni an der griechisch-mazedonischen Grenze Ende Mai 2016 geräumt. Zuletzt hatten dort etwa 8.400 Menschen gelebt, in Spitzenzeiten waren es 14.000. Die Polizei brachte die letzten 783

24 Tagesschau.de: EU droht Griechen mit Schengen-Ausschluss, 27.1.2016.
25 Frankfurter Allgemeine Zeitung: Scharfe Kritik an Griechenland, 27.2.2016, S. 2.
26 Frankfurter Allgemeine Zeitung: Streit zwischen Wien und Athen über Grenzpolitik eskaliert, 26.2.2016, S. 1.
27 Ekathimerini.com: Greece can't discuss Aegean refugee patrols with Turkey, 13.10.2015.
28 UNHCR: Europe Refugee Emergency, 17.4.2016, abrufbar unter: https://data.unhcr.org/mediterranean/documents.php?page=21&view=grid#page-7 (letzter Zugriff: 15.6.2016).
29 Frankfurter Allgemeine Zeitung: Brüssel: Erfolge bei Abkommen mit Türkei „labil", 15.6.2016, S. 2.
30 European Stability Initiative: Sailing in the Dark – 300 with a mission – Visa, Terror and The Aegean Refugee Agreement, 19.5.2016, abrufbar unter: http://www.esiweb.org/pdf/ESI%20newsletter%20-%20Sailing%20in%20the%20dark%20-%20visa%20terror%20and%20refugee%20agreement%20-%2019%20May%202016.pdf (letzter Zugriff: 15.6.2016).

verbliebenen Migranten mit Bussen in verschiedene nordgriechische Aufnahmelager. Bis zu 2.000 Flüchtlinge sollen sich in Wäldern versteckt haben oder in Städten der Region untergetaucht sein, vermutlich um später erneut zu versuchen, über die Grenze nach Mazedonien zu gelangen. Im Hafen von Piräus lebten im Mai 2016 rund 2.000 Menschen in einer provisorischen Unterkunft, 4.500 waren es in Wartehallen des alten Athener Flughafens Hellinikon.[31]

Fazit

Sieben Jahre nach Ausbruch der Schuldenkrise in Griechenland ist der Optimismus verflogen, mit Überbrückungskrediten der europäischen Partner ließen sich die Probleme zügig beheben. Die Einsicht, dass substanzielle Strukturreformen unabdingbar sind, ist allenthalben gegeben. Nur der Wille und der Mut dazu fehlen. Mittlerweile neigt man auch auf Seiten der Geberländer dazu, kleine Fortschritte schon positiv zu überzeichnen. Eine Haftungsgemeinschaft im Euroraum ist entstanden und in wenigen Jahren nicht wieder rückgängig zu machen. Aus der Krise ist in Griechenland eine linksradikale Partei als neue beherrschende Kraft hervorgegangen, die zwar mittlerweile ihre Katharsis hinter sich und systemfeindliche kommunistische Kräfte aus den eigenen Reihen verdrängt hat, doch grundlegende Reformen werden bis heute immer erst dann angegangen, wenn sie absolut nicht mehr zu vermeiden sind oder wenn der Druck der Gläubiger zu stark wird. Mit dem Reformprogramm identifizieren sich weder die Regierung noch die Regierungsparteien. Angesichts der sozialen Malaise würde dies auch immense politische Kosten zur Folge haben. In der Flüchtlingsfrage hat das Abkommen der Europäischen Union mit der Türkei zur Beruhigung beigetragen, doch man gewinnt nicht den Eindruck, dass derzeit alles getan wird, um sich gemeinsam mit den EU-Partnern darauf vorzubereiten, dass der Flüchtlingsdruck wieder ansteigen kann, insbesondere wenn die Türkei das Abkommen aufkündigt, womit durchaus zu rechnen ist.

Weiterführende Literatur

Heinz-Jürgen Axt: Regierung Tsipras fordert Gläubiger heraus. Verhandlungen im Zeichen akuter Finanznot Griechenlands, in: Südosteuropa-Mitteilungen, 2/2015, S. 20-35.

Heinz-Jürgen Axt: Greece not Competitive in Spite of European Subsidies. The EU Must Rethink its Cohesion Policy, in: Panagiotis Liagorvas/Sotiris Petropoulos/Nikolaos Tzifakis/Asteris Huliaras (Hrsg.): Beyond "Absorption": The Impact of EU Structural Funds on Greece, Athen 2015, S. 10-19.

Jens Bastian: Griechenland 2015: Annus horribilis oder Ende mit Schrecken? In: Südosteuropa-Mitteilungen 6/2015, S. 20-33.

Dimosthenis Daskalakis: Greek Labour Relations in Transition in an Global Context, Frankfurt am Main 2015.

Ulf-Dieter Klemm/Wolfgang Schultheiß (Hrsg.): Die Krise in Griechenland. Ursprünge, Verlauf, Folgen, Frankfurt/New York 2015.

Richard Fraunberger: Ökonomie in Schockstarre. Griechenlands Wirtschaft bröckelt an allen Ecken, in: Frankfurter Allgemeine Sonntagszeitung, 15.7.2016, S. 19.

Dimitri A. Sotiropoulos: Civil Society in Greece in the Wake of the Economic Crisis. A report submitted to the Konrad Adenauer Stiftung (KAS) Office in Athens and written with research assistance by the Hellenic Foundation for European and Foreign Policy (ELIAMEP), Athens May 2014.

---

31 Tagesschau.de: Idomeni ist Vergangenheit, 26.5.2016.

Irland

Mary C. Murphy[*]

In Irland setzte sich der Wirtschaftsaufschwung, einhergehend mit überdurchschnittlichen Wachstumszahlen und sinkender Arbeitslosigkeit, fort. Diese Aufwärtstendenz maskiert jedoch anhaltende makroökonomische und politische Herausforderungen, die es für eine nachhaltige Entwicklung zu bewältigen gilt. Nach den Parlamentswahlen im Februar 2016 gab es keine stabilen Mehrheitsverhältnisse; nach zehnwöchigen Verhandlungen kam lediglich eine Minderheitsregierung zustande. Die politische Stabilität wurde durch das britische EU-Mitgliedschaftsreferendum weiter auf die Probe gestellt, denn Irland ist mehr als jeder anderer Mitgliedstaat von diesem Votum betroffen. Den irischen Behörden liegt es nun daran, Schäden für die nationalen Interessen während des Austrittsprozesses zu minimieren. Der Brexit wird für das Land und sein Verhältnis zu Großbritannien sowie Nordirland von großer politischer und wirtschaftlicher Bedeutung sein.

Parlamentswahlen 2016

Die Wahlen vom Februar 2016 brachten eine gespaltene parlamentarische Landschaft ans Licht. Die amtierende Koalition zwischen der konservativen Partei Fine Gael und der Arbeiterpartei konnten ihre Mehrheit nicht halten. Insbesondere die Arbeiterpartei als Juniorpartnerin in der Koalition wurde abgestraft; sie verlor 30 Sitze und es blieben ihr nur noch sieben Abgeordnete. Trotz Verlusten ging die Fine Gael weiterhin als stärkste Partei Irlands hervor. Doch die Gewinner der Wahl waren die Oppositionsparteien, die republikanischen Fianna Fáil und Sinn Féin, sowie unabhängige Kandidaten. Eine Einigung mit einigen unabhängigen Kandidaten konnte Fine Gael erst nach zehnwöchigen Verhandlungen erzielen, um eine Minderheitsregierung zu bilden, die von der größten Oppositionspartei, Fianna Fáil, mitgetragen wird. Das „Programm für eine partnerschaftliche Regierung" sieht detaillierte politische Ziele und Prioritäten der Minderheitsregierung vor,[1] um vor allem den wirtschaftlichen Aufschwung zu stärken und den fiskalpolitischen Verpflichtungen Irlands als Teil der Eurozone nachzukommen. Alle Parteivorsitzenden wurden in der Öffentlichkeit scharf kritisiert, da sie keine Regierung während des auch für Irland bedeutsamen Referendums in Großbritannien bilden konnten. Die politische Blockade war maßgeblich dafür verantwortlich, dass die irische Regierung nur mangelhaft auf den Ausgang des Brexit-Referendums vorbereitet war.

Wirtschaft

Infolge der irischen Anstrengungen, das Haushaltsdefizit auf unter drei Prozent des Bruttoinlandsproduktes zu senken, endete im Mai 2016 nach sieben Jahren das Defizitverfahren, in welchem die Europäische Kommission die irische Haushaltspolitik eingehend kontrol-

---

[*]   Übersetzt aus dem Englischen von Leonard Schütte und Julia Klein.
[1]   New Partnership Government: A Programme for a Partnership Government, May 2016, abrufbar unter: http://www.merrionstreet.ie/MerrionStreet/en/ImageLibrary/Programme_for_Partnership_Government.pdf (letzter Zugriff: 4.8.2016).

lierte. Die präventive Komponente des Stabilitäts- und Wachstumspakts bleibt bestehen. Irlands wirtschaftliche Aussichten sind dennoch positiv zu bewerten. Die Kommission prognostiziert, dass Irland zum dritten Mal in Folge die am schnellsten wachsende EU-Volkswirtschaft sein wird. Irlands zentrale Statistikbehörde vermeldete eine Wachstumsrate von 26 Prozent für 2015, wofür sie sich jedoch Mitte 2016 Kritik zuzog. Obwohl diese Angabe technisch korrekt und auf Basis internationaler Normen kalkuliert war, schätzten die meisten Beobachter diese als irreführend ein. Die außergewöhnlich hohe Wachstumsrate sei durch einmalige Maßnahmen einzelner multinationaler Firmen verzerrt, sodass die offiziellen Angaben nicht die Faktenlage widerspiegeln würden. Darunter hat die Glaubwürdigkeit Irlands in Buchhaltungsfragen erheblich gelitten.[2] Das realistische Wirtschaftswachstum wird nun für 2016 auf 4,9 Prozent und für 2017 auf 3,9 Prozent taxiert.[3] Prognosen gehen aber davon aus, dass der Brexit als Wachstumsbremse auch die irische Wirtschaft hemmen wird. Großbritannien ist der wichtigste Absatzmarkt für die irische Exportwirtschaft. Das wöchentliche Handelsvolumen in Gütern und Dienstleistungen beträgt mehr als 1 Mrd. Euro. Daher will die Regierung den Binnenmarktzugang für Großbritannien auch nach einem EU-Austritt erhalten. Der Wirtschaftsaufschwung spiegelt sich auch in anderen Parametern wieder: Die Arbeitslosigkeit ist mit 7,8 Prozent auf dem niedrigsten Stand seit acht Jahren und liegt unter dem Eurozonendurchschnitt von 10,2 Prozent.[4] Zudem sollen sich Ab- und Einwanderung 2016 die Waage halten und die Nettoeinwanderung ab 2017 sogar zunehmen. Die Handelsbilanz weist Überschüsse auf, der Inlandskonsum steigt und der Bruttoschuldenstand verringert sich stetig. Die Zinsen auf zehnjährige Staatsanleihen betragen momentan weniger als 1 Prozent. Die erhöhte Wettbewerbsfähigkeit ist jedoch fragil und anfällig für interne Ungleichgewichte und externe Schocks. Die länderspezifischen Empfehlungen der Kommission im Rahmen des Europäischen Semesters 2016[5] beinhalteten konkrete Reformvorschläge für 2016 und 2017, wie den Schuldenabbau zu beschleunigen (1); die Steuergrundlage zu erweitern, das Gesundheitssystem zu optimieren und öffentliche Investitionen in Forschung und Infrastruktur zu priorisieren (2); Arbeitsanreize zu erhöhen und die Kinderfürsorge zu verbessern (3); verschuldeten Firmen und Privathaushalte mehr zu unterstützen (4).

Irland ist für seine Steuerpolitik weithin in Kritik geraten. Das Körperschaftssteuerregime wird zurzeit von der Kommission auf seine Legalität hin geprüft. Auch das amerikanische Finanzministerium hat Zweifel geäußert. Aufhänger für die Untersuchung ist das Steuerabkommen zwischen Irland und Apple, das von staatlichen Beihilfen profitiert haben soll. Falls die Kommission befindet, dass dieses Abkommen nicht mit EU-Recht vereinbar ist, muss Apple Steuern in Millionenhöhe zurückzahlen. Das irische Finanzministerium hat bereits angekündigt, gegen ein solches Urteil vorgehen zu wollen.

---

2 Aidan O'Regan: Did Ireland's economy really grow by 26.3 percent? Only on paper. Here's the real story, in: The Washington Post, 15.7.2016.
3 Department of Finance: Summer Economic Statement, June 2016, abrufbar unter: http://www.budget. gov.ie/Budgets/2017/Documents/SES/Summer-Economic-Statement-2016.pdf (letzter Zugriff: 4.8.2016).
4 Irish Times: Unemployment falls to post-crash low of 7.8%, 31.5.2016.
5 Europäische Kommission: Europäisches Semester 2016, abrufbar unter: http://ec.europa.eu/europe2020/ making-it-happen/country-specific-recommendations/index_de.htm (letzter Zugriff: 4.8.2016).

Agrarpolitik

Die Gemeinsame Agrarpolitik der Europäischen Union ist von besonderer Bedeutung für die irischen Landwirte, da diese in erheblichem Maße von der finanziellen Unterstützung profitieren. Als größte heimische Industrie macht die irische Landwirtschaft 8,1 Prozent der Arbeitsplätze, 10,8 Prozent der Exporte sowie 7,6 Prozent der Wertschöpfung aus.

Die Entscheidung der Europäischen Union im Jahr 2015, die Milchquoten abzuschaffen, wurde weitgehend positiv aufgenommen. Viele Landwirte investierten daraufhin in neue Technologien, um größeren Nutzen aus neuen Produktionsmöglichkeiten zu schlagen. Die aus dem Auslaufen der Quote resultierende Überproduktion ging jedoch mit einem Kollaps der Milchpreise einher. Der EU-Vorschlag, zeitweise die Milchproduktion zu reduzieren, wird von den irischen Landwirten und der Regierung abgelehnt. Stattdessen bevorzugen sie finanzielle Hilfen und flexiblere Interventionsmaßnahmen.

Außenpolitik

Die Krisenherde und Tragödien in Nordafrika und dem Nahen Osten waren Auslöser umfangreicher Migrationsbewegungen nach Europa. Im Einklang mit anderen Mitgliedstaaten hat Irland mehrere Marineschiffe ins Mittelmeer entsandt. Im Jahr 2015 rettete die irische Marine 8.631 Migranten.[6] Jedoch ist die irische Mission nicht Teil einer EU-Initiative, sondern unterstützt die Seenotrettungsmaßnahmen Italiens.

Irland hat sich Opt-Outs aus einem Großteil der Gesetzgebung im Bereich Justiz und Inneres und somit auch in der Migrations- und Flüchtlingspolitik gesichert. De facto beteiligt sich Irland aber an mehreren EU-Initiativen wie auch freiwillig am Umverteilungsmechanismus. Das von der irischen Regierung gegründete Irish Refugee Protection Programme (IRPP) soll einen „sicheren Hafen für Schutzsuchende" gewährleisten.[7] Das Land hat sich verpflichtet, 4.000 Schutzbedürftige innerhalb des EU-Programms zur Umverteilung von Flüchtlingen aufzunehmen. Bis zum Jahresende 2015 erreichten Irland auf diesem Wege nur 20 Asylbewerber. Zwar verläuft die Beantragung von Asyl schneller und die Zahl der Asylbewerber hat seitdem auch zugenommen, jedoch bleibt letztere hinter den Erwartungen zurück, wie auch die Organisation und Verwaltung des EU-Umverteilungsprogramms. Ferner haben Unkenntnisse und Fehlinformationen über den Registrierungsprozess unter den Flüchtlingen eine größere Zahl an Schutzbedürftigen davon abgehalten, in Irland Asyl zu beantragen.

Das EU-Freihandelsabkommen TTIP mit den USA hat auch in Irland für Aufsehen und Bedenken gesorgt. Sinn Féin, unabhängige Politiker und Interessengruppen, die vor allem Landwirte, Umweltschützer und Verbraucher vertreten, erwarten einen schädlichen Einfluss des Abkommens auf bestimmte Sektoren und Arbeitsrechte. Es wird befürchtet, dass TTIP die Entscheidungsautonomie der nationalen Regierung einschränkt.

Brexit

Die historische, aber knappe Entscheidung der Britinnen und Briten für einen EU-Austritt bedeutet auch für Irland ein einschneidendes Momentum. Viele irische Politiker haben

---

6   Defense Forces Ireland: Sunday 27th December 2015 – Naval Service Operations – 2015, abrufbar unter: http://www.military.ie/en/navriculture.gov.ie/agri-foodindustry/euinternationalpolicy/commonagricultural policycap/capbeneficiariesdatabase/(letzter Zugriff: 4.8.2016).

7   Department of Justice and Equality: Irish Refugee Protection Programme (IRPP), abrufbar unter: http://justice.ie/en/JELR/Pages/Irish_Refugee_Protection_Programme_(IRPP) (letzter Zugriff: 4.8.2016).

verstärkt für den EU-Verbleib Großbritanniens geworben und ermutigten dort ansässige irische Staatsbürgerinnen und -bürger, gegen einen Brexit zu stimmen.

Irland und Großbritannien trennt eine Landgrenze, die zwischen Nordirland und der Irischen Republik verläuft. Im Laufe des Friedensprozesses und bei der EU-Mitgliedschaft wurde diese Grenze aufgeweicht. Die Aussicht auf die Wiederherstellung einer harten, möglicherweise physischen Grenze wird allseits als wirtschaftlich und politisch problematisch eingestuft. Der Fokus der irischen Regierung nach dem Referendum liegt daher auf dem Schutz der nationalen Interessen. Ein Notfallplan[8] wird federführend von der Abteilung des Regierungschefs koordiniert. Die zentralen Prioritäten betreffen die irisch-britischen Beziehungen, Handel, Investitionen, die Grenze zu Nordirland, Wettbewerbsfähigkeit, makroökonomische Aspekte, Finanzierung für Forschung und Innovationen und Energie. Die Aufrechterhaltung der offenen Grenze zwischen dem Nord- und Südteil der Insel ist von überragender Bedeutung. Die Freizügigkeit ist nicht nur wirtschaftlich wichtig, sondern auch von besonderer politischer Symbolik, vor allem für die Nationalisten. Weithin wird befürchtet, dass jedwede Veränderung des Status quo den Friedensprozess und die politische Stabilität gefährden könne. Schließlich polarisierte das Brexit-Referendum in Nordirland. Die stärkste Unionspartei, die Demokratische Unionspartei (DUP), machte sich für den EU-Austritt stark, während beide nationalistischen Parteien für den Verbleib stimmten. Letzteren folgten 56 Prozent der Nordiren; sie stimmten anders als die Mehrheit der Engländer und Waliser für den EU-Verbleib.

Die nordirische Regierung, bestehend aus der DUP und der nationalistischen Sinn Féin, ist uneinig, wie mit dem britischen Votum umzugehen ist. Anders als die DUP sieht Sinn Féin den mehrheitlichen Wählerwunsch Nordirlands nicht repräsentiert. Deshalb hat die Partei ein Referendum zur Wiedervereinigung Irlands ins Spiel gebracht, um Nordirland als Teil eines vereinigten Irlands in der Europäischen Union zu halten. Diese gegensätzlichen Sichtweisen sorgen für erhebliche Spannungen innerhalb der Regierung. Der Vorschlag des irischen Regierungschefs, ein Forum zum Brexit zu schaffen, wo Nordirland und die Republik Irland im Sinne gemeinsamer Interessen zusammenarbeiten können, wurde von der unionistischen DUP abgelehnt. Gleichzeitig versucht die irische Regierung, ihre Sorgen gegenüber anderen Staats- und Regierungschefs der Europäischen Union zu kommunizieren. Ein Treffen zwischen dem irischen Regierungschef und der deutschen Kanzlerin Angela Merkel blieb jedoch hinsichtlich des irischen Wunsches, die irische Situation bevorzugt zu behandeln, ergebnislos. Es entsteht in Irland der Eindruck, als hätten die anderen EU-Staaten wenig Verständnis für die Ängste Irlands.

Trotz zahlreicher Herausforderungen und Veränderungen ist die öffentliche Meinung zur Europäischen Union von Kontinuität geprägt. Für 54 Prozent der Irinnen und Iren hat die Europäischen Union ein positives Image, für nur 14 Prozent ein negatives.[9] Eine klare Mehrheit von 81 Prozent glaubt, dass mit dem Brexit eine falsche Entscheidung getroffen wurde.[10] Trotz des wirtschaftlichen Aufschwungs sind sich alle Parteien einig, dass die zukünftige Entwicklung von dem Ergebnis der Brexit-Verhandlungen abhängt. Das traditionell enge irisch-britische Verhältnis wird auf die Probe gestellt.

---

8   Irish Government News Service: Government Brexit contingency plans announced, Press release, 24.6.2016.
9   European Commission: Public Opinion in the European Union: National Report – Ireland, Eurobarometer 84, Fall 2015.
10   Irish Times: Four out of five Irish voters say UK was wrong to leave EU, 7.7.2016.

Italien

Alexander Grasse / Jan Labitzke

Der italienische Regierungschef Matteo Renzi setzte seine Bemühungen um innenpolitische Reformen – auch gegen massive Widerstände – fort. Diese innenpolitischen Anstrengungen dienen Renzi im Kreis der EU-Regierungschefs als Visitenkarte bei Verhandlungen und lassen ihn vergleichbare Reformanstrengungen auf europäischer Ebene einfordern.

Innenpolitische Reformen mit europäischem Bezug

So war wohl das größte politische Projekt der Regierung Renzi die im April 2016 von beiden Parlamentskammern angenommene Reform des italienischen Senats, die den sogenannten perfekten Bikameralismus in Italien beenden soll. Diese Verfassungsreform, die noch durch ein für den Herbst 2016 angesetztes Referendum bestätigt werden muss beziehungsweise verworfen werden kann, würde zumindest indirekt auch europapolitische Auswirkungen mit sich bringen. So würden künftig italienische Regierungen nur noch auf das Vertrauen der Abgeordnetenkammer angewiesen sein und müssten nicht mehr durch den Senat (mit gegebenenfalls anderen politischen Mehrheiten) im Amt bestätigt werden. Dadurch erhoffen sich Befürworter der Verfassungsreform eine einfachere Regierungsbildung und insgesamt stabilere Regierungen. Die weitreichenden Einschränkungen der Ko-Gesetzgebungsrechte des Senats, der zurzeit noch gleichberechtigt mit der Abgeordnetenkammer entscheidet, würde den Gesetzgebungsprozess in Italien merklich beschleunigen: Fortan würde meist die Abgeordnetenkammer das allein gesetzgebende Organ sein. Der Senat, dem künftig vor allem auf regionaler Basis bestimmte Vertreter angehören sollen, könnte zwar Einsprüche einlegen und Änderungswünsche äußern, beide könnten jedoch durch die Abgeordnetenkammer (je nach Gegenstand mit einfacher oder absoluter Mehrheit) überstimmt werden. Nur in wenigen, im neuen Artikel 70 der italienischen Verfassung abschließend aufgezählten Bereichen würde das gleichberechtigte Legislativrecht beider Kammern bestehen bleiben, etwa bei verfassungsändernden Gesetzen und auch bei Grundsatzentscheidungen zur europäischen Integration. Konkret entscheidet der Senat, sofern die Reform angenommen wird, künftig bei jedem Gesetz mit, das „die grundsätzlichen Normen, die Formen und die Umstände der Teilnahme Italiens an der Gestaltung und Umsetzung der Rechtsvorschriften und Politiken der Europäischen Union festlegt" (Auszug aus der Neufassung von Artikel 70 der italienischen Verfassung; eigene Übersetzung). Während der Senat nach den Reformplänen also innenpolitisch bei der Gesetzgebung weitgehend zu einem konsultativen Gremium mit wenigen Vetorechten herabgestuft wird, behält er in Fragen der europäischen Integration verhältnismäßig große Mitspracherechte.[1]

---

1   Servizio studi della Camera dei deputati: La riforma costituzionale. Testo di legge costituzionale. Sintesi di contenuto, Mai 2016, abrufbar unter: documenti.camera.it/leg17/dossier/pdf/ac0500n.pdf (letzter Zugriff: 18.6.2016); Servizio studi della Camera dei deputati: La riforma costituzionale. Testo di legge costituzionale. Testo a fronte con la Costituzione vigente, Mai 2016, abrufbar unter: documenti. camera.it/leg17/dossier/pdf/ac0500q.pdf (letzter Zugriff: 18.6.2016).

Allerdings wirken sich innenpolitische Reformen in Italien nicht nur auf die italienische Europapolitik aus, europäische Entscheidungen befördern auch innenpolitische Reformen in Italien. Das gilt nicht nur für Reformforderungen, wie sie etwa regelmäßig von der Europäischen Kommission oder den Schlussfolgerungen des Europäischen Rates formuliert werden, sondern auch für das Regime der Europäischen Menschenrechtskonvention. So wurde Italien im Juli 2015 durch das Urteil zum Fall „Oliari and others v. Italy" ermahnt, für gleichgeschlechtliche Paare die Möglichkeit zu schaffen, ihre Partnerschaft rechtlich anerkennen zu lassen. Dazu heißt es im genannten Urteil: "[T]he Court finds that the Italian Government have (…) failed to fulfil their positive obligation to ensure that the applicants have available a specific legal framework providing for the recognition and protection of their same-sex unions".[2]

Italien war einer der letzten EU-Mitgliedstaaten und das letzte westeuropäische Land, in dem keine Rechtsgrundlage für eingetragene Partnerschaften existierte.[3] Zwar gab es bereits 1986 einen ersten von einzelnen Abgeordneten eingebrachten Gesetzentwurf für die sogenannten ‚unioni civili', doch scheiterten alle bisherigen Versuche, gleichgeschlechtliche Lebenspartnerschaften rechtlich abzusichern an fehlenden Mehrheiten und auch dem Widerstand der in Italien einflussreichen Kirche und ihrer zivilgesellschaftlichen Vorfeldorganisationen. Im Jahr 2012 hatte allerdings das italienische zivilrechtliche Kassationsgericht geurteilt, dass eine im Ausland geschlossene Ehe zwischen zwei gleichgeschlechtlichen Partnern auch in Italien gewisse rechtliche Gleichstellungen mit gemischtgeschlechtlichen Ehen nach sich ziehen könne (Urteil 4184/2012). Parallel zeichneten sich zudem in Meinungsumfragen deutliche Mehrheiten zugunsten von Lebenspartnerschaften ab: Mehr als zwei Drittel der Befragten sprachen sich für deren Anerkennung aus.[4] Aber auch der aktuelle Versuch der Regierung Renzi, mit der Einführung einer eingetragenen Lebenspartnerschaft nach deutschem Vorbild ein Wahlversprechen des Partito Democratico umzusetzen, war von Widerstand seitens der italienischen katholischen Bischofskonferenz[5] und verschiedenen Demonstrationen für und gegen das Lebenspartnerschaftsgesetz begleitet.[6] Letztendlich gelang es Renzi nur, die Zustimmung zum Lebenspartnerschaftsgesetz in beiden Parlamentskammern zu erzielen, indem (vor allem auf Druck von Renzis Koalitionspartner NCD, aber auch des katholischen Flügels seines Partito Democratico) im Gesetzentwurf einige ursprünglich enthaltene zentrale Elemente wie der Ehebezug oder die Möglichkeit zur Stiefkindadoption gestrichen wurden und Renzi die Abstimmung mit der Vertrauensfrage verband.

---

2   European Court of Human Rights: Case of Oliari and others v. Italy. Judgment, 21 July 2015, S. 56, abrufbar unter: http://hudoc.echr.coe.int/eng?i=001-156265 (letzter Zugriff: 25.5.2016).

3   Zurzeit fehlt eine solche Rechtsgrundlage innerhalb der Europäischen Union allein in Bulgarien, Lettland, Litauen, Polen, Rumänien und der Slowakei. Vgl. Europäische Kommission: Eingetragene Partnerschaften, abrufbar unter: http://europa.eu/youreurope/citizens/family/couple/registered-partners/index_de.htm (letzter Zugriff: 30.6.2016).

4   Demos & PI: Atlante politico 54, Februar 2016, abrufbar unter: http://www.demos.it/a01231.php (letzter Zugriff: 22.6.2016).

5   La Repubblica: I vescovi: unioni civili sono alternative a famiglia, 29.1.2016.

6   Il Sole 24 Ore: Unioni civili: dopo le manifestazioni in piazza la parola al Parlamento. Boldrini: si alla stepchild adoption, 22.1.2016.

Debatten zur Zukunft der Europäischen Union

Wie eingangs erwähnt nutzt Renzi seine innenpolitische Reformbilanz, um Forderungen nach vergleichbaren Reformbemühungen auf europäischer Ebene zu legitimieren. Dabei artikuliert Renzi regelmäßig seine Unzufriedenheit mit dem Zustand der Europäischen Union und mahnt grundlegende Reformen an. So kritisierte der italienische Regierungschef bei einem Staatsbesuch in Ghana im Februar 2016: „Wir befinden uns in einem Moment, in dem Europa sehr weit von den Werten unserer Gründungsväter entfernt scheint, von den Personen, die vor 60 Jahren einen Vertrag unterschrieben haben, um die Europäische Gemeinschaft zu gründen".[7] Der Europäischen Union mangelt es nach Renzi an großen Idealen und Ideen, sie sei zu sehr im täglichen Kleinklein gefangen: „Wir wollen ein anderes Europa, da es so nicht funktioniert. Zurzeit ist es reduziert auf Zahlen, Beschränkungen und Parameter".[8] Dabei zieht Renzi seinen europapolitischen Gestaltungsanspruch vor allem aus den letzten Europawahlen, aus denen sein Partito Democratico europaweit als stärkste Einzelpartei hervorgegangen war. Konkret schlug Renzi etwa vor, für die nächste Besetzung des Amtes des Kommissionspräsidenten Vorwahlen zur Kandidatenauswahl abzuhalten.[9] Gleichzeitig sprach sich Renzi gegen Überlegungen der Entwicklung eines „Kerneuropas" oder eines „Mini-Schengen-Raums" aus und plädierte für gesamteuropäische Integrationsfortschritte, wohl auch aus der Befürchtung heraus, dass Italien bei einer Eingrenzung des Schengen-Raums außen vor bleiben könnte.[10] Im Februar 2016 präsentierte die Präsidentin der Abgeordnetenkammer Laura Boldrini, eine Parteikollegin Renzis, eine Online-Konsultation zum Zustand und zur Zukunft der Europäischen Union, in der die italienischen Bürgerinnen und Bürger aufgefordert wurden, insgesamt zu sieben Fragen Stellung zu beziehen.[11] Auch Boldrini schloss sich bei der Präsentation ihrer Onlinebefragung der grundsätzlichen Kritik Renzis an, als sie in Bezug auf die Europäische Union feststellte: „So, wie sie ist, funktioniert die EU nicht. (…) Es braucht ein anderes Europa und um es zu errichten, ist es notwendig, die Bürger sehr viel mehr mit einzubeziehen".[12] Nach der inzwischen auf sechs Monate verlängerten Konsultationsfrist, die Ende August 2016 ausläuft, sollen die Umfrageergebnisse von einem Expertenkomitee ausgewertet werden. Insofern bleibt abzuwarten, welche Resultate die Online-Befragung nach sich ziehen wird.

---

7   La Repubblica: Renzi in Ghana rilancia il duello con l'Ue: „Non prendiamo lezioncine da Bruxelles", 2.2.2016.

8   Marco Galuzzo: La proposta: „Il presidente dell'Unione europea deve essere scelto dai cittadini", in: Corriere della Sera, 7.2.2016.

9   Galuzzo: La proposta, 2016.

10 Federico Fubini: Torna l'europa del „nucleo duro". L'Italia frena: non dividiamoci, in: Corriere della Sera, 7.2.2016.

11 „Was sind nach Ihrer Meinung die wichtigsten Vorteile, die die EU ihren Bürgern gesichert hat?"; „In welchen Bereichen finden Sie hingegen, dass der Eingriff der EU inadäquat war?"; „Könnten Sie jetzt die Bereiche nennen, in denen die EU energischer und geeinter sein könnte?"; „Um ihr Handeln angesichts der großen globalen Herausforderungen effizienter zu gestalten, könnte die EU:"; „Halten Sie es für notwendig, die europäische Staatsbürgerschaft weiter zu stärken?"; „Sollte nach Ihrer Meinung die Union, um aus der aktuellen Krisensituation herauszukommen, ihren institutionellen Aufbau ändern?"; „Haben Sie über die bisher angesprochenen Themen hinaus weitere Vorschläge oder Empfehlungen, um die EU näher an die Bürger zu bringen?", abrufbar unter: http://civici.eu/web/camera/consultazione (letzter Zugriff: 21.6.2016).

12 Carlotta de Leo: [Esplora il significato del termine: Europa, Boldrini lancia consultazione online sul futuro dell'Unione] Europa, Boldrini lancia consultazione. Online sul futuro dell'Unione, in: Corriere della Sera, 2.4.2016.

Auch erneuerte Renzi seine Kritik an der in der Europäischen Union verfolgten Austeritätspolitik zur Überwindung der Wirtschafts- und Finanzkrise. In einem an den Herausgeber der Tageszeitung La Repubblica gerichteten Brief schrieb er: „Wenn eine Behandlung nicht anschlägt, kann man nach acht Jahren nur noch von lebensverlängernden Maßnahmen sprechen (…) Von Austerität alleine stirbt man". Italien halte mit einer Neuverschuldung von 2,5 Prozent des Bruttoinlandsproduktes (BIP) die europäischen Regeln ein, während Deutschland sie mit seinem großen Handelsüberschuss verletze. Italien erledige mit den eingeleiteten Reformen seine Hausaufgaben, nun sei es Zeit die europäische Wirtschaftspolitik zu ändern und für ein Europa mit weniger Egoismen und nationalen Ängsten zu arbeiten.[13]

Die angeführten Beispiele zeigen, dass Renzi, der sich innenpolitisch als „Rottamatore", als „Verschrotter" der alten Eliten und der blockierten Politik inszeniert, einen ähnlichen Reformwillen und Gestaltungsanspruch auch auf europäischer Ebene zu erkennen gibt. Ähnlich wie in der italienischen Innenpolitik wird jedoch abzuwarten sein, wie nachhaltig seine Reformbemühungen sein werden und welche dieser Forderungen er auch umzusetzen vermag – vor allem angesichts der zahlreichen Vetospieler auf der europäischen Ebene.

Die anhaltende Kritik Renzis an der Europäischen Union im Allgemeinen und der Europäischen Kommission im Speziellen stieß jedoch Anfang 2016 auf eine harsche Reaktion des neuen Kommissionspräsidenten Jean-Claude Juncker. So reiste Juncker im Januar 2016 eigens nach Rom und begründete dieses Treffen damit, dass die Beziehungen zwischen der italienischen Regierung und Brüssel „im Moment nicht die besten" seien und er sich daher „dieses Problems annehmen" müsse. Besonders störte sich Juncker daran, dass sich Renzi zum Ende der italienischen Ratspräsidentschaft im zweiten Halbjahr 2014 den Verdienst angeheftet hatte, für mehr wirtschaftspolitische Flexibilität in der Europäischen Union gesorgt zu haben, während Juncker diese politische Kurskorrektur für sich reklamierte. „Ich glaube, dass der italienische Premierminister, den ich sehr schätze, daran Schuld trägt, die Kommission bei jeder Gelegenheit herabzuwürdigen, ich sehe nicht, warum er das macht", so Juncker. Daraufhin betonte der italienische Finanzmister Pier Carlo Padoan, dass es nicht in der Absicht der italienischen Regierung liege, die Kommission oder ihre Mitglieder zu beleidigen. Auch die Außenbeauftragte der Europäischen Union, Federica Mogherini, selbst Italienerin und Parteifreundin Renzis, forderte, dass die Europäerinnen und Europäer möglichst vereint die zahlreichen Krisen lösen sollten und betonte: „Italien braucht Europa wie Europa Italien benötigt".[14]

---

13   Matteo Renzi: La Ue sbaglia, di sola austerity si muore, in: La Repubblica, 11.2.2016.
14   Alessandro Sala: Juncker: „Renzi non offenda la Ue: la flessibilità l'ho introdotta io, non lui", in: Corriere della Sera, 15.1.2016.

Flüchtlingspolitik im europäischen Kontext

Dies gilt unbestritten in der Flüchtlingspolitik, die ein zentrales europapolitisches Handlungsfeld der Regierung Renzi ist und weiterhin bleibt. Dabei hat Italien, historisch betrachtet, keine konsistente Einwanderungs- und Asylpolitik vorzuweisen.[15] Umso schwieriger ist die Bewältigung der in den letzten Jahren massiv nach Italien drängenden Zahl von Flüchtlingen. Ist das Problem auch alles andere als neu, so waren es in der Vergangenheit doch eher punktuelle Ereignisse beziehungsweise Phänomene von überschaubarer Dimension – man erinnere sich etwa an die Flüchtlingskrise 1991 an Italiens südlicher Adriaküste, als etwa 30.000 Menschen aus Albanien kamen und Italien völlig unvorbereitet trafen. Dennoch gleichen sich die Bilder von damals und heute: Albanische Schlepperbanden und italienische Mafia standen Anfang der 1990er Jahre einer schrittweise aufgerüsteten italienischen Küstenwache gegenüber, wozu die Europäische Union und einzelne Mitgliedstaaten mit finanzieller Hilfe einen Beitrag leisteten, da man die EU-Außengrenzen schützen wollte. Eingang in die politische Ikonographie erhielt das Bild des seeuntüchtigen und mit 10.000 Menschen vollkommen überfüllten albanischen Frachtschiffs Vlora im Hafen von Bari, indem es Teil der Werbekampagne der Firma Benetton wurde. Die Einkesselung der Flüchtlinge im Fußballstadion von Bari und die anschließend vollzogene Massenabschiebung rief international massive Kritik hervor.

Italien pocht seit Jahren auf eine Änderung der EU-Asylpolitik und reklamiert Unterstützung aus Brüssel bei der Bewältigung der Probleme. Die Zahl der Asylanträge in Italien ist von 28.400 im Jahr 1991 auf 83.970 im Jahr 2015 immer weiter angestiegen,[16] ganz zu schweigen von der massenhaften illegalen Einwanderung. Schon sehr lange fühlt sich die italienische Regierung mit diesem Problem in Europa allein gelassen. Ministerpräsident Renzi übte denn auch wiederholt scharfe Kritik an der Einwanderungspolitik der Europäischen Union und ihrer lange Zeit ablehnenden Haltung zum italienischen Hilfsprogramm Mare Nostrum.[17]

Erst als das Dublin-Abkommen durch den Andrang hunderttausender Flüchtlinge im Sommer 2015 über die Balkanroute vollkommen zusammenbrach und Deutschland plötzlich das am stärksten betroffene Land war, kam erneut Bewegung in die Debatte. In der Folge einigten sich Ende September 2015 die Innenminister der Europäischen Union (unter großen Mühen und gegen das Votum Tschechiens, Ungarns, der Slowakei und Rumäniens), zwecks Entlastung Italiens und Griechenlands auf eine Umverteilung von letztendlich 160.000 Flüchtlingen.

15 Corrado Bonifazi: Migration. Einwanderungsland wider Willen?, in: Siegfried Frech/Boris Kühn (Hrsg.): Das politische Italien. Gesellschaft, Wirtschaft, Politik und Kultur, Schwalbach am Taunus 2011, S. 123-146; Julia Wahnel: Die Asyl- und Flüchtlingspolitik zwischen Europäisierung und nationalen Interessen. Das Beispiel Italien, in: Gurdrun Hentges/Hans-Wolfgang Platzer (Hrsg.): Europa – quo vadis?, Wiesbaden 2011, S. 205-232.
16 Commissione nazionale per il diritto di asilo: Richieste di asilo, 2016, abrufbar unter: http://www.interno.gov.it/sites/default/files/modulistica/quaderno_statistico_per_gli_anni_1990-2015_.pdf. (letzter Zugriff: 20.6.2016).
17 Vgl. dazu näher Alexander Grasse/Jan Labitzke: Italien, in: Werner Weidenfeld/Wolfgang Wessels (Hrsg.): Jahrbuch der Europäischen Integration 2015, Baden-Baden 2015, S. 439-448.

Die europäische Mittelmeerpolitik zeigt einmal mehr die Dramatik einer fehlenden gemeinsamen und kohärenten EU-Migrations- und Außenpolitik. Tatsächlich stellt die Krise im Mittelmeer eine weitere Belastungsprobe für die Europäische Union und ihr inneres Nord-Süd-Verhältnis dar, da aufgrund der ökonomischen Krise der Mittelmeeranrainer die Verwerfungen ohnehin bereits erheblich sind. Italien nimmt hier neben Griechenland eine Schlüsselrolle ein. Die Regierung Renzi ist in der Flüchtlingspolitik sehr aktiv, steht aber auch hier grundsätzlich in der Kontinuität der Vorgängerregierungen.

Im April 2016 erging seitens der Regierung Renzi eine Initiative an die Europäische Union, den vereinbarten, aber umstrittenen EU-Türkei-Deal zur Lösung der Flüchtlingsproblematik zum Vorbild zu nehmen für eine entsprechende Vereinbarung mit Libyen. Übereinstimmung war zuvor zwischen Berlin und Rom hergestellt worden, dass man mit den nordafrikanischen Mittelmeeranrainerstaaten Verträge schließen müsse, die Investitionen an die Bedingung der Rücknahme ihrer Migranten knüpfen.[18] Das vierseitige Arbeitspapier Italiens vom 15. April 2016 an den Präsidenten der Europäischen Kommission, Juncker, und den EU-Ratspräsidenten, Donald Tusk, firmiert als ‚Migration Compact‘ und beinhaltet eine Sicherung der Grenzen Nordafrikas mit direkter Unterstützung durch europäische Strafverfolgungsbehörden und die eingerichtete europäische Grenz- und Küstenschutzbehörde, um die Zahl der Flüchtlinge zu verringern, wobei zwischen sogenannten Wirtschaftsflüchtlingen und Asylsuchenden unterschieden werden soll. Zugleich soll die Rücknahme abgelehnter Asylbewerber in der Europäischen Union durch die nordafrikanischen Mittelmeeranrainerstaaten erheblich ausgedehnt werden. Umstrittenster Punkt ist die vorgeschlagene Einrichtung von Auffanglagern und „sicheren Zonen" in Nordafrika, die Migranten an der Flucht nach Europa hindern sollen und von der Europäischen Union mithilfe von „Migrations-Bonds" finanziert werden sollen, wobei von Milliardenbeträgen auszugehen sein dürfte. Darüber hinaus schlug die italienische Regierung in ihrem Arbeitspapier vor, die finanzielle Situation der afrikanischen Staaten zu verbessern, etwa durch „EU-Afrika-Bonds", um den Zugang afrikanischer Länder zu den europäischen Kapitalmärkten zu erleichtern. Schließlich soll als drittes Instrument ein „EU-Investitionsfonds für Drittstaaten" aus der Taufe gehoben werden, um die betroffenen afrikanischen Staaten zu unterstützen. Als viertes Element soll die Entwicklungshilfe neu konzipiert werden und ein Finanzinstrument entstehen, das hilft, Fluchtursachen zu bekämpfen.

Angesichts der steigenden Flüchtlingszahlen über das zentrale Mittelmeer, was auch, aber nicht nur auf die Schließung der Balkan-Route infolge der EU-Türkei-Erklärung zurückzuführen ist, steht Italien unter einem erheblichen Handlungsdruck. In den ersten vier Monaten des Jahres 2016 kamen nach Angaben der Vereinten Nationen (VN) bereits mindestens 20.000 Menschen auf der zentralen Mittelmeerroute nach Italien. Das italienische Innenministerium sprach von 24.000 Personen, die überwiegend aus Nigeria, Gambia, Somalia, Guinea, der Elfenbeinküste und dem Senegal stammen; etwa 2.900 davon wurden zurückgeschickt, vor allem Pakistaner. Die italienische Küstenwache registrierte bis Ende Mai 2016 sogar über 48.000 Flüchtlinge, was einen rasanten Anstieg bedeutete.[19] Insgesamt befanden sich im Frühjahr 2016 rund 112.000 Menschen in italienischen Erstaufnahmeeinrichtungen, die bisherigen Kapazitätsgrenzen liegen bei etwa

---

18 Frankfurter Allgemeine Zeitung: Renzi im Gespräch: „EU-Beamte dreschen populistische Phrasen gegen Italien", 28.1.2016.
19 Peter Maxwill/Valentino Bellini: Flüchtlingschaos in Sizilien: Insel der Überlebenden, in: Spiegel Online, 20.6.2015.

120.000 Plätzen.[20] Somit steht Italien am Rande der Überforderung. Neben der Route über das zentrale Mittelmeer von Libyen nach Italien stechen zunehmend mehr Flüchtlinge von Ägypten aus in See, wobei die ägyptischen Behörden weitgehend untätig bleiben.

Die Zusammenarbeit mit den diktatorischen Regimen Afrikas ist jedoch höchst problematisch und entsprechend umstritten. Angesichts der von Österreich im Frühjahr 2016 vorbereiteten Schließung des Brenner-Passes befindet sich Italien in einer zunehmend schwierigen Lage, da die Flüchtlinge dann wohl auf dem Apennin verblieben. EU-Kommissionspräsident Juncker begrüßte Italiens Vorstoß für einen ‚Migration Compact' sehr deutlich. Entsprechenden Bonds zu seiner Finanzierung wurde von deutscher Seite unmittelbar eine Absage erteilt.

Wie Ende April 2016 bekannt wurde, denkt die Europäische Kommission (internes Dokument des Europäischen Auswärtigen Dienstes an die Mitgliedstaaten) selbst sehr konkret über Auffanglager für Migranten und Flüchtlinge sowie Inhaftierungseinrichtungen in Nordafrika nach.[21] Dies weckt Assoziationen zu den Gefängnissen des ehemaligen libyschen Diktators Gaddafi, welche unter anderem im Gegenzug für entsprechende finanzielle Leistungen seitens der Regierung Berlusconi entstanden waren.

Aufgrund der politisch unsicheren Lage in Libyen setzt die Europäische Union jedoch zunächst auf den Ausbau der Marine-Mission Sophia, welche beim Aufbau einer libyschen Küstenwache und Marine unterstützend tätig sein soll. Am 23. Mai 2016 einigten sich die Außenminister der EU-Mitgliedstaaten auf entsprechende Beschlüsse, die auch Maßnahmen gegen Waffenschmuggel beinhalten. Als nächster Schritt ist von Seiten der libyschen Regierung die Ausbildung libyscher Sicherheitskräfte für den Kampf gegen den IS gewünscht sowie ein operatives Eingreifen von europäischen Spezialeinheiten gegen Waffenschmuggler. Ein entsprechendes Gesuch erging im Mai 2016 nach Brüssel. Die dafür notwendige VN-Resolution wurde am 15. Juni 2016 erzielt. Die Europäische Union hatte im Rahmen ihrer Mission Sophia im Juni 2015 Kriegsschiffe ins Mittelmeer geschickt, um so theoretisch die illegale Migration einzudämmen, wobei der Einsatz allerdings auf internationale Gewässer beschränkt blieb und deshalb praktisch in der Aufklärung sowie in der Rettung von in Seenot geratenen Flüchtlingen besteht, worauf wiederum die Schleuserbanden setzen.[22] Durch das Votum des VN-Sicherheitsrates wurde die Europäische Union beauftragt, nun auch konkret gegen Waffenschmuggler vorzugehen. Die EU-Außenbeauftragte Mogherini begrüßte die Entscheidung der VN, die auf Betreiben Frankreichs und Großbritanniens zustande gekommen war. Das zu überwachende Gebiet ist jedoch riesig, der Einsatz an Ressourcen der Europäischen Union angesichts der Herausforderungen deutlich zu gering.

Bis dato stießen die europäischen Initiativen für Auffanglager in Nordafrika aber bei den betroffenen Ländern auf wenig Begeisterung. Der im November 2015 beim Gipfel in Valletta unternommene Vorstoß der Europäischen Union für „Migrationszentren" in Afrika lief zunächst ins Leere.

---

20 Vladimiro Polchi: Migranti, gli sbarchi aumentano del 25%. La regione che accoglie di più è la Lombardia, in: Repubblica.it, 15.4.2016.

21 Markus Becker/Matthias Gebauer: Geplanter Deal: EU erwägt Migrantengefängnisse in Libyen, in: Spiegel Online, 29.4.2016.

22 Markus Becker/Matthias Gebauer: EU-Minister einigen sich auf erweiterten Militäreinsatz vor Libyen, in: Spiegel Online, 23.5.2016.

Der von Italien lancierte ‚Migration Compact', in dessen Fokus Libyen steht, war dann auch Thema beim G5-Gipfel im April 2016 in Hannover. Renzi wirkte auf eine Vereinbarung hin, die „Regierung der nationalen Einheit" unter Fayez al-Sarradsch zu unterstützen. Italien empfahl sich als Partner der neuen Regierung Libyens. Ministerpräsident Renzi zeigte sich überzeugt, dass eine Vereinbarung mit Libyen, welche nach dem Vorbild des EU-Türkei-Deals funktioniert, zu einer substantiellen Verringerung der Flüchtlingszahlen beitragen könne. Die italienische Initiative von Verteidigungsministerin Roberta Pinotti, die NATO in den Kampf gegen Schlepperbanden einzubeziehen, fand zunächst bei ihren Kollegen aus Frankreich, Großbritannien, Spanien und Deutschland Gehör und der US-amerikanische Präsident Obama zeigte sich gegenüber dieser Idee ebenfalls aufgeschlossen.

Angesichts von im Juni 2016 geschätzten 200.000 bis 500.000 potenziellen Flüchtlingen (Europol geht gar von der Zahl 800.000 aus) steigt die Besorgnis in Italien erheblich. Am 11. und 12. April 2016 wurden in nur zwei Tagen etwa 4.000 Menschen zwischen Sizilien und Nordafrika von der italienischen Küstenwache, der Marine sowie Frontex-Kräften aus dem Mittelmeer gerettet. Ende Mai, Anfang Juni 2016 waren es über 13.000 binnen einer Woche, bei zugleich mehr als 800 Opfern.[23] Die europäische Grenzschutzagentur Frontex rechnet in den kommenden Monaten mit wöchentlich 10.000 Menschen, die Libyen in Richtung Italien verlassen.

Hinzu kommt, dass die von der Europäischen Union beschlossene Umverteilung von Flüchtlingen aus Italien und Griechenland nicht funktioniert. Bis Mai 2016 wurden von den im Spätsommer 2015 verabredeten 160.000 Migranten mit Aussicht auf Asyl gerade einmal 1.500 von anderen Mitgliedstaaten aufgenommen. Auch Deutschland kommt seinen diesbezüglichen Verpflichtungen nicht nach. An sich müsste Deutschland 27.000 Flüchtlinge aus Griechenland und Italien aufnehmen, faktisch kamen davon jedoch erst 57 in Deutschland an.[24]

Anfang Juni 2016 stellte die Europäische Kommission einen vom Europäischen Parlament mit geteiltem Echo quittierten und von Menschenrechtsorganisationen massiv kritisierten Plan vor, der Ideen des italienischen ‚Migration Compact' aufgreift. Dabei wird die Entwicklungshilfe von der Kooperationsbereitschaft afrikanischer Staaten mit der Europäischen Union in der Flüchtlingsfrage abhängig gemacht. Frans Timmermans, Vizepräsident der Europäischen Kommission, unterstrich am 7. Juni 2016 vor dem Europäischen Parlament den Willen, nicht kooperationsbereite Staaten zu sanktionieren, im Sinne der Europäischen Union kooperationswillige Staaten hingegen mit zusätzlichen Finanzhilfen aus Brüssel zu belohnen. Entsprechende „Migrationspartnerschaften" sollen geschlossen werden. Der Plan sollte dem Europäischen Rat Ende Juni 2016 vorgelegt werden. Insbesondere Äthiopien, Jordanien, der Libanon, Niger, Nigeria, Senegal und Mali sollen Flüchtlinge erst gar nicht an die Mittelmeerküsten Europa gelangen lassen beziehungsweise in der Europäische Union abgelehnte Asylbewerber unmittelbar wieder zurücknehmen. Die Zusammenarbeit mit Tunesien und Libyen soll zudem vertieft werden. Die Europäische Union hofft, aus dem eigenen Budget und durch Bereitstellung von Sondermitteln aus den Mitgliedstaaten bis zum Jahr 2020 etwa 8 Mrd. Euro mobilisieren zu können und durch private Investitionen und weitere öffentliche internationale Geldgeber die gesamte Investitionssumme auf 62 Mrd. Euro „hebeln" zu können, um die Infrastruktur der

---

23   Walter Mayr: Flüchtlingskrise in Italien. Überfordert, in: Spiegel Online, 3.6.2016.
24   Spiegel Online: EU-Staaten: Umverteilung von Flüchtlingen stockt, 18.5.2016.

Herkunftsländer zu verbessern, Wirtschaftswachstum anzuregen und mithin Arbeitsplätze zu schaffen und die soziale Lage nachhaltig zum Besseren zu wenden. Angesichts der bislang mageren Bilanz des im November 2015 beschlossenen EU-Nothilfefonds für Afrika (von den geplanten 1,8 Mrd. Euro wurden von den Mitgliedstaaten der Europäischen Union bis Juni 2016 lediglich 81 Mio. Euro bereitgestellt) ist Mogherinis Ankündigung einer „kopernikanischen Wende" der EU-Politik so ambitioniert wie gewagt. In jedem Fall hat Italien nolens volens eine zentrale und unter Renzi zunehmend aktivere Rolle in der EU-Flüchtlingspolitik eingenommen.

Dabei war und ist Italien bemüht, sein Verhältnis zur Europäischen Kommission nach den Irritationen und Verstimmungen aus dem Januar 2016 wieder zu verbessern und konstruktiv zu gestalten. Bei entsprechenden Gesprächen am 5. Mai 2016 in Rom dankte Ministerpräsident Renzi Kommissionspräsident Juncker persönlich, den italienischen Vorschlag des ‚Migration Compact' würdigend aufgegriffen zu haben. Umgekehrt trug Italiens Zustimmung zur EU-Türkei-Erklärung dem italienischen Ministerpräsidenten anerkennende, auf Deeskalation setzende Worte seitens des Kommissionspräsidenten ein, nachdem es zuvor im Verhältnis zwischen Brüssel und Rom ungewöhnlich heftige Auseinandersetzungen gegeben und die lange ausgebliebene Finanzzusage Italiens zum EU-Türkei-Pakt für Verärgerung gesorgt hatte.

Wirtschaftspolitische Herausforderungen

Neben der Flüchtlingspolitik werden die zentralen Herausforderungen für die Regierung Renzi in der nahen Zukunft einerseits die Verstetigung des wirtschaftlichen Aufschwungs, verbunden mit der merklichen Reduzierung der Arbeitslosigkeit sein, andererseits die Bewältigung der neu aufgeflammten Bankenkrise in Italien. So ist die italienische Wirtschaft im ersten Jahr 2015 zum ersten Mal seit 2011 wieder gewachsen, allerdings mit einem Anstieg des BIP um 1,1 Prozent nur geringfügig.[25] Dementsprechend gering fällt auch der Rückgang der Arbeitslosigkeit seit dem Amtsantritt Renzis im November 2014 aus. Lag die Arbeitslosenquote damals bei 13,1 Prozent, so war sie bis Mai 2016 lediglich um 1,6 Punkte auf 11,5 Prozent gesunken.[26] Auch vor diesem Hintergrund wird die Forderung Renzis nach einer anderen europäischen Wirtschaftspolitik verständlich. Allerdings betont der italienische Ministerpräsident stets, dass seine Forderungen im gesamteuropäischen Interesse seien. „Wenn Italien für Europa ein anderes Modell der wirtschaftlichen Entwicklung durchsetzen will, dann geschieht das nicht aus nationalem Interesse, sondern um aus Europa das zu machen, was es wirklich sein muss", so Renzi. „[W]o das Fehlen von Maßnahmen für Wachstum und Wohlstand Arbeitslosigkeit bringt", biete sich zudem Demagogen eine Chance.[27]

Hinzu kommt, dass Renzi dafür Sorge tragen muss, das angeschlagene italienische Bankensystem zu stabilisieren, soll die Bankenkrise den aufkeimenden Wirtschaftsaufschwung nicht im Ansatz ersticken. Italienische Banken haben nach Schätzungen rund 360 Mrd. Euro an Krediten, deren Rückzahlung fraglich ist, in ihren Büchern stehen. Gleichzeitig verhindern die neuen europäischen Finanzmarktregeln die Auslagerung der fraglichen Kredite in eine staatliche ‚bad bank', da nach den EU-Vorgaben nun vorrangig Kapital- und Anteilseigner der in Not geratenen Banken haften sollen. Da in Italien jedoch

---

25 Istat: Gross domestic product and growth rates, abrufbar unter: http://dati.istat.it (letzter Zugriff: 29.6.2016).

26 Istat: Unemployment rate - monthly data, abrufbar unter: http://dati.istat.it (letzter Zugriff: 29.6.2016).

27 Tobias Piller: Matteo Renzi: Wer Schengen zerstören will, will Europa zerstören, in: FAZ.net, 31.1.2016.

auch einige Banken in die Krise geraten sind, bei denen viele Kleinsparer ihr Geld angelegt haben, möchte die Regierung Renzi die Heranziehung der Spareinlagen dieser Kunden vermeiden.[28] Stattdessen möchte die italienische Regierung das System mit staatlichen Beihilfen in Höhe von 40 Mrd. Euro stabilisieren.[29] Alternativ dazu steht ein vornehmlich durch Banken, Sparkassen, Versicherungskonzernen und Stiftungen privat finanzierter Rettungsfonds im Raum. Eine Lösung der italienischen Bankenkrise unter Beachtung der neuen EU-Regeln und ohne die innenpolitisch für Renzi inopportune Beteiligung von Kleinsparern an der Bankensanierung wird dem Regierungschef Energie, Kreativität und Verhandlungsgeschick abverlangen. Von der Lösung dieser Krise und der Lösung der wirtschaftlichen wie auch haushaltspolitischen Probleme des Landes hängt jedoch seine Glaubwürdigkeit im Inneren Italiens wie auf der EU-Ebene ab.

Weiterführende Literatur

Corrado Bonifazi: Migration. Einwanderungsland wider Willen?, in: Siegfried Frech/Boris Kühn (Hrsg.): Das politische Italien, Gesellschaft, Wirtschaft, Politik und Kultur. Schwalbach/Ts. 2012, S. 123-146.

Michael Braun/Ernst Hillebrand: Third Way all'italiana. Zwei Jahre Regierung Renzi, in: Friedrich Ebert Stiftung: Internationale Politikanalyse, Januar 2016.

Michael Dauderstädt: Wachstumsstrategien für Südeuropa. Italien, Spanien, Portugal, Griechenland, in: Friedrich Ebert Stiftung (Hrsg.): Politik für Europa #2017plus, Berlin 2016.

Alexander Grasse: Italienische Europapolitik inmitten multipler Krisen: die Wege der Regierung Renzi in der Wirtschafts-, Währungs- und Fiskalpolitik, in: Alexander Grasse/Markus Grimm/Jan Labitzke (Hrsg.): Italien zwischen Krise und Aufbruch, Wiesbaden 2017, i.E.

---

28 Andrea Spalinger: Halbherzige Rettungspakete reichen nicht, in: NZZ.ch, 3.6.2016.

29 Frankfurter Allgemeine Zeitung online: Italien will 40 Milliarden Euro in Banken pumpen, 27.6.2016.

Kroatien

Visnja Samardzija*

Die Parlamentswahlen am 8. November 2015 waren die ersten seit Kroatiens EU-Beitritt im Jahre 2013. Die Wahlen brachten jedoch keinen klaren Sieger hervor, denn keine Partei konnte die notwendige Mehrheitsschwelle von 76 Sitzen erreichen. Die Patriotische Koalition unter Führung der Kroatischen Demokratischen Union (HDZ) gewann 59 Mandate, während die Koalition Kroatien Wächst, geführt von der Sozialdemokratischen Partei (SDP), auf 67 Sitze im Parlament kam. Drittstärkste Kraft wurde die reformorientierte Partei Brücke der unabhängigen Listen (MOST) mit 19 Sitzen, wodurch sie als Königsmacherin der anschließenden Regierungsbildung fungierte. Nach sechswöchigen Sondierungsgesprächen und zähen Verhandlungen beauftragte die kroatische Präsidentin Tihomir Orešković, ein von den Parteien unabhängiger kroatisch-kanadischer Manager, mit der Regierungsbildung. Nach dem Zusammenschluss von HDZ und MOST zu einer Regierung der nationalen Einheit wurde Orešković als Premierminister am 22. Januar 2016 vereidigt. Im Fokus des Regierungsprogramms stehen ambitionierte Wirtschaftsreformen, um das Haushaltsdefizit auf unter 3 Prozent und die öffentliche Verschuldung bis 2020 auf unter 80 Prozent des Bruttoinlandsprodukts (BIP) zu senken. Geplagt von internen Zerwürfnissen erwies sich die Einheitsregierung jedoch bereits im Juni 2016 als handlungsunfähig. Anfang Juni appellierte der Premierminister daher an die Parteivorsitzenden der HDZ und MOST, ihre Ämter niederzulegen, um den politischen Stillstand des Landes zu überwinden. Die Regierungskrise wurde durch die Amtsenthebung des in einen Korruptionsskandal verwickelten HDZ-Parteivorsitzenden Tomislav Karamarko weiter verschärft. Am 16. Juni verlor Orešković die Vertrauensfrage im Parlament. Die vorgezogenen Neuwahlen finden im September statt.

Haushaltspolitische Herausforderungen des Europäischen Semesters

Nach sechsjähriger Rezession wuchs die kroatische Wirtschaft 2015 um 1,8 Prozent und somit schneller als prognostiziert. Das Wachstum wurde von makroökonomischen Entwicklungen und einer erhöhten Binnennachfrage im Lande gestützt. Das Haushaltsdefizit soll laut Prognosen 2016 wieder den EU-Defizitregeln von maximal 3 Prozent entsprechen. Kroatiens Staatsverschuldung von 86 Prozent des BIP bleibt laut Europäischer Kommission das größte Problem. Die im Stabilitäts- und Wachstumspakt festgeschriebene Obergrenze von 60 Prozent hat Kroatien seit dem EU-Beitritt 2013 jedes Jahr überschritten. Die Kommission hat daher bereits 2013 ein Defizitverfahren eingeleitet. Die alljährlichen länderspezifischen Empfehlungen der Kommission attestierten Kroatien zwar einige Fortschritte beim Insolvenzrecht und im Finanzsektor, jedoch nur minimale Verbesserungen in den Bereichen Finanzen und Steuern, Rente, Gesundheitsvorsorge, Arbeitsmarkt und Verwaltung, der staatlichen Unternehmen, im Dienstleistungssektor sowie der Justiz.[1]

---

*   Übersetzt aus dem Englischen von Leonard Schütte und Julia Klein.
1   Visnja Samardzija/Ivana Skazlic: Comparing the Economic Governance in the New EU Member States – Is the European Semester a Success or Failure?, May 2016.

Die Parlamentswahlen scheinen einer der Gründe für die verspätete Umsetzung der Reformagenda zu sein. Die Regierung verabschiedete das nationale Reform- und Konvergenzprogramm für die Jahre 2016 bis 2019 im April 2016. Makroökonomische Stabilität und finanzpolitische Nachhaltigkeit, ein verbessertes Investitions- und Unternehmensklima, erhöhte Effizienz und Transparenz im öffentlichen Sektor sowie eine Angleichung des Bildungssystems an die Bedürfnisse des Arbeitsmarkts wurden als Kernziele definiert. Im Mai 2016 wurde ein weiteres Reformprogramm in den Bereichen Haushalt, Rentensystem, Arbeitsmarkt, öffentliche Verwaltung und Justiz verabschiedet. Die zeitnahe Umsetzung der Strukturreformen ist entscheidend für die wirtschaftliche Erholung des Landes.

Die Migrationskrise

Die Migrationskrise erfasste Kroatien am 16. September 2015, nachdem die ungarischen Behörden die ungarisch-serbische Grenze durch einen Zaun geschlossen hatte. Die Maßnahme stellte Kroatien während des Wahlkampfs vor große organisatorische sowie innen- und außenpolitische Herausforderungen. Die Konsequenz aus der Grenzschließung war, dass die sogenannte Balkanroute durch Mazedonien, Serbien, Kroatien und Slowenien zur primären Flüchtlingsroute wurde. Zwischen dem 16. September 2015 und dem 5. März 2016 haben laut kroatischen Behörden 658.068 Migranten und Flüchtlinge – rund 5.500 täglich – die kroatische Grenze überquert[2]. Ähnlich wie die anderen Anrainer der Balkanroute stellt Kroatien ein Transitland für Flüchtlinge dar, die das Land zumeist gen Westeuropa verlassen, bevor ihr Asylantrag bearbeitet werden kann.

Die Bewältigung der Krise belastet Kroatiens Verhältnis zu seinen Nachbarn schwer. Ungarns Entscheidung, die Grenze zu schließen, und die damit einhergehende Umleitung der Flüchtlingsroute nach Kroatien waren die Ursache diplomatischer Auseinandersetzungen. Die Errichtung eines Grenzzauns zu Kroatien durch Ungarn am 16. Oktober 2015 verschärfte die Situation. Trotz der anfänglichen Spannungen zwischen Kroatien und Slowenien, ausgelöst durch die slowenische Entscheidung, einen Stacheldrahtzaun an der gemeinsamen Grenze zu errichten, vertieften die beiden Länder ihre Zusammenarbeit in der Migrationskrise. Eine Priorität war für Kroatien der reibungslose Transport von Flüchtlingen zur österreichischen Grenze. Daher organisierte Kroatien als erstes Land staatlich finanzierte Transporte von Flüchtlingen. Als Reaktion führte Österreich im Februar 2016 Grenzkontrollen und tägliche Einreisequoten zur Regulierung der Flüchtlingszahlen ein. Dies produzierte einen Dominoeffekt entlang der Balkanroute, da die anderen Anrainer ebenfalls Grenzkontrollen und Quoten einführten. Mit Schließung der mazedonischen Grenze zu Griechenland und der gleichzeitig verabschiedeten EU-Türkei-Erklärung ist die Balkanroute nun praktisch geschlossen.

Weiterführende Literatur

European Commission: Country Report Croatia 2016. Including an In-Depth Review on the prevention and correction of macroeconomic imbalances, SWD(2016) 80 final.

Senada Šelo Šabić/Sonja Borić: Croatia – An Expanding Learning Curve. In: Pertusot, V. (Ed.): The European Union in the Fog. Building Bridges between National Perspectives on the European Union. Final Report of the project "Building Bridges between National Perspectives on the European Union", 2016, S. 33-39.

---

2   Senada Selo-Sabic/Sonja Boric: At the Gate of Europe. A Report on Refugees on the Western Balkans Route, Friedrich Ebert Stiftung and Dialog Südosteuropa, 2016.

Lettland

Detlef Henning

Innen- und Wirtschaftspolitik

Am 7. Dezember 2015 trat Ministerpräsidentin Laimdota Straujuma, die Lettland seit Januar 2014 regiert hatte, zurück. Hintergrund der Regierungskrise bildeten Probleme bei der Reform der Finanzierung des Bildungssystems, Schwierigkeiten bei der Durchsetzung von Steuererhöhungen für den Haushalt 2016 sowie sicherheitspolitische Diskussionen um die Übernahme von Anteilen der staatlichen Fluggesellschaft AirBaltic durch den ostdeutschen Unternehmer Ralf-Dieter Montag-Girmes. Dieser pflegt enge Geschäftsbeziehungen zu russischen Regierungskreisen und möchte den Einkauf des neuen russischen Superjet Sukhoi 100 anstelle der bisherig von AirBaltic favorisierten Flugzeuge des kanadischen Herstellers Bombardier durchsetzen. Auslöser des Regierungsrücktritts war zuletzt der Bruch der Kabinettsdisziplin durch drei Minister, die sich im September 2015 der Kabinettsentscheidung widersetzten, die EU-Vorgaben zur Aufnahme von 776 Flüchtlingen umzusetzen. Erst nach längeren Verhandlungen konnten sich die bisherigen Koalitionspartner, die nationalliberal lettisch orientierte Partei Einheit ('Vienotība'), der Verband der Grünen und Bauern (ZZS) sowie die rechtsnationale Nationale Vereinigung (NA), bestehend aus den Parteien Für Vaterland und Freiheit/Lettlands Nationale Unabhängigkeitsbewegung (TB/LNNK) und Alles für Lettland (Visu Latvijai), auf die Bildung einer neuen Regierung einigen. Am 11. Februar 2016 wählte das Parlament den 55-jährigen Māris Kučinskis (ZZS) zum 13. Ministerpräsidenten Lettlands seit der Wiedergewinnung der Unabhängigkeit 1991.

Die Flüchtlingspolitik des Landes wurde im August zum zweiten Mal in Folge seitens der Europäischen Kommission kritisiert. Ebenso wie Estland und Litauen habe Lettland Gründe für die Abweisung von Flüchtlingen geschaffen, die mit den Beschlüssen des Europäischen Rates nicht konform gingen. Lettische Politiker hingegen verwiesen auf die ohnehin angespannte Sicherheitslage der baltischen Staaten an der EU-Grenze zu Russland, die eine zusätzliche Beunruhigung der Bevölkerung durch die Aufnahme nicht erwünschter Flüchtlinge schwierig gestalte.

Zwar wuchsen die Gesamtwirtschaft Lettlands 2016 mit 1,5 Prozent und die Industrieproduktion mit 5,3 Prozent langsamer als im Vorjahr, der Export zog jedoch weiter an, während der Import leicht sank. Dies führte zu einer wesentlichen Verbesserung der negativen Außenhandelsbilanz um immerhin 21 Prozent. Auch die Arbeitslosigkeit ging weiter auf 8,4 Prozent zurück und die Inflation lag bei 0,1 Prozent.[1] Etwa zwei Drittel der Exportausfälle nach Russland als Folge der westlichen Sanktionen gegen Moskau konnten durch Exportvereinbarungen mit China, dem Irak und anderen Ländern kompensiert werden.

---

[1] Die Zahlen beziehen sich auf das erste Quartal 2016 im Vergleich zum Vorjahresquartal. Vgl. Latvijas Banka: Statistics. Key Macronomic Indicators, 29.9.2016, abrufbar unter: https://www.bank.lv/en/stati stics/key-macroeconomic-indicators (letzter Zugriff: 20.10.2016).

Im Ergebnis der wirtschaftlichen Erfolge der letzten Jahre wurde Lettland zum 1. Juli vollberechtigtes Mitglied der Organisation für Wirtschaftliche Zusammenarbeit und Entwicklung (OECD). Gleichzeitig übernahm der Lette Valdis Dombrovskis, bis 2014 als Ministerpräsident verantwortlich für den Erfolg der lettischen Wirtschaftsreformen, nach dem Rücktritt des britischen Finanzmarktkommissars Jonathan Hill im Juni zusätzlich zu seinen Aufgaben als Vizepräsident der Europäischen Union und EU-Kommisar für den Euro dessen Amt als EU-Finanzmarktkommissar. Neben dem Euroraum soll der Lette nun auch die Finanzmärkte der Mitgliedsländer überwachen.[2]

Außenpolitik

Im Februar 2016 wies die amerikanischen RAND-Corporation in einer vielbeachteten Studie[3] auf die labile Verteidigungssituation der baltischen Staaten im Fall eines russischen Angriffs hin; ein Szenario, das im Kontext der ungelösten Ukrainekrise, einer aggressiver werdenden russischen medialen Rhetorik sowie fortgesetzter Verletzungen der baltischen Luft- und Seegrenzen und starker russischer Truppenkonzentration entlang der baltischen EU-Grenze mittelfristig vorstellbar werden könnte.

Lettische Regierungskreise werten in diesem Zusammenhang die Nominierung des stellvertretenden Sekretärs des russischen Nationalen Sicherheitsrates bei Präsident Putin, Jevgenij Lukjanov, zum möglichen neuen russischen Botschafter in Riga als Zeichen für das wachsende strategische Interesse Moskaus an der baltischen Region.

Der Beschluss des Warschauer NATO-Gipfels vom 8./9. Juli, mit Beginn des Jahres 2017 in Polen und den drei baltischen Staaten vier gemischtnationale Bataillone zu stationieren, wurde dementsprechend in Riga begrüßt. Das Kommando der in Lettland stationierten Truppen, die alle sechs Monate rotieren werden, soll Kanada übernehmen, das auch die Mehrheit der etwa 1.000 Soldaten stellen wird. Der Verteidigungsetat soll von zur Zeit 1,04 Prozent des Bruttoinlandsproduktes (Estland: 2,07 Prozent) auf 1,7 Prozent im Jahr 2017 steigen und ab 2018 die von der NATO vereinbarte Zielvorgabe von 2 Prozent erreichen.

In diesen Zusammenhängen kommt auch der Stärkung der baltischen Demokratien und der zivilgesellschaftlichen Resilienz gegenüber russischer Propaganda eine immer größere Rolle zu. Erste Erfolge zeigt dabei ein Programm des Auswärtigen Amtes, welches Bundesaußenminister Frank-Walter Steinmeier im Frühjahr 2015 mit seinen baltischen Kollegen vereinbart hatte und welches Ausbildungs- und Stipendienprogramm sowie Projekte in den Bereichen Medien und Kommunikation, Stärkung der Zivilgesellschaft sowie Bildung, Ausbildung und Austausch vorsieht.[4] Überregionale Bedeutung kommt oppositionellen russischen Internetplattformen zu, die immer häufiger nach Lettland ausweichen, um von hier ihre in Russland verbotene Tätigkeit fortzusetzen.

Weiterführende Literatur

Andris Sprūds/Ilvija Bruģe (Hrsg.): Latvian Foreign and Security Policy Yearbook 2016, Riga 2016.

Andris Sprūds/Diāna Potjomkina (Hrsg.): Latvia and the United States: Revisiting a Strategic Partnership in a Transforming Environment, Riga 2016.

---

2   Handelsblatt: Dombrovskis folgt auf Hill. EU muss Finanzmarktkommissar austauschen, 25.6.2016.

3   RAND: Reinforcing Deterrence on NATO's Eastern Flank. Wargaming the Defense of the Baltics, 2016, abrufbar unter: http://www.rand.org/pubs/research_reports/RR1253.html (letzter Zugriff: 16.8.2916).

4   Auswärtiges Amt: Deutsche Kooperation mit unabhängigen Medien im Baltikum trägt Früchte, 31.5.2016, abrufbar unter: http://bit.ly/2eV9Q5d (letzter Zugriff: 16.8.2916).

Litauen

Tobias Etzold

Wichtige Themen in der litauischen Politik waren 2015 und 2016 die EU-Flüchtlingspolitik, das Brexit-Votum der Britinnen und Briten sowie die nationale Sicherheit und die NATO-Entscheidung, rotierende Truppen in Litauen zu stationieren.

Flüchtlingspolitik

Wie die anderen ost- und mitteleuropäischen EU-Mitgliedstaaten nimmt auch Litauen im Vergleich zu vielen westlichen Ländern nur wenige Flüchtlinge auf und sieht sich primär als Transitland. 2015 wurde in Litauen nur ein Asylantrag pro 10.000 Einwohner gestellt.[1] Litauen gehört damit zu den EU-Staaten mit den niedrigsten Aufnahmequoten. Die geringe Aufnahmebereitschaft brachte den mittel- und osteuropäischen Ländern vielfach den Vorwurf mangelnder Solidarität ein, die sie ihrerseits zum Beispiel in der Russlandfrage gerne für sich einfordern. Litauen begründete seinen Widerwillen, außereuropäische Flüchtlinge aufzunehmen damit, dass das Land viele Einwanderer aus der Ukraine, Weißrussland und Russland aufgenommen habe. Laut Staatspräsidentin Dalia Grybauskaite sei das Land zudem nur begrenzt fähig, Einwanderer zu integrieren, insbesondere weil es ihm weitgehend an Erfahrungen im Zusammenleben von verschiedenen Kulturen und Religionen fehle. Die Erfahrungen, die man mit Multikulturalismus in der Sowjetzeit gemacht hat, haben eine eher negative Konnotation, da die Ansiedlung von vor allem Russinnen und Russen im Land von außen aufgezwungen war.[2] Ministerpräsident Algirdas Butkevicius unterstützte grundsätzlich den Solidaritätsgedanken in der Flüchtlingsfrage, forderte aber, dass auch das realistische Potential eines Landes, Flüchtlinge zu integrieren, berücksichtigt werden müsse.[3]

Im Herbst 2015 stimmte die litauische Regierung zu, im Rahmen der von der Europäischen Union vereinbarten Verteilung von Flüchtlingen rund 1.100 Menschen aufzunehmen.[4] Ursprünglich war sie nur zur Aufnahme weniger hundert Menschen bereit gewesen. Eine Erhöhung dieser Zahl wurde jedoch ausgeschlossen. Ebenso opponiert Litauen gegen einen permanenten und verbindlichen Verteilungsmechanismus. Mitte Dezember 2015 trafen die ersten aus Griechenland umgesiedelten Flüchtlinge aus dem Irak in Litauen ein. Gegenüber dem Flüchtlingsabkommen mit der Türkei äußerte sich Staatspräsidentin Grybauskaite skeptisch. Dieser sei in der Umsetzung kompliziert und teuer.[5]

---

1 Pro Asyl: Fakten, Zahlen und Argumente, abrufbar unter: https://www.proasyl.de/thema/fakten-zahlen-argumente/ (letzter Zugriff: 11.8.2016).

2 Rudolf Hermann: Der Kreml versteht nur Klartext, in: Neue Zürcher Zeitung, 6.10.2015.

3 Linas Kojala: Wahrnehmung der Flüchtlingskrise in Litauen, Konrad-Adenauer-Stiftung, 23.10.2015, abrufbar unter: http://www.kas.de/wf/de/33.42968/ (letzter Zugriff: 11.8.2016).

4 Kojala: Wahrnehmung der Flüchtlingskrise in Litauen, 2015.

5 Frankfurter Allgemeine Zeitung: Im Gespräch: Dalia Grybauskaite, Staatspräsidentin Litauens, über die Flüchtlingskrise, Russland und die Nato, 22.4.2016.

Litauische Reaktionen auf den Brexit

Die litauische Regierung bedauerte das Votum der Mehrheit der Britinnen und Briten, aus der Europäischen Union austreten zu wollen. Großbritannien ist für Litauen ein wichtiger politischer Verbündeter und siebtgrößter Handelspartner. Zudem leben circa 200.000 Litauerinnen und Litauer in Großbritannien, für deren Verbleib dort in den Verhandlungen über die zukünftigen Beziehungen zwischen Großbritannien und der Europäischen Union eine einvernehmliche Lösung gefunden werden müsse. Litauen ist daran interessiert, dass die Beziehungen so eng wie möglich gestaltet werden, speziell bezüglich der Außen- und Sicherheitspolitik und des europäischen Binnenmarkts.[6] Außenminister Linas Linkevicius fürchtet jedoch, dass es mit dem EU-Austritt Großbritanniens weniger entschlossene Stimmen in den EU-Russland-Beziehungen geben und der harte EU-Kurs gegenüber Russland aufgeweicht werden könnte.[7] Das Brexit-Votum ist für ihn daher ein Sieg für Russlands Präsident Wladimir Putin.[8]

Sicherheitspolitik

Seit Beginn der Ukrainekrise 2014 warb Litauen aufgrund der von Russland ausgehenden Bedrohung bei der NATO um die permanente Stationierung von Truppen. Besonders kritisch für Litauens Sicherheit wie für die anderen baltischen Länder ist die kurze Grenze zu Polen, der sogenannte ‚Suwalkikorridor', eingeklemmt zwischen der russischen Exklave Kaliningrad und Weißrussland, der von Russland ohne weiteres blockiert werden könnte und damit das gesamte Baltikum vom Rest Europas isolieren würde. Litauen setzt gegenüber Russland daher primär auf militärische Abschreckung. Auf ihrem Gipfeltreffen in Warschau im Juli 2016 beschloss die NATO, dass zwar keine permanenten, aber immerhin rotierende NATO-Truppen in Stärke von 1.000 Mann unter deutscher Führung in Litauen stationiert werden. Zwar ist sich Litauen bewusst, dass diese eher kleine Truppenpräsenz in erster Linie eine symbolische Bedeutung hat, aber gerade diese Symbolik ist von großer Wichtigkeit für ein kleines Land in Europas Peripherie und würde dem Ziel der Abschreckung schon genügen.[9] Litauen ist weiterhin bereit, seinen eigenen Beitrag zu leisten und seinen Bündnisverpflichtungen nachzukommen und erhöht stetig seine Verteidigungsausgaben. Diese erreichten 2016 1,5 Prozent der jährlichen Gesamtwirtschaftsleistung. Bis 2018 soll die NATO-Vorgabe von 2 Prozent erreicht werden.

Fazit

Litauen sah sich im vergangenen Jahr und sieht sich auch in der näheren Zukunft mit großen Herausforderungen konfrontiert. Im Rahmen seiner Möglichkeiten ist das Land bereit, solidarisch einen Beitrag in Fragen wie Sicherheit und Aufnahme von Flüchtlingen zu leisten, macht dabei aber auch regelmäßig klar, dass seine Kapazitäten begrenzt sind.

Weiterführende Literatur

Linas Kojala: Wahrnehmung der Flüchtlingskrise in Litauen, Konrad-Adenauer-Stiftung, Berlin, 23.10.2105.

---

6 Government of the Republic of Lithuania: Press releases. Prime Minister: Lithuania is interested to maintain closest possible EU-UK relations, 27 June 2016.
7 EurActiv: Angst vor Russland: Litauen will Beziehungen zu Großbritannien retten, 28.6.2016.
8 Ministry of Foreign Affairs of the Republic of Lithuania: Brexit's Ripple Effect: Lithuanian Foreign Minister on Impact to the European Union, 28.6.2016.
9 Vgl. auch im Folgenden Konstantin von Hammerstein: Wir müssen Putins Paranoia ernst nehmen, in: Spiegel Online, 10.7.2016.

Luxemburg

Jean-Marie Majerus

Vor der Gründung gemeinsamer europäischer Institutionen im Jahre 1951 war Luxemburg als autonomes Land bestenfalls ein Spielball der europäischen Politik. Heute jedoch kann das Land dank seiner Zugehörigkeit zur Europäischen Union vor allem während seiner Präsidentschaft regelmäßig gestaltend in die europäische Politik eingreifen. Die letzte EU-Ratspräsidentschaft, die Luxemburg vom 1. Juli bis zum 31. Dezember 2015 innehatte, gab dem Außen-, Europa- und Einwanderungsminister Jean Asselborn dementsprechend die Möglichkeit, größeren politischen Einfluss auszuüben, als die Größe des 600.000-Einwohnerstaates es eigentlich vermuten lässt. Zweifellos ist die EU-Ratspräsidentschaft für das luxemburgische Außenministerium eine außerordentliche Herausforderung, allerdings verfügt das Land über eine beträchtliche Erfahrung mit EWG- beziehungsweise EU-Ratspräsidentschaften, handelt es sich mittlerweile doch um die zwölfte Präsidentschaft seit 1960.

Seit dem Vertrag von Lissabon hat sich die Bedeutung der rotierenden Präsidentschaften jedoch wesentlich verändert: Konnten vor dem Vertrag von Lissabon in erster Linie kleinere und mittlere EU-Mitgliedstaaten noch hoffen, in die Rolle des „ehrlichen Maklers" zu schlüpfen, so wird ihnen diese Aufgabe mittlerweile durch die neuen Bestimmungen des Vertrags erheblich erschwert[1]. Die französische Zeitung Le Monde war 1997 noch voll des Lobes für die Präsidentschaft der kleinen Staaten,[2] jedoch bezieht sich dieses Lob, welches zweifelsohne berechtigt ist, auf längst vergangene Zeiten. Bedeutet dies nunmehr, dass die außenpolitische Rolle Luxemburgs nach Inkrafttreten des Vertrags von Lissabon entscheidend geschwächt wurde? Der Ratschlag Asselborns, des dienstältesten Außenministers in der Europäischen Union, findet häufig Gehör, sowohl im Rat der Europäischen Union als auch bei der NATO. So schreibt die österreichische Zeitung Der Standard: „Luxemburg mag nicht die größte Streitmacht der NATO stellen, (…) doch politisch zählt das Wort des luxemburgischen Außenministers durchaus."[3] Gleichzeitig erklärt die deutsche Zeitung Die Welt: „Asselborn spricht aus, was die meisten europäischen Politiker denken."[4] Durch seine regelmäßige Präsenz in der Öffentlichkeit, insbesondere in deutschen Medien, versucht er nicht nur, die Politik der Europäischen Union öffentlichkeitswirksam zu verteidigen, sondern es gelingt ihm auch, luxemburgischen Positionen mehr Gehör zu verschaffen.[5]

---

1   Guido Lessing/Jean-Marie Majerus: Luxembourg presidencies, S. 5. abrufbar unter: http://www.cere.pu blic.lu/fr/actualités/2015/06/PRE-Presidency-Conference/The-Luxembourg-Presidencies-1.pdf (letzter Zugriff: 27.6.2016).

2   Luc Rosenzweig: Les avanies des petits pays dans la grande Europe, in: Le Monde, 25.3.1997.

3   Der Standard: Die Partner der Nato bremsen die Türkei, 20.2.2016.

4   Alan Posener: Elitenprojekt Europa, in: Die Welt, 11.4.2016; Thorsten Riecke: Moskaus perfides Spiel, in: Handelsblatt, 23.2.2016.

5   Vgl. die Äußerungen von Jean Asselborn: „Man darf und kann Ländern wie Deutschland nicht die ganze Last überlassen", in: 19. WDR Europaforum, 12.5.2016.

Der mitunter forsche Auftritt Asselborns kommt nicht immer gut bei den Gescholtenen an und dementsprechend reagieren diese häufig mit Hohn und Spott auf seine Ermahnungen: „Mit seiner üblichen Arroganz verurteilt Asselborn diejenigen, die nicht mit ihm übereinstimmen, als Europäer zweiter Klasse."[6] Andere Stimmen sind noch kritischer: „Wer Lux-Leaks am Hals hat, soll nicht Solidarität predigen."[7] Ohne Zweifel hat die „Lux-Leaks-Affäre" dem Ansehen Luxemburgs geschadet, dementsprechend bemühen sich Asselborn und der luxemburgische Finanzminister Pierre Gramegna um Schadensbegrenzung, dies allerdings nur mit mäßigem Erfolg.

Ratspräsidentschaft

2014 hatte sich das Trio Italien-Lettland-Luxemburg auf ein Programm geeinigt, welches der Ankurbelung der europäischen Wirtschaft oberste Priorität einräumen sollte. Das Wachstum in der Europäischen Union sollte durch erhöhte Investitionen gestärkt werden, und zwar im Einklang mit dem Juncker-Plan. Man beabsichtigte, die Entwicklung der IT-Technologien zu fördern, gleichzeitig sollten die Bürgerrechte ausgeweitet und die Finanzkrise gemeistert werden.[8] Die luxemburgische Regierung hatte sich viel für die sechsmonatige Präsidentschaft vorgenommen und dementsprechend kündigte Asselborn an,[9] die Wettbewerbsfähigkeit der Mitgliedstaaten durch die Schaffung von Arbeitsbeschaffungsmaßnahmen, die Unterstützung kleiner und mittlerer Unternehmen (KMU) sowie durch die Förderung von Forschung und Innovation zu stärken. Auf diese Weise sollte auch der Kampf gegen Verarmung und Arbeitslosigkeit gewonnen werden. Vor allem versprach die luxemburgische Regierung sich viel von der Klimaschutzkonferenz COP21 in Paris im Dezember 2015.[10] In der Tat wurde der Abschluss der COP21-Verhandlungen in Paris zu einem beachtlichen Erfolg während der luxemburgischen Ratspräsidentschaft.

Allerdings war es die Lösung der Flüchtlingsfrage, welche der luxemburgischen Präsidentschaft die meiste Energie abverlangte. Asselborn verurteilte den Bau eines Grenzzauns durch einzelne Mitgliedstaaten, gleichzeitig verteidigte er unverdrossen die Position der deutschen Bundeskanzlerin Angela Merkel. Hierbei stieß der luxemburgische Außenminister allerdings auf die ablehnende Haltung der Visegrád-Staaten.[11] Nichtsdestotrotz bemühte sich die luxemburgische Präsidentschaft unentwegt, eine Kompromisslösung zu finden; galt es doch, mehr als 160.000 Flüchtlinge möglichst gerecht auf die einzelnen Mitgliedstaaten zu verteilen. Anlässlich des Innen- und Justizministerrates im September 2015 wurde der Vorschlag der luxemburgischen Präsidentschaft mehrheitlich angenommen – trotz der Enthaltung der Slowakei, Tschechiens, Ungarns, Rumäniens und Finnlands. Griechenland und Italien, welche die Hauptlast bei der Aufnahme von Flüchtlingen aus Nord-

---

6   Magyar Nemzet: Hungarian foreign minister Szijjarto speaks of EU's hypocrisy on migrant policy, 13.5.2016.

7   Aachener Zeitung: Scharfe Kritik aus Prag auf Asselborn Zitat, 12.5.2016.

8   Lettische Ratspräsidentschaft 2015: Presidency and Trio programme, abrufbar unter: http://eu2015.csb. gov.lv/content/presidency-and-trio-programme (letzter Zugriff: 22.8.2016).

9   Vgl. die Äußerungen von Jean Asselborn in: Abgeordnetenkammer Luxemburgs: Sitzungsprotokoll, 11.6.2015.

10   Luxemburgische Ratspräsidentschaft 2015: Xavier Bettel stresses the importance of accelerating the energy transition at the opening of the SET-Plan Conference, 21/22.9.2015, abrufbar unter: http:// www.eu2015lu.eu/en/actualites/articles-actualite/2015/09/21-conf-setplan-bettel-moedas/index.html (letzter Zugriff: 27.06.2016).

11   AFP: Le groupe de Visegrad refuse les quotas de migrants voulus par l'Union européenne, 11.9.2015.

afrika und der Türkei tragen, wurde Hilfe zugesagt. Den beiden EU-Mitgliedstaaten wurde die personelle Aufstockung von FRONTEX, einem europäischen Unterstützungsbüros für Asylfragen und Europol versprochen.[12]

Seit den Attentaten von Paris im Jahre 2015 überlagert der Kampf gegen den islamistischen Terror alle anderen politischen Themen. Angesichts weiterer drohender Terroranschläge sollte das Europäische Parlament seinen Widerstand gegen den seit 2011 in der Schublade liegenden Vorschlag zur Passagierlistendatenspeicherung (PNR)[13] aufgeben. Damit wurde die Umsetzung dieses Vorhabens zu einem der Haupterfolge der luxemburgischen Präsidentschaft.

Europa- und Außenpolitik

Eigentlich ist die Europa- und Außenpolitik Luxemburgs bei der einheimischen Bevölkerung hoch angesehen und Asselborn erfreut sich großer Beliebtheit und hoher Zustimmungswerte, was nicht für jeden seiner Ministerkollegen gilt.[14] Die Handelsabkommen Transatlantic Trade and Investment Partnership (TTIP) mit den USA und Comprehensive Economic and Trade Agreement (CETA) mit Kanada hingegen sind heftig in der luxemburgischen Öffentlichkeit umstritten.[15] Dementsprechend musste Asselborn, eigentlich ein Befürworter des CETA-Abkommens, eine vom luxemburgischen Parlament fast einstimmig verabschiedete Resolution CETA betreffend als „konstruktiv" beurteilen, weil sie „seine Position gegen die EU Kommission stärke."[16] Dass diese Resolution vom Parlament verabschiedet wurde, ist in erster Linie darauf zurückzuführen, dass die Abgeordneten an der Unabhängigkeit der vorgesehenen Schiedsgerichte zweifelten. „Für die EU-Kommission ist der Beschluss ein schwerer Rückschlag. Sie will CETA möglichst bald von den Mitgliedsstaaten absegnen lassen."[17]

Die luxemburgische Außenpolitik sollte allerdings nicht auf die Rolle Luxemburgs in der Europäischen Union reduziert werden: Von Januar 2013 bis Dezember 2014 war Luxemburg nichtständiges Mitglied des Sicherheitsrates der Vereinten Nationen (VN). Der Kleinstaat konnte sich bei der Wahl in der VN-Generalversammlung gegen Finnland durchsetzen. Dieser Achtungserfolg ist nicht zuletzt auf die außerordentlich großzügige Politik der luxemburgischen Entwicklungshilfe zurückzuführen. Das Großherzogtum hat sich 1995 dazu verpflichtet, bis 2000 jährlich mehr als 0,7 Prozent des Bruttoinlandsprodukts für Entwicklungshilfe zur Verfügung zu stellen und tatsächlich ist das Land einer der wenigen Staaten, die diese Vorgabe auch einhalten.[18] Beim Treffen der EU-Entwicklungsminister in Luxemburg im Oktober 2015 wollte man entscheidend in der EU-

---

12   Luxemburgische Ratspräsidentschaft 2015: Jean Asselborn calls for a European Asylum System and a specialised European jurisdiction to hear asylum cases, 3.9.2016, abrufbar unter: http://www.eu2015lu.eu/en/actualites/articles-actualite/2015/09/03-conf-amb-ue/index.html (letzter Zugriff: 22.8.2016).

13   Bulletin Quotidien: European Passenger Name Record. Les États membres lèvent les derniers blocages autour du ‚PNR' européen, 7.12.2015.

14   Luxemburger Wort: Politbarometer-Umfrage von RTL und LW, 25.5.2016.

15   „TTIP op den Tip" ist Luxemburgisch für „Das TTIP Abkommen gehört auf die Müllhalde". So lautet die Schlagzeile des grünen Abgeordneten des Europaparlaments Claude Turmes, mit der er den Widerstand gegen das Handelsabkommen entfachte.

16   Tageszeitung: Aufstand im Zwergenstaat, 9.6.2016.

17   Die Zeit: Parlament will CETA aufschieben, 7.6.2016.

18   Organization for Economic Cooperation and Development: Politik und Leistungen der Mitglieder des Ausschusses für Entwicklungshilfe. Bericht des Vorsitzenden des Ausschusses für Entwicklungshilfe James H. Michel, 1998.

Entwicklungspolitik vorankommen.[19] Nach Ansicht europäischer Nichtregierungs-organisationen geben sich die EU-Staaten im Bereich der Entwicklungszusammenarbeit zu wenig Mühe, um den Entwicklungsländern ausreichend Unterstützung zukommen zu lassen.[20]

Ohne Zweifel gefällt es Luxemburg, unter den Großen der Kleinste zu sein, umgekehrt ist dies jedoch keineswegs der Fall. Alles andere als „amused"[21] war Asselborn, als Premierminister Xavier Bettel erklärte, er wolle einen „G9-Gipfel" der kleinsten Staaten Europas einberufen – eine Art Pendant zum G7 der bedeutendsten Industrienationen. Der Außenminister „sah [durch dieses Vorgehen] das Renommee des Landes in Frage gestellt."[22] Außerdem war die „Idee" von Bettel nicht im Vorfeld mit dem Kabinett abge-sprochen und dementsprechend wurde sie unverzüglich verworfen – wohl auch, weil sie dem Ansehen und der internationalen Position des Kleinstaates Luxemburg eher geschadet als genutzt hätte.

Weiterführende Literatur

Wolfgang H. Lorig/Mario Hirsch (Hrsg.): Das politische System Luxemburgs – Eine Einführung, Wiesbaden 2008.

Robert Steinmetz/Anders Wivel (Hrsg.): Small states in Europe: challenges and opportunities, Ashgate 2010.

---

19 Luxemburger Wort: Beschlüsse umsetzen, 27.10.2015.
20 Lëtzebuerger Journal: Nachbessern!, 27.10.2015.
21 L'Essentiel: G9: Xavier Bettel n'avait pas mis Jean Asselborn au courant, 10.12.2015.
22 Luxemburger Wort: Ein 'clin d'oeil' schlägt hohe Wellen, 10.12.2015.

Malta

Heinz-Jürgen Axt

Malta kann im vergangen Jahr eine relativ positive Entwicklung der Wirtschaft vorweisen. Während 2015 das Wachstum des Bruttoinlandsprodukts (BIP) im EU-Durchschnitt 1,9 Prozent betrug, waren es bei Malta 6,3 Prozent.[1] Nach dem Krisenjahr 2009 erholte sich Malta rasch und konnte mit 3,7 Prozent im Jahresdurchschnitt ein robustes Wachstum erzielen. Im EU-Durchschnitt waren es nur 1,2 Prozent. Das Wachstum Maltas speiste sich vor allem durch den privaten Verbrauch, der von Einkommensverbesserungen und geringer Arbeitslosigkeit profitierte. Der private Verbrauch stieg um 4, der öffentliche Konsum um 2,5 Prozent an. Das Pro-Kopf-Einkommen nahm 2015 um 3,1 Prozent zu. Auch Investitionen trugen zum Wachstum bei, insbesondere im Maschinen- und Ausrüstungssektor sowie im Energiebereich. EU-finanzierte Projekte spielten dabei eine wichtige Rolle. Im Jahr 2016 ist allerdings mit einer Verlangsamung des Wachstumstempos zu rechnen, weil die Investitionen im Energiesektor und die in der Programmperiode 2007 bis 2013 von der Europäischen Union finanzierten Projekte auslaufen. Der Leistungsbilanzüberschuss steigerte sich 2015 um 4,3 Prozent. 2014 exportierte Malta Waren und Dienstleitungen im Wert von 11.977,7 Mio. Euro und importierte im Wert von 11.329,3 Mio. Euro. In der Handelsbilanz weist Malta traditionell ein Defizit aus, das 2015 auf 15,5 Prozent des BIP kam. Im EU-Vergleich (Durchschnitt: 2,5 Prozent) stellt sich die Verschuldung Maltas mit einem Haushaltsdefizit von lediglich 1,5 Prozent positiv dar. Bemerkenswert ist, dass es Malta gelungen ist, das Defizit gegenüber den Vorjahren kontinuierlich zu verringern (2008: 4,2 Prozent des BIP, 2014: 2 Prozent). Beim Bruttoschuldenstand erreichte die Europäische Union 2015 85,2 Prozent des BIP, Malta nur 63,9 Prozent. Gegenüber 2008 ist Maltas Schuldenstand allerdings leicht angestiegen, erreichte er doch damals 62,7 Prozent. Die Ratingagentur Moody's geht davon aus, dass Maltas Verschuldung wegen der fiskalischen Konsolidierung 2017 unter 60 Prozent des BIP absinken kann.[2]

Beschäftigung und Regionalentwicklung

Im März 2016 betrug die Arbeitslosenrate im EU-Durchschnitt 10,2 Prozent, Malta kam dagegen lediglich auf 4,2 Prozent. Bezogen auf das komplette Jahr 2015 ergab sich für die Europäische Union eine Quote von 9,4 Prozent und für Malta eine von 5,4 Prozent. Maltas Beschäftigungsquote lag 2015 mit 67,8 Prozent unter dem EU-Durchschnitt (70,1 Prozent). Allerdings ist der Anstieg der Frauenerwerbstätigkeit auf Malta bemerkenswert: Während 2006 noch 35,7 Prozent aller Frauen einer Beschäftigung nachgingen, stieg der Anteil 2015 auf 53,6 Prozent. Maltas Regierung hat sich erfolgreich um eine Erhöhung der Beschäftigung bemüht. Die Europäische Kommission hält allerdings verstärkte Aktivitäten speziell für Frauen für notwendig; Bildung und Ausbildung seien zu verbessern.[3]

---

1   Die statistischen Daten zur Wirtschaft sind übernommen von Eurostat.
2   TimesofMalta.com: Moody´s expect economic growth in Malta to moderate, 24.5.2016.
3   European Commission: Country Report Malta 2016, Brussels, 26 February 2016, S. 1.

Maltas BIP pro Einwohner kam 2014 auf 84 Prozent des EU-Durchschnitts. Damit qualifizierte sich die gesamte Insel (inklusive Gozo) als ‚Region im Übergang' (transition region), deren BIP/Kopf zwischen 75 und 90 Prozent des EU-Durchschnitts liegt. In der Programmperiode 2014 bis 2020 erhält Malta 828 Mio. Euro aus verschiedenen Fonds der EU-Strukturpolitik. Zusammen mit der nationalen Kofinanzierung in Höhe von 196 Mio. Euro stehen insgesamt 1,02 Mrd. Euro zur Verfügung, um Wettbewerbsfähigkeit, Beschäftigung, Umweltschutz und Gesundheitsvorsorge zu verbessern.[4] In der Programmperiode 2007 bis 2013 wurden unter anderem mit 1,567 Mio. Euro das Projekt Philoxenia ausgestattet, um die Landflucht insbesondere unter Jugendlichen zu verringern. Die Optimierung der Internet-Präsentation wurde mit 2,813 Mio. Euro unterstützt. Der Europäische Kohäsionsfonds stellte 44,887 Mio. Euro zur Verfügung, um die Bewässerung der Insel zu verbessern und Sturmschäden zu vermeiden. Im Energiebereich weist Malta noch immer große Probleme auf, ist die Insel doch fast zu 100 Prozent von importiertem Erdöl abhängig. Bei der Energieerzeugung spielt Erdgas keine Rolle. Erneuerbare Energien trugen 2010 zu 0,4 Prozent zur Energieerzeugung bei. Malta hatte damit den geringsten Anteil in der gesamten Europäischen Union. Malta setzt jetzt Hoffnung darauf, dass die Stromleitung mit Sizilien die Diversifizierung fördert und die Situation verbessern wird.

Flüchtlinge

Ende 2013 hat Malta ein Gesetz beschlossen, nachdem Ausländer die Staatsangehörigkeit erwerben können, wenn sie 650.000 Euro für den Pass zahlen und eine Gesamtinvestition von 1,15 Mio. Euro tätigen.[5] Im Oktober 2015 berichteten die Medien, dass mit diesem Programm über 1 Mrd. Euro an Einnahmen erzielt worden sind.[6] Anders als Italien und Griechenland war Malta in der Vergangenheit kein bevorzugtes Zielland für Flüchtlinge, weil sie von der Insel kaum weiter in die von ihnen bevorzugten Staaten Nordeuropas weiterreisen konnten. So wurden 2015 vom Flüchtlingswerk der Vereinten Nationen lediglich 104 Bootsflüchtlinge und 1.692 Asylantragsteller gemeldet.[7] Bezogen auf die (geringe) Einwohnerzahl der Insel sieht die Situation freilich anders aus: 3,5 Asylbewerber kamen im Oktober auf 1.000 Einwohner Maltas. Nur in Schweden waren mit 11,5 Bewerbern, in Ungarn mit 18 und in Österreich mit 8 die Anteile höher. Malta hat sich im September 2015 bereit erklärt, sich an der Notfall-Umsiedlung von Flüchtlingen aus Italien und Griechenland zu beteiligen. Insgesamt 71 Flüchtlinge sollten übernommen werden;[8] im Mai 2016 waren es 32 Flüchtlinge nach Malta umgesiedelt worden.[9]

Weiterführende Literatur

Central Bank of Malta: Understanding the Maltese Economy, 2016, abrufbar unter: https://www.centralbank malta.org/en/reports-and-articles (letzter Zugriff: 12.8.2016).

UNDP: Human Development Report 2015. Malta (http://hdr.undp.org/sites/all/themes/hdr_theme/country-notes/ MLT.pdf, letzter Zugriff: 12.8.2016).

---

4   European Commission: European Structural and Investments Funds. Country Factsheet Malta, 19.5.2016.
5   Vgl. zu den Einzelheiten den Beitrag im Jahrbuch 2013.
6   TimesofMalta.com: Malta passport programme best in the world. 1 billion raised since, 1.10.2015.
7   UNHCR: Asylum claims and total number granted protection, abrufbar unter: http://www.unhcr.org.mt/ charts/ (letzter Zugriff: 1.6.2016).
8   Beschluss (EU) 2015/1601 des Rates vom 22. September 2015 zur Einführung von vorläufigen Maßnahmen im Bereich des internationalen Schutzes zugunsten von Italien und Griechenland, in: Amtsblatt der EU L 248/80, 24. September 2015.
9   MaltaofToday.com: Syrian refugee family to arrive in Malta tomorrow, 22.5.2016.

Die Niederlande

Mirte van den Berge*

Die bedeutendsten Themen in der niederländischen Politik weisen alle eine europäische Dimension auf: die Migrationskrise, das Ukraine-Referendum und die niederländische Ratspräsidentschaft im ersten Halbjahr 2016. Die politische Landschaft war dabei von relativer Stabilität gekennzeichnet. Gestützt auf eine knappe Mehrheit im niederländischen Unterhaus (Tweede Kamer) konnten die konservativ-liberale VVD und die sozialdemokratische PvdA ihre Koalitionsregierung fortsetzen.[1] Die beiden Parteien waren aber im Oberhaus (Eerste Kamer) auf die Unterstützung anderer Parteien angewiesen.[2]

Derzeit sind elf Parteien im Unterhaus vertreten und Umfragen deuten auf eine Fortsetzung dieser parlamentarischen Zersplitterung hin. Im September 2015 wurde die Partij voor de Vrijheid (PVV) des Rechtspopulisten Geert Wilders laut Umfragen stärkste Partei, bisher war es die VVD. Die PVV käme demnach bei Neuwahlen auf 13 bis 23 Prozent, was 20 bis 35 Sitzen in der Tweede Kamer entspräche.[3] Auf die VVD entfielen demnach 14 bis 18 Prozent, was 21 bis 28 Sitzen gleichkäme. Die christlich-demokratische Partei CDA, die progressiven Liberalen der D66 und die Sozialisten der SP bilden in Umfragen eine zweite Gruppe und bekommen regelmäßig Zustimmungswerte um die 11 Prozent, was in etwa 15 bis 20 Sitze ergebe. Die PvdA ist während der ersten zwölf Monate der Rutte II-Regierung in der Wählergunst dramatisch gesunken, bekam über das letzte Jahr hinweg jedoch stets einen stabilen Zuspruch von um die 8 Prozent.[4]

Migrationskrise

Das mit Abstand wichtigste Thema der niederländischen Innen- und Europapolitik stellte die Migrationskrise dar, die im September 2015 ausbrach und in den Niederlanden zu einem nie dagewesenen Zustrom von Asylbewerbern führte. Am ärgsten war diese Situation von September bis November des Jahres, als 7.000 bis 11.700 Asylsuchende pro Monat ins Land einreisten.[5] Insgesamt 59.435 Menschen stellten zwischen Juni 2015 und Juni 2016 einen Antrag auf Asyl.[6] Die Ankunft von Migranten hatte eine wahrhaftige Spal-

---

* Übersetzt aus dem Englischen von Jeldrik TB Grups und Julia Klein.
1 Beide Parteien haben im Parlament eine Mehrheit von 76 der 150 Sitzen (40 VVD, 36 PvdA).
2 Hier sind beide Parteien mit insgesamt 21 von 75 Sitzen (13 VVD, 8 PvdA) in der Minderheit. Vgl. Eerste Kamer: English. Political parties, 2016, abrufbar unter: https://www.eerstekamer.nl/begrip/english_2#p8 (letzter Zugriff: 24.8.2016).
3 Nederlandse Omroep Stichting: Peilingwijzer: de winnaars en verliezers van het politieke jaar, 13.7.2016; Alle Umfrageergebnisse sind abrufbar unter: http:// peilingwijzer.tomlouwerse.nl/p/english.html (letzter Zugriff: 24.8.2016).
4 Im Vergleich zu 24 Prozent der Stimmen, die die PvdA in den letzten Wahlen gewonnen hat.
5 Centraal Bureau voor de Statistiek: Aantal asielzoekers blijft onder dat van 2014 en 2015, 15.8.2016, abrufbar unter: http://bit.ly/2bibU62 (letzter Zugriff: 24.8.2016); Centraal Bureau voor de Statistiek: Asielverzoeken en nareizigers; nationaliteit, geslacht en leeftijd, 15.8.2016, abrufbar unter: http://bit.ly/2fztJxK (letzter Zugriff: 24.8.2016).
6 Centraal Bureau voor de Statistiek: Asielverzoeken en nareizigers; nationaliteit, geslacht en leeftijd, 2016.

tung der niederländischen Gesellschaft zur Folge, verschlimmerte bereits bestehende Probleme, führte zu Spannungen zwischen der Regierung und den Kommunen und beförderte deutliche Meinungsverschiedenheiten unter den Regierungsparteien.

Seit Beginn des 21. Jahrhunderts herrscht die Meinung vor, dass die Integration von Zuwanderern in den 1960er und 1970er Jahre gescheitert sei. Der neuerliche Zustrom von Migranten wurde nicht allein deswegen von großen Teilen der Gesellschaft als Grund zur Sorge wahrgenommen. Wilders hatte bereits seit 2006 vor einem „Tsunami der Islamisierung" und davor, dass die Religion und Kultur des Islams die traditionelle niederländische Kultur verdrängen würden, gewarnt.[7] Zudem schürten Wilders und andere Politiker auch die Angst vor tausenden Terroristen des sogenannten Islamischen Staates (IS), die sich unter die Flüchtlinge mischen würden.[8] Auch Berichte des nationalen Koordinators für Terrorismusbekämpfung und Sicherheit wiesen auf das Risiko einer solchen Infiltration hin.[9] Einen weiteren Grund zur Sorge bereiteten auch die möglichen Auswirkungen der Neuankommenden auf den ohnehin schon angespannten Wohnungs- und Arbeitsmarkt. Die bis dahin bestehende Verpflichtung, sozialen Wohnraum zunächst an Flüchtlinge zu vergeben, wurde gelockert, eine Entscheidung darüber hatten nun die Kommunen zu treffen. Darüber hinaus wurden Sorgen über die Kosten der Aufnahme von Asylsuchenden und deren Auswirkungen auf den öffentlichen Haushalt laut.

In vorangegangenen Reformen hatte die Rutte II-Regierung ein Paket von Maßnahmen zur Dezentralisierung und Budgetkürzung umgesetzt, das zu einer Verschiebung von Verantwortlichkeiten im Bereich der Sozialpolitik hin zur kommunalen Ebene führte. Angesichts der hohen Zahl ankommender Asylsuchender blieb es den Kommunen überlassen, Aufnahmestätten für Flüchtlinge zu finden. Diese waren hierbei nicht selten gezwungen, schneller zu handeln, als es der normale demokratische Prozess zuließ. Eine hohe Anzahl an Asylunterkünften konnte in Zusammenarbeit der Regierung mit den kommunalen Regierungen geschaffen werden. Im Oktober 2015, als der Zustrom ankommender Asylsuchender seinen Höhepunkt erreichte, überstimmte jedoch die Regierung eine auf lokaler Ebene getroffene Entscheidung gegen die Einrichtung einer Massenaufnahmeeinrichtung.[10] Das Ausbleiben einer demokratischen Debatte bei der Auswahl von Aufnahmeeinrichtungen und der Festlegung ihrer Kapazitäten im Verhältnis zur Größe der Kommunen löste große Bedenke aus. Öffentliche Anhörungen auf kommunaler Ebene waren häufig von stark polarisierenden Spannungen geprägt und im gesamten Land kam es nicht selten zu gewalttätigen Protesten gegen Asylunterkünfte.

Zwar war der Protest gegen die ankommenden Flüchtlinge ein weit verbreitetes Phänomen, jedoch hießen auch viele Menschen die Asylsuchenden willkommen und erinnerten an die moralische und internationale Verpflichtung, Asylbewerber aufzunehmen. Auch die Anzahl derer, die sich ehrenamtlich engagierten, übertraf alle Erwartungen – es wurde sogar behauptet, sie überträfe die Zahl der Flüchtlinge.[11]

---

7   Sanne ten Hoove/Raoul du Pré: Wilders bang voor 'tsunami van islamisering', in: deVolkskrant, 6.10.2006.

8   Partij voor de Vrijheid: Inbreng Geert Wilders bij debat Algemene Politeke Beschouwingen 2015, 16.9.2015.

9   NCTV: Samenvatting Dreigingsbeeld Terrorisme Nederland 41, March 2016, abrufbar unter: https://www.nctv.nl/binaries/samenvatting-dtn-41_tcm31-32602.pdf (letzter Zugriff: 24.8.2016).

10   Nederlandse Omroep Stichting: Meer asielzoekers naar Oranje, gemeente en provincie fel tegen, 6.10.15.

11   Philip de Witt Wijnen: Er zijn meer vrijwilligers dan vluchtelingen, in: NRC Handelsblad online, 16.2.2016.

Die Forderung, die Grenzen dicht zu machen, brachte der PVV einen dauerhaften Anstieg ihrer Popularitätswerte ein. Seit September 2015 hat sie die höchsten Zustimmungswerte. Auf der anderen Seite des politischen Spektrums konnten auch die Partei Grün-Links (GL) mit ihrem neuen, jungen Parteivorsitzenden Jesse Klaver und ihrer offenen Haltung gegenüber Flüchtlingen in Umfragen leicht zulegen.

Bereits im Frühjahr 2015 führten die Meinungsverschiedenheiten über den Umgang mit abgelehnten Asylbewerbern zwischen einer eher restriktiv argumentierenden VVD und einer einen humanitäreren Ansatz verfolgenden PvdA zu einem handfesten Konflikt innerhalb der Regierungskoalition. Die Spannungen innerhalb der Koalition nahmen mit der gestiegenen Zuwanderung von Migranten im Sommer und Herbst 2015 noch zu. Die VVD sah eine Notwendigkeit darin, Aufnahmeeinrichtungen in Krisenregionen zu schaffen, dass der Flüchtlingsstatus nur vorübergehend sein dürfe und sich in die Niederlande bei der Ausstattung von Flüchtlingsunterkünften zurückzuhalten hätten. Die PvdA verfolgte einen humanitären Ansatz und verlangte Sprachkurse für Asylsuchende. Innerhalb der Regierung überwog aber insgesamt die Überzeugung, dass man das Problem aufgrund seiner Größe und Dringlichkeit kooperativ lösen müsse. Schließlich wurde ein Kompromiss gefunden, der sowohl eine verstärkte Registrierung in den Herkunftsländern als auch eine langfristige Lösung auf EU-Ebene in Form einer gemeinsamen Asylpolitik und einer verbesserten Zusammenarbeit an den EU-Außengrenzen vorsah. Während man auf Ergebnisse auf EU-Ebene wartete, wurden auch andere Optionen wie ein Mini-Schengen in Erwägung gezogen.[12] Die niederländische Ratspräsidentschaft 2016 stellte dabei eine exzellente Möglichkeit dar, für eine europäische Lösung zu werben.

Niederländische Ratspräsidentschaft

Die zwölfte niederländische Ratspräsidentschaft stand vor nie dagewesenen Herausforderungen. In Vorbereitung auf die Präsidentschaft hatten die Niederlande drei Leitlinien definiert: „eine Union, die sich auf das Wesentliche konzentriert; eine innovative Union, die Wachstum und Beschäftigung fördert; eine Union, die für die Bürger da ist".[13] Diese gut vorbereiteten Schwerpunkte wurden jedoch von den tagesaktuellen Ereignissen eingeholt und so standen die Migrationskrise, das damals noch bevorstehende Brexit-Referendum, geopolitische Spannungen an den europäischen Ostgrenzen und Sicherheitsbedrohungen im Mittelpunkt der Ratspräsidentschaft.

In seiner Rede vor dem Europäischen Parlament zu Beginn der niederländischen Ratspräsidentschaft machte Premierminister Mark Rutte deutlich: „Die heutigen Zahlen [von Flüchtlingen] sind nicht tragbar. Uns läuft die Zeit davon. Wir brauchen eine deutliche Reduzierung innerhalb der nächsten sechs bis acht Wochen."[14] Er verlangte die Umsetzung bestehender Beschlüsse und einen verstärkten Schutz der EU-Außengrenzen.[15] Die formelle Rolle der Ratspräsidentschaft ist zwar recht bescheiden, da das Initiativrecht bei der Europäischen Kommission liegt und Verhandlungen wie mit der Türkei und den Transitländern am Westbalkan Aufgabe des Präsidenten des Europäischen Rates sind. Nichts-

12 NRC Handelsblad online: Ook Dijsselbloem bepleit mini-Schengen, 28.11.2015.
13 Niederländische Ratspräsidentschaft 2016: Die Niederlande und die EU-Ratspräsidentschaft. Welche Ziele streben die Niederlande als Ratspräsidentschaft an?, abrufbar unter: http://deutsch.eu2016.nl/eu-vorsitz/ziele-und-prioritaten (letzter Zugriff: 24.8.2016).
14 Mark Rutte: Ansprache des niederländischen Ministerpräsidenten Rutte vor dem Europäischen Parlament, 20. Januar 2016, S. 4.
15 Eszter Zalan: Dutch PM: EU needs to sharply reduce refugee numbers, in: EuObserver.com, 20.1.2016.

destotrotz übernahmen Rutte und Diederik Samson, Vorsitzender der Sozialdemokraten, eine aktive Rolle bei den Verhandlungen der EU-Türkei-Erklärung vom 18. März 2016. Samsom hatte am 28. Januar einen ersten Entwurf des Deals vorgelegt, der dann von Rutte mit anderen europäischen Akteuren weiter bearbeitet wurde. Zwar wurde sehr viel Kritik an den rechtlichen und humanitären Bestimmungen der Erklärung und an dessen Umsetzbarkeit geäußert, die Zahl der aus der Türkei in die Europäische Union einreisenden Flüchtlinge ging jedoch erheblich zurück. Kurz vor Ende der niederländischen Ratspräsidentschaft wurde zudem ein Kompromiss in Bezug auf die Schaffung der neuen Europäischen Grenz- und Küstenwache gefunden.[16] Am Ende der Präsidentschaft dankte Jean-Claude Juncker, Präsident der Europäischen Kommission, Rutte öffentlich für sein persönliches Engagement bei der Krisenbewältigung.[17]

Das niederländische Referendum zum Assoziierungsabkommen EU-Ukraine

Am 6. April 2016 fand in den Niederlanden ein Referendum über das Assoziierungsabkommen der Union mit der Ukraine statt. Das Referendum wurde gemäß der Bestimmungen eines neuen Gesetzes abgehalten, das am 1. Juli 2015 in Kraft getreten war. Demnach kann ein beratendes, nicht-bindendes Referendum von 300.000 Bürgerinnen und Bürgern beantragt werden. Im Herbst 2015 setzten die Betreiber einer bekannten populistischen Website in Zusammenarbeit mit zivilgesellschaftlichen Akteuren das Verfahren in Gang, um ein Referendum über die niederländische Ratifikation des Assoziierungsabkommens abzuhalten, und sammelten erfolgreich über 400.000 Unterschriften. Im Parlament war das ursprüngliche Ratifizierungsgesetz schon von einer breiten parlamentarischen Mehrheit angenommen worden; nur drei der elf Parteien hatten dagegen gestimmt: Wilders PVV, die SP und die Tierschutzpartei.[18] Bei einer Wahlbeteiligung von 32 Prozent sprachen sich 61 Prozent der Abstimmenden gegen das Abkommen und 38 Prozent dafür aus.[19] Die gesetzlichen Bestimmungen sehen vor, dass das Ergebnis nur bei einer Wahlbeteiligung von über 30 Prozent gültig ist. Viele Wahlberechtigte, die dem Assoziierungsabkommen positiv gegenüber standen, haben ihre Stimme absichtlich nicht abgegeben; entweder weil sie erwarteten, dass die Schwelle von 30 Prozent nicht überschritten würde oder um ihren Unmut über die Reichweite des Referendums auszudrücken.[20] Zwar waren das Assoziierungsabkommen und die Situation in der Ukraine Bestandteil des Wahlkampfes, dennoch waren Anti-EU- und Anti-Eliten-Stimmungen die eigentlichen Treiber für ein negatives Votum.[21] Abgesehen von der PVV und der SP (die beide für ein Nein mobilisierten) und der D66 (die für ein Ja votierten), nahmen die meisten größeren Parteien und die Regierung nicht aktiv am Wahlkampf teil. Diejenigen, die die Ratifizierung des Abkom-

---

16   Rat der Europäischen Union: Europäische Grenz- und Küstenwache: Rat bestätigt Einigung mit dem Parlament, Pressemitteilung 373/16, 22.6.2016.

17   Stephane Alonso/Mark Kranenburg: Sobere voorzitter die meters maakte, in: NRC Handelsblad online, 1.7.2016.

18   Die drei Parteien nehmen 19 Prozent der Sitze im Parlament ein; Vgl. Tweede Kamer: Kamerleden. Fracties, abrufbar unter: https://www.tweedekamer.nl/kamerleden/fracties (letzter Zugriff: 24.8.2016).

19   Kiesraad: Uitslag referendum Associatieovereenkomst met Oekraïne onherroepelijk, 19.4.2016.

20   Robert Giebels: Referendum ging om wantrouwen versus vertrouwen, in: de Volkskrant, 7.4.2016; Ko Colijn: Waarom het Oekraïne-referendum zo'n gotspe is, in: Vrij Nederland, 17.2.2016; Ton Zwaan: Referenda zijn in strijd met de democratie, in: de Volkskrant, 13.7.2016.

21   Tim de Beer: The Ukraine referendum in The Netherlands: the revenge of the distrusting undercurrent, abrufbar unter: http://www.tns-nipo.com/overheid-en-non-profit/verkiezingsonderzoek/the-ukraine-referendum/ (letzter Zugriff: 24.8.2016).

mens ablehnten (deren Anzahl gerade einmal 20 Prozent der gesamten Wählerschaft ausmacht) machen einen Großteil der Unterstützer der links- beziehungsweise rechtspopulistischen SP und PVV aus.[22]

Obgleich das Referendum nur beratenden Charakter hat, erklärten sich die meisten Parteien bereit, das Ergebnis im Falle einer Ablehnung der Ratifizierung des Abkommens dementsprechend zu berücksichtigen. Demnach dürfte das EU-Ukraine-Assoziierungsabkommen im Falle eines negativen Ausgangs für die Niederlande nicht automatisch in Kraft treten. Doch für Brüssel war der Ausgang des Referendums rechtlich nicht so eindeutig,[23] als die niederländische Regierung diese Konsequenz aus dem Referendumsergebnis zog. Letztere versprach zwar zusammen mit den EU-Partnern und der Ukraine nach einer Lösung suchen zu wollen, die auch den in der Abstimmung ausgedrückten Bedenken der niederländischen Bevölkerung Rechnung tragen soll.[24] Jedoch wurde bald offensichtlich, dass eine solche Lösung einige Zeit in Anspruch nehmen würde und die Bereitschaft hierzu von Seiten der EU-Partner ob des bevorstehenden Brexit-Referendums gering war.[25] Anfang Juli bewog die Frustration der Abkommensgegner diese dazu, einen Misstrauensantrag gegen Rutte im Parlament zu stellen. Dieser Versuch misslang zwar, fand jedoch immerhin die Unterstützung von vier Parteien.[26]

Brexit

Das Referendum über die britische EU-Mitgliedschaft hatte großen Einfluss auf die Ratspräsidentschaft der Niederlande. Sensible Themen wurden auf unbestimmte Zeit nach dem britische Referendum verschoben. Nicht nur wurden dadurch die Diskussionen über eine potentielle Lösung für die Ratifizierung des Ukraine-Assoziierungsabkommens hinausgezögert, auch mit anderen umstrittenen Themen wie dem Vorschlag der Europäischen Kommission für eine Novelle der Arbeitnehmerentsenderichtlinie wurde sich nicht mehr befasst.[27] Da das britische Referendum erst ganz am Ende der niederländischen Ratspräsidentschaft am 23. Juni 2016 stattfand, blieb auch kaum Spielraum, um den ersten Konsequenzen zu begegnen. Doch die ersten Anstrengungen um eine koordinierte gemeinsame Reaktion der Europäischen Union stellte die Stabilität der Union in den Mittelpunkt.[28]

Das britische Referendum hatte auch Einfluss auf die inländische Debatte über die Rolle der Niederlande in der Europäischen Union. Fast alle Parteien waren sich einig, dass die Niederlande mit dem britischen EU-Austritt einen wichtigen Partner in der Union verlieren würden und dass sich die Machtverhältnisse zugunsten einer protektionistischeren Politik verschieben könnte. Rutte betonte jedoch auch, dass die Verhandlungen mit

22 Emilie van Outeren/Annemarie Kas: Tegenstem wint: het verdrag 'kan niet zonder meer doorgaan', in: NRC Handelsblad online, 7.4.2016.
23 Guillaume Van der Loo: The Dutch Referendum on the EU-Ukraine Association Agreement: Legal options for navigating a tricky and awkward situation, in: Centre for European Policy Studies: CEPS Commentary, 8.4.2016.
24 Rijksoverheid: Kamerbrief over het verzoek inzake EU-Oekraïne associatieakkoord, 7.6.2016.
25 Pim van den Dool: Rutte: resultaat Oekraïne-referendum 'desastreus', in: NRC Handelsblad online, 13.6.2016.
26 Pim van den Dool: Motie van Wantrouwen tegen Rutte om Oekraine verworpen, in: NRC Handelsblad online, 6.7.2016.
27 The Netherlands EU Presidency 2016: Letter on the results and organisation of the Dutch Presidency of the Council of the European Union, 25 June 2016, S. 7.
28 The Netherlands EU Presidency 2016: Prime Minister Rutte on the outcome of the United Kingdom referendum, 24 June 2016.

dem Vereinigten Königreich der niederländischen Regierung nun die Möglichkeit eröffnen würde, für Reformen innerhalb der Europäischen Union zu werben.[29] Möglicherweise hat das Brexit-Votum auch die Befürworter eines Referendums über die EU-Mitgliedschaft der Niederlande gestärkt. Die PVV brachte mit ihrer erneuten Forderung nach einem soge- nannten ‚Nexit'-Referendum die Diskussionen über ein Mitgliedschaftsreferendum ins Rollen. Auch die SP sprach sich dafür aus, jedoch erst nach einer Neuverhandlung der Kompetenzen der Europäischen Union. Die wichtigsten Parteien der Mitte fordern zwar auch EU-Reformen, strengen jedoch kein Referendum an. D66 und GL nehmen beide den Standpunkt ein, dass nur eine mächtigere Europäische Union in der Lage ist, die gegen- wärtigen Herausforderungen zu meistern.[30] Das niederländische Referendumsgesetz erlaubt Referenden nur ex-post, das heißt, nachdem ein (Ratifikations-)Gesetz im Parla- ment verabschiedet worden ist. Ein sofortiges Nexit-Referendum ist mithin nicht möglich. Ein Abkommen des Vereinigten Königreichs mit der Europäischen Union könnte jedoch die Grundlage für eine Abstimmung über die Mitgliedschaft der Niederlande in der Euro- päischen Union bilden.[31] Jedenfalls ist es sehr wahrscheinlich, dass die niederländische EU-Mitgliedschaft eine größere Rolle in den Debatten in Den Haag spielen wird – vor allem angesichts der anstehenden Wahlen im März 2017.

Bewertung der niederländischen Ratspräsidentschaft in Den Haag

Die niederländischen Interessen in Brüssel zu vertreten, ist eines der Hauptanliegen bei- nahe aller niederländischer Parteien. Angesichts dessen wurde die Präsidentschaft in Den Haag mit großem Interesse verfolgt. Mehrmals wurde die Regierung im Parlament befragt, um sicherzustellen, dass deren Rolle als ehrlicher Makler nicht den niederländischen Inter- essen zuwider laufen würde.[32] Die eher gemäßigte Position der Niederlande in der Migra- tionspolitik erlaubte es der Regierung, glaubwürdig aufzutreten. Die abweichende Haltung zur Pensionsfonds-Richtlinie und zur Schaffung des Amtes des Europäischen Staatsanwal- tes verlangten der Ratspräsidentschaft jedoch einige Flexibilität ab. Andererseits gab die Ratspräsidentschaft den Niederlanden die Möglichkeit, darauf hinzuwirken, dass man sich auf einen Fahrplan zur Vollendung des Binnenmarkts verständigen konnte. Außerdem gelang es den Niederlanden, trotz des Brexit-Referendums die Entsenderichtlinie voranzu- treiben und in den Beratungen über den mehrjährigen Finanzrahmen als Agenda-Setter zu fungieren.[33]

Weiterführende Literatur

Niederländische Ratspräsidentschaft 2016: Die Niederlande und die EU-Ratspräsidentschaft. Welche Ziele stre- ben die Niederlande als Ratspräsidentschaft an?, abrufbar unter: http://deutsch.eu2016.nl/eu-vorsitz/ziele- und-prioritaten (letzter Zugriff: 16.11.2016).
Netherlands EU Presidency 2016: Letter on the results and organisation of the Dutch Presidency of the Council of the European Union, 25 June 2016, abrufbar unter: https://english.eu2016.nl/documents/press- releases/2016/07/01/letter-on-the-results-and-organisation-of-the-dutch-presidency-of-the-council-of-the- european-union (letzter Zugriff: 16.11.2016).

---

29 Natalie Righton: Haagse discussie over Nederlands referendum EU barst hevig los, in: de Volkskrant, 24.6.2016.
30 Joost de Vries: Het Binnenhof: 27 juni, in: de Volkskrant, 27.6.2016.
31 Mark Kranenburg: Nexit-stemming kan via omweg, in: NRC Handelsblad online, 9.7.2016.
32 Arie Elshout/Joost de Vries: Dreigen in Brussel, masseren in Den Haag, in: de Volkskrant, 30.6.2016.
33 The Netherlands EU Presidency 2016: Letter on the results and organisation of the Dutch Presidency, 2016, S. 6.

Österreich

Katrin Auel / Johannes Pollak

Im vergangenen Jahr war das alles überragende Thema österreichischer Innen- und Europapolitik die Asyl- und Migrationsfrage. Angesichts des genuin europäischen Charakters dieses Themas wurden sowohl die Landtagswahlen in vier Bundesländern als auch die Bundespräsidentenwahl von den politischen Kräften genutzt, um europapolitische Positionen zu beziehen. Die Wahlerfolge der rechtspopulistischen Freiheitlichen Partei Österreichs (FPÖ) führten generell zu einem europakritischeren Ton in Österreich. Fakten und bestehende rechtliche Verpflichtungen spielten dabei eine nur geringe Rolle.

Innen- und Wirtschaftspolitik

Im vergangenen Jahr wurde ein mäßiges Wachstum der österreichischen Wirtschaft konstatiert, welches sich im ersten Halbjahr 2016 beschleunigte.[1] Dafür maßgeblich war die Binnennachfrage, die das Bruttoinlandsprodukt im Jahr 2016 um geschätzte 1,7 Prozent steigen lassen soll. Die Arbeitslosigkeit verbleibt im Mai 2016 mit 8,6 Prozent nach nationaler Definition weiterhin auf einem Rekordniveau.[2] Im EU-Vergleich kann Österreich damit den sechstniedrigsten Rang beanspruchen. Forderungen nach Reformen des österreichischen Wirtschaftsstandortes konnten diese Zahlen nicht verstummen lassen, vor allem da das Land bei den einkommensabhängigen EU-Abgaben neben Schweden an der Spitze steht.[3] Die 2015 paktierte Steuerreform trat zum Jahresbeginn 2016 in Kraft. Umfangreiche Gegenfinanzierungsmaßnahmen (80 Prozent) und Abgabeneinsparungen (20 Prozent) sollten die Reform kostenneutral halten. Während Einsparungen von Experten durchaus als machbar bezeichnet werden, scheinen die Erwartungen bei der Gegenfinanzierung sehr ambitioniert. Eine Beurteilung des Erfolgs der Steuerreform wird erst in einem mehrjährigen Zeitraum möglich sein. Eine weiterhin enorme Last stellt die Abwicklung der Hypo-Abbaubank Heta dar. Insbesondere die Frage des Gläubigerschuldenschnitts beschäftigte Österreich geraume Zeit. Im Mai 2016 verkündete Finanzminister Hans Jörg Schelling eine Einigung mit den Gläubigern. Die Kosten für die Republik betragen knapp 10 Mrd. Euro, wobei 50 Prozent über die Verwertung des Heta-Vermögens zurückkommen sollen.

Innenpolitisch bestimmten die Landtagswahlen im Burgendland und in der Steiermark (31. Mai 2015), in Oberösterreich (27. September 2015) und in Wien (11. Oktober 2015) die Debatten. In den drei erstgenannten Bundesländern realisierten die Österreichische Volkspartei (ÖVP) und die Sozialdemokratische Partei Österreichs (SPÖ) herbe Verluste, während die FPÖ als klare Wahlgewinnerin hervorging und Die Grünen bescheidene Erfolge einfuhren. Dies führte im Burgenland zu einer Koalition zwischen SPÖ und FPÖ – ein Tabubruch angesichts des SPÖ-Bundesparteitagsbeschlusses, nicht mit der FPÖ zu

---

1   Siehe auch im Folgenden Wifo-Konjunkturportal: Prognose für 2016 und 2017: Stärkeres Wachstum in risikoreichem Umfeld, 23.6.2016, abrufbar unter: http://konjunktur.wifo.ac.at/ (letzter Zugriff: 4.8.2016).
2   Arbeitsmarktservice: Arbeitsmarktdaten online, abrufbar unter: http://www.ams.at/ueber-ams/medien/arbeitsmarktdaten (letzter Zugriff: 4.8.2016).
3   OECD: Revenue Statistics, 1965-2014, Paris 2015.

koalieren. Im September folgte auf die Landtagswahlen in Oberösterreich ein Arbeitsüber-einkommen von ÖVP und FPÖ. Mit Spannung wurde der Wahlausgang in der Bundes-hauptstadt beobachtet. Vorausgesagt wurde ein Kopf-an-Kopf-Rennen zwischen SPÖ, die bis 2010 mit absoluter Mehrheit regierte, und FPÖ. Die darauffolgende Koalition mit den Grünen sah sich ständigen Attacken der Rechtspopulisten ausgesetzt, die insbesondere den relativ hohen Zuwanderungsgrad sowie die Arbeitslosenrate in der Bundeshauptstadt thematisierten. Die im Sommer 2015 einsetzende Flüchtlingswelle wurde im Wiener Wahl-kampf zentrales Thema. Auf der einen Seite die SPÖ, die an internationale Verpflichtun-gen erinnerte und zur Menschlichkeit angesichts der Flüchtlingstragödie mahnte. Auf der anderen Seite die FPÖ, die dies als „sozialromantische Willkommenskultur" und die öster-reichische Politik als „fahrlässig und gemeingefährlich" bezeichnete.[4] Bei einer Wahlbetei-ligung von 74,75 Prozent konnte die SPÖ ihre relative Mehrheit mit 39,6 Prozent behaup-ten; es folgten die FPÖ mit deutlichem Abstand (30,8 Prozent) und Die Grünen mit 11,8 Prozent. Da die SPÖ bereits vor der Wahl eine Koalition mit der FPÖ ausgeschlossen hatte, kam es im Oktober zu einer neuerlichen Regierungskoalition aus Rot-Grün in Wien.

Wahlhöhepunkt des Jahres 2016 war die Bundespräsidentenwahl. Die österreichische Verfassungsrealität diktiert dem Staatsoberhaupt die Rolle eines Staatsnotars und Vermitt-lers. Zwar gesteht die Bundesverfassung dem Bundespräsidenten weitreichende Vollmach-ten zu (zum Beispiel Ernennung und Entlassung des Bundeskanzlers, Entlassung der Bundesregierung), die Nutzung dieser Rechte im politischen Betrieb ist jedoch unwahr-scheinlich. Fünf Kandidaten traten am 22. Mai 2016 an: Die unabhängigen KandidatInnen Irmgard Griss und Richard Lugner erreichten 18,9 Prozent beziehungsweise 2,3 Prozent. Die Kandidaten Rudolf Hundstorfer (SPÖ, 11,3 Prozent) und Andreas Khol (ÖVP, 11,1 Prozent) erfuhren eine in diesem Ausmaß kaum erwartete Niederlage. Der formell unab-hängige, aber den Grünen zuordenbare Alexander Van der Bellen erreichte 21,3 Prozent. Überraschend war der Wahlerfolg des FPÖ-Kandidaten Norbert Hofer mit 35,1 Prozent. Der zweite Wahlgang führte zu einem politischen Erdbeben, in dem schließlich die Brief-wahlstimmen den Ausschlag gaben: Van der Bellen konnte mit 50,3 Prozent das Rennen für sich entscheiden. Allerdings hob der Verfassungsgerichtshof die Stichwahl am 1. Juli 2016 nach einer von der FPÖ eingebrachten Wahlanfechtung aufgrund von Unregelmäßig-keiten bei der Briefwahlstimmenauszählung in einigen Bezirken auf. Der Gerichtshof erklärte zwar keinerlei Anzeichen für eine Manipulation erkennen zu können, die Auszäh-lung sei in 14 Bezirken aber nicht entsprechend den gesetzlichen Vorgaben passiert.[5] Die Stichwahl wird voraussichtlich Ende September oder Anfang Oktober 2016 stattfinden.

Bemerkenswert am Wahlkampf waren einerseits die Ankündigung des FPÖ-Kandidaten, die formellen Rechte des Bundespräsidenten auch nutzen zu wollen, um die Regierung angesichts der von ihm konstatierten verfehlten Flüchtlingspolitik beispielhaft zu entlas-sen,[6] andererseits die diametralen Standpunkte beider Kandidaten in der Europapolitik. Innenpolitisch führte ersteres zu einer Debatte über die dem Bundespräsidenten weitrei-chende Rechte einräumenden Verfassungsbestimmungen. Europapolitisch relevant war auch Hofers Ankündigung, im Falle seines Wahlsieges am Europäischen Rat teilnehmen zu wollen – eine Frage, die bereits 1994 negativ beschieden wurde. Hofer brachte in seiner

---

4   Die Presse: Strache: „Krieg ist kein Grund für Asyl", 7.10.2015.

5   Der Standard: Wahlanfechtung: Höchstgericht ordnet die österreichweite Wiederholung der Hofburg-Stichwahl an, 1.7.2016; Die Presse: Wahlaufhebung – was jetzt?, 1.7.2016.

6   Die Presse: Hofer würde Regierung entlassen, 3.3.2016; Der Standard: FPÖ Kandidat Hofer würde Regie-rung entlassen, 2.3.2016.

Kritik am Einigungsprojekt gängige Forderungen von Rechtspopulisten in Europa vor, wie die Rückholung von Kompetenzen aus Brüssel,[7] ein Europa der Vaterländer, ein um jeden Preis zu verhindernder EU-Beitritt der Türkei und die Abschaffung des Euro. Van der Bellen hingegen stellte die Wichtigkeit und Notwendigkeit des europäischen Friedensprojekts in den Vordergrund. Einig waren sich beide Kandidaten in ihrer Kritik an den geplanten EU-Freihandelsabkommen mit den USA (TTIP) und Kanada (CETA).[8] Internationale Medien vermuteten nach dem knappen Wahlausgang eine Spaltung des Landes und charakterisierten die Wahlen als Vorboten für weitreichende Veränderungen in Europa.

Eine weitere Folge der Wahl war der Rücktritt von Bundeskanzler Werner Faymann. Seine Nachfolger wurde am 17. Mai 2016 Christian Kern, der nach dem britischen EU-Referendum für das europäische Einigungsprojekt Stellung bezog: Er fühle sich nicht an die vom Vorgänger angekündigten Referenden bei EU-Vertragsänderungen, mit Ausnahme eines Türkei-Beitritts, gebunden.[9] Angesichts der Unwahrscheinlichkeit eines solchen Beitritts in seiner Amtszeit ist dies eine Geste an das wachsende EU-skeptische Lager.

Asyl- und Migrationspolitik

Im Sommer 2015 sah sich Österreich mit einer massiven Flüchtlingswelle konfrontiert. Bereits im Juli 2015 wurde ein Aufnahmestopp über das mit 4.200 Personen überbelegte Erstaufnahmezentrum Traiskirchen durch die niederösterreichische Landesregierung verhängt. Zwischen September und Dezember 2015 passierten rund 600.000 Flüchtlinge Österreich, von denen nur rund 90.000 einen Asylantrag stellten. Die überwiegende Mehrheit gab an, nach Deutschland weiterreisen zu wollen.[10] Überfüllte Bahnhöfe insbesondere in Wien und Salzburg sowie notleidende Flüchtlinge prägten die medialen Bilder des zweiten Halbjahres 2015. Heftige Reaktionen, national wie international, löste vor allem eine Flüchtlingstragödie im Burgenland aus: In der Nacht auf den 27. August 2015 kamen auf der Ostautobahn A4 in der Gemeinde Parndorf 71 Menschen, die in einem Kühllastwagen von Ungarn nach Österreich irregulär einreisen wollten, ums Leben.

Die Bundesregierung Faymann unternahm zuerst den Versuch, die Grenzen offen zu halten, was angesichts des Ansturms vor allem in den südlichen Regionen des Landes ab Mitte Oktober 2015 unmöglich wurde. Im November 2015 verständigte sich die Regierung nach wochenlangem Streit auf die Errichtung physischer Barrieren an neuralgischen Punkten im Süden des Landes.[11] Die Schließung der sogenannten ‚Balkanroute' im Frühjahr 2016 hatte dabei für die Bundesregierung oberste Priorität. Die Uneinigkeit in der Europäischen Union über eine gemeinsame Koordination der Flüchtlingspolitik und der Unwille mancher EU-Staaten, die Beschlüsse des Europäischen Rates und Rates der Europäischen Union auch umzusetzen, führten zur Einberufung einer Westbalkankonferenz am 24. Februar 2016 in Wien. Österreich und die Westbalkanstaaten einigten sich auf besondere Kontrollen im Grenzgebiet und eine Zurückweisung von Flüchtlingen an der Grenze.

---

7   Die Presse: BP Wahl: Hofer würde gegen EU-Beitritt stimmen, 10.4.2016.
8   Antworten der Kandidaten auf Fragen zu Freihandelsabkommen im März 2016, abrufbar unter: https://se
    cured-static.greenpeace.org/austria/Global/austria/dokumente/2016_03_23_Antworten%20BP-KandidatIn
    nen%20im%20Wortlaut.pdf?_ga=1.215040913.704632234.1467081113 (letzter Zugriff: 4.8.2016).
9   Der Standard: Kern: Keine zwingende Volksabstimmung bei EU-Vertragsänderung, 20.6.2016.
10 Bundesministerium für Inneres: Asylwesen. Statistiken, abrufbar unter: http://www.bmi.gv.at/cms/bmi_
    asylwesen/statistik/start.aspx (letzter Zugriff: 11.8.2016).
11 Der Standard: Erste Zaunpfosten in Spielfeld aufgestellt, 7.12.2015.

Die Nichteinladung von Griechenland wurde heftig kritisiert. Das EU-Türkei-Abkommen vom 18. März 2016 führte schließlich zur vollständigen Schließung der Balkanroute.

Heftige politische Auseinandersetzungen blieben nicht aus. Am 27. April 2016 verabschiedete das Parlament eine umstrittene Gesetzesnovelle, die es der Regierung erlaubt, durch eine Notverordnung[12] Flüchtlingen das Recht auf die Stellung von Asylanträgen an der Grenze zu nehmen und sie umgehend abzuweisen. Darüber hinaus wurde am 20. Januar 2016 eine Obergrenze für Asylberechtigte von 37.500 pro Jahr eingeführt.[13] Wird diese Anzahl erreicht, tritt die Asylnotverordnung in Kraft. Dimitris Avramopoulos, EU-Kommissar für Migration, Inneres und Bürgerschaft, erklärte daraufhin, dass Österreich gegen Rechtsgrundlagen verstoßen habe.[14] Für breiten Unmut sorgte auch der Vorstoß von Außenminister Sebastian Kurz Anfang Juni 2016, Bootsflüchtlinge im Mittelmeer nach australischem Vorbild rigoros abzufangen und entweder sofort zurückzuschicken oder auf einer Mittelmeerinsel zu internieren, bis über ihren Asylantrag entschieden sei. Wer versuche, illegal nach Europa zu kommen, so Kurz, solle seinen Anspruch auf Asyl in Europa verwirken.[15] Sein Vorstoß wurde nicht nur von den Grünen, zahlreichen Hilfsorganisationen und dem UNO-Flüchtlingshochkommissariat UNHCR heftig kritisiert, sondern auch von der Europäischen Kommission umgehend zurückgewiesen.[16] Aus der sozialdemokratischen Regierungsriege hagelte es Kritik.[17] Bundeskanzler Kern stellte klar, dass Australien kein Vorbild sei, und forderte Kurz auf, ein umsetzbares Konzept zu erarbeiten.[18]

Die Flüchtlingswelle trug zu einer erheblichen Polarisierung innerhalb des Landes bei. Laut einer Umfrage im Oktober 2015 drückten die Befragten ihre Sorgen vor einer Belastung des österreichischen Sozialsystems (65 Prozent), einer Zunahme der sozialen Konflikte (66 Prozent) und einer zunehmenden Islamisierung (61 Prozent) aus.[19] Laut Verfassungsschutzbericht 2015 stieg die Zahl der rechtsextremen und rassistisch motivierten Straftaten in Österreich im Jahr 2015 um 54,1 Prozent auf 1.156 an.[20] Zwei gegenläufige Entwicklungen prägen seither das Land und bestimmen den innen- sowie europapolitischen Diskurs: Zum einen nahmen rechtspopulistische bis -extreme Haltungen und Ressentiments vor allem in den sozialen Medien deutlich zu und schlugen sich in Wahlen nieder. Zum anderen kam es zu einem sprunghaften Anstieg zivilgesellschaftlichen Engagements, das neben dem verstärkten Einsatz traditioneller Sozial- und Hilfsorganisationen auch im Rahmen neugegründeter Initiativen und basisorientierter Selbstorganisation stattfand. Höhepunkt war die Demonstration „Flüchtlinge willkommen!" in Wien mit 20.000 (laut Polizei) und 60.000 Teilnehmenden (laut Veranstalter) sowie das Solidaritätskonzert für Flüchtlinge unter dem Motto „Voices for Refugees" mit über 100.000 Besuchern.[21]

---

12 Republik Österreich, Parlament: Recht auf Asylverfahren kann künftig zeitweilig eingeschränkt werden, Parlamentskorrespondenz Nr. 411 vom 27. April 2016.

13 Die Presse: Die Obergrenze, ein Zahlenspiel, 1.6.2016; Der Standard: Obergrenze bis 2019 fixiert, Umsetzung völlig offen, 20.1.2016; Die Zeit: Obergrenze – und jetzt?, 21.1.2016.

14 Der Spiegel: Obergrenze rechtswidrig, 20.3.2016; Trend: Österreich verstößt mit Flüchtlingsobergrenzen gegen Recht, 18.2.2016; Wiener Zeitung: EU-Brief wurde „offenbar an die falsche Adresse geschickt", 20.2.2016.

15 Der Standard: Kurz will Flüchtlinge auf Mittelmeerinseln sammeln und internieren, 5.6.2016.

16 Der Standard: EU-Kommission lehnt Kurz-Vorschlag ab, 6.6.2016; Der Kurier: Australien kein Beispiel: Kritik an Kurz hält an, 6.6.2016; Die Presse: Europa tadelt Kurz – Kern bleibt diplomatisch, 7.6.2016.

17 ORF.at: Welche Linie vertritt die SPÖ?, 7.6.2016.

18 Die Presse: Australien ist für uns ganz bestimmt kein Vorbild, 7.6.2016.

19 Die Presse: 80% sorgen sich wegen Flüchtlingsstrom, 8.10.2015.

20 Der Standard: 13 Übergriffe auf Asylquartiere im ersten Quartal, 7.6.2016.

21 Der Standard.at: 100.000 setzen in Wien Zeichen für Solidarität mit Flüchtlingen, 3.10.2015.

Weitere europarelevante Themen

Am 1. Juli 2015 unterzeichneten 261.159 Österreicher ein EU-Austritts-Volksbegehren,[22] das mit einer Unterstützung von 4,12 Prozent der Stimmberechtigten auf Rang 23 der nunmehr 38 Initiativen rangiert. Der Verfassungsausschuss des Nationalrates befasste sich damit bis Ende Januar 2016 in zwei Anhörungen, in denen neben Experten auch die Vertreter der Initiative zu Wort kamen.[23] Obgleich Abgeordnete durchaus Verständnis für die Kritik an der Europäischen Union zeigten, sprach sich erwartungsgemäß keine der Parteien für einen EU-Austritt aus. Die FPÖ behielt sich allerdings eine mögliche Zustimmung vor, etwa im Falle eines Beitritts der Türkei, und erneuerte ihre Forderung nach einer unverbindlichen Volksbefragung über die EU-Mitgliedschaft.[24] In der folgenden Nationalratssitzung, in welcher der Bericht des Verfassungsausschusses einstimmig zur Kenntnis genommen wurde, fand ein entsprechender FPÖ-Antrag keine Zustimmung.[25]

Einen bereits langjährigen Schwerpunkt der österreichischen Europapolitik bildet der Westbalkan. Als größter Investor in Bosnien und Herzegowina sowie Serbien unterstützt Österreich den EU-Beitrittsprozess dieser Länder. Die Westbalkankonferenz von 2016 zeigte Österreichs Willen, auch außerhalb der EU-Gremien bilaterale Lösungen für genuin europäische Probleme zu suchen – eine Haltung, die bedingt auf Verständnis gestoßen ist.

Uneinigkeit herrscht nach wie vor über die geplanten transatlantischen Handelsabkommen mit den USA (TTIP) einerseits und mit Kanada (CETA) andererseits. Wichtigster Konfliktpunkt auch innerhalb der Regierungskoalition ist der Investitionsschutz. Während die ÖVP Bedenken bei der Errichtung eines Schiedsgerichts hat und die damit verbundene Wahrung staatlichen Regulierungsrechts als weitgehend ausgeräumt einschätzt, kritisiert die SPÖ, dass es sich beim Investitionsschutz um Sonderrechte für Investoren handle, über die Arbeitnehmer oder Konsumenten nicht verfügten. Darüber hinaus bezweifelt sie, dass der Investitionsschutz nachträglich in CETA eingefügt werden könne. Deutlich fundamentaler ist die Ablehnung beider Abkommen durch die FPÖ und Die Grünen, die beide an den positiven Auswirkungen der Verträge für die heimische Wirtschaft zweifeln und Nachteile vor allem für Klein- und Mittelbetriebe befürchten. Einig sind sich aber alle Parteien in der Ablehnung der Einstufung von CETA als reines EU-Abkommen, wofür eine Ratifizierung durch nationale Parlamente nicht notwendig wäre.[26] TTIP muss vom Nationalrat ratifiziert werden. Die Zustimmung der Parlamentarier ist nach wie vor unsicher. Auch auf Landesebene sorgen die Abkommen für Unmut: Die Regierungschefs der Bundesländer wollen CETA nicht ohne einem nationalen Parlamentsbeschluss anwenden.[27]

Rechtsfragen und -konflikte

Die österreichische Regierung legte im Juli 2015 Klage beim Gerichtshof der Europäischen Union gegen die Genehmigung staatlicher Beihilfen für den Bau des britischen Atomkraftwerks Hinkley Point C ein. Die Beihilfen, so die Regierung, stünden im Wider-

---

22   Die Presse: Volksbegehren: 261.000 Unterstützer für EU-Austritt, 2.7.2015.
23   Republik Österreich, Parlament: Auftakt zu den Beratungen über EU-Austritts-Volksbegehren, Parlamentskorrespondenz Nr. 1381 vom 3. Dezember 2015 und: Forderung nach EU-Austritt findet wenig Widerhall im Parlament, Parlamentskorrespondenz Nr. 37 vom 26. Januar 2016.
24   Salzburger Nachrichten: Keine Unterstützung für EU-Austrittsvolksbegehren, 27.1.2016.
25   Republik Österreich, Parlament: Europäische Union besteht Feuerprobe im Parlament, Parlamentskorrespondenz Nr. 42 vom 27. Januar 2016.
26   Salzburger Nachrichten: Österreich gegen Plan für reines EU-Abkommen bei CETA, 14.6.2016.
27   Der Kurier: TTIP: Österreich bereitet der EU einige Sorgen, 13.5.2016.

spruch zum Beihilferecht der Union, nach dem Subventionen „moderne" Technologien unterstützen sollen, die im „allgemeinen Interesse aller EU-Staaten" lägen.[28] Dies träfe bei der Atomkraft nicht zu. Die britische Regierung sah die Klage selbst eher gelassen.

Die Causa Hypo Alpe Adria, jetzt Heta, sorgte auch auf EU-Ebene für Rechtsstreitigkeiten.[29] Österreich erhob im Mai 2015 Klage gegen die Entscheidung der Kommission, die Finanzierungsgarantie Österreichs anlässlich der Notverstaatlichung der Hypo 2009 in Höhe von 2,638 Mrd. Euro als staatliche Beihilfe für die Bayerische Landesbank einzustufen. Im Januar 2016 wies der Europäische Gerichtshof die Klage ab,[30] was aber kaum Auswirkungen hatte: Bereits Ende 2015 kam ein Vergleich mit Bayern zustande.[31]

Im August 2015 drohte die ÖVP der Kommission mit einer Untätigkeitsklage, sollte diese nicht innerhalb von zwei Monaten die Dublin III-Verordnung anpassen. Angesichts der steigenden Flüchtlingszahlen sei eine faire Lastenverteilung nicht mehr gegeben.[32] Schon am nächsten Tag erteilte Kanzler Faymann solchen „populistischen Versuchen" eine Abfuhr; die Klage wurde nicht eingereicht.[33] Allerdings leitete die Kommission im September 2015 ein Vertragsverletzungsverfahren unter anderem gegen Österreich ein, da es die Richtlinie über Asyl-Aufnahmebedingungen nur unzureichend umgesetzt hätte.[34]

Darüber hinaus warf die Kommission im Januar 2015 in einem Vertragsverletzungsverfahren Österreich vor, die Position türkischer Arbeitnehmer und ihrer Familien verschlechtert und das Assoziierungsabkommen mit der Türkei verletzt zu haben. Sie klagte auch gegen die direkte Vergabe von Aufträgen zum Druck amtlicher Dokumente (unter anderem Ausweisdokumente), wobei Österreich gegen EU-Wettbewerbsvorschriften verstoßen habe. Beigelegt werden konnte indes der Konflikt über die mangelhafte Umsetzung der EU-Arbeitszeitrichtlinie. Am 1. Januar 2015 trat das neue Arbeitszeitgesetz für Spitalärzte in Kraft,[35] das innerhalb Österreichs weiterhin für heftige Auseinandersetzungen sorgte.[36]

Fazit

2015 jährte sich Österreichs EU-Mitgliedschaft zum 20. Mal. Stimmten 1995 noch 66,6 Prozent der Österreicher für eine Mitgliedschaft, so ist die Zahl der Europabegeisterten in den letzten Jahren deutlich zurückgegangen. Im letzten Jahr zeigte sich, dass wie schon seit dem Ausbruch der Finanzkrise 2008, externe Schocks erheblichen Einfluss auf den Willen und die Fähigkeit zu europäischer Politikgestaltung haben. Dass es nicht gelungen ist, zum Beispiel die Vorteile der Ostöffnung, von der insbesondere Österreich massiv profitierte, zu kommunizieren, führte dazu, dass im Zuge des EU-Referendums im Vereinigten Königreich auch in Österreich kritische Stimmen zur Mitgliedschaft zu vernehmen sind. Besorgniserregend ist nicht die Kritik an sich, sondern die Qualität der Argumente.

Weiterführende Literatur

Mario Gavenda/ Resul Umit: The 2016 Austrian Presidential Election: A Tale of Three Divides in: Regional & Federal Studies, 2016, abrufbar unter: http://irihs.ihs.ac.at/4022/ (letzter Zugriff: 11.8.2016).

---

28   Die Presse: Hinkley Point C: Österreich klagt vor EU-Gericht, 6.7.2015.
29   Die Presse: Ö Heta: Österreich klagt EU-Kommission wegen Bürgschaft vor EuGH, 13.5.2015.
30   Die Presse: Hypo-Kreditrückzahlgarantie: Österreich blitzt vor EuGH ab, 28.1.2016.
31   Der Standard: Heta: Generalvergleich mit Bayern fixiert, 11.11.2015.
32   Salzburger Nachrichten: Österreich droht EU mit Klage gegen Dublin-Asylverordnung, 19.8.2015.
33   Die Presse: Dublin-III-Verordnung: Österreich wird nicht klagen, 20.8.2015.
34   Wirtschaftsblatt: Asyl-Aufnahmebedingungen: EU klagt Österreich und 18 weitere Länder, 23.9.2015.
35   Salzburger Nachrichten: Ärztestreit: Nun gilt das neue Arbeitszeitgesetz, 2.1.2015.
36   Der Standard: Neue Arbeitszeit: Vorerst keine Zustimmung der Wiener Ärztekammer, 7.4.2015.

Polen

Ryszarda Formuszewicz

Zwar war Polen von der Migrationskrise nicht unmittelbar betroffen, trotzdem löste sie eine heftige innerstaatliche Debatte aus. Die anstehende Richtungsentscheidung Großbritanniens bezüglich der Mitgliedschaft in der Europäischen Union zog immer mehr Aufmerksamkeit auf sich. Sie war für Polen insbesondere wegen der starken Abwanderung dorthin nach 2004 relevant. Für die Partei Recht und Gerechtigkeit (PiS) spielte Großbritannien außerdem als Zentrum alternativen Denkens zum föderalistischen Paradigma der europäischen Integration eine wichtige Rolle.

Innenpolitik

Nach acht Regierungsjahren wurde die liberale Bürgerliche Plattform (PO) in der Gunst der Wähler von der konservativen PiS überholt. Die politische Wende wurde mit der Wahl des Staatspräsidenten im Mai 2015 eingeleitet, als der PiS-Kandidat Andrzej Duda den amtierenden Präsidenten Bronisław Komorowski besiegte. In den Parlamentswahlen am 25. Oktober verlor die PO deutlich mit einem Ergebnis von 24,09 Prozent (-15,09). Zum ersten Mal nach 1989 wurde die Siegerpartei PiS mit 37,58 Prozent (+7,68) der Stimmen stark genug, um selbst die Regierung zu stellen. Der Einzug in den Sejm gelang außerdem zwei Newcomern: Kukiz'15 (8,81 Prozent) und die Moderne (Nowoczesna, 7,60 Prozent). Der bisherige Koalitionspartner, die Bauernpartei PSL, lag nur knapp über der Sperrklausel (5,13 Prozent), während der Zusammenschluss linker Parteien die hierfür vorgesehene 8 Prozent-Hürde nicht erzielte (7,55 Prozent). Im Senat gewann die Partei PiS 61 von 100 Mandaten. Die neue politische Landschaft wird daher durch die verhältnismäßige Stärke der Regierungspartei und die Schwäche der Opposition gekennzeichnet sein.

Nach dem Machtwechsel hielt sich der PiS-Vorsitzende Jarosław Kaczyński von den offiziellen Ämtern fern. Zur Regierungschefin wurde Beata Szydło gekürt. Das Außenministerium übernahm Witold Waszczykowski – ein Berufsdiplomat mit einem ausgeprägten transatlantischen Profil. Mit den Europaangelegenheiten wurde Staatssekretär Konrad Szymański betraut, der vorher ein Jahrzehnt lang Europaabgeordneter war. Der Staatspräsident holte sich den ausgewiesenen Experten Krzysztof Szczerski als außenpolitischen Berater. Eine zentrale Rolle wurde dem neuen Ministerium für Entwicklung zuteil, an dessen Spitze als stellvertretender Ministerpräsident Mateusz Morawiecki, bis dahin Vorstandsvorsitzender der drittgrößten Bank des Landes, gestellt wurde. Das Hauptanliegen der PiS ist, die Falle des mittleren Einkommensniveaus zu überwinden. Diese ehrgeizigen Pläne, Industrie und Innovationskraft zu stärken, gehen einher mit einer massiven Anhebung der Sozialausgaben, die den Staatshaushalt stark unter Druck setzen werden.

Die PiS fing zügig mit der Umsetzung des erklärten Ziels an, den Staat durch einen grundsätzlichen Umbau zu festigen. Richtungsweisend war dabei ihre kritische Haltung zum Verlauf sowie zu den Auswirkungen der Transformationsprozesse nach 1989, die jetzt korrigiert werden sollen. Dabei erwies sich die Regierungspartei, nach mehrjähriger

Auszeit in der Opposition, als durchsetzungsstark und entwickelte ein hohes Maß an Selbstbehauptung mit Berufung auf das demokratische Mandat.

Europäisierung der innenpolitischen Auseinandersetzung

Die innenpolitische Entwicklung in Polen wurde zum strittigen Thema der Beziehungen zwischen Warschau und Brüssel. Die von der Opposition stark kritisierten Gesetzesvorhaben der PiS riefen in den europäischen Institutionen Bedenken hervor, die vor allem den Konflikt um das polnische Verfassungsgericht,[1] aber auch andere Maßnahmen betrafen, insbesondere mit Blick auf die öffentlich-rechtlichen Medien, das Justizsystem und den öffentlichen Dienst. Der diesbezügliche Briefaustausch zwischen dem ersten Vizepräsidenten der Europäischen Kommission Frans Timmermans und polnischen Ministerien, insbesondere mit dem Justizminister Zbigniew Ziobro, erhöhte die Spannungen. Am 13. Januar beschloss die Kommission, das im Jahre 2014 vorgeschlagene Verfahren zur Stärkung des Rechtsstaatsprinzips gegen Polen einzuleiten. Diese Präzedenzentscheidung traf die Kommission anhand allgemeiner Informationen, ohne über rechtliche Gutachten zu verfügen.[2] Daraufhin versuchte die PiS-Regierung sich dialogbereit zu zeigen, ohne jedoch in der Sache einzulenken. Die Ministerpräsidentin erklärte den Standpunkt der Regierung vor dem Europäischen Parlament.[3] Nachdem das Gutachten der vom polnischen Außenministerium ersuchten Venedig-Kommission kritisch ausfiel,[4] weigerte sich die Regierung, die Entscheidungen des Verfassungsgerichts zu veröffentlichen und bezüglich der doppelten Ernennung von Verfassungsrichtern nachzugeben. Dabei hielten gesellschaftliche Proteste gegen das Vorgehen der Regierung an. So sah die Kommission, trotz des Austausches auf verschiedenen Ebenen, keine konkreten Schritte zur Beilegung des Streites und forderte die Regierung am 18. Mai auf, sie innerhalb von fünf Tagen über die erheblichen Lösungsfortschritte zu unterrichten.[5] Die Regierungspartei antwortete auf das Ultimatum mit der innenpolitischen Mobilisierung durch die Erklärung der Ministerpräsidentin im Sejm und den parlamentarischen Beschluss zur Verteidigung der Souveränität.[6] Letztlich wurde am 1. Juni die Stellungnahme zur Lage der Rechtsstaatlichkeit in Polen verabschiedet. Auf diese ‚Warnung' sollte die polnische Regierung reagieren, sonst war die Entscheidung der Kommission über die zweite Stufe des Verfahrens in Sicht. Das Ansehen Polens wurde von der kritischen Entschließung des Europäischen Parlaments beschädigt.[7]

---

1 Mehr zum dem Streit vgl. Ewa Łętowska/Aneta Wiewiórowska-Domagalska: A "good" Change in the Polish Constitutional Tribunal?, in: Osteuropa-Recht 1/2016, S. 79-93; Bogusław Banaszak: The Changes to the Act on the Constitutional Tribunal and the Changes in the Make-up of the Constitutional Tribunal in Poland, S. 94-102.

2 Grzegorz Osiecki/Zbigniew Parafianowicz:: Brukselski blef. Procedura wobec Polski wszczęta bez ekspertyz, in: Dziennik.pl, 25.5.2016, abrufbar unter: http://wiadomosci.dziennik.pl/polityka/artykuly/521610, brukselski-blef-procedura-wobec-polski-wszczeta-bez-ekspertyz.html (letzter Zugriff: 30.06.2016).

3 Europäisches Parlament: Polen: Debatte zur Rechtsstaatlichkeit mit Ministerpräsidentin Szydło, Pressemitteilung, 19. Januar 2016.

4 Venice Commission: Opinion on amendments to the Act of 25 June 2015 on the Constitutional Tribunal of Poland, adopted by the Venice Commission at its 106th Plenary Session, 11 March 2016, Dok. CDL-AD(2016)001.

5 Europäische Kommission: Kollegium erörtert Entwurf einer Stellungnahme zur Lage der Rechtsstaatlichkeit in Polen, Pressemitteilung, 18.5.2016, Dok. IP/16/1828.

6 Uchwała Sejmu Rzeczypospolitej Polskiej z dnia 20 maja 2016 r. w sprawie obrony suwerenności Rzeczypospolitej Polskiej i praw jej obywateli, M.P. 2016 poz. 466.

7 Europäisches Parlament: Entschließung des Europäischen Parlaments vom 13. April 2016 zur Lage in Polen (2015/3031/(RSP)), Dok. P8_TA-PROV(2016)0123.

Die PiS-Regierung vertrat standhaft die Ansicht, dass es sich um eine interne Angelegenheit handele. Die ergriffenen Maßnahmen würden einen Versuch darstellen, die Deformationen zu korrigieren, die durch die Handlungen der vorherigen Regierung verursacht wurden.[8] In Einklang mit dem juristischen Dienst des Rates der Europäischen Union betonte man, dass das Verfahren der Europäischen Kommission außerhalb des vertraglichen Rahmens geschaffen wurde.[9]

Europapolitische Leitlinien, Partnerschaften und Zukunftsvisionen

Der kritischen Beurteilung der Vorgänger in der Außen- und Europapolitik folgte eine Neubestimmung der Prioritäten. Die PiS setzte auf eine Allianz mit Großbritannien und auf regionale Kooperation mit mittel- und osteuropäischen Staaten.[10] Die integrierte mitteleuropäische Region sollte die strategischen Perspektiven Polens erweitern, anstatt bisherige Partnerschaften zu ersetzen.[11] Dabei wurden die traditionellen Verbindungen innerhalb der Visegrád-Gruppe ansatzweise in einem breiteren Konzept der regionalen Zusammenarbeit im Raum zwischen Ostsee, Schwarzem Meer und Adria eingebettet. Man erhoffte sich, durch diese Kooperation sowohl die NATO als auch die Europäische Union auf die nordöstliche Dimension der europäischen Sicherheit zu sensibilisieren.[12] Das Streben nach Verbesserung der Rahmenbedingungen für die Sicherheit Polens in der NATO stellte das Hauptanliegen der PiS-Regierung dar. Dementsprechend fokussierten sich die diplomatischen Anstrengungen auf die Vorbereitungen des für Anfang Juli 2016 geplanten Bündnisgipfels.

Sicherheitspolitisch begründet war auch die angestrebte Annäherung mit Großbritannien wegen dessen Beitrag zur Außen-, Sicherheits- und Verteidigungspolitik in der Europäischen Union sowie der kritischen Haltung gegenüber der russischen Destabilisierungspolitik.[13] Für engere Kooperation sprachen auch die geteilten Vorstellungen über die europäische Integration, die auf alternativen Konzepten zum Zentralismus und Föderalismus basieren und den Binnenmarkt in den Mittelpunkt stellen. Die PiS setzte schon in den Regierungsjahren 2005 bis 2007 auf die Kooperation mit den konservativen Tories und schloss sich dann der von ihnen gegründeten eurorealistischen Fraktion der Europäischen Konservativen und Reformer an. Diese Hinwendung zu London war jedoch wegen des Referendums über den Verbleib Großbritanniens in der Europäischen Union mit erheblichen Risiken behaftet. In den langwierigen Verhandlungen eines Reformpakets, mit dem ein Austritt verhindert werden sollte, gehörten die Kürzungen der Sozialleistungen für Migranten aus anderen Mitgliedstaaten zu den umstrittensten Fragen. Dabei fielen der polnischen Regierung die Kompromisse angesichts der zahlreich nach Großbritannien ausgewanderten polnischen Bürgerinnen und Bürgern nicht leicht. Polen kämpfte gegen

---

8   Witold Waszczykowski: Wir wollen führende Rolle beim Aufbau eines stärkeren Europas, in: Frankfurter Allgemeine Zeitung, 23.1.2016.
9   Siehe Rat der Europäischen Union: Gutachten des Juristischen Dienstes des Rates, 27. Mai 2014, Dok. 10296/14.
10 Ministry of Foreign Affairs Republic of Poland: Information of the Minister of Foreign Affairs on the Polish Government's foreign policy in 2016, 29.1.2016, abrufbar unter: http://www.msz.gov.pl/en/ministry/minister/speeches/address_by_the_minister_of_foreign_affairs_on_foreign_policy_in_2016 (letzter Zugriff: 30.06.2016).
11 Konrad Szymański im Gespräch: Ratujmy z Niemcami Unię Europejską, in: Rzeczpospolita, 19.5.2016.
12 Ministry of Foreign Affairs Republic of Poland: Information of the Minister of Foreign Affairs on the Polish Government's foreign policy in 2016, 2016.
13 Vgl. Szymański: Ratujmy z Niemcami Unię Europejską.

Einschränkungen des Binnenmarkts bezüglich der Personenfreizügigkeit, war jedoch offen gegenüber anderen britischen Vorschlägen. Diese Einstellung spiegelte auch die tiefe Überzeugung wieder, dass eine Anpassung der Europäischen Union an die veränderten Rahmenbedingungen unausweichlich sei. Seit dem Referendum ist der Wunsch Warschaus nach einer tieferen Partnerschaft mit London einem ‚Realitätstest' unterzogen. Im polnischen Interesse ist es, dass der Austrittsprozess ruhig verläuft und dass die gegenseitigen Verbindungen möglichst eng bleiben.

Für die europapolitischen Positionen der PiS ist jedoch entscheidend, dass sie sich in ihrer ‚realistischen' Diagnose der europäischen Integration bestätigt sieht. Großer Wert wird darauf gelegt, das Brexit-Votum nicht als bloßen Betriebsunfall zu behandeln, sondern als Ergebnis einer langfristigen Entwicklung.[14] Zwar steht die PiS der Europäischen Union kritischer gegenüber als die zur EVP-Familie gehörenden PO, nichtsdestotrotz teilt sie die Sorge angesichts einer drohenden Erosion der europäischen Integration. In der Überzeugung, dass „das Streben nach einem föderalen Europa (…) den Zerfall der EU näherbringen kann"[15], will die PiS bezüglich weiterer Integrationsschritte auf die Bremse treten. Dabei wird die polnische EU-Mitgliedschaft nicht infrage gestellt,[16] auch wenn bestimmte Aspekte heftig kritisiert werden und eine Reform als unausweichlich gilt. Polnische Politiker haben sogar die Idee eines neuen Vertrages mit wesentlicher Modifizierung des Kompetenzgefüges zugunsten des Europäischen Rates gegenüber der Europäischen Kommission ins Spiel gebracht.[17] Als ein Regress und eine Schwächung der Union wurden jegliche Ideen der verkleinerten Kooperationsgruppierungen (Stichworte: zwei Geschwindigkeiten, Kerneuropa, Mini-Europa, Mini-Schengen) angesehen. Für Unruhe sorgten insbesondere Szenarien der Vertiefung der Integration, die auf die Eurozone begrenzt wären. In diesem Kontext hat Warschau das Ministertreffen der Gründungsstaaten in Berlin am 25. Juni wahrgenommen und antwortete mit einer Einladung zu einem alternativen Diskussionskreis.[18]

Migrationskrise

Die Verschärfung der Migrationskrise in Europa kam in einer Zeit, als der Wahlkampf vor der Parlamentswahl auf Hochtouren lief. Dabei war die Skepsis bezüglich der Chancen auf eine gelungene Integration der Migranten in der Gesellschaft weit verbreitet, was wesentlich zur inhaltlichen Gestaltung der polnischen Position beitrug. Sowohl die PO als auch die PiS schlossen einen permanenten Verteilungsmechanismus aus. Dies wurde am 1. April 2016 in einem Beschluss des Sejm festgelegt.[19] Abgelehnt wurde jedoch der Vorschlag der Fraktion Kukiz'15, vor der Aufnahme von Flüchtlingen ein Referendum abzuhalten.

14 Stefan Batory Foundation: Konrad Szymański während der Debatte „Europapolitik der PiS-Regierung", 10.6.2016, abrufbar unter: http://www.batory.org.pl/programy_operacyjne/otwarta_europa/monitoring_polskiej_polityki_zagranicznej/wydarzenia_16/polityka_europejska_rzadu_prawa_i_sprawiedliwosci (letzter Zugriff: 30.6.2016).

15 Witold Waszczykowski: Mit der Hand auf dem Herzen, in: Frankfurter Allgemeine Zeitung, 4.4.2016.

16 Rzeczpospolita: Kaczyński: Być w Europie, to być w UE, 2.5.2016, abrufbar unter: http://www.rp.pl/Prawo-i-Sprawiedliwosc/160509905-Kaczynski-Byc-w-Europie-to-byc-w-UE.html (letzter Zugriff: 30.6.2016).

17 Andrew Rettman: Poland to push for 'radical' new EU Treaty, in: EUobserver.com, 28.6.2016.

18 Ministry of Foreign Affairs of the Republic of Poland: Meeting of EU foreign ministers in Warsaw, 28.6.2016, abrufbar unter: http://www.msz.gov.pl/en/p/msz_en/news/meeting_of_eu_foreign_ministers_in_warsaw (letzter Zugriff: 30.6.2016).

19 Uchwała w sprawie polityki imigracyjnej państwa polskiego na forum Unii Europejskiej, M.P. 2016 poz. 370.

In den Verteilungsmechanismen sah man einen Pull-Faktor. Vor allem bezweifelte man deren Durchsetzbarkeit ohne begleitende Zwangsmaßnahmen, die die Flüchtlinge in den jeweiligen Ländern halten sollten. Den Vorschlägen der Kommission hielt man entgegen, dass die Unterschiede in den Aufnahmekapazitäten zwischen den Mitgliedstaaten nicht ausreichend berücksichtigt seien. So beriefen sich polnische Politiker auf fehlende Erfahrungen mit Zuwanderern, ungünstigen Perspektiven auf dem hiesigen Arbeitsmarkt und einer potenziellen Migrationswelle aus der Ukraine. Eine exponierte Rolle spielten sicherheitspolitische Erwägungen und noch mehr die Entschlossenheit, die eigene Entscheidungsmacht in der Asylpolitik zu bewahren. Unter diesem Aspekt fand man, dass das meist von deutscher Seite erhobene Solidaritäts-Argument dieses Kernanliegen außer Acht lasse: „Nicht als Solidarität lassen sich allerdings die Versuche einer Art Export von Problemen bezeichnen, die sich bestimmte Staaten ohne Beteiligung anderer geschaffen haben, wobei letztere aber mit ihnen belastet werden sollen".[20] Als die PO-Regierung im September immerhin abweichend von den Visegrád-Partnern einem Notumsiedlungsmechanismus zustimmte, wurde dies hauptsächlich der Rücksichtnahme auf die deutsch-polnischen Beziehungen zugeschrieben. Polen wurde insgesamt zur Aufnahme von circa 7.000 Flüchtlingen verpflichtet, die Nachfolgeregierung tat sich aber mit der Umsetzung schwer.[21] Sie entschied sich, die beim Gerichtshof der Europäischen Union anhängigen Nichtigkeitsklagen der Slowakei und Ungarns gegen den Verteilungsbeschluss zu unterstützen.

Mit Besorgnis wurden in Warschau die Risiken für das Schengen-System betrachtet. Nach polnischer Ansicht ist ein Paradigmenwechsel vom inneren Krisenmanagement zur Ursachenbekämpfung nötig. Der Migrationsdruck soll vor allem durch den Schutz der Außengrenzen verringert werden. Dementsprechend unterstützte Polen die Einigung mit der Türkei und stellte Grenzschutz- und Polizeibeamte als Beistand für Mazedonien, Bulgarien und Griechenland im Rahmen von Frontex zur Verfügung.

Wirtschafts- und Energiepolitik

Polen wirkte entschlossen den jeweiligen Maßnahmen entgegen, die man als Bedrohung für die Funktionsfähigkeit des Binnenmarktes beurteilte. Dies war der Fall des im März vorgelegten Vorschlags bezüglich der Überarbeitung der Richtlinie über die Entsendung von Arbeitnehmern. Es gelang, eine Koalition der ähnlich denkenden Mitgliedstaaten zu schmieden. Die nationalen Parlamente von elf Mitgliedstaaten (Bulgarien, Dänemark, Estland, Kroatien, Lettland, Litauen, Polen, Rumänien, Slowakei, Teschechische Republik und Ungarn) übermittelten begründete Stellungnahmen, wodurch der Subsidiaritätskontrollmechanismus (‚gelbe Karte') am 10. Mai 2016 ausgelöst wurde. In diesem Fall ist jedoch von dem Einlenken der Europäischen Kommission nicht auszugehen, und die Kritiker der Neuregulierung sind nicht im Stande, den Vorschlag im Rat der Europäischen Union zu blockieren. Hand in Hand dagegen agierten die polnische Regierung und die Europäische Kommission gegen Mindestlohnregelungen im internationalen Transport und Transit in Deutschland und Frankreich.

Eine besondere Rolle spielten die EU-Institutionen im polnischen Widerstand gegen die geplante Pipeline ‚Nord Stream 2'. Polen konnte neun Partner in der Region für einen

---

20 Bundeszentrale für politische Bildung: Regierungserklärung von Ministerpräsidentin Beata Szydło vor dem Sejm am 18. November 2015, 1.12.2015, abrufbar unter: http://www.bpb.de/internationales/europa/polen/216738/dokumentation-regierungserklaerung-von-ministerpraesidentin-beata-szydo (letzter Zugriff: 30.6.2016).

21 Izabela Kacprzak: Uchodźca nie przejedzie, in: Rzeczpospolita, 9.5.2016.

gemeinsamen Brief an die Europäische Kommission mobilisieren (Visegrád-Gruppe, baltische Staaten, Rumänien und Kroatien). Dieser regionale Widerspruch führte dann auch zur kritischen Debatte über das umstrittene Projekt im Europäischen Parlament.[22] Eine weitgehende Kontinuität in der Energiepolitik war generell mit dem Einsatz für die Sicherung der Energieversorgung durch die Nutzung eigener Kohleressourcen sowie die Diversifizierung von Lieferungen zu verzeichnen. Die polnische Regierung unterstützte den ehrgeizigen Ansatz des sogenannten Winterpaketes. Ihr lag sehr viel an der regionalen Kooperation und Solidarität im Krisenfall (Präzisierung von Krisenplänen) sowie an der Steigerung der Transparenz des Gasmarkts (Einsicht in Verträge vor deren Abschließen), was von Anfang an mit dem Konzept der Energieunion verfolgt wurde. Im Bereich der Erneuerbaren Energien werden gegenwärtig Präferenzen für stabile Quellen deutlich. An neuen, strengeren gesetzlichen Regeln für die Erzeugung von Windkraft wurde kritisiert, dass sie diskriminierend wirken und die Erfüllung von klimapolitischen EU-Zielen gefährden.

Am 1. Mai 2016 lief die Übergangsfrist für die Beschränkungen zum Erwerb von land- und forstwirtschaftlichen Grundstücken durch EU-Ausländer ab. Mit neuen Regelungen wurden die allgemeinen (auch polnische Erwerber betreffenden) Voraussetzungen für den Verkehr mit Agrarflächen erheblich erhöht, um Spekulationsgeschäfte zu verhindern und landwirtschaftliche Bewirtschaftung durch private Landwirte zu fördern.[23]

Die Euroeinführung, die schon die PO-Regierung bremste, ist mit der Regierungsübernahme der PiS in weite Ferne gerückt. Polen erfüllt drei der fünf Konvergenzkriterien.[24]

Fazit

Der Regierungswechsel erfolgte parallel zur Intensivierung besorgniserregender Tendenzen innerhalb der Europäischen Union. Demzufolge muss die PiS unter schwierigeren europapolitischen Rahmenbedingungen agieren. Nach dem britischen Referendum geriet die gewünschte Annäherung mit Großbritannien ins Wanken, eine generelle Schwächung des Lagers der ‚Eurorealisten' war die Folge. Angesichts der ungünstigen Entwicklung möchte die PiS umso mehr aktiv zur Diskussion über die Zukunft der Europäischen Union beitragen. Dieser Gestaltungswille spiegelt die Anerkennung der Bedeutung der europäischen Integration für den Zusammenhalt des Westens wieder. In seiner Grenzlage hat Polen ein starkes Interesse an der Stabilisierung des europäischen Projekts sowie an der Wahrung seiner Reichweite und Offenheit.

Auf die Auseinandersetzung bezüglich der Rechtsstaatlichkeit reagierte die polnische Regierung mit einem Mix aus Dialog und Selbstbehauptung. Die scharfe Rhetorik resultiert aus der langen Oppositionszeit und dient dem Ziel, den eigenen Machtanspruch abzusichern. Infolge der Europäisierung des Konflikts um das Verfassungsgericht wurde ‚Brüssel' Teil des innenpolitischen Diskurses.

Weiterführende Literatur

Marek A. Cichocki, Polen neu denken. Europabild und Europapolitik der PiS. In: Osteuropa 1–2, 2016, S. 191–200

---

22 Europäisches Parlament: Abgeordnete äußern ernste Bedenken über geplante Nord Stream II-Pipeline, Pressemitteilung, 10.5.2016.

23 Das Gesetz von 14. April 2016 über die Einstellung des Verkaufs von Böden des öffentlichen Agrarflächenbestands und über die Änderung einiger sonstiger Gesetze, (GBl. 2016 Pos. 585).

24 Europäische Kommission: Factsheet. Konvergenzbericht 2016: Bewertung von Mitgliedstaaten im Hinblick auf die Erfüllung der Voraussetzungen für die Einführung des Euro, Brüssel, 7. Juni 2016.

Portugal

Bruno Oliveira Martins*

Die Parlamentswahlen im Oktober 2015, infolge derer sich eine neue Regierung bildete, und die Präsidentschaftswahl im Januar 2016, aus der Marcelo Rebelo de Sousa als neuer Präsident hervorging, prägten die Politik in Portugal. Besonders die erste Wahl wird potenziell bedeutende Folgen für das portugiesische Verhältnis zur Europäischen Union haben. Die Koalitionsparteien der amtierenden Regierung, bestehend aus den Sozialdemo-kraten (PSD) und der Volkspartei (PP) als Juniorpartner, gewannen überraschend an Stim-men und damit an Parlamentssitze. Damit trotzten sie dem europäischen Trend, dass amtierende Regierungen in Krisenjahren abgestraft werden.[1] Mit insgesamt 38,4 Prozent der Stimmen reichte es indes nicht für eine Mehrheit. Nach wochenlangen Verhandlungen schloss die zweitstärkste Partei, die sozialistische PS, ein nie zuvor dagewesenes Abkom-men mit den zwei linksradikalen Parteien, dem Linken Block und der Kommunistischen Partei. Über die letzten Jahre haben diese beiden Parteien eine Anti-Austeritätsagenda in Portugal geprägt, die die Politik der Troika seit dem Bailout 2011 scharf kritisiert. In der Wahl Syrizas in Griechenland sowie der späteren Konfrontation Griechenlands mit großen Teilen der Europäischen Union sahen beide Parteien die Bestätigung ihres Kurses. Der neue sozialistische Premierminister António Costa muss daher den Balanceakt bewältigen, gleichzeitig ein normales Verhältnis mit Brüssel aufrechtzuerhalten, was die Tradition seiner Partei nahelegt, und trotzdem die Kritik seiner Partner zu berücksichtigen. Die Part-nerschaft hat sich bisher als stabil erwiesen, die negativen wirtschaftlichen Aussichten sowie der größer werdende Druck der Europäischen Union hat jedoch Zweifel gesät, ob die Regierung unter diesen Umständen zusammenbleiben kann. Unterdessen setzt sich der neu gewählte Präsident Rebelo de Sousa mit seiner transparenten und volksnahen Art von seinen Vorgängern ab. Es ist jedoch noch zu früh zu beurteilen, welchen Einfluss er zukünftig auf die Politik haben wird.

Wirtschaftliche Lage

Die wirtschaftliche Lage stellt die portugiesische Regierung vor eine Vielzahl von Herausforderungen. Laut nationalem Statistikamt beträgt die Arbeitslosigkeit im Mai 2016 11,6 Prozent beziehungsweise betraf 587.400 Menschen.[2] Die Jugendarbeitslosigkeit stagniert über 30 Prozent. Im Vergleich zum Vorjahr verringerten sich die Exporte um 2,5 Prozent und Importe um 7,3 Prozent. Der Konsumklimaindex verbesserte sich im Mai, nachdem er im vorigen Monat zurückging; der positive Trend seit Anfang 2013 setzte sich damit fort.

---

*   Übersetzt aus dem Englischen von Leonard Schütte und Julia Klein.

1   Jorge Fernandes: The seeds for party system change? The 2015 Portuguese general election, in: West European politics 4/2016, S. 890-900, abrufbar unter: http://dx.doi.org/10.1080/01402382.2016.1150645 (letzter Zugriff: 25.10.2016).

2   Instituto Nacional de Estatística: Unemployment rate estimated at 11.6% - May 2016, Press release, 30.6.2016, abrufbar unter: https://www.ine.pt/xportal/xmain?xpid=INE&xpgid=ine_destaques&DES TAQ UESdest_boui=249942147&DESTAQUESmodo=2 (letzter Zugriff: 25.10.2016).

Im Mai und Juni 2016 wurde bekannt, dass die Europäische Kommission wegen verfehlter Einhaltung ihrer Haushaltsziele Sanktionsmaßnahmen gegenüber Portugal und Spanien erwägt. Beide Länder haben es wiederholt nicht bewerkstelligt, der Defizitobergrenze von 3 Prozent des Bruttoinlandsprodukts nach dem Stabilitätspakt zu entsprechen. Portugal befand sich eigentlich auf einem Pfad wirtschaftlicher Nachhaltigkeit, bis sich die Situation 2015 aufgrund von Liquiditätsspritzen in das nationale Bankensystem arg verschlechterte. Die mangelhafte Leistung, Regulierung und Überwachung des Bankensystems ist ein zentraler Grund der schwierigen wirtschaftlichen Lage Portugals. Die Einleitung von Defizitverfahren traf bei allen politischen Parteien auf Kritik. Trotzdem äußerte der niederländische Finanzminister und Vorsitzende der Eurogruppe Jeroen Dijsselbloem, dass „Sanktionen durchaus eine Möglichkeit seien."[3]

In anderen Bereichen war das Verhältnis zwischen Portugal und der Europäischen Union konstruktiver. Portugal bemühte sich, seinen Anteil an der Flüchtlingspolitik der Europäischen Union umzusetzen. Im Jahr 2015 wurden in Portugal 872 Asylanträge gestellt (ein Anstieg von 97,2 Prozent im Vergleich zum Vorjahr). Ein Drittel davon kam von ukrainischen Bürgerinnen und Bürgern. Im gleichen Zeitraum nahm das Land 39 syrische und sudanesische Flüchtlinge aus Ägypten auf. Als Beitrag zur Migrationsagenda der Europäischen Kommission muss Portugal 4.574 der insgesamt 160.000 umzuverteilenden Flüchtlinge aufnehmen.[4] Im Februar 2016 verkündete Premierminister Costa, das portugiesische Kontingent freiwillig auf 10.000 zu erhöhen. Einerseits möchte Portugal hiermit einen vollwertigen Beitrag zur europäischen Initiative leisten, andererseits leidet Portugal an Alterung der Gesellschaft und hoher Auswanderung. Besonders benötigt werden deshalb Land- und Forstwirte, um ländliche Regionen zu besiedeln. Bei einem Staatsbesuch in Berlin gab Costa bekannt, dass Portugal außerdem 2.000 Universitätsplätze für syrische Studierende bereitstellen wird. Portugal rangiert hinter Schweden auf dem zweiten Platz des von der Europäischen Union finanzierten Migration Integration Policy Index 2015 (MIPEX), der die Integrationspolitik in 38 Industrieländern beurteilt.[5]

Das Jahr 2016 markiert den 30. Jahrestag Portugals als EU-Mitgliedstaat. Eine aktuelle Studie unter der Leitung des ehemaligen Wirtschaftsministers Augusto Mateus hat die zentralen Entwicklungen seit der Mitgliedschaft herausgearbeitet. Hiernach ist das Bruttoinlandsprodukt um 76 Prozent im Vergleich zu 1986 gewachsen. Das Steuerniveau ist eines der höchsten in der Europäischen Union, der Beitrag der Industrie misst zehn Prozent weniger als 1986, die pro-Kopf Sozialausgaben haben sich verdoppelt, die Gesellschaft ist erheblich gealtert und die Auswanderung hat deutlich zugenommen. Portugal hat relativ zur Einwohnerzahl die höchste und in absoluten Zahlen die sechsthöchste Auswanderungsrate in der Europäischen Union.[6]

Weiterführende Literatur

European Commission: Portugal: State of Play, Winter 2016, abrufbar unter: http://ec.europa.eu/economy_finance/eu/countries/pdf/report2016/portugal_en.pdf

---

3   Brendan de Beer: Portugal anger over EU sanction threat, in: theportugalnews.com, 30.6.2016.
4   Conselho Português para os Refugiados: Relatório de Actividades 2015, Lisboa 2016.
5   Migrant Integration Policy Index: Portugal, abrufbar unter: http://www.mipex.eu/portugal (letzter Zugriff: 25.10.2016).
6   Augusto Mateus: Três décadas de Portugal europeu: balanço e perspetivas, Lisboa 2015.

Rumänien

Alexandru Damian[*]

#corruption kills – dieser Slogan charakterisiert Rumänien im Jahre 2015, nachdem das Land eines der tragischsten Ereignisse seiner Geschichte erlebte. Am Freitagabend, den 30. Oktober 2015, wurde das Schicksal einer gesamten Generation während eines Konzertes im beliebten Club Colectiv in Bukarest verändert. Ausgelöst von Feuerwerkskörpern brach in der Diskothek ein Feuer aus, durch das 64 Menschen ihr Leben verloren und weitere 140 Menschen verletzt wurden. Diese Tragödie offenbarte die grassierende Korruption im Lande, denn trotz offizieller Lizenz besaß die Diskothek weder die notwendigen Zulassungen noch eine Erlaubnis durch die Feuerwehr und staatliche Aufsichtsbehörden.

Nach dreitägiger Staatstrauer löste die vermeidbare Katastrophe Massenproteste in Bukarest aus, die sogenannte ‚Colective Revolution‘, die den Rücktritt der Regierung unter Premierminister Victor Ponta sowie des Bezirksbürgermeisters Cristan Popescu Piedone forderten. Sie wurden maßgeblich für die Versäumnisse in der Korruptionsbekämpfung verantwortlich gemacht. Die Regierung trat am 4. November 2015 geschlossen zurück, Piedone kurz danach. Der Bezirksbürgermeister, weitere hohe Beamte der Stadtverwaltung, Vertreter der Aufsichtsbehörden und der Besitzer der Diskothek werden gegenwärtig strafrechtlich verfolgt.

Das technokratische Kabinett – November 2015: Gegen den Status quo

Infolge des Regierungsrücktrittes beauftragte der rumänische Präsident Klaus Iohannis am 10. November den früheren EU-Kommissar für Landwirtschaft, Dacian Ciolos, mit der Kabinettsbildung. Er entschloss sich ein technokratisches Kabinett mit einem Mandat von nur einem Jahr zu formen, das bis zur Parlamentswahl im November 2016 die Regierungsgeschäfte leiten soll. Die Öffentlichkeit nahm das Kabinett, bestehend aus EU-Beamten, Diplomaten und Vertretern der Zivilgesellschaft trotz einiger umstrittener Berufungen insgesamt positiv auf.

Die hohen Erwartungen der Öffentlichkeit, insbesondere der Demonstranten, richteten sich primär auf den Kampf gegen die Korruption und die Reform des Staatswesens. Nichtsdestotrotz bleibt die Regierung abhängig von der Unterstützung im Parlament, das immer noch von Anhängern der Vorgängerregierung dominiert ist. Die zu erwartenden Konflikte zwischen Parlament und Kabinett traten zeitnah auf. Letzteres hatte mit einer ambitionierten Reformagenda, die den Status quo herausforderte, Widerstand im Parlament hervorgerufen.

Einige Reformen wurden bereits in die Wege geleitet. Zu den wichtigsten zählten die sogenannte ‚Red Tape‘-Reform zur Entbürokratisierung und Verbesserung der Transparenz und Rechenschaftspflicht, ein Reformpaket zur Armutsbekämpfung und Reformen im Bereich der öffentlichen Verwaltung und der Verwendung von EU-Mitteln. Die Europäi-

---

[*]   Übersetzt aus dem Englischen von Leonard Schütte und Julia Klein.

sche Kommission hatte Rumänien mehrfach für den Missbrauch von Fördermittel verwarnt und Zahlungen zwischen 2007 und 2013 gestoppt. Im Transportwesen, einem der korruptesten Sektoren des Landes, konnte Rumänien nur 64 Prozent seiner Fördermittel abrufen – der niedrigste Stand von allen EU-Mitgliedstaaten. Trotz der zahlreichen Veränderungen und erster Erfolge herrscht in der Bevölkerung der Eindruck, dass das Momentum der ‚Colectiv Revolution' verloren gegangen ist und die Möglichkeit vertan wurde, weitergehende Reformen auf den Weg zu bringen.

Nachdem sich die politische Lage in Rumänien einigermaßen beruhigt hatte, konnte das Parlament seinen Widerstand wieder vermehrt geltend machen. Zuvörderst war die Regierung wenig erfolgreich in Belangen, die die Zustimmung des Parlaments erforderten. Außerdem verabschiedete das Parlament im Juni 2016 ein Gesetz, das die Handlungsfreiheit der Regierung während der Sommerpause einschränkt (Das betraf vor allem Notverordnungen in kritischen Bereichen wie dem Justizsektor, Staatsvermögen oder Kultur).

Zugleich wurde dabei die interne Spaltung der Regierung besonders deutlich. Viele der umstrittenen Regierungsmitglieder, die wahrscheinlich aufgrund eines überparteilichen Kompromisses ernannt wurden, blockierten oder verzögerten beispielsweise Reformen im Transportwesen oder in der Kulturpolitik, was das Misstrauen der Bevölkerung schürte. Mit der Ernennung von Laura Codruta Kovesi als Leiterin der rumänischen Antikorruptionsanwaltschaft DNA durch den Justizminister und damit zur höchsten Korruptionsbekämpferin in Rumänien setzte die Regierung Anstrengungen im Bereich Justiz und Antikorruptionsmaßnahmen fort und sicherte sich damit auch die Zustimmung der Bevölkerung.

Kurz vor der Sommerpause verabschiedete das Parlament umstrittene Gesetzesvorhaben, die zum Beispiel besondere Renten für lokale Beamte vorsahen oder zu Diskriminierungen aufgrund von Interessenkonflikten führten, da sie Politikern die Beschäftigung von Familienmitgliedern de facto legalisierten. Dadurch nahmen die Spannung zwischen der Regierung und dem Parlament abermals zu und die Regierung klagt gegen dieses Vorhaben vor dem Verfassungsgericht.

Noch ist unklar, ob die gegenwärtige Regierung ihr Mandat fortsetzen und ob Premierminister Ciolos die nötige Kabinettsumbildung vollziehen kann, um strittige Minister entlassen und die notwendigen Reformvorhaben realisieren zu können. Die Kabinettsumbildung ist ein Schritt, der schon lange hätte getan werden müssen, denn einige Minister blockieren seit Langem mögliche Reformen. Äußerungen einiger anderer Kabinettsmitglieder weisen auf eine größere Reformbereitschaft der Regierung hin.

Kommunalwahlen im Juni 2016: Ein Land, das immer noch für Korruption stimmt?

Die Kommunalwahlen machten deutlich, wie wenig sich in der rumänischen politischen Kultur geändert hat. Die Wahlbeteiligung lag im Durchschnitt bei 48 Prozent und in Bukarest sogar bei nur 33 Prozent. Die politische Stagnation schlägt sich sowohl im Wahlverhalten als auch in den Wahlkampfstrategien der Parteien nieder. Letztere stellten vorrangig altbekannte Politiker auf, die häufig in Korruptionsskandale verwickelt waren. Trotz allem wurden viele dieser Politiker von der Bevölkerung gewählt, zum Teil sogar mit hohen Stimmenanteilen. So wurde der ehemalige Bürgermeister von Baia Mare, Catalin Chereches, mit 70 Prozent der Stimmen wiedergewählt, obwohl er immer noch aufgrund von Korruptionsverdacht in Haft sitzt. George Scripcaru, der ebenfalls wegen Korruption angeklagt ist, gewann 50 Prozent der Stimmen in Brasov. Dass rechtspopulistische und

-extreme Parteien ähnlich UKIP in Großbritannien und dem Front National in Frankreich auf weniger als 1 Prozent der Zustimmung kamen, war der einzige Lichtblick der Wahlen.

Diese hohe Toleranz der Wahlbevölkerung gegenüber Korruption ist erstaunlich. Der häufig wiederholte Satz, „er habe gestohlen, aber auch was für die Gemeinschaft getan", unterstreicht die wahre politische Lage des Landes, und dass obwohl die Politik der Antikorruptionsbehörde von 60 Prozent der Bevölkerung unterstützt wird.

Die Wahl in der Hauptstadt Bukarest, in der der amtierende Bürgermeister sowie fünf der sechs Bezirksbürgermeister aufgrund von Korruptionsverdacht strafrechtlich verfolgt werden beziehungsweise sich bereits im Gefängnis befinden, stand im Mittelpunkt der Kommunalwahlen des Landes. Der Wahlkampf der stärksten Oppositionspartei, der liberalen Partei, geriet zur Farce, als sie kurz vor dem Wahltag vier ihrer Kandidaten austauschte. „Don´t answer the phone, maybe the Liberal Party wants to nominate you as their mayor" lautete der Spruch, der sich rasant im Internet verbreitete.

Eine neue Bewegung, die Save Bucharest Union, wurde mit 30 Prozent der Wahlstimmen aus dem Stand zweitstärkste Kraft. Die häufig als Anti-Establishment verstandene urbane Bewegung setzte sich besonders für die Korruptionsbekämpfung ein. Infolge ihres Wahlerfolgs verkündeten Vertreter der Bewegung im November, als nationale Bewegung an den Parlamentswahlen teilnehmen zu wollen.

Die in den Wahlen deutlich hervorgetretene Gleichgültigkeit in der Bevölkerung könnte vieles zum Nachteil des Landes ändern. Eine Reihe umstrittener Gesetzesvorhaben, ähnlich denen des sogenannten ‚Schwarzen Dienstag' von 2013, sind bereits im Parlament vorbereitet und warten auf die entscheidenden Wahlen im November 2016. Nicht nur die Europäische Kommission hat beispielsweise in ihren Länderberichten zu Rumänien die negativen Entwicklungen im Lande und die Folgen einer solchen Politik, wenn diese Gesetzesvorhaben tatsächlich umgesetzt werden, hervorgehoben. Diese Warnungen sind jedoch von geringerer Brisanz für die Mehrheit des rumänischen Parlaments, betrachtet man die Einschätzung eines sozialdemokratischen Abgeordneten im Parlament während einer Anhörung mit dem Minister für Europäische Fonds: „Sie haben doch selbst gesehen, wie das Volk wählt; sie interessieren sich nicht für Ihre technokratische Regierung."[1]

Die Wahlen im November sind wegweisend für die Zukunft des Landes. Laut Meinungsumfragen hat die sozialdemokratische Partei, trotz der Korruptionsvorwürfe gegen den ehemaligen Premier Ponta und jetzigen Parteivorsitzenden Liviu Dragnea, immer noch die größte Unterstützung im Volk.

Rumäniens Kreuzzug gegen die Korruption

Um gegen die im Juni verabschiedeten umstrittenen Gesetzespakete zu protestieren, versammelten sich mehrere Hundert Demonstranten im Zentrum von Bukarest. Der immer wieder angestimmte Slogan, „die DNA ist hinter euch her", macht das hohe Ansehen der Nationalen Antikorruptionsbehörde DNA in der Bevölkerung deutlich. Gerade junge Menschen und in der Mittelklasse ist die Unterstützung für die DNA groß. Im Länderreport 2015 hebt die Europäische Kommission deren Arbeit positiv hervor: „[D]ie Behörde weist eine beeindruckende Erfolgsbilanz im Kampf gegen die Korruption auf".[2] Gemessen

---

1   European Affairs Committee of the Chamber of Deputies: Hearing of Cristian Ghinea, Minister of European funds, 27.6.2016.
2   European Commission: Country report Romania 2015, 26 Febuary 2015, Dok. SWD(2015) 42, S. 70, abrufbar unter: http://ec.europa.eu/europe2020/pdf/csr2015/cr2015_romania_en.pdf (letzter Zugriff: 25.10.2016).

an der Anzahl der Anklagen war das Jahr 2015 für die während den Beitrittsverhandlungen mit der Europäischen Union gegründete Behörde einzigartig. Mehr als 1.250 Personen, einschließlich eines Premierministers, fünf Ministern, 16 Vertretern der Abgeordnetenkammer, fünf Mitgliedern des Senats, 97 Bürgermeister und stellvertretende Bürgermeister sowie 15 Vorsitzenden von Kreistagen wurden aufgrund von Korruptionsvorwürfen vor Gericht gebracht. Die Verurteilungsrate lag bei 90 Prozent.[3]

Es wird trotzdem immer deutlicher, dass ein rein auf Justizverfolgung basierter Kampf gegen Korruption unzureichend ist. Rumänien benötigt rechtliche Ausbildungsprogramme an Schulen, Integritätspartnerschaften zwischen dem öffentlichen und dem Privatsektor sowie präventive Maßnahmen im Bereich öffentlicher Ausschreibungen. Das Land macht Fortschritte, der Weg ist aber noch lang.

Fazit

Laut jüngster Eurobarometer-Umfrage haben 62 Prozent der Rumänen ein positives Bild von der Europäischen Union. Damit liegt dieser Wert in Rumänien deutlich höher als im Durchschnitt der gesamten Europäischen Union (41 Prozent). Über das letzte Jahr blieb Rumänien die Stabilitätsinsel in Osteuropa, gekennzeichnet von einer vergleichsweise stabilen Demokratie, schwachen extremen Bewegungen, nachhaltigem Wirtschaftswachstum und einer außerordentlichen Zustimmung für die Europäische Union. Inmitten der europäischen Krisen bemerkte der rumänische Präsident Klaus Iohannis im Europäischen Rat, dass „es für jeden offensichtlich sei, dass Europa noch einige Arbeit vor sich hat".[4] Diese einfache Aussage zeichnet die Parallelen zwischen der Europäischen Union und Rumänien. Es steht beiden viel Arbeit bevor, um das europäische Projekt beziehungsweise Rumänien zu reformieren.

Weiterführende Literatur

European Commission: Country Report Romania 2015, European Commission staff working document, abrufbar unter: http://ec.europa.eu/europe2020/pdf/csr2015/cr2015_romania_en.pdf (letzter Zugriff: 9.11.2016).

European Commission: Report 2015 on progress in Romania under the Mechanism for Cooperation and Verification, Report from the Commission to the European Parliament and European Council, abrufbar unter: http://ec.europa.eu/cvm/docs/com_2016_41_en.pdf (letzter Zugriff: 9.11.2016).

IMF: IMF country report no 15/80, Selected issues on Romania, abrufbar unter: https://www.imf.org/external/pubs/ft/scr/2015/cr1580.pdf (letzter Zugriff: 9.11.2016).

National Anti corruption Directorate: Annual Report 2015, abrufbar unter: http://www.pna.ro/obiect2.jsp?Id=248 (letzter Zugriff: 9.11.2016).

3   National Anti Corruption Directorate: Annual Report 2015, abrufbar unter: http://www.pna.ro/obiect2.jsp?id=248 (letzter Zugriff: 25.10.2016).
4   Balkan Insight: EU Balkan States Call for Change în Light of Brexit, 29.6.2016, abrufbar unter: http://www.balkaninsight.com/en/article/balkan-member-states-call-for-a-change-in-the-eu-06-29-2016 (letzter Zugriff: 25.10.2016).

Schweden

Tobias Etzold / Christian Opitz

In den vergangenen Monaten musste Schweden mit Entwicklungen umgehen, die zwar ursächlich außerhalb des Landes entstanden, aber teils mit großer Wucht auf die schwedische Politik und Gesellschaft trafen. In allererster Linie betrifft dies die große Anzahl an ankommenden Flüchtlingen, die das zunehmend überlastete Land letztlich zu einem drastischen Politikwechsel zwang. Hinzu kommen eine sich angesichts der angespannten Sicherheitslage wandelnde Verteidigungspolitik gegenüber Russland sowie der drohende Wegfall eines der wichtigsten europapolitischen Verbündeten infolge des EU-Austrittsreferendums in Großbritannien. Die Minderheitsregierung aus Sozialdemokratischer Arbeiterpartei (SAP) und Umweltpartei – Die Grünen (MP) unter Ministerpräsident Stefan Löfven muss sich diesen Herausforderungen stellen, ist dabei aber immer wieder auf eine mühsame Kompromissfindung mit der bürgerlichen Opposition angewiesen.

Flüchtlings- und Innenpolitik

Die Flüchtlingsfrage war das vorherrschende innen- und europapolitische Thema in Schweden seit dem Sommer 2015. Schweden war 2014[1] und 2015 das EU-Land mit der höchsten beziehungsweise zweithöchsten Zahl an Asylanträgen, gemessen an der Einwohnerzahl (16,9 Asylanträge pro 1000 Einwohner 2015 im Vergleich zu 5,9 in Deutschland,[2] insgesamt 163.000). Mit seiner großzügigen und humanitären Flüchtlingspolitik galt Schweden lange als wichtiger Verbündeter Deutschlands. Das Land plädierte ebenfalls für europäische Lösungen und verbindliche Verteilungsquoten. Seiner humanitären Flüchtlingspolitik und Aufnahmepraxis lag ein weitgehender Konsens aller etablierten linken wie konservativen Parteien zugrunde. Nur die rechtspopulistischen Schwedendemokraten widersetzten sich diesem Konsens und gewannen damit massiv an Popularität. Im Herbst 2015 wiesen sie in einigen Umfragen über 20 Prozent Zustimmung auf.

Mitte November 2015 aber hielt die rot-grüne Regierung dem Druck nicht mehr stand und gab öffentlich zu, dass das Land an die Grenzen seiner Aufnahmekapazitäten gekommen sei und eine „Atempause" benötige.[3] Je höher die Zahl der eingereisten Flüchtlinge anstieg, desto größer wurden die Schwierigkeiten der Behörden, diese adäquat unterzubringen. Aufgrund des ohnehin latenten Wohnraummangels in den Großstädten mussten viele in weit abgelegenen Gegenden untergebracht werden. Zudem waren schon seit Längerem Schwierigkeiten bei der Flüchtlingsintegration offenkundig geworden. Die Asylverfahren ziehen sich oftmals über einen langen Zeitraum hin. Dies erschwert insbesondere die Integration von Flüchtlingen in den Arbeitsmarkt.

---

1 Anna Reimann: Fakten zu Asylbewerbern: Wohin die Flüchtlinge wollen – und wer sie nimmt, in: Spiegel Online, 28.4.2015.

2 Pro Asyl: Fakten, Zahlen und Argumente, abrufbar unter: https://www.proasyl.de/thema/fakten-zahlen-argumente/ (letzter Zugriff: 11.8.2016).

3 Jens Gmeiner: Das Ende der Offenheit, in: Internationale Politik und Gesellschaft, 21.12.2015.

Die Regierung beschloss daher die Einführung vorübergehender Grenzkontrollen an der Öresundbrücke zwischen Dänemark und Schweden, die Anfang 2016 in Kraft traten, um die Kontrolle darüber, wer und wie viele ins Land kommen, wiederzuerlangen und für Stabilität und Ruhe zu sorgen. Kurz darauf folgte ein Gesetzespaket zur Verschärfung des Asylrechts, das am 21. Juni 2016 vom Parlament verabschiedet wurde. Dieses beinhaltet eine Beschränkung von Aufenthaltsgenehmigungen auf drei Jahre, die Erschwerung von Familienzusammenführungen sowie die Möglichkeit schnellere Abschiebungen durchzuführen. Innenminister Anders Ygeman kündigte die Abschiebung von 50 bis 60 Prozent aller 2015 eingereisten Asylbewerber, insgesamt bis zu 80.000 Personen, in den kommenden Jahren an.[4] Übergangsweise passte die Regierung damit das schwedische Asylrecht an die Minimumstandards der Europäischen Union an, mit dem Ziel, dass mehr Menschen in anderen EU-Staaten einen Asylantrag stellen. Im Zuge insbesondere der Grenzkontrollen sank die Zahl der nach Schweden einreisenden Flüchtlinge rapide. Dies führte dazu, dass die lange alles beherrschende Flüchtlingsdebatte sowie der Höhenflug der Schwedendemokraten in Umfragen langsam abebbten.

Dies lässt wieder etwas mehr Raum für Debatten über andere Themen. Löfven thematisierte im Frühjahr 2016 das alte sozialdemokratische Thema des Schwedischen Modells, zu dessen wichtigsten Elementen ein umfassender steuerfinanzierter Wohlfahrtsstaat sowie eine aktive Arbeitsmarktpolitik gehören. Löfven plädierte eindringlich dafür, das schwedische Modell weiterzuentwickeln und anzupassen, anstatt es abzuwickeln.[5] Angesichts einer positiven Wirtschaftslage und sinkender Arbeitslosigkeit konnte Löfven damit in der politischen Auseinandersetzung erstmals seit Langem wieder Akzente setzen und auch in der eigenen in der Flüchtlingsfrage gespaltenen Partei für etwas Ruhe sorgen.

In einer schwierigen Phase befindet sich derzeit insbesondere die grüne Umweltpartei als Juniorkoalitionspartner. Der Schwenk in der Asylpolitik war insbesondere für sie problematisch, da sie sich damit von alten Überzeugungen lösen musste. Dies geschah auch in anderen politischen Fragen, wie zum Beispiel in der Umwelt- und Klimapolitik, als die Grünen dem Verkauf der deutschen Kohlesparte des Staatskonzerns Vattenfall an ein tschechisches Konsortium zustimmen mussten, anstatt den Kohleabbau abzuwickeln. Umstrittene Äußerungen zum Islam, die den Verdacht einer Nähe zu islamistischen Kräften nährte, führten zudem zum Rücktritt eines Ministers. Ministerpräsident Löfven musste daraufhin sein Kabinett umbilden, dem die auch innerparteilich umstrittene bisherige grüne Vizeregierungschefin und Umweltministerin Åsa Romsson nicht mehr angehört.

Reaktionen auf das Brexit-Referendum

Die schwedische Politik reagierte mehrheitlich mit großem Bedauern auf den Ausgang des EU-Referendums in Großbritannien. Premierminister Löfven bedauerte zwar das Ergebnis, unterstrich aber gleichzeitig, wie wichtig die Zusammenarbeit zwischen den restlichen 27 EU-Staaten sei, insbesondere in zentralen Bereichen wie Wirtschaftswachstum, Sicherheit und Klimapolitik.[6] Die bürgerlichen Oppositionsparteien beklagten außerdem, dass Schweden mit Großbritannien einen traditionellen Verbündeten im Kampf für eine liberale

---

4   David Crouch: Sweden sends sharp signal with plan to expel up to 80.000 asylum seekers, in: The Guardian, 1.2.2016.
5   Jens Gmeiner: Entdecke die Möglichkeiten, in: Internationale Politik und Gesellschaft, 25.4.2016.
6   Sverige Radio: Swedish PM: We will stay close to UK, 24.6.2016.

Wirtschaftspolitik verliere. Aus diesem Grund sprachen sie sich auch dafür aus, dass Schweden eine führende Rolle in den anstehenden Austrittsverhandlungen einnehmen solle, um Großbritannien möglichst eng an der Europäischen Union zu halten.

Begrüßt wurde das Referendumsergebnis hingegen bei der Linkspartei und den Schwedendemokraten.[7] Die Linkspartei plädiert dafür, die schwedische EU-Mitgliedschaft neu zu verhandeln. Ihr Ziel sind schwedische Vorbehalte (Opt-Outs) in Bereichen wie Arbeitnehmerrechte und Umwelt, wo sie die Europäische Union als zu rückständig kritisieren. Die Schwedendemokraten wollen hingegen die Europäische Union komplett abschaffen, um nationalstaatliche Souveränität wiederzuerlangen. Sie fordern daher auch ein Referendum in Schweden, was von Premierminister Löfven bereits zurückgewiesen wurde. Er bezeichnete derartige Rufe als ‚unverantwortlich' in Zeiten, in denen Schweden und die Europäische Union Stabilität benötigen.

Sicherheits- und Verteidigungspolitik

Infolge der Ukrainekrise und den ernsten Spannungen zwischen Europa und Russland, herrscht in der schwedischen Politik Konsens, dass sich die Sicherheitslage speziell in der Ostsee-Region erheblich verschlechtert hat. Die Rückkehr zu einem sicherheitspolitischen ‚business as usual' erscheint allen politischen Parteien weder möglich noch wünschenswert. Aber sie streiten heftig darüber, wie das Land auf die negative Entwicklung in der unmittelbaren Nachbarschaft reagieren soll. Die schwedische Sicherheitspolitik befindet sich daher nach wie vor in einem langfristigen Umbruch, ohne dass dessen genaue Richtung derzeit klar ist.

Die Frage der NATO-Mitgliedschaft ist zweifellos das größte sicherheitspolitische Streitthema.[8] Die bürgerlichen Oppositionsparteien setzen sich mittlerweile stark für einen Beitritt ein. Nur dieser Schritt, argumentieren sie, garantiere eine wirksame Verteidigung des Landes vor der russischen Bedrohung. Gegenwärtig würde Schweden de facto von Russland als Teil des Verteidigungsbündnisses gesehen, ohne aber im Notfall durch dessen Beistandsverpflichtung geschützt zu sein. Die Regierungsparteien wiegeln jedoch vehement ab und verweisen ihrerseits auf die erheblichen Risiken, die ein Beitrittsgesuch auf die schwedisch-russischen Beziehungen haben könnte. In der Tat reagiert Moskau äußerst sensibel auf derartige Andeutungen. So sprach der russische Außenminister Sergei Lawrow von „notwendigen militärisch-technischen Aktionen", die in diesem Fall ergriffen werden müssten.[9]

Die grundsätzlichen Einwände gegenüber einer Vollmitgliedschaft hält die schwedische Regierung aber nicht davon ab, die ohnehin bereits engen Verbindungen zur NATO weiter zu vertiefen. Ende Mai 2016 lancierte sie im Parlament die Ratifizierung der sogenannten ‚Host Nation Support'-Vereinbarung.[10] Sie erlaubt der NATO Militärgerät und Personal über beziehungsweise durch schwedisches Territorium zu transportieren – allerdings nur auf der einzelfallspezifischen Einladung Schwedens. Dadurch können militärische Übungen der NATO im Ostseeraum weitaus schneller durchgeführt werden, was auch eine Antwort auf ähnliche unangekündigte Aktionen Russlands ist. Bis auf die Linkspartei und

---

7   Sverige Radio: Swedish politicians welcome "Brexit" vote, 27.6.2016.

8   Tobias Etzold/Christian Opitz: Zwischen Allianzfreiheit und Einbindung: Finnland und Schweden auf der Suche nach einer neuen Sicherheitsstrategie, in: Stiftung Wissenschaft und Politik: SWP-Aktuell 33/2015.

9   Michael Winiarski: Sergej Lavrov: "Om Sverige går med i Nato måste vi vidta nödvändiga åtgärder", in: Dagens Nyheter, 29.4.2016.

10   Charles Duxbury: Sweden Ratifies NATO Cooperation Agreement, in: The Wall Street Journal, 25.5.2016.

den Schwedendemokraten stimmten die Oppositionsparteien zwar für die Vereinbarung, sehen diese aber ohne eine Vollmitgliedschaft als ungenügend an. Verteidigungsminister Peter Hultqvist wiederum sieht die Abmachung nur als kleinen Teil einer größeren Agenda, die Beziehungen mit sicherheitspolitischen Partnern zu vertiefen. In diesem Zusammenhang schloss er auch ein bilaterales Abkommen zur militärischen Zusammenarbeit mit Dänemark im Januar 2016.[11] Es soll den Austausch von militärischen Informationen und Lagebildern verstärken sowie die gegenseitige Nutzung von See- und Flughäfen in Friedenszeiten ermöglichen.

Ausblick

Die innen- wie außenpolitischen Herausforderungen, vor denen die rot-grüne Regierung seit Beginn ihrer Amtszeit 2014 steht, sind nicht kleiner geworden. Die Flüchtlingskrise und der harte Schwenk in der Asyl- und Flüchtlingspolitik bedeuteten für die Regierung und insbesondere für die grüne Umweltpartei, die sich gezwungen sah, diametral zu den eigenen Überzeugungen zu handeln, eine Zerreißprobe. Schweden befindet sich in einem Dilemma zwischen dem Anspruch, eine humanitäre Großmacht zu sein, und begrenzten Kapazitäten sowie einer ambivalenten Stimmung im Land. Dieses Dilemma wird so schnell nicht aufzulösen sein. Auch die zukünftige Sicherheits- und Verteidigungspolitik polarisiert, da sich die Regierung anders als die Opposition einem NATO-Beitritt (noch) verweigert. In der näheren Zukunft wird die Großzahl problematischer Themen, die umstrittene politische Grundsatzentscheidungen erfordern, jedenfalls nicht geringer werden. Die Minderheitsregierung wird sich nach wie vor mit dem Risiko eines vorzeitigen Auseinanderbrechens konfrontiert sehen.

Weiterführende Literatur:

Ivar Ekman: Open and Shut: Sweden's Identity Crisis, in: Word Politics Review, 15.10.2015.

Jens Gmeiner: Das Ende der Offenheit – Schwedens „Atempause" in der Asyl-und Migrationspolitik, in: Internationale Politik und Gesellschaft, 21.12.2105.

---

11 Memorandum of Understanding between the Government of the Kingdom of Sweden and the Ministry of Defence of the Kingdom of Denmark on the Enhanced Defence Cooperation within the Air and Maritime Domain, 14 January 2016.

Slowakei

Marta Kralikova*

Die Europapolitik der Slowakei war von einer fortwährenden Unterstützung einer vertiefenden europäischen Integration gekennzeichnet. Dies zeigte sich insbesondere am slowakischen Interesse an einer engeren Zusammenarbeit in Wirtschafts- und Energiefragen. Allein zur Migrationskrise wich die Slowakei sehr deutlich von der EU-Position ab. Das Land war ein starker Verfechter nationalstaatlicher Interessen.

Innenpolitische Entwicklungen

Die Parlamentswahlen vom März 2016 stehen sowohl für politische Kontinuität als auch Wandel. Die Wahlgewinnerin, die sozialdemokratische SMER-Partei, erhielt mit 28 Prozent zwar den größten Wahlstimmenanteil aus der Bevölkerung, verzeichnete gegenüber 2012 jedoch einen Stimmenrückgang von 16 Prozent. Die parlamentarische Koalition, geführt vom nun zum dritten Mal im Amt bestätigten Premierminister Robert Fico, wurde auf Grundlage eines breiten parteipolitischen Konsenses gebildet, wodurch es zu einer Zusammenarbeit der ungarischen Partei mit den slowakischen Nationalisten kam.[1] Das Regierungsprogramm bekennt sich eindeutig zu den demokratischen Traditionen und Werten der Europäischen Union und bekräftigt die Verwurzelung des Landes in der Union als Quelle politischer, sozialer und wirtschaftlicher Sicherheit. Die Europäische Union sei die erste Bühne zur Verfolgung slowakischer Interessen.[2]

Eher unerwartet zog die rechtsextreme Volkspartei unsere Slowakei (Kotleba – Ľudová strana Naše Slovensko) mit 8 Prozent ins Parlament ein. Dieses Ergebnis spiegelt ein gestiegenes Interesse an alternativen politischen Projekten, aber auch tiefe Unzufriedenheit mit sozialen und wirtschaftlichen Bedingungen in einigen vernachlässigten Regionen in der Slowakei wieder. Die Partei lehnt offen die slowakische Mitgliedschaft in NATO und Europäischer Union ab und plant ein EU-Austrittsreferendum.[3]

Agenda der ersten slowakischen EU-Ratspräsidentschaft

Am 1. Juli 2016 trat die Slowakei ihre erste Präsidentschaft im Rat der Europäischen Union an. Die Slowakei hat folgende vier Ziele für ihr Ratspräsidentschaft definiert: (1) Stärkung der europäischen Wirtschaft durch eine Kapitalmarktunion und eine Vertiefung der Wirtschafts- und Währungsunion, (2) Modernisierung des Binnenmarkts und Abschaffung noch bestehender Hemmnisse durch Vorantreiben der Energieunion und des digitalen Binnenmarkts,[4] (3) effektives Management des Flüchtlingsstroms auf Grundlage einer nachhaltigen Migrations- und Asylpolitik, Sicherung der Außengrenzen und einer effek-

---

*   Übersetzt aus dem Englischen von Jeldrik T.B. Grups und Julia Klein.

1   Radoslav Tomek: Slovak President Appoints Cabinet of Returning Premier Fico, in: Bloomerg, 23.3.2016.

2   Manifesto of the Government of the Slovak Republic, 2016, abrufbar unter: http://www.vlada.gov.sk/data/ files/6489.pdf (letzter Zugriff: 25.10.2016).

3   Benjamin Cunningham: 5 takeaways from Slovakia's election, in: Politico, 6.3.2016.

4   Jacopo Barigazzi: Slovaks will try to break the EU 'integration' taboo, in: Politico, 21.6.2016.

tiven Kooperation mit Drittstaaten sowie (4) Stärkung der globalen Rolle der Union durch engere Beziehungen zu externen Akteuren, starke wirtschaftliche Beziehungen, die Unterstützung von Stabilität, Wohlstand und Demokratie in der EU-Nachbarschaft und eine glaubwürdige Erweiterungspolitik.[5] Diese Prioritäten spiegeln das Streben der Slowakei wieder, sowohl die Union und ihre Resilienz gegenüber äußeren und internen Herausforderungen zu stärken, als auch das Vertrauen der Bürgerinnen und Bürger in das europäische Projekt wiederherzustellen. Sie fußen auf zwei Säulen: der Förderung von nachhaltigen Langzeitlösungen mit strategischer Vision einerseits und einer positiven Agenda der Union andererseits. Diese Prioritäten stellen angesichts der aktuellen multiplen Krisen der Europäischen Union große Herausforderungen dar.

Außenpolitik

Im Rahmen der Gemeinsamen Außen- und Sicherheitspolitik (GASP) war die Slowakei hauptsächlich in Sachen des Beistands für die Länder der Östlichen Partnerschaft und des Westbalkans engagiert. Die Unterstützung der Transformationsprozesse und das Aufrechterhalten der Glaubwürdigkeit der EU-Erweiterungspolitik haben hierbei die höchste Priorität. Daher reagierte die Slowakei positiv auf die Bewerbung Bosnien und Herzegowinas um EU-Mitgliedschaft und die wiederbelebten Beitrittsverhandlungen mit der Türkei, während sie jedoch gleichzeitig die Notwendigkeit des Erfüllens aller Voraussetzungen betonte. Die Slowakei unterstützte die Ukraine aktiv, leistete humanitäre und Entwicklungshilfe und stellte Expertise im Wirtschafts-, Energie- und Sicherheitssektor bereit. Darüber hinaus engagierte es sich für eine vollständige Visaliberalisierung für die Ukraine und Georgien. Während die Slowakei die gemeinsame EU-Position bezüglich den Sanktionen gegen Russland solange mitträgt, bis die Anforderungen der Minsker Vereinbarungen erfüllt sind, ist Premierminister Fico jedoch gleichzeitig ein Verfechter davon, die Beziehungen der Europäischen Union mit Russland zu überdenken.[6]

Vor allem mit Blick auf terroristischen Bedrohungen in Europa betont die Slowakei die Notwendigkeit, die europäische Zusammenarbeit in der Sicherheits- und Verteidigungspolitik zu verbessern. Das Land plant für 2017 eine neue mit der Globalen Strategie für die Außen- und Sicherheitspolitik der Europäischen Union kohärente Strategie.

Migrationspolitik

Obwohl sich die Migrationskrise zuspitzte, rückte die Slowakei nicht von ihrer Einstellung zum europäischen Umsiedlungs- und Verteilungsplan für Flüchtlinge ab und beharrte weiterhin darauf, dass die Aufnahme von Flüchtlingen nur auf freiwilliger Basis geschehen dürfe. Gegen den Beschluss (EU) 2015/1601 des Rates vom 22. September 2015 zur Einführung von vorläufigen Maßnahmen im Bereich des internationalen Schutzes zugunsten von Italien und Griechenland reichte die Slowakei im Dezember 2015 eine Klage vor dem Gerichtshof der Europäischen Union ein. Die Ablehnung einer verpflichtenden Quotenregelung traf in der Slowakei in weiten Teilen des politischen Spektrums auf Unterstützung. Die slowakische Antwort auf die Krise sah in Abstimmung mit den anderen Staaten der Visegrád-Gruppe vornehmlich eine Sicherung der Schengen-Außengrenzen und eine Verstärkung der Mittelmeeroperationen von FRONTEX und der Europäischen Grenz-

---

5   The Programme of the Slovak Presidency of the Council of the European Union, 2016, abrufbar unter: http://www.eu2016.sk/en/programme-and-priorities/priorities-of-the-slovak-presidency (letzter Zugriff: 25.10.2016).

6   Eric Maurice: EU must change ‚ideological' policy on Russia, says Slovak FM, in: Euobserver, 30.6.2016.

und Küstenwache vor.[7] Gleichzeitig wurde eine verstärkte Unterstützung der Herkunftsländer und der Türkei im Rahmen der EU-Türkei-Erklärung präferiert. Die Versicherheitlichung des Themas seitens der inländischen politischen Elite schlug sich auch auf die
öffentliche Meinung nieder. 56 Prozent der Bevölkerung sind nicht mit einer Aufnahme
von Flüchtlingen einverstanden.[8] An der restriktiven Einwanderungspolitik wird trotz der
geringen Geburtenrate und einer hohen Auswanderungsrate gut ausgebildeter Arbeitnehmer (circa 30.000 junge Slowakinnen und Slowaken verlassen pro Jahr das Land) weiterhin festgehalten.[9]

Interinstitutionelle Vereinbarung und Brexit

Eine der Aufgaben der slowakischen EU-Ratspräsidentschaft war die Umsetzung der
Interinstitutionellen Vereinbarung über bessere Rechtsetzung zwischen dem Europäischen
Parlament, dem Rat der Europäischen Union und der Europäischen Kommission
(2015/2005(ACI)) von Februar 2016. Die Slowakei befürwortet eine effektivere Zusammenarbeit zwischen den Institutionen im Rahmen der existierenden EU-Verträge und
unterstützt eine gestärkte Position nationaler Parlamente und der Mitgliedstaaten.[10]
    Nicht allein angesichts der 90.000 in Großbritannien lebenden Slowakinnen und Slowa-
ken war die Slowakei ein großer Fürsprecher eines EU-Verbleibs des Vereinigten Königreichs. Obwohl die Slowakei grundsätzlich ein EU-optimistisches Land ist, mögen die
Turbulenzen nach dem Brexit zu einer gestiegenen Skepsis beigetragen haben. Daher sind
die Stabilisierung der Europäische Union und die Vermittlung eines positiveren Images der
Union von großer Bedeutung für die slowakische Führung.[11] Angesichts von Desintegra-
tionsgefahren befürwortet die Slowakei die Aufrechterhaltung eines funktionierenden
Schengenraums und der Personen- beziehungsweise Warenfreizügigkeit.

Wirtschaftliche Themen

Die slowakische Regierung hofft auf einen baldigen Abschluss des Freihandelabkommens
TTIP, das von 50 Prozent der Bevölkerung unterstützt wird.[12] Das Abkommen stellt für
das Land eine Chance auf Wachstum dar und ein neues Investitionsschutzssystem bereit.
Mit Blick auf Umweltfragen, Lebensmittelindustrie, Verbraucherschutz und kleine und
mittelständische Unternehmen nimmt die Slowakei jedoch eine vorsichtige Position ein.
Eine Debatte zwischen Unternehmen und der Gesellschaft findet weitgehend nicht statt.[13]
    Die Slowakei erholte sich relativ schnell von der Finanzkrise. Ende 2015 wuchs die
Wirtschaft um 4,2 Prozent an, die Arbeitslosigkeitsrate fiel im März 2016 unter 10 Prozent
und die Prognosen für 2016 und 2017 sagen ein Wirtschaftswachstum von 3 Prozent
voraus.[14] Im Rahmen des Europäischen Semesters kritisierte die Europäische Kommission,
dass es der Slowakei lediglich mit beschränktem Erfolg gelang, die länderspezifischen
Empfehlungen aus dem Jahr 2015 umzusetzen. Die Kommission unterstrich die Notwendigkeit, bürokratische Hürden für Unternehmen zu senken, die öffentliche Verwaltung effi-

---

7   Zuzana Gabrižová: 250 000 eur. Sankcia alebo vykúpenie?, in: EurActiv.sk, 5.5.2016.
8   Martin Dubéci: Čo si myslia ľudia outečencoch?, in: DennikN, 16.9.2015.
9   Peter Kremský: Talenty pre Slovensko, Business Alliance of Slovakia, 2015, abrufbar unter: http://alian
    ciapas.sk/wp-content/uploads/2015/12/Talenty-pre-Slovensko.pdf (letzter Zugriff: 25.10.2016).
10 Eric Marice: Slovak EU presidency aims to take power away from Brussels, in: Euobserver, 30.6.2016.
11 The Programme of the Slovak Presidency of the Council of the European Union, 2016.
12 Marta Orosz: How are the V4 countries negotiating the TTIP? in: VisegradRevue, 18.5.2016.
13 SITA: O TTIP treba diskutovať vecne, myslí si Lajčák, in: Pravda, 9.5.2016.
14 European Commission: Country Report Slovakia 2016, SWD(2016) 93, 26 Febuary 2016.

zienter zu gestalten, die Kosteneffizienz im Gesundheitssektor zu steigern, Maßnahmen gegen Langzeitarbeitslosigkeit und das öffentliche Beschaffungssystem sowie den Bildungssektor zu verbessern. Die Slowakei ist eines der EU-Länder mit den niedrigsten öffentlichen Ausgaben für eine medizinische Grundversorgung (0,2 Prozent des Bruttoinlandsprodukts, BIP) und eine aktive Arbeitsmarktpolitik (0,17 Prozent des BIP im Jahre 2013).[15] Zudem ist das slowakische Bildungssystem mängelbehaftet und nur unzureichend darauf ausgerichtet, die wirtschaftliche Leistungsfähigkeit der Slowakei zu erhöhen. Trotz einiger EU-Anreize, die europäische Wirtschaft durch Innovation und Technologie wiederzubeleben, sind die slowakischen Bemühungen im Bereich Forschung und Entwicklung noch eher zaghaft, was auf einen fragmentierten Governance-Rahmen, geringe Internationalisierung, mangelhafte öffentliche Finanzierung und ein geringes Maß an Privatinvestitionen zurückzuführen ist.[16]

Die Slowakei möchte während der EU-Ratspräsidentschaft eine Debatte über eine fiskalische Integration zur Vollendung der Wirtschafts- und Währungsunion anstoßen.[17] Verbesserungen der wirtschaftlichen Zusammenarbeit in der Eurozone und eine konstruktive Diskussion über Instrumente zur Abmilderung asymmetrischer Schocks betrachtet die Slowakei als nationale Priorität. Auch weil das Wirtschaftswachstum hauptsächlich vom EU-Binnenmarkt abhängig ist (85 Prozent der slowakischen Exporte und 79 Prozent der Importe,) ist ein funktionierender Binnenmarkt von besonderem Interesse.[18]

Integration im Energiesektor

Mit Blick auf eine Vertiefung der europäischen Integration sind Fortschritte im Bereich der Energieunion eines der Hauptanliegen der Slowakei. Dies spiegelt ein nationales Kerninteresse wider und findet bei 70 Prozent der Slowakinnen und Slowaken breite Unterstützung.[19] Neben Diversifizierung, sichere Gasversorgung, Energieeffizienz und Nachhaltigkeit verfolgt die Slowakei eine Priorisierung des Eastring-Projekts. Ein starkes slowakisches Engagement in diesem Bereich ist vor allem angesichts des Vorschlags einer Nord Stream 2-Pipeline besonders relevant. Gegen dieses Projekt, das vorsieht, russisches Gas durch die Ostsee nach Deutschland zu leiten, regt sich in der Slowakei und anderen mittel- und osteuropäischen Staaten großer Widerstand. Als Transitland würden der Slowakei Einnahmen von bis zu 1 Mrd. Euro pro Jahr entgehen und das Land wäre gezwungen, neue Transportinfrastruktur zu bauen, während die bestehenden Verbindungen mit der Ukraine ungenutzt blieben. Dies hätte seinerseits schwere Auswirkungen auf die ukrainische Energiesicherheit.[20]

Weiterführende Literatur

Ana Benje: Slovakia: country of many paradoxes, 2016, abrufbar unter: https://www.ifri.org/en/publications/publications-ifri/slovakia-country-many-paradoxes (letzter Zugriff: 9.11.2016).

Martin Dubéci: Slovakia: Migration trends and political dynamics, 2016, abrufbar unter: http://www.cepolicy.org/publications/slovakia-migration-trends-and-political-dynamics (letzter Zugriff: 9.11.2016).

---

15 European Commission: Country Report Slovakia 2016.
16 Miroslav Vajs: Európa stavia na výskum, Slovensko zaostáva, in: Pravda, 22.12.2015.
17 Barigazzi: Slovaks will try to break the EU 'integration' taboo, 2016.
18 Eurostat: International trade in goods in 2015, Press release 60/2016, 31.3.2016.
19 European Commission: Standard EuroBarometer 84, December 2015.
20 Georgi Gotev: EU leaders to clash over Nord Stream 2 at summit, in: EurActiv.com, 4.12.2015.

Slowenien

Marko Lovec[*]

Auch aufgrund fehlender politischer Erfahrungen der Partei des modernen Zentrums (SMC) konnte es der regierenden Mitte-Links-Koalition nicht gelingen, weitreichende Strukturreformen durchzuführen, obwohl sich die wirtschaftliche und politische Lage in Slowenien weiterhin stabilisiert hatte. Die öffentliche Zustimmung für die Regierungs-koalition sank,[1] während die politische Polarisierung im Land zunahm, als die größte Oppositionspartei ihre Rhetorik verschärfte, um Anhänger zu mobilisieren.

Die EU-Agenda war von der Migrations- und Flüchtlingsproblematik beherrscht. Im Oktober 2015, nachdem Ungarn seine südliche Grenze geschlossen hatte, veränderte sich der Verlauf des Migrationsstroms auf der Westbalkanroute und durchlief seitdem sloweni-sches Staatsgebiet. Dies stellte die Regierung vor große Probleme, denn die wiedereinge-führten Grenzkontrollen in Nordeuropa bereiteten Sorgen darüber, dass die Flüchtlinge in Slowenien verbleiben würden. Im Frühjahr 2016 schafften es Österreich und Slowenien, in Zusammenarbeit mit den Staaten des westlichen Balkans die Westbalkanroute zu schlie-ßen. Daneben übten auch die beiden anderen Krisen der Europäischen Union, die Eurokri-se und der Brexit, starken Druck auf Slowenien aus. Obwohl es Slowenien selbst auf die sichere Seite des Finanzradars schaffte, war es mit der Entscheidung über einen möglichen zweiten griechischen Bail-Out konfrontiert, ohne aufgrund seiner kleinen und offenen Volkswirtschaft einen wirklichen Einfluss auf die Neuverhandlungen nehmen zu können. Europas Krisen schwächten generell die Regierungskoalition. Die Flüchtlingskrise stärkte die politischen Mitte-Rechts-Kräfte, woraufhin auch die Regierung weiter nach rechts abrückte und Errichtung eines Grenzzauns beschloss. Damit verlor sie aber die Unter-stützung der progressiveren Wählerschaft. Angesichts des geringen innerstaatlichen Rück-halts nahm die Regierung in EU-Belangen kaum eine entscheidende Rolle ein.

Stabiler, aber zunehmend gespalten

Die Vorzeichen im internationalen wirtschaftlichen Umfeld waren positiv und so gelang es Slowenien, gemessen an exportgestütztem Wirtschaftswachstum, erleichterten Refi-nanzierungsbedingungen für öffentliche und private Schulden und sinkender Arbeitslosig-keit auf einem Pfad makroökonomischer Stabilisierung zu bleiben.[2] Die von der Mitte-Links-Regierung um die SMC fortgeführte Konsolidierung der Staatsfinanzen führte zu Spannungen mit Vertretern des öffentlichen Sektors und auch Arbeitgebern, die aufgrund des Ausbleibens von Steuererleichterungen unzufrieden waren. Außerdem sah sich die Regierung mit Kritik bezüglich der Verwaltung von Staatseigentum und administrativer Systeme vor allem in den Bereichen Justiz, Gesundheit und Hochschulbildung konfron-

---

*   Übersetzt aus dem Englischen von Jeldrik T.B. Grups und Julia Klein.

1   Ninamedia: Vox populi, 2016, abrufbar unter: http://www.ninamedia.si/arhiv.php (letzter Zugriff: 14.6.2016).

2   Institute of Macroeconomic analyses and development: Slovenian Economic Mirror 1-3/2016, abrufbar unter: http://www.umar.gov.si/en/publications/zapisi/?no_cache=1 (letzter Zugriff: 14.6.2016).

tiert. Die Wählerschaft ernüchterte schnell in Anbetracht der Unfähigkeit des Premierministers Miro Cerar, tiefgreifende Veränderungen hervorzubringen. Die politische Unerfahrenheit Cerars und der SMC, die es verschiedenen Interessengruppen ermöglichte, verstärkt Einfluss auf die Regierung auszuüben, wurde offensichtlich. Die sinkende Legitimität der Regierung erschwerte Reformen des Renten- und Steuersystems. Außenpolitisch brach im Juli 2015 mit der Veröffentlichung von Informationen über einen slowenischen Unterhändler in den Grenzdemarkationsverhandlungen mit Kroatien ein handfester Skandal aus, als bekannt wurde, dass dieser zu stark die slowenischen Interessen vertreten hatte. Begünstigt durch die unentschlossene Reaktion der slowenischen Politik in der Sache, zog sich Kroatien aus den Verhandlungen zurück.[3]

2016 zeichnete sich ab, dass die Sozialdemokratische Partei (SD) als die in der Bevölkerung beliebteste Koalitionspartei ist.[4] Aufgrund des insgesamt schwachen Rückhalts für die Koalition, vor allem für die SMC, und wegen fehlender alternativer Programme versuchte die SD jedoch nicht, die Machtverhältnisse neu zu ordnen. Nur die dritte Koalitionspartei, die Demokratische Pensionistenpartei Sloweniens (DeSUS), konnte einige ihrer Interessen durchsetzen. Die Slowenische Demokratische Partei (SDS), die größte Oppositionspartei, radikalisierte ihre Rhetorik, um Wählerpotential zu mobilisieren. Angesichts der geringen Unterstützung für die Koalitionsparteien konnte sie in den Umfragen zur stärksten Partei heranwachsen.[5] Aufgrund ihrer Radikalisierung wurde die Partei von Wählern der Mitte jedoch nicht als politische Alternative wahrgenommen, die Spannungen innerhalb des Mitte-Rechts-Spektrums blieben aber. Im Dezember 2015 verbanden sich zivilgesellschaftliche Organisationen mit der katholischen Kirche, sodass die Mitte-Rechts-Parteien das Referendum gegen das von der Oppositionspartei Vereinigte Linke vorgeschlagene und von der Regierung unterstützte Gleichberechtigungsgesetz für Schwule und Lesben in ihrem Sinne entscheiden konnten.[6]

Die Krisen der Europäischen Union als große Herausforderung

Im Sommer 2015 wurde die europäische Migrationskrise hauptsächlich als humanitäre Krise diskutiert. Umverteilungsquoten fanden zwar die grundsätzliche Unterstützung der Regierung, diese wandte sich jedoch wegen der umverteilenden Wirkung und aufgrund fehlender Erfahrungen mit der Integration von Zuwanderern gegen die von der Europäischen Kommission vorgeschlagene objektive Umverteilung von Flüchtlingen. Die Ankündigung Ungarns, angesichts des ansteigenden Flüchtlingsstroms über die Balkanroute einen Grenzzaun zu errichten und illegale Grenzübertritte unter Strafe zu stellen, fand auch Kritik in der slowenischen Regierung.[7] Im Gegensatz zu anderen osteuropäischen EU-Staaten, die die einseitige deutsche ‚Politik der offenen Tür' kritisierten und den Umverteilungsmechanismus ablehnten, nachdem er im Europäischen Rat im September 2015 mit einem Mehrheitsbeschluss gegen sie durchgesetzt wurde, entschied sich die slowenische Regierung doch, ihren Verpflichtungen nachzukommen.

---

3   MMC RTV SLO: Avdio: „Guillame mi je dejal, da smo dobili, kar smo hoteli na morju", 22.7.2015.
4   Ninamedia: Vox populi, 2016.
5   Ninamedia: Vox populi, 2016.
6   Delo: Referendum: nasprotnikom zakona uspelo, 20.12.2015, abrufbar unter: http://www.delo.si/novice/politika/volivci-danes-o-usodi-novele-zakona-o-zakonski-zvezi.html (letzter Zugriff: 14.6.2016).
7   Government of the Republic of Slovenia: Slovenia is prepared for the arrival of refugees, Press release, 28.8.2015, abrufbar unter: http://www.vlada.si/en/media_room/government_press_releases/press_release/article/slovenia_is_prepared_for_the_arrival_of_refugees_55261/ (letzter Zugriff: 14.6.2016).

Im Oktober 2015 stellte Ungarn den Bau seines Grenzzaunes fertig, was zu einer Umleitung des Flüchtlingsstroms über slowenisches Gebiet führte. Nach dem erfolglosen Versuch, Schengen aufrechtzuerhalten, wurde entschieden, den Flüchtlingen die Weiterreise zu erlauben. Die korrekte Durchführung der Schengen-Verfahren wurde auch von gegenläufigen Interessen der kroatischen Regierung behindert, die Flüchtlinge so schnell wie möglich weiterreisen ließ, um den Einfluss auf die in Kroatien anstehenden Parlamentswahlen zu minimieren. In den ersten Wochen hatten die slowenischen Behörden große Probleme, mit der Situation umzugehen. Zu Spitzenzeiten überstieg die Zahl der täglich ankommenden Flüchtlinge mit bis zu 12.500 die Zahl der slowenischen Polizeikräfte um das Doppelte. Darüber hinaus befand sich die Polizei zu diesem Zeitpunkt im Streik. Als dann die nördlichen EU-Mitgliedstaaten beschlossen, Grenzkontrollen einzuführen, um die Zahl der Ankommenden zu begrenzen, wurde in Slowenien die Sorge laut, das Land könne zu einem Staubecken für Flüchtlinge werden. Dies könne zu humanitären und sozialen Krisen führen. Es wurde auch über ein ‚Mini-Schengen' diskutiert, an dem Slowenien nicht teilnehmen solle. Darauf reagierte die slowenische Regierung im November mit der Errichtung eines Stacheldrahtzaunes an der Grenze zu Kroatien.[8] Die Zusammenarbeit zwischen den Polizeien der Staaten des westlichen Balkans verbesserte sich jedoch und Transitkorridore wurden eingerichtet.[9] Gegen Ende des Jahres 2015 sank witterungsbedingt die Zahl der ankommenden Flüchtlingen. Doch die Terroranschläge in Paris und die Angriffe auf Frauen in Köln schlugen sich negativ auf die öffentliche Meinung in Slowenien nieder. Seit Beginn des Jahres 2016 schafften es Slowenien und Österreich mit der Unterstützung einer Mehrheit der EU-Staaten, die Balkanroute durch einen Grenzzaun zwischen Griechenland und Mazedonien zu schließen. Als die Umverteilung wieder oben auf der EU-Agenda stand, wurden die ersten Kontingente von Flüchtlingen aus den Hot-Spots in Griechenland und Italien nach Slowenien umgesiedelt.[10]

Auch die Krise der Eurozone spielte weiterhin eine Rolle. Slowenien konnte ein Finanzaufsichtsverfahren erstmals seit dessen Einführung abwenden und war der Mitgliedstaat, der am stärksten gegen einen möglichen zweiten griechischen Bail-Out opponierte. Dušan Mramor, der slowenische Finanzminister, verlangte eine Neugewichtung der Risiken und dass Griechenland, was weitere Sparmaßnahmen betrifft, dem slowenischen Beispiel folgen müsse.[11] Seine Aussagen erlangten weltweit Medienaufmerksamkeit. Mehr Aufmerksamkeit wurde aber dem Thema Brexit zuteil. Als stark von Exporten und den Kapitalmärkten abhängige kleine Volkswirtschaft war Slowenien vergleichsweise machtlos; in den Neuverhandlungen der EU-Mitgliedschaftskonditionen Großbritanniens spielten eher die großen EU-Staaten eine entscheidende Rolle. Obwohl die slowenische Regie-

---

8   Government of the Republic of Slovenia: Government adopts urgent measures to control and limit the immigration influx, Press release, 20.10.2015, abrufbar unter: http://www.vlada.si/en/media_room/ government_press_releases/press_release/article/government_adopts_urgent_measures_to_control_and_li mit_the_migration_influx_56590/ (letzter Zugriff: 14.6.2016).

9   European Commission: Implementing the European Agenda on Migration: Progress Reports on Greece, Italy and the Western Balkans, Press release IP14/63/24, 15 December 2015, abrufbar unter: http://eu ropa.eu/rapid/press-release_IP-15-6324_en.htm (letzter Zugriff: 14.6.2016).

10   Government of the Republic of Slovenia: The government approves the plan to relocate 567 persons from Italy and Greece, Press release, 10.3.2016, abrufbar unter: http://www.vlada.si/en/media_room/govern ment_press_releases/press_release/article/government_adopts_information_society_development_strategy _to_2020_and_next_generation_broadband_network_development_plan_to_2020_57800/ (letzter Zugriff: 14.6.2016).

11   MMC RTV SLO: Mramor ob prihodu v Bruselj neusmeiljen do Grčije, 16.2.2016.

rung den Forderungen Großbritanniens hinsichtlich Freizügigkeit und wirtschaftlicher Governance eher skeptisch gegenüberstand (während sie sich für eine verstärkte Rolle nationaler Parlamente aussprach), zeigte Cerar jedoch Verständnis für die britische Position und sprach sich für den Zusammenhalt in der Europäischen Union aus.[12]

Regierung weiter geschwächt

Die Mitte-Rechts-Opposition profitierte von dem zögerlichen Umgang der Regierung mit der Migrationsproblematik und warf ihr ein Scheitern beim Versuch, Schengen zu retten, vor. Außerdem schlug sie die Schaffung einer Nationalgarde vor. Während die Migrationskrise noch im September 2015 eher als eine humanitäre Krise wahrgenommen wurde, favorisierten bereits im Oktober 80 Prozent der Bevölkerung einen Grenzzaun an der südlichen Landesgrenze.[13] Die Regierung reagierte hierauf, indem sie einen von Ungarn bereitgestellten Stacheldrahtzaun errichtete und vorschlug, dem Militär spezielle Polizeiaufgaben zu übertragen. Dies traf jedoch auf Widerspruch bei Intellektuellen und der grenznahen Bevölkerung.[14] Die Migrationsproblematik stärkte vor allem konservative Kräfte im Land, was auch einen Einfluss auf den Ausgang des Referendums über die Rechte von Schwulen und Lesben im Dezember 2015 gehabt haben kann. Obwohl sich die Regierung dem Migrationsthema zunehmend aus einer Perspektive der Versicherheitlichung annahm, gelang es ihr nicht, hierfür bei der Mitte-Rechts-Wählerschaft Unterstützung zu finden. Gleichzeitig verzieh eine große Zahl progressiver Wählerinnen und Wähler der Regierung die Entscheidung, einen Grenzzaun zu bauen, nicht. Der Regierung gelang es auch nicht, die anderen europäischen Krisen in politische Erfolge umzumünzen. Die Mitte-Rechts-Parteien vertraten die Ansicht, dass die Probleme mit der Wettbewerbsfähigkeit der Europäischen Union (und Sloweniens) für lange Zeit Geschichte wären, wenn man den Forderungen Großbritanniens ähnlich viel Beachtung schenke wie dem Versuch, Griechenland in der Eurozone zu halten. Diese Äußerungen des Finanzministers fanden bei der Mitte-Links-Wählerschaft jedoch kaum Zuspruch. Auch in der Brexit-Debatte wies die Bevölkerung viel weniger Verständnis für die britische Position auf als die Regierung.[15] Bezüglich der Vorschläge der Europäischen Kommission, mit den Strukturreformen voranzuschreiten, fand die Regierung für ihre Reformvorschläge kaum Akzeptanz in der Bevölkerung. Die Unzufriedenheit der Mittel-Links-Wählerschaft und die Performanz der Regierung hinsichtlich der europäischen Herausforderungen führte zu einer Stärkung der Partei Vereinigte Linke[16] und die Enthaltungen beziehungsweise Unentschlossenheit der moderaten Wählerschaft machten die schwache Unterstützung für die Agenda der Regierung noch deutlicher.

Weiterführende Literatur

Neža Kogovšek Šalamon/Veronika Bajt (Hrsg.): Razor-wired. Reflections on migration movements through Slovenia in 2015, Peace institute, Brežice 2015.

---

12 Marko Lovec: Hoping for a remain vote. Preparations for a Brexit: views from Denmark, Italy, the Netherlands, Slovenia and Spain, Centre for European reform, 2016, abrufbar unter: http://www.cer.org.uk/in-the-press/preparations-brexit-views-denmark-italy-netherlands-slovenia-and-spain (letzter Zugriff: 14.6. 2016).
13 Ninamedia: Vox populi, 2016.
14 Government of the Republic of Slovenia: government adopts urgent measures to control and limit the immigration influx, 2015.
15 Lovec: Hoping for a remain vote, 2016.
16 Ninamedia: Vox populi 2016.

Spanien

Ignacio Molina / Susanne Gratius

Fast ein Jahr lang – von Dezember 2015 bis Oktober 2016 – hatte Spanien aufgrund einer internen Parteienblockade, selbst nach einem zweiten Wahlgang am 26. Juni 2016, keine voll funktionsfähige Regierung. Diese Tatsache wirkte sich sehr negativ auf die spanische Außen- und Europapolitik aus, die ausgerechnet in einem Jahr der wichtigen Entscheidungen (Brexit und Zukunft der Europäischen Union) an Einfluss und Gewicht verlor und allenfalls Anfang 2017 wieder an Schwung gewinnen könnte.

Die schwache internationale Position Spaniens stand im Gegensatz zum wirtschaftlichen Aufschwung, der trotz interner Krise anhielt und auf die Unabhängigkeit von Politik und Wirtschaft unterstützend wirkte Im Herbst 2016 befand sich Spanien im Gegensatz zum Vorjahr (als die spanische Position in der Europäischen Union durch die lange Wirtschaftskrise sehr geschwächt war) in einer, auch im Vergleich zu anderen Mitgliedstaaten, wesentlich besseren Ausgangssituation, konnte diesen Vorteil aber nicht für eine aktive politische Rolle in der Europäischen Union nutzen. Der dennoch moderate Optimismus in Spanien basierte auf drei Stärken: Wirtschaft, Sicherheitslage und pro-europäischer Konsens.

Stabiles Wachstum, Sicherheit und pro-europäischer Konsens

Mit Blick auf die Wirtschaftsentwicklung verzeichnete Spanien 2015 eine Wachstumsrate von 3,2 Prozent des Bruttoinlandsprodukts (BIP), was doppelt so hoch wie der Durchschnittswert in der Eurozone war und weit über dem Ergebnis der Europäischen Union insgesamt (mit einem Anstieg von 1,9 Prozent des BIP) sowie dem der großen Mitgliedstaaten und der südeuropäischen Länder lag.[1] Zwar bestanden noch immer gravierende Probleme wie die hohe Arbeitslosigkeit (19,8 Prozent im März 2016), ein Haushaltsdefizit über den Maastricht-Vorgaben und eine wachsende soziale Ungleichheit, aber die Erhöhung der Investitionen, der Exporte und des Binnenkonsums sorgten für mehr Beschäftigung und eine generell positivere Stimmung im Land.

Gleichzeitig bannte seit 2012 eine flexiblere Währungspolitik der Europäischen Zentralbank die Gefahr einer erneuten Erhöhung der Risikoprämie der öffentlichen Verschuldung, die im größten südeuropäischen Land inzwischen auf 100 Prozent des BIP gestiegen ist. Insgesamt betrachtet war die Situation noch immer schwierig, aber etwas weniger problematisch als in den Vorjahren, und im Kontext eines stagnierenden Europas

---

[1]   Das spanische Wirtschaftswachstum von 3,2 Prozent steht einem Anstieg von nur 1,7 Prozent in der Eurozone und einer mittelmäßigen Bilanz der größeren Mitgliedstaaten gegenüber (Deutschland 1,7 Prozent, Frankreich 1,2 Prozent, Großbritannien 2,3 Prozent und Italien 0,8 Prozent) und einer eindeutig schlechteren Performance der südeuropäischen Länder (Portugal, 1,5 Prozent, Griechenland -0,2 Prozent und Zypern 0,6 Prozent). Irland und Schweden waren die einzigen westeuropäischen Staaten mit besseren Ergebnissen, Vgl. The World Bank: Annual GDP Growth. national accounts data 2015, abrufbar unter: http://data.worldbank.org/indicator/NY.GDP.MKTP.KD.ZG) (letzter Zugriff: 26.10.2016).

war die Erholung der spanischen Wirtschaft positiv zu bewerten, führte aber aufgrund der politischen Ausnahmesituation nicht zu einer Stärkung der spanischen Position in Europa.

Das Wirtschaftswachstum ermöglichte ebenfalls einen, wenn auch geringen, Anstieg der Entwicklungshilfe nach der drastischen Kürzung von 70 Prozent infolge der Finanzkrise 2008. 2015 erhöhte die Regierung Rajoy mit einem Gesamtvolumen von 1,6 Mrd. Dollar die spanische Entwicklungszusammenarbeit um 1,5 Prozent im Vergleich zum Vorjahr und etablierte Spanien als sechzehntgrößten weltweiten Geber. Dennoch blieb der Anteil der Entwicklungshilfe mit 0,13 Prozent des BIP im Vergleich zu anderen EU-Mitgliedstaaten wie Schweden oder Großbritannien sehr gering.

Die Sicherheitspolitik auf dem europäischen Kontinent war gekennzeichnet von der permanenten terroristischen Bedrohung und wurde von drei zentralen Herausforderungen bestimmt: die Attentate in Paris und Brüssel, die Flüchtlingsproblematik und die aggressive Haltung Russlands. Keines dieser drei Risiken war für Spanien von herausragender Bedeutung. Obwohl auch Spanien in der Vergangenheit mehrfach Opfer von Terroranschlägen gewesen war, zeigte das Land gerade deshalb eine besondere Reife. Dies gilt sowohl bezüglich der Effizienz und Leistungsfähigkeit der Polizei als auch für die Resilienz der spanischen Bürgerinnen und Bürger.

Im gesamteuropäischen Kontext war Spanien aber weitgehend handlungsunfähig. Als sich Frankreich nach den Attentaten in Paris und Brüssel auf die kollektive Selbstverteidigung (Art. 42 Abs. 7 des EU-Vertrages) berief, wonach die anderen Mitgliedstaaten im Falle eines bewaffneten Angriffs Hilfe und Unterstützung leisten müssen, zeigte sich die Interimsregierung von Mariano Rajoy im Gegensatz zu anderen Regierungen, die militärische Zusammenarbeit anboten, aufgrund der internen Restriktionen wenig kooperationsbereit und reagierte zögerlich. Dennoch hatte Spanien 2015 große Erfolge bei der Terrorismusbekämpfung und -prävention zu verzeichnen. Unter anderem gelang es der Polizei 75 vermeintliche Dschihadisten im In- und Ausland festzunehmen – doppelt so viele wie 2014. Es handelt sich um die höchste Zahl an Festnahmen in den letzten zehn Jahren, was sich einerseits auf die Effizienz der spanischen Sicherheitskräfte zurückführen lässt, aber auch auf die wachsende Mobilisierung von Terroristen aufgrund der dschihadistischen Aufstände in Syrien und Irak, die sich von Spanien aus auf andere Länder verteilen. Trotz der terroristischen Mobilisierung und der Verbreitung des fundamentalistischen Dschihadismus gehört Spanien nicht zu den gefährdetsten EU-Staaten. Dies gilt in Bezug auf die Anzahl der aus-und inländischen Terroristen, die mit Blick auf andere Staaten wie Frankreich, Belgien, Großbritannien, Deutschland, Dänemark oder Schweden vergleichsweise gering ist.

Die massive Ankunft von Flüchtlingen war in Spanien kaum zu spüren. Bis zum Herbst 2016 nahm das Land lediglich 481 der insgesamt 17.680 Flüchtlinge auf, die in den kommenden zwei Jahren nach Spanien umverteilt werden sollen. In einem Land, das bereits 5 Mio. Einwanderer hat (11 Prozent der Bevölkerung) und in dem es keine rechtspopulistische Partei gibt, wird die Debatte vom Tenor bestimmt, Regierungen und EU-Institutionen sollen großzügiger sein und Flüchtlinge nicht abschieben. Gleichzeitig aber verhinderte die politische Ausnahmesituation der Interimsregierung wichtige spanische Impulse für eine gemeinsame EU-Migrations- und Asylpolitik, die dringend geboten ist, da es, wie die Flüchtlingskrise zeigte, keine nationalen Lösungen geben kann. Die Migrationsproblematik stellt auch für Spanien als einziges Land mit einer EU-Außengrenze zu Afrika eine große Belastung dar. Dies gilt vor allem für Themen wie den Schutz der spanischen Außengrenzen zu Afrika, die Achtung der Menschenrechte, eine einheitliche Behandlung von Flüchtlingen und Asylbewerbern in der Europäischen Union, ihre gemeinsame solidarische Verteilung, soziale Integration und eine europäische Liste ‚sicherer Staaten' zur Aufnahme von Flüchtlingen.

Die Problematik um Russland liegt geographisch und politisch weit entfernt von Spanien. Auch wenn man die Regierung zeitweilig wegen ihrer etwas lauen Haltung gegenüber Moskau kritisieren kann (Russland ist mit einem Anteil von etwa 13 Prozent ein wichtiger Erdöllieferant und auch für den spanischen Tourismus bedeutend), hat sie letztendlich eine einheitliche Politik der Europäischen Union in dieser Frage befürwortet und Sanktionen wie auch militärische Hilfe zum Schutz der EU-Grenzen mitgetragen.

Mit Blick auf die dritte Stärke, dem pro-europäischen Konsens, lässt sich auch in diesem Jahr erneut unterstreichen, dass es weder innerhalb der spanischen Elite noch bei den Bürgerinnen und Bürgern europaskeptische Ressentiments gibt. Keine der vier großen Parteien (PP, PSOE, Podemos und Ciudadanos) oder der nationalistischen Regionalparteien in Katalonien und im Baskenland stellen den Verbleib in der Europäischen Union infrage und teilen trotz aller Gegensätze einen Diskurs, der dem europäischen Föderalismus nahesteht. Die konservative Regierung von Rajoy hatte in der ersten Jahreshälfte 2015 diesbezüglich ein wichtiges Strategiepapier[2] verabschiedet, um den Integrationsprozess zu stärken. Auch wenn der zuvor fast naive pro-europäische Diskurs inzwischen durch eine pragmatischere Linie ersetzt worden ist, zeigen alle nationalen Umfragen auch weiterhin eine große Unterstützung des europäischen Einigungsprozesses seitens der spanischen Bürgerinnen und Bürger. Im European Social Survey 2015 steht Spanien sogar an der Spitze der Länder, die mehr Integration in der Europäischen Union forderten. Dies steht im Gegensatz zu vielen EU-Ländern mit aufstrebenden europaskeptischen Parteien, die beispielsweise Großbritannien in den Brexit manövrierten oder wie in Zentral- und Osteuropa offen gegen Brüssel rebellierten.

Die außenpolitischen Kosten der ‚Nicht-Regierung'

In einem Europa, das Ende 2015 von wirtschaftlicher Stagnation, Angst vor Terrorismus und europaskeptischem Populismus gekennzeichnet war, hätte Spanien an Führung und Einfluss gewinnen können. Allerdings hat die politisch-institutionelle Stagnation, die das Land im Herbst 2015 nach dem zweiten Urnengang ohne eine regierungsfähige Mehrheit erfasst hatte, diese Chance auf eine stärkere Rolle in Europa zunichte gemacht.

Wie ein im Sommer 2016 erstellter interner Bericht des Außenministeriums über die Kosten der ‚Nicht-Regierung' zeigte, haben die mehr als 315 Tage Interimsregierung schwerwiegende Konsequenzen für die internationale und europäische Profilierung Spaniens gehabt. Die politische Blockade hat vor allem in zwei eng miteinander verbundenen Bereichen Auswirkungen gehabt: a) ein deutlicher Verlust der Steuer- und Einflussfähigkeit auf internationaler und europäischer Ebene, b) eine begrenzte Handlungsfähigkeit in der Europäischen Union.

Durch die interne Blockade konnte Spanien seine zweijährige Aufnahme in den Sicherheitsrat der Vereinten Nationen, in dem das Land seit Januar 2015 als einzig europäisches nichtständiges Mitglied vertreten war, nicht voll nutzen und vor allem im letzten Jahr

---

2   Ministerio de Asuntos Exteriores y de Cooperación: Strategy for External Action, February 2015, abrufbar unter: www.exteriores.gob.es/Portal/es/SalaDePrensa/Multimedia/Publicaciones/Documents/ESTRATE GI A20DE%20ACCION%20EXTERIOR%20ingles.pdf (letzter Zugriff: 26.10.2016); und: Informe anual de aplicación de la estrategia de acción exterior 2015, Mayo 2016, S. 43, abrufbar unter: www.exteriores. gob.es/Portal/es/SalaDePrensa/Multimedia/Documents/ 2016_INFORME%20ANUAL%20ESTRATEGIA %20ACCION%20EXTERIOR.PDF (letzter Zugriff: 26.10. 2016).

keine eigenen Initiativen mehr präsentieren. Bis zu den Parlamentswahlen im Dezember 2015 fungierte Spanien als Berichterstatter für Afghanistan, setzte sich zusammen mit Jordanien und Neuseeland für die Verbesserung der humanitären Situation im Syrien-Konflikt ein (unter anderem über die Resolution 2258 über neue Rahmenbedingungen für humanitäre Hilfe) und organisierte in Madrid ein Ministertreffen des Sicherheitsrates zur Terrorismusbekämpfung. Im Dezember 2015, kurz vor dem ersten Wahlgang, feierte Spanien seine 60-jährige Mitgliedschaft in den Vereinten Nationen.

Die interne Blockade verringerte ebenfalls die Sichtbarkeit wichtiger diplomatischer Ereignisse wie beispielsweise das 25-jährige Bestehen der Iberoamerikanischen Gipfeltreffen, 40 Jahre diplomatische Beziehungen mit Mexiko oder 30 Jahre mit Israel. Die Haushaltsrestriktionen der Übergangsregierung Rajoy verhinderten die Organisation größerer Feierlichkeiten und verärgerten die Partner, da Spanien den Ereignissen nicht die gebührende Bedeutung beimessen konnte. Selbst der erstmalige Staatsbesuch von Barack Obama in Spanien im Juli 2016 blieb weitgehend ergebnislos.

Im Hinblick auf die gemeinsamen Probleme in Europa hatte Spanien ein geringes Gewicht bei den Verhandlungen über ein Flüchtlingsabkommen zwischen der Europäischen Union und der Türkei. Zudem war das Land in der Frage gespalten: Rajoy sprach sich zunächst für die Legalität des Abkommens aus, kurz darauf aber bezeichnete es Außenminister José Manuel García Margallo als inakzeptabel. Das Übergangsparlament stimmte gegen das Abkommen. Dabei spielte die Frage der Menschenrechte vor und nach dem Putschversuch in der Türkei und der autoritären Maßnahmen der Regierung Erdogan eine entscheidende Rolle. Auch in Spanien wurde das Dilemma Sicherheit und Menschenrechte kontrovers diskutiert. Zwar kontrolliert Spanien seine EU-Außengrenzen sehr erfolgreich, andererseits aber kritisierte der im Juli 2015 veröffentlichte Bericht des VN-Menschenrechtsrates die spanische Praxis der sofortigen Abschiebung ('expulsiones en caliente') an den Grenzen der Enklaven Ceuta und Melilla.

In der EU-Politik gegenüber Lateinamerika, einer strategisch bedeutenden Region für Spanien, spielte Madrid kaum eine Rolle. Die Impulse für das Friedensabkommen zwischen der kolumbianischen Regierung Santos und der Guerillagruppe FARC, das am 24. August 2016 in Havanna unterzeichnet wurde, gingen von Kuba und Venezuela als beteiligte Staaten sowie Norwegen und Chile als Garanten aus und hatten weder eine spanische noch eine europäische Prägung. Aufgrund seines Interimscharakters konnte die Regierung Rajoy auch keine konkreten finanziellen Kompromisse beim EU-Nachkriegsfonds für Kolumbien eingehen. Bereits zuvor war die zu diesem Zeitpunkt noch handlungsfähige Regierung Rajoy nicht an der Wiederaufnahme diplomatischer Beziehungen zwischen Kuba und Washington beteiligt gewesen; der Verhandlungsprozess fand in Kanada statt und wurde vom Papst vermittelt. Auch in der Debatte über die Aufhebung des Gemeinsamen Standpunkts der Europäischen Union zu Kuba nach der Unterzeichnung des Dialog- und Kooperationsabkommens im März 2016 in Havanna war Spanien kaum präsent, unter anderem weil der Standpunkt 1996 von der konservativen Regierung von José María Aznar lanciert worden war. Nach den Regierungswechseln in Argentinien und Brasilien zugunsten konservativer Präsidenten verbesserten sich zwar die spanischen Beziehungen zu beiden südamerikanischen Staaten, ein Assoziationsabkommen zwischen der Europäischen Union und dem Gemeinsamen Markt Südamerikas (MERCOSUR) wurde jedoch nicht vorangebracht. Lediglich Venezuela nahm einen bedeutenden Teil der Debatten ein, die jedoch weniger von außenpolitischen Interessen als von ideologischen Grabenkämpfen zwischen Podemos (pro-Chavista) und den restlichen Parteien (anti-Chavistas) in der langen Wahlkampfphase geprägt war.

Einflussverlust Spaniens in der Europäischen Union

Die begrenzte Handlungsfähigkeit Spaniens in der Europäischen Union ist eine Folge der Blockade, da die spanische Verfassung die Kompetenzen einer Interimsregierung erheblich beschränkt und sie praktisch handlungsunfähig macht. So durfte die Interimsregierung der konservativen Volkspartei keine neuen Initiativen präsentieren oder unterschreiben und hatte eine sehr begrenzte Kapazität, Entscheidungen über dringende politische Entwicklungen zu treffen (vor allem wenn damit Ausgaben verbunden waren) und konnte nicht einmal höhere Ämter oder Botschafter neu besetzen.

Die lange Interimsphase bedeutete auch die Vertagung wichtiger Reisen und Staatsbesuche sowie bilateraler Gipfeltreffen (unter anderem mit Deutschland, Frankreich, Italien und Portugal) und die Verringerung des persönlichen Austausches bei EU-internen Sitzungen. Selbst 40 internationale bereits verhandelte Abkommen, einschließlich derjenigen, die für die Europäische Union von besonderem politischen Interessen waren (wie das Klimaschutzabkommen), konnten nicht ratifiziert werden. Dies galt auch für 18 gemeinschaftliche Richtlinien, sodass die Europäische Kommission, falls Spanien das Höchstdefizit von einem Prozent überschreiten sollte, Strafen verhängen könnte. Das zwangsläufig geringe Profil Spaniens in der EU-Politik des letzten Jahres wurde bei allen wichtigen Themen deutlich: dem Brexit, der Wirtschafts- und Währungsunion, der gemeinsamen Terrorismusbekämpfung oder der Debatte über die Zukunft der Union.

Die britische Referendumsentscheidung für den Brexit am 23. Juni 2016 war zweifellos das wichtigste Thema auf der EU-Agenda. Seit Beginn der Verhandlungen mit dem damaligen britischen Premierminister David Cameron zeigte sich Spanien besorgt über die negativen Auswirkungen eines Austritts Großbritanniens für die Europäische Union, wie für die engen bilateralen Beziehungen auf Unternehmens- und Regierungsebene, die Sicherheitskooperation und die Übereinstimmung in Bezug auf die wirtschafts- und geopolitische Ausrichtung des Integrationsprozesses. Ein Brexit könnte auch den langjährigen bilateralen Konflikt über Gibraltar schüren, aber auch das Risiko einer Sezession Schottlands von Großbritannien verbunden mit einer Neuaufnahme in die Europäische Union erhöhen, was wiederum dem katalanischen Nationalismus neuen Auftrieb geben würde. Trotz der Bedeutung all dieser Fragen war die Regierung Rajoy sowohl bei den Vorverhandlungen der Europäischen Union mit Cameron, der nach dem Referendum zurücktrat, als auch anschließend mit der neuen britischen Premierministerin Theresa May kaum präsent. Die spanische Regierung verhielt sich konstruktiv-passiv, obwohl sie in fast allen Punkten von der britischen Position abwich und das Parlament versuchte, eine wesentlich härtere Haltung (gegen ein britisches Sonderabkommen mit der Europäischen Union) durchzusetzen, was in Spanien wiederum ein Novum war. Nach dem britischen Referendum vernahm man die spanische Position nur noch verhalten. Spanien wurde nicht zu den von Deutschland, Frankreich und Italien einberufenen Sondertreffen zum Brexit eingeladen. Auf interner Ebene kam nicht einmal eine interministerielle Arbeitsgruppe zur Wahrung der spanischen Interessen – wie die Beibehaltung sozialer Rechte spanischer Bürgerinnen und Bürger in Großbritannien oder die Verlagerung europäischer Agenturen nach Madrid – zustande. Im Hinblick auf den Konflikt um Gibraltar sah Außenminister García-Margallo die Verhandlungen zwar als Chance für einen gemeinsamen Status der geteilten Souveränität, konnte die Idee aufgrund der bestehenden Restriktionen jedoch nicht umsetzen.

Neben dem Brexit stand die Zukunft des Euro erneut im Mittelpunkt der europäischen Debatte. Im Berichtsjahr wurden graduelle Fortschritte bei der Steuerung der gemeinsamen Währung sowie in einigen anderen Bereichen (Handelspolitik, Energie, Transport oder Justiz) erzielt. Dabei lag die eigentliche Priorität der Interimsregierung Rajoy in den letzten sechs Jahren eindeutig auf der Stabilisierung der Währungsunion.[3] Im Mai 2015 hatte die Regierung einen wichtigen Beitrag zur Debatte über die Steuerung der Währungsunion geleistet, die in letzter Konsequenz eine Fiskalunion mit einem gemeinsamen EU-Haushalt und Eurobonds vorsah.[4] Allerdings stagnierte die Debatte in der Eurozone nach dem Bericht der Fünf Präsidenten, dem Brexit und der Flüchtlingskrise. Da erst nach den Wahlen in Deutschland und Frankreich 2017 neue Schritte erfolgen dürften, fiel die spanische ‚Abwesenheit' hier zwar kaum auf, dennoch aber verpasste man die Chance, eine spanische Stimme mit anderen Akzenten als beispielsweise der italienischen in die Debatte einzubringen. Dabei mag auch eine Rolle gespielt haben, dass sich Spanien durch die deutliche Überschreitung des Haushaltsdefizits und der zu erwartenden Sparmaßnahmen und Sanktionen seitens der Europäischen Union hier in keiner starken Position befand.

Das deutlichste Beispiel für den Einflussverlust Spaniens in der Europäischen Union war die Herausbildung eines Führungstrios zwischen Deutschland, Frankreich und Italien nach dem Referendum in Großbritannien. Die Staatengruppe hielt regelmäßige Treffen ab, an denen Spanien und andere EU-Staaten nicht teilnahmen. Der Ausschluss von diesen internen Debatten und das begrenzte Mandat bei den Verhandlungen mit der Europäischen Kommission über mögliche Bußgeldzahlungen wegen der Defizitüberschreitung verdeutlichten die schwierige Situation Spaniens während der zehnmonatigen Phase ohne voll funktionsfähige Regierung. Erst Ende Oktober 2016, als sich die PSOE bei der Abstimmung eines neuen Mandats von Rajoy der Stimme enthielt, änderte sich die Situation und Spanien verfügt wieder über eine Regierung, die im Gegensatz zum vorigen Mandat Rajoys allerdings keine Mehrheit hinter sich hat und auf wechselnde Koalitionen angewiesen ist. Das wahrscheinlichste Szenario ist deshalb eine Fortsetzung eines politisch schwachen Spaniens in der Europäischen Union.

Weiterführende Literatur

William Chislett: A New Course for Spain: Beyond the Crisis, Real Instituto Elcano, 2016, abrufbar unter: www.realinstitutoelcano.org/wps/portal/web/rielcano_es/publicacion?WCM_GLOBAL_CONTEXT=/elcano/elca no_es/publicaciones/chislett-new-course-for-spain-beyond-crisis (letzter Zugriff: 26.10.2016).

Ignacio Molina/Oriol Homs/César Colino: Spain Report. Sustainable Governance Indicators 2016, Gütersloh 2016.

Charles Powell: Letter from Madrid, in: Judy Dempsey's Strategic Europe, Carnegie Europe, 6.2.2015, abrufbar unter: http://carnegieeurope.eu/strategiceurope/?fa=58975 (letzter Zugriff: 26.10.2016).

Real Instituto Elcano: The 2015 Spanish General Election: political parties' international priorities, December 2015, abrufbar unter: www.realinstitutoelcano.org/wps/wcm/connect/1d10fb804afa04658565cfc71300ca af/2015-Spanish-General-Elections-Foreign-Policy-doc.pdf?MOD=AJPERES&CACHEID=1450382515 987 (letzter Zugriff: 26.10.2016).

Toni Rodon/María José Hierro: Podemos and Ciudadanos Shake up the Spanish Party System, in: South European Society and Politics 3/2016, S. 339-357.

---

3   Ministerio de Asuntos Exteriores y de Cooperación: Strategy for External Action, 2015.
4   The Government of Spain: Spanish contribution to discussion about Governance of the European Monetary Union, 27.5.2016; Siehe den spanischen Beitrag zur Diskussion über die Governance der Europäischen Währungsunion (27. Mai 2015), abrufbar unter: www.lamoncloa.gob.es/lang/en/gobierno/news/Paginas/2015/ 2015 0527-eu-governance.aspx (letzter Zugriff: 26.10.2016).

Tschechische Republik

Volker Weichsel

In Tschechien dominierten im Jahr 2016 zwei Themen die Europadebatte: das Referendum in Großbritannien über einen Austritt aus der Europäischen Union und die Migrationspolitik. Die mit knapper Mehrheit gefällte Entscheidung des britischen Volks, dass das Vereinigte Königreich die Europäische Union verlassen solle, wird weitreichende Folgen nicht nur für Großbritannien und Nordirland selbst, sondern für den gesamten Staatenbund haben. In noch stärkerem Maße wird in Tschechien die Frage als fundamentale europapolitische Weichenstellung wahrgenommen, wie die EU-Staaten mit den nach Europa flüchtenden Menschen aus den Bürgerkriegs- und Elendsgebieten Afrikas und des Nahen wie Mittleren Ostens umgehen.

Reaktionen auf den Brexit

Der angekündigte Austritt des Vereinigten Königreichs aus der Europäischen Union wurde in Tschechien überwiegend negativ aufgenommen. Großbritannien gilt in Tschechien als das Land, dessen europapolitische Ordnungsvorstellungen denen Tschechiens grundsätzlich nahestehen. Prag sieht London als natürlichen Partner. Dies betrifft nicht nur den im europäischen Vergleich liberalen wirtschaftspolitischen Ansatz, den sowohl die britischen Konservativen als auch die Labour Party in den vergangenen zwei Jahrzehnten vertraten. Vor allem gilt das Vereinigte Königreich als wichtiger Faktor, der einem Brüsseler Zentralismus – insbesondere in Form einer via Brüssel ausgeübten deutsch-französischen oder gar nur deutschen Hegemonie – ebenso entgegensteht wie einer Ausgrenzung Tschechiens und der anderen ostmitteleuropäischen Staaten durch die Schaffung eines die Gründerstaaten der Europäischen Gemeinschaften umfassenden Kerneuropas. Auch gilt London als Brücke in die USA, die von großen Teilen der tschechischen außenpolitischen Elite ebenso wie das Vereinigte Königreich selbst als wichtiger Garant für die Bewahrung jenes Machtgefüges zwischen den europäischen Staaten gesehen werden, in dem die Asymmetrie zwischen den kleinen und den großen Staaten keine aus Prager Sicht inakzeptable Ausmaße annimmt.[1]

In den Verhandlungen über die konkrete Gestaltung des zukünftigen Verhältnisses zwischen der Europäischen Union und dem Vereinigten Königreich wird Prag daher versuchen, Großbritannien im Binnenmarkt zu halten und einer allzu deutlichen Verringerung des Londoner Einflusses auf die europäische Politik entgegenzuwirken. Was geschieht, wenn dies nicht gelingt, ist offen. Die bloße Erwartung des britischen Austritts hat jedoch bislang die grundlegenden europapolitischen Leitlinien der tschechischen Parteien und der übrigen staatlichen und nichtstaatlichen Akteure nicht verändert. Sie zeigten sich lediglich in der Debatte vor und nach dem britischen Referendum in klarerem Licht. Tschechien

---

[1]   Exemplarisch für die Reaktion der tschechischen Parteien sind die Äußerungen ihrer Abgeordneten im Europaparlament. „Bolestivá amputace, jež nikomu neprospěje". „Čeští europoslanci brexitu nefandí", abrufbar unter: www.lidovky.cz/bolestiva-amputace-jez-nikomu-neprospeje-cesti-europoslanci-brexitu-nefa ndi-18s-/zpravy-svet.aspx?c=A160609_135644_ln_zahranici_msl (letzter Zugriff 17.10.2016).

bleibt ein Land, in dem die überwiegende Mehrheit der Gesellschaft, ihrer politischen Repräsentanten und insbesondere der ökonomischen Elite in der EU-Mitgliedschaft wirtschaftliche Vorteile sieht. Gleichzeitig fremdeln viele mit der politischen Ordnung des Staatenverbunds, in der die absolute Souveränität der Nationalstaaten zugunsten zwischenstaatlicher Gremien, einer supranationalen Behörde und eines übernationalen Parlaments eingeschränkt ist. Historisch geprägte Ängste lassen die Sorge vor einem Verlust politischer Selbstbestimmung und kultureller Eigenart nie verschwinden. Diese Skepsis ist in den vergangenen Jahren deutlich gewachsen und die Aussicht auf eine Europäische Union ohne Großbritannien ist nicht dazu angetan, sie zu verringern.

Gleichwohl hat die britische Entscheidung für einen Austritt aus der Europäischen Union jenen Kräften keinen Auftrieb verliehen, die einen ähnlichen Weg im nationalen Alleingang auch für Tschechien fordern. Diese Kräfte entwickeln weiterhin eine große rhetorische Verve und erhalten erhebliche publizistische Aufmerksamkeit. Sie prägen jedoch die Prager Europapolitik kaum und können auch keine annähernd mehrheitsfähige politische Alternative zur EU-Mitgliedschaft anbieten. Vielmehr wich durch die Entscheidung des britischen Volks das Gefühl der Alternativlosigkeit der Überzeugung, dass Tschechien in einer anderen Lage ist als Großbritannien und jede Alternative zur EU-Mitgliedschaft eine schlechte Alternative wäre. Nach dem Referendum im Juni 2016 forderten einzelne Stimmen zwar ähnliches auch für Tschechien, insgesamt hat der angekündigte Brexit aber eher die Bugwelle des Anti-EU-Populismus gebrochen.

Europaskeptiker und Populisten

So fand Tschechiens oberster EU-Kritiker, der ehemalige Ministerpräsident und Präsident der Jahre 2003 bis 2013, Václav Klaus, der als einer der wenigen in Tschechien die britische Entscheidung begrüßte und aus ihr die Hoffnung ableitete, die von ihm als Imperium beschriebene Europäische Union werde sich nun auflösen, kaum Zustimmung. Klaus, der den Weg der Alternative für Deutschland (AfD) in Tschechiens großem Nachbarland von einer nationalliberalen zu einer nationalkonservativen Kraft vorwegnahm, erklärte am Tag nach dem britischen Votum: „Heute ist ein phantastischer Tag, was gestern in Großbritannien geschah, ist ein grandioser Sieg aller europäischen Demokraten, aller Menschen, die in einer freien Welt leben möchten und die absolut unzufrieden damit sind, in welche Richtung sich die Europäische Union entwickelt."[2] Großbritannien gebe Tschechien daher „das so dringend benötigte Signal zum Wandel auch bei uns".[3] Klaus, der mehrfach auf AfD-Treffen und auch auf einem Parteitag Ende April 2016 auftrat, hat den Kernsatz der tschechischen Europapolitik seit 1989, die auf eine Mäßigung möglicher

---

2   Václav Klaus: Dnes je úžasný den, brexit nás zachraňuje od bruselského monstra, abrufbar unter: www.rozhlas.cz/radiozurnal/zajimavosti/_zprava/vaclav-klaus-dnes-je-uzasny-den-brexit-nas-zachranuje-od-bru selskeho-monstra—1626864.

3   Brexit: Úžasná příležitost pro Evropu, abrufbar unter: www.klaus.cz/clanky/3958 (letzter Zugriff: 17.10. 2016). Ähnlich äußerte sich auch die neugegründete Partei Alternativa pro Česko (Alternative für Tschechien), deren Name unverkennbar von der deutschen AfD übernommen ist. Wenig spricht allerdings dafür, dass sie ähnliche Erfolge wird erzielen können. Während die AfD mit einem sehr breiten europapolitischen und auch gesellschaftspolitischen Konsens gebrochen hat und diesen als Meinungsdiktatur diffamiert, buhlen in Tschechien seit Jahren eine Reihe von Parteien mit einem antipolitischen „Programm" um Wähler, indem sie Ängste schüren und Identitätsangebote machen, ohne politische Ziele und Wege zu formulieren.

deutscher Ambitionen durch europäische Integration zielte, zugunsten einer taktischen Kooperation mit national-ambitionierten Kräften zum Zwecke der Zerrüttung der Europäischen Union aufgegeben.

Klaus' Einfluss auf die tschechische Debatte schwindet jedoch deutlich, als ehemaliger Premierminister und Ministerpräsident ist es ihm zudem verwehrt, das EU-Thema mit einer generellen Anti-Establishment-Rhetorik zu verknüpfen. Mit seiner hochideologisierten Fundamentalkritik an der Europäischen Union hat er in den vergangenen 15 Jahren erheblich dazu beigetragen, die Vorstellung von der Union als einer natürlichen Ordnung zu schwächen.

Repräsentant einer neuen, scheinbar postideologischen Politik ist der amtierende Finanzminister und Vorsitzende der Partei ANO, Andrej Babiš. Er vermeidet klare eindeutige europapolitische Festlegungen, gleichzeitig gehört Anti-EU-Populismus zu seinem rhetorischen Repertoire. Ein klares Bekenntnis zur Europäischen Union, das mehr besagen würde, als dass diese der Rahmen sei, in dem gegenwärtig die tschechischen nationalen Interessen am besten verfolgt werden könnten, ist jedoch von Babiš nicht zu hören. Seine Partei ist treffend als „leeres Gefäß" beschrieben worden, in das alle möglichen Inhalte gefüllt werden können.[4] Diese Unbestimmtheit wird von vielen Wählern in Tschechien positiv als „Pragmatismus" gedeutet, sodass ANO bei den Regionalwahlen im Oktober 2016, die als Gradmesser für die Parlamentswahlen 2017 gelten, als stärkste Partei abschnitt.

Migration und Souveränität

Betrachtet man somit die Haltung Prags zur Entwicklung der Europäischen Union und zur Rolle Tschechiens in der Europäischen Union im Lichte der Frage, ob ein Weg wie der, den Großbritannien eingeschlagen hat, auch für das eigene Land infrage kommt, so lautet die Antwort gegenwärtig eindeutig Nein. Dies darf aber nicht darüber hinwegtäuschen, dass die Einschätzung, die Europäische Union entwickele sich grundsätzlich in eine falsche Richtung, an Boden gewonnen hat. Der Grund liegt in einem Interessen- und Wertekonflikt zwischen Tschechien und Deutschland in der Frage des Umgangs mit der Tatsache, dass Menschen in großer Zahl aus Syrien, dem Irak, Afghanistan und anderen Bürgerkriegs- und Elendsgebieten in Europa ein besseres Leben suchen. Genau genommen liegt der Grund für die Irritation in Tschechien nicht einmal in dieser Frage selbst, sondern in der Tatsache, dass die Art und Weise, wie Deutschland in diesem Konflikt agierte, als Lackmustest für den Charakter der Beziehungen zwischen den europäischen Staaten genommen wird. Aus Prager Sicht hat Deutschland, konkret Bundeskanzlerin Angela Merkel, im September 2015 eigenmächtig eine Entscheidung getroffen, die erhebliche Auswirkung auf die anderen, nicht konsultierten EU-Staaten hat. Ein solches Entscheiden „über uns, ohne uns" (o nás, bez nás) ist für Prag eine Todsünde wider die nationalstaatliche Souveränität. Aus tschechischer Sicht hat Merkel nicht europapolitische Verantwortung übernommen und mit einer humanitären Geste in der Europäischen Union (konkret: in Ungarn) gestrandeten Flüchtlingen die Einreise nach Deutschland gestattet, sondern im nationalen Interesse Deutschlands im Alleingang gegen europäisches Recht (Dublin-

---

4   Karl-Peter Schwarz: Nach der Wahl könnte vor der Wahl sein, in: Frankfurter Allgemeine Zeitung, 27.10.2013.

Regeln) verstoßen, die europäischen Außengrenzen geöffnet und anschließend in einer präzedenzlosen Mehrheitsentscheidung im Rat der Europäischen Union eine Umverteilung der aus dieser Entscheidung entstehenden Lasten auf andere EU-Staaten erwirkt.

Diese Sicht teilt Prag mit den anderen ostmitteleuropäischen Staaten und beteiligt sich an deren Versuchen, auf eine Schließung der europäischen Außengrenzen hin- und der Umsetzung des Beschlusses zur Einführung einer Quote von zwischen den EU-Staaten zu verteilenden Flüchtlingen entgegenzuwirken. Im Vergleich zu den anderen Staaten der Visegrád-Gruppe sieht sich Prag dabei nicht zu Unrecht als gemäßigte Kraft, die an einem Ausgleich interessiert ist. Auch hat die Tatsache, dass die Regierung in Berlin unter erheblichem innenpolitischen Druck ihre Politik faktisch geändert hat, den Konflikt entschärft. Dies ändert jedoch nichts daran, dass in Prag die Hoffnung erheblich geschwunden ist, dass die mit der Mitgliedschaft in der Europäischen Union verbundene Aufgabe national-staatlicher Souveränität durch die Beteiligung an europäischen Entscheidungen aufgewogen wird.

Weiterführende Literatur

Michal Kořan et al. (Hrsg.): Česká zahraniční politika v roce 2015, Praha 2016.

Ungarn

Heiko Fürst

In der zweiten Hälfte des Jahres 2015 bot der Umgang Ungarns mit den über den westlichen Balkan in die Europäische Union einwandernden Flüchtlingen den Hauptkonflikt mit der Gemeinschaft. Bereits die terroristischen Anschläge auf Charlie Hebdo hatte Ministerpräsident Viktor Orbán genutzt, um sich gegen Einwanderer zu positionieren und Ängste zu schüren. Mit der steigenden Anzahl an Flüchtlingen verschärfte er seinen Kurs. Er skizzierte Immigranten als eine Mischung aus Schmarotzern, Kriminellen und potenziellen Terroristen.[1] Die fremdenfeindliche Kampagne fand in der öffentlichen Meinung ihren Niederschlag. Im März 2016 gaben bei einer repräsentativen Umfrage des regierungsnahen Meinungsforschungsinstituts Nézőpont 81 Prozent der Befragten an, besorgt zu sein, dass sich Terroristen unter den Einwanderern befänden. Die Wahrnehmung einer terroristischen Gefährdung stieg innerhalb eines guten Jahres um 150 Prozent an.[2] Hatte die regierende Partei Fidesz in den vergangenen Jahren an Unterstützung verloren, bescherte ihr ihre radikale Politik neuen Zulauf. Im April 2015 waren mit Orbán als Premier nur noch 28 Prozent der Bevölkerung zufrieden. Dieser Anteil stieg im Zuge der Flüchtlingskrise bis Oktober wieder auf 43 Prozent an.[3] In der Folge nährte dies Spekulationen über vorgezogene Neuwahlen, um die verlorene parlamentarische Zweidrittelmehrheit für den Fidesz zurückzugewinnen.[4]

Abwehr der Flüchtlinge

Die ungarische Regierung war zwar der lauteste Vorkämpfer einer restriktiven Flüchtlingspolitik – sie stand in der Region damit allerdings nicht allein. So verfassten auf Initiative der Slowakei alle Staaten der Visegrád-Gruppe am 23. Juni 2015 eine gemeinsame Erklärung, in der sie die in der Union angestrebte verpflichtende Quote zur Aufnahme von Flüchtlingen ablehnten.[5] Ungarn hatte schon zuvor das Dublin-Verfahren ausgesetzt und die anderen EU-Staaten gebeten, in Ungarn registrierte Flüchtlinge nicht mehr zur Bearbeitung ihres Asylantrags zurückzusenden. Die hohe Anzahl an Anträgen im eigenen Land wurde als inkorrekt betrachtet, da die Flüchtlinge zuerst in Griechenland und Bulgarien ankämen, dort aber nicht registriert würden. Bis September 2015 wurden in

---

1   Pester Lloyd: Ungarn im Abwehrkampf: Orbán und Lázár zu Flüchtlingspolitik und Wirtschaftslage, 2.10.2015.
2   Nézőpont Intézet: Másfélszeresére nőtt a terrorfenyegetettség érzése tavaly január óta, abrufbar unter: http://nezopontintezet.hu/wp-content/uploads/2016/03/Nezopont_Intezet_Kozvelemeny_kutatas_2016-03-301.pdf (letzter Zugriff: 16.5.2016)
3   Nézőpont Intézet: Másfélszer többen választanák miniszterelnöknek Orbán Viktort, mint fél éve, abrufbar unter: http://nezopontintezet.hu/wp-content/uploads/2015/10/Nezopont_Intezet_Kozvelemeny_kutatas_2015-10-28.pdf (letzter Zugriff: 16.5.2016).
4   Pester Lloyd: Fidesz spekuliert mit Neuwahlen, um Zweidrittelmehrheit zurück zu holen, 11.2.2016.
5   Lucia Virostkova: Hungary and allies reject EU migrant quotas, in: EUobserver, 24.6.2015.

Ungarn zirka 158.000 Asylanträge gestellt (2014 insgesamt zirka 43.000). Bis Mitte Oktober reisten 383.000 Flüchtlinge über Ungarn ein.[6] Diese seien nach Orbán allerdings ein Problem Deutschlands, da fast alle die Bundesrepublik zum Ziel hätten.[7]

Um die Aufmerksamkeit auf die Entwicklung der Westbalkanroute zu erhöhen, sendete Orbán im Juni einen Brief mit der Bitte um ein spezielles Gipfeltreffen an Kommissionspräsident Jean-Claude Juncker und Ratspräsident Donald Tusk.[8] In erster Linie setzte Orbán allerdings auf nationale Maßnahmen, da er nicht an eine europäische Lösung glaubte.[9] Er kritisierte einen „Brüsselismus", der den Nationalstaaten nach seiner Einschätzung ungerechtfertigterweise Befugnisse entziehe. Daher unterstützte Ungarn grundsätzlich auch die integrationskritischen Positionen und entsprechende Reformwünsche aus Großbritannien.[10] Die Entscheidung zur Aussetzung des Dublin-Verfahrens nahm Budapest zwar vermutlich aufgrund des Drucks aus Brüssel zurück.[11] An der Grenze zu Serbien beschloss es jedoch trotz europäischen Protests die Errichtung eines Zauns. Im Juli und September verschärfte die Regierung die Migrationsgesetze, wies Polizei und Militär Sonderrechte bei der Grenzssicherung zu, beschleunigte die Asylverfahren und erklärte Serbien zu einem sicheren Drittstaat.[12] An der Grenze wurden Transitzonen eingerichtet, deren Betreten juristisch keiner Einreise gleichkam. Dort verblieben Flüchtlinge bis zum Abschluss eines verkürzten Asylverfahrens (Entscheidung binnen längstens acht Tagen).[13] Hinsichtlich des Ausgangs der Schnellverfahren stellte Orbán klar, dass Ungarn die Flüchtlinge in der Mehrzahl als Wirtschaftsflüchtlinge betrachte, da sie bereits mit Betreten der Europäischen Union in Sicherheit waren.[14] Der Grenzzaun diene demnach der Sicherung des eigenen Lebensstils.[15] Die Europäische Kommission leitete im Dezember wegen nicht ausreichender Achtung der Rechte der Asylsuchenden ein Vertragsverletzungsverfahren ein.

Streit in Europa

Der durch den Zaun über die Nachbarstaaten umgeleitete Flüchtlingsstrom führte zu bilateralen Konflikten. Kroatien beförderte Flüchtlinge teilweise ohne vorherige Registrierung in Bussen direkt an die ungarische oder slowenische Grenze, woraufhin Ungarn dem Nachbarn Versagen und rechtliche Verstöße vorwarf. Regierungssprecher Zoltán Kovács und Außenminister Péter Szijjártó sprachen von staatlich organisierter Schlepperei und illegalen Methoden, die Ungarns Souveränität untergrüben. Ungarn ließ daraufhin die Armee an der Grenze patrouillieren und schloss am 16. Oktober die Grenze zu Kroatien.[16] Im September lancierte Ungarn den Plan, auch an der rumänischen Grenze einen Zaun zu errichten. Rumäniens Regierungsschef Victor Ponta kritisierte die

---

6   Eszter Zalan: Hungary to seal border with Croatia, in: EUobserver, 16.10.2015; Eszter Zalan: Hungary rejects EU offer to take refugees, in: EUobserver, 11.9.2015.
7   Orbán: A menekültügy Németország problémája, abrufbar unter: http://index.hu/kulfold/eurologus/2015/09/03/orban_a_menekultek_nemetorszag_problemaja/ (letzter Zugriff: 16.5.2016).
8   Nikolaj Nielsen: Hungary defends suspension of EU asylum rules, in: EUobserver, 24.6.2015.
9   Andrew Rettman: Orban: EU needs ,strong' leaders, not institutions, in: EUobserver, 19.6.2015.
10   Pester Lloyd: Koalition der Europafeinde: Orbán fordert Auflösung der Gemeinschaft, macht Front mit Großbritannien und orbánisiert Polen, 10.1.2016; Eszter Zalan: Hungary open to UK deal if it avoids discrimination, in: EUobserver, 7.1.2016.
11   Ralf Leonhard: Verbalakrobatik in Budapest, in: taz.die tageszeitung, 25.6.2015.
12   Eszter Zalan: EU Commission concerned by Hungary's migration laws, in: EUobserver, 13.10.2015.
13   2015. évi CXL. törvény, §15, in: Magyar Közlöny 124/2015, 7.9.2015.
14   EUobserver: Orban: Syria refugees are economic migrants, 12.9.2015.
15   Pester Lloyd: Orbán in Madrid: „Europas Führer zerreißen den Kontinent...", 23.10.2015.

Maßnahme als zynisch und provokativ. Sie erinnere an die Nazizeit und den Kalten Krieg. Außenminister Szijjártó warf Ponta im Gegenzug Extremismus und Verlogenheit vor. Er wolle nur davon ablenken, dass die Antikorruptionsbehörde gegen ihn ermittle.[17]

Als die Europäische Union am 22. September mit qualifizierter Mehrheit die Verteilungsquote von 120.000 Flüchtlingen auf die verschiedenen Mitgliedstaaten beschloss, votierte Ungarn gemeinsam mit Tschechien, der Slowakei und Rumänien dagegen. Der Beschluss sah für Ungarn die Aufnahme von 1.294 Flüchtlingen aus Griechenland und Italien vor, was faktisch einer Entlastung gleichkam, da weitaus mehr Flüchtlinge nach Ungarn eingereist waren. Dennoch lehnte Ungarn die Quote ab. Mitte November verabschiedete das Parlament mit den Stimmen von Fidesz und der rechtsradikalen Jobbik ein Gesetz, das die Regierung verpflichtete, die Verteilungsquote gerichtlich anzufechten.[18] Ebenso wie die Slowakei reichte Ungarn im Dezember vor dem Gerichtshof der Europäischen Union eine Nichtigkeitsklage ein. Bis zur Urteilsverkündung weigert sich Ungarn, den Unionsbeschluss umzusetzen.[19] Justizminister László Trócsányi beklagte, die Quotierung ermangele „sozialer Legitimität". Dieser Logik folgte Ende Februar auch die Ankündigung eines Referendums über die Verteilungsquote. Im Zuge dessen stellte die Regierung unmissverständlich klar, dass sie Quoten ablehne, da diese die kulturelle, ethnische und religiöse Landkarte Europas veränderten.[20] Bereits im Dezember hatte sie eine Medienkampagne gegen den Verteilungsschlüssel gestartet und unter Verwendung fehlerhafter Daten Ängste vor einer Terrorgefahr und einem massiven Zufluss an Fremden geschürt. Ungarn sollte demnach 160.000 statt der beschlossenen 1.294 Asylsuchenden aufnehmen. Die Regierung erklärte die falschen Zahlen mit einer „kriechenden Gesetzgebung", bei der über die aktuellen Beschlüsse hinaus eine permanente Verteilung in Europa drohe.[21]

Flüchtlinge als Türöffner für ein Notstandsrecht

Die Abwehr der Flüchtlinge und den Aufwind, in den der Fidesz dadurch gelangte, nutzte die Regierung zum weiteren Ausbau ihrer angestrebten illiberalen Demokratie.[22] Mit der Verschärfung des Migrationsgesetzes wurde ein Masseneinwanderungsnotstand in drei Fällen definiert: (a) nach Anzahl der Asylantragseingänge, (b) nach Anzahl der Personen in der Transitzone sowie (c) bei Gefährdung von Sicherheit, Ordnung und Volksgesundheit. Er kann von der Exekutive per Dekret verhängt werden.[23] Noch im September riefen sechs der 19 Komitate (sämtlich an der südlichen beziehungsweise südwestlichen Grenze – von Ost nach West: Bács-Kiskun, Csongrád, Baranya, Somogy, Zala, Vas) den Notstand aus.

16   Pester Lloyd: Säbelrasseln des „Autisten": Ungarn überwirft sich in Flüchtlingschaos mit seinen Nachbarn und steuert auf Vier-Fronten-„Krieg" zu, 21.9.2015.
17   taz.die tageszeitung: Eine Provokation, 17.9.2015.
18   Eszter Zalan: Hungary to challenge refugee quotas in EU court, in: EUobserver, 18.11.2015.
19   Elindult a bírósági eljárás a menekültkvóták ellen, abrufbar unter: http://index.hu/kulfold/eurologus/2015/ 12/04/elindult_a_birosagi_eljaras_a_menekultkvotak_ellen/ (letzter Zugriff: 16.5.2016); Eszter Zalan: Hungary to hold referendum on EU migration plan, in: EUobserver, 24.2.2016.
20   Zalan: Hungary to hold referendum, 2016.
21   Eszter Zalan: Hungary launches anti-migrant quota campaign, in: EUobserver, 4.12.2015.
22   Vgl. Heiko Fürst: Ungarn, in: Werner Weidenfeld/Wolfgang Wessels (Hrsg.): Jahrbuch der Europäischen Integration 2014, Baden-Baden, S. 517 f.
23   2015. évi CXL. törvény, §16.

Im März erklärte ihn die Regierung mit Berufung auf (c) für das gesamte Land, nachdem mehrere Nachbarn ihre Grenzen geschlossen hatten.[24] Die genauen Gründe sind zehn Jahre lang Staatsgeheimnis.[25]

Bereits durch den Masseneinwanderungsnotstand erhielt die Exekutive umfassende Durchgriffsrechte wie Wohnungsdurchsuchungen ohne richterliche Erlaubnis. Weitere Planungen sahen ein explizites Notstandsrecht mit Verfassungsrang bei terroristischer Bedrohung vor. Der Ministerpräsident sollte dann umfassend Grund- und Bürgerrechte per Dekret suspendieren können (Einschränkung der Versammlungs- und Pressefreiheit, Zensur ,gefährdender‘ Medien, Verpflichtung zur Veröffentlichung von Regierungs- bulletins, Beschränkung der Reisefreiheit, Abschaltung von Telefon- und Internet- anbietern). Da die gesamte Opposition protestierte, ohne deren Unterstützung die Verfassung nicht geändert werden kann, wurden die Pläne zunächst auf Eis gelegt. Nach den Brüsseler Anschlägen gelangten sie jedoch wieder auf die Agenda.[26]

Land für das Establishment

Seit Jahren hochgradig politisiert ist der Besitz von ungarischem Boden. Seit 1994 konnten EU-Ausländer nur unter strengen Auflagen Nutzflächen erwerben. Im Mai 2014 annulierte die Regierung alle geschlossenen Verträge rückwirkend und unterstellte das Land dem Nationalen Bodenfonds. Über Ausschreibungen wurde es vor allem an Fidesz- Eliten und Günstlinge verpachtet. 2015 kündigte die Regierung an, ein Drittel des Bestands in Auktionen zu versteigern. Pächter, an die ab November verkauft werden sollte, gehören zu 40 Prozent zum Fidesz-Establishment.[27] Für die Käufer gibt es bevorzugte Kreditlinien der staatlichen Entwicklungsbank. EU-Ausländer wurden vom Bieter- verfahren ausgeschlossen, weshalb die Europäische Kommission im März ein Vertrags- verletzungsverfahren wegen Diskriminierung eröffnet hatte. Die Privatisierung drohte auch 300.000 Hektar Nationalparkfläche, die den zuständigen Verwaltungen entzogen und ebenfalls dem Bodenfonds unterstellt wurde. Greenpeace und die politische Opposition bezeichneten den Verkauf als Gaunerei und Landraub.[28] Der Schutzstandard der Natura 2000-Gebiete werde dadurch gesenkt. In der im November durch die Europäische Kommission veröffentlichten Evaluierung der Vogelschutz- und Fauna-Flora-Habitat- Richtlinie kritisierten die befragten ungarischen Umweltschutzverbände generell den mangelnden politischen Willen zur Umsetzung von Natura 2000.[29]

Weiterführende Literatur:

Krisztina Koenen: Orbánismus in Ungarn. Ursprünge und Elemente der „Illiberalen Demokratie", in: Osteuropa 11-12/2015, S. 33-44.

---

24 Heti Világgazdaság: Migrációs válsághelyzetet hirdet a kormány az egész országra, 9.3.2016.
25 Károly Lencsés: Tíz évig titok, miért van most válság Magyarországon, in: Népszabadság Online, 5.4.2016.
26 Népszabadság Online: Alkotmánymódosítás is lehet a brüsszeli terror miatt, 23.3.2016; Pester Lloyd: Stand-by-Diktatur Ungarn: Orbán und sein Ermächtigungsgesetz, 22.1.2016.
27 Pester Lloyd: Demokratische Opposition und Rechtsextreme gemeinsam gegen Privatisierung von Staats- land in Ungarn, 28.9.2015.
28 Népszava: Megtámadta a fideszes földrablást a Greenpeace, 26.10.2015; Népszava: A Fidesz-kormány „25 év legnagyobb gazemberségére" készül, 26.10.2015.
29 MME/BirdLife Hungary: Evaluation study to support the Fitness Check of the Birds and Habitats Directives, S. 13, abrufbar unter: http://ec.europa.eu/environment/nature/legislation/fitness_check/eviden ce_gathering/ (letzter Zugriff: 17.8.2016).

Vereinigtes Königreich

Birgit Bujard

Nachdem die konservative Partei (Tories) überraschend im Mai 2015 die Parlamentswahl gewonnen hatte, machte sich Premierminister David Cameron an seine im Jahr 2013 versprochene Reform der britischen Beziehung zur Europäischen Union. Damals hatte er erklärt, im Anschluss an die Verhandlungen eine Volksabstimmung über den Verbleib Großbritanniens in der Europäischen Union abzuhalten. Dies war der Versuch, dem Druck des europaskeptischen Flügels seiner Partei aufgrund einer sich abzeichnenden Stärkung der UK Independence Party (Ukip) etwas entgegen zu setzen. Nach Einigung auf ein Reformpaket mit den europäischen Partnern im Februar 2016 verkündete Cameron die Abhaltung des Referendums für den 23. Juni 2016.

Die großen Krisen, die die Europäische Union in dieser Zeit prägten – Euro- und Flüchtlingskrise –, beeinflussten auch die Haltung der britischen Politik und Öffentlichkeit zur europäischen Integration während des Wahlkampfs zum Referendum. Dies war der Fall, obwohl das Land aufgrund eines Opt-Outs aus der Wirtschafts- und Währungsunion sowie der europäischen Einwanderungs- und Asylpolitik und als Nicht-Mitglied des Schengenraums weder unmittelbar von den Krisen betroffen, noch aktiv an deren Lösung beteiligt war. Insbesondere Einwanderung war ein zentrales Thema in der Debatte über Großbritanniens Rolle in Europa.

Im Juni 2016 stimmte eine knappe Mehrheit der Wählerinnen und Wähler für den sogenannten ‚Brexit', den Austritt aus der Europäischen Union. In kurzer Zeit befand sich das Land nicht nur in einer Situation wirtschaftlicher Unsicherheit, sondern auch in einer politischen und potentiellen konstitutionellen Krise, da das Abstimmungsergebnis Forderungen nach einem zweiten Referendum über die Unabhängigkeit Schottlands sowie einer Volksabstimmung über die Vereinigung Nordirlands mit der Republik Irland laut werden ließ. Cameron kündigte seinen Rücktritt als Premierminister an. Die oppositionelle Labour Party geriet in eine Führungskrise, da führende Abgeordnete ihrem Vorsitzenden mangelndes Engagement für einen Verbleib in der Europäischen Union während des Wahlkampfs vorwarfen. Die Brexit-Befürworter zeigten wie schon während des Referendumswahlkampfs, dass bei ihnen weder Einigkeit darüber bestand, wie ein geordneter Rückzug aus der Europäischen Union, noch eine zukünftige Beziehung zu ihr aussehen sollte.

Die Neuverhandlung der britischen EU-Beziehung

Ende Juni 2015 kam Camerons Anliegen einer Reform der britischen Beziehung zur Europäischen Union zum ersten Mal offiziell auf die Agenda des Europäischen Rates.[1] Im November sandte er einen Brief mit Reformforderungen an Donald Tusk, den Präsidenten des Europäischen Rates. Der Europäische Rat diskutierte kurz vor Weihnachten Camerons Forderungen,[2] die unter anderem eine vierjährige Sperre von Sozialleistungen für EU-

---

1   Alex Barker/George Parker/Elizabeth Rigby: Cameron's softly-softly approach wins favour, in: Financial Times, 27.6.2015.
2   Michael Stabenow: Balancieren auf der roten Linie, in: Frankfurter Allgemeine Zeitung, 19.12.2015.

Einwanderer umfasste. Des Weiteren forderte er eine Regelung, die sicherstellte, dass weitere Integrationsschritte der Eurozone nicht ohne Berücksichtigung der Interessen der Nicht-Euro-Länder entschieden würden, wie etwa im Bereich des Binnenmarktes. Hinzu kam die Stärkung der Rolle nationaler Parlamente, damit diese gemeinsam unerwünschte EU-Gesetzesvorhaben ablehnen könnten. Eine weitere Forderung bezog sich auf die vertragliche Verpflichtung zur Schaffung einer „immer engeren Union" in Art. 1 des Vertrages über die Europäische Union (EUV), von der Großbritannien ausgenommen werden sollte.[3]

Am 2. Februar 2016 veröffentlichte Tusk seine Vorschläge für eine Einigung, die beim anstehenden Gipfel des Europäischen Rates finalisiert werden sollte.[4] Bei der Sitzung am 18./19. Februar desselben Jahres einigten sich die Vertreter der EU-Mitgliedstaaten auf einen Kompromiss. Großbritannien erhielt das Recht, im Fall einer außergewöhnlichen Belastung steuerfinanzierte Sozialleistungen an EU-Einwanderer zu beschränken. Dieser Notfallmechanismus dürfte allerdings höchstens sieben Jahre lang angewandt werden und für jeden Arbeitnehmer, der neu ins Land käme, jeweils maximal vier Jahre lang gelten. Zudem wurde vereinbart, dass die Höhe von Kindergeldzahlungen vom Aufenthaltsland des Kindes abhängig gemacht werden könnte. Das Ziel der Schaffung einer „immer engeren Union" bedeute für die EU-Staaten kein Zwang zur Vertiefung der Integration, so die Vereinbarung. Ferner sollten nationale Parlamente ein stärkeres Mitspracherecht erhalten und Änderungen von EU-Gesetzen verlangen können, wenn sie ein ausreichendes Quorum erreichten. Außerdem wurde das Verhältnis zwischen der Eurozone und den Nicht-Euro-Ländern spezifiziert.[5] Im Anschluss an die Einigung verkündete Cameron, dass am 23. Juni 2016 das Referendum über die britische Mitgliedschaft in der Europäischen Union unter den neu ausgehandelten Bedingungen stattfinden werde.[6]

Einwanderungspolitik

Einwanderung blieb nach der Parlamentswahl im Mai 2015 ein zentrales Thema in der politischen Debatte Großbritanniens. Aufgrund eines Opt-outs aus der Innen- und Justizpolitik war das Land nicht verpflichtet, sich an Maßnahmen europäischer Einwanderungs- oder Asylpolitik zu beteiligen. Aus diesem Grund entschied die Regierung nicht an dem europäischen Plan mitzuwirken, 40.000 Migranten in der Europäischen Union zu verteilen. Andere Staaten wie Irland, die ebenfalls über einen Opt-out verfügten, beteiligten sich freiwillig an der Umsetzung des Beschlusses.[7] Auch in der Folgezeit beteiligte sich das Vereinigte Königreich nicht an weiteren Versuchen, eine EU-weite Lösung für die Flüchtlingsproblematik zu finden. Die kompromisslose Haltung der Regierung in der Flücht-

---

3   David Cameron: Letter to Donald Tusk on a new settlement for the United Kingdom in a reformed European Union, 10.11.2015, abrufbar unter: https://www.gov.uk/government/uploads/system/uploads/at tachment_data/file/475679/Donald_Tusk_letter.pdf (letzter Zugriff: 10.7.2016).

4   Rowena Mason/Jennifer Rankin: EU renegotiation: UK wins partial concession on migrant worker benefits, in: The Guardian, 2.2.2016.

5   Spiegel Online: Der Deal mit Großbritannien: Was Cameron ausgehandelt hat, 20.2.2016.

6   David Cameron: PM statement following Cabinet Meeting on EU settlement, 20.2.2016, abrufbar unter: https://www.gov.uk/government/speeches/pms-statement-following-cabinet-meeting-on-eu-settlement-20-february-2016 (letzter Zugriff: 10.7.2016).

7   Anne-Sylvaine Chassany/James Politi/Duncan Robinson/Stefan Wagstyl: EU shows little sympathy for gripes over asylum seekers, in: Financial Times, 4.8.2015.

lingspolitik rief bei anderen EU-Mitgliedern Kritik hervor und so befürchtete beispielsweise die Financial Times im September 2015, dies könne negative Auswirkungen auf die britischen Reformverhandlungen haben.[8]

Im Jahr 2014 hatte das Innenministerium das ‚Syrian vulnerable persons relocation scheme' eingerichtet. Es richtete sich an Syrer, die sich gemäß des UN-Hochkommissars für Flüchtlinge in großer Gefahr befanden, falls sie nicht evakuiert würden, wie etwa Opfer von Folter, Waisen oder alte Menschen. Bis Sommer 2015 kamen unter dieser Regelung 216 Personen nach Großbritannien. Neben diesen hatte das Land im Zeitraum zwischen Ausbruch des Konflikts Anfang des Jahres 2011 und dem zweiten Quartal 2015 noch etwa 5.000 syrische Flüchtlinge aufgenommen, die das Land auf anderem Wege erreicht hatten.[9] Als im September 2015 unter dem Eindruck von Bildern zahlreicher Toter im Mittelmeer, die versucht hatten, Europa zu erreichen, die Kritik an der Haltung der Regierung inner- und außerhalb des Vereinigten Königreichs immer lauter wurde, erklärte Cameron die Flüchtlingspolitik werde überprüft.[10] In der Hoffnung den politischen Druck abzuschwächen, kündigte er am 7. September an, in den kommenden fünf Jahren würden bis zu 20.000 weitere syrische Flüchtlinge aufgenommen. Diese würden allerdings aus Flüchtlingslagern nahe der syrischen Grenze und nicht aus anderen EU-Ländern kommen.[11]

Ende August 2015 veröffentlichte das Office of National Statistics (ONS) neue Einwanderungszahlen, die zeigten, dass die Nettoimmigration in den zwölf Monaten bis März 2015 weiter auf 330.000 zugenommen hat. Dies überschritt den vorherigen Rekord von 320.000, der 2005 nach der Osterweiterung der Europäischen Union erreicht worden war. Zugleich berichtete das ONS, dass die Mehrzahl der neuen Einwanderer aus dem EU-Ausland kam. Die Zahl der einwandernden EU-Bürgerinnen und -Bürger stieg um mehr als ein Viertel auf 269.000 an, während die Anzahl der Nicht-EU-Bürgerinnen und -Bürger um 9 Prozent auf 284.000 zunahm. Diese Entwicklung brachte die konservative Regierung erneut unter Druck, die nach der Parlamentswahl wieder erklärt hatte, die Höhe der Nettoimmigration auf unter 100.000 senken zu wollen – ein Ziel, das sie bereits in der vorangegangenen Legislaturperiode nicht annähernd erreicht hatte.[12] An den Zahlen änderte sich auch in der Folgezeit nicht viel. Knapp einen Monat vor dem Referendum veröffentlichte das ONS die jährliche Nettomigrationszahl für das Jahr 2015. Mit 333.000 lag sie um 20.000 höher als im gleichen Zeitraum 2014 und mehr als drei Mal so hoch wie die Zielmarke der Regierung. Als Grund für die Differenz zu 2014 nannte das ONS, dass weniger Britinnen und Briten emigriert waren.[13]

Die Haltung der Conservative Party und Labour Party zu Europa und Referendum

Schon kurz nach der Parlamentswahl zeigte sich, dass die EU-Gegner in der konservativen Fraktion nicht bereit waren, dem Premierminister freie Hand in der Europapolitik zu lassen. Im September musste er sich seinen Hinterbänklern im Zusammenhang mit dem

---

8   Alex Barker/Jim Brunsden/Anne-Sylvaine Chassany/George Parker/James Politi/Jeevan Vasagar: Cameron's refugee stance faces flak on continent, in: Financial Times, 3.9.2015; siehe auch Jochen Buchsteiner: Die Kosten der Abschottung, in: Frankfurter Allgemeine Zeitung, 3.9.2015.
9   Helen Warrell: How the numbers stack up at home and across continent, in: Financial Times, 4.9.2015.
10 Patrick Wintour/Nicholas Watt: David Cameron says UK will fulfil moral responsibility over migration crisis, in: The Guardian, 3.9.2015.
11 Jochen Buchsteiner: Ein kleines Willkommen, in: Frankfurter Allgemeine Zeitung, 8.9.2015.
12 Helen Warrell: Net immigration of 333,000 eclipsed record, in: Financial Times, 28.8.2015.
13 Alan Travis: Net migration to UK nears peak as fewer Britons emigrate, in: The Guardian, 26.5.2016.

Ablauf der Referendumskampagne geschlagen gegeben. Die Regierung wollte die soge-nannte ‚purdah'-Periode aufheben. Das hätte bedeutet, dass sie in den 28 Tagen unmittel-bar vor dem Referendum finanzielle Mittel und den Beamtenapparat hätte nutzen können, um für einen Verbleib in der Europäischen Union zu werben.[14] Im Juni hatten 27 konserva-tive Hinterbänkler dagegen gestimmt. Die Regierung hatte damals eine Niederlage nur vermeiden können, da Labour sich der Abstimmung enthielt.[15] Die Zugeständnisse, die sie in der Frage im September machte, gingen 37 konservativen Abgeordneten weiterhin nicht weit genug und sie stimmten mit der Scottish National Party (SNP) und der Labour Party gegen die vorgeschlagenen Maßnahmen. So verlor die Regierung nach nur vier Monaten im Amt ihre erste Parlamentsabstimmung. Diese Situation zeigte die Schwierigkeiten der Cameron-Administration, denn der Premierminister besaß im Parlament nur eine Mehrheit um zwölf Mandate. Zur Fraktion zählten jedoch auch europaskeptische Abgeordnete, die das Referendum als einmalige Chance betrachteten, das Land endlich aus der europäischen Integration zu lösen.[16]

Als Cameron Ende Februar 2016 sein EU-Reformparket im Parlament vorstellte, war er viel Kritik seiner Parteikollegen ausgesetzt. Es wurde davon ausgegangen, dass fast die Hälfte der 331 konservativen Members of Parliament (MPs) für einen Austritt stimmen würde. Das war mehr als Cameron erwartet hatte. Prominente Tories wie Justizminister Michael Gove und der damalige Bürgermeister Londons, Boris Johnson, entschieden sich für eine Unterstützung des Austrittslagers.[17] Dies war deshalb möglich, da Cameron im Januar auf Druck der einen EU-Austritt unterstützenden Kabinettsmitglieder für den Zeit-raum der Referendumskampagne das Prinzip der kollektiven Verantwortung des Kabinetts aufgehoben hatte.[18]

Nachdem Ed Miliband infolge der verlorenen Parlamentswahl im Mai 2015 vom Vorsitz der Labour Party zurückgetreten war, musste diese einen Nachfolger wählen. Die Parteibasis entschied sich im September in einer Urwahl für den linken Hinterbänkler Jere-my Corbyn. Bei der Parteibasis beliebt, besaß Corbyn nur die Unterstützung von weniger als 10 Prozent seiner Abgeordneten.[19] Seine Wahl signalisierte in Europafragen Unsicher-heit über den bis dato bestehenden pro-europäischen Konsens der Fraktion. Corbyn war Europaskeptiker – eine Position, die in den frühen 1980er Jahren in der Partei dominant gewesen, aber ab Ende der 1980er Jahren zugunsten einer pro-europäischen Haltung aufgegeben worden war.[20] Unmittelbar nach seiner Wahl gab es Unklarheiten über die zukünftige Position der Partei zum Referendum. Während Schattenaußenminister Hilary Benn am 14. September sagte, Labour werde in jedem Fall für einen Verbleib in der Euro-päischen Union kämpfen, hatte der Schattenschatzkanzler John McDonnell kurz zuvor zugestanden, dass sich die Partei unter bestimmten Bedingungen doch gegen einen Verbleib entscheiden könne. Die gleiche Aussage machte Corbyn am 14. September, als er ankündigte, er werde Cameron nicht unterstützen, falls die Regierung Arbeitnehmerrechte

---

14   Jim Pickard: Eurosceptics win more concessions, in: Financial Times, 3.9.2015.
15   Elizabeth Rigby: Downing Street keeps ministers on tight rein, in: Financial Times, 29.6.2015.
16   Elizabeth Rigby: Tory backbenchers inflict referendum defeat on Cameron, in: Financial Times, 8.9.2015.
17   George Parker/Jim Pickard: Cameron attacked by own MPs on Brexit, in: Financial Times, 23.2.2016.
18   Ben Quinn: EU membership terms 'disastrous' for UK, says cabinet minister Chris Grayling, in: The Guardian, 14.1.2016.
19   Jochen Buchsteiner: Hundert Tage als Oppositionsführer überlebt, in: Frankfurter Allgemeine Zeitung, 28.12.2015; George Parker/Jim Pickard: Jeremy Corbyn – how long can he last? in: Financial Times, 26.9.2015.
20   Economist.com: Jeremy Corbyn's EU flip-flop, 14.9.2015.

einschränke.[21] Kurze Zeit später erklärte er dann allerdings auf Druck von hochrangigen Labour-MPs wie Benn ausdrücklich, dass sich Labour für einen EU-Verbleib Großbritanniens einsetzen werde.[22]

Die Referendumskampagnen

Im Oktober begannen die überparteilichen Gruppen ‚Britain Stronger in Europe' und ‚Vote Leave' offiziell ihre Arbeit, um für einen entsprechenden Ausgang des Referendums zu werben.[23] Parallel zur offiziellen ‚Vote Leave'-Kampagne, der etablierte Politiker aus den Reihen der Konservativen und einige Labour-Abgeordnete angehörten, gab es noch die von Ukip dominierte Gruppierung ‚Leave.EU' sowie ‚Grassroots Out', die ebenfalls vom Ukip-Vorsitzenden Nigel Farage unterstützt wurde.[24]

Beide Seiten führten von Anfang an eine negative Kampagne. Das Remain-Lager, das für einen Verbleib in der Europäischen Union warb, betonte beständig die negativen ökonomischen Effekte eines Brexits und vor allem die Regierung machte wenig Versuche, die positiven Aspekte der EU-Mitgliedschaft herauszustellen. Die Vertreter von ‚Vote Leave' um Johnson, Gove und die Labour-Abgeordnete Gisela Stuart bemühten sich zu Beginn des Wahlkampfs um eine Absetzung von den beiden Ukip nahen Leave-Gruppierungen und behandelten neben Einwanderung auch die Themen nationale Souveränität und Wirtschaft. Im letzten Monat des Wahlkampfs fokussierte sich ‚Vote Leave' aus Sorge, die Abstimmung zu verlieren, allerdings nur noch auf das Thema Zuwanderung und argumentierte, nur mit einem Austritt aus der Europäischen Union könne das Land seine Grenzen kontrollieren und die Einwanderung begrenzen. ‚Stronger in Europe' und der Premierminister wiederum entwickelten nie eine überzeugende Argumentation im Hinblick auf die Einwanderung und versuchten stattdessen, zumeist das Thema zu wechseln, wenn es aufkam. Labour war gespalten: Ein Teil der führenden Labour-Politiker lehnte eine Begrenzung der EU-Einwanderung ab, andere forderten eine Änderung der Regeln zur Arbeitnehmerfreizügigkeit.[25]

Während des Referendumswahlkampfs machten zahlreiche Experten aus Wirtschaft, Finanzwelt und Politik auf mögliche ökonomische Konsequenzen des Brexits aufmerksam. So warnte der Gouverneur der Bank von England, Marc Carney, früh vor einer Rezession. Institutionen wie der Internationale Währungsfond (IWF) und die Organisation für wirtschaftliche Zusammenarbeit und Entwicklung (OSZE) publizierten Projektionen, die von negativen ökonomischen Auswirkungen eines Brexits für das Land ausgingen. Staats- und Regierungschefs anderer Länder unterstützen einen Verbleib Großbritanniens in der Europäischen Union und verwiesen teils, wie etwa US-Präsident Barack Obama, auf die Gefahr eines politischen Bedeutungsverlusts für das Land im Falle eines Austritts.[26]

---

21 George Parker/Jim Pickard: Corbyn fights Labour turmoil amid dismay over McDonnell, in: Financial Times, 15.9.2015.
22 Alex Barker/George Parker: Labour's new Leader Corbyn sets out commitment to keep Britain in the EU, in: Financial Times, 18.9.2015.
23 Kate Allen/Sarah Gordon/George Parker: Rose launches pro-EU campaign group, in: Financial Times, 12.10.2015.
24 Jochen Buchsteiner: Der Rest ist Abstimmen, in: Frankfurter Allgemeine Zeitung, 23.6.2016; Nicholas Watt: Iain Duncan Smith to go it alone in campaign to leave EU, in: The Guardian, 20.1.2016.
25 Charles Grant: How Leave outgunned Remain: The Battle of the 'five Ms', Insight, in: Centre of European Reform, 25.6.2016, abrufbar unter: https://www.cer.org.uk/insights/how-leave-outgunned-remain-battle-five-ms (letzter Zugriff: 15.7.2016).
26 Jochen Buchsteiner: Der Rest ist Abstimmen, 2016.

Eine Woche vor dem Referendum wurde die junge Labour-Abgeordnete Jo Cox auf offener Straße ermordet und sowohl das Leave- als auch Remain-Lager unterbrachen kurzzeitig ihren zunehmend erbittert geführten Wahlkampf.[27]

Der Labour-Parteivorsitzende Corbyn hätte eine gewichtige Stimme auf der Remain-Seite sein sollen, blieb aber während der Referendumskampagne hinter den Erwartungen zurück. Obwohl er offiziell den Verbleib unterstützte, blieb er als jahrelanger Europaskeptiker wenig überzeugend. Viele seiner Reden enthielten ähnlich viel Lob wie Kritik für die Europäische Union. Das Resultat war, dass zum Abstimmungstermin zahlreiche Labour-Wählerinnen und -Wähler nicht wussten, auf welcher Seite die Partei in der Referendumskampagne stand.[28] Nach der Volksabstimmung berichteten Medien wie der Guardian, Corbyn und sein Umfeld hätten sich nicht nur mit geringem Enthusiasmus für die weitere EU-Mitgliedschaft eingesetzt, sondern die Kampagne für einen Verbleib in der Europäischen Union aktiv sabotiert.[29]

Das Referendum und seine unmittelbaren Folgen

Am 23. Juni 2016 stimmten 51,9 Prozent der britischen Wählerinnen und Wähler für einen Austritt aus der Europäischen Union. 48,1 Prozent stimmten für einen Verbleib. Die Wahlbeteiligung war mit 72,2 Prozent relativ hoch (aber deutlich niedriger als beim schottischen Unabhängigkeitsreferendum). Das Abstimmungsergebnis zeigte ein hochgradig gespaltenes Land. Während Wählerinnen und Wähler in England (Ausnahme London) und Wales mehrheitlich für einen Austritt stimmten, sprachen sich die Wählerinnen und Wähler in Nordirland, Schottland und Gibraltar eindeutig für einen Verbleib aus.[30] Das Remain-Lager war erfolgreich in den größeren multikulturellen Städten und Regionen, in denen mehr Hochschulabsolventen lebten. Die Leave-Seite war insbesondere in ländlichen Gegenden Englands sowie den postindustriellen Städten im Nordosten des Landes, in denen es eine große Arbeiterpopulation gab, stark. Wählerinnen und Wähler mit hohem Bildungsstand stimmten zumeist für einen Verbleib in der Europäischen Union, während solche mit niedrigerem aus der Arbeiterschicht entschieden für einen Austritt votierten. Bei diesen Bürgerinnen und Bürgern war die Angst vor Einwanderung, die die Leave-Seite in ihrer Kampagne betont hatte, aufgrund einer prekären Situation im Arbeitsmarkt viel stärker ausgeprägt. So waren sie bereit, im Sinne der Leave-Seite zu stimmen, die das Referendum als eine Möglichkeit präsentiert hatte, wieder die Kontrolle über die britischen Grenzen zu erlangen und die Immigration einzuschränken. Dies war wichtiger als die Angst vor wirtschaftlicher Unsicherheit, die die Remain-Kampagne als mögliche Konsequenz eines Brexits genannt hatte. Auch das Alter spielte eine Rolle: Wählerinnen und Wähler über 45 Jahren stimmten verstärkt für einen Austritt, während solche unter 45 eher für einen Verbleib in der Europäischen Union votierten.[31] Das Referendum hatte Bürgerin-

---

27 Jochen Buchsteiner: Im Verlust vereint, in: Frankfurter Allgemeine Zeitung, 18.6.2016.
28 Charles Grant: How Leave outgunned Remain: The Battle of the 'five MS', Insight, in: Centre of European Reform, 25.6.2016, abrufbar unter: https://www.cer.org.uk/insights/how-leave-outgunned-remain-battle-five-ms (letzter Zugriff: 15.7.2016).
29 Jonathan Freedland: The young put Corbyn in, but he betrayed them over Brexit, in: The Guardian, 28.6.016.
30 BBC News: EU Referendum Results, abrufbar unter: http://www.bbc.com/news/politics/eu_referendum/results (letzter Zugriff: 4.7.2016).
31 Sara B. Hobolt: Why did voters choose Brexit, abrufbar unter: http://blogs.lse.ac.Uk/ europpblog/2016/06/24/why-did-voters-choose-brexit/ (letzter Zugriff: 15.7.2016).

nen und Bürgern, die unzufrieden mit dem politischen Establishment in London waren, die Möglichkeit geboten, ihre Frustration über die staatliche Sparpolitik, deren Folgen sie unmittelbar zu spüren bekamen, und nicht wachsende Löhne zu äußern.[32]

Im Hinblick auf die regionale Verteilung des Votums stellte sich die Frage, welche Auswirkungen das Ergebnis auf den irischen Friedensprozess haben würde. Die republikanische Partei Sinn Fein forderte nach dem EU-Referendum eine Volksabstimmung über die Vereinigung Nordirlands mit der Republik, was London und Dublin ablehnten.[33] Ebenso im Unklaren war, was in Schottland geschehen würde. Die regierende Scottish National Party hatte bereits im Vorfeld angekündigt, ein weiteres Referendum über die schottische Unabhängigkeit könne möglich werden, sollte Großbritannien gegen den Mehrheitswillen der schottischen Wählerinnen und Wähler aus der Europäischen Union ausscheiden.[34]

Am Morgen des 24. Juni 2016 erklärte Cameron, er akzeptiere das Referendumsergebnis. Da er sich für einen Verbleib eingesetzt habe, sei er nicht der richtige Kandidat, um die EU-Austrittsverhandlungen zu führen. Er kündigte seinen Rücktritt als Premierminister an, damit bis zum konservativen Parteitag im Oktober 2016 ein Nachfolger gewählt werden könnte. Dieser werde nicht nur die Austrittsverhandlungen führen, sondern auch darüber entscheiden, wann der Austrittsprozess nach Art. 50 EUV eingeleitet werden sollte.[35] Um die politische Unsicherheit zu begrenzen, legte der ‚1922 Ausschuss‘ der konservativen Hinterbänkler, der für die Wahl des Parteivorsitzenden zuständig ist, einen kurzen Zeitplan für das Auswahlverfahren fest, damit bis Anfang September ein neuer Parteivorsitzender gewählt werden könne. Als aussichtsreichste Bewerber galten Johnson als führendes Mitglied der Leave-Kampagne und die langjährige Innenministerin Theresa May.[36] Während May, wie erwartet, Ende Juni ihre Kandidatur für den Parteivorsitz ankündigte, tat ihr Justizminister Gove am 30. Juni überraschend gleich und äußerte in seiner Erklärung Zweifel an den Fähigkeiten seines Leave-Weggefährten Johnson als Premierminister. Kurz darauf gab Johnson seinen Verzicht auf eine Bewerbung um den Parteivorsitz bekannt.[37] Weitere Kandidatinnen und Kandidaten waren die Abgeordneten Andrea Leadsom, Stephen Crabb und Liam Fox.[38]

Unmittelbar nach dem Referendum forderten Labour-Abgeordnete den Rücktritt ihres Parteivorsitzenden Corbyn, dem sie vorwarfen, sich nicht ausreichend für einen Verbleib in der Europäischen Union eingesetzt zu haben. Dieser beantwortete den Druck seiner Fraktion damit, dass er am 26. Juni Schattenaußenminister Benn des Amtes enthob, was zu zahlreichen Rücktritten von Mitgliedern seines Schattenkabinetts führte. Bis zum Abend des 27. Juni waren 40 Mitglieder seiner ‚Front Bench‘, darunter 20 Mitglieder des Schattenkabinetts, zurückgetreten.[39] Beim Misstrauensvotum seiner Fraktion, dem sich Corbyn am 28. Juni stellen musste, erhielt er nur noch die Unterstützung von 40 Abgeordneten, während 172 ihm das Misstrauen aussprachen. Corbyn, der von der Parteibasis gewählt

---

32   Marcus Theurer: Theresa Mays wichtigster Mann, in: Frankfurter Allgemeine Zeitung, 15.7.2016.
33   The Economist: Fragmentation nation, 2.7.2016.
34   Jessica Elgot: The EU referendum: A guide to the UK's biggest political decision of the century, in: The Guardian, 16.5.2016.
35   David Cameron: EU referendum outcome: PM statement, 24.6.2016, abrufbar unter: https://www.gov.uk/government/speeches/eu-referendum-outcome-pm-statement-24-june-2016 (letzter Zugriff: 17.7.2016).
36   George Parker/Kate Allen: Next Tory leader to be elected by early September, in: Financial Times, 28.6.2016.
37   The Economist: Shifting sands, 2.7.2016.
38   Peter Walker: Conservative leadership race: Who are the five candidates?, in: The Guardian, 30.6.2016.
39   Jim Pickard: Corbyn vows to dig in as growing revolt grips party, in: Financial Times, 28.6.2016.

worden war und sich von dieser weiterhin unterstützt sah, weigerte sich zurückzutreten. Labour-Abgeordnete, die ihn nicht unterstützten, begannen daraufhin, eine Kampfabstimmung um den Parteivorsitz vorzubereiten.[40]

Die Präsidenten der Europäischen Kommission, des Europäischen Parlaments und des Europäischen Rates, Jean-Claude Juncker, Martin Schulz und Tusk, sowie Mark Rutte, Premierminister der Niederlande, die zu diesem Zeitpunkt die EU-Präsidentschaft inne hatten, sagten am Tag der Ankündigung des Referendumsergebnisses, dass ein Herauszögern des britischen EU-Austritts die bestehende Unsicherheit unnötig verlängern würde. Die Vereinbarung, die mit Großbritannien im Februar 2016 getroffen worden war, sei nichtig, erklärten sie zudem.[41]

Die Vertreter des Leave-Lagers distanzierten sich bereits kurz nach der Volksabstimmung von einigen ihrer während des Wahlkampfs gemachten Aussagen. So hatten sie etwa behauptet, der wöchentliche Haushaltsbeitrag Großbritanniens an die Europäische Union betrage 350 Mio. Pfund. Diesen Betrag, hatte die Leave-Seite suggeriert, solle man stattdessen in den nationalen Gesundheitsdienst National Health Service (NHS) investieren. Am 26. Juni distanzierte sich der ehemalige konservative Arbeits- und Pensionsminister und Mitglied des Leave-Lagers, Iain Duncan-Smith, von dieser Aussage. Er folgte damit auf den Ukip-Vorsitzenden Farage, der bereits am Tag nach dem Referendum erklärt hatte, er könne nicht versprechen, dass der Betrag nun in den NHS investiert werde.[42] Der Brexit-Befürworter und konservative Europaabgeordnete Daniel Hannan wiederum erklärte nach dem Referendum, Großbritannien könne weiterhin Arbeitnehmerfreizügigkeit gewähren, um den Zugang zum europäischen Binnenmarkt zu behalten.[43]

Am 28. Juni nahm Cameron an seinem letzten Europäischen Ratstreffen in Brüssel teil. Dort erläuterte er den anderen EU-Staats- und Regierungschefs die Referendumsentscheidung und argumentierte, er habe die Volksabstimmung verloren, da die anderen EU-Mitglieder die Sorgen der Bürgerinnen und Bürger über Einwanderung nicht genügend adressiert hätten.[44] Die EU-Staats- und Regierungschefs trafen sich am 29. Juni zum ersten Mal seit 43 Jahren ohne Großbritannien, um das Vorgehen der Austrittsverhandlungen mit dem Land zu diskutieren. In ihrer gemeinsamen Erklärung gaben sie bekannt, dass ein Zugang zum Binnenmarkt die Anerkennung aller vier Freiheiten (Kapital-, Arbeitnehmer-, Dienstleistungs- und Güterfreiheit) voraussetze. Des Weiteren beharrten sie darauf, dass es keinerlei Verhandlungen geben werde, bevor ein Austrittsgesuch auf Basis von Art. 50 EUV durch Großbritannien eingeleitet wird. Camerons Aussage vom Vortag, er hätte einen Brexit verhindern können, hätten die anderen Staats- und Regierungschef ihm die Möglichkeit gegeben, die Einwanderung zu kontrollieren, hatte Aussagen von Diplomaten zufolge dazu geführt, dass sich die 27 Staats- und Regierungschefs entschlossen hatten, in ihrer gemeinsamen Erklärung eine härtere Linie zu vertreten. [45]

---

40   Anushka Asthana/Rajeev Syal/Jessica Elgot: Labour MPs prepare for leadership contest after Corbyn loses confidence vote, in: The Guardian, 29.6.2016.

41   Jessica Elgot: Brexit, the fallout and the UK's future: what we know so far, in: The Guardian, 24.6.2016.

42   Frances Perraudin: Iain Duncan Smith backtracks on leave side's £350m NHS claim, in: The Guardian, 26.6.2016.

43   Chris Giles/George Parker: Next steps, Options become clearer after days of uncertainty, in: Financial Times, 28.6.2016.

44   George Parker/Alex Barker/Guy Chazan: Cameron blames Brexit defeat on EU failure to tackle immigration, in: Financial Times, 29.6.2016.

45   Alex Barker/Jim Brunsden/Guy Chazan: Brussels hardens UK exit stance, in: Financial Times, 30.6.2016.

In Schottland verfolgte die erste Ministerin, Nicola Sturgeon, währenddessen Bemühungen, das Land, welches mehrheitlich (62 zu 38 Prozent) für einen EU-Verbleib gestimmt hatte, in der Europäischen Union zu halten. Am 28. Juni gab das schottische Parlament mit 92 Stimmen (keine Gegenstimmen) Sturgeon ein Mandat, Gespräche mit britischen und EU-Institutionen zu führen, um die Möglichkeiten einer Absicherung von Schottlands Beziehung zur Europäischen Union und dessen Platz im Binnenmarkt auszuloten.[46] Sturgeon reiste daraufhin nach Brüssel und sprach unter anderem mit Juncker. Dieser zeigte Sympathie für die schottische Situation, verwies aber darauf, dass die Europäische Union keine Verhandlungen über die schottische Zukunft unabhängig von Großbritannien führen werde.[47]

Unmittelbar nach dem Referendum wurde in Großbritannien ein Anstieg von fremdenfeindlich und rassistisch motivierten Aktivitäten gemessen. Der Polizei zufolge waren in der Woche nach der Volksabstimmung fünfmal so viele rassistisch motivierte Übergriffe gemeldet worden wie im wöchentlichen Durchschnitt davor. Landesweit wurde von Übergriffen und rassistisch motivierten Aktionen auf Migranten berichtet.[48]

Überraschend erklärte am 4. Juli Farage seinen Rücktritt als Ukip-Vorsitzender. Er begründete dies damit, dass er mit der getroffenen Entscheidung für einen EU-Austritt Großbritanniens sein Ziel erreicht habe. In seiner Rücktrittrede würdigte er die Verdienste seiner Partei. Ohne Ukip hätte es kein Referendum gegeben und ebenso wäre es ohne Ukip nicht gewonnen worden, so Farage.[49] Für die Partei stellte sich durch den Rücktritt die Frage, ob sie in Zukunft ihren Einfluss auf die britische Politik auch ohne ihren bei weitem bekanntesten Vertreter würde beibehalten können. Unter Farages Führung seit 2006 war Ukip von einer kleinen Protestbewegung zu einer signifikanten politischen Kraft angewachsen. Bei der Parlamentswahl 2015 hatte sie 3,9 Mio. Stimmen erhalten, aber aufgrund des Mehrheitswahlrechts nur einen Abgeordneten. Farages Nachfolger oder Nachfolgerin sollte bis Anfang September 2016 feststehen.[50]

In der ersten Julihälfte endete der Wettbewerb um den konservativen Parteivorsitz überraschend. Nachdem im regulären Wahlprozess der konservativen Fraktion drei der fünf Bewerberinnen und Bewerber ausgeschieden waren, kündigte die neben May verbliebene Kandidatin Leadsom am 11. Juli ihren Verzicht auf die Kandidatur mit der Begründung an, sie habe nicht genug Unterstützung in der Partei.[51] May wurde daraufhin am 13. Juli 2016 neue Premierministerin von Großbritannien. May, die offiziell die Remain-Seite unterstützt, aber im Referendumswahlkampf kaum in Erscheinung getreten war, ernannte Johnson zum neuen Außenminister. Aufgrund seiner umstrittenen Aussagen vor und während des Referendumswahlkampfs löste die Ernennung sowohl im In- als auch im Ausland Befremden aus.[52] Wie groß allerdings Johnsons Rolle in den Austrittsverhandlungen sein

46 Mure Dickie: Sturgeon embarks on mission to keep Scotland's place in EU, in: Financial Times, 29.6.2016.

47 Jennifer Rankin/Severin Carrell/Philip Oltermann: Nicola Sturgeon's plea to EU leaders meets with sympathy but little hope, in: The Guardian, 29.6.2016.

48 Nazia Parveen/Harriet Sherwood: Police log fivefold rise in race-hate complaints since Brexit result, in: theguardian.com, 30.6.2016.

49 Jochen Buchsteiner: Rücktritt vom Brexit, in: Frankfurter Allgemeine Zeitung, 5.7.2016.

50 Henry Mance/John Murray Brown: Farage's sharp exit leaves Ukip at a crossroads, in: Financial Times, 5.7.2016.

51 George Parker: May to 'make Brexit a success' as UK's first female PM in 26 years, in: Financial Times, 12.7.2016.

52 Frankfurter Allgemeine Zeitung: Kritik an Ernennung Johnsons zum Außenminister, 15.7.2016.

wird, ist noch offen. May machte die beiden Brexit-Befürworter Liam Fox und David Davis zum Minister für Internationalen Handel beziehungsweise zum Minister für den Austritt Großbritanniens aus der Europäischen Union. Somit würde das Außenministerium weder federführend bei den EU-Austrittsverhandlungen noch bei der Entwicklung neuer internationaler Handelsverbindungen sein. Mit ihrer Regierungsbildung bewies May auch, dass sie den EU-Austritt, den sie zu einem Erfolg machen wollte, umzusetzen gedachte.[53]

Schlussbemerkungen

Das Abstimmungsergebnis über die britische EU-Mitgliedschaft zeigte, dass sich letztlich die Angst vor Einwanderung durchgesetzt hatte sowie zahlreiche Wählerinnen und Wähler bereit waren, dafür einen Sprung ins Ungewisse und mögliche negative ökonomische Konsequenzen zu riskieren. Die Konservativen und die Labour Party machten unmittelbar nach dem Referendum den Eindruck, ihnen sei Parteipolitik wichtiger als die Beantwortung der Fragen, wie man das gesellschaftlich und politisch gespaltene Land einen und eine für das Vereinigte Königreich bestmögliche Beziehung zur Europäischen Union gestalten könne. Diese letzte Frage wird umso bedeutsamer, da die Regierung May sich entscheiden muss, wie wichtig ihr der uneingeschränkte Zugang zum Binnenmarkt ist, der den anderen EU-Staaten zufolge nur mit der Gewährung von Arbeitnehmerfreizügigkeit möglich ist. Durch die widersprüchlichen Aussagen des Brexit-Lagers, welches während des Referendumswahlkampfs nicht erklärt hatte, wie es sich ein Leben nach dem EU-Austritt vorstellte, ist zu erwarten, dass zahlreiche Leave-Wählerinnen und -Wähler von dem Verhandlungsergebnis der Regierung enttäuscht sein werden.

Weiterführende Literatur

Charles Grant: Theresa May and her six-pack of difficult deals, Insight, in: Centre of European Reform, 28.7.2016, abrufbar unter: https://www.cer.org.uk/insights/theresa-may-and-her-six-pack-difficult-deals (letzter Zugriff: 13.8.2016)

Vaughne Miller/Arabella Lang: Brexit: what happens next?, House of Commons Library Briefing Paper Nr. 07632, 30.6.2016.

---

53   Jochen Buchsteiner: Die Entmachtung der Eton Boys, in: Frankfurter Allgemeine Zeitung, 15.7.2016.

Zypern

Heinz-Jürgen Axt

2013 musste für Zypern ein Rettungsprogramm für den kollabierenden Finanzsektor aufgelegt werden. Kredite in Höhe von 9 Mrd. Euro hätte Zypern vom Europäischen Stabilitätsmechanismus (ESM) und 1 Mrd. Euro vom Internationalen Währungsfonds (IWF) erhalten können. Im März 2016 hat Zypern das Rettungsprogramm verlassen. Vom ESM abgerufen wurden lediglich 6,3 Mrd. Euro.[1] Christine Lagarde, Direktorin des IWF, lobte Zypern für „eine beeindruckende Wende der Wirtschaft" in den vergangenen drei Jahren; dem Lob schloss sich auch Wolfgang Schäuble an. Die Wirtschaft sei im vergangenen Jahr wieder gewachsen, das Bankensystem stehe auf einem soliden Fundament. Die Ausgaben seien unter Kontrolle und die Staatsverschuldung schrumpfe.[2] Im Zuge des Sparprogramms verfügte die Regierung Kapitalverkehrskontrollen, um einen Zusammenbruch des Bankensystems abzuwenden. Gleichzeitig wurden unversicherte Einlagen in den beiden größten Geldhäusern des Landes konfisziert. Die kleinere der Großbanken wurde zerschlagen. Die erhaltenen Kredite muss Zypern ab 2025 bis 2031 zurückzahlen. Der Inselstaat ist nach Irland, Spanien und Portugal das vierte Land der Eurozone, das ohne Anschlussfinanzierung auskommt. Für Griechenland gilt das bekanntlich nicht. ESM-Direktor Klaus Regling fordert Zypern ungeachtet der Fortschritte zu weiteren Reformen auf. Das Volumen fauler Bankkredite und der Arbeitsmarkt müssten reformiert werden.[3]

Rückkehr an die Finanzmärkte

Nach Finanzminister Haris Georgiades lag die erfolgreiche Entwicklung Zyperns vor allem darin, dass sich das Land mit den Reformauflagen identifizierte und diese umsetzte – im Gegensatz zu Griechenland. Der Staatshaushalt Zyperns wurde saniert, indem Ausgaben gekürzt, Steuern aber nicht erhöht wurden. Ausgaben für Löhne und Gehälter sanken im öffentlichen Dienst von Dezember 2012 bis Dezember 2015 um 21,5 Prozent; die Zahl der Beschäftigten wurde um 8 Prozent gekürzt. Im Falle Zyperns kam es erstmals zu einem ‚bail-in': Die Kapitaleigner und Gläubiger wurden zur Sanierung der Banken herangezogen. Der überbordende Finanzsektor unterlag einem Schrumpfungsprozess. Die Laiki-Bank wurde abgewickelt. Betrug das Volumen des Bankensektors im Dezember 2012 noch 750 Prozent der Wirtschaftsleistung Zyperns, so sank der Wert auf 420 im Dezember 2015.[4] Zypern kann sich wieder an den internationalen Märkten finanzieren.

Im Jahr der Bankenkrise 2013 büßte Zypern 5,9 Prozent seiner Wirtschaftsleistung ein.[5] Nach einem weiteren Absinken des Bruttoinlandsprodukt (BIP) um 2,5 Prozent im Jahr 2014 vermeldete Eurostat für das Jahr 2015 ein Wachstum von 1,6 Prozent.[6] Die positive Entwicklung spiegelt sich bei Beschäftigung und Arbeitslosigkeit noch nicht wieder. Die

---

1 Frankfurter Allgemeine Zeitung: Das Hilfsprogramm für Zypern endet geräuschlos, 3.2.2016, S. 16.
2 Tagesschau.de: Zypern kommt ohne Finanzhilfe aus, 8.3.2016.
3 Reuters.com: Zypern verlässt Euro-Rettungsschirm ESM, 31.3.2016.
4 Frankfurter Allgemeine Zeitung: Ausgaben gekürzt, keine Steuern erhöht, 9.3.2016, S. 19.
5 Vgl. auch im Folgenden die Vorjahresbeiträge im Jahrbuch der Europäischen Integration.

Arbeitslosenquote sank nur leicht von 15,9 Prozent (2013) auf 15,1 Prozent. (2015). Das Haushaltsdefizit wurde deutlich zurückgefahren: 2013 4,9 Prozent, 2014 8,9 Prozent und 2015 lediglich 1 Prozent der Wirtschaftsleistung. Der öffentliche Bruttoschuldenstand ist mittlerweile erheblich angestiegen. 2008 kam er auf 45,1 Prozent des BIP; 2013 waren es dann schon 102,5 Prozent und 2014 108,9 Prozent. Die fiskalische Konsolidierung bleibt ungeachtet der erzielten Fortschritte ein zentrales Problem.

Parlamentswahlen

Am 22. Mai 2016 fanden in Zypern Parlamentswahlen statt. Der Einfluss der Parlamentarier im Präsidialsystem ist eingeschränkt: Der Präsident wird direkt vom Volk gewählt und bestimmt die Zusammensetzung des Ministerrates. Doch Wahlen gelten als wichtiges Stimmungsbarometer insbesondere hinsichtlich der Verhandlungen zwischen griechischen und türkischen Zyprern. Das Parlament kann hier durchaus blockieren. Die den Verhandlungsprozess mit den türkischen Zyprern unterstützenden Parteien mussten erhebliche Stimmenverluste hinnehmen, wie die konservative Partei DISY (Dimokratikos Synergasmos, Demokratische Versammlung), die den amtierenden Präsidenten Nikos Anastasiadis unterstützt. Gegenüber der letzten Wahl verlor sie 3,6 Prozent. Die kommunistische AKEL (Anorthotiko Komma Ergazmenou Laou, Fortschrittliche Partei der arbeitenden Bevölkerung) musste einen Stimmenverlust von 7 Prozent hinnehmen. Die Partei DIKO (Dimokratiko Komma, Demokratische Partei) unterstützte den Präsidenten zumindest teilweise. Sie verlor 1,3 Prozent. Überraschend war der Erfolg der rechtsextremen ELAM (Ethniko Laiko Metopo, Nationale Völkische Front), die einen Stimmenanteil von 3,7 Prozent erreichte. ELAM und andere stehen den Verhandlungen Anastasiadis mit den türkischen Zyprern ablehnend gegenüber.[7] Die ihn unterstützenden Parteien haben noch eine Mehrheit von 56,4 Prozent auf sich vereinigen können. Das ist für das am Ende der Verhandlungen vorgesehene Referendum bedeutsam. Allerdings ist zu berücksichtigen, dass die Wahlbeteiligung 2016 mit lediglich 66,7 Prozent im Vergleich zu 2011 (78,7 Prozent) gering war. Insbesondere die türkisch-zyprische Seite äußert sich positiv über den Fortgang der Verhandlungen. Volksgruppenführer Mustafa Akinci meldete Fortschritte bei den Kapiteln Eigentum, Europäische Union, Wirtschaft und Machtteilung. Die Themen Sicherheit und territoriale Anpassung sind bewusst an das Ende der Verhandlungen gesetzt worden.[8]

Tabelle: Parlamentswahl vom 22. Mai 2016 (in Prozent)[9]

	DISY	AKEL	DIKO	EDEK	SYPOL	KA	KOSP	ELAM
2011	34,3	32,7	15,8	8,9	–	3,9	2,2	1,1
2016	30,7	25,7	14,5	6,2	6,0	5,2	4,8	3,7

Weiterführende Literatur

James Ker-Lindsay, (Hrsg.): Resolving Cyprus: New Approaches to Conflict Resolution, London 2015.

---

6   Eurostat: Europa in Zahlen. Zypern, abrufbar unter: https://www.destatis.de/Europa/DE/Staat/EUStaaten/ Zypern.html (letzter Zugriff: 7.8.2016).
7   Die übrigen Parteien sind: EDEK (Kinima Sosialdemokraton, Sozialdemokratische Bewegung), SYPOL (Symmachia Politon, Bürgerallianz), KA (Kinima Allileggyi, Solidaritätsbewegung) und KOSP (Kinima Oikologon – Sinergasia Politon, Ökologische Bewegung – Bürger-Kooperation).
8   Frankfurter Allgemeine Zeitung: „Eine Einigung in Zypern in diesem Jahr ist möglich", 13.6.2016, S. 6.
9   Parties and Elections in Europe, abrufbar unter: http://www.parties-and-elections.eu/cyprus.html (letzter Zugriff: 2.6.2016).

9. Anhang

Abkürzungen

Es hat sich eine Vielzahl von europäischen Abkürzungen etabliert, während eine noch größere Anzahl von EU-Kürzeln wieder verworfen wurde. Aus dem europäischen Alltagsgeschäft und der Europaforschung sind diese nicht mehr fortzudenken, sodass die Terminologische Datenbank IAET (Inter-Active Terminology for Europe) ein nützliches Hilfsmittel darstellt. Unter den Link http://iate.europa.eu/ lassen sich neben den deutschen Erklärungen auch die nicht immer identischen Akronyme und offiziellen Namensgebungen in anderen Amtssprachen der Europäischen Union nachschlagen.

Die Autorinnen und Autoren

Prof. em. Dr. Ulrich von Alemann, Sozialwissenschaftliches Institut, Heinrich Heine Universität Düsseldorf sowie Vorsitzender des Expertenrats Europäische Union der Landesregierung NRW.

Dr. Franco Algieri, Associate Professor, Head of International Relations Department, Webster University Vienna.

Dr. Franz-Lothar Altmann, Dr. rer. pol., Dipl.-Vw. Associate Professor am UNESCO Dpt. für Internationale und Interkulturelle Beziehungen, Universität Bukarest; Mitglied des Präsidiums der Südosteuropa-Gesellschaft.

Dr. Katrin Auel, Associate Professor, Forschungsgruppe ‚European Integration' am Institut für Höhere Studien Wien, Mitglied des Vorstands der Österreichischen Gesellschaft für Politikwissenschaft.

Prof. em. Dr. Heinz-Jürgen Axt, Universität Duisburg-Essen, Gastprofessor an der Universität des Saarlandes.

Michael L. Bauer, Associate Researcher, Centrum für angewandte Politikforschung (C.A.P), Stellvertr. Vorsitzender der Middle East and International Affairs Research Group (MEIA e.V.).

Florian Baumann, Senior Researcher am Centrum für angewandte Politikforschung (C.A.P) und Mitarbeiter im Bayerischen Staatsministerium für Wirtschaft und Medien, Energie und Technologie.

Dr. Peter Becker, Forschungsgruppe EU/Europa, Stiftung Wissenschaft und Politik (SWP), Deutsches Institut für Internationale Politik und Sicherheit, Berlin.

Dr. Werner Becker, Deutsche Bank Research, Frankfurt/Main.

Dr. Matthias Belafi, Geschäftsführer der Kommission für gesellschaftliche und soziale Fragen der Deutschen Bischofskonferenz, Bonn.

Dr. Annegret Bendiek, Forschungsgruppe EU/Europa, Deutsches Institut für Internationale Politik und Sicherheit (SWP), Berlin.

Mirte van den Berge, MA, Consultant EU policy research, Riyadh.

Sarah-Lena Böning, M. Sc., Wissenschaftliche Mitarbeiterin an der Professur für Sozialpolitik und Methoden der qualitativen Sozialforschung, Institut für Soziologie und Sozialpsychologie, Universität zu Köln.

Barbara Böttcher, Leiterin der Abteilung Wirtschafts- und Europapolitik, Deutsche Bank Research, Frankfurt/Main.

Dr. Katrin Böttger, stellvertretende Direktorin, Institut für Europäische Politik, Berlin.

Prof. Dr. Klaus Brummer, Inhaber des Lehrstuhls für Internationale Beziehungen an der Katholischen Universität Eichstätt-Ingolstadt.

Birgit Bujard, Geschäftsführerin, Deutsche Gesellschaft für Online-Forschung, Hürth.

Simon Bulmer, Professor für European Politics an der University of Sheffield, Großbritannien.

Alexandru Damian, Researcher, Romanian Center for European Policies (CRPE).

Dr. Johanna Deimel, stellvertretende Geschäftsführerin der Südosteuropa-Gesellschaft, München.

Dr. Doris Dialer, Innsbruck Center for European Research (ICER), Universität Innsbruck; seit 2006 politische Referentin im Europäischen Parlament.

Dr. Knut Diekmann, Grundsatzreferent Weiterbildung des Deutschen Industrie- und Handelskammertags, Berlin.

Prof. Dr. Roland Döhrn, Honorarprofessor an der Universität Duisburg-Essen im und Leiter des Kompetenzbereichs „Wachstum, Konjunktur, Öffentliche Finanzen" beim Rheinisch-Westfälischen Institut für Wirtschaftsforschung (RWI), Essen.

Dr. Hans-Georg Ehrhart, Institut für Friedensforschung und Sicherheitspolitik an der Universität Hamburg.

Dr. Tobias Etzold, Forschungsgruppe EU/Europa, Deutsches Institut für Internationale Politik und Sicherheit (SWP), Berlin.

Dr. Severin Fischer, Senior Researcher, Center for Security Studies, ETH Zürich.

Tobias Flessenkemper, Senior Fellow & Balkans Project Director, Centre international de formation européenne (CIFE) in Nizza; Lehrbeauftragter Universität zu Köln; Geschäftsführer elbarlament.org in Berlin und Köln.

Ryszarda Formuszewicz, Projektleiterin ‚Europäischer Dialog – Europa politisch denken' der Stiftung Genshagen.

Dr. Christian Franck, Honorary Professor an der Universssité catholique de louvain, Visiting Professor an der Diplomarischen Akademie Wien sowie der Université saint Louis/ Brüssel.

Dr. Heiko Fürst, Projektmanager am Sozialwissenschaftlichen Institut Schad, Hamburg.

Michael Garthe, M.A., Chefredakteur der Tageszeitung „Die Rheinpfalz", Ludwigshafen am Rhein, und der „Rheinpfalz am Sonntag", Landau/Pfalz.

Prof. Dr. Daniel Göler, Inhaber des Jean Monnet Lehrstuhls für Europäische Politik an der Universität Passau.

Prof. Dr. Alexander Grasse, Professor für Politikwissenschaft mit dem Schwerpunkt „Politik und Wirtschaft im Mehrebenensystem", Leiter des Forschungsnetzwerks „Politische Italienforschung/PIFO" am Institut für Politikwissenschaft der Universität Gießen.

Susanne Gratius, Professorin für Politikwissenschaft und Internationale Beziehungen an der Universidad Autónoma de Madrid (UAM).

Dr. Gerlinde Groitl, Akademische Rätin a. Z., Professur für Internationale Politik, Universität Regensburg.

Prof. Dr. Christoph Gusy, Professor für Öffentliches Recht, Staatslehre und Verfassungsgeschichte an der Universität Bielefeld.

Simon Hartmann, Freier Mitarbeiter, Forschungsgruppe Europa/Nahostprojekt, Centrum für angewandte Politikforschung (C.A.P), Geschwister-Scholl-Institut für Politikwissenschaft, Ludwig-Maximilians-Universität München.

Dr. Niklas Helwig, Transatlantic Post-Doc Fellow for International Relations and Security (TAPIR Fellow), Center for Transatlantic Relations, SAIS – Johns Hopkins University, Washington DC.

Detlef Henning, M.A., wissenschaftlicher Mitarbeiter, Nordost-Institut, Lüneburg, Vorstand der Baltischen Historischen Kommission e.V.

Dr. Andreas Hofmann, Postdoktor am Centre for European Research (CERGU), Universität Göteborg.

Alexander Hoppe, MSc, MA, PhD Candidate, Utrecht University School of Governance.

Bernd Hüttemann, M.A., Lehrbeauftragter Universität Passau/Hochschule für Wirtschaft und Recht Berlin, Generalsekretär der Europäischen Bewegung Deutschland e.V.

Tuomas Iso-Markku, M.A., wissenschaftlicher Mitarbeiter am Finnish Institute of International Affairs (FIIA), Helsinki.

Michael Kaeding, Professor für Europäische Integration und Europapolitik am Institut für Politikwissenschaft der Universität Duisburg-Essen und Inhaber eines ad personam Jean Monnet Lehrstuhls.

Andres Kasekamp, PhD, Professor am Institute of Government & Politics der Universität Tartu und Direktor des Estonian Foreign Policy Institute in Tallinn, Estland.

Anna-Lena Kirch, Forschungsassistentin im Europa Programm des German Marshall Fund of the United States, Berlin.

Prof. Dr. Henning Klodt, Institut für Weltwirtschaft an der Universität Kiel.

Prof. Dr. Wim Kösters, Fakultät für Wirtschaftswissenschaft der Ruhr-Universität Bochum, und Mitglied des Vorstands des RWI Essen.

Marta Králiková, Department of Political Science, Faculty of Arts, Comenius University in Bratislava.

Dr. Jan Labitzke, Wissenschaftlicher Mitarbeiter am Institut für Politikwissenschaft der Universität Gießen.

Dr. Konrad Lammers, Forschungsdirektor am Institute for European Integration, Wissenschaftliche Einrichtung an der Universität Hamburg.

Dr. Barbara Lippert, Forschungsdirektorin des Deutschen Instituts für Internationale Politik und Sicherheit der Stiftung Wissenschaft und Politik (SWP), Berlin.

Prof. Dr. Christian Lippert, Fachgebiet Produktionstheorie und Ressourcenökonomik im Agrarbereich, Universität Hohenheim, Stuttgart.

Marko Lovec, Research Fellow am Centre for International Relations und Assistant Professor in International Relations, Fakultät für Sozialwissenschaften, Universität Ljubljana.

Prof. Dr. Siegfried Magiera, Jean-Monnet-Professor für Europarecht, Deutsche Universität für Verwaltungswissenschaften Speyer.

William Paterson, Emeritus Director des Institute for German Studies an der University of Birmingham.

Dr. Remi Maier-Rigaud, Professor für Volkswirtschaftslehre und Sozialpolitik, Hochschule RheinMain, Wiesbaden.

Jean-Marie Majerus, Professor am Centre d'études et de recherches européennes Robert Schuman, Luxemburg.

Bruno Oliveira Martins, Assistant Professor am Department of Political Science and Government, Aarhus.

Prof. Dr. Andreas Maurer, Dipl.Pol., MA/D.E.E.A., Universitätsprofessor und Jean-Monnet-Chair, Universität Innsbruck; Senior Scholar, Stiftung Wissenschaft und Politik, Berlin/Brüssel.

Prof. Dr. Jürgen Mittag, Universitäts-Professor für Sportpolitik an der Deutschen Sporthochschule Köln und Leiter des Instituts für Europäische Sportentwicklung und Freizeitforschung.

Ignacio Molina, Professor für Politikwissenschaft und Internationale Beziehungen an der Autonomen Universität Madrid und wissenschaftlicher Mitarbeiter für Europa am Real Instituto Elcano.

Prof. Dr. Peter-Christian Müller-Graff, Institut für Deutsches und Europäisches Gesellschafts- und Wirtschaftsrecht, Ruprecht-Karls-Universität Heidelberg.

Dr. Mary C. Murphy, lecturer in politics beim Department of Government, University College Cork, Ireland und Jean Monnet Chair in European Integration.

Prof. Dr. Matthias Niedobitek, Jean-Monnet-Professor für Europäische Integration mit Schwerpunkt Europäische Verwaltung an der Technischen Universität Chemnitz.

Dr. Nicolai von Ondarza, Stellvertretender Leiter, Forschungsgruppe EU/Europa, Stiftung Wissenschaft und Politik, Berlin.

Christian Opitz, Forschungsgruppe EU/Europa, Deutsches Institut für Internationale Politik und Sicherheit (SWP), Berlin.

Dr. Thomas Petersen, wissenschaftlicher Mitarbeiter am Institut für Demoskopie Allensbach.

Prof. Dr. Johannes Pollak, Professor für Politikwissenschaften an der Webster Vienna Private University und Leiter des Fachbereichs Politikwissenschaften am Institut für höhere Studien in Wien.

Dr. Wulf Reiners, Asst. Professor an der Türkisch-Deutschen Universität, Istanbul.

René Repasi, wissenschaftlicher Mitarbeiter, Institut für Deutsches und Europäisches Gesellschafts- und Wirtschaftsrecht, Ruprecht-Karls-Universität Heidelberg.

Darius Ribbe, , Wissenschaftliche Hilfskraft am Centre for Turkey and European Union Studies (CETEUS) an der Universität zu Köln.

Dr. Višnja Samardžija, Head of Department for European Integration am Institute for Development and International Relations, Zagreb.

David Schäfer, Promotionsstipendiat an der London School of Economics and Political Science (LSE), International Relations Department.

Sebastian Schäffer, M.A., Gründer und Inhaber von SeminarsSimulationsConsulting (SSC) Europe und wissenschaftlicher Mitarbeiter am Institut für den Donauraum und Mitteleuropa (IDM) in Wien.

Prof. Dr. Joachim Schild, Lehrstuhl für Vergleichende Regierungslehre im Fachbereich III/Politikwissenschaft der Universität Trier.

Dr. Otto Schmuck, Leiter der Europaabteilung a.D., Vertretung des Landes Rheinland-Pfalz beim Bund und bei der Europäischen Union Berlin, Lehrbeauftragter der Universität für Verwaltungswissenschaften Speyer und der Universität Koblenz-Landau.

Laura Schulte, wissenschaftliche Mitarbeiterin am Lehrstuhl für Öffentliches Recht, Staatslehre und Verfassungsgeschichte, Universität Bielefeld.

Prof. Dr. Tobias Schumacher, Inhaber des Lehrstuhls für Europäische Nachbarschafts-politik am College of Europe, Natolin Campus, Senior Research Associate am Center for International Studies am Universitätsinstitut Lissabon (CEI-IUL) sowie John F. Kennedy Memorial Fellow am Minda de Gunzburg Center for European Studies, Harvard University.

Dr. Oliver Schwarz, wissenschaftlicher Mitarbeiter im Fachgebiet Europapolitik, Universität Duisburg-Essen.

Prof. Dr. Martin Selmayr, Kabinettchef von Jean-Claude Juncker, Präsident der Europä-ischen Kommission und ehrenamtlicher Direktor des Centrums für Europarecht an der Universität Passau und Honorarprofessor für Europäisches Wirtschafts- und Finanzrecht an der Universität des Saarlandes.

Claudia Simons, Referentin Afrika an der Heinrich Böll Stiftung, Berlin.

Dr. Otto W. Singer, Deutscher Bundestag, Fachbereich Kultur und Medien.

Prof. Dr. Burkard Steppacher, Konrad-Adenauer-Stiftung, Sankt Augustin; Forschungs-institut für Politische Wissenschaft und Europäische Fragen, Universität zu Köln.

Dr. Isabelle Tannous, Fachreferentin EU/Europa, Deutsches Institut für Internationale Politik und Sicherheit (SWP), Berlin.

Dr. Funda Tekin, Senior Researcher, Institut für Europäische Politik und Centre internatio-nal de formation européenne, Berlin.

Gabriel N. Toggenburg, Honorarprofessor für Europäischen Menschenrechtsschutz und das Recht der Europäischen Union an der Universität Graz; Senior Legal Advisor im Direktorat der Grundrechteagentur der Europäischen Union.

Denis M. Tull, Stellvertretender Forschungsgruppenleiter Naher/ Mittlerer Osten und Afri-ka, Stiftung Wissenschaft und Politik (SWP), Berlin.

Jürgen Turek, M.A., Geschäftsführer Turek Consulting und Senior Fellow am Centrum für angewandte Politikforschung (C.A.P) der Ludwig-Maximilians-Universität München.

Dr. Gaby Umbach, Research Project Director und Research Fellow am Europäischen Hochschulinstitut (EUI), Florenz.

Dr. Günther Unser, Akademischer Oberrat a.D., Lehrbeauftragter für Internationale Politik am Institut für Politische Wissenschaft der RWTH Aachen.

Dr. Volker Weichsel, Politikwissenschaftler, Redakteur der Zeitschrift Osteuropa.

Prof. Dr. Dr. h.c. Werner Weidenfeld, Direktor des Centrums für angewandte Politikforschung (C.A.P) der Ludwig-Maximilians-Universität München.

Prof. Dr. Wolfgang Weiß, Lehrstuhl für Öffentliches Recht, insbesondere Europa- und Völkerrecht, Deutsche Universität für Verwaltungswissenschaften Speyer.

Prof. Dr. Wolfgang Wessels, Inhaber des Jean-Monnet-Lehrstuhls am Centre for Turkey and European Union Studies (CETEUS); Vorstandsvorsitzender des Instituts für Europäische Politik, Berlin; Vorsitzender der Trans European Policy Studies Association (TEPSA), Brüssel.

Dr. Sabine Willenberg, freie PR- und Politikberaterin und Dozentin, Leipzig.

Birte Windheuser, Dipl.-Reg.-Wiss., wissenschaftliche Mitarbeiterin am Forschungsinstitut für Politische Wissenschaft und Europäische Fragen der Universität zu Köln.

Lukas Zech, M.A., wissenschaftlicher Mitarbeiter am Jean-Monnet-Lehrstuhl für Europäische Politik, Universität Passau.

Dr. Wolfgang Zellner, Geschäftsführender Ko-Direktor des Instituts für Friedensforschung und Sicherheitspolitik an der Universität Hamburg (IFSH), Leiter des Zentrums für OSZE-Forschung (CORE).